Lehrbuch des Privatrechts

herausgegeben von Reinhard Bork

Privatversicherungsrecht

von

Christian Armbrüster

Mohr Siebeck

Anschrift des Autors
Prof. Dr. Christian Armbrüster
Lehrstuhl für Bürgerliches Recht, Handels-
und Gesellschaftsrecht, Privatversicherungsrecht
und Internationales Privatrecht
Freie Universität Berlin
Fachbereich Rechtswissenschaft
Van't-Hoff-Str. 8
14195 Berlin
email: c.armbruester@fu-berlin.de

ISBN 978-3-16-152927-6

Die Deutsche Nationalbibliothek verzeichnet diese Publikation in der Deutschen Nationalbibliographie; detaillierte bibliographische Daten sind im Internet über *http://dnb.d-nb.de* abrufbar.

Das Buch wurde von Textservice Zink in Schwarzach gesetzt, von Gulde-Druck in Tübingen auf alterungsbeständiges Werkdruckpapier gedruckt und von der Buchbinderei Spinner in Ottersweier gebunden.

Vorwort

Das Privatversicherungsrecht verdankt seine Existenz einer der großen geistigen Leistungen der Rechtsentwicklung, nämlich der Idee, zahlreiche gleichartige Risiken gegen Entgelt auf einen Versicherer zu übertragen. Aus der modernen Gesellschaft ist die Privatversicherung nicht mehr wegzudenken: Versicherungsverträge ermöglichen die Entschädigung von Unfallopfern und den Wiederaufbau abgebrannter Gebäude; sie sind ein wichtiger Baustein zur Altersvorsorge; sie erleichtern Unternehmen die Entwicklung innovativer Produkte – um nur einige Beispiele zu nennen. Zugleich handelt es sich beim Privatversicherungsrecht um eine rechtswissenschaftlich vielseitige und lebendige Materie. Dabei spielen aus dem Vertragsrecht des BGB vertraute Themen wie das AGB-Recht – dessen Ursprünge wesentlich auf Allgemeinen Versicherungsbedingungen beruhen – eine wichtige Rolle. In vieler Hinsicht werden die bürgerlich-rechtlichen Vorschriften für das „Rechtsprodukt" Versicherung jedoch modifiziert. Hinzu kommt eine ganze Reihe originär privatversicherungsrechtlicher Regeln ohne Parallele in anderen Rechtsgebieten.

Wer sich Fachkompetenz im Privatversicherungsrecht verschaffen möchte, wird den Blick in erster Linie auf das Versicherungsvertragsrecht richten. Demgemäß steht das im Jahr 2008 reformierte VVG im Mittelpunkt dieses Lehrbuchs. Freilich gilt es, auch auf die weiteren wichtigen Teildisziplinen des Privatversicherungsrechts mehr als nur einen flüchtigen Blick zu werfen. Dies betrifft insbesondere das Versicherungsaufsichtsrecht, aber etwa auch das Kollisionsrecht der Versicherungsverträge.

Seine Vielseitigkeit verdankt das Privatversicherungsrecht nicht zuletzt den Bezügen zu anderen Rechtsgebieten, vom Gesellschaftsrecht über das Gleichbehandlungsrecht bis hin zum Gendiagnostikrecht. Auch sie finden in diesem Werk ihren Niederschlag.

In das Lehrbuch sind Erfahrungen aus zahlreichen Lehrveranstaltungen eingeflossen. Manche Anregung habe ich Wortmeldungen von Studierenden, zunächst an der Bucerius Law School in Hamburg und mittlerweile im Schwerpunktstudium an der Freien Universität Berlin, zu verdanken. Auch aus dem Kreis des Lehrstuhlteams gab es wertvolle Unterstützung. Besonderer Dank gebührt Herrn Wiss. Mitarbeiter *Stephan Hauer* und Herrn Stud. Mitarbeiter *Carsten Stempel*. Der äußere Aufbau des Buches – von den Grundprinzipien über die Chronologie des Versicherungsverhältnisses bis hin zu ausgewählten Versicherungszweigen – folgt einer Anregung meines akademischen Lehrers, *Jürgen Prölss*, dessen Andenken das Werk gewidmet ist.

Berlin, im August 2013 Christian Armbrüster

Inhaltsverzeichnis

Verzeichnis der abgekürzt zitierten Literatur

Armbrüster	*Armbrüster*, Das Alles-oder-nichts-Prinzip im Privatversicherungsrecht, 2003
Bach/Moser	*Bach/Moser*, Kommentar zur Privaten Krankenversicherung, 4. Aufl. 2010
Bärmann	*Bärmann*, Kommentar zum Wohnungseigentumsgesetz, 12. Aufl. 2013
Baumann/Beenken	*Baumann/Beenken*, Das neue Versicherungsvertragsrecht in der Praxis, 2. Aufl. 2008
Baumbach/Hueck	*Baumbach/Hueck*, GmbHG, 20. Aufl. 2013
BK	Berliner Kommentar zum Versicherungsvertragsgesetz, 1999
Bruck	*Bruck*, Das Privatversicherungsrecht, 1930
Bruck/Möller/8. Aufl.	*Bruck/Möller*, Großkommentar zum Versicherungsvertragsgesetz, 8. Aufl. 1980ff.
Bruck/Möller	*Bruck/Möller*, Großkommentar zum Versicherungsvertragsgesetz, 9. Aufl. 2008ff.
Bruck/Möller/Sieg/Johannsen	*Bruck/Möller/Sieg/Johannsen*, Feuerversicherung, 8. Aufl. 2002
Dohmen	*Dohmen*, Informations- und Beratungspflichten vor Abschluss des Versicherungsvertrags, 2007
Dreher	*Dreher*, Die Versicherung als Rechtsprodukt, 1990
Ehrenberg	*Ehrenberg*, Deutsches (österreichisches) Versicherungsvertragsrecht, 1952
FachanwKomm VersR	Fachanwaltskommentar Versicherungsrecht, 2012
Fahr/Kaulbach/Bähr/Pohlmann	*Fahr/Kaulbach/Bähr/Pohlmann*, Kommentar zum Versicherungsaufsichtsgesetz, 5. Aufl. 2012
Feyock/Jacobsen/Lemor	*Feyor/Jacobsen/Lemor*, Kommentar zur Kraftfahrtversicherung, 3. Aufl. 2009
Gärtner	*Gärtner*, Privatversicherungsrecht, 2. Aufl. 1980
Großkomm. AktG	Großkommentar zum Aktiengesetz, 4. Aufl. 2012
Hagen	*Hagen*, Seeversicherungsrecht, 1938
Haratsch/Koenig/Pechstein	*Haratsch/Koenig/Pechstein*, Europarecht, 8. Aufl. 2012
Hdb. Fachanwalt VersR	Handbuch des Fachanwalts Versicherungsrecht, 4. Aufl. 2011
Hdb. VersR	*van Bühren*, Handbuch Versicherungsrecht, 5. Aufl. 2012
HK-VVG	*Rüffer/Halbach/Schimikowski*, Handkommentar zum Versicherungsvertragsgesetz, 2. Aufl. 2011

Holzhauser	*Holzhauser*, Versicherungsvertragsrecht, 1999
Ihle	*Ihle*, Der Informationsschutz des Versicherungsnehmers, 2006
Kegel/Schurig, IPR	*Kegel/Schurig*, Internationales Privatrecht, 9. Aufl. 2004
Klimke	*Klimke*, Die halbzwingenden Vorschriften des VVG, 2004
Larenz/Canaris	*Larenz/Canaris*, Methodenlehre der Rechtswissenschaft, 4. Aufl. 2011
Leenen	*Leenen*, BGB Allgemeiner Teil: Rechtsgeschäftslehre, 2011
Looschelders/Pohlmann	*Looschelders/Pohlmann*, Kommentar zum Versicherungsvertragsgesetz, 2. Aufl. 2011
Marlow/Spuhl	*Marlow/Spuhl*, Das Neue VVG kompakt, 4. Aufl. 2010
Medicus/Petersen	*Medicus/Petersen*, Bürgerliches Recht, 23. Aufl. 2011
Meixner/Steinbeck	*Meixner/Steinbeck*, Allgemeines Versicherungsvertragsrecht, 2. Aufl. 2011
MünchAnwHdb. VersR	Münchener Anwaltshandbuch Versicherungsrecht, 2. Aufl. 2008
MünchKomm-BGB	Münchener Kommentar zum BGB, Band1, 6. Aufl. 2012; Band 2, 6. Aufl. 2012; Band 10, 5. Aufl. 2010
MünchKomm-VVG	Münchener Kommentar zum VVG, Band 1, 2010; Band 2, 2011; Band 3, 2009
Neuhaus/Kloth	*Neuhaus/Kloth*, Praxis des neuen VVG, 2. Aufl. 2008
Palandt	*Palandt*, BGB, 72. Aufl. 2013
Prölss, VAG	*Prölss*, Kommentar zum Versicherungsaufsichtsgesetz, 12. Aufl. 2005
Prölss/Martin, 27. Aufl.	*Prölss/Martin*, Kommentar zum Versicherungsvertragsgesetz, 27. Aufl. 2004
Prölss/Martin	*Prölss/Martin*, Kommentar zum Versicherungsvertragsgesetz, 28. Aufl. 2010
Rauscher/Fricke	*Rauscher/Fricke*, Kommentar zum Europäischen Zivilprozess- und Kollisionsrecht, 4. Band, 2011
Reithmann/Martiny	*Reithmann/Martiny*, Internationales Vertragsrecht, 7. Aufl. 2010
Römer/Langheid, 2. Aufl.	*Römer/Langheid*, Kommentar zum VVG, 2. Aufl. 2003
Römer/Langheid	*Römer/Langheid*, Kommentar zum VVG, 3. Aufl. 2012
Saenger	*Saenger*, Gesellschaftsrecht, 2010
Schiek	*Schiek*, Kommentar zum Allgemeinen Gleichbehandlungsgesetz, 2007
Schimikowski	*Schimikowski*, Versicherungsvertragsrecht, 4. Aufl. 2009
Schimikowski, Übungen	*Schimikowski*, Übungen im Versicherungsvertragsrecht, 4. Aufl. 2009
Schwintowski	*Schwintowski*, Fallsammlung zum Privatversicherungsrecht, 1998
Schwintowski/Brömmelmeyer	*Schwintowski/Brömmelmeyer*, Praxiskommentar zum Versicherungsvertragsrecht, 2. Aufl. 2010

Soergel	*Soergel*, Kommentar zum Bürgerlichen Gesetzbuch, 13. Aufl. ab 2000
Staudinger	*Staudinger*, Kommentar zum Bürgerlichen Gesetzbuch mit Einführungsgesetz und Nebengesetzen, 2. Buch Bearb. 2006; Internationales Recht der natürlichen Person und der Rechtsgeschäfte Bearb. 2007; Internationales Vertragsrecht 2, Bearb. 2011
Ulmer/Brandner/Hensen	*Ulmer/Brandner/Hensen*, Kommentar zum AGB-Recht, 11. Aufl. 2011
Veith/Gräfe	*Veith/Gräfe*, Der Versicherungsprozess, 2. Aufl. 2011
VersRHdb.	*Beckmann/Matusche-Beckmann* (Hrsg.), Versicherungsrechts-Handbuch, 2. Aufl. 2009
Vertragsrecht und AGB-Klauselwerke	Vertragsrecht und AGB-Klauselwerke, AVB, Stand: Dezember 2012
Wandt	*Wandt*, Versicherungsrecht, 5. Aufl. 2010
Werber/Winter	*Werber/Winter*, Grundzüge des Versicherungsvertragsrechts, 1986
Wolf/Neuner	*Wolf/Neuner*, Allgemeiner Teil des Bürgerlichen Rechts, 10. Aufl. 2012

1. Teil: Das Privatversicherungsrecht als Rechtsgebiet

§ 1 Die Teilgebiete des Privatversicherungsrechts

A. Überblick

Versicherung bedeutet, auf eine knappe Formel gebracht, dass eine Person (Versicherer) einer anderen Person (Versicherungsnehmer) gegen Zahlung eines Entgelts (Prämie) verspricht, unter vorab festgelegten Voraussetzungen (Versicherungsfall) eine Leistung zu erbringen (vgl. § 1 VVG). Meist geht es dabei darum, dass ein Risikoträger das **Risiko eines höheren Verlusts** (in Gestalt der wirtschaftlichen Folgen eines eintretenden Versicherungsfalls) – untechnisch gesprochen – vertraglich eintauscht gegen die **Gewissheit eines geringeren Verlustes** (in Gestalt der vereinbarten Prämie). 1

Beispiel: Der Eigentümer eines Hausgrundstücks „tauscht“ durch Abschluss eines Gebäudeversicherungsvertrags das Risiko eines Feuerschadens an seinem Haus (Wiederaufbauwert: 300.000 €) gegen die Zahlung eines jährlichen Betrags von 500 € ein. 2

Unter den Begriff der Versicherung fallen über den soeben skizzierten entgeltlichen Risikotransfer hinaus freilich auch Vereinbarungen, aufgrund derer der Versicherer **in jedem Fall** eine von vornherein bestimmte oder bestimmbare Zahlung zu leisten hat und lediglich der konkrete Empfänger und/oder der Zeitpunkt jener Leistung vom Eintritt eines ungewissen Ereignisses abhängt. Diesen Fall umschreibt § 168 VVG als „eine Versicherung, die Versicherungsschutz für ein Risiko bietet, bei dem der Eintritt der Verpflichtung des Versicherers gewiss ist“. 3

Beispiel: In der Kapitallebensversicherung steht fest, dass der Versicherer die vereinbarte Versicherungssumme (regelmäßig erhöht um eine Überschussbeteiligung; s. dazu Rn. 1929) am Ende der Vertragslaufzeit auszuzahlen hat. Die Kapitallebensversicherung ähnelt damit einem Sparvorgang. Das BVerfG hat denn auch die Anwartschaft, die ein Versicherungsnehmer infolge seiner Prämienzahlungen bereits in der Anfangsphase erlangt, unter den Schutz der Eigentumsgarantie des Art. 14 Abs. 1 GG gestellt.[1] Es gehe dabei nämlich nicht allein um die Abdeckung des Versicherungsrisikos, sondern auch um die Bildung von Vermögenswerten (s. dazu Rn. 1950). 4

---

1 BVerfG VersR 2006, 489, 493 f. Rn. 61, 65.

5 Das Privatversicherungsrecht ist eine Teildisziplin der **Versicherungswissenschaft**. Diese umfasst daneben insbesondere die Versicherungsmathematik[2], die Versicherungsökonomie und die Versicherungsmedizin. Bei allen diesen Teildisziplinen handelt es sich ihrerseits um Spezialisierungen innerhalb größerer Fachgebiete (Recht, Ökonomie, Humanmedizin usw.); verbunden werden sie dadurch, dass sie jeweils aus ihrer Perspektive den Transfer von Risiken auf einen Versicherer in den Blick nehmen. So wird ein und derselbe Versicherungsvertrag unter verschiedenen Aspekten beleuchtet: Der **Jurist** beurteilt beispielsweise die Vertragswirksamkeit, die Rechte und Pflichten der Vertragsparteien, die Eingriffsbefugnisse der Aufsichtsbehörden oder auch den Pflichtenkreis von Versicherungsvorständen. Der **Ökonom** entwickelt z.B. Modelle zum Nachfrageverhalten der Versicherungsnehmer; zudem beurteilt er die Solvabilität (finanzielle Leistungsfähigkeit) des Versicherers. Der **Mathematiker** – den man bei einer Spezialisierung auf Versicherungsfragen als Aktuar bezeichnet – befasst sich gleichfalls mit Solvabilitätsfragen, zudem etwa mit der Kalkulation der Prämie sowie mit der Rücklagenbildung. Der **Mediziner** prüft in manchen Versicherungszweigen wie insbesondere der Kranken-, der Pflege-, der Unfall-, der Lebens- und der Berufsunfähigkeitsversicherung, welches Risiko ein Antragsteller hat, ob der Versicherungsfall eingetreten ist und welche Leistungen des Versicherers ggf. medizinisch notwendig sind. Zu den genannten vier zentralen Teildisziplinen kommt noch eine ganze Reihe weiterer Wissenschaftszweige hinzu, die für die Versicherung von Risiken eine Rolle spielen. Als herausragendes Beispiel sei die **Klimafolgenforschung** angeführt; sie ist insbesondere für die Einschätzung von Naturkatastrophenrisiken und damit für einen wichtigen Kalkulationsfaktor zur Prämienbemessung in manchen Versicherungszweigen bedeutsam. Zudem steuern etwa auch die **Ingenieurwissenschaften** wichtige Erkenntnisse zur Risikobewertung sowie zur Schadensregulierung bei.

6 Im Mittelpunkt des Privatversicherungsrechts und damit auch dieses Lehrbuchs steht das **Versicherungsvertragsrecht**, das ein Bestandteil des **Zivilrechts** und hier des **besonderen Schuldvertragsrechts** ist. Es ist im Wesentlichen im Versicherungsvertragsgesetz (VVG) geregelt. Jenes Gesetz erfasst alle privatrechtlichen Rechtsverhältnisse, die eine Versicherung zum Gegenstand haben. Dazu zählt insbesondere das durch den Abschluss eines Versicherungsvertrags begründete Rechtsverhältnis zwischen den daran beteiligten Vertragspartnern, nämlich Versicherer und Versicherungsnehmer. Darüber hinaus können aufgrund eines Versicherungsvertrags jedoch auch Rechtsbeziehungen zu Dritten begründet werden.

7 **Beispiel:** Hausratversicherer V ersetzt seinem Versicherungsnehmer A den durch einen Wohnungseinbruch entstandenen Schaden. Im Umfang der erbrachten Versicherungsleistung erlangt V infolgedessen den deliktsrechtlichen

2 Die berufsständische Vertretung der Versicherungs- und Finanzmathematiker ist die Deutsche Aktuarvereinigung (https://aktuar.de).

Anspruch des A gegen den für den Hausratschaden verantwortlichen Einbrecher im Wege eines gesetzlichen Forderungsübergangs (Legalzession nach § 86 Abs. 1 S. 1 VVG; s. dazu Rn. 1345ff.). Auch dieses gesetzlich begründete Schuldverhältnis zählt zum Versicherungsvertragsrecht.

Zudem gibt es im Privatversicherungsrecht – ähnlich wie im Bankrecht und anders als in den meisten anderen Wirtschaftszweigen – auch ein spezielles Aufsichtsrecht. Das **Versicherungsaufsichtsrecht** (s. Rn. 19ff.) ist Bestandteil des öffentlichen Wirtschaftsrechts; seine Existenz trägt der herausragenden Bedeutung von Versicherungsschutz für Verbraucher, aber auch für andere Risikoträger sowie für die Gesamtwirtschaft (s. Rn. 195ff.) Rechnung. Als weitere zivilrechtliche Teildisziplin kommt das **Versicherungsunternehmensrecht** (s. Rn. 34ff.) hinzu. Es betrifft die verbandsrechtliche Organisation des Versicherers, die gegenüber anderen Unternehmen bestimmten Sonderregeln und insbesondere Einschränkungen der freien Rechtsformwahl unterliegt. Das **Versicherungskartellrecht** (s. Rn. 55ff.) regelt den Wettbewerb unter Versicherern. Besondere Vorschriften betreffen schließlich die Frage, welches Recht auf einen bestimmten Versicherungsvertrag anzuwenden ist. Diese Regeln sind nicht Bestandteil des im Kern durch das VVG geprägten nationalen materiellen Versicherungsvertragsrechts, sondern des sog. Internationalen Privatrechts (synonym: Kollisionsrecht). Wer für die Beurteilung einer Rechtsfrage das deutsche VVG heranzieht, hat stets – zumindest unbewusst – bereits eine Regel des **Internationalen Versicherungsvertragsrechts** (s. Rn. 2040ff.) angewendet. Dieses Rechtsgebiet ist seit dem 17.12.2009 im Wesentlichen in der Rom I-VO und dort insbesondere in Art. 7 als einer Spezialvorschrift für Versicherungsverträge geregelt. 8

B. Die einzelnen Disziplinen

I. Versicherungsvertragsrecht

Das für das Versicherungsvertragsrecht in erster Linie maßgebliche VVG regelt die **privaten Versicherungsverträge.** Dabei geht es mithin um solche Versicherungsverhältnisse, die in Ausübung der Privatautonomie durch aufeinander bezogene Willenserklärungen gem. §§ 145ff. BGB zustande kommen. Darunter fallen freilich auch solche Verträge, zu deren Abschluss eine Partei auf Verlangen der anderen verpflichtet ist (**Kontrahierungszwang**) oder deren Abschluss für die Ausübung einer bestimmten Tätigkeit vorgeschrieben wird (**Pflichtversicherung**). Dem Bereich der Pflicht-Haftpflichtversicherung widmet das reformierte VVG erstmals einen eigenen Abschnitt (§§ 113–124 VVG; s. dazu Rn. 1668ff.). Auch hierbei, etwa bei der Kfz-Pflichtversicherung, wo ein Kontrahierungszwang des Versicherers und eine Versicherungspflicht des Versicherungsnehmers sogar zusammentreffen, handelt es sich um private Versicherungsverträge. Kontrahierungszwänge sind im privatenVersicherungssektor freilich eher selten anzutreffen (s. dazu Rn. 601ff.); die gerade genannte Kfz- 9

Pflichtversicherung ist bereits der herausragende Anwendungsfall. Regeln, die eine Versicherungspflicht anordnen, finden sich hingegen in einer Vielzahl von Gesetzen und Satzungen.

10 **Beispiel:** Nach näherer Maßgabe von § 51 BRAO ist ein **Rechtsanwalt** verpflichtet, eine Berufshaftpflichtversicherung abzuschließen. Er hat diesen Versicherungsschutz auch während der Dauer seiner Zulassung aufrechtzuerhalten. Die Zulassungsurkunde darf erst ausgehändigt werden, wenn der Abschluss der Haftpflichtversicherung nachgewiesen oder eine vorläufige Deckungszusage (zu ihr s. Rn. 947ff.) vorgelegt ist (§ 12 Abs. 2 BRAO). Unterhält der Rechtsanwalt die Versicherung nicht mehr, so ist seine Zulassung zur Rechtsanwaltschaft zu widerrufen (§ 14 Abs. 2 Nr. 9 BRAO). Auch jenseits der Haftpflichtversicherung gibt es gesetzliche Versicherungspflichten (vgl. § 193 Abs. 3 VVG für die Krankenversicherung).

11 Das VVG ist eine **moderne Kodifikation**, seit es mit Wirkung zum 1.1.2008 grundlegend reformiert wurde. Dabei handelt es sich um die erste umfassende Reform des Gesetzes seit dessen Inkrafttreten im Jahr 1908, also einhundert Jahre zuvor. Die **VVG-Reform 2008**[3] war gründlich vorbereitet worden. Im Jahr 2000 hatte die damalige Bundesministerin der Justiz eine Kommission zur Reform des Versicherungsvertragsrechts (**VVG-Reformkommission**) eingesetzt, die nach einem Zwischenbericht von 2002 im Jahr 2004 ihren **Abschlussbericht**[4] vorgelegt hat. Der VVG-Reformkommission gehörte eine Reihe von Hochschullehrern und Praktikern (Richter, Rechtsanwälte, Verbandsvertreter) an, die einen Tätigkeitsschwerpunkt im Versicherungsvertragsrecht haben. Zudem wurde aber auch auf ministerieller Ebene an einem **Regierungsentwurf**[5] gearbeitet, der viele Vorschläge der VVG-Reformkommission übernommen hat, sich in wesentlichen Punkten aber auch von deren Abschlussbericht unterscheidet (s. etwa Rn. 1949 zum Mindestrückkaufswert in der kapitalbildenden Lebensversicherung). Der Regierungsentwurf wurde im Herbst 2006 vorgestellt; er entspricht im Wesentlichen dem sodann im November 2007 vom Bundestag verabschiedeten Gesetz.[6] Aus der **Begründung** zu jenem Regierungsentwurf lassen sich wichtige Anhaltspunkte für den Willen des Gesetzgebers entnehmen. Ergänzend sind auch die Ausführungen der VVG-Reformkommission weiterhin für die Auslegung des reformierten VVG von Interesse. Dies gilt nicht allein für diejenigen Vorschläge der Kommission, die in mehr oder minder unveränderter Gestalt ins Gesetz übernommen worden sind, sondern gerade auch für solche Anregungen, die der Gesetzgeber nicht aufgegriffen hat. In sol-

3 Überblicke zu den wesentlichen Änderungen bei *Bruns*, in: FS Blaurock, 2013, S. 59ff.; *Römer/Klimke*, VVG 2008 (Beck'sche Textausgaben), 2008, S. 3ff.

4 *E. Lorenz* (Hrsg.), Abschlussbericht der Kommission zur Reform des Versicherungsvertragsrechts vom 19. April 2004, VersR-Schriftenreihe Band 25, 2004.

5 BT-Drucks. 16/3945.

6 http://dip.bundestag.de/btd/16/058/1605862.pdf

chen Fällen lässt sich nämlich aus dem Umstand, dass in Kenntnis des Vorschlags eine abweichende Regelung getroffen worden ist, auf eine bestimmte Gestaltungsabsicht schließen, die z.B. der Annahme einer planwidrigen Regelungslücke entgegenstehen kann.

Die Gesetzesreform von 2008 hat in einer ganzen Reihe grundlegender Fra- 12
gen **Änderungen** gegenüber dem früheren Recht gebracht. Dies gilt es stets zu beachten, wenn man Gerichtsentscheidungen und Literatur heranzieht, die sich auf das alte Recht beziehen. Generell war die Reform erklärtermaßen von dem Ziel bestimmt, die **Rechtsposition des Versicherungsnehmers** zu verbessern (s. dazu etwa Rn. 341, 779, 786ff., 1014, 1468).

Diese versicherungsnehmerfreundliche Zielsetzung lässt sich an einer Viel- 13
zahl von Neuregelungen ablesen. So betrifft eine wesentliche Änderung das **Recht der Obliegenheiten**, also bestimmter vom Versicherungsnehmer zu beachtender Verhaltensregeln (näher Rn. 1488ff.). Der Gesetzgeber hat, insoweit einem Vorschlag der VVG-Reformkommission folgend, ein weitgehend einheitliches System des Rechts der Obliegenheiten geschaffen. Dabei werden fahrlässige Obliegenheitsverstöße deutlich weniger scharf sanktioniert als dies nach altem Recht der Fall war.[7] So verliert der Versicherungsnehmer selbst dann den Versicherungsschutz nicht automatisch in vollem Umfang, wenn er eine ihn treffende Obliegenheit grob fahrlässig verletzt und sich dies auf Eintritt oder Feststellung des Versicherungsfalls oder auf die Feststellung oder den Umfang der Leistungspflicht des Versicherers auswirkt. Vielmehr gesteht der Gesetzgeber dem Versicherer nur mehr ein Kürzungsrecht zu, das lediglich ausnahmsweise zum völligen Wegfall der Leistungspflicht führt (**Abkehr vom Alles-oder-nichts-Prinzip**; s. dazu Rn. 338ff.). Daneben sind die Regelungen zum **Vertragsschluss** (Rn. 844ff.) vereinheitlicht, Vorschriften über die **vorläufige Deckung** (Rn. 947ff.) eingeführt und eine Pflicht des Versicherers zur bedarfsgerechten **Beratung** (Rn. 718ff.) statuiert worden.

Nicht im Gesetzgebungsverfahren aufgegriffen wurde der Vorschlag der 14
VVG-Reformkommission, eine **generelle Regelung zur Bedingungsanpassung** in das VVG aufzunehmen.[8] Auch hat der Gesetzgeber bewusst darauf verzichtet, das **Geschäftsmodell** der Versicherung normativ festzuschreiben. Der hierzu bestehende Theorienstreit (s. Rn. 1103ff.) bleibt damit auch für die Versicherungspraxis aktuell, wenngleich sich seine praktischen Auswirkungen in Grenzen halten.

Das Recht der **Versicherungsvermittlung** (s. Rn. 630ff.) ist, soweit es um 15
berufsrechtliche Regelungen geht, dem Gewerberecht zuzuordnen. Dementsprechend finden sich Vorgaben hierzu in der GewO. Zugleich umfasst dieses Rechtsgebiet jedoch auch eine ganze Reihe von Themen, die das Versicherungsverhältnis betreffen. Zu nennen sind insbesondere Beratungs-, Vertretungs-, Zurechnungs- und Haftungsfragen. Der Gesetzgeber trägt dem Rechnung, in-

7 Vgl. Abschlussbericht (Fn. 4), S. 316.
8 Vgl. Regierungsbegr., BT-Drucks. 16/3945, S. 250f.

dem er diese Fragen in den §§ 59–73 VVG geregelt hat (s. dazu Rn. 648ff.). Dabei handelt es sich im Wesentlichen um die Umsetzung der europäischen Vermittlerrichtlinie (s. Rn. 636ff.).

16 Auch jenseits der §§ 59–73 VVG beruhen nicht wenige Vorschriften des VVG auf **europäischem Richtlinienrecht**. Zwar sind bislang keine umfassenden Richtlinienvorgaben zum Versicherungsvertragsrecht vorhanden (zu den Principles of European Insurance Contract Law s. Rn. 2033ff.). Indessen betreffen einige vertragstypübergreifende **allgemeine Richtlinien** bestimmte Teilaspekte dieses Rechtsgebiets. Das gilt teils bereits für den Vertragsschluss; hierzu sieht insbesondere die Fernabsatzrichtlinie – anders als etwa die Haustürwiderrufsrichtlinie oder die neue Verbraucherrechte-Richtlinie (zu ihr s. Rn. 888) – keine Bereichsausnahme für Versicherungsverträge vor. Von besonderer Bedeutung für den Versicherungssektor ist die Klauselrichtlinie (zur AVB-Kontrolle s. Rn. 535ff.). Spezifisch **versicherungsvertragsbezogene Richtlinien** gibt es zur Schadensversicherung, zur Lebensversicherung, zur Kfz-Versicherung, zur Rechtsschutzversicherung sowie – wie in Rn. 15 erwähnt – zum Recht der Versicherungsvermittlung (zu allen s. Rn. 2028ff.).

17 Eine Bereichsausnahme sieht das VVG in seinem § 209 für die **Rückversicherung** (s. Rn. 65ff.) vor. Hierbei geht es um einen hoch professionellen Markt, in dem sich erfahrene Vertragspartner gegenüberstehen, so dass der Gesetzgeber zu Recht keinen Anlass für eine Regulierung gesehen hat. Nach § 209 VVG gilt das Gesetz zudem nicht für die **Seeversicherung**. Jene Versicherungssparte stand am Anfang des gesamten Versicherungswesens (s. Rn. 159f.). Sie war bis zur VVG-Reform noch im Handelsrecht geregelt (§§ 778–900 HGB a.F.). In der Praxis kam jenen zahlreichen und detaillierten Vorschriften freilich keine Bedeutung zu; vielmehr wurden die Verträge ebenso, wie dies heute noch der Fall ist, auf der Grundlage der Allgemeinen Deutschen Seeversicherungsbedingungen (ADS) geschlossen. Diese werden durch die für die Seeversicherung bedeutsamen internationalen Standards geprägt. Der deutsche Gesetzgeber hat sich entschieden, im Zuge der VVG-Reform die handelsrechtlichen Regelungen **ersatzlos zu streichen** und sie insbesondere auch nicht ins VVG aufzunehmen, um keine Verwirrung zu stiften.[9] In der Tat könnte eine gesetzliche Normierung als Leitbild i.S. von § 307 Abs. 2 Nr. 1 BGB verstanden werden, ohne dass die typischerweise hoch professionellen Versicherungsnehmer von Seeversicherungsverträgen ein entsprechendes Schutzbedürfnis hätten.

18 Keine umfassende Bereichsausnahme, sondern lediglich eine Befreiung von den die Vertragsfreiheit beschränkenden Vorschriften des VVG ist für Verträge über **Großrisiken** (s. Rn. 96) sowie für die **laufende Versicherung** (s. Rn. 1239) vorgesehen. In sehr begrenztem Umfang wird das Gesetz durch § 211 VVG für Pensionskassen, **kleinere VVaGs** (s. Rn. 38ff.) sowie **Lebens- und Unfallversicherungen mit kleineren Beiträgen** für unanwendbar erklärt. Was die insoweit

9 Regierungsbegr., BT-Drucks. 16/3945, S. 115.

maßgebliche Beitragsgrenze angeht, so kann der für die Sterbegeldversicherung gem. § 150 Abs. 4 VVG von der Aufsichtsbehörde festgesetzte Betrag als Anhaltspunkt dienen; dieser liegt derzeit bei 8.000 €.[10]

II. Versicherungsaufsichtsrecht

Literatur

Armbrüster, Auswirkungen der Neuregelungen im Versicherungsaufsichtsrecht auf das Gesellschaftsrecht, insbesondere Geschäftsleiterhaftung und Managementvergütung, ZVersWiss 2011, 639; *ders.*, Haftung der Geschäftsleiter bei Verstößen gegen § 64 a VAG, VersR 2009, 1293; *ders.*, Neue Vorgaben zur Managervergütung im Versicherungssektor, VersR 2011, 1; *Bähr* (Hrsg.), Handbuch des Versicherungsaufsichtsrechts, 2011; *Bürkle*, Die rechtlichen Auswirkungen der MaRisk VA auf die Geschäftsorganisation von Versicherungsunternehmen, VersR 2009, 866; *ders.*, Neues Aufsichtsrecht für Aufsichtsräte durch den Regierungsentwurf zum 10. VAG-Änderungsgesetz, ZVersWiss 2012, 493; *Derks*, Der Gleichbehandlungsgrundsatz im Versicherungsaufsichtsrecht: eine Untersuchung zu der Frage, ob Versicherungsaktiengesellschaften ebenso wie Versicherungsvereine auf Gegenseitigkeit zur gleichmäßigen Behandlung der Versicherten verpflichtet sind, 2002; *Dreher*, Das Risikomanagement nach § 64a VAG und Solvency II, VersR 2008, 998; *ders.*, Die aufsichtsbehördliche Kontrolle der Inhaber von Schlüsselfunktionen nach Solvency II und künftigen VAG, VersR 2012, 1061; *Dreher/Lange*, Die Vollharmonisierung der Versicherungsaufsicht durch Solvency II, VersR 2011, 825; *Egbers*, Die Solvabilitätsvorschriften im Banken- und Versicherungsaufsichtsrecht, 2002; *X. Ernst*, Rechtsstaatlichkeit im Versicherungsaufsichtsrecht, 2013; *Winter*, Versicherungsaufsichtsrecht – kritische Betrachtungen, 2007; *Zöbisch*, Solvency II: Risikoadäquanz von Standardmodellen: eine Analyse aus Sicht eines Schaden-Spezialversicherers, 2009.

Das Versicherungsaufsichtsrecht ist eine Materie des **öffentlichen Wirtschaftsrechts**. Verschiedene Wirtschaftszweige, darunter neben dem Versicherungswesen namentlich auch das Kredit- sowie das Wertpapierwesen, unterliegen staatlicher Regulierung. Dafür, dass der Versicherungssektor zu den regulierten Wirtschaftszweigen zählt, lassen sich verschiedene Gründe ausmachen: Das Versicherungswesen hat herausragende gesamt- und einzelwirtschaftliche Bedeutung (s. Rn. 178ff.); sein Geschäftsgegenstand ist ein komplexes, für die Versicherungsnehmer oft kaum verständliches **Rechtsprodukt** (s. Rn. 111); dieses erfordert umfangreiche Kapitalanlagen; nicht zuletzt gebietet es die Langfristigkeit der eingegangenen Leistungsversprechen, dass die Unternehmen als Schuldner auf einer soliden Grundlage stehen. Auf europäischer Ebene wird es seit einigen Jahren unternommen, das Versicherungsaufsichtsrecht weitgehend neu zu gestalten. Diese unter dem Schlagwort **„Solvency II"** stehenden Arbeiten werden hier im Kontext der europäischen Rechtsentwicklung erörtert (s. Rn. 2022ff.). Die Umsetzung der Solvency II-Richtlinie wird zu tiefgreifenden Änderungen des VAG führen. 19

Das heutige VAG hat seinen Ursprung in einem Vorgängergesetz von 1901; die **Kodifizierung des Aufsichtsrechts** ist mithin älter als diejenige des Ver- 20

---

10 VerBAV 2001, 133.

tragsrechts von 1908. Das VAG vereint Vorschriften über die Voraussetzungen, unter denen das Versicherungsgeschäft in Deutschland betrieben werden darf (s. Rn. 22), und über die laufende Aufsicht über Versicherungsunternehmen (s. Rn. 24) mit der Regelung des Verbandsrechts des VVaG als einer der zugelassenen Unternehmensformen (s. Rn. 38ff.). Im Mittelpunkt des Aufsichtsrechts steht das Ziel, die **dauerhafte Erfüllbarkeit** der von den Versicherern eingegangenen Verpflichtungen zu gewährleisten (s. nur §§ 53c Abs. 1 S. 1, 81 Abs. 1 S. 5, 81b Abs. 2a S. 1 VAG).

21 Verstößt ein Versicherungsvertrag gegen aufsichtsrechtliche Vorgaben, so berührt dies regelmäßig nicht die **privatrechtliche Wirksamkeit** der Abrede oder gar des gesamten Vertrages. So handelt es sich etwa bei den besonderen Gleichbehandlungsgeboten (s. Rn. 288ff.) nicht um Verbotsgesetze i.S. von § 134 BGB. Dasselbe gilt hinsichtlich des Provisionsabgabeverbots (s. Rn. 299).[11] Durch die Abrede mit einem Vermittler über eine Weitergabe der Provision werden nämlich die Belange der Versichertengemeinschaft – insbesondere: der Schutz der Bonität des Versicherers – nicht berührt. Vielmehr geht es um allgemeine Interessen des Verbraucherschutzes und um die finanziellen Interessen der Vermittler, deren Durchsetzung nicht die Nichtigkeit nach § 134 erfordert. Allerdings können Verstöße gegen derartige Ge- oder Verbote **aufsichtsrechtliche Sanktionen** nach sich ziehen (s. insbesondere §§ 81ff. VAG).

22 Das Versicherungsaufsichtsrecht enthält eine Reihe von Einschränkungen, die sich auf die Aufnahme des Geschäftsbetriebs und auf die Art und Weise beziehen, in der dieser durchgeführt wird. Zum Betreiben des Versicherungsgeschäfts ist – anders als für die meisten anderen privatwirtschaftlichen Betätigungen – eine staatliche Erlaubnis notwendig (**Konzessionsprinzip**). Im Verfahren zur Erteilung der Erlaubnis nach § 5 VAG wird überprüft, ob ein antragstellendes Unternehmen die gesetzlichen Anforderungen an den Betrieb des Versicherungsgeschäfts erfüllt. Zu jenen Voraussetzungen gehört neben der Wahl einer zugelassenen Unternehmensform (s. Rn. 34ff.) insbesondere die Einhaltung des **Spartentrennungsprinzips**. Grundsätzlich kann ein und derselbe Versicherer in beliebig vielen Versicherungssparten (zum Begriff s. Rn. 76) gleichzeitig tätig werden. Dies gilt hingegen nicht für die Lebensversicherung (§ 8 Abs. 1a S. 1 VAG); sie darf ein Unternehmen nur als einzige Sparte betreiben. Ebenso ist die Rechtslage in der sog. substitutiven, d.h. an die Stelle einer gesetzlichen Krankenversicherung tretenden Krankenversicherung (§ 8 Abs. 1a S. 2 VAG; s. dazu Rn. 2002). Durch das Erfordernis der Spartentrennung sollen die Versicherten in den beiden genannten, **sozialpolitisch besonders bedeutsamen Versicherungssparten** davor geschützt werden, dass ihre Belange beeinträchtigt werden, etwa infolge von Quersubventionierungen einer Sparte durch eine andere.

23 Weniger einschneidend als die Spartentrennung ist die in § 8a VAG vorgeschriebene **Funktionstrennung** in der Rechtsschutzversicherung. Demnach

11 BGHZ 159, 334, 338ff. = NJW-RR 2004, 1545, 1546f.; *Armbrüster*, in: MünchKomm-VVG, § 134 Rn. 68; a.A. OLG Köln VersR 1991, 1373f.; *E. Schwarz* NJW 1995, 491, 494ff.

muss ein Rechtsschutzversicherer, der zugleich das Geschäft in anderen Versicherungssparten betreibt, die Schadensabwicklung einem anderen Unternehmen übertragen. Dadurch sollen die Versicherten davor bewahrt werden, dass es beim Versicherer zu Interessenkollisionen kommt, wenn ein und derselbe Schadensfall mehrere bei ihm bestehende Versicherungsverhältnisse (z.B. neben der Rechtsschutz- auch eine Haftpflichtversicherung) betrifft (s. näher Rn. 1778ff.).

Hat ein Unternehmen die Erlaubnis zum Betrieb von Versicherungsgeschäften nach § 5 VAG erlangt, so ist damit die Beaufsichtigung nicht beendet. Vielmehr setzt sodann eine **laufende Aufsicht** über den Geschäftsbetrieb ein. Die Regelungen über die Zugangsaufsicht und die laufende Aufsicht finden sich im VAG nebst Anlagen; sie werden durch Verordnungen, Rundschreiben und sonstige Verlautbarungen der Aufsichtsbehörde (s. Rn. 27) konkretisiert. Zentrale Rechtsgrundlage für die laufende Beaufsichtigung des gesamten Geschäftsbetriebs der Versicherungsunternehmen ist § 81 VAG. Demnach hat die Behörde den Geschäftsbetrieb „im Rahmen einer rechtlichen Aufsicht allgemein und einer Finanzaufsicht im besonderen" zu überwachen. 24

Die **Rechtsaufsicht** beinhaltet insbesondere die Einhaltung der objektivrechtlichen Anforderungen an den Geschäftsbetrieb; hierzu zählt auch die Verwendung wirksamer AVB. 25

Bei der **Finanzaufsicht** geht es darum, die dauernde Erfüllbarkeit der Verpflichtungen zu gewährleisten, die ein Versicherer durch den Abschluss von Versicherungsverträgen eingegangen ist (§ 81 Abs. 1 S. 5 VAG). Hierbei spielen vor allem die Bildung versicherungstechnischer Rückstellungen, die Kapitalanlage in geeigneten Vermögenswerten (s. dazu Rn. 241), die Einhaltung kaufmännischer Grundsätze, eine angemessene interne Kontrolle sowie die **Solvabilität** der Versicherungsunternehmen eine Rolle. 26

Seit dem 1.5.2002 werden die Aufgaben der Versicherungsaufsicht durch die damals neu gegründete Bundesanstalt für Finanzdienstleistungsaufsicht (**BaFin**; zu ihr s. Rn. 126ff.) wahrgenommen. Für Versicherungsgeschäfte ist der Bonner Dienstsitz zuständig. Für Unternehmen mit (Haupt-)Sitz in einem Mitgliedstaat der Europäischen Union gilt grundsätzlich das **Sitzlandprinzip**. Demnach ist die Aufsichtsbehörde desjenigen Landes, in dem ein Versicherungsunternehmen seinen Sitz hat, für die Überwachung des Geschäftsbetriebs dieses Unternehmens zuständig, auch sofern jener Betrieb in einem anderen Staat stattfindet (s. §§ 85, 110a VAG). Eine von einer anderen Aufsichtsbehörde erteilte Erlaubnis zum Geschäftsbetrieb ist damit für den gesamten Bereich der Europäischen Union gültig (*single licence*; s. auch Rn. 2020). 27

Zu den Aufgaben der BaFin gehört es insbesondere, auf die „ausreichende Wahrung der Belange der Versicherten" zu achten (vgl. § 81 Abs. 1 S. 2 VAG).[12] Wenn das VAG hier und an anderer Stelle von **Versicherten** spricht, ist damit jeder Träger eines versicherten Interesses gemeint, also auch der Versicherungsnehmer bei der Eigenversicherung (zur Terminologie s. Rn. 61ff., 70ff.). 28

12 Zum Umfang der materiellen Versicherungsaufsicht instruktiv *Bürkle*, VersR 2011, 1469ff.

29 Jeder Versicherungsnehmer kann sich mit Beschwerden über die von der BaFin beaufsichtigten Unternehmen an die Aufsichtsbehörde wenden. Bei diesem **Beschwerderecht** handelt es sich um eine Ausprägung des in Art. 17 GG garantierten Petitionsrechts gegenüber den zuständigen Stellen. Eine Beschwerde bietet der BaFin Anlass zu prüfen, ob sie im Rahmen der Missstandsaufsicht gegenüber dem betreffenden Versicherungsunternehmen tätig werden soll. Das Beschwerderecht steht dem Versicherungsnehmer alternativ zu der Möglichkeit offen, eine Beschwerde bei einem **Ombudsmann** einzulegen. Allerdings findet ein Verfahren vor dem Versicherungsombudsmann (s. Rn. 147ff.) nicht statt, wenn der Beschwerdegegenstand bei der Versicherungsaufsicht anhängig ist oder während des Ombudsmannverfahrens anhängig gemacht wird (§ 2 Abs. 3 lit. e VomVO[13]).

30 Bisweilen stellt sich die Frage, ob die BaFin die Versicherungsnehmer über bestimmte Rechte **aufzuklären** oder zumindest die Versicherer hierzu anzuhalten hat.

31 **Beispiel:** Der BGH hat eine in Versicherungsverträgen verwendete Klausel für gem. § 307 BGB unwirksam erklärt. Für Versicherungsnehmer können sich infolgedessen Zahlungsansprüche ergeben.

32 Für eine **Informationspflicht** seitens der Versicherungsaufsichtsbehörde besteht in solchen Fällen nach überzeugender Ansicht[14] keine Rechtsgrundlage. Dementsprechend gibt es auch für die BaFin keinen Anlass, insoweit im Rahmen der Rechtsaufsicht gegenüber den betroffenen Versicherern tätig zu werden. Es wäre umgekehrt sogar bedenklich, wenn die BaFin hier handelte, da die Missstandsaufsicht nach § 81 Abs. 2 S. 1 VAG keine **einseitige Parteinahme** für die anspruchsberechtigten Versicherungsnehmer und damit gegen die Interessen des Versicherers und ggf. auch gegen die Interessen der nicht anspruchsberechtigten Versicherungsnehmer desselben Kollektivs – deren Überschussbeteiligung sinken oder deren Prämien steigen könnten – bedeutet.

33 Als praktisch besonders bedeutsam haben sich die aufsichtsrechtlichen Regeln für die **Bestandsübertragung** erwiesen. Dabei geht es um Verträge, durch die ein Versicherer einen Versicherungsbestand ganz oder teilweise auf einen anderen Versicherer überträgt. Dies kommt bisweilen bei Umstrukturierungen innerhalb von Versicherungskonzernen vor; eine große Rolle spielt die Bestandsübertragung darüber hinaus bei der sog. De-Mutualisierung von VVaGs (s. Rn. 41f.). Der Gesetzgeber macht Bestandsübertragungsverträge in § 14 Abs. 1 VAG von einer aufsichtsbehördlichen Genehmigung abhängig. Diese Genehmigung hat die BaFin nur dann zu erteilen, wenn die Belange der Versicherten gewahrt und die Verpflichtungen aus den Verträgen dauerhaft erfüllbar sind. Bei Lebensversicherungsverträgen geht es hier insbesondere darum sicherzustellen, dass der Wert der Überschussbeteiligung (s. Rn. 1929) sich infolge der

13 Verfahrensordnung des Versicherungsombudsmanns, Stand: 18.11.2010.
14 *Bürkle*, DStR 2006, 910, 911f.; a.A. *Schwintowski*, DStR 2006, 429, 432f.

Bestandsübertragung nicht verändert. Dies folgt aus der Eigentumsgarantie des Art. 14 Abs. 1 GG. Das BVerfG hat entschieden, dass dem Versicherungsnehmer die durch seine Prämienzahlungen geschaffenen **Vermögenswerte** erhalten bleiben müssen; zudem ist ein angemessener Ausgleich für den Verlust der Mitgliedschaft in einem VVaG zu leisten (s. Rn. 42).

III. Versicherungsunternehmensrecht

Literatur

Armbrüster, Die Mitgliedschaft im VVaG, in: Bürkle (Hrsg.): Rechtliche Rahmenbedingungen für Versicherungsvereine auf Gegenseitigkeit, 2008, S. 29; *Benkel*, Der Versicherungsverein auf Gegenseitigkeit, 2002; *Dreher/Schaaf*, Versicherungsunternehmensrecht und Risikomanagement, WM 2008, 1765; *Louven/Raapke*, Aktuelle Entwicklungen in der Corporate Governance von Versicherungsunternehmen, VersR 2012, 257; *Petersen*, Versicherungsunternehmensrecht, 2003; *R. Schmidt*, Versicherungsunternehmensrecht, 3. Aufl. 1991; ders., Versicherungsunternehmensrecht – Wettbewerbsrecht, 2. Aufl. 1995.

1. Überblick

Das Versicherungsunternehmensrecht ist in Deutschland durch einen strengen **numerus clausus der Rechtsformen** geprägt. Dieser ist im Aufsichtsrecht geregelt, nämlich in § 7 Abs. 1 VAG. Demnach darf nur Aktiengesellschaften (AGs) einschließlich der Europäischen Aktiengesellschaft (Societas Europaea; SE), Versicherungsvereinen auf Gegenseitigkeit (VVaGs) sowie Körperschaften und Anstalten des öffentlichen Rechts die Erlaubnis zum Betrieb von Versicherungsgeschäften erteilt werden. Der **VVaG** als genossenschaftsähnliche Spezialform des Vereins hat in den §§ 15ff. VAG eine Regelung gefunden. Die für die **AG** maßgeblichen Vorschriften sind im AktG enthalten. Bei der **SE** schließlich handelt es sich um eine junge europäische Gesellschaftsform, die strukturell und funktional mit der Aktiengesellschaft vergleichbar ist. Die SE ist durch die europäische SE-Verordnung[15] weitgehend einheitlich geregelt. Freilich hat der Verordnungsgeber darauf Rücksicht genommen, dass die Rechtstraditionen in den Mitgliedstaaten einige markante Unterschiede aufweisen. Dies gilt insbesondere hinsichtlich der Frage, ob Geschäftsführungs- und Aufsichtsfunktionen auf ein Organ konzentriert (*one tier system*) oder auf zwei Organe verteilt sind (*two tier system*, z.B. in Deutschland auf Vorstand und Aufsichtsrat). Zudem unterscheidet sich das deutsche System der Mitbestimmung von Arbeitnehmern bei der Unternehmensführung, das in Gestalt von Entsenderechten in den Aufsichtsrat verwirklicht wird, von den meisten anderen europäischen Rechtsordnungen; auch dieser Besonderheit trägt die SE-Verordnung Rechnung. Per 31.12.2010 betrieben in Deutschland 34

15 Verordnung (EG) Nr. 2157/2001 des Rates vom 8.10.2001 über das Statut der Europäischen Gesellschaft (SE), ABl. 2001 L 294, 1.

304 AGs, 265 VVaGs und 17 öffentlich-rechtliche Unternehmen das Versicherungsgeschäft.[16] Einige einstmals als AG organisierte Versicherungsunternehmen sind mittlerweile in SEs umgewandelt worden, darunter die Holding (Muttergesellschaft) der *Allianz* als des größten europäischen Erstversicherungskonzerns und die *Munich Re* als der weltgrößte Rückversicherer (zu diesem Trend s. Rn. 176).

35 Der Gesetzgeber verfolgt damit, dass er die zulässigen Rechtsformen gegenüber den wesentlich breiteren Wahlmöglichkeiten für die meisten anderen unternehmerischen Betätigungen beschränkt, ein besonderes Anliegen: Es geht darum sicherzustellen, dass Versicherungsunternehmen eine **solide finanzielle Grundlage** haben. Personengesellschaften (BGB-Gesellschaft, OHG, KG) erweisen sich unter diesem Gesichtspunkt bereits deshalb von vornherein als ungeeignet, weil bei ihnen keinerlei Mindestkapital gesetzlich vorgeschrieben ist. Unter den Kapitalgesellschaften hat die Aktiengesellschaft im Vergleich zur GmbH unter dem Blickwinkel dauerhafter Stabilität nicht nur den Vorzug, dass die Anforderungen an das Mindestkapital höher sind (50.000 € gegenüber 25.000 € oder – bei der durch das MoMiG eingeführten Unternehmergesellschaft (haftungsbeschränkt) i.S. von § 5a GmbHG – sogar zunächst 0 €); zudem und vor allem stehen ihr über die Wertpapierbörsen ein organisierter Kapitalmarkt und damit der Zugang zu neuem Kapital offen.

36 Die Absicherung gegen Risiken wird außer in den durch § 7 Abs. 1 VAG zugelassenen Rechtsformen auch auf andere Weise praktiziert. Eine Auflistung **weiterer Risikoabsicherungssysteme** findet sich in § 1 Abs. 3 VAG. Beispielhaft seien hier kommunale Schadensausgleichsvereine oder berufsständische Unterstützungs- und Versorgungseinrichtungen genannt. Derartige Einrichtungen unterliegen nicht der Versicherungsaufsicht. Das ist für die der betrieblichen Altersversorgung dienenden Pensionsfonds (§ 112 VAG) und für Versicherungs-Zweckgesellschaften (§ 121g VAG) zwar anders; diese schließen jedoch – anders als die zum Betrieb des Versicherungsgeschäfts zugelassenen Versicherungsunternehmen – gleichfalls keine Versicherungsverträge i.S. des VVG ab.

2. Aktiengesellschaft

37 Der überwiegende Teil der heute am Markt agierenden Versicherungsunternehmen sind Aktiengesellschaften; insbesondere sind die meisten größeren Versicherer in dieser Rechtsform organisiert. Das für sie maßgebliche Unternehmensrecht ist hauptsächlich im AktG geregelt. Freilich gibt es für die Aktiengesellschaft eine Reihe von **Sonderregelungen im VAG**. Nach dem Spezialitätsgrundsatz (s. Rn. 444) genießen sie Vorrang vor dem AktG. Sie betreffen vor allem Vorgaben zur Kapitalausstattung und Rechnungslegung. Darüber hi-

16 GDV (Hrsg.), Statistisches Taschenbuch der Versicherungswirtschaft 2012, sub 3.

naus sind namentlich die Pflichten und infolgedessen auch die Haftung der Geschäftsleiter (Vorstandsmitglieder) gem. § 64a VAG strenger als die allgemeinen aktienrechtlichen Regeln der §§ 91 Abs. 2, 93 AktG.[17]

3. VVaG

Neben der Aktiengesellschaft gibt es die allein für den Betrieb des Versicherungsgeschäfts geschaffene Rechtsform des **Versicherungsvereins auf Gegenseitigkeit (VVaG; Gegenseitigkeitsverein)**. Dabei handelt es sich um einen wirtschaftlichen Verein i.S. des § 22 BGB, folglich um eine juristische Person des Privatrechts. Für den VVaG gelten jedoch grundsätzlich nicht die Vorschriften des BGB zum Vereinsrecht. Vielmehr hat diese spezielle, branchenspezifische Unternehmensform eine detaillierte Regelung im VAG gefunden (§§ 15–53b VAG). Die systematische Stellung dieser Vorschriften im Versicherungsaufsichtsrecht ist lediglich historisch zu erklären; sie ist sachlich verfehlt, da es sich um materielles Unternehmensrecht, mithin um Zivilrecht und nicht um öffentliches Wirtschaftsrecht handelt. 38

Die Rechtsform des VVaG beruht ebenso wie diejenige der Genossenschaft auf dem Grundgedanken der **Selbsthilfe**: Einige oder viele Einzelne, die ein bestimmtes wirtschaftliches Interesse verfolgen – hier: die Absicherung von Risiken –, schließen sich zusammen, um dieses Ziel gemeinsam möglichst effizient durch Leistung eigener Beiträge (Eigenkapital) zu erreichen. Die rechtlichen Besonderheiten des VVaG können für das jeweilige Versicherungsunternehmen auch wettbewerbsrechtliche Vorteile gegenüber anderen Unternehmensformen bieten.[18] 39

Typologisch differenziert das VAG zwischen dem Regelfall des sog. **großen VVaG**, für den die §§ 15–52 VAG gelten, und dem sog. **kleineren VVaG**, auf den jene Vorschriften nach der Verweisungsnorm des § 53 Abs. 1 VAG nur sehr eingeschränkt anwendbar sind und für den im Übrigen das Vereinsrecht des BGB gilt. Maßgeblich für die Grenzziehung ist es, ob der Verein bestimmungsgemäß einen sachlich, örtlich oder dem Personenkreis nach eng begrenzten Wirkungskreis hat; dann erscheint dem Gesetzgeber die Geltung des Vereinsrechts als sachgerecht. Der große VVaG hingegen tritt am Markt typischerweise als direkter Wettbewerber der (meist bundesweit agierenden) Aktiengesellschaften auf; anders als der kleinere VVaG ist er gem. § 21 Abs. 2 VAG auch befugt, Nichtmitgliedern Versicherungsschutz zu offerieren. 40

Bis zur Jahrtausendwende war eine Tendenz zur sog. **De-Mutualisierung** zu beobachten, d.h. zur Abkehr derjenigen Unternehmensträger, die Versicherungsgeschäfte betreiben, von der Rechtsform des (großen) VVaG zugunsten der AG. So ist die Anzahl der VVaGs zwischen 1954 und 2000 von 684 auf 299 41

---

17 Näher *Armbrüster*, VersR 2009, 1293ff. Zum Verhältnis des Versicherungsaufsichts- zum Aktienrecht s. auch *Louven/Raapke*, VersR 2012, 257, 258ff.

18 S. hierzu *Dreher/Ballmaier*, VersR 2011, 1087ff.

gesunken; zugleich hat sich die Anzahl der AGs von 110 auf 324 fast verdreifacht.[19] Rechtstechnisch geschieht die De-Mutualisierung regelmäßig durch eine Übertragung des Versicherungsgeschäfts von einem VVaG auf eine AG (sog. **Bestandsübertragung**; s. Rn. 33). Der wirtschaftliche Hintergrund für diese Entwicklung ist vor allem darin zu sehen, dass die AG sich im Gegensatz zum VVaG gut zur Konzernbildung und zur Unternehmensübernahme eignet; zudem fällt einer AG die **Beschaffung von Eigenkapital** aufgrund des Zugangs zum Kapitalmarkt leichter (s. Rn. 35).

42 Die Übertragung von Versicherungsbeständen durch einen VVaG auf eine AG hat insbesondere in der Lebensversicherung wiederholt das BVerfG beschäftigt. Die diesbezügliche Judikatur hat eine Besonderheit in den Blick gerückt: Wer mit einem VVaG einen Versicherungsvertrag abschließt, ist häufig zugleich Versicherungsnehmer und Vereinsmitglied. Diese **Doppelstellung** ist im normalen Geschäftsbetrieb eines fortbestehenden VVaG praktisch kaum bedeutsam; viele Versicherungsnehmer werden sich ihrer gleichzeitigen Mitgliedsstellung – die beim Abschluss eines inhaltsgleichen Vertrags mit einer Versicherungs-AG nicht bestünde – gar nicht bewusst sein. Bei der De-Mutualisierung kommt es jedoch häufig dazu, dass der Bestand an Versicherungsverträgen nicht vollständig übertragen und der VVaG infolgedessen aufgelöst wird, sondern dass lediglich die wesentlichen Teile des Bestands auf eine AG übertragen werden.

43 Eine solche partielle Bestandsübertragung hat regelmäßig zur Folge, dass die davon betroffenen Versicherungsnehmer ihre **Mitgliedschaft** in dem fortbestehenden VVaG einbüßen, da diese typischerweise an den Bestand eines Versicherungsvertrags geknüpft ist. Das BVerfG sieht die Mitgliedschaft als eine von Art. 14 Abs. 1 GG geschützte **Eigentumsposition** an, so dass der Versicherungsnehmer einen angemessenen Ausgleich für den Verlust seiner Mitgliedschaft beanspruchen kann.[20] Dabei hat das BVerfG freilich offen gelassen, nach welchen Regeln sich der Wert einer isolierten, ohne gleichzeitige Versicherungsnehmerstellung bestehenden Mitgliedschaft in einem VVaG bemisst. Dieser Wert dürfte in der Praxis regelmäßig sehr niedrig sein, sofern er sich überhaupt beziffern lässt.[21] Ob die De-Mutualisierung und der damit verbundene Bedeutungsverlust des VVaG in die richtige Richtung weisen, wird angesichts der Finanz- und Wirtschaftskrisen seit der Jahrtausendwende wieder skeptischer beurteilt. Der VVaG hat zwar im Gegensatz zur AG keinen **Zugang zum Kapitalmarkt**, was ihm gewisse Nachteile bringt. Hierzu zählt insbesondere die fehlende Möglichkeit, sich durch die Emission neuer Anteile günstig frisches Eigenkapital zu beschaffen, wie dies einer AG durch das Instrument der Kapitalerhöhung offensteht. Auf der anderen Seite ist ein VVaG nicht von einer **Übernahme** durch Dritte bedroht. Zudem fließen die **Erträge**

---

19 GDV (Hrsg.), Statistisches Taschenbuch der Versicherungswirtschaft 2012, sub 3.

20 BVerfG VersR 2005, 1109, 1117ff.; s. dazu *Armbrüster*, ZGR 2006, 683ff.; *Baumann*, r+s 2005, 401ff.; *Knappmann*, NJW 2005, 2892ff.

21 Näher *Armbrüster*, in: FS VVaG, 2008, S. 29, 35ff.

anders als eine Dividende regelmäßig allein den Versicherungsnehmern zu; sie müssen nicht mit externen Unternehmenseignern geteilt werden (zu § 56a Abs. 1 S. 2 VAG s. Rn. 287).

4. Öffentlich-rechtliche Versicherer

Als dritte zugelassene Rechtsform für den Betrieb von Versicherungsgeschäften gibt es öffentlich-rechtliche Versicherer. Für sie gestattet § 7 Abs. 1 VAG als Rechtsformen die Körperschaft und die Anstalt des öffentlichen Rechts. Zudem können sie auch von den privatrechtlichen Rechtsformen Gebrauch machen. In der Praxis sind demgemäß einige öffentlich-rechtliche Versicherer als Aktiengesellschaft verfasst. Die Rechtsgrundlagen öffentlich-rechtlicher Versicherer sind meist **landesrechtlichen** Ursprungs. Derzeit gibt es in Deutschland elf öffentliche Versicherungsgruppen. Nachdem die Bundesländer ihre Beteiligungen an die Sparkassen veräußert haben, gehören die öffentlichen Versicherer sämtlich zur **Sparkassen-Finanzgruppe**. Sie betreiben das Versicherungsgeschäft meist regional in einem oder mehreren Bundesländern. 44

Beispiele: Die Versicherungskammer Bayern ist in den Bundesländern Bayern, Berlin, Brandenburg, Rheinland-Pfalz und im Saarland tätig. Die Provinzial NordWest deckt geographisch die Länder Hamburg, Mecklenburg-Vorpommern, Nordrhein-Westfalen und Schleswig-Holstein ab. Das Geschäftsfeld der SV-Sparkassenversicherung erstreckt sich auf Baden-Württemberg, Hessen, Thüringen sowie auf Teile von Rheinland-Pfalz. Die Provinzial Rheinland umfasst Nordrhein-Westfalen und gleichfalls Teile von Rheinland-Pfalz. Ausschließlich in Bremen ist die Öffentliche Versicherung Bremen aktiv. 45

Die öffentlich-rechtlichen Versicherer spielten vor der im Jahre 1994 aufgrund europäischen Richtlinienrechts einsetzenden Liberalisierung der Versicherungsmärkte (s. Rn. 117) eine wesentlich größere Rolle als heute. Insbesondere in der Feuerversicherung hatten sie oft eine regionale **Monopolstellung** inne. In Kombination mit Versicherungspflichten ergab sich daraus eine starke Marktposition mit gesichertem Kundenstamm. Seit der Deregulierung müssen sich die öffentlich-rechtlichen Versicherer hingegen im **Wettbewerb** zu den privaten Versicherungsunternehmen behaupten. Ebenso wie letztere begründen sie durch Vertragsschluss private Versicherungsverhältnisse, auf die das VVG anwendbar ist. Ihr Anteil am Gesamtmarkt der Erstversicherung beträgt rund 10%. Die öffentlich-rechtlichen Versicherer verfügen über eigene Rückversicherer (zum Begriff s. Rn. 65ff.), nämlich den Verband öffentlicher Versicherer (eine Körperschaft des öffentlichen Rechts) und die Deutsche Rückversicherung AG, die eng miteinander verbunden sind. 46

Nicht zu verwechseln sind öffentlich-rechtliche Versicherungsunternehmen mit den gesetzlichen **Sozialversicherungsträgern**. Letztere betreiben nicht das private Versicherungsgeschäft (s. Rn. 205ff.); auf sie finden die auf den Betrieb der Privatversicherung bezogenen Vorschriften, insbesondere das VVG und das VAG, keine Anwendung. 47

5. Ausländische Versicherer

48 Der EU-Binnenmarkt gestattet es Versicherern mit Sitz im Ausland, im Wege der **Dienstleistungsfreiheit** in Deutschland Versicherungsprodukte anzubieten. Für diese Versicherer gelten die in Rn. 34 aufgeführten Einschränkungen hinsichtlich der Rechtsform nicht. Im sog. Massengeschäft mit Verbrauchern ist bislang freilich kein bedeutender grenzüberschreitender Markt entstanden.[22] Dies hängt nicht zuletzt mit den faktischen und rechtlichen Marktzutrittsschranken zusammen. Diese Schranken bestehen insbesondere in Sprachbarrieren und in der im Ergebnis weitgehend zwingenden Geltung deutschen Vertragsrechts (s. Rn. 2058). Hinzu kommt, dass Verbraucher gerade bei der „unsichtbaren Ware" Versicherungsschutz regelmäßig eine sichtbare Präsenz und Erreichbarkeit des Versicherers im Inland schätzen.

49 Der Befund, dass die Versicherungsmärkte auch innerhalb Europas weitgehend durch nationale Anbieter geprägt sind, gilt für diejenigen Versicherer, die das Versicherungsgeschäft mit Nichtversicherern als ihren Kunden betreiben (sog. **Erstversicherer**; s. Rn. 65). Demgegenüber ist das Geschäft der **Rückversicherer**, d.h. der „Versicherer der Versicherer" (s. Rn. 65ff.) stark internationalisiert; hier wirken oft Rückversicherer mit Sitz in unterschiedlichen Staaten bei der Risikodeckung zusammen.

6. Insolvenzsicherungseinrichtungen

50 Zu unterscheiden von den bislang erörterten Unternehmensformen sind diejenigen Rechtsträger, die dem Schutz der Versicherungsnehmer vor der **Insolvenz** eines Versicherers dienen. Dabei handelt es sich um die Protektor Lebensversicherung AG (Protektor) und die Medicator AG mit Sitz in Köln.

51 **Protektor** ist eine Sicherungseinrichtung, die im Jahr 2002 durch die im GDV (s. Rn. 152) organisierten Lebensversicherer zunächst auf freiwilliger Basis gegründet wurde. Sie soll für den Fall, dass ein deutscher Lebensversicherer insolvent wird, die Interessen der Versicherungsnehmer wahren. Insbesondere sollen die bestehenden Versicherungsverträge fortgeführt werden. Dabei sind den Versicherungsnehmern neben den Leistungen für Altersvorsorge und Risikoschutz (s. Rn. 1923f.) die bereits gewährten Überschussbeteiligungen zu erhalten. Hingegen besteht für die Zukunft bis zum Abschluss der Sanierung kein Anspruch auf Überschussbeteiligung, auch nicht in Höhe des gesetzlichen Garantiezinses (vgl. § 125 Abs. 4 S. 3 Halbs. 2 i.V.m. § 81c VAG; zum Garantiezins s. Rn. 1927). Auslöser für die Gründung von Protektor war die durch riskante Aktiengeschäfte und die Börsenturbulenzen von 2002/2003 ausgelöste Insolvenzreife der Mannheimer Lebensversicherung AG, eines Konzernunternehmens der Mannheimer Holding AG. Hierbei handelt es sich um den einzi-

22 S. dazu auch den Beschluss der Kommission vom 17.1.2013 zur Einsetzung einer Expertengruppe der Kommission für europäisches Versicherungsvertragsrecht, ABl. EU 2013 Nr. C 16 S. 6, und dazu Rn. 1938.

gen Vertragsbestand, den Protektor bislang zu verwalten hat. Das Schicksal der Mannheimer Lebensversicherung AG zeigt, dass auch bei deutschen Versicherungsunternehmen, die bislang anders als Banken im Massengeschäft von Insolvenzen verschont geblieben sind, der Eintritt einer existenziellen Notlage kein rein theoretischer Fall ist.

Auch **Medicator** wurde unter dem Eindruck der Ereignisse bei der Mannhei- 52
mer Lebensversicherung AG gegründet, und zwar im Jahr 2003 durch die Mitgliedsunternehmen des PKV-Verbandes (s. Rn. 152). Tritt bei einem Krankenversicherer eine finanzielle Notlage ein (was bislang nicht der Fall gewesen ist), so übernimmt Medicator alle Vertragsverhältnisse und sichert bestehende und künftige Leistungsansprüche der Versicherungsnehmer ab.

Die beiden von der Versicherungswirtschaft ergriffenen Initiativen Protektor 53
und Medicator bieten Beispiele dafür, dass Unternehmen, die miteinander in Wettbewerb stehen, bisweilen auch **gemeinsame Ziele** verfolgen. In beiden Fällen geht es darum, das Vertrauen des Publikums in die Zuverlässigkeit der privaten Absicherung durch die Lebens- und Krankenversicherung zu erhalten und zu stärken. Die Insolvenz eines Versicherers würde für dessen Wettbewerber nämlich nicht allein und nicht vorrangig bedeuten, dass ein Konkurrent vom Markt verschwindet; vielmehr würde der dadurch in der Öffentlichkeit entstehende Imageschaden sich auch auf die von ihnen angebotenen Versicherungsprodukte auswirken. Insoweit besteht eine Parallele zu den Sicherungseinrichtungen der Kreditwirtschaft, etwa dem Einlagensicherungsfonds des Bundesverbandes deutscher Banken oder der Sicherungseinrichtung des Bundesverbandes der Deutschen Volksbanken und Raiffeisenbanken (BVR).

Neben der privaten Versicherungswirtschaft ist auch der **Gesetzgeber** unter 54
dem Eindruck der Schieflage der Mannheimer Lebensversicherung AG im Jahr 2004 aktiv geworden. Er hat die Bildung eines **Sicherungsfonds** für die Lebensversicherung und für die substitutive Krankenversicherung vorgeschrieben (§§ 124ff. VAG) und damit den freiwilligen Initiativen der privaten Versicherungswirtschaft einen verbindlichen gesetzlichen Rahmen gegeben. Die Verwaltung dieses Fonds nimmt für den Bereich der Lebensversicherung seit 2006 Protektor wahr. Gerät ein Lebensversicherer in eine wirtschaftliche Schieflage, so überträgt die BaFin die Bestände erforderlichenfalls durch privatrechtsgestaltenden Verwaltungsakt gem. § 125 Abs. 2 VAG auf den Sicherungsfonds. Für diesen verwaltet sodann Protektor die Verträge im Wege der **Beleihung** aufgrund von § 127 VAG. Entsprechendes gilt für Medicator.

IV. Versicherungskartellrecht

Literatur

Dreher, Das Versicherungskartellrecht nach der Sektorenuntersuchung der EG-Kommission zu den Unternehmensversicherungen, VersR 2008, 15; *ders.*, Kartellrechtscompliance in der Versicherungswirtschaft, VersR 2004, 1; *Dreher/Kling,* Kartell- und Wettbewerbsrecht der Versicherungsunternehmen, 2007; *Kirscht,* Versicherungskartellrecht: Problemfelder im Lichte der Europäisierung, 2003; *Körber,* Aktuelle Entwicklungen im Versicherungskartellrecht, in: Looschelders/Michael (Hrsg.), Düsseldorfer Vorträge zum Versicherungsrecht 2010, 2011, S. 21; *Meyer/Lindemann,* Das Versicherungskartellrecht in Deutschland nach der 7. GWB-Novelle, 2006.

55 Die Bedeutung des **Versicherungskartellrechts** ist mit der Deregulierung der europäischen Versicherungsmärkte im Jahr 1994 sprunghaft gestiegen. Seitdem haben sich die Tarif- und Produktvielfalt und damit auch der Preis- und Produktwettbewerb wesentlich intensiviert, wenn auch in den einzelnen Versicherungssparten in unterschiedlicher Intensität. So ist etwa in der Berufsunfähigkeitsversicherung ein Bedingungs- und in der Kfz-Versicherung ein Preiswettbewerb festzustellen. Zugleich wurden kartellrechtliche Privilegierungen des Versicherungssektors schrittweise abgeschafft; heute bestimmt grundsätzlich das allgemeine europarechtliche Kartellverbot des Art. 101 AEUV (Art. 81 EGV a.F.) die Grenzen zulässigen Wettbewerbsverhaltens. Freilich gestattet es eine aufgrund von Art. 101 Abs. 3 AEUV ergangene Gruppenfreistellungsverordnung (**GVO-Vers 2010**)[23] den Versicherern, bestimmte Verhaltensweisen ohne Verstoß gegen das Kartellverbot auszuführen. Es handelt sich um eine typisierte Ausnahme von jenem Verbot. Die Verordnung von 2010 ersetzt eine Vorgängerversion (GVO-Vers 2003); sie soll gleichfalls für sieben Jahre gelten.

56 Die durch die GVO-Vers 2010 angeordnete Freistellung betrifft insbesondere Vereinbarungen über **gemeinsame Erhebungen, Tabellen und Studien**; sie ist freilich gegenüber der GVO-Vers 2003 auf „erforderliche" Fälle eingeschränkt, d.h. auf solche, die der Weiterentwicklung des Know-how oder der sachgerechten Risikoermittlung dienen. Grundsätzlich muss zudem neben anderen Versicherern auch Verbraucher- und Kundenverbänden in weitem Umfang Zugang zu den Daten verschafft werden. Über die genannten Vereinbarungen hinaus sind **Versicherungspools** zur gemeinsamen Deckung bestimmter Arten von Risiken (s. Rn. 406f.) vom Kartellverbot freigestellt. Dadurch wird insbesondere die Zusammenarbeit im Hinblick auf neuartige Risiken (sog. Emerging Risks) erleichtert.

57 Anders als in der GVO-Vers 2003 ist neben der Prüfung und Anerkennung von Sicherheitsvorkehrungen auch die **Erstellung von Muster-AVB** nicht mehr von der Freistellung umfasst. Diese im Versicherungssektor bedeutsame Aktivität der Verbände ist nunmehr nach dem allgemeinen Kartellverbot zu beurteilen. Mithin ist es erforderlich, in jedem Einzelfall die Auswirkungen auf den Wettbewerb zu prüfen.[24] Die Verbände machen in den von ihnen publizierten Muster-AVB regelmäßig deutlich, dass es sich lediglich um unverbindliche Empfehlungen handelt. So werden etwa die VGB 2010 in der Version 1.1.2013 (s. dazu Rn. 1845) einleitend als „Unverbindliche Musterkomposition" des GDV „zur fakultativen Verwendung" gekennzeichnet.

58 Mit der Abkehr von einer generellen Freistellung folgt der Verordnungsgeber einer auch in jüngeren Vorschriften zum Aufsichtsrecht (z.B. § 4 VersVergV)

---

23 VO 267/2010 v. 24.3.2010, ABl. EU L 83/1.
24 S. dazu *Thunnissen*, ZVersWiss 2012, 643ff.

anzutreffenden **Regelungsstrategie**. Danach wird die Anwendung der gesetzlichen Vorgaben zunächst den betroffenen Versicherern selbst überlassen; teilen hingegen die Kartellbehörden bei einer späteren Überprüfung die Einschätzungen nicht, so führt dies zur Unwirksamkeit der Abreden und möglicherweise auch zur Verhängung von Bußgeldern.

V. Internationales Versicherungsvertragsrecht

Das Internationale Versicherungsvertragsrecht (s. eingehend Rn. 2040ff.) be- 59
stimmt, welche Rechtsregeln des materiellen deutschen oder ausländischen Rechts bei einem **Versicherungsvertrag mit Auslandsbezug** anzuwenden sind. Diese Kollisionsregeln werden wegen der zunehmenden internationalen Verflechtung, sei es durch grenzüberschreitenden Handel, berufliche oder private Aufenthalte und Investitionen im Ausland oder das Vordringen ausländischer Anbieter auf nationale Versicherungsmärkte, immer bedeutsamer. Die Regulierung der Materie im Versicherungssektor hat eine wechselvolle Geschichte. Das Versicherungskollisionsrecht war bis 2009 wesentlich durch mehrere EU-Richtlinien geprägt. Diese waren in den Art. 7–15 EGVVG – die für Altfälle auch künftig noch anwendbar sind – ins nationale Recht umgesetzt worden.

Mit dem Inkrafttreten der **Rom I-VO** am 17.12.2009 hat sich die Rechtslage 60
geändert: Seitdem ergeben sich die Regeln des Kollisionsrechts unmittelbar aus einer supranationalen, nämlich europäischen Rechtsquelle. Die Verordnung wirkt unmittelbar in allen Mitgliedstaaten der EU und in den übrigen Staaten des Europäischen Wirtschaftsraums (EWR), ohne dass ein einzelstaatlicher Umsetzungsakt erforderlich wäre. Gleichwohl hat der Bundestag anlässlich des Inkrafttretens der Rom I-VO ein IPR-Anpassungsgesetz verabschiedet (s. Rn. 2065). Zu unterscheiden ist das Internationale Versicherungsvertragsrecht vom **Internationalen Verfahrensrecht**, das durch die EGVVO bestimmt wird (s. Rn. 1616ff.), sowie vom **Internationalen Versicherungsaufsichtsrecht**. Letzteres regelt, wie die Zuständigkeiten der einzelstaatlichen sowie der europäischen Aufsichtsbehörden voneinander abzugrenzen sind.

§ 2 Grundbegriffe

A. Versicherungsnehmer, Versicherer, Versicherter

I. Versicherungsnehmer

Der **Versicherungsnehmer** ist der **Vertragspartner** des Versicherers. Maßgeb- 61
lich für die Stellung als Vertragspartner ist es, gegenüber wem der Vertrag Bindungswirkung entfalten soll (zum Vertrag zugunsten Dritter s. Rn. 70). Dies bestimmt sich nach den allgemeinen bürgerlich-rechtlichen Regeln über das Handeln im eigenen und in fremdem Namen, insbesondere nach den Vorschriften

zur Stellvertretung (§§ 164ff. VVG). Wer auf Seiten des Versicherungsnehmers als **Vertreter ohne Vertretungsmacht** (falsus procurator; § 177 BGB) handelt, wird dann, wenn keine Genehmigung durch den Vertretenen erfolgt, nicht selbst zum Versicherungsnehmer. Vielmehr ist er dem Versicherer lediglich nach Maßgabe von § 179 BGB verpflichtet. Sofern § 179 Abs. 1 BGB von Erfüllung spricht, wird dadurch kein Vertragsverhältnis zwischen falsus procurator und Geschäftsgegner konstruiert. Stattdessen liegt ein gesetzliches Schuldverhältnis vor, bei dem sich lediglich der Anspruchsinhalt danach richtet, wie die Lage beim Zustandekommen eines Vertrags wäre.[25]

62 An den Versicherungsnehmer hat der Versicherer grundsätzlich nach Eintritt des Versicherungsfalls die **vereinbarte Leistung** zu bewirken (§ 1 S. 1 VVG; s. aber Rn. 1597 zur Versicherung für fremde Rechnung). Im Gegenzug ist der Versicherungsnehmer nach § 1 S. 2 VVG verpflichtet, die vereinbarte Prämie zu entrichten. Grundsätzlich hat allein er gegenüber dem Versicherer diejenigen Rechte, die der Vertrag oder das Gesetz dem Vertragspartner des Versicherers einräumen, sofern es um den Bestand des Vertrages, dessen inhaltliche Änderung oder eine Verfügung über die sich aus ihm ergebenden Rechtspositionen geht. **Bestandsbezogene Rechte** sind insbesondere das Recht, den Vertrag zu widerrufen, ihn zu kündigen oder ihn anzufechten. Rechte, deren Ausübung zu einer **Inhaltsänderung** führt, sind etwa der Anspruch auf Herabsetzung der Versicherungssumme bei einer Mehrfachversicherung (§ 79 Abs. 1 VVG; s. Rn. 1253) oder in der Lebensversicherung das Recht, den Vertrag „ruhen", d.h. in eine beitragsfreie Versicherung umwandeln zu lassen (§ 165 VVG; s. Rn. 1944). Zu den **Verfügungen** zählen die Verpfändung und die Abtretung der Ansprüche aus der Versicherung. In der Lebensversicherung kann der Versicherungsnehmer zudem u.U. noch nach Vertragsschluss Bezugsberechtigte bestimmen, an die der Versicherer nach Eintritt des Versicherungsfalls zu leisten hat (§ 159 VVG).

63 Die Vorschriften des VVG gelten grundsätzlich für sämtliche Versicherungsnehmer, unabhängig davon, ob sie **Verbraucher** (§ 13 BGB) oder **Unternehmer** (§ 14 BGB) sind. Lediglich für eine bestimmte Gruppe meist unternehmerischer Risiken, die sog. **Großrisiken** i.S. von § 210 Abs. 2 VVG, ist generell vorgesehen, dass für diese die Beschränkungen der Vertragsfreiheit nicht gelten (§ 210 Abs. 1 VVG; s. Rn. 96). Dies bedeutet namentlich, dass neben den zwingenden auch die sog. halbzwingenden Vorschriften, also solche Normen, von denen nicht zum Nachteil des Versicherungsnehmers abgewichen werden kann (s. Rn. 523ff.), bei Verträgen über Großrisiken dispositiv sind.

II. Versicherer

64 Der **Versicherer** ist der Vertragspartner des Versicherungsnehmers. Er ist verpflichtet, die im jeweiligen Vertrag vereinbarte Leistung zu erbringen, und zwar als Gegenleistung für die Prämienzahlung durch den Versicherungsnehmer.

---

25 BGH NJW 2004, 774; *Schramm*, in: MünchKomm-BGB, § 179 Rn. 32.

Umstritten ist, worin die vertragliche Leistung des Versicherers liegt: in der Gefahrtragung, in der durch den Eintritt des Versicherungsfalls bedingten Leistung oder in einer Geschäftsbesorgung (s. dazu Rn. 1103ff.). Im Versicherungsaufsichtsrecht, das den Versicherer als Adressaten aufsichtsrechtlicher Rechte und Pflichten behandelt, wird dieser als „**Versicherungsunternehmen**" bezeichnet. Der Ausdruck „**Versicherung**", der häufig umgangssprachlich und bisweilen auch in Gerichtsentscheidungen zur Bezeichnung des Unternehmensträgers verwendet wird, dient hingegen in der Fachsprache dazu, den Wirtschaftszweig, das Vertragsverhältnis oder eine Versicherungssparte (s. dazu Rn. 76) zu bezeichnen, nicht jedoch den Versicherer.

Auf Seiten der Versicherer ist zu unterscheiden zwischen dem Erstversicherer und dem Rückversicherer. Der **Erstversicherer** (auch Direktversicherer genannt, etwa in EU-Richtlinien; zu weiteren Bedeutungen dieses Begriffs s. Rn. 122, 630) ist derjenige Versicherer, der gegenüber dem Versicherungsnehmer als Vertragspartner in Erscheinung tritt und mit ihm den Vertrag schließt. Hingegen steht der **Rückversicherer** regelmäßig nicht in vertraglichen Beziehungen zum Versicherungsnehmer, sondern allein zum Erstversicherer; er ist der „Versicherer des (Erst-)Versicherers". Dabei handelt es sich um einen Versicherungsvertrag i.S. von § 1 VVG.[26] Da in der Praxis des Versicherungswesens der Erstversicherer als Vertragspartner des Versicherungsnehmers ganz im Vordergrund steht, wird er meist – so auch im VVG und in diesem Lehrbuch – schlicht als „Versicherer" bezeichnet. 65

Der wesentliche Grund dafür, dass hinter dem Erstversicherer oftmals ein Rückversicherer steht, liegt in der **begrenzten Leistungsfähigkeit** selbst großer Erstversicherer. 66

Beispiele: Tritt aufgrund eines Produktionsfehlers ein Großschaden oder eine außergewöhnliche Kumulation von Massenschäden ein, so kann dies für den Erstversicherer in der Produkthaftpflichtversicherung existenzgefährdend werden. Dasselbe gilt etwa für die Betriebsunterbrechungsversicherung im Fall einer Pandemie, einer Naturkatastrophe oder einer terroristischen Handlung, sofern Ertragsausfälle aufgrund derartiger Schadensursachen in den Deckungsschutz eingeschlossen sind. 67

Um sich gegen derartige übermäßige, existenzbedrohende Risiken abzusichern, verlagern Erstversicherer ihrerseits das Risiko zumindest teilweise auf Rückversicherer. Auf diese Weise wird auf Seiten der Erstversicherer eine gewisse Risikostreuung erzielt. Darüber hinaus entlastet die Beschaffung (der „Einkauf") von Rückversicherungsdeckung den Erstversicherer anteilig von den ihn treffenden aufsichtsrechtlichen **Solvabilitätsanforderungen**. Er muss mithin weniger Kapital für die Regulierung künftiger Schadensfälle bereithalten. Zudem nehmen Rückversicherer aufgrund ihrer hohen Fachkompetenz bei der Risikobewertung oft Einfluss auf die Gestaltung von Bedingungen und Tarifen der 68

---

26 *Looschelders*, VersR 2012, 1, 3.

Erstversicherungsprodukte. Auch hierdurch lässt sich für den Erstversicherer die Effizienz steigern.

69 Bei der Rückversicherung handelt es sich um einen hochprofessionellen Markt, der nur von wenigen, in der Regel international aktiven Anbietern betrieben wird. Da der Gesetzgeber insoweit **keinen Regelungsbedarf** sieht (s. Rn. 17), gelten im Vertragsrecht außerhalb der allgemeinen Grenzen der Privatautonomie (insbesondere §§ 134, 138 BGB) keine besonderen Vorgaben; insbesondere sind die Vorschriften des **VVG** nach dessen § 209 auf die Rückversicherung nicht anwendbar. Falls es in der Praxis zwischen den Partnern eines Rückversicherungsvertrags zu Auseinandersetzungen kommt, werden diese regelmäßig durch Anrufung eines **privaten Schiedsgerichts** aufgrund einer im Versicherungsvertrag enthaltenen Schiedsklausel ausgetragen; daher tritt die Rückversicherung auch in der (staatlichen) Rechtsprechung kaum in Erscheinung.

III. Versicherter

70 Der Versicherungsvertrag kann als echter Vertrag zu Gunsten Dritter i.S. von §§ 328ff. BGB ausgestaltet sein. Man spricht dann von einer **Versicherung für fremde Rechnung** oder von einer Fremdversicherung. In diesem Fall räumen die Vertragspartner dem aus dem Versicherungsvertrag Begünstigten einen eigenen Anspruch gegen den Versicherer ein (§ 44 Abs. 1 S. 1 VVG). Dieser Begünstigte erlangt freilich nicht selbst die Stellung eines Vertragspartners des Versicherers. Das Gesetz bezeichnet ihn in den §§ 43ff. VVG als **Versicherten**. Die Terminologie im VVG ist insoweit allerdings uneinheitlich. So wird in der Lebensversicherung der Drittbegünstigte als **Bezugsberechtigter** bezeichnet (§ 159 VVG; s. dazu Rn. 1609, 1961ff.).

71 Entscheidend für die Stellung als Versicherter ist stets, dass diese Person **Trägerin des versicherten Interesses** (s. Rn. 74, 1227ff.) ist. Dies gilt es bei der Auslegung vertraglicher Abreden sowie des Gesetzes stets zu beachten. Daraus folgt insbesondere, dass das Gesetz dort, wo es vom „Versicherungsnehmer" spricht und dabei von der Versicherung eigener Interessen als Regelfall ausgeht (also außerhalb der §§ 43ff. VVG), **nicht immer wörtlich** genommen werden darf. Sofern es nämlich nicht auf die Stellung des Versicherungsnehmers als Vertragspartner ankommt, sondern auf seine Eigenschaft als Träger des versicherten Interesses, muss man in der Fremdversicherung auf den Versicherten statt auf den Versicherungsnehmer abstellen.

72 **Beispiel:** Nach dem Wortlaut von § 86 Abs. 1 S. 1 VVG geht ein Ersatzanspruch des „Versicherungsnehmers" gegen einen Dritten auf den Versicherer über, soweit dieser den Schaden ersetzt. Bei jener Formulierung geht der Gesetzgeber vom Regelfall aus, dass der Versicherungsnehmer ein eigenes Interesse versichert hat. Liegt hingegen eine Fremdversicherung vor, so bezieht sich die in § 86 Abs. 1 S. 1 VVG angeordnete Legalzession entgegen dem Gesetzeswortlaut nicht auf Ansprüche des Versicherungsnehmers, sondern auf solche

des Versicherten. Darüber hinaus hat die Fremdversicherung auch Auswirkungen auf den Kreis der in der Norm angesprochenen Dritten: Dritter (d.h. Schuldner eines Ersatzanspruchs, der auf den Versicherer übergehen kann) ist nämlich jeder, dessen Interesse nicht durch den Versicherungsvertrag gedeckt ist (s. Rn. 1350). Dies bedeutet, dass bei einer ausschließlichen Fremdversicherung auch der **Versicherungsnehmer als Dritter** in Betracht kommt, gegen den der Versicherer Regress nehmen kann. Es ist eine Frage der Auslegung des Versicherungsvertrags, ob der Versicherungsnehmer aufgrund eines zumindest stillschweigenden vertraglichen Regressverzichts des Versicherers vor jener Rückgriffsmöglichkeit bewahrt wird (s. dazu Rn. 1276). An dieser Stelle bleibt aber festzuhalten, dass eine wörtliche, nicht an der Eigenschaft einer Person als Interesseträger ausgerichtete Anwendung des Gesetzes bei der Fremdversicherung verfehlt wäre.

Sofern der Versicherungsnehmer selbst und zugleich der Versicherte durch ein 73
und denselben Vertrag Versicherungsschutz genießen (**kombinierte Eigen- und Fremdversicherung**), liegt eine sog. **Mitversicherung** des Interesses des Versicherten vor (s. Rn. 1262ff., 1603f.). Der Verordnungsgeber verwendet diesen Begriff in § 2 Abs. 2 KfzPflVV. Der Versicherungsnehmer wird hingegen üblicherweise nur als solcher und auch dann, wenn sein Interesse (mit-)versichert ist, nicht (zugleich) als Versicherter bezeichnet. Im **Versicherungsaufsichtsrecht** wiederum wird der Ausdruck „Versicherter" oft als Oberbegriff für alle Personen verstanden, die am Versicherungsvertrag als Partei beteiligt sind (Versicherungsnehmer oder dessen Rechtsnachfolger) oder die durch ihn unmittelbar (Versicherter; Inhaber eines Direktanspruchs in der Pflicht-Haftpflichtversicherung) oder mittelbar (Grundpfandrechtsgläubiger; sonstiger Geschädigter in der Pflicht-Haftpflichtversicherung) begünstigt werden (s. auch Rn. 28).

B. Versichertes Interesse; Versicherungswert (§§ 74, 88 VVG)

Das **versicherte Interesse** (näher Rn. 1227ff.) ist der zentrale Begriff, mit dem 74
der Gegenstand der Versicherung und der Umfang der Leistungspflicht des Versicherers bestimmt werden. Zugleich determiniert das versicherte Interesse aber auch die Leistungspflicht des Versicherungsnehmers, da die Prämienbemessung regelmäßig von der Versicherungssumme und diese wiederum vom Wert des versicherten Interesses abhängt. Der **Wert** des versicherten Interesses ist nach der Legaldefinition in § 74 VVG der **Versicherungswert** (näher Rn. 428ff.). Zur Ermittlung des Versicherungswerts kommt es mithin darauf an, das versicherte Interesse zu definieren und zu bewerten. Die Legaldefinition, so knapp sie ist, weist damit auf die grundlegende Bedeutung des Interesses hin, das jeweils den Gegenstand einer Versicherung bildet.

Nicht an jeder Stelle bringt das Gesetz dies in seinen Formulierungen klar 75
und unmissverständlich zum Ausdruck. So ist etwa in § 77 Abs. 2 VVG vom *„versicherten Schaden"* und in den §§ 88, 95 VVG von der *„versicherten Sache"*

die Rede; richtigerweise ist aber auch hier nicht ein Schaden oder eine Sache versichert, sondern es sind dies allein ein oder mehrere Interessen (in der Sachversicherung namentlich: Sacherhaltungs-, Sachnutzungs-, Sachersatz-, Sicherungsinteresse; s. Rn. 1264ff.). Anders als beim Versicherungswert hat der Gesetzgeber darauf verzichtet, das versicherte Interesse zu definieren. Darunter wird herkömmlich verbreitet die **Rechtsbeziehung einer Person zu einem Vermögensgut** verstanden, dessen Beeinträchtigung ihr einen wirtschaftlichen Nachteil bringt.[27] Anders gewendet und auf das Versicherungsverhältnis bezogen: Es handelt sich um diejenige Rechtsbeziehung, aufgrund derer der Versicherungsnehmer infolge des Eintritts des Versicherungsfalls einen wirtschaftlichen Nachteil erleiden kann.[28] Jener Nachteil kann in ungeplanten Ausgaben oder in planwidrig entgehenden Einnahmen bestehen (sog. Plansicherungstheorie; s. Rn. 178).[29] Die Rechtsbeziehung besteht etwa in der Stellung als Eigentümer, Nutzungsberechtigter oder potentiell Haftpflichtiger. Anstelle eines rechtlichen Interesses kann auch ein **wirtschaftliches oder sonst anerkennenswertes Interesse** genügen (s. Rn. 431ff.).

C. Versicherungszweige (Versicherungssparten)

I. Grundlagen

76 Der Begriff **Versicherungszweig** (synonym: **Versicherungssparte)** umschreibt einander verwandte Versicherungen, die unter einem Oberbegriff zusammengefasst werden. Sie sind in **Anlage A zum VAG** aufgelistet. Diese Liste enthält auch verschiedene Auffangtatbestände (Nr. 13, 16 lit. k, 19) und ist somit umfassend. Der Gesetzgeber des VAG verwendet in der Anlage A den Ausdruck Versicherungssparte. Bisweilen spricht er jedoch auch von Versicherungszweig (§§ 9, 32, 39 VAG). Einige der in Anlage A zum VAG genannten Versicherungszweige sind auch in **Teil 2 des VVG** aufgeführt und geregelt. Es handelt sich dabei um die Rechtsschutzversicherung, die Transportversicherung, die Gebäudefeuerversicherung, die Lebensversicherung, die Berufsunfähigkeitsversicherung, die Unfallversicherung sowie die Krankenversicherung. Diese Aufnahme bestimmter Versicherungszweige ins VVG soll der großen Bedeutung jener Zweige und dem damit verbundenen Regelungsbedürfnis Rechnung tragen. Teilweise beruhen die Vorschriften zu bestimmten Versicherungszweigen im Vertragsrecht jedoch auch schlicht auf europäischen Richtlinienvorgaben; dies betrifft namentlich die Rechtsschutzversicherung und die Lebensversicherung.

77 Die gesetzliche Typenbildung im VVG ist **nicht abschließend**. Ebenso wenig wie im BGB, das beispielsweise auf eine eigene Regelung von Vertragstypen wie

27 *Wandt*, Rn. 653.

28 S. nur *Armbrüster,* in: Prölss/Martin, Vor § 74 Rn. 28.

29 *Prölss*, in: Prölss/Martin, § 1 Rn. 3 im Anschluss an *Braeß*, ZVersWiss 1970, 1, 8; *Winter*, in: FS Wälder, 2009, S. 103, 113.

Leasing, Factoring oder Franchising verzichtet, wird im VVG die gesamte Bandbreite der zulässigen und in der Rechtswirklichkeit vorhandenen Vertragsgestaltungen abgebildet. Eine solche Festlegung im Sinne eines numerus clausus wäre auch verfassungsrechtlich nicht ohne Weiteres möglich. Die durch Art. 2 Abs. 1 GG geschützte Privatautonomie lässt es nämlich zu, dass in der Vertragspraxis immer neue Risikodeckungen geschaffen werden. Einfachgesetzliche Beschränkungen dieser inhaltlichen Vertragsgestaltungsfreiheit müssen sich am Grundsatz der Verhältnismäßigkeit messen lassen. Dementsprechend kann die Rechtsordnung zwar bestimmten Risikodeckungen wegen gegenläufiger höherrangiger Gemeinwohlinteressen die vertragsrechtliche Wirksamkeit und/oder die aufsichtsrechtliche Anerkennung versagen.

Beispiele: Bis zum Jahr 1998 war in Deutschland die Lösegeldversicherung untersagt.[30] Noch heute ist die Versicherung gegen Geldstrafen und Bußgelder nicht zulässig.[31] 78

Eine abschließende Festlegung der zulässigen Versicherungszweige würde hingegen der künftigen Entwicklung von Produktinnovationen entgegenstehen und wäre daher unverhältnismäßig. Zu den im VVG **nicht geregelten** Versicherungszweigen zählen etwa die Kreditausfallversicherung, die Vertrauensschadenversicherung und die D&O-Versicherung (zu letzterer s. Rn. 1749ff.). Einige weitere Zweige, die im VVG von 1908 noch nicht enthalten waren, sind bereits vor der VVG-Reform ins Gesetz aufgenommen worden. Dies gilt etwa für die Rechtsschutzversicherung (§§ 125ff. VVG; s. bereits – noch ohne Definitionsnorm – §§ 158lff. VVG a.F.) oder die Pflegeversicherung (§ 192 Abs. 6 VVG; s. bereits § 178b Abs. 4 VVG a.F). Erst im Zuge der VVG-Reform ist die Berufsunfähigkeitsversicherung kodifiziert worden (§§ 172ff. VVG). 79

II. Vertragsrechtliche Bedeutung

Sofern das VVG bestimmte Versicherungszweige aufgreift, umschreibt es oftmals zu Beginn des jeweiligen Kapitels die vom Versicherer zu erbringende Leistung. Bei derartigen Vorschriften handelt es sich – wie auch sonst im Privatrecht und namentlich im BGB, z.B. bei § 433 BGB – nicht um Anspruchsgrundlagen. Die jeweiligen Ansprüche haben ihre Grundlage vielmehr allein im konkreten Vertrag; sie bestehen, weil die Parteien dies so gewollt und sich darüber nach den Regeln der Rechtsgeschäftslehre (§§ 145ff. BGB) geeinigt haben. Die Gesetzesvorschriften, in denen bestimmte Versicherungszweige umschrieben werden, sind vielmehr ebenso wie schon der den Inhalt des Versicherungsvertrags kennzeichnende § 1 VVG (s. dazu Rn. 618f.) **beschreibender Natur**; sie definieren, welcher Vertragsinhalt aus Sicht des Gesetzgebers zur Zuord- 80

30 S. dazu VerBAV 1998, 139 f, 182; zur früheren Rechtslage *Wördemann*, Internationale zwingende Normen im IPR des Europäischen Versicherungsvertrages, 1997, S. 248.
31 *Wandt*, Rn. 659; *Wördemann* (Fn. 30), S. 248.

nung eines Vertrags zu einem bestimmten Versicherungszweig führt, mit der Folge, dass die jeweils nachfolgenden Vorschriften des Kapitels anwendbar sind.[32] Dies bedeutet freilich nicht, dass jenen **Definitionsnormen** keine weiter reichende rechtliche Bedeutung zukäme. Vielmehr kann sich aus ihnen ein gesetzliches Leitbild ergeben, das im Rahmen der Klauselkontrolle nach § 307 Abs. 2 Nr. 1 BGB bedeutsam wird.

81 Der Umstand, dass die gesetzliche Typisierung vieler Versicherungsverträge in Versicherungszweigen und die Schaffung von Definitionsnormen grundsätzlich (vorbehaltlich der AGB-Kontrolle) nicht zu einer Beschränkung der Privatautonomie führen, hat grundlegende Bedeutung für die Bestimmung des Vertragsinhalts. Die Rechtsprechung des BGH zum Deckungsumfang der Schadensversicherung war lange Zeit von einem Verständnis geprägt, das auf eine **strenge Typologie** der verschiedenen Versicherungszweige mit scharfen Grenzziehungen abstellte. Demgemäß hat das Gericht etwa über mehrere Jahrzehnte hinweg immer wieder festgestellt, dass in einer Sachversicherung keine Haftpflichtinteressen gedeckt werden könnten; dies sei „schon aus begrifflichen Gründen nicht möglich“[33]. Jene Judikatur betraf neben der Kfz-Kaskoversicherung[34] und der Feuerversicherung[35] auch die Transportversicherung[36]. Der BGH stellte teils darauf ab, dass es sich um eine „reine Sachversicherung“[37] handele, in der daher (!) Haftpflichtinteressen nicht versicherbar seien.

82 **Beispiel:** Kfz-Halter H hat für sein Kfz beim Versicherer V eine Kaskoversicherung (d.h. eine Kfz-Sachversicherung zum Schutz des Sacherhaltungsinteresses; s. Rn. 1264) abgeschlossen. Sodann vermietet H das Fahrzeug an Mieter M. Beim Fahren beschädigt M aufgrund einer leichten Unachtsamkeit einen Kotflügel. V ersetzt H den Schaden in Höhe von 1.000 € und verlangt diesen Betrag nunmehr von M ersetzt.

83 Rechtsgrundlage für einen solchen Rückgriff des Versicherers gegen den Schädiger ist § 823 Abs. 1 BGB i.V. mit § 86 Abs. 1 S. 1 VVG (Legalzession). Allerdings gehen nur solche Ersatzansprüche auf den leistenden Versicherer über, die dem Versicherungsnehmer (hier: H) gegen Dritte zustehen. **Dritter** ist jeder, dessen Interesse nicht durch den Versicherungsvertrag gedeckt ist (s. Rn. 72, 1350).

84 Der BGH hat hierzu ursprünglich die Auffassung vertreten, die Kaskoversicherung decke als **„reine Sachversicherung“** nur das Interesse des Sacheigentümers. Sehe man demgegenüber das Sachersatzinteresse des Fahrers (hier: M), d.h. dessen Interesse daran, dass sein Vermögen nicht mit Haftpflichtansprü-

---

32 S. dazu allg. *Larenz/Canaris*, Methodenlehre, S. 79f.; *Leenen*, BGB AT: Rechtsgeschäftslehre, 2011, § 4 Rn. 27.
33 BGHZ 30, 40, 42; bestätigt durch BGHZ 43, 295, 297; BGH VersR 1994, 85, 86.
34 S. die Nachw. in Fn. 30.
35 BGH NJW 1992, 980, 981.
36 BGH VersR 1962, 129, 130; bestätigt durch BGH VersR 1967, 153, 154.
37 BGHZ 22, 109, 114.

chen Dritter belastet wird (s. Rn. 1268ff.), als in der Kaskoversicherung mitversichert an, so führe dies zu einer „unzulässigen Vermengung der Kasko- mit der Haftpflichtversicherung“[38]. Folgt man dem, so müsste M vorbehaltlich eines Haftungsverzichts durch H (s. dazu Rn. 1275) 1.000 € an V zahlen. Zwar lässt sich die konkrete Fallkonstellation mittlerweile dadurch sachgerecht bewältigen, dass infolge einer Änderung der maßgeblichen Versicherungsbedingungen der berechtigte Fahrer ausdrücklich in der Kfz-Kaskoversicherung mitversichert und somit kein Dritter i.S. von § 86 Abs. 1 S. 1 VVG mehr ist. Die grundsätzliche Frage, welche Bedeutung die typologische Unterscheidung von Versicherungszweigen für die Bestimmung des Vertragsinhalts hat, blieb freilich bestehen.

In einer markanten Kehrtwende hat der BGH die in Rn. 84 genannte Recht- 85
sprechung mittlerweile ausdrücklich aufgegeben.[39] Das Gericht begründet dies damit, dass es keine objektiv-rechtlichen Vorgaben zum Umfang einer unter einer bestimmten Bezeichnung vereinbarten Versicherung gebe. Ob ein Risiko in einem Vertrag gedeckt ist, sei mithin keine Frage der Versicherbarkeit, sondern richte sich ausschließlich nach dem **Parteiwillen**. Dies ist schon deshalb zutreffend, weil auch hier der verfassungsrechtlich verbürgte Grundsatz der Privatautonomie zum Zuge kommt. Es besteht – wie aufgezeigt (s. Rn. 77ff.) – **kein Typenzwang** in dem Sinne, dass ein bestimmtes Interesse stets nur durch einen bestimmten Vertragstyp gedeckt werden könnte. Dementsprechend gibt es in der Lebenswirklichkeit ein breites Spektrum von atypischen Ausgestaltungen des Versicherungsschutzes bis hin zur **Kombination verschiedenartiger Risiken** in einem typengemischten Vertrag (s. Rn. 977ff.), ohne dass die Rechtsordnung insofern über die allgemeinen Schranken der §§ 134, 138 BGB sowie die Wirksamkeitskontrolle nach den §§ 305ff. BGB hinausgehende Grenzen ziehen würde. Mithin ist es im Wege der **Vertragsauslegung** zu ermitteln, welche Interessen die Parteien versichert haben (s. dazu noch Rn. 1228ff.).

Bisweilen kommt es freilich auch in jüngerer Zeit dazu, dass die Rechtspre- 86
chung aus der Zuordnung eines Vertrags zu einer bestimmten **Sparte** auf dessen **Inhalt** schließt.

Beispiel: In einigen Entscheidungen zur Werttransportversicherung argumen- 87
tiert der BGH unter anderem damit, dass eine solche Versicherung einen „stofflichen Zugriff“ auf die versicherten Wertgegenstände erfordere. Dies ist deshalb angreifbar, weil sich das Leistungsspektrum der Werttransporteure im Laufe der Zeit wesentlich erweitert hat, so dass die traditionelle **typologische Einordnung** als Transportversicherung mittlerweile keinen Aussagewert mehr für die Bestimmung des Deckungsumfangs hat (s. Rn. 1230ff.).

---

38 BGHZ 30, 40, 42; bestätigt durch BGHZ 43, 295, 297; BGH VersR 1994, 85, 86.

39 BGHZ 145, 393 = VersR 2001, 94, 95f. (sub 3 a). Übersehen von LG Berlin ZMR 2012, 544 m. krit. Anm. *Armbrüster/Hauer*.

III. Systematisierung von Versicherungssparten

1. Unterteilung innerhalb einer Versicherungssparte

88 Jenseits der gesetzlichen Aufgliederung in Versicherungszweige (Versicherungssparten) lassen sich Versicherungen auch nach weiteren Kriterien einteilen. So gehört zu einem bestimmten Versicherungszweig regelmäßig eine mehr oder minder große Anzahl unterschiedlicher **Ausprägungen**. Diese betreffen im Grundsatz dasselbe Interesse; sie unterscheiden sich jedoch je nach der konkreten in Rede stehenden Ausprägung dieses Interesses.

89 **Beispiele:** Der Versicherungszweig „**Haftpflichtversicherung**" (§§ 100ff. VVG) umfasst insbesondere die Privathaftpflichtversicherung, die Kfz-Haftpflichtversicherung, die Berufshaftpflichtversicherung sowie die Manager-Haftpflichtversicherung (D&O-Versicherung; s. Rn. 1749ff.). Hinzu kommen spezielle Deckungsangebote wie etwa die Jagdhaftpflichtversicherung oder die Gewässerschaden-Haftpflichtversicherung. Zur **Krankenversicherung** zählen neben der Krankheitskostenversicherung auch die Krankentagegeld-, die Krankenhaustagegeld-, die Pflegekranken- und die Pflegeversicherung (s. Rn. 1999).

90 Die Terminologie ist freilich uneinheitlich. So wird der (im reformierten VVG allerdings nicht mehr vorkommende) Ausdruck „**Versicherungsart**" teils für derartige Unterfälle eines Versicherungszweiges verwendet. Ein anderes Verständnis jenes Begriffs setzt unabhängig vom versicherten Risiko bei der Struktur des Schutzes an; demnach handelt es sich etwa bei der laufenden Versicherung (§§ 53ff. VVG; s. Rn. 1239) um eine besondere Versicherungsart.[40]

91 Zudem lässt sich nach den **Gegenständen** differenzieren, die der Versicherungsschutz umfasst. So kennt die Sachversicherung eine Unterscheidung zwischen Mobiliar- und Immobiliarversicherung. Darüber hinaus gibt es jeweils weitere Unterscheidungen, beispielsweise in der Mobiliarversicherung zwischen Kunst, Wertsachen, Büroinventar oder Handelsware, in der Immobiliarversicherung zwischen Wohngebäuden, Geschäftsgebäuden und Industrieanlagen. Eine andere Unterscheidung setzt an den **versicherte Gefahren** an. So schließt in der Gebäudeversicherung eine Deckungserweiterung (Extended Coverage, EC) bisweilen bestimmte Naturereignisse wie Erdbeben oder Überschwemmungen als Elementargefahren ein.

92 Bei den beiden in Rn. 91 genannten Unterscheidungen geht es nicht um gesetzliche Kategorien, sondern um reine **Ordnungskriterien**. Mit Rückschlüssen von derartigen Einteilungen auf den Umfang der versicherten Gefahr ist freilich ebenso Vorsicht geboten wie hinsichtlich der Differenzierung in Sparten (s. Rn. 76ff.). Maßgeblich ist stets der – ggf. im Wege ergänzender Vertragsauslegung zu ermittelnde – Wille der Parteien.

40 *Wandt*, Rn. 28f.

2. Bündelung mehrerer Versicherungssparten

Setzt die in Rn. 88ff. behandelte Unterteilung innerhalb der einzelnen Versicherungssparte an, so lassen sich umgekehrt auch mehrere Versicherungssparten unter einer übergeordneten Kategorie zusammenfassen. In der Praxis wird häufig eine Grobeinteilung in **zwei Gruppen** vorgenommen, nämlich in Personenversicherung und Kompositversicherung. Zur **Personenversicherung** gehören die meisten auf das Leben, die Gesundheit und die körperliche Integrität von natürlichen Personen (= Menschen) bezogenen Versicherungen, insbesondere die (Kapital- oder Risiko-)Lebensversicherung, die Krankenversicherung und die Rentenversicherung, nicht aber die Unfallversicherung. Der Grund dafür, dass die **Unfallversicherung** nicht zur Personenversicherung gezählt wird, ist ein aufsichtsrechtlicher: Sie darf nur von Versicherern betrieben werden, die ansonsten die Schadensversicherung betreiben, nicht aber von Lebens- oder Krankenversicherern (sog. Spartentrennung; § 8 Abs. 1a VAG; s. Rn. 22). 93

Alle Versicherungszweige der Schadensversicherung (außer der Krankenversicherung) sowie die Unfallversicherung werden unter dem Begriff **Kompositversicherung** (auch – sperrig – Nichtpersonenversicherung genannt) zusammengefasst. Neben der Unfallversicherung zählen zur Kompositversicherung die Kraftfahrtversicherung, die Allgemeine Haftpflichtversicherung, die Rechtsschutzversicherung, die Sachversicherung sowie die Kredit-, Kautions- und Vertrauensversicherung. Hinzu kommen die verschiedenen Sparten der **Industrie-/Gewerbeversicherung**; namentlich die Gewerbe- und die Produkthaftpflichtversicherung, die Betriebsunterbrechungsversicherung, die Probanden-Haftpflichtversicherung, die Maschinenversicherung, die Bauleistungsversicherung, die Transportversicherung und die Kunstversicherung. 94

Die grundlegenden europäischen Richtlinien im Versicherungssektor (s. Rn. 2017ff.) differenzieren zwischen **Lebens- und Nichtlebensversicherung** (kurz: life und non-life). Diese Zweiteilung entspricht auch dem aufsichtsrechtlichen Gebot, die Lebensversicherung nicht zusammen mit anderen Sparten in demselben Unternehmen zu betreiben (**Spartentrennung** gem. § 8 Abs. 1a VAG). Mit jenem Gebot soll der besonderen sozialen Bedeutung der Lebensversicherung (und auch der Krankenversicherung, für die es gleichermaßen gilt) Rechnung getragen werden; die Lebensversicherung wird damit von den höheren Risiken anderer Sparten abgeschirmt (s. Rn. 22).[41] Die Spartentrennung findet sich auch in der internen Unternehmensorganisation von Rückversicherern wieder. Weitere Unterscheidungen betreffen die Schadens- und die Summenversicherung (s. Rn. 409ff.) sowie die Erst- und die Rückversicherung (s. Rn. 65ff.). 95

---

41 *Kaulbach*, in: Fahr/Kaulbach/Bähr/Pohlmann, VAG, § 8 Rn. 64.

3. Unterscheidung zwischen Groß- und Massenrisiken

96 Das Gesetz nimmt noch eine weitere, ganz grundlegende Einteilung vor. Sie setzt teilweise an den Versicherungssparten, alternativ aber auch an bestimmten Mindestkennzahlen des (unternehmerischen) Versicherungsnehmers an: Für die sog. **Großrisiken**, die in § 210 Abs. 2 VVG legaldefiniert sind (nicht legaldefinierter Gegenbegriff: Massenrisiken), gelten die Einschränkungen der Privatautonomie durch das VVG nicht (s. bereits Rn. 63). Ein Großrisiko liegt nach der Legaldefinition dann vor, wenn mindestens zwei der in § 210 Abs. 2 S. 1 Nr. 3 VVG genannten Kriterien erfüllt sind oder wenn in dem Vertrag eines der in Nr. 1 und 2 i.V. mit der Anlage A zum VAG genannten Risiken versichert wird. Der Begriff des Großrisikos ist allein anhand jener formalen Kriterien zu bestimmen.

97 Bei den Versicherungsverträgen über Großrisiken handelt es sich in aller Regel um Verträge mit unternehmerisch handelnden Versicherungsnehmern. Im Einzelfall kann nach § 210 Abs. 2 Nr. 1 VVG auch ein mit einem **Verbraucher** geschlossener Versicherungsvertrag als Großrisikovertrag anzusehen sein.

98 **Beispiel:** Versicherungsnehmer A schließt eine **Wassersportkaskoversicherung** über ein zu Freizeitzwecken und mithin nicht gewerblich genutztes Schiff ab. A handelt hier gem. § 13 BGB als Verbraucher. Gleichwohl wird verbreitet angenommen, dass es sich gem. § 210 Abs. 2 Nr. 1 VVG i.V. mit Anlage A zum VAG Nr. 6 um einen Vertrag über ein Großrisiko handelt.[42] Auch die **Haftpflichtversicherung** nicht gewerblich genutzter Binnenschiffe (Nr. 12) ist in § 210 Abs. 2 Nr. 1 VVG aufgeführt.

99 Der Begriff des Großrisikos ist von demjenigen des **Industrierisikos** abzugrenzen. Bei letzterem handelt es sich nicht um einen Rechtsbegriff. Vielmehr dient er dazu, die sog. **Industrieversicherung** von anderen Versicherungen gewerblicher Risikoträger abzugrenzen. In der Lebenswirklichkeit wird hinsichtlich der aus einer unternehmerischen Tätigkeit erwachsenden Risiken nämlich üblicherweise danach unterschieden, welche Größe ein Unternehmen hat. Die Bandbreite unternehmerischer Betätigung reicht vom Einzelkaufmann über ein mittelständisches (meist als GmbH, bisweilen auch als Aktiengesellschaft organisiertes) Unternehmen bis hin zu **Großunternehmen**, die meist als AG oder SE strukturiert und deren Aktien typischerweise an der Börse als Standardwert (insbesondere: im DAX) gehandelt werden. Für jene Großunternehmen werden meist individuelle Versicherungslösungen gesucht, um ihrem spezifischen Bedarf – der von Faktoren wie der Sparte, den internationalen Aktivitäten und nicht zuletzt auch der Kapitalstärke abhängen kann – Rechnung zu tragen. Die Abgrenzung zwischen (normaler) gewerblicher und Industrieversicherung trifft jeder Versicherer (und Makler) selbst; die Grenze kann beispielsweise bei 500 Mio. € Jahresumsatz liegen.

---

42 S. dazu *Heppe*, in: FS Winter, 2007, S. 683, 690f. (auch weiterführend zum Großrisikobegriff).

IV. Überblick über wichtige Versicherungszweige

Im Folgenden werden, unterteilt nach Personen- und Kompositversicherung, einige **Versicherungszweige** im Überblick vorgestellt. Dies soll zu einer ersten Orientierung dienen. Eingehender werden ausgewählte Sparten, die praktisch besonders bedeutsam sind und an denen sich zudem charakteristische Rechtsfragen aufzeigen lassen, an anderer Stelle behandelt (s. Rn. 1646ff.) 100

Innerhalb der **Personenversicherung** hat die **Lebensversicherung** (s. § 150ff. VVG) eine herausragende Stellung. Sie weist in der Praxis mehrere Erscheinungsformen auf, die unterschiedlichen Zwecken dienen. Als reine **Todesfallversicherung** deckt sie allein das Risiko, dass der Versicherungsnehmer (oder eine von ihm verschiedene, im Versicherungsvertrag aufgeführte Gefahrperson; s. Rn. 1606ff.) während der Vertragslaufzeit stirbt. Diese Erscheinungsform der Lebensversicherung bezweckt es typischerweise, Hinterbliebene abzusichern. Zudem wird die Todesfallversicherung oft als Sicherheit für Darlehen eingesetzt, etwa dann, wenn ein Verbraucher ein Hausgrundstück erwirbt und den Kaufpreis fremdfinanziert. Die **Erlebensfallversicherung** bietet eine Leistung für den Fall, dass der Versicherungsnehmer zum vereinbarten Stichtag lebt; die Leistung besteht auch hier in einer Einmalzahlung. Jene Erscheinungsform der Lebensversicherung bezweckt die finanzielle Eigenvorsorge des Versicherungsnehmers (oder des Bezugsberechtigten). Die **kapitalbildende Lebensversicherung** (Kapitallebensversicherung; gemischte Versicherung) kombiniert Todes- und Erlebensfallversicherung. Die private **Rentenversicherung** unterscheidet sich von der Lebensversicherung dadurch, dass bei Eintritt des Versicherungsfalls keine Einmalzahlung fällig wird, sondern eine regelmäßige Rente auf Lebenszeit. 101

Die **Krankenversicherung** (s. § 192ff. VVG; Rn. 1999ff.) bezweckt eine Absicherung gegen das Krankheitsrisiko. In ihrer klassischen Ausprägung ist sie **Krankheitskostenversicherung**, d.h. umfasst werden die Kosten der medizinischen Heilbehandlung sowie der dazu erforderlichen Medikamente usw. Andere Arten sehen als Leistung feste Beträge vor, z.B. die Zahlung von 80 € pro Tag, den der Versicherungsnehmer als Patient im Krankenhaus verbringt (**Krankentagegeldversicherung**, **Krankenhaustagegeldversicherung**; s. Rn. 424ff.). 102

Wichtigste Zweige der **Kompositversicherung** sind die Sach- und die Haftpflichtversicherung. Die **Sachversicherung** (s. §§ 74ff., 88ff., 142ff. VVG) soll in erster Linie das Sacherhaltungsinteresse schützen, also das Interesse des Eigentümers an der Erhaltung der ihm gehörenden Sache (s. Rn. 1264). 103

Beispiele: Feuerversicherung und Verbundene Wohngebäudeversicherung. Zudem zählen etwa auch die Hausratversicherung und die Transportversicherung zu den Sachversicherungen. 104

Für die Sachversicherung von Transportmitteln wird verbreitet der Ausdruck **Kaskoversicherung** gebraucht. Die wichtigste Erscheinungsform bildet die 105

Kfz-Kaskoversicherung, die je nach dem Umfang der versicherten Risiken als Teilkasko- oder als Vollkaskoversicherung bezeichnet wird. Daneben gibt es aber auch die Schiffskaskoversicherung oder die Flugzeugkaskoversicherung.

106 Die **Haftpflichtversicherung** (s. § 100 VVG) schützt den Versicherungsnehmer gleichsam spiegelbildlich zur Sachversicherung, die Schutz hinsichtlich der Erhaltung von Aktiva (Eigentum, Nutzungsmöglichkeit usw.) bezweckt, vor der Entstehung von **Passiva** (Verbindlichkeiten). Es geht also darum, das Risiko einer Belastung des eigenen Vermögens mit der Geltendmachung von Ansprüchen Dritter oder der Abwehr solcher Ansprüche auf den Versicherer abzuwälzen.

107 **Beispiele:** Praktisch bedeutsam ist insbesondere die **Privathaftpflichtversicherung**. Sie deckt im Kern die sich aus dem Deliktsrecht des BGB ergebenden Haftungsrisiken außerhalb des Kfz-Verkehrs ab. Für letzteren Bereich besteht die **Kfz-Haftpflichtversicherung**, die gemeinsam mit der Kaskoversicherung als einer Sachversicherung unter dem Oberbegriff der Kraftfahrtversicherung vereint ist (s. Rn. 1711). Wesentliche Bedeutung kommt überdies den verschiedenen **Berufshaftpflichtversicherungen** sowie der **Produkthaftpflichtversicherung** zu.

108 Die **Rechtsschutzversicherung** (s. § 125ff. VVG) erfasst das Interesse daran, nicht mit Kosten belastet zu werden, die dem Versicherungsnehmer aus der Wahrnehmung eigener rechtlicher Interessen entstehen. Dazu zählen namentlich Anwalts- und Gerichtskosten. Erfasst werden sowohl die Geltendmachung eigener Rechte als auch die Abwehr solcher Rechte, die Dritte gegenüber dem Versicherungsnehmer geltend machen. Über privatrechtliche Interessen hinaus kann die Rechtsschutzversicherung je nach Vereinbarung auch den Bereich des Straf- und Ordnungswidrigkeitenrechts erfassen.

109 Im gewerblichen Bereich gibt es eine Reihe besonderer Risiken, die eigene Versicherungen erfordern. Die Transportversicherung (s. §§ 130ff. VVG) deckt Risiken aus dem Gütertransport. Sie betrifft meist Transporte für Gewerbetreibende, kann freilich auch mit Verbrauchern zustande kommen, z.B. beim Möbel- oder Musikinstrumententransport. Ein Beispiel einer ausschließlich für Risiken von Unternehmern vorgesehenen Deckung bietet die **Betriebsunterbrechungsversicherung**; sie schützt etwa vor den finanziellen Folgen eines Produktionsstops wegen eines Feuers in einer Betriebsstätte des Versicherungsnehmers. Die **Kreditausfallversicherung** soll den Versicherungsnehmer vor den wirtschaftlichen Nachteilen bewahren, die ihm im Falle einer Zahlungsunfähigkeit bestimmter Schuldner drohen.

110 In gewisser Verwandtschaft zueinander stehen die **Unfallversicherung** (s. §§ 178ff. VVG) und die **Berufsunfähigkeitsversicherung** (s. §§ 172ff. VVG). In beiden Fällen handelt es sich um Summenversicherungen (s. Rn. 412). Ein wesentlicher Unterschied liegt allerdings darin, dass die Unfallversicherung sich an der eingetretenen körperlichen Einbuße orientiert. Demgegenüber ist es für die Leistungen der Berufsunfähigkeitsversicherung maßgeblich, ob der Versi-

cherungsnehmer nicht mehr seiner bisherigen oder einer zumutbaren anderen Berufstätigkeit nachgehen kann. – Die **Erwerbsunfähigkeitsversicherung** stellt strengere Anforderungen an den Eintritt des Versicherungsfalls als die Berufsunfähigkeitsversicherung. Die Leistungspflicht des Versicherers setzt hier voraus, dass der Versicherungsnehmer keinerlei Erwerbstätigkeit in irgendeinem Beruf mehr nachgehen kann.

D. Allgemeine Versicherungsbedingungen (AVB)

Der Inhalt von Versicherungsverträgen wird wesentlich geprägt durch **Allgemeine Versicherungsbedingungen** (AVB). Ihre praktische Bedeutung ist im Versicherungsvertragsrecht deshalb besonders groß, weil es sich bei der Versicherung um ein sog. **Rechtsprodukt** handelt. Mit diesem, im Anschluss an *M. Dreher*[43] häufig verwendeten Ausdruck soll die Besonderheit hervorgehoben werden, dass die vom Versicherer versprochene Leistung – anders als dies etwa bei einem (Sach-)Kauf- oder Mietvertrag meist der Fall ist – nicht auf eine physisch erfahrbare Sache i.S. von § 90 BGB bezogen ist. Zugleich ist diese Leistung im Vergleich zu solchen anderen Verträgen, bei denen der Leistungsinhalt gleichfalls entscheidend nicht durch eine bereits zuvor zumindest der Gattung nach bestimmte Sache geprägt wird, sondern durch eine verbale Leistungsbeschreibung, wie Dienst- oder Werkverträgen, besonders komplex. Dies hängt wiederum damit zusammen, dass die Voraussetzungen, unter denen der Versicherer leistungspflichtig sein soll, einer genauen Regelung bedürfen. Überdies müssen auch den Versicherungsnehmer eine Reihe von Verhaltensregeln (sog. **Obliegenheiten**; s. Rn. 1488ff.) treffen, damit der Vertragszweck erreicht wird und das Geschäftsmodell effizient funktioniert. 111

Alle diese Gesichtspunkte gilt es zu berücksichtigen, wenn ein Vertrag über das Rechtsprodukt Versicherung gestaltet wird. Der Einsatz von AVB geschieht nicht allein, wie sonst bei Allgemeinen Geschäftsbedingungen (AGB), zum Zweck der **Rationalisierung** bei häufig auftretenden Geschäften, die dann typisierend, ohne einzelfallbezogene Überprüfung aller vertraglichen Abreden abgewickelt werden können. Vielmehr ist die Verwendung standardisierter Bedingungswerke auch für die **Bildung homogener Kollektive** mit gleichartigen Risiken unter den Versicherungsnehmern sowie für die Prämienkalkulation bedeutsam (s. dazu Rn. 223ff.). Der Gesetzgeber setzt ganz selbstverständlich voraus, dass der Versicherer den von ihm geschlossenen Verträgen regelmäßig AVB zugrunde legt (s. Rn. 471). Sie haben für das Rechtsprodukt Versicherung eine schlechthin konstitutive Bedeutung. 112

Sofern der Inhalt des Vertrags durch **zwingendes oder halbzwingendes Recht** vorgegeben ist, wie es das VVG an zahlreichen Stellen enthält (s. dazu Rn. 512ff.), wird dadurch der Gestaltungsspielraum des Verwenders von vorn- 113

43 Die Versicherung als Rechtsprodukt. Die Privatversicherung und ihre rechtliche Gestaltung, 1991.

herein spezialgesetzlich eingeschränkt. Er kann in seinen AVB diese Regelungen dann nur noch deklaratorisch wiederholen (zu deklaratorischen Klauseln und deren Kontrolle s. Rn. 552ff.). Je umfassender die bereits aus Spezialregeln wie den zwingenden und halbzwingenden Vorschriften des VVG folgenden Grenzen der Gestaltungsfreiheit sind, umso geringer ist die praktische Bedeutung der Kontrolle von AVB anhand der §§ 305ff. BGB (zum Konkurrenzverhältnis zwischen Spezialgesetzen und AGB-rechtlichen Beschränkungen der Privatautonomie s. Rn. 526ff.). Strenge Vorgaben für den Vertragsinhalt stellt der Gesetzgeber insbesondere im Bereich der Pflichtversicherungen auf, die typischerweise jedenfalls in erster Linie den Schutz Dritter bezwecken (s. Rn. 1669). So gibt beispielsweise die Kfz-Pflichtversicherungsverordnung den Inhalt der AVB zur Kfz-Versicherung in weitem Umfang verbindlich vor.

114 Vergegenwärtigt man sich die herausgehobene Bedeutung von AVB für die Gestaltung von Versicherungsverträgen, so verwundert es nicht, dass die historischen Ursprünge des gesamten **AGB-Rechts,** wie es heute für nahezu jeden Vertragstyp bedeutsam ist, auf dem Gebiet der AVB liegen (s. Rn. 472). Die meisten derjenigen Entscheidungen, in denen sich das Reichsgericht mit vorformulierten Vertragsklauseln zu beschäftigen hatte, betreffen Versicherungsverträge. Zwar ist es seit dem 2. Weltkrieg auch bei anderen Vertragstypen mehr und mehr üblich geworden, dass AGB eingesetzt werden. Dies gilt neben Verträgen rund um den bargeldlosen Zahlungsverkehr (AGB Banken, Girokonten- und Kreditkartenbedingungen) insbesondere für Kauf- und Mietverträge sowie für eine Vielzahl von Werk-, Dienst- und gemischttypischen Verträgen (z.B. über Telekommunikation oder mit Fitnessstudios). Dessen ungeachtet wird die höchstrichterliche Rechtsprechung zu AGB bis heute nicht unwesentlich durch die Kontrolle von AVB geprägt. Dies gilt insbesondere für das Transparenzgebot (§ 307 Abs. 1 S. 2 BGB; s. dazu Rn. 544ff.).

115 Vorformulierte Klauseln in Versicherungsverträgen sind unabhängig davon, wie sie im Vertragstext bezeichnet werden, als AGB i.S. der §§ 305ff. BGB anzusehen. Daher handelt es sich keineswegs nur bei „Allgemeinen“, sondern namentlich auch bei sog. **„Besonderen“ Versicherungsbedingungen** um AGB. Die Bezeichnung als „Besondere“ Bedingungen soll in der Regel lediglich verdeutlichen, dass von den normalen, für alle Verträge zugrunde gelegten und daher „Allgemeinen“ Bedingungen abweichende oder diese für bestimmte Fälle ergänzende, aber gleichwohl vorformulierte Klauseln verwendet werden.

116 **Verwender** von AVB ist regelmäßig der **Versicherer.** Dies hängt nicht allein damit zusammen, das der Versicherer als Anbieter von Versicherungsschutz aufgrund seiner typischerweise überlegenen Sachkenntnis und Geschäftserfahrung zur Ausarbeitung der Bedingungen wesentlich besser in der Lage ist als ein durchschnittlicher Versicherungsnehmer. Hinzu kommt, dass es der Versicherer ist, der die Risikogemeinschaft organisiert und der daher daran interessiert ist, allen Mitgliedern der jeweiligen Gemeinschaft Versicherungsschutz nach denselben Regeln zu bieten (s. Rn. 220ff.). Freilich ist es keineswegs ausgeschlossen, dass im Einzelfall statt des Versicherers ein Versicherungsnehmer als

Verwender anzusehen ist. Dies kommt namentlich bei der Versicherung gewerblicher und insbesondere industrieller (Groß-)Risiken in Betracht. Hier kann der Versicherungsnehmer daran interessiert sein, für unterschiedliche Risiken einen Versicherungsschutz nach gleichartigen Bedingungen zu erlangen. Auch kann es vorkommen, dass der Vertrag unter Verwendung von AVB zustande kommt, die ein Versicherungsmakler namens des von ihm eingeschalteten Versicherungsnehmers dem Versicherer stellt (zu solchen sog. Maklerbedingungen s. Rn. 708ff.).

AVB existieren für sämtliche Versicherungszweige und deren einzelne Aus- 117
prägungen. Bis zur Deregulierung der Versicherungsmärkte infolge von europäischem Richtlinienrecht im Jahre 1994 (s. dazu auch Rn. 2020) bedurften sämtliche AVB und Tarife einer **Genehmigung** durch die Versicherungsaufsichtsbehörde, bevor sie gegenüber Versicherungsnehmern zum Einsatz gelangten. Diese behördliche Vorabkontrolle führte – außer zu einer erleichterten Einbeziehung der AVB in den Vertrag gem. § 23 Abs. 3 AGBG a.F. –[44] zu einer **hohen Standardisierung** der AVB konkurrierender Versicherer.

Auch nach der Deregulierung von 1994, durch die das Genehmigungserfor- 118
dernis für die meisten Versicherungszweige entfallen ist (zu Ausnahmen s. Rn. 536), gibt es freilich nicht selten weitgehend wortgleiche Bedingungswerke verschiedener Versicherer zu bestimmten Sparten. Dies beruht nunmehr darauf, dass es sich heutzutage um **unverbindliche Verbandsempfehlungen** in Gestalt von Musterbedingungen handelt. Diese werden namentlich vom Gesamtverband der Deutschen Versicherungswirtschaft e.V. (GDV; s. Rn. 152) entwickelt und von dessen Mitgliedsunternehmen vielfach übernommen. Es kommt jedoch auch immer wieder zu Abweichungen; zudem werden die empfohlenen Bedingungswerke in unregelmäßigen Abständen je nach Bedarf an geänderte Rahmenbedingungen angepasst.

Für die **praktische Rechtsanwendung** folgt aus dieser Bedingungsvielfalt, 119
dass stets zunächst genau zu ermitteln ist, welchen Wortlaut die in den konkreten Versicherungsvertrag einbezogenen AVB haben. Die Unterschiedlichkeit der in der Praxis verwendeten AVB gebietet insbesondere Vorsicht bei der Heranziehung von Gerichtsentscheidungen. Aus den darin für einen bestimmten Klauselwortlaut getroffenen Aussagen geht häufig nicht hervor, welchen genauen Inhalt die vom Gericht beurteilten AVB haben. Zwar lassen sich aus Entscheidungen zu bestimmten AVB oft Anhaltspunkte dafür entnehmen, wie ähnliche Klauseln rechtlich zu bewerten sind. Indessen kann bereits eine kleine Abweichung im Wortlaut dazu führen, dass eine Rechtsprechung nicht übertragbar ist.

Die letzte umfassende **Änderung** der Bedingungswerke ist durch die **VVG-** 120
Reform mit Wirkung zum 1.1.2008 ausgelöst worden (zu den Rechtsfolgen einer unterbliebenen Anpassung der AVB in Altverträgen s. Rn. 1004ff.). Auch die seinerzeit an das reformierte Recht angepassten AVB sind mittlerweile für

---

44 S. dazu OLG Celle VersR 2011, 1001, 1002.

viele Versicherungsarten weiter überarbeitet worden. **Bestehende Verträge** werden meist nicht automatisch an derartige überarbeitete Verbandsempfehlungen angepasst; dies wäre als einseitige Änderung ohne Mitwirkung des Versicherungsnehmers auch nicht ohne Weiteres möglich (zu Bedingungsanpassungsklauseln s. Rn. 1021). In der Praxis kann daher für ein und dieselbe Art von Risikodeckung je nach Abschlussdatum des Vertrags eine ganze Reihe **unterschiedlicher AVB** maßgeblich sein.

E. Einzel- und Gruppenversicherung

121 Das VVG geht als Regelfall stillschweigend davon aus, dass ein individueller Versicherungsnehmer den Vertrag mit dem Versicherer schließt. Dies geht etwa daraus hervor, dass der Versicherer gem. § 6 Abs. 1 VVG den Versicherungsnehmer in Orientierung an dessen Person und Situation bedarfsgerecht zu beraten hat (s. Rn. 718ff.). Neben dieser **Einzelversicherung** gibt es aber auch den Fall, dass durch ein und denselben Rahmenvertrag die gleichartigen Risiken einer Mehrzahl von Personen versichert werden (**Gruppenversicherung**).

122 **Beispiel:** Die sog. **Direktversicherung** schließt ein Arbeitgeber als Lebensversicherung zugunsten seiner Arbeitnehmer ab (vgl. § 1b Abs. 2 BetrAVG). Im Sonderfall der Rückdeckungsversicherung dient die Gruppenversicherung dem Arbeitgeber dazu, die von ihm gegebenen Versorgungszusagen abzusichern. Bisweilen schließen auch Verbände derartige Gruppenversicherungen ab. So bietet beispielsweise der Bund der Versicherten (s. Rn. 151) seinen Mitgliedern Rahmenverträge zu verschiedenen Sparten an. Auch bei Automobilverbänden finden sich entsprechende Angebote.

123 Entscheidendes Merkmal der Gruppenversicherung ist, dass die Einbeziehung in den Vertrag jeweils im Hinblick auf die **Zugehörigkeit zu der Gruppe** erfolgt, mag sie auch eine individuelle Anzeige oder Anmeldung voraussetzen. Dabei bestehen gewisse Parallelen zur laufenden Versicherung (§§ 53ff. VVG; s. Rn. 1239).[45] Der Versicherungsnehmer übernimmt für die Gruppenmitglieder eine Koordinierungsfunktion und sorgt für Kontinuität. Die einzelnen Risikoträger, deren Risiken durch die Gruppenversicherung gedeckt sind, haben die Rechtsstellung von Versicherten i.S. der §§ 43ff. VVG (Versicherung für fremde Rechnung; s. dazu Rn. 1595ff.).

124 Die Gruppenversicherung ist nur punktuell gesetzlich geregelt worden (s. §§ 150 Abs. 2 S. 1; 205, 206 VVG). Ihre Besonderheiten werfen in unterschiedlichem Kontext Fragen auf. So ist es klärungsbedürftig, ob der Versicherungsnehmer oder aber die einzelnen Versicherten Adressaten der **Beratungs- und Informationspflichten** des Versicherers gem. §§ 6, 7 VVG sind. Der Schutzzweck des § 6 VVG könnte es nahelegen, den Versicherer für verpflichtet zu halten, jeden einzelnen Versicherten **bedarfsgerecht zu beraten**. Indessen stellt

45 *Wandt*, Rn. 38.

das Gesetz hinsichtlich dieser Pflicht allein auf den Versicherungsnehmer als den Vertragspartner des Versicherers ab (s. Rn. 121). Auch wenn dem Gesetzeswortlaut insoweit keine ausschlaggebende Aussagekraft zukommt (s. Rn. 723), ist dies im Hinblick auf den Zweck der Regelung sachgerecht. Die Beratung soll nämlich die Entscheidung über den Vertragsschluss erleichtern. Wie generell bei der Fremdversicherung, ist daher auch bei der Gruppenversicherung der einzelne Versicherte nicht nach § 6 VVG zu beraten. Dasselbe gilt grundsätzlich hinsichtlich der **Informationspflicht** gem. § 7 VVG. Als **Ausnahme** sieht § 10a Abs. 2 VAG ausdrücklich vor, dass der Versicherer bei Lebensversicherungen und Pensionskassen im Rahmen der betrieblichen Altersversorgung den Versicherten bestimmte Informationen erteilen muss. Überdies hat der Arbeitgeber seine Arbeitnehmer zu informieren und ggf. auch in gewissem Umfang zu beraten.

Eine weitere Frage betrifft die Vereinbarkeit von Vergünstigungen mit dem 125
Aufsichtsrecht. Sofern in der Gruppenversicherung, wie dies regelmäßig geschieht, den Versicherten günstigere Prämien und/oder Bedingungen als Versicherungsnehmern einer Einzelversicherung gewährt werden, kann dies in Konflikt mit dem **Gleichbehandlungsgebot** (zu diesem s. Rn. 288ff.) oder mit konkreteren aufsichtsrechtlichen Vorgaben, namentlich mit der Verordnung über das Verbot von Sondervergütungen und Begünstigungsverträgen in der Schadenversicherung (s. Rn. 299), geraten.

§ 3 Wichtige Institutionen

A. Aufsichtsbehörden

I. Bundesanstalt für Finanzdienstleistungsaufsicht (BaFin)

Die Bundesanstalt für Finanzdienstleistungsaufsicht (BaFin) ist eine bundesun- 126
mittelbare, rechtsfähige Anstalt des öffentlichen Rechts. Sie unterliegt der Rechts- und Fachaufsicht des Bundesministeriums der Finanzen. Der Aufgabenbereich dieser Behörde umfasst erstmals eine **einheitliche staatliche Finanzaufsicht** über Kreditinstitute, Finanzdienstleistungsinstitute, Versicherungsunternehmen und den Wertpapierhandel. Die BaFin hat ihren Sitz in Bonn und in Frankfurt am Main; für die Aufsicht über Versicherungsgeschäfte ist der Bonner Dienstsitz im ehemaligen Gebäude des Bundesministeriums der Finanzen zuständig. Aktuelle Informationen und Hinweise finden sich auf der Webseite der BaFin.[46]

Das Hauptziel der Aufsicht über den Finanzdienstleistungssektor durch die 127
BaFin ist es, die Funktionsfähigkeit, Stabilität und Integrität des gesamten deutschen Finanzsystems zu sichern. Im Rahmen dieser Zielsetzung achtet die BaFin im Versicherungssektor auch darauf, dass die **Belange der Versicherten**

46 www.bafin.de

ausreichend gewahrt werden (s. § 81 Abs. 1 S. 2 VAG). Es steht jedem Versicherungsnehmer frei, sich im Rahmen der Missstandsaufsicht im Einzelfall an die BaFin zu wenden (s. Rn. 29).

128 Die BaFin wird bei der Erfüllung ihrer Aufgaben ausschließlich im **öffentlichen Interesse** tätig (§ 81 Abs. 2 VAG).[47] Diese Regelung verhindert es, dass ein Einzelner erfolgreich Amtshaftungsansprüche gem. Art. 34 GG i.V. mit § 839 BGB gegen die Behörde geltend macht; sie schließt nämlich die dafür erforderliche Drittbezogenheit der Amtspflicht aus.

129 Die BaFin ist außer für die Versicherungsbranche insbesondere auch für den **Bankensektor** zuständig. Bevor sie am 1. Mai 2002 ihre Tätigkeit aufnahm, waren Versicherungs- und Bankenaufsicht noch verschiedenen, voneinander unabhängigen Behörden zugeordnet; für den Versicherungssektor war das Bundesaufsichtsamt für das Versicherungswesen (BAV) in Berlin verantwortlich, dem wiederum das Reichsaufsichtsamt für das Versicherungswesen (RAV) vorausgegangen war. Viele der amtlichen Verlautbarungen des BAV (veröffentlicht in der Publikation VerBAV) sind ungeachtet der Überführung jener Behörde in die BaFin auch heute noch bedeutsam.

130 Die Schaffung einer einheitlichen sektorenübergreifenden Aufsichtsbehörde für **Finanzdienstleistungen** entsprach einem weltweit zu beobachtenden Trend. Ihm liegt die Erwägung zugrunde, dass beide Geschäftsfelder zu den Finanzdienstleistungen zählen und sich in manchen Bereichen, etwa bei der kapitalbildenden Lebens- oder Rentenversicherung, überschneiden. Zudem hatte sich seit den 1990er Jahren in der Geschäftspraxis eine Tendenz gezeigt, dass das Versicherungs- und das Bankengeschäft unter dem Schlagwort „**Allfinanz**" enger miteinander verbunden wurden. Dies wurde besonders deutlich an den Fällen, in denen Unternehmensträger beider Sektoren unter einem Konzerndach zusammengeführt wurden. Ein Musterbeispiel für diese Entwicklung war die Eingliederung der *Dresdner Bank AG* in den *Allianz*-Konzern im Sommer 2001. Zwar steht man in jüngerer Zeit dem Allfinanz-Gedanken und den dadurch erreichbaren Synergien wieder zurückhaltender gegenüber. So wurde denn auch, wenngleich dies mehrere Gründe hat, im Jahr 2009 die *Dresdner Bank AG* wieder aus der branchenfremden *Allianz SE* herausgelöst und mit der branchengleichen *Commerzbank AG* verschmolzen. Im Jahr 2013 hat die *Allianz SE* mit der *Allianz Bank* auch ihre letzte Aktivität im Bereich der Geschäftsbanken eingestellt. Es bleibt aber der Befund, dass sich bei den von Versicherern und Banken angebotenen Produkten Überschneidungen ergeben.

131 Auf der anderen Seite gibt es viele aufsichtsrechtliche Themen, die **Besonderheiten des Versicherungsgeschäft** betreffen. Auch unter dem Dach einer einheitlichen Behörde müssen daher, wie dies bei der BaFin ebenso wie auf europäischer Ebene (s. Rn. 132 zu EIOPA) geschehen ist, eigene Bereiche für die jeweiligen Sektoren geschaffen werden. In jüngster Zeit ist unter dem Eindruck

47 S. auch VG Frankfurt a.M. VersR 2004, 1397. Krit. *Bürkle*, Der Sonderbeauftragte der Bundesanstalt für Finanzdienstleistungsaufsicht im Versicherungssektor, 2013, S. 403ff.

der Wirtschaftskrise, die im Jahr 2008 im Kern als eine in erster Linie den Bankensektor betreffende Finanzmarktkrise ausgebrochen war, wieder vermehrt die rechtspolitische Forderung erhoben worden, die Aufsichtsaufgaben für Versicherungen und Banken getrennten Behörden zu übertragen. Diese Frage stellt sich auch für die auf europäischer und internationaler Ebene geschaffenen Aufsichtseinrichtungen (zu ihnen s. Rn. 132f., 2025). Manches spricht rechtspolitisch dafür, auch auf europäischer Ebene beide Sektoren unter dem Dach einer einheitlichen Behörde zu beaufsichtigen, in deren Aufbau jedoch neben sektorenübergreifenden auch gewichtige sektorenspezifische Verwaltungseinheiten einzurichten. Damit kann dort, wo Parallelen bestehen, wie etwa bei den Solvabilitätsanforderungen für Anlageprodukte im Grenzbereich von Versicherungs- und Bankgeschäft oder bei den Vergütungsregeln für Manager, die gebündelte Expertise einer einzigen Behörde genutzt werden. Zudem lassen sich koordinierte Aufsichtsstandards etablieren. Zugleich kann über die sektorenspezifischen Abteilungen den Besonderheiten des Versicherungsgeschäfts Rechnung getragen werden.

II. European Insurance and Occupational Pensions Authority (EIOPA)

Auf europäischer Ebene wurde im Jahr 2003 das Committee of European Insurance and Occupational Pensions Supervisors (**CEIOPS**; Europäischer Ausschuss für das Versicherungswesen und die betriebliche Altersversorgung) gegründet. Nachdem sich die EU-Mitgliedstaaten angesichts der Finanzkrise von 2007/08 auf eine engere Zusammenarbeit bei der Finanzmarktaufsicht verständigt hatten, ist dieser Ausschuss im Jahre 2011 in die **European Insurance and Occupational Pensions Authority (EIOPA)** überführt worden; EIOPA hat seitdem die Aufgaben von CEIOPS übernommen. Es handelt sich um eine europäische Behörde zur Finanzmarktaufsicht; sie stellt ein Element des Europäischen Finanzaufsichtssystems (EFSF) dar. Die Rechtsgrundlage von EIOPA bildet eine europäische Verordnung, in der auch die Aufgaben und Befugnisse der Behörde geregelt sind (s. insbesondere Art. 8ff. EIOPA-VO).[48] Unter ihren Organen befindet sich der sog. Rat der Aufseher, der unter anderem die Leiter der für die Beaufsichtigung von Finanzinstituten zuständigen Behörden aller Mitgliedstaaten vereint (Art. 40 EIOPA-VO). Hinzu kommen ein Verwaltungsrat, ein Exekutivdirektor und gemeinsame Gremien der mitgliedstaatlichen Aufsichtsbehörden. Der Sitz von EIOPA befindet sich in Frankfurt am Main. 132

Eine wesentliche Aufgabe von EIOPA ist die Überarbeitung des europäischen Versicherungsaufsichtsrechts, die unter dem Schlagwort „**Solvency II**" vor allem der Koordinierung der Solvabilitätsanforderungen dient (s. Rn. 2022ff.). Zudem bietet EIOPA den mitgliedstaatlichen Aufsichtsbehörden eine Plattform, um ihre Zusammenarbeit bei der Aufsicht im Binnenmarkt zu intensivieren.[49] 133

48 Verordnung (EU) Nr. 1094/2010, ABl. EU Nr. L 331/48.
49 S. dazu *Gal*, ZVersWiss 2013, 7ff.

B. Rechtsprechung

134 Im Versicherungsvertragsrecht kommt der Rechtsprechung eine herausgehobene Bedeutung zu. Dies hängt damit zusammen, dass es sich bei der Versicherung um ein Rechtsprodukt handelt (s. Rn. 111), bei dem die beiderseitigen Rechte, Pflichten und Obliegenheiten zwangsläufig durch mehr oder minder komplexe Vertragsbedingungen gestaltet sind. Zudem sind den Interessenverbänden der Versicherungsnehmer (s. Rn. 151) weit reichende **Verbandsklagebefugnisse** eingeräumt (s. §§ 1, 3 Nr. 1 UKlaG). Dadurch kommt es insbesondere im Bereich der AGB-Kontrolle gem. §§ 305ff. BGB immer wieder zu Musterverfahren, die durch die Instanzen – Eingangsinstanz ist nach § 6 Abs. 1 UKlaG das Landgericht – bis hin zum BGH durchgeführt werden. Neben Verbraucherschutzverbänden gehen bisweilen auch andere Interessenverbände gerichtlich gegen die Verwendung von AVB vor.

135 **Beispiel**: Die Anwaltskammer München hat eine auf §§ 1, 3 Abs. 1 Nr. 2 UKlaG gestützte Klage gegen einen Rechtsschutzversicherer erhoben. Dadurch sollte der Versicherer verpflichtet werden, in seinen Bedingungen den Versicherungsnehmern keine wirtschaftlichen Anreize dafür zu setzen, im Rechtsschutzfall nur bestimmte Anwälte zu mandatieren, die dem Versicherer durch ein Netzwerk verbunden sind (s. Rn. 1787f.).

136 Neben dem UKlaG ermöglicht es auch das Wettbewerbsrecht bestimmten Verbänden, AVB gerichtlich auf den Prüfstand zu stellen; in der Verwendung unwirksamer AVB kann nämlich eine unlautere Wettbewerbshandlung i.S. des § 4 Nr. 11 UWG liegen.

137 **Beispiel:**[50] Ein Maklerverband verklagt eine Supermarktkette darauf, es zu unterlassen, in ihren Märkten sog. Verkaufsboxen mit Versicherungspaketen zu vertreiben (s. dazu noch Rn. 646).

138 Bei den Instanzgerichten der Zivilgerichtsbarkeit wird im Geschäftsverteilungsplan regelmäßig eine **sachliche Zuständigkeit** bestimmter Spruchkörper für Versicherungssachen begründet. Auf der Ebene des BGH ist diese Zuständigkeit beim IV. Zivilsenat angesiedelt. Dementsprechend stammen die meisten für das Versicherungsvertragsrecht bedeutsamen Entscheidungen von diesem Senat. Freilich nehmen auch weitere Senate des BGH im Rahmen ihrer Zuständigkeit für andere Materien bisweilen zu versicherungsvertragsrechtlichen Fragen Stellung. Dies gilt insbesondere für den Wettbewerbssenat (I. Zivilsenat), den Gesellschaftsrechtssenat (II. Zivilsenat) und den Mietrechtssenat (VIII. Zivilsenat).

139 Eine grundsätzlichere Frage des Zivilprozesses hat im Versicherungsrecht in jüngerer Zeit besondere praktische Bedeutung erlangt. Dabei geht es um das Problem der sog. **Nichtentscheidungen**, d.h. der Situation, dass eine Prozesspartei vor dem BGH ein von ihr eingelegtes Rechtsmittel zurücknimmt und damit das Gericht an einer Entscheidung in der Hauptsache hindert. Das Motiv

50 Nach LG Wiesbaden VersR 2008, 919.

für ein derartiges Verhalten wird oft darin liegen, dass die betreffende Partei aus Hinweisen des Gerichts in der mündlichen Verhandlung oder aus anderen Indizien auf eine drohende eigene Prozessniederlage schließt. Nimmt die Partei – in der Praxis ist dies meist, wenn auch nicht stets, der Versicherer –[51] ihr Rechtsmittel zurück, so hat sie nur für den konkreten Rechtsstreit die damit verbundenen Nachteile zu tragen. Hingegen bleiben ihr weiter reichende Folgen zumindest vorläufig erspart, wie sie anderenfalls insbesondere bei der Verwerfung einer AVB hinsichtlich sämtlicher weiterer Verträge eintreten, in denen gleichartige Klauseln vereinbart sind.

Beispiel: Versicherer V verweigert gegenüber dem Versicherungsnehmer A die Leistung, indem er sich auf einen in den AVB enthaltenen Risikoausschluss beruft. A hält diesen Ausschluss für unwirksam. Nachdem V von den Instanzgerichten verurteilt worden ist, legt er Revision zum BGH ein. Angesichts des Verlaufs der mündlichen Verhandlung befürchtet V, der BGH werde die instanzgerichtlichen Urteile letztinstanzlich bestätigen. Nimmt V daher die Revision zurück, was er seit einer Änderung der ZPO im Jahre 2002 ohne Zustimmung des A tun kann, so unterbleibt eine höchstrichterliche Klärung der Rechtsfrage, ob der Ausschluss unwirksam ist. 140

Die insbesondere von den obersten Gerichten zu leistende Aufgabe, für eine **einheitliche Auslegung und Fortbildung des Rechts** zu sorgen, kann auf diese Weise nicht erfüllt werden. Andererseits handelt es sich um ein Verfahren privater Parteien, die dessen Herren sind. Zudem dient das gerichtliche Verfahren vorrangig dazu, den konkreten Streit zu beenden. Gibt eine Partei noch während des Prozesses nach, so ist dies an sich ein erwünschtes, den Rechtsfrieden wiederherstellendes Verhalten, das durch die Verfahrensregeln daher in unterschiedlicher Weise gefördert wird. Um gleichwohl dem Interesse der Allgemeinheit an einer effektiven Rechtsauslegung und -fortbildung Rechnung zu tragen, könnte man die Revisionsrücknahme nach mündlicher Verhandlung durch einseitige Erklärung, also ohne Zustimmung des Revisionsgegners, gesetzlich ausschließen. Dies würde insoweit eine Rückkehr zu demjenigen Rechtszustand bedeuten, der bis zur ZPO-Reform von 2002 bestand. Jenen Weg hat der Gesetzgeber inzwischen durch die Neufassung der §§ 555, 556 ZPO zum 1.1.2014 beschritten.[52] Demnach ist eine Rücknahme der Revision nach Beginn der mündlichen Verhandlung nur mit Einwilligung des Gegners möglich; ein Anerkenntnis ist wirkungslos, solange der Gegner nicht ausdrücklich ein Anerkenntnisurteil beantragt. De lege ferenda könnte stattdessen dem BGH bei entscheidungsreifen Sachen von grundsätzlicher Bedeutung die Befugnis eingeräumt werden, unabhängig vom prozessrechtlichen Verhalten der 141

51 Auch die BaFin hat in einem Verfahren um die Zulässigkeit des Provisionsabgabeverbots (vgl. VG Frankfurt/M. VersR 2012, 358; s. Rn. 302) die Revision kurzfristig zurückgenommen; *Hirsch*, VersR 2012, 929, 933.

52 BT-Drucks. 17/13948. Skeptisch noch *Hirsch*, VersR 2012, 929, 931.

Parteien in der Sache zu entscheiden. Damit würde der zivilprozessuale Grundsatz, dass die Parteien in jedem Prozessstadium Herren des Verfahrens sind, im Interesse der zentralen Aufgaben des Revisionsverfahrens – Rechtsfortbildung und Sicherung einer einheitlichen Rechtsanwendung – durchbrochen. Der entsprechende Vorschlag des Versicherungsombudsmanns[53] (zu dieser Institution s. Rn. 145ff.) erscheint diskussionswürdig.

142 Deutlich entschärft würde das Problem überdies bei Rechtsstreitigkeiten über die **Unwirksamkeit von AVB**, wenn man einen wesentlichen Anreiz für die Revisionsrücknahme beseitigen würde. Die für die Versicherer belastende Wirkung von Urteilen, in denen eine Klausel für unwirksam erklärt wird, liegt nämlich insbesondere darin, dass regelmäßig eine Vielzahl von bestehenden Verträgen hierdurch eine Änderung erfährt. Dies wirkt sich nachträglich auf die der vereinbarten Prämie zugrunde liegende Kalkulation aus und schafft Anpassungsbedarf, der mit weiteren Unsicherheiten verbunden ist. Diese Belastungen ließen sich vermeiden, wenn Urteile, in denen eine bislang höchstrichterlich unbeanstandet gebliebene AVB für unwirksam erklärt wird, **nur für die Zukunft** wirken würden, so dass die Bestandsverträge für die Vergangenheit unberührt blieben. Hierfür gibt es de lege lata gewisse Ansatzpunkte, namentlich einen im Einzelfall dem Verwender zu gewährenden Vertrauensschutz, eine Lückenfüllung durch ergänzende Vertragsauslegung oder auch eine Stichtagsregelung, wie sie etwa im Unisex-Urteil des EuGH (s. Rn. 582ff.) enthalten ist.[54] Freilich kann auf dem Boden der §§ 305ff. BGB, die ja für Verträge mit Verbrauchern überdies auf der europäischen Klauselrichtlinie beruhen und daher auch künftig die dortigen Vorgaben einhalten müssen, kaum eine Begrenzung der Klauselverwerfung auf die Zukunft eingeführt werden. Zwar würde auch von solchermaßen in ihrer Wirkung begrenzten Gerichtsentscheidungen für die Versicherer eine erhebliche verhaltenssteuernde Wirkung ausgehen; sie müssten Bestandsverträge (etwa in Ausübung der Befugnis nach § 164 VVG) anpassen und im Neugeschäft veränderte AVB verwenden. Indessen wäre eine solche Begrenzung kaum damit in Einklang zu bringen, dass der Richter dann, wenn er eine Klausel verwirft, jedenfalls im Regelfall nicht neues Recht schafft, sondern allein die geltende Rechtslage erkennt. Dies muss sich dann auch auf Bestandsverträge vom Zeitpunkt ihres Abschlusses an auswirken.

143 Hilfreich wäre es, wenn der BGH, sofern er mit der Frage befasst wird, ob eine AVB unwirksam ist, diese nicht allein unter einzelnen Gesichtspunkten würdigen, sondern **umfassend** auf ihre Wirksamkeit hin prüfen würde. Zwar erscheint es bei einem engen, auf das konkrete Verfahren beschränkten Verständnis von Prozessökonomie angezeigt, eine etwaige Unwirksamkeit auf einen einzelnen, durchschlagenden Aspekt zu stützen (z.B. Verstoß gegen das Transparenzgebot des § 307 Abs. 1 S. 2 BGB). Damit bleiben jedoch, sofern nicht auch die anderen möglichen Unwirksamkeitsgründe untersucht werden,

---

53 *Hirsch*, VersR 2012, 929, 932.

54 S. zu alledem *Hirsch*, VersR 2012, 929, 931f.

weitere Streitfelder offen und künftige Prozesse mehr oder minder vorprogrammiert.

Beispiel: In einem Grundsatzurteil von 2012 zu den AVB der Lebensversicherung hat der BGH einige zentrale Klauseln gem. § 307 Abs. 1 S. 1 BGB für inhaltlich unwirksam erklärt (s. dazu noch Rn. 549, 1950ff.).[55] Jene Klauseln waren bereits in mehreren vorangegangenen Verfahren durch den BGH beurteilt und insbesondere wegen Transparenzverstößen gem. § 307 Abs. 1 S. 2 BGB für unwirksam befunden worden. Nachdem die Verwender sie daraufhin gemäß den aus jenem Urteil zu entnehmenden Vorgaben angepasst hatten, fand der BGH anschließend gleichwohl neue, in der früheren Rechtsprechung nicht thematisierte Gründe, sie wiederum zu verwerfen.[56] Auch in dem Urteil von 2012 heißt es bisweilen wiederum, eine Klausel sei „jedenfalls" aus einem bestimmten Grund unwirksam; eine derartige Formulierung lässt regelmäßig künftige Prozesse über mögliche weitere Unwirksamkeitsgründe befürchten. Der Prozessökonomie in einem weiter verstandenen Sinne ist dies nicht dienlich; auch die Aufgabe des BGH, Rechtssicherheit und Rechtsfrieden zu stiften, ließe sich durch eine umfassende Prüfung bereits bei der ersten sich bietenden Gelegenheit besser erfüllen. 144

C. Ombudsleute

Literatur

Basedow, Der Versicherungsombudsmann und die Durchsetzung der Verbraucherrechte in Deutschland, VersR 2008, 750; *von Hippel,* Der Ombudsmann im Bank- und Versicherungswesen, 2000; *Hirsch,* Die Praxis des Versicherungsombudsmanns, VuR 2010, 298; *K.-W. Knauth,* Versicherungsombudsmann. Private Streitbeilegung für Verbraucher, WM 2001, 2325; *E. Lorenz,* Der Versicherungsombudsmann – eine neue Institution im deutschen Versicherungswesen, VersR 2004, 541; *Römer,* Der Ombudsmann für private Versicherungen, NJW 2005, 1251; *Scherpe,* Der deutsche Versicherungsombudsmann, NVersZ 2002, 97.

Kommt es zwischen Versicherungsnehmer und Versicherer zu Meinungsverschiedenheiten über die beiderseitigen Rechte und Pflichten, so steht beiden Parteien der Gang zu den **Zivilgerichten** offen (zur Bedeutung der Rechtsprechung im Versicherungssektor s. Rn. 134ff.). Wird dieser Weg beschritten, so ist infolgedessen das in einem Dauerschuldverhältnis bestehende Vertrauensverhältnis zumindest belastet, oftmals auch zerrüttet. Dies gilt in gesteigertem Maße für das durch zahlreiche besondere Verhaltensregeln (Obliegenheiten, s. Rn. 1488ff.) geprägte Versicherungsverhältnis. Jene Belastung kann ökonomisch für beide Parteien nachteilig sein: Der Versicherer droht einen Kunden zu verlieren; der Versicherungsnehmer muss sich um eine anderweitige, womöglich weniger vorteilhafte Risikodeckung kümmern. 145

55 BGH VersR 2012, 1149 m. krit. Anm. *Präve,* S. 1159.
56 Krit. zu dieser Vorgehensweise *Armbrüster,* NJW 2012, 3001, 3003f.

146 Es ist daher zu begrüßen, dass der ursprünglich aus Schweden stammende Gedanke einer außergerichtlichen Streitbeilegung mittels **Schlichtung durch eine unabhängige Stelle** (Ombudsmann) auch im deutschen Versicherungssektor aufgegriffen worden ist. Rechtsgrundlage ist **§ 214 VVG**. Durch jene Regelung wird das Bundesministerium der Justiz ermächtigt, privatrechtlich organisierte Einrichtungen als Schlichtungsstellen anzuerkennen. Dies gilt sowohl im Hinblick auf Streitigkeiten bei Versicherungsverträgen mit Verbrauchern als auch auf solche im Zusammenhang mit Vermittlungsleistungen. Das Ministerium hat von dieser Befugnis mit Schreiben vom 14.5.2007 Gebrauch gemacht und zwei Einrichtungen anerkannt, nämlich den Versicherungsombudsmann e.V. und den Ombudsmann Private Kranken- und Pflegeversicherung.[57]

147 Der **Versicherungsombudsmann e.V.** hat am 1.10.2001 seine Tätigkeit aufgenommen. Mitglieder können nach § 3 der Satzung nur der Gesamtverband der Deutschen Versicherungswirtschaft e.V. (GDV; s. Rn. 152) und dessen Mitgliedsunternehmen sein. Neben dem GDV sind dem Verein mittlerweile rund 270 Versicherungsunternehmen mit einem Marktanteil von etwa 95 % beigetreten. Der Versicherungsombudsmann e.V. ist ein nichtwirtschaftlicher Verein; er hat die satzungsgemäße Aufgabe, außergerichtlich zur Streitbeilegung zwischen Versicherern und Versicherungsnehmern (und zwar ausschließlich Verbrauchern i.S. von § 13 BGB) beizutragen.

148 Der Ombudsmann ist ein **unabhängiges Organ**; er unterliegt bei seiner Tätigkeit keinen Weisungen. Er soll die Befähigung zum Richteramt haben und über besondere Erfahrungen in Versicherungssachen verfügen; in den letzten drei Jahren vor Amtsantritt darf er zudem nicht hauptberuflich für ein Versicherungsunternehmen oder als Vermittler tätig gewesen sein. Seine Amtszeit beträgt fünf Jahre; eine einmalige erneute Bestellung ist zulässig (§ 13 Abs. 2 der Satzung). Der erste Ombudsmann in der Geschichte des Vereins war Prof. *Wolfgang Römer*, der zuvor als Mitglied des IV. Zivilsenats des BGH tätig gewesen war. Auf ihn folgte am 1.4.2008 Prof. *Dr. Günter Hirsch*, vormals Richter am EuGH sowie Präsident des BGH; er wurde mittlerweile für eine zweite Amtszeit ab 1.4.2013 wiederbestellt. Die Tätigkeit des Ombudsmanns wird von einem Geschäftsführer sowie einem Team von Volljuristen und sonstigen Mitarbeitern unterstützt.

149 Die Entscheidung, die der Ombudsmann über eine Beschwerde trifft, ist für den **Versicherungsnehmer** nicht bindend. Er hat zu jedem Zeitpunkt die Möglichkeit, das – für ihn kostenfreie – Verfahren zu beenden und Klage bei einem Gericht einzureichen. Hingegen ist die Entscheidung des Ombudsmannes für den auf der Gegenseite beteiligten **Versicherer** bis zu einem Streitwert von 10.000 € bindend. Für darüber hinausgehende Streitwerte bis zu einem Betrag von 100.000 € gibt der Ombudsmann eine unverbindliche Empfehlung ab (§§ 10 Abs. 3, 11 der Verfahrensordnung des Versicherungsombudsmanns

---

57 BAnz. 2007 Nr. 101 S. 5595.

(VomVO)). Im Jahr 2012 sind 17.263 Beschwerden eingegangen.[58] Die durchschnittliche Verfahrensdauer betrug für zulässige Beschwerden 3,5 Monate. Weitere Hinweise zum Verfahren, zu den inhaltlichen Schwerpunkten der Beschwerden und zur Statistik finden sich unter: http://www.versicherungsombudsmann.de.

Die privaten Krankenversicherer sind dem Versicherungsombudsmann e.V. 150
nicht beigetreten; sie haben vielmehr einen eigenen **Ombudsmann Private Kranken- und Pflegeversicherung** (PKV-Ombudsmann) eingerichtet. Ein wesentlicher Unterschied zum Versicherungsombudsmann besteht darin, dass der PKV-Ombudsmann keine Kompetenz zur verbindlichen Streitentscheidung hat. Vielmehr ist ihm allein die Möglichkeit eingeräumt, bei unauflösbaren Meinungsverschiedenheiten mit einem Versicherer zu einer bestimmten Frage eine sog. **Förmliche Empfehlung** auszusprechen. An diese ist der Versicherer rechtlich nicht gebunden; freilich halten sich die Kranken- und Pflegeversicherer in der Praxis regelmäßig an derartige Empfehlungen. Nähere Informationen sind unter: http://www.pkv-ombudsmann.de abrufbar.

D. Interessenvertretungen der Marktteilnehmer

Die Vertretung der Interessen der Versicherungsnehmer wird zum einen durch 151
die in den Bundesländern angesiedelten **Verbraucherzentralen** sowie durch den **Verbraucherzentrale Bundesverband e.V. (vzbv**; www.vzbv.de) mit Sitz in Berlin im Rahmen ihrer umfassenden Zuständigkeit für Verbraucherbelange übernommen. Zum anderen und speziell für die Wahrnehmung von Verbraucherinteressen im Versicherungssektor ist der **Bund der Versicherten** e.V. (**BdV**; www.bundderversicherten.de) zu nennen. Diese Verbände nehmen die Interessen der Versicherungsnehmer u.a. dadurch wahr, dass sie Verbandsklagen nach dem UKlaG erheben.

Als wichtigste Interessenvertreter der Versicherer sind der **Gesamtverband** 152
der Deutschen Versicherungswirtschaft e.V. (GDV; www.gdv.de) und der **Verband der privaten Krankenversicherung e.V. (PKV-Verband**; www.pkv.de) zu nennen. Der **GDV** ist aus dem 1948 gegründeten HUK-Verband (Haftpflicht-, Unfall-, Kraftfahrversichererverband) hervorgegangen, der 1995 mit dem Verband der Sachversicherer (VDS) und dem Deutschen Transportversichererverband zum Verband deutscher Schadensversicherer (abgekürzt gleichfalls VDS) fusionierte. Bereits 1996 erfolgte eine weitere Fusion mit dem Verband der Lebensversicherer zum GDV. Der **PKV-Verband** existiert seit 1949. Die beiden Verbände bestehen parallel nebeneinander; sie haben auch unterschiedliche, jeweils nur für die von ihnen repräsentierten Sparten zuständige Ombudsleute (s. Rn. 147, 150). Die Verbände vertreten auf deutscher und europäischer Ebene die Interessen der Versicherungswirtschaft. Dies geschieht nicht zuletzt dadurch, dass sie Stellungnahmen in Gesetzgebungsverfahren abgeben.

58 Jahresbericht 2012 des Ombudsmanns für Versicherungen, S. 84, 87.

Darüber hinaus veröffentlichen sie **Empfehlungen für Allgemeine Versicherungsbedingungen** (AVB; s. Rn. 111ff., 466ff.). Diese Empfehlungen sind aus kartellrechtlichen Gründen für die Vereinsmitglieder unverbindlich. In der Praxis kommt es je nach Versicherungssparte in unterschiedlichem Ausmaß zu Abweichungen. Die Musterbedingungen sind auf den homepages der Verbände abrufbar.

E. Einrichtungen der Anwaltschaft

153 Neben den eigentlichen Marktteilnehmern haben sich auch deren **anwaltliche Interessenvertreter** zusammengeschlossen. Dies geschieht freilich nicht getrennt für solche Rechtsanwälte, die **Versicherungsnehmer** vertreten, und solche, deren Mandanten **Versicherer** sind. Eine derartige Trennung erschiene bereits deshalb unsachgemäß, weil nicht wenige Rechtsanwälte sowohl die Interessen von Versicherungsnehmern als auch diejenigen von Versicherern vertreten. Die berufsrechtlichen Regeln der BRAO sollen verhindern, dass es insoweit zu Interessenkonflikten kommt. Um darüber hinaus auch nicht in die Verlegenheit zu geraten, zu ein und derselben Rechtsfrage in verschiedenen Gerichtsverfahren unterschiedliche Rechtsstandpunkte vertreten zu müssen, entscheiden sich Rechtsanwälte bisweilen dafür, eine der beiden Seiten nur in bestimmten Versicherungssparten zu vertreten, in denen sie dann nicht für die andere Seite auftreten.

154 Als auf das Versicherungsrecht bezogene Einrichtung der Anwaltschaft ist insbesondere die **ARGE Versicherungsrecht im Deutschen Anwaltverein** e.V. (DAV; www.anwaltverein.de) zu nennen. Diese Arbeitsgemeinschaft veranstaltet u.a. Fachtagungen zum Versicherungsrecht; überdies wirkt sie an rechtspolitischen Stellungnahmen mit. Neben der vom DAV betriebenen Deutschen Anwaltakademie bietet auch eine Reihe weiterer Institutionen Lehrgänge zur Qualifikation und Weiterbildung von **Fachanwälten für Versicherungsrecht** an.

155 Eine speziellere Zielrichtung verfolgt die Vereinigung **ARIAS Europe e.V.** (www.arias-europe.org) mit Sitz in Hamburg. Zweck dieses Vereins ist die Förderung der Schiedsgerichtsbarkeit in den Bereichen des Versicherungs- und Rückversicherungsrechts der mittel- und osteuropäischen Rechtsräume. Dabei handelt es sich um ein Themenfeld, das neben Versicherungsanwälten insbesondere auch Unternehmensjuristen anspricht.

F. Wissenschaftliche Einrichtungen

Literatur

Schwintowski, Versicherungs- und Bankrecht, in: Willoweit (Hrsg.), Rechtswissenschaft und Rechtsliteratur im 20. Jahrhundert, 2007, S. 503ff.

156 Als bundesweit tätige wissenschaftliche Einrichtung auf dem Gebiet des Versicherungswesens ist der **Deutsche Verein für Versicherungswissenschaft e.V.** (www.dvfvw.de) mit Sitz in Berlin zu nennen. Dort bestehen verschiedene

Fachkreise, von denen einer sich mit dem Versicherungsrecht, andere mit weiteren Teildisziplinen der Versicherungswissenschaft (s. Rn. 5) befassen, nämlich mit der Versicherungsökonomie sowie der Versicherungsmedizin; zudem wird eine Jahrestagung veranstaltet. Zu nennen ist ferner der **Wissenschaftliche Beirat beim BdV**; auch er richtet eine disziplinenübergreifende Jahrestagung aus. Auf internationaler Ebene ist insbesondere die **Association Internationale du Droit des Assurances (AIDA)** aktiv, die Fachtagungen zu verschiedensten Aspekten des Versicherungsrechts veranstaltet. Die Geneva Association gibt die Geneva Papers on Risk and Insurance heraus; ein Periodikum, das sich auch mit versicherungsrechtlichen Fragen befasst (s. zu Zeitschriften Rn. 158).

An bedeutsamen inländischen **Hochschulstandorten** für das Privatversicherungsrecht sind derzeit insbesondere Berlin, Düsseldorf, Frankfurt a.M., Hamburg, Köln, Mainz, Mannheim, Münster, die Universität des Saarlands und Trier zu nennen. An einigen dieser Standorte existieren besondere Ausbildungsangebote im juristischen Schwerpunktstudium oder für Postgraduierte. Zudem bestehen an einigen Orten Fördervereine, die sich meist interdisziplinär mit Themen der Versicherungswissenschaft befassen. 157

Die führende **Zeitschrift** zum Versicherungs- und Haftungsrecht trägt den Titel *Versicherungsrecht* (VersR); hinzu kommt eine Reihe weiterer wissenschaftlicher Periodika, namentlich die Zeitschrift *recht und schaden* (r+s), die *Zeitschrift für Schadensrecht* (ZfS), die Zeitschrift *Verbraucher und Recht* (VuR) sowie die *Zeitschrift für Versicherungswesen* (ZfV). Eine Archivzeitschrift existiert in Gestalt der traditionsreichen, seit 1901 erscheinenden Zeitschrift für die gesamte Versicherungswissenschaft (ZVersWiss); sie enthält neben juristischen Abhandlungen auch Beiträge zu den anderen Teildisziplinen der Versicherungswissenschaft. Die praxisorientierte Zeitschrift Versicherungswirtschaft bietet aktuelle, meist kürzere Beiträge zu die Versicherungsbranche betreffenden Entwicklungen; darunter finden sich auch Informationen zu juristischen Fragen. Für **Österreich** ist die Zeitschrift Versicherungsrundschau (VR) zu nennen (zur besonderen Bedeutung des österreichischen Rechts aus deutscher Sicht s. Rn. 168). Das **schweizerische** Haftpflicht- und Versicherungsrecht ist Gegenstand der Zeitschrift Haftung und Versicherung (HAVE). 158

§ 4 Geschichte der Privatversicherung

Literatur

Arps, Auf sicheren Pfeilern. Deutsche Versicherungswirtschaft vor 1914, 1965; *ders.*, Durch unruhige Zeiten. Deutsche Versicherungswirtschaft seit 1914, Teil 1, 1970, Teil 2, 1976; *Botur,* Privatversicherung im Dritten Reich: zur Schadensabwicklung nach der Reichskristallnacht unter dem Einfluss nationalsozialistischer Rassen- und Versicherungspolitik, 1995; *Duvinage*, Die Vorgeschichte und die Entstehung des Gesetzes über den Versicherungsvertrag, 1987; *Ebel*, Die Anfänge der rechtswissenschaftlichen Behandlung der Versicherung, ZVersWiss 1980, 7; *ders.*, Quellennachweis und Bibliographie zur Geschichte des Versicherungsrechts in Deutschland, 1993; *Hellwege*, Obliegenheiten im Versicherungsvertragsrecht aus historisch-vergleichender Perspektive, RabelsZ 76 (2012), 864; *P. Koch*, Geschichte der Versicherungswirtschaft in Deutschland, 2012; *ders.*, Geschichte der Versicherungswissenschaft in Deutschland, 1998; *Perdikas*, Die Entstehung der Versicherung im Mittelalter, ZVersWiss 1966, 425; *Surminski*, Versicherung unterm Hakenkreuz, 1999.

A. Historische Wurzeln des Versicherungsvertrags

159 Erste Vorformen des die Versicherung prägenden Gedankens eines kollektiven Schadensausgleichs lassen sich bereits in Gesellschaften des Altertums finden. So kam es im alten Babylon, um die Mitte des 23. Jahrhunderts v. Chr., dazu, dass die Teilnehmer eines Karawanenzugs einander versprachen, gemeinsam für etwaige Schäden aufzukommen, die ihnen auf der Reise durch Räuber zu entstehen drohten.[59] Bei derartigen Abreden fehlt es freilich noch an dem den Versicherungsvertrag wesentlich charakterisierenden Element eines entgeltlichen Risikotransfers auf einen Dritten. Am Anfang des privaten Versicherungswesens, wie wir es heute kennen, stand die **Seeversicherung**. Sie war bereits früh von grundlegender Bedeutung für einen funktionierenden Seehandel, indem sie die aus der Seeschifffahrt resultierenden Gefahren für die Beteiligten (Kaufleute und ihre Kreditgeber) berechenbar machte. So entwickelten sich im Hochmittelalter verschiedenartige Schutzinstrumente. Dies geschah teils in Anknüpfung an römische und byzantinische Vorbilder im Seehandel des Mittelmeerraums, ausgehend von den oberitalienischen Seerepubliken Genua, Pisa und Venedig. Mit jenen Instrumenten sollte das Risiko eines Untergangs von Schiff und Fracht auf verschiedene Personen verteilt und damit zumindest in gewisser Weise sozialisiert werden. Im Wesentlichen lassen sich drei derartige Instrumente unterscheiden, nämlich neue Formen von Handelsgesellschaften sowie das Seedarlehen und die Seeversicherung.

160 Als **Handelsgesellschaften** entwickelten sich die *Commenda* und die *Societas Maris*. Bei ihnen erhielt der seefahrende Kaufmann vorab ein Viertel des Gewinns; dieser war ihm mithin auch nach einem Schadensfall sicher. Eine zweite, der Versicherung bereits verwandte Vertragsgestaltung bestand im **Seedarlehen**. Dabei handelt es sich um ein hoch verzinsliches Darlehen, dessen Rückzahlung jedoch beim Untergang des Seeschiffes entfiel. Im Zins war mithin eine Risikoprämie enthalten; dies ist durchaus den erhöhten Zinssätzen moderner sog. *Cat Bonds* (s. dazu Rn. 280) vergleichbar, bei denen es ebenfalls zu einem Totalverlust der Investoren kommen kann. Drittens entwickelte sich auch die **Seeversicherung**, die das noch heute gültige Grundmodell des Tauschs eines geringen, feststehenden Verlusts in Gestalt der Prämienzahlung gegen das Risiko eines größeren Verlusts in Gestalt des Eintritts des Versicherungsfalls kennzeichnet (s. dazu Rn. 222). Jene Seeversicherung hat, anders als die beiden anderen Instrumente, keine früheren Vorläufer; sie ist als eine originäre Geistes-

59 *Herzog*, ZVersWiss 1937, 1, 11.

leistung der oberitalienischen Städte des 14. Jahrhunderts anzusehen.[60] Der älteste erhaltene Seeversicherungsvertrag stammt von 1385; zwei bisweilen angeführte frühere Dokumente von 1347 und 1348 sind noch als Darlehens- und Kaufverträge ausgestaltet.[61] Die Seeversicherung hat sich später von Italien aus über die iberische Halbinsel, Frankreich und die Niederlande bis nach England und in die deutschen Hansestädte verbreitet. Die älteste englische Seeversicherungsurkunde stammt von 1512, die älteste deutsche von 1588.[62]

Die Entwicklung der Seeversicherung reiht sich mithin in die großen Geistes- 161
leistungen des **italienischen Handelsrechts** des Mittelalters ein, zu denen auch das Wechselrecht, die doppelte Buchführung und das Bankrecht zählen. Die italienischen Wurzeln der modernen Privatversicherung sind auch im deutschen Recht immer noch an der **Terminologie** ablesbar, insbesondere an den Begriffen Assekuranz, Police und Prämie, von denen letzterer auch ins VVG Eingang gefunden hat (s. insbesondere §§ 33ff. VVG).

Auch die **Versicherungsvermittlung** hat sich sehr frühzeitig entwickelt. So 162
sind bereits für das Jahr 1347 Versicherungspolicen nachgewiesen, die unter Beteiligung von **Versicherungsmaklern** zustande gekommen sind.[63] Jene Vermittler hatten teils die Stellung von Amtsträgern, so dass sie auch einen Eid (sog. Mäkler- oder Maklereid) leisten mussten.[64] Dabei ging es insbesondere darum, die das Berufsbild des Maklers bis heute prägende Unabhängigkeit der Maklerleistung von eigenen wirtschaftlichen Interessen (s. dazu Rn. 684f.) sicherzustellen. Erst in wesentlich jüngerer Zeit hat sich das Berufsbild des selbstständigen **Versicherungsvertreters** herausgebildet, der im Unterschied zum Makler nicht im Lager des Versicherungsnehmers steht (s. dazu Rn. 648ff.).

B. Herausbildung spezialisierter Rechtsprechungsorgane

Im Gefolge der vertraglichen Ausgestaltung der Versicherung haben sich 163
schrittweise auch Rechtsprechung und Gesetze herausgebildet. So gab es etwa in Venedig bereits ab 1393 einen mit drei Laienrichtern besetzten **Spruchkörper**, die *Curia di Petizion*, die über Streitigkeiten aus Versicherungsverträgen entschied. In Deutschland sind mittlerweile auf allen Ebenen der Zivilgerichte spezielle Zuständigkeiten bestimmter Spruchkörper für Versicherungssachen zu verzeichnen (s. dazu Rn. 138).

60 *Perdikas*, ZVersWiss 1966, 425, 456ff.

61 *Perdikas*, ZVersWiss 1966, 425, 506; *Trölsch*, Die Obliegenheiten in der Seeversicherung, 1998, S. 7f.

62 *Hagen*, Seeversicherungsrecht. S. 8; *Trölsch*, Die Obliegenheiten in der Seeversicherung, 1998, S. 8.

63 *Durstin/Peters*, VersR 2007, 1456, 1460; *Zinnert*, VersR 2000, 399.

64 Dazu näher *Perels*, in: FS Otto Gierke, 1911, S. 679.

C. Kodifikationsschritte

164 Als erste **Kodifikation** des Rechts der Versicherungsverträge lassen sich die Statuten von Barcelona aus dem Jahr 1435 ansehen.[65] In Deutschland ist 1731 die Hamburgische Assecuranz- und Havareiordnung verabschiedet worden; sie wurde anschließend auch zum Vorbild für die versicherungsvertragsrechtlichen Regelungen im preußischen ALR von 1794. Letztere wurden im Jahr 1861 durch das Allgemeine Deutsche Handelsgesetzbuch (ADHGB) abgelöst, worin das Seeversicherungsrecht aufgenommen wurde. Es folgte das HGB von 1897.[66]

165 Zu Beginn des 20. Jahrhunderts erfolgten die beiden bedeutendsten Neukodifikationen des Versicherungsrechts: Das am 1.7.1901 in Kraft getretene VAG regelte erstmals das Versicherungsaufsichtsrecht (s. Rn. 19ff.).[67] Für das Versicherungsvertragsrecht stellt der 1.1.1910 eine **entscheidende Zäsur** dar. An diesem Tag trat das 1908 verabschiedete VVG in seiner ursprünglichen Fassung in Kraft. Damit lag erstmals eine breit angelegte, das gesamte zwischenzeitlich entstandene Spektrum von Versicherungen für verschiedene Personenkreise – in heutiger Terminologie: für Unternehmer wie für Verbraucher (§§ 13, 14 BGB) – umfassende Kodifikation des Versicherungsvertragsrechts vor.

166 Wesentliche Neuerungen erfolgten im 20. Jahrhundert zunächst durch ein **Reformgesetz von 1939**.[68] Dadurch wurden im VVG die Differenzierung zwischen Vorsatz und grober Fahrlässigkeit bei Obliegenheitsverletzungen (s. Rn. 329, 1545) sowie die Ausgestaltung von Vorschriften als halbzwingend (s. Rn. 512ff.) eingeführt. Dabei handelt es sich nicht um spezifisch durch die nationalsozialistische Ideologie geprägte Änderungen. Vielmehr ging es – ebenso wie dies heute auf deutscher wie auf europäischer Ebene der Fall ist – um eine Stärkung des Versicherungsnehmerschutzes (s. dazu Rn. 326ff.). Weitere Änderungen wurden diskutiert, aber nicht mehr umgesetzt; sie betrafen weniger das Vertrags- als das Aufsichtsrecht.[69] Während der NS-Diktatur sind bei der Anwendung des weitgehend unverändert fortgeltenden VVG von 1908 – wie auch sonst im Privatrecht – insbesondere der Grundsatz der Gemeinschaftsgebundenheit des Einzelnen sowie das Prinzip gegenseitigen Vertrauens und der Grundsatz von Treu und Glauben hervorgehoben und im nationalsozialistischen Sinne interpretiert worden; diese Prinzipien sah man im Unterschied zum BGB und dessen „liberalistisch-individualistische(m) Charakter" im VVG von 1908 bereits angelegt.[70] Neben den genannten, sehr begrenzten Änderungen des VVG ist 1939 die **Pflicht-Kfz-Haftpflichtversicherung** eingeführt worden.

---

65 *Trölsch*, Die Obliegenheiten in der Seeversicherung, 1998, S. 8.

66 Guter Überblick über den Rechtszustand vor 1908 in den Motiven zum VVG 1908, Nachdruck 1963, S. 59ff.

67 Zu den historischen Hintergründen s. *Gärtner*, S. 19ff.

68 RGBl. 1939 I, S. 2223.

69 Vgl. *Ullrich*, ZVersWiss 1936, 103, 108ff. (im Rahmen eines Überblicks über die Tätigkeit des Ausschusses für Versicherungswesen in der vom NS-Regime errichteten „Akademie für Deutsches Recht").

70 Vgl. *Ullrich*, ZVersWiss 1936, 103,116f.

Ihre Regeln wurden später durch ein Gesetz von 1965[71] modifiziert und insbesondere in Umsetzung eines europäischen Übereinkommens durch einen Direktanspruch des Geschädigten ergänzt (s. Rn. 1690ff.).

Im Jahr **1990** sind durch das **Zweite Durchführungsgesetz/EWG zum VAG**[72] europäische Richtlinienvorgaben umgesetzt worden; so ist die Rechtsschutzversicherung als Sparte erstmals ins VVG aufgenommen worden (§§ 158lff. VVG a.F.; seit der VVG-Reform: §§ 125ff. VVG); zudem wurden dem Versicherungsnehmer Kündigungsrechte bei langfristigen Verträgen sowie im Falle einer Prämienerhöhung eingeräumt (vgl. heute §§ 11, 40 VVG). Wesentliche Neuerungen brachte auch das **Dritte Durchführungsgesetz/EWG zum VAG**[73] von **1994**: Der Verbraucherschutz wurde weiter verbessert. DesWeiteren hat man eine besondere und sehr umstrittene Vorschrift zum Vertragsschluss eingeführt (§ 5a VVG; s. dazu Rn. 861ff.). Schließlich hat der Gesetzgeber auch die Krankenversicherung als Sparte ins VVG aufgenommen und die Kfz-Pflichtversicherungsverordnung (KfzPflVO)[74] verabschiedet. 167

Bereits in dem Reformgesetz von 1939 (s. Rn. 166) ist der Geltungsbereich des VVG auf **Österreich** erstreckt worden. Auch das 1958 verabschiedete österreichische VVG war noch nahezu wortgleich mit dem deutschen VVG. In jüngerer Zeit haben sich die Gesetze freilich auseinanderentwickelt. So hat es in Österreich bereits 1994 eine VVG-Reform gegeben, auf die dann 2008 die deutsche gefolgt ist. Auch die österreichische Rechtsprechung beschreitet eigene Wege; so teilt sie insbesondere nicht die Sichtweise des BGH zur Repräsentantenhaftung (s. Rn. 1512ff.). Ungeachtet dieser Unterschiede werden auch Entscheidungen österreichischer Gerichte, allen voran die höchstrichterlichen Judikate des Obersten Gerichtshofs (OGH), in Deutschland aufmerksam verfolgt und in Rechtsprechung wie Wissenschaft argumentativ verwertet. 168

D. Herausbildung von AVB

Die **AVB** heutiger Art haben sich gleichfalls in einem längeren Entstehungsprozess herausgebildet. Bereits in den oberitalienischen Republiken des 14. Jahrhunderts waren die **Vertragstexte** standardisiert und weiterentwickelt worden. Diese Texte können als frühe Vorläufer der modernen, im Massengeschäft seit dem ausgehenden 19. Jahrhundert eingesetzten AVB gelten. In Deutschland ist als wichtiger Zwischenschritt der „Allgemeine Plan hamburgischer Seeversicherungsbedingungen" von 1847 zu nennen. Nach Inkrafttreten des ADHGB wurde dieses Klauselwerk in Gestalt der „Allgemeinen Seeversicherungsbedingungen von 1867" weiterentwickelt. Diese wurden zu einer wesentlichen Grundlage für die Kodifikation des Seeversicherungsrechts im HGB von 1897. 169

---

71 BGBl. 1965 I, S. 213.
72 BGBl. 1990 I, S. 1249.
73 BGBl. 1994 I, S. 1630.
74 BGBl. 1994 I, S. 1837.

Im Jahr 1919 wurden die Klauseln durch die Allgemeinen Deutschen Seeversicherungsbedingungen (ADS) reformiert. Zwischenzeitlich waren vereinheitlichte Bedingungswerke für die verschiedensten Sparten geschaffen worden. Die Versicherer haben durch Überarbeitungen ihrer AVB nicht allein auf veränderte rechtliche Rahmenbedingungen reagiert, sondern auch auf tatsächliche Entwicklungen und zwischenzeitlich gewonnene Erkenntnisse.

170 **Beispiel:** Das verheerende Erdbeben, das weite Teile der Innenstadt von San Francisco am 18.4.1906 verwüstet hat, führte noch im selben Jahr dazu, dass eine neue **Erdbebenklausel** ausgearbeitet wurde, die derartige Risiken vom Versicherungsschutz ausschloss.[75] Dies geschah unter Federführung der großen, international tätigen Rückversicherer; die Klausel wurde sodann in zahlreichen Ländern in die AVB zur Feuerversicherung integriert. Selbst im wenige Jahre später verabschiedeten VVG hat dieses singuläre Schadensereignis seine Spuren hinterlassen, indem in § 84 VVG a.F. ein Risikoausschluss für Erdbeben aufgenommen wurde (dieser ist im Zuge der VVG-Reform als angesichts entsprechender Regelungen in den mittlerweile üblichen AVB überflüssig gestrichen worden).

171 Ein wichtiges jüngeres Datum in der Geschichte der AVB markiert das Jahr 1994. Mit der seinerzeitigen europarechtlich fundierten **Deregulierung** (s. Rn. 117) entfielen in den meisten Versicherungszweigen die Vorabkontrolle und das Erfordernis einer Genehmigung durch die Aufsichtsbehörde. Die ursprünglich vom Richtliniengeber erhoffte **größere Bedingungsvielfalt** ist seither nur teilweise zu verzeichnen. Dafür, dass die AVB verschiedener Versicherer sich oft weitgehend decken oder sogar wortgleich sind, lassen sich verschiedene Gründe ausmachen. So hat der Gesetzgeber im Zuge der VVG-Reform von 2008 die dem Versicherer verbleibenden Gestaltungsspielräume nochmals eingeschränkt (vgl. Rn. 11ff., 120). Viele Versicherer orientieren sich zudem an den unverbindlichen Musterbedingungen der Verbände (s. Rn. 117). Diese enthalten nämlich zahlreiche Klauseln, die zwischenzeitlich von der höchstrichterlichen Rechtsprechung gebilligt worden sind. Entwickelt ein Versicherer davon abweichende AVB, so riskiert er hingegen eher deren Verwerfung wegen Intransparenz oder inhaltlicher Unangemessenheit gem. §§ 307–309 BGB.

E. Entwicklung der Versicherungswirtschaft

172 Die erste Versicherungsgesellschaft entstand 1583 in London; ihr Gegenstand war der Betrieb des Lebensversicherungsgeschäfts. In Deutschland kamen in der Mitte des 16. Jahrhunderts die schleswig-holsteinischen Brandgilden auf. 1676 wurde als erstes öffentlich-rechtliches Versicherungsunternehmen die *Hamburger Feuerkasse* gegründet; sie existiert noch heute, seit 1997 als Teil der *Provinzial Versicherungsgruppe* Kiel. Sie sowie die *Gothaer Feuerversicherungsbank* von 1820, ein zur Durchbrechung des seinerzeitigen Feuerversiche-

75 Instruktiv dazu *Röder*, KritV 2005, 303, 314f.

rungsmonopols der Londoner *Phoenix Assurance Company* in Deutschland gegründeter VVaG, hatten eine große Bewährungsprobe infolge des Hamburger Stadtbrandes von 1842 zu bestehen. Zur damaligen Zeit waren auf dem deutschen Markt zudem französische und englische Gesellschaften sowie die drei deutschen Unternehmen *Aachener und Münchener*, *Colonia* und *Leipziger* tätig. 1827 entstand die *Gothaer Lebensversicherungsbank*, die als erster deutscher Lebensversicherer anzusehen ist. Es folgten alsbald weitere Lebensversicherer sowie insbesondere Transport-, Feuer- und Hagelversicherer. Die Gründung der *Allianz-Versicherungs-AG* als eines rasch immer bedeutsamer werdenden Erstversicherers erfolgte 1890 in Berlin. Gegen Mitte des 19. Jhd. kamen dann weltweit die ersten **Rückversicherer** auf. Der heutige Weltmarktführer *Munich Re* ist aus der *Münchener Rückversicherungs-Gesellschaft* hervorgegangen, die 1880 in München gegründet wurde.

Erst in jüngerer Zeit ist die Geschäftstätigkeit im Versicherungssektor zur 173
Zeit des **NS-Regimes** näher beleuchtet worden. Dabei geht es insbesondere um diejenigen Versicherungsansprüche jüdischer Anspruchsinhaber, die infolge der Novemberpogrome von 1938 zwangsverkauft worden sind. Ein Teil dieser Ansprüche war durch das Bundesentschädigungsgesetz von 1952 nicht erfasst worden. Die im Jahr 1998 eingerichtete **International Commission on Holocaust Era Insurance Claims** (ICHEIC; Internationale Kommission für Versicherungsansprüche aus der Holocaust-Ära) hat bis 2003 Anträge auf Entschädigung entgegengenommen. Sodann sind Auszahlungen von rund 300 Mio. US-$ an Hinterbliebene und Erben über die Stiftung „Erinnerung, Verantwortung und Zukunft", an der sich die deutschen Versicherer mit 275 Mio € beteiligt haben, erfolgt.[76] Ein weiteres mittlerweile in den Blick gerücktes Thema ist die Aufarbeitung der Geschichte deutscher Versicherungsunternehmen in der NS-Diktatur.[77] Dabei geht es insbesondere um die Rolle der Unternehmen im NS-Staat und ihre Bedeutung für die Kriegswirtschaft.

Nach dem Zweiten Weltkrieg und der Berlin-Blockade 1948/49 haben viele 174
Versicherer ihre Hauptverwaltung nach Westdeutschland verlegt, so etwa die *Allianz AG* von Berlin nach München (Kompositversicherung) sowie Stuttgart (Lebensversicherung) oder die *Victoria-Versicherung AG* (heute *Ergo*) von Berlin nach Düsseldorf. Aus der jüngeren Entwicklung ist die Überführung der Versicherungsverhältnisse der ehemaligen DDR vom damaligen Monopolversicherer, der **Staatlichen Versicherung der DDR**, auf die *Deutsche Versicherungs AG* als Gesellschaft des *Allianz*-Konzerns im Jahr 1990 zu nennen. Nach der Wende ist in Gotha, das als bedeutender Versicherungsstandort einst auf Poststempeln „Stadt der Versicherungen" genannt worden war, im ehemaligen Hauptverwaltungsgebäude der *Gothaer Lebensversicherung* ein Museum der deutschen Versicherungswirtschaft eingerichtet worden.[78]

---

76 S. die Bilanz unter http://www.icheic.org/
77 S. dazu *Feldman*, Die Allianz und die deutsche Versicherungswirtschaft 1933–1945, 2001.
78 http://www.versicherungs-geschichte.de/museum/

175 Seit den 1990er Jahren ist in die deutsche Versicherungswirtschaft einige Bewegung gekommen. Insbesondere wurden im Zuge der **Entflechtung** der früheren sog. Deutschland AG, in der die großen börsennotierten Unternehmen vielfach wechselseitig Aktienpakete aneinander hielten, derartige Beteiligungen an branchenfremden Unternehmen veräußert. Auch innerhalb der Versicherungswirtschaft sind Überkreuzbeteiligungen beendet worden. Das prominenteste Beispiel bietet die weitgehende Beendigung der wechselseitigen Beteiligung von *Münchener Rückversicherungs-Gesellschaft AG* und *Allianz AG* seit 2003. Wechselhaft sind die Verbindungen zwischen Versicherungsgesellschaften und Banken verlaufen. Eine unter dem Schlagwort **„Allfinanzkonzern"** verfolgte Strategie hatte beispielsweise im Jahr 2001 dazu geführt, dass die *Allianz AG* mit der *Dresdner Bank AG* die damals zweitgrößte deutsche Bank übernahm. Sieben Jahre später wurde dieser Schritt mit der Veräußerung der *Dresdner Bank* an die *Commerzbank AG* wieder weitgehend rückgängig gemacht (s. Rn. 130). Bei der *Allianz* blieb die *Oldenburgische Landesbank*, die spätere *Allianz Bank*, die inzwischen gleichfalls ihren Geschäftsbetrieb eingestellt hat (s. Rn. 130).

176 Eine **aktuelle gesellschaftsrechtliche Tendenz** ist die Überführung großer, international agierender Versicherungsunternehmen von der Rechtsform einer AG in diejenige einer **Societas Europaea (SE**; s. Rn. 34**)**. Auf diese Weise wird es einer Gesellschaft unter anderem erleichtert, ihren Sitz in ein anderes EU-Land zu verlegen. Dabei wird bisweilen allein der Holding, d.h. der „Konzernmutter", die Rechtsform der SE gegeben, während die einzelnen Konzerngesellschaften als Aktiengesellschaft nach dem jeweiligen nationalen Recht ihres Sitzes verfasst sind. Als weitere aktuelle Entwicklung ist zu vermerken, dass infolge der Finanzkrise der **VVaG** (s. Rn. 38ff.) wieder – in Parallele zu den genossenschaftlich organisierten Kreditinstituten – eine gesteigerte Wertschätzung erfährt, nachdem zuvor im Zuge der Demutualisierung zahlreiche VVaGs in AGs überführt oder zumindest deren wesentliche Versicherungsbestände auf AGs übertragen worden waren (s. Rn. 41f.).

177 Das Versicherungswesen spiegelt sich auch in der schöngeistigen **Literatur**. So hat *Goethe* in seinen Wilhelm Meister-Romanbänden das Bild einer internationalen Versicherungsgesellschaft ausgemalt, die einzig das Risiko eines völligen Eigentumsverlusts infolge einer Staatsrevolution abdecken sollte. *Thomas Mann*, der ein Volontariat bei einem Versicherer abgeleistet hatte, thematisiert in dem Roman „Buddenbrooks" den beruflichen Werdegang eines „Assekuranz-Direktors" in Gestalt des *Hugo Weinschenk*. *Franz Kafka* war in Prag als Sachbearbeiter für verschiedene Versicherer tätig; die dabei gewonnenen Einblicke und Erfahrungen hat er in seinen Romanen, aber auch in Fachaufsätzen verarbeitet. Des Weiteren sei *Hans Fallada* genannt, der zwar nicht beruflich der Versicherungswirtschaft verbunden war, sie aber in sein Werk einfließen lässt; so wird in dem Roman „Kleiner Mann – was nun" der bürokratische Kampf geschildert, den der Held mit einem Krankenversicherer führt. *Wolfgang Hildesheimer* schließlich setzt in der Erzählung „Das Gastspiel des Versicherungsagenten" einem ganzen Berufsstand ein (satirisches) Denkmal.

2. Teil: Versicherung als Geschäftstyp

§ 5 Funktionen von Versicherung

Literatur

Boetius, Alterungsrückstellungen und Versicherungswechsel in der privaten Krankenversicherung, VersR 2001, 661; *Dreher*, Die Versicherung als Rechtsprodukt, 1991; *Knappmann*, Privatversicherungsrecht und Sozialrecht (Kranken- und Unfallversicherung) – Unterschiede und Übereinstimmungen, r+s 2007, 45; *Looschelders*, Bewältigung des Zufalls durch Versicherung?, VersR 1996, 529; *R. Schmidt*, Das Qualifikationsmerkmal „Einfachheit" im Versicherungsvertragsrecht, ZVersWiss 1973, 529.

A. Einzelwirtschaftliche Funktionen

I. Plansicherung

Die Funktionen von Versicherung sind vielfältig. Sie lassen sich grob in eine einzelwirtschaftliche und eine volkswirtschaftliche Funktion aufteilen. Die **einzelwirtschaftliche Funktion** betrifft den individuellen Versicherungsnehmer. Für ihn geht es beim Abschluss eines Versicherungsvertrags regelmäßig in erster Linie darum, finanzielle Sicherheit zu schaffen. Er kann damit diejenigen mehr oder minder konkreten Pläne, die er für die Verwendung seiner vorhandenen Vermögenswerte (Aktiva) oder für den Einsatz seiner Kreditfähigkeit hat, gegen bestimmte Risiken absichern (**Plansicherungstheorie**).[1] 178

Beispiel: Im alltäglichen Leben kann bereits eine kleine Unachtsamkeit, die rechtlich als (leichteste) Fahrlässigkeit einzustufen ist, einen Personenschaden in Millionenhöhe auslösen, für den der Handelnde gem. § 823 Abs. 1 BGB haftbar ist. Das eigene Privatvermögen kann dadurch weitgehend verloren sein. Schranken des Zugriffs durch den Geschädigten markieren allein die Pfändungsfreigrenzen der §§ 850ff. ZPO sowie die Regeln der §§ 304ff. InsO über das (Verbraucher-)Insolvenzverfahren (s. dazu auch im Kontext der gesamtwirtschaftlichen Funktion Rn. 196). Die Privathaftpflichtversicherung bietet Schutz gegen dieses Risiko eines weitgehenden Vermögensverlusts. 179

Zwar ist für den Einzelnen das Risiko, dass er einer derart hohen Haftung ausgesetzt ist, statistisch betrachtet gering. Realisiert sich jedoch dieses Risiko, so ist die wirtschaftliche Existenz des Betroffenen schnell ruiniert. Geht es um 180

1 *Looschelders*, VersR 1996, 529, 532; s. bereits *Leibl*, ZVersWiss 1937, 221, 224ff.; *Schmidt-Rimpler*, in: Klausing/Nipperdey/Nußbaum (Hrsg.), Beiträge zum Wirtschaftsrecht, 1931, S. 1247f.

überschaubarere Haftungsrisiken, wie sie sich etwa im Straßenverkehr täglich realisieren, so steht zwar nicht die **wirtschaftliche Existenz** auf dem Spiel, wohl aber können Pläne des Handelnden für den Einsatz derjenigen Mittel, die nun für die Befriedigung des Haftungsanspruchs aufgewandt werden müssen, durchkreuzt werden.

181 **Beispiel:** Das für eine Urlaubsreise oder eine Sachanschaffung angesparte Kapital kann nunmehr erforderlich sein, um die deliktsrechtliche Forderung eines Geschädigten zu erfüllen. Eine private Versicherung, durch die das Haftungsrisiko auf den Versicherer transferiert worden ist, dient damit der Plansicherung.

182 Vielgestaltiger als in der soeben angesprochenen Haftpflichtversicherung ist die Plansicherung in der **Lebensversicherung**; bei ihr werden häufig mehrere unterschiedliche Sicherungszwecke miteinander verbunden. So möchte der Versicherungsnehmer einer Kapitallebensversicherung zugleich eine **Eigenvorsorge** für sich selbst, meist: seine Altersversorgung (im Erlebensfall, d.h. wenn er bei Fälligkeit der Versicherungsleistung lebt), und eine **Fremdvorsorge** für Hinterbliebene (im Todesfall) erreichen.

183 Die Funktion von Versicherungsschutz, Plansicherung zu bewirken, führt bisweilen dazu, dass ein Versicherungsnehmer infolge des Eintritts des Versicherungsfalls **wirtschaftlich besser dasteht** als ohne dieses Ereignis. Die Dinge liegen dann anders als im Schadensrecht der §§ 249ff. BGB. Letzteres soll dem Geschädigten regelmäßig keinen über den Ausgleich der erlittenen Einbuße hinausgehenden Vermögensvorteil gewähren; es greift daher zu Instrumenten wie dem Abzug „neu für alt“. Im Versicherungsrecht dürfen derartige Begrenzungen oft nicht aufgestellt werden, wenn eine wirkungsvolle Plansicherung erreicht werden soll.

184 **Beispiel:** Das Einfamilienhaus, für das Versicherungsnehmer A beim Gebäudeversicherer V Schutz gegen Feuer genommen hat, brennt nieder. Nach den AVB kann A den Neuwert beanspruchen, sofern er einen Wiederaufbau binnen drei Jahren sicherstellt (s. zu derartigen strengen Wiederherstellungsklauseln Rn. 1333). Bei einem deliktsrechtlichen Anspruch gegen den Brandverursacher müsste er hingegen u. U. einen Abzug „neu für alt“ hinnehmen.

II. Erweiterung von Handlungsspielräumen

185 Hinzu kommt, dass das Bedürfnis für Eigenkapitalvorsorge beim einzelnen Versicherungsnehmer gesenkt wird und dadurch seine wirtschaftlichen **Handlungsspielräume** erweitert werden. Letzteres ist insbesondere bei der Versicherung von gewerblichen Haftpflichtrisiken bedeutsam, denn ohne Versicherungsschutz sind risikobehaftete unternehmerische Betätigungen wirtschaftlich oft uninteressant; bisweilen sind sie dann sogar gesetzlich untersagt (zu Versicherungspflichten s. Rn. 1668ff.). Indem sie den Unternehmer von der – u. U. wiederum existenzgefährdenden – Tragung dieser Risiken befreit, hat Versicherung damit zugleich eine **innovationsfördernde Funktion**.

Beispiel: Mit dem Einsatz von Nanotechnologie sind möglicherweise Risiken verbunden, die bislang nur schwer abschätzbar sind.[2] Sofern ein Produzent, der diese Technologie einsetzen könnte, die daraus erwachsenden Risiken nicht auf einen Versicherer abzuwälzen vermag, kann ihn dies von dem Einsatz trotz der damit auch für seine Abnehmer verbundenen Vorzüge abhalten. 186

Für bestimmte risikobehaftete Tätigkeiten sieht der Gesetzgeber zum Schutz von potentiell Geschädigten sogar eine Haftungsverschärfung in Gestalt einer **Gefährdungshaftung** vor; im Gegenzug wird den betreffenden Unternehmern eine **Pflichtversicherung** (oder eine alternative Absicherung durch anderweitige Sicherheiten wie etwa Bürgschaften) auferlegt. Derartige Pflichtversicherungen verfolgen freilich zumindest in erster Linie den Zweck, im Interesse der Geschädigten die Erfüllung von Haftungsansprüchen sicherzustellen; zu der damit zugleich verbundenen haftungsentlastenden Wirkung zugunsten des Versicherungsnehmers s. Rn. 1669. 187

Die wirtschaftliche Entlastungswirkung von Versicherungsschutz gegenüber einer Eigenvorsorge kommt keineswegs nur bei Unternehmern, sondern auch bei **Verbrauchern** als Versicherungsnehmern zum Tragen. 188

Beispiel: Der Eigentümer eines Einfamilienhauses wird durch den Abschluss einer Gebäudeversicherung davon entlastet, für den Fall von Gebäudeschäden aufgrund der versicherten Gefahren selbst ausreichende Rücklagen zu bilden und dadurch – weil er im Schadensfall nicht auf ein Kollektiv zugreifen könnte – wesentlich mehr Kapital binden zu müssen als beim Abschluss einer Versicherung. Eine solche Kapitalansammlung wäre u.U. riskant und, da langfristige Festanlagen wegen der erforderlichen Flexibilität (kurzfristige Abrufbarkeit der Mittel) ausscheiden müssten, unrentabel. Zudem würde sie voraussetzen, dass der Versicherungsnehmer wirtschaftlich zu einer hinreichenden Rücklagenbildung in der Lage ist und dass er den erforderlichen Umfang überblicken kann. 189

III. Verminderung von Risiken

Der Versicherungsnehmer vermag bei bestimmten risikobehafteten Tätigkeiten an dem Umstand, ob und zu welchen Konditionen Versicherungsschutz am Markt erhältlich ist, zu ermessen, welchen Umfang das Risiko nach Einschätzung der Versicherer hat. Diese Information darüber, wie Experten das Risikopotential bewerten, kann in unterschiedlicher Richtung eine **verhaltenssteuernde Wirkung** haben. 190

Beispiel: Ein Verbraucher kann etwa eine gefährliche Sportart unterlassen, weil er die Schadensrisiken nicht oder nur gegen hohe Prämien absichern könnte; umgekehrt mag ihn die Abwälzbarkeit des Risikos zu für ihn akzeptablen Konditionen überhaupt erst dazu motivieren, die Sportart auszuführen. 191

---

2 S. dazu *Armbrüster*, ZVersWiss 2013, 183ff.

192 Diese Steuerungswirkung von Versicherungsschutz schafft **Handlungsfreiräume**. Sie birgt freilich als Kehrseite auch die Gefahr, dass Anreize zu einem Verhalten mit besonderen Risiken einer Selbst- oder Fremdschädigung gesetzt werden.

193 **Beispiel:** Ist auch in Gebieten mit sehr hoher Überschwemmungswahrscheinlichkeit eine Hochwasserversicherung am Markt erhältlich, so kann dies Grundstückseigentümer zum Neubau von Wohngebäuden ermutigen, der anderenfalls womöglich im Hinblick auf das erhebliche, nicht abwälzbare Schadensrisiko unterbleiben würde.

194 In derartigen Fällen werden Versicherer freilich aufgrund der versicherungsmathematischen und der wirtschaftlichen **Grenzen der Versicherbarkeit** (s. Rn. 392ff.) meist keinen Versicherungsschutz zu attraktiven Konditionen offerieren. Soweit dies im Einzelfall doch erfolgt, liegt es in der Verantwortung des Gesetzgebers darüber zu befinden, ob bestimmte besonders schadensträchtige Tätigkeiten – im Beispiel in Rn. 193 etwa die Errichtung von Wohngebäuden in hochwassergefährdeten Regionen – untersagt werden sollen. Sofern dies geschieht, verhindert dann eine rechtliche Grenze der Versicherbarkeit (s. Rn. 393ff.) ein Versicherungsangebot und die damit verbundene Anreizwirkung. Derartige Regelungen haben meist nicht allein den Individualschutz, sondern auch das gesamtwirtschaftliche Interesse daran im Blick, die Eingehung bestimmter Risiken zu unterbinden. Damit ist die Ebene der Gesamtwirtschaft angesprochen, auf der sich die nun aufzuzeigende zweite wesentliche Funktion von Versicherung bewegt.

B. Gesamtwirtschaftliche Funktionen

I. Existenzsicherung

195 **Gesamtwirtschaftlich** führt die Versicherung zu einer Umverteilung bestimmter Risiken. Die Risiken werden auf den Privatversicherer und damit auf einen Rechtsträger transferiert, der aufgrund der aufsichtsrechtlichen Vorgaben (s. Rn. 26) regelmäßig über eine hinreichende Liquidität verfügt. Damit wird zugleich eine Gefährdung der **wirtschaftlichen Existenz** des Versicherungsnehmers als des primären Risikoträgers oder – in der Haftpflichtversicherung – eines geschädigten Dritten verhindert.

196 Diese Existenzsicherungsfunktion hat eine **wesentliche gesamtwirtschaftliche Bedeutung**. Durch jene Funktion unterscheidet sich der Versicherungssektor grundlegend von einem klassischen Austauschvertrag. Bei letzterem können durch den Vertrag allenfalls Risiken für die wirtschaftliche Existenz eines Vertragspartners geschaffen werden, etwa durch übermäßige Primärleistungspflichten oder ein exorbitantes Haftungsrisiko. Die Rechtsordnung hat hier die Aufgabe, die betroffene Partei vor den damit verbundenen, auf dem Vertrag beruhenden Risiken in gewissem Umfang zu schützen, etwa indem sie dem Vertrag bei schweren Äquivalenzstörungen oder Übersicherung gem. § 138 Abs. 1

BGB die Wirksamkeit versagt. Auch die Pfändungsfreigrenzen der §§ 850ff. ZPO sowie die Regeln zum Verbraucherinsolvenzverfahren nach §§ 304ff. InsO sind hier zu nennen (s. auch im Kontext der einzelwirtschaftlichen Funktion Rn. 179). Beim Versicherungsvertrag liegt hingegen der Vertragsgegenstand darin, den Versicherungsnehmer von bestimmten, auf vertragsexternen Umständen beruhenden Risiken zu **entlasten**.

Jene Entlastung kommt, jedenfalls sofern es um existenzgefährdende Risiken 197 geht, insbesondere auch den **Sozialversicherungssystemen** und der **Sozialfürsorge** zugute.

Beispiel: Brennt das Einfamilienhaus ab, in dem der Versicherungsnehmer 198 wohnt, so bewahrt ihn die Leistung des Feuerversicherers je nach seinen sonstigen Vermögensverhältnissen möglicherweise davor, für seine weitere Existenz auf öffentliche Zuwendungen angewiesen zu sein. Entsprechendes gilt auch in der Personenversicherung, was etwa anhand der zur eigenen Altersvorsorge oder zwecks Absicherung von Familienangehörigen genommenen Lebensversicherung deutlich wird.

Der Aspekt der Existenzsicherung ist nicht allein für Verbraucher bedeutsam, 199 sondern auch für **Unternehmer**. Zwar lässt sich das unternehmerische Risiko als solches nicht versichern (s. Rn. 399). Die wirtschaftliche Existenz eines Unternehmers kann jedoch etwa durch ein Feuer auf dem Betriebsgelände genau so bedroht sein wie dies beim Wohngebäude für dessen Bewohner gilt. Hinzu kommt der auch volkswirtschaftlich positive Effekt der bereits angesprochenen höheren individuellen **Risikobereitschaft** bei unternehmerischen Entscheidungen.

Die existenzsichernde Funktion von Versicherung führt dazu, dass der Ge- 200 setzgeber den Betrieb von Versicherungsgeschäften einer weit gehenden **Regulierung** unterwirft. Damit soll insbesondere die dauerhafte Erfüllbarkeit der Verträge sichergestellt werden (s. Rn. 20). Je höher zudem die Bedeutung eines Versicherungszweigs für die soziale Grundsicherung ist, umso strenger sind tendenziell das Aufsichtsrecht sowie die materiell-rechtlichen Vorgaben des VVG für den Vertrag ausgestaltet. Dies gilt namentlich für die **Krankenversicherung** und in gesteigertem Maße für die sog. substitutive, d.h. an die Stelle einer öffentlichen Versicherung tretende Kranken- oder Pflegeversicherung (s. die Legaldefinition in §§ 12 Abs. 1 VAG, 195 Abs. 1 S. 1 VVG). Strenge Vorgaben kennzeichnen darüber hinaus auch die Lebensversicherung (s. etwa §§ 11ff. VAG, §§ 150ff. VVG) sowie die Kfz-Haftpflichtversicherung (s. die Regelungen in der KfzPflVV und dazu Rn. 375, 1713).

II. Verminderung von Risiken

Ein weiterer auch gesamtwirtschaftlich bedeutsamer Effekt von Versicherung 201 liegt in der **verhaltenssteuernden Wirkung** des Vertrags. Der Versicherer ist in der Lage, durch vielfältige Instrumente wie Prämiendifferenzierungen, Selbstbehalte (s. Rn. 263) oder Obliegenheiten darauf einzuwirken, dass das **Risiko sinkt** (Schadensprävention).

202 **Beispiel 1:** Die Einstufung eines Wohngebäudes in die – höchste – **Gefährdungsklasse** 4 des Zonierungssystems für Überschwemmung, Hochwasser und Rückstau (ZÜRS) kann dazu führen, dass Neubauten in solchen, statistisch einmal in zehn Jahren von Hochwasser betroffenen Gebieten unterbleiben oder in abweichender Gestalt erfolgen (s. dazu auch Rn. 193).

203 **Beispiel 2:** Einige Versicherer bieten in der Risikolebensversicherung und teils auch in anderen Personenversicherungszweigen **Nichtrauchertarife** an. Durch die damit verbundene Prämienvergünstigung wird ein wirtschaftlicher Anreiz zu einem gesundheitsbewussten Verhalten gesetzt (s. dazu auch Rn. 1126).

III. Professionelles Schadensmanagement

204 Schließlich ist die vergleichsweise kostengünstige, weil **professionalisierte Abwicklung von Schadensfällen** zu nennen. Sie hat gleichfalls positive gesamtwirtschaftliche Auswirkungen. In jüngerer Zeit hat das Schadensmanagement durch Versicherer zunehmend an Bedeutung gewonnen. Unter dem Schlagwort **Assistance** lassen sich zahlreiche Leistungsangebote zusammenfassen, durch die der Versicherer vom reinen „Rechnungsbegleicher", dessen Leistung im Wesentlichen in Geldzahlungen bestehen, zum Dienstleister und insbesondere zum Schadensmanager wird (s. Rn. 1090ff.). Zum breiten Spektrum solcher Assistance-Leistungen zählen beispielsweise Kooperationsabkommen des Kfz-Kaskoversicherers mit bestimmten ausgewählten Kfz-Werkstätten, die Reparaturen nach vorgegebenen Qualitätsstandards durchführen.

C. Abgrenzung zur Sozialversicherung

205 Der das Versicherungswesen als Ganzes kennzeichnende Riskotransfer geschieht in der Privatversicherung anders als in der **Sozialversicherung** grundsätzlich unabhängig von sozialen Kriterien. Für private Versicherungsverhältnisse gilt das Äquivalenzprinzip, wonach die Prämienhöhe vom individuellen Risiko und vom gewünschten Umfang des Versicherungsschutzes abhängt (s. Rn. 230). Das Sozialversicherungsrecht hat hingegen eine soziale Ausgleichsfunktion; es wird daher durch das **Solidaritätsprinzip** (gleichbedeutend: Solidarprinzip) geprägt. Dieses besagt, dass der finanziell Leistungsfähigere für den finanziell Schwächeren mit aufzukommen hat.

206 **Beispiele:** Die Regelungen zur gesetzlichen Kranken-, Unfall-, Renten-, Pflege- und Arbeitslosenversicherung begründen **Versicherungsverhältnisse**, für die nicht das VVG, sondern die **sozialversicherungsrechtlichen Vorschriften** maßgeblich sind. Diese sind mittlerweile überwiegend in verschiedenen Büchern des SGB normiert. Ihren historischen Ursprung haben sie in der Sozial-

gesetzgebung von *Bismarck*, der gegenüber dem privaten Versicherungssektor in mancher Hinsicht eine Vorreiterrolle zukommt. So hat sich etwa die private Krankenversicherung (PKV; s. Rn. 1999ff.) erst allmählich neben der Sozialversicherung etabliert.

Die gesetzliche **Sozialversicherungspflicht** kommt etwa darin zum Ausdruck, 207 dass abhängig Beschäftigte bis zu einer bestimmten Einkommensgrenze gesetzlich kranken-, renten- und unfallversichert sind. Insoweit besteht jeweils eine Versicherungs- und Beitragspflicht kraft Gesetzes (s. Rn. 2000 für die Krankenversicherung).

Die **Leistungen** der gesetzlichen Sozialversicherungsträger richten sich ein- 208 heitlich nach der (je nach den individuellen Verhältnissen zu beurteilenden) Notwendigkeit. Ausschlaggebend für die Leistungen der Sozialversicherungsträger ist mithin nicht das individuelle versicherte Risiko, so wie es in der Privatversicherung in den AVB als Bestandteil des Versicherungsvertrags konkretisiert wird, sondern die **individuelle Bedürftigkeit**, die nach gesetzlich vorgegebenen Kriterien zu beurteilen ist.

Das Solidaritätsprinzip kommt darin besonders deutlich zum Ausdruck, dass 209 die **Beiträge** der gesetzlich Versicherten sich nicht nach deren persönlichen Risikomerkmalen (Alter, Vorerkrankungen usw.) richten, sondern nach sozialen Faktoren wie insbesondere dem Einkommen und der Kinderzahl, kurzum: nach der **individuellen Leistungsfähigkeit**. Damit ist ein völlig anderes Risikotransfersystem verbunden als es der privaten Versicherung zugrunde liegt: Es werden nicht gleichartige Risiken zu einer identischen Prämie gleichsam in einem Versichertenkollektiv gebündelt, sondern verschiedenartige Risiken mit unterschiedlichen Beiträgen zu einem sozialen Ausgleich gebracht. Dadurch kommt es vielfach zu gesetzlich vorgegebenen Subventionierungen.

Beispiel: Ein alleinstehender, gesunder 25jähriger Arbeitnehmer mit einem hö- 210 heren Einkommen finanziert durch seine Beiträge den gesetzlichen Krankenversicherungsschutz eines chronisch kranken 50jährigen Familienvaters mit geringem Einkommen mit, der einen wesentlich niedrigeren Beitrag zu zahlen hat.

Eine Sonderstellung nimmt hinsichtlich der Beitragspflicht die **Unfallversiche-** 211 **rung** ein. Bei ihr sind die Beiträge allein von den Arbeitgebern zu entrichten. Dementsprechend handelt es sich bei den Unfallversicherungsträgern häufig um Berufsgenossenschaften. Zu solchen Genossenschaften schließen sich Arbeitgeber zusammen, um die Unfallversicherung gemeinsam zu organisieren. Bei der **Rentenversicherung** liegt eine Besonderheit darin, dass sich die Rentenhöhe nach Dauer und Umfang der geleisteten Beiträge des jeweiligen Arbeitnehmers richtet.

Der mit dem Solidaritätsprinzip verbundene zwangsweise Vermögenstrans- 212 fer greift erheblich in die Grundrechtspositionen Eigentum (Art. 14 Abs. 1 GG) und allgemeine Handlungsfreiheit (Art. 2 Abs. 1 GG) ein. Ein solches Transfersystem bedarf daher einer verfassungsrechtlichen Grundlage; sie liegt im **Sozialstaatsprinzip** (Art. 20 Abs. 1, 28 Abs. 1 GG). Das Gebot der praktischen

Konkordanz[3] erfordert es, die gegenläufigen Verfassungspositionen so schonend wie möglich zum Ausgleich zu bringen.

213 In jüngerer Zeit hat der Gesetzgeber die Grenzlinien zwischen Privat- und Sozialversicherung teils aufgeweicht. Dies zeigt sich besonders deutlich am sog. **Basistarif** in der privaten Krankenversicherung (s. dazu Rn. 2001), den das BVerfG im Wesentlichen als grundrechtskonform angesehen hat.[4] Dabei handelt es sich um eine Grundabsicherung für Krankheitskosten, die jeder das Geschäft der Privaten Krankenversicherung betreibende Versicherer unabhängig von den individuellen Risikomerkmalen des Versicherungsnehmers anbieten muss. Die nach den allgemeinen Regeln des VVG vorgesehenen außerordentlichen Kündigungsmöglichkeiten sind dabei weitgehend ausgeschlossen (s. aber Rn. 1076ff.). Durch diese gesetzliche Ausgestaltung nähert sich der Basistarif deutlich einer Sozialversicherung an; es handelt sich jedoch um ein privates Versicherungsverhältnis. Seit 1970 (Zweites KrankenversicherungsÄndG) ist die **Koexistenz privater und gesetzlicher Krankenversicherer** gewährleistet; sie ist auch im Gesundheitsreformgesetz von 1989 fortgeschrieben worden.

214 Eine besondere Rolle nehmen seit jeher die **Beamten** ein. Ihnen war der Zugang zu den infolge der *Bismarck*'schen Sozialgesetzgebung geschaffenen Krankenkassen verschlossen. Sie erlangen in der Privaten Krankenversicherung Schutz durch die sog. **Beihilfetarife**.

D. Gesamtwirtschaftliche Bedeutung von Versicherung

215 Die soeben erörterten Funktionen von Versicherung führen dazu, dass der private Versicherungssektor eine beträchtliche **gesamtwirtschaftliche Bedeutung** hat. Die Zahlen, die in den Statistiken des Statistischen Bundesamts, der BaFin oder des GDV zusammengestellt sind, verdeutlichen, dass es sich bei der Versicherungswirtschaft um einen der bedeutendsten Wirtschaftszweige in Deutschland handelt. Im Jahr 2012 existierten rund 457 Mio. Versicherungsverträge mit 178 Mrd. € jährlicher Prämieneinnahmen; darunter ragen die Lebensversicherung (86,8 Mrd. € Prämien), die private Krankenversicherung (34,7 Mrd. € Prämien) und die Kraftfahrtversicherung (20,9 Mrd. € Prämien) heraus.[5] Dabei ergibt sich gegenüber den meisten anderen wichtigen Wirtschaftszweigen die Besonderheit, dass die Versicherer nicht nur als **Arbeitgeber** (2011: 215.500 Arbeitnehmer, darunter 13.300 Auszubildende) mit eigenem Arbeitgeberverband[6] und als Generator von **Steueraufkommen**[7] (namentlich Körperschaftsteuer, ferner Gewerbesteuer, Umsatzsteuer, Versicherung- und Feuerschutzsteuer, zu-

3 S. dazu nur BVerfG NJW 2011, 3428, 3432 Rn. 86.

4 BVerfG VersR 2009, 957 Rn. 154ff.

5 GDV (Hrsg.), Statistisches Taschenbuch der Versicherungswirtschaft 2012, sub 1.

6 Arbeitgeberverband der Versicherungsunternehmen in Deutschland (AGV); dieser Verband gibt einen Rundbrief mit dem Namen „Sozialpolitischen Kurzinformationen" (KI) heraus.

7 Näher zu den für Versicherungsunternehmen bedeutsamen Steuern *Lorch*, in: HdV, S. 835ff.

dem etwa auch Kapitalertragsteuer in Gestalt der auf Dividendenausschüttungen erhobenen Abgeltungsteuer) in Erscheinung treten.

Darüber hinaus müssen die Versicherer aus den Prämieneinnahmen Anlagen 216
bilden, um die gegenüber den Versicherungsnehmern eingegangenen Verpflichtungen erfüllen zu können (s. auch Rn. 227). Die Versicherer treten daher auch in großem Umfang als **Investoren** am Markt auf. Dabei sind die Arten der Investition durch das Aufsichtsrecht in weitem Maße vorgegeben. Die durch die Solvency II-Richtlinie (s. Rn. 2022ff.) gestellten Anforderungen engen die Spielräume dadurch, dass die möglichen Kapitalanlagen unterschiedlichen Bewertungsgrundsätzen unterstellt werden, faktisch zusätzlich ein. Im Vordergrund werden demnach auch weiterhin **Staatsanleihen** stehen; die Versicherer sind damit bedeutende Financiers insbesondere der deutschen, aber auch der europäischen und weltweiten staatlichen Kreditaufnahme (zu den daraus resultierenden Problemen in Niedrigzinsphasen s. Rn. 1930). Hinzu kommen Sachwerte wie insbesondere **Immobilienanlagen**. Die Investition in **Aktien** hat hingegen angesichts der starken Börsenschwankungen relativ an Bedeutung verloren; die meisten Versicherer haben ihre Aktienquote mittlerweile erheblich unter das zulässige Höchstmaß gesenkt.

E. Wahrnehmung der Funktionen durch die Öffentlichkeit

Die beiden in Rn. 178ff. geschilderten grundlegenden Funktionen von Versi- 217
cherung werden in der Öffentlichkeit vielfach nicht richtig wahrgenommen.[8] In der Perspektive breiter Bevölkerungskreise wird der private Versicherungssektor vielmehr oft kritisch beurteilt. Zwar zeigen die hohen Zahlen an abgeschlossenen Versicherungsverträgen, dass ein großes Bedürfnis an Absicherung gegen verschiedenste Risiken gesehen wird. Zugleich bestehen freilich verbreitet Fehlvorstellungen über den **Inhalt der Versicherungsleistung** (s. Rn. 1087ff.), deren Voraussetzungen und Umfang. Dies hängt damit zusammen, dass anders als bei einem klassischen Austauschvertrag die Leistungspflicht der einen Seite, nämlich des Versicherers, unter der Bedingung steht, dass der Versicherungsfall eintritt. Dies lässt bei Versicherungsnehmern oft den Eindruck aufkommen, der Versicherer habe dann, wenn der konkrete Vertrag über einen gewissen Zeitraum schadensfrei verlaufen ist, überhaupt keine Leistung erbracht. Dass der **Risikotransfer als solcher** eine Entlastung des Versicherungsnehmers darstellt und für ihn einen wirtschaftlichen Wert hat, der sich in den oben genannten einzelwirtschaftlichen Effekten niederschlägt, ist manchem Versicherungsnehmer bisweilen nur schwer zu vermitteln. Dieser vergleicht vielmehr häufig allein die Zahlungsabflüsse mit den Zahlungszuflüssen. Hinzu kommt, dass nach Eintritt eines Schadensereignisses diesbezügliche Risikoausschlüsse in den AVB meist erstmals ins Blickfeld des Versicherungsnehmers geraten. Sie werden dann oft als unbillig angesehen. Dies hängt damit zusammen, dass Versicherungsneh-

---

8 S. dazu auch *Wandt*, Rn. 8.

mern die **versicherungstechnischen Motive** des Versicherers dafür, bestimmte Risiken vom Deckungsumfang auszunehmen (s. dazu etwa Rn. 1237), vielfach unbekannt sind. Der Versicherungsnehmer muss diese Motive auch nicht kennen (s. Rn. 488). Freilich sind ihm die darauf beruhenden Risikoausschlüsse hinreichend transparent zu machen (s. Rn. 544ff. zum Transparenzgebot, Rn. 718ff. zur Beratungspflicht des Versicherers und Rn. 657ff. zu derjenigen des Vermittlers).

218 Damit ist ein weiterer Grund für die verbreitete kritische Wahrnehmung des Versicherungssektors angesprochen: Dieser ist in viel intensiverem Umfang als andere Wirtschaftszweige darauf angewiesen, AGB zu vereinbaren. Die AVB sind für das **unsichtbare Rechtsprodukt** Versicherung von grundlegender Bedeutung (s. Rn. 111). Der notwendige Umfang und Inhalt der Klauselwerke macht es für den Versicherungsnehmer freilich nicht einfach, das Produkt, das er für seine Prämie erhält, zu begreifen. Diese Problematik wird sich nicht völlig auflösen lassen. Das liegt wesentlich an der **Doppelfunktion von AVB**: Sie dienen einerseits dazu, den Versicherungsnehmer in einer für ihn verständlichen Weise über seine Rechte und Pflichten zu informieren. Zugleich bezwecken sie es, einem ganz anderen Adressaten, nämlich dem juristisch versierten Rechtsanwender, namentlich dem Richter, die für den Vertragsinhalt maßgeblichen Regelungen mitzuteilen (s. auch im Kontext des Transparenzgebots Rn. 547). In jüngerer Zeit sind verschiedene Bemühungen von Versicherern und Verbänden zu registrieren, die Verständlichkeit von AVB für den Versicherungsnehmer zu verbessern. Vor die genannte, aus der Doppelfunktion resultierende Problematik sehen sich jedoch auch diese Initiativen gestellt.

219 In den Medien wird der Versicherungssektor vergleichsweise häufig thematisiert. Auch jene **Berichterstattung**, etwa über aktuelle Rechtsprechung zur Unwirksamkeit von AVB oder über Missstände im Vermittlerwesen, zeichnet ganz überwiegend ein negatives Bild von der Versicherungsbranche. Dies hängt gewiss auch damit zusammen, dass das Publikumsinteresse sich meist auf spektakuläre Meldungen konzentriert, während die alltägliche reibungslose Abwicklung von Millionen von Versicherungsverhältnissen keinen Nachrichtenwert hat. Was freilich die **Unternehmensführung** (Corporate Governance) angeht, so hat die Berichterstattung zur Finanzkrise sich weitgehend auf den Bankensektor fokussiert; dies dürfte nicht zuletzt damit zusammenhängen, dass es im Versicherungsbereich keine vergleichbaren Schieflagen und etwa auch keine exzessiven Bonuszahlungen gegeben hat (s. auch Rn. 131). Das Versicherungsgeschäft ist ohnehin auf Langfristigkeit angelegt, so dass dem Gebot der Nachhaltigkeit hier seit jeher ein größerer Stellenwert zukommt als dies im Bankensektor der Fall ist.

§ 6 Funktionsweise der Versicherung

Literatur

Dreher, Die Versicherung als Rechtsprodukt, 1991; *Haller*, Gefahrengemeinschaft oder Sicherungsteam?, 1985; *Heiss*, Treu und Glauben im Versicherungsvertragsrecht, 1989; *Jung*, Privatversicherungsrechtliche Gefahrengemeinschaft und Treuepflicht des Versicherers, VersR 2003, 282; *E. Lorenz*, Gefahrengemeinschaft und Beitragsgerechtigkeit aus rechtlicher Sicht, 1983; *Möller*, Kernfragen der Versicherungsrechtsprechung, 1938, S. 37; *G. Pfeiffer*, Die Belange der Versicherer als Kriterium bei der Auslegung von AVB, FS Schwebler, 1986, S. 399; *Präve*, Individualrechte zulasten des Versichertenkollektivs?, VersR 2012, 657; *J. Prölss*, Der Versicherer als „Treuhänder der Gefahrengemeinschaft" – Zur Wahrnehmung kollektiver Belange der Versicherungsnehmer durch den Privatversicherer, FS Larenz, 1983, S. 487; *Scherpe*, Das Prinzip der Gefahrengemeinschaft im Privatversicherungsrecht, 2011; *Schmidt-Salzer*, „Versicherung" als Technik bestimmter finanzieller Dienstleistungen, FS E. Lorenz, 1994, S. 587; *Schwintowski*, Der private Versicherungsvertrag zwischen Recht und Markt, 1987; *Sieg*, Bemerkungen zur „Gefahrengemeinschaft", ZVersWiss 1985, 321.

A. Die Risikogemeinschaft

Versicherung beruht auf dem Prinzip der Zusammenfassung einer **großen Zahl** 220 **gleichartiger Risiken**. Diese Zusammenfassung einer Vielzahl von Risikoträgern, die mit ihren Prämienleistungen die Regulierung von innerhalb ihres Kreises entstehenden Schäden wirtschaftlich ermöglichen und bezwecken, lässt sich als **Risiko- oder Gefahrgemeinschaft** (Gefahrengemeinschaft; Kollektiv) bezeichnen. Durch die Bildung einer solchen Gemeinschaft wird der Einzelne davor geschützt, dass sich ein von ihm zu tragendes Risiko verwirklicht und er dadurch finanziell überfordert wird. Das Risiko wird auf diese Weise für den einzelnen Risikoträger **wirtschaftlich beherrschbar** gemacht.

Bei der Risikogemeinschaft handelt es sich ungeachtet der Terminologie nicht 221 um einen besonderen Verband und schon gar nicht um eine Gemeinschaft i.S. des 741 BGB. Vielmehr ist das Versicherungsverhältnis ein reines **vertragliches Schuldverhältnis**. Dieses erzeugt für beide Vertragspartner ein besonderes Kooperationsgebot (s. Rn. 245ff.). Auch sind bei der Rechtsanwendung die Auswirkungen zu bedenken, die sich auf das Kollektiv ergeben können. So lässt sich etwa ein Risikoausschluss, der nur wenige Versicherungsnehmer einer Gefahrgemeinschaft betrifft und der zugleich für alle ihre Mitglieder eine deutliche Prämienreduktion ermöglicht, als angemessen i.S. von § 307 Abs. 1, Abs. 2 Nr. 2 BGB ansehen (zur Rechtsschutzversicherung s. Rn. 237). Allein aus dem Begriff der (Risiko- oder Gefahr-)Gemeinschaft lassen sich hingegen keine Folgerungen für den Umfang der Leistungspflicht des Versicherers herleiten.[9]

Aus Sicht des einzelnen Versicherungsnehmers bedeutet die Beteiligung an 222 der vom Versicherer organisierten Risikogemeinschaft mithin, dass er einen **un-**

9 BVerwG VersR 1990, 73, 76 (betr. Beitragsrückerstattung in der Lebensversicherung); *Wandt*, Rn. 108.

gewissen höheren Verlust (durch Eintritt des Versicherungsfalls hinsichtlich eines von ihm zu tragenden Risikos; zur Ungewissheit s. Rn. 3) gleichsam eintauscht gegen einen **feststehenden geringeren Verlust** (in Gestalt der Prämien für den Transfer des Risikos auf den Versicherer; s. bereits Rn. 160). Dies schafft Kalkulations- und damit Planungssicherheit: Der Versicherungsnehmer kennt die auf ihn zukommenden wirtschaftlichen Belastungen hinsichtlich Höhe und Fälligkeit mehr oder minder genau. Vor Zusatzbelastungen ist er durch das außerordentliche Kündigungsrecht geschützt, das ihm im Fall einer Prämienerhöhung regelmäßig – teils freilich nur bei Erhöhungen um mehr als 10 % – gewährt wird (s. insbesondere §§ 19 Abs. 6 S. 1, 25 Abs. 2 S. 1, 40 Abs. 1 S. 1 VVG und dazu Rn. 816, 996, 1012).

B. Kalkulation von Risiko und Prämie

I. Risikoanteil der Prämie

223 Der für die Deckung der Risiken einer bestimmten Risikogemeinschaft benötigte Betrag lässt sich aufgrund stochastischer Berechnungen (**Gesetz der großen Zahl**) für längere Zeiträume mit einer gewissen Wahrscheinlichkeit prognostizieren. Ihr Grad hängt von Art, Umfang und Eintrittswahrscheinlichkeit des in Rede stehenden Risikos ab.

224 **Beispiele:** Der in der Kfz-Kaskoversicherung erforderliche Betrag ist wegen der hier massenhaft vorkommenden **Verkehrsunfallschäden** mit überschaubarem Umfang vergleichsweise präzise vorherzubestimmen. Hingegen ist die Eintrittswahrscheinlichkeit eines **atomaren Unfalls** sehr gering; zugleich muss im Fall einer Gefahrrealisierung mit exorbitant hohen Schäden gerechnet werden. Hier fällt es viel schwerer, eine risikoadäquate Prämie zu bemessen. Überdies müssen – falls das Risiko überhaupt gedeckt wird – die Sicherheitszuschläge, mit denen der Versicherer Vorsorge gegen Unwägbarkeiten trifft (s. Rn. 227), wegen der größeren Unwägbarkeiten wesentlich höher angesetzt werden.

225 Eine herausragende Rolle spielt die statistische Schadenserwartung in der Kranken- und in der Lebensversicherung. Hier greifen die Versicherer auf sog. **Sterbetafeln** zurück, die über die Sterbewahrscheinlichkeit Auskunft geben. Solche Statistiken erstellen insbesondere die BaFin (vgl. für die Krankenversicherung § 103a VAG), die Deutsche Aktuarvereinigung sowie das Statistische Bundesamt in Wiesbaden.

226 Für den internen Ausgleich innerhalb der Risikogemeinschaft kommen verschiedene Verfahren in Betracht. Zu nennen ist zunächst das sog. **Umlageverfahren**. Dieses Verfahren besteht darin, dass die innerhalb eines bestimmten Zeitraums (z.B. eines Kalenderjahres) eingetretenen versicherten Schäden nachträglich auf alle Mitglieder des Kollektivs umgelegt werden. Eine derartige nachträgliche Umlage würde bereits deshalb nicht den Bedürfnissen der Versicherungsnehmer entsprechen, weil diese oft auf eine rasche Schadensregulie-

rung angewiesen sind. Es muss also im Voraus Kapital angesammelt werden. Das reine Umlageverfahren birgt zudem die Gefahr, dass die Versicherungsnehmer bei erheblichen Schwankungen im Schadensverlauf von einem Jahr zum anderen oder bei sonstigen Unwägbarkeiten wie etwa außergewöhnlichen Schadensentwicklungen u.U. hohen Nachforderungen ausgesetzt wären. Die genannten Nachteile des Umlageverfahrens lassen sich durch im Voraus zu leistende **Prämienzahlungen** zwar teilweise ausgleichen. Freilich wird auch dadurch kein völliger Ausgleich gelingen, denn es bleibt immer noch das Risiko, dass sich bei einem ungünstigen Schadensverlauf die kalkulierten Prämien als unzureichend erweisen.

Jegliche Gefahr, dass der Versicherungsnehmer über die vereinbarte Prämie 227
hinaus zu Nachschüssen für einen abgelaufenen Zeitraum herangezogen werden kann, vermeidet das heute übliche **reine Prämiensystem**. Dabei übernimmt der Versicherer das Risiko, die Prämien zutreffend zu kalkulieren; er bildet im Laufe der Zeit bei einem günstigen Schadensverlauf entsprechende Reserven. Entsteht in einem bestimmten Zeitraum ein unerwartet hohes Schadensaufkommen, so dass jene Reserven nicht genügen, muss der Versicherer für den Fehlbetrag aus anderen Kapitalquellen aufkommen. Eine **Nachforderung** gegenüber den Versicherungsnehmern ist ihm nicht möglich; er kann lediglich im Neugeschäft und unter bestimmten, strengen Voraussetzungen aufgrund einer Prämienanpassungsklausel auch bei bestehenden Verträgen (s. Rn. 309ff.) die Prämie mit Wirkung für die Zukunft anheben. Mithin erlangt der Versicherungsnehmer durch das reine Prämiensystem Kalkulationssicherheit, während der Versicherer das Risiko einer unzureichenden Prämienkalkulation trägt. Dieses Risiko lässt sich dadurch begrenzen, dass der Versicherer zu der aufgrund der statistischen Schadenswahrscheinlichkeit berechneten Prämie noch sog. **Sicherheitszuschläge** hinzurechnet.

Der Gesetzgeber hält die in Sicherheitszuschlägen zum Ausdruck kommende 228
vorsichtige Kalkulation bei der **Lebensversicherung** und der **substitutiven Krankenversicherung** (zum Begriff s. Rn. 2002) sogar für so bedeutsam, dass er sie insoweit verbindlich vorschreibt (§§ 11 Abs. 1, 12 Abs. 1 Nr. 1 VAG). Dementsprechend ist in diesen Sparten bei überschussberechtigten Verträgen (s. dazu Rn. 1931) auch eine hinreichende **Prämienrückerstattung** bei günstigem Verlauf aufsichtsrechtlich vorgegeben (s. nur §§ 81c, 81d VAG sowie die Mindestzuführungsverordnung; zu ihr s. Rn. 1933).[10]

In **anderen Sparten** können die Versicherer über das Instrument der (dann 229
optional in den AVB zu vereinbarenden) Prämienrückerstattung ihren Versicherungsnehmern faktisch eine nachträgliche Prämienreduktion zugute kommen lassen, wenn weniger Schäden als angenommen zu regulieren waren. Damit wird der Grundgedanke des Umlageverfahrens asymmetrisch, nämlich allein zugunsten des Versicherungsnehmers, realisiert (zum Symmetriegebot s. Rn. 303ff.). Diese **Asymmetrie** ist im Hinblick darauf sachgerecht, dass der

10 Vgl. bereits BVerwG VersR 1990, 73, 74.

Versicherungsnehmer ein schutzwürdiges Interesse an Kalkulationssicherheit hat: Er soll bereits beim Abschluss des Versicherungsvertrages die auf ihn zukommenden finanziellen Belastungen abschätzen können (zu Prämienerhöhungen und damit einhergehenden Kündigungsrechten s. Rn. 222).

230 Im Gegensatz zur Sozialversicherung, die durch das Solidaritätsprinzip geprägt wird (s. Rn. 205), ist die vom Versicherungsnehmer zu zahlende Prämie risikoäquivalent (**Äquivalenzprinzip**). Genauer gesagt entspricht sie grundsätzlich seinem **kollektivierten Risiko**. Dies bedeutet, dass die Prämienhöhe sich nicht am individuellen Risiko des einzelnen Versicherungsnehmers ausrichtet, sondern davon mehr oder minder stark abstrahiert. Wollte man sämtliche für das Risiko mitursächlichen Faktoren beim individuellen Versicherungsnehmer heranziehen, so würde bereits die Erfassung aller dieser Einzelfaktoren – sofern sie überhaupt möglich ist – einen enormen **Kostenaufwand** hervorrufen. Hinzu käme der Aufwand für die sich daran anschließende Kalkulation. Um diese Belastungen zu vermeiden, werden das Risiko und infolgedessen die Prämie auf das Kollektiv bezogen bemessen. So lassen sich gleichartige Risiken zusammenfassen.

231 **Beispiele:** In der Gebäudeversicherung (s. Rn. 1844ff.) wird unter anderem nach der **Bauart** differenziert. In der Personenversicherung stellt das **Lebensalter** der versicherten Person einen wichtigen Faktor dar. In vor dem 21.12.2012 abgeschlossenen Verträgen hat daneben auch das **Geschlecht** großen Einfluss auf die Prämienhöhe (s. dazu sogleich Rn. 232).

232 Der EuGH hat in dem sog. Unisex-Urteil vom 1.3.2012 die **geschlechtsbezogene Differenzierung** von Prämien und Bedingungen als europarechtswidrig angesehen (s. Rn. 582ff.). Im hier behandelten Kontext der Prämienkalkulation ist jenes Urteil deshalb von Interesse, weil es aus einem übergeordneten gesellschaftspolitischen Motiv (Gleichbehandlung von Männern und Frauen) den Einsatz des Geschlechts als eines Näherungsfaktors (sog. **Proxy**) anstelle einer individuellen Risikobemessung untersagt. Freilich kommen zahlreiche individuelle Risikofaktoren wie etwa die Ernährungsgewohnheiten, der Alkoholkonsum oder eine sportliche Betätigung des Versicherungsnehmers mangels Erfass- und Kontrollierbarkeit kaum in Betracht. Durchaus als Differenzierungskriterium geeignet erscheint hingegen der Nikotinkonsum (zu Nichtrauchertarifen in der Risikolebensversicherung s. Rn. 1126). Hier sind Verstöße regelmäßig vergleichsweise leichter nachweisbar.[11]

233 Wird ein Näherungsfaktor wie das Geschlecht als Grundlage der Prämienkalkulation untersagt, so führt dies daher in solchen Fällen zwangsläufig dazu, dass ungleichartige Risiken zu identischen Prämien versichert werden. Daraus resultiert eine **Quersubventionierung** der Träger höherer Risiken durch Versicherungsnehmer mit niedrigeren Risiken. Je weiter sich die Prämienbemessung von den individuellen Risiken entfernt, umso größer ist die Gefahr einer sog.

---

11 S. etwa LG Coburg NJOZ 2007, 2231 = BeckRS 2007, 01721.

adversen Selektion. Sie tritt ein, wenn ein bestimmter Versicherungstarif nur noch von den Trägern höherer Risiken gewählt wird, während er für die übrigen Versicherungsnehmer aufgrund der Quersubventionierung unattraktiv wird. Wegen der Abhängigkeit der Prämienhöhe vom bisherigen Schadensverlauf (s. Rn. 227) steigt damit die Prämie für Neukunden und u.U. auch für Bestandskunden, während die Träger niedrigerer Risiken auf den Versicherungsschutz verzichten, ihre Risiken also unversichert bleiben.

Der Versicherer muss mithin bei der Kalkulation und Gestaltung der von ihm offerierten Versicherungsprodukte einen **Mittelweg** gehen: Bei zu starker Individualisierung wird der Kostenaufwand exorbitant, bei übermäßiger Abstrahierung vom individuellen Risiko kommt es zu adverser Selektion. Auf dem Markt sind, da es sich in gewissem Umfang um eine betriebswirtschaftliche Entscheidung handelt, für ein und dasselbe Risiko Tarife mit unterschiedlichem Individualisierungsgrad erhältlich. Bei manchen Sparten ist freilich generell ein hoher Pauschalisierungsgrad zu verzeichnen. 234

Beispiele: In der **Privathaftpflichtversicherung** als einer Massenversicherung mit vergleichsweise niedriger Prämie wird stark pauschalisiert, d.h. von den individuellen Risikomerkmalen des Versicherungsnehmers abstrahiert. Dasselbe kommt teils auch in der **Krankenversicherung** vor. Hier werden oft durch Pauschaltarife die sich aus Vorerkrankungen ergebenden unterschiedlichen Risiken gleich behandelt.[12] 235

Das Kollektiv spielt bei der Gestaltung von Versicherungsprodukten und deren Tarifierung auch noch in anderer Hinsicht eine Rolle. Dabei geht es um die Bestimmung des **typischen Bedarfs an Versicherungsschutz**, den ein durchschnittlicher Angehöriger des Kollektivs hat. An diesem Durchschnittsbedarf werden häufig Art und Reichweite von **Risikoausschlüssen** orientiert. 236

Beispiele: In der **Rechtsschutzversicherung** werden regelmäßig Streitigkeiten im Zusammenhang mit Bauvorhaben (sog. Baurisiko; s. Rn. 1820) sowie mit Kapitalanlagen (Kapitalanlagerisiko; s. Rn. 1822) vom Deckungsumfang ausgeschlossen. Dies beruht darauf, dass Rechtsschutz für derartige Streitigkeiten nur für einen vergleichsweise kleinen Teil der Versicherungsnehmer bedeutsam ist, zugleich jedoch hohe Kosten drohen, die in die Prämie einkalkuliert werden müssten. Dadurch würde der Versicherungsschutz für alle Mitglieder des Kollektivs teurer. Auch der Ausschluss einer mutwilligen Rechtsverfolgung, bei der die drohenden Kosten völlig außer Verhältnis zum angestrebten Erfolg stehen, beruht auf jenem Gedanken. Dies wird in den jüngeren Versicherungsbedingungen sogar ausdrücklich erwähnt: In Klausel 3.4.1.2 A ARB 2012 heißt es, dass der Versicherer bei Mutwilligkeit nicht zahlen könne, „weil die berechtigten Interessen der Versichertengemeinschaft beeinträchtigt würden". 237

---

12 *E.Lorenz/Wandt*, VersR 2008, 7 und 1165.

II. Weitere Prämienanteile

238 Weitere Bestandteile der Prämie sind neben dem soeben erörterten sog. **Risikoanteil** (einschließlich Sicherheitzuschlägen) noch zwei weitere Elemente, nämlich der Verwaltungskostenanteil und der Gewinnanteil. Die **Verwaltungskosten** umfassen denjenigen Aufwand, den der Versicherer zur Durchführung des Geschäfts benötigt. Dazu zählen Personalkosten, Sachkosten (Miete, Büroinventar etc.) sowie Vermittlungskosten (s. Rn. 687f.). Der **Gewinnanteil** fließt bei einer Aktiengesellschaft teils in Rücklagen und bei entsprechenden Tarifen insbesondere in die Rückstellung für Beitragsrückerstattung (s. Rn. 1933). Teils wird er aufgrund eines entsprechenden Hauptversammlungsbeschlusses der Aktionäre (vgl. § 119 Abs. 1 Nr. 2 AktG) als Dividende an die Aktionäre ausgeschüttet (§ 56a Abs. 1, 2 VAG). Bei einem VVaG tritt an die Stelle einer Dividendenzahlung regelmäßig die Erhöhung des Eigenkapitals.

III. Tariffreiheit

239 Der europäische Gesetzgeber hat im Zuge der Deregulierung der Versicherungsmärkte angeordnet, dass die bis dahin u.a. in Deutschland vorgeschriebene gesetzliche Vorabkontrolle von Prämientarifen (und AVB) im Jahr 1994 abgeschafft werden musste (s. Rn. 117). Diese sog. **Tariffreigabe** hat dazu geführt, dass in vormals stark regulierten Sparten wie etwa der Kfz-Haftpflichtversicherung mittlerweile eine große Tarifvielfalt besteht. Die Versicherer setzen die Tarifhöhe vielfach als **Marketinginstrument** ein. So erklärt sich etwa, dass es in der Kfz-Haftpflichtversicherung vor einiger Zeit zu einer regelrechten „Rabattschlacht“ gekommen ist. Dabei subventionieren manche Anbieter ihre Prämien, um Neukunden zu gewinnen, die dann möglicherweise auch weitere, für den Versicherer lukrativere Verträge wie etwa eine Kapitallebensversicherung abschließen.

240 Der Preiswettbewerb hat ebenso wie in anderen Marktsegmenten auch im Versicherungsbereich dazu geführt, dass die Verbraucherschutzorganisationen durch **Tarifvergleiche** für eine gewisse Transparenz sorgen. Freilich wird die Vergleichbarkeit dadurch erschwert, dass es infolge der Deregulierung neben der Tarifvielfalt zu einer, wenn auch begrenzten, Bedingungsvielfalt gekommen ist (s. Rn. 171). Daher liegen – anders als bis 1994 – etwa einer Privathaftpflicht- oder einer Hausratversicherung verschiedener Anbieter mittlerweile häufig unterschiedliche Bedingungen mit divergierendem Deckungsumfang zugrunde.

IV. Weitere Einnahmequellen des Versicherers

241 Die Prämieneinnahmen bilden nur eine von mehreren Einkunftsquellen des Versicherers. Hinzu kommen insbesondere die **Erträge aus Kapitalanlagen,** die ganz überwiegend in Rentenpapiere, teils auch in Aktien oder in Immobilien erfolgen (namentlich Zinsen, Dividenden, Miet- und Pachteinnahmen, Veräußerungsgewinne). Diese unterliegen vor allem in der Lebensversicherung

strengen gesetzlichen Vorgaben hinsichtlich einer Beteiligung der Versicherungsnehmer (s. Rn. 1929ff.). Eine gewisse, aber vergleichsweise untergeordnete Rolle spielen daneben in manchen Sparten **Regresserlöse** (vgl. insbesondere § 86 VVG und dazu Rn. 1345ff.).

C. Verbesserung der Kalkulierbarkeit

Aus den in Rn. 223ff. genannten Kalkulationsregeln ergibt sich eine **wirtschaftliche Grenze** der Versicherbarkeit. Sie ist überschritten, wenn der potenzielle Gesamtbedarf an finanziellen Mitteln nicht annähernd abschätzbar ist oder wenn die aus der Schadenswahrscheinlichkeit und -höhe resultierende Prämie abschreckend hoch wäre (s. dazu Rn. 404). Daran zeigt sich, dass auch das reine Prämiensystem Nachteile birgt: Der Versicherer vermag die Risiken nicht unbegrenzt zu übernehmen, da die dafür erforderliche Prämie für die Versicherungsnehmer unattraktiv werden kann und sich dann kein hinreichend großes Kollektiv mehr bilden lässt. Daraus erwächst für die **vertragsgestaltende Praxis** die Herausforderung, die Risiken beherrschbarer zu machen. Dies führt regelmäßig zu einer Einschränkung des Versicherungsschutzes in der einen oder anderen Weise (s. Rn. 244). Ein derartig beschränkter Deckungsschutz ist aber häufig aus Sicht des Versicherungsnehmers immer noch besser, als wenn er das Risiko mangels Deckungsangeboten gänzlich unversichert lassen müsste. 242

Beispiel: Ein Selbstständiger mit einer erheblichen Sehschwäche beantragt eine Berufsunfähigkeitsversicherung. Das Risiko, dass der Versicherungsfall eintritt, ist hier im Vergleich zu einem durchschnittlichen Versicherungsnehmer so stark erhöht, dass der Versicherer einen umfassenden Schutz nicht übernehmen möchte. Für den Vertragsinteressenten kann hier eine Annahme des Antrags mit der Maßgabe, dass eine Berufsunfähigkeit aufgrund der Sehbehinderung ausgeschlossen ist, zumindest eine Absicherung gegen andere Ursachen dafür, dass er berufsunfähig wird, bieten. Hingegen stünde er dann, wenn der Versicherer den Antrag angesichts des hohen Risikos ablehnen würde, völlig schutzlos da. 243

Die **Instrumente** für eine vertragliche Risikobegrenzung sind vielfältig:[13] Neben Prämienanpassungsklauseln (s. Rn. 309ff.) kann auch beim Umfang des Versicherungsschutzes angesetzt werden. **Quantitative** Beschränkungen können außer durch die Begrenzung der Versicherungssumme (s. Rn. 1315f.) etwa durch Selbstbehalte (s. Rn. 263) oder Jahresmaximierungen (s. etwa Rn. 643, 1176, 1684) erzielt werden, **zeitliche** durch Wartezeiten, d.h. ein verzögertes Einsetzen des materiellen Versicherungsbeginns (s. etwa Rn. 1817, 2006)[14], Nachhaftungsbegrenzungen (s. Rn. 1688) oder eine kurze Vertragslaufzeit bzw. 244

---

13 Eingehend in Bezug auf gewerbliche Risiken *Teschabai-Oglu*, Die Versicherbarkeit von Emerging Risks, 2012, S. 104ff.

14 Instruktiv BGH VersR 1988, 1281 (betr. Wartungsgarantie als Versicherungsgeschäft).

kurzfristige Kündigungsmöglichkeit (zu den Fristen s. Rn. 1047ff.). **Inhaltlich** stehen Risikoausschlüsse (s. Rn. 1118) und Obliegenheiten, deren Nichtbeachtung Leistungsfreiheit nach sich ziehen kann, als Gestaltungsmittel zur Verfügung. Hinzu kommen Bedingungsanpassungsklauseln, die freilich nur unter strengen Voraussetzungen zulässig sind (s. Rn. 1021). Von den genannten Gestaltungsinstrumenten zu unterscheiden ist die Frage, inwieweit der Versicherer das von ihm übernommene Risiko an **Dritte** weiterreichen kann (Mitversicherung, Pooling, Rückversicherung, Alternativer Risikotransfer etc.; s. dazu Rn. 65ff., 279; 406ff.).

D. Kooperationsgebot

245 Die in Rn. 220ff. geschilderte Funktionsweise der Versicherung erfordert es, dass die Parteien des Versicherungsvertrags und auch die Versicherten der in einem Kollektiv gebündelten Risiken zusammenwirken, um einen effizienten Versicherungsschutz zu erzielen (**Kooperationsgebot**). Dieses Gebot hat für beide Vertragsseiten unterschiedliche Gründe und Ausprägungen. Letztlich findet es seine normative Grundlage im allgemeinen, jedes Schuldverhältnis erfassenden Gebot von **Treu und Glauben (§ 242 BGB)** und in der **Rücksichtnahmepflicht gem. § 241 Abs. 2 BGB**[15]. Dieses Gebot prägt bei der Versicherung in gesteigertem Maße die beiderseitigen Verhaltenspflichten. Die **besondere Intensität der Treuebindung** beruht nicht allein darauf, dass es sich bei Versicherungsverträgen um Dauerschuldverhältnisse handelt. Hinzu kommen einige Besonderheiten, namentlich die wirtschaftliche Bedeutung des Risikotransfers für den Versicherungsnehmer sowie die Abhängigkeit der Risikoabsicherung davon, dass der Versicherungsnehmer die vereinbarten Verhaltensregeln beachtet und sich redlich verhält.

I. Kooperation durch den Versicherungsnehmer

246 Den Versicherungsnehmer (sowie den Versicherten) trifft ein Kooperationsgebot insbesondere deshalb, weil ungeachtet des Transfers des wirtschaftlichen Risikos vom Versicherungsnehmer auf den Versicherer das **tatsächliche Risiko,** die Erkennbarkeit seines Umfangs und seiner Änderungen während der Vertragslaufzeit sowie die Einwirkungsmöglichkeiten auf seine Verwirklichung weiterhin regelmäßig in der Sphäre des Versicherungsnehmers verbleiben.[16] Der Versicherungsnehmer hat zwar durch den Versicherungsschutz, den er mit seinen Prämienleistungen finanziert, diejenigen Folgen auf den Versicherer abgewälzt, die der Eintritt des Versicherungsfalls anderenfalls wirtschaftlich für ihn hätte. Er ist durch den Versicherungsvertrag auch nicht dazu verpflichtet, be-

---

15 Letztere kann auch die aktive Wahrnehmung der Interessen der Gegenseite gebieten; s. BGH NJW 2012, 2184 m. Anm. *Witt*, NJW 2012, 3130ff. (nicht versicherungsrechtlich).
16 *Wandt*, Rn. 147, 539.

sondere Vorkehrungen zu treffen, damit der Versicherungsfall nicht eintritt. Anders gewendet: Den Versicherungsnehmer trifft keine ungeschriebene **allgemeine Schadensvermeidungspflicht** (s. auch Rn. 1209). Andererseits verfügt er normalerweise über die **tatsächliche Einwirkungsmacht** auf den Geschehensablauf bis zur Risikoverwirklichung. Auch nach Eintritt des Versicherungsfalls ist er an den Ereignissen regelmäßig „näher dran" als der Versicherer. So kann er den Ablauf besser beurteilen – oft aus eigener Wahrnehmung – sowie Rettungsmöglichkeiten ergreifen und damit die Schadensentwicklung verhindern oder zumindest in ihrem Umfang beeinflussen.

Die – wenn auch begrenzte – Mitverantwortung des Versicherungsnehmers 247 für einen möglichst schadensfreien Verlauf sowie für eine auf zutreffender Tatsachengrundlage erfolgende Regulierung kommt insbesondere in den **Obliegenheiten** zum Ausdruck, die Versicherungsnehmer und Versicherte treffen (s. Rn. 1488ff.). Diese teils auf Gesetz, ganz überwiegend aber auf Vertrag, nämlich den AVB, beruhenden Verhaltensanforderungen sollen gewährleisten, dass die in einem Kollektiv vereinten Risiken jedenfalls in gewissem Umfang homogen bleiben.

Beispiel: Diejenigen Versicherungsnehmer, die sich an die vereinbarten Brand- 248 schutzvorkehrungen halten und den entsprechenden Aufwand treiben, sollen nicht mit ihrer Prämie das sorglosere Verhalten anderer Versicherungsnehmer, die dagegen verstoßen, vollständig mitbezahlen müssen. Dies gilt jedenfalls bei grob fahrlässigen Verstößen. Hingegen erfordert es ein bedarfsgerechter Versicherungsschutz, dass einfache Fahrlässigkeit – die auch einem durchschnittlichen Versicherungsnehmer bisweilen unterlaufen kann – nicht zu einer Einschränkung des Versicherungsschutzes führen soll (s. Rn. 329ff.).

Obliegenheiten, in denen das Kooperationsgebot zum Ausdruck kommt, tref- 249 fen den Versicherungsnehmer **in jedem Stadium** des Versicherungsverhältnisses, von der Vertragsanbahnung (z.B. Obliegenheit zur wahrheitsgemäßen Beantwortung der gefahrbezogenen Fragen nach § 19 VVG; s. Rn. 797ff.) über seine Durchführung (z.B. Obliegenheit zur Unterlassung von Gefahrerhöhungen nach § 23 Abs. 1 VVG; s. Rn. 1128ff.) bis hin zum Zeitraum nach Eintritt des Versicherungsfalls (z.B. Aufklärungsobliegenheit gem. § 31 VVG; s. Rn. 1202ff.; Schadensminderungsobliegenheit nach § 82 VVG; s. Rn. 1209ff.).

Beispiel:[17] Bisweilen sehen die AVB für den Fall, dass nach Eintritt des Versi- 250 cherungsfalls über die Schadenshöhe Streit besteht, ein **Sachverständigenverfahren** vor (z.B. Abschnitt A § 15 VGB 2010). Dabei werden typischerweise bestimmte Ausschlussgründe für Sachverständige benannt. So darf der Versicherer etwa keine Personen benennen, die „Mitbewerber" (d.h. Konkurrenten) des Versicherungsnehmers sind oder mit diesem in dauernder Geschäftsbeziehung stehen; in solchen Fällen können an der Neutralität des Sachverständigen

17 Nach OLG Koblenz r+s 2012, 341.

Zweifel bestehen. Meint nun der Versicherungsnehmer, dass bei einem vom Versicherer benannten Sachverständigen ein Ausschlussgrund eingreift, so darf er nicht erst das Ergebnis des Sachverständigenverfahrens abwarten und sodann seine Einwände vorbringen. Vielmehr hat er etwaige Bedenken unverzüglich geltend zu machen.[18] Dies folgt aus Treu und Glauben; es lässt sich als Konkretisierung des Kooperationsgebots ansehen.

251 Besonders deutlich kommt das Erfordernis eines vertrauensvollen Zusammenwirkens der Vertragspartner in denjenigen Regeln zum Ausdruck, die das Gesetz für die Konsequenzen eines **arglistigen Verhaltens** des Versicherungsnehmers aufstellt. Während der Gesetzgeber sich gegenüber einfach fahrlässig handelnden Versicherungsnehmern generös zeigt, indem er regelmäßig an ihr Verhalten keine Sanktionen knüpft oder allenfalls dem Versicherer ein Kündigungsrecht einräumt (s. Rn. 329, 1138), und er auch grob fahrlässiges sowie bisweilen selbst vorsätzliches Verhalten nur eingeschränkt sanktioniert, greifen bei Arglist generell **strenge Rechtsfolgen** ein. Dies ist auch angebracht, da arglistiges Verhalten durch die Absicht motiviert ist, sich einen zusätzlichen Vorteil zu verschaffen. Dies wirkt sich zwangsläufig zu Lasten des Versicherers und regelmäßig – über steigende Prämien und/oder ggf. auch geringere Überschussbeteiligungen – zugleich zum Nachteil der redlichen Versicherungsnehmer aus.

252 Demgemäß ist der Versicherer dann, wenn der Versicherungsnehmer arglistig die Anzeigepflicht aus § 19 Abs. 1 VVG verletzt hat, unabhängig von einem Kausalitätserfordernis **leistungsfrei** (§ 21 Abs. 2 S. 2 VVG). Entsprechendes gilt bei der Verletzung einer vertraglichen Obliegenheit (§ 28 Abs. 3 S. 2 VVG) oder der Schadensminderungsobliegenheit (§ 82 Abs. 4 S. 2 VVG). Auch in der Unfallversicherung kann der Versicherer bei arglistiger Nichtanzeige einer Gefahrerhöhung in weitergehendem Umfang Rechte geltend machen (§ 181 Abs. 2 S. 2 VVG).

253 Bisweilen stellt der Gesetzgeber Arglist freilich mit **Vorsatz** gleich. So verdoppelt sich bei einer vorsätzlichen oder arglistigen Verletzung der Anzeigepflicht die Ausschlussfrist des § 21 Abs. 3 VVG auf zehn Jahre. Dasselbe gilt in der Lebensversicherung für die Frist, binnen derer der Versicherer eine Gefahrerhöhung geltend machen kann (§ 158 Abs. 2 S. 2 VVG). Die Fristen sind in diesen Fällen ebenso lang wie die für die Arglistanfechtung geltende absolute Anfechtungsfrist gem. § 124 Abs. 3 BGB; freilich sind die für den Fristbeginn maßgeblichen Kriterien verschieden.

254 In der Praxis werden die strengen Folgen von Arglist dadurch relativiert, dass die Gerichte bisweilen hohe Anforderungen an den – regelmäßig dem Versicherer obliegenden – **Beweis** arglistigen Verhaltens stellen.

255 **Beispiel:**[19] Versicherungsnehmer A zeigt dem Kaskoversicherer V den Diebstahl des versicherten Kfz an. Im Schadenformular gibt A den Kaufpreis des Kfz

18 BGH VersR 1987, 601; OLG Koblenz r+s 2012, 341, 342.
19 Nach OLG Hamm r+s 2012, 288.

unzutreffend mit 37.000 € anstelle von 27.000 € an. Auf Vorhalt meint A, er müsse sich wohl verschrieben haben. Das OLG Hamm hat hier den Versuch einer arglistigen Täuschung nicht als bewiesen angesehen, weil A den Kaufpreis aus dem Gedächtnis habe rekonstruieren müssen, da sich der Kaufvertrag zum Zeitpunkt des Diebstahls in dem Kfz befunden habe. Vor allem aber habe A den für die Schadenregulierung maßgeblichen Fahrzeugwert zutreffend auf lediglich 22.000 € geschätzt.

Bisweilen spricht das Gesetz nicht von Arglist, sondern davon, dass der Versicherungsnehmer in der Absicht handelt, sich einen **rechtswidrigen Vermögensvorteil** zu verschaffen. 256

Beispiele: Betrügerische Überversicherung (§ 74 Abs. 2 VVG; s. dazu Rn. 1322), betrügerische Mehrfachversicherung (§ 78 Abs. 3 VVG; s. dazu Rn. 1252) sowie betrügerische Versicherung eines nicht bestehenden Interesses (§ 80 Abs. 3 VVG; s. dazu Rn. 1445). 257

Damit wird die für den Straftatbestand des **Betrugs** (§ 263 StGB) maßgebliche Formulierung aufgegriffen. In solchen Fällen ist mithin eine (Eigen-)**Bereicherungsabsicht** erforderlich. Dadurch unterscheidet sich betrügerisches von arglistigem Verhalten; für letzteres genügt es, wenn der Versicherungsnehmer irgendeine Besserstellung zum Nachteil des Versicherers anstrebt (s. Rn. 1554). 258

Die **vorsätzliche Herbeiführung des Versicherungsfalls** durch den Versicherungsnehmer kann keine Leistungspflicht des Versicherers auslösen. Dies hat der Gesetzgeber in § 81 Abs. 1 VVG für die Schadensversicherung und in § 103 VVG für die Haftpflichtversicherung generell festgelegt; bei der Lebensversicherung folgt es in bestimmtem Umfang aus § 161 VVG (s. dazu Rn. 1957ff.). Der in jenen Vorschriften zum Ausdruck kommende Grundsatz lässt sich auf den Kerngehalt der Versicherung zurückführen: Beim Versicherungsgeschäft geht es gerade darum, ein **ungewisses Ereignis**, also ein Risiko, abzusichern (zu den unterschiedlichen Bezugspunkten der Ungewissheit s. Rn. 3). Führt der Versicherungsnehmer indessen das Ereignis selbst vorsätzlich herbei, so beseitigt er willentlich und einseitig die Ungewissheit, die das Risiko ausmacht und die mithin gerade die Grundlage der Risikoabsicherung ist. Bereits aus dem Gegenstand des Versicherungsvertrags, wie er in § 1 S. 1 VVG mit dem Wort „Risiko" umschrieben ist, folgt mithin, dass eine vorsätzliche Herbeiführung des Versicherungsfalls durch den Versicherungsnehmer nicht zur Leistungspflicht des Versicherers führen kann; dies ergibt sich keineswegs erst – wovon im Schrifttum bisweilen ausgegangen wird –[20] aus den allgemeinen bürgerlich-rechtlichen Vorschriften. Die Lage ist insoweit ähnlich wie bei der Rückwärtsversicherung, wenn der Versicherungsnehmer bei Abgabe seiner Vertragserklärung den Eintritt des Versicherungsfalls kannte; ihm steht dann gem. § 2 Abs. 2 S. 2 VVG kein Anspruch auf die Versicherungsleistung zu. 259

20 S. etwa *Dreher*, VersR 2004, 1, 5.

260 Die Sicherstellung eines redlichen Verhaltens erschien dem Strafgesetzgeber so bedeutsam, dass er über den allgemeinen Betrugstatbestand des § 263 StGB hinaus in Gestalt des **Versicherungsmissbrauchs** gem. § 265 StGB einen eigenen Straftatbestand geschaffen hat. Häufig geht die vorsätzliche Herbeiführung des Versicherungsfalls auch mit anderen Straftaten einher, etwa mit Brandstiftung (§§ 306ff. StGB), bisweilen sogar mit Mord (§ 211 StGB).

261 Die Gefahr, dass der Versicherungsnehmer seine Einwirkungsmöglichkeiten auf das Risiko, aber auch auf die Regulierung vertragswidrig zum Nachteil des Versicherers ausnutzt, wird verbreitet als **subjektives Risiko** (moralisches Risiko; *moral hazard*) bezeichnet. Mit dieser Begriffsbildung werden zum einen Vorsatz und Arglist, zum anderen aber auch eine besondere Nachlässigkeit (grobe Fahrlässigkeit) im Bewusstsein des bestehenden Versicherungsschutzes umschrieben.

262 **Beispiel:** Versicherungsnehmer A schaltet seine Waschmaschine an und verlässt anschließend die Wohnung. Dabei vertraut A darauf, dass es nicht zu einem Wasserschaden kommen werde. Zugleich beruhigt er sich mit dem Gedanken, dass für einen etwaigen Schaden der (Hausrat-, Gebäude-, Haftpflicht-) Versicherer aufkommen werde.

263 Eine der wichtigsten Aufgaben der **Vertragsgestaltung** besteht darin, das subjektive Risiko einzudämmen. Dies geschieht nicht allein durch gesetzliche und vertragliche Risikoausschlüsse und Obliegenheiten sowie deren konsequente Geltendmachung, sondern auch durch finanzielle Steuerungsinstrumente wie den **Selbstbehalt** (Selbstbeteiligung[21], Eigenbeteiligung) in der Schadensversicherung. Darunter versteht man denjenigen Betrag, den bei Eintritt des Versicherungsfalls der Versicherungsnehmer selbst zu tragen hat. Sofern der entstandene Schaden einen klassischen Selbstbehalt nicht übersteigt, ist der Versicherer mithin nicht leistungspflichtig; ist der Schaden höher, so hat er lediglich die Differenz zum Selbstbehalt zu zahlen. Selbstbehalte können in den AVB aber auch in anderer Weise ausgestaltet werden.

264 **Beispiele:** Bei jedem Eintritt des Versicherungsfalls wird ein fixer Betrag abgezogen (sog. **Abzugs-Franchise**). Bis zu einem bestimmten Schadensbetrag wird kein Ersatz geleistet; bei darüber hinausgehenden Schäden hingegen in vollem Umfang reguliert (sog. **Integral-Franchise**). Anstelle eines betragsmäßig bestimmten Selbstbehalts kann ein solcher zudem auch jeweils **prozentual** festgelegt werden.

265 Mit einem vom Umfang her ins Gewicht fallenden Selbstbehalt lässt sich zum einen der auf die Regulierung von Kleinschäden entfallende Arbeitsaufwand einsparen. Zum anderen kann dadurch insbesondere das **subjektive Risiko** erheblich reduziert werden. Der Versicherer berücksichtigt dies nicht zuletzt da-

---

21 Insoweit begrifflich differenzierend *Wandt*, Rn. 759, der freilich zutr. auf die uneinheitliche Terminologie hinweist.

durch, dass er dem Versicherungsnehmer im Gegenzug zum Selbstbehalt regelmäßig einen mehr oder minder erheblichen Prämienabschlag gegenüber einem Versicherungstarif ohne Selbstbehalt gewährt.

II. Kooperation durch den Versicherer

Das Kooperationsgebot betrifft keineswegs allein den Versicherungsnehmer, 266
sondern auch den Versicherer. Bedeutsam ist dies insbesondere angesichts seiner **besonderen Sachkunde**, die regelmäßig dem Wissen und den Erkenntnismöglichkeiten des Versicherungsnehmers in bezug auf das komplexe Rechtsprodukt Versicherung und überdies oft auch auf die Risikobewertung deutlich überlegen ist. Die sich daraus ergebende Mitverantwortung des Versicherers dafür, dass die vom Versicherungsnehmer bezweckte Risikoabsicherung gelingt, hat einen normativen Ausdruck in der **Beratungspflicht** gem. § 6 VVG gefunden. Demnach ist der Versicherer verpflichtet, den Versicherungsnehmer bei Vertragsschluss und unter bestimmten Voraussetzungen auch während der gesamten Vertragslaufzeit bedarfsgerecht zu beraten (s. Rn. 718ff.). Diese weit reichende Beratungspflicht hebt den Versicherungsvertrag von typischen punktuellen Austauschverträgen, aber auch von Dauerschuldverhältnissen wie der Miete oder dem Darlehen ab, bei denen den Anbieter grundsätzlich keine Mitverantwortung dafür trifft, dass die vertraglich versprochene Leistung dem Kunden auch einen individuellen Nutzen bringt.

An verschiedener Stelle legt das Gesetz dem Versicherer zudem besondere 267
Hinweispflichten auf, damit dem Versicherungsnehmer die ihm drohenden Nachteile bestimmter Verhaltensweisen eigens vor Augen geführt werden.

Beispiele: Der Versicherer hat den Versicherungsnehmer auf das letzterem zu- 268
stehende Kündigungsrecht bei Prämienerhöhungen hinzuweisen (§§ 19 Abs. 6 S. 2, 25 Abs. 2 S. 2 VVG). Dasselbe gilt hinsichtlich einer drohenden Leistungsfreiheit des Versicherers bei Zahlungsverzug mit der Erstprämie (§ 37 Abs. 2 S. 2 VVG); in diesem Fall ist sogar eine gesonderte Mitteilung in Textform (vgl. dazu Rn. 1566) oder ein auffälliger Hinweis im Versicherungsschein erforderlich.

Auch die **Rechtsprechung** hat Regeln entwickelt, in denen das Kooperations- 269
gebot auf Seiten des Versicherers zum Ausdruck kommt. Als wichtiger Anwendungsfall sei die Pflicht des Versicherers genannt, den Versicherungsnehmer auf eine **erkennbare Unwirksamkeit** der von diesem abgegebenen vertragsbezogenen Erklärungen, etwa einer Kündigung, hinzuweisen (s. Rn. 1055ff.). Zudem muss der Versicherer einen **Verlängerungsantrag** zügig bearbeiten, so dass der Versicherungsnehmer sich im Fall einer Ablehnung möglichst noch rechtzeitig anderweitig Versicherungsschutz beschaffen kann.[22] Aus demselben Grund kann dann, wenn ein Vertragsinteressent mit dem Versicherer wegen eines **erst-**

22 *Wandt*, Rn. 255.

maligen Vertragsschlusses in Kontakt tritt, über die nach § 6 Abs. 1 VVG geschuldete Beratung – zu der eine Bedarfsanalyse und daraus entwickelte Empfehlungen gehören (s. Rn. 725ff., 745ff.) – hinaus auch eine rasche Bearbeitung des Antrags geboten sein. Dies ist anzunehmen, wenn es dem Versicherungsnehmer erkennbar auf baldige Klarheit über den Bestand des Vertrags ankommt (s. auch zur vorläufigen Deckung Rn. 965).[23] Erleidet der Vertragsinteressent aufgrund einer schuldhaften Verzögerung der Antragsbearbeitung einen Schaden, so hat der Versicherer diesen nach den Regeln der culpa in contrahendo (§§ 280 Abs. 1, 311 Abs. 2, 241 Abs. 2 BGB) auszugleichen.

E. Alternativen zum Risikotransfer durch Versicherung

270 Versicherungsschutz kostet Geld. Ein wirtschaftlich denkender Risikoträger wird daher abwägen, ob sich für ihn die mit dem Abschluss eines Versicherungsvertrags eingegangene Verpflichtung zur Prämienzahlung als Preis für die Entlastungswirkung der Versicherung lohnt oder nicht. Als **Alternativen** zum Risikotransfer durch Versicherung sind mehrere Wege in Betracht zu ziehen.

271 Die einfachste, aber je nach Umfang des Risikos möglicherweise nachteiligste Variante besteht darin, das Risiko schlicht **unversichert** zu lassen. Einen Schritt weiter geht der Risikoträger bereits, wenn er aktiv Maßnahmen zur **tatsächlichen Begrenzung des Risikos** trifft.

272 **Beispiele:** Ein Grundstückseigentümer stattet sein Gebäude zum Schutz gegen Einbruchdiebstahl mit einer Alarmanlage aus. Zudem baut er eine Sprinkleranlage ein, um die bei einem Brand entstehenden Schäden zu reduzieren. Ein Ladeninhaber lässt mehrmals täglich seine Bareinnahmen zur Bank bringen. Ein Radfahrer ist stets mit Schutzhelm und reflektierender Kleidung unterwegs.

273 Durch derartige Vorkehrungen investiert der Risikoträger **finanzielle Mittel**, die anderenfalls in Gestalt der Prämie an den Versicherer fließen könnten. Auch in diesem Fall bleibt regelmäßig ein mehr oder minder erhebliches Risiko bestehen, bei dessen Realisierung dann keine Absicherung zur Verfügung steht.

274 Von der Möglichkeit, das Risiko – ggf. flankiert durch risikomindernde Maßnahmen – unversichert zu lassen, zu unterscheiden ist die sog. **Eigenversicherung** durch Rücklagenbildung. Hat eine Person eine Vielzahl gleichartiger Risiken zu tragen, so kommt es bisweilen vor, dass sie anstelle des Risikotransfers auf einen Versicherer – untechnisch gesprochen – gleichsam „ihr eigener Versicherer" wird. Dies kann dadurch erfolgen, dass der Risikoträger selbst eine Rücklage aufbaut, aus der Schadensfälle beglichen werden.

275 **Beispiele:** Ein **Gebäudeeigentümer** legt monatlich einen gewissen Geldbetrag zurück, um gegen unwetterbedingte Schäden gewappnet zu sein. Ein **Industrie-**

23 BGH VersR 1983, 121, 122 (betr. Haftpflichtversicherung für Karate-Schule); zur Abgrenzung s. BGH VersR 1975, 1090 (betr. Lebensversicherung; fehlende Erkennbarkeit der Bedeutung eines Vertragsschlusses noch vor dem Jahreswechsel).

unternehmen organisiert die Absicherung gegen Schäden bis zu einem Volumen von 75 Mio. € selbst durch eine eigene, zu diesem Zweck gegründete Konzerngesellschaft (sog. **Captive**).

In vergleichbarer Weise verfährt bisweilen etwa die **öffentliche Hand** bei der Versicherung der von ihr zu tragenden Risiken. 276

Beispiel: Das Stadtmuseum S möchte eine Ausstellung organisieren und hierfür im Privateigentum des Kunstsammlers K befindliche Kunstwerke ausleihen. Sofern K nicht auf dem Abschluss eines Versicherungsvertrags besteht, will S im Schadensfall auf entsprechende Rücklagen im Haushalt zurückgreifen. Eine solche Rücklagenbildung kann auch dazu dienen, eigene Museumsbestände gegen Sachschäden abzusichern. 277

Jenes Beispiel verdeutlicht freilich zugleich die **Nachteile**, die mit dem Verzicht auf Versicherung verbunden sind: Die Versuchung ist groß, den Aufbau einer Eigenvorsorge in der Hoffnung zu unterlassen, es werde nicht zu einem Schadensfall kommen. Zudem verzichtet der Risikoträger bei einer Eigenversicherung auf eine professionelle Risikoanalyse, wie sie ein Versicherer schon zwecks Prämienkalkulation vornimmt, und auf die mittels Vertragsgestaltung gesetzten Anreize zur Verringerung des Risikos. Im Bereich unternehmerischer Versicherungsnehmer, namentlich der Industrieversicherung (zum Begriff s. Rn. 99), kommen damit auch die teils sehr weit reichenden Dienstleistungen von Maklern (s. Rn. 699) nicht zum Tragen. 278

Als Alternative zur Versicherung lässt sich in bestimmten Fällen umfangreicher Gefahren ein Risikotransfer auch auf dem Kapitalmarkt erzielen, und zwar durch einen sog. Alternativen Risikotransfer **(Alternative Risk Transfer, ART).**[24] „Alternativ" ist dieser Risikotransfer deshalb, weil er auf andere Risikoträger als Versicherer abzielt, insbesondere auf Investoren am Kapitalmarkt. So werden Versicherungsrisiken teils in Anleihen verbrieft (sog. *Risk Securitization*).[25] Meist geht es bei den Risiken um solche aus Naturkatastrophen, die sich typischerweise durch eine im Vergleich zu unmittelbar auf menschliches Verhalten zurückführbaren Risiken wie Leitungswasserschäden oder Verkehrsunfällen erschwerte Kalkulierbarkeit, verbunden mit einem hohen Kumulrisiko (zum Begriff s. Rn. 402), auszeichnen. 279

Die Verbriefung solcher Risiken erfolgt meist dadurch, dass bereits existierende Finanzmarktprodukte für den Versicherungsmarkt angepasst werden. Ein wichtiges derartiges Produkt sind sog. Risikoanleihen; im Bereich der Naturkatastrophen bezeichnet man sie als *catastrophy bonds (cat bonds)*. Bei ihnen hängt der Anspruch auf Verzinsung und oftmals auch derjenige auf Rückzahlung vom Eintritt des vereinbarten Ereignisses (z.B. Sturmkatastrophe in Ge- 280

24 Überblick bei *Achtert/Kaass*, VW 2008, 260ff.

25 S. dazu *E. Müller*, in: Hamburger Gesellschaft zur Förderung des Versicherungswesens mbh (Hrsg.), Der Umgang mit den Risiken im Grenzbereich der Versicherbarkeit, 2002, S. 43f.; *H. Müller*, ebenda, S. 47ff.

stalt eines Hurricane in Florida in einem bestimmten Zeitraum) ab.[26] Bezugsgröße kann das konkrete Risiko sein, aber auch ein mehr oder minder abstrakter Schadensindex (z.B. „Erdbeben Japan“ oder „Sturm Europa“). Dabei geht es bislang freilich vorwiegend darum, dass **Erstversicherern** (zum Begriff s. Rn. 65) und nicht den primären Risikoträgern neben der Rückversicherung weitere Möglichkeiten zur Risikoverlagerung geboten werden. Die genannten innovativen Kapitalmarktprodukte ermöglichen es ihnen, Kapazitätsengpässe in der Rückversicherung (zu ihr s. Rn. 65ff.) zu überwinden.

281 Insgesamt bieten die Alternativen zur Versicherung für den einzelnen Risikoträger regelmäßig kein geeignetes Instrument, um einen gleichwertigen Schutz zu erreichen. Der Austausch eines ungewissen, hohen Verlusts infolge der Risikoverwirklichung gegen einen feststehenden, aber vergleichsweise geringen Verlust in Gestalt der Prämienzahlung stellt sich regelmäßig als ökonomisch sinnvoll dar. Naturgemäß ist dieser Risikotransfer für die wirtschaftliche **Existenzsicherung** umso wichtiger, je höher der in Rede stehende ungewisse Verlust ist. Zweifel können an der Sinnhaftigkeit einer Versicherung hingegen dann auftreten, wenn auch die Schadenshöhe bei Eintritt des Versicherungsfalls überschaubar ist. Dies gilt etwa für die Absicherung gegen Kleinreparaturen oder gegen Glasbruch im Bagatellbereich.

§ 7 Grundprinzipien des Versicherungsverhältnisses

A. Optimierungspflicht

Literatur

Pataki, Der Geschäftsbesorgungsgedanke im Versicherungsvertragsrecht, 1998; *J. Prölss*, Der Versicherer als „Treuhänder der Gefahrengemeinschaft“ – Zur Wahrnehmung kollektiver Belange der Versicherungsnehmer durch den Privatversicherer, FS Larenz, 1983, S. 487.

282 Der Versicherer ist bei der **Ausgestaltung der Risikogemeinschaft** auch jenseits der kodifizierten aufsichts- und vertragsrechtlichen Vorgaben nicht völlig frei. Vielmehr hat er gegenüber dem Versicherungsnehmer bestimmte Vorgaben einzuhalten. Dies ist der Kern der Lehre von der Optimierungspflicht, die erstmals *J. Prölss* im Jahre 1983 in einem grundlegenden Aufsatz entwickelt hat. Begegnete jene These seinerzeit noch teils heftiger Kritik,[27] so erscheint aus heutiger Sicht eine aufgeschlossenere Beurteilung angezeigt (s. Rn. 285ff.).

283 Die maßgebliche Erwägung dafür, dass der Versicherer in einer qualifizierten Pflichtenbeziehung zum Versicherungsnehmer steht, lässt sich anhand eines **Vergleichs mit einem Kaufvertrag** verdeutlichen: Der **Käufer** einer Sache ist regelmäßig selbst oder mit Hilfe Dritter ohne Weiteres dazu in der Lage, den

26 *K. Weber*, ZfV 2005, 357, 359ff.
27 S. etwa *Pataki*, S. 56ff.

Nutzen, den die Sache für ihn hat, zu bemessen und in Relation zum verlangten Preis zu setzen. Daher trifft einen Verkäufer regelmäßig keine Verpflichtung, den Käufer darüber zu beraten, ob die Kaufsache für dessen Bedürfnisse auch sinnvoll ist. Vielmehr muss der Kaufinteressent dies grundsätzlich selbst entscheiden. Grenzen findet dieses Prinzip freilich dann, wenn der Käufer etwa über den möglichen Nutzen der Kaufsache für ihn erkennbar im Irrtum ist, so dass Treu und Glauben es dem Verkäufer gebieten, ihn insoweit aufzuklären. In schwerwiegenden Fällen kann hier sogar die Grenze der Strafbarkeit wegen Betrugs (§ 263 StGB) in Gestalt des sog. Eingehungsbetrugs überschritten sein.[28] Abgesehen von derartigen Sonderfällen gilt im Kaufrecht aber der Grundsatz der Eigenverantwortlichkeit des Käufers.

Demgegenüber ist ein durchschnittlicher **Versicherungsnehmer** regelmäßig 284
nicht in der Lage, den Nutzen, den ihm das Rechtsprodukt Versicherungsschutz bringt, selbst zu bewerten und in Relation zur verlangten Prämie zu setzen. Der Nutzen hängt für den Versicherungsnehmer mithin davon ab, dass der Versicherer sich um eine jedenfalls statistisch möglichst **zutreffende Einschätzung des Risikos** bemüht, die er in der Prämie zum Ausdruck bringt, und nicht einfach die am Markt durchsetzbare Prämie fordert. Damit wird der Versicherungsvertrag nicht in eine entgeltliche Geschäftsbesorgung umqualifiziert (s. dazu Rn. 1106, 1109). Auch gebietet es die Optimierungsfunktion nicht, die verschiedenen Bestandteile der Prämie gegenüber dem Versicherungsnehmer offenzulegen (s. dazu Rn. 287). Der Versicherer ist aber grundsätzlich insbesondere dazu verpflichtet, die einem bestimmten Kollektiv angehörenden Versicherungsnehmer aufgrund bestimmter Vorschriften gleich zu behandeln (s. Rn. 288ff.).

Gegen diese Lehre sind nicht zuletzt wettbewerbsrechtliche Bedenken vor- 285
gebracht worden.[29] In der Tat ist der Umstand, dass Preis- und Konditionenvielfalt herrscht, in einer Marktwirtschaft hinzunehmen; der Versicherungsmarkt bildet hier keine Ausnahme. Indessen sind die Optimierungsfunktion und die daraus folgende begrenzte Pflicht keineswegs an absolut vorgegebenen Größen zu messen. Vielmehr lässt die Optimierungsfunktion einen „Optimierungswettbewerb" durchaus zu.[30] Der für die Diskussion entscheidende Punkt liegt vielmehr darin, welche **konkreten Rechtsfolgen** sich aus der Optimierungspflicht ergeben sollen. Wie aufgezeigt, beruht die Annahme jener Pflicht auf der Wertung, dass der Versicherer aufgrund der Besonderheiten des Versicherungsvertrags eine größere Verantwortung für den Nutzen des von ihm offerierten Rechtsprodukts trägt als andere Unternehmer. Jene grundsätzliche Wertung teilt auch der Gesetzgeber. Dies wird etwa an der im Zuge der VVG-Reform kodifizierten **Beratungspflicht** erkennbar. Nach § 6 Abs. 1 VVG trägt

28 S. nur BGHSt 23, 300 = NJW 1970, 1932 (betr. Abonnement einer Zeitschrift, die für den Kunden völlig ungeeignet und unbrauchbar ist).

29 *Jung*, VersR 2003, 282, 284.

30 *Prölss*, in: Prölss/Martin, Vorbem. II Rn. 3.

der Versicherer die Verantwortung dafür, den Versicherungsnehmer bedarfsgerecht zu beraten. Diese Pflicht kann je nach der konkreten Bedarfssituation auch dazu führen, dass der Versicherer ein für ihn weniger lukratives eigenes Produkt (z.B. eine Risiko- anstelle einer Kapitallebensversicherung) empfehlen oder von einem Vertragsschluss gänzlich abraten muss (s. Rn. 745ff.).

286 Die These von *J. Prölss* zielt freilich insbesondere auf die **inhaltliche Gestaltung** des Versicherungsprodukts als solchem einschließlich der Prämienkalkulation ab. Auch insoweit ist der Gestaltungsspielraum des Versicherers indessen bereits durch eine ganze Reihe von normativen **Vorgaben des Vertrags- und des Aufsichtsrechts** beschränkt. Diese lassen sich teilweise mit dem Gedanken der Optimierungspflicht erklären. Das gilt in der Lebensversicherung etwa für die Vorgaben zur Mindestzuführung zur Rückstellung für Beitragsrückerstattung (s. Rn. 1933) oder für die Regeln zur Berechnung des Rückkaufswerts (s. Rn. 1947ff.). Darin, solche Vorgaben als Ausprägungen einer ungeschriebenen Optimierungspflicht anzusehen, liegt ein wichtiger Erkenntnisgewinn. Damit lässt sich zugleich eine Brücke zu dem Kooperationsgebot der Vertragspartner schlagen. Wie aufgezeigt (s. Rn. 266ff.), tritt dieses Gebot auf Seiten des Versicherers nämlich in Gestalt einer gesteigerten Verantwortung dafür in Erscheinung, dass der Versicherungsnehmer mit dem Vertragsschluss seine Zwecke zu erreichen vermag.

287 Über derartige gesetzliche Vorgaben hinaus erscheint es problematisch, generell eine (ungeschriebene) Pflicht zur Optimierung des Versicherungsprodukts anzunehmen. Dies würde den Versicherern abverlangen, ihre **Kalkulationsgrundlagen**, bei denen es sich vielfach um Unternehmensgeheimnisse handelt,[31] offenzulegen. Zudem wären die **Maßstäbe** völlig ungewiss, nach denen sich die für den Versicherungsnehmer optimale Produktgestaltung richten sollte. Dies gilt in besonderem Maße für die in der Rechtsform der AG oder SE organisierten Versicherer, deren Anteilsinhabern der Gesetzgeber sogar in Abwägung mit den Interessen der Versicherungsnehmer an einer Überschussbeteiligung eine Mindestdividende zubilligt (s. § 56a Abs. 1 S. 2 VAG). Schließlich sind der Wettbewerb sowie die Verbraucherschutzorgane und die BaFin als Institutionen zu nennen, durch die der Versicherungsnehmer jedenfalls in gewissem Umfang vor nutzlosen oder überteuerten Produkten bewahrt werden kann.

B. Gleichbehandlungsgrundsatz

Literatur

Derks, Der Gleichbehandlungsgrundsatz im Versicherungsaufsichtsrecht: eine Untersuchung zu der Frage, ob Versicherungsaktiengesellschaften ebenso wie Versicherungsvereine auf Gegenseitigkeit zur gleichmäßigen Behandlung der Versicherten verpflichtet sind, 2002; *Hartwig*, Die Geltung des Gleichbehandlungsgrundsatzes für Versicherungs-Aktiengesellschaften als Ausfluss verfassungsrechtlicher Grundsätze, 2002; *Krömmelbein*, Der versi-

---

31 S. dazu *Rudkowski*, Geschäftsgeheimnisse des Versicherers, 2012, S. 5ff.

cherungsrechtliche Gleichbehandlungsgrundsatz zwischen Deregulierung und Diskriminierung, 2007; *J. Prölss*, Der Versicherer als „Treuhänder der Gefahrengemeinschaft“ – Zur Wahrnehmung kollektiver Belange der Versicherungsnehmer durch den Privatversicherer, FS Larenz, 1983, S. 487; *Richter*, Gleichbehandlungspflichten in der Privatversicherung, 2011.

I. Gleichbehandlung der Versicherungsnehmer

1. Grundregeln

Das Gesetz schreibt keine allgemeine Pflicht zur **Gleichbehandlung der Versicherungsnehmer** nach Maßgabe ihrer nach denselben AVB und Tarifen versicherten, also im selben Kollektiv gebündelten Risiken vor. Vielmehr finden sich im Aufsichtsrecht lediglich **spezielle Gleichbehandlungsgebote**. Sie betreffen die Lebensversicherung (§ 11 Abs. 2 VAG), die Unfallversicherung mit Prämienrückgewähr (§ 11d VAG), die substitutive Krankenversicherung (§ 12 Abs. 4 S. 1 VAG), die nach Art der Lebensversicherung betriebene nicht substitutive Krankenversicherung (§12 Abs. 5 VAG) sowie Pensionsfonds (§ 113 Abs. 1 VAG). In jenen Fällen geht es jeweils um sozial besonders bedeutsame Versorgungszwecke; bei ihnen sieht der Gesetzgeber ein besonderes öffentliches Interesse an der Gleichbehandlung. Ein weiteres gesetzlich angeordnetes Gleichbehandlungsgebot enthält § 21 Abs. 1 VAG für den VVaG. Dieses beruht auf dem Verbandscharakter des VVaG. Es entspricht sonstigen verbandsrechtlichen Gleichbehandlungsgeboten bezüglich der Mitglieder von juristischen Personen, wie etwa demjenigen, das § 51a AktG für Aktionäre anordnet. 288

Streit besteht darüber, ob jenseits der genannten aufsichts- und verbandsrechtlichen Vorgaben und des AGG (zu letzterem s. Rn. 573ff.) ein **ungeschriebener allgemeiner Gleichbehandlungsgrundsatz** besteht. Diese Frage ist in verschiedenem Kontext praktisch bedeutsam, und zwar keineswegs erst, seit infolge der Deregulierung von 1994 der Markt zunehmend durch Tarif- und Bedingungsvielfalt gekennzeichnet ist. So stellt sich das Problem der Gleichbehandlung schon lange im Hinblick auf die Quersubventionierung eines Kollektivs durch ein anderes.[32] Aber auch innerhalb ein und desselben Kollektivs wird bisweilen mit Gleichbehandlungserwägungen argumentiert. 289

Beispiel:[33] A unterhält bei Versicherer V eine Privathaftpflichtversicherung. Nach den AVB sind Schäden ausgeschlossen, die durch allmähliche Temperatureinwirkung entstehen. Während einer Frostperiode platzt ein Rohr in einem unbeheizten und unbenutzten Raum der von A gemieteten Wohnung. Dadurch entsteht erheblicher Sachschaden in der darunterliegenden Wohnung des Mieters B. V verweigert eine Leistung unter Hinweis auf die Ausschluss- 290

32 GB BAV 1980, 50; 1982, 52; 1989, 55; BAV R 3/94, VerBAV 1995, 4 (Kollektivlebensversicherung) u.ö. (betr. Verbot der Quersubventionierung); gegen ein Gleichbehandlungsgebot in diesem Kontext *Dreher*, ZVersWiss 1996, 499, 507.
33 Nach KG VersR 1990, 734.

klausel. Eine unverbindliche Empfehlung des damaligen HUK-Verbandes (s. Rn. 152) besagt, dass diese Klausel wegen inhaltlicher Unklarheit in solchen Fällen nicht angewandt werden soll. Üblicherweise folgt V den Empfehlungen des Verbandes.

291 Das Kammergericht (KG; = OLG des Landes Berlin) meint, dass V angesichts dessen, dass er normalerweise den Verbandsempfehlungen folge, alle Versicherungsnehmer **gleich behandeln** müsse. Die Befolgung der Verbandsempfehlung gehöre stillschweigend zum Vertragsinhalt. V dürfe sich daher gegenüber A nicht auf die Ausschlussklausel berufen.

292 Das KG stützt das von ihm statuierte Gleichbehandlungsgebot mithin nicht allein auf eine grundsätzliche tatsächliche Praxis des V (Befolgung von Verbandsempfehlungen), sondern erhebt es zum **Vertragsinhalt**. Offenbar soll damit die Geltung des Gleichbehandlungsgrundsatzes rechtsdogmatisch fundiert werden. In dieselbe Richtung weist die Argumentation mit der **Optimierungspflicht** des Versicherers, die gleichfalls auf dem Vertragsverhältnis beruhen und eine Gleichbehandlung gebieten soll. Die Optimierungspflicht ist indessen bereits aus generellen Erwägungen nicht als eigenständige pflichtenbegründende Grundlage konkreter Handlungsvorgaben für den Versicherer anzusehen (s. Rn. 287). Es erscheint aber auch zweifelhaft, ob man eine Gleichbehandlungspflicht im Wege **ergänzender Auslegung** als vereinbart ansehen kann. Dies würde bedeuten, dass der Versicherer die einzelnen Vertragsverhältnisse stets nach identischen Grundsätzen abwickeln müsste. So wäre es ihm etwa verwehrt, Versicherungsnehmer im Hinblick auf den genauen Schadenshergang oder die bisherige Schadensentwicklung ungleich zu behandeln; auch eine unterschiedliche Handhabung von Kulanz wäre ausgeschlossen. Indessen können bei nicht durch besondere rechtliche Vorgaben gebundenen Entscheidungen gewisse Differenzierungen vielfach geschäftspolitisch sinnvoll sein und nicht zuletzt auch im Interesse der Versicherungsnehmer als Kollektiv liegen. Sie sind Ausdruck der Privatautonomie. Deren Grenzen hat der Gesetzgeber durch objektiv-rechtliche Schranken wie insbesondere die speziellen Diskriminierungsverbote des AGG (s. dazu Rn. 573ff.) bestimmt.

293 **Beispiel:** Es wäre gem. § 19 Abs. 1 Nr. 2 AGG unzulässig, wenn V sich in dem Beispielsfall von Rn. 290 allein gegenüber Frauen oder Menschen mit Behinderungen auf die Ausschlussklausel berufen würde.

294 Jenseits dieser speziellen gesetzlichen Regeln besteht hingegen keine rechtliche Grundlage für ein **allgemeines Gleichbehandlungsgebot**.[34] Sie ergibt sich weder aus generellen Gerechtigkeitsvorstellungen noch aus Art. 3 GG.[35] Für eine analoge Anwendung der in Rn. 288 genannten, sozialpolitisch motivierten Son-

---

34 *Dreher*, S. 127ff.; *ders.*, VersR 1997, 1 (betr. Begünstigungsverbot); *Wandt*, Rn. 111; a.A. *Präve*, ZfV 1994, 168; *Prölss*, in: FS Larenz, 1983, S. 487, 530f.

35 *Krömmelbein*, Gleichbehandlungsgrundsatz, S. 257ff.; a.A. *Hartwig*, Gleichbehandlungsgrundsatz, S. 57ff.

derregeln des VAG für bestimmte Sparten auf andere Verträge fehlt es regelmäßig an einer vergleichbaren Interessenlage.

Mit der Ablehnung eines allgemeinen Gleichbehandlungsgrundsatzes ist freilich noch nicht festgestellt, dass der Versicherer auch durch keine anderen als die bereits genannten normativen Grenzen an einer Ungleichbehandlung gehindert sein könnte. Bisweilen zieht die Rechtsprechung insoweit die **Inhaltskontrolle nach § 307 BGB** heran. 295

Beispiel:[36] Fahrzeugversicherer V sieht in seinen AVB vor, dass eine vereinbarte Selbstbeteiligung sich bei Überschreitung der vom Versicherungsnehmer angegebenen jährlichen Fahrleistung verdoppelt, während sich ohne eine solche Selbstbehalts-Vereinbarung lediglich die Leistungspflicht des Versicherers um 300 € vermindert. A hat den Tarif mit Selbstbeteiligung gewählt, B denjenigen ohne Selbstbeteiligung. 296

Das LG Dortmund hält es für eine **sachlich nicht gerechtfertigte Ungleichbehandlung** der Versicherungsnehmer, dass A einen größeren Nachteil (Verdoppelung eines u.U. hohen Selbstbehalts) hinnehmen soll, wenn V wegen des Selbstbehalts ein geringeres Risiko trägt, während der Nachteil für B geringer sei (Beschränkung auf 300 €), wenn der Versicherer ein höheres Risiko genommen hat. Diese Gestaltung sei nicht verständlich; sie benachteilige den A unangemessen (§ 307 Abs. 1 S. 1 BGB). 297

Es vermag freilich nicht zu überzeugen, dass das LG Dortmund in dem Beispielsfall eine unangemessene Benachteiligung aus einem **Gleichbehandlungsgrundsatz** herleiten will. Die Benachteiligung i.S. v. § 307 BGB bezieht sich nämlich keineswegs auf einen Vergleich verschiedener Versicherungstarife untereinander, sondern allein auf das Verhältnis der Vertragsparteien (hier: V und A) zueinander. Der Versicherer benachteiligt einen Versicherungsnehmer dann, wenn er sich diesem gegenüber besondere Vorteile ausbedingt, nicht aber, wenn er ihn weniger günstig behandelt als andere Versicherungsnehmer. Daher ist jeweils allein darauf abzustellen, ob die dem **konkreten Vertrag** zugrunde liegenden Klauseln den konkreten Versicherungsnehmer unangemessen benachteiligen. Dies kann in dem Beispielsfall unter dem Aspekt in Betracht kommen, dass die Überschreitung der Fahrleistung nicht eine Prämienerhöhung, sondern eine Kürzung der Versicherungsleistung zur Folge haben soll (das Gericht hielt die Klausel daher sogar für überraschend i.S. des § 305c Abs. 1 BGB; s. dazu Rn. 480). Überdies kann eine AVB, in der eine Ungleichbehandlung vorgesehen ist, den konkreten Versicherungsnehmer etwa wegen Aushöhlung des Versicherungsschutzes unangemessen benachteiligen (s. Rn. 543). Auch dabei ist jedoch nicht die Tatsache der Ungleichbehandlung maßgeblich. Vielmehr kommt es darauf an, ob die konkrete (schlechtere) Behandlung eines Versicherungsnehmers *für sich genommen* unangemessen ist. 298

---

36 Nach LG Dortmund NJW-RR 2009, 249.

2. Begünstigungsverbote

299 Spezielle Regelungen, die auch die Gleichbehandlung der Versicherungsnehmer betreffen, stellen die Begünstigungsverbote dar. Bereits 1923 hat das damalige Reichsaufsichtsamt für Privatversicherung (Vorgänger des BAV und Vorvorgänger der heutigen BaFin) ein **Provisionsabgabeverbot** für die Lebensversicherung angeordnet. Dieses aufsichtsbehördliche Verbot wurde 1934 in eine Rechtsverordnung für die Lebensversicherung und in eine weitere für die Krankenversicherung übernommen. Für die Schadenversicherung ist 1982 eine Verordnung des Bundesministeriums der Finanzen über das Verbot von Sondervergütungen und Begünstigungsverträgen[37] hinzugekommen. Diese ist aufgrund der Verordnungsermächtigung in § 81 Abs. 3 VAG erlassen worden. Wirtschaftlich besonders bedeutsam ist das Provisionsabgabeverbot in der Lebensversicherung. Es untersagt den Versicherungsvermittlern, die von ihnen vereinnahmten Provisionen ganz oder teilweise an den Versicherungsnehmer auszukehren.

300 Die Begünstigungsverbote sollten verhindern, dass die Versicherungsnehmer gegenüber den Vermittlern **hohe Forderungen** erheben und infolgedessen die Provisionen und letztlich die Prämien steigen. Argumentiert wurde auch mit einer dadurch entstehenden Ungleichbehandlung zwischen den begünstigten und den übrigen Versicherungsnehmern. Derzeit wird darüber gestritten, ob diese Verbote heute noch zeitgemäß sind.

301 Die **Kritiker** machen geltend, die Verbote dienten letztlich allein dem Schutz der Erwerbsinteressen der Vermittler – die sich ohne das Verbot durch die Versicherungsnehmer unter Druck gesetzt sehen könnten – sowie dem Interesse an Preistransparenz, da die Prämie sich nicht noch um einen Provisionsbetrag vermindert.[38] Zugleich stellten sie jedoch eine erhebliche Wettbewerbsbeschränkung dar, und sie erschwerten die Einführung von Honorarberatung als Alternative zum herkömmlichen, provisionsbasierten Vermittlungsmodell (s. Rn. 652ff., 687ff.).

302 Die **Befürworter** der Verbote äußern die Sorge, ihr Wegfall könne dazu führen, dass dadurch eine auskömmliche Provision als Existenzgrundlage der Vermittler gefährdet würde. Damit drohe zugleich eine Verschlechterung der Beratungsqualität. Für die Vermittler würden kleinere Verträge mit geringer Prämienhöhe uninteressant, obwohl gerade sie für viele Verbraucher eine wichtige Absicherung darstellten, wie etwa die Privathaftpflicht- oder die Hausratversicherung. Wenn sich Vermittler wegen des Drucks auf die Provisionsmargen um diese Segmente des Massengeschäfts nicht mehr kümmerten, drohten Beratungs- und infolgedessen Deckungslücken bei den Verbrauchern. Interessanterweise sind die Vertreter der Verbraucherschutzverbände in dieser Frage gespalten, während die Versicherer an den bisherigen Verboten festhalten wollen. Be-

37 BGBl. 1982 I, S. 1243.
38 S. auch Finanzausschuss des Bundestages, BT-Drucks. 12/7595, S. 104, 109.

reits 1994 sollten die Begünstigungsverbote gesetzlich abgeschafft werden,[39] wozu es jedoch im weiteren Gesetzgebungsverfahren nicht mehr kam. Im Jahr 2011 hat das VG Frankfurt/Main das Provisionsabgabeverbot als zu unbestimmt verworfen.[40] Die BaFin hat ihre hiergegen eingelegte Sprungrevision zurückgenommen, so dass das verwaltungsgerichtliche Urteil rechtskräftig geworden ist.

II. Gleichbehandlung von Versicherungsnehmer und Versicherer (Symmetriegebot)

1. Überblick

Um eine andere Art von Gleichbehandlung geht es beim Symmetriegebot. Dieses Gebot bezieht sich auf die wechselseitigen Rechte und Pflichten von Versicherungsnehmer und Versicherer als den Vertragsparteien. Das Symmetriegebot lässt sich wiederum in zwei Grundprinzipien unterteilen: Es bedeutet erstens und insbesondere, dass diese Rechtspositionen einander in ihrer **inhaltlichen Ausgestaltung** entsprechen müssen. Hinzu kommt zweitens, dass die Möglichkeiten zur Geltendmachung der Rechtspositionen gleich sein sollen (sog. **Waffengleichheit**). Da das Versicherungsrecht in weitem Umfang Versicherungsnehmer- und insbesondere Verbraucherschutzrecht ist (s. Rn. 326ff.), handelt es sich freilich nicht um ein durchgängiges Prinzip. Vielmehr markiert das Symmetriegebot lediglich einen **Mindeststandard** der zulässigen Vertragsgestaltung, indem es dem Versicherer abverlangt, den Versicherungsnehmer hinsichtlich derselben Rechtspositionen nicht schlechter zu stellen als sich selbst. Dies ist insbesondere für die Ausgestaltung von Kündigungsrechten (s. Rn. 304f.) sowie für diejenige von Prämienanpassungsklauseln (s. Rn. 309ff.) bedeutsam. 303

2. Objektiv-rechtliche Ausprägungen des Symmetriegebots

a) Kündigungsregeln

Eine deutliche gesetzliche Ausprägung hat das Symmetriegebot in § 11 Abs. 2, 3 VVG erfahren. Demnach steht bei einem auf unbestimmte Zeit geschlossenen Versicherungsvertrag beiden Parteien ein Kündigungsrecht für den Schluss der laufenden Versicherungsperiode zu. Die dafür maßgebliche **Frist** muss für beide Parteien gleich lang sein (s. Rn. 1049). Sowohl in der Sachversicherung (§ 92 Abs. 1 VVG) als auch in der Haftpflichtversicherung (§ 111 Abs. 1 S. 1 VVG) können beide Vertragsparteien das Versicherungsverhältnis nach Eintritt des Versicherungsfalls kündigen. 304

---

39 BT-Drucks. 12/6959, S. 22, 42; s. dazu *Renger*, VersR 1994, 754.
40 VG Frankfurt/Main, VersR 2012, 358, 360f. m. Anm. *Schwintowski*, VuR 2012, 240.

305 Freilich finden sich im Bereich der Kündigung auch einige asymmetrische Regelungen, in denen der Versicherungsnehmer gegenüber dem Versicherer **begünstigt** wird. So räumt das Gesetz dem Versicherungsnehmer bisweilen ein Kündigungsrecht ein, während ein solches bei ansonsten gleichen Voraussetzungen für den Versicherer nicht vorgesehen ist. Ein Beispiel bietet § 11 Abs. 4 VVG für Verträge mit einer Laufzeit von mehr als drei Jahren (s. dazu Rn. 1050). Auch der Zeitpunkt, zu dem eine Kündigung wirksam wird, ist teils unterschiedlich (s. etwa § 52 Abs. 4 VVG zur vorläufigen Deckung oder § 96 Abs. 1, 2 VVG zur Veräußerung der versicherten Sache sowie § 92 Abs. 2 S. 2 und § 111 Abs. 2 S. 2 VVG). Dabei geht es regelmäßig darum sicherzustellen, dass dem Versicherungsnehmer nach einer Kündigung durch den Versicherer hinreichend Zeit bleibt, sich um einen anderweitigen Versicherungsschutz zu bemühen. Angesichts dieser Differenzierungen lässt sich ein Symmetriegebot als allgemeiner Grundsatz insoweit nicht feststellen.

b) Symmetriegebot als Folge des Äquivalenzprinzips

306 **aa) Überversicherung.** Als Ausprägung des Symmetriegebots im Zusammenhang mit der Äquivalenz von Leistung und Gegenleistung lässt es sich ansehen, dass bei einer **Überversicherung** gem. § 74 Abs. 1 VVG grundsätzlich jede Partei eine Herabsetzung der Versicherungssumme unter verhältnismäßiger Minderung der Prämie mit sofortiger Wirkung verlangen kann (s. Rn. 1321).

307 **bb) Rückwärtsversicherung.** Bei der **Rückwärtsversicherung** wirkt sich die Kenntnis des Versicherers vom Ausschluss des Eintritts des Versicherungsfalls genauso aus wie die Kenntnis des Versicherungsnehmers vom Eintritt des Versicherungsfalls: In beiden Fällen entfällt der Anspruch auf die jeweilige Gegenleistung (§ 2 Abs. 2 VVG).

308 **cc) Gefahränderung.** Während der Vertragslaufzeit kann sich die bei Vertragsschluss zugrunde gelegte Gefahr sowohl erhöhen als auch ermäßigen. Im ersten Fall gelten die Regelungen der §§ 23ff. VVG über die Gefahrerhöhung; sie können u.a. dazu führen, dass der Versicherer die Prämie erhöht (§ 25 Abs. 1 VVG; s. Rn. 1139). Im umgekehrten Fall, dass gefahrerhöhende Umstände wegfallen, kann der Versicherungsnehmer gem. § 41 VVG eine angemessene **Herabsetzung der Prämie** verlangen. Hierin kommt der Symmetriegedanke zum Ausdruck. Ein Herabsetzungsanspruch war bis zur VVG-Reform nach § 164a VVG a.F. für die Lebensversicherung nicht vorgesehen; hingegen ist durch § 158 Abs. 3 VVG eine Symmetrie[41] zu § 158 Abs. 1 VVG, der i.V. mit § 25 Abs. 1 VVG dem Versicherer eine Prämienerhöhung ermöglicht, hergestellt worden.

---

41 Die Regierungsbegr. (BT-Drucks. 16/3945, S. 98) spricht von Gleichbehandlung.

dd) Prämienanpassungsklauseln. Einen wichtigen praktischen Anwendungsbereich eines ungeschriebenen Symmetriegebots stellen Anpassungsklauseln dar. Bedingt sich der Versicherer in einer **Prämienanpassungsklausel** ein Erhöhungsrecht aus, so hat er zugleich eine korrespondierende Absenkungspflicht vorzusehen. 309

Beispiel: Die Regelung in Klausel 7.8.5 A ARB 2012 lautet: „Erhöhung oder Senkung des Beitrags. Wenn der maßgebliche Veränderungswert +5% oder mehr beträgt, sind wir berechtigt, den Beitrag entsprechend zu erhöhen. Der angepasste Beitrag darf nicht höher sein als der für Neuverträge geltende Tarifbeitrag. Wenn der maßgebliche Veränderungswert -5% oder weniger beträgt, sind wir verpflichtet, den Beitrag entsprechend zu senken." 310

Fehlt es an einer derartigen dem Erhöhungsrecht korrespondierenden Absenkungspflicht, so verstößt die Vertragsgestaltung gegen § 307 BGB, da eine einseitige Preisanpassungsbefugnis das **vertragliche Äquivalenzverhältnis** wahren muss (s. Rn. 230, 1017). Der Versicherer soll mithin durch eine Anpassungsklausel auf unvorhersehbare Schwankungen der von ihm nicht beeinflussbaren, für seine Kalkulation maßgeblichen Faktoren reagieren können, indem er Kostensteigerungen an den Versicherungsnehmer weitergibt. Er soll dann aber nicht umgekehrt, wenn diese von ihm nicht bereits bei der Festlegung der ursprünglichen Prämie „eingepreisten" Faktoren sich zu seinen Gunsten verändern, die erhöhte Prämie unverändert lassen und so einen zusätzlichen Ertrag erzielen dürfen. Darin lässt sich eine weitere objektiv-rechtliche Konkretisierung des Symmetriegebots sehen. 311

Verstößt eine Prämienanpassungsklausel gegen das Symmetriegebot, indem sie keine Regelung über eine Prämienermäßigung trifft, so ist sie nach § 307 Abs. 1, Abs. 2 Nr. 1 BGB unwirksam. Nach § 306 Abs. 2 BGB tritt dann an die Stelle der Anpassungsklausel grundsätzlich dispositives Gesetzesrecht. Außerhalb der Lebens- und der Krankenversicherung fehlt es an solchem Gesetzesrecht (s. Rn. 566, 1689). Hier liegt es keineswegs auf der Hand, dass im Wege **ergänzender Vertragsauslegung** eine Herabsetzungspflicht in die AVB hineinzulesen ist. Der BGH hat eine solche Lückenfüllung in seiner Rechtsprechung zu vergleichbaren Anpassungsklauseln in Gaslieferungsverträgen abgelehnt.[42] Dies führt im Ergebnis dazu, dass eine einseitige, das Symmetriegebot mißachtende Prämienanpassungsklausel insgesamt **unwirksam** ist.[43] 312

ee) Unrichtige Altersangabe. Als eine Ausprägung des Symmetriegebots infolge des Äquivalenzprinzips lässt sich auch die Regelung in § 157 VVG ansehen. Sie betrifft den Fall, dass in der Lebensversicherung das **Alter der versicherten Person** unrichtig angegeben worden ist. Bis zur VVG-Reform regelte 313

---

42 BGHZ 176, 244ff. = NJW 2008, 2172ff. Rn. 8ff.; BGH NJW 2009, 2662ff. Rn. 9ff.; NJW 2010, 993ff. Rn. 25ff.; NJW 2010, 2789ff. Rn. 18ff.

43 Näher *Armbrüster*, r+s 2012, 365, 368f.

das Gesetz allein den Fall, dass aufgrund einer solchen unzutreffenden Angabe die Prämie zu niedrig bestimmt worden ist; der Versicherer sollte seine Leistung dann im Verhältnis der dem wirklichen Alter entsprechenden zur vereinbarten Prämie reduzieren können (§ 162 S. 1 VVG a.F.). Die Neufassung sieht nunmehr vor, dass sich bei einer unrichtigen Altersangabe in jedem Fall die Leistung verhältnismäßig ändert, so dass sie bei einer überhöhten Altersangabe steigen kann. Damit wird sichergestellt, dass die Äquivalenz symmetrisch gewahrt bleibt.

c) Informationssymmetrie

314 **aa) Informationsdefizite des Versicherungsnehmers.** Eine weitere Ausprägung des Symmetriegebots lässt sich in denjenigen Regeln sehen, die sicherstellen sollen, dass zwischen den Vertragspartnern bestehende **Informationsasymmetrien** abgebaut werden. Hierzu zählen auf Seiten des **Versicherers** die **Beratungs- und Informationspflichten** nach §§ 6, 7 VVG. Insbesondere diejenigen Informationen, die dem Versicherungsnehmer im Zusammenhang mit der bedarfsgerechten Beratung zu verschaffen sind, bezwecken es, das Informationsgefälle zwischen sachkundigem Versicherer und mehr oder weniger unwissendem Versicherungsnehmer zu überwinden. Dies gilt sowohl hinsichtlich des Bedarfs an Versicherungsschutz, den der Versicherer aufgrund seiner Fragepflicht (s. Rn. 743f.) zu ermitteln hat, als auch in Bezug auf die von ihm zu erteilenden Informationen über die in Betracht kommenden Versicherungsprodukte. Auch die Belehrungspflichten der §§ 19 Abs. 5 S. 1, 28 Abs. 4, 37 Abs. 2 S. 2, 40 Abs. 1 S. 2 VVG dienen dazu, Informationsdefizite auf Seiten des Versicherungsnehmers zu beseitigen.

315 Sehr deutlich zeigt sich, worum es beim Symmetriegebot in der Ausformung der Waffengleichheit (s. Rn. 303) geht, an der Frage, ob der Versicherungsnehmer Einsicht in ein vom Versicherer in Auftrag gegebenes **Sachverständigengutachten** verlangen kann.

316 **Beispiel:**[44] Landwirt A unterhält für seinen Hof beim Versicherer V eine Gebäudeversicherung. Er meldet dem V einen Sturmschaden an einem Stalldach. V gibt daraufhin beim Sachverständigen S ein Gutachten über den Schadensfall in Auftrag. Als ihm das Gutachten vorliegt, lehnt V die Regulierung des Schadens ab, und zwar mit der Begründung, nach den Feststellungen des S sei das Dach erheblich vorgeschädigt gewesen und aus diesem Grund – und nicht wegen des Sturms – abgerutscht. A verlangt daraufhin von V, ihm Einsicht in das Gutachten des S zu gewähren.

317 Das LG Oldenburg hat den Einsichtsanspruch bejaht. Als Anspruchsgrundlage zieht es § 810 Fall 1 BGB heran. Diese Norm gibt demjenigen beim Nachweis eines rechtlichen Interesses einen **Anspruch auf Einsicht** in eine Urkunde, in

---

44 Nach LG Oldenburg r+s 2012, 343.

dessen Interesse sie errichtet worden ist. Nach dem Spezialitätsgrundsatz (s. Rn. 444) ist zunächst zu untersuchen, ob das BGB überhaupt herangezogen werden kann oder ob die Frage des Einsichtsanspruchs im VVG abschließend geregelt ist. Das VVG behandelt diese Thematik allein im Kapitel über die Krankenversicherung. Nach § 202 VVG besteht ein Auskunftsanspruch über das Ergebnis einer ärztlichen Untersuchung, die der Versicherungsnehmer im Krankheitsfall durchführen lassen muss, und zwar unabhängig vom Nachweis eines berechtigten Interesses. Das LG Oldenburg verweist insoweit zutreffend darauf, dass diese Spezialregel für Krankenversicherungsverträge nicht die Schlussfolgerung erlaubt, die Materie sei damit im VVG auch für andere Versicherungszweige abschließend geregelt, so dass ein Rückgriff auf § 810 BGB ausscheide. Dies zeigt sich nicht zuletzt daran, dass beide Anspruchsgrundlagen unterschiedlich ausgestaltet sind; so ist für den Einsichtsanspruch nach § 810 BGB ein berechtigtes Interesse erforderlich.

Bei der Anwendung des § 810 BGB meint das LG Oldenburg nun, es genüge 318 für den Einsichtsanspruch, wenn die Urkunde jedenfalls auch im Interesse des Versicherungsnehmers erstellt worden ist; dies sei bei einem derartigen Sachverständigengutachten der Fall.[45] Der Versicherungsnehmer werde selbst regelmäßig keinen Sachverständigen beauftragen, da er die dafür entstehenden Kosten gem. § 85 Abs. 2 VVG nicht vom Versicherer ersetzt verlangen kann. Dies beruhe auf der Erwägung, dass der Versicherer ohnehin den Schaden prüfen und bewerten müsse; er sei dazu auch besser in der Lage als der Versicherungsnehmer. Der Grundsatz der **Waffengleichheit** gebiete es, dem Versicherungsnehmer auch Auskunft über und Einsicht in das Sachverständigengutachten zu gewähren. Dies ergebe sich auch daraus, dass das Versicherungsverhältnis in besonderem Maße von Treu und Glauben geprägt sei und der Versicherer seine überlegene Finanzkraft und Sachkunde nicht zum Nachteil des Versicherers ausnutzen dürfe. Mithin schlägt das Gericht auch einen Bogen zum Kooperationsgebot (s. dazu Rn. 245). Diese Auslegung des § 810 BGB erscheint als **zu weitgehend**. Der Versicherer holt das im Zuge der Schadensregulierung in Auftrag gegebene Gutachten nicht auch im Interesse des Versicherungsnehmers ein.

Der Versicherungsnehmer hat allerdings aus dem im Versicherungsverhältnis 319 wurzelnden **Kooperationsgebot** (gesteigerte Treuepflicht gem. § 242 BGB) einen objektiv-rechtlichen Anspruch auf Einsichtnahme in solche Sachverständigengutachten, die der Versicherer zwecks Prüfung seiner Leistungspflicht einholt. Dieser Anspruch setzt zunächst voraus, dass der Versicherer die vom Versicherungsnehmer geltend gemachten Leistungsansprüche nicht vollständig zu erfüllen bereit ist. Er steht auch denjenigen Personen zu, die aufgrund der vertraglichen Abreden einen Leistungsanspruch gegen den Versicherer haben, na-

45 LG Oldenburg r+s 2012, 343, 344; a.A. LG Berlin VersR 2003, 94; *Habersack*, in: MünchKomm-BGB, 5. Aufl. 2009, § 810 Rn. 6 (für Hausratversicherung, anders für psychiatrisches Gutachten).

mentlich Versicherten, Bezugsberechtigten und Erben, nicht aber dem geschädigten Dritten in der Haftpflichtversicherung.

320 Dieses Einsichtsrecht hat einige **inhaltliche Schranken.**[46] Sie folgen daraus, dass es dem Versicherer zur Wahrung berechtigter eigener Interessen möglich sein muss, sich ein „ungefiltertes" Bild vom Hergang und Umfang des Schadens zu machen, bei dem auch **Rechtsfragen** wie die Rechtsfolgen einer Verwirklichung des subjektiven Risikos thematisiert werden können, ohne dass der Sachverständige insoweit angesichts eines Einsichtsrechts jedes Wort auf die Waagschale legen muss. Problematisch erscheint ein Einsichtsrecht zudem dann, wenn der Versicherer einem vom Sachverständigen in seinem Gutachten ausgesprochenen Rat zur **Regulierung** nicht folgt oder wenn mehrere Regulierungsvarianten aufgezeigt werden, von denen der Versicherer die kostengünstigste wählt. Waffengleichheit bedeutet nicht, dass der Versicherer dem Versicherungsnehmer, der ihm hier als Anspruchsteller gegenübersteht, derartige Einblicke in seine internen Entscheidungsprozesse geben müsste. Gegenständlich ist der Einsichtsanspruch daher auf die Feststellungen des Sachverständigen zum **technisch-naturwissenschaftlichen Geschehensablauf** des Versicherungsfalls, ggf. auch zur **Schadenshöhe** und zu den **erforderlichen Maßnahmen zur Schadensbehebung** begrenzt. Hingegen sind Einschätzungen des Sachverständigen zu Rechtsfragen oder zu praktischen Folgerungen und Empfehlungen aus den genannten Erkenntnissen für das „Ob" und das „Wie" der Regulierung nicht von dem Einsichtsanspruch umfasst.

321 Kommt es zu einer **gerichtlichen Auseinandersetzung**, so hat das vom Versicherer eingeholte Privatgutachten keinen Beweiswert. In diesem Fall würde ein vom Gericht eingeholtes Gutachten – oder eine Vernehmung des vom Versicherer eingeschalteten Sachverständigen als sog. sachverständigen Zeugen – für prozessuale Waffengleichheit sorgen.

322 **bb) Informationsdefizite des Versicherers.** Was Informationsdefizite des **Versicherers** anbelangt, so dienen verschiedene Anzeigeobliegenheiten des Versicherungsnehmers dazu, sie abzubauen. Dies gilt insbesondere für die **vorvertragliche Anzeigepflicht** gem. § 19 VVG (s. Rn. 797). Insoweit geht es ebenso wie bei § 6 VVG um das Stadium der Vertragsanbahnung. Die Informationspflicht des Versicherungsnehmers ist jedoch nicht auf Versicherungsprodukte und ihre Eigenschaften bezogen. Vielmehr geht es um die Einschätzung des zu versichernden Risikos. Diesbezüglich hat der Versicherungsnehmer regelmäßig mehr und zuverlässigere Informationen als der Versicherer. Zumindest aber kann er sich diese leichter verschaffen als es dem Versicherer möglich wäre.

323 Nur unter bestimmten Voraussetzungen ist es dem Versicherungsnehmer gestattet, sein Wissen über gefahrerhebliche Umstände dem Versicherer vorzuenthalten, so dass eine bestehende **Informationsasymmetrie** nicht ausgeglichen wird.

---

46 Näher *Armbrüster*, VersR 2013, 944, 950f.

Beispiel: Nach § 18 Abs. 1 S. 1 Nr. 2 GenDG ist es dem Versicherer grundsätzlich untersagt, die bereits vorliegenden Ergebnisse genetischer Untersuchungen oder Analysen entgegenzunehmen oder zu verwenden (s. dazu Rn. 607ff.). In solchen Fällen kann es vorkommen, dass der Versicherungsnehmer seine genetische Disposition – aufgrund derer bestimmte Krankheitsrisiken erhöht sein können – kennt, dieses Wissen jedoch dem Versicherer nicht offenbaren muss. 324

Auf demselben Grundgedanken wie die vorvertragliche Anzeigepflicht beruhen auch die Anzeigepflicht bei einer **Gefahrerhöhung** (§ 23 Abs. 2, 3 VVG) sowie die Aufklärungsobliegenheit, die den Versicherungsnehmer nach **Eintritt des Versicherungsfalls** gem. § 31 VVG trifft. 325

C. Versicherungsnehmer- und Verbraucherschutz

Literatur

Brand, Verbraucherschutz im Versicherungsrecht, in: E. Lorenz (Hrsg.), Karlsruher Forum 2011, 2012, S. 55; *Dreher*, Versicherungsaufsichtsrecht und Verbraucherschutz im Solvency II- und EIOPA-System, VersR 2013, 401; *Wandt*, Transparenz als allgemeines Prinzip des Versicherungsrechts, in: GS U. Hübner, 2012, S. 341.

Bereits in seiner ursprünglichen Fassung von 1908 hat das VVG den Schutz des **Versicherungsnehmers** als gesetzgeberisches Regelungsanliegen hervorgehoben.[47] Im Zuge der VVG-Reform ist dieses Anliegen 100 Jahre später besonders betont und dabei der Schutz des **Verbrauchers** hervorgehoben worden. So konstatiert der Reformgesetzgeber gleich zu Beginn der Gesetzesbegründung, das VVG von 1908 werde „den Bedürfnissen eines modernen Verbraucherschutzes (...) nicht mehr vollständig gerecht“[48]. Dessen ungeachtet hat derselbe Gesetzgeber freilich die Grenze zwischen schutzbedürftigen und nicht schutzbedürftigen Vertragspartnern des Versicherers so gezogen, dass grundsätzlich sämtliche Versicherungsnehmer mit Ausnahme derjenigen, die einen Vertrag über ein **Großrisiko** i.S. des § 210 Abs. 2 VVG abschließen, in gleicher Weise geschützt werden. Besonders deutlich kommt dies etwa in dem Widerrufsrecht nach § 8 VVG zum Ausdruck. Mit dieser Regelung ist ein Vertragslösungsrecht, das nach den allgemeinen bürgerlich-rechtlichen Vorschriften allein Verbrauchern für Haustür- und Fernabsatzgeschäfte zugute kommt, auf alle Vertragsschlusssituationen und auf alle Versicherungsnehmer mit Ausnahme der Großrisiken erstreckt worden. 326

Mithin verläuft die Grenzlinie des Schutzes im Versicherungsrecht nicht zwischen Verbrauchern und Unternehmern, sondern zwischen **Massenrisiken und Großrisiken**. Angesichts der in § 210 Abs. 2 VVG aufgeführten Kriterien fallen nur wenige Risiken unter den Begriff des Großrisikos, so dass für die allermeisten Versicherungsverträge die weit reichenden, am Verbraucher orientierten Schutzregeln gelten. Darin liegt jenseits von Verbraucherverträgen ein über- 327

---

47 Motive zum VVG, Neudruck 1963, S. 62f.

48 Regierungsbegr., BT-Drucks. 16/3945, S. 47.

schießender Schutz. Insbesondere ist es nicht einsichtig, wieso nunmehr auch Unternehmern in Durchbrechung des Grundsatzes *pacta sunt servanda* ein vierzehntägiges voraussetzungsloses Lösungsrecht eingeräumt wird. In dieser Gleichbehandlung von Unternehmern mit Verbrauchern liegt nicht zuletzt auch ein markanter **Wertungswiderspruch** zum Handelsrecht, das der typischerweise vorhandenen Geschäftserfahrenheit von Kaufleuten durch strenge Vorschriften Rechnung trägt, die den Geschäftsverkehr beschleunigen sollen (s. etwa die für den Handelskauf geltende Rügeobliegenheit nach § 377 HGB).

328 Der Verbraucher hat hinsichtlich des Rechtsprodukts Versicherung insofern nur eine **eingeschränkte Wahl**, als eine Vielzahl zwingender und halbzwingender Vorschriften sowie die AGB-rechtliche Kontrolle von AVB die Produktgestaltungsfreiheit der Versicherer in diesem Bereich stark begrenzen. Gleichwohl unterscheiden sich die am Markt verfügbaren Produkte in verschiedener Hinsicht in ihrem Leistungsumfang, z.B. hinsichtlich Selbstbehalten (s. Rn. 263), Höchstsummen oder Risikoausschlüssen. Hinzu kommen in jüngerer Zeit vermehrt Zusatzangebote wie insbesondere sog. Assistance-Leistungen (s. Rn. 1090ff.). Dies erschwert die **Vergleichbarkeit**; jedenfalls genügt es meist nicht, die Produkte allein anhand der Prämienhöhe miteinander zu vergleichen. Auch die vorvertragliche Beratungspflicht des Versicherers gem. § 6 Abs. 1 VVG vermag insoweit keine Orientierung zu bieten, da sie sich allein auf die Produkte des konkreten Anbieters beschränkt und diesen nicht zu einem Vergleich mit Konkurrenzprodukten verpflichtet. Die Aufgabe, derartige **Marktvergleiche** anzustellen, obliegt vielmehr einerseits den Verbraucherschutzorganisationen wie insbesondere der Stiftung Warentest und den Verbraucherverbänden (s. Rn. 151), andererseits den Versicherungsmaklern (s. Rn. 694).

329 Eine wesentliche Abweichung von den allgemeinen Regeln des Schuldrechts sieht das VVG hinsichtlich der Rechtsfolgen vor, die ein vom Versicherungsnehmer zu vertretender Verstoß gegen Verhaltensregeln nach sich zieht. Im **Bürgerlichen Recht** gilt grundsätzlich ein **einheitlicher Verschuldensmaßstab**. Dies bedeutet, dass die Verletzung einer vertraglichen oder gesetzlichen Pflicht stets dieselben Rechtsfolgen hat, unabhängig davon, ob der Verstoß mit leichtester Fahrlässigkeit (culpa levissima) oder mit Absicht (dolus directus 1. Grades) begangen worden ist. Dies gilt insbesondere für die Haftung auf Schadensersatz wegen einer Vertragspflichtverletzung nach § 280 BGB oder aus Deliktsrecht nach § 823 Abs. 1 BGB. Jene Regel wird zwar bisweilen, namentlich durch die Vorschrift des § 254 BGB zum Mitverschulden, im Ergebnis relativiert. Als Grundsatz ist sie freilich ungeachtet einiger in der Vergangenheit unternommener rechtspolitischer Versuche, eine nach dem Verschuldensgrad abgestufte Haftung einzuführen,[49] weiterhin geltendes Recht. Im **Versicherungsvertragsrecht** fängt demgegenüber der Bereich sanktionsbewehrter Verhaltensregeln grundsätzlich (zur Ausnahme des § 19 Abs. 3 S. 2 VVG s. Rn. 814, zu denjeni-

49 Zu ihnen s. *Armbrüster*, Alles-oder-nichts-Prinzip, Rn. 81ff.

gen in § 24 Abs. 1, 2 VVG s. Rn. 1138, zu § 37 VVG s. Rn. 1465ff., zu § 38 Abs. 2, 3 VVG s. Rn. 1477ff.) erst bei **grober Fahrlässigkeit** an.

Beispiel 1: Hat der Versicherungsnehmer eine vereinbarte Sicherungsvorkehrung (etwa die regelmäßige Wartung von Brandschutzeinrichtungen) nicht vorgenommen, so muss der Versicherer auch für den hierdurch verursachten zusätzlichen Brandschaden aufkommen, sofern der Versicherungsnehmer beweisen kann, dass er nicht grob fahrlässig gehandelt hat (vgl. § 28 Abs. 1 VVG). Bei grober Fahrlässigkeit kann der Versicherer den Anspruch lediglich verschuldensabhängig kürzen (Quotelung; s. dazu Rn. 338ff.). Allein bei Vorsatz fällt er stets in vollem Umfang weg. 330

Beispiel 2: Nimmt der Versicherungsnehmer entgegen § 23 Abs. 1 VVG nach Vertragsschluss eine Gefahrerhöhung vor, etwa indem er sein Wohnhaus längere Zeit leer stehen lässt (s. dazu Rn. 1147), so schadet ihm dies bei der späteren Geltendmachung von Ansprüchen wegen Einbruchdiebstahls nur, sofern er mindestens grob fahrlässig gehandelt hat (§ 26 Abs. 1 VVG). 331

Beispiel 3: Aus § 81 VVG folgt, dass der Versicherungsnehmer in der Schadensversicherung (z.B. Gebäude- oder Hausratversicherung) den Versicherungsschutz dann nicht verliert, wenn er selbst durch **einfach fahrlässiges Verhalten** den Versicherungsfall herbeigeführt hat. § 81 VVG ist freilich nicht als Obliegenheit und damit Verhaltensregel, sondern als Risikoausschluss (Abs. 1) bzw. Risikobegrenzung (Abs. 2) einzuordnen (s. Rn. 1190). 332

Grobe Fahrlässigkeit ist nach der Rechtsprechung des BGH dadurch gekennzeichnet, dass der Versicherungsnehmer ein in objektiver wie in subjektiver Hinsicht **schlechthin unentschuldbares Fehlverhalten** an den Tag legt.[50] Solange der Versicherungsnehmer mithin nicht denjenigen Sorgfaltsmaßstab außer Acht lässt, dessen Einhaltung jedem verständigen Menschen in seiner Situation unmittelbar einleuchten würde, muss er nicht mit nachteiligen Folgen rechnen. In der Praxis wird damit der wichtigste Bereich schuldhaften Verhaltens, nämlich derjenige einfacher Fahrlässigkeit, sanktionslos gestellt. Freilich trifft den Versicherungsnehmer dann, wenn ein objektiver Verstoß feststeht, in einigen Fällen die **Beweislast** dafür, dass er nicht grob fahrlässig gehandelt hat (so in den Beispielen in Rn. 330 und 331, nicht aber in demjenigen in Rn. 332). Dies entspricht demselben Grundgedanken, auf dem auch die Beweislastumkehr hinsichtlich vertraglicher Pflichtverletzungen in § 280 Abs. 1 S. 2 BGB beruht: Wer objektiv gegen eine ihn bindende Verhaltensregel verstößt, bringt sich damit gleichsam in die Defensive; es ist ihm dann zumutbar zu beweisen, dass ihn kein (relevantes) Verschulden trifft. 333

Die Privilegierung einfach fahrlässigen Verhaltens im Versicherungsrecht lässt sich **rechtspolitisch** damit erklären, dass der durch die Prämienzahlung finanzierte Versicherungsschutz anderenfalls wesentlich entwertet würde, da ein- 334

50 S. nur BGH VersR 2011, 916; Beispiel in Rn. 1166f.

fach fahrlässiges Verhalten jedermann ohne Weiteres unterlaufen kann (s. auch Rn. 340).[51] Aus diesem Grund gehen die AVB bisweilen zugunsten des Versicherungsnehmers noch weiter als es das Gesetz gebietet.

335 **Beispiel:** Nach manchen AVB bleibt die Leistungspflicht des Versicherers entgegen § 81 Abs. 2 VVG auch dann unberührt, wenn der Versicherungsnehmer den Versicherungsfall grob fahrlässig herbeigeführt hat.

336 Eine derartige Vertragsgestaltung erspart den Vertragspartnern nach Eintritt des Versicherungsfalls eine Auseinandersetzung darüber, in welchem Umfang eine Quotelung des Anspruchs vorzunehmen ist. Die Generosität des Versicherers führt freilich für alle diejenigen Versicherungsnehmer, die davon ausgehen, dass es bei ihnen nicht zu einem in objektiver wie subjektiver Hinsicht schlechthin unentschuldbaren Fehlverhalten kommen wird, dazu, dass sie die auf ein derartiges Fehlverhalten anderer Mitglieder des Kollektivs entfallenden Aufwendungen durch ihre Prämie mitzufinanzieren haben. Dies kann die Attraktivität des Versicherungsschutzes mindern und zu **adverser Selektion** führen (s. dazu Rn. 233, 403).

D. Bedarfsdeckung

337 Versicherungsschutz dient in der Schadensversicherung der **konkreten**, in der Summenversicherung der **abstrakten Bedarfsdeckung**. Dies wird im Kontext der Abgrenzung zwischen Schadens- und Summenversicherung näher behandelt (s. Rn. 409ff.).

E. Quotelung statt Alles-oder-nichts-Prinzip

Literatur

Armbrüster, Das Alles-oder-nichts-Prinzip im Privatversicherungsrecht, 2003; *ders.*, Abstufungen der Leistungsfreiheit bei grob fahrlässigem Verhalten des Versicherungsnehmers, VersR 2003, 675; *Baumann*, Der Streit um die Quote, r+s 2010, 51; *Feifel*, Die Quotelung bei Obliegenheitsverletzungen nach § 28 VVG 2008, 2011; *Günther*, Zur Kürzung der Versicherungsleistung nach der Schwere des Verschuldens des Versicherungsnehmers, r+s 2009, 492; *Heß*, Die Quotenbildung nach dem VVG – Erfahrungen seit 2008, r+s 2013, 1; *Heß/Burmann*, Die Quote bei grob fahrlässiger Obliegenheitsverletzung – Vom Alles oder Nichts zum Mehr oder Weniger, NZV 2009, 7; *Hiort*, Das Alles-oder-Nichts-Prinzip im Privatversicherungsrecht und die Neuregelung durch die VVG-Reform, 2010; *Kutschera*, Quotelung bei der grob fahrlässigen Herbeiführung des Versicherungsfalles nach neuem Recht, VuR 2008, 409; *Nugel*, Kürzungsquoten nach dem VVG, 2011; *Rixecker*, Rechtsfragen der Quotenbildung nach dem VVG, zfs 2009, 5; *Schäfers*, Mindest- und Höchstquote bei grober Fahrlässigkeit, VersR 2011, 842; *Schirmer*, Offene Fragen nach dem Ende des Alles-oder-nichts-Prinzips – Ausstrahlungen der Quotierung, VersR 2011, 289; *Schwintowski*, Vom Alles-oder-Nichts-Prinzip zum Quotensystem, VuR 2008, 1; *Veith*, Das quotale Leistungskürzungsrecht des Versicherers gem. §§ 26 Abs. 1 S. 2, 28 Abs. 2 S. 2, 81 Abs. 2 VVG 2008, VersR 2008, 1580.

---

51 *Looschelders*, VersR 2008, 1.

I. Grundlagen

Eine markante Abweichung von den Grundregeln des bürgerlich-rechtlichen Haftungsrechts sehen die im Zuge der VVG-Reform eingeführten Quotelungsregeln vor. Nach den §§ 26 Abs. 1 S. 2, 28 Abs. 2 S. 2, 81 Abs. 2, 82 Abs. 3 S. 2, 86 Abs. 2 S. 3 VVG ist der Versicherer dann, wenn der Versicherungsnehmer sich grob fahrlässig verhält, „berechtigt, seine Leistung in einem der **Schwere des Verschuldens des Versicherungsnehmers** entsprechenden Verhältnis zu kürzen". Damit wird der Umfang der vom Versicherer geschuldeten Leistung vom Grad der groben Fahrlässigkeit des Versicherungsnehmers abhängig gemacht. Dem Bürgerlichen Recht ist eine derartige quantitative Abstufung fremd (vgl. hierzu bereits Rn. 329); es sieht sogar weiter gehend ganz unabhängig vom Grad des Verschuldens – von leichtester Fahrlässigkeit bis hin zu Schädigungsabsicht – im Vertrags- wie auch im Deliktsrecht exakt dieselbe Rechtsfolge vor, nämlich den Ersatz des schuldhaft herbeigeführten Schadens. Allein dadurch, dass ein Mitverschulden gem. § 254 BGB zu berücksichtigen ist, kann es zu einer Anspruchskürzung kommen (s. demgegenüber für die versicherungsrechtliche Quotelung Rn. 345). 338

Die Abkehr vom Alles-oder-nichts-Prinzip hat der Reformgesetzgeber nahezu für alle Bereiche vollzogen, in denen es um die Rechtsfolgen grob fahrlässigen Verhaltens geht. **Ausnahmen** gelten lediglich für einige wenige Bereiche. Hierzu gehören namentlich Verträge über Großrisiken (§ 210 Abs. 1 VVG) sowie zur sog. laufenden Versicherung (§ 54 Abs. 1 S. 2 VVG betr. Anzeigepflicht; § 57 Abs. 2 S. 2 Nr. 2 VVG betr. Gefahränderung; § 58 VVG betr. Obliegenheitsverletzung; im letzteren Fall sogar für jede Art von Verschulden). Auch in der Transportversicherung findet keine Quotelung statt (§ 132 Abs. 2 Nr. 2 VVG betr. Gefahränderung; § 134 Abs. 2 VVG betr. ungeeignetes Beförderungsmittel; § 137 Abs. 1 VVG betr. Herbeiführung des Versicherungsfalls). In allen diesen Bereichen geht es regelmäßig nicht um Verbraucherverträge, sondern um Verträge mit **Unternehmern** als Versicherungsnehmern (zu Ausnahmefällen, in denen eine von einem Verbraucher genommene Versicherung als Großrisiko eingestuft wird, s. Rn. 97f.). Ihnen mutet der Gesetzgeber in den genannten Fällen bereits bei grober Fahrlässigkeit dieselben Sanktionen wie bei Vorsatz zu. 339

Rechtspolitisch lässt sich bezweifeln, ob der durch den Übergang vom Alles-oder-nichts-Prinzip zum Quotelungsmodell erzielte Gewinn die damit verbundenen Nachteile überwiegt.[52] In älteren AVB fanden sich vielfach strenge Regeln, nach denen der Versicherungsnehmer bei bestimmten Verstößen gegen Verhaltensregeln seinen Anspruch auf die Versicherungsleistung vollständig verwirkt hat. Solche **Verwirkungsklauseln** hatte das VVG von 1908 zunächst nur geringen Einschränkungen unterworfen, im Grundsatz aber anerkannt. In der Tat könnte man es im Interesse niedriger Prämien durchaus für zulässig hal- 340

52 S. zur Kritik eingehend *Armbrüster*, Alles-oder-nichts-Prinzip, Rn. 119ff.; tendenziell die Neuregelung begrüßend hingegen etwa *Wandt*, Rn. 597.

ten, das Leistungsversprechen in den AVB generell davon abhängig zu machen, dass der Versicherungsnehmer nicht schuldhaft den Versicherungsfall selbst herbeiführt oder eine Verhaltensregel (Obliegenheit) verletzt. Indessen haben der Gesetzgeber bei späteren kleineren VVG-Novellierungen sowie zunehmend auch die Rechtsprechung schrittweise immer strengere Anforderungen an den Verlust des Deckungsschutzes gestellt. In der Tat muss sich der Maßstab bereits deshalb von demjenigen unterscheiden, den das Bürgerliche Recht für Schadensersatzansprüche vorsieht, weil ein **bedarfsgerechter Versicherungsschutz** regelmäßig auch die Einbeziehung einfach fahrlässigen Verhaltens auf Seiten des Versicherungsnehmers in den Deckungsumfang gebietet. Wer Versicherungsschutz vereinbart, hegt die berechtigte Erwartung, dass dieses Rechtsprodukt neben von außen kommenden Ereignissen auch vom Versicherungsnehmer selbst herbeigeführte Schäden infolge von normaler Unachtsamkeit umfasst, wie sie einem durchschnittlichen Versicherungsnehmer erfahrungsgemäß unterlaufen kann. Anderenfalls wäre das im Gegenzug zur Prämienzahlung erlangte Leistungsversprechen aus seiner Sicht unvollständig, da es wichtige, auf das versicherte Risiko bezogene Sachverhalte nicht miterfassen würde.

341 Daher ist der Versicherer etwa ohne Weiteres leistungspflichtig, wenn der Versicherungsnehmer selbst den Eintritt des **Versicherungsfalls mit einfacher Fahrlässigkeit herbeiführt** (vgl. § 81 VVG); bei der Haftpflichtversicherung gilt dasselbe sogar für grobe Fahrlässigkeit (vgl. § 103 VVG).

342 Demgegenüber ist der Versicherer bei **vorsätzlichem Handeln** des Versicherungsnehmers – vorbehaltlich des Kausalitätsgegenbeweises (s. Rn. 813, 1546) – grundsätzlich leistungsfrei, und zwar nach altem wie nach neuem Recht. Dies ist insbesondere bedeutsam für die Vornahme einer **Gefahrerhöhung** (§ 26 Abs. 1 S. 1 VVG), für die Verletzung einer vertraglichen **Obliegenheit** (§ 28 Abs. 2 S. 1 VVG) sowie für die **Herbeiführung des Versicherungsfalls** in der Schadensversicherung (§§ 81 Abs. 1, 103 VVG).

343 Dasselbe wie für Vorsatz galt in den genannten Fällen bis zur VVG-Reform auch für **grobe Fahrlässigkeit**. Mit der Einführung der **Quotelung** in Anlehnung an eine Regelung im schweizerischen Recht beabsichtigte der Gesetzgeber, den Schutz des Versicherungsnehmers zu verbessern. Im Folgenden soll aufgezeigt werden, welche Fragen sich bei der praktischen Anwendung der Quotelungsregel auf konkrete Fälle ergeben und welche Lösungsmöglichkeiten bestehen.

II. Praktische Anwendung

1. Heranziehbare Kriterien

344 Das Quotelungsmodell birgt für den Rechtsanwender das **Grundproblem**, dass er innerhalb des ohnehin schon sehr schmalen Bereichs grober Fahrlässigkeit weiter zwischen leichtem, mittlerem und grobem Verschulden auf einer Skala von 0 bis 100 differenzieren muss. In der Praxis ist dieses Problem bislang erwartungsgemäß nicht zufriedenstellend bewältigt worden. Der Gesetzgeber hat

es sich sehr leicht gemacht, indem er diese Aufgabe auf die Gerichte übertrug, ohne diesen zugleich konkrete Bemessungsmaßstäbe an die Hand zu geben.[53] Die Neuregelung hat für erhebliche **Rechtsunsicherheit** gesorgt; ihr sind inzwischen ganze Monographien gewidmet (s. Literatur vor Rn. 338).

Umstritten ist bereits, welche **Kriterien** für die Schwere des Verschuldens heranziehbar sind.[54] Ausweislich des Gesetzeswortlauts dürfen – anders als bei der Bemessung eines Mitverschuldens gem. § 254 BGB – keine anderen Kriterien als der **reine Verschuldensgrad** in die Abstufung einbezogen werden.[55] In jedem Fall erfordert die Bemessung der Quote eine **Gesamtbetrachtung**, die alle verschuldenserheblichen Umstände des Einzelfalls umfasst. Hierfür sind insbesondere folgende **objektive Kriterien** bedeutsam, bei denen jeweils für einen Verschuldensvorwurf zusätzlich die **Erkennbarkeit** für den konkreten Versicherungsnehmer erforderlich ist:[56] Objektives Gewicht der Verhaltensregel und damit des Fehlverhaltens, Offenkundigkeit jener Verhaltensregel, Wahrscheinlichkeit der Regelverletzung aufgrund des eigenen Verhaltens, Dauer des Verstoßes, Motivation des Versicherungsnehmers, Wahrscheinlichkeit eines Schadenseintritts, Höhe eines möglichen Schadens. Richtigerweise wird man auch den Umfang des **tatsächlich eingetretenen Schadens** nur insofern heranziehen können, als dieser dem Versicherungsnehmer vorab erkennbar war. 345

Beispiel:[57] Versicherungsnehmer A entzündet in seinem Wohnhaus Feuerwerkskörper und wirft sie in den Keller, um eine Katze zu vertreiben. Dies entspricht einem von A seit geraumer Zeit beabsichtigten, planvollen Vorgehen. Durch den Wurf gelangen im Keller gelagerte Kleidungsstücke in Brand. Als A nach fünf bis zehn Minuten nachschaut, ob etwas brennt, ist es für Löschversuche bereits zu spät; infolge des Brandes wird das gesamte Gebäude zerstört. A verlangt vom Gebäudeversicherer V die Auszahlung der Versicherungssumme. V verweigert dies unter Hinweis auf § 81 Abs. 2 VVG; er hält eine Kürzung um 100% für angezeigt. 346

Das OLG Naumburg hat hier die Sichtweise des V geteilt und die Klage abgewiesen. Es sei ausnahmsweise von einer so **schwerwiegenden groben Fahrlässigkeit** auszugehen, dass eine Kürzung auf Null gerechtfertigt sei. A habe auf jeden Fall erkennen müssen oder unschwer erkennen können, dass sein Verhalten geeignet war, einen **folgenschweren Brand** auszulösen. Dem ist zuzustimmen, da nach den Umständen des Falles mit der völligen Zerstörung des Gebäudes gerechnet werden musste (zu den Anforderungen an eine Leistungskürzung auf Null s. noch Rn. 353ff.). 347

Nicht als Kriterium für die Gewichtung der groben Fahrlässigkeit heranziehbar ist – insoweit abweichend von den bürgerlich-rechtlichen Regeln zum 348

53 Krit. zu einer derartigen Vorgehensweise auch *Hirsch*, ZRP 2006, 161.
54 Vgl. *Looschelders,* in: MünchKomm-VVG, § 81 Rn. 123.
55 *Looschelders*, VersR 2008, 1, 6; *Wandt*, Rn. 603; a.A. etwa *Franz*, VersR 2008, 298, 304f.
56 S. auch *Wandt*, Rn. 606.
57 Nach OLG Naumburg VersR 2012, 1562.

Schadensersatz (§ 254 BGB) – der **Umfang der Mitursächlichkeit** für den Schaden (s. bereits Rn. 345). Darüber hinaus kommt es auch nicht darauf an, wie häufig der Versicherungsnehmer bereits zuvor schuldhaft gegen Verhaltensregeln, seien es **Obliegenheiten oder Rechtspflichten**, verstoßen hat.

349 Streit besteht darüber, ob es zu berücksichtigen ist, wie hart die Folgen einer Leistungskürzung den **Versicherungsnehmer** wirtschaftlich treffen. Hierzu wird teils vertreten, dass aus dem verfassungsrechtlichen Übermaßverbot eine Beschränkung der Leistungsfreiheit folge. Demnach soll es rechtsmißbräuchlich sein, wenn der Versicherer sich auf Leistungsfreiheit beruft, sofern es um für den Versicherungsnehmer **ruinöse oder katastrophale Schäden** geht.[58] Indessen würden damit versicherungsfremde (soziale) Zwecke in das Privatversicherungsrecht hineingetragen. Richtig erscheint es, einen Versicherungsnehmer, der durch grob schuldhaftes Verhalten seinen Versicherungsschutz aufs Spiel gesetzt hat, erforderlichenfalls durch die öffentliche Sozialfürsorge zu unterstützen und die daraus entstehenden Belastungen nicht auf die Gefahrgemeinschaft abzuwälzen (zur Abgrenzung der Funktionen von Privat- und Sozialversicherung s. Rn. 205ff.).[59]

2. Praktische Vorgehensweise

350 Umstritten ist auch, auf welche Weise die Leistungskürzung praktisch vorzunehmen ist. Verschiedentlich ist – auch von der Rechtsprechung[60] – vertreten worden, dass nach der Feststellung der groben Fahrlässigkeit ein **Mittelwert von 50%** zugrunde zu legen sei, um den der Versicherer die Leistung kürzen könne. Umstände, die eine geringere Kürzung zur Folge hätten, muss dann der Versicherungsnehmer darlegen und beweisen. Für diese Lösung wird vor allem angeführt, dass sie in der Praxis leicht handhabbar sei.[61]

351 Vorzugswürdig ist es indes, bei der Kürzung als Ausgangspunkt zugrunde zu legen, was unter der Voraussetzung nicht grob fahrlässigen Verhaltens im Versicherungsvertrag vereinbart wurde, also die **volle Leistungspflicht,** und davon ausgehend im Einzelfall eine Kürzung vorzunehmen. Für diese Vorgehensweise spricht insbesondere auch, dass § 81 Abs. 2 VVG die Beweislast für grob fahrlässiges Handeln dem Versicherer auferlegt. Daher liefe eine „Einstiegsquote" von 50%, die der Versicherungsnehmer zu widerlegen hätte, dieser gesetzgeberischen Entscheidung zuwider (s. noch im Kontext der Beweislast Rn. 382f., auch zur subsidiären Heranziehbarkeit des Mittelwertmodells).[62]

352 Im Übrigen schreibt das Gesetz auch nicht vor, dass eine Kürzung nur in **bestimmten Reduzierungsschritten**, etwa allein in fixen Schritten von 10% oder

58 *Canaris*, JZ 1987, 993, 1003f. (zu § 61 VVG a.F.; vgl. § 81 VVG); ähnlich schon *Lindacher*, JuS 1975, 289, 292 (zu § 6 Abs. 3 S. 1 VVG a.F.; vgl. § 28 Abs. 2, 4 VVG).

59 *Armbrüster*, Alles-oder-nichts-Prinzip, Rn. 206ff.; *E. Lorenz*, VersR 2000, 2, 8f.; s. auch *Johannsen/Johannsen*, in: Bruck/Möller/Sieg/Johannsen, Feuerversicherung, Anm. H 71.

60 So wohl OLG Hamm VersR 2011, 206, 209.

61 *Felsch*, in: HK-VVG, § 28 Rn. 169f.

62 OLG Düsseldorf VersR 2011, 1388, 1389.

von 25 %, vorzunehmen wäre.[63] Zwar wird es in der Praxis oft zu einer derartigen Abstufung kommen; jedoch schließt das Gesetz ein abweichendes Vorgehen nicht aus. Unpraktikabel erscheinen freilich Kürzungsquoten von unter 10 % oder von über 90 % (s. dazu sogleich Rn. 356).[64]

3. Kürzung auf Null?

Ob die Quotelung auch zu einer **Kürzung auf Null** führen kann, ist umstritten. 353
Nach verbreiteter Ansicht soll jede Kürzungsquote von 0 % bis 100 % möglich sein.

Beispiel:[65] Versicherungsnehmer A fährt sein Kfz im Zustand alkoholbedingter 354
absoluter Fahruntüchtigkeit, in den er sich zuvor sehenden Auges versetzt hat, gegen einen Baum. Den am Kfz entstandenen Sachschaden verlangt er nun von seinem Kaskoversicherer V ersetzt. V kürzt die Leistung unter Berufung auf § 81 Abs. 2 VVG auf Null wegen grob fahrlässiger Herbeiführung des Versicherungsfalls.

Der BGH hält hier eine Leistungskürzung auf Null für **zulässig**; er will sie aber 355
auf bestimmte **Ausnahmefälle** wie die grob fahrlässig herbeigeführte alkoholbedingte absolute Fahruntüchtigkeit beschränken.[66] Im Beispielsfall hat der BGH hierüber letztlich nicht entschieden, da er noch weitere Feststellungen zur groben Fahrlässigkeit für erforderlich hielt; bedeutsam sind freilich seine Ausführungen dazu, wieso eine Kürzung auf Null rechtlich zulässig sein soll.

Sofern der BGH darauf verweist, aus dem **Wortlaut des § 81 VVG** gehe nicht 356
hervor, dass nur Vorsatz zur vollständigen Leistungsfreiheit führen soll, lässt sich daraus auch nicht das Gegenteil folgern. Wenn allerdings im Schrifttum darauf hingewiesen wird, schon der **Ausdruck „kürzen"** in § 81 Abs. 2 VVG stehe einer „Kürzung auf Null" entgegen,[67] vermag dies ebenso wenig zu überzeugen, kennt doch die Rechtsordnung auch in anderen Zusammenhängen eine „Reduktion auf Null". Zur **Entstehungsgeschichte** der Norm führt der BGH den Abschlussbericht der VVG-Kommission an. Diese hatte sich dafür ausgesprochen, dass die Quotelung im Einzelfall zur völligen Leistungsfreiheit führen kann. Freilich findet sich eine entsprechende Äußerung in der Regierungsbegründung zum VVG nicht mehr, so dass auch dieses Auslegungskriterium nicht weiterführt. Zur **Gesetzessystematik** meint der BGH, dass die Streichung des Wortes „nur" bezüglich der Leistungsfreiheit bei Vorsatz in der Parallelnorm des § 28 Abs. 2 VVG im Zuge des Gesetzgebungsverfahrens „allein den

---

63 OLG Düsseldorf VersR 2011, 1388, 1389; a.A. offenbar OLG Hamm VersR 2011, 206, 209, das von 10 %-Schritten ausgeht.

64 S. auch *Wandt*, Rn. 604 a.E.

65 Nach BGH VersR 2011, 1037.

66 Nach BGH VersR 2011, 1037 Rn. 24ff. m. krit. Anm. *Armbrüster*, JZ 2012, 49; im selben Sinne *Looschelders*, in: MünchKomm-VVG, § 81 Rn. 125.

67 *Schäfers*, VersR 2011, 842, 843.

Schluss“[68] zulasse, dass der Gesetzgeber eine vollständige Leistungsfreiheit bei grober Fahrlässigkeit nicht habe ausschließen wollen. Indessen ist das Wort „nur“ nach dem Bericht des Rechtsausschusses des Bundestags[69] gestrichen worden, weil es als „überflüssig“ angesehen wurde und nicht etwa – wie es in der Konsequenz der jetzt vom BGH vertretenen Sichtweise hätte heißen müssen – weil es (wegen der Möglichkeit einer vollständigen Leistungsfreiheit auch bei grober Fahrlässigkeit) zu einer inhaltlich unrichtigen Aussage führen würde. Insoweit bildet die Thematik ein Lehrstück dafür, dass systematische Argumente bisweilen durch eine genaue Analyse der Entstehungsgeschichte flankiert werden müssen. Schließlich verweist der BGH auch darauf, dass der **Sinn und Zweck** des § 81 Abs. 2 VVG es nicht gebiete, eine vollständige Leistungsfreiheit auszuschließen, und dass eine Kürzung bis zu 99%, wie sie von Vertretern der Gegenansicht für zulässig erachtet wird, gekünstelt wirke. In der Tat wäre es formalistisch, zwar eine minimale Leistungspflicht für zulässig, eine vollständige Leistungsfreiheit hingegen für ausgeschlossen zu erklären. Nach der Wertung des § 81 Abs. 1 VVG soll freilich nur bei Vorsatz vollständige Leistungsfreiheit eintreten.[70] Ein praktikaber Ausweg ist es, die **Kürzungsspanne im Bereich von 10 bis 90%** anzusiedeln und damit den Unterschieden von grober Fahrlässigkeit zu Vorsatz einerseits, zu einfacher Fahrlässigkeit andererseits Rechnung zu tragen.[71]

357 Die Ansicht des BGH begegnet mithin erheblichen Einwänden. Allerdings relativiert sich die Bedeutung des Streits für die Praxis dadurch, dass der Senat – wie erwähnt – die Möglichkeit einer Leistungskürzung auf Null nur in **besonderen Ausnahmefällen** für zulässig erklärt. Als Beispiel führt er den Fall einer alkoholbedingten absoluten Fahruntüchtigkeit an. Selbst insoweit lasse sich jedoch keine schematische Regel aufstellen; vielmehr seien stets die Umstände des Einzelfalls abzuwägen. Sofern entlastende Umstände den Fahrlässigkeitsvorwurf „jedenfalls im subjektiven Bereich in milderem Licht erscheinen lassen“[72], kommt demnach keine vollständige Leistungsfreiheit in Betracht. Auch in diesem Fall kann freilich das Zusammentreffen einer grob fahrlässigen Herbeiführung des Versicherungsfalls mit der Verletzung einer Anzeige- oder Aufklärungsobliegenheit im Ergebnis noch zu einem vollständigen Wegfall der Leistungspflicht führen (s. zu solchen Fällen eines Zusammentreffens mehrfacher Verstöße Rn. 360ff.).[73]

358 Der BGH hat die von ihm zunächst für die Herbeiführung des Versicherungsfalls entwickelten Grundsätze anschließend auch auf die Verletzung **vertraglicher Obliegenheiten** angewandt.[74] Dies ist jedenfalls konsequent, da es

68 BGH VersR 2011, 1037 Rn. 29.
69 BT-Drucks. 16/5862, S. 99.
70 *Spuhl*, in: Marlow/Spuhl, Rn. 559; s. auch *Hiort*, S. 179.
71 *Schäfers*, VersR 2011, 842, 845f.
72 BGH VersR 2011, 1037 Rn. 33.
73 *Looschelders*, ZVersWiss 2009, 13, 30.
74 BGH VersR 2012, 341, 342 Rn. 10ff.

sich bei der Quotelung nach § 81 Abs. 2 VVG und derjenigen nach § 28 Abs. 2 S. 2 VVG um Parallelfälle handelt.[75] Freilich könnte man insoweit hinsichtlich des heranzuziehenden **Auslegungsmaßstabs** einen Unterschied zwischen beiden Fällen sehen, als es bei der Herbeiführung des Versicherungsfalls um die Auslegung einer gesetzlichen Regelung geht, während die Sanktionierung einer Obliegenheitsverletzung auf einer Vereinbarung beruht. Daraus ließe sich folgern, dass es insoweit auf das Verständnis des durchschnittlichen Versicherungsnehmers ankommt und nicht auf die Regeln zur Gesetzesauslegung. Indessen setzt § 28 Abs. 2 VVG hinsichtlich der Rechtsfolgen lediglich eine Vereinbarung darüber voraus, dass bei einer Obliegenheitsverletzung Leistungsfreiheit eintreten soll; die Rechtsfolgen im Einzelnen lassen sich dann dem Gesetz entnehmen.[76] Bei dieser Sichtweise handelt es sich auch insoweit um eine Gesetzesauslegung.

Zudem liegt es in der Konsequenz jener Rechtsprechung, das Spektrum der 359
Leistungskürzung auch in der **Gegenrichtung** voll auszuschöpfen, also in bestimmten Fällen – in denen die grobe Fahrlässigkeit im Grenzbereich zur einfachen Fahrlässigkeit liegt – überhaupt keine Kürzung vorzunehmen (**Kürzung um Null**).[77] Auch dabei wird es in der Praxis freilich ebenso wie bei der Kürzung auf Null um Ausnahmefälle gehen. In solchen Fällen dürfte vieles dafür sprechen, schon nicht von grober Fahrlässigkeit auszugehen.

4. Mehrfache Quotelung

Trifft § 81 VVG mit einer Obliegenheitsverletzung oder treffen verschiedene 360
Obliegenheitsverletzungen miteinander zusammen, so ist eine **mehrfache Quotelung** vorzunehmen. Zu der hierfür erforderlichen Vorgehensweise werden verschiedene Ansichten vertreten.

Vorab lässt sich festhalten, dass dann, wenn mehrere Obliegenheiten **denselben Zweck** verfolgen und lediglich ein generell gefordertes Verhalten näher und unterschiedlich konkretisieren, die Schwere des Verschuldens bemessen werden kann, indem man eine **Gesamtbeurteilung** des Verhaltens vornimmt.[78] 361

Beispiel:[79] Der Versicherungsnehmer verstößt grob fahrlässig gegen die vertragliche Obliegenheit, in Frostperioden die Leitungsrohre zu entwässern. Hierin kann je nach Sachlage[80] zugleich eine Gefahrerhöhung i.S. von § 23 Abs. 1 VVG liegen; zudem kann es sich um eine Herbeiführung des Versicherungsfalls handeln (§ 81 Abs. 2 VVG). 362

---

75 Vgl. *Prölss*, in: Prölss/Martin, § 81 Rn. 27.

76 BGHZ 191, 159 = VersR 2011, 1550 Rn. 34.

77 Dafür z.B. *Baumann*, in: Bruck/Möller, § 81 Rn. 128; wie hier im Erg. a.A. etwa *Prölss*, in: Prölss/Martin, § 28 Rn. 137.

78 *Marlow*, in: Marlow/Spuhl, Rn. 344; *Wandt*, Rn. 610.

79 Nach BGHZ 191, 159 = VersR 2011, 1550 (s. dazu Rn. 990).

80 Näher *Armbrüster*, VersR 2012, 7, 14f.

363 Problematisch sind hingegen diejenigen Fälle, in denen mehrere **inhaltlich nicht miteinander zusammenhängende Verstöße** zusammentreffen.

364 **Beispiel:** Versicherungsnehmer A lässt entgegen einer in der Hausratversicherung vereinbarten Obliegenheit die Terrassentür offen stehen und verlässt das Haus. Ein Einbrecher dringt durch diese Tür ein und entwendet verschiedene Einrichtungsgegenstände. Bei der Schadensanzeige führt A in der Stehlgutliste zusätzlich einen Geldbetrag auf, von dem er aufgrund grober Fahrlässigkeit irrtümlich annimmt, er habe sich in einer Schublade befunden.

365 Denkbar wäre in derartigen Fällen zunächst ein **Additionsmodell**: Demnach ist in einem **ersten Schritt** die Kürzungsquote für die zeitlich früheste Obliegenheitsverletzung zu ermitteln. Sodann ist in einem **zweiten Schritt** die Quote für die spätere Obliegenheitsverletzung zu ermitteln und zu der ersten Kürzungsquote zu addieren. Um diese Gesamtquote ist dann der Ausgangsbetrag zu kürzen.[81]

366 **Beispiel:** Betragen die ungekürzte Leistung 1.000 €, die erste Kürzungsquote 60% und die zweite Kürzungsquote 40%, so ergeben die Kürzungsquoten addiert 100%. Mithin ist der Versicherer leistungsfrei (zur davon zu unterscheidenden Frage einer Leistungskürzung auf Null wegen eines einzigen Verstoßes s. Rn. 353ff.).

367 Wie das Beispiel zeigt, kann dieses Modell schnell dazu führen, dass der Versicherungsnehmer den Schutz insgesamt verliert. Das Zivilrecht würde damit Verstöße **strenger** ahnden als das Strafrecht, das im Rahmen einer Gesamtstrafenbildung (vgl. Rn. 373) regelmäßig einen „Rabatt" gewährt.

368 Nach dem **Multiplikationsmodell (Stufenmodell)** muss wiederum in einem **ersten Schritt** die Quote für die zeitlich frühere Obliegenheitsverletzung ermittelt werden. Der Restbetrag ist in einem **zweiten Schritt** um die Quote für die zweite Obliegenheitsverletzung zu kürzen. Der wesentliche Unterschied zum Additionsmodell (s. Rn. 365) liegt darin, dass nicht zunächst die Quoten zusammengerechnet und sodann mit dem Ausgangsbetrag multipliziert werden, sondern dass die zweite Quote nur noch mit dem Restbetrag multipliziert wird.

369 **Beispiel:** Betragen – ebenso wie im Beispiel von Rn. 366 – die ungekürzte Leistung 1.000 €, die erste Kürzungsquote 60% und die zweite Kürzungsquote 40%, so beläuft sich der Restbetrag auf 400 €. Hiervon sind sodann 40% abzuziehen, was mathematisch durch Multiplikation mit 0,4 geschieht. Mithin bleibt der Versicherer nach diesem Modell im Umfang von 240 € leistungspflichtig.

370 Mit dem Multiplikationsmodell soll – ebenso wie mit dem Additionsmodell, jedoch in abgemilderter Weise – verhindert werden, dass es dem Versicherungsnehmer zugute kommt, wenn er durch **mehrere gesonderte Handlungen** je-

81 *Maier/Stadler*, AKB 2008 und VVG-Reform, 2008, Rn. 144, 146.

weils grob fahrlässig mehrere Verstöße begeht.[82] Dieser Grundgedanke leuchtet durchaus ein.

Das **Konsumtionsmodell** geht hingegen davon aus, dass derjenige Verstoß, der am schwersten wiegt und damit die höchste Abzugsquote bewirkt, die anderen Obliegenheitsverletzungen konsumiert, so dass diese unberücksichtigt bleiben.[83] Jenes Modell erweist sich – sofern es gelingt, die weiteren Verstöße bei der Quotenbemessung tatsächlich auszublenden – als praktisch einfach handhabbar; es dient damit der Verfahrensökonomie. Freilich leuchtet es nicht ein, wieso derjenige Versicherungsnehmer, der gleich mehrfach grob fahrlässig gegen unterschiedlichen Zwecken dienende Verhaltensregeln verstößt, im Ergebnis ebenso dastehen soll wie ein Versicherungsnehmer, dem lediglich ein einziger Verstoß zur Last fällt. 371

Vorzugswürdig erscheint eine vierte Lösung, die man als **Gesamtwürdigungsmodell** bezeichnen kann. Demnach ist eine Gesamtquote zu bilden, bei der sämtliche Verstöße und ihr jeweiliges Gewicht zusammen beurteilt werden müssen.[84] Dies stellt den Rechtsanwender vor hohe Anforderungen, da er nicht allein für jeden Verstoß eine verschuldensabhängige Quote zu bilden hat, was bereits schwierig genug ist (s. Rn. 344 ff.), sondern diese Einzelquoten anschließend auch noch zu einer Gesamtquote zusammenführen muss. Die Gesamtwürdigung vermeidet freilich die Kritikpunkte, denen eine schematische Vorgehensweise ausgesetzt ist, wie sie sowohl das Additions- und das Stufenmodell als auch das Konsumtionsmodell kennzeichnet. 372

Für die praktische Vorgehensweise lässt sich, ganz unabhängig davon, dass es bei der Quotenbildung nicht um eine Bestrafung geht, eine strukturelle Anleihe bei der **Gesamtstrafenbildung** gem. § 54 Abs. 1 S. 2, 3, Abs. 2 S. 1 StGB vornehmen. Demnach ist die Gesamtquote dadurch zu bilden, dass die höchste Einzelquote erhöht wird. Dies hat in Gestalt einer Gesamtwürdigung zu geschehen. Die Gesamtquote darf – abweichend vom Additionsmodell – die Summe der Einzelquoten nicht erreichen. Schon um die Einhaltung dieser Obergrenze sicherzustellen, muss zunächst für jeden Verstoß eine Einzelquote gebildet werden. 373

Beispiel: Betragen – ebenso wie im Beispiel von Rn. 366 – die ungekürzte Leistung 1.000 €, die erste Kürzungsquote 60 % und die zweite Kürzungsquote 40 %, so kommt je nach den Umständen eine Gesamtkürzungsquote etwa in der Größenordnung von 70, 75 oder 80 % in Betracht. Im letzteren Fall ist der Versicherer lediglich zur Leistung von 200 € verpflichtet; dies zeigt, dass das Gesamtwürdigungsmodell sich für den Versicherungsnehmer im Einzelfall durchaus nachteiliger auswirken kann als das Multiplikationsmodell (vgl. das Beispiel 374

---

82 *Marlow,* in: Marlow/Spuhl, Rn. 347.

83 *Felsch*, r+s 2007, 485; dem folgend etwa *Schimikowski*, Rn. 215, inzwischen ausdr. aufgegeben durch *Felsch*, in: HK-VVG, § 28 Rn. 204.

84 *Heiss*, in: Bruck/Möller, § 28 Rn. 202; *Looschelders*, ZVersWiss 2009, 13, 30; *Wandt*, Rn. 614.

in Rn. 369). Dies ist freilich nicht zuletzt auch im Hinblick auf die Interessen derjenigen Versicherungsnehmer des Kollektivs, die keinen groben Verstoß gegen Verhaltensregeln begangen haben, durchaus angemessen. Schließlich geht es allein um solche Fälle, in denen der Versicherungsnehmer gleich in mehrfacher Hinsicht dasjenige außer Acht gelassen hat, was jeder verständigen Person in seiner Situation unmittelbar einleuchten würde.

5. Zusammentreffen einer Quotelung mit betragsmäßigen Höchstgrenzen

375 Eine besondere Problematik ergibt sich, wenn die Leistungsfreiheit des Versicherers durch eine Spezialregel auf einen **Höchstbetrag** begrenzt ist. Den für die Praxis wichtigsten Anwendungsfall einer derartigen Begrenzung bilden die in den §§ 5, 6 KfzPflVV (zu dieser Verordnung s. Rn. 1713) enthaltenen Obergrenzen für die Leistungsfreiheit des Versicherers. Demnach ist die Leistungsfreiheit dann, wenn der Versicherungsnehmer eine nach § 5 Abs. 1 KfzPflVV vereinbarte, vor Eintritt des Versicherungsfalls zu beachtende Obliegenheit (z.B. Unterlassen eines unberechtigten Gebrauchs des Kfz oder des Fahrens in alkoholisiertem Zustand) verletzt, auf einen Höchstbetrag von 5.000 € pro Versicherungsnehmer und mitversicherte Person begrenzt (§ 5 Abs. 3 S. 1 KfzPflVV). Bei nach Eintritt des Versicherungsfalls einzuhaltenden Obliegenheiten beträgt die Höchstsumme der Leistungsfreiheit 2.500 € (§ 6 Abs. 1 KfzPflVV).

376 Vereinzelt wird vorgeschlagen, die Quotelung gem. § 28 Abs. 2 S. 2 VVG auf diesen Fall nicht anzuwenden, in den §§ 5, 6 KfzPflVV mithin eine **abschließende Sonderregelung** zu sehen.[85]

377 **Beispiel:** Beträgt der Schaden, für den der Versicherer gegenüber dem geschädigten Dritten eintrittspflichtig ist, 6.000 € und hat der Versicherungsnehmer mit mittelschwerer grober Fahrlässigkeit gehandelt, so dass die Kürzungsquote 50% beträgt, gelangt man bei Anwendung von § 28 Abs. 2 S. 2 VVG zu einem Regress in Höhe von 3.000 €. Hält man hingegen die §§ 5, 6 KfzPflVV für vorrangig und abschließend, so kann der Versicherer gleichwohl die Regressobergrenze von 5.000 € ausschöpfen.

378 Damit würde indessen verkannt, dass die §§ 5, 6 KfzPflVV den Versicherungsnehmer nicht schlechter stellen sollen, als er nach allgemeinem Versicherungsvertragsrecht stünde; vielmehr soll er im Gegenteil **begünstigt** werden. Es besteht daher schon nach der Zielsetzung des Gesetzes kein Grund, ihm die teilweise Erhaltung des Anspruchs gegen den Versicherer, wie sie infolge der Quotelung im Ergebnis eintreten kann, zu versagen.[86]

379 Umgekehrt könnte man auch erwägen, die Kürzungsquote nach § 28 Abs. 2 S. 2 VVG auf die genannten Höchstbeträge zu beziehen, also nur diese zu quoteln. Dadurch käme es indessen zu einer übermäßigen Privilegierung des Versi-

85 *Nugel*, NZV 2008, 11, 14ff.
86 LG Bochum ZfS 2012, 573.

cherungsnehmers: Die Höchstbeträge markieren die **absolute Grenze**, bis zu der es der Verordnungsgeber dem Versicherungsnehmer, der grob fahrlässig oder vorsätzlich eine Obliegenheit verletzt, zumutet, für den entstandenen Schaden selbst aufzukommen. Mithin ist die Quotelung – wie auch sonst – ausgehend von dem vom Versicherer bei ungeschmälerter Leistungspflicht zu zahlenden Betrag vorzunehmen (s. Rn. 351). Der Höchstbetrag markiert dann lediglich die Grenze, bis zu der nach erfolgtem Quotenabzug der Versicherer maximal leistungsfrei ist.[87] Freilich ist nicht zu verkennen, dass sich infolgedessen die Bemessung der Quote bisweilen im Ergebnis nicht auswirkt.

Beispiel: Versicherungsnehmer A überlässt sein Kfz grob fahrlässig einem Fahrer, der aufgrund starker Alkoholisierung nicht in der Lage ist, es sicher zu führen. Nach den AVB liegt darin eine Obliegenheitsverletzung; diese kann gem. § 5 Abs. 1 Nr. 5 KfzPflVV auch wirksam vereinbart werden. Es entsteht ein Schaden von 20.000 €. Ist nun der Verschuldensgrad des A mit 50% anzusetzen, so kann der Versicherer seine Leistung nach § 28 Abs. 2 S. 2 VVG um 10.000 € kürzen. Hinzu kommt freilich die absolute Grenze des § 5 Abs. 3 S. 1 KfzPflVV, so dass im Ergebnis nur eine Kürzung um 5.000 € zulässig ist; V muss also 15.000 € zahlen. Nichts anderes gilt aber, wenn die Abzugsquote i.S. von § 28 Abs. 2 S. 2 VVG 75% oder gar 100% beträgt. Dies ist angesichts der in den §§ 5, 6 KfzPflVV vorgenommenen Wertung, bis zu welchen absoluten Grenzen dem Versicherungsnehmer eine Leistungskürzung zugemutet werden kann, hinzunehmen. 380

6. Beweislast

Die Frage, wer die Beweislast hinsichtlich des Umfangs der Kürzungsquote trägt, ist folgendermaßen zu beantworten: Wie aufgezeigt, richtet sich die Quotenbemessung nach dem **Grad der groben Fahrlässigkeit**. Es obliegt dem Versicherungsnehmer zu beweisen, dass ihn keine grobe Fahrlässigkeit trifft; dies folgt aus der ausdrücklichen Anordnung in § 28 Abs. 2 S. 2 Halbs. 2 VVG (eine Vorsatzvermutung greift anders als nach altem Recht nur noch im Kontext des Kündigungsrechts ein; s. § 28 Abs. 1 a.E. VVG). Damit ist freilich noch nichts über die Beweislast hinsichtlich des Grads der groben Fahrlässigkeit gesagt. Der Versicherer trägt die Beweislast für diejenigen Tatsachen, die zu einer Leistungskürzung führen können. Wie sich nämlich bereits aus dem Wortlaut des § 81 Abs. 2 VVG („ist berechtigt") ergibt, handelt es sich um ein **Kürzungsrecht** des Versicherers; dessen tatbestandliche Voraussetzungen muss mithin er beweisen. Dies betrifft sowohl die objektive als auch die – durch den BGH zunehmend betonte (s. Rn. 354f. zur Alkoholisierung vor Fahrtantritt) – subjektive Seite der groben Fahrlässigkeit. 381

Verbreitet wird vorgeschlagen, die in Rn. 381 genannte Beweislastverteilung dadurch zu verändern, dass man beweisrechtlich von einer **mittleren groben** 382

87 *Felsch*, in: HK-VVG, § 28 Rn. 210; *Franz*, VersR 2008, 298, 305; *Wandt*, Rn. 615.

Fahrlässigkeit und damit von einer Kürzungsquote von 50% ausgeht (sog. Mittelwertmodell).[88] Sodann obliege es dem Versicherer, ein höheres Maß an grober Fahrlässigkeit zu beweisen, während umgekehrt dem Versicherungsnehmer der Beweis eines geringeren Verschuldensgrades offen stehe. Diese Vorgehensweise läuft auf eine **Vermutung mittleren Verschuldens** hinaus, die als solche im Gesetz keine Stütze findet; vielmehr geht die Regierungsbegründung von einer Beweisbelastung des Versicherers für den Grad der groben Fahrlässigkeit aus.[89] Das Mittelwertmodell lässt sich weder auf eine behauptete Regel stützen, der Normalfall grober Fahrlässigkeit liege in der Mitte des Spektrums, noch darauf, dass der Gesetzgeber in § 28 Abs. 2 S. 2 Halbs. 2 VVG dem Versicherungsnehmer die Beweislast dafür auferlegt hat, nicht grob fahrlässig gehandelt zu haben.

383 Gleichwohl ist das Mittelwertmodell keineswegs in toto abzulehnen. Um zwischen dem „Ob" grober Fahrlässigkeit, hinsichtlich dessen der Versicherungsnehmer die Beweislast trägt, und dem vom Versicherer zu beweisenden „Wie" sinnvoll differenzieren zu können, bedarf es nämlich stets einer **Einstiegsquote**, von der aus sich die Beweislastverteilung bemisst. Diese Quote ist allerdings regelmäßig – insoweit abweichend vom Mittelwertmodell – nicht durch einen fixen Prozentsatz, sondern aufgrund des feststehenden **objektiven Schuldvorwurfs** zu bemessen. Jener Vorwurf ergibt sich entscheidend aus der Art und Weise, in der die Verhaltensnorm objektiv verletzt worden ist. Es ist sodann Sache des Versicherers, einen subjektiv höheren Verschuldensgrad (z.B. ein besonders rücksichtsloses Vorgehen) zu beweisen, während der Versicherungsnehmer die ihn in subjektiver Hinsicht entlastenden Umstände (z.B. Übermüdung, Unerfahrenheit) beweisen mag. Lässt sich im Einzelfall aus den Umständen des objektiven Verstoßes keine Einstiegsquote ermitteln, so kann **subsidiär das Mittelwertmodell** herangezogen und eine Quote von 50% angesetzt werden.[90]

384 Daraus, dass die Quotelung gem. § 28 Abs. 2 S. 2 VVG als ein **Kürzungsrecht** des Versicherers ausgestaltet ist, folgt zugleich, dass dieser sich im Prozess darauf berufen muss. Es handelt sich mithin um eine **Einrede** mit (im Regelfall nur: teilweise) rechtsvernichtender Wirkung. Im Zivilprozess wird eine Kürzung daher nicht von Amts wegen vorgenommen, wie dies bei einer Einwendung im engeren Sinne der Fall wäre.[91] Dies muss auch dann gelten, wenn es im Einzelfall zu einer Kürzung auf Null kommt (s. dazu Rn. 353ff.), da sich hierdurch nichts an der Ausgestaltung als Recht des Versicherers ändert. Geht es

---

88 *Felsch*, in: HK-VVG, § 28 Rn. 169ff.; *Langheid*, NJW 2007, 3665, 3669; *Weidner/Schuster*, r+s 2007, 363.

89 Regierungsbegr.; BT-Drucks. 16/3945, S. 68; gegen das Mittelwertmodell auch LG Münster, VersR 2009, 1615; *Marlow*, VersR 2007, 43, 44; *Wandt*, Rn. 617. Für Beweislast des Versicherungsnehmers *Pohlmann*, VersR 2008, 437, 441.

90 *Prölss*, in: Prölss/Martin, § 28 Rn. 138.

91 OLG Düsseldorf VersR 2011, 1388, 1389; *Wandt*, Rn. 626f.; a.A. *Prölss*, in: Prölss/Martin, § 28 Rn. 108 (für eo ipso-Wirkung).

hingegen um die Geltendmachung von (vollständiger) Leistungsfreiheit nach § 28 Abs. 2 S. 1 VVG, so ist von einer eo ipso-Wirkung auszugehen, da diese Rechtsfolge als automatisch eintretend ausgestaltet ist (s. dazu auch Rn. 1645).[92]

7. Abdingbarkeit

Der Gesetzgeber geht davon aus, dass die im VVG enthaltenen Regelungen zur verschuldensabhängigen Quotelung **abdingbar** sind.[93] Freilich ist zu beachten, dass der Gesetzgeber diese Regelungen zugleich vielfach als halbzwingend ausgestaltet hat. Dies gilt zwar nicht für § 81 Abs. 2 VVG (vgl. § 87 VVG), hingegen insbesondere für die praktisch besonders wichtige Regelung in § 28 Abs. 2 VVG (§ 32 S. 1 VVG). Dies bedeutet, dass eine vom Gesetz abweichende Vereinbarung den Versicherungsnehmer nicht schlechter stellen darf als das objektive Recht. Problematisch ist, ob es hierfür genügt, wenn bei **abstrakt-generalisierender Betrachtung** der Versicherungsnehmer durch die Klausel nicht benachteiligt wird, oder ob es ausgeschlossen sein muss, dass er in einem **konkreten Einzelfall** infolge der vereinbarten Regelung schlechter steht als nach dem Gesetz. 385

Beispiel: Nach den von Versicherer V verwendeten AVB soll die grob fahrlässige Verletzung einer vertraglichen Obliegenheit stets dazu führen, dass V seine Leistung um 50 % kürzen kann. Bei abstrakter Betrachtung benachteiligt diese Regelung den Versicherungsnehmer gegenüber § 28 Abs. 2 VVG nicht. Im konkreten Einzelfall wirkt sie sich für ihn hingegen dann nachteilig aus, wenn er mit einem unter 50 % anzusiedelnden Grad grober Fahrlässigkeit gehandelt hat. 386

Richtigerweise muss sich die Beurteilung, ob eine Vereinbarung dem Versicherungsnehmer nachteilig ist, losgelöst vom Einzelfall nach **abstrakt-generalisierenden Kriterien** richten.[94] Indem der Gesetzgeber eine Regelung für halbzwingend erklärt, möchte er nämlich lediglich verhindern, dass der Versicherungsnehmer auf derselben Abstraktionsebene, auf der sich auch das Gesetz befindet, benachteiligt wird. Hingegen bleibt es dem Versicherer unbenommen, statt einem quantitativen plus (z. B. Einschluss grober Fahrlässigkeit in den Bereich ungeschmälerter Leistungspflicht, ggf. auch als Tarifalternative mit Prämienzuschlag) ein **aliud** an die Stelle der gesetzlichen Regelung zu setzen, sofern hierdurch der durchschnittliche Versicherungsnehmer insgesamt nicht schlechter gestellt wird. Dies ist dann anzunehmen, wenn es mindestens ebenso viele Fälle gibt, in denen er durch die Klausel begünstigt wird, wie Fälle, in denen sie sich für ihn nachteilig auswirkt, und wenn auch der Umfang der Begünstigung bzw. Benachteiligung für ihn mindestens neutral ist. Die Vereinbarung einer **ge-** 387

92 Insoweit zutr. *Prölss*, in: Prölss/Martin, § 28 Rn. 108; a.A. etwa BGH VersR 1974, 689; VersR 1990, 384.
93 Regierungsbegr.; BT-Drucks. 16/3945, S. 69.
94 *Prölss*, in: Prölss/Martin, § 28 Rn. 139.

nerellen Kürzungsquote, die deutlich unterhalb von 50% liegt, erscheint daher unbedenklich.[95]

388 Nach der genannten Grundregel darf auch eine **Fallgruppenbildung mit festen Kürzungsquoten** den Versicherungsnehmer bei abstrakt-genereller Betrachtungsweise insgesamt nicht benachteiligen. Unvereinbar mit §§ 28 Abs. 2, 32 S. 1 VVG wäre es zudem etwa, wenn der Versicherer über den Verschuldensgrad hinaus weitere Kriterien für die Leistungskürzung einführen würde, die sich bei abstrakt-generalisierender Betrachtung eher zu Lasten des Versicherungsnehmers auswirken.

F. Teilbarkeit der Prämie

389 Nach früherem Recht (s. insbesondere § 40 VVG a.F.) hatte der Versicherungsnehmer die Prämie für die gesamte laufende Versicherungsperiode grundsätzlich auch dann zu zahlen bzw. dem Versicherer zu belassen, wenn der Vertrag während dieser Periode beendet wurde (Grundsatz der sog. **Unteilbarkeit der Prämie**). Dies sollte auch in solchen Fällen gelten, in denen der Beendigungsgrund nicht auf einem sorgfaltswidrigen Verhalten des Versicherungsnehmers beruht, wie dies etwa beim Wegfall des Interesses möglich ist (s. Rn. 1242).

390 Jene rigide Regelung erschien dem **Reformgesetzgeber** nicht mehr zeitgemäß. Zwar wird die Kalkulation des Versicherers erschwert, wenn er damit rechnen muss, bereits für eine Versicherungsperiode vereinnahmte Prämien anteilig wieder zurückzahlen zu müssen. Indessen bedeutete der Grundsatz der Unteilbarkeit, dass der Versicherungsnehmer auch für solche Zeiträume zur Prämienzahlung verpflichtet war, in denen der Versicherer keine Leistung mehr zu erbringen hatte. Daher ist in verschiedenem Kontext eine **zeitanteilige Prämienzahlungspflicht** (pro rata temporis, pro rata, proratarisch) an die Stelle der Zahlungspflicht für die gesamte laufende Versicherungsperiode getreten. Zu nennen ist insbesondere die **Grundregel des § 39 VVG** zur vorzeitigen Vertragsbeendigung. Einen weiteren Anwendungsfall der pro rata-Zahlungspflicht bildet der Wegfall des versicherten Interesses (§ 80 Abs. 2 VVG; s. Rn. 1240f.). Auch § 9 VVG ist in diesem Zusammenhang zu nennen (s. Rn. 897). Ferner sieht § 50 VVG bei der vorläufigen Deckung einen proratarischen Prämienanspruch vor (s. Rn. 964).

391 In einigen wenigen **Ausnahmefällen** trifft den Versicherungsnehmer auch nach neuem Recht eine Prämienzahlungspflicht für einen Zeitraum, für den er keinen Versicherungsschutz beanspruchen kann. Dabei geht es typischerweise um die Sanktionierung betrügerischen Verhaltens (s. §§ 74 Abs. 2, 78 Abs. 3 VVG). In Reinform ist der Grundsatz der Unteilbarkeit der Prämie in § 92 Abs. 3 S. 2 VVG aufrechterhalten worden; damit soll den Besonderheiten der Hagelversicherung als einer ein saisonales Risiko abdeckenden Versicherung Rechnung getragen werden (s. Rn. 1436).

95 *Prölss*, in: Prölss/Martin, § 28 Rn. 139.

§ 8 Versicherbarkeit von Risiken

Literatur

Armbrüster, Versicherung des Finanzinteresses in internationalen Versicherungsprogrammen, VersR 2008, 853; *Berliner*, Limits of Insurability of Risks, 1982; *Bogner*, Versicherung unternehmerischer Risiken, 2009; *Clausen*, Die Versicherbarkeit von Umweltschäden, 2005; *Kagelmacher*, Die Beschränkungen der Privatversicherungsfreiheit im Hinblick auf das Allgemeininteresse sowie auf Rechte Dritter, 1997; *Karten*, Zum Problem der Versicherbarkeit und zur Risikopolitik des Versicherungsunternehmens – betriebswirtschaftliche Aspekte, ZVersWiss 1972, 279; *R. Koch*, Versicherbarkeit von IT-Risiken: in der Sach-, Vertrauensschaden- und Haftpflichtversicherung, 2005; *Littbarski*, Zur Versicherbarkeit des „Unternehmerrisikos", 1980; *Stelzner*, Urheberrechtliche Medienrisiken im Internet – Schadensersatz und Versicherbarkeit, 2011; *Teschabai-Oglu*, Die Versicherbarkeit von Emerging Risks in der Haftpflichtversicherung, 2012; *HGFV* (Hrsg.), Der Umgang mit Risiken im Grenzbereich der Versicherbarkeit, 2002.

A. Überblick

Ob ein Risiko versicherbar ist, hängt teils von rechtlichen Vorgaben ab, im Wesentlichen aber von einer privatautonomen Einigung zwischen Risikoträger und Versicherer über den Risikotransfer und damit von wertenden Entscheidungen der Beteiligten. Demgemäß lässt sich zwischen rechtlichen/ordnungspolitischen, versicherungsmathematischen sowie wirtschaftlichen Anforderungen an die **Versicherbarkeit** unterscheiden.[96] 392

B. Rechtliche und ordnungspolitische Kriterien der Versicherbarkeit

Rechtlich versicherbar ist in Deutschland grundsätzlich jedes vermögenswerte, also wirtschaftliche (objektiv bewertbare) Interesse. Gewisse Grenzen markieren insbesondere die allgemeinen Grundregeln der §§ 134, 138 BGB zur Verbots- und Sittenwidrigkeit. Diese Grenzen betreffen freilich nur wenige Fälle. 393

Beispiel: Eine Versicherung gegen die wirtschaftlichen Belastungen des Versicherungsnehmers aus Bußgeldern oder Geldstrafen ist als sittenwidrig anzusehen. Das entsprechende Risiko ist mithin nicht versicherbar.[97] 394

Der Versicherungsvertrag kann auch dann nach den allgemeinen Regeln nichtig sein, wenn er der **Absicherung eines anstößigen Geschäfts** dient. 395

Beispiel:[98] Kunsthändler H möchte drei Kisten mit afrikanischen Masken und Figuren von Port Harcourt/Nigeria per Schiff nach Hamburg verfrachten 396

96 Eingehend *Berliner*, Limits of Insurability of Risks, 1982; ähnlich bereits *Karten*, ZVersWiss 1972, 279ff.

97 *Präve*, in: Prölss, VAG, § 8 Rn. 21; vgl. auch im Kontext des IPR Rn. 1922. Eingehend zur rechtlichen Versicherbarkeit *Kagelmacher*, S. 25ff.

98 Nach BGHZ 59, 82 = VersR 1972, 849ff.

und schließt zur Absicherung des Transportrisikos bei V einen Seetransportvertrag ab. Nach dem Transport macht H gegenüber V einen Anspruch wegen des angeblichen Verlusts von sechs Bronzefiguren geltend. Die Ausfuhr des Transportguts verstieß gegen ein nigerianisches Exportverbot für Kunstgegenstände.

397 Der BGH hält den Seeversicherungsvertrag für nichtig. Eine wirksame Versicherung setze ein erlaubtes versichertes Interesse voraus. Zwar sei das Exportverbot kein Verbotsgesetz i.S. des § 134 BGB, da diese Norm allein inländische Verbotsgesetze erfasse. Indessen führe der Verstoß gegen ein ausländisches Verbot dann zur Nichtigkeit wegen **Sittenwidrigkeit**, wenn das Verbot mittelbar auch den Schutz eines **inländischen** oder wenn es den Schutz eines **universell anerkannten Interesses** bezwecke. Nach heutiger Ansicht der Völkergemeinschaft sei das Interesse der Völker an der Erhaltung von Kulturwerten an Ort und Stelle allgemein zu achten. Nicht versicherbar sei das Interesse, wenn der Versicherer, sofern er den Verstoß gegen die guten Sitten gekannt hätte, den Versicherungsschutz nicht wirksam hätte übernehmen können.[99] Diese Entscheidung, die über den Versicherungssektor hinaus für die kollisionsrechtliche Frage nach der inländischen Beachtlichkeit ausländischer Verbotsgesetze für deutschem Recht unterliegende Verträge bedeutsam ist,[100] verdient Zustimmung.

398 Unterhalb der Schwelle von Verbotsgesetzen und Sittenwidrigkeit liegt eine **ordnungspolitische Schranke**: Die Deckung soll nicht nur mit jenen absoluten Grenzen der Privatautonomie, sondern darüber hinaus auch mit ordnungspolitischen Zielsetzungen vereinbar sein. Darin liegt keine Einschränkung der Versicherbarkeit im Sinne einer rechtlichen Grenze, wohl aber eine Leitlinie, an der die Versicherer sich in der Praxis auch jenseits bindender Vorgaben regelmäßig orientieren.

399 **Beispiel:** Unter ordnungspolitischen Gesichtspunkten wird die Versicherbarkeit des **Unternehmerrisikos** dann kritisch gesehen, wenn es um eine Art Gewinngarantie durch Versicherungsschutz geht: Das Risiko unternehmerischen Erfolges soll nicht durch einen Versicherer übernommen werden mit der Folge, dass dem Unternehmer der Anreiz zur Leistung genommen würde.[101] Hinzu kommt die versicherungsmathematische Erwägung, dass der Ertrag eines Unternehmens kaum kalkulierbar ist (s. dazu allgemein Rn. 401).

400 Die bislang angesprochenen Bereiche betreffen allein die rechtliche und ordnungspolitische Seite der Versicherbarkeit. Sofern in der Versicherungswissen-

---

99 BGH VersR 1962, 659; BGHZ 59, 82 = VersR 1972, 849, 850.

100 Zu jener Frage s. etwa *Armbrüster*, NJW 2001, 3581, 3583f.; *Kegel/Schurig*, IPR, 9. Aufl. 2004, S. 1092ff.

101 *Wandt*, Rn. 660. Zum Unternehmerrisiko eingehend *Littbarski*, Versicherbarkeit, 1980. S. auch BGH NJW 1966, 1073, 1074f. (betr. Betriebshaftpflichtversicherung); *Goßner*, in: Der Umgang mit Risiken im Grenzbereich der Versicherbarkeit, 2002, S. 5, 7f.

schaft die Frage der Versicherbarkeit eines Risikos erörtert wird, geschieht dies meist unter anderen, nämlich unter **versicherungsmathematischen** und **wirtschaftlichen Gesichtspunkten.** Die hierdurch geschaffenen Grenzen der Versicherbarkeit hängen – anders als im Verhältnis zu den rechtlichen und ordnungspolitischen Schranken – sachlich eng miteinander zusammen.

C. Versicherungsmathematische Kriterien der Versicherbarkeit

Weit ausdifferenziert sind die **versicherungsmathematischen** Kriterien der 401
Versicherbarkeit. Hierzu zählt zuallererst die Messbarkeit des Risikos: Um versicherbar zu sein, muss seine **Eintrittswahrscheinlichkeit** bekannt sein; diese darf – im hier interessierenden Bereich außerhalb der Lebensversicherung – nicht bei 100% liegen, und die Verteilung auf die Risikoträger (Versicherungsnehmer) muss zufällig sein. Zudem dürfen die versicherten Risiken nicht zu eng miteinander verbunden sein; die Schadensereignisse sollen vielmehr voneinander **unabhängig** oder zumindest nur begrenzt abhängig sein (zum Kumulrisiko s. Rn. 402). Der Höchstschaden, d.h. das Gesamtschadenspotential eines einzelnen versicherten Ereignisses, muss für den Versicherer beherrschbar sein. Zudem muss für den Schaden das **Gesetz der großen Zahl** gelten. Dies ist gewährleistet, wenn der durchschnittliche Schaden moderat und zugleich die Schadenhäufigkeit hoch sind. Hierdurch wird die künftige Schadensentwicklung kontinuierlicher und berechenbarer.

Versicherungstechnisch sind das Zufallsrisiko und das Irrtumsrisiko zu un- 402
terscheiden. Das **Zufallsrisiko** umfasst das Großschaden- und Katastrophenrisiko, das Ansteckungsrisiko sowie das Kumulrisiko. Unter **Kumulrisiko** versteht man das Risiko, dass durch den Eintritt ein und desselben zufälligen Ereignisses (z.B. Produktionsfehler; Pandemie) gleichzeitig bei mehreren oder vielen versicherten Einheiten (z.B. produzierten Kfz; Personen) Schäden verursacht werden. Die versicherten Einheiten erweisen sich insofern als nicht unabhängig voneinander. Das **Irrtumsrisiko** lässt sich unterteilen in Diagnoserisiko und Änderungs- sowie Prognoserisiko.

Schließlich dürfen das sog. subjektive Risiko und die Gefahr adverser Selek- 403
tion nicht übermäßig sein. **Subjektives (moralisches) Risiko** umschreibt den Umstand, dass der Versicherte sich aufgrund des Deckungsschutzes anders (gefahrträchtiger) verhält als dies ohne den Schutz der Fall wäre, sei es fahrlässig oder vorsätzlich. **Adverse (negative) Selektion** tritt ein, wenn sich Risikoträger mit hohem Risiko wesentlich häufiger als solche mit geringem Risiko Versicherungsschutz beschaffen (s. auch Rn. 233, 607).

D. Wirtschaftliche Kriterien der Versicherbarkeit

404 Rein faktisch sind bestimmte Risiken deshalb nicht versicherbar, weil kein Versicherer dazu bereit ist, am **Markt** einen entsprechenden Deckungsschutz anzubieten. Eine derartige Ablehnung kann verschiedene Motive haben.[102] So kann der Versicherer aufgrund seiner Risikokalkulation zu der Einschätzung gelangt sein, dass er eine von den Risikoträgern (Versicherungsnehmern) als **prohibitiv hoch angesehene Prämie**[103] verlangen müsste, um die nach dem Vorsichtsprinzip gebotenen versicherungstechnischen Rückstellungen bilden zu können. Dies ist insbesondere dann der Fall, wenn ein hohes sog. Kumulrisiko (s. Rn. 402) oder statistische Unsicherheiten hinsichtlich des Maximalschadens und der Eintrittswahrscheinlichkeit bestehen[104] und der Versicherer daher hohe Risikozuschläge berechnet.

405 Davon zu unterscheiden ist die Situation, dass lediglich **seltene Großschadensereignisse** in Rede stehen. Hier wird eine prohibitiv hohe Prämie eher darauf zurückzuführen sein, dass es sich um ein **ungewöhnliches, schwer kalkulierbares Risiko** handelt, bei dessen Eintritt exorbitant große Schäden drohen. Auch kann es vorkommen, dass der Versicherer zwar eine bezahlbare Prämie errechnet, dies jedoch nur um den Preis von **inakzeptablen Deckungsbegrenzungen** (Selbstbehalten, Höchstgrenzen etc.; zu diesen Instrumenten zur Beschränkung des übernommenen Risikos s. Rn. 244). In beiden Fällen – prohibitiv hohe Prämien; inakzeptable Deckungsbegrenzungen – ist es für den Versicherer nicht allein wegen des zu erwartenden unbefriedigenden Nachfrageverhaltens, sondern auch aus Imagegründen geboten, nicht mit einem Angebot auf den Markt zu gehen.

406 Eine weitere marktbedingte Grenze der Versicherbarkeit markiert die **Branchenkapazität.**[105] Hierzu zählt insbesondere auch die auf dem Markt verfügbare Kapazität an **Rückversicherungsschutz**, denn davon wird häufig zugleich diejenige des Erstversicherers abhängen (zur Unterscheidung von Erst- und Rückversicherung s. Rn. 65f.). Eine damit verwandte Möglichkeit, sehr hohe und schwer kalkulierbare Risiken zu decken, bietet die Zusammenarbeit in einem Risikopool. Beim sog. **Risk Pooling** verpflichten sich mehrere Versicherer, die im Poolvertrag benannten Risiken nach einem bestimmten Verteilungsschlüssel anteilig zu übernehmen. Regelmäßig geschieht dies dadurch, dass jeder Versicherer ein bestimmtes Einzelrisiko eines Versicherungsnehmers von diesem übernimmt und in den Pool einbringt, wo sie gleichsam auf alle am Pool beteiligten Versicherer kollektiviert werden.

---

102 S. auch *Eszler*, Versicherbarkeit und ihre Grenzen. Analyse und Systematisierung auf erkenntnistheoretisch-ontologischer Basis, 1999, S. 14f.

103 Zum Ziel einer „vernünftigen Prämie" s. auch *Farny*, in: HGFV (Hrsg.), Der Umgang mit den Risiken im Grenzbereich der Versicherbarkeit, 2002, S. 2.

104 S. etwa *Gardette*, ZVersWiss 1997, 211, 216.

105 S. wiederum *Farny*, in: HGFV (Hrsg.), Der Umgang mit den Risiken im Grenzbereich der Versicherbarkeit, 2002, S. 2.

Beispiele: Im **Atompool** werden die spezifischen, mit dem Betrieb von Kernkraftwerken zusammenhängenden Gefahren gebündelt. Die **Extremus Versicherungs-AG** lässt sich als Pool für Terrorismusrisiken einordnen. Die **Pharma-Rückversicherungs-Gemeinschaft** (Pharmapool) poolt die aus der Herstellung von Arzneimitteln resultierenden Risiken. 407

In jüngerer Zeit sind verschiedene Instrumente entwickelt worden, um durch eine Verlagerung von Risiken auf den **Kapitalmarkt** weitere Kapazität zu schaffen (Alternative Risk Transfer; s. dazu Rn. 279). 408

§ 9 Schadens- und Summenversicherung; Interesseerfordernis

Literatur

Adler, Das Tagegeld in der Krankenversicherung als Schadens- oder Summenversicherung, 1995; *Armbrüster*, Versicherungswert und Privatautonomie, in: Recht genau. Liber amicorum J. Prölss, 2009, S. 1; *Kisch*, Handbuch des Privatversicherungsrechts, Band III: Die Lehre von dem Versicherungsinteresse, 1922.

A. Abgrenzung von Schadens- und Summenversicherung

Eine für das Versicherungsvertragsrecht grundlegende Unterscheidung ist diejenige zwischen Schadens- und Summenversicherung. Diese beiden Arten der Versicherung zielen auf die Absicherung verschiedenartiger Interessen: Bei der **Schadensversicherung** geht es darum, Vorsorge für den Fall einer konkreten Vermögenseinbuße zu treffen. Daher ist der Versicherer hier nach Eintritt des Versicherungsfalls verpflichtet, dem Versicherungsnehmer den durch jenes Ereignis konkret verursachten Vermögensschaden im vereinbarten Umfang zu ersetzen. Die Höhe der Eintrittspflicht hängt damit grundsätzlich vom konkreten Bedarf ab (**konkrete Bedarfsdeckung**). 409

Beispiel: Grundstückseigentümer A nimmt für das von ihm bewohnte Gebäude Versicherungsschutz gegen Feuer durch eine Gebäude-Feuerversicherung. Nach den in den Vertrag einbezogenen AVB hat der Versicherer dann, wenn das Gebäude abbrennt, die Kosten eines Wiederaufbaus einschließlich der Mehrkosten aufgrund behördlicher Auflagen usw. zu ersetzen (s. Rn. 1859ff.). 410

Weitere wichtige Zweige der Schadensversicherung sind etwa die **Hausratversicherung** (s. Rn. 1867ff.), die **Haftpflichtversicherung** (s. Rn. 1647ff.) und die **Rechtsschutzversicherung** (s. Rn. 1771ff.). 411

Demgegenüber zielt die **Summenversicherung** nicht darauf ab, dem Versicherungsnehmer einen Ausgleich für einen konkreten wirtschaftlichen Verlust zu bieten, sondern ihm abstrakt eine bestimmte Geldsumme zur Verfügung zu stellen, wenn der Versicherungsfall eintritt. Die Leistung des Versicherers ist mithin losgelöst vom tatsächlichen Bedarf des Versicherungsnehmers (**abs-** 412

trakte Bedarfsdeckung). Die Abstraktheit liegt darin, dass es nicht darauf ankommt, ob durch den Eintritt des Versicherungsfalls dem Versicherungsnehmer ein konkreter Bedarf entsteht und welchen Umfang ein solcher konkreter Bedarf hat. Vielmehr legen die Parteien den Bedarf selbst vertraglich endgültig und losgelöst von einer Bezugnahme auf einen konkreten Schaden fest. Es ist weder ein eigenes, durch den Eintritt des Versicherungsfalls berührtes Interesse des Versicherungsnehmers erforderlich noch unterliegt die betragsmäßige Festlegung der Leistungspflicht des Versicherers rechtlichen Einschränkungen, wie sie in der Schadensversicherung verschiedentlich bestehen (s. Rn. 428ff.). Typisch für diese Art der Versicherung ist die **Lebensversicherung** (s. Rn. 1923ff.).

413 Die Differenzierung zwischen Schadens- und Summenversicherung ist von großer Bedeutung für die **Rechtsanwendung**. Zahlreiche für die Rechtsstellung der Beteiligten wichtige Vorschriften des VVG gelten nämlich allein für die Schadensversicherung. Dies betrifft insbesondere die §§ 74–99 VVG, die bereits ausweislich der Kapitelüberschrift der Schadensversicherung gewidmet sind. Entsprechende Sonderegeln für die Summenversicherung sieht das VVG hingegen nicht vor. Unter den §§ 74ff. VVG befinden sich so bedeutsame Regelungen wie diejenigen zu Über- und Unterversicherung (§§ 74f. VVG), zur Schätzung des Versicherungswerts (sog. Taxe, § 76 VVG) und zum Rückgriff (Regress) des Versicherers auf den schädigenden Dritten im Wege der Legalzession nach § 86 VVG (s. dazu das Beispiel in Rn. 419).

414 Einige der besonderen Regeln für die Schadensversicherung erklären sich daraus, dass nur bei der Schadens-, nicht aber bei der Summenversicherung das **Interesse** des Versicherungsnehmers konkretisiert ist. Daher trifft der Gesetzgeber beispielsweise durch die Regeln zur Über- und Unterversicherung Vorsorge dagegen, dass die vereinbarte Versicherungssumme vom objektiven Wert des versicherten Interesses (**Versicherungswert**) abweicht und hierdurch einer Vertragspartei Nachteile entstehen (näher Rn. 1319ff.). Eine dem Versicherungswert vergleichbare objektive Referenzgröße gibt es bei der Summenversicherung nicht. Daher kann etwa bei einer Lebensversicherung die Versicherungssumme ohne gesetzliche Beschränkungen gewählt werden. Insoweit führen allein die Marktverhältnisse dazu, dass es gewisse faktische Einschränkungen gibt. Insbesondere wird ein Versicherer dann, wenn der Versicherungsnehmer eine besonders hohe Versicherungssumme beantragt (z.B. ab 1 Mio. €), im Hinblick auf ein möglicherweise gesteigertes Risiko regelmäßig eine besonders genaue Risikoprüfung vornehmen und den Vertragsschluss ggf. ablehnen. Demgegenüber müsste bei der Schadensversicherung dann, wenn sie Aktivenversicherung ist, also das Interesse an einem vorhandenen Vermögenswert (z.B. Wohngebäude) schützen soll, die Versicherungssumme theoretisch stets gleich sein, unabhängig davon, mit welchem Versicherer ein Versicherungsnehmer den Vertrag abschließt.

415 In der **Vertragspraxis** kommt es freilich auch bei der Schadensversicherung zu gewissen Unterschieden. Sie hängen insbesondere damit zusammen, dass die Regeln zur Ermittlung des Versicherungswerts oft nicht mathematisch genau zu

einem bestimmten Betrag führen, sondern gewisse Spielräume zulassen; zudem wird bisweilen eine Taxe vereinbart (s. auch Rn. 1304ff.).

Bei der Schadensversicherung in Gestalt der sog. **Passivenversicherung**, die gegen wirtschaftliche Belastungen aufgrund einer Haftung gegenüber Dritten schützt (Musterbeispiel: Haftpflichtversicherung), gibt es grundsätzlich keine Vorgaben für die Höhe der Versicherungssumme. Eine Ausnahme gilt hier regelmäßig für die Pflichtversicherung, bei der bestimmte Mindestsummen vorgeschrieben sind (vgl. § 114 Abs. 1 VVG und Rn. 1684). 416

Der soeben erörterte Unterschied zwischen Schadens- und Summenversicherung hinsichtlich des Interesseerfordernisses führt zu einer Frage, die große Bedeutung für die Praxis der Vertragsgestaltung hat: Inwieweit ist bei der Schadensversicherung das für den Abschluss eines Versicherungsvertrags erforderliche zu versichernde Interesse einer **privatautonomen Vereinbarung** durch die Vertragsparteien zugänglich? Diese lebhaft umstrittene Frage wird im Anschluss an die Abgrenzung beider Versicherungsarten näher untersucht (s. Rn. 428ff.). 417

Eine weitere grundlegende Abweichung der Schadens- von der Summenversicherung tritt in der **Regressregel** des § 86 VVG (s. Rn. 1345) zutage. Hiernach gehen bei der Schadensversicherung (als sog. **Aktivenversicherung**, die wirtschaftliche Nachteile aufgrund der Schädigung vorhandener vermögenswerter Güter abdeckt) solche Ansprüche des Versicherungsnehmers gegen Dritte grundsätzlich auf den Versicherer über, die sich auf den vom Versicherer ersetzten Schaden beziehen. Der Anspruchsübergang erfolgt nur in dem Umfang, in dem der Versicherer tatsächlich an den Versicherungsnehmer leistet. Eine derartige Regressregelung fehlt bei der Summenversicherung. 418

Beispiel: Brandstifter B legt im Haus des Versicherungsnehmers A ein Feuer. Bei dem Brand kommt A ums Leben; sein Haus wird zerstört. Gebäudeversicherer G zahlt an die Erben des A eine Entschädigung in Höhe der Versicherungssumme aus. Zugleich erhalten die Erben von Lebensversicherer L die Lebensversicherungssumme ausbezahlt. G kann gem. § 823 Abs. 1 BGB sowie §§ 823 Abs. 2 BGB, § 306c StGB, jeweils i.V. mit § 86 Abs. 1 S. 1 VVG, von B den an die Erben gezahlten Betrag ersetzt verlangen. Demgegenüber hat L keinen Regressanspruch gegen B. 419

An diesem Unterschied wird deutlich, dass bei Schadens- und Summenversicherung das **Leistungsversprechen** des Versicherers in gewissem Umfang verschiedenartig ist: Bei der Schadensversicherung in Gestalt der Aktivenversicherung (also außerhalb der Haftpflichtversicherung) besteht seine Leistung in solchen Fällen, in denen für den Schaden ein liquider und erreichbarer Dritter verantwortlich ist, letztlich allein in einer Flankierung des gegen jenen Dritten bestehenden Ersatzanspruchs durch einen eigenständigen, liquiden **weiteren Anspruch.** Bei der Summenversicherung tritt der gegen den Versicherer gerichtete Anspruch hingegen zu demjenigen gegen einen Schädiger hinzu. Es ist dann eine Frage der Schadensberechnung gem. §§ 249ff. BGB, ob und inwieweit der 420

Anspruch des Geschädigten gegen dessen Versicherer zugunsten des Schädigers schadensmindernd anzurechnen ist. Eine solche Anrechnung – insbesondere im Wege der **Vorteilsausgleichung** – scheidet regelmäßig bereits im Hinblick darauf aus, dass der Versicherungsnehmer den aus der Lebensversicherung fließenden Vorteil durch eigene Aufwendungen in Gestalt der Prämienzahlungen finanziert hat.[106] Bei der Schadensversicherung stellt sich die Frage einer Anrechenbarkeit angesichts der Legalzession gem. § 86 VVG grundsätzlich nicht (s. Rn. 1347; zum davon zu unterscheidenden Thema des Quoten- und Befriedigungsvorrechts des Versicherungsnehmers s. Rn. 1360ff.).

421 In der **Praxis** erweisen sich die Unterschiede zwischen Schadens- und Summenversicherung freilich als geringer. Dies hängt insbesondere damit zusammen, dass bei der Schadensversicherung oft schon kein Schädiger haftbar ist. Sofern dies anders ist, scheitert die Durchsetzung eines bestehenden Schadensersatzanspruchs bisweilen an mangelnder Liquidität oder Greifbarkeit des haftpflichtigen Dritten. In diesen Fällen kann mithin weder der Versicherungsnehmer noch – nach dem Anspruchsübergang gem. § 86 Abs. 1 S. 1 VVG – der Versicherer von dem Dritten Schadensersatz erlangen.

422 Bei der Summenversicherung führt die oben (s. Rn. 412) angesprochene Abstraktion dazu, dass der Ausgangspunkt einer **Anknüpfung an den Bedarf** des Versicherungsnehmers (als verbindendes Element aller Versicherungsverträge) letztlich aufgegeben wird. Es erscheint daher vorzugswürdig, die Funktion von Versicherung nicht in der Deckung eines Bedarfs zu sehen, sondern in der Sicherung der wirtschaftlichen Planungen des Versicherungsnehmers (**Plansicherungstheorie**; s. Rn. 178). Dies bedeutet keineswegs, dass kein Bedarf des Versicherungsnehmers in Rede steht. Entscheidend ist aber, dass jener Bedarf durch den Versicherungsnehmer in der Summenversicherung völlig frei bestimmt wird. Dieser Befund kommt in der Plansicherungstheorie klarer zum Ausdruck als in einem an den Bedarf des Versicherungsnehmers anknüpfenden Modell. Ein rein subjektiv festgelegtes Ziel entspricht nämlich keinem objektiven Bedarf, sondern einem Plan. Mit der Plansicherungstheorie ist ein Erklärungsmodell für den individuellen Zweck von Versicherung gefunden, das sowohl für die Summen- als auch für die Schadensversicherung Geltung beanspruchen kann. Der Umstand, dass die privatautonome Umsetzung des Plans in der Schadensversicherung gewissen objektiv-rechtlichen Grenzen unterworfen ist (s. dazu Rn. 428ff.), steht dem keineswegs entgegen, da sich dann lediglich die Plansicherung nicht in dem vom Versicherungsnehmer angestrebten Umfang verwirklichen lässt.

423 Bei Personenversicherungen (s. Rn. 93) handelt es sich in der herkömmlichen Vertragspraxis zumeist um eine Summenversicherung. Rechtlich zwingend ist dies aber nicht. Vielmehr gilt: Eine **Summenversicherung ist stets** (Ausnahme: Unfallversicherung; s. Rn. 93) **Personenversicherung**, nicht aber umgekehrt.

---

106 S. nur BGHZ 39, 249, 251ff. = NJW 1963, 1604; *Oetker*, in: MünchKomm-BGB, § 249 Rn. 258ff.

So kann die Krankentagegeldversicherung als Schadensversicherung ausgestaltet sein (s. Rn. 425ff.). Wichtige Arten der Personenversicherung, die zugleich Summenversicherung ist, sind die Kapital- und die Risikolebensversicherung (s. Rn. 1923ff.) sowie die Berufsunfähigkeitsversicherung (s. Rn. 1973ff.).

B. Abgrenzungskriterien

Die **Abgrenzung** der Summen- zur Schadensversicherung kann im Einzelfall schwierig sein. Dies zeigt das folgende Beispiel einer Krankentagegeldversicherung. 424

Beispiel: Versicherer V vereinbart in einer Krankentagegeldversicherung folgende AVB: „… *2) Das Krankentagegeld darf zusammen mit sonstigen Krankentage- und Krankengeldern das auf den Kalendertag umgerechnete, aus der beruflichen Tätigkeit herrührende Nettoeinkommen nicht übersteigen. Maßgebend für die Berechnung des Nettoeinkommens ist der Durchschnittsverdienst der letzten 12 Monate vor Antragstellung bzw. vor Eintritt der Arbeitsunfähigkeit, sofern der Tarif keinen anderen Zeitraum vorsieht. (…) 4) Erlangt der Versicherer davon Kenntnis, dass das Nettoeinkommen der versicherten Person unter die Höhe des dem Vertrage zugrunde gelegten Einkommens gesunken ist, kann er ohne Unterschied, ob der Versicherungsfall bereits eingetreten ist oder nicht, das Krankentagegeld und die Prämie mit Wirkung vom Beginn des zweiten Monats nach Kenntnis entsprechend dem geminderten Nettoeinkommen herabsetzen. Bis zum Zeitpunkt der Herabsetzung wird die Leistungspflicht im bisherigen Umfang für eine bereits eingetretene Arbeitsunfähigkeit nicht berührt (…).*“ 425

Die angeführte Klausel ist weder überraschend gem. § 305c Abs. 1 BGB noch unwirksam gem. § 307 Abs. 2 BGB.[107] Hier stellt sich die Frage, ob eine Schadens- oder eine Summenversicherung vorliegt. Die Krankentagegeldversicherung bietet Schutz gegen Verdienstausfall. Sie kann als Summen- oder als Schadensversicherung ausgestaltet werden (arg. § 194 Abs. 1 S. 1 VVG). Der BGH geht nur dann von einer Schadensversicherung aus, wenn eine beim Versicherungsnehmer eintretende **Einkommensminderung** automatisch zu einer Reduzierung der Versicherungsleistung und nicht nur zu einer Anpassung in der Zukunft führt.[108] Demnach wäre hier von einer Summenversicherung auszugehen. Nach der Gegenansicht berührt die Tatsache, dass die Berechnung eines Schadens (Verdienstausfall) erst von einem bestimmten Zeitpunkt an berücksichtigt wird, die Einordnung als Schadensversicherung nicht.[109] Im Hinblick darauf, dass auch hier eine Verbindung zwischen der Einkommenseinbuße und dem Versicherungsschutz besteht, erscheint dies überzeugend. 426

107 OLG München r+s 2012, 607, 608.
108 BGH VersR 2001, 1100, 1101; *Wilmes*, in: Bach/Moser, 4. Aufl. 2009, § 1 MBKT Rn. 4.
109 *Prölss*, in: Prölss/Martin, § 1 Rn. 89; s. auch *Hof*, VersR 1974, 111, 112f.

427 Die Unterscheidung zwischen Schadens- und Summenversicherung ist auch in dem Beispielsfall von Rn. 425 für die Anwendung der §§ 74ff. VVG, insbesondere des § 86 VVG, praktisch bedeutsam, da diese Vorschriften nach § 194 Abs. 1 S. 1 VVG nur für die als Schadensversicherung ausgestaltete Krankentagegeldversicherung gelten (s. auch Rn. 424ff.). Lehnt man mit dem BGH eine Einordnung als Schadensversicherung ab, so ist § 86 VVG nicht (direkt) anwendbar. Dies bedeutet, dass V dann, wenn er gegenüber einem Versicherungsnehmer wegen dessen Arbeitsunfähigkeit Leistungen erbringt, den Dritten, der für die Arbeitsunfähigkeit nach § 823 Abs. 1 BGB haftbar ist, nicht im Regressweg in Anspruch nehmen kann. Teilweise wird freilich eine **analoge Anwendung** des § 86 VVG auf die als Summenversicherung ausgestaltete Krankentagegeldversicherung befürwortet.[110] Dagegen spricht freilich, dass nach der VVG-Reform die für eine solche Analogie erforderliche planwidrige Regelungslücke angesichts des § 194 Abs. 1 VVG fehlt.

C. Interesseerfordernis in der Schadensversicherung

I. Grundsatz

428 Es wurde bereits dargelegt, dass es bei der Schadens- anders als bei der Summenversicherung einen **Versicherungswert** gibt (s. Rn. 414). Er stellt eine wichtige Größe dar, durch die – entsprechend dem Grundsatz konkreter Bedarfsdeckung (s. Rn. 409) – in verschiedener Hinsicht die Vertragsgestaltungsfreiheit eingeschränkt wird. So stellt § 76 VVG Grenzen für die Vereinbarung des Versicherungswerts (sog. Taxe) auf. Auch in den Vorschriften zur Überversicherung (§ 74 VVG) und zum Fehlen eines versicherten Interesses (§ 80 VVG) tritt die Bedeutung des Versicherungswerts zutage. Um diesen ermitteln zu können, muss das **versicherte Interesse** identifiziert werden, auf das sich jener Wert bezieht. Anhand der genannten Vorschriften wird mithin das Erfordernis deutlich, dass der Versicherungsnehmer ein eigenes vermögenswertes Interesse hat, das durch den Eintritt des Versicherungsfalls betroffen wird. Dieser **Grundsatz konkreter Bedarfsdeckung** bedeutet, dass die Leistung des Versicherers den an jenem Interesse orientierten objektiven Bedarf des Versicherungsnehmers nicht überschreiten darf.

429 Die Privatautonomie ist sowohl hinsichtlich der Festlegung des versicherten Interesses als auch im Hinblick auf dessen Bewertung beschränkt. Für diese Beschränkungen, denen die Vertragsparteien in der Schadensversicherung anders als in der Summenversicherung unterworfen sind, gibt es gute Gründe. Wären die Vertragspartner nämlich in der Lage, den Versicherungswert völlig frei von rechtlichen Bindungen allein nach subjektiven Kriterien festzulegen, so würde die Schadensversicherung vielfach zu **Spiel oder Wette** mutieren (s. Rn. 435). Hinzu kommt, dass sich durch die mit dem Interesseerfordernis ver-

---

110 *Prölss*, in: Prölss/Martin, § 86 Rn. 3.

bundenen Beschränkungen das **subjektive Risiko** reduziert: Der Vertrag bietet dem Versicherungsnehmer dann keinen wirtschaftlichen Anreiz, den Versicherungsfall fahrlässig oder gar vorsätzlich selbst herbeizuführen, wenn er keine über sein objektives Interesse hinausgehende Leistung des Versicherers beanspruchen kann.[111]

Das versicherte Interesse muss dann in Geld bemessbar sein, wenn der Versicherer sich gegenüber dem Versicherungsnehmer zu einer **Geldleistung** verpflichtet. Dies ist in der Praxis traditionell in aller Regel der Fall. Nur selten wird die Leistungspflicht des Versicherers auf eine Naturalherstellung bezogen, so dass es der Bestimmung einer Versicherungssumme nicht bedarf. Wichtigstes Beispiel hierfür ist die Glasversicherung.[112] Neuerdings bieten Versicherer freilich vermehrt sog. Assistance-Leistungen an (s. Rn. 1090ff.). In solchen Fällen ergeben sich hinsichtlich der durch den Grundsatz konkreter Bedarfsdeckung gezogenen Grenzen regelmäßig keine Probleme, da der Bedarf in natura gedeckt wird. 430

II. Abweichende Vereinbarungen zum versicherten Interesse

Wie soeben dargelegt, gibt es für das Interesseerfordernis wichtige Gründe, die für das ordnungsgemäße Funktionieren des Geschäftsmodells der Versicherung bedeutsam sind. Im Folgenden soll untersucht werden, inwieweit den Parteien gleichwohl Gestaltungsspielräume verbleiben. Solche Freiräume können sich bereits auf die **Bestimmung des versicherten Interesses** beziehen. Es kommt in Betracht, den Umfang der vom Versicherer versprochenen Leistung von einem durch den Eintritt des Versicherungsfalls objektiv verursachten Bedarf loszulösen. Dies könnte dadurch geschehen, dass anstelle eines rechtlichen – d.h. durch die vorhandenen Aktivposten (z.B. Eigentum an einem Wohngebäude) und die Abwesenheit von Passivposten (insbesondere Ansprüche Dritter) gekennzeichneten – Interesses ein rein wirtschaftliches oder sonst anerkennenswertes Interesse als versicherbar angesehen wird.[113] Letzteres ist grundsätzlich dann anzunehmen, wenn es sich bei dem betreffenden Interesse um ein **eigenes wirtschaftliches Interesse** des Versicherungsnehmers (in der Fremdversicherung: des Versicherten; s. dazu Rn. 1595ff.) handelt. Hier ist die Versicherbarkeit des Interesses ohne Weiteres zu bejahen, und es bedarf lediglich noch der Bestimmung seines Wertes. 431

Beispiele: Das Interesse eines **Musikers** daran, dass er nicht in den Hitlisten „abstürzt". Das Interesse eines sog. **Werbepartners** an beruflichen Erfolgen des von ihm gesponserten Spitzensportlers. In solchen Fällen stehen mangels Auswirkungen auf die durch gegenwärtige Rechtspositionen geprägte Vermögens- 432

111 S. bereits Motive zum VVG 1908, Neudruck 1963, S. 70
112 S. dazu *Armbrüster*, in: Prölss/Martin, § 7.1 AGlB 2008 Rn. 1ff.
113 *Winter*, in: FS Wälder, 2009, S. 103, 114.

bilanz keine rechtlichen, wohl aber wirtschaftliche Interessen in Rede, nämlich die Absicherung künftiger Ertragsaussichten. Auch insoweit lässt sich ein Interesse an einer Plansicherung (s. Rn. 178) feststellen.

433 Fraglich ist, ob die Parteien darüber hinaus auch dann ein versicherbares Interesse vereinbaren können, wenn der Eintritt des Versicherungsfalls objektiv **keine wirtschaftlichen Auswirkungen** auf den Versicherungsnehmer hat. Dabei lassen sich wiederum zwei Konstellationen unterscheiden. Zum einen gibt es Fälle, in denen durch den Eintritt des Versicherungsfalls die Interessensphäre des Versicherungsnehmers objektiv in keiner Weise berührt ist.

434 **Beispiel:** Das Interesse an einem bestimmten Ausgang eines Fußballspiels, sofern der Versicherungsnehmer keine zumindest wirtschaftliche Verbindung zu dem Spielgeschehen (etwa als Sponsor; vgl. Rn. 432) hat.

435 Ließe sich das Interesse völlig frei definieren, so wäre es schlechterdings unmöglich, die eigene von fremden Interessensphären abzugrenzen, da dann reine Affektionsinteressen hinsichtlich jedes als Versicherungsfall in Betracht kommenden Ereignisses (z.B. der Niederlage einer Fußballmannschaft in einem bestimmten Spiel) vereinbart und diesen vertraglich ein Vermögenswert zugewiesen werden könnte. In derartigen Konstellationen steht keine Versicherung, sondern vielmehr **Spiel und Wette** in Rede.[114] Derartigen Abreden steht der Gesetzgeber, wie anhand der Ausgestaltung als unvollkommene Verbindlichkeit in § 762 BGB ersichtlich wird, anders als dem für sinnvoll erachteten Versicherungsschutz zurückhaltend gegenüber.

436 Zum anderen gibt es Fälle, in denen die **Betroffenheit der eigenen Interessensphäre** außer Zweifel steht.

437 **Beispiel:** Im Vertrag wird eine Ersatzleistung für eine durch den Eintritt des Versicherungsfalls (etwa die Zerstörung eines dem Versicherungsnehmer gehörenden Kunstwerks) entstandene **immaterielle Einbuße** versprochen.

438 Erblickt man einen **Bedarf** des Versicherungsnehmers außer im Ersatz des materiellen Wertes auch darin, dass er für den mit einem Verlust verbundenen **immateriellen Schaden** einen Ausgleich erlangt, so lässt sich dieser kaum anhand einer objektiven Vergleichsgröße bemessen. Auch hier würde man wiederum die Grenze zur Wette überschreiten. Es ist nämlich kein Kriterium ersichtlich, mit dem sich der Wert objektiv bestimmen ließe, was die Voraussetzung dafür böte, bei einem groben Missverhältnis die Bindungswirkung der Vereinbarung gem. § 76 S. 2 VVG abzulehnen. Die Versicherung reiner sog. Liebhaberinteressen an Sachen scheidet damit aus.

439 Für derartige Abreden setzt die Regelung des § 76 S. 2 VVG zur **Taxe** (s. Rn. 1304ff.) keine Grenze, da sie allein die betragsmäßige Vereinbarung des

114 Näher *Dreher*, S. 45; *Winter*, Versicherungsaufsichtsrecht, S. 182ff.; s. bereits *Gärtner*, Das Bereicherungsverbot, 1970, S. 49 (dort aber auch S. 64f.).

Versicherungswerts betrifft, nicht aber Abreden über den *Inhalt* des versicherten Interesses als solchem. Insoweit wäre auch gar kein Vergleich mit einem „wirklichen" Interesse möglich, da eine solche objektive Vergleichsgröße nicht existiert. Freilich weist die Vereinbarung des versicherten Interesses einen faktischen Bezug zur Anwendung von § 76 S. 2 VVG auf: Je umfassender bereits die Bestimmung des Interesses dem wirtschaftlichen Ziel des Versicherungsnehmers gerecht wird, umso weniger bedeutsam ist die Frage einer erheblichen Abweichung des Werts.

Eine wichtige Ausnahme von den genannten Einschränkungen gilt für den 440
Fall, dass das Interesse an der **Unversehrtheit des Körpers oder der Gesundheit** in Rede steht. Insoweit sieht das Schadensrecht in § 253 Abs. 2 BGB einen Zahlungsanspruch zum Ausgleich des Nichtvermögensschadens ausdrücklich vor. Der Gesetzgeber anerkennt damit einen entsprechenden, durch das schädigende Ereignis ausgelösten Bedarf. Mutet die Rechtsordnung es mithin sogar dem Schädiger zu, an den Verletzten eine Zahlung zu leisten, so spricht dies dafür, dass eine derartige Zahlung erst recht zum Gegenstand eines vertraglichen Leistungsversprechens des Versicherers gemacht werden kann. Gegen die Anerkennung eines entsprechenden Bedarfs des geschädigten Interesseträgers auch im Versicherungsvertragsrecht ließe sich freilich anführen, dass der Entschädigungsanspruch aus § 253 Abs. 2 BGB eine **Genugtuungsfunktion** hat. Daran ist richtig, dass für eine solche Funktion der Ersatzleistung im Verhältnis zum Versicherer, dessen Leistungspflicht ja allein auf einer entsprechenden Abrede mit dem Versicherungsnehmer beruht, kein Raum ist. Indessen ist die Bedeutung der Genugtuungsfunktion für den Ersatz immaterieller Schäden nicht zuletzt angesichts der jüngeren Rechtsentwicklung, die Schadensersatzansprüche bisweilen nicht mehr von einem Verschulden abhängig macht, zweifelhaft; eine gewisse Bedeutung kann sie wohl nur noch bei Vorsatz oder grober Fahrlässigkeit haben.[115] Vielmehr ist mit dem Anspruch auf immateriellen Schadensersatz nach zutreffender neuerer Sichtweise hauptsächlich eine **Ausgleichsfunktion** verbunden;[116] diese aber spiegelt durchaus einen tatsächlichen Bedarf wider. Insoweit lässt sich eine gewisse Parallele zur Neuwertversicherung (s. Rn. 1332ff.) bilden. Bei Personenschäden kommt hinzu, dass das subjektive Risiko hier von vornherein vergleichsweise gering ist. Mithin bleibt festzuhalten, dass bei der Festlegung des versicherten Interesses jenseits der Fälle eines objektiven wirtschaftlichen Bedarfs dort Gestaltungsspielraum bleibt, wo es um ein **von der Rechtsordnung anerkanntes immaterielles Interesse** geht.

115 S. demgegenüber noch BGHZ 18, 149, 154f.

116 Näher *Oetker*, in: MünchKomm-BGB, § 253 Rn. 10ff.

§ 10 Rechtsgrundlagen des Versicherungsvertrages

Literatur

Duvinage, Die Vorgeschichte und die Entstehung des Gesetzes über den Versicherungsvertrag, 1987. – Zur AGB-Kontrolle s. die Literaturangaben vor Rn. 535.

A. Gesetzes- und Gewohnheitsrecht

I. Das VVG als zentrales Gesetz

441 Die bedeutendste Rechtsquelle für das Versicherungsvertragsrecht ist das **Gesetz über den Versicherungsvertrag** (VVG). Es trat erstmals im Jahr 1908 in Kraft und ist damit beinahe so alt wie das BGB. Seit der umfangreichen Novellierung zum 1.1.2008 (s. Rn. 11ff.) ist das VVG in **drei Teile** untergliedert. In **Teil 1** (**Allgemeiner Teil**; §§ 1–99 VVG) finden sich diejenigen Normen, die für sämtliche Versicherungszweige gelten (Kapitel 1), sowie alle gemeinsamen Regelungen für die Schadensversicherung nebst Vorschriften zur Sachversicherung (Kapitel 2). **Teil 2** (**Einzelne Versicherungszweige**; §§ 100–208 VVG) enthält Vorschriften zu einigen praktisch bedeutsamen Sparten. Dabei sind auch nach der Reform von 2008 bei weitem nicht alle Versicherungszweige als solche im VVG geregelt; zudem ist die Regelungsdichte unterschiedlich. Der Gesetzgeber konnte sich insoweit mit (halb-)zwingenden Regeln im Hinblick darauf zurückhalten, dass die Ausgestaltung der einzelnen Versicherungszweige weitgehend in den AVB erfolgt, was eine Kontrolle anhand der §§ 305ff. BGB ermöglicht (s. dazu Rn. 535ff.). **Teil 3** (**Schlussvorschriften**; §§ 209–216 VVG) enthält insbesondere einige wichtige Regeln, durch die der Anwendungsbereich der vorangehenden Vorschriften eingeschränkt wird (s. Rn. 513).

442 Die **VVG-Reform** hat in vielen Punkten zu einer – teils exakten, teils modifizierenden – Kodifizierung der vorangegangenen höchstrichterlichen Rechtsprechung geführt und damit auch manches frühere Gewohnheitsrecht in Gesetzesrecht überführt (s. Rn. 463ff.). Darüber hinaus ist eine ganze Reihe bedeutsamer inhaltlicher Neuerungen geschaffen worden, die in der früheren Rechtsprechung kein Vorbild hatten (s. Rn. 12ff.).

443 Ähnlich wie bei den Änderungen, die das BGB durch die Schuldrechtsmodernisierung von 2002 erfahren hat, stellt sich auch bei der VVG-Reform die Frage nach der zeitlichen Geltung von altem und neuem Recht (sog. **Intertemporales Privatrecht**; Übergangsrecht). Im Versicherungsvertragsrecht ist dies deshalb auch praktisch besonders wichtig, weil es sich um Dauerschuldverhältnisse handelt. Eine Vielzahl von Verträgen ist vor Inkrafttreten des neuen Rechts abgeschlossen und danach fortgeführt worden, so dass sich für sie in viel umfassenderer Weise die Frage des anwendbaren Rechts stellt, als dies etwa für vor der Schuldrechtsmodernisierung von 2002 geschlossene, oftmals am Stichtag bereits abgewickelte Kaufverträge gilt. Die für das Übergangsrecht maßgeblichen Normen sind in den Art. 1–6 EGVVG enthalten. Demnach gilt zusammenfassend Folgendes: Auf ab dem Inkrafttreten des reformierten

Rechts am 1.1.2008 geschlossene Verträge (**Neuverträge**) ist das neue VVG ohne Weiteres umfassend anwendbar. Für die vor jenem Stichtag geschlossenen **Altverträge** hat der Gesetzgeber im Grundsatz eine einjährige Übergangsfrist vorgesehen: Nach Art. 1 Abs. 1 EGVVG ist das neue Recht auf sie erst seit dem 1.1.2009 anwendbar. Allerdings sind einige Ausnahmen zu beachten, von denen die wichtigsten hier genannt seien. So gelten für vor dem 1.1.2009 eingetretene Versicherungsfälle umfassend die alten Regeln (Art. 1 Abs. 2 EGVVG). Dies ist insbesondere für die erst nach diesem Stichtag zu erfüllenden Mitwirkungsobliegenheiten des Versicherungsnehmers (zu ihnen s. Rn. 1198ff.) bedeutsam. Zudem stellt Art. 3 EGVVG eine Reihe von Sonderregeln für die **Verjährung** auf. So richtet sich die Verjährung solcher Ansprüche, die am 1.1.2008 noch nicht verjährt waren, nach der im Vergleich von alter und neuer Rechtslage kürzeren Verjährungsfrist. Weitere Übergangsvorschriften betreffen die Lebens- und die Berufsunfähigkeitsversicherung (Art. 4 EGVVG) sowie die Rechte von Grundpfandrechtsgläubigern (Art. 5 EGVVG).

II. Andere zivilrechtliche Gesetze

Die Vorschriften des VVG werden durch **andere zivilrechtliche Gesetze** – etwa 444
durch das HGB und insbesondere durch das BGB – ergänzt, soweit das VVG überhaupt keine oder zumindest keine abschließende Regelung enthält. Teilweise finden sich im VVG auch ausdrückliche Verweisungen auf andere Gesetze. So verweist § 8 Abs. 4 VVG auf § 312g Abs. 1 S. 1 BGB. Bisweilen wird die Geltung eines anderen Gesetzes stattdessen durch eine implizite Bezugnahme angeordnet. Ein Beispiel hierfür ist § 22 VVG, der klarstellt, dass der Versicherer den Versicherungsvertrag wegen arglistiger Täuschung anfechten kann; diese Regelung verweist implizit auf § 123 BGB. Ist eine Frage hingegen durch das VVG abschließend geregelt, so ist der **Spezialitätsgrundsatz** (lex specialis derogat legi generali) zu beachten. Demnach können die Vorschriften des BGB in solchen Fällen nicht ergänzend herangezogen werden. Dies gilt etwa hinsichtlich der Prämienzahlung durch Dritte (§ 34 Abs. 1 VVG und dazu Rn. 1600; vgl. demgegenüber die restriktiveren §§ 267, 268 BGB). Die Anwendung des Spezialitätsgrundsatzes kann angesichts der Unterschiede zwischen den spezielleren und den allgemeineren Regelungen erhebliche praktische Bedeutung für den Ausgang eines Rechtsstreits erlangen.

Bisweilen gilt es auch zu entscheiden, ob sich aus einer Spezialregelung, deren 445
tatbestandliche Voraussetzungen im zu beurteilenden Fall nicht erfüllt sind, im **Umkehrschluss** (argumentum e contrario) ergibt, dass das Spezialgesetz auch für die nicht ausdrücklich aufgeführten Fälle eine abschließende, einen Rückgriff auf das allgemeinere Gesetz ausschließende Regelung enthält.

Beispiel: In dem in Rn. 316 geschilderten Rechtsstreit war zu entscheiden, ob 446
die Regelung eines speziellen Auskunftsanspruchs des Versicherers in § 202 VVG hinsichtlich medizinischer Gutachten oder Stellungnahmen im Umkehrschluss bedeutet, dass in anderen Sparten außerhalb der Krankenversiche-

rung eine Einsichtnahme in Sachverständigengutachten nicht beansprucht werden kann. Richtigerweise ist eine derartige Sperrwirkung angesichts der besonderen, gegenüber der allgemeinen Anspruchsgrundlage des § 810 BGB qualifizierten Voraussetzungen zu verneinen (s. Rn. 317).

447 Von einer Anwendung des Spezialitätsgrundsatzes (s. Rn. 444) zu **unterscheiden** ist der Fall, dass ein anderes Gesetz eine für Versicherungsverträge bedeutsame Materie regelt, ohne dass das VVG zu dem betreffenden Regelungsgegenstand eigene Vorschriften enthielte.

448 **Beispiel:** Die §§ 19 Abs. 1 Nr. 2, 20 Abs. 2 AGG enthalten einige Vorgaben zur **vertragsrechtlichen Gleichbehandlung von Versicherungsnehmern** (s. dazu Rn. 573ff.). Zu dem dort geregelten Fragenkreis enthält das VVG keine Aussagen. Dasselbe gilt im Hinblick auf den für die Lebensversicherung in § 11 Abs. 2 VAG aufgestellten Gleichbehandlungsgrundsatz, der allein aufsichtsrechtliche Bedeutung hat.

449 Mangels einer allgemeinen Regelung steht in solchen Fällen kein Spezialitätsverhältnis in Rede. Vielmehr hat das andere Gesetz eine **Komplementärfunktion**; es ist daher neben dem VVG anzuwenden. Dies gilt auch für die wenigen im **BGB** enthaltenen Regelungen mit Bezug zu Versicherungsverträgen. Dazu zählen insbesondere die §§ 1045, 1046 BGB (Nießbrauch) und die §§ 1127ff. BGB (Hypothek; über § 1192 BGB grds. auch auf die Grundschuld anwendbar). Bis zur VVG-Reform stellte § 330 BGB a.F. außer für Leibrentenverträge auch für die Lebensversicherung die Vermutung auf, dass es sich um einen echten Vertrag zu Gunsten Dritter handele. Die Vorschrift war in der Praxis wegen vorrangiger Regelungen in den AVB nicht bedeutsam und ist daher, soweit sie die Lebensversicherung betraf, im Zuge der Reform gestrichen worden. Aus dem **HGB** sind unter den Vorschriften mit Bezug zu Versicherungsverträgen insbesondere die das Recht der Versicherungsvermittlung betreffenden §§ 84ff., 93ff. HGB zu nennen (s. Rn. 651).

450 Bisweilen wirken sich bürgerlich-rechtliche Vorschriften zum Verbraucherschutz auf den Bestand und den Inhalt von Versicherungsverträgen aus. Diejenigen **Verbraucherschutzregeln des BGB**, die sich auf die **Modalitäten des Vertragsschlusses** beziehen (Haustürwiderruf; Fernabsatz), sind freilich auf Versicherungsverträge nicht anwendbar (§§ 312 Abs. 3 Halbs. 1, 312b Abs. 3 Nr. 3 BGB); insoweit hält das VVG eigene Schutzregeln bereit (s. Rn. 875ff.).

451 Abweichendes gilt indessen im Bereich des **Verbraucherdarlehens**. Insoweit sehen die §§ 491ff. BGB keine Bereichsausnahme für Versicherungsverträge vor. Hier können sich in mehrerlei Hinsicht schwierige Fragen stellen.

452 **Beispiel 1:**[117] A nimmt beim Kreditinstitut B ein Darlehen auf, das durch eine Restschuldversicherung abgesichert wird. Vereinbarungsgemäß entrichtet B die Versicherungsprämie unmittelbar an den Versicherer V.

---

117 Nach BGH VersR 2011, 1024.

Da sich durch jene Abrede die von A zurückzuzahlende Darlehensvaluta erhöht, dient das Darlehen zumindest teilweise der Finanzierung der Restschuldversicherung und damit eines anderen Vertrags. Angesichts dessen, dass dem A durch die direkte Zahlung der Prämie von B an V die freie Verfügungsbefugnis entzogen ist, ist regelmäßig auch von einer wirtschaftliche Einheit beider Verträge auszugehen. Mithin handelt es sich bei Darlehen und Restschuldversicherung um **verbundene Verträge** i.S.v. § 358 Abs. 3 BGB. Kann A den Darlehensvertrag nach § 495 Abs. 1 BGB widerrufen, insbesondere weil es an einer Belehrung über die Rechtsfolgen des verbundenen Vertrags nach § 358 Abs. 5 BGB fehlt, so ist A im Falle des **Widerrufs** gem. § 358 Abs. 2 BGB auch an die Restschuldversicherung nicht mehr gebunden. A hat dann dem B die Darlehensvaluta – einschließlich Zinsen (§§ 357 Abs. 1 S. 1, 346 Abs. 1, Abs. 2 S. 2 BGB) – insoweit zurückzuzahlen, als sie an ihn ausgekehrt worden ist. Zur Rückzahlung der **Versicherungsprämie** an B ist A hingegen nicht verpflichtet, weil gem. § 358 Abs. 4 S. 3 BGB der Darlehensgeber im Verhältnis zum Darlehensnehmer in die Rechte und Pflichten des Versicherers eintritt. Hinsichtlich der Prämie ist A auch nicht zur Zinszahlung verpflichtet, da § 358 Abs. 4 S. 2 BGB diese für denjenigen Teil des Darlehens ausschließt, der zur Finanzierung des verbundenen Geschäfts verwendet wird.[118] Da A einen Anspruch auf Rückgewähr der Versicherungsprämie gegen V hat, tritt B an die Stelle von V, so dass von der insgesamt zurückzugewährenden Darlehensvaluta ein Abzug in Höhe der Prämie vorzunehmen ist. 453

Beispiel 2:[119] Versicherer V sieht in seinen AVB zur Altersvorsorge (sog. Riester-Rente) folgende Klausel vor: „*Nach Vereinbarung können Sie Jahresbeiträge auch in halbjährlichen, vierteljährlichen oder monatlichen Raten zahlen. Für die Zahlung des Beitrages in unterjährigen Raten werden Ratenzahlungszuschläge von 2% bei halbjährlicher, 3% bei vierteljährlicher und 5% bei monatlicher Zahlungsweise erhoben.*“ Ein Verbraucherschutzverband hat die Verwendung dieser AVB in einem Verfahren nach § 1 UKlaG angegriffen. 454

Das LG Bamberg[120] hat diese Klausel gem. § 307 Abs. 1, Abs. 2 Nr. 1 BGB für unwirksam erklärt. Sie verstoße gegen § 6 Abs. 1 S. 2 PAngV, weil der **effektive Jahreszins** – der in solchen Fällen oft in der Größenordnung von 10–15% liegen wird – nicht angegeben sei; diese Angabe sei erforderlich, da es sich um die Gewährung eines **Zahlungsaufschubs gegen Entgelt** handele. Zudem sei die Klausel auch nach den §§ 499, 502 Abs. 1 S. 1 Nr. 4 BGB unwirksam. Die Einordnung als entgeltlicher Zahlungsaufschub hat weitreichende Folgen: Der Versicherer muss die besonderen Formvorschriften des § 492 BGB erfüllen. Überdies hat er den effektiven Jahreszins anzugeben (Art. 247 § 3 Abs. 1 Nr. 3 EGBGB). Vor allem aber steht dem Versicherungsnehmer, sofern er Verbraucher 455

118 BGH VersR 2011, 1024, 1025.
119 Nach OLG Bamberg VersR 2007, 529.
120 LG Bamberg BeckRS 2009, 88831.

ist, das Widerrufsrecht nach § 495 BGB zu, über das der Versicherer gesondert belehren müsste. Das OLG Bamberg[121] ist der Sichtweise des LG Bamberg nicht gefolgt und hat die Klage abgewiesen. Zur Begründung hat es darauf verwiesen, ein Zahlungsaufschub liege nicht vor, da die Vereinbarung unterjähriger Zahlung nicht zu vom Gesetz abweichenden Fälligkeitszeitpunkten führen würde. Daher handele es sich bei einem unter Verwendung der Klausel geschlossenen Versicherungsvertrag auch nicht um ein Teilzahlungsgeschäft i.S. von § 499 Abs. 2 BGB. Im Revisionsverfahren hat der beklagte Versicherer ein Anerkenntnis abgegeben, worauf der BGH[122] ein entsprechendes, nicht mit Gründen versehenes Anerkenntnisurteil gefällt hat (zur rechtspolitischen Problematik solcher sog. Nichtentscheidungen s. Rn. 141).

456 In einem späteren Verfahren hat der **BGH** die Einordnung der unterjährigen Zahlungsweise als Kreditgewährung in Form eines entgeltlichen Zahlungsaufschubs **abgelehnt.**[123] Zur Begründung wird zunächst an die bisherige Rechtsprechung angeknüpft, wonach ein entgeltlicher Zahlungsaufschub dann vorliegt, wenn die Fälligkeit abweichend vom dispositiven Recht gegen Entgelt hinausgeschoben wird. Sodann hebt das Gericht im Kern darauf ab, dass die vertragliche Regelung, wonach die Versicherungsprämie in Zeitabschnitten zu leisten ist, nicht vom dispositiven Recht abweicht (s. auch im Kontext der Prämienzahlungspflicht Rn. 1429). Das Gesetz regele in § 33 S. 1 VVG (§ 35 S. 1 VVG a.F.) lediglich die erste Prämie. Daher liege kein Zahlungsaufschub vor, wenn der Versicherer nach Zeitabschnitten (insbesondere: Monat, Vierteljahr, Jahr) gestaffelte Prämien anbiete, auch wenn diese unterschiedlich hoch sind. Dies gelte selbst dann, wenn der Versicherer in den AVB eine Jahresprämie vorsieht und die Parteien eine davon abweichende Vereinbarung getroffen haben. Auch in diesem Fall weiche die Gestaltung nicht vom dispositiven Recht zugunsten des Versicherungsnehmers ab.

457 Dieses Verständnis entspricht nach Ansicht des BGH auch den Anforderungen des **europäischen Verbraucherkreditrechts**. Nach den Vorgaben der Verbraucherkreditrichtlinie, die inzwischen in die konsolidierte Verbraucherrechte-Richtlinie[124] überführt worden sind, gelten deren Bestimmungen nicht für „Verträge über die wiederkehrende Erbringung von Dienstleistungen (...), bei denen der Verbraucher für die Dauer der Erbringung (...) Teilzahlungen für diese Dienstleistungen (...) leistet." Der **deutsche Gesetzgeber** sei zwar frei gewesen, gleichwohl die verbraucherkreditrechtlichen Regeln auf die unterjährige Zahlungsweise bei Versicherungsverträgen anzuwenden. Indessen habe er Dauerschuldverhältnisse mit laufenden Zahlungen nicht schon deshalb als vom Anwendungsbereich des VerbrKrG erfasst angesehen, weil die Tarife nach der

121 OLG Bamberg VersR 2007, 529.

122 BGH BeckRS 2009, 88767.

123 BGH VersR 2013, 341 Rn. 14ff.; so auch *Hadding*, VersR 2010, 697ff.; *Looschelders*, VersR 2010, 977ff.; a.A. etwa Staudinger/*Kessal-Wulf*, BGB, Bearb. 2012 § 506 Rn. 8.

124 Richtinie 2008/48/EG, Kap. I Art. 3 lit. c.

Zahlungsweise gestaffelt würden; insoweit stünden Rabatt- und nicht Kreditgesichtspunkte im Vordergrund.[125]

Für die Praxis ist die Frage durch diese höchstrichterliche Entscheidung geklärt. Freilich hat der BGH sich nicht mit der Frage einer zumindest **analogen Anwendbarkeit** der Vorschriften über den Verbraucherkredit auseinandergesetzt. Eine Analogie setzt einen dem gesetzlich geregelten vergleichbaren Sachverhalt und eine planwidrige Regelungslücke voraus. Gegen eine **planwidrige Lücke** ließe sich die in der Gesetzesbegründung vertretene, in Rn. 457 genannte Einschätzung anführen. Diese lässt sich freilich kaum mit dem Wortlaut von § 499 BGB vereinbaren. Vor allem widerspricht sie, und dies ist auch für eine Analogiebildung bedeutsam, zugleich dem objektivierten Sinn und Zweck der Regelung, dem Verbraucher die ihm durch die Entscheidung für eine nicht bereits jährlich im Voraus erfolgende Zahlung entstehenden **finanziellen Belastungen** deutlich vor Augen zu führen. Man könnte daher dahin argumentieren, dass es für den Verbraucher immer dann, wenn er die Wahl zwischen jährlicher Vorauszahlung und unterjähriger Zahlung hat, in gleichem Maße bedeutsam ist zu erfahren, welche Mehrkosten mit der Entscheidung für eine unterjährige Zahlung verbunden sind. 458

Lässt sich mithin der objektivierte Sinn und Zweck der §§ 499ff. BGB durchaus für eine Analogie anführen, so stellt sich jedoch darüber hinaus die Frage nach einer **Vergleichbarkeit der Sachverhalte**. Gegen die Vergleichbarkeit lässt sich einwenden, dass die Gewährung eines Kredits i.w.S. (Finanzierungshilfe) stets den Normalfall einer früheren Zahlung voraussetzt, und dass allein dadurch, dass der Versicherer dem Verbraucher mehrere Zahlungsvarianten zur Wahl stellt, noch kein Kredit eingeräumt wird. Zwar ist ein vergleichbares Informationsinteresse anzuerkennen. Wird kein Kredit gewährt, so kann dieses Interesse jedoch im Rahmen der **Beratungspflicht des Versicherers** nach § 6 VVG (zu ihr s. Rn. 718ff.) befriedigt werden. Demnach ist der Versicherer im Grundsatz nämlich dazu verpflichtet, den Versicherungsnehmer bei mehreren Tarifvarianten über deren Vor- und Nachteile aufzuklären; dies wird man auch auf Zahlungsvarianten zu erstrecken haben. Die Anforderungen dürfen freilich nicht überspannt werden. So ist davon auszugehen, dass jedenfalls ohne Nachfrage nicht der effektive Jahreszins beziffert werden muss, zumal da die Spezialvorschriften in § 6 PAngV und in § 502 Abs. 1 S. 1 Nr. 4 BGB nicht eingreifen. 459

III. Aufsichtsgesetze

Das **Versicherungsaufsichtsgesetz** (VAG) und seine Nebengesetze haben nur eine untergeordnete Bedeutung für das Versicherungsvertragsrecht. Dies gilt insbesondere, nachdem im Zuge der VVG-Reform die **Informationspflichten** des Versicherers neu geregelt und – was systematisch sachgerecht ist – vom VAG (vgl. § 10a VAG a.F. i.V. mit der Anlage zum VAG Teil D) in § 7 VVG 460

125 BT-Drucks. 11/5462, S. 17.

und in die VVG-InfoV (s. Rn. 786ff.) übergeleitet wurden. Aus § 10 VAG geht hervor, welchen Mindestinhalt AVB haben müssen (s. dazu auch Rn. 471).

461 Auswirkungen auf den Inhalt von Versicherungsverträgen hatte zudem § 81e VAG a.F., der eine **Ungleichbehandlung** von Versicherungsnehmern aufgrund ihrer Staatsangehörigkeit oder der Zugehörigkeit zu einer ethnischen Gruppe untersagte (s. Rn. 591ff.). Diese Norm ist freilich im größeren Kontext der allgemein-zivilrechtlichen Diskriminierungsverbote (zu ihnen s. Rn. 573ff.) zu sehen. Sie war jedenfalls seit dem Inkrafttreten von § 19 Abs. 1 Nr. 2 AGG inhaltlich überholt und zudem systematisch im VAG fehl am Platze und ist denn auch mit Wirkung zum 9.4.2013 aufgehoben worden.[126]

IV. Gewohnheitsrecht

462 Die Besonderheiten des Versicherungsvertrags haben dazu geführt, dass das Versicherungsvertragsrecht einige **Sonderentwicklungen** gegenüber dem sonstigen Schuldrecht aufweist. So kommt der beiderseitigen **Vertragstreue** hier eine gesteigerte Bedeutung zu, und zwar nicht allein im Vergleich zu Austauschverträgen, sondern auch zu sonstigen Dauerschuldverhältnissen (zum Kooperationsgebot s. Rn. 245ff.).

463 Die Sonderentwicklungen des Versicherungsvertragsrechts kommen nicht selten in der Herausbildung von **Gewohnheitsrecht** zum Ausdruck. Im Zuge der VVG-Reform sind freilich einige zuvor bereits gewohnheitsrechtlich anerkannt gewesene Besonderheiten kodifiziert worden.

464 **Beispiel 1:** Die sog. **Auge-und-Ohr-Rechtsprechung,** durch die dem Versicherer in weitem Umfang die Kenntnisse des Versicherungsvertreters zugerechnet worden sind, ist nunmehr in § 70 VVG geregelt (s. dazu Rn. 675ff.).

465 **Beispiel 2:** Jedenfalls bis zur VVG-Reform existierte das gewohnheitsrechtliche Institut der **Erfüllungshaftung,** welches dem Schuldrecht außerhalb von Versicherungsverträgen völlig fremd ist (s. dazu Rn. 774ff.). Inwiefern eine frühere, zu Gewohnheitsrecht erstarkte Rechtsprechung aufgrund der VVG-Reform überholt ist und inwiefern sie weiterhin gilt, lässt sich nicht generell beantworten. Man kann nämlich keineswegs ohne Weiteres davon ausgehen, dass der Reformgesetzgeber auf einen Schlag das gesamte tradierte Gewohnheitsrecht außer Kraft setzen wollte. Auf der anderen Seite wird man auch dann, wenn in den Gesetzesmaterialien kein ausdrücklicher Hinweis auf ein Abrücken von Gewohnheitsrecht zu finden ist, bisweilen aufgrund der Neuregelungen davon auszugehen haben, dass damit ein **in sich stimmiges neues Konzept** verwirklicht werden sollte, in dem für eine Aufrechterhaltung des Gewohnheitsrechts kein Raum mehr ist (s. zur Erfüllungshaftung Rn. 779).

---

126 BGBl. 2013 I, S. 610 (SEPA-Begleitgesetz).

B. Allgemeine Versicherungsbedingungen (AVB)

I. Definition

Allgemeine Geschäftsbedingungen (AGB) sind nach der Legaldefinition in § 305 Abs. 1 S. 1 BGB alle für eine Vielzahl von Verträgen vorformulierten Vertragsbedingungen, die eine Vertragspartei (Verwender) der anderen Partei bei Abschluss eines Vertrags stellt. Allgemeine Versicherungsbedingungen (AVB) sind mithin als AGB anzusehen, sofern sie für eine Vielzahl von Verträgen **vorformuliert** sind. AVB erfüllen regelmäßig diese Voraussetzungen. Dies gilt auch dann, wenn ein Versicherer wortwörtlich die von einem Verband – namentlich: dem GDV (s. Rn. 152) – vorformulierten Musterbedingungen übernimmt. Es kommt nämlich nicht darauf an, dass die AVB gerade von dem sie verwendenden Vertragspartner (hier ist dies in aller Regel der Versicherer; s. Rn. 116) formuliert sind. Vielmehr genügt es, wenn ihr Verfasser sie nicht nur zur ein- oder zweimaligen Verwendung bestimmt hat. Dies ist in aller Regel der Fall. 466

Bei **Verbraucherverträgen** reicht es darüber hinaus für die Anwendbarkeit einzelner Vorschriften, wenn die Bedingungen für die **einmalige Verwendung** bestimmt sind (§ 310 Abs. 3 Nr. 2 BGB). Diese Vorschrift hat freilich im Versicherungsbereich keine praktische Bedeutung, da schon wegen der erforderlichen Kollektivbildung generell eine größere Zahl von Verträgen zu gleichartigen Bedingungen abgeschlossen werden (zum Gesetz der großen Zahl s. Rn. 223); im sog. Massengeschäft mit Verbrauchern gilt dies umso mehr. 467

Zudem wird bei Verbraucherverträgen fingiert, dass der **Unternehmer** die Bedingungen **gestellt** hat (§ 310 Abs. 3 Nr. 1 BGB). Letzteres ist für Versicherungsverträge mit Verbrauchern regelmäßig deshalb nicht bedeutsam, weil hier ohnehin in aller Regel der Versicherer die AVB stellt. Die Norm kann im Versicherungssektor allerdings dann eher einmal bedeutsam werden, wenn ein **Dritter** auf die Einbeziehung bestimmter, nicht vom Versicherer stammender AVB (sog. Drittbedingungen) hinwirkt. Bei diesem Dritten kann es sich insbesondere um einen **Versicherungsmakler** handeln. Freilich schaltet ein Verbraucher beim Abschluss von Versicherungsverträgen in den meisten Sparten nur selten einen Makler ein, und wenn dies einmal geschieht, verwendet der Makler typischerweise die AVB des Versicherers.[127] 468

Der Umfang der in die Kontrolle nach den §§ 305ff. BGB einbezogenen Texte ist weit zu verstehen. So sind neben den AVB und den als „Besondere" Versicherungsbedingungen bezeichneten Klauselwerken der Versicherer regelmäßig auch vorgedruckte Teile des **Antragsformulars** als AGB zu qualifizieren.[128] Dasselbe gilt für die vor allem in der Kfz-Haftpflichtversicherung und in der Krankenversicherung verwendeten **Tarifbestimmungen,** in denen es um die Regelung der Prämienhöhe geht.[129] Der AGB-Kontrolle werden zudem 469

---

127 *Wandt*, Rn. 187.
128 BGHZ 84, 268, 272 = VersR 1982, 841, 842.
129 BGH VersR 1995, 328, 329.

auch solche Klauseln unterworfen, die keine Bestimmungen über die wechselseitigen Rechte und Pflichten enthalten, sondern einseitige Rechtsgeschäfte betreffen. Praktisch bedeutsam ist dies insbesondere für die Beschränkung der Vollmacht von Vertretern (s. dazu Rn. 672f.). Auch auszufüllende **Leerfelder** oder anzukreuzende **Kästchen** im Antragsformular können als AGB anzusehen sein. Der BGH hat dies für Fälle angenommen, in denen die Entscheidung des Kunden trotz formaler Wahlmöglichkeit durch eine bestimmte Gestaltung gelenkt wird, etwa in Richtung auf einen vom Versicherer bereits unterbreiteten Vorschlag zur Vertragslaufzeit.[130] Im Interesse des Kundenschutzes sind überdies solche Regelungen der Klauselkontrolle zu unterwerfen, die nicht für eine Vielzahl von Verträgen schriftlich fixiert, sondern gleichsam nur im Kopf einer Vertragspartei gespeichert sind und dann jeweils für den konkreten Vertrag handschriftlich niedergelegt werden.[131] Nicht von der AGB-Kontrolle erfasst werden **Individualvereinbarungen** (vgl. § 305b BGB). Sie sind im Massengeschäft mit Verbrauchern selten, während sie in der gewerblichen und insbesondere in der Industrieversicherung (zum Begriff s. Rn. 99) eher anzutreffen sind.

470 Die vom Versicherer verwendeten Texte unterliegen damit in weit reichendem Umfang den Vorschriften der §§ 305ff. BGB. Auf die Rechtsform, in der ein Versicherer das Versicherungsgeschäft betreibt, kommt es dabei nicht an. Daher sind jene Vorschriften auch auf die AVB eines VVaG (zu ihm s. Rn. 38ff.) anwendbar.[132] Im Vergleich zu sonstigen AGB weisen AVB einige **Besonderheiten** auf. So regeln sie teils auch die **Hauptleistungspflichten** der Vertragsparteien. Jener Umstand steht zwar ihrer Einordnung als AGB nicht entgegen. Dies zeigt sich an § 307 Abs. 3 S. 2 BGB. Aus dieser Regelung lässt sich entnehmen, dass auch solche Bestimmungen AGB sein können, durch die weder von Rechtsvorschriften abgewichen noch solche ergänzt werden. Indessen werden die Hauptleistungspflichten bei den meisten Vertragsarten typischerweise individuell vereinbart. Dies wäre bei Versicherungsverträgen jedenfalls im Massengeschäft höchst unpraktikabel, da es sich um ein **Rechtsprodukt** handelt (s. Rn. 111), das verbal umschrieben sein muss (zur abweichenden Lage insbesondere in der Industrieversicherung s. hingegen Rn. 469 und das Beispiel der Betriebsunterbrechungsversicherung in Rn. 1893ff.). Diese Umschreibung erfolgt zudem für alle gleichartigen Verträge **in gleicher Weise**, da sonst Unterschiede beim Umfang des übernommenen Risikos in ein und demselben Kollektiv von Versicherungsnehmern auftreten könnten (s. auch Rn. 220ff. zur Funktionsweise der Versicherung und zur erforderlichen Gleichartigkeit der Risiken).

471 Auch jenseits der Hauptleistungspflichten dienen AVB zur Festlegung gleichartiger Risikogruppen. Zudem sind sie bisweilen zur **Ergänzung** bestehender gesetzlicher Regelungen geboten. Im VVG wird an vielen Stellen die Verwendung von AVB ganz selbstverständlich vorausgesetzt (vgl. nur § 7

---

130 BGH VersR 1997, 345, 346.
131 *Wandt*, VersR 1999, 917, 920f., 922.
132 BGHZ 136, 394, 996 = VersR 1997, 1517, 1518; BGH VersR 2008, 337, 338 Rn. 12.

Abs. 1, Abs. 2 Nr. 1 oder § 49 Abs. 2 VVG). Auch die leges imperfectae ohne eigene Rechtsfolgenanordnung setzen eine diesbezügliche Ausfüllung durch AVB voraus (s. §§ 30, 31 VVG und dazu Rn. 1198ff.). Überdies wird im Aufsichtsrecht der **Mindestinhalt von AVB** vorgegeben (§ 10 VAG). An all diesen Vorschriften zeigt sich, dass auch der Gesetzgeber die Verwendung von AVB nicht allein aus Rationalisierungsgründen akzeptiert, sondern sie vielmehr für **unverzichtbar** für das ordnungsgemäße Funktionieren des Versicherungsgeschäfts ansieht (s. auch Rn. 111).[133]

Die herausragende Bedeutung von AVB hat rechtshistorisch dazu geführt, 472
dass bereits viele der vom Reichsgericht stammenden, noch auf § 242 BGB anstelle der heutigen §§ 305ff. BGB gestützten **Leitentscheidungen zum AGB-Recht** das Versicherungsrecht betreffen (s. auch Rn. 114). Bereits seinerzeit wurden nämlich AVB eingesetzt, um den Inhalt von Versicherungsverträgen zu konkretisieren, während dies im sonstigen Vertragsrecht noch weitgehend unüblich und angesichts der in aller Regel physisch vorhandenen Vertragsgegenstände (Kaufsache usw.) zudem nicht zur Umschreibung der Leistungspflicht erforderlich war. Auch die heutige höchstrichterliche Rechtsprechung zu AGB betrifft vielfach AVB. Ein Grund hierfür liegt darin, dass der BGH AGB nur dann **wie revisible Rechtsnormen** behandelt und infolgedessen ohne Bindung an das Verständnis der sog. Tatrichter, d.h. der Richter der Eingangs- und der Berufungsinstanz, eigenständig auslegt, wenn sie über den Bezirk eines Berufungsgerichts hinaus verwendet werden.[134] In diesem Fall kann es nämlich zu einer unterschiedlichen Auslegung durch mehrere Landgerichte oder Oberlandesgerichte kommen. Jene Voraussetzung ist bei AVB insbesondere aufgrund der Verbandsempfehlungen des GDV und des PKV-Verbands – anders als bei manchen anderen AGB-Regelwerken außerhalb des Versicherungssektors – regelmäßig erfüllt.

Seit der Deregulierung der Versicherungsmärkte von 1994 (s. Rn. 117) und 473
dem damit einhergehenden Wegfall der Vorabkontrolle von AVB durch die **Aufsichtsbehörde** ist die Bedeutung der **Rechtsprechung** für die AVB-Kontrolle erheblich gestiegen (s. Rn. 134ff.). Die BaFin kann zwar im Rahmen der Missstandsaufsicht nach § 81 VAG die von Versicherern verwendeten AVB kontrollieren und ggf. beanstanden.[135] Für eine solche Beanstandung ist es nicht erforderlich, dass die betreffende AVB bereits durch ein Gericht rechtskräftig für unwirksam erklärt wurde. Jene nunmehr allein nachträgliche aufsichtsbehördliche Kontrolle hat aber in der Praxis gegenüber derjenigen durch die Gerichte – im Unterschied zur Zeit vor der Deregulierung, als beide Kontrollmöglichkeiten gleichfalls bereits nebeneinander bestanden – nur ganz untergeordnete Bedeutung.

133 S. auch *Wandt*, Rn. 106: „Wesensmerkmal des Produkts".
134 Grundlegend RGZ 81, 117, 118ff.; seither st. Rspr.; s. etwa BGHZ 103, 228, 230 = VersR 1988, 463 (zu AVB); BGHZ 163, 321, 323 = NJW 2005, 2919, 2921 (zu AGB von Versorgungsunternehmen).
135 BVerwGE 107, 101 = VersR 1998, 1137; BVerwGE 108, 325 = VersR 1999, 743, 744.

474 Die Entscheidungskompetenz des **Versicherungsombudsmanns** (zu ihm s. Rn. 145ff.) findet eine „weiche“ Grenze in Gestalt einer Soll-Vorschrift, wenn die Beschwerde eine entscheidungserhebliche und streitige Frage betrifft, die höchstrichterlich noch nicht entschieden ist. Damit soll ausdrücklich die rechtliche Lösung, wie es in § 8 Abs. 2 VomVO[136] heißt, „der Autorität der Gerichte“ überlassen werden. Diese Selbstbeschränkung unterstreicht den Befund, dass der Rechtsprechung – und hier insbesondere derjenigen des BGH als der höchsten Instanz – für die AVB-Kontrolle entscheidende Bedeutung zukommt.

II. Einbeziehungskontrolle

475 AVB werden nur dadurch Vertragsinhalt, dass die Parteien sie nach § 305 Abs. 2 BGB in den Vertrag **einbeziehen**. Das Konsensprinzip des Versicherungsrechts wird mithin auch für AVB nicht durchbrochen. Insoweit besteht mittlerweile kein Unterschied mehr zum allgemeinen AGB-Recht (zu §§ 7 Abs. 1 S. 1, 8 VVG s. Rn. 783; zur vorläufigen Deckung s. Rn. 956). Bis zur Deregulierung von 1994 (s. Rn. 117) wurden hingegen die vom damaligen BAV als Vorgänger der BaFin behördlich genehmigten AVB auch dann Vertragsbestandteil, wenn der Versicherungsnehmer auf sie nicht hingewiesen wurde und wenn er keine zumutbare Möglichkeit zur Kenntnisnahme hatte (§ 23 Abs. 3 AGBG a.F.). Dies hat sich im Zuge der Deregulierung grundlegend geändert. Da für die meisten Versicherungszweige die behördliche Vorabkontrolle von AVB und der darin liegende besondere „Schutzfilter“ entfallen ist, besteht kein Anlass mehr, auf die nach der allgemeinen Vorschrift des § 305 Abs. 2 BGB geltenden **Einbeziehungsvoraussetzungen** zu verzichten. Demnach sind grundsätzlich ein Hinweis durch den Verwender, eine zumutbare Möglichkeit der Kenntnisnahme durch den Kunden sowie dessen Einverständnis erforderlich.

476 Das VVG stellt im Rahmen der Informationspflicht nach § 7 VVG i.V. mit § 1 Abs. 1 Nr. 7 VVG-InfoV strengere Anforderungen als § 305 Abs. 2 Nr. 2 BGB. Über die nach der allgemeinen Vorschrift zur Einbeziehung erforderliche zumutbare Möglichkeit der Kenntnisnahme hinaus sind die AVB dem Versicherungsnehmer rechtzeitig vor der Abgabe von dessen Vertragserklärung **in Textform mitzuteilen** (s. Rn. 783). Dabei handelt es sich freilich nicht um eine spezialgesetzliche Verschärfung der allgemeinen AGB-rechtlichen Einbeziehungsvoraussetzungen, sondern um eine eigenständige Informationspflicht des Versicherers. Dies zeigt sich deutlich daran, dass der Gesetzgeber an einen Verstoß gegen § 7 VVG i.V. mit § 1 Abs. 1 Nr. 7 VVG-InfoV nicht etwa die Nichteinbeziehung der AVB knüpft, sondern die völlig andersartige Folge, dass die Widerrufsfrist gem. § 8 Abs. 2 S. 1 Nr. 1 VVG nicht in Gang gesetzt wird (s. Rn. 881).

477 Aufgrund des Nebeneinanders von Einbeziehungsvoraussetzungen und Informationspflicht (s. Rn. 476) bleiben neben der zumutbaren Möglichkeit der

136 Verfahrensordnung des Versicherungsombudsmanns, Stand: 18.11.2010.

Kenntnisnahme auch die weiteren **allgemeinen Anforderungen** des § 305 Abs. 2 BGB durch § 7 VVG i.V. mit § 1 Abs. 1 Nr. 7 VVG-InfoV unberührt. Mithin muss der Versicherer auf die von ihm verwendeten AVB hinweisen und der Versicherungsnehmer muss mit ihrer Geltung einverstanden sein. Für den **Hinweis** genügt es regelmäßig, wenn im Antragsformular auf die AVB Bezug genommen wird. An das **Einverständnis** werden generell keine strengen Anforderungen gestellt. Normalerweise reicht es aus, wenn der Versicherungsnehmer, nachdem er ordnungsgemäß auf die AVB hingewiesen worden ist, seine Vertragserklärung abgibt.

Die allgemeinen Einbeziehungsvoraussetzungen des § 305 Abs. 2 BGB gelten nicht für Verträge über eine **vorläufige Deckung** (s. Rn. 947ff.). Bei ihnen werden die vom konkreten Versicherer **üblicherweise** für die vorläufige Deckung, ersatzweise die von ihm für den Hauptvertrag verwendeten AVB, auch ohne ausdrücklichen Hinweis einbezogen (§ 49 Abs. 2 VVG). Dabei ist außer dem Hinweis und der zumutbaren Möglichkeit der Kenntnisnahme auch das nach § 305 Abs. 2 a.E. BGB vorgesehene Einverständnis entbehrlich.[137] Jene Erleichterungen sollen dem Umstand Rechnung tragen, dass die Zusage vorläufiger Deckung für den Versicherungsnehmer oft bedeutsam ist und dass zugleich ein gewisser **Zeitdruck** besteht, der eine Erfüllung der allgemeinen Anforderungen zumindest erschwert. Die Vorschrift wird bisweilen auch in anderem Kontext herangezogen, um die Einbeziehung der AVB trotz fehlenden Vorliegens der Voraussetzungen des § 305 Abs. 2 BGB zu begründen. Dies gilt neben dem sogleich (s. Rn. 479) zu erörternden **Verzicht** namentlich für bestimmte Arten des Vertragsschlusses, bei denen die AVB dem Versicherungsnehmer nicht vorab übermittelt werden (s. Rn. 861 zum sog. **Policenmodell**). 478

Umstritten ist, ob ein **Verzicht** des Versicherungsnehmers auf die rechtzeitige Mitteilung der AVB gem. § 7 Abs. 1 S. 3 VVG sich auch auf die Einbeziehungsvoraussetzungen des § 305 Abs. 2 BGB erstreckt. Diese Frage lässt sich nicht mit der Begründung bejahen, dass es sich bei § 7 VVG um eine lex specialis handele. Jene Norm besagt nämlich – wie in Rn. 476 aufgezeigt wurde – nichts über die Voraussetzungen, unter denen AVB zum Vertragsinhalt werden.[138] Mithin bleiben die Anforderungen des § 305 Abs. 2 BGB unberührt. Sind sie im Einzelfall nicht erfüllt, so fragt sich, wie die Lücke im Vertrag zu füllen ist. Verbreitet wird vorgeschlagen, im Wege ergänzender Auslegung die **marktüblichen AVB** für die jeweilige Sparte als einbezogen anzusehen.[139] Indessen räumt der Gesetzgeber in § 49 Abs. 2 VVG für einen weiteren Fall, in dem es zu einer Einbeziehung von AVB nicht gekommen ist, nämlich für die vorläufige Deckung, den vom Versicherer üblicherweise verwendeten Bedingungen (**unternehmensübliche AVB**) den Vorrang gegenüber marktüblichen 479

137 Regierungsbegr., BT-Drucks. 16/3945, S. 74; krit. *Wandt*, Rn. 186.

138 VersRHdb./*Beckmann,* § 10 Rn. 90; *Wandt*, Rn. 292; a.A. *Gaul*, VersR 2007, 21, 24; *Reiff*, in: MünchKomm-VVG, AGB Rn. 65.

139 *Wandt*, Rn. 292f.

Bedingungen ein (s. Rn. 478).[140] Es ist kein sachlicher Grund dafür ersichtlich, dies nicht auch für den Fall anzunehmen, dass der Versicherungsnehmer auf eine rechtzeitige Mitteilung der AVB verzichtet. In beiden Fällen gehen die Parteien davon aus, zu den bei dem konkreten Versicherer üblichen Bedingungen zu kontrahieren, selbst sofern diese für die eine oder die andere Partei gegenüber marktüblichen AVB nachteilig sein sollten. Vor unangemessenen Benachteiligungen wird der Versicherungsnehmer durch die Einbeziehungs- und Inhaltskontrolle gem. §§ 305ff. BGB geschützt. Überdies sind ihm die AVB ohnehin unverzüglich nach Vertragsschluss nachzureichen (§ 7 Abs. 1 S. 3 VVG), und erst dann beginnt auch die Ausübungsfrist für sein Widerrufsrecht nach § 8 VVG (s. dazu Rn. 881) zu laufen. Nicht zuletzt kann damit auch der Funktion der AVB Rechnung getragen werden, für die in einem bestimmten Kollektiv gebündelten Risiken **gleichförmigen Versicherungsschutz** zu bieten (s. Rn. 112).

480 Auch wenn die in Rn. 475 genannten Einbeziehungsvoraussetzungen erfüllt sind, kann die Einbeziehung einer AVB daran scheitern, dass diese für den Versicherungsnehmer **überraschend** i.S. von § 305c Abs. 1 BGB ist. Jene Regelung enthält ein objektives und ein subjektives Kriterium. Die Klausel muss **objektiv** ungewöhnlich sein. Das ist insbesondere dann anzunehmen, wenn sie mit dem Leitbild des Vertrags unvereinbar ist oder eine ganz erhebliche Abweichung vom dispositiven Recht oder von den üblichen Vertragsbedingungen darstellt. Zudem muss der Inhalt **subjektiv** aus Sicht eines verständigen Versicherungsnehmers so ungewöhnlich sein, dass er damit nicht zu rechnen braucht. Insoweit ist ein Überraschungsmoment auf Seiten des Versicherungsnehmers erforderlich.[141] Daran kann es auch bei objektiv ungewöhnlichen Klauseln insbesondere dann fehlen, wenn der Versicherungsnehmer auf die betreffende Vertragsbestimmung ausdrücklich hingewiesen wurde. Eine für sich betrachtet inhaltlich nicht ungewöhnliche Regelung kann im Übrigen aufgrund ihrer Anordnung innerhalb des Klauselwerks überraschend sein. Darum geht es etwa, wenn eine Regelung sich an systematisch verfehlter Stelle oder unter einer unpassenden Überschrift befindet.

481 Insgesamt lässt sich in der Rechtsprechung die Tendenz beobachten, dass AVB nur unter **strengen Anforderungen** als überraschend angesehen werden. Dies entspricht der gesetzlichen Regelungssystematik, wonach ein Überraschungseffekt dazu führt, dass die Klausel bereits nicht Vertragsinhalt wird, sie also so zu behandeln ist, als wäre sie in dem Klauselwerk überhaupt nicht enthalten. Demgegenüber gestattet und erfordert die Verwerfung einer Klausel als inhaltlich unangemessen nach § 307 BGB (oder auch nach § 308 BGB; bei § 309 BGB zumindest im Rahmen von § 310 Abs. 3 Nr. 3 BGB) eine umfassende Gesamtwürdigung, die u.a. auch Kompensationsmöglichkeiten umfassen kann (s.

140 *Armbrüster*, r+s 2008, 493, 503.
141 BGH VersR 2001, 752, 754.

zur Saldierung Rn. 543). Es erscheint daher sachgerecht, einen Überraschungseffekt nur unter besonderen Voraussetzungen anzunehmen.

Beispiel:[142] K hat im Jahr 1999 bei V eine Kfz-Vollkaskoversicherung abge- 482
schlossen. Im Mai 2007 wird das Kfz bei einem Unfall beschädigt. K verlangt von V die fiktiven Reparaturkosten i.H.v. 2.000 € zzgl. der gesetzlichen Umsatzsteuer. V ist nur bereit, 2.000 € zu zahlen. Er beruft sich dabei auf die dem Vertrag zugrunde liegenden AVB (hier: § 13 Abs. 5 S. 4 AKB 1999). Demnach muss der Versicherer die Umsatzsteuer nur ersetzen, wenn der Versicherungsnehmer diese tatsächlich entrichtet hat.

Jene Klausel kann überraschend i.S. des § 305c Abs. 1 BGB sein. Nach § 249 483
Abs. 2 S. 2 BGB muss im Rahmen der als Schadensersatz geschuldeten Naturalrestitution die Umsatzsteuer nur ersetzt werden, wenn und soweit sie tatsächlich angefallen ist. Maßgeblich für die Frage einer Überraschungswirkung ist freilich nicht der Zeitpunkt, zu dem der Versicherungsfall eintritt, sondern derjenige des Vertragsschlusses. Zur Zeit des Vertragsschlusses im Jahr 1999 galt die Beschränkung des Umsatzsteuerersatzes in § 249 Abs. 2 S. 2 BGB noch nicht; sie wurde erst im Zuge der Reform des Schadensrechts von 2000 eingeführt. Seinerzeit konnte daher im **Schadensrecht der §§ 249ff. BGB** davon ausgegangen werden, dass auch eine tatsächlich nicht angefallene Umsatzsteuer zu ersetzen ist. Allerdings fragt sich, ob diese auf das Schadensrecht bezogene Aussage auch für das Privatversicherungsrecht Geltung beanspruchen kann. Teilweise wird angenommen, dass dies der Fall sei, so dass die §§ 249ff. BGB als gesetzliches Leitbild für den Versicherungsvertrag heranziehbar seien. Daraus könnte man einen Überraschungseffekt einer AVB, die den Ersatz fiktiver Umsatzsteuer ausschließt, herleiten. Dies überzeugt indessen nicht. Die Regeln des Schadensrechts zielen auf eine **Naturalrestitution** zugunsten des von einem Schadensereignis, für das der Anspruchsgegner verantwortlich ist, betroffenen Geschädigten ab. Demgegenüber richtet sich die Leistungspflicht des Versicherers allein nach den getroffenen **Vereinbarungen.**[143] Bildet die Rechtslage im Schadensrecht mithin für das Versicherungsrecht nicht den Maßstab des Üblichen, so scheidet in Fällen von Abweichungen auch ein Überraschungseffekt aus: Ein durchschnittlicher Versicherungsnehmer kann nicht davon ausgehen, dass ihm in der Schadensversicherung Ersatz auch für tatsächlich nicht angefallene Kosten versprochen wird.

Beispiel:[144] Versicherungsnehmer A verlangt von seinem Hausratversicherer 484
den Ersatz von 100.000 € Bargeld, die nach seiner Behauptung im Möbeltresor lagerten, als ein Einbrecher seine Ehefrau mit einem Messer bedroht und zur Herausgabe des Tresorschlüssels genötigt hat. Der Versicherer leistet lediglich 1.000 € und verweist auf § 13 Nr. 2b VHB 2008. Diese Klausel lautet auszugs-

142 Nach LG Braunschweig NVersZ 2002, 130, 131.
143 *Maier*, NVersZ 2002, 106; vgl. auch OLG Frankfurt a.M. VersR 2000, 1010, 1011.
144 Nach OLG Hamm r+s 2012, 245.

weise: „*2. a) Für Wertsachen, die sich zum Zeitpunkt des Versicherungsfalles außerhalb eines anerkannten und verschlossenen Wertschutzschrankes (siehe Nr. 1 b) befunden haben, ist die Entschädigung je Versicherungsfall begrenzt auf ... (hier: 1.000 €).*“

485 Das OLG Hamm hat diese klauselmäßige Entschädigungsgrenze für Wertsachen, die in den AVB zur Hausratversicherung verbreitet verwendet wird (s. Rn. 1883), zutreffend als **nicht überraschend** angesehen. Ein durchschnittlicher Versicherungsnehmer muss nämlich damit rechnen, dass der Hausratversicherer nicht ohne Weiteres für Bargeldbeträge bis zur Höhe der vollen Versicherungssumme aufkommen wird. Dies gilt umso mehr, als die Jahresprämie hier lediglich 93,81 € für Hausrat-, Glas- und Haftpflichtversicherung betragen haben soll.

486 Da die Klausel im Beispielsfall von Rn. 484 dem Versicherungsnehmer die **Wahl** lässt, ob er eine Reparatur vornimmt (mit der Folge des Umsatzsteuerersatzes) oder nicht, verstößt sie im Übrigen auch nicht gegen das **Verbot unangemessener Benachteiligung** nach § 307 Abs. 1, 2 Nr. 1 BGB (s. dazu Rn. 539ff.).[145]

III. Auslegung

1. Grundsatz: Verständnis des durchschnittlichen Versicherungsnehmers

487 Die Auslegung von AVB erfolgt, wie sonst auch bei AGB, **objektiv**, d.h. losgelöst vom Einzelfall.[146] Individuelle Umstände sind daher bei der Auslegung nur insoweit zu berücksichtigen, als es sich um eine Individualvereinbarung nach § 305b BGB handelt. Nach einer mittlerweile zu Gewohnheitsrecht erstarkten Rechtsprechung sind AVB so auszulegen, wie sie ein **durchschnittlicher Versicherungsnehmer** bei verständiger Würdigung, aufmerksamer Durchsicht und Berücksichtigung des erkennbaren Sinnzusammenhangs verstehen muss.[147] Dabei kommt es auf die Verständnismöglichkeit eines Versicherungsnehmers **ohne versicherungsrechtliche Spezialkenntnisse** und damit auch auf seine Interessen an.

488 **Außerhalb des Empfängerhorizonts** eines durchschnittlichen Versicherungsnehmers liegende Umstände können grundsätzlich jedenfalls nicht zu Lasten des konkreten Versicherungsnehmers für die Auslegung herangezogen werden (zu ihm günstigen Umständen s. Rn. 495ff.). Zu solchen Umständen zählen insbesondere **versicherungstechnische Erwägungen** (z.B. Ausschluss eines kostenträchtigen, aber nur für wenige Versicherungsnehmer bedeutsamen

---

145 *Maier*, NVersZ 2002, 106, 107.

146 St. Rspr.; so schon RGZ 171, 43, 48; a.A. etwa Staudinger/*Schlosser*, BGB (2006), § 305c Rn. 126ff.

147 St. Rspr.; s. nur BGHZ 123, 83, 85 = VersR 1993, 957, 958; BGH VersR 2006, 1066 Rn. 10; VersR 2012, 354, 355 Rn. 20; VersR 2012, 1253, 1254 Rn. 19 (betr. den Begriff „Schwamm“ in der Wohngebäudeversicherung).

Risikos; s. Rn. 237) oder die **Entstehungsgeschichte** der AVB (z.B. die bewusste Abkehr der Klauselverfasser von einer abweichenden vorherigen Fassung). In Übereinstimmung mit diesen Grundregeln hält der BGH versicherungswirtschaftliche und -rechtliche Überlegungen „allenfalls" insoweit für berücksichtigungsfähig, wie sie sich aus dem Wortlaut der zum Vertragsbestandteil gewordenen Bedingungen für den verständigen Versicherungsnehmer unmittelbar erschließen.[148] Diese Auslegungsregel wird in der Rechtsprechung der Instanzgerichte bisweilen verkannt.

Beispiel:[149] Versicherungsnehmer A unterhält für das ihm gehörende Mehrfamilienhaus bei V eine Wohngebäudeversicherung. Aufgrund eines Brandes wird das Haus für rund ein Jahr unbewohnbar. A verlangt von V nun u.a. für die Wohnung im 1. Obergeschoss rund 10.000 € Mietausfall. In jener Wohnung lebte die geschiedene Ehefrau F des A mit ihren Kindern. A hatte die Wohnung der F im Zuge des Scheidungsverfahrens unentgeltlich überlassen. Vereinbart waren die VGB 2001. Dort heisst es in § 4: „*1. Der Versicherer ersetzt a) den Mietausfall, einschließlich etwaiger fortlaufender Mietnebenkosten, wenn Mieter von Wohnräumen infolge eines Versicherungsfalles berechtigt sind, die Zahlung der Miete ganz oder teilweise zu verweigern; b) den ortsüblichen Mietwert von Wohnräumen, die der Versicherungsnehmer selbst ständig bewohnt und die infolge eines Versicherungsfalles unbenutzbar geworden sind, (…).*" V lehnt eine Zahlung ab; dabei verweist er darauf, dass es sich weder um eine vermietete noch um eine von A selbst genutzte Wohnung handelt. 489

Das OLG Bremen führt hier zur Begründung dafür, dass A von V keinen Mietausfall ersetzt verlangen kann, neben dem Wortlaut der Klausel – der den Fall einer unentgeltlichen Überlassung an Dritte nicht erfasst – sowie deren Zweck auch ein historisch-vergleichendes Argument an: Es fehle an einer **planwidrigen Regelungslücke**, da beispielsweise in § 3 Nr. 1b der Allgemeinen Bedingungen für die Mietverlustversicherung (AMB 89) Versicherungsschutz in Höhe des ortsüblichen Mietwerts bei einer unentgeltlichen Überlassung von Wohnraum an Dritte ausdrücklich gewährt werde. Eine derartige Auslegung anhand der Entstehungsgeschichte kann für Gesetze bedeutsam sein, etwa wenn es um die Frage einer für eine Analogiebildung erforderlichen planwidrigen Lücke geht; für AVB ist sie hingegen grundsätzlich nicht statthaft. Auch der mit einer Klausel vom Verwender verfolgte **Zweck** ist nur insoweit für die Auslegung heranziehbar, als er einem durchschnittlichen Versicherungsnehmer erkennbar wird. Gleichwohl ist der Fall im Ergebnis zutreffend entschieden (s. dazu Rn. 1866). 490

Der Auslegungsmaßstab des durchschnittlichen Versicherungsnehmers läuft häufig darauf hinaus, dass dem **Wortlaut** einer Klausel größeres Gewicht zukommt als dies bei der Auslegung von Gesetzen der Fall ist. Dies kann sich auch zum Nachteil des Versicherungsnehmers auswirken. 491

148 BGH VersR 1992, 349, 350 (sub 3 a); VersR 1996, 622 (sub 3 b).
149 Nach OLG Bremen VersR 2012, 1561.

492 **Beispiel:** A argumentiert in dem in Rn. 484 angeführten Fall dahin, dass die 100.000 € Bargeld, die im Möbeltresor lagerten, aufgrund des konkreten Geschehensablaufs (Bedrohung der Ehefrau mit einem Messer) auch dann abhanden gekommen wären, wenn er sie in einem den Anforderungen genügenden Tresor gelagert hätte.

493 Hier hat das OLG Hamm[150] sich bei der Auslegung streng am Wortlaut der AVB orientiert. Die Beschränkung des Versicherungsschutzes auf solche 1.000 € übersteigende Bargeldmengen, die sich in qualifizierten Tresoren befinden, gilt demnach ausweislich der vereinbarten AVB auch für den **Versicherungsfall „Raub"**. Schon vom Wortlaut her differenziert die Klausel nämlich nicht zwischen Einbruchdiebstahl und Raub. Vielmehr wird die Grenze der Einstandspflicht unabhängig vom konkreten Versicherungsfall bestimmt. Eine am Zweck der Klausel orientierte Auslegung hätte hier durchaus zu einem anderen Ergebnis führen können, da im Fall eines Raubes der Beschaffenheit des Tresors regelmäßig keine entscheidende Bedeutung zukommen dürfte.

494 Freilich hat der BGH in einer jüngeren Entscheidung eine **„zutreffende – subjektive –Auslegung"**[151] für maßgeblich gehalten. Dabei ging es darum, den Bedeutungsgehalt einer AVB zur Reisekrankenversicherung zu ermitteln. Danach sollte die Leistungspflicht des Versicherers auf Krankheiten beschränkt sein, deren Eintritt „nicht vorhersehbar" oder „unerwartet" war. Indessen liegt hierin keine Abweichung von dem oben angeführten Grundsatz der objektiven Auslegung. Vielmehr hat der BGH lediglich klarstellen wollen, dass bei einer objektiven Auslegung am Maßstab eines durchschnittlichen Versicherungsnehmers dieser davon ausgehen werde, dass es darauf ankommt, ob die betreffende Krankheit **aus seiner subjektiven Sicht** und nach seinen Erkenntnismöglichkeiten „nicht vorhersehbar" oder „unerwartet" war.[152]

2. Ausnahmen

a) Für den Versicherungsnehmer günstiges Auslegungsergebnis

495 Umstritten ist die Frage, ob der Auslegungsmaßstab des durchschnittlichen Versicherungsnehmers auch dann gilt, wenn die **gesetzesähnliche Auslegung** – namentlich die Heranziehung der Entstehungsgeschichte oder des dem Versicherungsnehmer nicht erkennbaren versicherungstechnischen Zwecks – zu einem für den Versicherungsnehmer **günstigen Ergebnis** führt. Nach Ansicht des BGH soll auch in diesem Fall eine Berücksichtigung ausgeschlossen sein.[153] Dafür lässt sich anführen, dass es für die Frage nach dem richtigen Auslegungsmaßstab grundsätzlich keine Rolle spielen sollte, ob das Auslegungsergebnis für eine Vertragspartei vorteilhaft ist oder nicht. Auf der anderen Seite gilt es zu be-

150 OLG Hamm r+s 2012, 245, 246.
151 BGH VersR 2012, 89 Rn. 5 m. Anm. *Wandt*.
152 Zu Recht krit. zur Bezeichnung als „subjektive Auslegung" *Wandt*, VersR 2012, 89, 90.
153 BGH VersR 2000, 1090, 1091 f.; VersR 2002, 1503, 1504; offenbar auch *Wandt*, Rn. 191.

denken, dass der besondere Auslegungsmaßstab, der von einem versicherungsrechtlichen Laien ausgeht, zum **Schutz des Versicherungsnehmers** eingeführt worden ist. Dieser soll nicht durch ein Auslegungsergebnis belastet werden, mit dem er mangels versicherungsrechtlicher Spezialkenntnisse nicht hatte rechnen müssen. Führt die Einbeziehung von außerhalb des Empfängerhorizonts liegenden Umständen – und damit die Anwendung des regulären Auslegungsmaßstabs – hingegen dazu, dass der Versicherungsnehmer günstiger steht als bei einer Anwendung des zu seinen Gunsten modifizierten Maßstabs, so besteht kein Grund, ihm diesen Vorteil zu versagen. Der Versicherer ist insoweit nicht schutzbedürftig, da ihm aufgrund seiner Spezialkenntnisse die für ihn nachteilige Bedeutung einer AVB erkennbar ist. Zu Gunsten – nicht aber zu Lasten – des Versicherungsnehmers ist daher eine gesetzesähnliche Auslegung vorzunehmen, bei der insbesondere auch versicherungstechnische Erwägungen und die Historie der AVB zum Tragen kommen können.[154]

Sofern es um die **Auslegung von Risikoausschlüssen** geht, wird die prakti- 496
sche Bedeutung des Meinungsstreits dadurch relativiert, dass insoweit der für den durchschnittlichen Versicherungsnehmer **erkennbare Zweck** maßgeblich ist (s. Rn. 504). Hier kommt es entscheidend darauf an, welche Anforderungen man an die Erkennbarkeit stellt.

Beispiel:[155] In der Wohngebäudeversicherung sehen die AVB des Versicherers 497
einen Ausschluss für solche Schäden vor, die auf „Schwamm" beruhen. Einige Instanzgerichte haben diesen Risikoausschluss so ausgelegt, dass davon nur der als besonders gefährlich geltende echte Hausschwamm erfasst wird, der auch trockene Bausubstanz schädigen kann.[156] Der BGH widerspricht dem mit der Begründung, dass eine derartige Einschränkung dem durchschnittlichen Versicherungsnehmer angesichts des uneingeschränkt auf „Schwamm" bezogenen Wortlauts nicht erkennbar sei. Diese Entscheidung hat einiges für sich. In jedem Fall schafft sie Rechtsklarheit. Inhaltlich bleiben freilich die Bedenken dagegen, dass der BGH dem Versicherungsnehmer eine an der Regelungsabsicht des Klauselverwenders orientierte, „gesetzesähnliche" Auslegung selbst dann verwehren möchte, wenn diese sich zu Gunsten des Versicherungsnehmers auswirkt.

b) Auslegung von Rechtsbegriffen

Über eine weitere Ausnahme von dem Grundsatz, dass für die Auslegung von 498
AVB das Verständnis des durchschnittlichen Versicherungsnehmers maßgeblich ist, besteht weitgehend Einigkeit. Dabei geht es um die Auslegung von **Rechts-**

---

154 OLG Nürnberg, VersR 2002, 605f.; *Prölss*, in: Prölss/Martin, Vorbem. III Rn. 6; *ders.*, NVersZ 1998, 17; im Erg. auch *E. Lorenz*, VersR 2000, 1092; im Grundsatz auch *Pilz*, Missverständliche AGB, S. 45ff., 51, unter Hinweis auf den der falsa demonstratio-Regel zugrunde liegenden Rechtsgedanken.

155 Nach BGH VersR 2012, 1253.

156 OLG Koblenz r+s 2007, 326; so auch das OLG Jena als Vorinstanz zum Urteil des BGH.

begriffen (Begriffen der Rechtssprache).[157] Maßgeblich ist dann das Verständnis des Begriffs in der juristischen Fachsprache; es ist anzunehmen, dass auch die AVB nichts anderes meinen. Aus Sicht des Versicherers besteht ein Bedürfnis nach der Verwendung solcher Fachbegriffe, denen in Gesetz, Judikatur und Lehre ein bestimmter Bedeutungsgehalt beigemessen wird. Der Einsatz von Rechtsbegriffen anstelle einer für den juristischen Laien verständlicheren Umschreibung führt zu **Rechtssicherheit**, da der Rechtsanwender – insbesondere der Richter – den mit einem bestimmten Fachausdruck gemeinten Bedeutungsgehalt regelmäßig genau zu erfassen in der Lage ist. Zudem ermöglicht es der Einsatz von Rechtsbegriffen, den Umfang von AVB **kürzer** zu halten, als wenn für den Laien verständliche und gleichwohl das Gewollte zutreffend wiedergebende Umschreibungen aufgenommen würden. Die Verwendung von Rechtsbegriffen bietet damit Vorzüge, die letztlich auch dem Versicherungsnehmer zugute kommen. Auf der anderen Seite kann ein übermäßiger Einsatz juristischer Fachtermini den Vertragsinhalt für den durchschnittlichen Versicherungsnehmer verdunkeln. Dies spricht dafür, die Verwendung eines Rechtsbegriffs nur dann zuzulassen, wenn er dem Versicherungsnehmer als solcher erkennbar ist und seine Verwendung für den Versicherer angesichts der mit Umschreibungen verbundenen Nachteile **unvermeidbar** erscheint.[158] Zudem kann – als Gegenausnahme – ein von der Rechtssprache abweichendes Verständnis dann in Betracht kommen, wenn das **allgemeine Sprachverständnis** von der Rechtssprache in einem Randbereich deutlich abweicht oder wenn der dem durchschnittlichen Versicherungsnehmer erkennbare **Sinnzusammenhang** der AVB etwas anderes ergibt.

499 Die Rechtsprechung zur Auslegung von Rechtsbegriffen fügt letzterem Ausdruck regelmäßig das einschränkende Adjektiv „**feststehend**" oder „**fest umrissen**" hinzu. Der BGH führt hierzu aus, dass ein feststehender Rechtsbegriff nur vorliege, wenn der Begriff nicht wertausfüllungsbedürftig und in seinen Konturen eindeutig festgelegt sei.[159] Für eine solche Einschränkung ist indessen kein Raum.[160] Es sind nämlich viele – auch legaldefinierte – Rechtsbegriffe wertausfüllungsbedürftig. Ein Beispiel bietet etwa der Ausdruck „unverzüglich" in § 121 Abs. 1 S. 1 BGB. Gerade auf solche Begriffe zielt aber der Zweck der Ausnahme von der Grundregel ab, wonach das Verständnis eines durchschnittlichen Versicherungsnehmers die Auslegung bestimmt. Es erschiene daher nicht sachgerecht, zwischen wertausfüllungsbedürftigen und sonstigen Rechtsbegriffen zu differenzieren.

500 Es fällt keineswegs immer leicht festzustellen, ob es sich bei einem bestimmten, in den AVB verwendeten Ausdruck um einen **Begriff der Rechtssprache** handelt oder nicht.

157 St. Rspr.; BGH VersR 2003, 1122, 1123; VersR 2007, 535, 536 Rn. 14; *Dreher*, AcP 189 (1989), 342ff.

158 *Pilz*, Missverständliche AGB, S. 65ff.; ähnlich im Rahmen der Transparenzprüfung *Evermann*, S. 160ff.

159 BGH VersR 2000, 311, 312f.

160 *Pilz*, Missverständliche AGB, S. 68ff.

Beispiele: **Bejaht** hat der BGH dies etwa bei dem Ausdruck „nicht zulassungs- und nicht versicherungspflichtiges Kfz"[161]. **Verneint** hat er es für die Wörter „Bereich des Rechtes der Handelsgesellschaften"[162] und „Schadensersatz"[163]. 501

3. Einzelfragen

Für das Begriffsverständnis kommt es allein auf den **Zeitpunkt des Vertragsschlusses** an. Dies entspricht einer allgemeinen Grundregel zur Vertragsauslegung. Nicht zu folgen ist daher der Rechtsprechung des BGH[164] zur sog. Waffenklausel in der Privathaftpflichtversicherung, wonach das Verständnis bei Eintritt des Versicherungsfalles maßgeblich sein soll. 502

Problematisch ist die Frage, inwieweit bei der Auslegung auch **Dritte** – i.S. von: Personen, die nicht Versicherungsnehmer sind – einzubeziehen sind. Dabei geht es nicht um das durch die Interessenlage oder Erwartungen Dritter geprägte Verständnis des Versicherungsnehmers (vgl. dazu Rn. 487ff.), sondern um den Verständnishorizont der jeweiligen Dritten selbst. Diese Frage ist stets dann bedeutsam, wenn jener Horizont von demjenigen des Versicherungsnehmers abweicht. Richtig erscheint es, dass der Auslegungsmaßstab in der **Gruppenversicherung** und in der **Fremdversicherung** (s. Rn. 121ff.; 1595ff.) sich am **Adressaten der jeweiligen Klausel** orientiert. Dies bedeutet, dass es beispielsweise für die Auslegung von Obliegenheiten, die den Versicherten treffen, auf dessen Verständnishorizont abzuheben ist. Hingegen hat das Verständnis von **Realgläubigern** oder von **potentiell Geschädigten** in der Haftpflichtversicherung außer Betracht zu bleiben, da sie anders als ein Versicherter nicht in gewisser Hinsicht die Stellung einnehmen, die bei einer Eigenversicherung der Versicherungsnehmer hätte.[165] 503

Nach verbreiteter, insbesondere auch vom BGH geteilter Ansicht sollen **Risikoausschlussklauseln** nicht weiter auszulegen sein, als dies ihrem Zweck entspricht (sog. Restriktionsprinzip).[166] Der Sache nach geht es dabei um eine **teleologische Reduktion** des jeweiligen Ausschlusses. Dieses Prinzip hat in jüngerer Zeit Kritik erfahren. Sie bezieht sich im Kern darauf, dass das Restriktionsprinzip in einem gewissen Spannungsverhältnis zu dem inzwischen weitgehend anerkannten objektiven Auslegungsmaßstab (Rn. 487) steht, da es nicht auf die Erkennbarkeit des Zwecks für den durchschnittlichen Versicherungsnehmer abstellt.[167] Indessen lässt sich dieses Spannungsverhältnis auflösen, in- 504

161 BGH VersR 1995, 951, 952 (sub 2 b).
162 BGH VersR 2003, 1122, 1123 (sub 2 b aa).
163 BGH VersR 2000, 311, 312f. (sub 4 b bb).
164 BGH VersR 1978, 409; VersR 2005, 69, 70.
165 BGH VersR 2003, 1389; *Pilz*, Missverständliche AGB, S. 86ff.
166 St. Rspr.; BGH VersR 1975, 1093, 1094; VersR 1994, 1058, 1059; VersR 2009, 1617 Rn. 10; ÖOGH VersR 2005, 1607; *Prölss*, in: Prölss/Martin, Vorbem. III Rn. 16.
167 *Pilz*, Missverständliche AGB, S. 97f.

dem man voraussetzt, dass der eingeschränkte Zweck dem durchschnittlichen Versicherungsnehmer **erkennbar** ist (s. auch Rn. 496).[168] Hierauf hebt denn auch der BGH in einigen Urteilen ausdrücklich und zutreffend ab.[169]

4. Unklarheitenregel

505 Unklarheiten bei der Auslegung gehen gem. § 305c Abs. 2 BGB zu Lasten des Verwenders. Diese sog. Unklarheitenregel setzt ein **objektiv mehrdeutiges Auslegungsergebnis** voraus. Die Norm gilt auch für die essentialia negotii. Die Frage, in welchen Fällen bei angenommener Mehrdeutigkeit **Auslegungszweifel** verbleiben, lässt sich anhand der Voraussetzungen des Dissenses beantworten,[170] da die Unklarheitenregel gerade dazu dient, die Rechtsfolgen eines Dissenses zu vermeiden.

506 **Beispiel:**[171] Grundstückseigentümer E hat beim Versicherer V eine Leitungswasserversicherung abgeschlossen. Im Haus des E bricht ein Zuleitungsrohr, das sich unterhalb des Kellerfußbodens, aber noch innerhalb des zwischen den Steinfundamenten verlaufenden Raumes befindet. V lehnt es ab, den im Keller entstandenen Schaden zu ersetzen. Zur Begründung verweist er auf die dem Vertrag zugrunde liegenden VGB 62. Darin heißt es: *„Schäden durch Rohrbrüche außerhalb des Gebäudes sind nicht versichert. (...) Sofern nicht ausdrücklich ausgeschlossen, umfasst die Versicherung eines Gebäudes auch die Fundamente, Grund- und Kellermauern. Unter Fundamenten oder Grundmauern wird der gesamte allseitig vom Erdbereich berührte Bauteil verstanden, der bei unterkellerten Gebäuden unter der Unterfläche Kellerboden liegt (...).“*

507 Ob V leistungspflichtig ist, hängt von der Auslegung der maßgeblichen AVB – hier der VGB 62 – ab (zum Maßstab s. Rn. 487ff.). Mithin kommt es darauf an, wie die Formulierung „außerhalb des Gebäudes“ auszulegen ist. Maßgeblich ist der Verständnishorizont des durchschnittlichen Versicherungsnehmers (zur hier nicht einschlägigen Ausnahme für Begriffe der Rechtssprache s. Rn. 498ff.). Ob ein Schaden, der sich zwischen Kellerfußboden und Fundament ereignet, innerhalb oder außerhalb des versicherten Gebäudes eingetreten ist, erscheint für den durchschnittlichen Versicherungsnehmer zweifelhaft. Da hier auch die sog. Streifenfundamente vom Versicherungsschutz erfasst werden, kann ein durchschnittlicher Versicherungsnehmer in der Position des E zu dem Schluss gelangen, dass der Schaden innerhalb des Gebäudes eingetreten ist.[172] Sofern sich aus dem **versicherungstechnischen Zweck** der Klausel ein anderes Auslegungsergebnis ergibt, ist dieses für den durchschnittlichen Versicherungs-

---

168 *Prölss*, in: Prölss/Martin, Vorbem. III Rn. 16.
169 S. etwa BGH VersR 1999, 748, 749; VersR 2000, 1090, 1092; VersR 2003, 1389.
170 *Pilz*, Missverständliche AGB, S. 143f.
171 Nach BGH VersR 1998, 758.
172 BGH VersR 1998, 758, 759; so auch in einem ähnlichen Fall OLG Nürnberg VersR 1998, 234, 235.

nehmer nicht erkennbar und daher unerheblich (s. Rn. 488). Folglich bleiben Zweifel bei der Auslegung. Unter Heranziehung der **Unklarheitenregel** (§ 305c Abs. 2 BGB, s. Rn. 558ff.) ist mithin die für E günstigere Auslegung maßgeblich. V ist daher leistungspflichtig.

Eine der Grundfragen der Unklarheitenregel betrifft den Maßstab, der für die 508 **Günstigkeit** einer Regelung anzulegen ist. Diese Frage stellt sich insbesondere bei ambivalenten Klauseln. Sachgerecht erscheint in solchen Fällen eine Saldierung (s. auch Rn. 543). Hinsichtlich der Anwendung der Unklarheitenregel im Zivilprozess ist zu differenzieren:

Für den **Individualprozess** wird vielfach vertreten, dass ohne Weiteres die für 509 den Kunden günstigste („**kundenfreundlichste**") Auslegung maßgeblich ist.[173] Indessen ist es für den Kunden vorteilhafter, wenn zunächst die ungünstigste („**kundenfeindlichste**") Auslegung zugrunde gelegt wird.[174] Verstößt die Klausel mit diesem Inhalt gegen die §§ 307ff. BGB, so ist sie unwirksam und es treten die Rechtsfolgen des § 306 BGB ein. Hält die Klausel hingegen auch in ihrer ungünstigsten Auslegung einer AGB-Kontrolle stand, so ist sie in ihrem dem Kunden günstigsten Verständnis als Vertragsinhalt anzusehen und auf den konkreten Fall anzuwenden.

Im **Verbandsklageverfahren** nach dem UKlaG steht hingegen eine einzel- 510 fallbezogene Anwendung nicht in Rede. Daher ist hier stets allein die dem Kunden ungünstigste Auslegung der anschließenden Inhaltskontrolle zugrunde zu legen.

In der Unklarheitenregel spiegelt sich ebenso wie im Transparenzgebot die 511 **Formulierungsverantwortung**, die den Versicherer als Verwender der AVB trifft. Schon das Reichsgericht hat es dem Versicherer abverlangt, das von ihm abweichend vom dispositiven Gesetzesrecht Gewollte so einwandfrei in den AVB zu verdeutlichen, dass es für die Versicherungsnehmer ohne Weiteres erkennbar ist.[175] Das Verhältnis der Unklarheitenregel zu dem in § 307 Abs. 1 S. 2 BGB geregelten **Transparenzgebot** wirft Probleme auf (s. dazu Rn. 558ff.).

---

173 BGH VersR 2003, 1163, 1165; VersR 2006, 1117, 1118 Rn. 18; *Wandt*, Rn. 193.
174 BGHZ 176, 244, 250 (Tz. 19) = NJW 2008, 2172, 2173; BGH NJW 2009, 3716 (Tz. 8); *Ulmer/Schäfer*, in: Ulmer/Brandner/Hensen, § 305c BGB Rn. 90f.; *Basedow*, in: MünchKomm-BGB, § 305c Rn. 35.
175 RGZ 171, 43, 50.

3. Teil: Einschränkungen der Vertragsfreiheit

§ 11 Halbzwingende und zwingende Vorschriften des VVG

Literatur
Klimke, Die halbzwingenden Vorschriften des VVG, 2004; *Werber*, Halbzwingende Vorschriften des neuen VVG und Inhaltskontrolle, VersR 2010, 1253.

A. Überblick

Die Privatautonomie, zu deren Ausprägungen insbesondere die Vertragsfreiheit zählt, ist verfassungsrechtlich durch Art. 2 Abs. 1 GG garantiert. Bereits im allgemeinen Vertragsrecht findet diese Freiheit freilich eine Reihe von gesetzlichen Schranken. So wird die **negative Vertragsabschlussfreiheit**, also die Freiheit, sich gegen einen Vertragsschluss zu entscheiden, in bestimmten Fällen durchbrochen, in denen ein Anbieter über ein Monopol oder eine zumindest monopolähnliche Marktposition verfügt. Die inhaltliche **Vertragsgestaltungsfreiheit** wird namentlich durch die §§ 134, 138, 242 BGB sowie durch die AGB-Kontrolle (§§ 305ff. BGB; s. Rn. 535ff.) begrenzt. Im Versicherungsvertragsrecht kommen die speziellen, in weiten Teilen zumindest halbzwingenden Regelungen des VVG hinzu, um die es hier zunächst gehen soll. 512

Die genannten Einschränkungen der Vertragsfreiheit bezwecken es bei Versicherungsverträgen im Wesentlichen, den Versicherungsnehmer zu schützen. Dabei begrenzt der Gesetzgeber des VVG den Schutz nicht auf solche Versicherungsnehmer, die den Vertrag als Verbraucher i.S. von § 13 BGB abschließen. Vielmehr werden grundsätzlich **sämtliche Versicherungsnehmer** davor geschützt, dass der Versicherer zu ihren Lasten von den Vorgaben des VVG abweicht. Ausgenommen sind – neben Rück- und Seeversicherung, für die das VVG gem. seinem § 209 insgesamt nicht gilt – lediglich Verträge über **Großrisiken** und die **laufende Versicherung** (§ 210 VVG; s. Rn. 96, 1239). Auch bei ihnen ist freilich eine (zumindest konkludente) Abbedingung der versicherungsnehmerschützenden Vorschriften erforderlich, damit diese nicht eingreifen.[1] Zudem können jene Vorschriften als insoweit dispositives Gesetzesrecht eine **Leitbildfunktion** i.R. der Inhaltskontrolle nach § 307 Abs. 2 Nr. 1 BGB haben. Freilich gilt es dabei zu beachten, dass der Gesetzgeber hinsichtlich Großrisiken und laufender Versicherung eine bewusste Entscheidung getroffen 513

1 BGHZ 118, 275, 278 = VersR 1992, 1089, 1090.

hat, die nicht gleichsam durch die Hintertür der Leitbildkontrolle konterkariert werden darf. Insbesondere bei Großrisiken bedarf der insoweit typischerweise geschäftserfahrene Versicherungsnehmer regelmäßig, wenn auch nicht stets (s. Rn. 97f.), gegenüber dem Versicherer keines besonderen Schutzes. Dies gilt es bei der Anwendung von § 307 Abs. 2 Nr. 1 BGB zu beachten.[2]

514 Inhaltlich erfasst der Schutz durch (halb-)zwingendes Recht dann, wenn es um Verhaltensverstöße geht, regelmäßig auch den grob fahrlässig und den vorsätzlich handelnden Versicherungsnehmer. Hingegen wird **Arglist**, also ein zielgerichtetes Handeln zum Nachteil des Versicherers, regelmäßig scharf sanktioniert; der Gesetzgeber sieht hier zu Recht keinen Anlass, die Vertragsgestaltungsfreiheit zum Schutz des Versicherungsnehmers zu begrenzen (s. Rn. 251).

515 **Beispiele:** Arglistige Verletzung der vorvertraglichen Anzeigepflicht (§ 21 Abs. 2 S. 2 VVG); arglistige Verletzung vertraglicher Obliegenheiten (§ 28 Abs. 3 S. 2 VVG); arglistige Verletzung der Schadensminderungspflicht (§ 82 Abs. 4 S. 2 VVG).

B. Zwingende Vorschriften

516 Bestimmte Vorschriften sind der Parteivereinbarung generell entzogen; abweichende Vereinbarungen sind in solchen Fällen umfassend und stets unwirksam. Dabei handelt es sich um die sog. **(absolut) zwingenden Vorschriften**. Die zwingenden Vorschriften schützen ganz überwiegend den **Versicherungsnehmer**.

517 **Beispiele:** Eine Regelung, durch die der Versicherungsnehmer auf das Recht der Irrtumsanfechtung verzichtet, ist gem. § 5 Abs. 4 VVG unwirksam. Nach § 11 Abs. 1 VVG ist eine automatische Vertragsverlängerung über mehr als ein Jahr unwirksam. § 28 Abs. 5 VVG ordnet an, dass sich der Versicherer für den Fall der Verletzung einer vertraglichen Obliegenheit keine Rücktrittsmöglichkeit ausbedingen darf.

518 Es kommt aber auch vor, dass eine unabdingbare Regel **nicht** den betroffenen Versicherungsnehmer schützen soll.

519 **Beispiele:** Die §§ 74 Abs. 2, 78 Abs. 3 VVG sehen eine Vertragsnichtigkeit bei betrügerischem Verhalten des Versicherungsnehmers vor (s. noch Rn. 1252, 1322). Jene Regeln dienen nicht speziell dem Schutz des Versicherers; dies kommt darin zum Ausdruck, dass er auf die Nichtigkeitsfolge nicht verzichten kann. Vielmehr liegt ihnen dieselbe gesetzgeberische Wertung zugrunde, die auch für § 138 BGB maßgeblich ist: Bestimmte Rechtsgeschäfte sind aufgrund der damit (hier: von einer Partei) verfolgten Ziele derart anstößig, dass die **Rechtsordnung** ihnen die Anerkennung als wirksame Betätigung von Privatautonomie versagen muss.

---

2 *Wandt*, Rn. 160.

Bisweilen schützt eine zwingende Norm auch außerhalb des Versicherungsvertrags stehende **Dritte**. 520

Beispiel: Nach § 150 Abs. 2 S. 1 VVG bedarf es für die auf das Leben einer anderen Person genommene Lebensversicherung der schriftlichen Einwilligung dieser Person; dasselbe gilt nach § 179 Abs. 2 VVG für die Unfallversicherung. Zwar sprechen jene Normen anders als die in Rn. 517 und 519 erwähnten Beispiele die Nichtigkeitsfolge nicht ausdrücklich aus. Sie ergibt sich jedoch aus dem auf den Schutz des Dritten gerichteten Normzweck.[3] 521

In den vorstehend angeführten Normen heißt es teils, der Vertrag sei **unwirksam** (§§ 5 Abs. 4, 11 Abs. 1, 14 Abs. 3, 28 Abs. 5 VVG); teils wird er für **nichtig** erklärt (§§ 74 Abs. 2, 78 Abs. 3 VVG). Mit dieser unterschiedlichen Terminologie ist in der Sache kein Unterschied verbunden. In beiden Fällen vermögen die Parteien mit dem Vertrag die beabsichtigten Rechtswirkungen endgültig nicht herbeizuführen. Außerhalb des VVG wird der Begriff der Unwirksamkeit hingegen bisweilen gebraucht, um einen Schwebezustand vor Eintritt der endgültigen Unwirksamkeit (Nichtigkeit) zu kennzeichnen, wie er etwa bei Verträgen mit beschränkt Geschäftsfähigen oder mit einem falsus procurator eintreten kann.[4] 522

C. Halbzwingende Vorschriften

Als versicherungsrechtliche Besonderheit kennt das VVG zudem die sog. **halbzwingenden** Vorschriften. Dabei handelt es sich um Normen, von denen **nur zu Gunsten des Versicherungsnehmers** abgewichen werden kann. Halbzwingende Vorschriften sind alle Regelungen, die der Gesetzgeber ausdrücklich als solche gekennzeichnet hat. Freilich verwendet er den Begriff „halbzwingend" nicht. Die Kennzeichnung erfolgt vielmehr regelmäßig dadurch, dass in einer gegen oder am Ende eines Kapitels stehenden Norm die betreffenden Regeln aufgezählt werden, von denen nicht zum Nachteil des Versicherungsnehmers abgewichen werden kann (s. §§ 18, 32, 42, 67, 87, 112, 129, 171, 175, 191, 208 VVG). Damit sollen besonders **schutzwürdige Interessen** des Versicherungsnehmers gegen eine zu seinem Nachteil vom VVG abweichende vertragliche Ausgestaltung abgesichert werden.[5] Zugleich bleibt es den Parteien möglich, in umgekehrter Richtung, nämlich **zugunsten** des Versicherungsnehmers vom Gesetzesrecht abzuweichen. Die halbzwingenden Vorschriften hat der Gesetzgeber als Kategorie erstmals im VVG von 1908 eingesetzt; mittlerweile sind sie 523

---

3 BGHZ 140, 167, 169ff. = VersR 1999, 347, 348f.

4 S. etwa *Wolf/Neuner*, Allg. Teil des Bürgerlichen Rechts, 10. Aufl. 2012, § 55 Rn. 1 (Hervorhebungen im Original): „Ein Rechtsgeschäft, das grundsätzlich in *jeder* Beziehung unwirksam ist und *dauernd* unwirksam bleibt, bezeichnet das BGB als *„nichtig"* (s. aber etwa §§ 140, 141 BGB).

5 BGHZ 118, 275, 278 = VersR 1992, 1089, 1090; insoweit zutr. OLG Bamberg NJW 2012, 2282, 2283 (sub 2 a bb (5) (a).

auch in anderen zivilrechtlichen Gesetzen anzutreffen (s. insbesondere die verbraucherschützenden Normen der §§ 312i, 475 Abs. 1 S. 1, 487 BGB).

524 Umstritten ist, ob der Maßstab für die Beurteilung einer nachteiligen Abweichung **generell oder individuell** zu bestimmen ist. Dabei geht es um die Frage, ob ein Nachteil dann anzunehmen ist, wenn die Regelung bei typisierender Betrachtung[6] oder aber gerade im konkreten Einzelfall[7] für den Versicherungsnehmer nachteilig ist. Für einen **typisierenden Maßstab** lässt sich anführen, dass ein solcher auch bei der Inhaltskontrolle nach § 307 BGB maßgeblich ist. AGB im Allgemeinen dienen einem vernünftigen Rationalisierungsinteresse. Bei AVB im Besonderen kommt das für das Funktionieren des Geschäftsmodells bedeutsame Erfordernis hinzu, Kollektive auf der Grundlage gleichförmiger Bedingungen zu bilden (s. Rn. 220). Gegen eine typisierende Betrachtung könnte sprechen, dass mittlerweile § 310 Abs. 3 Nr. 3 BGB für Verbraucherverträge eine Berücksichtigung der Umstände des Einzelfalls vorschreibt. Indessen stößt eine solche Einzelfallbetrachtung im Versicherungssektor bereits angesichts des Bedürfnisses nach Typisierung (s. auch Rn. 112) auf Schwierigkeiten. Jedenfalls aber stehen die Besonderheiten des Geschäftsmodells einer Herleitung weiterer Folgen entgegen. Schließlich fällt auch ins Gewicht, dass sich die Einzelfallbetrachtung i.R.v. § 310 Abs. 3 Nr. 3 BGB durchaus auch zu Lasten des Versicherungsnehmers auswirken kann. Der typisierende Maßstab verdient daher auch bei Verbraucherverträgen den Vorzug.[8]

525 Auch hinsichtlich der **Rechtsfolgen**, die es nach sich zieht, wenn der Versicherer durch seine Vertragsgestaltung gegen eine halbzwingende Vorschrift verstößt, gibt es eine Diskussion. Die Unterscheidung zwischen zwingenden und halbzwingenden Vorschrift bestand bereits im alten Recht. Durch die VVG-Reform hat sich der **Wortlaut** derjenigen Vorschriften, in denen Normen als halbzwingend gekennzeichnet werden, geändert: Im alten Recht hieß es, dass sich der Versicherer auf eine Vereinbarung, durch die von den jeweils aufgezählten Vorschriften abgewichen wird, nicht **„berufen“** könne (s. etwa § 34a VVG a.F.; so auch die Ausdrucksweise des bürgerlich-rechtlichen Gesetzgebers in § 444 BGB für Haftungsausschlüsse im Kaufrecht). Seit der VVG-Reform lautet die Formulierung, dass von den betreffenden Vorschriften nicht zum Nachteil des Versicherungsnehmers **„abgewichen“** werden könne (s. etwa § 32 VVG). Ob mit dieser Änderung auch eine inhaltliche Neuerung einhergehen soll, ist aufgrund der Regelungsabsicht des Gesetzgebers zweifelhaft (s. etwa die Begründung des Regierungsentwurfs zu § 32 VVG)[9]. Nach verbreitetem Verständnis zum alten Recht sollte ein Verstoß nicht zur Unwirksamkeit der abweichenden

---

6 OLG Saarbrücken VersR 2008, 621, 622; OLG Koblenz VersR 2008, 383, 384; *Klimke*, Halbzwingende Vorschriften, S. 95ff.; *Prölss*, in: Prölss/Martin, § 18 Rn. 7; *Wandt*, in MünchKomm-VVG, § 32 Rn. 14.

7 RGZ 162, 238, 242f.; *Beckmann*, in: Bruck/Möller, Einf. A Rn. 128; *Fausten*, in: MünchKomm-VVG, § 18 Rn. 12.

8 *Klimke*, Halbzwingende Vorschriften, S. 96f.

9 BT-Drucks. 16/3945, S. 70.

Klausel führen.[10] Der reformierte Wortlaut spricht allerdings für eine **Unwirksamkeit.**[11] Diese folgt freilich nicht erst aus § 134 BGB.[12] Vielmehr ist jene Rechtsfolge bereits der den halbzwingenden Charakter anordnenden VVG-Norm selbst zu entnehmen (absolute Schranke der Vertragsfreiheit; vgl. auch Rn. 1310).[13] Zum Teil wird auch die Ansicht vertreten, dass eine zum Nachteil des Versicherungsnehmers vom halbzwingenden Gesetzesrecht abweichende Klausel nicht unwirksam ist, sondern dass dem Versicherungsnehmer ein **Wahlrecht** zusteht.[14] Dagegen spricht nicht bereits, dass man dann in Fällen, in denen der Gesetzgeber die Unwirksamkeit einer Klausel konkret anordnet, eher zu deren Aufrechterhaltung käme als bei „einfachen" Verstößen gegen ein gesetzliches Leitbild i.S. von § 307 Abs. 2 Nr. 1 BGB, die zur Unwirksamkeit ohne Wahlmöglichkeit führen (s. auch sogleich Rn. 526 zum Verhältnis zur Inhaltskontrolle). Dem Verwender bleibt es nämlich – jedenfalls theoretisch – unbenommen, eine nach § 307 BGB unwirksame Klausel durch eine inhaltsgleiche Individualvereinbarung zu ersetzen. Gleichwohl wird man im Ergebnis davon auszugehen haben, dass der Versicherungsnehmer vor den ihm nachteiligen Abweichungen effektiv bewahrt werden sollte. Auch der erklärte Zweck der VVG-Reform, den Versicherungsnehmerschutz zu verbessern, spricht für die Annahme einer Unwirksamkeit. Auf diese Weise lässt sich nicht zuletzt auch das Verhältnis zu § 306 BGB sachgerecht bestimmen (s. dazu Rn. 526).

Klärungsbedürftig ist auch das Verhältnis der halbzwingenden Vorschriften 526
zur **AGB-rechtlichen Inhaltskontrolle** nach § 307 BGB. Sofern eine Vorschrift als halbzwingend (oder zwingend; s. Rn. 516f.) ausgestaltet ist, wird der Versicherungsnehmer konkreter vor einer unbilligen Benachteiligung geschützt, als wenn eine AVB lediglich an der Generalklausel des § 307 BGB zu messen ist. Im Laufe der Zeit sind immer mehr Vorschriften des VVG für halbzwingend erklärt worden, wodurch die Inhaltskontrolle von AVB entsprechend an Gewicht verloren hat (s. Rn. 113). Allerdings zieht der BGH auch bei Verstößen gegen halbzwingende Vorschriften § 307 BGB heran.[15] Dies hat insofern praktische Bedeutung, als sich die **Rechtsfolgen einer Unwirksamkeit** dann nach § 306 BGB richten.

Für die Beurteilung des Konkurrenzverhältnisses ist es hilfreich, wenn man 527
zunächst das Verhältnis absolut zwingender Vorschriften (s. Rn. 516ff.) zu den §§ 307ff. BGB betrachtet. Insoweit ist stets ein **Vorrang der absolut zwingen-**

---

10 S. nur *Klimke*, Halbzwingende Vorschriften, S. 110ff.

11 *Wandt*, Rn. 159.

12 In dieser Richtung jedoch *Schnepp/Segger*, VW 2008, 907; *Fausten,* in: MünchKomm-VVG, § 18 Rn. 31f.

13 Zu dieser Differenzierung s. *Armbrüster*, in: MünchKomm-BGB, § 134 Rn. 3.

14 *Prölss*, in: Prölss/Martin, § 18 Rn. 8.

15 BGH VersR 1994, 549, 550; VersR 2009, 769f. Rn. 8 (beide zu § 15a VVG a.F.); BGHZ 191, 159 = VersR 2011, 1550 Rn. 19 (zu § 28 Abs. 2 S. 2 VVG). So auch das Schrifttum; *Fuchs*, in: Ulmer/Brandner/Hensen, Vor § 307 Rn. 57; *Klimke*, Die halbzwingenden Vorschriften, S. 167f.; *Wandt*, Rn. 159.

den Vorschriften qua Spezialität anzunehmen. Davon geht auch der Gesetzgeber aus, wenn er in § 309 Nr. 7 BGB den besonders schwerwiegenden Fall eines Haftungsausschlusses des Verwenders für eigenes vorsätzliches Verhalten ausklammert, der bereits nach § 276 Abs. 4 BGB (selbst in Individualabreden) absolut unwirksam ist.

528 Bei **halbzwingenden Normen** liegen die Dinge zwar insofern anders, als den Beteiligten noch ein gewisser Gestaltungsspielraum verbleibt. Indessen interessiert für das Konkurrenzverhältnis allein, welcher Regelungsinhalt untersagt ist. Insoweit ist die Lage dieselbe wie bei absolut zwingenden Vorschriften. Soweit hingegen für ein Nebeneinander der halbzwingenden Normen mit der AGB-rechtlichen Inhaltskontrolle angeführt wird, in einem Verstoß gegen das VVG liege stets auch eine Abweichung von den wesentlichen Grundgedanken des Gesetzes i.S. v. § 307 Abs. 2 Nr. 1 BGB, wird damit das Konkurrenzverhältnis lediglich beschrieben, aber nicht aufgelöst. Genauso deskriptiv wäre etwa auch die Feststellung, dass ein gem. § 138 BGB sittenwidriger Vertragsinhalt gegen das gesetzliche Leitbild verstößt. Vorzugswürdig erscheint es, ebenso wie bei den absolut zwingenden Vorschriften (s. Rn. 527) eine **Spezialität** der halbzwingenden Normen anzunehmen. Von ihnen abweichende Abreden sind nicht lediglich mit wesentlichen Grundgedanken der gesetzlichen Regelung unvereinbar, sondern sie verstoßen unmittelbar gegen das Gesetz.

529 Diese dogmatische Präzisierung wird in ihren praktischen Auswirkungen freilich dadurch relativiert, dass, sofern sich der Verstoß gegen (halb-) zwingendes Recht – wie es bei Versicherungsverträgen die Regel ist – in AVB befindet, für die Rechtsfolgen **§ 306 BGB analog** heranziehbar ist. Zudem ist auch das Unterlassungsklageverfahren analog § 1 UKlaG statthaft. Dies entspricht dem Sinn und Zweck jenes Verfahrens, „den Rechtsverkehr von sachlich unangemessenen und unzulässigen Klauseln und den durch sie tatsächlich oft erzeugten Scheinbindungen freizuhalten“[16].

530 Meist lässt sich dann, wenn eine Norm als halbzwingend gekennzeichnet ist, recht klar bestimmen, welche abweichenden Vereinbarungen unzulässig sind. Bisweilen kann diese Feststellung jedoch auch **Schwierigkeiten** bereiten. Ein anschauliches Beispiel bietet der in Rn. 1787ff. näher erörterte Streit darüber, welche Klauselinhalte durch § 127 Abs. 1 VVG, der gem. § 129 VVG halbzwingend ist, unterbunden werden. Dabei geht es um Beschränkungen der freien Anwaltswahl in der Rechtsschutzversicherung. In solchen Fällen gilt es die jeweilige, die Gestaltungsfreiheit einschränkende gesetzliche Vorschrift **auszulegen**, und zwar namentlich anhand von ihrem Sinn und Zweck.

531 Von derartigen Auslegungsfragen zur inhaltlichen Reichweite einer halbzwingenden Vorschrift zu unterscheiden ist die weitere Frage, ob eine Abweichung zu Lasten des Versicherungsnehmers durch eine ihm zugleich gewährte **Vergünstigung** kompensiert werden kann. Diese Frage der Kompensation im

16 BGH VersR 1987, 712, 717; VersR 2008, 386, 387 Rn. 11 (betr. analoge Anwendung auf die Überprüfung der Klauselersetzung nach § 203 VVG).

Wege einer **Saldierung** stellt sich ähnlich wie im AGB-Recht (s. Rn. 543) auch hinsichtlich der halbzwingenden Vorschriften, da diese eine Abweichung „zum **Nachteil** des Versicherungsnehmers" voraussetzen. Eine **Gesamtsaldierung** innerhalb des Regelungswerks ist unstatthaft; sie würde dem Zweck der Ausgestaltung einer bestimmten Norm als halbzwingend nicht gerecht. Teils wird verlangt, dass die vereinbarten Vor- und Nachteile in einem konkreten Anwendungsfall zusammentreffen[17] oder dass sie sich auf die Regelung desselben Tatbestands beziehen (so die sog. **enge Kompensationstheorie**)[18]. Dagegen spricht, dass es durchaus im Interesse des Versicherungsnehmers liegen kann, wenn ihm unabhängig von diesen strengen Anforderungen gerade als Folge der Benachteiligung auch ein Vorteil gewährt wird. Vorzugswürdig ist daher die dies zulassende sog. **weite Kompensationstheorie.**[19] Freilich darf der dem Versicherungsnehmer versprochene Vorteil nicht allein in einem Prämiennachlass liegen; der Versicherungsnehmer kann sich den ihm vom Gesetzgeber gewährten Schutz nicht „abkaufen" lassen.[20]

D. Kombinationsformen

Bisweilen kombiniert der Gesetzgeber in ein und derselben Norm **zwingende mit halbzwingenden Regeln.** 532

Beispiele: In § 74 Abs. 2 VVG sowie in § 78 Abs. 3 VVG wird jeweils im ersten Halbsatz die Nichtigkeit einer vom Versicherungsnehmer in betrügerischer Absicht genommenen Über- oder Mehrfachversicherung angeordnet. Zugleich sind jene beiden Vorschriften gem. § 87 VVG halbzwingend. Diese Anordnung betrifft freilich jeweils allein den zweiten Halbsatz, wonach dem Versicherer die Prämie nur bis zu dem Zeitpunkt gebührt, in dem er von den die Nichtigkeit begründenden Umständen erfährt. 533

Zusammengenommen bedeuten das zwingende und das halbzwingende Element derartiger Normen Folgendes: Die betrügerische Absicht läuft dem Versicherungsgedanken so elementar zuwider, dass die Rechtsordnung ähnlich wie bei § 134 BGB dem Vertrag als Ganzem – vorbehaltlich des § 139 BGB – grundsätzlich die Anerkennung versagt. Zugleich wird es dem Versicherer jedoch untersagt, sich günstigere Rechtsfolgen als den im Gesetz vorgesehenen anteiligen Prämienanspruch zu sichern, etwa den Anspruch auf die Prämie für die gesamte laufende Versicherungsperiode. 534

17 RGZ 162, 238, 242; *Ebers*, in: Schwintowski/Brömmelmeyer, § 18 Rn. 3.
18 BK/*Riedler*, § 42 Rn. 2; *Sasse*, VersArch 1956, 171.
19 *Klimke*, Halbzwingende Vorschriften, S. 68ff.; *Prölss*, in: Prölss/Martin, § 18 Rn. 6.
20 *Klimke*, Halbzwingende Vorschriften, S. 86ff.; *Prölss*, in: Prölss/Martin, § 18 Rn. 6.

§ 12 Inhaltskontrolle von AVB

Literatur

H. Baumann, Die Bedeutung der Entstehungsgeschichte für die Auslegung von Allgemeinen Geschäfts- und Versicherungsbedingungen, r+s 2005, 313; *Dreher*, Kontrolle und Schließung von anfänglichen Regelungslücken in AVB, in: FS Schapp, 2010, S. 113; *Pilz*, Missverständliche AGB: ein Beitrag zum Verhältnis von Auslegung und Transparenzkontrolle untersucht am Beispiel Allgemeiner Versicherungsbedingungen, 2010; *Präve*, Das neue VVG und das AGB-Recht, VW 2009, 98; *ders.*, Allgemeine Versicherungsbedingungen, in: Graf von Westphalen (Hrsg.), Vertragsrecht und AGB-Klauselwerke, Stand: Dezember 2012; *ders.*, Versicherungsbedingungen und AGB-Gesetz, 1998; *Schimikowski*, Einbeziehung von Allgemeinen Versicherungsbedingungen in den Vertrag, r+s 2007, 309.

A. Überblick

535 Die Inhaltskontrolle von AVB nach den §§ 307ff. BGB bildet einen wichtigen Bereich des Versicherungsvertragsrechts. Sie ist zu unterscheiden von der **aufsichtsbehördlichen Kontrolle**. Wie an anderer Stelle (s. Rn. 24) näher ausgeführt wird, überwacht die BaFin im Rahmen der Rechtsaufsicht den gesamten Geschäftsbetrieb der Versicherungsunternehmen im Allgemeinen. Dabei achtet sie auf die ausreichende Wahrung der Belange der Versicherten und auf die Einhaltung der Gesetze, die für den Betrieb des Versicherungsgeschäfts gelten. Gegenstand der Rechtsaufsicht ist die ordnungsgemäße Durchführung des Geschäftsbetriebs einschließlich der Einhaltung der aufsichtsrechtlichen, der das Versicherungsverhältnis betreffenden und aller sonstigen die Versicherten betreffenden Vorschriften sowie der rechtlichen Grundlagen des Geschäftsplans (vgl. § 81 Abs. 1 VAG). Im Gegensatz zur bis 1994 bestehenden Rechtslage bedürfen AVB grundsätzlich **keiner behördlichen Vorabgenehmigung** mehr (s. Rn. 117).

536 **Ausnahmen** vom Wegfall der Vorabkontrolle von AVB bestehen bei der Zulassung zum Geschäftsbetrieb für Pensions- und Sterbekassen (vgl. § 5 Abs. 3 Nr. 2 VAG) sowie für die substitutive Krankenversicherung (vgl. § 5 Abs. 5 Nr. 1 VAG) und die Pflichtversicherungen. Zudem kann die BaFin auch in denjenigen Sparten, in denen keine Vorabkontrolle mehr erfolgt, im Rahmen der laufenden **Missstandsaufsicht** Maßnahmen ergreifen, um die Einhaltung der gesetzlichen Vorschriften sicherzustellen. So kann es die Aufsichtsbehörde den Versicherern nach § 81 VAG untersagen, sich auf eine bestimmte Klausel zu berufen. Der **Schwerpunkt** der Kontrolle liegt heutzutage allerdings bei den **Zivilgerichten** (s. Rn. 134ff., 473).

537 **Gegenstand der Inhaltskontrolle** sind nach § 307 Abs. 3 S. 1 BGB grundsätzlich nur solche AGB, die von Rechtsvorschriften abweichen oder diese ergänzen. Hinsichtlich anderer AGB ist gem. § 307 Abs. 3 S. 2 BGB nur eine (eingeschränkte) Transparenzkontrolle möglich. Die Anwendung dieser Vorschrift auf AVB bereitet aufgrund der Besonderheiten des Rechtsprodukts „Versicherung" (s. Rn. 111) Probleme. Unstreitig nicht der AGB-Kontrolle unterliegt die

Bestimmung der **Hauptleistung** des Versicherers, auch wenn dies in § 307 Abs. 3 S. 1 BGB nicht klar formuliert ist. Ebenso wenig wie im sonstigen AGB-Recht dient die Inhaltskontrolle von AVB dazu, die vertraglichen Hauptleistungspflichten einer Angemessenheitsprüfung zu unterwerfen. Daher muss auch hier zwischen inhaltlich **kontrollfreien Leistungsbeschreibungen** und **kontrollbedürftigen „Nebenbestimmungen"** differenziert werden. Eine solche Differenzierung ist bei AVB, da diese vor allem Produkt- und Leistungsbeschreibungen enthalten, besonders schwierig und umstritten.

Mit der Rechtsprechung ist wie folgt zu differenzieren: Grundsätzlich sind 538 alle Bestandteile der AVB kontrollfähig. Ausgenommen von der Inhaltskontrolle ist nur die **allgemeinste Beschreibung des versicherten Objekts und der versicherten Gefahr.**[21] Diese Beschreibung lässt das für die wechselseitigen Leistungen geltende dispositive Gesetzesrecht unberührt. Dabei geht es um den eng zu verstehenden Bereich derjenigen Leistungsbeschreibungen, ohne deren Vorliegen mangels Bestimmtheit oder Bestimmbarkeit des wesentlichen Vertragsinhalts schon kein wirksamer Vertrag angenommen werden kann. Die Regelung der **Einzelheiten**, insbesondere Einschränkungen des Hauptleistungsversprechens (Risikoausschlüsse), sonstige Veränderungen, Ausgestaltungen und Modifizierungen wie Laufzeiten, Obliegenheiten und Ausschlussfristen, unterliegen dagegen der Inhaltskontrolle.[22]

B. Wirksamkeitskontrolle

Im Rahmen der Wirksamkeitskontrolle kommt der **Generalklausel des § 307** 539 **Abs. 1 BGB** die größte praktische Bedeutung zu (s. Rn. 542ff.). Unter den **speziellen Klauselverboten der §§ 308, 309 BGB** ist insbesondere die **Beweislastregelung** des § 309 Nr. 12 BGB für AVB von Bedeutung. So darf etwa die Beweislast für die Herbeiführung des Versicherungsfalls nach § 81 VVG, welche der Versicherer trägt,[23] in den AVB nicht ohne Weiteres dem Versicherungsnehmer auferlegt werden.[24] Bedeutsam ist zudem etwa § 309 Nr. 13 BGB. Danach dürfen Erklärungen, die dem Verwender gegenüber abzugeben sind, nicht an **besondere Zugangserfordernisse** gebunden werden.

Beispiel 1: In den AVB ist vorgesehen, dass Schadensanzeigen nur auf einem 540 bestimmten Formular des Versicherers erfolgen dürfen. In diesem Fall besteht weitgehende Einigkeit darüber, dass ein Verstoß gegen § 309 Nr. 13 BGB vorliegt.[25]

---

21 BGHZ 127, 35, 41 = VersR 1994, 1049, 1050; BGHZ 141, 137, 141 = VersR 1999, 710, 711.

22 Hierzu *Billing*, Die Bedeutung von § 307 Abs. 3 S. 1 BGB im System der AGB-rechtlichen Inhaltskontrolle, 2006, S. 16ff.

23 Allg. A.; s. nur BGH VersR 1985, 330, 331.

24 *Schimikowski*, Rn. 395; *Prölss*, in: Prölss/Martin, § 81 Rn. 44 (auf § 307 Abs. 2 Nr. 1 abstellend); s. aber OLG Oldenburg VersR 2001, 91f.

25 *Schimikowski*, Rn. 397; s. auch *Fricke*, VersR 1993, 399, 404 mit Fn. 61f.; differenzierend *Prölss*, in: Prölss/Martin, Vorbem. I Rn. 122.

541 **Beispiel 2:**[26] Die AVB enthalten folgende Klausel: „*Für die Richtigkeit der Angaben bin ich allein verantwortlich, auch wenn ich den Antrag nicht ausgefüllt habe. Der Vermittler darf über die Erheblichkeit von Antragsfragen oder Erkrankungen keine verbindlichen Erklärungen abgeben oder entgegennehmen.*“ Diese Klausel begegnete bereits nach altem Recht im Hinblick auf ihre Vereinbarkeit mit § 309 Nr. 13 BGB und mit §§ 69ff. VVG (s. dazu noch Rn. 665ff.) gewissen Bedenken.[27] Seit der VVG-Reform ergibt sich ihre Unwirksamkeit bereits aus §§ 69f., 72 VVG.[28]

542 Die **Generalklausel** des § 307 Abs. 1 S. 1 i.V. mit Abs. 2 BGB gilt im Gegensatz zu den §§ 308, 309 BGB auch für solche Versicherungsnehmer, bei denen es sich um Unternehmer i.S. von § 14 BGB handelt (vgl. § 310 Abs. 1 BGB). Die Kasuistik hierzu ist kaum überschaubar. Als Auffangtatbestand und Kernstück der Inhaltskontrolle setzt die Prüfung des § 307 Abs. 1 BGB stets eine **Gesamtwürdigung** i.S. einer umfassenden Abwägung der beiderseitigen Interessen voraus.

543 Im Einzelnen gilt Folgendes: Zu den **gesetzlichen Regelungen** i.S. von § 307 Abs. 2 Nr. 1 BGB zählen neben den dispositiven gesetzlichen Vorschriften auch die im Wege der Rechtsfortbildung gewonnenen Rechtssätze (z.B. Analogien und Gewohnheitsrecht). Sofern eine Abweichung i.S. von § 307 Abs. 2 **Nr. 1** BGB besteht, lässt sich diese unter bestimmten Voraussetzungen durch Vorteile kompensieren. Insofern kann eine **Saldierung** von Vor- und Nachteilen stattfinden, sofern zwischen ihnen ein sachlicher Zusammenhang besteht, der einen wechselseitigen Bezug herstellt (vgl. auch Rn. 531 zu halbzwingenden Vorschriften).[29] Die weitere Zweifelsregel des 307 Abs. 2 **Nr. 2** BGB betrifft in erster Linie Klauseln, durch die der Versicherungsschutz wesentlich entwertet wird, indem das versicherte Risiko übermäßig begrenzt wird (sog. **Aushöhlung**).[30] **Beispiele** zur Anwendung der Generalklausel auf AVB finden sich etwa in Rn. 144, 296ff., 567f., 1016ff., 1195, 1525 und 1950.

C. Insbesondere: Transparenzgebot (§ 307 Abs. 1 S. 2, Abs. 3 S. 2 BGB)

I. Grundlagen

544 Das **Transparenzgebot**[31] ist seit der Schuldrechtsmodernisierung von 2002, einer Vorgabe der EG-Klauselrichtlinie folgend, gesetzlich geregelt, und zwar in § 307 Abs. 1 S. 2 BGB. Nach anfänglichem Zögern wendet der BGH dieses Gebot seit einiger Zeit auch intensiv auf AVB an. Nach § 307 Abs. 1 S. 2 BGB kann sich eine unangemessene Benachteiligung bereits daraus ergeben, dass eine Be-

26 Ähnlich die Formulierung im Fall von BGH NJW 1992, 828.
27 *Beckmann*, NJW 1996, 1378, 1379f.
28 *Bruns*, in: MünchKomm-VVG, § 309 Rn. 14; *Prölss*, in: Prölss/Martin, Vorbem. I Rn. 123.
29 *Prölss*, in: Prölss/Martin, Vorbem. I Rn. 75.
30 Einzelheiten bei *Prölss*, in: Prölss/Martin, Vorbem. I Rn. 80.
31 *Wandt*, Rn. 200ff.

stimmung nicht **klar und verständlich** ist. Der Verwender von AVB hat demnach die Rechte und Pflichten seines Vertragspartners möglichst klar und durchschaubar darzustellen. Dabei genügt es nicht, dass die Klausel in ihrer Formulierung für den durchschnittlichen Versicherungsnehmer verständlich ist. Vielmehr gebieten Treu und Glauben es darüber hinaus auch, dass sie die **wirtschaftlichen Nachteile und Belastungen** so weit erkennen lässt, wie dies nach den Umständen gefordert werden kann.[32]

Die Rechtsprechung hat hierzu verschiedene **Fallgruppen** entwickelt. Das Transparenzgebot lässt sich demgemäß in ein Verständlichkeits-, ein Bestimmtheits- sowie ein Vollständigkeitsgebot unterteilen. Dabei bestehen zwischen den einzelnen Bereichen fließende Übergänge.[33] Das **Verständlichkeitsgebot** dient dazu, dem Kunden die wirtschaftliche Tragweite der AVB klar vor Augen zu führen. Dies gebietet es u.a., dass inhaltlich zusammengehörende Klauseln sich nicht an unterschiedlicher Stelle innerhalb des Klauselwerks befinden dürfen. An diesem Erfordernis wird deutlich, dass die Transparenzkontrolle sich nicht allein auf den Wortlaut, sondern auch auf die systematische Anordnung der Klauseln erstreckt (vgl. auch Rn. 480 im Kontext von § 305c Abs. 1 BGB). Das **Bestimmtheitsgebot** verlangt einen hinreichend hohen Konkretisierungsgrad der AVB. Es wird insbesondere dort bedeutsam, wo der Versicherer sich einseitig Rechte vorbehält (zu Prämienanpassungsklauseln s. Rn. 1010ff.). Schließlich besteht ein **Vollständigkeitsgebot**. Dieses untersagt dem Versicherer beispielsweise, die Rechtsfolgen von Obliegenheitsverletzungen (s. § 28 VVG) nur auszugsweise und damit unvollständig wiederzugeben. 545

Bisweilen wird auch noch ein **Richtigkeitsgebot** erwähnt. Es bedeutet, dass die in den AVB enthaltenen Aussagen (namentlich zum objektiven Recht) inhaltlich zutreffen müssen. Dabei handelt es sich freilich nicht um eine Ausprägung des Transparenzgebots, das vor allem auf Klarheit und Verständlichkeit der AVB ausgerichtet ist. Vielmehr ist das Richtigkeitsgebot eine eigenständige, neben das Transparenzgebot tretende Ausprägung von Treu und Glauben. Angesichts der engen Verwandtschaft mit den drei in Rn. 545 genannten Fallgruppen des Transparenzgebots, insbesondere zum Vollständigkeitsgebot, erscheint insoweit freilich eine analoge Anwendung von § 307 Abs. 1 S. 2 BGB geboten. 546

Die Gebote der Verständlichkeit und der Bestimmtheit können miteinander in **Konflikt** geraten. Je konkreter – und damit meist auch: je detaillierter – eine AVB ausgestaltet ist, umso unverständlicher kann sie nämlich für den Versicherungsnehmer werden. Darin zeigt sich wiederum das grundsätzliche Problem, das mit der Doppelfunktion von AVB für den Versicherungsnehmer und für den Rechtsanwender verbunden ist (s. Rn. 218). Teils wird vorgeschlagen, den Konflikt zugunsten der Bestimmtheit aufzulösen.[34] Der Versicherungsnehmer 547

---

32 BGH VersR 1997, 1517, 1519; VersR 2006, 1066, 1068.

33 S. dazu *Armbrüster*, DNotZ 2004, 437ff.

34 *Römer*, NVersZ 1999, 97, 104; *Wandt*, Rn. 201; a.A. *Fricke*, VersR 2000, 257, 262; BK/*Harrer*, § 31 VVG Rn. 33.

könne einen Verständlichkeitsmangel nämlich kompensieren, indem er Rechtsrat einholt, während mangelnde Bestimmtheit sich nicht ausgleichen lasse. Jene Feststellung trifft zu. Allerdings lässt sich daraus **kein genereller Vorrang der Bestimmtheit** herleiten. Dies gilt bereits deshalb, weil der durchschnittliche Versicherungsnehmer in der Praxis oft keinen Rechtsrat einholen wird und nicht zuletzt das Verständlichkeitsgebot auch dazu dient, ihm den damit verbundenen Aufwand möglichst zu ersparen. Hinzu kommt, dass die AVB insgesamt ihren **Informationszweck** zu verfehlen drohen, wenn sie allein wegen des Bestimmtheitsgebots und ohne Rücksicht auf die Bedeutung eines Regelungsgegenstandes für den Versicherungsnehmer mit Details überfrachtet werden. Richtigerweise ist der Bestimmtheitsgrundsatz daher nicht absolut zu setzen, sondern stets unter Berücksichtigung der jeweiligen Bedeutung der AVB für den Versicherungsnehmer sowie der Gefahr einer Informationsüberflutung anzuwenden.

548 Streit besteht auch darüber, ob zur Intransparenz eine **inhaltliche Benachteiligung** hinzutreten muss, damit eine unangemessene Benachteiligung vorliegt. Dafür ließe sich anführen, dass allein die mangelnde Klarheit und Verständlichkeit einer Klausel nicht notwendig zu einer Belastung des Versicherungsnehmers führt, vor der die Rechtsordnung ihn bewahren müsste. Indessen ist in solchen Fällen, in denen die Intransparenz einer den Versicherungsnehmer ausschließlich begünstigenden Klausel in Rede steht, § 307 Abs. 1 S. 2 BGB im Wege **teleologischer Reduktion** ohnehin nicht anwendbar. Jene Norm soll die Rechtsstellung des Kunden verbessern und nicht verschlechtern. Ganz überwiegend wird das zusätzliche Erfordernis einer inhaltlichen Benachteiligung denn auch **abgelehnt**.[35] Dafür spricht nicht allein der Gesetzeswortlaut, sondern insbesondere auch der Umstand, dass nach den Vorgaben der EG-Klauselrichtlinie bereits die Intransparenz als solche zu einer (wie auch immer gearteten) Sanktion führen muss.

549 Insgesamt lässt sich in der jüngeren Rechtsprechung eine **Tendenz** feststellen, mehr und mehr von der Annahme einer inhaltlichen Unangemessenheit zur Verwerfung von AVB wegen **Intransparenz** überzugehen. Diese Tendenz lässt sich auch angesichts der Grundsatzentscheidung von 2012 zur Verrechnung von Abschlusskosten in der Kapitallebensversicherung (s. Rn. 1950ff.) nicht in Zweifel ziehen: Zwar stützt der BGH sich hier zur Begründung dafür, dass die Klauseln den Versicherungsnehmer unangemessen benachteiligen, anders als in früheren Urteilen nicht auf die Transparenzkontrolle, sondern auf eine materielle Bewertung des Klauselinhalts. Indessen ist diese Rechtsprechungsänderung ersichtlich allein durch eine zwischenzeitliche Entscheidung des BVerfG motiviert, die sich zu den verfassungsrechtlichen Anforderungen an den Klauselin-

---

35 S. nur *Prölss*, in: Prölss/Martin, Vorbem. I Rn. 103; a.A. *Römer*, NVersZ 1999, 97, 104; anders auch *Pilz*, Missverständliche AGB, S. 210ff., der auch bei für den Versicherungsnehmer günstigen AVB eine Transparenzkontrolle zulässt, den Versicherer aber bei der dann vorzunehmenden ergänzenden Vertragsauslegung an den Inhalt der intransparenten Regelung binden möchte.

halt äußert.[36] Zu anderen AVB heißt es in dem Urteil des BGH hingegen weiterhin, sie verstießen „jedenfalls" gegen das Transparenzgebot.[37]

Der verstärkte Zugriff auf die Transparenzkontrolle dürfte zumindest teilweise darauf beruhen, dass es oft leichter fällt, die mangelnde Transparenz einer AGB darzutun, als ihre Unvereinbarkeit mit wesentlichen Grundgedanken des Gesetzes oder mit dem Vertragszweck zu begründen. Für den Verwender liegt in der Verwerfung als intransparent der **geringere Eingriff**, da er durch eine klarere Gestaltung sein Regelungsziel zumindest für zukünftige Vertragsschlüsse weiterverfolgen und zudem bei Bestandsverträgen auf eine sachgerechte Lückenfüllung im Wege ergänzender Auslegung oder über Anpassungsrechte (s. etwa § 164 VVG) hoffen kann. Dennoch ist die Tendenz zur Transparenzkontrolle nicht unproblematisch, da überzogene Transparenzanforderungen den Klauselverwender vor erhebliche Schwierigkeiten stellen und eine gewisse **Unsicherheit** in das Versicherungsverhältnis hineintragen. Dies gilt nicht zuletzt im Hinblick darauf, dass in den Entscheidungen oft nichts über die materielle Wirksamkeit gesagt wird. Wird eine Klausel zunächst für intransparent erklärt und ersetzt der Versicherer sie daraufhin durch eine dem Transparenzgebot genügende Fassung, so kann diese in einem weiteren Gerichtsverfahren für materiell unangemessen erklärt werden, auch wenn sie insoweit im Vorprozess vom BGH nicht beanstandet worden war. Dies ist weder der Rechtsbefriedung noch der in einem weiteren, nicht allein auf das einzelne Verfahren bezogenen Sinne verstandenen Prozessökonomie dienlich (s. Rn. 144). 550

Als **Rechtsfolge** von Intransparenz ordnet § 307 Abs. 1 S. 2 BGB die Unwirksamkeit der betreffenden Klausel an. Das Schicksal des Vertrags im Übrigen richtet sich dann nach § 306 BGB. Um die durch die Verwerfung einer intransparenten AVB entstehende Regelungslücke zu schließen, ist es bisweilen unternommen worden, im sog. Klauselersetzungsverfahren an die Stelle einer intransparenten eine **transparente, inhaltsgleiche Klausel** zu setzen. Damit ist der durch die Intransparenz entstandene Nachteil behoben. Gleichwohl hat der BGH in seiner jüngeren Judikatur zur Kapitallebensversicherung zusätzlich eine **materielle Besserstellung** des Versicherungsnehmers verlangt, die er im Wege ergänzender Vertragsauslegung zu erreichen versucht hat (s. auch Rn. 1949ff.).[38] Für eine solche Lösung mag man die Erwägung anführen, dass ein Versicherungsnehmer dann, wenn die betreffende Klausel ihm bereits im Stadium der Vertragsanbahnung in transparenter Form übermittelt worden wäre, möglicherweise vom Vertragsschluss Abstand genommen hätte. Diese Möglichkeit erscheint jedoch eher theoretisch. Ihr stehen die erheblichen **Unwägbarkeiten** gegenüber, die mit einer gleichsam freihändigen ergänzenden Vertragsauslegung verbunden sind. Dafür bietet die erwähnte Rechtsprechung 551

36 BVerfG VersR 2006, 489, 493f. Rn. 61ff., 65.

37 BGH VersR 2012, 1149, 1155 Rn. 44 (betr. Rückkaufswert und Stornoabzug).

38 BGHZ 164, 297, 315f. = VersR 2005, 1565, 1570; BGH VersR 2007, 1547, 1548 Rn. 15.

des BGH zur Kapitallebensversicherung einen anschaulichen Beleg: Das Gericht orientierte sich bei der ergänzenden Auslegung an einem seinerzeit von der VVG-Reformkommission ausformulierten Vorschlag, den der Gesetzgeber später jedoch nicht übernahm (vgl. § 169 Abs. 3 VVG).[39] Die gewichtigeren Argumente sprechen daher dafür, dass bei reinen Transparenzmängeln im sog. Klauselersetzungsverfahren über die Schaffung von Transparenz hinaus keine materielle Besserstellung des Versicherungsnehmers veranlasst ist.

II. Transparenzkontrolle deklaratorischer Klauseln

1. Deklaratorische Klauseln im engeren Sinne

552 Unter **deklaratorischen Klauseln im engeren Sinne** werden solche AGB verstanden, die – mit den Worten des BGH – „Rechtsvorschriften nur wiedergeben und in jeder Hinsicht mit ihnen übereinstimmen"[40]. Teils wird angenommen, dass die Transparenzkontrolle nach § 307 Abs. 3 S. 2 BGB sich auch auf derartige Klauseln erstreckt.[41] Dafür lässt sich anführen, dass diese Regelung ihrem Wortlaut nach keine Grenze für die Einbeziehung deklaratorischer Klauseln in die Inhaltskontrolle vorsieht. Indessen ist § 307 Abs. 3 S. 2 BGB insoweit teleologisch zu reduzieren. Jene Norm soll nicht die vom Gesetzgeber gewählten Formulierungen einer richterlichen Kontrolle unterwerfen; dem stünde bereits der Grundsatz der **Gewaltenteilung** (Art. 20 Abs. 2 GG) entgegen.[42]

553 Der BGH hat in seiner Rechtsprechung zu den Rückkaufswerten in der kapitalbildenden Lebensversicherung eine deklaratorische Klausel i.e.S. gleichwohl einer AGB-rechtlichen Kontrolle unterworfen.[43] Zur Begründung stützt sich das Gericht darauf, dass die in den AVB wörtlich wiedergegebenen gesetzlichen Regelungen (§§ 174 Abs. 2, 176 Abs. 3 S. 1 VVG a.F.; vgl. jetzt die detaillierteren §§ 165 Abs. 2, 169 Abs. 3 VVG) **ergänzungsbedürftig** seien. Jene Regelungen enthielten Spielräume, die durch geschäftspolitische Entscheidungen der Versicherer konkretisiert werden müssten. Diese Rechtsprechung läuft der Sache nach auf eine **Informationsobliegenheit** des Verwenders hinaus. In anderen Entscheidungen hat der BGH hingegen festgestellt, dass das Transparenzgebot nicht verlange, „aus dem Gesetz oder aus der Rechtsnatur eines Vertrags folgende Rechte ausdrücklich zu regeln oder den Vertragspartner darüber zu belehren"[44]. Beschränkt der Verwender sich darauf, das Gesetz wörtlich wiederzugeben, so trifft er keine eigene Regelung; über das Transparenzgebot kann

---

39 Regierungsbegr., BT-Drucks. 16/3945, S. 102 a.E.

40 BGHZ 147, 373, 376 = NJW 2001, 2012, 2013 (sub I 2b).

41 *Dörner*, LM § 8 AGBG Nr. 47 (sub 2a); *R. Koch*, WM 2002, 2173, 2175. Im Ansatz auch *Rehberg*, Der Versicherungsabschluss als Informationsproblem, 2003, 226 (nicht zwischen deklaratorischen Klauseln im engeren Sinne und im weiteren Sinne differenzierend).

42 Näher *Armbrüster*, DNotZ 2004, 437, 443.

43 BGHZ 147, 373, 376 = VersR 2001, 839 m. insoweit krit. Anm. *Präve*, S. 846.

44 BGHZ 133, 25, 32 = NJW 1996, 2092, 2093 (betr. Globalabtretung); ebenso BGH NJW 1999, 276, 277 (betr. Laufzeitverlängerung in Partnervermittlungsvertrag).

ihm nicht eine Konkretisierung (hier: Festschreibung der geschäftspolitischen Entscheidungen) abverlangt werden, die der Gesetzgeber ihm nicht vorschreibt.

2. Deklaratorische Klauseln im weiteren Sinne

Oft gibt eine AVB das Gesetz nicht wörtlich wieder, sondern sie umschreibt das objektive Recht mit eigenen Worten oder weist lediglich auf seine Geltung hin (**deklaratorische Klauseln im weiteren Sinne**). Insoweit stehen einer Transparenzkontrolle gem. § 307 Abs. 3 S. 2 BGB keine verfassungsrechtlichen Bedenken entgegen, da es nicht um eine Überprüfung der vom Gesetzgeber gewählten Formulierung geht. Dasselbe gilt, wenn das Gesetz in den AVB zwar wörtlich, aber unvollständig oder aus dem Zusammenhang gerissen wiedergegeben wird und der Versicherungsnehmer dadurch einen unrichtigen Eindruck von der Rechtslage gewinnen kann. Auch in einem solchen Fall ist die Klausel nicht als deklaratorisch im engeren Sinne anzusehen; sie unterliegt mithin der Transparenzkontrolle. 554

Gegen eine Kontrolle von AVB nach § 307 Abs. 1 S. 2 BGB in diesen Fällen könnte man freilich einwenden, dass sie dem Versicherungsnehmer im Ergebnis wegen der Rechtsfolge einer Verwerfung nichts bringe: Nach § 306 Abs. 2 BGB greift dann das dispositive Gesetzesrecht ein. Dabei handelt es sich just um diejenige Vorschrift, deren Inhalt der Versicherer mit eigenen Worten wiedergegeben hat.[45] Indessen gilt es hier, nicht allein auf die Interessenlage eines Individualklägers abzustellen, dem eine prozessuale Geltendmachung der Intransparenz in der Tat im Ergebnis nichts brächte. Vielmehr ist insoweit das **Verbandsklageverfahren** in den Blick zu nehmen. Es erscheint durchaus sinnvoll, wenn gegen intransparente deklaratorische Klauseln im weiteren Sinne im Verbandsprozess vorgegangen werden kann. Dadurch kann dem schutzwürdigen Interesse des Versicherungsnehmers daran Rechnung getragen werden, dass ihm seine Rechte und Pflichten auch dann, wenn sie aus dem Gesetz folgen, nicht in intransparenter Weise mitgeteilt werden. Mithin ist es auch unter praktischen Gesichtspunkten sinnvoll, dass deklaratorische Klauseln im weiteren Sinne in vollem Umfang der Transparenzkontrolle unterliegen. 555

3. Abgrenzung zu tatsächlichen Hinweisen

Bisweilen enthalten die AVB über Aussagen zu den Rechten und Pflichten der Parteien hinaus auch rein tatsächliche Hinweise. Dabei handelt es sich nicht um Regelungen zum Vertragsinhalt, und zwar auch nicht in Gestalt deklaratorischer Klauseln, sondern um **schlichte Tatsachenmitteilungen**. 556

45 So im Erg. *Evermann*, Die Anforderungen des Transparenzgebots an die Gestaltung von Allgemeinen Versicherungsbedingungen, 2002,S. 76f. (bzgl. Hinweisen auf das Gesetz), S. 78 (bzgl. vom Verwender vorgenommener Umschreibungen; insoweit sei nur eine auf Übereinstimmung mit dem Gesetzesinhalt beschränkte Kontrolle möglich); *v. Hoyningen-Huene*, in: FS Trinkner, 1995, S. 179, 184.

557 **Beispiel:** In den AVB zur Lebensversicherung ist bisweilen folgende Aussage anzutreffen: „*Durch den Abschluss von Versicherungsverträgen entstehen Kosten.*" Der BGH ordnet diese Wendung zutreffend als deklaratorischen Hinweis ein, der bei isolierter Betrachtung keinen kontrollfähigen Inhalt hat.[46] Ein tatsachenbezogener Hinweis kann richtig oder falsch sein, aber mangels Rechtsfolgenanordnung keine unangemessene Benachteiligung des Kunden begründen.

III. Verhältnis zur Unklarheitenregel

558 Bereits die unterschiedlichen systematischen Standorte der Vorschriften zum Transparenzgebot (§ 307 Abs. 1 S. 2, Abs. 3 S. 2 BGB) einerseits und zur Unklarheitenregel (§ 305c Abs. 2 BGB) andererseits deuten darauf hin, dass es hier **Abgrenzungsprobleme** gibt: Das Transparenzgebot ist vom Gesetzgeber im Bereich der Inhaltskontrolle verortet worden, während es sich bei der Unklarheitenregel um eine weder der Einbeziehungs- noch der Inhaltskontrolle zuzuordnende Auslegungsvorschrift handelt. In der Rechtspraxis wird über die im Gesetz vorgenommene Differenzierung zwischen beiden Tatbeständen oftmals hinweggegangen oder diese werden ohne erkennbares System herangezogen. So kommt es im Umgang mit missverständlichen AGB zu uneinheitlichen und nicht selten widersprüchlichen Ergebnissen. Dies ist im Bereich des Versicherungsrechts besonders misslich, ist doch hier der Einsatz von AVB – wie aufgezeigt (s. Rn. 112) – schlechthin unverzichtbar, um den Inhalt des Vertrags zu konkretisieren.

559 Um sich über das Verhältnis von Unklarheitenregel und Transparenzgebot Klarheit zu verschaffen, muss man sich zunächst vergegenwärtigen, dass die **Auslegung** gegenüber der Inhaltskontrolle logisch vorrangig ist. Dies bedeutet, dass viele Fälle, in denen die Rechtsprechung bislang das Transparenzgebot heranzieht, richtigerweise bereits auf der Ebene der Auslegung zu lösen sind.

560 **Beispiel:** Eine AVB ist so unverständlich, dass der „typische" Versicherungsnehmer ihr überhaupt keinen Bedeutungsgehalt mehr entnehmen kann. Hier geht es um die der Inhaltskontrolle vorgeschaltete Vertragsauslegung, und wo diese für den Versicherungsnehmer nicht mehr möglich ist, ergibt sich die Unwirksamkeit bereits aus allgemeinen Grundsätzen der Rechtsgeschäftslehre. Die Unklarheitenregel erweist sich damit als **lex specialis** zur Transparenzkontrolle; eine reine objektive Mehrdeutigkeit begründet mithin keine Intransparenz. Das Transparenzgebot kommt erst zum Zuge, wenn der Regelungsinhalt – ggf. unter Anwendung der Unklarheitenregel – ermittelt worden ist.[47]

561 Im praktischen Ergebnis verliert die Transparenzkontrolle aufgrund der hier vertretenen Sichtweise erheblich an Bedeutung. Sie ist im Wesentlichen nur

---

46 BGH VersR 2012, 1149, 1158 Rn. 71.

47 *Von Hoyningen-Huene*, Die Inhaltskontrolle nach § 9 AGBG, 1992, Rn. 201a; *Pilz*, Missverständliche AGB, S. 193f.

noch dann heranzuziehen, wenn einem Versicherungsnehmer die **wirtschaftliche Bedeutung einer Klausel** im Dunkeln bleibt. Dies gilt etwa für Klauseln in einem Lebensversicherungsvertrag, denen sich keine klaren Angaben zu den negativen Auswirkungen der Zillmerung bei einer vorzeitigen Vertragsbeendigung entnehmen lassen.[48]

Zusammenfassendes Beispiel:[49] X lebt seit einigen Jahren in einer gleichge- 562 schlechtlichen Lebensgemeinschaft mit Y. Nach einem Zerwürfnis mit Y beschließt X, seine noch offenen Forderungen gegen Y aus der gemeinsamen Lebensführung einzuklagen. X begehrt hierfür von seinem Rechtsschutzversicherer V eine Deckungszusage für die Prozesskosten. R lehnt dies unter Hinweis auf folgende Klausel in den Allgemeinen Bedingungen für die Rechtsschutzversicherung (ARB) 94 ab: *„Rechtsschutz besteht nicht für die Wahrnehmung rechtlicher Interessen (...) nichtehelicher Lebenspartner untereinander in ursächlichem Zusammenhang mit der nichtehelichen Lebensgemeinschaft, auch nach deren Beendigung."*

Entscheidend für die Leistungspflicht des V ist es, ob unter den zitierten Aus- 563 schluss auch Streitigkeiten zwischen gleichgeschlechtlichen Lebenspartnern fallen. Erblickt man in den Ausdrücken „nichteheliche Lebenspartner" sowie „nichteheliche Lebensgemeinschaft" **Begriffe der Rechtssprache,**[50] so kommt es auf das Verständnis des durchschnittlichen Versicherungsnehmers regelmäßig nicht an; vielmehr ist dann die juristische Bedeutung maßgeblich (s. Rn. 498ff.). In der Rechtssprache wird mit den beiden zitierten Begriffen nach einem verbreiteten Verständnis die durch eine innere Bindung getragene Verantwortungsgemeinschaft von Mann und Frau verbunden. Der Ausschluss würde folglich nicht eingreifen.

Geht man hingegen davon aus, dass es sich nicht um Rechtsbegriffe handelt, 564 so bleiben beim Versicherungsnehmer zumindest **nicht behebbare Zweifel**, ob darunter auch gleichgeschlechtliche Lebenspartner fallen.[51] Es gilt daher dann nach der Unklarheitenregel des § 305c Abs. 2 BGB die für X als Versicherungsnehmer günstigere Auslegung. Dies bedeutet hier, dass X von dem Risikoausschluss nicht betroffen ist. Im Ergebnis gilt also dasselbe wie dann, wenn man von einem Betriff der Rechtssprache ausgeht. Dafür spricht insbesondere, dass dem Versicherer eine eindeutige Regelung möglich gewesen wäre. Zu weit ginge es hingegen, einen Verstoß gegen das Transparenzgebot des § 307 Abs. 1 S. 2 BGB anzunehmen,[52] da sich bestehende Unklarheiten mit Hilfe von § 305c Abs. 2 BGB beseitigen lassen. Würde jede Unklarheit i.S. dieser Norm einen Verstoß gegen das Transparenzgebot darstellen, so verbliebe für die Unklarhei-

48 Näher *Pilz*, Missverständliche AGB, S. 200ff.
49 Nach OLG Köln, VersR 2002, 182 (Verbandsklageverfahren).
50 Dafür *Schimikowski*, Übungen im Versicherungsvertragsrecht, 4. Aufl. 2009, Rn. 58.
51 *Armbrüster*, in: Prölss/Martin § 3 ARB 2008/II Rn. 118; a.A. *Mathy*, VersR 2003, 820, 824f.
52 So aber OLG Köln, VersR 2002, 182f.

tenregel praktisch kein Anwendungsbereich mehr.[53] In den **jüngeren ARB** sind eingetragene Lebenspartner i.S. des Lebenspartnerschaftsgesetzes sowie nichteheliche und nicht eingetragene Lebenspartner gleich welchen Geschlechts den Ehepartnern gleichgestellt (s. etwa § 3 Abs. 2g, Abs. 4b ARB 2010). Damit haben die Versicherer die in den älteren ARB aufgetretene Unklarheit beseitigt.

D. Rechtsfolgen der Nichteinbeziehung oder Verwerfung

565 Die Rechtsfolgen der Nichteinbeziehung oder Verwerfung einzelner Klauseln richten sich – vorbehaltlich der Sonderregelungen in §§ 164, 176, 203 Abs. 4 VVG für die Lebens-, Berufsunfähigkeits- und Krankenversicherung – nach § 306 BGB. Danach bleibt der Vertrag mit Ausnahme der betreffenden Bestimmung in den AVB wirksam. Soweit der Regelungsgehalt der weggefallenen Klausel betroffen ist, richtet sich der Inhalt des Vertrags gem. § 306 Abs. 2 BGB grundsätzlich nach den **gesetzlichen Vorschriften**.

566 Diese Regelung führt bei vielen Versicherungsarten zu Schwierigkeiten, denn oft hat der Gesetzgeber den Vertragsinhalt für sie nicht oder nicht eingehend geregelt (s. Rn. 312, 1689). In solchen Fällen kann zur Lückenfüllung mithin nicht auf Regelungen des VVG zurückgegriffen werden.[54] Da aber eine ersatzlose Streichung einer unwirksamen Klausel vielfach den beiderseitigen Interessen nicht gerecht würde, ist eine **ergänzende Vertragsauslegung** vorzunehmen. Anstelle der unwirksamen AVB gilt dann diejenige Gestaltung, die die Parteien bei **sachgerechter Abwägung** der beiderseitigen Interessen nach Treu und Glauben redlicherweise vereinbart hätten, wenn ihnen die Unwirksamkeit der Klausel bei Vertragsschluss bekannt gewesen wäre.[55]

567 **Beispiel:**[56] Klempnermeister A unterhält bei Versicherer V eine Krankentagegeldversicherung. Als er wegen einer Erkrankung seiner Berufstätigkeit nicht mehr nachgehen kann, zahlt V ihm während zwei Jahren ein Krankengeld von 75 € pro Tag. Innerhalb dieses Zeitraums beantragt A bei einem öffentlichen Rentenversicherungsträger eine Rente wegen Berufsunfähigkeit, die ihm rückwirkend bewilligt wird. Als V davon erfährt, verlangt er das wegen Arbeitsunfähigkeit geleistete Krankentagegeld zurück. Dabei beruft V sich auf mehrere, dem Vertrag zugrunde liegende Regelungen, nämlich eine Tarifbestimmung und eine in den einschlägigen AVB, den Musterbedingungen für die Krankentagegeldversicherung (MB/KT) enthaltene Klausel: *„Nicht versicherungsfähig ist, wer Rente aufgrund von Berufs- oder Erwerbsunfähigkeit oder Altersruhegeld bezieht.“ „Das Versicherungsverhältnis endet (…) bei Wegfall einer im Tarif bestimmten Voraussetzung für die Versicherungsfähigkeit (…).“*

---

53 *Pilz*, ZVersWiss 2006 Suppl., 233, 240ff.

54 S. etwa BGHZ 117, 92 = VersR 1992, 477, 479 (betr. Krankentagegeldversicherung).

55 BGH VersR 1999, 210, 211; grundlegend BGHZ 90, 69 = NJW 1984, 1177 (betr. Tagespreisklausel im Neuwagenhandel).

56 Nach BGHZ 117, 92, 98 = VersR 1992, 477, 479 (in ausdr. Abkehr von BGH VersR 1989, 943).

Der BGH hält diese Regelungen zu Recht für gem. § 307 Abs. 1 S. 1, Abs. 2 568
Nr. 2 BGB **unwirksam**. Der Bezug einer Berufsunfähigkeitsrente besagt nämlich keineswegs, dass A nicht zu einem späteren Zeitpunkt seiner Arbeit wieder nachgehen kann; in diesem Fall ist der durch die Krankentagegeldversicherung vermittelte soziale Schutz für ihn wichtig. Da das Risiko der Berufsunfähigkeit mit zunehmendem Alter steigt, kann A später nur noch zu verschlechterten Konditionen einen neuen Versicherungsschutz erlangen.[57] Allerdings bedeutet die Unwirksamkeit der Klausel zur Vertragsbeendigung nicht, dass A die erbrachten Versicherungsleistungen in vollem Umfang behalten dürfte. Vielmehr ergibt eine **ergänzende Auslegung**, dass der Versicherungsschutz nicht dazu dient, die Differenz zwischen einer Berufsunfähigkeitsrente und dem tatsächlichen Verdienstausfall abzusichern. Arbeits- und Berufsunfähigkeit schließen einander regelmäßig aus, so dass A keine Leistungspflicht des V erwarten konnte und sich redlicherweise auf eine Vereinbarung eingelassen hätte, wonach V die bereits gezahlten Beträge zurückfordern darf.

Eine solche Lückenschließung mittels ergänzender Vertragsauslegung ist 569
freilich mit einigen **Nachteilen** verbunden. So ist die ergänzende Vertragsauslegung auf den Individualprozess beschränkt; im Verbandsprozess – der im Versicherungssektor eine große Rolle spielt (s. Rn. 134, 151) – ist sie nicht statthaft.[58] Außerdem besteht über einen erheblichen Zeitraum Unsicherheit hinsichtlich des Vertragsgegenstandes. Zudem wird je nach angerufenem Gericht der Inhalt der ergänzenden Vertragsauslegung teils divergieren.

Diese Nachteile werden in der Lebens-, Berufsunfähigkeits- und Kranken- 570
versicherung in gewissem Umfang durch Sonderregelungen über die sog. **Klauselersetzung** vermieden (s. §§ 164, 176, 203 Abs. 4 VVG; dazu auch Rn. 1938). Zu einer Ausdehnung dieser Regelungen zur Lückenfüllung auf alle Sparten[59] hat sich der VVG-Reformgesetzgeber hingegen nicht entschließen können. Nach den genannten Vorschriften kann der Versicherer einen lückenhaften Vertrag ergänzen, sofern eine AVB durch höchstrichterliche Entscheidung (des BGH) oder bestandskräftigen Verwaltungsakt (der BaFin oder der Kartellbehörden) für unwirksam erklärt wurde. Dabei muss die Ergänzung zur Fortführung des Vertrags oder zur Vermeidung einer unzumutbaren Härte notwendig sein. Zudem muss sie unter Wahrung des Vertragsziels die Belange der Versicherungsnehmer angemessen berücksichtigen. Bei dieser Klauselersetzung handelt es sich um einen speziellen Fall der im Rahmen von § 306 Abs. 2 BGB statthaften ergänzenden Auslegung.[60] Der Versicherer wird dadurch in die Lage versetzt, einseitig – d.h. ohne Mitwirkung oder Einverständnis des Versicherungsnehmers – den Vertragsinhalt zu ändern, um die entstandene Lücke zu schließen.

---

57 Aus diesem Grund ist auch eine AVB unwirksam, durch die sich der Versicherer ein jederzeitiges Kündigungsrecht ausbedingt (BGHZ 88, 78, 80f. = VersR 1983, 848).

58 *Präve*, VersR 1999, 699; *Römer*, VersR 1994, 125, 126; *Wandt*, Rn. 206.

59 So der Vorschlag der VVG-Reformkommission; s. Abschlussbericht, S. 203, 205.

60 BGHZ 164, 297, 309 = VersR 2005, 1670 (betr. kapitalbildenden Lebensversicherung).

571 Seit der VVG-Reform ist es für die Lückenschließung nicht einmal mehr erforderlich, einen **unabhängigen Treuhänder** einzuschalten, wie dies im Klauselersetzungsverfahren weiterhin für die Prämien- und Bedingungsanpassung in den §§ 163, 176, 203 VVG vorgeschrieben ist (sog. Treuhänderverfahren; s. dazu Rn. 999). Der Reformgesetzgeber ging davon aus, dass der Treuhänder im Klauselersetzungsverfahren dem Versicherungsnehmer keinen zusätzlichen Schutz biete, den er neben der **gerichtlichen Kontrolle** benötigen würde.[61] Jene Kontrollmöglichkeit ist gleichsam die Kehrseite der einseitigen Ersetzungsbefugnis; in ihr liegt für den Versicherer ein beträchtliches Risiko. Zwar werden sich in aller Regel aus der gerichtlichen oder behördlichen Entscheidung, in der die Unwirksamkeit festgestellt wird, konkrete Anforderungen an eine wirksame Klauselgestaltung entnehmen lassen. Gleichwohl zeigt die Praxis, dass das Ergebnis der Klauselersetzung einer gerichtlichen Inhaltskontrolle nicht stets standhält. So hat der BGH die – nach altem Recht sogar unter Einschaltung eines unabhängigen Treuhänders erfolgte – Ersetzung unwirksamer Klauseln in der Lebensversicherung verworfen (s. Rn. 1949). Je strenger die Anforderungen an die Wirksamkeit der im Klauselersetzungsverfahren eingeführten AVB gehandhabt werden, umso weniger kann dieses Verfahren das damit angestrebte Ziel erreichen, die oben genannten Nachteile einer „klassischen" ergänzenden Auslegung für alle Beteiligten zu vermeiden. Die Anforderungen sollten daher nicht überspannt werden.[62]

572 Nach § 306 Abs. 3 BGB kann auch eine **Totalunwirksamkeit** des gesamten Vertrags anzunehmen sein. Dies setzt voraus, dass seine Fortführung ohne die unwirksame Klausel für einen Vertragspartner zu einer **unzumutbaren Härte** führen würde. Denkbar ist eine derartige Situation etwa dann, wenn ein für die Kalkulation des Versicherers bedeutsamer Risikoausschluss wegen Intransparenz verworfen wird und auch die Lückenfüllung nach § 306 Abs. 2 BGB nicht zu einem für den Versicherer hinnehmbaren Vertragsinhalt führt. Allerdings bedeutet eine Totalunwirksamkeit für den Versicherungsnehmer, dass er die von ihm mit dem Vertragsschluss verfolgten Zwecke (s. zu den einzelwirtschaftlichen Funktionen von Versicherung Rn. 178ff.) jedenfalls für die Vergangenheit nicht mehr erreichen kann. Er stünde dann, wenn bereits der Versicherungsfall eingetreten ist, ohne den gewünschten Versicherungsschutz da. Zudem muss er aktiv werden, um sich für die Zukunft anderweitigen Schutz zu besorgen, was ihm nicht stets zu vergleichbaren Konditionen gelingen wird. Daher ist mit der Annahme einer Totalunwirksamkeit **Zurückhaltung** geboten.

---

61 Regierungsbegr., BT-Drucks. 16/3945, S. 100.
62 *Wandt*, Rn. 209.

§ 13 Gleichbehandlungsrecht (§§ 19–21 AGG)

Literatur

Armbrüster, Bedeutung des AGG für private Versicherungsverträge, VersR 2006, 1297; *Isensee*, Grundrechtsschutz für Versicherungsverträge: Keine Ausweitung des Unisex-Tarifs auf den Bestand in der privaten Krankenversicherung, ZfV 2012, 146; *Kahler*, Unisextarife im Versicherungswesen – Grundrechtsprüfung durch den EuGH, NJW 2011, 894; *Karpenstein*, Harmonie durch die Hintertür? Geschlechtsspezifisch kalkulierte Versicherungstarife und das Diskriminierungsverbot, EuZW 2010, 885; *Looschelders*, Aktuelle Auswirkungen des EU-Rechts auf das deutsche Versicherungsvertragsrecht unter besonderer Berücksichtigung der geschlechtsspezifischen Tarifierung, VersR 2011, 421; *Mönnich*, Unisex: Die EuGH-Entscheidung vom 1.3.2011 und die möglichen Folgen, VersR 2011, 1092; *Purnhagen*, Nach dem Ablauf der Übergangsfrist des Unisex-Urteils – Rechtsfolgen für das Versicherungsvertragsrecht, NJW 2013, 113; *Sagmeister*, Geschlechtsspezifische Versicherungstarife tatsächlich europarechtswidrig?, VersR 2011, 187; *Wandt*, Geschlechtsabhängige Tarifierung in der privaten Krankenversicherung, VersR 2004, 1341; *Wrase/Baer*, Unterschiedliche Tarife für Männer und Frauen in der privaten Krankenversicherung – ein Verstoß gegen den Gleichheitssatz des Grundgesetzes?, NJW 2004, 1623.

A. Überblick

Für Schuldverträge, die seit dem 22.12.2007 geschlossen oder geändert werden (zu diesem Stichtag s. § 33 Abs. 4 S. 1 AGG), enthält das **AGG** weit reichende Vorgaben zur Verhinderung von unangemessenen Ungleichbehandlungen. Darunter befinden sich einige Vorschriften, die ausdrücklich private Versicherungsverhältnisse betreffen. Diese Regelungen sind mit Wirkung zum 9.4.2013 geändert worden; insbesondere wurde die Rechtfertigungsmöglichkeit für eine Ungleichbehandlung von Frauen und Männern bei Prämien und Leistungen in § 20 Abs. 2 S. 1 AGG a.F. ersatzlos gestrichen (s. dazu Rn. 581 ff.).[63] 573

Im Mittelpunkt stehen zwei spezielle Regelungen für Versicherungsverträge, nämlich das Diskriminierungsverbot des § 19 Abs. 1 Nr. 2 AGG sowie der in § 20 Abs. 2 S. 2 AGG n.F. (S. 3 a.F.) enthaltene Rechtfertigungstatbestand. Nach § 19 Abs. 1 Nr. 2 AGG ist eine **Benachteiligung** bei der Begründung, Durchführung und Beendigung zivilrechtlicher Schuldverhältnisse, die eine privatrechtliche Versicherung zum Gegenstand haben, unzulässig, sofern sie aus bestimmten Gründen erfolgt. Diese Gründe **(Diskriminierungsmerkmale; geschützte Merkmale)** sind Rasse/ethnische Herkunft, Geschlecht, Religion, Behinderung, Alter und sexuelle Identität. Durch das Diskriminierungsverbot erfasst werden alle rechtsgeschäftlichen Handlungen vom Anbahnungsstadium bis zur Vertragsbeendigung, insbesondere die Entscheidung über den Vertragsschluss, die vereinbarten Vertragskonditionen (Prämienhöhe, Risikoausschlüsse etc.) sowie die Ausübung von Gestaltungsrechten (Kündigung, Rücktritt, Anfechtung[64]). 574

---

63 BGBl. 2013 I, S. 610 (SEPA-Begleitgesetz).

64 OLG Saarbrücken VersR 2009, 1522, 1525.

575 Hinsichtlich der Merkmale Geschlecht sowie Rasse/ethnische Herkunft hat der Gesetzgeber durch § 19 Abs. 1 Nr. 2 AGG die Vorgaben der sog. **Gender-Richtlinie**[65] und der **Antirassismus-Richtlinie**[66] umgesetzt. Derzeit ist es auf EU-Ebene geplant, die Diskriminierungsverbote auf weitere Merkmale zu erstrecken (s. Rn. 2038). Erfasst wird neben der unmittelbaren, d.h. direkt an eines der geschützten Merkmale anknüpfenden Diskriminierung auch die **mittelbare Benachteiligung**. Letztere liegt nach der Legaldefinition des § 3 Abs. 2 AGG vor, wenn dem Anschein nach neutrale Kriterien Personen, die eines der Merkmale tragen, in besonderer Weise benachteiligen können, ohne dass dies gerechtfertigt ist. Im Versicherungssektor steht praktisch die Frage einer **unmittelbaren Benachteiligung** (Legaldefinition: § 3 Abs. 1 AGG) ganz im Vordergrund, etwa indem ein Versicherungstarif an das Alter oder das Geschlecht des Versicherungsnehmers anknüpft. Gleichwohl kann sich bisweilen auch die Frage stellen, ob eine Anknüpfung an ein anderes Kriterium mittelbar ein geschütztes Merkmal betrifft (s. etwa Rn. 598).

576 Infolge der Regelung des § 19 Abs. 1 Nr. 2 AGG halten anstelle der rein versicherungsmathematischen Kalkulation vermehrt **gesellschaftspolitische Wertungen** in das Versicherungsvertragsrecht Einzug. Sie verlangen dem Versicherer eine Abkehr von der hergebrachten, allein am Umfang des Risikos orientierten Vertragsgestaltung ab. Versicherungsverträge weisen die Besonderheit auf, dass sie – anders als typische Massengeschäfte i.S. des § 19 Abs. 1 Nr. 1 AGG – von vornherein auf Differenzierungen angelegt sind. Dazu zählen gerade auch Unterscheidungen nach den durch das AGG geschützten Merkmalen wie Geschlecht, Alter oder Behinderung. Diese Besonderheit hat den deutschen Gesetzgeber nicht davon abgehalten, Versicherungsverträge in § 19 Abs. 1 Nr. 2 AGG – übrigens als einzigen besonderen Schuldvertrag und anders als etwa Kreditverträge – den Massengeschäften gleichzustellen.[67] An europarechtliche Vorgaben war der Gesetzgeber insoweit lediglich hinsichtlich der Merkmale Geschlecht sowie Rasse/ethnische Herkunft gebunden. Aus seiner Sicht soll die umfassende Einbeziehung der Versicherungsverträge in die Diskriminierungsverbote den Versicherungsnehmer lediglich „vor **Willkür** schützen“[68], ohne dass die risikobezogene Prämien- und Leistungsdifferenzierung in Frage gestellt werde. An anderer Stelle in der Regierungsbegründung, der ihre Genese während unterschiedlicher Regierungskoalitionen deutlich anzumerken ist, heißt es hingegen, auch bei individueller Risikoprüfung bestehe ein Bedürfnis, „sozial nicht zu rechtfertigende Unterscheidungen zu unterbinden“.[69] Da Versicherungen häufig elementare Lebensrisiken abdeckten, könne ein verweiger-

---

65 2004/113/EG; ABl. EG 2004 L 373/37; dazu *Riesenhuber/Franck*, JZ 2004, 529, 533ff.

66 2000/43/EG; ABl. EG 2000 L 180/22.

67 Krit. *Armbrüster*, VersR 2006, 1297, 1298; *Pfeiffer*, FS Canaris, 2007, S. 981, 987f.; *Schünemann*, VersWissStud 34, 29, 36.

68 Regierungsbegr. zum AGG; BT-Drucks. 16/1780, S. 45.

69 Regierungsbegr. zum AGG; BT-Drucks. 16/1780, S. 42.

ter Vertragsschluss für den Benachteiligten schwerwiegende Folgen haben. An dieser Stelle hebt die Regierungsbegründung also auf ein **sozialpolitisches Motiv** ab; sie entfernt sich damit vom Zweck des AGG, der mit einer Diskriminierung verbundenen Herabwürdigung der Person entgegenzuwirken und diese vor Willkür zu schützen.[70] Es ist gerade nicht Aufgabe der Privatversicherung, sondern der öffentlichen Sozialversicherung und -fürsorge, eine existenzielle Grundsicherung Bedürftiger zu gewährleisten (s. Rn. 205ff.). Daher besteht im Privatversicherungsrecht auch – von wenigen Ausnahmen (s. Rn. 601ff.) abgesehen – kein Kontrahierungszwang. Mithin ist das Diskriminierungsverbot des § 19 Abs. 1 Nr. 2 AGG allein als Willkürverbot anzusehen; als solches hat es auch seine volle Berechtigung.

Die von dem Diskriminierungsverbot des § 19 Abs. 1 Nr. 2 AGG erfassten 577
Merkmale lassen sich unterteilen in absolute und relative. **Absolute Diskriminierungsverbote** sind solche, die keine Rechtfertigungsmöglichkeit vorsehen; bei ihnen begründet bereits der Tatbestand einer Ungleichbehandlung einen Verstoß. Hierzu zählen die Merkmale Rasse/ethnische Herkunft sowie nach Ansicht des EuGH jedenfalls im Ergebnis auch das Geschlecht (s. Rn. 581ff.). Die weiteren Merkmale Religion, Behinderung, Alter und sexuelle Identität hat der deutsche Gesetzgeber, was das allgemeine zivilrechtliche Benachteiligungsverbot (jenseits des Arbeitsrechts) anbelangt, in überschießender Umsetzung der Richtlinien eingeführt. Sie sind als **relative Diskriminierungsverbote** ausgestaltet; bei ihnen ist daher eine Rechtfertigung von Ungleichbehandlungen nach § 20 Abs. 2 S. 2 AGG möglich. Gerechtfertigt ist eine Ungleichbehandlung demnach dann, wenn sie auf **anerkannten Prinzipien risikoadäquater Kalkulation** beruht. Dafür kann insbesondere eine versicherungsmathematisch ermittelte Risikobewertung unter Heranziehung statistischer Erhebungen herangezogen werden. Sofern solche Daten nicht vorliegen, wie dies insbesondere bei innovativen Versicherungsprodukten sowie bei seltenen oder neuartigen Erkrankungen der Fall sein kann, sind stattdessen auch medizinisches Erfahrungswissen und Einschätzungstabellen der Rückversicherer verwendbar.[71]

Den Versicherer trifft hinsichtlich der Rechtfertigung einer von § 19 Abs. 1 578
Nr. 2 AGG erfassten Ungleichbehandlung eine **gesteigerte Darlegungs- und Beweislast** (vgl. § 22 AGG).[72] Dabei kann ein Konflikt zwischen den berechtigten Geheimhaltungsinteressen des Versicherers und der Öffentlichkeit des Gerichtsprozesses eintreten, da die zur Rechtfertigung dienenden Daten oft mit hohem Aufwand gesammelt worden sind. Einen Ausweg könnte de lege ferenda ein sog. in camera-Verfahren bieten, bei dem die Daten allein den Pro-

---

70 *Armbrüster*, VersR 2006, 1297, 1298.

71 Regierungsbegr. zum AGG; BT-Drucks. 16/1780 S. 45; OLG Saarbrücken VersR 2009, 1522, 1525.

72 Regierungsbegr. zum AGG; BT-Drucks. 16/1780 S. 45. Zu Einzelfragen s. *Armbrüster*, VersR 2006, 1297, 1305.

zessbeteiligten zugänglich gemacht werden, oder die Überprüfung durch die BaFin oder einen verantwortlichen Aktuar.[73]

579 Problematisch ist es, ob für Versicherungsverträge neben den speziellen versicherungsrechtlichen Vorschriften zur Rechtfertigung von Ungleichbehandlungen in § 20 Abs. 2 AGG auch die allgemeinen Regeln des § 20 Abs. 1 AGG heranziehbar sind. Diese Frage kann praktisch insbesondere im Hinblick auf § 20 Abs. 1 Nr. 3 AGG bedeutsam werden. Demnach ist die **Gewährung besonderer Vorteile** dann zulässig, wenn ein Interesse an der Durchsetzung der Gleichbehandlung fehlt. Damit wollte der Gesetzgeber verhindern, dass Anbieter es angesichts des Diskriminierungsverbots unterlassen, bestimmten Personengruppen (z.B. jungen Menschen, Senioren, Frauen) besondere Vergünstigungen einzuräumen. Sofern die begünstigten Personenkreise typischerweise wirtschaftlich weniger leistungsfähig sind als andere, ist eine derartige Bevorzugung auch gesellschafts- und sozialpolitisch erwünscht.[74] Dieses gesetzgeberische Motiv passt auch für Versicherungsverträge.[75] Sofern eine Begünstigung wegen einer Behinderung erfolgt, stellt sich die Frage im Übrigen nicht, da die damit zwangsläufig einhergehende Schlechterstellung Nichtbehinderter bereits tatbestandlich keinem Benachteiligungsverbot unterliegt. Behinderung ist nämlich das einzige der durch § 19 AGG geschützten Merkmale, das nicht in der einen oder anderen Form bei jedem Menschen zutrifft. Daneben bildet auch das Merkmal „Religion“ keine weitere Ausnahme, da es Atheismus umfasst.

580 Die **Rechtsfolgen** einer unzulässigen Ungleichbehandlung sind gem. § 21 AGG Ansprüche auf Beseitigung und Unterlassung (Abs. 1) sowie auf Schadensersatz und – hinsichtlich des immateriellen, durch den Angriff auf den Achtungsanspruch der Person ausgelösten Schadens – auf eine angemessene **Entschädigung** (Abs. 2). Als **Beseitigung** der Beeinträchtigung kommen insbesondere eine Prämienanpassung oder der Wegfall eines vereinbarten Risikoausschlusses in Betracht. Hingegen führt der Beseitigungsanspruch nach zutreffender Ansicht nicht zu einem Kontrahierungszwang (s. Rn. 605).

B. Absolute Gleichbehandlungsgebote

I. Geschlecht

581 In vor dem 21.12.2012 geschlossenen Versicherungsverträgen wird vielfach zwischen Männern und Frauen differenziert. Dies betrifft insbesondere die Prämienhöhe, kann sich aber auch auf die AVB beziehen, etwa auf bestimmte Risikoausschlüsse. Diese Differenzierungen wirken sich in beiden Richtungen aus. So sind etwa Krankheitskostenversicherungen für jüngere Frauen teurer als für

73 S. dazu *Armbrüster*, ZVersWiss 2006 Suppl., 477, 492f.; *Rudkowski*, Geschäftsgeheimnisse, S. 33ff.

74 Regierungsbegr. zum AGG; BT-Drucks. 16/1780 S. 44.

75 *Armbrüster*, VersR 2006, 1297, 1301; *Wandt*, Rn. 233; a.A. *Thüsing*, in: MünchKomm-BGB, § 20 AGG Rn. 1, 55 (§ 20 Abs. 2 AGG als abschließende Sonderregelung).

gleichaltrige Männer; dasselbe gilt für Rentenversicherungen. Hingegen boten bis zu dem Stichtag 21.12.2012 einige Kfz-Versicherer Frauen niedrigere Tarife an; günstiger war für sie auch die Risikolebensversicherung. Bereits der Umstand, dass es teils für Männer, teils für Frauen günstigere Tarife gab, deutet darauf hin, dass es hier nicht um jenes ausgrenzende Verhalten ging, das mit Antidiskriminierungsregeln zu Recht bekämpft werden soll. Derartigen **geschlechtsbezogenen Differenzierungen** lagen denn auch nicht etwa Vorurteile zugrunde; vielmehr beruhten sie auf nüchternen versicherungsmathematischen Kalkulationen. Teils war eine geschlechtsabhängige Kalkulation sogar aufsichtsrechtlich vorgeschrieben, um die dauerhafte Erfüllbarkeit der Verträge zu gewährleisten (vgl. § 12 Abs. 1 Nr. 1 VAG a.F. für die substitutive Krankenversicherung). Auch nach Inkrafttreten des AGG (s. Rn. 573) durften geschlechtsbezogene Differenzierungen – außer hinsichtlich der Kosten von Schwangerschaft und Mutterschaft (§ 20 Abs. 2 S. 2 AGG a.F.; jetzt S. 1) – beibehalten worden. Nach § 20 Abs. 2 S. 1 AGG a.F. ist die Berücksichtigung des Faktors Geschlecht zulässig, wenn er bei einer auf relevanten und genauen versicherungsmathematischen und statistischen Daten beruhenden Risikobewertung ein bestimmender Faktor ist. Mit dieser Regelung hatte der deutsche Gesetzgeber von einer in Art. 5 Abs. 2 der Gender-Richtlinie vorgesehenen **Öffnungsklausel** Gebrauch gemacht, durch die den Mitgliedstaaten eine Beibehaltung vorhandener Differenzierungen gestattet wurde.

Diese Öffnungsklausel hat der EuGH in seinem **Unisex-Urteil** vom 1.3.2011 582
für europarechtswidrig und mit Wirkung vom 21.12.2012 für ungültig erklärt.[76] Mithin darf es nur noch sog. **Unisex-Tarife** mit identischen Prämien und Bedingungen für Frauen und Männer geben. Darin liegt für das deutsche Recht ein grundlegender **Paradigmenwechsel:** Was bislang zulässig und für einige Versicherungszweige sogar aufsichtsrechtlich ausdrücklich vorgeschrieben war, ist jetzt im Gegenteil rundheraus untersagt.

Die **Begründung** dieser einschneidenden Entscheidung ist erstaunlich kurz 583
ausgefallen. Der EuGH begründet seine Einschätzung – nach dem zutreffenden einleitenden Hinweis, dass der Gleichheitssatz es gebietet, Vergleichbares gleich und Nichtvergleichbares ungleich zu behandeln – im Wesentlichen damit, dass die Öffnungsklausel als Ausnahme anzusehen sei; die Gender-Richtlinie beruhe auf der „Prämisse", dass die Lage von Frauen und Männern hinsichtlich der Prämien und Leistungen für die Zwecke des Gleichbehandlungsgrundsatzes vergleichbar sei. Aufgrund der Öffnungsklausel bestehe die Gefahr, dass die Ausnahme unbefristet zulässig sei. Eine solche Bestimmung laufe der Verwirklichung des mit der Gender-Richtlinie verfolgten Gleichbehandlungsziels zuwider und sei mit den Art. 21 und 23 der EU-Charta unvereinbar. Der EuGH hält dem Richtliniengeber mithin **Inkohärenz** vor und verweist zudem auf den in der Charta als EU-Primärrecht verbürgten **Gleichbehandlungsgrundsatz**.

---

76 EuGH VersR 2011, 377 m. krit. Anm. *Armbrüster*, LMK 2011, 315339.

584 Die vom EuGH vorgenommene Kohärenzprüfung überzeugt nicht, da sie einseitig auf Art. 5 Abs. 1 der Richtlinie abstellt, obwohl Abs. 2 in gleicher Weise vom Willen des Richtliniengebers geprägt ist. Entscheidend muss vielmehr eine Prüfung anhand höherrangigen EU-Rechts sein, hier anhand der **Gleichheitssätze in Art. 21, 23 EU-Charta.** Demnach ist unter den strengen Voraussetzungen des Art. 5 Abs. 2 der Richtlinie eine geschlechtsbezogene Differenzierung gerechtfertigt. Gewiss ist das Geschlecht nur ein Näherungsmerkmal (sog. Proxy) hinsichtlich des tatsächlichen individuellen Risikos, aber doch ein statistisch sehr aussagekräftiges. So ist die **Lebenserwartung** von Frauen weiterhin um rund fünf Jahre höher als diejenige von Männern. Dies wirkt sich etwa in der Risikolebensversicherung oder beim Versprechen einer lebenslangen Rente zwangsläufig auf den Umfang der Leistungspflicht des Versicherers aus: Betrachtet man die Lage rein versicherungstechnisch, so müssen Frauen für dasselbe Leistungsversprechen in der Risikolebensversicherung eine niedrigere Prämie zahlen als Männer; bei der Rentenversicherung ist es umgekehrt. Diese Differenzierungen sind aufgrund des EuGH-Urteils nunmehr unzulässig. Praktisch taugliche **Ersatzkriterien** sind kaum in Sicht; meist stehen ihrer Verwendung – etwa einer Berücksichtigung von Ernährungsgewohnheiten usw. (s. Rn. 232) – Kostengründe und Diskretionsinteressen entgegen.[77] Zugleich ist der Versicherer gerade in der Lebens- und Krankenversicherung aufgrund der langfristigen einseitigen Bindung mit sehr begrenzten Anpassungsmöglichkeiten (vgl. §§ 163, 203 VVG) und dem damit verbundenen Bedürfnis nach Kalkulationssicherheit auf statistisch aussagekräftige und zugleich leicht feststellbare Kriterien wie Alter oder Geschlecht angewiesen. Ausschlaggebend ist, dass die Unterschiede zwischen den Geschlechtern (insbesondere: durchschnittliche Lebenserwartung) signifikant sind. Der Umstand, dass der einzelne Versicherungsnehmer ein davon abweichendes Risikoprofil haben kann, ändert daran nichts. Auch der weitere Gesichtspunkt, dass es sich beim Geschlecht um ein grundsätzlich **unveränderliches Merkmal** handelt, das dem Einfluss des Einzelnen entzogen ist (s. freilich Rn. 587ff.), stellt die Rechtfertigungsmöglichkeit nicht in Frage. Mithin lassen sich Unisex-Tarife nicht auf den Gleichbehandlungsgrundsatz stützen.

585 Angesichts der dürren Begründung des Unisex-Urteils hat sich die EU-Kommission veranlasst gesehen, der Praxis sog. **Leitlinien** für den Umgang mit der Entscheidung an die Hand zu geben.[78] Darin wird u.a. zu der wichtigen Frage Stellung bezogen, ob das Urteil auch die vor dem Stichtag 21.12.2012 geschlossenen **Altverträge** betrifft. Dies ist richtigerweise zu verneinen.[79] Dafür sprechen insbesondere der gegenüber den Schlussanträgen der Generalanwältin – die sich ausdrücklich für eine Rückwirkung ausgesprochen hatte – wesentlich kürzere

77 *Wandt*, VersR 2004, 1341ff.

78 ABl. EU C 11 v. 13.1.2012, S. 1.

79 Statt vieler *Looschelders*, VersR 2011, 421, 428; a.A. mit unhaltbarer Argumentation *Purnhagen*, NJW 2013, 113, 114ff.

Anpassungszeitraum, den der EuGH den Versicherern gewährt, sowie der Umstand, dass der Richtliniengeber auch beim Inkrafttreten der Gender-Richtlinie deren Art. 5 Abs. 1 seinerzeit keine Rückwirkung beigemessen hatte. Eine andere Sichtweise würde im Übrigen insbesondere in der Lebensversicherung angesichts der dort üblichen langfristigen Kalkulation für erhebliche Verwerfungen sorgen. Noch nicht geklärt ist mit der Begrenzung des europarechtlichen Gleichbehandlungsgebots auf Neuverträge freilich die Frage, ob geschlechtsbezogene Differenzierungen in Altverträgen gegen deutsches Verfassungsrecht verstoßen, namentlich gegen Art. 3 Abs. 2 GG. Ein solcher Verstoß liegt nach zutreffender Ansicht nicht vor; vielmehr gebieten es die vorhandenen Unterschiede zwischen Männern und Frauen umgekehrt sogar, bei Prämien und Bedingungen entsprechend zu differenzieren.[80]

Überdies hat die Kommission in ihren Leitlinien klargestellt, dass das Verbot 586
geschlechtsbezogener Differenzierungen nicht für die **individuelle Risikoprüfung** bei Vertragsschluss eingreift. Es stellt daher keine unzulässige Ungleichbehandlung wegen des Geschlechts dar, wenn der Versicherer an andere **konkrete, beim jeweiligen Versicherungsnehmer vorliegende Merkmale** anknüpft. Dies gilt auch dann, wenn jene Merkmale (wie z.B. bestimmte Vorerkrankungen) vorwiegend oder ausschließlich bei einem der Geschlechter vorkommen.

Ein interessantes weiteres Licht auf den Umgang des Versicherungsrechts mit 587
dem Merkmal Geschlecht wirft die **Geschlechtsumwandlung**.

Beispiel:[81] A hat als Mann bei Krankenversicherer V eine Krankheitskosten- 588
versicherung abgeschlossen. Nunmehr lässt er eine Geschlechtsumwandlung vornehmen und nach § 1 Transsexuellengesetz (TSG) den Vornamen in einen weiblichen ändern. Hingegen unterbleibt ein Antrag nach § 8 TSG auf Feststellung der Zugehörigkeit zum weiblichen Geschlecht, obwohl alle Voraussetzungen dafür vorliegen. A wehrt sich gegen die von V vorgenommene Umstufung in den (höheren) Frauentarif.

Der BGH hat hier A Recht gegeben. Dabei lässt das Urteil offen, ob ge- 589
schlechtsdifferenzierende Tarife mit dem Grundgesetz vereinbar sind (s. dazu Rn. 585). Als Altvertrag ist die hier bestehende Krankheitskostenversicherung jedenfalls auch nach dem Unisex-Urteil des EuGH **nicht europarechtswidrig**.

Da A den Männertarif vereinbart hatte (und bei Vertragsschluss zu seinem 590
Geschlecht keine unzutreffenden Angaben gemacht hatte), erfordert eine einseitige Vertragsänderung durch V eine **Rechtsgrundlage**. Wie der BGH zutreffend ausführt, ist eine solche hier nicht vorhanden. Das gesetzliche Prämienanpassungsrecht nach § 203 VVG betrifft lediglich die Anpassung innerhalb eines bestimmten Tarifs, nicht aber die Umstufung in einen anderen Tarif. § 204 VVG

80 *E. Lorenz*, VW 2004, 1640, 1641f.; *Wandt*, VersR 2004, 1341, 1343ff.; a.A. *Wrase/Baer*, NJW 2004, 1623; offen lassend BGH BeckRS 2012, 13523 Rn. 10.

81 Nach BGH VersR 2012, 980 m. zust. Anm. *Armbrüster*, LMK 2012, 335528.

hingegen regelt zwar den Tarifwechsel, gewährt aber allein dem Versicherungsnehmer ein Wechselrecht und nicht dem Versicherer ein Recht zur Umstufung. Auch eine Anpassung wegen Störung der Geschäftsgrundlage (§ 313 BGB) entfällt. Sieht man die Eigenschaft als Mann als Geschäftsgrundlage des Vertrags an, so liegt nämlich in der Geschlechtsumwandlung eine Gefahrerhöhung i.S. der §§ 23ff. VVG. Diese Regelungen gelten aber gem. § 194 Abs. 1 S. 2 VVG nicht für die Krankenversicherung. Abgesehen davon würde es sich ohnehin um ein mitversichertes Risiko nach § 27 Fall 2 VVG handeln, da die Geschlechtsumwandlung auf einer als Krankheit mitversicherten Transsexualität und somit auf einem Eintritt des Versicherungsfalls beruht. Des Weiteren hat sich – was in der Diskussion kaum beachtet wird – das Krankheitsrisiko infolge der Geschlechtsumwandlung in genetischer Hinsicht gar nicht geändert.

II. „Rasse" und ethnische Herkunft

591 § 19 Abs. 1 Nr. 2 AGG untersagt die Diskriminierung wegen **„Rasse"** und **ethnischer Herkunft** in Versicherungsverträgen. Es handelt sich um ein absolutes Benachteiligungsverbot, das keiner Rechtfertigungsmöglichkeit zugänglich ist (vgl. demgegenüber für die weiteren Merkmale § 20 Abs. 2 S. 2 AGG n.F.). Auf den ersten Blick hat dieses Verbot für den Versicherungssektor keine Bedeutung. Indessen handelt es sich um einen Bereich, dem bereits vor Inkrafttreten des AGG das einzige speziell versicherungsrechtliche Diskriminierungsverbot gewidmet war. Dabei handelt es sich um das Verbot des § 81e VAG a.F., mit dem auf Missstände in der Vertragspraxis reagiert wurde.

592 **Beispiel:** Durch sog. **Balkantarife** wurden in der Kfz-Versicherung jüngeren Männern mit Migrationshintergrund aus der Balkanregion höhere Prämien als gleichaltrigen Männern anderer ethnischer Herkunft abverlangt. Grund dafür war ein signifikant höheres Schadensaufkommen bei dieser Personengruppe, das sich statistisch belegen ließ und von einigen Versicherern auf eine durch die Sozialisation bedingte schadensträchtigere Fahrweise zurückgeführt wurde.

593 Das aufsichtsrechtliche Diskriminierungsverbot des § 81e VAG a.F. (s. dazu Rn. 461) war insofern weiter gefasst als § 19 Abs. 1 AGG, als die aufsichtsrechtliche Regelung neben der Zugehörigkeit zu einer ethnischen Gruppe auch auf die **Staatsangehörigkeit** abhob. Nach Erwägungsgrund 13 der Antirassismus-Richtlinie sind die Begriffe Rasse und Staatsangehörigkeit indessen keinesfalls gleichzusetzen. In der Tat geht es bei der Bekämpfung von Diskriminierung nicht um die Staatsangehörigkeit als eine rechtliche Kategorie, sondern um tatsächliche persönliche Merkmale. Freilich wird auch eine nach der Staatsangehörigkeit vorgenommene Ungleichbehandlung oft in Wahrheit auf die ethnische Herkunft abzielen. Ein solches Verhalten ist als Diskriminierung wegen der ethnischen Herkunft zu qualifizieren. Es ist daher zu begrüßen, dass der Gesetzgeber § 81e VAG mit Wirkung zum 9.4.2013 als angesichts des AGG überflüssig gestrichen hat. Den umstrittenen Begriff „Rasse" verwendet die Antiras-

sismus-Richtlinie übrigens mit der Begründung, dass es um den Schutz vor rassistisch motivierter Diskriminierung geht; auch der deutsche Gesetzgeber hat ihn im AGG aufgegriffen.

C. Relative Gleichbehandlungsgebote

I. Alter

Das Lebensalter eines Menschen ist als wesentlicher Faktor zur **Prämienberechnung** in der Personenversicherung gesetzlich vorgeschrieben.[82] Zur Rechtfertigung von Ungleichbehandlungen können allgemein veröffentlichte Statistiken herangezogen werden, insbesondere die **Sterbetafeln**. Schwieriger zu beurteilen ist die Zulässigkeit starrer Altersgrenzen, namentlich eines **Höchst-** oder **Mindestaufnahmealters**. Dies ist praktisch beispielsweise für die Berufsunfähigkeitsversicherung bedeutsam. Wäre der Versicherer hier verpflichtet, auf Altersgrenzen zu verzichten, so könnte dies prohibitiv hohe Prämien zur Folge haben und die Bildung eines ausreichend großen Risikokollektivs erschweren. Es besteht kein Grund, dem Versicherer die nach § 20 Abs. 2 S. 2 AGG eröffnete Rechtfertigungsmöglichkeit zu versagen, wenn den Altersgrenzen die dort geforderte Risikobewertung zugrunde liegt. In diesem Fall ist der Schutzzweck des Gesetzes, den Betroffenen vor Willkür zu bewahren (s. Rn. 576), nicht berührt. Von vornherein vermeiden lässt sich das Rechtfertigungserfordernis, wenn der Versicherer andere, vom AGG nicht geschützte Merkmale verwendet. 594

Beispiel: Der Versicherer knüpft in der Berufsunfähigkeitsversicherung an eine bestimmte formale Berufsqualifikation des Versicherungsnehmers an. 595

II. Behinderung

Das im Versicherungssektor auf Tatbestands- wie auf Rechtfertigungsebene am schwierigsten zu handhabende Merkmal ist die **Behinderung**. Viele Krankheiten können zugleich Behinderungen i.S. des AGG sein oder zu solchen werden, wenn sich der Zustand des Betroffenen verschlechtert. Der Begriff der Behinderung ist europarechtlich bislang nicht definiert. Der EuGH hat zunächst lediglich in einer Entscheidung zum Arbeitsrecht festgestellt, dass Krankheit nicht mit Behinderung gleichzusetzen ist und damit nicht jede Ungleichbehandlung wegen einer Krankheit bereits auch eine solche wegen einer Behinderung darstellt.[83] Mit Urteil vom 11.4.2013 hat er darüber hinaus entschieden, dass als Behinderung auch eine ärztliche diagnostizierte heilbare oder unheilbare Krankheit anzusehen ist, wenn sie die volle Teilhabe am Berufsleben hin- 596

82 S. inbes. §§ 11 Abs. 1 S. 1, 12 Abs. 1 Nr. 1 VAG; KalkulationsVO; DeckungsrückstellungsVO.
83 EuGH NZA 2006, 839, 840.

dern kann und von längerer Dauer ist.[84] Der Begriff der Behinderung muss, sofern seine Verwendung im AGG – wie dies für dessen arbeitsrechtlichen Teil bereits jetzt der Fall ist – auf europäischen Richtlinienvorgaben beruht, **autonom europarechtlich** ausgelegt werden. Die deutschen Legaldefinitionen in § 2 Abs. 1 S. 1 SGB IX und übereinstimmend in § 3 des Gesetzes zur Gleichstellung behinderter Menschen (BGG) können daher nur als Anhaltspunkte dienen.[85] Danach sind Menschen behindert, „wenn ihre körperliche Funktion, geistige Fähigkeit oder seelische Gesundheit mit hoher Wahrscheinlichkeit länger als sechs Monate von dem für das Lebensalter typischen Zustand abweichen und daher ihre Teilhabe am Leben in der Gesellschaft beeinträchtigt ist." **Alterstypische Abweichungen** betreffen demgegenüber nicht das geschützte Merkmal Behinderung, sondern dasjenige des Alters.

597 Keine Benachteiligung wegen einer Behinderung liegt vor, wenn der Versicherungsnehmer den Versicherer über deren Vorliegen **arglistig täuscht** und der Versicherer daraufhin den Vertrag nach § 123 BGB anficht.[86]

III. Sexuelle Identität

598 Eine Ungleichbehandlung homosexueller Menschen allein auf Grund des **höheren Risikos** einer (nicht festgestellten) Infektion mit bestimmten Krankheiten wie Hepatitis oder HIV ist unzulässig.[87] Behandelt ein Versicherer den Versicherungsnehmer hingegen auf Grund einer bereits **bestehenden Infektion** anders, etwa indem er einen Prämienzuschlag verlangt, ist in erster Linie eine unmittelbare Benachteiligung auf Grund des Merkmals **Behinderung** in Betracht zu ziehen (s. Rn. 596f.); hinsichtlich der sexuellen Identität kann es dann allenfalls um eine mittelbare Benachteiligung gem. § 3 Abs. 2 AGG (s. Rn. 575) gehen.[88]

IV. Religion

599 Das Differenzierungskriterium Religion hat für Versicherungsverträge nur geringe Bedeutung. Zu denken ist insbesondere an die **Ablehnung bestimmter Behandlungsmethoden** (etwa einer Bluttransfusion) auf Grund der religiösen Überzeugung. Dies kann im Bereich der Kranken- und Lebensversicherung zu einer Erhöhung des versicherten Risikos führen. Soweit eine solche erhöhte Gefahr sich statistisch belegen lässt, ist eine Rechtfertigung von darauf bezogenen Ungleichbehandlungen nach § 20 Abs. 2 S. 2 AGG n.F. möglich. Freilich kann die Abgrenzung zur ethnischen Herkunft praktisch bedeutsam werden, da für letztere keine Rechtfertigungsmöglichkeit besteht (s. Rn. 591).

---

84 EuGH NZA 2013, 553.
85 Weiter gehend Regierungsbegr. zum AGG; BT-Drucks. 16/1780 S. 31.
86 OLG Saarbrücken VersR 2009, 1522, 1525.
87 Schiek/*Schiek*, § 20 AGG Rn. 11.
88 S. zum Ganzen *Armbrüster/Zillmann*, ZVersWiss 2011, 55ff.

D. Annex: AGG-Versicherung

Mit den Vorgaben des AGG gehen für die Anbieter von Waren und Dienstleistungen, vor allem aber für Arbeitgeber (vgl. §§ 6ff. AGG) erhebliche Haftungsrisiken einher. Zur Absicherung gegen diese Risiken sind mittlerweile verschiedene neue Versicherungsprodukte entwickelt worden (sog. **Antidiskriminierungspolicen**). Sie betreffen insbesondere die Haftpflicht- und die Rechtsschutzversicherung. Dementsprechend hat der GDV etwa Musterempfehlungen von Allgemeinen Bedingungen zur Haftpflichtversicherung von Ansprüchen aus Benachteiligungen (**AVB Benachteiligungen**) erstellt. Diese Entwicklung bietet zugleich ein praktisches Beispiel dafür, wie neuartige Haftungsrisiken zu innovativen Versicherungsangeboten führen können. 600

§ 14 Kontrahierungszwang

Literatur

Armbrüster, Kontrahierungszwang im Allgemeinen Gleichbehandlungsgesetz?, NJW 2007, 1494.

A. Überblick

Kontrahierungszwänge spielen im Versicherungsrecht in verschiedenem Kontext eine Rolle. Zu nennen sind ist zunächst **produktbezogene und sonstige Regelungen**, die eine Partei – regelmäßig ist dies der Versicherer – zum Vertragsschluss verpflichten. Unter den sonstigen Regelungen ist insbesondere der umstrittene Fall eines Kontrahierungszwangs aufgrund von § 21 Abs. 1 S. 1 AGG zu nennen (s. Rn. 605). Zudem gibt es eine Reihe von Regeln, die einen **mittelbaren Abschlusszwang** für den Versicherungsnehmer erzeugen. Dazu lassen sich alle Vorschriften zählen, die eine **Versicherungspflicht** anordnen (s. Rn. 606). Diese Regeln unterscheiden sich von einem unmittelbaren Abschlusszwang dadurch, dass der Verpflichtete (Versicherungsnehmer) unter allen Anbietern desjenigen Versicherungsprodukts, auf das sich die Versicherungspflicht bezieht, seinen konkreten Vertragspartner (Versicherer) frei auswählen kann. Viele Pflichtversicherungen knüpfen zudem an ein Verhalten an, zu dem der Betroffene nicht gesetzlich verpflichtet ist (z.B. Anwaltstätigkeit, Halten eines Kfz). Gleichwohl liegt darin, dass die Tätigkeit nicht ohne den vorgeschriebenen Versicherungsschutz ausgeübt werden darf, eine Begrenzung der negativen Abschlussfreiheit. 601

B. Produktbezogener Kontrahierungszwang

I. Basistarif in der Krankenversicherung

Seit dem 1.1.2009 sind alle inländischen Versicherer, die das Geschäft der substitutiven Krankenversicherung (zum Begriff s. Rn. 2002) betreiben, verpflichtet, 602 einen sog. **Basistarif** anzubieten (§ 12 Abs. 1a VAG). Dabei handelt es sich um einen branchenweit einheitlichen Grund-Versicherungsschutz. Die Versicherer müssen diesen Schutz den in §§ 12 Abs. 1b VAG, 193 Abs. 5 VVG aufgeführten Personenkreisen anbieten. Darüber hinaus können sie den Vertrag nur unter engen Voraussetzungen außerordentlich kündigen (s. § 206 VVG und dazu Rn. 1044).

II. Kfz-Haftpflichtversicherung

603 Ein Versicherer, der das Geschäft der **Kfz-Haftpflichtversicherung** betreibt, darf einen Antrag auf Abschluss einer solchen Versicherung im gesetzlich vorgeschriebenen Umfang nur in bestimmten Fällen ablehnen (s. die abschließende Regelung in § 5 Abs. 4 PflVG).

III. Weitere Fälle

604 In einigen weiteren Fällen ordnet der Gesetzgeber an, dass der Versicherer ein bestehendes Vertragsverhältnis mit einer **zusätzlichen Person** neben dem Versicherungsnehmer oder mit einer **anderen Person** anstelle des bisherigen Versicherungsnehmers fortzuführen hat. So sieht § 198 VVG die sog. **Kindernachversicherung** vor, wonach der Krankenversicherer für das neugeborene Kind eines Versicherungsnehmers auf Verlangen („Anmeldung“) im selben Umfang wie für diesen Versicherungsschutz leisten muss. Nur für einen kurzen Übergangszeitraum muss der Sachversicherer dem **Erwerber einer versicherten Sache** (praktisch wichtig: Grundstück) Versicherungsschutz bieten. Zwar geht das Versicherungsverhältnis infolge der Veräußerung gem. § 95 Abs. 1 VVG auf den Erwerber über; der Versicherer kann es jedoch nach § 96 Abs. 1 VVG mit einmonatiger Frist kündigen (s. Rn. 1246; auch zum Kündigungsrecht des Erwerbers).

C. Gleichbehandlungsrechtlicher Kontrahierungszwang

605 Verweigert der Versicherer einem Vertragsinteressenten unter Verstoß gegen das Diskriminierungsverbot des § 19 Abs. 1 Nr. 2, Abs. 2 AGG den Vertragsschluss, ohne dass dies nach § 20 Abs. 2 S. 2 AGG n.F. gerechtfertigt ist (s. Rn. 577), so zieht dies die Rechtsfolgen des § 21 AGG nach sich. Hier stellt sich allgemein für Schuldverträge die Frage, ob der Beseitigungsanspruch gem. § 21 Abs. 1 S. 1 AGG oder der Schadensersatzanspruch gem. § 21 Abs. 2 S. 1 AGG zu einem Kontrahierungszwang führt. Dies ist umstritten.[89] Nach richtiger Ansicht kann der **Schadensersatzanspruch** schon deshalb nicht zur Ab-

89 Verneinend *Armbrüster*, NJW 2007, 1494, 1495ff.; *Bachmann*, ZBB 2006, 257, 265f.; bejahend *Looschelders*, in: Looschelders/Pohlmann, Vorbem. A Rn. 45; *Thüsing/v. Hoff*, NJW 2007, 21 (mit rechtspolitischer Kritik); offen lassend OLG Saarbrücken VersR 2009, 1522, 1525.

schlusspflicht führen, weil der Vertragsschluss nicht die Behebung eines eingetretenen Schadens ist. Die Verweigerung des Vertragsschlusses stellt keinen Schaden, sondern die haftungsbegründende Handlung dar. Hingegen kommt ein auf den Vertragsschluss gerichteter **quasi-negatorischer (Folgen-)Beseitigungsanspruch** rein konstruktiv durchaus in Betracht. Indessen würde ein derartiger Kontrahierungszwang dazu führen, dass der Antragsteller besser behandelt würde als jeder andere Vertragsinteressent, dem ein Vertragsschluss aus nicht AGG-widrigen Gründen versagt wird. Grundsätzlich hat nämlich – von den spezialgesetzlichen Einschränkungen der Privatautonomie (s. für den Versicherungssektor Rn. 601 ff.) abgesehen – niemand einen Anspruch auf den Abschluss von Verträgen (negative Abschlussfreiheit). Das zu beanstandende Verhalten liegt denn auch nicht darin, dass ein Vertragsschluss verweigert wird, sondern dass dies aus bestimmten Gründen geschieht, die eines der durch das AGG geschützten persönlichen Merkmale (Geschlecht, Behinderung, ethnische Herkunft etc.) betreffen. Dieser **Angriff auf die Persönlichkeit** lässt sich insbesondere durch den in § 21 Abs. 2 S. 3 AGG vorgesehenen Anspruch auf Ersatz des immateriellen Schadens sachgerecht und effektiv ahnden. Hinzu kommt, dass gerade bei Versicherungsverhältnissen, bei denen dem für beide Vertragsparteien geltenden Kooperationsgebot (s. Rn. 245 ff.) besondere Bedeutung zukommt, ein erzwungener Vertragsschluss von Anfang an mit einem besonderen Konfliktpotential belastet wäre. Ein Kontrahierungszwang beim Verstoß gegen die Gleichbehandlungsgebote des AGG ist mithin abzulehnen.

D. Mittelbarer Kontrahierungszwang (Versicherungspflicht)

Ein mittelbarer Kontrahierungszwang wird durch Vorschriften begründet, die eine Versicherungspflicht entweder generell oder für den Fall anordnen, dass jemand eine bestimmte Tätigkeit ausführt. Zu der ersten Gruppe zählt insbesondere die **Krankenversicherungspflicht** gem. § 193 Abs. 3 VVG (s. Rn. 2000). Jene Vorschrift ist durch das GKV-Wettbewerbsstärkungsgesetz mit Wirkung vom 1.1.2009 ins Gesetz aufgenommen worden. Zur zweiten Gruppe gehören zahlreiche in Einzelnormen verstreute Versicherungspflichten (s. auch Rn. 1668 für Pflicht-Haftpflichtversicherungen als dem wesentlichen Anwendungsfall). Darunter ist insbesondere die **Kfz-Pflichtversicherung** zu nennen. Sie bietet zugleich ein Beispiel dafür, dass ein unmittelbarer Kontrahierungszwang des Versicherers (s. Rn. 603) mit einem mittelbaren Kontrahierungszwang des Versicherungsnehmers zusammentreffen kann. 606

§ 15 Schutz vor Benachteiligung wegen genetischer Eigenschaften (§ 18 GenDG)

Literatur

Kröger, Das neue Gendiagnostikgesetz und seine Auswirkungen auf den rechtlichen Rahmen beim Abschluss von Versicherungsverträgen, MedR 2010, 751; *Präve*, Das Gendiagnostikgesetz aus versicherungsrechtlicher Sicht, VersR 2009, 857; *Ziegler/Ziegler*, Gendiagnostikgesetz und Versicherung: Anspruch und Wirklichkeit, ZVersWiss 2011, 29.

607 Eine spezialgesetzliche Grenze der Privatautonomie im Versicherungsrecht enthält das am 1.2.2010 in Kraft getretene Gendiagnostikgesetz (GenDG). Dieses Gesetz bezweckt im Kern, den Einzelnen vor einer **Benachteiligung aufgrund genetischer Eigenschaften** zu schützen. Neben der Menschenwürde geht es dabei auch spezieller um das Recht auf informationelle Selbstbestimmung einschließlich des „Rechts auf Nichtwissen“ der genetischen Disposition. § 18 GenDG enthält eine spezielle Regelung für Versicherungsverträge. Jene Vorschrift spielt für die Personenversicherung eine erhebliche Rolle.[90] Dies gilt zum einen im Hinblick auf die mit den gesetzlichen Vorgaben verbundene Beschränkung der Möglichkeiten, das **Risiko** zu ermitteln und zu gewichten. Zum anderen tritt dann, wenn der Versicherungsnehmer über seine genetische Disposition Bescheid weiß, eine **Informationsasymmetrie** (s. dazu auch allgemein Rn. 615) ein. Sie kann zu folgendem Verhalten führen: Wer eine ungünstige genetische Disposition hat, nimmt Versicherungsschutz; bei günstiger Disposition unterbleibt ein Vertragsschluss hingegen. Mithin sind in dem Kollektiv zunehmend nur noch Versicherungsnehmer mit höherem Risiko versammelt, was zu entsprechend steigenden Prämien führt (**Gefahr adverser Selektion**). Der Gesetzgeber trägt diesen Auswirkungen durch die Regelungen in § 18 Abs. 1 S. 2, Abs. 2 GenDG Rechnung (s. dazu Rn. 612f.).

608 Für die Anwendung des Gesetzes ist jedenfalls im Ansatz zwischen **prädiktiven** und – aussagekräftigeren – **diagnostischen Gentests** zu differenzieren.[91] Während letztere in erster Linie zur Abklärung einer bestimmten, bereits bestehenden Erkrankung eingesetzt werden (§ 3 Nr. 7 lit. a GenDG), dienen prädiktive Tests bei gesunden Menschen der Ermittlung von Dispositionen für mögliche spätere Erkrankungen (§ 3 Nr. 8 GenDG). Nach § 18 Abs. 1 S. 1 GenDG ist es dem Versicherer untersagt, die Vornahme genetischer Untersuchungen oder Analysen und die Weitergabe bereits vorliegender Ergebnisse zu verlangen. Solche Ergebnisse dürfen zudem vom Versicherer weder entgegengenommen noch verwendet werden. Demgegenüber ordnet Abs. 2 für bestimmte, ab-

---

90 Überblicke bei *Armbrüster*, VW 2010, 1309f.; *Präve*, VersR 2009, 857ff.; instruktiv auch *Warstat*, Das GenDG in der Praxis der Lebensversicherung, GenRe Business School, Hrsg. Kölnische Rückversicherungs-Gesellschaft AG, 2010 (www.genre.com/business-school). Krit. *Ziegler/Ziegler*, ZVersWiss 2011, 29, 35ff. Zum Verhältnis von § 18 GenDG zur Generalklausel des § 4 GenDG s. *Kröger*, MedR 2010, 751, 754f.; *Präve*, VersR 2009, 857, 859f.

91 Näher *Armbrüster*, VW 2010, 1309.

schließend aufgezählte[92] Versicherungen an, dass bestehende **Vorerkrankungen und Erkrankungen** anzuzeigen sind und dass insoweit die §§ 19–22, 47 VVG gelten (s. allgemein Rn. 797ff.). Während sich Abs. 2 auf diagnostische Gentests bezieht, ist unklar, ob Abs. 1 S. 1 neben prädiktiven auch diagnostische Tests umfasst. Da es bei diagnostischen Tests nicht um das „Recht auf Nichtwissen“ des Versicherungsnehmers geht (das Testergebnis liegt bereits vor) und die Verwertung eines diagnostischen Tests sich auch zugunsten des Versicherungsnehmers auswirken kann (z.B. zur Begründung eines Mehrbedarfs wegen einer Medikamentenunverträglichkeit), spricht rechtspolitisch manches dafür, § 18 Abs. 1 S. 1 GenDG auf prädiktive Gentests zu beschränken. Im Gesetzgebungsverfahren ist ein dahingehender Vorschlag[93] freilich nicht aufgegriffen worden, so dass de lege lata Abs. 1 S. 1 auch auf diagnostische Tests anzuwenden sein dürfte.

Die Vorgaben des § 18 Abs. 1 S. 1 GenDG wirken sich bereits auf die Gestal- 609
tung der **Antragsformulare** zum Abschluss von Versicherungsverträgen aus. In ihnen darf der Versicherer grundsätzlich weder nach den Ergebnissen gendiagnostischer Untersuchungen fragen noch darf die Durchführung entsprechender Untersuchungen (und eine Zustimmung des Versicherungsnehmers) vorgesehen werden.

Vorbehaltlich der Ausnahme für höhere Versicherungsleistungen (s. Rn. 613) 610
ist auch die Frage nach **Familienkrankheiten** im Antragsformular unzulässig. Vergegenwärtigt man sich nämlich den Zweck des Verbots prädiktiver Gentests, den Einzelnen vor einer auf seine genetische Disposition gestützten Ungleichbehandlung zu schützen, so muss dies erst recht für die wesentlich ungenauere Verwertung der Krankheitsgeschichte naher Angehöriger (sog. **Familienanamnese**) gelten. Daher hat der Versicherungsnehmer dem Versicherer reine Krankheitsdispositionen anders als Vorerkrankungen oder Erkrankungen nicht mitzuteilen.[94] Dabei stellt sich die grundsätzliche Frage, ob bereits eine Störung der normalen Körperfunktionen eine Erkrankung darstellt oder ob eine Behandlungsbedürftigkeit hinzutreten muss. Gegen letzteres lässt sich jedenfalls anführen, dass es auch Erkrankungen gibt, die gar nicht behandlungsfähig sind. Freilich wird man für eine Erkrankung eine objektiv hohe Manifestationswahrscheinlichkeit fordern müssen.

Nach § 18 Abs. 1 S. 1 Nr. 2 GenDG ist dem Versicherer bereits die **Entge-** 611
gennahme von Ergebnissen oder Daten aus genetischen Untersuchungen untersagt. Dies führt zu der Frage, in welchem Stadium der Übermittlung von einer solchen Entgegennahme auszugehen ist. Praktisch ist dies insbesondere im Hinblick auf moderne Kommunikationswege wie den Email-Verkehr oder Informationserfassungssysteme wie das Einscannen sämtlicher Posteingänge be-

92 Regierungsbegr., BT-Drucks. 16/10532, S. 36.

93 *Armbrüster*, Stellungnahme zum Entwurf des GenDG, BT-Drucks, 16 (14) 0469 (41), S. 7; s. auch *Ziegler/Ziegler*, ZVersWiss 2011, 29, 41 (bei Fn. 50).

94 *Kröger*, MedR 2010, 751, 754; *Präve*, VersR 2009, 857, 861f.; teils a.A. *Ziegler/Ziegler*, ZVersWiss 2011, 29, 37f.

deutsam. Die Antwort lässt sich aus dem **Normzweck** herleiten: Der Gesetzgeber hat deshalb bereits die Entgegennahme der Informationen untersagt, damit ein Antragsteller nicht aus eigener Initiative eine genetische Untersuchung durchführen lässt, und zwar in der Hoffnung, durch ein günstiges Testergebnis Vorteile zu erzielen.[95] Mithin setzt eine Entgegennahme i.S. von § 18 Abs. 1 S. 1 Nr. 2 GenDG die **bewusste Entscheidung** voraus, die Unterlagen und die darin enthaltenen genetischen Informationen auszuwerten. Dies ist weder beim Einscannen noch beim Eingang einer Email auf dem account des Versicherers oder der Entgegennahme eines Briefs durch die Poststelle der Fall.[96] Vielmehr bedarf es der Verwertungsabsicht durch eine hierfür beim Versicherer zuständige Person wie insbesondere einen Risikoprüfer. Im Übrigen hindert das Entgegennahmeverbot nicht die Leistungsabrechnung eines Krankenversicherers, da es hier an einer auf den Vertragsinhalt bezogenen Verwertungsabsicht fehlt.[97]

612 Eine wichtige Klarstellung zum Verhältnis des GenDG zum VVG enthält § 18 Abs. 2 GenDG. Dabei geht es um den Fall, dass diagnostische Gentests eine **Vorerkrankung oder Erkrankung** zutage fördern. Dies soll nichts daran ändern, dass die Vorerkrankung oder Erkrankung dem Versicherer nach den allgemeinen Regeln zur vorvertraglichen Anzeigepflicht gem. §§ 19ff. VVG mitzuteilen ist. Mit dieser Vorschrift trägt der Gesetzgeber den Besonderheiten des Versicherungsvertrags Rechnung. Das gesetzgeberische Ziel, den Einzelnen vor Benachteiligungen aufgrund seiner genetischen Disposition zu bewahren, kann nämlich im Versicherungssektor wegen dessen besonderer Funktionsweise (s. Rn. 220ff.) nicht uneingeschränkt gelten. Vielmehr erfordern die Grundregeln risikoäquivalenter Bedingungs- und Tarifgestaltung sowie die Verhinderung adverser Selektion (s. auch Rn. 233, 403, 607) es, dass der Versicherungsnehmer ihm bekannte Vorerkrankungen oder Erkrankungen im Rahmen seiner vorvertraglichen Anzeigepflicht selbst dann offenbaren muss, wenn diese aufgrund einer genetischen Untersuchung zutage getreten sind. Abzugrenzen sind die nach § 18 Abs. 2 GenDG anzuzeigenden Erkrankungen von reinen – nicht offenbarungspflichtigen (s. Rn. 610) – **Krankheitsdispositionen.**[98]

613 **Ausnahmsweise** gilt das Verbot nicht, wenn bei der Lebensversicherung eine Versicherungsleistung von über 300.000 € oder eine Jahresrente von mehr als 30.000 € vorgesehen ist (§ 18 Abs. 1 S. 2 GenDG). Dynamisierungen und Überschussbeteiligungen bleiben bei der Bestimmung dieser Summengrenzen außer Betracht.[99] Die Ausnahme beruht darauf, dass bei Verträgen mit höheren Versicherungssummen auch die Gefahr adverser Selektion steigt, die dem Versicherer und – wegen der Auswirkungen auf Prämien und Überschüsse – auch dem Kollektiv[100] aus dem bestehenden Wissensvorsprung des Versicherungs-

95 BT-Drucks. 16/10532, S. 36.
96 Für letzteres so auch Regierungsbegr., BT-Drucks, 16/10532, S. 36.
97 A. A. *Ziegler/Ziegler*, ZVersWiss 2011, 29, 39.
98 Näher *Heyers*, MedR 2009, 507, 512.
99 Regierungsbegr., BT-Drucks. 16/10532, S. 36; *Präve*, VersR 2009, 857, 860f.
100 Dies übersehen *Ziegler/Ziegler*, ZVersWiss 2011, 29, 43f.

nehmers droht. Problematisch ist es, ob die **Summen mehrerer Verträge**, die bei isolierter Betrachtung die Grenze nicht überschreiten, zusammenzuzählen sind. Der Regelungszweck spricht dafür, hinsichtlich der Summengrenzen auf den Versicherten abzustellen und nicht auf den einzelnen Vertrag.[101] Dem Gesetzeswortlaut lässt sich dies allerdings nicht entnehmen.[102] Freilich ist jedenfalls dann, wenn ein Versicherungsnehmer aufgrund eines „Gesamtplans" mehrere Versicherungen unterhalb der Summengrenzen in engem zeitlichem Zusammenhang abschließt, unter Umgehungsgesichtspunkten[103] § 18 Abs. 1 S. 2 GenDG analog anzuwenden. Der Versicherer darf, wie dies auch bereits zur Ermittlung von Mehrfachversicherungen üblich ist, bei Vertragsschluss nach weiteren gleichartigen Verträgen fragen, die in engem zeitlichem Zusammenhang mit dem Vertrag geschlossen worden sind oder werden sollen.

---

101 *Neuhaus*, r+s 2009, 309, 316.

102 Darauf abhebend *Präve*, VersR 2009, 857, 861; ihm folgend *Wandt*, Rn. 238a.

103 A.A. offenbar *Ziegler/Ziegler*, ZVersWiss 2011, 29, 44. Zur Gesetzesumgehung s. allg. *Armbrüster*, in: MünchKomm-BGB, § 134 Rn. 15.

4. Teil: Das Versicherungsverhältnis

§ 16 Anbahnung des Vertrages

A. Überblick

Bereits bei der Anbahnung des Versicherungsvertrags greifen bestimmte gegenüber den allgemeinen Vorschriften des BGB vorrangige Sonderregeln des VVG ein. Es bedarf daher im Folgenden zunächst der Klärung, welcher **Vertragsinhalt** erforderlich ist, damit ein Vertrag als Versicherungsvertrag i.S. jener Sonderregeln qualifiziert werden kann (s. Rn. 618ff.). Durch die Sonderregeln zieht sich wie ein roter Faden das vom Gesetzgeber verfolgte Ziel, dem Versicherungsnehmer die Entscheidung über den Vertragsschluss zu erleichtern. Freilich lassen sich die mit der Komplexität des Rechtsprodukts Versicherung verbundenen Verständnisschwierigkeiten nicht vollständig auflösen. Insbesondere kann der durchschnittliche Vertragsinteressent Inhalt und Nutzen einer Versicherung weitaus weniger gut erfassen als ihm dies etwa beim Kauf eines Konsumguts möglich ist (s. Rn. 283). Der Gesetzgeber unternimmt es aber, durch **Informationspflichten** (§ 7 VVG; s. Rn. 783ff.) einerseits, **Beratungspflichten** (§§ 6, 61 VVG; s. Rn. 657ff., 718ff.) andererseits dem Versicherungsnehmer eine eigenständige Beurteilung des ihn konkret interessierenden Versicherungsprodukts zu ermöglichen. Dies geschieht weitgehend unabhängig davon, ob der Vertrag unter Einschaltung eines Versicherungsvermittlers (Vertreters oder Maklers; s. Rn. 630ff.) oder direkt mit dem Versicherer zustande kommt (s. aber zu Besonderheiten beim Fernabsatz Rn. 631). 614

Der Gesetzgeber folgt damit insoweit jenem modernen Schutzkonzept, wonach der Verbraucher nicht durch umfassende inhaltliche Vorgaben für den Vertragsinhalt vor Nachteilen bewahrt wird, was ihn beispielsweise nicht vor der Wahl eines seinen tatsächlichen Bedarf verfehlenden Produkts schützen könnte. Vielmehr wird ihm durch Information und Beratung eine **eigenverantwortliche Entscheidung** über einen bedarfsgerechten Versicherungsschutz auf solider Grundlage ermöglicht. Dahinter steht das Bestreben, das klassische Phänomen der sog. **asymmetrischen Information** aufzulösen. Dabei geht es – bezogen auf Kaufverträge – um das Problem, dass auf einem Markt, auf dem die Verkäufer bessere Informationen über die Produkte haben als die Käufer, eine negative Auswahl von Waren mit geringerer Qualität erfolgt.[1] 615

Zur Beseitigung des Informationsungleichgewichts durch die Informations- und Beratungspflichten tritt ein weiteres Instrument hinzu: Das Widerrufsrecht 616

1 Grundlegend *G.A. Akerlof*, QJE 1970, Vol. 84, S. 488ff.

nach § 8 VVG ermöglicht es dem Versicherungsnehmer, sich noch nach Vertragsschluss einseitig von der eingegangenen Bindung wieder loszusagen (s. Rn. 875ff.). An dieser Regelung wird besonders deutlich, wie weit der Gesetzgeber sich im Versicherungsrecht von den allgemeinen Regeln des BGB entfernt, um den Versicherungsnehmer vor der Bindung an einen seinen Bedürfnissen und Wünschen nicht entsprechenden Vertrag zu bewahren.

617 Die soeben angesprochenen Schutzregeln beruhen teils auf einer eigenständigen Einschätzung durch den deutschen Gesetzgeber. In einigen Punkten sind sie hingegen zumindest teilweise durch **europäische Richtlinienvorgaben** geprägt, deren Umsetzung sie dienen. Dies gilt etwa für die Pflicht des Versicherers, dem Versicherungsnehmer vor Abgabe von dessen Vertragserklärung die AVB und die Verbraucherinformationen zu übermitteln (§ 7 Abs. 1 S. 1 VVG; s. Rn. 783ff.) oder für die den Vermittler treffende Beratungspflicht (§ 61 VVG; s. Rn. 657ff.). Zudem ist bei Fernabsatzverträgen mit Verbrauchern das 14tägige Widerrufsrecht gem. § 8 VVG europarechtlich durch die Fernabsatzrichtlinie[2] vorgeschrieben. Der deutsche Gesetzgeber hat jenes Recht freilich auf alle Verträge unabhängig von der Art ihres Zustandekommens und auf sämtliche Versicherungsnehmer (Ausnahme: Großrisiken) erstreckt. Damit verfolgt er das Ziel, die Regelungen zu vorvertraglichen Pflichten und zum Vertragsschluss **möglichst einheitlich** zu fassen.[3] Dies bringt den Vorteil leichterer Handhabbarkeit der Regeln und damit einer höheren Rechtsanwendungssicherheit, freilich um den Preis einer Überregulierung in Bereichen, in denen kein Schutzbedürfnis besteht (s. Rn. 327). Zudem stößt das Konzept einheitlicher Regeln an verschiedene Grenzen, etwa bei Verträgen über vorläufige Deckung (§ 8 Abs. 3 S. 1 Nr. 2 VVG; s. dazu Rn. 947ff.) oder wenn es sich bei einem Großrisiko ausnahmsweise um einen Verbrauchervertrag handelt (Beispiel: Wassersportkaskoversicherung über nicht gewerblich genutztes Schiff; s. Rn. 98).

B. Definition des Versicherungsvertrages

618 Das Gesetz enthält keine Legaldefinition des Versicherungsvertrags im engeren Sinne. In **§ 1 VVG** findet sich jedoch – ähnlich wie etwa in § 433 BGB für den Kaufvertrag – eine Beschreibung der wechselseitigen (Haupt-)Leistungen. Demnach übernimmt es der Versicherer gegen Entgelt, ein Risiko durch eine bei Eintritt des Versicherungsfalls zu erbringende Leistung abzusichern. Derartige deskriptive Gesetzesnormen (Definitionsnormen; s. auch Rn. 80) sind keine Anspruchsgrundlagen; so schuldet der Versicherungsnehmer die Prämie nicht aufgrund von § 1 S. 2 VVG, sondern weil er sich im Versicherungsvertrag dazu verpflichtet hat. Die Funktion des § 1 VVG ist eine andere: Der Gesetzgeber umschreibt darin den Kreis derjenigen Verträge, für die er die nachfolgenden Vorschriften, also das im VVG kodifizierte besondere Schuldrecht, zur An-

2 2002/65/EG, ABl. EG 2002, S. 16.
3 Regierungsbegr.; BT-Drucks. 16/3945, S. 47f.

wendung bringen möchte. Die Rechtsprechung stellt genauere Anforderungen, indem sie zusätzlich zu den seit der VVG-Reform in § 1 VVG kodifizierten Elementen des Vertragsinhalts verlangt, dass das vom Versicherer übernommene wirtschaftliche Risiko auf eine **Mehrzahl** von der gleichen Gefahr bedrohter Personen verteilt wird und dass der Risikoübernahme eine auf dem **Gesetz der großen Zahl** (s. dazu Rn. 223) beruhende Kalkulation zugrunde liegt.[4]

Im **Privatrecht** stellt sich die Frage, wann ein Vertrag als Versicherungsvertrag einzustufen ist, in der Praxis kaum. Nicht zuletzt deshalb hat der Reformgesetzgeber davon abgesehen, eine – ohnehin schwierige – Definition zu kodifizieren. Offen gelassen hat der Gesetzgeber insbesondere die im Schrifttum umstrittene Frage, worin der Inhalt der vom Versicherer versprochenen **Leistung** liegt (s. dazu Rn. 1103ff.). Dies konnte im Hinblick auf die Funktion von § 1 VVG, den Anwendungsbereich des VVG klarzustellen, auch unterbleiben, denn selbst wenn man den Versicherungsvertrag als Geschäftsbesorgungsverhältnis einordnen wollte, würde dies die Anwendbarkeit des VVG nicht in Zweifel ziehen, solange nur die Voraussetzungen von § 1 VVG erfüllt sind. 619

Praktisch wichtiger als im Privatrecht ist die Abgrenzung der Versicherung zu anderen Vertragstypen für das **Aufsichtsrecht**. 620

Beispiel:[5] Der Elektronikfachmarkt E bietet seinen Kunden gegen eine zum Kaufpreis hinzukommende einmalige Zahlung von 30 € an, nach Ablauf der zweijährigen gesetzlichen Gewährleistungsfrist für weitere drei Jahre im selben Umfang die Gewährleistung für die verkauften Geräte zu übernehmen. Die Aufsichtsbehörde (seinerzeit: BAV; heute: BaFin) untersagt dieses Angebot, da es sich um ein genehmigungspflichtiges Versicherungsgeschäft handele. 621

Nach einer verbreiteten, auch vom BVerwG herangezogenen Formel liegt ein **Versicherungsgeschäft** im aufsichtsrechtlichen Sinne vor, wenn gegen Entgelt für den Fall eines ungewissen Ereignisses bestimmte Leistungen übernommen werden, wobei das übernommene Risiko auf eine Vielzahl durch die gleiche Gefahr bedrohter Personen verteilt wird und der Risikoübernahme eine auf dem Gesetz der großen Zahl beruhende Kalkulation zugrunde liegt.[6] Eine Ausnahme gilt für Vereinbarungen, die in einem inneren Zusammenhang mit einem Rechtsgeschäft anderer Art stehen und von dort ihr eigentliches rechtliches Gepräge erhalten (s. Rn. 627). 622

Entscheidend für die Einordnung als Versicherungsgeschäft ist die Absicht des Versprechenden, durch Zusammenfassung einer **ausreichend großen Zahl von Beteiligten** die in Aussicht gestellte **Risikoentlastung** zu gewähren. Maßgeblich ist mithin, ob das übernommene Risiko eine hinreichend große Schwankungsbreite aufweist, die zur Folge haben kann, dass nicht jeder Vertrag durch 623

---

4 BGH VersR 1964, 497.

5 Nach BVerwG VersR 1992, 1381.

6 St. Rspr.; s. nur BVerwG VersR 1992, 1381, 1382; VersR 1993, 1217, 1218; *Präve*, in: Prölss, § 1 Rn. 35.

Einnahmen und Kosten aus sich selbst heraus finanziert wird, sondern dass zur Abdeckung von Verlusten aus einem Vertrag mit besonders ungünstigem Schadensverlauf auf die Entgelte aus einem Vertrag zurückgegriffen werden kann, der einen günstigen Risikoverlauf aufweist.

624 Um sich die Bedeutung und Funktion dieses Kriteriums zu vergegenwärtigen, ist es hilfreich, einen Blick auf das historische **Seedarlehen** (sog. *foenus nauticum*) zu werfen, das nach allgemeiner Meinung nicht als Versicherung, sondern nur als dessen Vorstufe anzusehen ist. Eine planmäßige Risikoverteilung aufgrund des Gesetzes der großen Zahl fehlte beim Seedarlehen deshalb, weil dieses Geschäftsmodell nur auf wenige Fälle abzielte.[7] Die Seegefahr wurde nämlich allein zwischen den beiden an der Unternehmung direkt beteiligten Personen verteilt – dem Unternehmer und dem darlehensgewährenden sog. Kapitalisten –, ohne dass eine rationale Feststellung der Schadenswahrscheinlichkeit eine Rolle spielte.[8] Dies weist auf den zentralen Gesichtspunkt hin: Versicherung setzt voraus, dass sich das Entgelt nicht nach dem auf den konkreten Vertrag voraussichtlich entfallenden Aufwand richtet, sondern dass eine **Schwankungsbreite** besteht, so dass es im Ergebnis zu einer Quersubventionierung von Verträgen mit schlechtem Risikoverlauf durch solche mit gutem Verlauf kommt.

625 Das BVerwG hat gleichwohl angenommen, dass bei der Übernahme von Verschleißrisiken ein Risikoausgleich im Kollektiv erfolgt, wenn lediglich zwischen dem mit hoher Wahrscheinlichkeit zu erwartenden Mindestschaden und dem im Ungewissen liegenden, höheren Schaden eine gewisse Schwankungsbreite besteht.[9] Nach Auswertung von 357 Reparatur-Serviceverträgen betreffend Fernsehgeräte innerhalb eines Zeitraums von fünf Jahren ist das Gericht zu der Folgerung gelangt, dass sich – zumindest nach dem Stand der Technik der 1960er Jahre – ein typischer Mittelwert mit nur geringen Abweichungen der Schadenshöhe nicht ermitteln lasse. Aufgrund des **ungleichmäßigen Schadensverlaufs** innerhalb der einzelnen Verträge könne folglich nicht davon ausgegangen werden, dass es einen typischen Schadensverlauf mit der Folge gebe, dass jeder Vertrag sich durch das gezahlte Garantieentgelt selbst refinanziere.[10] Schließlich stellt das BVerwG darauf ab, dass gerade in dieser **Ungewissheit** die Motivation der Kunden begründet liege, einen Reparatur-Servicevertrag abzuschließen.[11] Für den Kunden mache der Abschluss nur dann Sinn, wenn er mit der Möglichkeit rechne, dass gerade sein Gerät von höheren Reparaturkosten betroffen sein könne, als das Entgelt für den Reparatur-Servicevertrag beträgt.[12]

---

7 *Büchner*, in: FS Möller, 1972, S. 115; *ders.*, in: FS Sieg, 1976, S. 116; *Ehrenberg*, ZVersWiss 1901, 368, 374; *Gerathewohl*, Rückversicherung, Grundlagen und Praxis, Bd. II, 1979, S. 703, Fn. 17.

8 *Ehrenberg*, ZVersWiss 1901, 368, 374.

9 BVerwG VersR 1969, 819, 820; zust. *Knoerrich*, VerBAV 1969, 253.

10 BVerwG VersR 1969, 819, 820.

11 BVerwG VersR 1969, 819, 821.

12 BVerwG VersR 1969, 819, 821; *Gärtner*, BB 1965, 852.

Im Schrifttum ist angenommen worden, dass allein schon aufgrund unterschiedlicher Nutzungsgewohnheiten im Umgang mit elektrischen Geräten der Kostenausgleich innerhalb eines Vertragsverhältnisses ohne Schwankungsbreite nur theoretischer Natur sei.[13] Durch die Gewährleistungsabrede wird mithin ein fremdes Risiko übernommen und dieses zugleich nach dem Gesetz der großen Zahl auf eine Gefahrgemeinschaft verteilt.

Die vertragliche Übernahme von künftig anfallenden Reparaturleistungen erfüllt mithin grundsätzlich sämtliche Anforderungen, die das Versicherungsaufsichtsrecht an das Betreiben von Versicherungsgeschäften stellt. Dies gilt nicht nur, wenn versprochen wird, die anfallenden **Kosten** für künftige Reparaturen zu übernehmen, sondern auch dann, wenn die **Reparatur** selbst geschuldet ist. Auch eine funktionale Betrachtung anhand der Zwecke der Versicherungsaufsicht führt nicht zu einer abweichenden Beurteilung. 626

Freilich setzt der Betrieb von Versicherungsgeschäften voraus, dass es sich bei der Abrede nicht lediglich um eine **unselbstständige Nebenabrede** zu einem anderen Vertragstyp handelt.[14] Eine Abrede ist dann unselbstständige Nebenabrede eines – eindeutig nicht als Versicherung einzuordnenden – Hauptvertrages, wenn sie in einem **inneren Zusammenhang** mit jenem Hauptvertrag steht und von dort ihr eigentliches rechtliches Gepräge erhält.[15] In der amtlichen Begründung zum VAG findet sich der Hinweis, dass die Einordnung einer Vereinbarung als selbstständige Risikoübernahme insbesondere dann in Betracht komme, wenn eine dritte Person eine bestimmte Verbindlichkeit durch die infrage stehende Abrede übernimmt.[16] Das Kriterium der Selbstständigkeit spielt in der Rechtsprechung des BVerwG für die Frage, ob der Betrieb einer Versicherung vorliegt, gerade im Zusammenhang mit Kaufverträgen über Konsumgüter häufig eine entscheidende Rolle. 627

Beispiel: Beim Verkauf eines Kfz-Schmierölzusatzes wird hinsichtlich des Versprechens, bei Schäden am Kfz wegen des Ausbleibens der Schmierwirkung die darauf beruhenden Reparaturkosten zu ersetzen, Unselbstständigkeit angenommen.[17] 628

Im Aufsichtsrecht ist die Abgrenzungsfrage etwa auch bei Verträgen über die Prozesskostenfinanzierung gegen Erfolgsbeteiligung[18] oder bei der fondsgebundenen Lebensversicherung mit begrenztem Risikotransfer praktisch relevant geworden. Zu beachten ist allerdings, dass die aufsichtsrechtliche Einordnung als Versicherungsgeschäft nicht notwendig auch die privatrechtliche als Versicherungsvertrag zur Folge hat. Vielmehr sind für die Abgrenzung die je- 629

13 *Knoerrich*, VerBAV 1969, 253, 254; wohl auch *Gärtner*, BB 1965, 852.

14 *Präve*, in: Prölss, § 1 Rn. 44.

15 BVerwGE 32, 196, 198; BVerwG VersR 1992, 1381, 1382; VersR 1993, 1217, 1218; *Flockermann/v. Wick*, VW 1997, 695; *Feldmann/v. Wick*, VW 1999, 1314.

16 Motive zum Entwurf des VAG v. 14.11.1900, S. 30.

17 BVerwG VersR 1993, 1217f.

18 S. dazu BAV VerBAV 1999, 167ff.

weiligen **Gesetzeszwecke** maßgeblich.[19] Im Übrigen kommt selbst dann, wenn ein Vertrag nicht die Merkmale des § 1 VVG erfüllt, im Einzelfall eine Anwendung des VVG im Wege einer **Analogiebildung** in Betracht; umgekehrt kann sie infolge einer **teleologischen Reduktion** ausscheiden.

C. Versicherungsvermittlung

Literatur

Durstin/Peters, Versicherungsberater und Versicherungsmakler in der rechtspolitischen Entwicklung, VersR 2007, 1456; *Gamm*, Versicherungsvermittlerrecht: rechtliche Auswirkungen, 2007; *von Fürstenwerth/Marzin*, Bemerkungen zu den Vertriebswegen der deutschen Versicherungswirtschaft, in: FS Schirmer, 2005, 133; *Reiff*, Das Gesetz zur Neuregelung des Versicherungsvermittlerrechts, VersR 2007, 717; *ders.*, Der Beruf des Versicherungsberaters im neuen rechtlichen Umfeld, in: FS Birk, 2008, S. 103; *ders.*, Versicherungsvermittlerrecht im Umbruch, 2006; *ders.*, Die Vermittlung von Nettopolicen durch Versicherungsvertreter, VersR 2012, 645; *Ch. Schneider*, Dokumentationsfehler in Maklerpolicen, r+s 2012, 417; *Thiel*, Über Maklerbedingungen in Versicherungsverträgen, r+s 2011, 1; *Werber*, Beratungspflicht und Haftungsbeschränkung, VersR 2010, 553; *Zinnert*, Das Recht des Versicherungsmaklers am Anfang des 21. Jahrhunderts, VersR 2000, 399; *Zopfs*, Die Rechtsstellung des Versicherungsmaklers, VersR 1986, 747.

I. Grundlagen

630 Die Anbahnung des Versicherungsvertrags kann im direkten Kontakt zwischen Versicherer und Vertragsinteressent erfolgen; man spricht dann von einer **Direktversicherung** (zu weiteren Bedeutungen dieses Begriffs s. Rn. 65, 122) oder eindeutiger vom **Direktvertrieb**. Dies ist etwa dann der Fall, wenn ein Vertragsinteressent den Vertrag in einer Geschäftsstelle des Versicherers anbahnt und schließt.

631 Findet die Kommunikation ausschließlich per Post, telefonisch oder über das Internet statt, so handelt es sich um einen **Fernabsatzvertrag** i.S. von § 312b Abs. 1 S. 1 BGB. Die Vorschriften des BGB über Fernabsatzverträge finden gem. § 312b Abs. 3 Nr. 3 BGB auf Verträge über Versicherungen sowie deren Vermittlung keine Anwendung. Hingegen sieht das reformierte VVG für Fernabsatzverträge einige wenige Sonderregeln vor (§§ 6 Abs. 6, 8 Abs. 3 Nr. 2 und 3, 49 Abs. 1 S. 2, 211 Abs. 2 Nr. 1 VVG). Zudem sind im Gesetz vereinzelt Regeln für den Fall anzutreffen, dass der Vertrag telefonisch oder mittels eines anderen Kommunikationsmittels zustande kommt, „das die Information in Textform vor der Vertragserklärung des Versicherungsnehmers nicht gestattet" (§ 7 Abs. 1 S. 3 VVG). In derartiger Weise kann der Vertrag auch mit einem Vermittler geschlossen werden. Typischerweise treffen Versicherungsvermittler, d.h. Versicherungsvertreter oder Makler (s. Rn. 633) freilich mit den Vertragsinteressenten persönlich zusammen.

---

19 *Wandt*, Rn. 23.

In der Praxis kommt der Vertrag meist nicht im Direktvertrieb (s. Rn. 630), sondern über einen **Versicherungsvermittler** zustande. Dies hängt damit zusammen, dass viele Versicherungsnehmer sich aus eigenem Antrieb nur ungern mit dem Thema der Risikoabsicherung beschäftigen. Jener Befund lässt sich wiederum auf verschiedene Ursachen zurückführen: Wie aufgezeigt, geht es bei der Vorsorge durch Versicherungsschutz regelmäßig um die Absicherung gegen künftige Ereignisse, deren Eintritt oder Eintrittszeitpunkt ungewiss ist (s. Rn. 259). Anders als etwa beim Kauf eines Konsumguts steht daher eine Bindung in Rede, die dem Kunden keinen kurzfristig greifbaren Nutzen bringt. Zudem geht von der Abstraktheit und der rechtlichen Komplexität der meisten Versicherungsprodukte eine gewisse Abschreckungswirkung aus. Umso wichtiger erscheint es angesichts der großen Bedeutung individueller Risikovorsorge durch private Versicherung, dass die Anbieter von Versicherungsleistungen aktiv auf ihre möglichen Kunden mit konkreten Angeboten zugehen. Insofern erfüllen Versicherungsvermittler eine **wichtige und verantwortungsvolle Aufgabe**. Freilich verfolgen die Vermittler regelmäßig ein Absatzinteresse, so dass dem objektiven Recht die Aufgabe zukommt, die Kunden vor einer ihren Bedarf verfehlenden Beratung zu **schützen** (s. dazu Rn. 615, 718). 632

Bei **Versicherungsvermittlern** handelt es sich um Personen, die kraft rechtsgeschäftlicher Geschäftsbesorgungsmacht für eine andere Person Versicherungsschutz ganz oder teilweise beschaffen, ausgestalten und abwickeln, ohne selbst Versicherungsnehmer oder Versicherer zu sein.[20] Dabei kann es sich neben natürlichen auch um juristische Personen handeln, etwa um Banken, Sparkassen oder Versicherungsmakler-GmbHs. Unter den Begriff des Versicherungsvermittlers fallen nach der **Legaldefinition** in § 59 Abs. 1 VVG **Versicherungsvertreter** (s. Rn. 648ff.) und **Versicherungsmakler** (s. Rn. 684ff.), nicht jedoch gesetzliche Vertreter der Vertragsparteien. 633

Versicherungsvermittler können als gewillkürte, d.h. rechtsgeschäftliche **Stellvertreter** des Versicherungsnehmers i.S. von § 164 BGB auftreten, wenn es um die Abgabe von vertragsbezogenen Willenserklärungen oder um geschäftsähnliche Handlungen wie die Erfüllung von Anzeigepflichten geht. Regelmäßig wird hier freilich allein der Makler für den Versicherungsnehmer handeln, nicht jedoch der Versicherungsvertreter (s. Rn. 696: Makler als Sachwalter des Versicherungsnehmers). 634

Zu Beginn eines neuen Kundenkontakts muss der Vermittler den Kunden klar und verständlich in Textform über seine Rolle **informieren**, also darüber, ob er das Anbahnungsgespräch als Vertreter oder als Makler führt (§ 11 VersVermV).[21] 635

Die Tätigkeit von Versicherungsvermittlern ist Gegenstand der **EG-Vermittlerrichtlinie** von 2002.[22] Die Vermittlerrichtlinie führte u.a. eigene Pflich- 636

20 BGH NJW 1985, 2595.
21 Zum Status eines Vermittlers als Vertreter oder Makler s. www.vermittlerregister.info
22 Richtlinie 2002/92/EG, ABl. Nr. C 29 E v. 30.1.2001, S. 245.

ten des Versicherungsvertreters – der ja nicht Partei des Versicherungsvertrags ist – gegenüber dem Versicherungsnehmer ein.[23] Die Richtlinie und die zu ihrer Umsetzung ins VVG eingefügten Vorschriften fassen zwei völlig **unterschiedliche Rechtsverhältnisse** zusammen: Zwischen Versicherungsnehmer und **Vertreter** besteht ein vorvertragliches gesetzliches Schuldverhältnis. Hingegen ist der Versicherungsnehmer dem **Makler** durch einen Maklervertrag verbunden (s. noch Rn. 684, 694). Wenn § 61 VVG mithin eine Beratungspflicht des Vermittlers statuiert, so wird dadurch für den Vertreter das gesetzliche Schuldverhältnis näher ausgestaltet, während es sich beim Makler um eine Umschreibung einer seiner Hauptleistungspflichten aus dem Maklervertrag handelt. Nicht erfasst werden von der Vermittlerrichtlinie die **unselbstständigen (angestellten) Versicherungsvertreter**, also die Außendienstmitarbeiter des Versicherers (s. Rn. 648).[24] Zu den Arbeiten an einer **Novellierung der Vermittlerrichtlinie** s. Rn. 2027.

637 Die Vermittlerrichtlinie von 2002 regelt insbesondere eine Reihe von **gewerberechtlichen Erfordernissen** für die Aufnahme der Tätigkeit: Registrierungspflicht; Anforderungen an die berufliche Qualifikation und den beruflichen Leumund; Risikovorsorge, insbesondere in Gestalt einer Berufshaftpflichtversicherung (s. Rn. 643). Mit der (verspäteten) Umsetzung dieser Vorgaben mit Wirkung ab 22.5.2007 sind die Berufsstände der Vermittler und Makler im Versicherungssektor erstmals in Deutschland gesetzlich geregelt worden. Dies geschah zunächst in den §§ 42a-42k VVG a.F. Im Zuge der VVG-Reform sind diese Normen weitgehend inhaltsgleich in die §§ 59–73 VVG überführt worden.

638 Zu den berufsrechtlichen Anforderungen kommen besondere **Pflichten bei der Berufsausübung** hinzu, insbesondere Informations- und Dokumentationspflichten. Nach den Richtlinienvorgaben ist ein erteilter Rat zu dokumentieren. Art. 12 Abs. 3 der Richtlinie lautet wörtlich: „Vor Abschluss eines Versicherungsvertrags hat der Versicherungsvermittler, insbesondere anhand der vom Kunden gemachten Angaben, zumindest dessen Wünsche und Bedürfnisse sowie die Gründe für jeden diesem zu einem bestimmten Versicherungsprodukt erteilten Rat genau anzugeben. Diese Angaben sind der Komplexität des angebotenen Versicherungsvertrags anzupassen.“ Unklar bleibt bei dieser Formulierung, ob damit auch eine eigenständige **Beratungspflicht** des Vermittlers festgeschrieben werden sollte. Richtigerweise ist eine europarechtlich begründete Beratungspflicht zu verneinen. Vielmehr wollte der Richtliniengeber allein sicherstellen, dass ein tatsächlich erteilter Rat **dokumentiert** wird.[25] Ungeachtet dessen hat der deutsche Gesetzgeber in § 61 VVG eine Beratungspflicht des Vermittlers eingeführt (s. Rn. 657ff.).

---

23 Zur sehr begrenzten Haftung von Versicherungsvertretern nach altem Recht vgl. *Kieninger*, VersR 1998, 5, 11; *Kollhosser*, in: Prölss/Martin, 27. Aufl. 2004, § 43 Rn. 42–46.

24 Art. 2 Nr. 3 Unterabs. 2 der Vermittlerrichtlinie; krit. dazu *Reiff*, VersR 2004, 142, 145.

25 *Armbrüster*, in: MünchKomm-VVG, Vor §§ 6, 7 Rn. 34; *Reiff*, Versicherungsvermittlerrecht, S. 75; a.A. etwa *Dohmen*, Informations- und Beratungspflichten vor Abschluss des Versicherungsvertrags, 2007, S. 283ff.

Die Vermittlung von Versicherungen bedarf grundsätzlich einer gewerberechtlichen **Erlaubnis** (§ 34d Abs. 1 GewO). Dies gilt hingegen **nicht** für Ausschließlichkeitsvertreter, die allein für einen bestimmten Versicherer tätig werden, sowie für sog. unechte Mehrfachvertreter, die zwar für mehrere Versicherer tätig werden, ohne dass jedoch die vermittelten Versicherungsprodukte zueinander in Konkurrenz stehen. Erforderlich ist für das Eingreifen dieser Ausnahmen zudem, dass der oder die Versicherer die uneingeschränkte Haftung übernehmen (§ 34d Abs. 4 GewO). 639

Eine **Befreiung** von der Erlaubnispflicht kann gem. § 34d Abs. 3 GewO ein Gewerbetreibender beantragen, der Versicherungsleistungen als Ergänzung zur Hauptleistung vermittelt (sog. **produktakzessorischer Vermittler**). Für diesen Befreiungstatbestand gelten strenge Anforderungen. 640

Beispiele: Abschluss einer Haftpflicht- oder Kaskoversicherung beim Kfz-Kauf. Abschluss einer Lebensversicherung beim Abschluss eines Darlehensvertrags. Demgegenüber genügt es für die Befreiungsmöglichkeit nicht, wenn ein Kreditinstitut bei der Aufnahme eines Hausbaudarlehens eine Hausratversicherung oder einen sonstigen „zusätzlichen Baustein“ vermittelt.[26] 641

Schließlich unterliegt die gewerbsmäßige Vermittlung bestimmter kleinerer Versicherungen keinem Erlaubnisvorbehalt (sog. **Bagatellvermittler**; § 34d Abs. 9 GewO). Hingegen gelten für Versicherungsberater (s. Rn. 713ff.) weitgehend ähnliche Voraussetzungen für die Aufnahme der Berufstätigkeit wie sie grundsätzlich für Vermittler bestehen (§ 34e GewO). 642

Jeder Versicherungsvermittler (d.h. auch jeder selbstständige und gewerblich handelnde **Untervermittler**) muss eine **Berufshaftpflichtversicherung** abschließen.[27] Zudem ist ein **Sachkundenachweis** erforderlich (§ 34d Abs. 2 GewO). Einzelheiten regelt die am 22.5.2007 in Kraft getretene **Versicherungsvermittlungsverordnung** (VersVermV). Dieses Regelwerk enthält neben gewerberechtlichen auch versicherungsrechtliche Vorschriften. Nach § 9 Abs. 2 VersVermV beträgt die Mindestversicherungssumme der vorgeschriebenen Berufshaftpflichtversicherung 1 Mio. € pro Versicherungsfall und 1,5 Mio. € für alle Versicherungsfälle eines Jahres (sog. Jahresmaximierung). Für den Sachkundenachweis verweist § 1 Abs. 3 VersVermV als Regel auf eine Prüfung durch die Industrie- und Handelskammer (IHK), für die der Rahmenstoffplan der IHK für Versicherungskaufleute maßgeblich ist. Bei der IHK als Registerbehörde wird auch das **Vermittlerregister** geführt, in das sämtliche Versicherungsvermittler, also auch die keiner Erlaubnispflicht unterliegenden Ausschließlichkeitsvertreter, sich eintragen lassen müssen (zu Einzelheiten s. § 11a GewO). 643

26 Regierungsbegr. zu § 34c GewO; BT-Drucks. 16/1935, S. 19; *Dörner*, in: Prölss/Martin, § 34d GewO Rn. 26.

27 Zu dieser s. *Abram*, VersR 2008, 724, 725ff.

644 Während das Gewerberecht (GewO, VersVermV) die öffentlich-rechtlichen Anforderungen an den Vermittler regelt, enthält das **Aufsichtsrecht** diesbezügliche Pflichten des **Versicherers**, der mit Vermittlern zusammenarbeitet (§§ 80–80b VAG). Dadurch soll aufsichtsrechtlich – mit den Sanktionsmöglichkeiten der §§ 81 ff. VAG – sichergestellt werden, dass Versicherer nur mit solchen Vermittlern zusammenarbeiten, die den gewerberechtlichen Anforderungen genügen (§ 80 VAG). Zudem wird den Versicherern die Pflicht auferlegt, Beschwerden über Versicherungsvermittler zu beantworten (§ 80a VAG).

645 Abzugrenzen ist der Versicherungsvermittler vom sog. **Tippgeber**. Dabei handelt es sich um eine Person, die lediglich den Kontakt zwischen den künftigen Parteien eines Versicherungsvertrags (oder zwischen Versicherungsnehmer und Vermittler) herstellt, ohne aber auf den Vertragsschluss hinzuwirken.[28] Anders als eine Vermittlungstätigkeit zielt die reine Benennung von Abschlussmöglichkeiten als **vorbereitende Handlung** nicht auf eine konkrete Willenserklärung des Interessenten zum Vertragsschluss ab. Der Tippgeber beschränkt sich vielmehr darauf, Kontaktdaten weiterzugeben, ohne dass bereits eine Konkretisierung auf ein bestimmtes Produkt stattgefunden hat. Der Gesetzgeber geht in diesem Fall davon aus, dass es sich um einen außerhalb der rechtlichen Vorgaben für die Versicherungsvermittlung liegenden Bereich handelt, zumal da der Vertragsinteressent von einem reinen Tippgeber keine Beratung erwarte.[29] Die Abgrenzung kann mitunter schwierig sein.

646 **Beispiel:**[30] Die Supermarktkette P bietet bundesweit in ihren Filialen für 49 € eine sog. Verkaufsbox an, in der sich Unterlagen des Versicherers V zu einem Versicherungspaket zu Unfallschutz, Opfer-Rechtsschutz und Schutzbrief (s. dazu Rn. 1093) befinden. Die Erwerber erhalten ein Registrierungsformular sowie eine PIN. Wer nach dem Öffnen des Pakets entscheidet, die Versicherung abzuschließen, muss sich per Post, Fax oder Internet bei V registrieren und erhält dann einen Versicherungsschein übersandt. In diesem Fall wird der Kaufpreis der Box mit der Prämie für das erste Jahr verrechnet. Wer keinen Versicherungsvertrag abschließen will, kann gegen Rückgabe der Box den Kaufpreis von P zurückverlangen. P wirbt auf Plakaten für die Aktion; in den Märkten befinden sich beim Verkaufsregal Informationsflyer des V, die das Produkt erläutern. Für weitere Informationen müssen sich die Kunden telefonisch oder per E-Mail an V wenden. P erhält von V für jeden Vertragsschluss eine Provision. Ein Verband von Versicherungsmaklern klagt gegen P gem. § 8 Abs. 1, Abs. 3 Nr. 2 UWG auf Unterlassung, weil die Verkaufsaktion gegen § 34d GewO verstoße. P trete beim Verkauf der Boxen als Versicherungsvermittler auf. Sie wirke durch ihre Werbung bewusst auf potenzielle Kunden ein, um diese zum Abschluss eines Versicherungspakets zu bewegen. Darüber hinaus ziehe sie sogar die erste

---

28 *Reiff*, VersR 2007, 717, 719.
29 Regierungsbegr. zu § 34d GewO; BT-Drucks. 16/1935, S. 17.
30 Nach LG Wiesbaden VersR 2008, 919.

Prämie an der Kasse ein. Da es sich bei § 34d GewO um eine Marktverhaltensregelung handele, sei das Verhalten der P unlauter i.S. von §§ 3,4 Nr. 11 UWG.

Wie das LG Wiesbaden zutreffend feststellt, unterscheidet P sich hier von einem bloßem Tippgeber, da sie für das Versicherungspaket Werbung unter ihrem eigenen Logo betreibt, für V die erste **Jahresprämie einzieht** – womit auf die Entschließung der Kunden eingewirkt wird – und eine PIN vergibt, auf die V zugreifen kann. Zudem hat bereits eine **Konkretisierung** auf ein bestimmtes Versicherungsprodukt stattgefunden. Unerheblich ist, dass der Vertrag erst später, nämlich mit der Zusendung des Versicherungsscheins durch den Versicherer, zustande kommt; dies ist auch beim Tätigwerden eines Versicherungsvermittlers häufig der Fall (s. Rn. 665). Die Klage ist daher begründet. 647

II. Versicherungsvertreter

1. Grundlagen

Versicherungsvertreter (nach altem VVG gleichbedeutend: **Versicherungsagent,** Agent) ist nach der Legaldefinition in § 59 Abs. 2 VVG, wer von einem Versicherer oder Versicherungsvertreter damit betraut ist, gewerbsmäßig Versicherungsverträge zu vermitteln oder abzuschließen. Versicherungsvertreter bahnen mit rund 70% den Großteil der Versicherungsverträge in Deutschland an. Wichtig ist, dass die vom Versicherer angestellten Personen (sog. Außendienstmitarbeiter) keine Versicherungsvertreter i.S. von § 59 Abs. 2 VVG sind, auch wenn sie umgangssprachlich bisweilen als „Vertreter" bezeichnet werden (zur rechtlichen Behandlung solcher angestellten Mitarbeiter des Versicherers s. Rn. 711ff.). Vielmehr können allein aus Sicht des Versicherers **unternehmensexterne Personen** Versicherungsvertreter im Rechtssinne sein. Dies folgt aus dem Erfordernis eines **gewerbsmäßigen Handelns** des Versicherungsvertreters, was Selbstständigkeit voraussetzt. 648

Bei den unternehmensexternen Vertretern lassen sich im Wesentlichen zwei verschiedene Gruppen unterscheiden: Der sog. **Einfirmenvertreter (Ausschließlichkeitsvertreter, ggf. Konzernvertreter)** vermittelt ausschließlich Verträge für einen bestimmten Versicherer oder die verschiedenen Versicherungsgesellschaften ein und desselben Konzerns; er ist mithin unternehmensgebunden. Ein **Mehrfachvertreter** vermittelt dagegen Verträge für mehrere Versicherer. Der Ausdruck „Einfirmenvertreter" hat sich eingebürgert, obwohl er juristisch nicht korrekt ist (vgl. § 17 Abs. 1 HGB: die Firma ist der Name des Kaufmanns, nicht der Unternehmensträger selbst). 649

Beispiel: Banken und Sparkassen – als wichtige „Vertriebskanäle" von Versicherern, mit denen sie teils eng verbunden sind – treten bisweilen als Einfirmenvertreter, bisweilen als Mehrfachvertreter in Erscheinung. 650

Bei allen Versicherungsvertretern sind zwei Rechtsbeziehungen zu unterscheiden, nämlich das Innenverhältnis zwischen Vertreter und Versicherer und das 651

Außenverhältnis zwischen Versicherungsnehmer und Versicherer. Beim **Außenverhältnis** geht es vor allem um die praktisch wichtige Frage, inwieweit sich der Versicherer Handlungen des Vertreters zurechnen lassen muss (s. dazu Rn. 665ff.). Im **Innenverhältnis** des Versicherungsvertreters zum Versicherer sind gem. § 92 Abs. 2 HGB grundsätzlich (Ausnahmen: § 92 Abs. 3, 4 HGB; s. dazu sogleich) die für Handelsvertreter geltenden §§ 84ff. HGB anwendbar.

652 Praktisch besonders bedeutsam sind die für den **Provisionsanspruch** maßgeblichen Regeln der §§ 87–87c HGB, die für Versicherungsvertreter durch § 92 Abs. 2–4 HGB teils modifiziert werden. Grundsätzlich gilt damit ähnlich wie beim Makler (s. Rn. 690) hinsichtlich der Provision der sog. **Schicksalsteilungsgrundsatz**: Die Provision steht und fällt mit dem vermittelten Versicherungsvertrag. Dies kommt in § 87a Abs. 3 S. 2 HGB deutlich zum Ausdruck. In jener Regel wird freilich klargestellt, dass der Vertreter den Provisionsanspruch nur verliert, wenn und soweit die Nichtausführung des durch den Versicherungsvertreter angebahnten Vertrags auf vom Versicherer nicht zu vertretenden Umständen beruht. Zu vertreten hat der Versicherer eine Vertragsbeendigung auch dann, wenn er bei einem stornogefährdeten (sog. notleidenden) Versicherungsvertrag untätig bleibt.[31] Für die praktisch besonders bedeutsamen Fälle der **Lebens- und der substitutiven Krankenversicherung** sind diese Regelungen mit Wirkung seit dem 1.4.2012 durch **§ 80 Abs. 5 VAG** wesentlich modifiziert worden. Demnach hat der Versicherer sicherzustellen, dass der Versicherungsvermittler – neben Vertretern also auch Makler – die für die Vermittlung eines vom Versicherungsnehmer gekündigten oder ruhend gestellten Vertrages angefallene Provision maximal im Umfang desjenigen Betrages einbehält, der bei gleichmäßiger Verteilung der Provision über die **ersten fünf Jahre** seit Vertragsschluss bis zum Zeitpunkt der Beendigung, des Ruhendstellens oder der Prämienfreistellung angefallen wäre.[32] Damit will der Gesetzgeber dem Verhalten, dass Vermittler während der ersten fünf Vertragsjahre die Kunden abwerben, um zusätzliche Provisionen zu erzielen, entgegenwirken.

653 In der Praxis ist es üblich, dass der Versicherer zur Abwehr von Vertragsbeendigungen sog. **Stornogefahrmitteilungen** an den Vertreter übermittelt. Der Vertreter wird dadurch in die Lage versetzt, sich mit dem Versicherungsnehmer in Verbindung zu setzen und auf eine Vertragsfortführung hinzuwirken. Dabei sind aber die Beratungspflichten zu beachten (s. Rn. 657ff.). Freilich kann gerade die objektive Interessenlage des Versicherungsnehmers den Rat nahelegen, einen Versicherungsvertrag nicht zu beenden (s. etwa zu den wirtschaftlichen Nachteilen der Kündigung einer Lebensversicherung Rn. 1947ff.).

654 Den **Versicherungsnehmer** verbindet mit dem Versicherungsvertreter – anders als mit einem Makler (s. Rn. 636) kein Vertragsverhältnis. Freilich kommt im Einzelfall eine Haftung des Vertreters gegenüber dem Versicherungsnehmer nach den allgemeinen Grundsätzen der § 311 Abs. 3 S. 1, 280 Abs. 1 BGB in Be-

---

31 BGH NJW 2012, 3305f. Rn. 15ff.

32 Eingehend *Baroch Castellví*, r+s 2013, 53ff.; *Franz/Steiner*, VersR 2012, 1333ff.

tracht. Durch diese Vorschriften wurde im Zuge der Schuldrechtsmodernisierung eine langjährige Rechtsprechung zur culpa in contrahendo kodifiziert. Dabei handelt es sich um ein gesetzliches Schuldverhältnis, das entweder durch die Inanspruchnahme besonderen Vertrauens (sog. Sachwalterhaftung; § 311 Abs. 3 S. 2 BGB) oder durch ein unmittelbares wirtschaftliches Eigeninteresse begründet wird. Dabei stellt die Rechtsprechung zunehmend strenge Anforderungen. Insbesondere genügt es für ein **wirtschaftliches Eigeninteresse** nicht, dass der Vertreter für den Vertragsschluss eine Provision erhält; vielmehr ist es etwa erforderlich, dass er die Gegenleistung für eigene Zwecke verwenden möchte oder ein vergleichbar intensives Eigeninteresse hat.[33] Die Erweckung besonderen Vertrauens im Rahmen der **Sachwalterhaftung** setzt voraus, dass der Vertreter über die bei einer Vertragsanbahnung übliche Vertrauenserweckung in ungewöhnlichem Maße hinausgeht, indem er eine zusätzliche persönliche Gewähr übernimmt.[34] Dies ist bei Versicherungsvertretern nicht ausgeschlossen,[35] wird angesichts der strengen Anforderungen in der Praxis freilich die Ausnahme bilden.[36]

Von Innen- und Außenverhältnis als rechtlichen Kategorien zu unterscheiden sind die Begriffe **Innen- und Außendienst**. Sie beziehen sich auf die faktische Geschäftsorganisation des Versicherers. Mitarbeiter des Innendienstes sind demnach mit der hausinternen Betreuung der Vertragsverhältnisse befasst, während Außendienstmitarbeiter außerhalb der Geschäftsräume des Versicherers als Angestellte und damit nicht als Vertreter (s. Rn. 648) den Kontakt zu Neukunden anbahnen sowie denjenigen zu Bestandskunden pflegen. 655

2. Informationspflicht (§ 60 VVG)

Der Vermittler hat eine spezielle **Informationspflicht**: Er muss dem Versicherungsnehmer mitteilen, auf welcher Markt- und Informationsgrundlage er seine Leistung erbringt (§ 60 Abs. 2 S. 1 VVG). Zudem hat er ihn darüber zu informieren, für welche Versicherer er tätig ist und ob dies auf Ausschließlichkeitsbasis geschieht (§ 60 Abs. 2 S. 2 VVG). Insoweit geht es mithin um die **Beratungsgrundlage**. Davon zu unterscheiden ist die allgemeine Informationspflicht über die **Vertragsgrundlagen** gem. § 7 VVG (s. Rn. 786ff.). Sie trifft allein den Versicherer, nicht aber Vermittler. Grundsätzlich hat der Vermittler dem Versicherungsnehmer die Informationen über die Beratungsgrundlage vor Abgabe von dessen Vertragserklärung in Textform zu übermitteln (§ 62 Abs. 1 VVG; zu Ausnahmen s. Abs. 2). 656

33 BGHZ 126, 181, 185 = NJW 1994, 2220; BGH NJW 2002, 208, 212; *Dörner*, in: Prölss/Martin, § 59 Rn. 39; *Emmerich*, in: MünchKomm-BGB, § 311 Rn. 242.

34 BGHZ 14, 313, 318 = NJW 1954, 1525; BGH NJW-RR 2006, 993, 994.

35 S. etwa BGH VersR 2001, 1052, 1053 (vor der Kodifizierung in § 311 Abs. 3 BGB).

36 S. auch *Wandt*, Rn. 383.

3. Beratungspflicht (§ 61 VVG)

657 § 61 Abs. 1 VVG statuiert für Versicherungsvermittler – also neben den hier thematisierten Vertretern auch für Makler (s. Rn. 684 ff.) – drei vorvertragliche anlassbezogene Pflichten (**Pflichtentrias**): eine Fragepflicht, eine Beratungspflicht einschließlich Begründungspflicht hinsichtlich des erteilten Rates und eine Dokumentationspflicht.[37] Nur ein Teil dieser Pflichtentrias ergibt sich für Vermittler aus der EG-Vermittlerrichtlinie. Die Richtlinie geht nämlich allein von einer Dokumentationspflicht aus. Eine Frage- oder Beratungspflicht lässt sich ihr nach zutreffendem Verständnis nicht entnehmen (s. Rn. 638).[38] Der deutsche Gesetzgeber geht daher insoweit über die europarechtlichen Vorgaben hinaus.[39]

658 An der mit § 61 VVG inhaltsgleichen Vorgängervorschrift des § 42c VVG a.F. hat der Gesetzgeber später auch die im Zuge der VVG-Reform erstmals kodifizierte **Beratungspflicht des Versicherers** gem. § 6 Abs. 1 VVG orientiert. Für die Auslegung von § 6 Abs. 1 VVG kann daher, soweit es nicht um vermittlerspezifische Pflichten geht, auf die zu § 61 VVG (§ 42c VVG a.F.) entwickelten Regeln zurückgegriffen werden und umgekehrt.

659 Diese Grundsätze werden im Kontext der Beratungspflicht des Versicherers eingehend dargelegt (s. Rn. 718 ff.); sie lassen sich folgendermaßen **zusammenfassen**: Eine bedarfsgerechte Beratung setzt eine Bedarfsermittlung voraus. Zunächst hat der Vermittler daher eine Risikoanalyse vorzunehmen, um den Bedarf des Versicherungsnehmers an Versicherungsschutz festzustellen. Hierfür kann je nach dem Gegenstand der in Rede stehenden Versicherung eine schlichte **Befragung** des Versicherungsnehmers genügen, etwa – sofern es um eine Lebensversicherung geht – über seine familiäre und finanzielle Situation. Bisweilen sind jedoch weiter gehende Ermittlungen erforderlich. In der Gebäudeversicherung kann dies etwa eine umfassende Objektprüfung beinhalten. Ist der Bedarf ermittelt, so muss geprüft werden, inwieweit dieser Bedarf bereits durch bestehende Versicherungsverträge, die fortgeführt werden sollen, gedeckt ist. Auf der Grundlage dieser Informationen hat der Vermittler den Versicherungsnehmer **zu beraten**. An die Beratungspflicht schließt sich eine **Dokumentationspflicht** an (§ 61 Abs. 1 S. 2 VVG). Sie erleichtert im Streitfall beiden Parteien die Beweisführung (vgl. Rn. 752).

660 Ein europarechtliches Problem, das sich allein bei der Beratungspflicht nach § 61 VVG, nicht aber bei der weitgehend wortgleichen Regelung des § 6 VVG ergibt, ist die Frage nach der **Richtlinienkonformität**. Sie stellt sich konkret für § 61 Abs. 2 VVG, der (ebenso wie § 6 Abs. 3 VVG; s. dazu Rn. 766) dem Versicherungsnehmer die Möglichkeit einräumt, unter bestimmten Voraussetzungen auf die Beratung zu verzichten. Diese **Verzichtsmöglichkeit** wird teils

---

37 Zum Umfang der Beratungspflicht instruktiv OLG Saarbrücken VersR 2011, 1441 ff. m. Anm. *Reiff*.

38 Str.; wie hier *Reiff*, Versicherungsvermittlerrecht, S. 75.

39 *Reiff*, VersR 2004, 142, 149.

für richtlinienwidrig gehalten, da sie in der Richtlinie nicht vorgesehen sei.[40] Indessen begründet die Vermittlerrichtlinie nach der hier vertretenen Ansicht gar keine Beratungspflicht des Vermittlers, sondern sie schreibt lediglich eine transparente Ausgestaltung und die Dokumentation einer tatsächlich erfolgenden Beratung vor (s. Rn. 638). Damit kann sich die Frage der Richtlinienwidrigkeit allenfalls hinsichtlich der Dokumentationspflicht stellen; insoweit trägt die Regelung in § 61 Abs. 2 VVG jedoch den europarechtlichen Anforderungen hinreichend Rechnung.[41] Mithin ist diese Vorschrift richtlinienkonform.

Für die Zeit **nach Abschluss des Versicherungsvertrags** unterwirft der Gesetzgeber den Makler keinen weiteren Pflichten. Meist übernimmt der Makler freilich vertraglich über die Unterstützung des Versicherungsnehmers vor dem und beim Vertragsschluss hinaus auch die laufende Betreuung des Versicherungsverhältnisses. Hiervon geht der Gesetzgeber implizit aus, indem er in § 6 Abs. 6 Fall 2 VVG den Versicherer dann, wenn der Vertrag durch einen Makler vermittelt wird, auch von der Beratungspflicht nach Vertragsschluss (§ 6 Abs. 4 VVG) ausnimmt, obwohl eine solche den Makler nach dem Gesetz (vgl. § 61 Abs. 1 VVG) nicht trifft. Indessen steht es den Parteien des Maklervertrags frei, die Pflichten des Maklers auf den Zeitraum bis zum Vertragsschluss zu beschränken. In diesem Fall ist § 6 Abs. 6 Fall 2 VVG teleologisch dahingehend zu reduzieren, dass den **Versicherer** nach Vertragsschluss die Beratungspflicht aus § 6 Abs. 4 VVG trifft.[42] Dasselbe gilt, wenn der Maklervertrag zwar zunächst auf die laufende Betreuung erstreckt war, er jedoch vor Beendigung des Versicherungsverhältnisses endet, etwa infolge einer Kündigung. Die Bereichsausnahme für durch Makler vermittelte Verträge bezweckt nämlich lediglich eine überflüssige **Doppelberatung zu verhindern**, nicht aber dem Versicherungsnehmer nach Vertragsschluss jegliche Beratung zu entziehen. In beiden Fällen – Nichtübernahme und vorzeitige Beendigung der laufenden Betreuung – ist der Makler gegenüber dem Versicherer verpflichtet, diesen auf die fehlende laufende Betreuung hinzuweisen. Für den **Regelfall**, dass der Makler die laufende Betreuung während der gesamten Laufzeit des Versicherungsvertrages durchführt, gilt hingegen, dass (allein) er sowohl zur laufenden Beratung als auch zur Unterstützung des Versicherungsnehmers nach Eintritt des Versicherungsfalls verpflichtet ist. 661

Trotz § 6 Abs. 6 VVG, wonach die Beratungspflicht des Versicherers gem. Abs. 1 bis 5 ausgeschlossen ist, können diesen ausnahmsweise auch bei Einschaltung eines Versicherungsmaklers **Aufklärungspflichten aus § 242 BGB** treffen. Erkennt der Versicherer nämlich, dass sich der Versicherungsnehmer trotz Einschaltung eines Maklers im Irrtum über den Vertragsinhalt befindet, so 662

40 *Dörner/Staudinger*, WM 2006, 1710, 1711; *Franz*, VersR 2008, 298, 299.
41 *Armbrüster*, in: MünchKomm-VVG, § 6 Rn. 166.
42 *Armbrüster*, in: MünchKomm-VVG, § 6 Rn. 351.

ist er nach Treu und Glauben gehalten, dem Versicherungsnehmer gegenüber den Vertragsinhalt richtig zu stellen.[43]

663 Die Informationspflicht aus § 60 VVG sowie die Beratungspflicht aus § 61 VVG sind nach § 63 VVG schadensersatzbewehrt. Der **Schadensersatzanspruch** des Versicherungsnehmers gegenüber einem Versicherungsvermittler hat dieselben Voraussetzungen wie derjenige aus § 6 Abs. 5 VVG gegenüber dem Versicherer (s. zu Einzelheiten Rn. 770ff.).

664 Verletzt der Vermittler seine Informations- und Beratungspflichten, so haftet für den dadurch eingetretenen Schaden gesamtschuldnerisch mit ihm auch der **Versicherer**, und zwar nach den für dessen Haftung geltenden Regeln (§§ 280, 311 BGB; § 6 Abs. 5 VVG) i.V. mit § 278 BGB. Der Vermittler ist nämlich insoweit **Erfüllungsgehilfe** des Versicherers.[44] Dies ist auch dann bedeutsam, wenn umgekehrt der Versicherungsnehmer schuldhaft gehandelt hat; er kann dann gegenüber dem Versicherer ggf. geltend machen, dass dieser sich ein Mitverschulden des Versicherungsvermittlers nach § 278 BGB zurechnen lassen muss.[45]

4. Gesetzliche Vertretungsmacht, insbesondere Empfangszuständigkeit (§ 69 VVG)

a) Grundregeln

665 Der Umfang der Vertretungsmacht des Versicherungsvertreters ist in den §§ 69ff. VVG geregelt. Dabei ist zwischen zwei Arten von Versicherungsvertretern zu unterscheiden: Der hier sog. **vertragsanbahnende Versicherungsvertreter** ist vom Versicherer nur mit der Anbahnung von Versicherungsverträgen betraut. Die Vertragserklärung wird hingegen vom Versicherer abgegeben. Der **Versicherungsvertreter mit Abschlussvollmacht** (§ 71 VVG) ist dagegen darüber hinaus auch zum Abschluss von Versicherungsverträgen bevollmächtigt. Letzteres ist in der Praxis nur selten der Fall.

666 § 69 VVG statuiert kraft Gesetzes für beide in Rn. 665 genannten Arten von Versicherungsvertretern, also auch für den vertragsanbahnenden Vertreter, einen gesetzlichen (Mindest-)Umfang der passiven Vertretungsmacht, d.h. der **Empfangsvertretungsmacht** (vgl. § 164 Abs. 3 BGB). Dabei handelt es sich nach der Gesetzesüberschrift um eine „gesetzliche Vollmacht", was terminologisch mit der Legaldefinition der Vollmacht als einer durch Rechtsgeschäft erteilten Vertretungsmacht (§ 166 Abs. 2 S. 1 BGB) insofern nicht vereinbar ist, als die Vertretungsmacht im durch § 69 Abs. 1 Nr. 1, 2 VVG festgelegten Umfang stets, also unabhängig von einer rechtsgeschäftlichen Vollmachtserteilung, besteht. Das Gesetz fingiert eine solche Vollmachtserteilung, indem es formu-

---

43 OLG Saarbrücken VersR 2011, 1441, 1444 m. Anm. *Reiff*; *Armbrüster*, in: MünchKomm-VVG, § 6 Rn. 352.

44 BGHZ 116, 387 = VersR 1992, 217.

45 *Wandt*, Rn. 407.

liert, dass der Versicherungsvertreter als bevollmächtigt „gilt". Es handelt sich mithin um eine gesetzliche Vertretungsmacht innerhalb eines Versicherungsverhältnisses.

Der Mindestumfang der Empfangsvertretungsmacht ist recht weit gefasst. 667
Nach § 69 Abs. 1 VVG gelten Versicherungsvertreter als bevollmächtigt zur Entgegennahme von **Anträgen** des Versicherungsnehmers, die auf den Abschluss eines Versicherungsvertrags gerichtet sind, von deren Widerruf sowie von vor Vertragsschluss abzugebenden **Anzeigen** und sonstigen Erklärungen (Nr. 1). Diese Vertretungsmacht umfasst insbesondere auch den Empfang von vorvertraglichen Anzeigen des Versicherungsnehmers i.S. von § 19 VVG (s. dazu Rn. 797ff.).

Die Empfangsvertretungsmacht wird in Nr. 2 auf eine Reihe weiterer Erklä- 668
rungen erstreckt. Dazu zählen Anträge auf Verlängerung oder Änderung eines bestehenden Vertragsverhältnisses und deren Widerruf, die Kündigung, der Rücktritt und sonstige das **Versicherungsverhältnis betreffende Erklärungen** sowie die während der Dauer dieses Verhältnisses zu erstattenden **Anzeigen** des Versicherungsnehmers. Zusätzlich zu der in Nr. 1 und 2 geregelten Empfangsvertretungsmacht sieht § 69 Abs. 1 Nr. 3 VVG auch eine auf Versicherungsscheine bezogene **Übermittlungsvollmacht** vor. Diese Vorschrift hat im Unterschied zu Nr. 1 und 2 kaum praktische Bedeutung (zum Makler s. Rn. 705f.).

Der Vertreter ist überdies gem. § 69 Abs. 2 VVG zur Entgegennahme von 669
Prämien berechtigt. Ob dies nur für die Entgegennahme der Erstprämie oder in Anlehnung an die frühere Regelung in § 43 Nr. 4 VVG a.F. auch für die **Folgeprämien** gelten soll, ist umstritten. Dagegen wird angeführt, dass der reformierte Gesetzeswortlaut von Zahlungen „im Zusammenhang mit der Vermittlung oder dem Abschluss eines Versicherungsvertrags" spricht.[46] Andererseits ergeben sich aus den Gesetzesmaterialien keinerlei Anhaltspunkte dafür, dass der Gesetzgeber insoweit eine Änderung gegenüber dem früheren Rechtszustand herbeiführen wollte. Zudem lassen sich auch Folgeprämien noch als im Zusammenhang mit der Vermittlung stehend ansehen. Sie sind mithin von der Inkassovollmacht gem. § 69 Abs. 2 VVG erfasst.[47] Umgekehrt wird der Versicherungsnehmer hinsichtlich der Empfangsberechtigung des Vermittlers für Zahlungen des Versicherers an den Versicherungsnehmer – insbesondere nach Eintritt des Versicherungsfalls – dadurch geschützt, dass § 64 VVG dafür ein besonderes Formerfordernis aufstellt.

Flankiert werden die Regelungen zur gesetzlichen Vertretungsmacht durch 670
die **differenzierende Beweislastverteilung** gem. § 69 Abs. 3 VVG. Demnach hat der Versicherungsnehmer die Abgabe und den Inhalt seiner Willenserklärungen zu beweisen. Hingegen trägt der Versicherer die Beweislast für eine Verletzung der Anzeigepflicht (insbesondere: aus § 19 VVG) und von Obliegenheiten (insbesondere: vertraglichen, s. § 28 VVG).

---

46 *Niederleithinger*, VersR 2006, 437, 445.
47 *Reiff*, in: MünchKomm-VVG, § 69 Rn. 42.

671 Die Vollmacht eines sog. **Abschlussvertreters** wird durch § 71 VVG in ihrem Umfang kraft Gesetzes auf Vertragsänderungen sowie auf Kündigungs- und Rücktrittserklärungen erstreckt.

672 Wie sich aus § 72 VVG ergibt, hat der Versicherer zwar grundsätzlich die Möglichkeit, die Vertretungsmacht seines Versicherungsvertreters aus §§ 69, 71 VVG zu beschränken. Allerdings sind solche **Beschränkungen** – für Erklärungen vor und nach Vertragsschluss – **nicht in AVB** möglich.[48] Dies dient dem Schutz des Versicherungsnehmers, für den eine individuell vereinbarte Vertretungsbeschränkung einen ungleich höheren Warneffekt hat als eine entsprechende AVB-Klausel, die er oftmals nicht zur Kenntnis nehmen wird. In dieser durch die VVG-Reform eingeführten Vorschrift liegt eine erhebliche Änderung gegenüber § 47 VVG a.F., wonach Beschränkungen durch AVB nicht gesetzlich ausgeschlossen waren. Aufgrund von § 72 VVG kann der Versicherer die Empfangsvollmacht des § 69 Abs. 1 Nr. 1 VVG auch nicht durch AVB derart beschränken, dass der Vertreter zwar zum Empfang der Antragserklärung (**Willenserklärung**), nicht aber zum Empfang von Anzeigen – insbesondere nach den §§ 19ff. VVG – (**Wissenserklärung**) befugt ist.[49]

673 § 72 VVG ist für solche Anzeigen des Versicherungsnehmers, die gegenüber einem Versicherungsvertreter abgegeben werden, eine **vorrangige Spezialregelung zu § 32 S. 2 VVG**, der Formerschwernisse gestattet. Letztere Norm ist nach richtiger Ansicht hingegen dann anwendbar, wenn es um Anzeigen geht, die der Versicherungsnehmer unmittelbar gegenüber dem Versicherer abgibt, da hier keine Beeinflussung der Erklärung durch den Vertreter erfolgen kann.[50]

674 Ergänzend zur gesetzlichen Vertretungsmacht gem. § 69 VVG gelten die allgemeinen zivilrechtlichen Regeln über die **Duldungs-** und die **Anscheinsvollmacht**. Sie werden dann bedeutsam, wenn ein Versicherungsvertreter für eine von ihm namens des Versicherers vorgenommene Rechtshandlung keine Vertretungsmacht hat und der Versicherer dies weiß oder wissen muss.

b) Wissenszurechnung

675 In verschiedenem Zusammenhang stellt das Gesetz darauf ab, ob der Versicherer von bestimmten Tatsachen **Kenntnis** hat (s. etwa §§ 19 Abs. 5 S. 2, 26 Abs. 2 S. 1, 30 Abs. 2, 97 Abs. 2 VVG). Ist in den Vertragsschluss ein Versicherungsvertreter eingeschaltet, so erfährt dieser in der Praxis oft von derartigen Tatsachen. Seit der VVG-Reform enthält das Gesetz in **§ 70 VVG** Regelungen für die Zurechnung solchen Wissens des Versicherungsvertreters zum Versicherer. Der in S. 1 aufgestellte Grundsatz entspricht dem allgemeinen stellvertretungsrechtlichen Prinzip des § 166 Abs. 1 BGB. Bei § 70 VVG handelt es sich freilich um

48 Anders die frühere Rspr., die zwischen Erklärungen vor und nach Vertragsschluss differenzierte; s. BGH VersR 1999, 565, 566f. m. Anm. E. *Lorenz*; BGH VersR 1999, 710, 714.

49 Zur umstrittenen Kontrolle solcher Beschränkungen gem. §§ 305ff. BGB nach früherer Rechtslage s. *Prölss*, in: Prölss/Martin, 27. Aufl. 2004, Vorb. I Rn. 54a.

50 Regierungsbegr., BT-Drucks. 16/3945, S. 78; *Wandt*, Rn. 398a; a.A. *Schwintowski*, in: Schwintowski/Brömmelmeyer, § 32 Rn. 5.

eine **Spezialnorm**, die jener bürgerlich-rechtlichen Regelung vorgeht. Praktisch bedeutsam ist dieser Vorrang insbesondere wegen der **Einschränkung der Wissenszurechnung** in § 70 S. 2 VVG. Privat, d.h. außerhalb der Tätigkeit als Vertreter und ohne Zusammenhang mit dem betreffenden Versicherungsvertrag erlangtes Wissen des Vertreters wird dem Versicherer demnach nicht zugerechnet. Unklar ist, ob privat erlangtes Wissen in diesem Sinne bereits solches ist, das der Vertreter zwar im Rahmen seiner Tätigkeit als Vertreter, jedoch ohne Zusammenhang mit dem betreffenden Vertrag erlangt hat.

Beispiel: Der Versicherungsvertreter erkennt anlässlich eines Hausbesuchs 676 zwecks Beratung über eine Lebensversicherung, dass der Versicherungsnehmer in dem gegen Feuer versicherten Gebäude eine Gefahrerhöhung i.S. von § 23 Abs. 1 VVG vorgenommen hat (vgl. § 26 Abs. 2 S. 1 VVG zur Bedeutung der Kenntnis des Versicherers von einer Gefahrerhöhung).

Der Gesetzeswortlaut und der **Schutz des Versicherungsnehmers** sprechen 677 dafür, in solchen Fällen nicht von privat erlangtem Wissen auszugehen, so dass eine Zurechnung stattfindet.[51]

Mit der Schaffung des § 70 VVG hat der Reformgesetzgeber die sog. **Auge-und-Ohr-Rechtsprechung** des BGH zum alten Recht (Auslegung von § 44 VVG a.F.) aufgegriffen. Diese Rechtsprechung besagt: Bei der Entgegennahme eines Antrages auf Abschluss eines Versicherungsvertrags steht dem Antragsteller – auf alleinige Veranlassung des Versicherers – der empfangsbevollmächtigte Vermittlungsvertreter bildlich gesprochen als das „Auge und Ohr" des Versicherers gegenüber. Was dem Vertreter mit Bezug auf die Antragstellung gesagt und vorgelegt wird, ist dem Versicherer gesagt und vorgelegt worden.[52] 678

Die Entgegennahme des Antrags auf Abschluss eines Versicherungsvertrags 679 und die Kenntnisnahme von der mündlichen Erklärung stellen demnach einen **einheitlichen Lebensvorgang** dar, der keine juristische Aufspaltung erlaubt. Dies gilt auch, wenn der Versicherungsnehmer gegenüber dem Vertreter bei der Beantwortung von Antragsfragen i.S. von § 19 VVG erkennbar unvollständige Angaben macht. Es obliegt dann dem Vertreter, gebotene Rückfragen zur Präzisierung zu stellen (zur Nachfrageobliegenheit des Versicherers s. Rn. 809f.).

Beispiel: Gibt der Versicherungsnehmer gegenüber dem Vertreter mündlich 680 an, er sei „immer mal wieder beim Arzt" gewesen, so hat der Vertreter auf eine Präzisierung dieser Auskunft hinzuwirken. Geschieht dies nicht, so kann der Versicherer später nicht einwenden, die Beantwortung der Fragen durch den Versicherungsnehmer sei unvollständig. Dem steht dann § 242 BGB entgegen.[53]

§ 70 VVG verdrängt die allgemeine Regelung des § 166 Abs. 1 BGB nur inso- 681 weit, als es um das Wissen eines Versicherungsvertreters mit Vertretungsmacht

51 *Dörner*, in: Prölss/Martin, § 70 Rn. 7; so wohl auch *Reiff*, in: MünchKomm-VVG, § 70 Rn. 18; a.A. *Wandt*, Rn. 401.
52 St. Rspr. zu § 44 VVG a.F.; BGH NJW 1992, 828f.; VersR 2001, 1498.
53 OLG Hamm VersR 2011, 994, 996.

geht, sei es nach § 69 VVG oder nach § 71 VVG. Es gibt jedoch auch den Fall, dass ein Versicherungsvertreter **keine Vertretungsmacht** hat, weil Versicherer und Versicherungsnehmer diese durch Individualabrede und damit ohne Verstoß gegen § 72 VVG ausgeschlossen haben. Sofern der vollmachtlose Versicherungsvertreter als Wissensvertreter zu qualifizieren ist, findet dann eine **Wissenszurechnung analog § 166 Abs. 1 BGB** statt. **Wissensvertreter des Versicherers** (zum Versicherungsnehmer s. Rn. 1532ff.) ist jede Person, die nach dessen Geschäftsorganisation dazu berufen ist, im Rechtsverkehr als sein Repräsentant eigenverantwortlich bestimmte Aufgaben auszuführen und die dabei erlangten Informationen ggf. weiterzuleiten. Hierfür bedarf es keiner ausdrücklichen Bestellung.[54] Vielmehr kann bereits ein vollmachtloser Versicherungsvertreter, der ein normales Beratungsgespräch mit dem Kunden führt, als Wissensvertreter des Versicherers anzusehen sein.[55]

682 Die Wissenszurechnung – sei es nach § 70 VVG oder analog § 166 Abs. 1 BGB – kommt auch dann zum Tragen, wenn der Versicherungsvertreter bei der Ausfüllung des Antrags dem Versicherungsnehmer bestimmte **Auskünfte, Erläuterungen und Ratschläge** zur Bedeutung der Antragsfragen und zu den Antworten gibt. Zwar geht es dann nicht um die Zurechnung von Kenntnissen, die der Versicherungsvertreter in seiner Eigenschaft als „Auge und Ohr" des Versicherers visuell oder akustisch wahrgenommen hat (vgl. Rn. 678), sondern um das Wissen darum, auf der Grundlage welcher eigener Angaben des Vertreters der Versicherungsnehmer die Antragsfragen beantwortet hat. Auch diese Kenntnis ist aber dem Versicherer zuzurechnen.[56]

683 **Grenzen** findet die Wissenszurechnung nach denselben allgemeinen Regeln, die auch für eine missbräuchliche Verwendung von Vollmachten gelten. Diese Regeln betreffen insbesondere die Fälle einer Kollusion zum Nachteil des Versicherers sowie einen für den Versicherungsnehmer evidenten Missbrauch der Vertretungsmacht. Der Versicherungsnehmer ist dann nicht schutzwürdig. **Kollusion** liegt vor, wenn der Vertreter im Einvernehmen mit dem Versicherungsnehmer bestimmte letzterem ungünstige Informationen bewusst zum Nachteil des Versicherers nicht an diesen weiterleitet.[57] Hierfür sind, um der Stellung des Versicherungsvertreters als „Auge und Ohr" des Versicherers Rechnung zu tragen, strenge Anforderungen zu stellen. Letzteres gilt auch für einen **evidenten Missbrauch**. Von ihm ist auszugehen, wenn der Vertreter von seiner Vertretungsmacht „in ersichtlich verdächtiger Weise Gebrauch macht"[58], die auf einen Treupflichtverstoß gegenüber dem Versicherer hindeutet.

54 BGHZ 117, 104 = NJW 1992, 1099, 1100.
55 *Wandt*, Rn. 403.
56 S. dazu BGH VersR 2002, 425, 426.
57 Instruktiv BGH VersR 2008, 765, 766.
58 BGH VersR 2002, 425, 426 (sub II 3 c).

III. Versicherungsmakler

1. Grundlagen

Wie für den Versicherungsvertreter, so enthält das Gesetz auch für den Versicherungsmakler eine **Legaldefinition**. Nach § 59 Abs. 3 S. 1 VVG handelt es sich bei Versicherungsmaklern um Personen, die gewerbsmäßig für den Auftraggeber – dies ist der (künftige) Versicherungsnehmer – die Vermittlung oder den Abschluss von Versicherungsverträgen übernehmen, ohne von einem Versicherer oder einem Versicherungsvertreter damit betraut zu sein. Anders ausgedrückt, besteht das Geschäft eines Versicherungsmaklers darin, Versicherer und Versicherungsnehmer zusammenzuführen. Insoweit entspricht der zugrunde liegende Maklervertrag dem allgemeinen Modell des § 652 BGB. 684

Besondere praktische Bedeutung hat die Maklertätigkeit bei **gewerblichen Risiken**. Dies gilt insbesondere im Bereich der Industrieversicherung (zum Begriff s. Rn. 99); man spricht insoweit von **Industriemaklern**. Einige Makler sind jedoch auch im sog. Massengeschäft mit Verbrauchern tätig, etwa in der Krankenversicherung. Im Bereich gewerblicher und industrieller Risiken gibt es auch sog. **firmengebundene Makler**. Sie werden von Wirtschaftsunternehmen als rechtlich selbstständige Maklerbetriebe gegründet, deren Gesellschaftszweck darin besteht, für das betreffende Unternehmen Versicherungsschutz zu beschaffen. Ihre Provision erhalten sie wie üblich (s. Rn. 687) vom Versicherer. Solche Makler vermitteln oft auch Versicherungsschutz für die Arbeitnehmer des Unternehmens (sog. **Belegschaftsgeschäft**).[59] 685

Regelmäßig wird der Versicherungsmakler gewerbsmäßig tätig sein, so dass er als **Handelsmakler** i.S. von § 93 HGB anzusehen ist. Im Unterschied zu sonstigen Handelsmaklern schließt der Versicherungsmakler den Maklervertrag freilich ausschließlich mit dem Versicherungsnehmer ab. Die Aufgabe des Versicherungsmaklers besteht in der Vertragsanbahnungsphase darin, sich für den Versicherungsnehmer um den für ihn optimalen Versicherungsschutz am Markt zu bemühen. Dieses Vertragsverhältnis führt dazu, dass der Makler treuhänderischer **Sachwalter des Versicherungsnehmers** ist und sich allein an dessen Interessen zu orientieren hat (s. Rn. 696). Nur sehr eingeschränkt treffen ihn daneben auch gegenüber dem Versicherer gewisse Pflichten zur Information und Rücksichtnahme (vgl. § 98 HGB). Durch entsprechende Vereinbarung kann er freilich darüber hinaus bestimmte Aufgaben des Versicherers für diesen übernehmen (sog. Maklerklausel; s. Rn. 705). 686

Vor dem Hintergrund, dass der Makler als Sachwalter des Versicherungsnehmers tätig wird, ist es bemerkenswert und nur durch die historisch gewachsene Kundenerwartung zu erklären, dass die **Provision** (sog. Courtage) bis heute abweichend von dem für Handelsmakler grundsätzlich geltenden § 99 HGB regelmäßig nicht vom Versicherungsnehmer, sondern vom Versicherer gezahlt wird. Umstritten ist, auf welcher **Rechtsgrundlage** dieser – im Ergebnis un- 687

59 *Wandt*, Rn. 355.

streitig bestehende – Provisionsanspruch des Maklers gegen den Versicherer beruht. Teils wird er auf Gewohnheitsrecht[60] oder auf einen Handelsbrauch[61] gestützt. Der BGH spricht von einer „in vielen Ländern gleichförmig bestehenden Übung des Versicherungsvertragsrechts, wonach die Provision der Versicherungsmakler vom Versicherer getragen wird“[62]. Einige wollen den Versicherungsvertrag insoweit, d.h. hinsichtlich des Provisionsanspruchs des Maklers, als Vertrag zugunsten Dritter ansehen.[63] Überzeugend erscheint es, von einem **konkludenten Vertragsschluss** zwischen Versicherer und Makler mit Zustandekommen des Versicherungsvertrags auszugehen, da es dem Versicherer ersichtlich ist, dass der Makler den Vertrag in der Erwartung einer Provisionszahlung an den Versicherer vermittelt hat.[64] Ist zwischen Versicherer und Makler bereits eine Rahmenvereinbarung über die Vermittlung geschlossen worden, so liegt sogar ein ausdrücklicher Vertragsschluss vor.

688 Kalkulatorisch legt der Versicherer die Provision freilich auf die Prämie um.[65] Man spricht daher von sog. **Bruttopolicen**, im Gegensatz zu Nettopolicen, in denen kein Vermittlerhonorar enthalten ist (zu ihnen s. Rn. 689). Diese Umlage geschieht allerdings regelmäßig nicht auf den individuellen Vertrag bezogen. Der Makler vereinnahmt mithin für einen konkreten Vertragsschluss oft einen Betrag, der von dem kalkulatorisch für alle Verträge eines Kollektivs errechneten, auf die Vermittlungskosten entfallenden Prämienanteil abweicht. Daher führt auch die für die Lebensversicherung aufgestellte Vorgabe in § 2 Abs. 1 Nr. 1 VVG-InfoV, wonach die in die Prämie einkalkulierten Abschlusskosten auszuweisen sind, nicht zu einer Information über die tatsächlich für die konkrete Vermittlungsleistung in Bezug auf den jeweiligen Vertrag angefallene Provision.

689 In jüngerer Zeit hat eine Diskussion darüber eingesetzt, ob an die Stelle des hergebrachten Provisionssystems für Makler, aber auch für sonstige Versicherungsvermittler eine **Honorarberatung** treten sollte.[66] Dabei werden **Nettopolicen** ohne Provisionsanteil vermittelt, und die Provision wird separat durch den Versicherungsnehmer an den Makler entrichtet. Dies führt zu einer größeren Preis- und Kostentransparenz. Viele Kunden hegen derzeit freilich noch die Erwartung, für die Leistungen des Maklers nicht separat zahlen zu müssen. Dieser Befund führt bei einer Umstellung auf die Honorarberatung rechtspolitisch zu dem Risiko, dass gerade solche Versicherungsnehmer, die wirtschaftlich

---

60 LG Hamburg MDR 1961, 945 = VersR 1961, 1078 (Ls.).

61 *Durstin/Peters*, VersR 2007, 1456, 1461f.; *Reiff*, Versicherungsvermittlerrecht, S. 63.

62 BGHZ 94, 356ff. = VersR 1985, 930ff. (sog. Sachwalterurteil); s. auch BGHZ 162, 67 = VersR 2005, 406 („herkömmliche Übung“).

63 OLG Frankfurt VersR 1995, 93; OLG Hamm VersR 1995, 658; s.a. *Kollhosser*, in: Prölss/Martin, 27. Aufl. 2004, Nach § 48 Rn. 28f.

64 *Dörner*, in: Prölss/Martin, § 59 Rn. 68.

65 S. nur OLG Frankfurt VersR 1995, 92.

66 S. etwa *Kuhlen/Tiefensee*, VuR 2012, 17ff.; *Leithoff*, ZfV 2011, 235ff.; *Schwintowski*, VersR 2009, 1333ff. Vgl. auch das am 19.7.2013 in Kraft getretene Honoranlageberatungsgesetz (BGBl. 2013 I, S. 2390), das freilich nicht für den Versicherungssektor gilt.

weniger leistungsfähig sind und die zugleich eine sachkundige Beratung besonders benötigen, im Hinblick auf das zu leistende Honorar davor zurückschrecken, Beratungsleistungen in Anspruch zu nehmen. Auch die bislang vergleichsweise geringe Nachfrage nach den Leistungen von Versicherungsberatern i.S. des § 68 VVG (zu ihnen s. Rn. 713ff.) deutet darauf hin, dass die Bereitschaft zu einer separaten Vergütung von Beratungsleistungen in Deutschland bislang nicht sonderlich ausgeprägt ist.

Der Versicherungsmakler erlangt den Provisionsanspruch anders als ein normaler Makler abweichend von § 652 Abs. 1 BGB nicht bereits dann, wenn der Vertrag seines Kunden mit dem Versicherer zustande gekommen ist. Vielmehr kommt es auch darauf an, dass der Versicherungsnehmer die **Prämien** tatsächlich zahlt. Immerhin wird das Provisionsinteresse des Maklers dadurch reflexartig geschützt, dass dem Versicherungsnehmer bei Nichtzahlung der Prämien erhebliche Nachteile im Hinblick auf den Fortbestand des Versicherungsvertrages und die Leistungspflicht des Versicherers drohen (s. Rn. 1464ff.). Wird der Vertrag binnen gewisser Fristen beendet, sei es durch Widerruf, Kündigung, Anfechtung oder aus sonstigen Gründen in der Sphäre des Versicherungsnehmers, so verliert der Makler nach Maßgabe der mit dem Versicherer bestehenden Abreden den Provisionsanspruch wieder. Bei längerfristigen Versicherungsverträgen wird die Provision ohnehin häufig nicht als Einmalbetrag, sondern – ebenso wie die Prämie – in gewissen Zeitabständen (pro rata temporis) fällig. Insgesamt lässt sich als Grundsatz – vorbehaltlich abweichender Abreden – formulieren, dass die Provision das Schicksal der Prämie teilt (sog. **Schicksalsteilungsgrundsatz;** s. Rn. 652, auch zu § 80 Abs. 5 VAG).[67] 690

Kaum praktische Bedeutung hat bislang die Frage erlangt, inwieweit den Versicherer oder den Versicherungsmakler gegenüber dem Versicherungsnehmer **Aufklärungspflichten** im Hinblick auf das System von **Provisionszahlungen** für die Vermittlung von Versicherungsverträgen treffen. Hierin unterscheidet sich das Versicherungsrecht maßgeblich vom Vertrieb bestimmter Kapitalanlagen wie geschlossener Immobilienfonds, wo sich die Rechtsprechung schon häufig mit sog. „Kick-backs" und nicht offen gelegten Innenprovisionen zu beschäftigen hatte.[68] Allerdings können sich ähnliche Fragen zumindest dort stellen, wo auch eine Versicherung maßgeblich als Geldanlage dient, etwa in der fondsgebundenen Lebensversicherung.[69] 691

Die **Abgrenzung** zwischen Makler und Versicherungsvertreter ist angesichts der teils unterschiedlichen rechtlichen Vorgaben bedeutsam; sie kann bei Mehrfachvertretern schwierig sein.[70] Da die Regeln der §§ 59ff. VVG zur Umsetzung der Vermittlerrichtlinie dienen, sind auch für die Beantwortung der Ab- 692

67 BGHZ 162, 67 = VersR 2005, 406, auch zur Zulässigkeit abweichender Vereinbarungen (S. 407f.).

68 S. nur BGH NJW 2004, 2228; BGHZ 158, 110, 118ff. = NJW 2004, 1732.

69 Näher *Witte/Weber*, VersR 2011, 1103, 1104ff.

70 Instruktiv BGH VersR 1987, 663, 664f.; s. auch *Benkel/Reusch*, VersR 1992, 1302ff.

grenzungsfrage die Richtlinienvorgaben zu beachten. Entscheidend ist, ob eine **Vermittlungspflicht** gegenüber einem oder mehreren Versicherern besteht. Ist dies nicht der Fall, so handelt es sich bei dem Vermittler um einen Makler. Folglich ist ein Versicherungsvermittler, der aufgrund vertraglicher Abreden mit mehreren Versicherern unter entsprechenden Ausnahmen von Wettbewerbsverboten zur Vermittlung *verpflichtet* ist, als Mehrfachvertreter anzusehen.[71] Anders gewendet: Ist der Vermittler von einem **Versicherer** (oder einem Versicherungsvertreter) mit der Versicherungsvermittlung beauftragt worden, so ist er Versicherungsvertreter; hat ihn eine **andere Person** eingeschaltet, so ist er Makler.

693 Tritt ein Versicherungsvertreter gleichwohl nach außen als Makler auf, handelt es sich um einen sog. **Pseudomakler** (s. auch Rn. 703). Dieser gilt nach § 59 Abs. 3 S. 2 VVG als Versicherungsmakler; das Gesetz konkretisiert durch diese Regelung einen allgemeinen Grundsatz der Rechtsscheinshaftung.

2. Rechtsverhältnis zum Versicherungsnehmer

a) Pflichten des Maklers

694 Der Makler ist aufgrund des Maklervertrags verpflichtet, das **Risiko** des Versicherungsnehmers sorgfältig zu analysieren. Sodann hat er sich am Markt um angemessenen und kostengünstigen Versicherungsschutz zu bemühen. Dies setzt dann, wenn er den Versicherungsnehmer nicht vorab ausdrücklich auf eine eingeschränkte Versicherer- und Vertragsauswahl hinweist, eine gründliche und umfassende **Marktanalyse** voraus (§ 60 Abs. 1 VVG). Die Wendung in § 60 Abs. 1 S. 1 VVG, dass der Makler seiner Empfehlung „eine hinreichende Zahl von … Versicherern" zugrunde legen muss, entspricht weitgehend der Vorgabe in Art. 12 Abs. 2 Halbs. 2 der Vermittlerrichtlinie. In richtlinienkonformer Auslegung bedeutet dies, dass der Makler grundsätzlich **sämtliche** ernsthaft in Betracht kommenden Versicherungsprodukte **aller** Anbieter bei der von ihm anzustellenden Marktanalyse berücksichtigen muss.[72]

695 Freilich bestehen einige **Ausnahmen** vom Gebot einer umfassenden Marktanalyse. Maßstab für die Grenzziehung sind jeweils die **berechtigten Erwartungen** des Versicherungsnehmers. So müssen die Angebote von Direktversicherern auch dann nicht einbezogen werden, wenn der Makler keine entsprechende Einschränkung nach § 60 Abs. 1 S. 2 VVG erklärt, da der Kunde, der sich an einen Makler wendet, keine Nettopolicen (zu ihnen s. Rn. 689) erwarten darf. Zudem muss es bei Standardprodukten genügen, wenn die Analyse sich auf bedeutende Anbieter beschränkt; in solchen Fällen müssen auch ausländische Versicherer, die ohne eigene Niederlassung in Deutschland allein im Dienstleistungsverkehr tätig werden, nicht einbezogen werden.[73]

---

71 OLG München VersR 2011, 1254, 1255.

72 *Reiff*, in: MünchKomm-VVG, § 60 Rn. 17; s. auch dort Rn. 18ff. zu den Ausnahmen.

73 Offenbar strenger *Wandt*, Rn. 417.

Der Makler ist – vergleichbar einem Rechtsanwalt oder Steuerberater – **Sachwalter des Versicherungsnehmers.**[74] Damit unterscheidet er sich vom gesetzlichen Regeltypus des Handelsmaklers, der für beide Seiten gleichermaßen, also neutral handelt. Die Stellung als Sachwalter des Versicherungsnehmers hat zur Folge, dass letzterer sich gem. § 166 BGB das Wissen des vom Versicherungsnehmer eingeschalteten Maklers zurechnen lassen muss.[75] 696

Die wesentlichen Pflichten des Maklers sind Informations- und Beratungspflichten.[76] Die **Informationspflicht** bezieht sich zunächst darauf, auf welcher Grundlage der Makler seinen Rat erteilt: Sofern er lediglich eine eingeschränkte Versicherer- und Vertragsauswahl vornimmt, hat er den Versicherungsnehmer darauf hinzuweisen (§ 60 Abs. 1 S. 2 VVG). Dieser Hinweis muss nach Maßgabe von § 60 Abs. 2 VVG näher spezifiziert werden. Die Spezifikation hat zu erfolgen, bevor der Versicherungsnehmer seine Vertragserklärung abgibt (§ 62 Abs. 1 VVG). Entbehrlich ist sie nur, sofern der Versicherungsnehmer darauf unter Einhaltung des Formerfordernisses nach § 60 Abs. 3 VVG verzichtet. Die genannten Anforderungen bei einer eingeschränkten Auswahl bestehen deshalb, weil der Maklerkunde typischerweise davon ausgehen wird, dass der Makler seinem Rat ein breites Marktangebot zugrunde legt. 697

Die **Beratungspflicht** des Maklers ist in § 61 Abs. 1 VVG geregelt; es gelten insoweit im Grundsatz dieselben Regeln wie für Versicherungsvertreter (zu ihnen s. Rn. 657ff.). Dogmatisch folgt die Beratungspflicht des Maklers freilich aus dem Maklervertrag und – anders als diejenige des Vertreters – nicht aus Gesetz (zum Vertreter vgl. Rn. 654). Zudem trifft den Versicherer dann, wenn der Vertrag durch einen Makler vermittelt worden ist, nicht parallel eine eigene Beratungspflicht (§ 6 Abs. 6 VVG; s. Rn. 771), während dies beim Vertragsschluss über einen Vertreter der Fall ist. 698

Vor allem für die Versicherung gewerblicher und industrieller Risiken (zum Begriff s. Rn. 99) haben manche Makler mittlerweile hochprofessionelle Systeme zur **Risikoanalyse** entwickelt. Zum Leistungsspektrum von Industrieversicherungsmaklern gehören etwa die Bewertung von Anlagevermögen, Risk-Engineering, Brandschutzberatung, Qualitäts- und Haftungsmanagement, Ertragsausfallanalysen, Fuhrparkmanagement, Risikoprävention und Frühwarnsysteme, Revision der Elektrizitätsversorgung sowie die IT-Sicherheit. Dabei kommen auch Sachverständige der verschiedensten Branchen zum Einsatz. So gibt es Makler, die Spezialprogramme für das Risikomanagement in bestimmten Industriebranchen wie etwa Präzisionstechnik, Maschinenbau, Kunststoffverarbeitung oder Oberflächentechnik entwickelt haben. Der Makler wird so für seine Kunden zum umfassenden **Risikomanager**. 699

74 BGHZ 94, 356ff. = VersR 1985, 930ff. (sog. Sachwalterurteil).

75 Vgl. zum alten Recht für den Fall der Bevollmächtigung OLG Frankfurt VersR 1995, 946ff.

76 Näher *Benkel/Reusch*, VersR 1992, 1302, 1306ff.

b) Haftung

700 Aus der Vielzahl der den Makler treffenden Pflichten ergibt sich eine entsprechend **weit reichende gesetzliche Haftung**. Sie ist, soweit es um eine schuldhafte Verletzung der Beratungs- und Dokumentationspflicht geht, in § 63 VVG geregelt. Diese Norm ist strukturell der allgemeinen Haftungsregel des § 280 Abs. 1 BGB nachgebildet. Jene Vorschrift greift bei sonstigen, nicht durch § 63 VVG erfassten Pflichtverletzungen ein.

701 **Beispiel:** Makler M leitet einen Versicherungsantrag des A versehentlich zu spät an den Versicherer weiter. Zwischenzeitlich tritt bei A ein Schadensereignis ein, für das dieser Versicherungsschutz beantragt hatte. M hat hier den A gem. §§ 280 Abs. 1, 249ff. BGB so zu stellen, wie A stünde, wenn M den Antrag pflichtgemäß weitergeleitet hätte.

702 Der **Versicherer** haftet für Pflichtverletzungen des Maklers grundsätzlich nicht; insbesondere ist der Makler grundsätzlich nicht sein **Erfüllungsgehilfe** (vgl. auch § 6 Abs. 6 Fall 2 VVG). Gleichwohl kann der Makler in engen Ausnahmefällen auch als Erfüllungsgehilfe des Versicherers anzusehen sein.[77] Voraussetzung ist, dass der Makler mit Wissen und Wollen des Versicherers Aufgaben wahrnimmt, die typischerweise diesem obliegen.[78] Davon kann auszugehen sein, wenn der Versicherer es ausschließlich Maklern überlässt, für ihn Kunden zu werben, und wenn er dabei auch die Erfüllung sämtlicher Aufklärungspflichten dem Makler anvertraut.[79] Die **Beweislast** für eine objektive Pflichtverletzung trägt nach den allgemeinen Regeln der Versicherungsnehmer. Hingegen obliegt es nach der Formulierung in § 63 S. 2 VVG dem Makler zu beweisen, dass er den Verstoß nicht zu vertreten hat (zu dem für diese Beweislastverteilung maßgeblichen Grund s. Rn. 813). Hat der Makler objektiv eine Aufklärungs- oder Beratungspflicht verletzt, so greift hinsichtlich der Kausalität für den Schaden zugunsten des Versicherungsnehmers die Vermutung aufklärungsgemäßen Verhaltens ein. Die Haftung des Maklers nach § 63 VVG tritt neben diejenige, die ihn gem. § 280 Abs. 1 BGB aus dem Maklervertrag trifft.

703 Der **Pseudomakler** (s. Rn. 693) ist für von ihm verursachte Schäden gleichfalls nach den Grundsätzen der Maklerhaftung verantwortlich.[80] Zudem muss sich hier der Versicherer das Verhalten des Pseudomaklers als seines Erfüllungsgehilfen nach § 278 BGB zurechnen lassen.

---

77 BGH VersR 1997, 877, 878.

78 OLG Dresden VersR 2011, 910, 912 (Revision zum BGH unter Az. IV ZR 269/10 wurde zurückgenommen).

79 OLG Dresden VersR 2011, 910, 912.

80 *Reiff*, ZVersWiss 2002, 103, 113f.; *ders.* VersR 2004, 142, 148; *Schimikowski*, Rn. 145.

3. Rechtsverhältnis zum Versicherer

a) Gesetzliches Schuldverhältnis

Zu dem rechtsgeschäftlichen Schuldverhältnis, das der Maklervertrag zwischen Makler und Versicherungsnehmer begründet, tritt ein **gesetzliches Schuldverhältnis** des Maklers zum Versicherer hinzu. Der Makler befindet sich mithin in einem sog. **Doppelrechtsverhältnis**. Das gesetzliche Schuldverhältnis mit dem Versicherer ist nicht ausdrücklich im VVG normiert; es wird aber zutreffend auch vom BGH anerkannt.[81] Bedeutsam ist jenes Schuldverhältnis im Hinblick auf die sich daraus ergebenden Pflichten gem. § 241 Abs. 2 BGB. Freilich werden regelmäßig zumindest konkludent zwischen Makler und Versicherer Abreden getroffen, die den Inhalt der Rechtsbeziehungen konkretisieren. Derartige Vereinbarungen können sehr weit reichen (s. sogleich Rn. 705ff.). 704

b) Übernahme von Aufgaben für den Versicherer

Der Makler kann sich vertraglich durch eine sog. **Maklerklausel** gegenüber dem Versicherer verpflichten, für letzteren bestimmte Aufgaben im Zusammenhang mit der Anbahnung und Abwicklung des Vertrags zu erledigen. 705

Beispiele: Die Erfüllung der gesetzlichen Beratungs- und Informationspflichten,[82] die Ausfertigung und Übermittlung des Versicherungsscheins, die Vereinbarung vorläufiger Deckung (zu ihr s. Rn. 947ff.), die Prämienverwaltung, die Entgegennahme und Abgabe von Erklärungen und Anzeigen oder die Schadensregulierung. 706

Der Makler hat in solchen Fällen eine **Doppelfunktion**: Er ist und bleibt Sachwalter des Versicherungsnehmers. Zugleich tritt er jedoch auch diesem gegenüber für den Versicherer auf. Sofern die Interessen von Versicherer und Versicherungsnehmer in concreto kollidieren, hat der Makler aufgrund seiner Sachwalterstellung ungeachtet des zugleich zum Versicherer bestehenden Rechtsverhältnisses vorrangig die Interessen des Versicherungsnehmers zu wahren.[83] Freilich ist er auch insoweit an das Gebot von **Treu und Glauben** (§ 242 BGB) gebunden. So darf er etwa den Versicherungsnehmer nicht zu unzutreffenden Angaben im Antragsformular oder bei einer Schadensanzeige ermuntern. Erkennt er derartige Unkorrektheiten, so hat er auf wahrheitsgemäße Angaben hinzuwirken. Hierzu kann er im Übrigen dann, wenn der Versicherungsnehmer anderenfalls seinen Versicherungsschutz gefährden würde (vgl. nur §§ 19ff. VVG sowie § 31 VVG i.V. mit den AVB), zugleich auch ihm als seinem Kunden gegenüber aus dem Maklervertrag verpflichtet sein. 707

Praktisch bedeutsam ist der Fall, dass der Makler **eigene Antragsfragen** entwirft **und selbst erstellte Bedingungswerke (AVB, sog. Maklerbedingungen)** in die mit den Maklerkunden abgeschlossenen Verträge einbezieht. Hier stellt 708

---

81 BGH VersR 1995, 92, 93.

82 Zur Beratungspflicht s. OLG Karlsruhe VersR 2012, 1017, 1019.

83 *Wandt*, Rn. 516.

sich die Frage, ob es sich um vom Versicherer i.S. von § 19 VVG gestellte Fragen und um von ihm verwendete AVB handelt.

709 **Beispiel:**[84] Industrieversicherer V verweigert gegenüber dem Armaturenhersteller A die Regulierung eines Großschadens, da er bei Vertragsabschluss falsch informiert worden sei. Daher übe er sein Rücktrittsrecht nach § 19 Abs. 2 VVG aus. In dem Fragebogen des Maklers M, der den Vertrag für A vermittelte, waren die Frage nach Risiken, die von benachbarten Industriebetrieben oder Lagern ausgehen könnte, sowie diejenige nach brennbaren Dämmstoffen in den eigenen Gebäuden des A mit einem „Nein" beantwortet worden. In Wahrheit befand sich in der Nachbarschaft ein Chemiewerk, und in vielen Gebäuden des A ist Styropor als Dämmstoff verwendet worden.

710 Das OLG Hamm meint, zwar sei es bei der Großrisikoversicherung nicht ausgeschlossen, dass die Anzeigepflicht eines Versicherungsnehmers sich auf Fragen bezieht, die nicht der Versicherer, sondern ein **Dritter** ausgearbeitet hat. Handele es sich bei dem Dritten jedoch wie hier um den Makler und rechtsgeschäftlichen Vertreter des Versicherungsnehmers, so könne man dessen Fragen nicht ohne Weiteres den Fragen des Versicherers gleichstellen. Eine solche Gleichstellung bedeute nämlich letztlich die Wiedereinführung der spontanen Anzeigepflicht des Versicherungsnehmers, die nach der Neufassung des VVG keine Bedeutung mehr haben solle (s. dazu Rn. 797f.). Da V sich die Fragen des M **nicht ausdrücklich zu eigen gemacht** hat, kann er sich demnach nicht auf eine unzutreffende Beantwortung berufen.

IV. Angestellte und nicht gewerbsmäßig tätige Vermittler

711 Wie aufgezeigt, sind **Angestellte des Versicherers** (Außendienstmitarbeiter) keine Versicherungsvertreter i.S. des § 59 Abs. 1 VVG (s. Rn. 648). Das Gesetz erstreckt freilich die Regeln zur Vertretungsmacht (§§ 69–72 VVG) auch auf diese Personen. Hingegen gelten die sonstigen Vorschriften für Vermittler für sie nicht. Dies ist insbesondere für die Regelungen zur Beratungsgrundlage und zur Beratungspflicht gem. §§ 60–63 VVG praktisch bedeutsam.

712 Im selben beschränkten Umfang wie auf Außendienstmitarbeiter sind die Vermittlerregeln anwendbar auf solche Vermittler, die zwar selbstständig, d.h. unternehmensunabhängig, Versicherungsverträge vermitteln, dieses Geschäft jedoch **nicht gewerbsmäßig** betreiben (sog. **Gelegenheitsvermittler**). Dabei geht es namentlich um eine nur gelegentliche und nicht der Finanzierung der eigenen Lebensgrundlage dienende Tätigkeit. Für diesen Personenkreis gilt, sofern er Maklerleistungen erbringt, das Maklerrecht der §§ 652–654 BGB (sog. **Zivilmakler**, im Unterschied zum Handelsmakler); anderenfalls ist der Vermittler sog. **Zivilagent**.

---

84 Nach OLG Hamm VersR 2011, 470 – *Dornbracht*; eingehend dazu *Schaloske*, Folgerungen aus der Dornbracht-Entscheidung für die Praxis der offenen Mitversicherung, 2013.

V. Versicherungsberater

Beim Versicherungsberater handelt es sich nach der Legaldefinition in § 59 Abs. 4 VVG um eine Person, die gewerbsmäßig **unabhängige Beratungsleistungen** bei der Vereinbarung, Änderung oder Prüfung von Versicherungsverträgen oder bei der Anspruchswahrnehmung nach Eintritt des Versicherungsfalls erbringt. Der Versicherungsberater ist damit typologisch in der Nähe eines Maklers anzusiedeln.[85] Freilich gehört es zu seinem Berufsbild, dass er unabhängig von Versicherern handelt und insbesondere von ihnen keine Provisionen erhält; letzteres ist hingegen beim Makler rechtlich zulässig und – wie in Rn. 687 aufgezeigt – in der Praxis die Regel. Bei der Tätigkeit des Versicherungsberaters handelt sich um eine Form der sog. **Honorarberatung** (s. Rn. 689). Die Vermittlerrichtlinie (s. Rn. 636) bezieht Versicherungsberater in den Anwendungsbereich der Regeln über die Dokumentationspflichten ein. Diese Richtlinienvorgabe ist durch § 68 VVG ins deutsche Recht umgesetzt worden (s. Rn. 716). 713

Die Anzahl der in Deutschland tätigen Versicherungsberater ist wesentlich geringer als diejenige der Makler; sie bewegt sich im niedrigen dreistelligen Bereich. Der Berufsstand ist rechtspolitisch immer wieder von der Abschaffung bedroht gewesen.[86] Insbesondere ist die Frage aufgeworfen worden, inwiefern für diesen Beruf neben dem Maklerberuf ein praktischer **Bedarf** besteht. Bislang hat sich an der Fortexistenz des Berufsbildes eines Versicherungsberaters jedoch nichts geändert. Dies ist im Wesentlichen auf die historische Entwicklung zurückzuführen, aus der sich eine Art Bestandsgarantie herleiten lässt.[87] So hat das BVerfG im Jahr 1987 im Kontext einer Novelle des damaligen RBerG (Vorläufer des heutigen RDG) festgestellt, dass das Berufsbild des Versicherungsberaters auch für die Zukunft erhalten werden muss und vom Gesetzgeber nicht abgeschafft werden darf.[88] 714

Der Versicherungsberater ist dem Versicherungsnehmer durch einen **entgeltlichen Geschäftsbesorgungsvertrag** (§ 675 BGB) verbunden. Es ist mithin ungenau, wenn der Gesetzgeber in § 68 S. 2 VVG von einem „Auftragsverhältnis" spricht; gem. § 662 BGB ist der Auftrag gerade als unentgeltliche Geschäftsbesorgung definiert. 715

Der Gesetzgeber erstreckt in § 68 S. 1 VVG entsprechend der Richtlinienvorgaben wesentliche **Beratungs- und Dokumentationspflichten** der Versicherungsmakler auf den Versicherungsberater. Freilich wird der Anlass für die nach § 61 Abs. 1 VVG geschuldete Beratung regelmäßig bereits im Abschluss des darauf gerichteten Beratungsvertrags liegen. Zudem kann bei einem eigenständigen Beratungsvertrag die Prämienhöhe kaum den Umfang der Beratungsleistung beschränken.[89] Vielmehr kommt insoweit allenfalls die Höhe des Beratungsentgelts als Kriterium in Betracht. 716

85 S. dazu BVerfGE 75, 284 = VersR 1988, 145; *Reiff*, in: FS Birk, 2008, S. 703ff.
86 Instruktiv *Durstin/Peters* VersR 2007, 1456, 1457ff.
87 *Durstin/Peters* VersR 2007, 1456, 1460.
88 BVerfGE 75, 284, 295ff. = VersR 1988, 145, 147f.
89 *Wandt*, Rn. 420.

§ 17 Beratungs- und Informationspflichten des Versicherers

Literatur

Armbrüster, Aktuelle Rechtsfragen der Beratungspflichten von Versicherern und Vermittlern (§§ 6, 61 VVG), 2009; *ders.*, Beratungspflichten des Versicherers nach § 6 VVG n.F.: Grundlagen, Reichweite, Rechtsfolgen, ZVersWiss 2008, 425; *ders.*, Informations- und Beratungspflichten des Versicherers bei bestehendem Versicherungsverhältnis, FS Schirmer, 2005, S. 1; *ders.*, Zur Verantwortung für die Festlegung des bedarfsgerechten Versicherungswertes in der Gebäudeversicherung, VersR 1997, 931; *Blankenburg,* Verzicht auf Beratung und Informationsrecht nach dem neuen VVG, VersR 2008, 1446; *Böckmann/Ostendorf,* Probleme für Versicherungsvermittler bei ihrer Statusbestimmung als Vertreter oder Makler und den daraus resultierenden Informationspflichten nach dem neuen Recht, VersR 2009, 154; *Brömmelmeyer,* Vorvertragliche Informationspflichten des Versicherers – insbesondere in der Lebensversicherung, VersR 2009, 584; *Küster,* Die vorvertragliche Beratungspflicht des Versicherers nach § 6 Abs. 1 und 2 VVG, VersR 2010, 730; *Küster,* Die vorvertragliche Beratungspflicht des Versicherers nach § 6 Abs. 1 und 2 VVG, VersR 2010, 730; *E. Lorenz*, Die „gewohnheitsrechtliche Erfüllungshaftung" des Versicherers im bisherigen und im zukünftigen Versicherungsvertragsrecht, FS Canaris, 2007, S. 757; *Mattern,* Das Informationsmodell im VVG unter Berücksichtigung der Auswirkungen auf die AGB-Kontrolle, 2011; *Miettinen*, Information und Beratung – oder doch lieber Aufklärung, VersR 2005, 1629; *Pilz,* Die gewohnheitsrechtliche Erfüllungshaftung nach der VVG-Reform, VuR 2010, 167; *Präve,* Die VVG-Informationspflichtenverordnung, VersR 2008, 151; *Röhrich,* Die Dokumentation der Beratung nach dem VVG 2008, 2012; *Römer,* Zu den Informationspflichten nach dem neuen VVG, VersR 2007, 618; *Schimikowski,* VVG-Reform – Die vorvertraglichen Informationspflichten des Versicherers und das Rechtzeitigkeitserfordernis, r+s 2007, 133; *Stöbener,* Informations- und Beratungspflichten des Versicherers nach der VVG-Reform, ZVersWiss 2007, 465; *Werber,* Information und Beratung des Versicherungsnehmers vor und nach Abschluss des Versicherungsvertrags, VersR 2007, 1153; *ders.*, § 6 VVG 2008 und die Haftung des Versicherers für Fehlberatung durch Vermittler, VersR 2008, 285; *ders.*, Beratungspflichten und Haftungsbeschränkung, VersR 2010, 553.

A. Überblick

717 **Gesetzliche** vorvertragliche Aufklärungs- und Informationspflichten des Versicherers enthielt das VVG lange Zeit nicht. Erst im Jahr 2005 wurde in § 48b VVG a.F. i.V. mit den Anlagen zu dieser Norm eine vorvertragliche Informationspflicht des Versicherers für Fernabsatzverträge eingeführt. Der Gesetzgeber hat damit noch vor der VVG-Reform einem Umsetzungsgebot der Fernabsatzrichtlinie entsprochen. Seit der VVG-Reform sind im Gesetz **umfassende Beratungs-, Informations- und Dokumentationspflichten** des Versicherers geregelt; sie finden sich in § 6 VVG. Insbesondere muss der Versicherer den Versicherungsnehmer nach seinen Wünschen und Bedürfnissen befragen und ihm einen Rat erteilen. Allerdings hat der Versicherungsnehmer nach § 6 Abs. 3 VVG die Möglichkeit, auf die Beratung und Dokumentation zu verzichten (näher zur Beratungspflicht Rn. 718ff., zum Verzicht Rn. 766). Die nach § 6 VVG bestehenden Pflichten werden zudem durch die nach § 7 VVG dem Versiche-

rungsnehmer zu erteilenden **Informationen** flankiert. Auch hier kann der Versicherungsnehmer auf die nach § 7 VVG zu erteilenden Informationen verzichten (§ 7 Abs. 1 S. 3 Halbs. 2 VVG). Die Informationspflicht ist durch die **VVG-Informationspflichtenverordnung** (VVG-InfoV) konkretisiert worden (näher zur Informationspflicht Rn. 783ff.).

B. Beratungspflicht (§ 6 VVG)

I. Zweck der Beratungspflicht

Der Reformgesetzgeber hat die Kodifizierung der Beratungspflicht damit begründet, ein funktionsfähiger Wettbewerb zwischen Versicherern setze voraus, „dass die Versicherungsnehmer ihre Entscheidung auf der Grundlage einer rationalen Auswahl aus den unterschiedlichen Versicherungsangeboten treffen können.“[90] Diese **rationale Entscheidungsgrundlage** soll durch zweierlei vom Versicherer zu erbringende Leistungen geschaffen werden, nämlich durch die Verschaffung von Informationen über das jeweils angebotene Versicherungsprodukt und durch eine angemessene Beratung. Der Versicherungsnehmer soll auf diese Weise in die Lage versetzt werden, seinen Versicherungsbedarf selbst zu beurteilen und unter den verschiedenen Angeboten die seinen Bedürfnissen entsprechende Versicherung auszuwählen. Jene Zielsetzung entspricht dem modernen Leitbild, das auch der jüngeren europäischen Rechtsetzung zum Verbraucherschutz zugrunde liegt: Maßstab ist nicht der unmündige, sondern der wohlinformierte, **eigenverantwortlich handelnde Marktteilnehmer**. 718

Die Beratungspflicht gem. § 6 VVG soll dem **individuellen Beratungsbedarf** des Vertragsinteressenten im Einzelfall Rechnung tragen. Die Norm spricht vom „Versicherungsnehmer“, was insofern ungenau erscheint, als außer im Fall von § 6 Abs. 4 VVG ein Vertrag noch nicht zustande gekommen ist. Die folgenden Ausführungen orientieren sich freilich an der Diktion des Gesetzes. Bei dem von § 6 VVG erfassten individuellen Beratungsbedarf geht es um einen Bedarf, der von den generellen Mindestinformationen des § 7 VVG i.V. mit der VVG-InfoV (s. dazu Rn. 786ff.) nicht hinreichend gedeckt wird. Eine schlichte Überlassung der AVB und der sonstigen Vertragsinformationen kann nämlich dazu führen, dass der Versicherungsnehmer sie in ihrer Tragweite nicht versteht oder – was in der Praxis häufig vorkommt – sie gar nicht zur Kenntnis nimmt. Zudem sind diese Informationen regelmäßig standardisiert und somit nicht speziell auf seinen individuellen Versicherungsbedarf zugeschnitten. Zur Verschaffung einer angemessenen Entscheidungsgrundlage genügen diese Informationspflichten mithin nicht.[91] Eine am **persönlichen Deckungsbedarf** orientierte individuelle Beratung wird für den Versicherungsnehmer daher oft bedeutsamer sein als die Überlassung der Standardinformationen. Die Pflichten aus § 6 719

90 Regierungsbegr., BT-Dr. 16/3945, S. 47. Ähnlich 23. Erwägungsgrund der Richtlinie 92/96 (Dritte Richtlinie Lebensversicherung).

91 So bereits *Hoffmann,* Verbraucherschutz im deutschen Privatversicherungsrecht nach dem Wegfall der Vorabkontrolle Allgemeiner Versicherungsbedingungen 1998, S. 224f.

Abs. 1 VVG sind nach dem Gesetzeszweck bereits zu erfüllen, bevor der Versicherungsnehmer seine Vertragserklärung abgibt. Bei der dort geregelten Beratungspflicht vor Vertragsschluss handelt es sich um ein besonderes **vorvertragliches Schuldverhältnis** (vgl. allgemein § 311 Abs. 2 Nr. 1 BGB).[92]

720 Die Kodifizierung in § 6 VVG ist im Zusammenhang mit der kurz vor der VVG-Reform erfolgten Umsetzung der europäischen **Vermittlerrichtlinie** zu sehen.[93] Die zunächst in § 42c VVG a.F. und nunmehr in § 61 VVG enthaltene Beratungspflicht des Versicherungsvermittlers (s. dazu Rn. 657ff.) wird durch § 6 VVG weitgehend wortgleich, jedoch auch mit wichtigen Unterschieden, auf den Versicherer erstreckt. Die Erstreckung der Pflichten des Vermittlers über die Vermittlerrichtlinie hinaus auf eine Beratung des Versicherungsnehmers (s. Rn. 638) hatte zur Folge, dass im Zuge der Reform auch der Versicherer einer Beratungspflicht unterworfen wurde, um eine **konsistente Gesamtregelung** zu erreichen und sachlich nicht begründbare Unterschiede zu vermeiden.[94] Damit wird der Schutz konsequent komplettiert und zugleich verhindert, dass der Versicherungsnehmer, der an einen ohne Vermittler tätigen Versicherer gerät, keine Beratung beanspruchen kann.[95] Für die Rechtsanwendung bedeutet dies, dass die Regeln zur Beratungspflicht von Versicherer und Vermittler, soweit sie übereinstimmen, auch nach **denselben Maßstäben** auszulegen sind, sofern sich nicht aus dem Umstand, dass es im einen Fall um Versicherer, im anderen um Vermittler geht, Anlass für eine Differenzierung ergibt.

721 Bereits vor der VVG-Reform anerkannte die Rechtsprechung vorvertragliche Informations- und Aufklärungspflichten des Versicherers. Sie werden seinerzeit aus dem das Versicherungsvertragsrecht in besonderem Maß prägenden **Grundsatz von Treu und Glauben** (§ 242 BGB; s. im Kontext des Kooperationsgebots Rn. 245) hergeleitet. Die hierzu von der Rechtsprechung vor Inkrafttreten des heutigen § 6 VVG entwickelten Regeln[96] behalten weiterhin ihre Gültigkeit. Freilich hat sich ihr Anwendungsbereich reduziert, da viele Sachverhalte nunmehr unter die gesetzliche Beratungspflicht fallen. Dies gilt etwa für die Pflicht des Versicherers, die Frage des Versicherungsnehmers zutreffend zu beantworten, welche Schritte er unternehmen muss, um rechtzeitigen Versicherungsschutz zu erhalten.[97]

722 Der Gesetzgeber hat in § 6 VVG auf die Schaffung einer sog. spontanen Aufklärungs- oder Beratungspflicht verzichtet.[98] Vielmehr stellt § 6 Abs. 1 VVG

---

92 *Wandt*, Rn. 276.

93 Vgl. Regierungsbegr., BT-Dr. 16/3945, S. 48.

94 Regierungsbegr., BT-Dr. 16/3945, S. 48; Abschlussbericht S. 14; *Römer*, VersR 2006, 740, 742; *Schwintowski*, ZRP 2006, 139, 141; *Werber*, VersR 2008, 285. Dies ergab sich im RefE aus der Vorbem. zur § 6, wonach dessen Wortlaut an jenen der Vermittlerpflichten anzupassen war. Vgl. auch schon *Matusche-Beckmann*, NVersZ 2002, 385, 388.

95 Vgl. *Niederleithinger*, VersR 2006, 437 (keine Besserstellung des Versicherers).

96 S. etwa BGH VersR 1981, 621. Überblick bei *Prölss*, in: Prölss/Martin, 27. Aufl. 2004, Vorbem. II Rn. 9, 11b, 13.

97 S. dazu für das alte Recht OLG Hamm NJW-RR 1988, 285, 286.

98 Abschlussbericht, S. 12; *Langheid*, NJW 2006, 3317, 3318.

wie bereits zuvor die Judikatur auf einen die Beratungspflicht auslösenden Anlass ab (**anlassbezogene Beratungspflicht**; näher Rn. 725ff.). Der Gesetzgeber hat sich damit gegen den Vorschlag[99] entschieden, eine umfassende Beratungspflicht zu statuieren. In der Tat würde eine anlassunabhängige Beratungspflicht über das Ziel, dem Versicherungsnehmer eine eigenverantwortliche Entscheidung zu ermöglichen (s. Rn. 718), weit hinausschießen.[100]

Zu beraten ist der Versicherungsnehmer. Ein **Versicherter** muss hingegen grundsätzlich nicht beraten werden. Dies folgt zwar keineswegs schon zwangsläufig aus dem Wortlaut von § 6 VVG, da der Gesetzgeber des VVG bisweilen vom Versicherungsnehmer spricht und damit den Versicherten meint (z.B. bei § 86 Abs. 1 VVG; s. dazu Rn. 71f.). Es entspricht jedoch nicht dem aufgezeigten Sinn und Zweck der Beratungspflicht, die Grundlage für eine eigenverantwortliche bedarfsgerechte **Entscheidung** über den Abschluss (§ 6 Abs. 1 VVG) oder eine Änderung (Abs. 4) des Versicherungsvertrags zu schaffen (s. Rn. 718), wenn der Adressat gar nicht Vertragspartner des Versicherers werden soll oder ist. Demgegenüber wird teils eine Ausnahme für den Fall vorgeschlagen, dass die versicherte Person als der „eigentliche Vertragspartner" des Versicherers anzusehen und dies dem Versicherer erkennbar ist.[101] Indessen ist ein Bedürfnis für eine solche Ausnahme nicht ersichtlich. Dies gilt auch hinsichtlich der Beratung nach Vertragsschluss (s. Rn. 755ff.), da diese stets jedenfalls dem Versicherungsnehmer geschuldet ist. 723

Verletzt der Versicherer seine Verpflichtungen nach § 6 Abs. 1, 2, 4 VVG, so macht er sich dadurch, sofern er die Verschuldensvermutung nicht widerlegen kann, gem. Abs. 5 **schadensersatzpflichtig** (näher Rn. 770ff.). 724

II. Umfang der geschuldeten Beratung (§ 6 Abs. 1 VVG)

1. Beratungsanlass

§ 6 Abs. 1 S. 1 VVG enthält eine **Pflichtentrias** aus Fragepflicht, Beratungspflicht und Begründungspflicht. Dabei haben Frage- und Begründungspflicht lediglich flankierende Funktion zu der im Mittelpunkt stehenden Beratungspflicht. Die Pflichtentrias besteht freilich nur insofern, als „aufgrund der Schwierigkeit, die angebotene Versicherung zu beurteilen, oder der Person des Versicherungsnehmers und dessen Situation hierfür Anlass besteht". Mit dem Begriff „**Anlass**" hat der Gesetzgeber die frühere sog. Anlassrechtsprechung des BGH[102] aufgegriffen. Vor der Einführung von Beratungspflichten ins VVG leitete der BGH Aufklärungspflichten des Versicherers im Einzelfall aus dem 725

---

99 S. etwa *Adams,* NVersZ 2000, 49, 61; *Heiss,* ZVersWiss 2003, 339ff.; *Kieninger,* AcP 199 (1999), 190ff.; differenzierend *Miettinen,* Pflichten, S. 258ff.

100 *Armbrüster,* ZVersWiss 2008, 427; *Langheid,* NJW 2006, 3317, 3318; *Reiff,* Versicherungsvermittlerrecht, S. 79; *ders.* VersR 2007, 717, 725, *Wandt,* in Hdb. Fachanwalt VersR, 4, Aufl. 2011, 1.Kap. Rn. 272.

101 *Spuhl,* in: Marlow/Spuhl, Rn. 80.

102 S. etwa BGH VersR 1979, 709, 710f.; VersR 1981, 621, 623; VersR 1989, 472, 473.

Grundsatz von Treu und Glauben gem. § 242 BGB her. Auf diese Rechtsprechung kann in gewissem Umfang auch für die Auslegung von § 6 Abs. 1 VVG zurückgegriffen werden, da der Gesetzgeber mit jener Norm die Anlassrechtsprechung kodifizieren wollte (zu dem verbleibenden Anwendungsbereich des § 242 BGB s. etwa Rn. 765).[103] Freilich hat die Beratungspflicht durch ihre Kodifikation und durch die Einführung einer Fragepflicht an praktischer Bedeutung gewonnen.[104]

726 Der Aufzählung in § 6 Abs. 1 S. 1 VVG lässt sich eine Unterscheidung zwischen **produkt- und personenbezogenem Beratungsanlass** entnehmen: Hinsichtlich des produktbezogenen Beratungsbedarfs ist grundsätzlich auf den durchschnittlichen Versicherungsnehmer abzustellen. Daneben kann sich zusätzlicher personen- oder situationsbedingter Beratungsbedarf aus den individuell-konkreten Gesichtspunkten des Einzelfalls ergeben. Die gesetzliche Aufzählung der Anlässe ist **nicht abschließend**; vielmehr können auch andere Fälle darunter fallen, in denen ein Beratungsbedarf des Versicherungsnehmers besteht.[105]

727 Bedarf der Versicherungsnehmer aufgrund überdurchschnittlicher **eigener Sachkunde** keiner Beratung, so bleibt ihm die Verzichtsmöglichkeit nach § 6 Abs. 3 VVG (s. Rn. 766). An einem Anlass für eine Beratung kann es hingegen dann fehlen, wenn der Versicherungsnehmer bereits mit einem **klar definierten Wunsch** an den Versicherer herantritt.[106] Hier hat der Versicherer sich freilich zunächst zu vergewissern, dass der Versicherungsnehmer umfassend und zutreffend über die seinem Bedarf entsprechenden Versicherungsmöglichkeiten informiert ist.

a) Produktbezogener Anlass

728 Ein **produktbezogener Beratungsanlass** kann sich aus der Komplexität der Versicherung als Ganzes oder auch einzelner Abreden ergeben. So besteht etwa bei der **Kapitallebensversicherung** oder bei speziellen Altersvorsorgeprodukten aufgrund der besonderen wirtschaftlichen Bedeutung (insbesondere: Prämienhöhe, langfristige Bindung, Absicherungszweck) und angesichts der komplexen Vertragsgestaltung höherer Beratungsbedarf dahingehend, welche wesentliche Bedeutung bestimmten vertraglichen Regelungen zukommt.[107]

729 Zudem kann eine **komplexe Tarifgestaltung** einen Beratungsanlass bieten.[108] Hier ist erforderlich, dass der Versicherer beim Versicherungsnehmer die ver-

103 Vgl. Begründung zu § 42c a.F., BT-Drs. 16/1935, S. 24; vgl. auch *Dörner/Staudinger,* WM 2006, 1710, 1711; *Reiff,* Versicherungsvermittlerrecht, S. 79f.

104 *Ebers,* in: Schwintowski/Brömmelmeyer, § 6 Rn. 4; VersRHdb./*Rixecker,* § 18a Rn. 2; *Römer,* VersR 2006, 740, 742.

105 Regierungsbegr. zu § 42 c VVG, BT-Drs. 16/1935, S. 24.

106 OLG Hamm VersR 2010, 1215, 1216; *Prölss,* in: Prölss/Martin, § 6 Rn. 4.

107 LG Stuttgart VersR 2002, 835f.; *Miettinen,* Pflichten, S. 94; *Prölss,* in: Prölss/Martin, § 6 Rn. 7; *Stöbener,* ZVersWiss 2007, 465, 470.

108 *Dörner,* in: Karlsruher Forum 2000, S. 39, 53; *Römer,* VersR 1998, 1313, 1319.

schiedenen Kriterien, die er seiner Tarifgestaltung zugrunde legt (etwa in der Kfz-Versicherung: Modell, Alter, Garage etc.), genau erfragt, um ihm sodann die grundsätzlich in Betracht kommenden Tarife mit ihren jeweiligen Vor- und Nachteilen vorzustellen.[109]

Eine weitere Fallgruppe eines produktbezogenen Beratungsanlasses betrifft 730
die Ermittlung des **Versicherungswerts.** Je nach Komplexität kann hier Anlass bestehen, den Versicherungsnehmer über Bedeutung und Unterschiede der verschiedenen Definitionen des Versicherungswerts aufzuklären, damit dieser auf der Grundlage jener Informationen den Versicherungswert bestimmen und korrekt angeben kann.[110] In der Gebäudeversicherung sind dies etwa der gleitende Neuwert, der Neuwert, der Zeitwert sowie der gemeine Wert (s. Rn. 1859ff.; zum Versicherungswert 1914 s. sogleich Rn. 731). Soweit hier die Heranziehung von **Expertenwissen** erforderlich ist, begründet dies gleichfalls einen Anlass zur Beratung.

Beispiel: In der Gebäudeversicherung (s. Rn. 1844) wird der Versicherungs- 731
wert in der sog. gleitenden Neuwertversicherung vielfach anhand einer Formel berechnet, die den **Versicherungswert 1914** mit einem Baupreisindex multipliziert. Jener Versicherungswert ist eine fiktive Größe, mit der sich der Wert von Gebäuden unabhängig von ihrem Baujahr in Orientierung an Gebäudetyp, Bauausführung, Fläche und Zahl der Garagen auf eine einheitliche Ausgangsbasis zurückführen lässt. Dafür wurde das Jahr 1914 gewählt, weil seinerzeit Geldwertstabilität herrschte und noch keine kriegsbedingten Verwerfungen entstanden waren. Der Baupreisindex wird regelmäßig vom Statistischen Bundesamt errechnet; er ermöglicht eine Hochrechnung auf den aktuellen Wiederaufbauwert. Diese Berechnung erfordert **Fachwissen,** über das regelmäßig der Gebäudeversicherer, nicht aber ein durchschnittlicher Versicherungsnehmer verfügt. Der Versicherer hat daher im Rahmen der ihn treffenden Beratungspflicht den Versicherungsnehmer sachkundig zu unterstützen.[111]

Eine komplexe oder für einen versicherungsrechtlichen Laien ungewöhnliche 732
gesetzliche Regelung löst hingegen grundsätzlich keinen Beratungsanlass aus. Insoweit bestehen vielmehr ggf. besondere Hinweispflichten (s. etwa § 37 Abs. 2 S. 2 VVG zum Zahlungsverzug hinsichtlich der Erstprämie).

b) Personenbezogener Anlass

Ein Anlass zur Beratung kann sich aus den individuellen persönlichen Umstän- 733
den des Versicherungsnehmers ergeben. Hierbei geht es um einzelfallbedingten Beratungsbedarf, der durch **persönliche Merkmale und Eigenschaften** ausgelöst wird, wie etwa das Lebensalter des Versicherungsnehmers oder sein Ge-

---

109 *Neuhaus,* r+s 2008, 449, 456; *Stöbener,* ZVersWiss 2007, 465, 470.

110 OLG Koblenz VersR 1997, 1226, 1227f.; *Dörner,* in: Karlsruher Forum 2000, S. 39, 53; *Schirmer,* r+s 1999, 133, 136.

111 Vgl. BGH VersR 1989, 472, 473; *Armbrüster,* VersR 1997, 931, 936ff.

sundheitszustand. Auch die **eigene Sachkunde** des Versicherungsnehmers ist für das Ausmaß der geschuldeten Beratung (nicht jedoch für die Existenz der Beratungspflicht; s. Rn. 727) bedeutsam. Dies gilt nicht allein für technisches, sondern auch für juristisches Wissen. Je umfassender sein **versicherungsbezogenes Fachwissen** ist, desto weniger ist daher von einem Beratungsanlass auszugehen.[112] Unzureichende Sprachkenntnisse können hingegen Anlass zu intensiverer Beratung geben.[113] Als weitere personenbezogene Anlässe kommen Verhaltensweisen und Angewohnheiten, wie etwa eine bestimmte gewerbliche Tätigkeit[114], risikoträchtige Sportarten oder Rauchen hinzu.[115]

734 Auch **erkennbare Fehlvorstellungen** des Versicherungsnehmers können Anlass für eine Beratung bieten.[116]

735 **Beispiel:**[117] Der Versicherungsnehmer gibt in einem Antrag auf Neuwertversicherung lediglich den Anschaffungspreis seiner Maschinen oder Gebäude an. Maßgeblich für die Festlegung des Versicherungswerts ist hingegen der Wiederbeschaffungswert (vgl. auch Rn. 1527 zu diesbezüglichen Falschangaben im Schadensanzeigeformular).

736 Ferner kann je nach Art der Versicherung auch die **Situation** des Versicherungsnehmers dem Versicherer einen Anlass zur Beratung geben. Gemeint sind damit die wirtschaftlichen, finanziellen, beruflichen und familiären Verhältnisse.

737 **Beispiel:** Bei Personenversicherungen wie Lebens-, Berufsunfähigkeits- und Krankenversicherungsverträgen sind regelmäßig Fragen zur Einkommens- und Versorgungssituation veranlasst.[118] Je nach den Antworten besteht dann für den Versicherer ein Anlass zur Beratung in einem bestimmten Sinne.

c) Weitere Anlässe

738 Auch über die – nicht abschließende (s. Rn. 726) – Aufzählung der Beratungsanlässe in § 6 Abs. 1 VVG hinaus kann es Anlässe zur Beratung geben. Hierzu

---

112 OLG Düsseldorf VersR 1998, 845, 846; *Römer*, VersR 1998, 1313, 1316.

113 OLG Karlsruhe VersR 1988, 486; *Schwintowski*, in: Bruck/Möller, § 6 Rn. 11; a. A. OLG Köln VersR 1990, 1381, 1382.

114 OLG Köln r+s 1986, 273 (betr. Rohrreinigungsdienst).

115 OLG Düsseldorf VersR 1998, 224, 225; *Armbrüster*, Rechtsfragen, S. 1, 7; *Schirmer*, r+s 1999, 133, 135.

116 *Franz*, DStR 2008, 303, 304. So bereits zum alten Recht BGHZ 40, 22 = NJW 1963, 1978, 1979; OLG Celle VersR 2008, 60, 62f.; *Dörner*, in: Karlsruher Forum 2000, S. 39, 50, 53.

117 Nach OLG Koblenz VersR 1997, 1226, 1227f.; s. dazu *Schirmer*, r+s 1999, 133, 135. Zur Maschinenversicherung mit Listenpreisklausel s. OLG Hamm ZfS 1995, 467; AG Kassel r+s 1997, 44.

118 *F. Baumann/Beenken*, Versicherungsvertragsrecht, S. 24; *Franz*, DStR 2008, 303, 304; *Prölss*, in: Prölss/Martin, § 6 Rn. 9 (diese Fragen jedoch nicht zu den in der Person des Versicherungsnehmers liegenden Anlässen zählend); *Reiff*, VersR 2007, 717, 725; vgl. schon *Römer*, NVersZ 2002, 532, 536. A. A. (alle zum alten Recht) OLG Köln VersR 2007, 1683, 1684; OLG Frankfurt NVersZ 2002, 400, 401; *Kollhosser*, in: Prölss/Martin, 27. Aufl. 2004,Vor § 159 Rn. 45f.; ähnlich LG Bochum r+s 2000, 85f.

zählt insbesondere der vom Versicherungsnehmer geäußerte **Wunsch nach umfassendem Versicherungsschutz**, der sich oft auf einen bestimmten Vertragsgegenstand (z.B. ein Grundstück) oder auf bestimmte Risiken (z.B. Haftpflicht) bezieht.[119] Dadurch ist eine vollständige Beratung hinsichtlich des betreffenden Bereichs veranlasst, jedoch nicht darüber hinausgehend.

Beispiele: Wünscht der Versicherungsnehmer eine umfassende Absicherung seiner **Krankheitsrisiken**, so ist der Hinweis auf eine mögliche Zusatzversicherung für Zahnersatz veranlasst. Begehrt er hingegen umfassenden Versicherungsschutz für sein **Hausgrundstück**, so begründet dies für den Versicherer keinen Anlass, ihm eine Risikolebens- oder Berufsunfähigkeitsversicherung anzuraten, weil er als Familienvater für diese Risiken Versicherungsschutz benötige.[120] 739

Auch ein **vorangegangenes gefahrbegründendes Verhalten des Versicherers** (Ingerenz) kann Anlass zur Beratung bieten. Dies gilt etwa dann, wenn der Versicherer beim Versicherungsnehmer zunächst eine Fehlvorstellung ausgelöst hat.[121] Hierher gehört auch der Fall, dass er den Versicherungsnehmer von einem anderen Versicherer abwirbt (sog. Umdeckung). Er hat dann Anlass, zeitliche und inhaltliche Deckungslücken zu vermeiden und dem Versicherungsnehmer entsprechende Hinweise zu geben.[122] 740

Streit besteht darüber, ob der pflichtenbegründende Anlass dem Versicherer **erkennbar** sein muss. Vergleicht man den Wortlaut von § 6 Abs. 1 S. 1 VVG mit demjenigen von Abs. 4 S. 1, so fällt auf, dass der Gesetzgeber die Erkennbarkeit des Anlasses nur bei den Beratungspflichten während der Vertragslaufzeit erwähnt. Im Schrifttum wird daraus teils darauf geschlossen, dass die vorvertragliche Beratungspflicht unabhängig von der Erkennbarkeit bestehe. Nach dieser Sichtweise handelt der Versicherer auch bei fehlender Erkennbarkeit objektiv pflichtwidrig, er hat diese Pflichtverletzung freilich nicht zu vertreten und kann sich daher nach § 6 Abs. 5 S. 2 VVG exculpieren.[123] Indessen widerspricht jene Sichtweise dem Grundsatz, dass es kein pflichtwidriges Verhalten ohne Erkennbarkeit des pflichtenbegründenden Anlasses geben kann. 741

Beispiel: Macht sich der Versicherungsnehmer irrige und zugleich ungewöhnliche Vorstellungen über die Reichweite des Versicherungsschutzes, so träfe 742

---

119 OLG Frankfurt NJW-RR 1986, 1410; OLG Hamm NVersZ 2001, 88, 89f.; LG Bochum r+s 2000, 85f.; *Dörner,* in: Karlsruher Forum 2000, S. 39, 52; *Prölss,* in: Prölss/Martin, § 6 Rn. 13; *Römer* VersR 1998, 1313, 1320; im Erg. auch BK/*Schwintowski*, § 5 a Rn 70; vgl. auch VersRHdb./*Rixecker,* § 18a Rn. 11.

120 VersRHdb./*Reiff,* § 5 Rn. 162.

121 ÖOGH VersR 1998, 482, 484; *Dörner,* in: Karlsruher Forum 2000, S. 39, 50. Vgl. auch BGH NJW 1964, 244, 245f.; OLG Oldenburg VersR 1998, 220, 220; *S. Lorenz*, Der Schutz vor dem unerwünschten Vertrag, S. 431ff.

122 BGH VersR 1979, 709, 710f.; *Römer,* VersR 1998, 1313, 1322.

123 *Reiff,* Versicherungsvermittlerrecht, S. 80; *ders.,* VersR 2007, 717, 725; *Stöbener,* ZVersWiss 2007, 465, 468f.; so offenbar auch HK-VVG/*Münkel,* § 6 Rn. 45.

nach der Gegenansicht den Versicherer selbst dann eine Beratungspflicht, wenn der Irrtum nach außen nicht erkennbar wird. Indessen fehlt es hier bereits an einem Beratungsanlass, so dass der Versicherer schon nicht objektiv pflichtwidrig handelt.[124] Der Hintergrund der von § 6 Abs. 1 abweichenden Formulierung in § 6 Abs. 4 S. 1 VVG ist ein anderer; demnach ist der Versicherer nach Vertragsschluss erst und nur dann zu einer Beratung verpflichtet, wenn ihm der Bedarf auch ohne dahingehende eigene Nachforschungen in Gestalt von Fragen erkennbar wird. Dies ändert nichts daran, dass die Erkennbarkeit des Beratungsanlasses auch bei vorvertraglichen Pflichten zum Tatbestand einer objektiven Pflichtverletzung zählt.[125]

2. Fragepflicht

743 § 6 Abs. 1 S. 1 VVG sieht zunächst eine **vorvertragliche Fragepflicht** hinsichtlich der Wünsche und Bedürfnisse des Versicherungsnehmers vor. Dadurch wird der Versicherer angehalten, zunächst den Beratungsbedarf und letztlich auch den Versicherungsbedarf eines Vertragsinteressenten zu ermitteln. Es handelt sich mithin um eine **Informationsbeschaffungspflicht**. Dies ist dann bedeutsam, wenn der Versicherungsnehmer nicht von sich aus bereits hinreichende Angaben macht, die auf seinen Beratungs- oder Deckungsbedarf schließen lassen. Oft wird ein Versicherungsnehmer mangels Sachkenntnis nicht in der Lage sein, die wichtigen Punkte von sich aus anzusprechen. Der Versicherer muss sich daher – soweit hierzu ein Anlass besteht (s. Rn. 725 ff.) – selbst um die Schaffung einer hinreichenden Beratungsgrundlage bemühen. In der Praxis geschieht dies oft durch Einsatz eines Fragenkatalogs, dessen Beantwortung ggf. Anlass zu weiteren Nachfragen geben kann.

744 Die Fragepflicht bezieht sich auf die Wünsche und Bedürfnisse des Versicherungsnehmers. Die **Bedürfnisse** zielen auf den objektiven Bedarf an Versicherungsschutz ab. Die **Wünsche** sind hingegen subjektiv; dabei geht es um die möglicherweise vom objektiven Bedarf abweichenden individuellen Vorstellungen des Versicherungsnehmers darüber, wie der Versicherungsschutz ausgestaltet sein soll.

3. Beratungspflicht

745 Aufgrund der ggf. durch Fragen ermittelten Beratungsgrundlage hat der Versicherer den Versicherungsnehmer sodann zu beraten. Der Versicherer ist mithin nicht nur zu Information oder Aufklärung, sondern auch zum Aufzeigen verschiedener Lösungsmöglichkeiten und zur Erteilung eines Rates, also regelmäßig einer **Handlungsempfehlung**, verpflichtet. Während Information die ob-

---

124 *Armbrüster,* Rechtsfragen, S. 1, 9; *Franz* VersR 2008, 298, 299.

125 *Armbrüster,* Rechtsfragen, S. 1, 9 f.; *Franz,* VersR 2008, 298, 299; *ders.*, DStR 2008, 303; *Neuhaus,* r+s 2008, 449, 456; zu § 61 VVG VersRHdb./*Reiff,* § 5 Rn. 162; VersRHdb./*Schneider,* § 1a Rn. 20.

jektive Wiedergabe von Tatsachen oder rechtlichen Gegebenheiten beinhaltet, die der Versicherungsnehmer in seine Entscheidungsfindung einbeziehen kann, stellt die Beratung eine die verschiedenen Handlungsmöglichkeiten bewertende Empfehlung dar. Eine Raterteilung gibt der Entscheidungsfindung des Versicherungsnehmers eine bestimmte Richtung.[126] Oft wird der Versicherungsnehmer freilich bereits aus einer sachgerechten Aufklärung selbst eine bestimmte Handlungsempfehlung entnehmen können. Weist der Versicherer etwa auf die Nachteile hin, die eine Kündigung der bestehenden Lebensversicherung für den Versicherungsnehmer mit sich bringt, so wird sich hieraus regelmäßig der Rat zum Unterlassen der Kündigung ergeben.

Produktbezogen hat der Versicherer so über den Inhalt eines Versicherungs- 746
produkts aufzuklären, dass der Versicherungsnehmer dieses sachgerecht beurteilen und mit seinem Bedarf abgleichen kann. Dazu müssen die wesentlichen Eigenschaften des Produkts überblicksmäßig erläutert werden. Hierfür kann der Versicherer das Produktinformationsblatt (s. Rn. 787f.) einsetzen. Auf entscheidungserhebliche Risikoausschlüsse muss der Versicherer hinweisen; komplizierte Klauseln muss er erklären. Hat er mehrere geeignete Produkte im Angebot, so darf er sich nicht auf eines davon beschränken.[127] Auch auf eigene prämiengünstigere **Alternativprodukte** oder Gestaltungen[128] muss er hinweisen. Dies gilt hingegen nicht für Produkte von Wettbewerbern des Versicherers. Letzteres wäre dem Versicherer unzumutbar; insofern muss der Versicherungsnehmer sich an Makler oder sonstige Dritte wie etwa Versicherungsberater oder auch Verbraucherschutzorganisationen wenden, die Marktvergleiche publizieren. Zudem gilt auch für die produktbezogene Beratungspflicht, dass diese **anlassbezogen** ist (s. Rn. 725ff.). Nur soweit der Versicherungsnehmer ein Bedürfnis nach näherer Aufklärung erkennen lässt oder sich ein solches Bedürfnis aus den Umständen ergibt, muss diesem daher entsprochen werden.[129] Das ist insbesondere der Fall, wenn der Versicherungsnehmer aufgrund schwieriger Sachverhalte und komplizierter Bedingungswerke erkennbar überfordert wäre, sich ohne fachkundige Beratung in den betreffenden Versicherungsfragen zurechtzufinden.[130]

Hinzu kommt die **bedarfsbezogene** Beratung. Dazu gehört es, auf der 747
Grundlage der individuellen Wünsche und Bedürfnisse den passenden Versicherungsschutz aus der eigenen Produktpalette anzubieten. Über verbleibende Deckungslücken hat der Versicherer auch dann aufzuklären, wenn der Versicherungsnehmer sich daraufhin möglicherweise mit seinem Deckungswunsch

126 *Fausten,* Ansprüche, S. 101; *Ihle,* Informationsschutz, S. 15; *Miettinen,* Pflichten, S. 201; abweichend *Schwintowski,* VuR 2001, 288, 289.
127 *Miettinen,* Pflichten, S. 236.
128 AG Mannheim VersR 1985, 985 (betr. erhöhte Versicherungssumme bei zwei separaten Reisegepäckversicherungen).
129 BGHZ 47, 101, 108 = NJW 1967, 1226, 1228f.
130 So bereits zum alten Recht *OLG Köln* VersR 1996, 1265f.; OLG Karlsruhe NVersZ 1999, 81.

an andere Versicherer wendet. Er ist aber nicht verpflichtet, von bestimmten Versicherungsdeckungen allein deswegen abzuraten, weil diese generell als „weniger wichtig“ einzustufen sind (vgl. Rn. 281 zur Deckung von Bagatellrisiken).

748 Der **Umfang** der geschuldeten Beratung hängt maßgeblich von der Komplexität des Beratungsgegenstands ab. So besteht bei der **Lebensversicherung** stets eine Beratungspflicht hinsichtlich der wesentlichen Produkteigenschaften. Einfache **Standardprodukte** wie die Hundehalterhaftpflichtversicherung gebieten hingegen keine umfangreiche Beratung.[131] Freilich besteht auch bei Standardverträgen oft ein gewisser Beratungsbedarf.[132] Zudem sind auch weit verbreitete, günstige Produkte bisweilen kompliziert ausgestaltet.

749 **Beispiel:** Eine Kfz-Haftpflichtversicherung kann Bestandteile verschiedener Versicherungen, etwa auch der Unfallversicherung, beinhalten und einen bestimmten Service im Schadensfall umfassen.[133] Zudem enthalten Haftpflichtversicherungen oft Risikoausschlüsse und damit Deckungslücken, die teils durch Zusatzvereinbarungen geschlossen werden können. Auch dies kann dem Versicherer eine Beratung gebieten.[134]

750 Nach § 6 Abs. 1 S. 1 VVG ist der Umfang der Beratung auch in Relation zur Prämie zu setzen. Das Verhältnis von Beratungsaufwand und **Prämienhöhe** soll demnach angemessen sein (**Proportionalitätsregel**).[135] Im Schrifttum wird diese Einschränkung teils für unbeachtlich erklärt.[136] Daran ist richtig, dass auch bei Versicherungen mit niedrigem Prämienaufkommen, aber hoher Bedeutung für den Versicherungsnehmer wie etwa der Privat- oder der Kfz-Haftpflichtversicherung eine weit reichende Beratung geschuldet sein kann, etwa über Risikoausschlüsse. Dasselbe gilt für die Restschuld-Lebensversicherung oder die Reisekrankenversicherung. Allerdings sind hinsichtlich der Intensität der Beratung durchaus **Abstufungen** möglich. Als praktisches Kriterium bietet es sich an darauf abzustellen, ob ein durchschnittlicher Versicherungsnehmer die durch den Rat verursachten **Kosten** auch separat zu zahlen bereit wäre. Damit lässt sich dem Umstand Rechnung tragen, dass der Versicherer die Beratungskosten in die Prämie einkalkulieren muss, so dass diese für alle Versicherungsnehmer umso höher wird, je weiter man die Beratungspflicht ausdehnt. Zudem passt dies dazu, dass der Versicherungsnehmer auch mit einem Direktversicherer kontrahieren könnte, wodurch er sich eine (mutmaßliche) Prämienersparnis durch den Verzicht auf Beratung gleichsam „erkaufen“ würde.[137]

---

131 Begründung zu § 42c VVG a.F., BT-Dr. 16/1935, S. 24; vgl. auch *Reiff*, VersR 2007, 717, 725; *Schwintowski*, VuR 1997, 83.
132 *Grote/Schneider*, BB 2007, 2689, 2690.
133 *Meixner/Steinbeck*, Allg. Versicherungsvertragsrecht, § 2 Rn. 23.
134 VersRHdb./*Rixecker*, § 18a Rn. 40.
135 Eingehend *Armbrüster*, in: MünchKomm-VVG, § 6 Rn. 143ff.
136 *Pohlmann*, VersR 2009, 327, 328ff.; ähnlich *Schwintowski*, in: Bruck/Möller, § 6 Rn. 28; grds. wie hier hingegen *Wandt*, Rn. 267.
137 *Armbrüster*, in: MünchKomm-VVG, § 6 Rn. 149.

4. Begründungspflicht

Der Versicherer muss ferner dem Versicherungsnehmer die Gründe für jeden Rat mitteilen, den er zu einer bestimmten Versicherung erteilt hat. Diese **Begründungspflicht** soll dem Versicherungsnehmer eine selbstständige Bewertung des vom Versicherer geäußerten Rates ermöglichen. Er soll nicht gleichsam blind auf diesen Rat vertrauen müssen, sondern sich auch anhand der Begründung eine eigene Meinung bilden, um zu einer eigenverantwortlichen Entscheidung zu gelangen (s. zum maßgeblichen Verbraucherleitbild Rn. 718). 751

5. Dokumentationspflicht (§ 6 Abs. 1 S. 2, Abs. 2 VVG)

Hinsichtlich der vorvertraglichen Beratung besteht nach § 6 Abs. 1 S. 2 VVG eine **Dokumentationspflicht**. Auch sie dient der Effektivität der Beratung: Sie soll den Informations- und Beratungsstand des Versicherungsnehmers auch im Anschluss an die Beratung insbesondere in jener Phase aufrechterhalten, in der er seine Vertragserklärung abgibt und ggf. einen Widerruf nach § 8 VVG erwägt.[138] Der erteilte Rat und die Begründung sind dem Versicherungsnehmer nämlich grundsätzlich **vor Vertragsschluss in Textform** zu übermitteln (§ 6 Abs. 2 S. 1 VVG). Dadurch wird der Versicherungsnehmer darüber hinaus in die Lage versetzt, auch nach Ablauf der Widerrufsfrist des § 8 VVG etwa bei Veränderungen der tatsächlichen Umstände zu überprüfen, ob eine Anpassung geboten erscheint. Zudem erleichtert die Dokumentationspflicht beiden Vertragspartnern die **Beweisführung:** Sie ermöglicht es insbesondere dem Versicherungsnehmer, später etwaige Beratungsfehler unter Hinweis auf die Beratungsdokumentation geltend zu machen; umgekehrt kann sie aber auch für den Versicherer haftungsentlastende Funktion haben. Überdies hält diese Pflicht den Versicherer zu einer gewissenhaften Erfüllung seiner Beratungspflicht an. 752

Die Dokumentation muss dem Versicherungsnehmer nicht stets bereits vor Vertragsschluss in Textform übermittelt werden. Auf seinen Wunsch oder bei Gewährung vorläufiger Deckung genügt stattdessen zunächst die mündliche Form. In diesen Fällen sieht dann das Gesetz allerdings grundsätzlich eine **Nachholpflicht** vor (§ 6 Abs. 2 S. 3 Halbs. 1 VVG). Jene Nachholpflicht entfällt wiederum, wenn **kein Vertrag** zustande kommt (§ 6 Abs. 2 S. 3 Halbs. 2 VVG). Hier fehlt in der Tat jede Gegenleistung des Versicherungsnehmers, die ein schutzwürdiges Interesse auch an der Dokumentation der Beratungsleistung begründen könnte.[139] Allerdings kann auch in diesen Fällen eine Falschberatung einen Schadensersatzanspruch nach § 6 Abs. 5 VVG auslösen. Die Nachholpflicht entfällt zudem für Verträge über **vorläufige Deckung** bei Pflichtversicherungen, wie sie namentlich in der Kfz-Haftpflichtversicherung häufig geschlossen werden (s. Rn. 953). Bei Pflichtversicherungen geht es dem Versicherungsnehmer um den schnellen Schutz vor Risiken, die ohnehin zu ver- 753

138 *Stöbener,* ZVersWiss 2007, 465, 475.
139 Regierungsbegr., BT-Dr. 16/3945, S. 58.

sichern sind und bei denen ihm noch hinsichtlich des Hauptvertrags ausreichend Gelegenheit bleibt, die Eignung des Versicherungsvertrags für seinen Bedarf zu prüfen. Die zuletzt genannte Erwägung spricht im Übrigen rechtspolitisch gegen die in § 6 Abs. 2 S. 3 Halbs. 2 VVG vorgesehene Beschränkung auf Pflichtversicherungen.[140]

754 Die gem. § 6 Abs. 1 S. 2, Abs. 2 VVG erforderliche Dokumentation erfolgt in der Praxis meist durch ein an Ort und Stelle angefertigtes und übergebenes **Beratungsprotokoll**. Gesetzlich vorgeschrieben ist dies jedoch nicht; es kann stattdessen auch ein **Gedächtnisprotokoll** erstellt werden. Bei einem Beratungsprotokoll wird der Versicherungsnehmer häufig durch den Versicherer oder Vermittler dazu aufgefordert, dieses zu **unterschreiben**. Damit kann insbesondere dem Versicherer die Beweisführung erleichtert werden, wenn der Versicherungsnehmer später einen Beratungsfehler geltend macht. Freilich birgt die Unterzeichnung für den Versicherungsnehmer die Gefahr, dass er das Protokoll unterschreibt, ohne es mit der gebotenen Sorgfalt darauf hin überprüft zu haben, ob es insbesondere die von ihm vorgetragenen Tatsachen und Wünsche zum Versicherungsschutz zutreffend und vollständig wiedergibt.[141] Sofern für eine derartige Nachlässigkeit nicht besondere Umstände verantwortlich sind, die der Sphäre des Versicherers oder Vermittlers zugerechnet werden müssen (z.B. besonderes Drängen zur Eile), kann ein solches Verhalten für den Versicherungsnehmer beweisrechtliche Nachteile mit sich bringen. Auch von einer nicht geschäftsgewandten Person ist nämlich zu erwarten, dass sie die über eine unerhebliche Formalie hinausgehende Bedeutung einer Unterschriftsleistung erkennt.

6. Beratung nach Vertragsschluss (§ 6 Abs. 4 VVG)

a) Überblick

755 Auch **während der Vertragslaufzeit** kann den Versicherer eine Beratungspflicht treffen (§ 6 Abs. 4 VVG). Sie wird bisweilen als „nachvertragliche Beratungspflicht" bezeichnet, was zumindest missverständlich ist, da es nicht – jedenfalls nicht in erster Linie – um eine nachwirkende Pflicht im Stadium nach Vertragsbeendigung geht, sondern um den Zeitraum zwischen Abschluss und Ende des Vertrags. Der wesentliche Unterschied zur vorvertraglichen Beratungspflicht liegt darin, dass den Versicherer im Anbahnungsstadium gem. § 6 Abs. 1 VVG eine weiter reichende Initiativlast trifft: Aufgrund seiner Fragepflicht (s. Rn. 743f.) muss er einen Dialog mit dem Versicherungsnehmer aufnehmen, in dessen Verlauf ihm häufig ein Beratungsanlass erkennbar werden wird. Zwischen Fragepflicht und Erkennbarkeit des Anlasses besteht eine **Wechselwirkung**: Die auf die Fragen gegebenen Antworten können Anlass für

140 Krit. auch *Maier*, r+s 2006, 485, 487; umgekehrt den Sinn der Regel auch für Pflichtversicherungen in Frage stellend *Wandt*, Rn. 273.

141 Vgl. nur Ombudsmann PKV, Tätigkeitsbericht 2009, 2010, S. 25f.

weitere, vertiefende Fragen bieten. Hinsichtlich der Beratung während der Vertragslaufzeit ist dies anders: Hier trifft den Versicherer **keine voraussetzungslose Fragepflicht**; vielmehr muss er erst tätig werden, wenn ihm ein entsprechender Anlass erkennbar wird.[142] Auch dann bezieht sich die Nachfrage- und Beratungspflicht allein auf diejenigen Umstände, die dem Versicherer erkennbar werden.

b) Anlässe für Nachfrage und Beratung

Die **Umstände**, die – sofern sie dem Versicherer erkennbar werden – während der Vertragslaufzeit Anlass für eine Nachfrage und Beratung bieten, lassen sich im Wesentlichen in folgende **Fallgruppen** einteilen: Tatsächliche Änderung des Deckungsbedarfs, Änderung oder Neueinführung von AVB, Änderung der Rechtslage sowie Umstände in Bezug auf Rechte, Pflichten und Obliegenheiten des Versicherungsnehmers. 756

aa) Tatsächliche Änderung des Deckungsbedarfs. Der in der Praxis bedeutsamste Anlass für eine Beratungspflicht liegt darin, dass der Versicherer von einer **Änderung des Deckungsbedarfs** erfährt oder sie ihm zumindest erkennbar wird. 757

Beispiel:[143] A unterhält bei Versicherer V eine Privathaftpflichtversicherung. Darin ist die gesetzliche Haftpflicht für Gewässerschäden mit Ausnahme des Anlagenrisikos mitversichert. Einige Zeit nach Vertragsschluss erwirbt A ein Hausgrundstück, dessen Heizungsanlage mit einem in der Garage befindlichen 2.000-Liter-Öltank versorgt wird. Anlässlich des Umzugs in dieses Haus besichtigt der für V tätige Versicherungsvertreter W das Hausgrundstück einschließlich der Heizungsanlage und teilt dem A mit, es bestehe weiterhin umfassender Versicherungsschutz, mit Ausnahme des Risikos eines Glasschadens. Eines Tages stürzt der Öltank um; das Öl läuft aus und versickert im Erdreich. Dadurch werden ein unterhalb des Gebäudes befindlicher Stauweiher sowie ein Nachbargrundstück verunreinigt. 758

Das OLG Köln hat hier einen Schadensersatzanspruch des A gegen V zutreffend bejaht. W, dessen Verschulden als Versicherungsvertreter i.S. von § 59 Abs. 2 VVG dem V gem. § 278 BGB zuzurechnen ist (s. Rn. 770), hätte A darüber aufklären müssen, dass der bestehende Versicherungsschutz das in Gestalt des Öltanks seit dem Umzug **neu hinzugekommene Anlagenrisiko** nicht umfasst. Nach der Vermutung aufklärungsgemäßen Verhaltens hätte A dann dieses Risiko zusätzlich abgedeckt. Der Umstand, dass A das Glasrisiko seinerzeit nicht mitversichert hat, steht dem nicht entgegen, da es sich in concreto nur um ein geringes Risiko handelte. Ein Mitverschulden gem. § 254 BGB fällt gleichfalls nicht ins Gewicht, da A von einer sachgerechten Beratung ausgehen durfte 759

142 *Armbrüster,* Rechtsfragen, S. 1, 9f.
143 Nach OLG Köln VersR 1993, 1385, 1386.

und ihm selbst die Deckungslücke hinsichtlich des Anlagenrisikos nicht auffallen musste. Das OLG Köln hat den Schadensersatzanspruch seinerzeit noch auf positive Vertragsverletzung (seit der Schuldrechtsmodernisierung 2002: § 280 Abs. 1 BGB) gestützt; seit der VVG-Reform folgt er aus § 6 Abs. 4 VVG.

760 Weitere Fälle, die dem Versicherer während der Vertragslaufzeit Anlass zu einer Nachfrage und Beratung bieten können, sind Veränderungen der **persönlichen Umstände** (z.B. Geburt von Kindern, Scheidung, Eintritt von Arbeitslosigkeit) oder sonstiger **tatsächlicher Gegebenheiten** (z.B. werthaltige Ausbauten führen zu Unterversicherung; Betriebsverlegung; Erwerb einer versicherten Sache).[144] Auch eine Gefahrverminderung, die zu einer Überversicherung i.S. von § 74 VVG führt, kann im Hinblick auf den damit verbundenen nutzlosen Prämienaufwand eine Beratungspflicht auslösen.

761 **bb) Änderung oder Neueinführung von AVB.** Umstritten ist die Frage, ob der Versicherer auch dann, wenn die dem Vertrag zugrunde liegenden **AVB sich für Neuabschlüsse geändert** haben, den Versicherungsnehmer darüber beraten muss. Dasselbe gilt, wenn ein **neues Versicherungsprodukt** mit eigenen AVB eingeführt wird, das jedenfalls auch Risiken der im bestehenden Vertrag gedeckten Art betrifft. Die Frage stellt sich dann, wenn die geänderten oder neu eingeführten AVB dem Versicherungsnehmer gegenüber den für ihn bisher maßgeblichen AVB zumindest auch Vorteile bringen. Richtigerweise hängt die Beratungspflicht nach § 6 Abs. 4 VVG in solchen Fällen davon ab, ob der Versicherer dann, wenn ein Versicherungsnehmer dies verlangt, einen Wechsel zulässt – wozu er nicht verpflichtet ist –, und ob ihm der mit der Beratung verbundene Aufwand zumutbar ist. Hinsichtlich der Zumutbarkeit ist danach zu differenzieren, ob der Versicherer ohnehin mit dem Versicherungsnehmer in **Verhandlungen** steht oder ob er eigens an ihn herantreten müsste. Im ersten Fall entstehen durch die Beratung keine unzumutbaren Kosten; sie muss deshalb erfolgen (sog. **Hinwirkungspflicht des Versicherers**).[145] Eine Beratungspflicht außerhalb von Verhandlungen ist hingegen grundsätzlich zu verneinen, da dann weder ein Vertrauenstatbestand geschaffen noch der Mehraufwand zumutbar ist.[146]

762 **cc) Änderung der Rechtslage.** Ändert sich die für das versicherte Risiko maßgebliche Rechtslage, so kann hieraus eine Beratungspflicht nach § 6 Abs. 4 VVG folgen. Dies gilt etwa, wenn **gesetzliche Haftpflichtbestimmungen** geändert oder neue Haftungstatbestände eingeführt werden. Nichts anderes gilt für eine neue höchstrichterliche Rechtsprechung, die z.B. bislang nicht berücksichtigte Haftungsrisiken schafft.

---

144 Eingehend *Armbrüster*, in: MünchKomm-VVG, § 6 Rn. 249ff.

145 BGHZ 81, 345, 348 = VersR 1982, 37, 38; *Prölss*, in: Prölss/Martin, § 6 Rn. 50.

146 Näher *Armbrüster*, in: FS Schirmer, S. 1, 5ff.; so auch *Prölss*, in: Prölss/Martin, § 6 Rn. 50; a.A. für umfassende Änderungen *Klimke*, NVersZ 1999, 449, 500ff.

dd) Umstände in Bezug auf Rechte, Pflichten und Obliegenheiten des Versicherungsnehmers. Das Gesetz enthält eine ganze Reihe von speziellen **Hinweis- und Belehrungspflichten** des Versicherers, die sicherstellen sollen, dass der Versicherungsnehmer seinen Versicherungsschutz nicht aufs Spiel setzt. 763

Beispiele: Der Versicherer muss den Versicherungsnehmer auf die Rechtsfolgen eines Widerrufs (§ 9 Abs. 1 S. 1 VVG) hinweisen. Dasselbe gilt für die Folgen eines Verzugs mit der Erstprämie (§ 37 Abs. 2 S. 2 VVG) oder für die bei Verletzung einer nach Eintritt des Versicherungsfalls zu erfüllenden Auskunfts- oder Aufklärungsobliegenheit drohende Leistungsfreiheit (§ 28 Abs. 4 VVG). 764

Zudem muss der Versicherer den Versicherungsnehmer schon im Produktinformationsblatt auch über die nach Vertragsschluss bestehenden Obliegenheiten belehren (§ 4 Abs. 2 Nr. 6 VVG-InfoV). Dabei geht es jeweils um **Information und Warnung**, nicht um eine Beratung i.S. des § 6 Abs. 4 VVG. Jene Beratung soll nämlich, wie die Verweisung auf Abs. 1 verdeutlicht, allein einen bedarfsgerechten Versicherungsschutz gewährleisten, nicht jedoch dem Versicherungsnehmer umfassende Orientierung über die Rechtslage verschaffen. Daher sind auch die nach Eintritt des Versicherungsfalls, bei Obliegenheitsverletzungen oder hinsichtlich der Kündigung bestehenden Hinweispflichten in der Regel nicht auf § 6 Abs. 4 VVG zu stützen; vielmehr folgen sie aus § 242 BGB (s. etwa zum Hinweis auf die Unwirksamkeit einer erfolgten Kündigung Rn. 1055ff.). Schadensersatzansprüche ergeben sich dann ggf. aus § 280 Abs. 1 BGB. 765

III. Verzicht auf Beratung

Der Versicherungsnehmer kann gem. § 6 Abs. 3 VVG auf die vorvertragliche Beratung und Dokumentation und gem. § 6 Abs. 4 S. 2 VVG auf die Beratung während der Vertragslaufzeit **verzichten.** Hierin kommt die Vorstellung des Gesetzgebers zum Ausdruck, dass dem Versicherungsnehmer als mündigem Marktteilnehmer (s. Rn. 718) eine Beratung nicht gegen seinen Willen aufgezwungen werden soll.[147] Dabei gelten höhere Anforderungen hinsichtlich des **Verzichts auf die vorvertragliche Beratung**: Erforderlich ist eine gesonderte schriftliche Erklärung des Versicherungsnehmers, in der ihn der Versicherer auf mögliche Nachteile für die Geltendmachung von Schadensersatz (s. dazu Rn. 770ff.) hinweist. Streit besteht darüber, ob eine **„gesonderte“ Erklärung** eine eigene Urkunde erfordert oder ob eine Hervorhebung innerhalb einer anderen Urkunde, etwa des Versicherungsantrags, genügt. Die Regierungsbegründung zur VVG-Reform erachtet ein gesondertes Schriftstück für notwendig.[148] Ein solches Erfordernis kommt indessen weder im Wortlaut von § 6 Abs. 3 VVG zum Ausdruck noch ist es durch den Warnzweck der Regelung geboten. 766

---

147 Regierungsbegr.; BT-Drucks. 16/3945, S. 60.
148 Regierungsbegr.; BT-Drucks. 16/3945, S. 60; dem folgend etwa *Wandt*, Rn. 274.

Vorzugswürdig erscheint es, in Anlehnung an die Rechtsprechung des BGH zur klauselmäßigen Haftungsübernahme durch Abschlussvertreter gem. § 309 Nr. 11a BGB[149] eine **deutliche Hervorhebung** genügen zu lassen.

767 Dementsprechend hat der BGH mittlerweile für § 28 Abs. 4 VVG entschieden, dass es dem dort aufgestellten Erfordernis einer gesonderten Mitteilung in Textform genügt, wenn der Versicherer die Belehrung in einen Schadensmeldungsfragebogen oder ein sonstiges Schreiben aufnimmt, in welchem dem Versicherungsnehmer Fragen zur Aufklärung des Versicherungsfalls gestellt werden.[150] Der Hinweis muss sich dann freilich durch seine Platzierung sowie die **drucktechnische Gestaltung** so deutlich vom übrigen Text abheben, dass der Versicherungsnehmer ihn nicht übersehen kann. Dieser zutreffenden Rechtsprechung liegt der Gedanke zugrunde, dass die gebotene Intensität des Warneffekts nicht allein durch eine gesonderte Urkunde erreicht werden kann; dieser Grundgedanke lässt sich auf die Verzichtserklärung übertragen.

768 Von der Frage nach der äußeren Form der Verzichtserklärung zu unterscheiden ist diejenige, ob eine durch den Versicherer vorformulierte, standardisierte Verzichtserklärung der **Inhaltskontrolle** gem. § 307 Abs. 1, Abs. 2 Nr. 1 BGB standhält. Richtigerweise ist dies zu bejahen, denn aus § 6 VVG lässt sich kein gesetzliches Leitbild herleiten, mit dem eine Verzichtserklärung unvereinbar wäre. Zwar ist der Gesetzgeber bestrebt, den Versicherungsnehmer durch die Beratung nach § 6 Abs. 1 VVG zu schützen. Zugleich eröffnet er ihm unter den strengen Voraussetzungen des Abs. 3 jedoch die Möglichkeit, auf diesen Schutz zu verzichten.[151] Der Versicherungsnehmer wird dadurch hinreichend geschützt, dass § 6 Abs. 3 VVG die Schriftform vorschreibt; nach § 126 Abs. 1 BGB ist mithin eine **eigenhändige Unterschrift** erforderlich.

769 Der **Verzicht auf Beratung während des Vertrags** erfordert lediglich eine schriftliche Erklärung im Einzelfall (§ 6 Abs. 4 S. 2 VVG), ohne dass diese gesondert oder mit einem warnenden Hinweis versehen sein muss. Die **Einzelfallbezogenheit** verhindert, dass der Verzicht bereits wirksam im Voraus in den AVB erklärt werden kann; damit würde gegen das gesetzliche Leitbild des § 6 Abs. 4 S. 1 VVG verstoßen (§ 307 Abs. 2 Nr. 1 BGB). Vielmehr ist der Versicherungsnehmer nur in der Lage, bei einem bereits eingetretenen konkreten Beratungsanlass auf die Beratung zu verzichten. Dies ist – ebenso wie beim Verzicht nach § 6 Abs. 3 VVG (s. Rn. 766) – durch eine vom Versicherer vorformulierte Verzichtserklärung möglich, die wiederum eigenhändig unterschrieben werden muss.

---

149 St. Rspr.; s. nur BGH NJW 2001, 3186.
150 BGH VersR 2013, 297 Rn. 15ff.
151 Näher *Armbrüster*, in: MünchKomm-VVG, § 6 Rn. 170.

IV. Folgen einer Pflichtverletzung

1. Haftung des Versicherers

a) Schadensersatzpflicht gem. § 6 Abs. 5 VVG

Verletzt der Versicherer eine vorvertragliche Beratungspflicht, kann dies Schadensersatzansprüche des Versicherungsnehmers aus § 6 Abs. 5 VVG oder subsidiär aus **culpa in contrahendo** (§§ 280 Abs. 1, 241 Abs. 2, 311 Abs. 2 BGB) auslösen. Sofern ein erkennbarer Anlass für eine Nachfrage und Beratung des Versicherungsnehmers durch den Versicherer besteht, haftet dieser für eine Pflichtverletzung nach § 6 Abs. 4, 5 VVG auch während der Dauer des Vertrags. § 6 Abs. 5 S. 2 VVG enthält eine **widerlegliche Verschuldensvermutung**, die derjenigen nach § 280 Abs. 1 S. 2 BGB entspricht. Diese Anlehnung an die allgemeine Beweislastregelung des Vertragsrechts trägt dem Umstand Rechnung, dass es um die Verletzung einer Pflicht aus einem vorvertraglichen (§ 6 Abs. 1 VVG) bzw. vertraglichen (Abs. 4) Schuldverhältnis geht (s. Rn. 719, 755). Das Verschulden seiner **Vertreter** muss sich der Versicherer gem. § 278 BGB zurechnen lassen. Hat für den Versicherer ein Versicherungsvertreter i.S. des § 59 Abs. 2 VVG gehandelt, so haftet dieser gem. §§ 61, 63 VVG zugleich selbst auf Schadensersatz (s. Rn. 663); beide sind **Gesamtschuldner** (§ 421 BGB). 770

Der Schadensersatzanspruch ist auf Herstellung des Zustands gerichtet, der bei pflichtgemäßem Verhalten bestünde, also dann, wenn die Wünsche und Bedürfnisse des Versicherungsnehmers ausreichend ermittelt, der gebotene Rat erteilt und dokumentiert worden wären. Dies kann z.B. zu einer Rückabwicklung des Vertrags oder zu einer Umstufung in einen anderen (günstigeren) Prämientarif führen. Ausnahmsweise ist der Versicherungsnehmer so zu stellen, als ob er für das maßgebliche Ereignis Versicherungsschutz hätte, wenn er nachweisen kann, dass er bei richtiger Beratung anderweitig ausreichenden Deckungsschutz erlangt hätte.[152] Ebenso wie dies hinsichtlich der Pflichten aus § 6 Abs. 1, 2 und 4 VVG gilt, **entfällt** auch die Haftung nach § 6 Abs. 5 VVG dann, wenn der Vertrag über einen Makler vermittelt wurde, wenn er ein Großrisiko betrifft oder wenn es sich um einen Fernabsatzvertrag handelt (§ 6 Abs. 6 VVG). 771

Beispiel:[153] N schloss im Jahr 2008 mit Versicherer V einen Rentenversicherungsvertrag. Der Außendienstmitarbeiter M des V hatte dem N zuvor aufgrund der Überschusserwartungen des Jahres 2006, welche sich auch als Beispielsrechnung in den Angebotsunterlagen befinden, eine Durchschnittsverzinsung von 6,5% prognostiziert. Die realistische Gewinnerwartung beträgt allenfalls 3–4%. Bereits Ende 2008 war allgemein bekannt, dass aufgrund längerer Lebenserwartungen und infolge der Finanzkrise sinkender Renditen am Kapitalmarkt die Gewinne der vergangenen Jahre in Zukunft nicht zu erzielen 772

152 VersRHdb/*Rixecker*, § 18a Rn. 31.
153 Nach OLG Düsseldorf NVersZ 2001, 15.

sein würden. Anfang 2009 kündigt N wirksam den Vertrag. Er erhält einen Rückkaufswert samt Überschussbeteiligung in Höhe von 14.000 € ausbezahlt. N möchte nun darüber hinaus den Differenzbetrag von 4.000 € zur gezahlten Prämiensumme erstattet haben. Zudem macht er geltend, dass er bei Kenntnis der geringeren Überschussprognose die von ihm als Prämien an V gezahlten Beträge statt in die Rentenversicherung in einen Rentenfonds investiert hätte. Dieser hätte ihm – was zutrifft – eine durchschnittliche Verzinsung von 4% gebracht. Den entgangenen Zins verlangt er gleichfalls von V.

773 Dem Grunde nach besteht hier ein **Schadensersatzanspruch** aus § 6 Abs. 5 i.V. mit Abs. 1 VVG sowie aus §§ 311 Abs. 2, 280 Abs. 1 BGB. V hat durch die zu vorteilhafte Überschussprognose die ihn treffende vorvertragliche Sorgfaltspflicht objektiv verletzt. Die Pflichtverletzung geschah auch schuldhaft, da weder V die Beispielsrechnung trotz der allgemein bekannten geringeren Überschusserwartung selbst korrigiert hat – worin ein Organisationsverschulden liegt – noch M, dessen Verschulden V sich gem. § 278 BGB zurechnen lassen muss, eine an zutreffenden Zahlen orientierte Berechnung vornahm. N ist folglich so zustellen, wie er stünde, wenn er den Vertrag nicht abgeschlossen hätte. Er kann daher die von ihm geleisteten Prämien herausverlangen. Darüber hinaus hat V auch den Schaden zu ersetzen, der dem N entstanden ist, weil er die Prämien nicht anderweitig gewinnbringend eingesetzt hat.[154] Folglich hat er nach § 252 BGB auch Anspruch auf diesen entgangenen **Zinsgewinn**, zumal es sich nicht um eine spekulative Anlage handelte.

b) Gewohnheitsrechtliche Erfüllungshaftung

774 Eine versicherungsrechtliche Besonderheit bildet die **gewohnheitsrechtliche Erfüllungshaftung** oder Vertrauenshaftung. Sie ist vor der VVG-Reform durch die Rechtsprechung vertreten worden. Ob sie heute noch fortgilt, ist streitig (s. dazu Rn. 778ff.). Jene Haftung des Versicherers soll den Versicherungsnehmer davor schützen, dass er aufgrund unzutreffender Aussagen, die ein Vertreter vor oder bei Vertragsschluss über die Reichweite des Versicherungsschutzes getroffen hat, Nachteile erleidet.

775 **Beispiel:**[155] A betrieb an der Ostseeküste ein Kurhaus. Als er mit dem Versicherungsvertreter B über eine Sturmversicherung verhandelte, erweckte B den Eindruck, diese Versicherung umfasse neben Schäden aufgrund der Windeinwirkung auf das Gebäude auch solche aufgrund von Sturmfluten, mithin eine bestimmte Art von Überschwemmungsschäden. In Wahrheit sahen die maßgeblichen AVB des Versicherers V keine Deckung von Sturmflutschäden vor; einen solchen Schutz hätte A seinerzeit auch bei keinem Wettbewerber des V erlangen können. Das RG rechnete dem V das Verhalten des B zu und bejahte einen Deckungsschutz für die eingetretenen Sturmflutschäden.

154 OLG Düsseldorf NVersZ 2001, 15, 16; s. auch *Schwintowski*, VuR 2001, 33f.
155 Nach RGZ 86, 128.

Nach der Rechtsprechung des RG, die der BGH fortgeführt hat, gelten für die Erfüllungshaftung folgende **Voraussetzungen**: Es muss um eine vertragswesentliche Erklärung des Versicherers gehen; diese wird vom Vertreter oder einer ihm gleichgestellten Person abgegeben und den Versicherungsnehmer trifft hinsichtlich der Unrichtigkeit der Aussage kein erhebliches Eigenverschulden. Die **Rechtsfolge** der gewohnheitsrechtlichen Erfüllungshaftung besteht darin, dass der Vertrag als mit dem Inhalt geschlossen anzusehen ist, der sich aus der Erklärung des Vertreters ergibt. Dies gilt selbst dann, wenn der konkrete Versicherer Verträge mit diesem Inhalt gewöhnlich nicht abschließt oder es sie, wie im Beispielsfall zur Sturmflut, am Markt überhaupt nicht – also auch nicht bei einem anderen Versicherer – gibt. 776

Diese Haftung weist einige erhebliche **Unterschiede zur culpa in contrahendo** (§§ 280 Abs. 1, 241 Abs. 2, 311 Abs. 2 BGB) auf: Die Erfüllungshaftung setzt kein Verschulden des Versicherers oder der für ihn handelnden Person voraus. Zudem ist das Erfüllungsinteresse unabhängig davon zu ersetzen, ob es am Markt einen entsprechenden Versicherungsschutz gibt und ob der Versicherungsnehmer ihn genommen hätte; mithin wird auf die Kausalität der Pflichtverletzung für den Schaden verzichtet. Andererseits tritt dann, wenn den Versicherungsnehmer ein **erhebliches Eigenverschulden** trifft, an die Stelle des § 254 BGB stets ein kompletter Wegfall des Anspruchs und nicht allein eine Kürzung. 777

Die Erfüllungshaftung ist bereits unter der Geltung des alten Rechts sehr umstritten gewesen. Ob **nach der VVG-Reform** an diesem Rechtsinstitut festzuhalten ist, ist zweifelhaft. Diese Frage ist auch rechtsdogmatisch und -methodisch interessant. Dabei geht es grundsätzlicher darum, unter welchen Voraussetzungen davon auszugehen ist, dass zu Gewohnheitsrecht erstarktes Richterrecht durch eine spätere, auf dasselbe Thema bezogene Gesetzesreform aufgehoben wird. Da Gewohnheitsrecht normativ denselben Rang wie einfaches Gesetzesrecht einnimmt, kann es durch den Gesetzgeber dadurch, dass er eigene Regeln an die Stelle des Gewohnheitsrechts setzt, aufgehoben werden. Freilich schweigt sich der VVG-Reformgesetzgeber dazu aus, ob er im Hinblick auf die Erfüllungshaftung eine entsprechende Regelungsabsicht hatte. Jene Haftung ist weder im reformierten Gesetzestext noch in den Materialien erwähnt. Teils wird aus diesem Schweigen des Gesetzgebers gefolgert, dass er gerade nichts an der gewohnheitsrechtlichen Erfüllungshaftung habe ändern wollen. Demnach soll jene Haftung weiterhin erforderlich sein, um einen ausreichenden **Schutz des Versicherungsnehmers** zu gewährleisten. Eine Schlechterstellung des Versicherungsnehmers entspreche nicht dem Zweck der VVG-Reform. Auf dieser Linie hat etwa das OLG Frankfurt/M. entschieden, dass das Rechtsinstitut der Erfüllungshaftung unter dem neuen VVG fortbesteht.[156] 778

156 OLG Frankfurt/M. VersR 2012, 342, 343; so etwa auch *Ebers,* in: Schwintowski/Brömmelmeyer, § 6 Rn. 56; *Pilz,* VuR 2010, 167, 170ff.; *Schimikowski,* r+s 2012, 577, 582.

779 Indessen gilt es zu beachten, dass der Reformgesetzgeber sich im Kontext der Beratungs- und Informationspflichten mit dem Schutz des Versicherungsnehmers befasst und diesen Schutz erweitert hat.[157] Die meisten Fälle, in denen bislang die Erfüllungshaftung eingriff, lassen sich nunmehr über den **Schadensersatzanspruch** aus § 6 Abs. 5 VVG lösen. Bei einer Gesamtbetrachtung lässt sich keineswegs feststellen, dass diese Neuregelung den Versicherungsnehmer in unangemessener Weise weniger umfassend schützt als die Erfüllungshaftung; das neue Schutzregime ist vielmehr anders als das alte, indem es die Rechtslage des Versicherungsnehmers teils verschlechtert (Kausalitätserfordernis), teils aber auch verbessert (kein völliger Wegfall bei erheblichem Eigenverschulden). Es handelt sich bei der gesetzlichen Regelung mithin nicht um ein minus zur gewohnheitsrechtlichen Erfüllungshaftung, sondern um ein **aliud**, das in sich stimmig erscheint und funktional an die Stelle des Gewohnheitsrechts getreten ist.

780 Anders als nach altem Recht kann der Versicherungsnehmer freilich gem. § 6 Abs. 5 VVG dann nichts beanspruchen, wenn der ihm durch den Vertreter suggerierte Schutz am Markt überhaupt **nicht erhältlich** ist, weil es dann an der Kausalität fehlt. Indessen ist heutzutage jedenfalls auf dem insoweit maßgeblichen inländischen Markt einschließlich der hier im grenzüberschreitenden Dienstleistungsverkehr verfügbaren Deckungsangebote ausländischer Versicherer kaum ein Risiko in diesem Sinne (wirtschaftlich) unversicherbar. Sofern dies doch einmal der Fall ist, erscheint das durch den Vertreter geweckte Vertrauen nicht schutzwürdig. Hinzu kommt, dass der – bereits nach altem Recht systemfremde – völlige Wegfall der Erfüllungshaftung bei erheblichem Eigenverschulden des Versicherungsnehmers jedenfalls durch die Reform als überholt erscheint. In jenem „entweder oder" kommt nämlich das bis zur Reform das VVG beherrschende **Alles-oder-Nichts-Prinzip** zum Ausdruck. Dieses Prinzip wurde indes durch die Neufassung des VVG weitgehend aufgegeben (s. Rn. 338ff.). Die besseren Argumente sprechen daher dafür, dass die gewohnheitsrechtliche Erfüllungshaftung durch die Gesetzesänderung abgeschafft worden ist.[158]

2. Eigenhaftung des Versicherungsvertreters

781 Im Zuge der Umsetzung der Vermittlerrichtlinie ist eine **Beratungs- und Dokumentationspflicht für alle Versicherungsvermittler** ins VVG aufgenommen worden (s. dazu Rn. 657ff.). Verletzt der Versicherungsvermittler eine der in den §§ 61f. VVG genannten Pflichten, so ist er dem Versicherungsnehmer zum Ersatz des entstandenen Schadens verpflichtet (§ 63 VVG). Die Haftung des Versicherungsvertreters ist damit der schon zuvor bestehenden Haftung des

157 *Prölss,* in: Prölss/Martin, § 6 Rn. 78.

158 *E. Lorenz*, in: FS Canaris, 2007, S. 758, 772ff.; *Prölss,* in: Prölss/Martin, § 6 Rn. 78; *Wandt*, Rn. 410.

Versicherungsmaklers angenähert worden. Zu beachten ist allerdings, dass der Versicherungsnehmer auf die Beratung und Dokumentation durch eine gesonderte schriftliche Erklärung verzichten kann (§ 61 Abs. 2 VVG). Zudem treffen den Versicherungsvertreter anders als den Versicherer (s. Rn. 755) und im Regelfall – abhängig vom Inhalt des Maklervertrags – den Versicherungsmakler keine Nachfrage- und Beratungspflichten nach Vertragsschluss.[159]

Die Grundsätze zur allgemeinen **Sachwalterhaftung** gelten für den Versi- 782
cherungsvertreter, wenn er ausnahmsweise ein unmittelbares eigenes, gesteigertes wirtschaftliches Interesse am Abschluss des Versicherungsvertrags hat oder ein besonderes persönliches Vertrauen in Anspruch nimmt (vgl. § 311 Abs. 3 BGB; näher Rn. 654). Neben § 61 VVG kommt § 311 Abs. 3 BGB regelmäßig nur für nachvertragliche Pflichtverletzungen praktische Bedeutung zu. Die Anforderungen sind allgemein sehr hoch. So reicht es beispielsweise nicht aus, dass der Vertreter infolge des Vertragsschlusses einen Provisionsanspruch erlangt.

V. Informationspflicht (§ 7 VVG)

Der Gesetzgeber hat in § 7 VVG eine einheitliche Informationspflicht geschaf- 783
fen. Diese Pflicht besteht grundsätzlich unabhängig von der Art, auf die der Vertrag zustande kommt. Damit werden die europarechtlich allein für Fernabsatzverträge vorgesehenen Anforderungen auf alle Verträge mit Ausnahme von solchen über ein Großrisiko (§ 210 Abs. 5 VVG) erstreckt. Der Versicherer – und nur dieser (vgl. zur Beratungspflicht von Versicherungsvermittlern Rn. 657ff.) ist dazu verpflichtet, dem Versicherungsnehmer die **Vertragsbestimmungen einschließlich der AVB in Textform** (§ 126b BGB) zu übermitteln. Hinsichtlich der AVB liegt darin eine Abweichung von der Regelung des § 305 Abs. 2 BGB, wonach lediglich ein Hinweis und die zumutbare Möglichkeit der Kenntnisnahme erforderlich sind, nicht aber eine Aushändigung. Freilich geht es bei § 7 VVG nicht um eine Verschärfung der Anforderungen, die an die Einbeziehung von AVB gelten, gegenüber den allgemeinen Regeln. Die Norm tritt vielmehr als selbstständige Informationspflicht neben den davon unberührt bleibenden, die Einbeziehungsvoraussetzungen regelnden § 305 Abs. 2 BGB (s. Rn. 476). Darauf, ob die übermittelten AVB **wirksam** (insbesondere: transparent) sind, kommt es für die Erfüllung der Informationspflicht nach § 7 VVG nicht an (s. auch Rn. 882 im Kontext von § 8 Abs. 2 Nr. 1 VVG).[160]

Die Informationspflicht nach § 7 VVG dient dazu, dem Versicherungsneh- 784
mer eine eigenverantwortliche Entscheidung über den Vertragsschluss auf informierter Grundlage zu ermöglichen (s. Rn. 718). Daher ist die Pflicht **„rechtzeitig"** vor Abgabe seiner Vertragserklärung zu erfüllen (§ 7 Abs. 1 S. 1 VVG; s. Rn. 790). Dies gilt auch dann, wenn der Versicherer zunächst nur **telefonischen Kontakt** mit dem Versicherungsnehmer hatte. In diesem Fall muss der Versi-

---

159 S. die Begründung zu § 6 Abs. 4 VVG, BT-Drucks. 16/3945, S. 58f.

160 *Herrmann*, in: Bruck/Möller, § 7 Rn. 76; *Wandt*, Rn. 287.

cherer nicht nur bei Beginn jedes Telefonats seine Identität und den geschäftlichen Zweck des Anrufs offenlegen (§ 5 Abs. 1 VVG-InfoV), sondern auch die Informationen nach §§ 1–4 VVG-InfoV rechtzeitig vor Abgabe der Vertragserklärung des Versicherungsnehmers diesem mitteilen (§ 5 Abs. 3 VVG-InfoV).

785 Allerdings sieht § 7 Abs. 1 S. 3 Halbs. 1 VVG vor, dass der Versicherer die Informationserteilung unverzüglich nach Vertragsschluss **nachholen kann**, wenn der Vertrag auf Verlangen des Versicherungsnehmers telefonisch oder sonst unter Einsatz eines Kommunikationsmittels geschlossen wird (s. auch Rn. 631).

786 Die Einzelheiten der zu erteilenden Informationen hängen teils vom Versicherungszweig ab. Sie richten sich nach § 7 Abs. 2 VVG i.V. mit § 1ff. **VVG-InfoV**. Während § 1 VVG-InfoV Informationspflichten für alle Versicherungszweige enthält, sind für bestimmte Sparten in den §§ 2, 3 VVG-InfoV weitere zu erteilende Informationen aufgeführt. Sie betreffen folgende Versicherungsprodukte, die für den Versicherungsnehmer oft besonders bedeutsam und zugleich komplex sind: Lebens-, Berufsunfähigkeits-, Krankenversicherung sowie Unfallversicherung mit Prämienrückgewähr.

787 Sofern der Versicherungsnehmer ein Verbraucher ist, hat der Versicherer ihm zudem gem. § 4 Abs. 1 VVG-InfoV ein **Produktinformationsblatt** zur Verfügung zu stellen. Darin müssen diejenigen Informationen enthalten sein, die für den Abschluss oder die Erfüllung des Vertrags besonders bedeutsam sind (zu Einzelheiten s. § 4 Abs. 2 VVG-InfoV). Beim Produktinformationsblatt handelt es sich um den Versuch, die Verständlichkeit des Rechtsprodukts Versicherung für den Versicherungsnehmer zu verbessern. Damit soll dem Umstand Rechnung getragen werden, dass die AVB wegen ihrer Doppelfunktion (s. Rn. 218) nur begrenzt dazu taugen, den Versicherungsnehmer prägnant über die Eckdaten des Vertrages, namentlich das versicherte Risiko, die zu zahlende Prämie und die Laufzeit, sowie über die wesentlichen beiderseitigen Rechte, Pflichten und Obliegenheiten zu orientieren. Es handelt sich gleichsam um eine auf das Wesentliche konzentrierte Zusammenfassung der aus den AVB und dem Versicherungsschein hervorgehenden Informationen.

788 Der Umstand, dass dem Versicherungsnehmer auch das Produktinformationsblatt **vor Abgabe seiner Vertragserklärung** mitgeteilt werden muss (§ 7 Abs. 1 S. 1 VVG), beruht darauf, dass die komprimierte Übersicht ihm die Entscheidung darüber erleichtern soll, ob er eine solche Vertragserklärung abgibt. Noch nicht geklärt ist die Frage, welchen **Umfang** jenes „Blatt“ haben muss bzw. welchen es nicht überschreiten darf. Vergegenwärtigt man sich die Funktion des Produktinformationsblatts, so erscheinen – abhängig vom jeweiligen Versicherungsprodukt – **drei bis vier Seiten** für den Regelfall als Obergrenze, während die Untergrenze durch die nach § 4 Abs. 2 VVG-InfoV vorgeschriebenen Inhalte bestimmt wird.

789 Angesichts ihres reinen Informationszwecks sind die Angaben im Produktinformationsblatt **keine AVB**. Sofern zwischen den Aussagen in den AVB und denjenigen im Produktinformationsblatt **Widersprüche** bestehen, sind für den Vertragsinhalt die AVB als Vertragsbestandteil maßgeblich. Ist dem Versiche-

rungsnehmer durch unrichtige Angaben im Produktinformationsblatt ein Schaden entstanden, so kann er diesen gegenüber dem Versicherer gem. § 280 Abs. 1 BGB geltend machen. Die Maßgeblichkeit der AVB bedeutet freilich nicht, dass dem Produktinformationsblatt für den Vertragsinhalt keinerlei Bedeutung zukäme. Vielmehr können die darin enthaltenen Informationen im Einzelfall für die **Auslegung** und **Transparenzkontrolle** der AVB sowie zur Beseitigung eines **Überraschungseffekts** (§ 305c Abs. 1 BGB) bedeutsam werden.[161] Dies gilt freilich nicht, wenn eine transparente Gestaltung der AVB ohne Weiteres möglich gewesen wäre. Anderenfalls würde die Informationsfunktion der AVB durch das Produktinformationsblatt herabgesetzt, was der Regelungsabsicht des Reformgesetzgebers zuwiderliefe.

Welche **Zeitspanne** zwischen Informationserteilung und Abgabe der Vertragserklärung durch den Versicherungsnehmer liegen muss, damit die **Rechtzeitigkeit** i.S. von § 7 Abs. 1 S. 1 VVG zu bejahen ist, kann nicht pauschal bestimmt werden.[162] Unzureichend wäre eine Differenzierung allein anhand des Komplexitätsgrades, den das Versicherungsprodukt aufweist.[163] Vielmehr ist der **Schutzzweck** des Gesetzes maßgeblich, dem Versicherungsnehmer eine überlegte Entscheidung auf solider Informationsgrundlage zu ermöglichen. Der Versicherer schuldet nicht einen Informationserfolg i.S. eines konkreten Erkenntnisgewinns des Versicherungsnehmers, sondern allein, diesem eine **informierte Entscheidung** zu ermöglichen (s. Rn. 718). Der Versicherungsnehmer soll auch nicht bevormundet werden, sondern eigenverantwortlich über den Zeitraum befinden, in dem er die Informationen vor Abgabe seiner Vertragserklärung zur Kenntnis nehmen möchte. Dabei fällt auch ins Gewicht, dass ihm ohnehin das Widerrufsrecht nach § 8 VVG zusteht. Für die Rechtzeitigkeit i.S. des § 7 Abs. 1 S. 1 VVG folgt aus alledem, dass es **keine Mindestfrist** geben kann, dass der Versicherungsnehmer aber in der Lage sein muss, die Informationen bei seiner Entschließung zu berücksichtigen, und dass er nicht unter Druck gesetzt werden darf. 790

Unabhängig von den Anforderungen an eine rechtzeitige Übermittlung kann der Versicherungsnehmer auch **während der Vertragslaufzeit** jederzeit die Mitteilung der Vertragsbestimmungen verlangen. Missbräuchen wird dadurch vorgebeugt, dass lediglich die Kosten der ersten derartigen Mitteilung zu Lasten des Versicherers gehen (§ 7 Abs. 4 VVG). 791

Nach § 7 Abs. 1 S. 3 Halbs. 2 VVG kann der Versicherungsnehmer durch eine gesonderte schriftliche Erklärung auf die vor Abgabe seiner Vertragserklärung erfolgende Informationsübermittlung, wie Abs. 1 S. 1 sie vorschreibt, **verzichten**. Nach der Gesetzesbegründung soll ein **formularmäßiger** Verzicht nicht möglich sein.[164] Richtig ist hieran, dass eine Aufnahme in die AVB nicht 792

161 *Römer*, VersR 2007, 618, 619.
162 VersRHdb./*Johannsen*, § 8 Rn. 13; *Leverenz*, Vertragsschluss, Rn. 3/51.
163 Dafür etwa *Niederleithinger*, VersR 2006, 437, 440; *Wandt*, Rn. 284.
164 Regierungsbegr.; BT-Drucks. 16/3945, S. 60; so etwa auch *Franz*, VersR 2008, 298, 300; *Langheid*, NJW 2006, 3317, 3318; *Prölss*, in: Prölss/Martin, § 6 Rn. 40.

genügt, sondern dass die strengen formalen Vorgaben des § 7 Abs. 1 S. 3 Halbs. 2 VVG (gesonderte Erklärung; eigenhändige Unterschrift) zu beachten sind. Hingegen ist eine Vorformulierung durch den Versicherer zulässig (vgl. auch zu § 6 Abs. 3 VVG Rn. 768).[165] Freilich darf der Versicherer auf einen Verzicht nicht systematisch hinwirken;[166] wohl aber ist ihm ein **Hinweis** auf diese vom Gesetzgeber dem Versicherungsnehmer ausdrücklich eröffnete Möglichkeit gestattet.[167]

793 § 7 Abs. 1 S. 3 Halbs. 2 VVG ist **europarechtskonform** in dem Sinne einschränkend auszulegen, dass im Fernabsatz und im Anwendungsbereich der Lebensversicherungs-Richtlinie ein Verzicht ausscheidet.[168]

794 Verletzt der Versicherer die Informationspflicht aus § 7 Abs. 1 S. 1 VVG, so hat dies einschneidende **Rechtsfolgen**: Die **Widerrufsfrist** des § 8 VVG beginnt dann nach Abs. 2 Nr. 1 jener Vorschrift nicht zu laufen. Dies bedeutet, dass der Versicherungsnehmer unter Umständen noch nach längerer Zeit seine Vertragserklärung widerrufen und sich dadurch von der Bindung befreien kann. Es entsteht mithin ein sog. **ewiges Widerrufsrecht**, das zur **schwebenden Wirksamkeit** des Vertrags führt (zu den damit verbundenen Problemen s. Rn. 887ff.). Er kann dann zumindest nach § 9 Abs. 1 S. 2 VVG die für das erste Jahr gezahlte Prämie zurückverlangen (s. Rn. 899). Hinzu kommen kann ein **Schadensersatzanspruch**. Aus dem Fehlen einer § 6 Abs. 5 VVG entsprechenden Vorschrift kann angesichts des gesetzgeberischen Willens[169] nämlich kein Gegenschluss gezogen werden. Rechtsgrundlage dieses Anspruchs ist die culpa in contrahendo (§§ 280 Abs. 1, 241 Abs. 2, 311 Abs. 2 BGB).

795 Das bis zur VVG-Reform für den Vertragsschluss verbreitet praktizierte **Policenmodell** (s. Rn. 861) hat der Gesetzgeber indessen im Grundsatz abgeschafft, indem er die Anforderungen des § 7 VVG aufgestellt hat.[170] Die Übermittlung der Information nach Antragstellung mit Zusendung der Police ist nämlich grundsätzlich (zu Ausnahmen s. Rn. 785, 792) verspätet. Nach Einschätzung des Gesetzgebers trägt das Policenmodell dem berechtigten Interesse des Versicherungsnehmers an einer möglichst frühzeitigen Information über den Vertragsinhalts nicht hinreichend Rechnung. Zudem sei es europarechtlich nicht unbedenklich (s. dazu Rn. 862).[171] Freilich führt die fehlende Übermittlung der Informationen nicht zur Unwirksamkeit des Vertrags, sondern – neben Schadensersatzansprüchen – nur zum „ewigen“ Widerrufsrecht, also zu **schwe-**

---

165 *Blankenburg*, VersR 2008, 1446, 1449f.; *Präve*, in: Graf von Westphalen, Vertragsrecht und AGB-Klauselwerke, AVB, Stand: Dezember 2012, Rn. 299; *Wandt*, Rn. 285.

166 A.A. offenbar *Wandt*, Rn. 289.

167 *Wandt*, Rn. 285a; a.A. *Brömmelmeyer*, VersR 2009, 584, 588.

168 *Dörner/Staudinger*, WM 2006, 1710, 1712; *Schimikowski*, r+s 2007, 133, 137; a.A. wohl *Wandt*, Rn. 285.

169 Regierungsbegr.; BT-Drucks. 16/3945, S. 60.

170 *Langheid*, NJW 2007, 3665, 3666; *Niederleithinger*, *VersR* 2006, 437, 441; *Schirmer*, VersR 2008, 1473; *Wandt*, Rn. 288; a.A. *Neuhaus/Kloth*, Praxis des neuen VVG, S. 28f.

171 Regierungsbegr., BT-Dr. 16/3945, S. 60; VersRHdb./*Schwintowski*, § 18 Rn. 20.

bender Wirksamkeit (s. Rn. 794).[172] Indessen gelingt die Einbeziehung der **AVB** nicht ohne Weiteres (s. Rn. 475ff.). Zudem drohen aufsichtsrechtliche Sanktionen, da der planmäßige Verstoß gegen die Anforderungen des § 7 Abs. 1 S. 1 VVG einen **Missstand** i.S. des § 81 VAG darstellt. Ausnahmsweise ist das Policenmodell in den Fällen von § 7 Abs. 1 S. 3 VVG noch praktisch durchführbar, also bei telefonischem Vertragsschluss oder Verzicht auf Informationserteilung vor Abgabe der Vertragserklärung (s. dazu Rn. 785, 792).[173]

Nicht berührt wird durch § 7 VVG das **Invitatio-Modell** (s. dazu Rn. 857ff.). 796
Dieses Modell birgt freilich anderweitige Rechtsunsicherheiten. Sie entstehen insbesondere dadurch, dass die Erklärung des Versicherungsnehmers von einem Antrag abzugrenzen und die Annahme des vom Versicherer (unter Beachtung der Informationspflicht nach § 7 VVG) übermittelten Angebots festzustellen sind (s. Rn. 857ff.).

§ 18 Vorvertragliche Anzeigepflicht des Versicherungsnehmers (§§ 19ff. VVG)

Literatur

Brand, Grenzen der vorvertraglichen Anzeigepflichten des Versicherungsnehmers, VersR 2009, 715; *Knappmann,* Rechtliche Stellung des arglistigen Versicherungsnehmers, VersR 2011, 724; *Kruse,* Die vorvertragliche Anzeigepflicht in der Reform des Versicherungsvertragsgesetzes, 2008; *Lange,* Die vorvertragliche Anzeigepflicht nach der VVG-Reform, r+s 2008, 56; *Looschelders,* Aktuelle Probleme der vorvertraglichen Anzeigepflicht des Versicherungsnehmers, VersR 2011, 697; *Neuhaus,* Die vorvertragliche Anzeigepflichtverletzung im neuen VVG, r+s 2008, 45; *ders.*, Kenntnis und Textform der Antragsfragen bei der vorvertraglichen Anzeigepflichtverletzung, VersR 2012, 1477; *Reusch,* Die vorvertraglichen Anzeigepflichten im neuen VVG 2008, VersR 2007, 1313; *Schäfers,* Das Verhältnis der vorvertraglichen Anzeigepflicht (§§ 19ff. VVG) zur Culpa in contrahendo, VersR 2010, 301; *Schimikowski,* Die vorvertragliche Anzeigepflicht, r+s 2009, 353; *Tschersich,* Rechtsfragen der vorvertraglichen Anzeigepflichtverletzung und der vertraglichen Obliegenheiten, r+s 2012, 53; *Wagner/Rattay,* Die Belehrung nach § 19 Abs. 5 VVG – der grenzenlose Verbraucherschutz, VersR 2011, 178.

A. Überblick

Der Versicherungsnehmer hat nach § 19 Abs. 1 S. 1 VVG bis zur Abgabe seiner 797
Vertragserklärung alle ihm bekannten Umstände, die für den Entschluss des Versicherers, den Vertrag mit dem vereinbarten Inhalt zu schließen, erheblich sind und nach denen der Versicherer **in Textform gefragt** hat, **anzuzeigen**. Dies soll den Versicherer in die Lage versetzen, das Risiko zutreffend einzuschätzen und eine risikoadäquate Prämie zu kalkulieren. Gleiches gilt nach § 19

172 *Armbrüster,* r+s 2008, 493f.; *Gaul,* VersR 2007, 21, 24; VersRHdb./*Johannsen*, § 8 Rn. 20.
173 VersRHdb./*Johannsen*, § 8 Rdn. 20; *Wandt*, Rn. 289.

Abs. 1 S. 2 VVG, wenn der Versicherer nach Abgabe der Vertragserklärung des Versicherungsnehmers, aber vor seiner eigenen Annahmeerklärung nach gefahrerheblichen Umständen fragt. In diesen Regeln lässt sich eine Ausprägung des Kooperationsgebots (s. Rn. 249) erblicken, die der Behebung einer Informationsasymmetrie dient (s. Rn. 322).

798 Das **Frageerfordernis** ist durch die VVG-Reform neu eingeführt worden. Sein Zweck besteht darin, dem Versicherungsnehmer die Last zu nehmen, selbst beurteilen zu müssen, welche Umstände er als gefahrerheblich zu offenbaren hat. Darin liegt eine grundsätzliche Abkehr von der sog. spontanen, d.h. aus eigener Initiative zu erfüllenden Aufklärungspflicht (zu Ausnahmen s. Rn. 806).

B. Voraussetzungen und Inhalt

I. Grundregeln

799 Die vorvertragliche Anzeigepflicht erstreckt sich auf **alle gefahrerheblichen Umstände**, die dem Versicherungsnehmer **bekannt** sind und nach denen er in Textform gefragt wurde. Die Anzeigepflicht besteht in dem Stadium, bis der Versicherer sich an den Vertrag gebunden hat, also regelmäßig bis zum Zugang seiner Annahmeerklärung. Dabei differenziert das Gesetz in § 19 Abs. 1 VVG zwischen dem Stadium bis zur Abgabe der Vertragserklärung des Versicherungsnehmers (S. 1) und demjenigen zwischen dieser Abgabe und der Vertragsannahme (S. 2; s. dazu Rn. 808).

800 Die Anzeigepflicht setzt **Kenntnis** des Versicherungsnehmers von dem anzuzeigenden Umstand voraus. Kennt er einen gefahrerheblichen Umstand nicht positiv, so greifen die §§ 19ff. VVG von vornherein nicht ein; **fahrlässige Unkenntnis** (Kennenmüssen) schadet ihm in diesem Kontext nicht.

801 **Erheblich** sind diejenigen Gefahrumstände, die geeignet sind, die Entscheidung des Versicherers dafür, den Vertrag überhaupt oder mit dem vereinbarten Inhalt abzuschließen, zu beeinflussen. Nach dem Wortlaut des § 19 Abs. 1 VVG ist es notwendig, dass der Versicherer nach den Umständen in Textform fragt (**Frageobliegenheit** des Versicherers).

802 Zweifelhaft ist, inwiefern **pauschale Fragen** zulässig sind. Hier könnte entgegen dem Gesetzeszweck dem Versicherungsnehmer das Risiko einer Fehleinschätzung bzgl. der Gefahrerheblichkeit eines Umstands auferlegt werden.[174] Allerdings ist eine gewisse Abstraktionshöhe unvermeidlich. Allgemeine Fragen müssen aus Gründen der Praktikabilität möglich bleiben. Eine zu weit gefasste Frage ist für den Versicherungsnehmer keineswegs unbeachtlich. Sie führt nur dazu, dass die Pflicht zur Beantwortung nicht verletzt ist, wenn die Mitteilung unerheblicher Umstände unterbleibt.[175]

174 VersRHdb./*Knappmann*, § 14 Rn. 22a, 28; *Reusch*, VersR 2007, 1313, 1314; *Rixecker*, zfs 2007, 369, 370.

175 OLG Frankfurt BeckRS 2011, 28322; *Looschelders*, in: Looschelders/Pohlmann, § 19 Rn. 23; *Marlow*, in: Marlow/Spuhl, Rn. 163; *Prölss*, in: Prölss/Martin, § 19 Rn. 22.

Werden die Fragen nach gefahrerheblichen Umständen von einem **Makler** gestellt, so handelt es sich grundsätzlich nicht um Fragen des Versicherers i.S. des § 19 Abs. 1 VVG. Dies ist ausnahmsweise nur dann der Fall, wenn der Versicherer sich die Fragen des Maklers „zu Eigen macht".[176] Ein derartiges **„Zu-Eigen-Machen"** muss für den Versicherungsnehmer erkennbar sein.[177] Nicht als Fragen des Versicherers gekennzeichnete Fragen eines Pseudomaklers (zum Begriff s. Rn. 693) sind niemals als Fragen des Versicherers anzusehen.[178] 803

Es gibt Gefahrumstände, deren **Gefahrerheblichkeit auf der Hand liegt.** Nach der bis zur VVG-Reform geltenden Rechtslage musste ein Versicherungsnehmer solche Umstände stets auch ungefragt anzeigen. 804

Beispiel: Nach altem Recht hatte der Versicherungsnehmer beim Abschluss eines Lebensversicherungsvertrags eine ihm bekannte schwere Leberschädigung dem Versicherer auch ohne dahin gehende Frage mitzuteilen.[179] 805

Seitdem im Zuge der VVG-Reform in § 19 Abs. 1 VVG ausdrücklich eine Frageobliegenheit des Versicherers normiert worden ist, kommt eine **Anzeigepflicht ohne entsprechende Frage** in Textform nur noch unter strengen Voraussetzungen in Betracht.[180] Sie lässt sich aus § 242 BGB herleiten, wenn es treuwidrig erscheint, dass der Versicherungsnehmer einen ganz offensichtlich gefahrerheblichen Umstand verschweigt. In solchen **Ausnahmefällen** sind die §§ 19 Abs. 2–6, 20, 21 VVG auch ohne vorherige formgerechte Frage des Versicherers anwendbar. 806

Unabhängig hiervon kann der Versicherer den Vertrag nach zutreffender Ansicht auch dann wegen **arglistiger Täuschung** gem. § 22 VVG i.V. mit §§ 123, 142 Abs. 1 BGB anfechten, wenn der Versicherungsnehmer arglistig die Angabe bestimmter Umstände unterlässt, nach denen der Versicherer nicht gefragt hatte (s. Rn. 912ff.). 807

II. Umstände zwischen Antragstellung und Vertragsschluss (§ 19 Abs. 1 S. 2 VVG)

Bei § 19 Abs. 1 VVG handelt es sich um eine vorvertragliche gesetzliche Obliegenheit, die **bis zur Abgabe der Vertragserklärung** durch den Versicherungsnehmer zu erfüllen ist. Anders als nach früherem Recht sind solche Umstände, welche erst nach Antragstellung, aber vor Vertragsschluss eintreten (zur Besonderheit der Rückwärtsversicherung s. Rn. 966ff.), nicht mehr anzuzeigen. Eine 808

176 OLG Hamm VersR 2011, 469, 470f. m. zust. Anm. *Naujoks/Heydorn;* LG Dortmund r+s 2012, 426, 427; krit. *Langheid*, NJW 2011, 3265f.

177 LG Dortmund r+s 2012, 426, 427; *Looschelders,* in: Looschelders/Pohlmann, § 19 Rn. 18.

178 LG Dortmund r+s 2012, 426, 427f.

179 BGH VersR 1990, 297, 298; *Prölss*, in: Prölss/Martin, 27. Aufl. 2004, §§ 16, 17 Rn. 7; *Schimikowski*, Rn. 183.

180 Vgl. OLG Hamm VersR 2011, 469, 470 (auch zur Verwendung von nicht vom Versicherer selbst erstellten Fragebögen).

Ausnahme besteht gem. § 19 Abs. 1 S. 2 VVG dann, wenn der Versicherer für das Stadium zwischen Antrag und Annahme separat nach derartigen Umständen fragt.

III. Nachfrageobliegenheit des Versicherers

809 Sofern der Versicherungsnehmer unklare oder widersprüchliche Antworten auf die Antragsfragen gibt, trifft den Versicherer eine **Nachfrageobliegenheit**.

810 **Beispiel:** Der Versicherungsnehmer gibt an, in den letzten fünf Jahren nicht in ärztlicher Behandlung gewesen zu sein. Zu einer nachfolgenden Frage nach Krankenhausaufenthalten macht er jedoch konkrete Angaben über medizinische Eingriffe. Wenn der Versicherer bei solchen, für ihn offenkundigen Widersprüchen keine Nachfragen stellt, kann er gegenüber dem Versicherungsnehmer später insoweit keine Rechte wegen Verstoßes gegen § 19 VVG geltend machen.

C. Rechtsfolgen einer Verletzung der Obliegenheit

I. Gestaltungsrechte des Versicherers

1. Rücktrittsrecht (§ 19 Abs. 2 VVG)

811 Der Versicherer hat unter folgenden Voraussetzungen, die kumulativ vorliegen müssen, ein **Rücktrittsrecht** gem. § 19 Abs. 2 VVG: Nicht- oder Falschanzeige eines nachgefragten gefahrerheblichen Umstandes (§ 19 Abs. 1 VVG); Kenntnis des Versicherungsnehmers von dem Umstand (§ 19 Abs. 1 VVG); keine Kenntnis des Versicherers von dem Umstand (§ 19 Abs. 5 S. 2 VVG); Vorsatz oder grobe Fahrlässigkeit des Versicherungsnehmers (s. dazu Rn. 329ff., 813); Hinweis auf die Folgen einer Anzeigepflichtverletzung (§ 19 Abs. 5 S. 1 VVG); kein Ausschluss bei grober Fahrlässigkeit gem. § 19 Abs. 4 VVG (s. dazu Rn. 995); Beachtung der Nachfrageobliegenheit des Versicherers (s. Rn. 809f.) und fristgerechte Erklärung gegenüber dem Versicherungsnehmer (§ 21 VVG).

812 Die Rechtsfolge eines wirksamen Rücktritts ist grundsätzlich, dass sich der Versicherungsvertrag in ein Rückabwicklungsschuldverhältnis umwandelt (vgl. §§ 346ff. BGB). Hat der Versicherer bereits vor Eintritt des Versicherungsfalls wirksam den Rücktritt erklärt, so ist er folglich gem. § 346 BGB i.V. mit §§ 19ff. VVG nicht zur Leistung verpflichtet. Tritt der Versicherer dagegen erst nach Eintritt des Versicherungsfalls wirksam zurück, so kann die Leistungsfreiheit aus der Spezialnorm des § 21 Abs. 2 S. 1 Halbs. 1 VVG folgen. Von der Rechtsfolge der Leistungsfreiheit bestehen im Versicherungsrecht **einige wichtige Ausnahmen**. So verliert der Versicherungsnehmer den Leistungsanspruch dann nicht, wenn der Versicherer **nach Eintritt des Versicherungsfalls** zurückgetreten ist, **keine Kausalität** zwischen dem nicht oder falsch angezeigten Umstand und dem Eintritt des Versicherungsfalls besteht sowie der Versicherungsnehmer die Anzeigepflichtverletzung nicht arglistig verletzt hat (§ 21 Abs. 2 VVG).

Mangelndes grobes Verschulden hat der Versicherungsnehmer zu beweisen, wie sich aus der negativen Formulierung von § 19 Abs. 3 S. 1 VVG ergibt. Diese **Beweislastverteilung** entspricht derjenigen in § 280 Abs. 1 S. 2 BGB. In beiden Fällen steht fest, dass der Betroffene objektiv gegen eine von ihm vertraglich eingegangene Verhaltensregel verstoßen hat. Bei dieser Sachlage soll es nach der gesetzgeberischen Wertung – anders als etwa bei den „Jedermannbeziehungen" des Deliktsrechts – die Aufgabe des pflichtwidrig Handelnden sein, darzulegen und zu beweisen, dass ihn kein (bei § 19 VVG: grobes) Verschulden trifft (s. auch Rn. 333). Auch der **Kausalitätsgegenbeweis** obliegt dem Versicherungsnehmer (§ 21 Abs. 2 S. 1 Halbs. 2 VVG). Bei Arglist scheidet diese Beweismöglichkeit wiederum aus (§ 21 Abs. 2 S. 2 VVG). Demgegenüber steht in der Kfz-Haftpflichtversicherung dem Versicherungsnehmer der Kausalitätsgegenbeweis bereits bei „schlichtem" Vorsatz nicht offen (§ 6 Abs. 2 KfzPflVV). 813

Der Versicherer kann seine Rechte nur innerhalb von **fünf Jahren** ausüben; bei Vorsatz verdoppelt sich diese Frist auf zehn Jahre (§ 21 Abs. 3 VVG). 814

2. Kündigungsrecht (§ 19 Abs. 3 S. 2 VVG)

Wie erwähnt, ist das Rücktrittsrecht ausgeschlossen, wenn dem Versicherungsnehmer weder Vorsatz noch grobe Fahrlässigkeit zur Last fällt (§ 19 Abs. 3 S. 1 VVG).[181] In diesem Fall steht dem Versicherer allerdings ein **Kündigungsrecht** zu (§ 19 Abs. 3 S. 2 VVG). Es handelt sich mithin um eine der wenigen Situationen, in denen dem Versicherungsnehmer auch **ohne eigenes Verschulden** aus einer Obliegenheitsverletzung ein Nachteil erwächst. Darin liegt freilich keine systemwidrige Ausnahme von dem Grundsatz, dass seit der VVG-Reform generell allein grob fahrlässige und vorsätzliche Verstöße schaden. Es geht nämlich allein um ein (außerordentliches) Kündigungsrecht, und ein solches gewährt das Gesetz dem Versicherer auch in anderem Kontext, ohne es von einem schuldhaften Verhalten des Versicherungsnehmers abhängig zu machen. Beispiele bilden die verschiedenen Kündigungsrechte nach Eintritt des Versicherungsfalls (s. Rn. 1063). 814a

3. Vertragsanpassungsrecht (§ 19 Abs. 4 S. 2 VVG)

Sowohl das Rücktrittsrecht wegen grob fahrlässiger oder vorsätzlicher Verletzung der Anzeigepflicht als auch das Kündigungsrecht sind ausgeschlossen, sofern der Verstoß für den Vertragsschluss als solchen nicht **kausal** geworden ist, sofern also der Versicherer den Vertrag auch bei Kenntnis der nicht angezeigten Umstände – wenn auch zu anderen Bedingungen – geschlossen hätte (§ 19 Abs. 4 S. 1 VVG). Maßgeblich hierfür sind die Risikoprüfungs- und Annahmegrundsätze des konkreten Versicherers.[182] Allerdings werden dann die **anderen** 815

181 Insofern missverständlich *Wandt*, Rn. 587.
182 *Looschelders*, in: Looschelders/Pohlmann, § 19 Rn. 65.

Bedingungen auf Verlangen des Versicherers Vertragsbestandteil (s. auch Rn. 995). Dabei hängt der Zeitpunkt der Einbeziehung nach Maßgabe des § 19 Abs. 4 S. 2 VVG vom Verschulden ab.

816 Erhöht sich durch die Anpassung die Prämie um mehr als 10% oder schließt der Versicherer den nicht angezeigten Gefahrumstand aus, kann der Versicherungsnehmer den Vertrag innerhalb eines Monats nach Mitteilung fristlos **kündigen**. Hierauf hat ihn der Versicherer hinzuweisen (§ 19 Abs. 6 VVG). Diese Regelung kombiniert mithin ein einseitiges Vertragsänderungsrecht des Versicherers mit einem Kündigungsrecht des Versicherungsnehmers (s. dazu allgemein Rn. 993).

817 Eine besondere Problematik besteht, wenn im Wege der Vertragsanpassung **rückwirkend ein Risikoausschluss** in den Vertrag aufgenommen wird. Ist nämlich zwischenzeitlich der Versicherungsfall eingetreten, so könnte der verschuldensunabhängige Risikoausschluss auch dann zu einer Leistungsfreiheit des Versicherers führen, wenn der Versicherungsnehmer lediglich mit einfacher Fahrlässigkeit oder gar schuldlos gehandelt hat. Ein Grundgedanke der VVG-Reform bestand jedoch darin, Leistungsfreiheit nur noch bei Vorsatz oder grober Fahrlässigkeit vorzusehen.[183] Zudem würde der Versicherungsnehmer im Falle des § 19 Abs. 4 S. 2 VVG schlechter stehen, als in dem Fall, in dem der Versicherer den Vertrag bei Kenntnis der nicht angezeigten Umstände überhaupt nicht geschlossen hätte. Das dann bestehende Kündigungsrecht (§ 19 Abs. 3 S. 2 VVG) würde nämlich keine Leistungsfreiheit für einen bereits eingetretenen Versicherungsfall zur Folge haben.[184] Aus diesem Grund wird vorgeschlagen, § 19 Abs. 4 S. 2 VVG **teleologisch zu reduzieren**, so dass ein rückwirkender Eintritt der Leistungsfreiheit nur bei vorsätzlicher oder grob fahrlässiger Verletzung der Anzeigepflicht eintreten darf. Bei einem geringeren Verschuldensgrad soll der Risikoausschluss dagegen nur für die Zukunft eingreifen.[185] Die **Gegenansicht** führt überzeugend an, dass eine teleologische Reduktion eine Besserstellung des einfach fahrlässig handelnden Versicherungsnehmers gegenüber dem Versicherungsnehmer, der seine Anzeigepflicht ordnungsgemäß erfüllt hat, zur Folge hätte. Letzterer wäre nämlich von vornherein mit einem Risikoausschluss belastet.[186]

4. Voraussetzungen für die Geltendmachung der Rechte des Versicherers

a) Belehrung und Unkenntnis des Versicherers

818 Gem. § 19 Abs. 5 S. 1 VVG stehen dem Versicherer die Rechte aus den Abs. 2–4 nur zu, wenn er den Versicherungsnehmer durch gesonderte Mitteilung in

---

183 Reg.Begr. BT-Drs. 16/3945, S. 49.

184 *Looschelders*, in: Looschelders/Pohlmann, § 19 Rn. 67.

185 *Looschelders*, in: Looschelders/Pohlmann, § 19 Rn. 67; *Marlow*, in: Marlow/Spuhl, Rn. 187; *Schimikowski*, r+s 2009, 353, 355.

186 *Prölss*, in: Prölss/Martin, § 19 Rn. 56; *Wandt*, Rn. 807.

Textform auf die Folgen einer Anzeigepflichtverletzung hingewiesen hat. Nach einer Ansicht muss die Belehrung in einem **separaten Schriftstück** zusätzlich zum Fragenkatalog erfolgen.[187] Dafür spreche, dass das VVG an mehreren Stellen zwischen einer gesonderten Mitteilung in Textform und einem auffälligen Hinweis im Versicherungsschein differenziert (vgl. § 51 Abs. 1, 52 Abs. 1 VVG) und § 19 Abs. 5 S. 1 VVG nur von gesonderter Mitteilung in Textform spricht.[188]

Nach der Gegenansicht genügt ein **hervorstechender Hinweis** im Antrags- 819
formular, z.B. durch Farbe oder Schriftgröße.[189] Dafür wird angeführt, dass der Warnfunktion besser Genüge getan werde, wenn der Hinweis im Antragsformular selbst enthalten und dort hervorgehoben ist.[190] Diese Auffassung ist vorzugswürdig, da nicht formale Kriterien, sondern der Zweck der Hinweispflicht im Vordergrund stehen sollten (s. auch Rn. 766f. für die gesonderte schriftliche Erklärung i.S. von § 6 Abs. 3 VVG und Rn. 1566 zu § 28 Abs. 4 VVG). Der Versicherungsnehmer wird aber besser gewarnt, wenn ihm die Folgen seiner Anzeigepflichtverletzung in räumlichem Zusammenhang mit den Fragen in hervorstechender Art und Weise verdeutlicht werden.[191]

Was den **Zeitpunkt** der Belehrung angeht, so muss der Hinweis so rechtzeitig 820
erfolgen, dass der Versicherungsnehmer seine Anzeigeobliegenheit noch erfüllen kann.[192] Zweifelhaft ist, an welchem räumlichen **Standort** innerhalb des Fragebogens die Belehrung abgedruckt sein muss. Nach verbreiteter Ansicht muss der Hinweis vor den Fragen stehen.[193] Dafür wird vorgebracht, dass für den Versicherungsnehmer bei einer Belehrung nach Fragestellung eine psychologische Hürde bestehe, die falsche Anzeige offenbaren zu müssen. Eine andere Ansicht hält einen Hinweis im Anschluss an die Fragen bei der **Unterschriftsleiste** für erforderlich.[194] Dies wird damit begründet, dass oft der Vermittler die Fragebögen ausfülle und dem Versicherungsnehmer das Formular erst danach vorgelegt werde. Bei diesem Ablauf werde die Kenntnis des Versicherungsnehmers besser gewährleistet, wenn der Hinweis bei der Unterschriftsleiste erfolge. Zum Teil werden auch **beide Positionierungen** der Belehrung für möglich erachtet.[195] Letzteres erscheint zutreffend, da der Gesetzgeber insoweit keine Vorgaben macht und es allein darauf ankommt, dass der Versicherungsnehmer den Hinweis sehen kann, bevor er seine Vertragserklärung abgibt.

---

187 *Neuhaus*, r+s 2008, 45, 52; *Reusch*, VersR 2007, 1313, 1319f.; *Rolfs*, in: Bruck/Möller, § 19 Rn. 115.

188 *Neuhaus*, r+s 2008, 45, 52.

189 *Looschelders*, in: Looschelders/Pohlmann, § 19 Rn. 70; *Marlow*, in: Marlow/Spuhl, Rn. 198; *Schimikowski*, r+s 2009, 353, 356.

190 *Marlow*, in: Marlow/Spuhl, Rn. 198; LG Dortmund VersR 2010, 465, 466.

191 LG Dortmund VersR 2010, 465, 466.

192 *Looschelders*, in: Looschelders/Pohlmann, § 19 Rn. 69.

193 *Marlow*, in: Marlow/Spuhl, Rn. 194; VersRHdb./*Knappmann*, § 14 Rn. 8.

194 LG Dortmund VersR 2010, 465, 466f.

195 LG Köln VersR 2011, 336, 337; *Looschelders*, in: Looschelders/Pohlmann, § 19 Rn. 70; *Tschersich*, r+s 2012, 53, 56.

821 In **inhaltlicher Hinsicht** erfordert § 19 Abs. 5 S. 1 VVG, dass auf die Folgen der Anzeigepflichtverletzung hingewiesen wird. Über die Voraussetzungen der einzelnen Rechte des Versicherers muss dagegen nicht belehrt werden.[196] Eine inhaltlich vollständige Belehrung verlangt jedoch, dass auch die Möglichkeit einer Leistungsfreiheit wegen nachträglichen Einfügens eines Risikoausschlusses deutlich gemacht wird.[197] Hingegen genügt eine bloße Wiedergabe des Wortlauts von § 19 VVG angesichts der Warnfunktion der Belehrung nicht.[198] Auf das Recht des Versicherers zur Anfechtung bei arglistiger Täuschung (§ 22 VVG i.V.m. § 123 BGB) muss im Rahmen der nach § 19 Abs. 5 S. 1 VVG erforderlichen Belehrung nicht hingewiesen werden.[199] Zudem ist eine fehlerhafte Belehrung gegenüber einem arglistig handelnden Versicherungsnehmer unschädlich.[200]

822 Nach § 19 Abs. 5 S. 2 VVG sind die Rechte des Versicherers ausgeschlossen, wenn er positive **Kenntnis** von dem nicht angezeigten Gefahrumstand oder der Unrichtigkeit der Anzeige hatte. Ein Kennenmüssen steht der Kenntnis nicht gleich.[201]

b) Rechtzeitige Geltendmachung

823 Nach § 21 Abs. 1 S. 1 VVG muss der Versicherer die ihm nach § 19 Abs. 2 S. 4 zustehenden Rechte innerhalb eines Monats schriftlich geltend machen. Diese **Monatsfrist** beginnt, wenn der Versicherer von der Verletzung der Anzeigepflicht, die das von ihm geltend gemachte Recht begründet, Kenntnis erlangt (§ 21 Abs. 1 S. 2 VVG). Der Versicherer muss dabei die Umstände angegeben, auf die er seine Erklärung stützt.

824 Der Versicherer darf gem. § 21 Abs. 1 S. 2 Halbs. 2 VVG auch nachträglich weitere Umstände zur Begründung seiner Erklärung angeben, wenn für diese die Frist nach § 21 Abs. 1 S. 1 VVG nicht verstrichen ist (s. dazu Rn. 828ff.).

825 § 21 Abs. 3 VVG sieht vor, dass die Rechte des Versicherers nach Ablauf einer **Frist** von fünf (bei vorsätzlichem oder arglistigem Fehlverhalten: zehn) Jahren nach Vertragsschluss erlöschen. Dies gilt freilich nicht für **Versicherungsfälle**, die vor Ablauf der jeweiligen Frist eingetreten sind. Damit soll verhindert werden, dass der Versicherungsnehmer mit der Anzeige des Versicherungsfalls bewusst abwartet, um ein Erlöschen der Rechte des Versicherers zu erreichen.[202]

196 *Looschelders*, in: Looschelders/Pohlmann, § 19 Rn. 71; *Prölss*, in: Prölss/Martin, § 19 Rn. 75; *Schimikowski*, r+s 2009, 353, 356; a.A. VersRHdb./*Knappmann*, § 14 Rn. 9.

197 LG Dortmund VersR 2010, 465, 467.

198 *Looschelders*, in: Looschelders/Pohlmann, § 19 Rn. 71; *Marlow*, in: Marlow/Spuhl, Rn. 205; a.A. *Prölss*, in: Prölss/Martin, § 19 Rn. 75.

199 *Looschelders*, in: Looschelders/Pohlmann, § 19 Rn. 72; *Marlow*, in: Marlow/Spuhl, Rn. 193; a.A. *Lange*, r+s 2008, 56, 58.

200 *Prölss*, in: Prölss/Martin, § 19 Rn. 75; HK-VVG/*Schimikowski*, § 19 Rn. 45; a.A. VersRHdb./*Knappmann*, § 14 Rn. 12.

201 Vgl. hierzu *Looschelders*, in: Looschelders/Pohlmann, § 19 Rn. 73f.

202 *Looschelders*, in: Looschelders/Pohlmann, § 21 Rn. 25; *Prölss*, in: Prölss/Martin, § 21 Rn. 31.

Diese in § 21 Abs. 3 S. 1 Halbs. 2 normierte Ausnahme gilt auch für die in § 21 Abs. 3 S. 2 vorgesehene Zehnjahresfrist.[203] In der Krankenversicherung muss der Versicherer die Rechte innerhalb von drei Jahren geltend machen (§ 194 Abs. 1 S. 4 VVG).

II. Ausübung mehrerer Gestaltungsrechte

Problematisch ist, inwiefern der Versicherer einzelne **Gestaltungsrechte nebeneinander** ausüben kann. Die verschiedenen Rechte haben unterschiedliche Rechtsfolgen, die teils miteinander unvereinbar sind. So lässt sich die Ausübung eines Rücktritts- oder Kündigungsrechts, die zumindest für die Zukunft zur Vertragsbeendigung führt, nicht mit der Geltendmachung eines Vertragsanpassungsrechts in Einklang bringen, da letztere gerade den Fortbestand des Vertragsverhältnisses voraussetzt. Allerdings vermag der Versicherer dann, wenn er von einer Anzeigepflichtverletzung erfährt, nicht stets eindeutig abzuschätzen, welcher Verschuldensgrad dem Versicherungsnehmer zur Last fällt. Davon hängen aber, wie aufgezeigt, die verfügbaren Gestaltungsrechte entscheidend ab. Zugleich hat der Versicherer Ausübungsfristen einzuhalten. Daher ist ihm eine **hilfsweise Geltendmachung** von Gestaltungsrechten – etwa einer Vertragsanpassung bei vorrangig erklärtem Rücktritt – zu gestatten.[204] 826

Nach § 32 VVG kann nicht zu Lasten des Versicherungsnehmers von den Vorschriften der §§ 19ff. VVG abgewichen werden; es handelt sich mithin um **halbzwingende Normen** (s. dazu allgemein Rn. 523ff.). 827

III. Nachschieben von Gründen

Nach § 21 Abs. 1 S. 3 VVG muss der Versicherer bereits bei der Ausübung seiner Rechte dem Versicherungsnehmer die **Gründe** mitteilen, auf die er sich stützt. 828

Beispiel: Wenn Lebensversicherer L die Beantwortung einer Frage nach ärztlichen Behandlungen wegen Atemwegserkrankungen durch Antragsteller A für unzutreffend hält, so muss er dies konkret angeben. 829

Freilich erlaubt § 21 Abs. 1 S. 3 Halbs. 2 VVG es dem Versicherer, zur Begründung nachträglich weitere Umstände zu benennen. Ein solches **Nachschieben von Gründen** kann etwa dann praktisch bedeutsam sein, wenn der Versicherer erst im Zuge weiterer Recherchen erfährt, dass der Versicherungsnehmer auch in anderer Hinsicht unrichtige Angaben gemacht hat. 830

Beispiel: In dem Beispiel von Rn. 829 erfährt L, nachdem er vom Vertrag unter Hinweis auf die falsche Beantwortung der Frage zu den Atemwegserkrankungen zurückgetreten ist, dass A auch ärztliche Behandlungen wegen einer Herzerkrankung nicht angezeigt hat. 831

---

203 *Looschelders*, in: Looschelders/Pohlmann, § 21 Rn. 26; HK-VVG/*Schimikowski*, § 21 Rn. 22; a.A. *Rolfs*, in: Bruck/Möller, § 21 Rn. 51.

204 Details str.; s. VersRHdb./*Knappmann*, § 14 Rn. 80ff., 91.

832 Möglicherweise rechtfertigen es erst und nur jene **weiteren Gründe**, das vom Versicherer bereits allein oder vorrangig (s. Rn. 826) ausgeübte Gestaltungsrecht wahrzunehmen.

833 Nach dem Wortlaut von § 21 Abs. 1 S. 3 Halbs. 2 VVG ist es unklar, ob ein solches Nachschieben von Gründen lediglich zur **Untermauerung des konkreten Tatbestands**, auf den der Versicherer sich beruft, möglich ist. Die gesetzliche Regelung lässt sich dahingehend verstehen, dass der 2. Halbsatz das im 1. Halbsatz geregelte strenge Erfordernis, wonach der Versicherer die Umstände bereits bei Ausübung seiner Rechte angeben muss, lediglich insoweit lockert. Nach dem Wortlaut lässt sich das Gesetz aber auch so begreifen, dass zur Begründung nunmehr **völlig andere Umstände** nachgeschoben werden können, die einen Rücktritt rechtfertigen.

834 Nach der Gesetzesbegründung soll dem Versicherer durch § 21 Abs. 1 S. 3 Halbs. 2 VVG ein fristgerechtes Nachschieben von Gründen gestattet werden, um eine Überfrachtung der Erklärung zu vermeiden.[205] „Umstände" sind daher z.B. im Falle eines Rücktritts echte Rücktrittsgründe und nicht nur tatsächliche Erläuterungen eines bereits angegebenen Rücktrittsgrundes; andernfalls könnte ein einmal erklärter Rücktritt nämlich gar nicht mehr auf neue Rücktrittsgründe gestützt werden. Umstritten ist jedoch, worauf sich die **Formulierung „für diese"** bezieht. Nach einer Ansicht ist damit die **Erklärung des Versicherers** gemeint. Dies habe zur Folge, dass weitere Gründe nur innerhalb der ursprünglichen Frist für die bereits ausgeübte Erklärung nachgeschoben werden können. Ist die Frist verstrichen, so muss der Versicherer mithin das jeweilige Gestaltungsrecht noch einmal ausüben.[206] Nach der Gegenansicht beziehen sich die Wörter „für diese" auf die **„weiteren Umstände"**. Danach beginnt die Frist für den nachgeschobenen Grund mit Kenntnis von dem jeweiligen Grund. Eine erneute Erklärung ist dann nicht notwendig.[207] Letzteres erscheint zutreffend, freilich mit der Maßgabe, dass der ursprünglich vorgebrachte Grund mit dem nachgeschobenen in einem inneren Zusammenhang steht (s. Rn. 836).

835 Praktische Bedeutung hat dies insbesondere dann, wenn der **Versicherungsfall** nach Ausübung des Rechts, aber vor Mitteilung des zweiten und allein tragfähigen Umstands eintritt. Dann kommt es darauf an, ob der bereits erklärte Rücktritt oder die erklärte Kündigung wirksam sind oder nicht. Ein späterer Rücktritt könnte nach Maßgabe von § 21 Abs. 2 VVG die Leistungspflicht wegen eines zwischenzeitlich eingetretenen Versicherungsfalls unberührt lassen, und eine spätere Kündigung würde erst ab dem Zeitpunkt ihrer Ausübung das Vertragsverhältnis beenden. Die Gesetzesbegründung klärt die Frage nicht; sie verweist lediglich darauf, dass die Erklärung des Versicherers nicht „überfrachtet" und dem Versicherer die Möglichkeit gegeben werden soll, „zusätzliche Er-

---

205 Reg. Begr. BT-Drs. 16/3945, S. 66.

206 *Lange*, r+s 2008, 56, 60; HK-VVG/*Schimikowski*, § 21 Rn. 12.

207 *Marlow*, in: Marlow/Spuhl, Rn. 217; *Muschner*, in: MünchKomm-VVG, § 21 Rn. 42ff.; *Prölss*, in: Prölss/Martin, § 21 Rn. 11; *Wandt*, Rn. 815.

kenntnisse, die für das von ihm geltend gemachte Recht relevant sind"[208], anzuführen.

Sachgerecht erscheint es, die Regelung so zu verstehen, dass **lediglich eine Konkretisierung** (Untermauerung) des zunächst vorgebrachten Grundes nachgeschoben werden kann. Anderenfalls könnte der Versicherer daraus einen Vorteil erlangen, dass er zunächst gleichsam „ins Blaue hinein" eine Anzeigepflichtverletzung vorbringt und das bereits ausgeübte Gestaltungsrecht später auf ganz andere Umstände stützt. Die weiteren Gründe gehen dem Versicherer nicht verloren, nur muss er das Gestaltungsrecht dann, wenn er sie vorbringt, neu geltend machen, und zwar innerhalb der Frist des § 21 Abs. 3 VVG. 836

Beispiel: Der Versicherer erklärt den Rücktritt unter Hinweis darauf, dass der Versicherungsnehmer die Frage, ob er in den letzten drei Jahren Medikamente eingenommen hat, unzutreffend verneint hat, da er in Wahrheit Schmerzmittel einnahm. Nunmehr erfährt der Versicherer, dass der Versicherungsnehmer im maßgeblichen Zeitraum auch Herzmedikamente eingenommen hat. Diesen Umstand kann er binnen eines Monats ab Kenntniserlangung nachschieben; möglicherweise wird erst dadurch die gem. § 19 Abs. 2 S. 1 VVG erforderliche grobe Fahrlässigkeit oder die Kausalität begründet. Hingegen kann der Versicherer den bereits erklärten Rücktritt nun nicht (auch) darauf stützen, dass der Versicherungsnehmer auch die weitere Frage nach Drogenkonsum unzutreffend beantwortet hat. Dieser Umstand kann vielmehr allein zur Begründung einer neuen Rücktrittserklärung angeführt werden. 837

D. Verhältnis zu den bürgerlich-rechtlichen Regeln

I. Anfechtung durch den Versicherer

Nach § 22 VVG lassen die Regeln über die Anzeigepflicht das Recht des Versicherers unberührt, den Vertrag wegen **arglistiger Täuschung (§ 123 BGB)** anzufechten (s. Rn. 911). Im Umkehrschluss ergibt sich aus § 22 VVG, dass eine Anfechtung des Versicherers wegen eines nicht durch arglistige Täuschung hervorgerufenen **Irrtums über Gefahrumstände** (§ 119 BGB) **ausgeschlossen** ist (s. Rn. 909). 838

II. Culpa in contrahendo (§§ 280 Abs. 1, 311 Abs. 2, 241 Abs. 2 BGB)

Klärungsbedürftig ist auch das Verhältnis der §§ 19ff. VVG zu den Regeln der **culpa in contrahendo** (§§ 280 Abs. 1, 311 Abs. 2, 241 Abs. 2 BGB). 839

Beispiel:[209] Grundstückseigentümer A beantwortet im Antragsformular des Gebäudeversicherers V die Frage nach Vorschäden am zu versichernden Ge- 840

208 BT-Drucks. 16/3945, S. 66; so bereits Abschlussbericht der VVG-Kommission, 2004, VersR-Schriften 25, S. 311.
209 Nach BGH VersR 2007, 630 m. zust. Anm. *Armbrüster*, LMK 2007, 223881.

bäude unvollständig, indem er lediglich einen kleinen Sturmschaden (300 €), nicht aber einen vom Vorversicherer durch Zahlung von 12.000 € regulierten Wasserschaden angibt. Kurze Zeit nach Vertragsschluss zeigt A dem V einen Wasserschaden an, den V in Höhe von 8.000 € reguliert; später stellte sich heraus, dass dieser Schaden überwiegend mit dem früheren Wasserschaden identisch ist. Nunmehr verlangt A von V aus der Gebäude- und einer zwischenzeitlich abgeschlossenen Hausratversicherung 320.000 € wegen eines Brandes. V ficht daraufhin beide Verträge an. Die Vorinstanz lässt die Wirkung der Anfechtung offen und weist das Klagebegehren als unzulässige Rechtsausübung (§ 242 BGB) zurück, da dem V in gleicher Höhe ein Schadensersatzanspruch aus culpa in contrahendo zustehe.

841 Der BGH betont, dass die §§ 19ff. VVG die Verletzung der vorvertraglichen Anzeigepflicht abschließend sanktionieren. Neben den speziell versicherungsrechtlichen Rechtsfolgen (Prämienerhöhung, Kündigung, Rücktritt) steht V insoweit über die Verweisung in § 22 VVG auch die Arglistanfechtung offen. Nähme man daneben einen Anspruch aus culpa in contrahendo an, so würde die gesetzgeberische Wertung hinsichtlich der Rechtsfolgen, die eine Verletzung der vorvertraglichen Anzeigepflicht nach sich zieht, unterlaufen. Darüber hinaus zeigt gerade die nur teilweise Verweisung in § 22 VVG auf die bürgerlichrechtlichen Anfechtungsregeln, dass der Gesetzgeber die §§ 19ff. VVG grundsätzlich als **abschließende Spezialvorschriften** ansieht.[210]

842 Die in Rn. 841 dargelegte Spezialität betrifft allein die Obliegenheit aus § 19 Abs. 1 VVG. Sofern es um die Verletzung von **anderen Verhaltensregeln** geht, etwa um den Verstoß gegen ein Schutzgesetz oder um eine vorsätzliche sittenwidrige Schädigung (§§ 823 Abs. 2, 826 BGB), ist ein Schadensersatzanspruch in Betracht zu ziehen, der ein Leistungsverweigerungsrecht des Versicherers auslöst. Praktisch bedeutsam kann dies etwa im Hinblick auf einen betrügerisch verursachten Schaden werden (§ 263 StGB als Schutzgesetz i.S. von § 823 Abs. 2 BGB). Interessant sind solche Ansprüche für V auch dann, wenn die Jahresfrist des § 124 BGB für die Arglistanfechtung verstrichen ist.

843 Nicht zu erörtern hatte der BGH in dem Beispielsfall von Rn. 840 die umstrittene Frage, ob ein Schadensersatzanspruch aus culpa in contrahendo trotz grundsätzlicher Spezialität der §§ 19ff. VVG zumindest insoweit in Betracht kommt, als es nicht allein wie hier um das Leistungsverweigerungsrecht, sondern um einen **darüber hinausreichenden Schaden** des V geht. Richtigerweise ist dies zu bejahen.[211] Die in den §§ 19ff. VVG vorgesehenen Sanktionen sollen dem Versicherer nämlich die Korrektur der aufgrund unzutreffender Angaben eingegangenen Bindung ermöglichen, nicht jedoch einen davon unabhängig eingetretenen Schaden ausgleichen. Die Spezialität kommt mithin insoweit nicht zum Tragen.

---

210 BGH VersR 1984, 630, 631; bestätigt durch BGH VersR 2007, 630 Rn. 14.
211 *Prölss*, in: Prölss/Martin, §§ 16, 17 Rdnr. 47; a. A. BK/*Voit*, § 16 Rdnr. 106.

§ 19 Begründung des Versicherungsverhältnisses

Literatur

Armbrüster, Das allgemeine Widerrufsrecht im neuen VVG, r+s 2008, 493; *ders.*, „Ewige" Widerrufsrechte und ihre Rechtsfolgen, VersR 2012, 513; *Gaul*, Zum Abschluss des Versicherungsvertrags, VersR 2007, 21; *Kins*, Der Abschluss des Versicherungsvertrages, 2010; *Klimke*, Analoge Anwendung des § 5 VVG bei Vertragsschlüssen nach dem „Invitatio-Modell", VersR 2011, 1244; *Leverenz*, Vertragsschluss nach der VVG-Reform, 2008 (zit.: Vertragsschluss); *Maenner*, Theorie und Praxis der Rückwärtsversicherung, 1986; *Schimikowski*, Abschluss des Versicherungsvertrags nach neuem Recht, r+s 2006, 441; *Schirmer/Sandkühler*, VVG-Reform: Vertragsschlussmodelle und ihre Bedeutung für das Maklergeschäft, ZfV 2007, 771; *Stockmeier*, Das Vertragsabschlussverfahren nach neuem VVG, VersR 2008, 717; *Wandt/Ganster*, Die Rechtsfolgen des Widerrufs eines Versicherungsvertrags gem. § 9 VVG 2008, VersR 2008, 425; *dies.*, Zur Harmonisierung von Versicherungsbeginn und Prämienfälligkeit durch AVB im Rahmen des VVG 2008, VersR 2007, 1034; *D. Wendt*, Zum Widerruf im Versicherungsvertragsrecht, 2013.

A. Abschluss des Vertrages

I. Überblick

Der Abschluss des Versicherungsvertrags vollzieht sich grundsätzlich nach den allgemeinen Regeln des Bürgerlichen Rechts. Besonderheiten ergeben sich insbesondere aus den §§ 5, 8 VVG und aus § 49 VVG. Soweit derartige Spezialvorschriften bestehen, sind daneben die Regelungen des BGB – so etwa das Widerrufsrecht bei Haustürgeschäften – nicht auf Versicherungsverträge anwendbar (vgl. § 312 Abs. 3 BGB). Die Vorschriften über den Vertragsschluss gelten grundsätzlich auch im Bereich der Pflichtversicherung, wobei ein **Kontrahierungszwang** bestehen kann (s. Rn. 601 ff.). 844

Das Gesetz unterwirft Versicherungsverträge grundsätzlich keinem **Formerfordernis**. In der Praxis wird der Vertrag gleichwohl meist schriftlich geschlossen, schon um im Streitfall seinen Abschluss und Inhalt beweisen zu können. Zudem schreibt der Gesetzgeber vor, dass der Versicherer dem Versicherungsnehmer in Textform (§ 126b BGB) rechtzeitig vor Abgabe seiner Vertragserklärung die nach § 7 Abs. 1 VVG erforderlichen **Informationen** zu erteilen hat, zu denen auch die AVB gehören (s. Rn. 783). 845

Überdies ist in einigen **speziellen Vorschriften** die Schriftform vorgesehen. Manche dieser Regelungen können bereits für den Vertragsschluss bedeutsam werden. So stellt § 213 VVG i. V. m. § 4a Abs. 1 BDSG für eine Einwilligung in die Erhebung personenbezogener Gesundheitsdaten ein Schriftformerfordernis auf. In der auf die Person eines anderen genommenen Lebensversicherung bedarf es zur Wirksamkeit des Vertrags der schriftlichen Einwilligung jener Person (§ 150 Abs. 2 S. 1 VVG; s. Rn. 1607). Entsprechendes gilt für die Unfallversicherung (§ 179 Abs. 2 S. 1 VVG). In der Praxis ist häufig vorgesehen, dass der Versicherungsnehmer die Prämien im Lastschriftverfahren begleicht. 846

Auch für die hierfür erforderliche Einzugsermächtigung ist die Schriftform erforderlich.[212]

847 Ist der Vertrag zustande gekommen, so liegt hierin der sog. **formelle Versicherungsbeginn** (Vertragsbeginn). Dabei handelt es sich mithin um den Zeitpunkt, zu dem die Annahmeerklärung ihrem Adressaten zugeht. Erfolgt der Vertragsschluss nach dem Antragsmodell (s. Rn. 850ff.), so ist dies regelmäßig der Zugang des Versicherungsscheins beim Versicherungsnehmer. Der formelle Versicherungsbeginn ist zu unterscheiden von dem Zeitpunkt, zu dem die Leistungspflicht des Versicherers einsetzt. Jener Zeitpunkt wird als **materieller Versicherungsbeginn** (Haftungsbeginn) bezeichnet. Schließlich gibt es auch noch den sog. **technischen Versicherungsbeginn**. Dieser Begriff umschreibt den Zeitpunkt, ab dem die Prämienzahlungspflicht des Versicherungsnehmers einsetzt. Dementsprechend unterscheidet man auch die formelle, die materielle und die technische **Versicherungsdauer** (Versicherungszeitraum). Die materielle Versicherungsdauer wird auch als Haftungsdauer oder Haftungszeitraum bezeichnet (s. dazu Rn. 939ff.).

848 Alle drei in Rn. 847 genannten Laufzeiten können **auseinanderfallen**. So beginnt der Haftungszeitraum keineswegs stets in dem Moment, in dem der Vertrag mit Annahme des Antrags zustande gekommen ist. Dieser Zeitpunkt wäre für die Beteiligten oft schwer abschätzbar. Dies gilt insbesondere dann, wenn der Vertragsschluss nach dem Antragsmodell erfolgt, so dass der Zugang des Versicherungsscheins maßgeblich ist (s. dazu Rn. 854). Die Rückwärtsversicherung gem. § 2 VVG bietet ein Beispiel dafür, dass der technische Versicherungsbeginn sowohl vom Vertragsschluss als auch vom Haftungsbeginn abweichen kann (zum praktischen Nutzen solcher Gestaltungen s. Rn. 968).

II. Vertragsparteien

849 Parteien des Versicherungsvertrags sind der **Versicherer** und der **Versicherungsnehmer**. Einige weitere Personen haben ein Interesse am Bestand des Versicherungsschutzes, ohne Vertragspartner des Versicherers zu sein. Hierzu zählen insbesondere der Versicherte (s. Rn. 70ff.), der Bezugsberechtigte in der Lebens- und Unfallversicherung (s. Rn. 1609), der Realgläubiger in der Gebäudeversicherung (s. Rn. 1610) oder der Geschädigte in der Haftpflichtversicherung (s. Rn. 1611).

212 Abkommen über den Lastschriftverkehr zwischen den Banken- und Sparkassenverbänden und der Deutschen Bundesbank (Lastschriftabkommen) vom November 2011 (in Kraft seit 9.7.2012; abrufbar unter www.bankenverband.de), Abschnitt I Nr. 1 lit. a.

III. Antrag und Annahme

1. Antrag

a) Antragsmodell

Den Antrag zum Abschluss eines Versicherungsvertrags stellt in der Praxis regelmäßig der **Versicherungsnehmer** (sog. **Antragsmodell**). Typischerweise wird für den Antrag ein vom Versicherer vorbereitetes Formular verwendet, das entweder der Versicherungsnehmer selbst oder ein Versicherungsvermittler (s. Rn. 632ff.) nach seinen Angaben ausfüllt. Mit dem von ihm unterzeichneten Antrag bindet der Versicherungsnehmer sich für einen gewissen Zeitraum an das Angebot. Dies folgt aus den allgemeinen Regel des Vertragsrechts: Die Bindungswirkung für den Antragsteller ergibt sich aus den §§ 145, 130 Abs. 1 BGB, die Annahmefrist aus § 147 Abs. 2 BGB. 850

Für die **Länge der Annahmefrist** ist mithin maßgeblich, bis zu welchem Zeitpunkt der Versicherungsnehmer die Antwort üblicherweise erwarten darf. Auf die Fixierung einer bestimmten Dauer, wie sie das alte Recht für die Feuerversicherung vorsah (§ 81 VVG a.F.: zwei Wochen), hat der Reformgesetzgeber verzichtet. Dem Versicherer ist eine angemessene Prüfungsfrist zuzubilligen, innerhalb derer er insbesondere die Angaben des Versicherungsnehmers in Gestalt einer **Risikoanalyse** auswertet. Je nach Komplexität und wirtschaftlicher Bedeutung des beantragten Versicherungsschutzes kann sich diese Risikoprüfung über mehrere Wochen erstrecken. Für den Versicherungsnehmer kann die damit verbundene **Ungewissheit** misslich sein, da er nicht genau weiß, zu welchem Zeitpunkt er nicht mehr an den Antrag gebunden ist und sich um anderweitigen Versicherungsschutz bemühen kann. 851

Die in Rn. 851 geschilderte Ungewissheit lässt sich dadurch vermeiden, dass der Antragende dem Adressaten eine **Annahmefrist** setzt (§ 148 BGB). Dementsprechend ist in der Praxis im Antragsformular oft vorgesehen, dass der Antragsteller für einen bestimmten Zeitraum an seinen Antrag gebunden ist. Dies bedeutet zugleich, dass der Versicherer den Antrag nur innerhalb dieser Frist annehmen kann. Sofern dies nicht geschieht, erlischt der Antrag gem. §§ 146, 148 BGB. Eine **verspätete Annahme** ist nach § 150 Abs. 1 BGB als neuer Antrag, und zwar nunmehr: als ein solcher des Versicherers, anzusehen. 852

Erklärt der Versicherer die Annahme unter **Änderungen** gegenüber dem Antrag (z.B. mit einem Risikoausschluss), so ist eine wichtige Besonderheit zu beachten: Erfolgt die Annahme, indem der Versicherer den Versicherungsschein übersendet (dies ist der Regelfall; s. Rn. 854), so ist sie entgegen der allgemeinen Regel des § 150 Abs. 2 BGB nicht als Ablehnung verbunden mit einem neuen Antrag anzusehen. Vielmehr greift die Spezialvorschrift des § 5 VVG ein (s. dazu Rn. 903ff.). 853

Die **Annahme** des Antrags durch den Versicherer erfolgt üblicherweise, indem dem Versicherungsnehmer der **Versicherungsschein** übersandt wird. Möglich ist freilich auch eine andersartige Annahmeerklärung. So kann die Annah- 854 meerklärung des Versicherers **konkludent** erfolgen, etwa indem er die Erstprämie von dem im Antrag benannten Konto des Versicherungsnehmers einzieht.

855 Eine **Annahmefiktion** gilt bei der Kfz-Haftpflichtversicherung: Der Antrag gilt hier nach zwei Wochen als „zum allgemeinen Unternehmenstarif" angenommen (§ 5 Abs. 3 S. 1 PflVG). Der Versicherer kann diese Rechtsfolge nur abwenden, indem er binnen zwei Wochen entweder den Antrag schriftlich ablehnt oder dem Antragsteller wegen nachweislich höherer Gefahr ein vom allgemeinen Unternehmenstarif abweichendes schriftliches Angebot übermittelt. Diese Sonderregel stellt eine Ausnahme von dem Grundsatz dar, dass Schweigen im Rechtsverkehr keine Bindungswirkung erzeugt. Sie beruht auf dem Umstand, dass die Benutzung eines Kfz im Straßenverkehr vom Bestehen einer Haftpflichtversicherung abhängt und es daher für den Versicherungsnehmer hier besonders bedeutsam ist, es innerhalb einer überschaubaren Frist zu erfahren, wenn sein Antrag abgelehnt wird.

b) Weitere Vertragsschlussmodelle

856 **aa) Grundlagen.** Die übliche Praxis, wonach der Antrag vom Versicherungsnehmer gestellt wird, liegt auch dem VVG als Regelfall zugrunde (vgl. §§ 8 Abs. 2 S. 1 Nr. 1, 19 Abs. 1 S. 2, 33 Abs. 1 VVG). Zwingend vorgeschrieben ist dies freilich nicht. Dementsprechend ist in der Praxis eine Reihe von **anderen Vertragsschlussmodellen** anzutreffen.[213] Der wirtschaftliche Hintergrund für derartige Abweichungen von dem gesetzlichen Regelmodell ist insbesondere in den umfangreichen Informationspflichten gem. § 7 VVG (s. Rn. 783ff.) zu sehen. Nach § 7 Abs. 1 S. 1 VVG müssen dem Versicherungsnehmer die erforderlichen, teils mehrere Dutzend Seiten umfassenden Unterlagen „rechtzeitig vor Abgabe von dessen Vertragserklärung" übermittelt werden (s. Rn. 790). Kommt es im Anschluss daran nicht zur Abgabe dieser Vertragserklärung, so erweist sich der vom Versicherer betriebene Informationsaufwand als vergebens.

857 **bb) Invitatio-Modell.** Um das Risiko vergeblichen Informationsaufwands zu begrenzen, praktizieren einige Versicherer das sog. **Invitatio-Modell.** Dabei teilt der Versicherungsinteressent – meist durch Ausfüllen eines einem Antragsformular ähnelnden Formulars – dem Versicherer seinen Vertragswunsch mit. Hierdurch geht der Interessent noch keine Bindung ein; vielmehr handelt es sich um eine rechtlich unverbindliche invitatio ad offerendum. Der Versicherer übersendet dem Versicherungsnehmer sodann den Versicherungsschein einschließlich der nach § 7 VVG erforderlichen Informationen. Das hierin liegende Angebot bedarf sodann noch einer **Annahme durch den Versicherungsnehmer.** Diese Annahme kann ausdrücklich oder konkludent erfolgen. Letzteres kann insbesondere der Fall sein, wenn der Versicherungsnehmer die Erstprämie an den Versicherer **überweist**.

---

213 Näher *Armbrüster*, in: MünchKomm-VVG, § 7 Rn. 36ff.

Problematisch ist es, ob darüber hinaus auch schon darin eine konkludente Annahme gesehen werden kann, dass der Versicherungsnehmer gegen eine vom Versicherer vorgenommene **Prämienabbuchung** keinen Widerspruch erhebt (zum unproblematischen umgekehrten Fall, in der Abbuchung eine Annahmeerklärung des Versicherers zu sehen, s. Rn. 854). Hiergegen wird im Schrifttum vorgebracht, die Einziehungsermächtigung stehe unter der stillschweigenden aufschiebenden Bedingung, dass der Vertrag zustande kommt.[214] Man könnte zudem anführen, dass der Versicherer auch in dem Fall, dass ihm schon mit der invitatio eine Einzugsermächtigung erteilt worden ist, überhaupt erst dann eine Prämie einziehen darf, wenn diese fällig ist; letzteres setzt aber das Zustandekommen eines Vertrags voraus. Freilich könnte der Versicherer die Fälligkeit selbst herbeiführen, indem er durch die Einziehung das Vertragsangebot annimmt. Das Zustandekommen des Vertrags einschließlich der Einziehungsermächtigung und das Fälligwerden der (ersten) Prämie würden dann in derselben juristischen Sekunde zusammenfallen. Indessen spricht entscheidend dagegen, im schlichten Nichteinschreiten gegen die Abbuchung eine Annahmeerklärung zu sehen, dass in diesem Fall **kein aktives Verhalten** des Versicherungsnehmers vorliegt, mit dem er seinen Willen zum Vertragsschluss bekundet.[215] Der – womöglich unbemerkten – Hinnahme einer Prämieneinziehung kommt nicht der Erklärungswert zu, dass der Antrag des Versicherers angenommen werden soll. Um den mit einer konkludenten Annahmeerklärung verbundenen Ungewissheiten zu entgehen, kann der Versicherer in seinen AVB eine **Annahmefiktion** vorsehen.[216] Allerdings sind insoweit die Vorgaben des § 308 Nr. 5 BGB zu beachten. Demnach muss dem Antragsteller eine angemessene Frist zur Abgabe einer ausdrücklichen Erklärung gesetzt werden; zudem bedarf es eines besonderen Hinweises auf die Rechtsfolgen des Schweigens. 858

Beim Invitatio-Modell stellt sich eine Reihe von Rechtsfragen. So kann man dann, wenn der Versicherungsnehmer bereits in dem von ihm zunächst übermittelten „Interessebekundungsformular" weit reichende Erklärungen abgibt, durchaus bezweifeln, ob es sich noch um eine **ohne jeglichen Bindungswillen** erfolgte Äußerung handelt. Dies gilt etwa dann, wenn darin bereits eine Entbindung von der ärztlichen Schweigepflicht erklärt oder eine Einzugsermächtigung erteilt wird. In solchen Fällen kann eine Gesamtbetrachtung ergeben, dass in Wahrheit schon ein Antrag vorliegt. 859

Hinsichtlich der Angebotserklärung des Versicherers erscheint es nicht unbedenklich, wenn – wie es einer verbreiteten Praxis entspricht – dem Versicherungsnehmer bereits ein **Versicherungsschein** übersandt wird, ohne dass dessen Annahmeerklärung vorliegt. Hier kann es zu einer Verunsicherung des Versicherungsnehmers darüber kommen, ob und zu welchem Zeitpunkt eine Bindung eintritt. Dies gebietet es, dass der Versicherer, wenn er dem Versiche- 860

---

214 *Wandt*, Rn. 254.
215 S. hierzu *Gaul*, VersR 2007, 21, 24ff.; *Stockmeier*, VersR 2008, 717, 719.
216 A.A. offenbar *Wandt*, Rn. 254.

rungsnehmer bereits vor Eintritt der Bindung einen Versicherungsschein übersendet, dabei deutlich darauf hinweist, dass der Vertrag erst mit der Annahme durch den Versicherungsnehmer zustande kommt.[217] Schließlich ergibt sich auch daraus, dass § 8 Abs. 2 Nr. 1 VVG auf das Antragsmodell (s. Rn. 850ff.) zugeschnitten ist, ein Problem: Wendet man jene auf die Zusendung des Versicherungsscheins abstellende Norm wörtlich an, so beginnt die Widerrufsfrist bereits zu einem Zeitpunkt, zu dem der Vertrag noch gar nicht zustande gekommen ist. Dies widerspräche dem Grundsatz, dass die Widerrufsfrist frühestens im Zeitpunkt des Vertragsschlusses beginnen kann (s. dazu Rn. 881, auch zu den Vorgaben der Fernabsatzrichtlinie). Zudem bezieht sich das Widerrufsrecht nach § 8 Abs. 1 S. 1 VVG auf die Vertragserklärung des Versicherungsnehmers, die bei Zusendung des Versicherungsscheins noch gar nicht vorliegt. Man wird daher § 8 Abs. 2 Nr. 1 VVG beim Vertragsschluss nach dem Invitatio-Modell so auszulegen haben, dass die Frist erst mit Zugang der Annahmeerklärung des Versicherungsnehmers beim Versicherer beginnt.

861 **cc) Policenmodell.** Bis zur VVG-Reform war in der Praxis das **Policenmodell** der Regelfall; durch § 5a Abs. 1 S. 1 VVG a.F. wurde es ausdrücklich ermöglicht.[218] Dabei stellt der Versicherungsnehmer den Antrag; er erhält die AVB nebst Informationen jedoch erst mit der Übersendung des Versicherungsscheins (Police; zur Terminologie s. Rn. 161), in der die Annahmeerklärung des Versicherers liegt. Ein Vertragsschluss nach dem Policenmodell ist, seit die Neuregelung in § 7 VVG eine Mitteilung der AVB vor Abgabe der Vertragserklärung des Versicherungsnehmers vorschreibt, praktisch nur noch in den Ausnahmefällen des § 7 Abs. 1 S. 3 VVG durchführbar (s. Rn. 785, 792). Nach **altem Recht** stand dem Versicherungsnehmer dann, wenn er die Verbraucherinformation bei Vertragsschluss nicht oder nicht vollständig erhalten hatte, ein Widerspruchsrecht zu. Übte er dieses aus, so wurde der Vertrag nicht wirksam; ließ er die Widerspruchsfrist hingegen ungenutzt verstreichen, so wurde der zuvor schwebend unwirksame Vertrag rückwirkend wirksam. Diese Regelung in **§ 5a VVG a.F.** ist in Zusammenhang mit § 10a VAG a.F. zu sehen. Nach jener (systemwidrig im Aufsichtsrecht angesiedelten; s. Rn. 460) Vorschrift hatte der Versicherer dem Versicherungsnehmer vor Vertragsschluss eine Verbraucherinformation einschließlich der AVB in schriftlicher Form zu übermitteln. Diese Vorgabe beruhte auf Art. 31 der Dritten Richtlinie Lebensversicherung.[219]

862 Auch nach der **VVG-Reform** hat sich der Streit darüber fortgesetzt, ob der Vertragsschluss im Policenmodell nach § 5a VVG a.F. den genannten **europarechtlichen Anforderungen** genügt. Im Kern geht es darum, ob das nach § 5a VVG a.F. bestehende Widerspruchsrecht, das dem Versicherungsnehmer eine Beseitigung der durch das Unterbleiben eines Widerspruchs aufschiebend be-

217 *Armbrüster*, in: MünchKomm-VVG, § 7 Rn. 41.
218 S. dazu *E. Lorenz*, ZVersWiss 1995, 103ff.
219 92/96/EWG, ABl. EG 1992 L 360.

dingten vertraglichen Bindung ermöglicht, der Richtlinienvorgabe entspricht, wonach der Versicherungsnehmer bis zur Übermittlung der Verbraucherinformation nicht gebunden sein soll. Nach dem Konzept des § 5a VVG a.F. muss der Versicherungsnehmer, um die Bindung zu beseitigen, **aktiv tätig werden**, indem er den Widerspruch erklärt. Dies genügt nach teils vertretener Ansicht nicht den europarechtlichen Vorgaben,[220] während die überwiegende Meinung zutreffend darauf abstellt, dass der Versicherungsnehmer in Übereinstimmung mit den Richtlinienvorgaben nach Erhalt der Verbraucherinformation frei entscheiden kann, ob er die Bindung eingehen will oder nicht.[221]

Im Jahr 2012 hat der BGH eine mit dieser Thematik zusammenhängende Frage dem EuGH in einem **Vorabentscheidungsverfahren** vorgelegt. Dabei geht es um die Situation, dass der Versicherer über das Widerspruchsrecht nicht ausreichend belehrt hat.[222] Aus dem Vorlagebeschluss geht hervor, dass der BGH eine richtlinienkonforme Auslegung von § 5a Abs. 2 S. 4 VVG a.F. für möglich hält.[223] Die Generalanwältin beim EuGH *E. Sharpston* bejaht hingegen einen Verstoß.[223a] Die Thematik ist für zahlreiche bis zur VVG-Reform geschlossene Verträge praktisch bedeutsam, da eine etwaige Europarechtswidrigkeit des Policenmodells zu einem „ewigen Widerspruchsrecht" führen kann (zu den damit verbundenen Problemen s. Rn. 887ff.). 863

2. Annahme

Die Annahme durch den Versicherer erfolgt beim Antrags- oder Policenmodell meist konkludent durch Übersendung des **Versicherungsscheins.**[224] Schweigen begründet auch hier grundsätzlich keine Rechtswirkung i.S. einer Annahme. Eine Ausnahme gilt gem. § 5 Abs. 3 PflVG für die Kfz-Haftpflichtversicherung. Danach gilt der Antrag als angenommen, wenn ihn der Versicherer nicht innerhalb von zwei Wochen schriftlich ablehnt (s. Rn. 855). Unter Umständen kann sich in Einzelfällen (insbesondere bei Änderungen schon bestehender Vertragsverhältnisse) aus der gegenseitigen Rücksichtnahme- und Fürsorgepflicht (Kooperationsgebot; s. Rn. 245ff.) eine **Pflicht des Versicherers zur Annahme** eines Antrages oder jedenfalls – bei fehlendem Annahmewillen – zu dessen **unverzüglicher Ablehnung** ergeben.[225] In beiden Fällen wird dadurch für den Versicherungsnehmer die aus dem Schwebezustand folgende Ungewissheit beseitigt; er kann sich dann erforderlichenfalls rasch um anderweitigen Versicherungsschutz bemühen. 864

220 Vgl. *Dörner/Hoffmann*, NJW 1996, 153, 154ff. (für Verfassungswidrigkeit).
221 OLG Düsseldorf VersR 2001, 837, 838; OLG Frankfurt VersR 2005, 631, 632; OLG Stuttgart VersR 2012, 1373, 1374f.; *E. Lorenz*, VersR 1995, 616; *Wandt*, Rn. 300.
222 BGH VersR 2012, 608 Rn. 7.
223 So auch das Verständnis des OLG Stuttgart VersR 2012, 1373, 1374.
223a Schlussanträge vom 11.7.2013, BeckRS 2013, 81465.
224 BGH NJW 1976, 289, 290.
225 *Wandt*, Rn. 255.

3. Abweichung der Annahme vom Antrag

865 Weicht die Annahmeerklärung des Versicherers vom Antrag des Versicherungsnehmers ab, wäre dies nach den allgemeinen Regeln als Ablehnung verbunden mit einem neuen Antrag des Versicherers anzusehen (§ 150 Abs. 2 BGB). Das VVG enthält in § 5 VVG eine von dieser allgemeinen Regelung abweichende, praktisch bedeutsame Bestimmung. Stimmt der **Inhalt des Versicherungsscheins** nicht mit dem Antrag oder den getroffenen Vereinbarungen überein, so gilt die Abweichung gem. § 5 Abs. 1 VVG als genehmigt, wenn der Versicherungsnehmer nicht innerhalb eines Monats (bei der laufenden Versicherung gem. § 55 Abs. 3 VVG: unverzüglich) nach Empfang des Versicherungsscheins in Textform widerspricht (sog. **Genehmigungsfiktion** oder **Billigungsklausel**).

866 Der Zweck dieser Regelung liegt im **Schutz des Versicherungsnehmers**: Sofern der Versicherer seinen Antrag nur mit Änderungen anzunehmen bereit ist, stellt sich eine solche modifizierte Annahme für ihn meist vorteilhafter dar, als wenn der Versicherer keinerlei Bindung eingehen würde und das Risiko mithin bis zu einem neuen Vertragsschluss unversichert bliebe. Die Genehmigungsfiktion soll daher dem **mutmaßlichen Interesse** eines durchschnittlichen Versicherungsnehmers Rechnung tragen.

867 Andererseits ist die Genehmigungsfiktion für den Versicherungsnehmer mit einigen Risiken verbunden, da er den dadurch maßgeblich werdenden Vertragsinhalt nicht positiv in seinen Willen aufgenommen hat. Daher ist der Eintritt der Fiktionswirkung an **strenge Voraussetzungen** geknüpft. Insbesondere muss der Versicherer den Versicherungsnehmer gem. § 5 Abs. 2 VVG im Versicherungsschein auf die **Abweichungen** und auch auf die damit verbundenen **Rechtsfolgen** besonders aufmerksam machen.[226] Andernfalls kommt der Vertrag mit dem Inhalt des Antrags zustande (§ 5 Abs. 3 VVG).

868 Erhebt der Versicherungsnehmer nach § 5 Abs. 1 VVG einen **Widerspruch** gegen die im Versicherungsschein niedergelegten Abweichungen von seinem Antrag, so führt dies dazu, dass der Vertragsschluss an einem **Dissens** scheitert. Der Versicherungsnehmer ist in diesem Falle mithin an den Vertrag nicht gebunden; er kann aber auch seinerseits keine Rechte daraus herleiten. Einem wirksam erklärten Widerspruch kommt **Gestaltungswirkung** zu. Der Widerspruch kann dann nicht mehr einseitig zurückgenommen werden. In der Erklärung der Rücknahme liegt vielmehr ein neuer Antrag, der auf einen Vertragsschluss mit dem im Versicherungsschein festgehaltenen Inhalt gerichtet ist.

869 Der Widerspruch gegen einen abweichenden Inhalt des Versicherungsscheins nach § 5 Abs. 1 VVG ist zu unterscheiden vom auf die eigene Vertragserklärung bezogenen **Widerruf** gem. § 8 VVG. Beide Möglichkeiten, eine Bindung zu verhindern, stehen dem Versicherungsnehmer nebeneinander zu.

870 Nach wohl überwiegender Ansicht gilt § 5 Abs. 2, 3 VVG allein für solche Abweichungen des Versicherungsscheins vom Antrag, die für den Versicherungsnehmer **nachteilig** sind. Zur Begründung wird darauf verwiesen, dass es

226 Einzelheiten bei *Prölss*, in: Prölss/Martin, § 5 Rn. 20.

sich um eine Schutzvorschrift zu seinen Gunsten handele.[227] Unterlässt der Versicherer den Hinweis auf eine für den Versicherungsnehmer vorteilhafte Abweichung, so dürfe ihm dies nicht über § 5 Abs. 3 VVG zu Gute kommen. Die Gegenansicht verweist darauf, dass § 5 VVG keinen Raum für eine Differenzierung lasse.[228] Zutreffend erscheint es, auf jedwede Unterscheidung im Rahmen des § 5 VVG zu verzichten, es jedoch zugleich dem Versicherer gem. § 242 BGB zu verwehren, sich im Falle von für den Versicherungsnehmer günstigen Abweichungen darauf zu berufen, dass die Voraussetzungen für die Fiktion der Genehmigung mangels Hinweises nach § 5 Abs. 2 VVG nicht erfüllt sind. Auf diese Weise erlangt der Versicherungsnehmer im Ergebnis ein Wahlrecht.[229]

Aus der Tatsache, dass § 5 Abs. 1 VVG einen **Antrag des Versicherungsnehmers** voraussetzt, wird verbreitet gefolgert, dass die Vorschrift nur beim sog. Antragsmodell anwendbar ist.[230] Nach jenem Modell gibt der Versicherungsnehmer, nachdem er vom Versicherer bestimmte Vertragsinformationen erhalten hat, ein Angebot im Rechtssinne ab, das dann vom Versicherer angenommen werden kann (näher Rn. 850ff.). Nicht heranziehbar ist § 5 Abs. 1 VVG nach dieser Ansicht hingegen dann, wenn lediglich eine **invitatio** des Versicherungsnehmers vorliegt, der Versicherer daraufhin den Versicherungsschein als Angebot im Rechtssinne übersendet und der Schein inhaltlich von der Erklärung des Versicherungsnehmers abweicht. Zahlt nun der Versicherungsnehmer die Erstprämie, so kommt – sofern die Abweichungen von der invitatio hinreichend deutlich gemacht sind – eine Auslegung seines Verhaltens dahingehend in Betracht, dass er mit dem im Versicherungsschein benannten Vertragsinhalt einverstanden ist (s. aber zum Unterschied zwischen Überweisung und Lastschrifteinzug Rn. 857f.). Ist der Versicherungsnehmer mit dem modifizierten Antragsinhalt hingegen nicht einverstanden, so kommt demnach ein Vertrag überhaupt nicht zustande, sei es, dass er gar nicht auf den Antrag reagiert oder dass er eine davon abweichende Annahmeerklärung abgibt, die gem. § 150 Abs. 2 BGB als neuer Antrag gilt. 871

Aus diesem Grund wird teils vertreten, dass die Regelungen des **§ 5 VVG analog** auch beim Invitatio-Modell anwendbar sind.[231] Demnach ist der Versicherer analog § 5 Abs. 2 S. 2 Halbs. 2 VVG gehalten, den Versicherungsnehmer auf Abweichungen des Versicherungsscheins von der invitatio hinzuweisen. Fehlt ein solcher Hinweis, soll der Vertrag analog § 5 Abs. 3 VVG als mit dem Inhalt der Invitatio geschlossen gelten, wenn der Versicherungsnehmer durch sein Verhalten, etwa die Überweisung der Prämie, zum Ausdruck bringt, dass er den Vertrag überhaupt abschließen will. Für diese Ansicht lässt sich das Schutz- 872

227 Grundlegend BGH VersR 1976, 477, 478; OLG Hamm VersR 2011, 469, 476f.; *Knops*, in: Bruck/Möller, § 5 Rn. 8; *Prölss*, in: Prölss/Martin, § 5 Rn. 7f.

228 *C.Schneider*, in: Looschelders/Pohlmann, § 5 Rn. 16.

229 Näher *Armbrüster*, in: MünchKomm-VVG, § 5 Rn. 29f.; zust. *Wandt*, Rn. 256 Fn. 35.

230 *Armbrüster*, in: MünchKomm-VVG, § 5 Rn. 7; HK-VVG/*Brömmelmeyer*, § 5 Rn. 4; *Ebers*, in: Schwintowski/Brömmelmeyer, § 5 Rn. 6; *C.Schneider*, in: Looschelders/Pohlmann, § 5 Rn. 9.

231 *Klimke*, VersR 2011, 1244, 1248.

interesse des Versicherungsnehmers anführen. Andererseits ist zu bedenken, dass von einer invitatio nur dann ausgegangen werden kann, wenn aus der Gestaltung des Formulars deutlich hervorgeht, dass es sich bei den vom Versicherungsnehmer übermittelten Angaben noch **nicht um eine rechtlich bindende Vertragserklärung** handelt. In einem solchen Fall kann der Versicherungsnehmer von vornherein nicht darauf vertrauen, dass durch die Zusendung des Versicherungsscheins ein Vertrag zu den von ihm gewünschten Konditionen zustande kommt. Es liegt hier in seiner Verantwortung zu prüfen, ob er das Angebot trotz Abweichungen annehmen möchte. Die besseren Argumente sprechen daher dafür, § 5 Abs. 1 VVG nur beim Antragsmodell anzuwenden.

873 Von der soeben erörterten Konstellation zu unterscheiden ist der Fall, dass der **Vertrag bereits geschlossen** worden ist, bevor der Versicherer dem Versicherungsnehmer den Versicherungsschein übersendet. Dieser Fall wird von § 5 VVG erfasst, indem dessen Abs. 1 alternativ zum Antrag des Versicherungsnehmers auf die „getroffenen Vereinbarungen" abhebt. Der Versicherungsschein lässt sich dann als **Angebot des Versicherers zur Änderung** des bereits bestehenden Vertrags ansehen; dieses Angebot wird anschließend vom Versicherungsnehmer nach Maßgabe von § 5 VVG angenommen oder abgelehnt.[232] Erklärt der Versicherungsnehmer einen Widerspruch gem. § 5 Abs. 1 VVG, so ist der Änderungsantrag damit abgelehnt und der Vertrag bleibt mit dem ursprünglichen Inhalt bestehen.

874 Stellt der **Versicherungsnehmer** nach Vertragsschluss einen **Antrag auf Änderung** des bestehenden Vertrags, so findet § 5 VVG auf den ihm daraufhin übersandten **Nachtrag** zum Versicherungsschein gleichfalls Anwendung. Schon nach seinem Wortlaut setzt § 5 VVG nicht voraus, dass es sich um einen erstmals das Versicherungsverhältnis begründenden Antrag handeln muss. Auch der Zweck des § 5 VVG (s. Rn. 866) gebietet es, diese Regelung gleichermaßen auf Vertragsänderungen anzuwenden. Freilich besteht das Widerspruchsrecht dann allein hinsichtlich der erst im Nachtrag enthaltenen Abweichungen.

IV. Verhinderung einer vertraglichen Bindung

1. Widerrufsrecht nach § 8 VVG

a) Überblick

875 Nach § 8 VVG steht dem Versicherungsnehmer ein **allgemeines Widerrufsrecht** zu. Darin liegt gegenüber dem alten Recht eine erhebliche Vereinheitlichung und damit Vereinfachung – aber zugleich auch Ausdehnung – der Möglichkeit, sich von der vertraglichen Bindung noch nach dem Zustandekommen des Vertrags einseitig wieder loszusagen. Die Neuregelung lehnt sich an die frühere Vorschrift für Fernabsatzverträge (§ 48 c Abs. 1–4 VVG a.F.) an, die auf den Vorgaben der **Fernabsatzrichtlinie** beruhte.

---

232 *Wandt*, Rn. 257.

Anders als nach früherem Recht besteht mithin für **Fernabsatzverträge** mit Verbrauchern kein gesondertes Widerrufsrecht mehr. Vielmehr gilt auch hier das allgemeine Widerrufsrecht des § 8 VVG. Einige Besonderheiten sind allerdings weiterhin zu beachten. So können die nach § 7 Abs. 1 VVG zu erteilenden Informationen nach S. 3 Halbs. 1 dieser Vorschrift **nachträglich** erteilt werden, wenn der Vertrag auf Verlangen des Versicherungsnehmers telefonisch oder unter Verwendung eines anderen Kommunikationsmittels geschlossen wird, das die Information in Textform vor Abgabe der Vertragserklärung des Versicherungsnehmers nicht gestattet (s. Rn. 785). Außerdem gelten die Ausnahmen vom Widerrufsrecht für Verträge über eine vorläufige Deckung sowie für Verträge mit einer Pensionskasse dann nicht, wenn es sich hierbei um Fernabsatzverträge handelt (§ 8 Abs. 3 Nr. 2, 3 VVG). Zudem beginnt die Widerrufsfrist im elektronischen Geschäftsverkehr erst, wenn auch die nach § 312g Abs. 1 S. 1 BGB geregelten Pflichten erfüllt sind (§ 8 Abs. 4 VVG) 876

Nach altem Recht bestand zudem das Widerspruchsrecht gem. § 5a Abs. 1 VVG a.F. (s. Rn. 861 f.). Bei Verträgen mit einer Laufzeit von mehr als einem Jahr kamen subsidiär noch Widerrufs- und Rücktrittsrechte (§§ 8 Abs. 4, 5 VVG a.F.) hinzu. Mit dem jetzt bestehenden einheitlichen Widerrufsrecht geht eine überschießende Schutzwirkung einher (s. Rn. 327). So gilt es nicht allein für Verbraucher und auch nicht nur für natürliche Personen, sondern grundsätzlich für **alle Versicherungsnehmer** (zu Ausnahmen s. Rn. 878). 877

Ein Widerrufsrecht **besteht nicht** bei Verträgen mit einer Laufzeit von unter einem Monat, solchen über vorläufige Deckung, solchen bei Pensionskassen mit Ausnahme von Fernabsatz sowie solchen über Großrisiken (§ 8 Abs. 3 S. 1 VVG). Zudem erlischt das Widerrufsrecht, wenn der Vertrag auf ausdrücklichen Wunsch des Versicherungsnehmers **beidseitig vollständig erfüllt** ist (§ 8 Abs. 3 S. 2 VVG). Diese Regel konkretisiert den Grundgedanken des venire contra factum proprium. Es erschiene treuwidrig, wenn der Versicherungsnehmer zunächst den Versicherer zur Erfüllung anhält und sodann, wenn diese vollständig erfolgt ist, den Vertrag widerrufen würde. Voraussetzung ist freilich, dass die Initiative zur Erfüllung tatsächlich vom Versicherungsnehmer ausgeht; allein seine Zustimmung reicht nicht (vgl. auch die mittlerweile entsprechend ausgestaltete Parallelregelung in § 312d Abs. 3 BGB für Fernabsatzverträge; nach § 312d Abs. 3 Nr. 2 BGB a.F. genügte noch die Zustimmung des Verbrauchers). Indem er die Erfüllung verlangt, kann der Versicherungsnehmer de facto auf die Ausübung seines Widerrufsrechts verzichten. Ansonsten ist ein **Verzicht** auf jenes Recht jedoch nicht möglich (zum davon zu unterscheidenden Verzicht auf den Zugang von Unterlagen und Belehrung s. Rn. 792, 881). 878

b) Voraussetzungen des Widerrufs

Die Voraussetzungen eines Widerrufs sind in § 8 Abs. 1 VVG geregelt. Demnach kann der Versicherungsnehmer seine Vertragserklärung in **Textform** (§ 126b BGB; so auch die allgemeine Regelung in § 355 Abs. 1 S. 2 BGB) innerhalb von 14 Tagen gegenüber dem Versicherer widerrufen. Das Formerforder- 879 nis schließt es von vornherein aus, in einem nonverbalen Verhalten eine konkludente Widerrufserklärung zu erblicken. Durch dieses Erfordernis soll beiden Vertragsparteien Klarheit über die Ausübung des Widerrufsrechts verschafft werden; zudem wird die Beweisführung erleichtert. Wegen § 9 Abs. 2 VVG (s. Rn. 902a) muss der Versicherungsnehmer in der Widerrufserklärung ggf. deutlich machen, dass ein mit dem Versicherungsvertrag zusammenhängender Vertrag bestehen bleiben soll.

880 Einer **Begründung** bedarf die Widerrufserklärung nicht. Auch das **Wort „Widerruf"** muss nicht fallen; ebenso wie bei den bürgerlich-rechtlichen Gestaltungsrechten (Anfechtung, Kündigung, Rücktritt usw.) ist vielmehr entscheidend und zugleich ausreichend, dass der Erklärende zu erkennen gibt, nicht mehr gebunden sein zu wollen. Zur Wahrung der Frist genügt die rechtzeitige **Absendung** der Widerrufserklärung (§ 8 Abs. 1 S. 2 VVG). Bei der **Lebensversicherung** wird dem Versicherungsnehmer nach der auf europarechtlichen Vorgaben beruhenden Sonderregel des § 152 Abs. 1 VVG eine von 14 auf 30 Tage verlängerte Widerrufsfrist eingeräumt. Damit soll der besonderen Bedeutung dieser Versicherung für den Versicherungsnehmer Rechnung getragen werden, die einerseits einen wichtigen Vorsorgezweck erfüllt, andererseits typischerweise für ihn vergleichsweise hohe und langfristige finanzielle Verpflichtungen mit sich bringt.

c) Frist; Problem des „ewigen" Widerrufsrechts

881 Der Lauf der Frist **beginnt** gem. § 8 Abs. 2 VVG erst dann, wenn dem Versicherungsnehmer der Versicherungsschein[233] und die Vertragsbestimmungen nebst AVB sowie die weiteren Informationen nach § 7 Abs. 1, 2 VVG vollständig zugegangen sind und er über das ihm zustehende Widerrufsrecht belehrt wurde. Gehen ihm die Informationen entgegen § 7 Abs. 1 S. 1 VVG erst nach Abgabe seiner Vertragserklärung zu, so wird auch durch diesen **späteren Zugang** der Lauf der Widerrufsfrist ausgelöst. Die Frist beginnt **frühestens mit Vertragsschluss**, auch wenn der Versicherungsnehmer – abweichend vom Antragsmodell – bereits zuvor alle Vertragsunterlagen erhalten hat (s. auch Rn. 907 zu § 5 Abs. 3 PflVG).[234] Die Möglichkeit zum umfassenden **Verzicht** auf den Zugang der Unterlagen oder auf die Belehrung ist im Gesetz nicht vorgesehen. Etwas anderes folgt auch nicht aus § 7 Abs. 1 S. 3 Halbs. 2 VVG, da jene Norm nur den Verzicht auf den Zugang vor Abgabe der Vertragserklärung ermöglicht (s. Rn. 792).[235]

882 Was den Zugang der **Vertragsunterlagen** angeht, so ist zwischen den AVB und den sonstigen Vertragsinformationen zu unterscheiden. Dem Erfordernis des § 8 Abs. 2 S. 1 Nr. 1 VVG ist auch dann genügt, wenn einzelne **AVB unwirksam** sind (s. auch Rn. 783 im Kontext von § 7 Abs. 1 S. 1 VVG).[236] Un-

233 Die (praktisch unbedeutsame) Frage der Unvereinbarkeit dieser Anforderung mit der Fernabsatzrichtlinie bejaht *Wandt*, Rn. 304.
234 Näher *Armbrüster*, r+s 2008, 493, 497f.
235 *Armbrüster*, r+s 2008, 493, 499.
236 So bereits zu § 5a VVG a.F. BGH VersR 2007, 1547 Rn. 6, 9f.

schädlich ist es zudem, wenn die AVB nur unvollständig übermittelt werden. Dies hat lediglich zur Folge, dass die fehlenden Klauseln nicht wirksam einbezogen sind, sofern auch den Anforderungen des § 305 Abs. 2 BGB nicht Genüge getan ist. Differenzierter ist die Lage hinsichtlich der **sonstigen Vertragsinformationen** zu beurteilen. Teils wird hierzu vertreten, dass lediglich Schreibfehler oder redaktionelle Ungenauigkeiten unschädlich seien.[237] Dies erscheint angesichts des **Schutzzwecks** der §§ 7 Abs. 1 S. 1, 8 Abs. 2 S. 1 Nr. 1 VVG, durch die rechtzeitige Information dem Versicherungsnehmer die Entscheidung über den Vertragsschluss zu erleichtern (s. Rn. 790), als zu streng. Auch der Vorschlag, dass nur Unrichtigkeiten bezüglich solcher Informationen außer Betracht bleiben sollen, die außerhalb des Vertrags liegen oder auf die der Versicherer keinen Einfluss hat,[238] ist unbefriedigend, da demnach auch unbedeutende Fehlinformationen bezüglich des Vertragsinhalts schädlich wären. Unbeachtlich sind Mängel (Unvollständigkeit, inhaltliche Unrichtigkeit) vielmehr immer dann, wenn es um Punkte geht, die aus Sicht eines verständigen Versicherungsnehmers für dessen Entschließung über die vertragliche Bindung **unwesentlich** sind (**teleologische Reduktion** von § 8 Abs. 2 S. 1 Nr. 1 VVG).

Beispiele: Eine falsche Angabe zu **technischen Fragen** wie etwa der nach § 1 Abs. 1 Nr. 20 VVG-InfoV mitzuteilenden Anschrift der BaFin führt nicht dazu, dass die Informationen als nicht erteilt zu behandeln sind. Dasselbe gilt für kleinere Ungenauigkeiten bezüglich der **Vertragspflichten**, auf die es aus Sicht eines durchschnittlichen Versicherungsnehmers für seine Entscheidung über den Vertragsschluss in keiner Weise ankommt. 883

Zudem muss eine den Anforderungen des § 8 Abs. 2 Nr. 2 VVG genügende **Belehrung** über das Widerrufsrecht und über dessen Rechtsfolgen in Textform erfolgen. Hinsichtlich der Anforderungen an diese Belehrung kann der Versicherer sich absichern, indem er das **Muster für die Widerrufsbelehrung** verwendet, das die Anlage zum VVG bildet (Abdruck in Gesetzesausgaben im Anschluss an § 216 VVG). 884

Richtigerweise ist allein über die Rechtsfolgen zu belehren, die dann eintreten, wenn der Versicherer die gesetzlichen Anforderungen einhält. Dem Versicherer wird es mithin nicht zugemutet, den Versicherungsnehmer darüber hinaus auch über die Rechtsfolgen eines Verstoßes (§ 9 Abs. 1 S. 2 VVG; s. dazu Rn. 899ff.) zu informieren.[239] Ist die Belehrung **unvollständig oder inhaltlich unrichtig**, so steht dies einer gänzlich unterbliebenen Belehrung gleich, da der Adressat dann ebenfalls über sein Widerrufsrecht irregeführt wird.[240] Die Belehrung darf zwar, ebenso wie bei § 355 BGB, nicht vor Abgabe der Vertragserklärung, auf deren Widerruf sie sich bezieht, erfolgen. Dies kann jedoch zeit- 885

237 *Leverenz*, Vertragsschluss, Rn. 3/85.
238 *Wandt*, Verbraucherinformation, S. 10ff.
239 *Armbrüster*, r+s 2008, 493, 497; a.A. *Knops*, in: Bruck/Möller, § 9 Rn. 12.
240 EuGH NJW 2008, 1865, 1866 Rn. 35.

gleich mit ihr geschehen.[241] Durch eine **spätere Belehrung** verlängert sich die Dauer der Widerrufsfrist – insoweit abweichend von § 355 Abs. 2 S. 2 BGB – nicht, da § 8 VVG diese Frage abschließend regelt und lediglich einen späteren Fristbeginn anordnet (s. Rn. 881).

886 Wird der Vertrag im **elektronischen Rechtsverkehr** geschlossen, so beginnt die Frist zudem erst dann, wenn überdies die Pflichten nach § 312g Abs. 1 S. 1 BGB erfüllt sind. Auch in denjenigen Fällen, in denen der Versicherungsnehmer die Unterlagen bereits erhält, bevor er seine Vertragserklärung abgibt (s. Rn. 857 zum **Invitatio-Modell**), beginnt die Frist nicht vor der Abgabe jener Erklärung zu laufen, auf die sich gem. § 8 Abs. 1 S. 1 VVG der Widerruf bezieht.[242]

887 Eine falsche Belehrung, die nicht vollständige Überlassung der erforderlichen Unterlagen oder auch nur die mangelnde Beweisbarkeit durch den Versicherer haben **erhebliche Auswirkungen**. Diese kommen insbesondere dann zum Tragen, wenn der Versicherungsnehmer geltend macht, ihm seien die Unterlagen nicht zugegangen. Trifft dies zu, so kann er den Vertrag auch noch nach langer Zeit widerrufen, da die vierzehntägige Widerrufsfrist gem. § 8 Abs. 2 S. 1 VVG erst mit Zugang der Unterlagen in Gang gesetzt wird (**„ewiges" Widerrufsrecht;** s. dazu auch Rn. 794). Das reformierte Gesetz kennt nicht einmal eine absolute Höchstfrist für die Ausübung des Widerrufsrechts in solchen Fällen, wie sie im früheren Recht in §§ 5a Abs. 2 S. 4, 8 Abs. 4 S. 4 VVG a.F. (Erlöschen ein Jahr bzw. einen Monat nach Zahlung der ersten Prämie) enthalten war. Die Rechtslage ist insofern vergleichbar mit derjenigen im Bürgerlichen Recht für Widerrufsrechte bei Verbraucherverträgen (§ 355 Abs. 4 S. 3 BGB; s. aber zur Verbraucherrechte-Richtlinie sogleich Rn. 888).

888 Eine absolute Höchstfrist sieht erst Art. 10 Abs. 1 der konsolidierten **Verbraucherrechte-Richtlinie**[243] vor, deren Vorgaben gem. ihrem Art. 28 Abs. 1 S. 1 bis zum 13.12.2013 in nationales Recht umzusetzen sind. Demnach endet die Widerrufsfrist dann, wenn der Unternehmer den Verbraucher nicht ordnungsgemäß über sein Widerrufsrecht belehrt hat, **zwölf Monate** nach Ablauf der ursprünglichen Widerrufsfrist, die bei Dienstleistungsverträgen vierzehn Tage ab Vertragsschluss beträgt. Freilich ist die Verbraucherrechte-Richtlinie ausweislich der in ihrem Art. 3 Abs. 3 lit. d enthaltenen **Bereichsausnahme** nicht auf Verträge über Finanzdienstleistungen anwendbar, zu denen Versicherungsverträge zählen (s. auch Rn. 130). Mithin kann aus der Neuregelung in der Richtlinie nur ein – sachlich überzeugender – rechtspolitischer Anstoß für eine parallele Regelung im Versicherungssektor de lege ferenda gewonnen werden.

889 Die besondere Brisanz des ewigen Widerrufsrechts beruht auf der **Beweislastverteilung**: Es obliegt dem Versicherer zu beweisen, dass die Unterlagen dem Versicherungsnehmer ordnungsgemäß zugegangen sind (§ 8 Abs. 2 S. 2 VVG; so bereits zum Widerspruchsrecht nach altem Recht § 5a Abs. 2 S. 2

---

241 BGH NJW 2002, 3396, 3398.
242 *Armbrüster*, r+s 2008, 493, 497; *Leverenz*, Vertragsschluss, S. 166f., 170; *Wandt*, Rn. 305.
243 Richtlinie 2011/83/EU, ABl. EU L 304/64; zur Umsetzung s. BT-Drucks. 17/13951.

VVG a.F.). Aus dieser Situation erwächst ein besonderes Missbrauchsrisiko:[244] Der Versicherungsnehmer braucht lediglich pauschal zu behaupten, er habe bestimmte Unterlagen nicht erhalten, um sich eine zeitlich unbegrenzte Widerrufsmöglichkeit zu eröffnen. Er kann mithin nach Vertragsschluss zunächst abwarten, ob sich das versicherte Risiko realisiert oder nicht.

Beispiel:[245] Rechtsanwalt A schloss am 1.4. mit Versicherer V einen Rentenversicherungsvertrag. Danach hatte A eine Einmalprämie in Höhe von 100.000 € zu zahlen und sollte dafür von V monatlich 500 € ausbezahlt bekommen. A verstarb am 3.7. Bis zu diesem Zeitpunkt hatte er von V Rentenleistungen in Höhe von drei Monatsraten, also insgesamt 1.500 €, bezogen. Die Abbuchung der von ihm zu zahlenden Einmalprämie von seinem Girokonto hatte A nicht beanstandet. Der Erbe B des A erklärte nun den Widerruf nach § 8 Abs. 2 VVG und verlangte von V diesen Betrag abzüglich der von A vereinnahmten Rentenleistungen, also 98.500 €. Zur Begründung dafür, dass der Widerruf nicht verspätet sei, trug B vor, A habe den Versicherungsschein nicht erhalten. Ein solches Dokument habe sich anders als sonstige Versicherungsunterlagen nicht im Nachlass befunden. 890

Das LG Oldenburg gab der Klage im Wesentlichen statt. Nach § 8 Abs. 2 S. 2 VVG trage V die **Beweislast** dafür, dass der Versicherungsschein dem A zugegangen und dadurch nach § 8 Abs. 2 S. 1 Nr. 1 VVG der Beginn der Widerrufsfrist ausgelöst worden ist. Diesen Beweis habe V nicht erbracht. B habe den Zugang substantiiert bestritten. Es gebe keinen Erfahrungssatz des Inhalts, dass Versicherungsnehmer ihrer Verpflichtung zur Prämienzahlung erst nach Zugang des Versicherungsscheins nachkommen. Mit der – hier durch eine Mitarbeiterin des V als Zeugin bekundeten – Absendung eines Briefs sei noch nicht gesagt, dass dieser sein Ziel auch erreicht, dem Empfänger also zugeht. Ein Erfahrungssatz des Inhalts, dass ein abgesandtes Schreiben auch zugeht, existiere nicht.[246] Lediglich hinsichtlich der Anspruchshöhe nimmt das Gericht in Anwendung der gegenüber § 9 Abs. 1 S. 1 VVG vorrangigen Spezialregel des § 152 Abs. 2 S. 1 VVG eine gewisse Kürzung vor und spricht B einen vom Sachverständigen ermittelten Betrag von 96.776,96 € zu. Der Fall zeigt deutlich, welche enormen praktischen Schwierigkeiten für einen Versicherer bestehen können, sich in einem Prozess gegen die schlichte Behauptung, bestimmte Unterlagen seien nicht zugegangen, zur Wehr zu setzen. 891

Dieses Problem lässt sich unter zwei Gesichtspunkten **entschärfen**: Erstens kann dem Versicherer die Beweisführung im Wege einer tatsächlichen Vermutung erleichtert werden (Anscheinsbeweis; s. Rn. 893). Zweitens ist die Ausübung des Gestaltungsrechts unter dem Gesichtspunkt von Treu und Glauben (§ 242 BGB) gewissen Einschränkungen zugänglich (s. Rn. 894). 892

244 *Armbrüster*, r+s 2008, 493, 499; *ders.*, VersR 2012, 513, 514.
245 Nach LG Oldenburg VersR 2012, 1417.
246 Zu letzterem in diesem Sinne bereits BGHZ 24, 308, 311ff. = VersR 1957, 442ff.

893 Auf das Rechtsinstitut des **Anscheinsbeweises** greift die Rechtspraxis vielfach zurück, um schwierige Beweisführungen zu erleichtern (s. auch Rn. 1635). Dabei geht es um Fälle, in denen nach der Erfahrung des Lebens typischerweise von einem bestimmten Ereignis auf einen bestimmten Geschehensablauf geschlossen werden kann, so dass sich der Schluss auch für den zu beurteilenden Fall aufdrängt. Im hier interessierenden Kontext des Zugangsbeweises spricht vieles dafür, aus dem Zugang des Versicherungsscheins auch auf denjenigen der AVB und der übrigen Informationen einschließlich der Belehrung zu schließen, wenn der Versicherer eine entsprechende Versendepraxis schlüssig darlegt. Dafür muss sich aus den Angaben des Versicherers folgern lassen, dass er stets mit dem Versicherungsschein auch die erforderlichen Vertragsinformationen ausdruckt und alle Unterlagen gemeinsam übermittelt.

894 Eine materiell-rechtliche Beschränkung des Widerrufsrechts durch das Gebot von **Treu und Glauben** (§ 242 BGB) kommt unter zwei Gesichtspunkten in Betracht: zum einen unter demjenigen des Rechtsinstituts der Verwirkung als Spezialfall des widersprüchlichen Verhaltens (venire contra factum proprium), zum anderen unter dem Aspekt des Rechtsmissbrauchs, sofern das Widerrufsrecht als Reurecht ausgenutzt wird. Die **Verwirkung** setzt ein Zeit- und ein Umstandsmoment voraus. Erforderlich ist zumindest, dass der Versicherungsnehmer den Vertrag schon einige Zeit durchgeführt hat, so dass aus Sicht des Versicherers der Eindruck entstehen durfte, der Versicherungsnehmer werde von einem ihm möglicherweise zustehenden Widerrufsrecht keinen Gebrauch machen. Freilich werden diese Voraussetzungen nur in Ausnahmefällen anzunehmen sein.[247] Letzteres gilt auch für den weiteren Einwand des **Rechtsmissbrauchs**, an den gleichfalls hohe Anforderungen zu stellen sind. Allerdings erscheint es unbillig, wenn der Versicherungsnehmer das ihm formal zustehende Widerrufsrecht allein zu dem Zweck ausnutzen will, eine ihm mittlerweile unliebsam gewordene Verpflichtung aus der Welt zu schaffen und den ganzen Vertrag rückabzuwickeln.[248]

d) Rechtsfolgen des Unterbleibens eines Widerrufs

895 Wenn der Versicherungsnehmer seine Vertragserklärung nicht rechtzeitig und formgerecht widerruft, wird der bis zum Ablauf der Widerrufsfrist schwebend wirksame Vertrag **endgültig wirksam**. Fraglich ist, welchen **Inhalt** der Vertrag hat, wenn die AVB dem Versicherungsnehmer nicht zugegangen sind. Wie in anderem Kontext dargelegt, sollen dann nach einer Ansicht die **marktüblichen** AVB in den Vertrag einbezogen sein, während nach der überzeugenden Gegenansicht in analoger Anwendung des § 49 Abs. 2 VVG die **unternehmensüblichen** AVB des konkreten Versicherers maßgeblich sind (s. Rn. 478f., 956).

247 *Armbrüster,* r+s 2008, 493, 499; *ders.*, VersR 2012, 513, 517ff.; *Prölss,* in: Prölss/Martin, § 8 Rn. 49.

248 Näher *Armbrüster,* VersR 2012, 513, 519f.

e) Rechtsfolgen des Widerrufs

Die Rechtsfolgen des Widerrufs sind aus § 9 VVG (früher beschränkt auf Fernabsatzverträge: § 48c Abs. 5 VVG a.F.) zu entnehmen, wenn der Versicherungsschutz **vor Ende der Widerrufsfrist** beginnt. Einer ausdrücklichen gesonderten Zustimmung zu dem Versicherungsbeginn vor Ablauf der Widerrufsfrist bedarf es entgegen dem Wortlaut von § 9 Abs. 1 S. 1 VVG nicht, da der Versicherungsbeginn regelmäßig von einer Parteivereinbarung abhängt.[249] Es genügt vielmehr, dass der Versicherungsnehmer über das Widerrufsrecht belehrt wurde, der Beginn des Versicherungsschutzes vor Ablauf der Widerrufsfrist liegt und die Prämie vertragsgemäß gezahlt wird.[250] Bei der **Lebensversicherung** werden die Rechtsfolgen eines ausgeübten Widerrufs durch die Spezialregelung des § 152 Abs. 2 VVG modifiziert (s. auch Rn. 880 zur Widerrufsfrist). 896

Sofern § 9 VVG Anwendung findet, gilt folgendes: Für die **Zeit nach Zugang** des Widerrufs sind bereits gezahlte Prämien „unverzüglich“ zurückzuzahlen (§ 9 Abs. 1 S. 1 VVG). Im **Umkehrschluss** folgt hieraus, dass der Versicherer die von ihm vereinnahmten Prämien behalten darf, soweit sie auf den Zeitraum bis zu diesem Stichtag entfallen (pro rata; s. Rn. 390); der Betrag entspricht damit – in Übereinstimmung mit den Vorgaben der Fernabsatzrichtlinie –[251] dem bereits erbrachten Anteil der Gefahrtragung. Sofern die auf jenen Zeitraum entfallende Prämie noch nicht entrichtet ist, behält der Versicherer insoweit den vertraglichen Erfüllungsanspruch. 897

Im praktischen Ergebnis läuft dies – abweichend von § 357 BGB – auf dieselben Wirkungen hinaus **wie eine Kündigung**. Damit wird dem Interesse der Parteien daran Rechnung getragen, dass bereits vor Ablauf der Widerrufsfrist Versicherungsschutz besteht. Der Versicherungsnehmer hat kein schutzwürdiges Vertrauen darauf, dass ihm dieser Schutz für den Fall, dass er sein Widerrufsrecht ausübt, unentgeltlich gewährt wird. Freilich gilt dies nur, wenn der Versicherer ihn über die teilweise fortbestehende Zahlungspflicht **belehrt** hat (§ 9 Abs. 1 S. 1 VVG). Diese Belehrung muss auch den **Betrag** benennen, den der Versicherungsnehmer nach Ausübung seines Widerrufsrechts zu zahlen hat. Dies folgt zwar nicht bereits aus § 9 Abs. 1 S. 1 VVG, jedoch aus § 1 Abs. 1 Nr. 13 VVG-InfoV.[252] Die Belehrung muss wegen der Vorgaben der Fernabsatzrichtlinie II rechtzeitig vor der Vertragserklärung des Versicherungsnehmers erfolgen.[253] Sofern der Versicherer dem Versicherungsnehmer sämtliche Unterlagen – wie in den §§ 7 Abs. 1 S. 1, 8 Abs. 2 S. 1 VVG vorgesehen – rechtzeitig vor dessen Vertragserklärung übermittelt, wird es sich bei jenem Betrag regelmäßig nur um eine geringe Summe handeln. In der Praxis verzichtet der Versicherer im Fall eines Widerrufs daher bisweilen darauf, diese Summe einzubehalten bzw. geltend zu machen. 898

---

249 *Spuhl*, in: Marlow/Spuhl, Rn. 139; im Erg. auch *Wandt/Ganster*, VersR 2008, 425, 432, 433.
250 *Wandt*, Rn. 320.
251 *Wandt*, Rn. 317.
252 Zu Einzelheiten s. *Armbrüster*, r+s 2008, 493, 502.
253 *Armbrüster*, r+s 2008, 493, 501; *Wandt/Ganster*, VersR 2008, 425, 431f.

899 Ist der nach § 9 Abs. 1 S. 1 VVG erforderliche **Hinweis unterblieben**, so entsprechen die Rechtsfolgen des Widerrufs nicht denjenigen einer Kündigung, sondern in modifizierter Gestalt der Rechtslage bei einem **Rücktritt**. Der Versicherer muss dann nämlich ungeachtet der von Anfang an übernommenen Gefahrtragung dem Versicherungsnehmer die für das **erste Jahr** des Vertrags empfangene Prämie erstatten (§ 9 Abs. 1 S. 2 Halbs. 1 VVG). Darin liegt eine Sanktion dafür, dass der Versicherer den Hinweis unterlassen hat.

900 Die Begrenzung des Rückerstattungsanspruchs in § 9 Abs. 1 S. 2 Halbs. 1 VVG widerspricht den Vorgaben der Fernabsatzrichtlinie II.[254] Letztere schreibt in ihrem Art. 7 Abs. 1, 3 eindeutig vor, dass bei einem Belehrungsmangel sämtliche Zahlungen zurückzugewähren sind. Dies ist nach § 9 Abs. 1 S. 2 Halbs. 1 VVG dann nicht der Fall, wenn der Widerruf erst später als ein Jahr nach Vertragsbeginn erfolgt. Die **Europarechtswidrigkeit** betrifft nur solche Versicherungsverträge, die im Fernabsatz zustande kommen. Da der Gesetzgeber freilich ein einheitliches Reglement für alle Arten des Vertragsschlusses hat schaffen wollen (s. Rn. 617), erscheint es rechtspolitisch geboten, § 9 Abs. 1 S. 2 VVG insgesamt zu streichen. Dieser Ansicht ist auch der **Bundesrat**, während die **Bundesregierung** die Regelung mit der Begründung für europarechtskonform hält, es handele sich um Wertersatz für eine tatsächlich erbrachte Versicherungsleistung.[255] Angepasst werden sollte überdies auch die Sondervorschrift zur Lebensversicherung in § 152 Abs. 2 VVG. Diese Norm stellt in ihrer gegenwärtigen Fassung nämlich nicht sicher, dass der Versicherungsnehmer in jedem Fall zumindest die Gesamtsumme der von ihm geleisteten Prämien zurückerhält. De lege lata ändert die Richtlinienwidrigkeit freilich nach überwiegender Ansicht nichts daran, dass die Normen bis zu ihrer Änderung von den Gerichten auch für Fernabsatzverträge anzuwenden sind; geschädigte Versicherungsnehmer sind auf einen Staatshaftungsanspruch zu verweisen (vgl. auch Rn. 2021 a.E.).[256]

901 Die Pflicht des Versicherers zur Rückzahlung der Prämie für das erste Jahr **entfällt**, wenn der Versicherungsnehmer **Leistungen** aus dem Versicherungsvertrag in Anspruch genommen hat (§ 9 Abs. 1 S. 2 Halbs. 2 VVG). Gemeint ist damit nicht die Gefahrtragung (s. dazu auch Rn. 1104, 1107ff.), sondern es geht um Leistungen nach Eintritt des Versicherungsfalls. Im Übrigen bleibt es bei der Regel des § 9 Abs. 1 S. 1 VVG.[257] Vom Versicherer erbrachte Leistungen muss der Versicherungsnehmer nicht zurückgewähren. Diese Regelung ist für den Versicherungsnehmer dann nachteilig, wenn die empfangenen Leistungen nicht mindestens so hoch sind wie die gezahlten Prämien. Auch wenn es sich

---

254 *Looschelders/Heinig*, in: Looschelders/Pohlmann, § 9 Rn. 30; *Prölss*, in: Prölss/Martin, § 9 Rn. 24f.; *Wandt/Ganster*, VersR 2008, 425, 434.

255 Stellungnahme des Bundesrats sowie Gegenäußerung der Bundesregierung zum Entwurf eines Gesetzes zur Änderung versicherungsrechtlicher Vorschriften; BT-Drucks. 17/11469 Anl. 3 und 4.

256 *Wandt*, Rn. 331.

257 *Prölss*, in: Prölss/Martin, § 9 Rn. 28.

dabei in der Praxis um Ausnahmefälle handeln wird, sehen die Vorgaben der Fernabsatzrichtlinie II vor, dass ein derartiger Nachteil nicht eintreten darf. Deshalb ist § 9 Abs. 1 S. 2 Halbs. 2 VVG dahingehend **richtlinienkonform auszulegen**, dass diese Vorschrift nur eingreift, wenn die vom Versicherer erbrachten Leistungen die Summe der bis zum Zugang des Widerrufs geleisteten Prämien erreichen oder übersteigen.[258] Im letzteren Fall verbessert die Norm die Rechtsstellung des Versicherungsnehmers gegenüber den Vorgaben der Fernabsatzrichtlinie II, da er die Versicherungsleistung – wie sich zwar nicht aus dem Wortlaut, wohl aber aus dem Sinnzusammenhang ergibt – auch im Falle eines Widerrufs behalten darf. Bleiben die vom Versicherer erbrachten Leistungen hinter der vom Versicherungsnehmer für das erste Jahr gezahlten Prämie zurück, so steht dem Versicherungsnehmer der Differenzbetrag zu.

Soll der Beginn des Versicherungsschutzes (materieller Versicherungsbeginn; 902 s. Rn. 847) erst **nach dem Ende der Widerrufsfrist** liegen – was in der Praxis bei vielen Sparten eher selten der Fall sein dürfte –, so sind die §§ 9, 152 Abs. 2 VVG nicht anwendbar. In diesem Fall gelten die allgemeinen Vorschriften für den Widerruf von Verbraucherverträgen nicht unmittelbar, da § 355 Abs. 1 S. 1 BGB nach seinem Wortlaut nur diejenigen Fälle erfasst, in denen ein Gesetz auf diese Vorschrift Bezug nimmt. Mithin besteht eine Regelungslücke, die – sofern es um die Rückforderung bereits erbrachter Leistungen geht – **analog §§ 357 Abs. 1, 346 BGB** zu füllen ist.[259] Bereits geleistete Prämien sind dann zurückzugewähren. Dies hat freilich nicht zuletzt deshalb nur geringe praktische Bedeutung, weil die Erstprämie gem. § 33 Abs. 1 VVG erst zwei Wochen nach Zugang des Versicherungsscheins fällig ist. Hat der Versicherungsnehmer einem Beginn des Versicherungsschutzes vor Ablauf der Widerrufsfrist nicht zugestimmt und den Widerruf erklärt, nachdem er Versicherungsleistungen empfangen hat, so sind im Gegenzug zur Rückerstattung der gesamten Prämie auch jene Leistungen zurückzugewähren.

Nach dem mit Wirkung zum 1.5.2013 eingefügten § 9 Abs. 2 VVG ist der 902a Versicherungsnehmer aufgrund eines wirksamen Widerrufs auch an einen mit dem Versicherungsvertrag **zusammenhängenden Vertag** nicht mehr gebunden. Der Gesetzgeber wollte damit die Umsetzung der Fernabsatzrichtlinie vervollständigen.[260]

f) Verhältnis zu anderen Regelungen

aa) Annahme unter Abweichungen (§ 5 VVG). Ein gewisses Spannungsver- 903 hältnis besteht zwischen dem Widerrufsrecht und der Regelung des § 5 VVG zum Versicherungsschein. Nimmt der Versicherer den Antrag des Versicherungsnehmers durch Übersendung des Versicherungsscheins nur unter **Abweichungen** an, stellt sich die Frage, ob er über die Anforderungen des § 5 VVG

---

258 *Wandt*, Rn. 334ff., 337.
259 Regierungsbegr.; BT-Drucks. 16/3945, S. 62; *Wandt*, Rn. 312.
260 Regierungsbegr.; BT-Drucks. 17/11469, S. 8, 11f.

hinausgehend den Versicherungsnehmer gem. §§ 7, 8 Abs. 2 S. 1 Nr. 1 VVG **nochmals informieren und belehren** muss. Dies gilt auch für den Fall, dass der Versicherer dem Versicherungsnehmer **andere als die beantragten AVB** übermittelt und ein Fall von § 5 VVG vorliegt (s. dazu freilich auch Rn. 989f.).[261]

904 **Beispiel:** A beantragt bei V am 17.1. den Abschluss einer Lebensversicherung zum 1.2. Die nach § 7 VVG i.V. mit §§ 1, 2 VVG-InfoV geschuldeten Informationen werden A zutreffend erteilt. Insbesondere sind, wie § 2 Abs. 1 Nr. 1 VVG-InfoV dies für Lebens-, Berufsunfähigkeits- und Unfallversicherungen vorschreibt, die einkalkulierten Abschlusskosten als Gesamtbetrag in Höhe von 1.000 € ausgewiesen. A wird auch ordnungsgemäß über das Widerrufsrecht belehrt. Am 31.1. erhält er den **Versicherungsschein.** Daraus ergibt sich, dass – in Abweichung vom Antrag – V den Vertrag nur mit einem Risikozuschlag von 10 % auf die Prämie abschließt, da das Risiko des A nach eingehender Prüfung höher als ursprünglich angenommen sei. Auf diese Abweichung macht V im Versicherungsschein deutlich aufmerksam; er weist auch zutreffend auf die Rechtsfolgen hin. Keinen Hinweis enthält der Versicherungsschein hingegen auf die **geänderten Abschlusskosten**, die nun aufgrund der höheren Prämie 1.100 € betragen. Als A am 11.11. durch Zufall von den höheren Abschlusskosten erfährt, verlangt er von V per Email die bereits gezahlte Jahresprämie zurück.

905 Durch das Rückzahlungsverlangen macht A deutlich, dass er am Vertrag nicht mehr festhalten möchte. Darin kann ein **Widerspruch i.S. von § 5 Abs. 2 a.E. VVG** liegen, der formgerecht erklärt wurde; für die Textform gem. § 126b BGB genügt eine Email. Liegen die Voraussetzungen des § 5 Abs. 1 VVG vor, so führt der Widerspruch dazu, dass der Vertrag an einem Dissens scheitert. Der Leistungsaustausch ist dann bereicherungsrechtlich rückabzuwickeln, so dass der Rückzahlungsanspruch sich auf eine Leistungskondiktion gem. § 812 Abs. 1 S. 1 Fall 1 BGB stützen lässt. V hat hier die Abweichung vom Antrag des A gemäß den Anforderungen von § 5 Abs. 2 S. 2 VVG kenntlich gemacht und auf die Rechtsfolgen hingewiesen. Mit „Rechtsfolgen" ist nicht die Genehmigungsfiktion, sondern es sind darüber hinausgehende Wirkungen gemeint. Auf die **Änderung der Abschlusskosten** musste V den A nicht bereits nach § 5 Abs. 2 S. 2 VVG aufmerksam machen, da es sich nicht um eine Rechtsfolge handelt, die den Umfang der Rechte und Pflichten des Versicherungsnehmers betrifft, sondern lediglich um eine Information über die kalkulatorische Zusammensetzung der Prämie.[262] Demnach ist der Vertrag wirksam mit der höheren Prämie zustande gekommen.

906 Allerdings trifft im Beispielsfall von Rn. 904 die ursprüngliche Angabe des Gesamtbetrags in den **Vertragsinformationen** nicht mehr zu. In dem Rückzahlungsverlangen kann ein **Widerruf i.S. von § 8 Abs. 1 S. 1 VVG** liegen (das Wort „Widerruf" muss nicht fallen; s. Rn. 880). Auch für die Widerrufserklä-

261 Zur Abgrenzung von § 5 und § 5a VVG a.F. s. KG NVersZ 2002, 229, 230f.
262 *Armbrüster*, r+s 2008, 493, 496.

rung gilt das Textformerfordernis (§ 8 Abs. 1 S. 2 VVG), das wiederum gewahrt ist. Fristgerecht ist der Widerruf erfolgt, wenn am 11.11. die 30tägige Widerrufsfrist (s. § 152 Abs. 1 VVG) noch nicht abgelaufen war. Diese Frist beginnt nach § 8 Abs. 2 S. 1 VVG mit Zugang der Vertragsunterlagen einschließlich des Versicherungsscheins sowie der Widerrufsbelehrung. Diese Dokumente haben dem A am 31.1. vollständig vorgelegen. Allerdings könnte aus dem Schutzzweck des § 7 VVG folgen, dass dann, wenn die Abweichung vom Antrag sich auf den Inhalt der zu erteilenden Informationen auswirkt, letztere **erneut** übermittelt werden müssen. In diesem Fall hätte V seine Pflicht nach § 7 Abs. 2 VVG i.V. mit § 2 VVG-InfoV nicht zutreffend erfüllt und das Widerrufsrecht könnte noch fristgerecht ausgeübt werden. Die Rechtsfolgen würden sich dann nach §§ 9, 152 VVG richten (vgl. dazu auch Rn. 891). Indessen folgt aus § 7 VVG keine Pflicht, den Versicherungsnehmer über die Änderung zu informieren. Jene Norm verlangt nämlich allein eine Information **vor Abgabe der Vertragserklärung** des Versicherungsnehmers. Zudem ist A insoweit nicht schutzbedürftig, da er auf die Änderung der Prämie nach § 5 Abs. 2 S. 2 VVG deutlich hingewiesen worden ist. Es ist damit für ihn ersichtlich, dass dies auch Auswirkungen auf die Höhe der Abschlusskosten hat; sofern er die Änderung genau erfahren möchte, hat er analog § 7 Abs. 1 S. 1, Abs. 2 VVG i.V. mit § 2 Abs. 1 Nr. 1 VVG-InfoV einen **Auskunftsanspruch** gegen den Versicherer. In der Praxis werden viele Versicherer die Änderung ihren Kunden schon von sich aus mitteilen. Sofern dies nicht geschieht oder nicht beweisbar ist, erlangt die Frage aber wegen der Auswirkungen auf die Widerrufsfrist erhebliche Bedeutung. Hält man einen Widerruf entgegen der hier vertretenen Ansicht noch für möglich, so könnten im konkreten Fall Jahresprämie und Rückkaufswert nur alternativ, nicht kumulativ gefordert werden (§ 152 Abs. 2 S. 2 VVG). Ob A überhaupt die Jahresprämie zurückverlangen könnte, ist freilich zweifelhaft, da der Sachverhalt in Bezug auf den Hinweis gem. § 9 Abs. 1 S. 1 VVG offen ist.

bb) Annahmefiktion des § 5 Abs. 3 PflVG. Besonderheiten können sich 907
auch hinsichtlich der **Annahmefiktion** des § 5 Abs. 3 PflVG in der Kfz-Haftpflichtversicherung (s. auch Rn. 855) ergeben. Nach jener Regel gilt der Antrag des Versicherungsnehmers als angenommen, wenn der Versicherer nicht binnen zwei Wochen entweder ihn ablehnt oder dem Versicherungsnehmer ein abweichendes Angebot macht. Freilich übersendet der Versicherer in diesen Fällen regelmäßig noch nicht den Versicherungsschein, so dass die Widerrufsfrist nach § 8 Abs. 2 S. 1 Nr. 1 VVG nicht zu laufen beginnt. Übermittelt er hingegen den Versicherungsschein innerhalb der Zweiwochenfrist des § 5 Abs. 3 PflVG, so liegt darin normalerweise eine konkludente Annahmeerklärung. Die in jener Norm aufgestellte Annahmefiktion ist dann gegenstandslos, da der Vertrag bereits zuvor zustande gekommen ist.[263]

---

263 *Looschelders/Heinig*, in: Looschelders/Pohlmann, § 8 Rn. 70; s. auch zu § 5a VVG a.F. *Prölss*, in: Prölss/Martin, 27. Aufl. 2004, § 5a Rn. 78.

2. Anfechtung

a) Anfechtung durch den Versicherungsnehmer

908 Für die Anfechtung des Vertrags durch den **Versicherungsnehmer** gelten im Wesentlichen die allgemeinen Vorschriften des BGB. Nur vereinzelt finden sich im VVG vorrangige Sonderregeln. So schließt § 5 Abs. 4 VVG es aus, dass der Versicherungsnehmer vertraglich auf sein Recht zur Irrtumsanfechtung (§ 119 BGB) **verzichtet**. Einen Irrtum des Versicherungsnehmers behandelt auch § 41 S. 2 VVG. Dabei geht es darum, welche Auswirkungen es hat, wenn der Versicherungsnehmer sich über die für die Prämienbemessung bedeutsamen Umstände irrt und infolgedessen gegenüber dem Versicherer unzutreffende Angaben macht, so dass es zu einer **höheren Prämienfestsetzung** kommt. In diesem Fall kann der Versicherungsnehmer verlangen, dass die Prämie mit Wirkung für die Zukunft angemessen herabgesetzt wird. Jene Norm ist lex specialis nicht nur zu § 119 Abs. 2 BGB, sondern auch zur Störung der Geschäftsgrundlage gem. § 313 BGB.[264] Umfassendere Sonderregeln gelten für die Anfechtung durch den **Versicherer** (s. dazu Rn. 909ff.).

b) Anfechtung durch den Versicherer

909 **aa) Anfechtung wegen Irrtums (§ 119 BGB).** Hat der Versicherungsnehmer **unrichtige Angaben** über den versicherten Gegenstand gemacht, kann der Versicherer nicht nach § 119 Abs. 2 BGB anfechten. Dies folgt im Umkehrschluss aus § 22 VVG. Für solche Fälle gelten vielmehr abschließend die Spezialregelungen der §§ 19ff. VVG (s. Rn. 797ff.).

910 Zu unterscheiden von einem Irrtum des Versicherers über Gefahrumstände ist ein solcher darüber, welche **objektive Bedeutung** einer von ihm verwendeten **AVB** zukommt. Dies stellt sich für den Versicherer namentlich bei innovativen Regelungen oft erst heraus, wenn die (höchstrichterliche) Rechtsprechung darüber befunden hat. Bei der Frage nach einer Anfechtbarkeit kann es von vornherein nicht um solche Klauseln gehen, die überraschend (§ 305c Abs. 1 BGB) oder wegen inhaltlicher Unangemessenheit oder Intransparenz gem. §§ 307–309 BGB unwirksam sind. Anderenfalls drohte die AGB-Kontrolle leerzulaufen. Hält eine AVB hingegen der Kontrolle anhand der §§ 305ff. BGB stand, so kommt durchaus eine Anfechtung wegen **Inhaltsirrtums** in Betracht, sofern sich der Versicherer über den Inhalt geirrt hat, den die Rechtsprechung der Klausel im Wege der grundsätzlich am Verständnis des durchschnittlichen Versicherungsnehmers zu orientierenden Auslegung (zu diesem Maßstab s. Rn. 487) geben würde. Man könnte gegen eine Anfechtungsmöglichkeit die Unklarheitenregel des § 305c Abs. 2 BGB anführen und argumentieren, dass den dadurch erfassten objektiven Unklarheiten eine subjektive gleich stehen müsse.[265] Indessen geht es hier nicht um einen versteckten Dissens, den § 305c

---

264 *Staudinger*, in: MünchKomm-VVG, § 41 Rn. 1.
265 So *Loewenheim*, AcP 180 (1980), 433, 448.

Abs. 1 BGB verhindern will. Mithin erscheint eine auf die AVB, auf die sich der Irrtum bezieht, beschränkte **Teilanfechtung** zulässig. Der Versicherungsnehmer kann dann etwaige Schäden nach § 122 BGB ersetzt verlangen.[266]

bb) Anfechtung wegen arglistiger Täuschung (§ 123 BGB). Unbenommen 911
bleibt dem Versicherer die Möglichkeit, den Vertrag nach § 123 Abs. 1 BGB wegen arglistiger Täuschung anzufechten (§ 22 VVG). Jene versicherungsvertragsrechtliche Norm regelt mithin das Verhältnis der §§ 19ff. VVG zu den allgemeinen Vorschriften des Bürgerlichen Rechts zur Arglistanfechtung. Das Recht zur Anfechtung wegen arglistiger Täuschung kann **nicht vertraglich ausgeschlossen** werden. Anderenfalls würde der Getäuschte seine freie Selbstbestimmung völlig aufgeben und sich der Willkür des Täuschenden ausliefern.[267]

Streit besteht darüber, ob eine Arglistanfechtung auch dann möglich ist, 912
wenn es um einen Umstand geht, zu dem der Versicherer den Versicherungsnehmer nicht gem. § 19 Abs. 1 S. 1 VVG in Textform **befragt** hatte (zu diesem Erfordernis s. Rn. 797f.).

Beispiel:[268] Gastwirt A erhält seit einiger Zeit anonyme Anrufe, in denen von 913
ihm Geldzahlungen verlangt werden. Dabei drohen die Anrufer damit, wenn er nicht zahle, werde seine Gaststätte „abgefackelt". Daraufhin entschließt A sich, bei V eine Feuerversicherung für die Gaststätte abzuschließen. Gegenüber V, der ihn bei Antragstellung nicht nach Drohungen oder Brandreden fragt, verschweigt A die Anrufe. Kurz nach Vertragsschluss wird die Gaststätte durch Brandstiftung zerstört. Als V im Zuge der polizeilichen Ermittlungen von den Drohanrufen erfährt, ficht er den Vertrag wegen arglistiger Täuschung an.

Einige wollen die Arglistanfechtung lediglich bei einer falschen Beantwortung 914
mündlich, also nicht formgerecht gestellter Fragen zulassen, ein Anfechtungsrecht hingegen verneinen, wenn der Versicherer den betreffenden Umstand überhaupt nicht erfragt hat.[269] Richtigerweise ist hingegen in derartigen Fällen generell eine Anfechtung nach § 123 Abs. 1 BGB ungeachtet des Umstands möglich, dass der Versicherer nach dem verschwiegenen Umstand nicht in Textform gefragt hatte.[270] Dies folgt aus dem **Zweck der Frageobliegenheit**: Sie soll den Versicherungsnehmer von der Ungewissheit darüber entlasten, welche Umstände er dem Versicherer offenbaren muss (s. Rn. 797). Wer indessen einen Umstand arglistig verschweigt, dem ist gerade die Bedeutung jenes Umstands

---

266 *Pilz*, Missverständliche AGB, S. 122ff., 125.

267 BGH VersR 2007, 1084 Rn. 17; VersR 2011, 1563 Rn. 28.

268 Vgl. auch BGH VersR 2010, 1032 und dazu Rn. 1132.

269 *Härle*, in: Schwintowski/Brömmelmeyer, § 22 Rn. 8f.; VersRHdb./*Knappmann*, § 14 Rn. 126.

270 *Looschelders*, in: Looschelders/Pohlmann, § 22 Rn. 6f.; *Müller-Frank*, in: MünchKomm-VVG, § 22 Rn. 5f.; *Prölss*, in: Prölss/Martin, § 22 Rn. 3; *Wandt*, Rn. 792; grundsätzlich auch *Kins*, ZVersWiss 2011, 302ff., 323.

für die Entschließung des Versicherers bewusst; er verdient daher keinen Schutz. Dies entspricht der Grundlinie des VVG, mit arglistig handelnden Versicherungsnehmern, also solchen, die sich auf Kosten des Versicherers sowie aller redlichen Versicherungsnehmer einen unverdienten Vorteil zu verschaffen versuchen, ohne Nachsicht zu verfahren (s. Rn. 251).

915 Sofern der Versicherungsfall bereits eingetreten ist, entfällt nach erklärter Arglistanfechtung aufgrund von deren ex-tunc-Wirkung (s. § 142 Abs. 1 BGB) die Leistungspflicht des Versicherers. Das gilt auch dann, wenn die Täuschung sich auf einen Umstand bezieht, der weder für den Eintritt oder die Feststellung des Versicherungsfalls noch für die Feststellung oder den Umfang der Leistungspflicht des Versicherers ursächlich ist, da in diesen Fällen auch ein Rücktritt wegen arglistiger Anzeigepflichtverletzung zur Leistungsfreiheit führt (vgl. § 21 Abs. 2 S. 1, 2 VVG). Dem Versicherungsnehmer wird in solchen Fällen aus **präventiven Gründen** die Möglichkeit des Kausalitätsgegenbeweises genommen.[271] Der Versicherungsnehmer ist nach § 39 Abs. 1 S. 2 VVG zur **Prämienzahlung** bis zu dem Zeitpunkt verpflichtet, zu dem die Anfechtungserklärung des Versicherers wirksam wird. Letzteres ist regelmäßig mit ihrem Zugang der Fall (s. § 130 Abs. 1 BGB)

916 Erlangt der Versicherer die Kenntnis von den zur Anfechtung berechtigenden Tatsachen in **rechtswidriger Weise**, etwa aufgrund einer unwirksamen Schweigepflichtentbindung, so steht dies grundsätzlich einer Anfechtung nach § 123 BGB weder unter dem Gesichtspunkt von Treu und Glauben (§ 242 BGB) noch unter demjenigen eines prozessualen Verwertungsverbots hinsichtlich der betreffenden Tatsachen entgegen. Vielmehr muss im Wege einer umfassenden **Interessenabwägung** im Einzelfall geklärt werden, ob die Ausübung des dem Versicherer zustehenden Anfechtungsrechts ausnahmsweise als unzulässige Rechtsausübung (§ 242 BGB) anzusehen ist. Für den Fall, dass die Rechtswidrigkeit der Kenntniserlangung auf einer rechtlich fehlerhaften Entbindung von der **Schweigepflicht eines Arztes** beruht, liegt kein Verstoß gegen Treu und Glauben vor. Anderes kann allerdings dann gelten, wenn der Versicherer sich rechtswidrig verhält, um Informationen zu erhalten, die ihm nicht zustehen.[272] Dabei muss zwar berücksichtigt werden, dass der arglistig handelnde Versicherungsnehmer in der Regel nicht schutzwürdig ist (s. wiederum Rn. 251).[273] Das Recht des Versicherers zur Anfechtung ist gleichwohl regelmäßig ausgeschlossen, wenn er die betreffenden Tatsachen **zielgerichtet** treu- und rechtswidrig erlangt hat.[274]

917 Übt der Versicherer ein ihm zustehendes **Rücktrittsrecht** (insbesondere: dasjenige aus § 19 Abs. 2 VVG; s. dazu Rn. 811ff.) aus – gleichgültig ob wirksam oder unwirksam –, so kann er gleichwohl den Vertrag noch wegen arglisti-

271 *Looschelders*, in: Looschelders/Pohlmann, § 22 Rn. 27.
272 BGH VersR 2011, 1249, 1250 Rn. 6ff.
273 BGH VersR 2012, 297, 298 Rn. 7, 14ff.
274 BGH VersR 2012, 297, 298 Rn. 7.

ger Täuschung anfechten. Ebenso kann er Anfechtung und Rücktritt **gleichzeitig** erklären.

Nach ganz überwiegender und zutreffender Ansicht führt eine begründete Arglistanfechtung auch ohne **Kausalität** des verschwiegenen Umstandes für den Eintritt oder den Umfang des Versicherungsfalls zur Leistungsfreiheit.[275] Die Frage einer entsprechenden Anwendung des § 21 VVG im Fall der Arglistanfechtung[276] stellt sich nach neuem Recht nicht, da es bei Arglist auch im Rahmen einer Verletzung der Anzeigeobliegenheit für die Leistungsfreiheit nicht mehr auf eine Kausalität ankommt (§ 21 Abs. 2 S. 2 VVG). 918

Besonderheiten sind dann zu beachten, wenn der Versicherungsvertrag sich neben dem Versicherungsnehmer auf **mehrere Mitversicherte** erstreckt. 919

Beispiel:[277] Familienvater A stellt bei Versicherer V einen Antrag auf Abschluss einer Unfallversicherung. Außer ihm selbst sollen seine Kinder K1 und K2 sowie seine Ehefrau F und deren Mutter M als Mitversicherte in die Deckung einbezogen werden. Bei der Frage nach Krankheiten der versicherten Personen in den letzten vier Jahren ist im Versicherungsvertrag „Nein" angekreuzt; der Antrag wurde von A, von K1 und K2 sowie von M unterschrieben. K1 litt bereits vor der Abgabe des Antrags an einer psychischen Erkrankung, deretwegen er wiederholt in ärztlicher Behandlung gewesen war. Zwei Jahre nach Vertragsschluss erlitt K2 einen Verkehrsunfall. Als A den V deswegen auf Ersatzleistungen in Anspruch nehmen will, ficht V den Vertrag wegen arglistiger Täuschung an. 920

Soweit hier ausschließlich K1 getäuscht hat, richtet sich die Rechtslage nach § 47 Abs. 1 VVG i.V. mit §§ 123, 139 BGB. Zunächst ordnet § 47 Abs. 1 VVG an, dass bei der **Versicherung für fremde Rechnung** (s. dazu Rn. 1595ff.) auch die Kenntnis und das Verhalten des Versicherten zu berücksichtigen sind, soweit die Kenntnis und das Verhalten des Versicherungsnehmers von Bedeutung sind. Abweichend vom alten Recht (§ 79 Abs. 1 VVG a.F.) enthält § 47 Abs. 1 VVG keine Beschränkung auf die „Vorschriften dieses Gesetzes" mehr. Demnach ist das Verhalten des Versicherten auch im Rahmen des § 123 BGB beachtlich. Mithin ist der Versicherer gegenüber dem Versicherungsnehmer zur Anfechtung berechtigt. Macht er hiervon Gebrauch, so führt dies zur Nichtigkeit nach § 142 Abs. 1 BGB. 921

Fraglich ist allerdings, ob der Vertrag **insgesamt** oder aber nur insoweit nichtig ist, als er sich auf K1 bezieht. Die Vorschrift des § 47 Abs. 1 VVG trifft hierzu keine Aussage. Ihr Zweck ist es zu verhindern, dass ein bösgläubig handelnder Versicherter es sich zunutze macht, dass er nicht selbst Vertragspartner des Versicherers wird. Sofern andere Versicherte oder der Versicherungsnehmer 922

---

275 BGH VersR 2011, 1249, 1250 Rn. 6.

276 S. hierzu zum alten Recht OLG Nürnberg VersR 2006, 1627, 1628; *Prölss*, in: Prölss/Martin, 27. Aufl. 2004, § 21 Rn. 11.

277 Nach OLG Saarbrücken VersR 2012, 429ff.

selbst nicht bösgläubig handeln, gebietet jene Norm eine Erstreckung der Anfechtung auf diese daher nicht. Enthält das Versicherungsrecht mithin keine spezielle Regelung, so richtet sich die Frage, wie weit die Nichtigkeit reicht, nach den allgemeinen bürgerlich-rechtlichen Vorschriften. Bei **teilbaren Verträgen** stellt § 139 BGB eine Vermutungsregel dafür auf, dass der Vertrag mangels eines abweichenden hypothetischen Parteiwillens insgesamt nichtig ist. Ein einheitlicher Versicherungsvertrag ist dann, wenn darin wie hier die Interessen mehrerer Versicherter geschützt werden, teilbar i.S. von § 139 BGB. Der hypothetische Parteiwille ist nicht darauf gerichtet, dass der Versicherungsschutz aller Interessenträger miteinander „steht und fällt". Vielmehr ist angesichts der voneinander unabhängigen Interesseträger davon auszugehen, dass der Schutz der übrigen Familienangehörigen auch ohne die Mitversicherung von K1 vereinbart worden wäre.[278] Im Ergebnis kann A daher trotz der von V erklärten Anfechtung Leistungen wegen der von K2 erlittenen Schäden geltend machen.

923 Zweifelhaft erscheint dies allerdings für den Fall, dass nicht lediglich der Versicherte K1 den V getäuscht hat, sondern dass A von dessen Vorerkrankung wusste. Dann fällt dem A selbst eine **arglistige Täuschung** zur Last. Das OLG Saarbrücken[279] nimmt an, dass K2 auch dann Entschädigungsleistungen zustehen, wenn A von den Vorerkrankungen des K1 gewusst und damit selbst arglistig gehandelt hat. Die Anfechtung soll demnach stets nur den „durch den sie rechtfertigenden Anfechtungsgrund infizierten Vertragsteil" vernichten, nicht aber auch denjenigen Teil, den die Parteien unabhängig von diesem geschlossen hätten. Die Aufrechterhaltung des restlichen Vertrags scheitere allein dann, wenn der Anfechtungsgrund sich nicht nur auf einen Vertragsteil beziehe, sondern auf den **Gesamtvertrag**. Dies sei hier jedoch nicht der Fall, da der Vertrag sich auf voneinander unabhängige Risiken erstrecke, die jeweils für sich Gegenstand einer selbstständigen Versicherung sein könnten. Im Übrigen sei auch der hypothetische Parteiwille darauf gerichtet gewesen, den Restvertrag mit den Versicherten bei Täuschung durch A als Versicherungsnehmer aufrechtzuerhalten. Diese Erwägungen vermögen nicht zu überzeugen. Der Versicherungsnehmer handelt als Vertragspartner des Versicherers; mithin kommt es für Wirksamkeitshindernisse und Anfechtungsgründe auf seine Person an. Die Anfechtung wirkt umfassend; sie vernichtet den Vertrag im Ganzen.

924 Diese Sichtweise entspricht auch derjenigen, die der BGH in den Werttransportfällen (s. dazu auch Rn. 1231ff.) eingenommen hat. Dort ging es um die Frage, ob einem Versicherten aufgrund eines zwischen Versicherer und Versicherungsnehmer vereinbarten **Anfechtungsausschlusses** auch dann Ansprüche gegen den Versicherer zustehen können, wenn letzterer den Vertrag gegenüber dem Versicherungsnehmer wegen arglistiger Täuschung angefochten hat. Der BGH[280] hat dies mit dem Argument abgelehnt, dass aus einem nichtigen Vertrag

278 OLG Saarbrücken VersR 2012, 429, 430.
279 OLG Saarbrücken VersR 2012, 429, 430f.
280 BGH VersR 2011, 1563, 1564 Rn. 26ff.

keine Ansprüche hergeleitet werden können. Auch § 334 BGB, wonach beim Vertrag zugunsten Dritter dem Versprechenden (hier: dem Versicherer) die Einwendungen aus dem Vertrag auch gegenüber dem Dritten (hier: dem Versicherten) zustehen, gebietet keine abweichende Beurteilung. Versicherte können Rechte nur so erwerben, wie der Versicherungsnehmer sie gestaltet hat.[281] Diese Grundsätze sind auch auf den Fall des OLG Saarbrücken übertragbar, so dass entgegen der Einschätzung des Gerichts von vornherein kein Raum für die Anwendung des § 139 BGB bleibt.

B. Versicherungsschein

I. Überblick

Der **Versicherungsschein („Police")** ist eine Erklärung des Versicherers, die den wesentlichen Inhalt des Vertrags dokumentiert. Der Versicherer ist gem. § 3 Abs. 1 VVG verpflichtet, dem Versicherungsnehmer einen Versicherungsschein auszustellen. Dies kann in **Textform** erfolgen, also gem. § 126b BGB etwa auch als elektronische Datei, sofern nicht der Versicherungsnehmer eine Urkunde verlangt. Mit **Urkunde** ist in § 3 Abs. 1 VVG nicht die Schriftform i.S. von § 126 BGB gemeint,[282] wofür eine eigenhändige Unterschrift des Versicherers erforderlich wäre, sondern die Verkörperung der Erklärung auf Papier.[283] 925

Auf einem einzigen Versicherungsschein können mehrere Versicherungen zugleich dokumentiert werden (sog. **gebündelte Versicherung**). Dies ist praktisch deshalb bedeutsam, weil heutzutage vielfach verschiedene Risiken in einem „Versicherungspaket" gebündelt werden, um dem Kunden einen bedarfsgerechten Schutz aus einer Hand zu bieten (s. dazu Rn. 977ff. mit Beispielen). Die Zusammenfassung auf ein und demselben Versicherungsschein ändert freilich nichts daran, dass es sich um rechtlich selbstständige Verträge handelt; bei der Bündelung geht es allein um eine Verwaltungsvereinfachung. 926

Zu erwähnen sind daneben noch sog. **Block-Policen**. Damit wird keine besondere Art von Versicherungsschein umschrieben, sondern schlicht der Fall, dass der Versicherer dem Versicherungsvermittler Blöcke mit vorgedruckten Policen zur Verfügung stellt, die dieser gegen Zahlung der Erstprämie direkt dem Versicherungsnehmer aushändigt. Mittlerweile geschieht dies häufig nicht mehr durch ausgedruckte Blöcke, sondern durch Dateien. Verfügt ein Versicherungsvermittler über Policen, so wird dies oft die Folgerung erlauben, dass er tatsächlich oder zumindest kraft Rechtsscheins zum Vertragsschluss bevollmächtigt ist (s. dazu Rn. 665 für Vertreter, Rn. 705ff. für Makler).[284] 927

281 BGH VersR 2011, 1563, 1564 Rn. 32.
282 Insoweit zumindest missverständlich *Wandt*, Rn. 425; richtig aber Rn. 426.
283 Regierungsbegr., BT-Drucks. 16/3945, S. 57.
284 *Wandt*, Rn. 433.

II. Rechtliche Einordnung

928 Der Versicherungsschein ist grundsätzlich lediglich eine Vertragsurkunde, d.h. ein **Beweismittel** über Abschluss und Inhalt des formfrei (s. Rn. 845) zustande gekommenen Versicherungsvertrags (zur Beweisfunktion s. Rn. 936). Es handelt sich damit um ein deklaratorisches, nicht um ein für die Vertragswirksamkeit konstitutives Dokument (s. aber Rn. 937 zu § 5 VVG).[285]

929 Darüber hinaus ist der Versicherungsschein als eine Beweiszwecken dienende Erklärung über die Schuld ein **Schuldschein** i.S. der §§ 371, 952 BGB, und zwar nicht nur, wenn er eine sog. **Einlösungsklausel** nach § 4 Abs. 2 VVG enthält.[286] Der Versicherer muss daher bei Eintritt des Versicherungsfalls nur gegen Rückgabe des Versicherungsscheins leisten. Der Veräußerer einer versicherten Sache (§ 95 VVG) hat die Police gem. §§ 985, 952 BGB (und wegen ihrer Eigenschaft als Beweisurkunde auch nach §§ 412, 402 BGB) an den Erwerber herauszugeben. Möchte der Versicherungsnehmer seine Ansprüche aus dem Versicherungsvertrag als Sicherungsmittel einsetzen, so muss er regelmäßig neben der Übergabe des Versicherungsscheins auch die Ansprüche abtreten, damit der Sicherungsgeber abgesichert ist. Für derartige Abtretungen oder auch für eine Verpfändung enthalten viele AVB einen Zustimmungsvorbehalt zugunsten des Versicherers.

930 Sofern der Versicherungsschein nicht auf den Versicherungsnehmer, sondern auf den Inhaber ausgestellt ist, der Versicherer also an den jeweiligen Inhaber leisten kann, handelt es sich gem. § 4 Abs. 1 VVG um ein **Namenspapier mit Inhaberklausel** i.S. von § 808 BGB. Der Versicherer kann dann mit befreiender Wirkung an den Inhaber leisten. Hegt er **Zweifel** an der Berechtigung des Inhabers, so kann er seine Leistung freilich von deren Nachweis abhängig machen. Falls sich Zweifel geradezu aufdrängen, muss er sich die Berechtigung sogar nachweisen lassen; dies folgt aus der gesteigerten Treuepflicht gegenüber dem Versicherungsnehmer (Kooperationsgebot; s. Rn. 245ff.). An die Annahme einer solchen Pflicht sind freilich strenge Anforderungen zu stellen, um die Legitimationswirkung des Versicherungsscheins nicht auszuhöhlen.

931 **Beispiel:**[287] Versicherungsnehmer A hat über Makler M beim Versicherer V eine Lebensversicherung abgeschlossen und einen Versicherungsschein mit Inhaberklausel übersandt bekommen. Nunmehr geht bei V ein Kündigungsschreiben ein, das eine – wie sich später herausstellt, gefälschte – Unterschrift des A sowie die Anweisung enthält, das Guthaben auf ein bestimmtes Konto zu überweisen. In der Anweisung heisst es, bei der Kontoinhaberin handele es sich um die Tochter des A. Der Versicherungsschein liegt diesem Schreiben im Original bei. V überweist daraufhin den Auszahlungsbetrag auf das angegebene

---

285 *Armbrüster,* in: MünchKomm-VVG, § 3 Rn. 1.

286 RGZ 66, 158; 120, 89; *Armbrüster,* in: MünchKomm-VVG, § 3 Rn. 30; in letzerem Sinne einschränkend *Prölss,* in: Prölss/Martin, § 3 Rn. 45.

287 Nach BGH VersR 2009, 1061.

Konto, dessen Inhaber in Wahrheit ein außenstehender Nichtberechtigter ist. M hatte von A den Versicherungsschein mit der Begründung angefordert, er wolle den Vertrag prämienfrei stellen lassen. In anderer Sache wird M später wegen Betrugs zu einer Freiheitsstrafe verurteilt. A verlangt nun von V die Auszahlung der Leistung aus dem inzwischen abgelaufenen Vertrag. V wendet ein, der Vertrag sei bereits durch die vorherige Überweisung abgewickelt.

Der BGH nimmt überzeugend an, V habe hier keinen Anlass gehabt daran zu 932 zweifeln, dass die Kündigungserklärung von A stammte. Andernfalls müsste V gerade auch dann, wenn der Versicherungsnehmer selbst unter Vorlage des Versicherungsscheins kündigt, stets die Echtheit der Unterschrift überprüfen, wodurch die **Legitimationswirkung** der Police ausgehöhlt werde. Das Risiko der Zahlung an einen Nichtberechtigten ist hier nicht höher als dann, wenn jemand den Versicherungsvertrag kündigt, ohne dabei als Versicherungsnehmer aufzutreten. Der Versicherer darf den Inhaber des Versicherungsscheins daher nicht nur als kündigungsberechtigt ansehen, sondern er darf darüber hinaus grundsätzlich auch darauf vertrauen, dass der Inhaber die Kündigung selbst erklärt hat.

Im gewerblichen Bereich kann der Versicherungsschein bei der **Transport- und der Seeversicherung** als Orderpapier oder als echtes Inhaberpapier ausgestaltet werden. Hierdurch lässt sich die Übertragbarkeit der Rechte des Versicherungsnehmers erleichtern (zum Indossament s. § 363 HGB). Zudem wird der Erwerber in gewissem Umfang vor Einwendungen des Versicherers bewahrt. 933

Bei der **Versicherung für fremde Rechnung** (s. Rn. 1595ff.) kann der Versicherungsschein als Legitimationspapier für den Versicherten (§ 44 Abs. 2 VVG) oder für den Versicherungsnehmer (§ 45 Abs. 2 VVG) dienen. 934

Eine Sonderregel sieht zudem § 55 VVG für die **laufende Versicherung** vor (zu ihr s. Rn. 1239). Im Fall einer Einzelpolice ist der Versicherer nur gegen Vorlage der Urkunde zur Leistung verpflichtet. Durch die Leistung an den Inhaber der Urkunde wird er befreit. 935

III. Wirkungen

1. Beweisrechtliche Wirkungen

Primäre Funktion des Versicherungsscheins ist es, den Abschluss eines Versi- 936 cherungsvertrags zu **dokumentieren**. Er hat grundsätzlich keine konstitutive Funktion, vielmehr wird ein wirksamer Versicherungsvertrag vorausgesetzt. Dies gilt auch für einen Nachtrag zum Versicherungsschein, der lediglich die zustande gekommene Änderung dokumentiert. Es greift die prozessuale Vermutung der Vollständigkeit und Richtigkeit (§ 416 ZPO) ein.[288]

---

288 Vgl. OLG München r+s 2009, 159.

2. Sonstige Wirkungen (insbesondere § 5 VVG)

937 Ausnahmsweise hat der Versicherungsschein **konstitutive Wirkung**, sofern der Antrag des Versicherungsnehmers vom daraufhin ausgestellten Versicherungsschein abweicht (§ 5 Abs. 1 VVG; s. dazu Rn. 865). Weichen die im Versicherungsschein ausgewiesenen **Vereinbarungen**, insbesondere die Risikobeschreibungen und Ausschlüsse, von denjenigen in AVB ab, so ist der Inhalt des Versicherungsscheins maßgeblich. Die AVB füllen lediglich den Vertrag im Rahmen dessen aus, was im Versicherungsschein als versichertes Risiko festgelegt ist. Sie können daher das übernommene Risiko nicht über dasjenige hinaus erweitern, das im Versicherungsschein ausdrücklich definiert ist.

938 **Beispiel:** Der dem Versicherungsnehmer übersandte Versicherungsschein enthält einen Risikoausschluss, der aus den AVB nicht hervorgeht. Hier hat die im Versicherungsschein bezeichnete Deckung als Individualvereinbarung oder gem. § 5 Abs. 1 VVG Vorrang; das Risiko ist mithin ausgeschlossen.[289]

C. Beginn der Haftung des Versicherers

I. Grundlagen

939 Die **Haftungsdauer** (**Haftungszeitraum, materielle Versicherungsdauer**; s. Rn. 847) ist der Zeitraum, innerhalb dessen der Versicherungsnehmer Versicherungsschutz genießt. Dieser Zeitraum ist von der **formellen Vertragsdauer** zu unterscheiden (s. Rn. 847f.). Letztere bezeichnet lediglich die Vertragsdauer, d.h. den Zeitraum vom Vertragsschluss bis zum Ende des Vertrags (zum Vertragsende s. Rn. 1039ff.).

940 Die Haftungsdauer richtet sich in erster Linie nach der getroffenen Vereinbarung. Hierfür enthält § 10 VVG eine Auslegungsregel, wonach die Versicherung mit **Beginn** des Tages, an welchem der Vertrag geschlossen wird, beginnt, und mit **Ablauf** des letzten Tages der Frist, die als Vertragsdauer vereinbart ist, endet. Diese sog. **Mitternachtsregel** ist im Zuge der VVG-Reform an die Stelle der zuvor geltenden sog. Mittagsregel (§ 7 VVG a.F.) getreten. Schwieriger als nach altem Recht kann sich damit die Klärung des Deckungsschutzes für nächtliche Schadensereignisse gestalten. Dies gilt namentlich für solche Versicherungsfälle, die in der Nacht von Silvester auf den Neujahrstag eintreten.

941 **Beispiel:** Für die Eintrittspflicht eines Feuerversicherers kann es darauf ankommen, ob eine Feuerwerksrakete in der Silvesternacht vor oder nach 24 Uhr im Gebäude eingeschlagen hat. Insgesamt sorgt die Neuregelung freilich für eine Vereinfachung.

942 Mit der Mitternachtsregel liegt für den Beginn der Haftung (sog. materieller Versicherungsbeginn) regelmäßig hinsichtlich des ab 0.00 Uhr morgens bis zum

289 LG München I VersR 2012, 93, 96.

Zeitpunkt des Vertragsschlusses liegenden Zeitraums eine **Rückwärtsversicherung** i.S. von § 2 VVG vor (s. auch Rn. 969).[290] Dies hat praktisch freilich deshalb nur begrenzte Bedeutung, weil es für die Kenntnis i.S. von § 2 Abs. 2 VVG auf den Zeitpunkt ankommt, zu dem die jeweilige Vertragserklärung abgegeben wird, und die Erklärung des Versicherungsnehmers bei einem Vertragsschluss nach dem Antragsmodell regelmäßig an einem vorangegangenen Tag abgegeben wurde.

Daneben hängt der Haftungsbeginn regelmäßig auch davon ab, dass der Ver- 943
sicherungsnehmer die **Erstprämie** oder die einmalige Prämie rechtzeitig zahlt (§ 37 Abs. 2 VVG; s. dazu Rn. 1470). Darin kommt das sog. strenge **Einlösungsprinzip** zum Ausdruck. Nach § 37 Abs. 2 S. 1 VVG bleibt die Leistungspflicht des Versicherers bei Nichtzahlung der Erstprämie freilich dann bestehen, wenn der Versicherungsnehmer dies nicht zu vertreten hat. Zudem ist der Versicherer nur leistungsfrei, wenn er den Versicherungsnehmer über diese Folgen ordnungsgemäß informiert hat (§ 37 Abs. 2 S. 2 VVG).[291] Dafür ist angesichts der großen Bedeutung jener Information ein auffälliger Hinweis auf der Vorderseite des Versicherungsscheins erforderlich.[292] Aus diesem Hinweis muss klar hervorgehen, bis wann welcher Betrag zu zahlen ist. Es genügt daher nicht, wenn der Versicherungsnehmer lediglich zu „rechtzeitiger Zahlung“ aufgefordert wird.[293]

Überdies billigt § 37 Abs. 1 VVG dem Versicherer ein **Rücktrittsrecht** zu. 944
Übt er dieses Recht aus, so kann er nach § 39 Abs. 1 S. 3 VVG eine **angemessene Geschäftsgebühr** verlangen. Dabei handelt es sich um eine Art gesetzlichen **pauschalierten Aufwendungsersatz**.[294]

Das Einlösungsprinzip stellt den Versicherer als den Gläubiger der Prämien- 945
schuld gegenüber den allgemeinen bürgerlich-rechtlichen Regeln über den Schuldnerverzug deutlich besser. Diese Privilegierung lässt sich mit verschiedenen Erwägungen **begründen**: Sie trägt dem Umstand Rechnung, dass der Versicherer auf die Prämienzahlung **angewiesen** ist, um im selben Kollektiv eintretende Schadensfälle zu regulieren (s. zum Geschäftsmodell der Versicherung Rn. 220ff.). Zudem ist es oftmals **unwirtschaftlich**, einzelne Prämien zwangsweise einzutreiben, insbesondere wenn diese niedrig sind. Bisweilen liegt namentlich bei kurzfristigen Versicherungsverträgen, etwa über Reisegepäck, auch die Gefahr nahe, dass Versicherungsnehmer nach schadensfreiem Verlauf eine Zahlung mit der Begründung meinen verweigern zu können, dass der Versicherer keine Leistung erbracht habe.[295] Unabhängig davon, dass dabei die geldwerte Leistung der Gefahrtragung verkannt wird, kommt hier auf Versicherer ohne eine scharfe Sanktionsdrohung bei Zahlungsverzug u.U. vermehrt

290 *K. Johannsen*, in: Bruck/Möller, § 10 Rn. 3; *Prölss*, in: Prölss/Martin, § 10 Rn. 2.
291 Näher *Wandt/Ganster*, VersR 2007, 1034, 1035ff.
292 OLG Naumburg VersR 2012, 973, 974.
293 LG Dortmund r+s 2012, 482.
294 Näher zur Bestimmung dieser Gebühr *Markopoulos*, r+s 2013, 110ff.
295 *Wandt*, Rn. 448.

ein lästiger Prozessaufwand zu. Schließlich lässt sich auch der **Kollektivgedanke** anführen: Wer am Versicherungsschutz teilhaben möchte, soll zumindest ein Mal selbst zu dem für die Schadensregulierung gebildeten Vermögen eine Zahlung beigesteuert haben (s. Rn. 1464). Damit lässt sich auch erklären, warum das Einlösungsprinzip bei mehreren Prämienzahlungen allein für die erste Prämie gilt.

946 Ungeachtet der soeben genannten Gründe für die Einlösungsklausel kann diese sich so, wie der Gesetzgeber sie ausgestaltet hat, in bestimmten Fällen für den Versicherungsnehmer als **nicht interessengerecht** erweisen. Dies gilt insbesondere dann, wenn der Versicherungsnehmer sofortige Deckung erhalten möchte, ohne dass er bereits eine Prämie gezahlt hat. Die Regelung in § 37 Abs. 2 VVG steht daher zur Disposition der Parteien. So finden sich in vielen AVB sog. **erweiterte Einlösungsklauseln** (Beispiel: Abschnitt B § 2 Nr. 1 VHB 2010). Danach beginnt die Haftung des Versicherers zum vereinbarten Zeitpunkt, sofern die Prämie nach späterer Aufforderung unverzüglich oder innerhalb eines bestimmten Zeitraums entrichtet wird. Bisweilen ergibt sich eine derartige Abrede auch konkludent aus den Umständen. Dabei geht es rechtlich nicht um eine Stundung; es wird nämlich nicht die Fälligkeit der Prämienzahlung hinausgeschoben, sondern die Leistungspflicht des Versicherers von der Prämienzahlung losgelöst.

II. Zusage vorläufiger Deckung

1. Voraussetzungen

947 Die Regelungen über den Vertragsschluss sowie § 37 Abs. 2 VVG werden in vielen Fällen dem Interesse des Versicherungsnehmers an einem **schnell einsetzenden Versicherungsschutz** nicht gerecht.

948 **Beispiel 1:** A möchte für sein neu erworbenes Kfz die gem. § 1 StVG erforderliche Zulassung beschaffen. Dafür benötigt er gem. § 6 Abs. 4 Nr. 3 Fahrzeug-Zulassungsverordnung (FZV) die Daten einer Kfz-Haftpflichtversicherung. Der Versicherer will hier vor dem Abschluss des eigentlichen Versicherungsvertrags (sog. **Hauptvertrag**, vgl. § 50 VVG) regelmäßig das Risiko genauer prüfen, während der Versicherungsnehmer schnellen Versicherungsschutz benötigt.

949 **Beispiel 2:** Die Parteien verhandeln über eine **Verlängerung** des demnächst auslaufenden Vertrags; sie sind noch nicht zu einer endgültigen Einigung gelangt.[296]

950 In solchen Situationen können die Parteien einen vorläufigen Vertrag abschließen, der sofort oder kurzfristig einsetzenden Versicherungsschutz bietet (sog. **vorläufige Deckung**). Dieser Vertrag soll so lange gelten, bis über den Haupt-

---

296 Vgl. etwa BGH VersR 1976, 160, 161; OLG Köln VersR 1983, 1179.

vertrag eine Entscheidung im einen oder anderen Sinne getroffen ist; anders als ein Vorvertrag begründet er keinen Anspruch auf den Abschluss eines solchen Hauptvertrages. Das reformierte VVG widmet der vorläufigen Deckung in den §§ 49–52 VVG erstmals einen eigenen Abschnitt.

Der vorläufige Vertrag ist nach § 49 Abs. 1 S. 1 VVG ein **selbstständiger Versicherungsvertrag** und nicht – wie dies der verbreitet dafür verwendete Begriff „Deckungszusage" suggeriert – eine einseitige Erklärung des Versicherers. Wie jeder Versicherungsvertrag kann er grundsätzlich formfrei geschlossen werden (s. Rn. 845). Dies ist hier besonders wichtig, da in den maßgeblichen Fällen regelmäßig die Zeit drängen wird. Schon aus Beweisgründen wird freilich in der Praxis regelmäßig die Textform gewahrt (s. auch Rn. 953 zur elektronischen Versicherungsbestätigung). 951

Bei der **Auslegung** der Absprachen zwischen Versicherungsnehmer und Versicherer über eine vorläufige Deckung ist zu beachten, dass der Versicherer ein erhebliches Risiko eingeht, und zwar insbesondere dann, wenn er das zu versichernde Risiko bislang noch nicht kennt. Daher gilt es genau zu prüfen, ob der Versicherer tatsächlich eine bindende Willenserklärung abgeben wollte. 952

In der **Kfz-Haftpflichtversicherung** spielt die Vereinbarung vorläufiger Deckung in der Praxis eine wichtige Rolle. Hier ist davon auszugehen, dass die Übermittlung der **elektronischen Versicherungsbestätigung (eVB**; bis 2008 sog. Doppelkarte) an den Versicherungsnehmer die Erklärung des Versicherers enthält, dass er die vorläufige Deckung übernimmt (so klarstellend etwa Abschnitt B Nr. 2.1 AKB 2010). Hat der Versicherungsnehmer neben der Haftpflichtversicherung zugleich eine Kaskoversicherung beantragt, so erstreckt sich die vorläufige Deckung im Zweifel auch auf letztere. Einen abweichenden Willen muss der Versicherer unmissverständlich klar machen, wofür eine Klausel nach Art von Abschnitt B Nr. 2.1, 2.2 AKB 2010 nicht genügen dürfte. 953

Ein Versicherungsvertreter hat regelmäßig keine Vollmacht des Versicherers, eine vorläufige Deckung zu vereinbaren (vgl. § 69 VVG und dazu Rn. 665ff.). Freilich ist eine rechtsgeschäftliche Erweiterung der Vertretungsmacht (auch konkludent) möglich. Hat ein Versicherungsvertreter **ohne rechtsgeschäftliche Vertretungsmacht** eine vorläufige Deckung vereinbart, so kann überdies, wenn es auch an einer Vertretungsmacht kraft Rechtsscheins fehlt, eine Haftung des Versicherers aus § 6 Abs. 5 VVG sowie eine Haftung des Vertreters aus § 63 S. 1 VVG oder aus § 179 BGB bestehen.[297] 954

Der **Inhalt** des Vertrags richtet sich nach den zugrunde liegenden AVB. Regelmäßig wird das **Einlösungsprinzip** des § 37 Abs. 2 VVG in den AVB abbedungen (s. Rn. 946; zur Sonderregel in der Kfz-Haftpflichtversicherung s. Rn. 963). Möchte es der Versicherer bei der Regelung des § 37 Abs. 2 VVG belassen, so muss er den Versicherungsnehmer nach § 51 Abs. 1 VVG gesondert darauf hinweisen. Gewisse Erleichterungen sehen die §§ 6 Abs. 2, 62 Abs. 2 VVG hingegen hinsichtlich der Beratungspflichten bei Vertragsschluss vor. Der 955

297 Vgl. *Rixecker*, in: MünchKomm-VVG, § 49 Rn. 19ff.

Versicherer muss zudem abweichend von dem (ansonsten gem. § 18 VVG halbzwingenden) § 7 Abs. 1 VVG die Vertragsbestimmungen sowie die Informationen nach der VVG-InfoV nicht bereits vor Abgabe der Vertragserklärung des Versicherungsnehmers diesem übermitteln (§ 49 Abs. 1 S. 1 VVG, mit richtlinienbedingter Ausnahme für Fernabsatzverträge in S. 2; s. dazu aber wiederum § 7 Abs. 1 S. 3 VVG). Mit diesen Erleichterungen trägt der Gesetzgeber dem Umstand Rechnung, dass es bei der vorläufigen Deckung im Interesse des Versicherungsnehmers liegt, schnell Versicherungsschutz zu erlangen.

956 Die in Rn. 955 angesprochene Abweichung von § 7 Abs. 1 VVG führt zu der Frage, wie die **Einbeziehung der AVB** in den Vertrag erfolgt, wenn der Versicherer jene Unterlagen später nachreicht, was er bis zum (materiellen) Versicherungsbeginn tun kann. Hierfür enthält § 49 Abs. 2 VVG eine **Spezialregelung** gegenüber § 305 Abs. 2 BGB. Demnach werden, sofern die AVB dem Versicherungsnehmer bei Vertragsschluss nicht übermittelt worden sind, die vom Versicherer **üblicherweise** verwendeten AVB Vertragsbestandteil. Bestehen Zweifel hinsichtlich der Frage, welche AVB für den Vertrag gelten sollen, so werden die dem Versicherungsnehmer in concreto günstigsten Bedingungen Vertragsbestandteil (§ 49 Abs. 2 S. 2 VVG).[298] In richtlinienkonformer Auslegung des § 49 Abs. 2 VVG sind Fernabsatzverträge hiervon auszunehmen, ebenso wie der Gesetzgeber dies in § 49 Abs. 1 S. 2 VVG angeordnet hat.[299]

957 Ein **Widerrufsrecht** nach § 8 Abs. 1 VVG steht dem Versicherungsnehmer hinsichtlich der vorläufigen Deckung nur zu, wenn es sich um einen Fernabsatzvertrag gem. § 312b Abs. 1, 2 BGB handelt (§ 8 Abs. 3 S. 1 Nr. 2 VVG). Die genannten Erleichterungen beim Vertragsschluss gelten ausschließlich für den Vertrag über die vorläufige Deckung. Kommt es anschließend zum Abschluss des Hauptvertrags, so hat der Versicherer diesbezüglich die allgemeinen Vorschriften, insbesondere § 6 Abs. 2 S. 1 sowie § 7 VVG, zu beachten.

2. Rechtsfolgen

a) Beginn und Ende der Haftung

958 Die vorläufige Deckung **beginnt** regelmäßig mit dem **Zustandekommen des Vertrags** (arg. § 51 Abs. 1 VVG). Sie endet nach Maßgabe der **Parteiabsprache.** Regelmäßig endet der Vertrag über die vorläufige Deckung mit dem Beginn des Versicherungsschutzes aus dem Hauptvertrag oder aus einem weiteren Vertrag über vorläufige Deckung (§ 52 Abs. 1 S. 1 VVG). Dies gilt ebenso, wenn der Hauptvertrag mit einem anderen Versicherer geschlossen wird (§ 52 Abs. 2 VVG).[300] Mit diesen Vorgaben wird der Versicherungsnehmer vor **Deckungslücken** bewahrt (maßgeblich ist der Haftungsbeginn, nicht der Vertragsbeginn des anderweitigen Schutzes) und zugleich vor einer unnötige Kosten verursachen-

---

298 Regierungsbegr.; BT-Drucks. 16/3945 S. 74; *Klimke*, in: Prölss/Martin, § 49 Rn. 23.
299 *Wandt*, Rn. 457.
300 BGH VersR 1995, 409, 410f.

den Mehrfachversicherung geschützt. Der Versicherungsschutz des Hauptvertrags muss demjenigen der vorläufigen Deckung **im Wesentlichen entsprechen**. In gewissem Umfang kann er somit hinter dem Umfang der vorläufigen Deckung zurückbleiben.[301]

Beispiel: In der Kfz-Haftpflichtversicherung ist die vorläufige Deckung summenmäßig unbegrenzt, während der Hauptvertrag sich auf die gesetzliche Mindestversicherungssumme beschränkt.[302] 959

Überdies kann der Vertrag infolge von **Zahlungsverzug** des Versicherungsnehmers (§ 52 Abs. 1 S. 2 VVG) oder durch Erklärung eines **Widerrufs** oder **Widerspruchs** enden (§ 52 Abs. 3 VVG). Ist der Vertrag auf unbestimmte Zeit geschlossen, so können die Parteien ihn gem. § 52 Abs. 4 VVG jederzeit **kündigen**. Freilich wird die durch den Versicherer erklärte Kündigung erst nach Ablauf von zwei Wochen wirksam (asymmetrische Regelung; s. Rn. 305), so dass sich der Versicherungsnehmer in der Zwischenzeit um einen anderweitigen Versicherungsschutz bemühen kann. 960

Sofern der Hauptvertrag zustande kommt, **endet** die vorläufige Deckung mit dessen **materiellem Versicherungsbeginn**. Wird hingegen kein Hauptvertrag geschlossen, so richtet sich die Beendigung des Vertrags über die vorläufige Deckung nach den AVB sowie den halbzwingenden Regeln des § 52 VVG. Sofern diese keinen Aufschluss geben, bedarf es der Vertragsauslegung. Eine strikte zeitliche Begrenzung der vorläufigen Deckung in AVB ist unwirksam.[303] Im Regelfall wird der Vertrag auf unbestimmte Zeit geschlossen, so dass das Kündigungsrecht des § 52 Abs. 4 VVG (als lex specialis zu § 11 Abs. 2 VVG) besteht (s. dazu Rn. 960). 961

Ist der Hauptvertrag daran gescheitert, dass der Versicherungsnehmer seine Vertragserklärung gem. § 8 VVG **widerrufen** oder einen **Widerspruch** gegen Abweichungen des Versicherungsscheins nach § 5 Abs. 1, 2 VVG erklärt hat, so endet der Vertrag über die vorläufige Deckung bereits spätestens mit Zugang der betreffenden Erklärung des Versicherungsnehmers beim Versicherer (§ 52 Abs. 3 VVG). Diese strenge Regelung hält der Gesetzgeber deswegen für berechtigt, weil der Versicherungsnehmer in der Lage sei, sich innerhalb der für die Abgabe seiner Erklärung bestehenden Frist um eine anderweitige Deckung zu kümmern. Jene Einschätzung ist zu Recht auf **Kritik** gestoßen.[304] Der Versicherungsnehmer soll nämlich die Fristen voll dafür ausschöpfen können, sich über die Abgabe der Erklärung im Klaren zu werden. Zudem wird ihm ohne einen entsprechenden deutlichen Hinweis die in § 52 Abs. 3 VVG angeordnete Rechtsfolge häufig nicht bewusst sein. 962

301 *Klimke*, in: Prölss/Martin, § 52 Rn. 11.
302 *Wandt*, Rn. 466.
303 BGH VersR 1996, 743, 744f.; s. auch § 52 Abs. 5 VVG.
304 *Wandt*, Rn. 469.

963 Für die Kfz-Haftpflichtversicherung als dem wichtigsten praktischen Anwendungsbereich vorläufiger Deckung besteht gem. § 9 S. 2 KfzPflVV die Besonderheit, dass der Versicherer in den AVB für die vorläufige Deckung das **Einlösungsprinzip** (s. Rn. 943) vorsehen kann. Dies ist etwa in Abschnitt B Nr. 2.3 AKB 2010 geschehen. Demnach tritt die vorläufige Deckung rückwirkend außer Kraft, wenn der Versicherer den Antrag auf den Hauptvertrag unverändert angenommen hat und der Versicherungsnehmer aus von ihm zu vertretenden Gründen nicht binnen zwei Wochen den Versicherungsschutz durch Prämienzahlung einlöst. Auch in anderen Versicherungssparten kann der vorläufigen Deckungsschutz gewährende Versicherer sich ein derartiges Einlösungserfordernis ausbedingen. Er muss dann freilich den Versicherungsnehmer auf die einschneidenden Rechtsfolgen besonders hinweisen.[305]

b) Prämienzahlungspflicht

964 Kommt ein Hauptvertrag nicht zustande, so legt § 50 VVG fest, dass der Versicherungsnehmer nur zu einer anteiligen Prämienzahlung nach dem Maßstab des Hauptvertrags verpflichtet ist (**pro rata temporis;** s. allgemein Rn. 389). Mithin kann der Versicherer für die vorläufige Deckung nicht ohne Weiteres einen höheren Kurztarif ansetzen. Freilich ist eine abweichende Vereinbarung möglich, und zwar auch durch AVB.[306] Eine solche Klausel muss den Anforderungen der §§ 305ff. BGB, insbesondere dem Transparenzgebot, genügen. Hierfür ist eine Aufnahme in die Tarifbestimmungen ausreichend.[307]

3. Aufklärungspflicht hinsichtlich vorläufiger Deckung

965 Eine Pflicht zur **Aufklärung** des Versicherungsnehmers darüber, dass eine vorläufige Deckung vereinbart werden kann, ist regelmäßig anzunehmen, wenn für den Versicherer erkennbar ist, dass der Versicherungsnehmer umgehend Versicherungsschutz benötigt.[308] Rechtsgrundlage für diese Pflicht ist die bedarfsbezogene Beratungspflicht nach § 6 Abs. 1 VVG (s. dazu Rn. 718ff.). Oft wird anzunehmen sein, dass der Versicherungsnehmer neben einem Antrag auf Abschluss eines Versicherungsvertrags **konkludent** auch einen Antrag auf vorläufige Deckung stellt. In diesen Fällen ist der Versicherer aufgrund des ihn treffenden Kooperationsgebots (s. Rn. 269) gehalten, diesen unverzüglich anzunehmen oder abzulehnen.[309]

---

305 BGHZ 47, 352, 355f. = VersR 1967, 569f.; *Wandt*, Rn. 463; gegen Zulässigkeit hingegen *Schwintowski*, in: Schwintowski/Brömmelmeyer, § 51 Rn. 6.

306 Regierungsbegr., BT-Drucks. 16/3945, S. 74.

307 *Wandt*, Rn. 460; strenger *Maier* r+s 2006, 485 (Aufnahme in die eigentlichen AVB erforderlich).

308 *Rixecker*, in: MünchKomm-VVG, § 49 Rn. 30.

309 Ausführlich *Prölss*, in: Prölss/Martin, § 1 Rn. 71.

III. Rückwärtsversicherung (§ 2 VVG)

1. Voraussetzungen

966 Bei der Rückwärtsversicherung liegt der **Haftungsbeginn** – anders als im Normalfall einer sog. Vorwärtsversicherung – **vor Vertragsschluss** (§ 2 Abs. 1 VVG). Haftungszeitraum und Vertragsdauer decken sich mithin nicht; der materielle Versicherungsbeginn liegt vor dem formellen.

967 **Beispiel:** Reeder A nimmt bei Versicherer V für die auf einem bestimmten Schiff befindlichen Güter eine Seetransportversicherung, als das Schiff bereits auf hoher See ist. Weder A noch V wissen, ob es seit seinem Auslaufen aus dem Verladehafen gesunken ist oder nicht.

968 Jenseits dieses in früheren Zeiten sehr praxisrelevanten, heute freilich angesichts der modernen Kommunikationsmittel antiquierten Beispiels hat die Rückwärtsversicherung enorme praktische Bedeutung. Dies gilt insbesondere in der **gewerblichen Haftpflichtversicherung**, wenn sich der Versicherungsnehmer gegen Haftpflichtansprüche versichern will, deren Ursache bereits angelegt ist, von denen der Versicherungsnehmer aber noch keine Kenntnis hat. Daneben kommt der Rückwärtsversicherung in der **Lebens- und Krankenversicherung** Bedeutung zu, da sie eine Einstufung in eine günstigere Altersgruppe ermöglicht.[310]

969 Die Rückwärtsversicherung muss zwischen den Parteien vereinbart werden. Üblicherweise wird sie mit einer Vorwärtsversicherung kombiniert. Ein – wenn auch praktisch weniger bedeutsamer – Fall einer gesetzlichen Rückwärtsversicherung ist derjenige des § 10 VVG (s. Rn. 942). Wird im Versicherungsschein ein vor dessen Ausstellungsdatum liegender Zeitpunkt als **Versicherungsbeginn** bezeichnet, so ist regelmäßig eine Rückwärtsversicherung anzunehmen. Ansonsten würde der Versicherungsnehmer zur Prämienzahlung verpflichtet sein, ohne dass er einen Vorteil davon hätte.[311] Eine solche Auslegung macht im Regelfall wenig Sinn und ist nur dann anzunehmen, wenn die bloße Vorverlegung des (technischen; s. Rn. 847) Versicherungsbeginns dem Versicherungsnehmer Vorteile – wie etwa ein niedrigeres Eintrittsalter bei der Lebens- oder Krankenversicherung (s. Rn. 968) – bringt.

2. Rechtliche Wirkung

970 Sofern eine Vertragspartei bei Abgabe ihrer Vertragserklärung **Kenntnis** davon hat, dass der Versicherungsfall bereits eingetreten ist oder nicht eintreten kann, sind die jeweiligen Ansprüche auf Prämie bzw. Versicherungsleistung nach § 2 Abs. 2 VVG ausgeschlossen. Fahrlässige Unkenntnis (Kennenmüssen) genügt

---

310 Grundlegend BGH VersR 1982, 841 ff.

311 So aber die früher h.M., vgl. etwa BGH VersR 1979, 709, 710; OLG München VersR 1972, 1112 f.

nicht. Allerdings ist, wer sich einer besseren Kenntnis arglistig verschließt, so zu behandeln, als hätte er positive Kenntnis.[312] Der Versicherer ist überdies auch dann nicht zur Leistung verpflichtet, wenn der Versicherungsnehmer ein geändertes Angebot des Versicherers erst nach Kenntnis vom Eintritt des Versicherungsfalls annimmt.[313] Ist der Versicherer nach diesen Regeln leistungsfrei, so richtet sich die **Prämienzahlungspflicht** des Versicherungsnehmers nach § 80 Abs. 1, 3 VVG (s. dazu Rn. 1237f., 1435).

971 Eine andere Frage ist es, ob dem Versicherer dann, wenn der Versicherungsnehmer bei Abgabe seiner Erklärung den Eintritt des Versicherungsfalls kannte, auch ein **Rücktrittsrecht wegen Verletzung der Anzeigeobliegenheit** nach § 19 VVG zusteht.[314] Während der Versicherungsnehmer nach altem Recht alle Umstände anzuzeigen hatte, die für die Übernahme der Gefahr erheblich sind, bezieht sich die Anzeigeobliegenheit nach § 19 Abs. 1 S. 1 VVG nur noch auf solche Umstände, nach denen der Versicherer ausdrücklich in Textform gefragt hat (s. Rn. 797ff.). Allerdings wird die Tatsache, dass dem Versicherungsnehmer vor Abgabe seiner Erklärung der Eintritt des Versicherungsfalls bekannt geworden ist, zumindest nach § 242 BGB auch ungefragt offenbarungspflichtig sein (s. Rn. 806 und zum Kooperationsgebot Rn. 246).

972 Die Regelung des § 37 Abs. 2 VVG (sog. **Einlösungsprinzip**; s. Rn. 943) gilt gem. § 2 Abs. 4 VVG nicht bei einer Rückwärtsversicherung.

3. Abdingbarkeit

973 § 2 VVG ist gem. § 18 VVG dispositiv. Dies führt zu der Frage, ob eine konkludente **Abbedingung** des § 2 Abs. 2 S. 2 VVG anzunehmen ist, wenn bei Abschluss einer Rückwärtsversicherung beide Vertragspartner wissen, dass ein Versicherungsfall bereits eingetreten ist. Dies ist jedenfalls hinsichtlich des schon eingetretenen Versicherungsfalls deshalb nicht selbstverständlich, weil grundsätzlich nur **ungewisse Risiken** versicherbar sind, nicht jedoch nach Umfang und Zeitpunkt bereits **feststehende Schäden**. Würde der Versicherer hier wirksam eine Leistung versprechen können, so läge darin – wie der BGH zutreffend ausführt – „nichts anderes als ein Geschenk an den Versicherungsnehmer“[315]. Dieser würde gegenüber den anderen Versicherungsnehmern bevorzugt. Eine solche Gestaltung erscheint grds. **sittenwidrig**, was gem. § 138 Abs. 1 BGB zur Nichtigkeit führt. Nach § 139 BGB erfasst die Nichtigkeit dann im Zweifel den gesamten Vertrag, nicht nur die Rückwärtsversicherung. Indessen gibt es auch Fallgestaltungen, in denen die Abbedingung des § 2 Abs. 2 S. 2 VVG nicht als unwirksam anzusehen ist. Dies ist der Fall, wenn es nicht fernliegt, dass der Versicherer ohnehin, d.h. auch ohne die Rückwärtsversiche-

312 KG VersR 2011, 993, 994; *Muschner*, in: MünchKomm-VVG, § 2 Rn. 33.
313 KG VersR 2011, 993, 994 (betr. § 2 VVG a.F.).
314 Bejahend KG VersR 2011, 993, 994 (betr. § 16 VVG a.F.).
315 BGH VersR 1982, 841, 843.

rung, zur Leistung verpflichtet war. Dann ist die Lage nämlich derjenigen vergleichbar, dass er bei einem nach Vertragsschluss eingetretenen Versicherungsfall leistet, obwohl seine Pflicht dazu nicht unzweifelhaft ist.

Beispiel:[316] A beantragt bei Versicherer V eine Einbruchdiebstahlversicherung 974
mit Versicherungsschutz ab dem 10.7. In dem Versicherungsschein, den A daraufhin von V zugesandt bekommt, ist als Versicherungsbeginn der 30.8. angegeben, ohne dass der Versicherer auf die Abweichung vom Antrag hingewiesen hat. In der Nacht vom 21. auf den 22.7. kommt es zu einem Einbruchdiebstahl.

Hier wusste der Versicherungsnehmer zwar bei Vertragsschluss, aber noch 975
nicht bei Abgabe seiner Erklärung vom Eintritt des Versicherungsfalls. Zudem erscheint eine Leistungspflicht des Versicherers wegen einer ohnehin zugesagten vorläufigen Deckung oder – in Gestalt einer Schadensersatzpflicht – wegen Pflichtverletzung (s. Rn. 965) als nicht fernliegend. Dies genügt, um die **konkludente Abbedingung** von § 2 Abs. 2 S. 2 VVG als wirksam anzusehen.

Hingegen ist dann, wenn Versicherungsnehmer und Versicherungsvertreter 976
zum Nachteil des Versicherers **kollusiv zusammenwirken**, der Vertrag stets nach § 138 Abs. 1 BGB nichtig. Die Beweislast für eine solche Kollusion trägt freilich der Versicherer.[317]

D. Koppelung, Bündelung und Kombination von Verträgen

I. Überblick

Häufig wird sich der Versicherungsnehmer – etwa aufgrund der von einem Ver- 977
sicherungsvermittler erstellten Bedarfsanalyse – bei ein und demselben Versicherer gleichzeitig gegen mehrere Risiken absichern wollen. Dies kann rechtstechnisch grundsätzlich in der Weise geschehen, dass mehrere Verträge miteinander **gekoppelt**[318] werden (ein Antrag, mehrere Versicherungsscheine) oder dass sie **gebündelt** werden (ein Antrag, ein Versicherungsschein, aber Geltung unterschiedlicher AVB; s. Rn. 926). Dabei geht es nicht um die kategoriale Einteilung von Versicherungssparten, bei der gleichfalls von Bündelung gesprochen wird (s. Rn. 93ff.), sondern um die Ebene des individuellen Vertrags.

Im Fall der Koppelung wie auch der Bündelung liegen mehrere **rechtlich** 978
selbstständige Verträge vor. Das Aufsichtsrecht gibt insofern lediglich vor, dass der Antragsvordruck nur so viele Anträge auf Abschluss rechtlich selbstständiger Versicherungsverträge enthalten darf, dass die Übersichtlichkeit, Lesbarkeit und Verständlichkeit nicht beeinträchtigt werden (§ 10a Abs. 1 S. 1 VAG).

Die Koppelung oder Bündelung von Versicherungsverträgen geschieht meist 979
im Hinblick auf **bestimmte Zielgruppen**.

---

316 Nach BGH VersR 1982, 841.
317 BGH VersR 1986, 131.
318 *Heidel*, VersR 1998, 986ff. (unter aufsichtsrechtlichen Aspekten).

980 **Beispiele: Familien** (Hausrat-, Haftpflicht- und Unfallversicherung). **Grundstückseigentümer** (Gebäude-, Haftpflicht- und Rechtsschutzversicherung). **Kfz-Halter** (Kasko-, Haftpflicht- und Verkehrsrechtsschutzversicherung; s. auch Rn. 1711ff. zur Kraftfahrtversicherung). **Hotelbetreiber und Gastronomen** (Inhalts-, Ertragsausfall- und Betriebshaftpflichtversicherung).

II. Abgrenzungen

981 Zu unterscheiden sind Koppelung und Bündelung einerseits von der **Kombination** andererseits. Unter Kombination ist der Fall zu verstehen, dass mehrere Risiken zu einem **rechtlich einheitlichen Versicherungsprodukt** – d.h. zu einem einheitlichen Vertrag – zusammengefasst werden.

982 **Beispiele:** Lebensversicherung mit integrierter Berufsunfähigkeits- oder Unfallversicherung; Hausratversicherung[319]; verbundene Gebäudeversicherung.

983 Die Abgrenzung, ob ein Vertragswerk eine solche **Kombination** von Risiken enthält oder **mehrere** rechtlich selbstständige **Verträge** umfasst, ist bisweilen schwierig. Bedeutsam ist diese Abgrenzung überall dort, wo es auf Änderungen des bzw. der Vertragsverhältnisse kommt. Dies gilt beispielsweise für die Frage, ob bei einer auf eines von mehreren versicherten Risiken bezogenen Rücktritts- oder Kündigungserklärung die Regelungen des § 29 VVG zu Teilrücktritt und Teilkündigung zum Zuge kommen. Im Zweifel ist davon auszugehen, dass mehrere Versicherungsscheine mehrere Verträge dokumentieren.[320] Umgekehrt spricht die Ausstellung eines einzigen Versicherungsscheins für einen einheitlichen Vertrag.

984 Problematisch kann überdies sein, inwiefern für **einzelne** Versicherungszweige geltende Regelungen Auswirkungen auf kombinierte Verträge haben. Wird z.B. eine Wohngebäudeversicherung gekündigt, ohne dass der Realgläubiger seine nach § 144 VVG – der nur für die Gebäudefeuerversicherung gilt – notwendige Zustimmung erteilt hat, ist fraglich, ob die Kündigung hinsichtlich des gesamten Vertrags[321] oder nur für dessen zustimmungsbedürftigen Teil wirkt[322]. Dies richtet sich nach § 139 BGB. Demnach ist im Zweifel von Gesamtnichtigkeit auszugehen.

---

319 Dazu VersRHdb./*Rüffer*, § 32 Rn. 1f.

320 BGHZ 42, 295, 297.

321 *Brand*, in: Looschelders/Pohlmann, § 144 Rn. 2.

322 LG Dortmund NVersZ 2000, 145; *Klimke*, in: Prölss/Martin, § 144 Rn. 1; vgl dazu auch *Johannsen/Johannsen*, in: Bruck/Möller/Sieg/Johannsen, Bd. III, Anm. J 88.

§ 20 Änderungen des Vertrages

Literatur

Armbrüster, Das BGH-Urteil zur unterlassenen AVB-Anpassung und seine Folgen, VersR 2012, 9; *ders.*, Wirksamkeitsvoraussetzungen für Prämienanpassungsklauseln, r+s 2012, 365; *Grote*, Die Rechtsstellung der Prämien-, Bedingungs- und Deckungsstocktreuhänder nach dem VVG und dem VAG, 2002; *Langheid/Grote*, Bedingungsanpassung nach Rechtsprechungswechsel, VersR 2003, 1469; *Pohlmann*, Keine Sanktionen bei Verletzung von Obliegenheiten aus Alt-AVB?, NJW 2012, 188; *Wandt*, Änderungsklauseln in Versicherungsverträgen, 2000; *ders.*, Ersetzung unwirksamer ALB im Treuhänderverfahren gem. § 172 VVG, VersR 2001, 1449.

A. Überblick

Bei einem Versicherungsvertrag handelt es sich regelmäßig um ein **Dauerschuldverhältnis**. Er unterliegt deshalb besonderen Änderungsrisiken. Dabei geht es zum einen um Änderungen der **tatsächlichen Verhältnisse.**[323] So können etwa die Kosten für die vom Versicherungsschutz umfassten Heilbehandlungen aufgrund des medizinischen Fortschritts oder auch inflationsbedingt steigen. Zum anderen vermögen auch **rechtliche** Änderungen das Äquivalenzverhältnis von Leistung und Gegenleistung zu beeinträchtigen. 985

Beispiele: Gesetzliche Haftungserweiterungen in der Haftpflichtversicherung führen dazu, dass der Versicherer in größerem Umfang als bei seiner Kalkulation angenommen für Schadensfälle aufkommen muss. Durch eine neue **höchstrichterliche Rechtsprechung** wird ein Risikoausschluss in der Rechtsschutzversicherung für unwirksam erklärt. 986

Sofern derartige Risiken außerhalb der Einflussmöglichkeiten des Versicherers liegen, kann dieser ihnen durch **Sicherheitszuschläge** (s. Rn. 227) nur begrenzt Rechnung tragen. Auch sofern ein Kündigungsrecht besteht (vgl. §§ 11 Abs. 4, 24 Abs. 2, 195 Abs. 1 S. 1 VVG), wird es häufig weder im Interesse des Versicherungsnehmers noch des Versicherers liegen, jenes Recht auszuüben. Daher ist vielfach eine **Anpassung** des Versicherungsvertrags an die geänderten Verhältnisse notwendig. 987

B. Voraussetzungen

I. Vereinbarung einer konkreten Änderung

1. Ad-hoc-Vereinbarung

Den Parteien steht es grundsätzlich frei, in Ausübung ihrer Privatautonomie den Inhalt des Versicherungsvertrags **einvernehmlich zu ändern** (§ 311 BGB). Benötigt beispielsweise der Versicherungsnehmer eine höhere Deckungssumme oder 988

---

323 VersRHdb./*Wandt*, § 11 Rn. 1ff.

wünscht er den Einschluss eines bestimmten Risikos, kann er dies mit dem Versicherer ohne weiteres vereinbaren. Hier ergeben sich bisweilen Rechtsfragen.

989 **Beispiel:** Versicherungsnehmer A will nach einem Umzug seine beim Versicherer V bestehende Hausratversicherung fortführen. Dementsprechend stellt er einen sog. Versicherungsänderungsantrag. V übersendet dem A einen entsprechend geänderten Versicherungsschein, der zusätzlich neue AVB als Vertragsgrundlage aufführt. Diese sind für A teils günstiger, teils nachteiliger als die bisherigen AVB. Hinweise oder Belehrungen hinsichtlich der neuen AVB enthält das Anschreiben des V nicht. A heftet den Versicherungsschein und die ihm beigefügten geänderten AVB ungelesen ab; die (unveränderte) Prämie wird weiterhin von seinem Konto eingezogen.

990 Fraglich ist hier, ob die **neuen AVB** wirksam in den Vertrag einbezogen wurden. Der Änderungsantrag bezieht sich ersichtlich auf die ursprünglich dem Vertrag zugrunde liegenden AVB. Sofern V das Vertragsverhältnis nur zu den neuen AVB fortführen wollte, konnte eine Einbeziehung daher nicht aufgrund korrespondierender Willenserklärungen, sondern allein gem. § 5 VVG erfolgen.[324] Dagegen, dass neue, dem Versicherungsschein beigefügte AVB auf diese Weise in den Vertrag einbezogen werden können, spricht, dass § 305 Abs. 2 BGB insoweit eine abschließende Regelung darstellt (s. auch Rn. 476 zu § 7 VVG).[325] Selbst wenn man hingegen eine Einbeziehung über § 5 VVG für möglich halten wollte[326], hätte V nach § 5 Abs. 2 VVG bei Aushändigung des Versicherungsscheins auf die Änderungen hinweisen müssen. Ein solcher Hinweis fehlt hier. Somit ist nach § 5 Abs. 3 VVG der Versicherungsantrag maßgeblich, der sich auf die ursprünglichen AVB bezieht.[327]

991 Sind die Abweichungen anders als in dem Beispielsfall von Rn. 989 dem Versicherungsnehmer ausschließlich vorteilhaft, ist § 5 Abs. 2, 3 VVG nicht anwendbar. Ob in einem solchen Fall hingegen § 5 Abs. 1 VVG gilt, ist umstritten. Verneinte man dies, so würden die allgemeinen Regeln eingreifen. Folglich wäre in dem den Versicherungsnehmer begünstigenden Versicherungsschein ein **neues Angebot** zu sehen. Als konkludente Annahmeerklärung kann die fortgesetzte Prämienzahlung in Betracht kommen, sofern sie durch Überweisung erfolgt. Darüber hinaus wird teils auch für den praktischen Regelfall, dass die Prämien im Lastschriftverfahren eingezogen werden, eine derartige Annahme befürwortet. Jedenfalls dann, wenn es sich um für den Versicherungsnehmer eindeutig vorteilhafte AVB handelt, soll demnach in seinem Schweigen eine konkludente Annahme eines Änderungsangebots zu sehen sein.[328] Indessen

---

324 Zum früheren Recht s. *Prölss*, in: Prölss/Martin, 27. Aufl. 2004, Vorbem. I Rn. 26.

325 *Prölss*, in: Prölss/Martin, Vorbem. I Rn. 28 und § 7 Rn. 50; *Knops*, in: Bruck/Möller, § 5 Rn. 17.

326 So HK-VVG/*Brömmelmeyer*, § 5 Rn. 11; *Schimikowski*, r+s 2007, 309, 311.

327 OLG Frankfurt VersR 1998, 1540f.; für ein Wahlrecht des Versicherungsnehmers *Schreiber*, VersR 1994, 760, 764.

328 *Prölss*, in: Prölss/Martin, Vorbem. I Rn. 27; LG Düsseldorf r+s 1999, 377, 378.

kann allein daraus, dass der Versicherungsnehmer dem fortgesetzten Prämieneinzug nicht widerspricht, kein entsprechender Wille gefolgert werden (s. auch Rn. 858 im Kontext einer konkludenten Annahmeerklärung). Freilich könnte man den Zugang der Annahmeerklärung hinsichtlich des dem A ausschließlich vorteilhaften Angebots nach § 151 S. 1 Fall 1 BGB für entbehrlich halten.[329] Allerdings muss auch in diesem Fall irgendeine **Bekundung des Annahmewillens** vorliegen, für die man wiederum schwerlich auf die schlichte Hinnahme des Prämieneinzugs verweisen kann. Angesichts der Interessenlage erscheint es vorzugswürdig, hier § 5 Abs. 1 VVG heranzuziehen, so dass dem Versicherungsnehmer günstige Abweichungen ohne weiteres Vertragsbestandteil werden.[330] Zudem kann der Versicherer anlässlich von Vertragsänderungen gem. § 6 Abs. 4 S. 1 VVG verpflichtet sein, den Versicherungsnehmer auf die Möglichkeit der Einbeziehung günstigerer AVB **hinzuweisen** (s. Rn. 761). Verletzt er diese Pflicht, haftet er gegenüber dem Versicherungsnehmer nach § 6 Abs. 5 VVG auf Schadensersatz, der hier auf eine Vertragsanpassung in Gestalt der Geltung der vorteilhaften AVB gerichtet wäre.

2. Zustimmungsfiktion

Die erforderliche Zustimmung des Versicherungsnehmers zu einer Änderung 992
des Vertrags kann auch im Voraus, d.h. bei Vertragsschluss, erklärt werden. Man spricht dann von einer **antizipierten Zustimmung**. Zudem lässt sich die Zustimmung auch durch eine entsprechende AVB **fingieren** (vgl. § 308 Nr. 5 BGB). Nach derartigen Klauseln gilt eine Änderung als genehmigt, wenn der Versicherungsnehmer binnen einer bestimmten Frist nicht widerspricht. Eine solche Zustimmungsfiktion ist freilich nur in engen Grenzen anzuerkennen. Möglich ist dies namentlich bei gewichtigen Äquivalenzstörungen aufgrund externer Ursachen.[331]

3. Gesetzliches Anpassungsrecht

a) Grundlagen

In bestimmten Fällen gewährt das **Gesetz** einer Vertragspartei ein einseitiges 993
Vertragsgestaltungsrecht. So räumt das VVG an verschiedenen Stellen dem Versicherer ein Anpassungsrecht ein, damit dieser auf eine Abweichung der tatsächlichen Lage von denjenigen Tatsachen reagieren kann, die er dem Vertragsschluss zugrunde gelegt hat. Typischerweise werden solche einseitigen Anpassungsrechte von einem Kündigungsrecht des Versicherungsnehmers flankiert, durch dessen Ausübung er sich von der Bindung an den geänderten Vertrag lö-

329 *Schreiber*, VersR 1994, 760, 763.
330 BGH VersR 1976, 477, 478.
331 Dazu *Prölss*, in: Prölss/Martin, Vorbem. I Rn. 45f.; vgl. auch BGHZ 141, 153, 158 = VersR 1999, 697, 698f. m. Anm. *Präve*.

sen kann. Mit dieser **Kombination von einseitigem Anpassungsrecht und einseitigem Lösungsrecht** unternimmt es der Gesetzgeber, den ursprünglichen Vertragsinhalt in einer für beide Parteien zumutbaren Weise einer veränderten Sachlage anzupassen. Hätte der Versicherungsnehmer nicht die Möglichkeit, auf die – sachlich berechtigte – Anpassung (insbesondere: Prämienerhöhung) mit einer Kündigung zu reagieren, so müsste er den Vertrag mit einem anderen als dem von ihm konsentierten Inhalt fortführen. Ob er dies möchte, soll er selbst entscheiden können.

994 Als **Modell eines solchen Interessenausgleichs** lässt sich die Grundsatzentscheidung des BGH[332] zu den Tagespreisklauseln im Kfz-Handel ansehen. Demnach ist eine Preisanpassung aufgrund eines in AGB enthaltenen Vorbehalts dem Kunden zumutbar, sofern letzterer eine Reaktionsmöglichkeit in Gestalt eines Lösungsrechts (hier: Rücktrittsrecht vom Kfz-Kaufvertrag) erlangt. Für den Versicherer bedeutet die geschilderte Regelungstechnik des VVG-Reformgesetzgebers, dass er das **Risiko einer Vertragskündigung** durch den Versicherungsnehmer bedenken muss, bevor er ein Anpassungsrecht geltend macht. Freilich ist dadurch, dass die maximal zulässige Vertragslaufzeit im Zuge der VVG-Reform von fünf auf drei Jahre verkürzt worden ist (s. Rn. 1050), die praktische Bedeutung außerordentlicher Kündigungsrechte für Versicherungsnehmer, die den Vertrag aus unterschiedlichsten Motiven heraus vorzeitig beenden möchten, erheblich gesunken.

b) Verletzung der vorvertraglichen Anzeigepflicht

995 Ein wichtiger Anwendungsfall der genannten Kombination von Anpassungs- und Lösungsrecht liegt darin, dass der Versicherungsnehmer die ihn treffende **vorvertragliche Anzeigepflicht** aus § 19 Abs. 1 VVG verletzt (s. Rn. 815ff.). Hätte der Versicherer in einem solchen Fall den Vertrag auch bei Kenntnis der nicht angezeigten Umstände, wenn auch zu anderen Bedingungen, geschlossen, so entfällt nach § 19 Abs. 4 S. 1 VVG sein Rücktritts- oder Kündigungsrecht. Er kann dann aber nach S. 2 dieser Vorschrift verlangen, dass die **anderen Bedingungen** Vertragsbestandteil werden. Die Änderungen gelten grds. rückwirkend zum Zeitpunkt des Vertragsschlusses. Nur bei einer vom Versicherungsnehmer nicht zu vertretenden Pflichtverletzung treten sie erst ab Beginn der laufenden Versicherungsperiode ein. Die Anpassung darf freilich nicht dazu führen, dass die Vertragsidentität verändert wird.[333] Zudem kann der Versicherungsnehmer den Vertrag dann nach Maßgabe von § 19 Abs. 6 S. 1 VVG außerordentlich **kündigen**, wenn sich die Prämie um mehr als 10% erhöht oder wenn der Versicherer für den nicht angezeigten Umstand einen Risikoausschluss vorsieht.

---

332 BGHZ 90, 69, 75 = NJW 1984, 1177, 1178.
333 *Marlow*, in: Marlow/Spuhl, Rn. 183.

c) Gefahrerhöhung

Auch im Falle einer **Gefahrerhöhung** (s. Rn. 1139) kann der Versicherer einseitig den Vertrag ändern, und zwar indem er statt zu kündigen eine seinen Geschäftsgrundsätzen entsprechende höhere Prämie verlangt oder die Absicherung der höheren Gefahr ausschließt (§ 25 Abs. 1 S. 1 VVG). Auch hier steht dem Versicherungsnehmer wiederum unter den gleichen Voraussetzungen wie bei einer Anzeigepflichtverletzung ein Kündigungsrecht zu (§ 25 Abs. 2 S. 1 VVG). 996

d) Über- und Mehrfachversicherung

Jede Vertragspartei kann bei einer – nicht betrügerischen – **Überversicherung** verlangen, dass die Versicherungssumme unter verhältnismäßiger Minderung der Prämie mit sofortiger Wirkung herabgesetzt wird (§ 74 Abs. 1 VVG; s. dazu Rn. 1321). In diesem beiderseitigen Recht liegt eine Ausprägung des Symmetriegebots (s. Rn. 306). Asymmetrisch ist hingegen das Vertragsanpassungsrecht für die **Mehrfachversicherung** ausgestaltet: Hier steht es allein dem Versicherungsnehmer zu (näher § 79 VVG und dazu Rn. 1253). Dies liegt hier schon deshalb nahe, weil bei der Mehrfachversicherung anders als bei der Überversicherung dem Versicherungsnehmer im Regelfall nicht nur ein, sondern mehrere Versicherer gegenüber stehen. 997

e) Prämien- und Bedingungsanpassung

In der **Lebens-, Berufsunfähigkeits- und Krankenversicherung** gewährt das Gesetz dem Versicherer ein einseitiges Änderungsrecht (§§ 163, 164, 176, 203 VVG).[334] Diese Regelungen tragen dem Umstand Rechnung, dass der Versicherer die erfassten Versicherungsverhältnisse grundsätzlich nicht mit vertragsbeendigender Wirkung kündigen kann. Wäre er an die zu Vertragsbeginn vereinbarte **Prämie** während der gesamten, sich oft über mehrere Jahrzehnte erstreckenden Vertragslaufzeit gebunden, so müsste er erhebliche (zusätzliche) Sicherheitszuschläge (zu ihnen s. Rn. 227) einkalkulieren, um für künftige Kostensteigerungen gewappnet zu sein. Dies würde die Prämie bereits zu einem Zeitpunkt verteuern, zu dem entsprechende Kostensteigerungen noch nicht konkret absehbar sind und für den Versicherer noch kein aktueller Finanzbedarf besteht. Angesichts dessen ist es sachgerecht, dem Versicherer ein einseitiges Anpassungsrecht zu gewähren und es ihm auf diese Weise auch ohne übermäßige Sicherheitszuschläge zu ermöglichen, die dauerhafte Erfüllbarkeit der Verträge sicherzustellen. 998

Bei einer derartigen Anpassung sind freilich auch die berechtigten Schutzinteressen des Versicherungsnehmers zu beachten. Der Gesetzgeber hat die Prämienanpassung daher an strenge **inhaltliche Voraussetzungen** sowie an die Mitwirkung eines **unabhängigen Treuhänders** geknüpft (§§ 163, 203 Abs. 2 VVG). Auf diese Weise soll sichergestellt werden, dass durch die Anpassung al- 999

---

334 Vgl. dazu BGHZ 141, 153, 155f. = VersR 1999, 697, 698f.

lein das infolge einer abweichenden Kostenentwicklung gestörte **Äquivalenzverhältnis** von Versicherungsleistung und Prämie (s. Rn. 1017) wieder hergestellt wird. Erforderlich ist daher stets eine Kostensteigerung, die nicht bereits bei Vertragsschluss antizipiert und daher einkalkuliert war oder hätte berücksichtigt werden müssen (vgl. §§ 163 Abs. 1 Nr. 1, 203 Abs. 2 S. 1 VVG).

1000 Hinsichtlich der **Bedingungsanpassung** unterscheiden sich die für die verschiedenen Sparten maßgeblichen Anpassungsregeln deutlicher voneinander als bei der Prämienanpassung (zu letzterer s. Rn. 998f.).

1001 In der **Lebensversicherung** gestattet § 164 VVG eine einseitige Anpassung lediglich dann, wenn eine AVB höchstrichterlich oder durch bestandskräftigen Verwaltungsakt für unwirksam erklärt worden ist (s. Rn. 1938).

1002 Demgegenüber knüpft die Änderungsbefugnis in der **Krankenversicherung** gem. § 203 Abs. 3 VVG daran an, dass sich die **„Verhältnisse des Gesundheitswesens"** nicht nur vorübergehend ändern. Gemeint sind damit die **tatsächlichen Verhältnisse.** Mithin ist der Krankenversicherer anders als ein Lebensversicherer nicht wegen einer neuen Rechtsprechung, in der AVB für unwirksam erklärt werden, zur Bedingungsanpassung berechtigt.[335] Die Veränderung der tatsächlichen Verhältnisse muss zudem aus Sicht des Versicherers eine externe sein; eine unklare Formulierung der AVB genügt daher nicht. Eine die Anpassung ermöglichende Veränderung kann etwa die Regeln zur Vergütung ärztlicher Leistungen betreffen.[336]

1003 Die genannten Unterschiede führen zu der grundsätzlicheren Frage, in welchem **Verhältnis die Bedingungs- zur Prämienanpassung** steht. Teils wird angenommen, dass dann, wenn sich durch eine Prämienanpassung das **Äquivalenzverhältnis** zwischen Versicherungsleistung und Prämie wieder herstellen lässt, eine Bedingungsanpassung in Gestalt der Leistungseinschränkung ausscheidet.[337] Andere sehen dies nicht als generelle Regel an.[338] Dafür spricht, dass sich dem Gesetz **kein Rangverhältnis** zwischen § 203 Abs. 2 VVG einerseits und Abs. 3 andererseits entnehmen lässt. Aus Sicht des Versicherungsnehmers kann es je nach Sachlage vorteilhafter erscheinen, anstelle einer Prämienerhöhung einen Leistungsausschluss hinzunehmen. Mithin liegt es im unternehmerischen Ermessen des Versicherers zu entscheiden, auf welche Weise er den im Gesundheitswesen eingetretenen Änderungen Rechnung tragen will. Eine versicherungsnehmerfreundliche Vorgehensweise kann je nach Sachlage darin liegen, eine Bedingungsanpassung bei unveränderter Prämie mit dem Angebot einer die Leistungseinschränkung kompensierenden Zusatzdeckung gegen Prämienzuschlag zu verbinden.

---

335 BGH VersR 2008, 482 Rn. 8; vgl. auch BGH VersR 2008, 246 Rn. 10; VersR 2008, 386 Rn. 13 (betr. geänderte Auslegung).

336 *Voit*, in: Prölss/Martin, § 203 Rn. 36.

337 *Wandt*, VersR 2000, 29.

338 *Langheid*, in: FS Kollhosser, S. 231, 240.

f) Anpassung von Altverträgen an die VVG-Reform

Einen besonderen Fall eines gesetzlichen Anpassungsrechts stellt Art. 1 Abs. 3 EGVVG dar. Dabei handelt es sich um eine Vorschrift des **Übergangsrechts** zwischen altem und reformiertem VVG. Seit dem 1.1.2009 gilt das neue Recht auch für vor Inkrafttreten der Reform am 1.1.2008 geschlossene Altverträge. Der Gesetzgeber hat es den Versicherern in Art. 1 Abs. 3 EGVVG ermöglicht, ihre **AVB in Altverträgen** während einer Übergangsfrist an das neue Recht anzupassen. Dieses einseitige Anpassungsrecht bestand nur in dem Umfang, in dem eine Änderung objektiv erforderlich war, um die AVB an das reformierte Recht anzugleichen.[339] Auch wenn sich die praktische Bedeutung jener Vorschrift auf vor dem 1.1.2008 geschlossene Versicherungsverträge beschränkt, ist ihre Auslegung durch den BGH auch in **grundsätzlicherer Hinsicht** lehrreich. Das aufgrund des folgenden Beispiels ergangene Urteil zeigt nämlich, zu welch einschneidenden Folgen eine in ihrer Formulierung mehrdeutige gesetzliche Anpassungsvorschrift führen kann. 1004

Beispiel:[340] Der Versicherungsnehmer einer im Jahr 2007 geschlossenen Wohngebäudeversicherung (s. Rn. 1844ff.) entleert im Winter 2008/09 die Leitungen des leerstehenden Gebäudes nicht. Es kommt daher am 8.1.2009 zu einem Leitungswasserschaden. Der Versicherer ersetzt diesen nur zur Hälfte. Dabei beruft er sich auf § 11 der vereinbarten Allgemeinen Wohngebäude-Versicherungsbedingungen (VGB 88). Dieser lautet auszugsweise wie folgt: „*1. Der Versicherungsnehmer hat (...) c) nicht genutzte Gebäude oder Gebäudeteile genügend häufig zu kontrollieren und dort alle wasserführenden Anlagen und Einrichtungen abzusperren, zu entleeren und entleert zu halten (...). 2. Verletzt der Versicherungsnehmer eine dieser Obliegenheiten, so ist der Versicherer nach Maßgabe von § 6 VVG zur Kündigung berechtigt oder auch leistungsfrei. Leistungsfreiheit tritt nicht ein, wenn die Verletzung weder auf Vorsatz noch auf grober Fahrlässigkeit beruht.*" Der in dieser Klausel in Bezug genommene § 6 VVG a.F. ist im Zuge der VVG-Reform durch § 28 VVG n.F. ersetzt worden. Die Neuregelung ist für den Versicherungsnehmer günstiger. Insbesondere entfällt bei grob fahrlässigen Obliegenheitsverletzungen der Anspruch gegen den Versicherer nicht mehr zwangsläufig in vollem Umfang, sondern er bleibt – abhängig vom Grad der groben Fahrlässigkeit – regelmäßig teilweise erhalten (Quotelung; s. Rn. 338ff.). 1005

Von der Umstellungsmöglichkeit nach Art. 1 Abs. 3 EGVVG haben einige Versicherer, darunter auch der Wohngebäudeversicherer im Ausgangsfall, angesichts des damit verbundenen Aufwands keinen Gebrauch gemacht. Mithin ist die Frage, welche Rechtsfolgen gelten, wenn ein Versicherer die Anpassungsmöglichkeit nicht wahrgenommen hat, überaus praxisrelevant. Außer Zweifel steht, dass die in den AVB **vereinbarte Rechtsfolgenregelung unwirksam** ist; 1006

---

339 Regierungsbegr., BT-Drucks. 16/3945, S. 118.
340 Nach BGHZ 191, 159 = VersR 2011, 1550.

sie verstößt gegen halbzwingendes Recht (§§ 28 Abs. 2, 32 S. 1 VVG). Das Schrifttum hatte im Ergebnis nahezu einhellig angenommen, dass dann die dem Versicherungsnehmer günstigere Rechtsfolge aus § 28 Abs. 2 VVG n.F. eingreift, es also anstelle der Leistungsfreiheit zu einer anteiligen Leistungskürzung kommt, jedoch das grob fahrlässige Verhalten nicht völlig sanktionslos bleibt.[341] Dies lässt sich auf eine geltungserhaltende Reduktion, zumindest aber auf eine ergänzende Vertragsauslegung stützen (s. dazu Rn. 566). Der BGH meint hingegen, der Versicherer könne bei grob fahrlässiger Verletzung einer vereinbarten Obliegenheit (hier: Leitungsentleerung) seine Leistung auch nicht nach § 28 Abs. 2 S. 2 VVG n.F. kürzen. Habe der Versicherer von der Anpassungsmöglichkeit nach Art. 1 Abs. 3 EGVVG keinen Gebrauch gemacht, so lasse sich die hierdurch entstandene Lücke hinsichtlich der Rechtsfolgen einer Obliegenheitsverletzung nicht durch eine ergänzende Auslegung gem. § 306 Abs. 2 BGB schließen. Bei Art. 1 Abs. 3 EGVVG handele es sich um eine **Sonderregelung**, die in ihrem Anwendungsbereich jene allgemeine Vorschrift verdränge. Daher sei es hinzunehmen, dass eine Verletzung der in den AVB enthaltenen Obliegenheiten sanktionslos bleibe. Allerdings könne der Versicherer sich weiterhin auf eine grob fahrlässige Herbeiführung des Versicherungsfalls (§ 81 Abs. 2 VVG) oder auf eine Gefahrerhöhung (§§ 23ff. VVG) berufen.

1007 Mit dieser Argumentation münzt der BGH die vom Gesetzgeber den Versicherern ausdrücklich als reine **Möglichkeit** offerierte Vertragsanpassung de facto in eine mit scharfer Sanktion versehene **Pflicht** um.[342] Begünstigt werden dadurch allein besonders unsorgfältig handelnde Versicherungsnehmer (zum Begriff der groben Fahrlässigkeit s. Rn. 333). Der Versicherungsschutz verteuert sich infolgedessen für sämtliche Versicherungsnehmer. Die vom BGH genannten Auffangregeln stellen deutlich strengere Anforderungen an eine Leistungskürzung als § 28 Abs. 2 VVG (näher Rn. 1576): § 81 Abs. 2 VVG legt dem Versicherer die Beweislast für grobe Fahrlässigkeit auf; die §§ 23ff. VVG erfordern eine dauerhafte Gefahrerhöhung (s. Rn. 1129, 1164). Letztlich ist dieses Fiasko freilich dem Gesetzgeber des in seiner Formulierung misslungenen Art. 1 Abs. 3 EGVVG anzulasten.

4. Anpassungsklauseln

a) Überblick

1008 Neben einer Änderung durch eine Vereinbarung der Vertragsparteien oder kraft Ausübung eines gesetzlichen Gestaltungsrechts kommt auch eine einseitige Änderung durch den Versicherer aufgrund sog. **Anpassungsklauseln** in den AVB in Betracht. Diese können sich auf die Prämie (Prämienanpassungsklauseln; s. Rn. 1010ff.) oder die AVB (Bedingungsanpassungsklauseln; s. Rn. 1021) beziehen. Solche Klauseln sind für diejenigen Versicherungssparten praktisch bedeut-

341 S. nur *Armbrüster*, in: Prölss/Martin, Art. 1 EGVVG Rn. 39; *Looschelders*, in: MünchKomm-VVG, Art. 1 EGVVG Rn. 24ff.; *Wandt*, Rn. 19; a.A. *Staudinger/Kassing*, ZGS 2008, 411.
342 Krit. daher *Armbrüster*, VersR 2012, 9ff.; *Pohlmann*, NJW 2012, 188ff.

sam, für die das VVG keine gesetzlichen Anpassungsmöglichkeiten vorsieht. Wie aufgezeigt, bestehen derartige Regelungen in der Lebens-, Berufsunfähigkeits- und Krankenversicherung (§§ 163, 164, 176, 203 VVG; s. Rn. 998). Sie sind halbzwingend ausgestaltet (§§ 171, 208 VVG), so dass für abweichende Anpassungsklauseln nur ein sehr begrenzter Raum verbleibt. Für alle anderen Versicherungszweige besteht im Grundsatz **Vertragsfreiheit**.

Wegen der Gefahren, die mit einer einseitigen Änderungsbefugnis des Versicherers für den Schutz des Versicherungsnehmers verbunden sein können, hat der Gesetzgeber teils **besondere Ausgleichsregeln** geschaffen, insbesondere ein Kündigungsrecht des Versicherungsnehmers bei Prämienerhöhungen (s. Rn. 1012). Zudem greift die **Inhaltskontrolle** nach §§ 307, 308 Nr. 4 BGB ein. Sie hat im Bereich von Anpassungsklauseln besondere Bedeutung. Freilich kann eine unangemessene Benachteiligung vorbehaltlich des Transparenzgebots von vornherein nur in solchen Fällen in Betracht kommen, in denen sich die Anpassungsmöglichkeit nicht auf Zeiträume bezieht, vor deren Beginn der Versicherer den Vertrag ordentlich kündigen könnte. In diesem Fall geht es nämlich allein um die Modalitäten einer Vertragsfortsetzung.[343] Den praktischen Regelfall bilden freilich Klauseln, die eine Anpassung gerade während des Bindungszeitraums ermöglichen sollen. 1009

b) Prämienanpassung

Was **Prämienanpassungsklauseln** angeht, so setzt der Gesetzgeber in § 40 Abs. 1 VVG deren grundsätzliche Zulässigkeit voraus. Auch die Rechtsprechung zweifelt die Legitimität von Prämienanpassungsklauseln nicht an. So hat das BVerwG bereits 1980 in dem grundlegenden sog. DAS-Urteil zur Rechtsschutzversicherung festgestellt, dass es dem Versicherer ebenso wie anderen Leistungsanbietern grundsätzlich möglich sein muss, „nachträgliche Einwirkungen auf die im Vertrag vorausgesetzte **Äquivalenz von Leistung und Gegenleistung**"[344] durch eine Anpassungsklausel aufzufangen. Der BGH hat in einer – zur Krankenversicherung ergangenen – Grundsatzentscheidung ausgeführt, dass der Versicherer bei längerfristigen Verträgen ein Bedürfnis für eine sachlich notwendige Prämienanpassung haben kann.[345] Entsprechendes geht aus einer weiteren Entscheidung zur Bedingungsanpassung in der Rechtsschutzversicherung[346] hervor. 1010

Diese Grundhaltung verdient **Zustimmung**.[347] Wäre eine Anpassung generell ausgeschlossen, so müsste der Versicherer entweder die Prämie von Anfang an höher kalkulieren, was zu einer entsprechend größeren Belastung des Versiche- 1011

343 *Wandt*, Rn. 218.
344 BVerwG VersR 1981, 221, 223 a.E.; vgl. auch BGH VersR 1997, 685, 686f.
345 BGHZ 119, 55, 59 = NJW 1992, 2356, 2357; bestätigt durch BGH VersR 2004, 1446, 1447.
346 BGH NJW 1999, 1865.
347 Statt vieler *Beckmann*, in: Bruck/Möller, § 40 Rn. 5; *Hübner*, in: FS Concordia, 1989, S. 57, 63; prägnante Zusammenfassung der Interessenlage der Vertragsparteien bei HdV/*Lipperheide*, S. 543f.

rungsnehmers führen würde,[348] oder er sähe sich jedenfalls bei wesentlichen Kostensteigerungen zu einer Änderungskündigung veranlasst, durch die neue Abschlusskosten entstünden und dem Versicherungsnehmer zeitliche Lücken im Deckungsschutz drohten.[349] Weitergehende Schlüsse lassen sich aus der in Rn. 1010 angeführten Judikatur freilich schon deshalb nicht ziehen, weil sie die Rechtslage vor dem 29.7.1994 betrifft, nach der noch das Genehmigungserfordernis für Tarifänderungen galt (s. dazu allgemein Rn. 117).[350]

1012 Prämienanpassungsklauseln sind in der Praxis im Unterschied zu Bedingungsanpassungsklauseln (zu ihnen s. Rn. 1021) durchaus verbreitet (Beispiel: Nr. 15 AHB 2010). Die für sie geltenden **inhaltlichen Anforderungen** sind im VVG jenseits der in Rn. 998 aufgeführten Normen zur Personenversicherung nicht ausdrücklich geregelt. Sie ergeben sich insbesondere nicht aus § 40 Abs. 1 VVG.[351] Diese Vorschrift beschränkt sich darauf, dem Versicherungsnehmer ein **Kündigungsrecht** mit sofortiger Wirkung einzuräumen, sofern der Versicherer die Prämie aufgrund einer Anpassungsklausel erhöht. Damit ermöglicht es der Gesetzgeber dem von einer Prämienerhöhung betroffenen Versicherungsnehmer, auf die Verschiebung des Äquivalenzverhältnisses zu reagieren (s. allgemein zur Kombination einseitiger Anpassungsrechte mit Lösungsrechten Rn. 993).[352] Auch jenseits des VVG greifen keine spezialgesetzlichen Vorgaben für Anpassungsklauseln ein. Insbesondere ist das Preisklauselgesetz, das eine unmittelbare Bindung von Geldschulden an den Preis von nicht vergleichbaren Gütern oder Leistungen untersagt, nicht anwendbar. Bei Prämienanpassungsklauseln handelt es sich nämlich um Kostenelementeklauseln (§ 1 Abs. 2 Nr. 3 PrKG) oder um Leistungsvorbehaltsklauseln (§ 1 Abs. 2 Nr. 1 PrKG), die jeweils vom Anwendungsbereich jenes Gesetzes ausgenommen sind.

1013 Die Tatsache, dass der Gesetzgeber für Prämienpassungsklauseln keine konkreten inhaltlichen Vorgaben für eine Prämienerhöhung macht, führt nicht dazu, dass die in den **Anpassungsregeln zur Personenversicherung** (§§ 163 Abs. 1, 203 Abs. 2 VVG; s. Rn. 998f.) enthaltenen Anforderungen analog heranziehbar wären.[353]

1014 Ebenso wenig lässt sich aber der Umkehrschluss ziehen, dass keine inhaltlichen Anforderungen gelten. Im Schrifttum wird freilich vereinzelt daraus, dass der Versicherungsnehmer den Vertrag nach **§ 40 Abs. 1 VVG** kündigen kann, gefolgert, dass in Anpassungsklauseln die Voraussetzungen für eine Prämienan-

---

348 *Langheid*, in: Römer/Langheid, 2. Aufl. 2003, § 31 Rn. 17 (zur 3. Aufl. s. Fn. 693).
349 *Rixecker*, in: Römer/Langheid, § 40 Rn. 1.
350 *Beckmann*, in: Bruck/Möller, § 40 Rn. 43f.
351 *Beckmann*, in: Bruck/Möller, § 40 Rn. 14; HK-VVG/*Karczewski*, § 40 Rn. 5; *Johannsen/Johannsen*, in: Bruck/Möller/Sieg/Johannsen, Bd. III, Anm. F 6 (S. 321); *Michaelis/Pilz*, in: Schwintowski/Brömmelmeyer, § 40 Rn. 4; *Stagl*, in: Looschelders/Pohlmann, § 40 Rn. 9.
352 HK-VVG/*Karczewski*, § 40 Rn. 1; *Präve*, in: Graf von Westphalen, Vertragsrecht und AGB-Klauselwerke, AVB, Stand: Dezember 2012, Rn. 91.
353 HK-VVG/*Karczewski*, § 40 Rn. 5; *Rixecker*, in: Römer/Langheid, § 40 Rn. 4 a.E.; insoweit wie hier auch *Marlow*, FS Baumann, 1999, S. 209, 223.

passung nicht konkretisiert werden müssten.[354] Demnach kompensiert die Kündigungsmöglichkeit des Versicherungsnehmers vollauf dessen Mehrbelastung. Dies vermag nicht zu überzeugen.[355] Anderenfalls hätte die Einführung des Kündigungsrechts hinsichtlich solcher Erhöhungsklauseln, die einer Inhaltskontrolle nach den §§ 307ff. BGB nicht Stand halten, die Lage des Versicherungsnehmers verschlechtert. Er müsste dann nämlich – was ihn bei Versicherungsverträgen ungleich stärker belasten würde als etwa bei einem Zeitschriftenabonnement[356] – kündigen und sich anderweitigen Versicherungsschutz beschaffen, statt den Vertrag unverändert fortsetzen zu können. Mit der Einführung des Kündigungsrechts wollte der Gesetzgeber jedoch die Rechtsposition des Versicherungsnehmers **verbessern**, indem dieser vor jeder Prämienerhöhung die Gelegenheit erhält zu prüfen, ob er den Versicherungsvertrag zu den geänderten Bedingungen fortführen möchte.[357] Die Inhaltskontrolle sollte dadurch nicht ausgeschlossen werden.

Prämienanpassungsklauseln unterliegen mithin der **Inhaltskontrolle** anhand 1015
der §§ 307ff. BGB.[358] Dabei greift das spezielle Verbot des § 309 Nr. 1 BGB für Preisänderungsvorbehalte schon deshalb nicht ein, weil Versicherungsverträge Dauerschuldverhältnisse sind;[359] zudem geht es regelmäßig nicht um kurzfristige Preiserhöhungen. Die Prüfung konzentriert sich daher auf die Generalklausel des § 307 BGB. Hinsichtlich des **Transparenzgebots** gem. § 307 Abs. 1 S. 2 BGB bereiten Prämienanpassungsklauseln erhebliche Schwierigkeiten: Auf der einen Seite müssen sie hinreichend detaillierte Regelungen enthalten, damit die Berechtigung einer Anpassung objektiv nachprüfbar ist. Andererseits werden sich unbestimmte (Rechts-)Begriffe und Formeln nicht völlig vermeiden lassen.[360] An derartigen Klauseln wird das Spannungsverhältnis zwischen Bestimmtheits- und Verständlichkeitsgebot (s. Rn. 547)[361] besonders deutlich. Unter dem Gesichtspunkt des Transparenzgebots muss es richtigerweise genügen, wenn für den **durchschnittlichen Versicherungsnehmer** erkennbar wird, aufgrund welcher Faktoren und nach welchen Maßstäben die vereinbarte Prämie

354 *Marlow*, in: FS Baumann, 1999, S. 209, 219ff. (zur Vorgängernorm des § 31 VVG a.F.).
355 *Beckmann*, VersR 1996, 540, 544; *ders.*, in: Bruck/Möller, § 40 Rn. 16 und 28; *Johannsen/Johannsen*, in: Bruck/Möller, Anm. F 6 (S. 322); HK-VVG/*Karczewski*, § 40 Rn. 5; *Knappmann*, in: Prölss/Martin, § 40 Rn. 4; *Präve* (Fn. 696), Rn. 91; implizit auch *Rixecker*, in: Römer/Langheid, § 40 Rn. 4.
356 *Johannsen/Johannsen*, in: Bruck/Möller, Anm. F 6 (S. 322f.)
357 Vgl. Stellungnahme des Bundesrates zum Gesetzesentwurf der Bundesregierung (Zweites Durchführungsges./EWG zum VAG), BT-Drucks. 11/6341, S. 45.
358 So bereits zum alten Recht BGHZ 119, 55, 59 = NJW 1992, 2356, 2357; OLG Hamm NJW-RR 1993, 1501, 1502; LG Hamburg NJW-RR 1991, 1378, 1379; s. auch BGHZ 136, 394, 400 = NJW 1998, 454, 456 (betr. Satzungsregelung).
359 Statt aller *Präve*, in: Graf von Westphalen, Vertragsrecht und AGB-Klauselwerke, AVB, Stand: Dezember 2012, Rn. 95.
360 *Knappmann*, in: Prölss/Martin, § 40 Rn. 6f.
361 OLG Düsseldorf VersR 1997, 1272, 1273; *Knappmann*, in: Prölss/Martin, § 40 Rn. 7; VersRHdb./*Wandt*, § 11 Rn. 122f.

ohne seine Zustimmung verändert werden kann.[362] Sind die Anpassungskriterien hinreichend bestimmbar, so ist damit zugleich dem Bestimmtheitsgebot genügt.

1016 Was die eigentliche **Inhaltskontrolle** nach § 307 Abs. 1 S. 1 BGB angeht, so ist zunächst zu klären, inwieweit Prämienanpassungsklauseln überhaupt kontrollfähig sind. Nach § 307 Abs. 3 S. 1 BGB erfasst die Inhaltskontrolle jenseits der Transparenzkontrolle allein solche Klauseln, die von Rechtsvorschriften abweichen oder sie ergänzen. Die Festlegung der Prämienhöhe ist nicht durch Rechtsvorschrift geregelt; vielmehr handelt es sich um eine zu vereinbarende Hauptleistungspflicht. Abreden zu den Hauptleistungspflichten sind grundsätzlich nicht anhand der §§ 307ff. BGB auf ihre inhaltliche Angemessenheit hin überprüfbar (s. Rn. 537f.). Bei Prämienanpassungsklauseln geht es indessen nicht um die ursprüngliche Prämienvereinbarung, sondern allein um spätere Änderungen der vereinbarten Prämienhöhe. Die Klausel ermöglicht Abweichungen von der Grundregel, dass Leistung und Gegenleistung im Vertrag zu vereinbaren sind (§§ 311 Abs. 1, 145ff. BGB)[363] und sodann nicht einseitig geändert werden können (pacta sunt servanda),[364] wenngleich sie als vertragliche Abreden jenes Prinzip nicht verletzen.[365] Prämienanpassungsklauseln sind daher bloße, in vollem Umfang kontrollfähige **Preisnebenabreden** (vgl. auch die Regelung des § 309 Nr. 1 BGB, die insoweit unabhängig davon, dass sie – wie in Rn. 1015 dargelegt – für Versicherungsverträge nicht eingreift, argumentativ herangezogen werden kann).[366]

1017 Als das maßgebliche gesetzliche Leitbild i.S. des § 307 Abs. 2 Nr. 1 BGB lassen sich die §§ 311 Abs. 1, 145ff. BGB, § 40 Abs. 1 S. 1 VVG ansehen. Aus diesen Vorschriften geht das **vertragliche Äquivalenzprinzip** hervor, wonach die Parteien bei Vertragsschluss das Verhältnis von Leistung und Gegenleistung festlegen und damit ihre Vorstellung von der Gleichwertigkeit der von ihnen zu erbringenden Leistungen zum Ausdruck bringen.[367] Daraus lässt sich ableiten, dass es nur um bei Vertragsschluss **unvorhersehbare** Änderungen gehen kann.[368] Zudem darf der Versicherer nicht das gesamte **wirtschaftliche Risiko** auf den Versicherungsnehmer abwälzen. Insbesondere ist es ihm versagt, eine Prämienerhöhung zum Zwecke der **Gewinnsteigerung** vorzunehmen. Hinge-

362 *Staudinger*, in: MünchKomm-VVG, § 40 Rn. 8; *Stagl*, in: Looschelders/Pohlmann, § 40 Rn. 9; allg. *Fuchs*, in: Ulmer/Brandner/Hensen, § 307 Rn. 182b.

363 BGH NJW-RR 2005, 1496, 1500; *Fuchs*, in: Ulmer/Brandner/Hensen, § 307 Rn. 181.

364 *Beckmann*, in: Bruck/Möller, § 40 Rn. 5; HK-VVG/*Karczewski*, § 40 Rn. 9. S. dazu allg. BGHZ 89, 206, 211 = NJW 1984, 1182, 1183; BGH NJW 2004, 1588 (betr. Zinsänderungsklauseln).

365 *Wandt*, Rn. 217.

366 BGHZ 119, 55, 59 = NJW 1992, 2356, 2357; *Beckmann*, in: Bruck/Möller, § 40 Rn. 32; *Knappmann*, in: Prölss/Martin, § 40 Rn. 4; *Römer*, NVersZ 1999, 97, 99; einschränkend *Langheid*, NVersZ 2000, 63, 64ff.

367 Näher auch zum Folgenden *Armbrüster*, r+s 2012, 365, 367ff.

368 *Präve*, in: Graf von Westphalen, Vertragsrecht und AGB-Klauselwerke, AVB, Stand: Dezember 2012, Rn. 92; *Wandt*, in: VersRHdb., Rn. 97.

gen stellen **externe Faktoren**, also solche, die außerhalb des Vertragsverhältnisses liegen und nicht durch den Versicherer frei beeinflussbar sind, legitime Kriterien dar. Dabei geht es regelmäßig um erhöhte Schadenskosten, bisweilen auch um höhere Verwaltungskosten.[369] Der erhöhte Kostenaufwand kann außer auf einer größeren Zahl von Schadensfällen oder einem höheren Schaden pro Versicherungsfall auch auf höheren Regulierungskosten beruhen.[370] Dafür können neben objektiven Faktoren wie etwa der Preisentwicklung auch andere Umstände ursächlich sein; zu nennen ist etwa ein infolge einer verschlechterten Wirtschaftslage gestiegenes subjektives Risiko (s. dazu allgemein Rn. 261).[371]

Die **Abgrenzung** zwischen externen und internen Faktoren kann schwierig 1018
sein. Nicht jede vom Versicherer selbst verursachte Kostensteigerung ist ein nicht berücksichtigungsfähiger interner Umstand. Vielmehr handelt es sich dann um einen externen Faktor, wenn die Kostenmehrbelastung auf nachvollziehbaren geschäftspolitischen Erwägungen beruht, etwa zum Regulierungsverhalten oder zur Verwaltungsorganisation. Wendet der Versicherer aufgrund **nachvollziehbarer geschäftspolitischer Entscheidungen** höhere Kosten für seinen Geschäftsbetrieb auf, so kommt dies generell auch den Versicherungsnehmern zugute. Im Rahmen der Angemessenheitsprüfung kommt auch dem Kündigungsrecht nach § 40 Abs. 1 VVG Bedeutung zu, wenngleich es diese Prüfung keineswegs entbehrlich macht (s. dazu Rn. 1014).

Die für eine Prämienanpassung heranziehbaren Faktoren sind in der Anpas- 1019
sungsklausel konkret aufzuführen. Zudem muss darin symmetrisch zur Prämienerhöhung auch eine **Prämienermäßigung** für den Fall vorgesehen werden, dass sich die maßgeblichen Faktoren entsprechend verändern. Dieses **Symmetriegebot** (s. allgemein Rn. 303ff.) soll verhindern, dass die aufgrund einer Kostensteigerung erhöhte Prämie auch dann dauerhaft oberhalb des vereinbarten Betrags verbleibt, wenn die maßgeblichen Kosten zwischenzeitlich wieder gesunken sind. Insoweit lässt sich eine wertungsmäßige Parallele zur – zu Recht strengen – Rechtsprechung des BGH zu Anpassungsklauseln in Gaslieferungsverträgen ziehen.[372]

Eine Prämienanpassungsklausel begründet ein **Gestaltungsrecht**. Die Ge- 1020
staltungswirkung tritt nur dann ein, wenn der Berechtigte das Recht ausübt. Der **Versicherer** kann daher von einer nach der Klausel möglichen Erhöhung absehen, etwa aus Wettbewerbsgründen. In einem solchen Fall ist der Versicherer dann auch nicht verpflichtet, dem Symmetriegebot entsprechend die Prämie herabzusetzen, wenn sich die maßgeblichen Kostenfaktoren später gegenläufig

---

369 *Beckmann*, in: Bruck/Möller, § 40 Rn. 52; HK-VVG/*Karczewski*, § 40 Rn. 8; *Knappmann*, in: Prölss/Martin, § 40 Rn. 5; im Erg. auch *Staudinger*, in: MünchKomm-VVG, § 40 Rn. 5; s. ferner BGHZ 119, 55, 59 = NJW 1992, 2356, 2357. Zur Diskussion um die Zulässigkeit wettbewerbsorientierter Preiserhöhungsklauseln vgl. *Thomas*, AcP 209 (2009), 84, 101ff.

370 *Knappmann*, in: Prölss/Martin, § 40 Rn. 5.

371 BAV VerBAV 1983, 62; *Knappmann*, in: Prölss/Martin, § 40 Rn. 5.

372 S. etwa BGH NJW 2010, 2789, 2792f. Näher zu der Parallele *Armbrüster*, r+s 2012, 365, 368f.

entwickeln, d.h. reduzieren. Räumt eine Prämienanpassungsklausel dem **Versicherungsnehmer** ein Recht auf Senkung der Prämie ein und übt er dieses Recht nicht aus, so bleibt es bei der bisherigen Prämie. Bei dem in einer Prämienanpassungsklausel begründeten Gestaltungsrecht handelt es sich nicht um einen Anspruch i.S. des § 194 Abs. 1 BGB,[373] so dass seine Ausübung nicht der dreijährigen Verjährungsfrist des § 195 BGB unterliegt.[374] Allerdings tritt die Gestaltungswirkung erst mit wirksamer Ausübung des Rechts und nicht rückwirkend ein. Dieselben Regeln gelten für die **Bedingungsanpassung** (zu ihr s. Rn. 1021).

c) Bedingungsanpassung

1021 Was die **Bedingungsanpassung** angeht, so sind an die Wirksamkeit von Änderungsklauseln im Hinblick auf den mit solchen Änderungen ermöglichten einseitigen Eingriff in das „Rechtsprodukt" Versicherung hohe Anforderungen zu stellen. Diese folgen in erster Linie aus der Generalklausel des § 307 Abs. 1 BGB. Demgegenüber spielt § 308 Nr. 4 BGB nur eine untergeordnete Rolle, da es meist nicht um kurzfristige Änderungen geht. Wesentliche Faktoren für die Beurteilung, ob eine Anpassungsklausel den Versicherungsnehmer unangemessen benachteiligt, sind die **Vertragslaufzeit**, die **Kündigungsmöglichkeiten** des Versicherers sowie die aus der Klausel resultierenden **wirtschaftlichen Konsequenzen.**[375] Als allgemeine Leitlinie lässt sich festhalten, dass der Versicherer sich nicht durch eine Anpassungsklausel der **berechtigten Leistungserwartung** des Versicherungsnehmers entziehen darf.[376]

d) Satzungsänderung beim VVaG

1022 Eine besondere Möglichkeit der Klauselanpassung besteht für den **VVaG.** Nach §§ 41 Abs. 1, 39 Abs. 1, 2 VAG können die AVB unter denselben Voraussetzungen wie die **Satzung** geändert werden. Die Satzung kann auch den Vorstand hierzu ermächtigen (§ 41 Abs. 2 VAG). Für derartige Änderungen der AVB kann in der Satzung vorgesehen werden, dass sie auch ohne Zustimmung des Versicherungsnehmers mit Wirkung für die bestehenden Versicherungsverhältnisse geändert werden können. Eine solche Satzungsbestimmung entspricht einer „normalen" Bedingungsanpassungsklausel; es handelt sich bei ihr selbst im Übrigen ungeachtet ihrer Eigenschaft als Satzungsbestandteil um eine AVB.[377]

---

373 Ganz h.M.; allg. s. nur *Grothe*, in: MünchKomm-BGB, § 194 Rn. 4.

374 Insoweit offenbar a.A. OLG Köln VersR 2011, 1505 (zu § 178g Abs. 2 VVG a.F.): Beitragsanpassung als Gestaltungsrecht, das aber der Verjährung unterliege.

375 VersRHdb./*Wandt*, § 11 Rn. 59ff.

376 *Wandt*, Rn. 217.

377 BGHZ 136, 394, 396 = VersR 1997, 1517, 1518; *Baumann*, JZ 1999, 881, 885.

C. Pflichten der Parteien im Zusammenhang mit Vertragsänderungen

I. Pflichten des Versicherers

1. Bearbeitung eines Änderungsantrags des Versicherungsnehmers

Soweit dem Versicherer erkennbar wird, dass der Versicherungsnehmer ein **berechtigtes Interesse** an der Vertragsänderung hat, ist er zumindest verpflichtet, diesen Antrag rasch zu bearbeiten. Eine Ablehnung muss unverzüglich erfolgen, damit der Versicherungsnehmer sich hierauf einstellen und sich insbesondere schnell anderweitig um Versicherungsschutz bemühen kann. Diese Pflichten folgen aus dem Kooperationsgebot (s. Rn. 245, 269). 1023

2. Einverständnis mit der vom Versicherungsnehmer gewünschten Änderung (§ 204 VVG)

In der **Krankenversicherung** kann der Versicherungsnehmer im Rahmen eines bestehenden Versicherungsverhältnisses nach § 204 VVG vom Versicherer verlangen, dass er Anträge des Versicherungsnehmers auf Wechsel in einen anderen Tarif mit gleichartigem Versicherungsschutz unter Anrechnung der erworbenen Rechte und Altersrückstellungen **annimmt** (s. auch Rn. 2013). Geht es um den Wechsel in einen Tarif mit umfassenderen Leistungen, so kann der Versicherer für die Mehrleistung einen Leistungsausschluss oder Risikozuschlag verlangen.[378] 1024

3. Informationspflicht

Bei einer Vertragsänderung stellt sich die Frage, ob den Versicherer erneut die **Informationspflicht nach § 7 VVG** i.V. mit §§ 1ff. VVG-InfoV trifft (zur davon zu unterscheidenden parallelen Fragestellung bei einer Annahme des ursprünglichen Antrags unter Änderungen s. Rn. 903ff.). Wird beispielsweise einvernehmlich die Versicherungssumme erhöht oder ein weiteres Risiko eingeschlossen, können auch weitere Abschlusskosten anfallen. Dies könnte z.B. in der Lebensversicherung eine Informationspflicht des Versicherers nach § 7 Abs. 2 Nr. 2 VVG i.V. mit § 2 Abs. 1 VVG-InfoV begründen. Nimmt man dies an, so liegt es nahe, dass dann hinsichtlich der Vertragsänderung auch die Regelung des § 8 VVG zum Widerrufsrecht eingreift. Solange der Versicherungsnehmer die erneute Information nicht vollständig erhalten hat, liefe mithin nach § 8 Abs. 2 S. 1 Nr. 1 VVG die Widerrufsfrist nicht. 1025

Für eine Erstreckung des § 7 VVG auf nachträgliche Änderungen des Vertrags spricht, dass – jedenfalls in bestimmten Konstellationen – der Versicherungsnehmer ein **berechtigtes Informationsbedürfnis** hat.[379] Auch der Wort- 1026

---

378 Vgl. zur Bedeutung verschiedener Selbstbehalte in den jeweiligen Tarifen BGH VersR 2012, 1422.

379 So *Leverenz*, Vertragsschluss, S. 21; *Prölss*, in: Prölss/Martin, § 7 Rn. 3.

laut der Norm erfasst Vertragsänderungen. Andererseits spricht das Fehlen einer dem § 6 Abs. 4 VVG (zu ihm s. Rn. 755) entsprechenden Regelung dafür, die umfassende Informationspflicht nach § 7 VVG auf den Zeitraum vor Vertragsschluss zu begrenzen. Das Schutzbedürfnis des Versicherungsnehmers gebietet es nur bei solchen Vertragsänderungen, die auch Gegenstand eines **neuen Versicherungsvertrags** sein könnten, dass er erneut nach § 7 VVG informiert wird (s. allgemein Rn. 1032).

1027 **Beispiel:** Der Abschluss einer Berufsunfähigkeits-Zusatzversicherung zur Lebensversicherung (s. dazu Rn. 1981) löst eine Informationspflicht gem. § 7 VVG aus.[380]

1028 Generell ist keine erneute Information des Versicherungsnehmers nach § 7 VVG erforderlich, wenn der Versicherer die Vertragsänderung einseitig durch die Anwendung einer **Bedingungs- oder Prämienanpassungsklausel** herbeiführt.[381] In solchen Fällen ist dem Informationsbedürfnis des Versicherungsnehmers hinsichtlich der möglichen Anpassung bereits dadurch Rechnung getragen, dass er hierüber bei Vertragsschluss informiert wurde. Freilich gilt es bei Prämienanpassungsklauseln zu beachten, dass erst die – von einer umfassenden Information i.S. des § 7 VVG zu unterscheidende – Pflicht zur Mitteilung des Versicherers über die Anpassung das **gesetzliche Kündigungsrecht** des Versicherungsnehmers nach § 40 VVG auslöst. Ist freilich im Versicherungsvertrag eine automatische Erhöhung der Prämie in vorbestimmter Höhe und zu vorbestimmten Zeitpunkten vereinbart worden, so begründet die Geltendmachung der höheren Prämie durch den Versicherer kein Sonderkündigungsrecht. Es handelt sich dann nicht um eine Prämienerhöhung aufgrund einer Anpassungsklausel i.S. von § 40 Abs. 1 S. 1 VVG.

II. Pflichten des Versicherungsnehmers

1029 **Anzeigeobliegenheiten** i.S. von § 19 Abs. 1 VVG treffen den Versicherungsnehmer auch im Vorfeld einer Vertragsänderung, wenn und soweit der Versicherer ein Interesse daran hat, die **Gefahrenlage zum Zeitpunkt der Vertragsänderung** zu berücksichtigen.[382] Dies ist etwa dann der Fall, wenn neue oder erhöhte Gefahren in den Versicherungsschutz einbezogen werden und sich dadurch die Versicherungssumme z.B. in der Hausratversicherung erhöht. Dasselbe gilt, sofern die Vertragsdauer verlängert wird. Freilich ist es auch bei Vertragsänderungen grds. nach § 19 Abs. 1 S. 1 VVG erforderlich, dass der Versicherer Gefahrfragen in Textform stellt (s. dazu im Kontext des Vertragsschlusses Rn. 797ff.). Eine Anzeigeobliegenheit besteht hingegen nicht, wenn ein Vertrag ohne Inhaltsänderung – auch jenseits der in § 11 Abs. 1 VVG angespro-

380 *Armbrüster,* in: MünchKomm-VVG, § 7 Rn. 52f.
381 *Prölss,* in: Prölss/Martin, § 7 Rn. 4.
382 BGH VersR 1993, 213, 214.

chenen Fälle von Verlängerungsklauseln – (stillschweigend) **verlängert** wird. Dies gilt allerdings nicht, wenn der Versicherer das Versicherungsverhältnis für den Versicherungsnehmer erkennbar nur auf der Grundlage der bisherigen Gefahrenlage verlängern will.[383]

D. Abgrenzung der Vertragsänderung vom Neuabschluss

In verschiedenem Kontext stellt sich die Frage, ob eine Vereinbarung zwischen 1030
Parteien, die bereits einen Versicherungsvertrag geschlossen haben, als **Vertragsänderung** oder als **Neuabschluss** zu behandeln ist. Dies gilt etwa für die Frage, ob die **Beratungspflicht** sich nach § 6 Abs. 1 VVG oder nach dem für die Zeit nach Vertragsschluss geltenden, restriktiveren § 6 Abs. 4 VVG (s. dazu Rn. 755ff.) richtet. Auch hinsichtlich der Informationspflichten nach § 7 VVG kann die Abgrenzung bedeutsam werden (s. Rn. 1026). Besonders wichtig ist sie für die Frage, ob ein **Widerrufsrecht** des Versicherungsnehmers nach § 8 VVG besteht, sowie für die Anwendung der Regeln über den **Prämienzahlungsverzug** (vgl. § 37 VVG für die Erstprämie; § 38 VVG für Folgeprämien; s. Rn. 1464ff.). Auch die Abgrenzung zwischen **Alt- und Neuverträgen** bei Rechtsänderungen hängt davon ab, wie man die Vertragsänderung beurteilt. Dies spielt beispielsweise für das Übergangsrecht nach Inkrafttreten der VVG-Reform (Art. 1ff. EGVVG) oder für das Verbot geschlechtsdifferenzierter Tarife für ab dem 21.12.2012 geschlossene Verträge infolge des Unisex-Urteils des EuGH (s. Rn. 582ff.) eine Rolle.

Die Abgrenzung richtet sich nach verbreiteter Sichtweise nicht zwangsläufig 1031
nach übergreifenden, für alle in Rn. 1030 genannten Anwendungsbereiche einheitlichen Kriterien. Schon zu der Frage, ob Vertragsänderungen ein Widerrufsrecht auslösen, lassen sich unterschiedliche Meinungen vertreten.[384] Nach einer Ansicht soll es für die Abgrenzung entscheidend darauf ankommen, ob aus Sicht der Parteien die **Vertragsidentität** erhalten bleiben soll. So wird bisweilen angenommen, dass lediglich von einer Vertragsänderung auszugehen sei, wenn der Versicherer dem Versicherungsnehmer einen Nachtrag zum Versicherungsschein übermittelt.[385] Indessen wäre mit dieser eher formalen Abgrenzung noch keineswegs ausgeschlossen, dass die Vertragsänderung nach den für einen Neuabschluss geltenden Regeln zu behandeln ist.

Setzt man am jeweiligen Normzweck an, so ist folgendes übergreifendes Ab- 1032
grenzungskriterium formulierbar: Hat eine Änderung ein solches Gewicht, dass nach dem **Schutzzweck der jeweiligen Regelung** eine Behandlung nach den für Neuabschlüsse geltenden Grundsätzen geboten ist, so sind diese

383 *Prölss*, in: Prölss/Martin, § 19 Rn. 52.
384 Bejahend etwa OLG Köln VersR 1999, 225, 226; BK/*Schwintowski*, § 5a Rn. 19 (beide zu § 5a VVG a.F.); verneinend wohl Regierungsbegr.; BT-Drucks. 16/3945, S. 61 (zu § 7 Abs. 3 VVG).
385 OLG Frankfurt VersR 1998, 1540, 1541.

Grundsätze anwendbar. Konkretisieren lässt sich dies insbesondere dadurch, dass man typisierend danach unterscheidet, ob die Änderung Gegenstand eines **eigenständigen Versicherungsvertrags** sein könnte (s. auch Rn. 1026).

1033 **Beispiele:** Die Einbeziehung von Glasschäden in die Hausratversicherung ist nach den für Neuverträge geltenden Regeln zu behandeln. Dasselbe gilt für den Abschluss einer Berufsunfähigkeits-Zusatzversicherung zu einer bestehenden Lebensversicherung.

1034 Sofern der Wortlaut einer Regelung die Einbeziehung solcher gewichtiger Vertragsänderungen deckt, handelt es sich methodisch nicht um eine Analogiebildung; vielmehr steht umgekehrt bei der Ausklammerung weniger weit reichender Änderungen eine **teleologische Reduktion** der Norm in Rede.

1035 Eine von der Abgrenzung zwischen Vertragsänderung und Neuabschluss zu unterscheidende Frage ist diejenige, welche **Rechtsfolgen** die Behandlung einer Abrede nach den für Neuabschlüsse geltenden Regeln hat. Normalerweise wird man die Anwendung jener Regeln **allein auf die Änderung** zu beziehen haben.

1036 **Beispiel:** Das durch eine gewichtige Deckungserweiterung ausgelöste Widerrufsrecht nach § 8 VVG betrifft allein jene Vertragsänderung. Ein durch den Versicherungsnehmer erklärter Widerruf bringt daher nicht auch den bereits zuvor abgeschlossenen Vertrag zu Fall.

1037 Zu Problemen kann dieser Grundsatz dann führen, wenn auf eine als Neuabschluss zu behandelnde Vertragsänderung **abweichende Kalkulationsregeln** anzuwenden sind.

1038 **Beispiel:** Ist eine Deckungserweiterung in der Personenversicherung nach Unisex-Regeln, d.h. geschlechtsneutral, zu behandeln (s. Rn. 582ff.), so ist damit nicht automatisch auch der vor dem Stichtag 21.12.2012 geschlossene, das Geschlecht des Versicherungsnehmers berücksichtigende Vertrag umzustellen. Dies gilt umso mehr, als die Umstellung je nach Geschlecht des Versicherungsnehmers und Versicherungssparte für ihn vorteilhaft, aber auch nachteilig sein kann.

§ 21 Beendigung des Vertrages

Literatur

Ebnet, Die Kündigung von Versicherungsverträgen, NJW 2006, 1697; *Eichelberger*, Außerordentliche Kündigung einer die Versicherungspflicht erfüllenden Krankheitskostenversicherung durch den Versicherer und Beschränkung des Kontrahierungszwangs im Basistarif im Spannungsverhältnis zur Krankenversicherungspflicht, VersR 2010, 886; *Leverenz*, Zurückweisung unwirksamer Kündigungen des VN durch den Versicherer, VersR 1999, 525; *Rogler*, Pflicht des Versicherers zur Zurückweisung unwirksamer Kündigungen? r+s 2007, 140.

A. Überblick

Der Versicherungsvertrag ist kein punktueller Austauschvertrag wie etwa ein Kaufvertrag über einen bestimmten Gegenstand, sondern ein **Dauerschuldverhältnis.** Dieses beginnt mit dem Zustandekommen eines wirksamen Versicherungsvertrags (sog. **formeller Versicherungsbeginn**; s. Rn. 847); es endet dann, wenn ein Beendigungsgrund eintritt (sog. **formelles Versicherungsende**). Als Beendigungsgründe kommen eine Vereinbarung oder eine einseitige Erklärung eines Vertragsteils, insbesondere eine Kündigung, in Betracht. 1039

B. Vereinbarung

I. Zeitablauf

Ein Versicherungsvertrag kann vereinbarungsgemäß wie jedes andere Dauerschuldverhältnis durch **Zeitablauf** oder durch das zeitliche Ende eines versicherten **Risikos** enden. Beispiele für den zweiten Fall bieten das Ende der Reise oder des Transports, worauf sich der Versicherungsschutz bezieht. Dabei muss nicht ein kalendermäßiges Datum vereinbart werden; es genügt, wenn das Vertragsende anderweitig **objektiv bestimmbar** ist. Insoweit gelten die allgemeinen Regeln des Schuldrechts. 1040

II. Aufhebungsvertrag

In Ausübung ihrer Privatautonomie können die Parteien während der Vertragslaufzeit jederzeit einen Aufhebungsvertrag schließen. Dies kann auch – wenngleich das selten gewollt sein wird – rückwirkend geschehen.[386] Praktisch bedeutsam ist die Vertragsaufhebung vor allem für diejenigen Fälle, in denen der Versicherungsnehmer **verspätet kündigt**. Regelmäßig wird eine solche Kündigungserklärung als **Antrag auf Vertragsaufhebung** auszulegen oder zumindest nach § 140 BGB in einen solchen umzudeuten sein.[387] Die Annahme des Antrages auf Abschluss eines Aufhebungsvertrags hat der Versicherer gegenüber dem Versicherungsnehmer zumindest konkludent zu erklären. Die Voraussetzungen des § 151 S. 1 BGB, wonach der Zugang der Annahmeerklärung entbehrlich sein kann, liegen regelmäßig nicht vor (s. auch Rn. 1059).[388] 1041

386 OLG Hamm VersR 1983, 528.

387 BGH VersR 1987, 923, 924.

388 Vgl. auch LG Bremen VersR 2000, 305, 306 m. Anm. *Jonaczak*.

C. Kündigung

I. Ordentliche Kündigung

1. Zulässigkeit

1042 Durch eine **ordentliche Kündigung** kann ein Vertragsverhältnis einseitig beendet werden, ohne dass es auf das Vorliegen eines wichtigen Grundes ankäme, wie dies bei einer außerordentlichen Kündigung (zu ihr s. Rn. 1060ff.) der Fall ist. Freilich ist die ordentliche Kündigung an die Einhaltung einer **Frist** gebunden (s. Rn. 1047ff.). Zudem ist sie nicht bei jedem Versicherungsvertrag möglich. Bei einer von vornherein **fest vereinbarten Vertragslaufzeit** ist sie für beide Vertragsparteien ausgeschlossen. Statthaft ist die ordentliche Kündigung hingegen bei unbefristeten Verträgen. Dasselbe gilt dann, wenn der Versicherungsvertrag zwar befristet ist, aber eine Verlängerungsklausel enthält (§ 11 Abs. 1 VVG; s. dazu Rn. 1048). In diesem Fall kann nicht nur der Versicherungsnehmer, sondern auch der Versicherer zum Ablauf der jeweils fest vereinbarten Zeit kündigen, um die automatische Verlängerung zu verhindern.

1043 In einer Reihe von **Sondervorschriften** wird die ordentliche Kündigung ausgeschlossen oder zumindest gegenüber den allgemeinen Regeln in § 11 Abs. 2–4 VVG modifiziert. So gelten für Verträge über vorläufige Deckung nach § 52 Abs. 4 VVG Abweichungen gegenüber § 11 Abs. 2, 3 VVG hinsichtlich der Frist und des Wirksamwerdens einer Kündigung (s. Rn. 960).

1044 Unstatthaft ist die ordentliche Kündigung durch den **Versicherer** in der **substitutiven Krankenversicherung** (§ 206 Abs. 1 VVG, der gem. § 208 VVG halbzwingend ist), die gem. § 195 Abs. 1 S. 1 VVG grundsätzlich unbefristet ist und mithin nach den allgemeinen Regeln (s. Rn. 1042) einer ordentlichen Kündigung offen stünde. Ließe man in dieser für den Versicherungsnehmer besonders bedeutsamen Sparte eine ordentliche Kündigung durch den Versicherer zu, so würden dem Versicherungsnehmer bei einem dadurch wegen der gesetzlichen Versicherungspflicht gem. § 193 Abs. 3 S. 1 VVG notwendig werdenden Neuabschluss schon aufgrund seines gestiegenen Eintrittsalters regelmäßig höhere Prämien drohen. Zudem riskierte er den Verlust von nicht portablen, d.h. von nicht auf einen neuen Versicherer übertragbaren Altersrückstellungen.

1045 Auch die Kündigung durch den **Versicherungsnehmer** ist in der Krankenversicherung nicht uneingeschränkt möglich. So wird etwa die vom Versicherungsnehmer erklärte Kündigung eines Krankenversicherungsvertrags, der eine Pflicht aus § 193 Abs. 3 S. 1 VVG erfüllt, erst dann wirksam, wenn dem bisherigen Versicherer der Nachweis über eine **Anschlussversicherung** zugeht. Eine Rückwirkung auf den Zeitpunkt des Zugangs der Kündigung beim bisherigen Versicherer kommt nicht in Betracht.[389]

1046 Außer in der Krankenversicherung ist auch in der **Lebensversicherung** eine ordentliche Kündigung durch den Versicherer ausgeschlossen. Insoweit folgt

---

389 BGH VersR 2012, 1375 Rn. 22ff.

der Kündigungsausschluss freilich nicht ausdrücklich aus dem Gesetz (§ 166 VVG setzt ein Kündigungsrecht voraus, das nur als außerordentliches besteht, z.B. wegen Prämienverzugs; s. Rn. 1955), sondern typischerweise bereits aus der Vereinbarung einer festen Vertragslaufzeit und damit aus allgemeinen Regeln (s. Rn. 1042). Diese Regeln werden freilich zugunsten des Versicherungsnehmers außer Kraft gesetzt; er kann den Vertrag nach Maßgabe von § 168 VVG ordentlich kündigen (s. Rn. 1946). Jene Vorschriften gelten gem. § 176 VVG für die **Berufsunfähigkeitsversicherung** entsprechend.

2. Frist, Form, Inhalt; Teilkündigung

Was die für eine ordentliche Kündigung einzuhaltende **Frist** angeht, so muss je nach den getroffenen Abreden differenziert werden. Die Einzelheiten sind in § 11 VVG geregelt. 1047

In der Praxis häufig anzutreffen sind Verträge, bei denen eine feste Laufzeit vereinbart wird und zugleich vorgesehen ist, dass die Vertragsdauer sich automatisch um einen bestimmten Zeitraum verlängert, sofern nicht vor dem Ablauf eine Kündigung erfolgt (sog. **Verlängerungsklausel**). In einem solchen Fall ist die Verlängerung nach § 11 Abs. 1 VVG nur wirksam, soweit sie sich jeweils auf maximal ein Jahr erstreckt. Als **Höchstdauer** einer festen Laufzeit ohne Kündigungsmöglichkeit des Versicherungsnehmers sieht § 11 Abs. 4 VVG einen Zeitraum von drei Jahren vor (s. dazu Rn. 1050). Aus dem Zusammenspiel beider Vorgaben folgt, dass der Versicherungsnehmer bei Vertragsbeginn für eine (einmalige) feste Laufzeit von maximal drei Jahren mit einer automatischen Verlängerung um jeweils maximal ein Jahr gebunden werden kann. 1048

Ist der Versicherungsvertrag hingegen auf unbestimmte Zeit eingegangen (**dauernde Versicherung**), kann der Vertrag nur zum Ende der laufenden Versicherungsperiode gekündigt werden (§ 11 Abs. 2 S. 1 VVG). Die Parteien können einvernehmlich bis zu einer Dauer von zwei Jahren auf das Kündigungsrecht verzichten (§ 11 Abs. 2 S. 2 VVG). Die **Kündigungsfrist** darf nicht weniger als einen und nicht mehr als drei Monate betragen. Sie muss symmetrisch, d.h. für beide Teile **gleich** sein (§ 11 Abs. 3 VVG; s. zum Symmetriegebot allgemein Rn. 303f.). Diese Vorschrift gilt nach neuem Recht – wie sich aus § 11 Abs. 3 VVG ergibt – auch für zeitlich befristete Verträge mit Verlängerungsklausel.[390] 1049

Verträge mit einer Laufzeit von mehr als **drei Jahren** können zum Ende des dritten oder jedes darauf folgenden Jahres unter Einhaltung einer dreimonatigen Frist gekündigt werden (§ 11 Abs. 4 VVG). Mit dieser Regelung hat der Gesetzgeber zugleich klargestellt, dass eine bis zu dreijährige feste Laufzeit den Versicherungsnehmer nicht i.S. von § 307 BGB unangemessen benachteiligt. Die Frage der maximalen Bindungsdauer war vor der VVG-Reform rechtspolitisch sehr umstritten. Nachdem der BGH eine Vertragslaufzeit von zehn Jahren 1050

390 Zur str. früheren Rechtslage s. BK-*Gruber*, § 8 Rn. 18.

in AVB für unwirksam erklärt hatte,[391] war die Praxis zu Fünfjahresverträgen übergegangen; auch diese sind seit Inkrafttreten des § 11 Abs. 4 VVG für den über drei Jahre hinausreichenden Zeitraum nicht mehr bindend. Der Entwurf der Principles of European Insurance Contract Law (PEICL) geht sogar für den Regelfall von einer Maximaldauer von nur einem Jahr aus, die zugleich auch die regelmäßige Mindestdauer sein soll (s. Rn. 2035). Für die Versicherer bringt eine langfristige Bindung des Kunden mehr **Kalkulationssicherheit** und einen geringeren **Akquise- und Verwaltungsaufwand**, was wiederum wirtschaftlich auch den Kunden zugute kommen kann. Dem steht für den Versicherungsnehmer allerdings der Nachteil gegenüber, sich nicht relativ kurzfristig für ein ihm interessanter erscheinendes Konkurrenzangebot entscheiden oder auch auf einen Deckungsschutz künftig gänzlich verzichten zu können.

1051 Der Gesetzgeber hat das Kündigungsrecht nach § 11 Abs. 4 VVG ausschließlich dem **Versicherungsnehmer** gewährt. Indessen steht die halbzwingende Ausgestaltung dieser Norm in § 18 VVG einer Regelung nicht entgegen, durch die sich der Versicherer gleichfalls ein Kündigungsrecht einräumt.[392]

1052 Die Kündigungserklärung ist grundsätzlich **formfrei**. Ausnahmen enthalten insbesondere die §§ 98 S. 2, 171 S. 2 VVG. Gem. § 18 VVG kann eine Kündigung in den AVB nicht an die Schriftform gebunden werden.[393]

1053 Aus dem Inhalt der Erklärung muss zweifelsfrei hervorgehen, dass der Erklärende die Loslösung vom Vertrag will; das Wort „Kündigung“ muss freilich nicht verwendet werden (s. auch Rn. 880 für den Widerruf). In Einzelfällen kann eine andere Art der Vertragsbeendigung nach § 140 BGB in eine Kündigungserklärung **umgedeutet** werden. Dies gilt nach zutreffender Ansicht etwa für einen nach § 19 Abs. 4 VVG erklärten Rücktritt.[394]

1054 **Teilkündigungen** sind mangels abweichender Vereinbarung grundsätzlich unzulässig. Ausnahmefälle regelt § 29 Abs. 1, 2 VVG (s. dazu Rn. 983). Darüber hinaus besteht aber auch hier die Möglichkeit, die Erklärung nach § 140 BGB in ein Angebot auf Änderung des bestehenden Vertrags umzudeuten.[395]

3. Fehlerhafte Kündigung durch den Versicherungsnehmer

1055 Der Versicherer ist verpflichtet, eine unwirksame Kündigung unverzüglich **zurückzuweisen**.[396] Dies gilt etwa dann, wenn sie unvollständig, formwidrig, verfrüht oder verspätet ist oder wenn kein Kündigungsgrund vorliegt. Der Versicherer hat den Versicherungsnehmer über den Mangel zu belehren, sobald er letzteren bei Anwendung der verkehrsüblichen Sorgfalt hätte erkennen können.

391 BGHZ 127, 35 = VersR 1994, 1049.
392 Regierungsbegr., BT-Drucks. 16/3935, S. 63.
393 *Prölss*, in: Prölss/Martin, § 11 Rn. 27; *Fausten*, in: MünchKomm-VVG, § 11 Rn. 100.
394 Dafür *Marlow*, in: Marlow/Spuhl, Rn. 179; *Neuhaus*, r+s 2008, 45, 51; zweifelnd *Höra*, r+s 2008, 89, 92.
395 *Fausten*, in: MünchKomm-VVG, § 11 Rn. 92.
396 BGH VersR 1987, 923, 924.

Nur bei positiver Kenntnis des Versicherungsnehmers von der Unwirksamkeit entfällt diese Hinweispflicht.

Seit der VVG-Reform ist streitig, ob die in Rn. 1055 genannte Zurückwei- 1056
sungspflicht weiterhin aus § 242 BGB herzuleiten ist oder ob sie nunmehr aus § 6 Abs. 4 S. 1 VVG folgt. Für letzteres lässt sich anführen, dass der Versicherungsnehmer möglicherweise aufgrund eines durch die Kündigung vermeintlich entstandenen Bedarfs Dispositionen treffen möchte. Freilich betrifft dies eher eine Beratungspflicht (meist: eines anderen Anbieters) nach § 6 Abs. 1 VVG. Zudem handelt es sich bei dem Hinweis um eine nach § 6 Abs. 4 S. 1 VVG nicht geschuldete allgemeine Beratung in Rechtsfragen.[397] Ein praktischer Unterschied zwischen beiden Ansichten kann sich hinsichtlich der **Rechtsfolgen** ergeben. In der Rechtsprechung zum alten Recht wurde teils angenommen, dass die Kündigung wirksam ist, wenn der Versicherer den Hinweis unterlassen hat.[398] Die Begründung dafür bleibt freilich im Dunkeln. Man könnte daran denken, die Berufung auf die Unwirksamkeit bei unterlassenem Hinweis als unzulässige Rechtsausübung anzusehen. Überzeugender erscheint es, § 280 Abs. 1 BGB heranzuziehen. Demnach kann der Versicherungsnehmer verlangen, so gestellt zu werden, wie er bei einem rechtzeitigen Hinweis auf die Unwirksamkeit der Kündigung stünde. Mithin sind ihm seine im Vertrauen auf die Wirksamkeit erlittenen **Vermögenseinbußen** zu ersetzen. Diese können etwa durch den anderweitigen Abschluss einer gleichartigen Versicherung und die damit verbundenen zusätzlichen Prämienzahlungen entstanden sein. In diesem Rahmen ist freilich auch ein etwaiges Mitverschulden des Versicherungsnehmers gem. § 254 BGB anspruchsmindernd zu berücksichtigen.

Besonderheiten gelten, wenn der Versicherungsnehmer eine Fortsetzung des 1057
Versicherungsverhältnisses unter **Änderungen** beabsichtigte.

Beispiel:[399] Der Versicherungsnehmer teilt dem Versicherer am 25.7. mit, er 1058
wolle die Vollkaskoversicherung für sein Segelflugzeug nicht fortführen und bitte um ein Angebot für Teilkasko. Bis zum Ablauf des Versicherungsjahres am 20.8. mittags (zu dieser in älteren Verträgen häufigen sog. Mittagsregel s. Rn. 940) erhielt der Versicherungsnehmer keine Antwort; am Nachmittag erlitt das Segelflugzeug bei einem Unfall einen Totalschaden. Der Versicherer berief sich auf eine vorherige Vertragsbeendigung durch Kündigung.

Hier war der Wille des Versicherungsnehmers darauf gerichtet, die Voll- durch 1059
eine Teilkaskoversicherung zu ersetzen. Für eine Kündigung war die in den AVB vorgesehene Dreimonatsfrist nicht eingehalten. Ein **Aufhebungsvertrag** scheitert schon daran, dass ein Zugang der Annahmeerklärung nicht gem. § 151

397 *Armbrüster*, in: MünchKomm-VVG, § 6 Rn. 279; *Prölss*, in: Prölss/Martin, § 6 Rn. 44; a.A. *Fausten*, in: MünchKomm-VVG, § 11 Rn. 124; *Franz*, VersR 2008, 298, 299.

398 OLG Hamm VersR 1977, 999; LG Berlin VersR 1951, 163; a.A. BSG r+s 2007, 144, 145f. Rn. 15ff.; LG Bremen VersR 2000, 305f.; *Prölss*, in: Prölss/Martin, § 11 Rn. 31; differenzierend *Leverenz*, VersR 1999, 525, 530ff.

399 Nach BGH VersR 1987, 923.

S. 1 Fall 1 BGB entbehrlich war, zumal da der Versicherungsnehmer zugleich eine Teilkaskodeckung begehrte. Nach Ansicht des BGH konnte sich der Versicherer auch nicht darauf berufen, dass die Kündigung deswegen als wirksam zu behandeln sei, weil er den geschuldeten **Hinweis auf die Unwirksamkeit** unterlassen hatte. Dies entspricht dem Grundsatz, dass niemand aus eigenem treuwidrigem Verhalten Rechte für sich herleiten kann. Sieht man die Rechtsfolge mit der hier vertretenen Ansicht (s. Rn. 1056) in einer Schadensersatzpflicht des Versicherers, so bedarf es dieser Erwägung nicht, da dann eine unwirksame Kündigung generell nicht als wirksam zu behandeln wäre.

II. Außerordentliche Kündigung

1060 Die außerordentliche Kündigung gibt den Vertragsparteien die Möglichkeit, sich aus einem **besonderen Grund** von dem Vertrag zu lösen.

1. Im VVG geregelte Fälle

a) Überblick

1061 Das VVG sieht für beide Vertragsparteien eine ganze Reihe von **außerordentlichen Kündigungsgründen** vor. Der **Versicherer** kann den Vertrag beispielsweise bei der **Verletzung einer** vertraglichen **Obliegenheit** nach § 28 Abs. 1 VVG oder wegen Gefahrerhöhung nach § 24 Abs. 1 VVG kündigen. Dasselbe gilt bei einer Anzeigepflichtverletzung (§ 19 Abs. 3 S. 2 VVG) oder beim Verzug mit der Zahlung einer Folgeprämie (§ 38 Abs. 3 VVG). Ferner besteht dann, wenn die versicherte Sache veräußert wird, ein Kündigungsrecht des Versicherers gegenüber dem Erwerber (§ 96 Abs. 1 VVG; s. dazu Rn. 1246).

1062 Der **Versicherungsnehmer** ist zur Kündigung berechtigt, wenn der Versicherer die Prämie aufgrund einer **Anpassungsklausel** erhöht oder wenn er den Umfang des Versicherungsschutzes vermindert (§ 40 VVG; s. Rn. 1012). Auch dem Erwerber einer versicherten Sache steht ein Kündigungsrecht zu (§ 96 Abs. 2 VVG; s. Rn. 1246).

b) Beiderseitiges Kündigungsrecht nach Eintritt des Versicherungsfalls

1063 Von besonderer Bedeutung ist das Recht jeder Vertragspartei, den Versicherungsvertrag nach **Eintritt des Versicherungsfalls** (zu den Voraussetzungen für letzteren s. Rn. 1168ff.) zu kündigen. Dieses Recht besteht in allen Sachversicherungen (§ 92 VVG). Entsprechendes gilt gem. § 111 VVG für die Haftpflichtversicherung. Damit will der Gesetzgeber dem Umstand Rechnung tragen, dass sich nach Eintritt des Versicherungsfalls bisweilen Spannungen ergeben, die eine Fortsetzung des Vertrags für die Zukunft aus Sicht zumindest einer Partei nicht als wünschenswert erscheinen lassen.

1064 So kann der **Versicherungsnehmer** mit der Regulierung durch den Versicherer unzufrieden sein. Dabei kann es zum einen um den Vorwurf von Rechtsverstößen gehen, die der Versicherungsnehmer notfalls gerichtlich klären lassen könnte. Es mag sein, dass er diese Auseinandersetzung scheut oder aber dass er vor Gericht zieht und zugleich künftig seinem nunmehrigen Prozessgegner nicht mehr vertraglich verbunden sein möchte. Zum anderen kann das Motiv für eine Kündigung aber auch im außerrechtlichen Bereich liegen.

Beispiele: Der Hausratversicherer zeigt sich bei der Regulierung der Schäden 1065 aus dem eingetretenen Einbruchdiebstahl weniger kulant als erhofft. Der Haftpflichtversicherer ersetzt dem Dritten ohne Weiteres den geltend gemachten Schaden, obwohl der Versicherungsnehmer hierfür keinen Grund sieht und eine Anspruchsabwehr bevorzugt hätte (s. zur Leistung des Haftpflichtversicherers Rn. 1654).

Da der Gesetzgeber die Kündigungsmöglichkeit nicht von einem **sachlichen** 1066 **Grund** abhängig macht, kann der Versicherungsnehmer den Eintritt des Versicherungsfalls sogar dann zur Kündigung nutzen, wenn ihm ein Konkurrenzangebot vorteilhafter erscheint oder wenn er den Versicherungsschutz mittlerweile für entbehrlich hält. Das Kündigungsrecht eröffnet dann ein sog. **Reurecht**. Dadurch kann sich im Einzelfall das subjektive Risiko (s. Rn. 261) erhöhen, da sich aus Sicht des Versicherungsnehmers mit dem Eintritt des Versicherungsfalls ein zusätzlicher wirtschaftlicher Vorteil verbindet. Weisen die Umstände des Schadenseintritts auf einen solchen Fall hin, so ist Leistungsfreiheit nach § 81 Abs. 1 VVG oder nach § 103 VVG in Betracht zu ziehen.

Aus Sicht des **Versicherers** kann das Kündigungsrecht nach Eintritt des Ver- 1067 sicherungsfalls insbesondere dann bedeutsam sein, wenn er Anzeichen für eine vorsätzliche oder – im Fall des § 81 Abs. 2 VVG – grob fahrlässige **Herbeiführung des Versicherungsfalls** sieht, dies jedoch nicht beweisen zu können glaubt oder er aus anderen Gründen keinen Prozess gegen den Versicherungsnehmer anstrengen will. Ein weiteres Motiv dafür, die Kündigung zu erklären, kann darin liegen, dass der Versicherer angesichts der in dem Eintritt des Versicherungsfalls zutage getretenen **„Gefahrgeneigtheit"** künftig keinen Versicherungsschutz mehr bieten möchte. In der Praxis wird der Versicherer stattdessen in dieser Situation bisweilen mit dem Versicherungsnehmer unter Hinweis auf die Kündigungsmöglichkeit eine Verständigung über verbesserte Schutzmaßnahmen suchen.

Beispiel: Gebäudeversicherer V hat wiederholt Rohrbrüche reguliert, die im 1068 Gebäude des Versicherungsnehmers A aufgetreten sind. Als A einen weiteren gleichartigen Schadensfall meldet, bietet V ihm an, von seinem Kündigungsrecht keinen Gebrauch zu machen und den Vertrag fortzusetzen, wenn A im Gegenzug die Rohre binnen einer bestimmten Frist fachgerecht sanieren lässt.

c) Ausübungsfrist

Regelmäßig hat der kündigungswillige Vertragspartner eine **Ausübungsfrist** 1069 für die Kündigung einzuhalten. Sie beträgt häufig einen Monat ab dem Zeitpunkt, zu dem er von dem das Kündigungsrecht auslösenden Umstand Kenntnis erlangt (s. etwa §§ 28 Abs. 1, 40 Abs. 1 S. 1 VVG).

d) Eintritt der Kündigungswirkung

1070 Davon zu unterscheiden ist die Frage, zu welchem Zeitpunkt die vertragsbeendigende **Wirkung** der Kündigung einsetzt. Bisweilen ordnet der Gesetzgeber an, dass die Kündigung „ohne Einhaltung einer Frist" möglich ist oder – gleichbedeutend und zugleich präziser –, dass sie „mit sofortiger Wirkung" erklärt werden kann. In solchen Fällen wird das Vertragsverhältnis bereits mit Zugang der Kündigungserklärung beim Vertragspartner ex nunc beendet. Dies ist etwa hinsichtlich einer vom Versicherer wegen Obliegenheitsverletzung erklärten Kündigung nach § 28 Abs. 1 VVG oder beim Verzug mit einer Folgeprämie gem. § 38 Abs. 3 S. 1 VVG der Fall. Umgekehrt steht dem Versicherungsnehmer bei einer Prämienerhöhung ein derartiges Kündigungsrecht mit sofortiger Wirkung zu (§ 40 Abs. 1 S. 1 VVG; s. Rn. 1012).

2. Sonstige Fälle, insbesondere § 314 BGB

1071 In besonders gelagerten Fällen kann sich ein Recht zur außerordentlichen Kündigung auch aus den **allgemeinen Vorschriften des BGB** ergeben. Dabei spielt in denjenigen Fällen, in denen vorrangige Abreden oder Spezialregeln fehlen, das Recht zur Kündigung von Dauerschuldverhältnissen aus wichtigem Grund gem. **§ 314 BGB** eine herausragende Rolle.

1072 Der **Versicherer** hat ein solches Kündigungsrecht insbesondere bei grob unredlichem Verhalten, etwa dann, wenn der Versicherungsnehmer einen Dritten zur Herbeiführung des Versicherungsfalls angestiftet hat. Dabei ist freilich stets eine **Gesamtwürdigung** vorzunehmen.

1073 **Beispiel:**[400] Werbekauffrau A unterhält bei Versicherer V eine Krankentagegeldversicherung (zu ihr s. Rn. 425ff.). Nach einem Treppensturz verlangt sie unter Vorlage ärztlicher Arbeitsunfähigkeitsbescheinigungen Versicherungsleistungen. V zahlte daraufhin während eines Zeitraums von knapp einem Jahr Krankentagegeld in Höhe von rund 170 € pro Tag. Sodann stellt V die Zahlungen ein, da ihm Zweifel an der Arbeitsunfähigkeit der A kommen. Diese Zweifel lassen sich durch einen von V eingeschalteten Detektiv erhärten. V kündigt daraufhin den Versicherungsvertrag fristlos mit der Begründung, A sei berufstätig gewesen und habe zugleich Krankentagegeld gefordert.

1074 Der BGH hält die Voraussetzungen einer außerordentlichen Kündigung durch V hier nicht für erfüllt. Er verweist zunächst darauf, dass im Hinblick auf die soziale Funktion der privaten Krankenversicherung ein wichtiger Grund zur außerordentlichen Kündigung erst dann bestehe, wenn der Versicherungsnehmer in **besonders schwerwiegender Weise** die Belange des Versicherers aus Eigennutz missachtet. Dies sei insbesondere dann anzunehmen, wenn er sich **Versicherungsleistungen erschleicht** oder zu erschleichen versucht. Hier habe A

---

400 Nach BGH VersR 2009, 1063.

zwar den V über ihre Berufstätigkeit getäuscht, aber diese sei nur für drei Tage und jeweils kurze Zeiträume nachgewiesen. Zudem habe V zu jenem Zeitpunkt seine Zahlungen bereits eingestellt gehabt, so dass er nicht mehr habe davon ausgehen können, A werde überhaupt nicht beruflich tätig. Schließlich habe V sich selbst treuwidrig verhalten, indem er unzulässig einen Detektiv als Testkunden eingesetzt habe, auch wenn dieser keine verwerflichen Mittel verwendet habe. Angesichts der besonderen Umstände erscheint diese Gesamtwürdigung durch den BGH angemessen. Freilich gilt es stets auch zu berücksichtigen, dass der Versicherer in Fällen behaupteter Arbeitsunfähigkeit typischerweise vor gewissen **Beweisschwierigkeiten** steht.

Dem **Versicherungsnehmer** steht ein außerordentliches Kündigungsrecht 1075
nach § 314 BGB regelmäßig beim sog. **Unsicherwerden** des Versicherers zu. Gemeint ist damit der Fall, dass der Versicherer in einen finanziellen Engpass gerät, der die Erfüllung seiner vertraglichen Verpflichtungen ungewiss werden lässt, ohne dass bereits das Insolvenzverfahren über sein Vermögen eröffnet worden ist (zur Rechtslage nach Verfahrenseröffnung s. § 16 Abs. 1 VVG).[401] Auch ein beharrliches und sachlich **haltloses Bestreiten der Leistungspflicht** durch den Versicherer kann ein Kündigungsrecht des Versicherungsnehmers nach § 314 BGB begründen.

Die in derartigen Fällen mögliche fristlose Kündigung aus wichtigem Grund 1076
kommt auch für die private **Pflicht-Krankenversicherung** i.S. von § 193 Abs. 3 VVG (s. Rn. 1999ff.) in Betracht. Zwar untersagt der mit Wirkung zum 1.1.2009 neu gefasste, zuvor lediglich auf die ordentliche Kündigung bezogen gewesene § 206 Abs. 1 S. 1 VVG für diesen Versicherungszweig „jede" Kündigung. Damit soll auch eine außerordentliche Kündigung ausgeschlossen sein (arg. e contrario aus S. 2). Diese Norm ist durch das BVerfG als absolutes Kündigungsverbot für verfassungsgemäß befunden worden.[402] Allerdings zielt die Vorschrift allein darauf ab zu verhindern, dass der Versicherer den Vertrag wegen **Prämienverzugs** kündigt (s. Rn. 1079). In **sonstigen Fällen** schwerer Vertragsverletzung kommt eine außerordentliche Kündigung durch den Versicherer durchaus in Betracht.[403]

Beispiel 1:[404] Versicherungsnehmer A unterhielt bei Versicherer V eine Krank- 1077
heitskosten-, Krankentagegeld- und Pflegeversicherung. Wegen einer behaupteten krankheitsbedingten Arbeitsunfähigkeit bezog er von V Leistungen aus der Krankentagegeldversicherung. Als ein Außendienstmitarbeiter des V den A unangemeldet auf dem Grundstück seines Gewerbebetriebs, einem Schrotthandel, besuchte, traf er ihn dort bei der Abwicklung von Geschäften an. Als der Versicherungsmitarbeiter sich als solcher zu erkennen gab, griff A ihn tätlich an

401 BGHZ 1, 334 = VersR 1951, 1332.
402 BVerfG VersR 2009, 957, 964.
403 BGH VersR 2012, 219ff. Rn. 9ff.; VersR 2012, 304ff. Rn. 8ff.; a.A. *Voit*, in: Prölss/Martin, § 206 Rn. 7.
404 Nach BGH VersR 2012, 304.

und bedrohte ihn. V erklärte daraufhin die außerordentliche Kündigung des Krankheitskosten-, Krankentagegeld- sowie des Pflegeversicherungsvertrags.

1078 **Beispiel 2:**[405] A unterhielt bei V eine Krankheitskosten- und Pflegepflichtversicherung als Restkostenversicherung zu seinem Beihilfeanspruch. Er erschlich sich unter Vorlage zahlreicher unrichtiger Abrechnungen über angebliche Medikamentenbezüge umfangreiche Leistungen des V. Daraufhin kündigte V (nur) die Krankheitskostenversicherung außerordentlich.

1079 Der BGH hat die Kündigung der Krankheitskostenversicherung und der Krankentagegeldversicherung durchgreifen lassen, nicht jedoch die im Beispiel 1 zudem erklärte Kündigung der Pflegeversicherung. Nach der überzeugenden Auffassung des BGH kann die außerordentliche Kündigung einer **Krankheitskostenversicherung** aus wichtigem Grund auf § 314 BGB gestützt werden. Soweit § 206 Abs. 1 S. 1 VVG jede Kündigung einer Krankheitskostenversicherung ausschließt, wird hiervon zwar auch die außerordentliche Kündigung erfasst. Dies folgt nicht zuletzt aus der Systematik des § 206 Abs. 1 VVG, da Abs. 1 S. 2 weitere Sonderregelungen nur für die ordentliche Kündigung trifft.[406] Allerdings ist eine **teleologische Reduktion** der Norm geboten. Nach ihrem Sinn und Zweck soll die Vorschrift nämlich allein außerordentliche Kündigungen wegen Prämienverzugs ausschließen. Hingegen wird außerordentlichen Kündigungen wegen sonstiger schwerer Vertragsverletzungen gem. § 314 BGB nicht der Boden entzogen.[407] Dies folgt nicht nur aus der Entstehungsgeschichte der Vorschrift, sondern auch aus § 193 Abs. 5 S. 4 VVG. Nach jener Vorschrift kann der Versicherer den Abschluss einer Versicherung im Basistarif (zu ihm s. Rn. 602) ablehnen, wenn der Antragsteller bereits bei dem betreffenden Versicherer versichert war und dieser den Vertrag wegen Drohung oder arglistiger Täuschung gem. § 123 BGB angefochten hat oder vom Vertrag wegen einer vorsätzlichen Verletzung der vorvertraglichen Anzeigeobliegenheit zurückgetreten ist. Der Versicherungsnehmer wird dann dadurch geschützt, dass er im Kündigungsfall gem. § 193 Abs. 5 VVG Anspruch darauf hat, von einem **anderen Versicherer** Deckungsschutz zu erlangen.

1080 Für die private **Pflegeversicherung** gelten diese Erwägungen jedoch nicht. Hier schließt § 110 Abs. 4 SGB XI jegliche Kündigung, auch die außerordentliche, aus. Für eine teleologische Reduktion ist daher hier kein Raum.[408] Rechtspolitisch erscheint dies unbefriedigend, da § 314 BGB gerade dem Umstand Rechnung tragen soll, dass Dauerschuldverhältnisse eine besondere Vertrauensbeziehung voraussetzen. Ermöglichen hingegen nicht einmal schwerste Pflichtverstöße es dem Vertragspartner (hier: dem Versicherer), die Bindung mit Wir-

405 Nach BGH VersR 2012, 219.

406 BGH VersR 2012, 219, 220 Rn. 15; VersR 2012, 304, 305 Rn. 15.

407 BGH VersR 2012, 219, 220 Rn. 16ff.; VersR 2012, 304, 305 Rn. 16ff.; s. auch *Wandt*, Rn. 484.

408 BGH VersR 2012, 219, 221 Rn. 25; VersR 2012, 304, 307 Rn. 28ff.

kung für die Zukunft zu beenden, so erweist sich dies als gravierender Eingriff in die Privatautonomie, der sich kaum durch das Motiv, die Sozialsysteme wirtschaftlich zu entlasten, rechtfertigen lässt.

Anstelle des Kündigungsrechts nach § 314 BGB kann im Einzelfall auch eine Vertragsanpassung nach **§ 313 BGB** (Störung der Geschäftsgrundlage) erfolgen.[409] Allerdings darf auf die allgemeinen Vorschriften nur zurückgegriffen werden, soweit keine spezialgesetzlichen Regelungen bestehen. 1081

D. Rücktritt

Das VVG räumt allein dem Versicherer **Rücktrittsrechte** ein, während dem Versicherungsnehmer verschiedene Widerrufsrechte zustehen, namentlich dasjenige gem. § 8 VVG (s. Rn. 875ff.). Ein Rücktritt führt nach den Regelungen der §§ 346ff. BGB zur Rückabwicklung des Vertrags. Jede Partei ist so zu stellen, wie sie zur Zeit des Vertragsschlusses stand. Für Versicherungsverträge sind freilich ähnlich wie bei anderen Dauerschuldverhältnissen einige **Besonderheiten** zu beachten. 1082

Der Rücktritt des Versicherers setzt eine Rücktrittserklärung sowie einen Rücktrittsgrund voraus. Für die **Rücktrittserklärung** stellt der Gesetzgeber bisweilen besondere Anforderungen auf. So muss der Versicherer, wenn er wegen einer Verletzung der vorvertraglichen Anzeigepflicht den Rücktritt erklärt, bei Ausübung dieses Rechts die Umstände angeben, auf die er seine Erklärung stützt; nur unter bestimmten Voraussetzungen darf er weitere Gründe nachschieben (§ 21 Abs. 1 S. 3 VVG; s. dazu Rn. 828ff.). 1083

Ein **Rücktrittsgrund** kann insbesondere in einem **Prämienzahlungsverzug** des Versicherungsnehmers liegen, nämlich wenn dieser eine einmalige oder die erste von mehreren Prämien nicht bezahlt (§ 37 Abs. 1 VVG; zum sog. Einlösungsprinzip s. Rn. 943). Ein weiterer praktisch wichtiger Fall eines Rücktrittsgrundes ist die Verletzung einer **vorvertraglichen Anzeigepflicht** des Versicherungsnehmers nach den § 19ff. VVG (s. § 19 Abs. 2 VVG und dazu Rn. 811). Eine solche Obliegenheitsverletzung gibt dem Versicherer die (abgestufte) Möglichkeit vom Vertrag zurückzutreten. Daneben ist es theoretisch auch möglich, ein Rücktrittsrecht vertraglich zu vereinbaren. Dies ist aufgrund des (halb-)zwingenden Charakters vieler Normen allerdings nur begrenzt zulässig. So ist eine Vereinbarung unwirksam, nach der der Versicherer bei Verletzung einer Obliegenheit zum Rücktritt berechtigt ist (§ 28 Abs. 5 VVG). 1084

Die **Rechtsfolgen** bestehen, anders als nach den § 346ff. BGB, nicht stets in einer bloßen Rückabwicklung der gegenseitigen Leistungen. Vielmehr behält der Versicherer bei einem Rücktritt nach § 37 Abs. 1 VVG gem. § 39 Abs. 1 S. 3 VVG einen Anspruch auf eine **angemessene Geschäftsgebühr** (s. auch Rn. 944). Bei einem Rücktritt nach § 19 Abs. 2 VVG wegen einer Verletzung der Anzeigepflicht des Versicherungsnehmers hat der Versicherer einen **Prämi-** 1085

409 KG VersR 2003, 718.

enanspruch bis zum Wirksamwerden der Erklärung (§ 39 Abs. 1 S. 2 VVG). Im Gegenzug kann der **Versicherer** unter Umständen trotz eines wirksamen Rücktritts zur Leistung verpflichtet bleiben (§ 21 Abs. 2 VVG).

E. Beendigung kraft Gesetzes

1086 In manchen Fällen endet das Versicherungsverhältnis **kraft Gesetzes**. Ausdrücklich geregelt ist der Fall, dass über das Vermögen des Versicherers das **Insolvenzverfahren** eröffnet wird (§ 16 VVG). Hier endet das Versicherungsverhältnis mit Ablauf eines Monats seit der Eröffnung des Insolvenzverfahrens. Praktisch ungleich bedeutsamer ist die Beendigung infolge eines **Wegfalls des versicherten Interesses**. Ein solcher Interessewegfall führt nach § 80 Abs. 2 VVG dazu, dass der Versicherer nur noch einen begrenzten Prämienanspruch hat (näher Rn. 1240). Damit geht der Gesetzgeber auch in diesem Fall implizit von einer (sofort mit dem Interessewegfall eintretenden) Beendigung des Versicherungsvertrags aus. Eine hiervon abweichende Sonderregel enthält § 95 VVG für den Fall, dass eine Sache, auf die sich die Versicherung bezieht, veräußert wird (s. dazu Rn. 1244ff.).

5. Teil: Die Pflichten des Versicherers

§ 22 Die Leistung des Versicherers

Literatur

Dreher, Die Versicherung als Rechtsprodukt, 1991; *Hagen,* Der Begriff der Gefahrerhöhung nach § 23 des Versicherungsvertragsgesetzes, 1934; *Kassing,* Aufwendungsersatz bei Verhinderung des Haftpflichtversicherungsfalls: unter Einschluss der VVG-Reform, 2009; *Loacker,* Die Gefahrerhöhung nach der VVG-Reform, VersR 2008, 1285; *Looschelders,* Schuldhafte Herbeiführung des Versicherungsfalls nach der VVG-Reform, VersR 2008, 1; *Marx,* Rettungsobliegenheit und Rettungskostenersatz im Versicherungsvertragsrecht: ausgewählte Probleme vor dem Hintergrund der VVG-Reform, 2008; *Matusche-Beckmann,* Rechtsprobleme der schuldhaften Herbeiführung des Versicherungsfalls nach neuem VVG, FS Käfer, 2009, S. 215; *J. Prölss,* Der Zeitpunkt des Eintritts einer Gefahrerhöhung i.S.d. §§ 23ff. VVG, VersR 2004, 576; *ders.,* Anzeigeobliegenheiten des Versicherungsnehmers bei Drohungen Dritter – Zugleich ein Beitrag zur Mitversicherung von Gefahrerhöhungen, NVersZ 2000, 153; *Reusch,* Die Erpressung von Schutzgeldern als Gefahrerhöhung i.S.d. §§ 23 bis 27 VVG, VersR 2011, 13; *Rokas,* Die schuldhafte Herbeiführung des Versicherungsfalls nach altem und neuem VVG, VersR 2008, 1457; *Schünemann,* Rechtsnatur und Pflichtenstruktur des Versicherungsvertrages, JZ 1995, 430; *Schwintowski,* Die Rechtsnatur des Versicherungsvertrages, JZ 1996, 702; *Sieg,* Beweisfragen zur Herbeiführung des Versicherungsfalles durch sogenannte Brandreden, VersR 1995, 369.

A. Überblick

I. Organisation der Gefahrgemeinschaft

Aufgrund des Versicherungsvertrags übernimmt der Versicherer ein **wirtschaftliches Risiko**, das sonst der Versicherungsnehmer zu tragen hätte. Um diesen Risikotransfer vornehmen zu können, muss der Versicherer eine Vielzahl von Vorkehrungen treffen. Er muss eine ausreichende Zahl von Versicherungsnehmern gewinnen (zum Gesetz der großen Zahl s. Rn. 223), diese in Risikogruppen zusammenfassen, ggf. für Rückversicherungsschutz sorgen, die Prämien kalkulieren, einziehen und verwalten (wozu insbesondere die Kapitalanlage gehört) sowie liquide finanzielle Mittel für die Regulierung von Versicherungsfällen bereithalten. All dies ist notwendig, damit der Versicherer bei Eintritt des Versicherungsfalls seiner Verpflichtung – die vereinbarte Leistung zu erbringen – nachkommen kann. 1087

II. Geldzahlung und andersartige Hauptleistungen

1088 Die vom Versicherer zu erbringende Leistung ist in den meisten Versicherungssparten eine **Geldzahlung an den Versicherungsnehmer**. Daneben kommen aber auch andersartige Leistungen in Betracht.

1089 **Beispiele:** Die Leistungspflicht des Versicherers in der Haftpflichtversicherung beinhaltet nicht etwa eine Geldzahlung an den Versicherungsnehmer, sondern darüber hinaus dessen **Freistellung** von begründeten Ansprüchen und die **Abwehr** unbegründeter Ansprüche (§ 100 VVG; s. Rn. 1650, 1653). In der Krankenversicherung hat der Versicherer je nach Vereinbarung u.U. bestimmte zusätzliche **Dienstleistungen**, etwa Beratungen oder wiederum die Abwehr unberechtigter Ansprüche, zu erbringen (sog. **managed care**, vgl. § 192 Abs. 3 VVG und Rn. 2009; dabei geht es freilich allein um die Kostenerstattungspflicht des Versicherers flankierende Leistungen und nicht um eine Einführung des Sachleistungsprinzips). In der Sachversicherung schuldet der Versicherer in bestimmten Sparten anstelle einer Geldzahlung **Naturalersatz**, namentlich bei der Schmuck- und der Glasversicherung. Zu Assistance-Leistungen s. sogleich Rn. 1090ff.

III. Assistance-Leistungen

1090 Eine immer größere Bedeutung erlangen Vereinbarungen über sog. **Assistance-Leistungen** des Versicherers. Dabei handelt es sich um besondere Leistungen, die der Versicherer nach Eintritt des Versicherungsfalls erbringt. Assistance-Leistungen gibt es mittlerweile in vielen Versicherungssparten, von der Kfz-Versicherung über die Gebäude- oder die Pflegeversicherung bis hin zur Rechtsschutzversicherung.[1]

1091 **Beispiele:** Abschlepp- und Reparaturservice in der Kfz-Versicherung (zum sog. Autoschutzbrief in der Kfz-Versicherung s. Rn. 1093). Brandsanierung- und Hotelunterbringungsleistungen in der Gebäudeversicherung. Ernährungsberatung in der Krankenversicherung. Erstberatung durch Vertragsanwälte in der Rechtsschutzversicherung. Unterstützung bei der Arbeitssuche in der Restkreditversicherung.

1092 Derartige Leistungsversprechen, durch die der Versicherer nicht lediglich als finanzieller Entschädigungsleister, sondern als **Dienstleister** und Partner bei der Schadensbewältigung und -vorsorge in Erscheinung tritt, bestehen in der Kfz-Versicherung bereits seit einigen Jahrzehnten. In jüngster Zeit ist das **Leistungsspektrum** immer umfassender geworden. Nicht selten tritt der Versicherer durch Assistance-Angebote in Wettbewerb mit anderen Anbietern vergleichbarer Leistungen.

---

1 *Esser/Helmberger/Hertel*, Assistance: Neue Serviceleistung der Assekuranz, S. 19ff., 48ff.; *Tolle/Greiner*, Assistance-Leistungen als Instrument zur Differenzierung im Wettbewerb, 1999, S. 16ff.

Beispiel: Der **Autoschutzbrief** in der Kfz-Versicherung ist ein Deckungsangebot, das „Hilfe für unterwegs als Service oder Kostenerstattung" (so die Überschrift in A.3 AKB 2008) anbietet. Dabei geht es u.a. um Hilfeleistungen bei Pannen oder Unfällen, wie etwa die Wiederherstellung der Fahrbereitschaft oder das Abschleppen oder Bergen des Kfz, zudem um Krankenrücktransport. Derartige Leistungen werden nicht allein von Kfz-Versicherern, sondern insbesondere auch von Automobilclubs wie dem ADAC oder dem AvD angeboten, ferner bisweilen von Kfz-Werkstattbetreibern (sog. Mobilitätsgarantien). 1093

Bei der Assistance-Versicherung gibt es einige **spezielle Rechtsfragen**, etwa hinsichtlich der Anwendbarkeit der auf Geldzahlungen zugeschnittenen Regeln des VVG, des Datenschutzes, der Haftung und des Wettbewerbsrechts.[2] 1094

In der Praxis stellt sich insbesondere die Frage, inwieweit den Versicherer eine Verantwortung für **Dienstleister** trifft, die nach Eintritt eines Versicherungsfalls tätig werden, ohne dass der Versicherer sich gegenüber dem Versicherungsnehmer zu einer entsprechenden Assistance-Leistung verpflichtet hat. 1095

Beispiel:[3] Versicherungsnehmer A unterhält bei V eine Wohngebäudeversicherung. Nachdem in dem versicherten Gebäude ein Brand eingetreten ist, meldet A diesen dem V. Daraufhin empfiehlt V dem A, den Brandsanierer B mit der Behebung der Brandschäden zu beauftragen. Nunmehr verlangt A von V den Ersatz für eine bei dem Brand unversehrt gebliebene Einbauküche, die sich B angeblich im Zuge der Sanierungsarbeiten „unter den Nagel gerissen" habe. 1096

Hier stellt das Abhandenkommen der Einbauküche keinen bedingungsgemäß **mitversicherten Schaden** dar, da dieser Schaden nicht infolge des Brandes eingetreten ist. Hierzu zählen nämlich nur solche Fälle, in denen gerade der Brand ein typisches Risiko dafür geschaffen hat, dass Sachen abhandenkommen, etwa bei mangelnder Sicherung des Gebäudes gegen Plünderung. Da V sich nicht selbst zur Sanierung des Gebäudes als Versicherungsleistung, sondern allein zu einer Geldzahlung verpflichtet hat, scheidet auch eine Inanspruchnahme wegen **Schlechterfüllung einer Assistance-Leistung** aus, bei der B als Erfüllungsgehilfe des V i.S. von § 278 BGB anzusehen wäre. In Betracht kommt mithin allein ein Schadensersatzanspruch gem. § 280 Abs. 1 BGB wegen Verletzung einer vertraglichen **Nebenpflicht**. Aus dem Versicherungsvertrag folgt die Schutzpflicht, keine Empfehlungen zur Schadensbehebung zu geben, aus deren Befolgung dem Versicherungsnehmer in voraussehbarer Weise ein Schaden droht (s. Rn. 1099). Hier waren dem V keine Anhaltspunkte dafür ersichtlich, dass B unzuverlässig ist. Damit entfällt auch ein Schadensersatzanspruch. 1097

2 Zusammenfassend zu den Rechtsproblemen *Armbrüster*, VW 2012, 990f.
3 Nach OLG Bremen BauR 2012, 304.

IV. Nebenpflichten

1098 Von den an die Stelle einer Geldzahlung tretenden oder diese ergänzenden Assistance-Leistungen sind **gesetzliche Nebenpflichten** des Versicherers zu unterscheiden. Diese betreffen regelmäßig nicht vom Versicherer an den Versicherungsnehmer zu leistende vermögenswerte Vorteile. Vielmehr geht es darum, die Interessen des Versicherungsnehmers bei der Vertragsverwaltung oder Schadensregulierung des Versicherers zu schützen. Dies gilt etwa für die Regeln in § 213 VVG zur Erhebung gesundheitsbezogener Daten des Versicherungsnehmers bei Dritten.[4]

1099 Objektiv-rechtlich ist der Versicherer verpflichtet, keine **unrichtigen Auskünfte oder Ratschläge** zu geben, aufgrund derer dem Versicherungsnehmer ein Schaden droht. Ein Beispiel stellt die Empfehlung eines Brandsanierers dar, von dem der Versicherer weiß, dass er sich bereits in der Vergangenheit als unzuverlässig erwiesen hat (s. Rn. 1096f.). Dasselbe gilt etwa hinsichtlich Rechtsanwälten oder Sachverständigen.

1100 Eine ungeschriebene Nebenpflicht bezieht sich auf die **vertrauliche Behandlung bestimmter Daten**. Über die allgemeinen gesetzlichen Datenschutzbestimmungen insbesondere des BDSG hinausgehend hat der Versicherer eine **Verschwiegenheitspflicht** hinsichtlich solcher Daten, die als vertraulich anzusehen sind. Dazu können Daten aus der Privat- oder aus der Geschäftssphäre des Versicherungsnehmers gehören.

1101 **Beispiele:** Der Gesundheitszustand des Versicherungsnehmers sowie weiterer versicherter Personen, der Wert seines Hausrats oder die Geschäftszahlen sowie die Produktionstechniken seines Betriebs.

1102 Problematisch ist, inwiefern der Versicherer Informationen über den **Vertragsablauf** und insbesondere über das vertragsbezogene Verhalten des Versicherungsnehmers weitergeben darf. Hierzu zählen etwa Informationen über Prämienrückstände, die Herbeiführung des Versicherungsfalls durch den Versicherungsnehmer oder ein gehäufter Eintritt von Versicherungsfällen. Die Versicherungswirtschaft sammelt solche Daten teilweise in einem **Hinweis- und Informationssystem (HIS;** auch Wagnisauskunft oder UNIWAGNIS-System genannt).[5] Dieses wird vor Vertragsschluss zur Risikoprüfung und zur Prüfung der Leistungspflicht nach Eintritt des Versicherungsfalls eingesetzt. Dabei geht es insbesondere darum, Versicherungsbetrug – nicht zuletzt solchen durch organisierte Banden, die Schadensfälle vortäuschen oder vorsätzlich herbeiführen – aufzudecken. Das HIS hat insoweit auch eine Präventivfunktion. Üblicherweise informiert der einzelne Versicherer seine Versicherungsnehmer in einem **Merkblatt zur Datenverarbeitung** über das Verfahren und holt ihre Einwilligung ein. Das HIS erfasst die meisten Versicherungssparten. Nach Eintritt eines Versicherungsfalls erfolgt jeweils eine Punktevergabe,

---

4 S. dazu *Neuhaus/Kloth*, NJW 2009, 1707.

5 Zu Einzelheiten s. http://www.gdv.de/his/

die sich an bestimmten **standardisierten Kriterien** orientiert. Diese Kriterien beruhen auf einer Auswertung des Antragsverhaltens beim Vertragsschluss und von früheren Versicherungsfällen durch die Versicherer. Die Kriterien werden in dem Merkblatt nur beispielhaft angeführt, damit ein Versicherungsnehmer sie nicht nutzen kann, um gezielt eine Punktevergabe zu vermeiden. Ab einer Punktzahl von 60 für einen einzelnen Versicherungsvorgang kann ein Versicherer diesen beim HIS melden.

B. Inhalt des Leistungsversprechens

Um sein Leistungsversprechen zu erfüllen, hat der Versicherer im Wesentlichen 1103 zweierlei zu unternehmen. Erstens muss er bereits vor Vertragsschluss sowie während der Vertragslaufzeit **umfangreiche organisatorische Vorkehrungen** treffen und aufrechterhalten. Zweitens hat er nach Eintritt des Versicherungsfalls die **versprochene Leistung** zu erbringen; letzteres kommt auch in § 1 S. 1 VVG zum Ausdruck. Ausgehend von jenen beiden Erfordernissen werden verschiedene Ansätze vertreten, um die Leistung des Versicherers im Rechtssinne zu bestimmen.[6] Dieser **Theorienstreit** ist vom VVG-Reformgesetzgeber nicht ausdrücklich im einen oder anderen Sinne entschieden worden (s. Rn. 1107f.). Aus wissenschaftlicher Sicht ist die Diskussion für ein vertieftes Verständnis vom Geschäftsmodell der Versicherung interessant. Praktische Auswirkungen hat der Streit hingegen nur in wenigen Bereichen, etwa bei der Rückabwicklung nichtiger Versicherungsverträge (s. Rn. 1110f.).

Nach der **Gefahrtragungslehre** schuldet der Versicherer die Tragung der 1104 versicherten Gefahr während der Vertragslaufzeit.[7] Die nach Eintritt des Versicherungsfalls zu erbringende Leistung ist dann lediglich eine Folge der Gefahrverwirklichung.

Die **Geldleistungstheorie** geht hingegen davon aus, dass die organisatorische 1105 Tätigkeit des Versicherers lediglich zur Vorbereitung der eigentlichen Leistung, nämlich regelmäßig einer Geldzahlung (s. Rn. 1088), dient.[8] Der Versicherer verspricht dem Versicherungsnehmer eine durch den Eintritt des Versicherungsfalls **bedingte Hauptleistung**. Teilweise wird dabei in dem Versprechen der bedingten Versicherungsleistung bereits die Leistung des Versicherers gesehen.

Ein weiterer Ansatz geht dahin, den Versicherungsvertrag als **Geschäftsbesorgungsvertrag mit Treuhandcharakter** aufzufassen.[9] Demnach ist die Prämie nur insoweit eine Gegenleistung des Versicherungsnehmers, als damit 1106

---

6 *Looschelders,* in: MünchKomm-VVG, § 1 Rn. 40ff.; *Prölss,* in: Prölss/Martin, § 1 Rn. 80ff.; vgl. auch *Wandt*, Rn. 649ff.

7 *Bruck*, Privatversicherungsrecht, S. 364ff., 374; VersRHdb./*Höke*, § 19 Rn. 3; dagegen OLG Nürnberg VersR 2000, 437, 440.

8 OLG Karlsruhe VersR 1988, 128f.; *Brömmelmeyer*, in: HK-VVG, § 1 Rn. 36f.

9 Vgl. BK/*Schwintowski*, § 1 Rn. 29ff.; krit. de lege lata *Winter*, in: FS H. Baumann, 1999, S. 379ff.

Dienstleistungen des Versicherers vergütet werden, namentlich die Organisation der Risikogemeinschaft. Die Auszahlung der Versicherungsleistung stellt nach dieser Sichtweise lediglich eine Umverteilung der von den Versicherungsnehmern aufgebrachten Prämien dar, welche der Versicherer „zu treuen Händen" erhalte.

1107 Infolge der **VVG-Reform** ist die Diskussion darüber, welchen Inhalt das Leistungsversprechen des Versicherers hat, neu belebt worden. So wird mit Blick auf den neu gefassten Wortlaut des § 1 VVG teils davon ausgegangen, dass der Gesetzgeber sich für die **Gefahrtragungslehre** entschieden habe.[10] Hierfür lässt sich § 9 Abs. 1 S. 1 VVG anführen, wonach im Fall eines Widerrufs nach § 8 VVG die für die Vergangenheit geleisteten Prämien nicht erstattet werden.[11] Die Absicherung eines bestimmten Risikos in § 1 S. 1 VVG ist nach der Gesetzesbegründung „entscheidendes Merkmal"[12] der Versicherung. Zudem verwendet der Gesetzgeber in § 130 VVG nunmehr ausdrücklich den Begriff der Gefahrtragung.[13]

1108 Die Ansicht, dass der Gesetzgeber sich zur Gefahrtragungstheorie bekannt hat, erscheint freilich angreifbar. Weder aus § 9 Abs. 1 VVG noch aus der (auf Fernabsatzverträge beschränkten) Vorgängervorschrift des § 48c Abs. 5 VVG a.F. lässt sich ein derartiges **generelles Bekenntnis** des Gesetzgebers entnehmen. In diesen Normen wird zwar anerkannt, dass die vom Versicherer erbrachte Leistung auch dann, wenn er keinen Versicherungsfall reguliert hat, einen bei der Rückabwicklung zu berücksichtigenden Geldwert hat, und dass dieser der vereinbarten Prämie – die ja auch einen Gewinnanteil enthält – entspricht. Freilich gilt dies nur unter den **tatbestandlichen Voraussetzungen des § 9 Abs. 1 VVG** und hier wiederum abgestuft, je nachdem ob der gem. § 9 Abs. 1 S. 1 VVG erforderliche Hinweis erteilt wurde oder nicht. Eine allgemeine Anerkennung der Gefahrtragungstheorie kann daraus nicht hergeleitet werden. Auch lässt sich den genannten, auf die Gefahrtragungslehre hindeutenden Gesetzesregelungen § 1 S. 1 VVG gegenüberstellen. Danach hat der Versicherer seine Leistung „bei Eintritt des vereinbarten Versicherungsfalles" zu erbringen. Dies wird teils gegen die Gefahrtragungslehre angeführt.[14]

1109 **Stellungnahme zum Theorienstreit:** Die **Geschäftsbesorgungstheorie** vermag deshalb nicht zu überzeugen, weil sie konsequenterweise dem Versicherer einen Nachschussanspruch gem. §§ 675 Abs. 1, 670 BGB gewähren müsste, sofern die von den Versicherungsnehmern beigesteuerten Prämien sich für die betreffende Versicherungsperiode nicht als ausreichend erwiesen haben, um die vom

---

10 VersRHdb./*Höke*, § 19 Rn. 3; *D. Wendt*, Zum Widerruf im Versicherungsvertragsrecht, 2013, S. 166ff., 172.

11 *Ebers*, in: Schwintowski/Brömmelmeyer, § 1 Rn. 18.

12 BT-Drs. 16/3945, S. 56.

13 Darauf verweist VersRHdb./*Höke*, § 19 Rn. 2–4; ähnlich *Baumann*, in: Bruck/Möller,§ 1 Rn. 30.

14 *Prölss*, in: Prölss/Martin, § 1 Rn. 83; s. freilich *Pohlmann*, in: Looschelders/Pohlmann, § 1 Rn. 19 (auch zu neueren Ansätzen, namentlich von VersRHdb./*E. Lorenz* § 1 Rn. 135f.).

Versicherer vertragsgemäß zu erbringenden Leistungen zu decken.[15] Dies würde dem Interesse des Versicherungsnehmers an Planungssicherheit zuwiderlaufen. Für und gegen die Geschäftsbesorgungs- sowie die Geldleistungstheorie lassen sich jeweils triftige Gründe vorbringen. Auch das reformierte VVG gibt – wie in Rn. 1107f. aufgezeigt – keinen eindeutigen Hinweis, in welche Richtung das Pendel ausschlagen sollte. Letztlich lässt sich aus dem Kooperationsgebot (s. Rn. 245ff.) ein Hinweis darauf entnehmen, dass die Leistungspflicht des Versicherers nicht entscheidend durch eine Gefahrtragung geprägt wird. Vielmehr zeigen die vertraglichen und gesetzlichen gefahrbezogenen Obliegenheiten des Versicherungsnehmers, in welch großem Umfang er in die Verantwortung dafür einbezogen ist, dass die vereinbarte Risikodeckung gelingt (s. auch zum Kooperationsgebot Rn. 246ff.). Dies lässt sich dafür anführen, die entscheidende Leistung des Versicherers in seinem bedingten Geldleistungsversprechen zu sehen und nicht in jenen Organisationshandlungen, die bei anderen Vertragsarten ohne Weiteres als reine Vorbereitungshandlungen eingestuft werden. Folgt man der Geldleistungstheorie, so bedarf es zudem keiner weiteren Begründung mehr dafür, dass der Versicherungsnehmer keinen Einfluss auf die Geschäftsführung des Versicherers hat.[16]

Die **praktische Bedeutung** des Theorienstreits darf nicht überschätzt werden. In den meisten Fällen ergeben sich die Rechtsfolgen, wenn ein Versicherungsvertrag rückabgewickelt werden soll, bereits aus dem **Gesetz**. Der Umfang einer Zahlungspflicht des Versicherungsnehmers für die vom Versicherer erbrachte Leistung – sei sie nun als Gefahrtragung oder als bedingtes Leistungsversprechen anzusehen – hängt dann nicht davon ab, welcher der Theorien man folgt. Dies gilt etwa für die Prämienzahlungspflicht gem. § 9 Abs. 1 VVG nach erklärtem Widerruf. Auch für den Fall, dass der Vertrag durch Anfechtung seitens des Versicherers wegen arglistiger Täuschung nachträglich gem. § 142 Abs. 1 BGB mit ex-tunc-Wirkung vernichtet wird, hält das Gesetz in § 39 Abs. 1 S. 2 VVG eine Vorschrift bereit. 1110

Allerdings gibt es auch Fälle, in denen ohne eine derartige gesetzliche Regelung darüber zu entscheiden ist, ob die Leistung des Versicherers einen geldwerten Vorteil darstellt, den der Versicherungsnehmer herauszugeben hat. Dies gilt namentlich für die Rückabwicklung von aus anderen Gründen als infolge einer Arglistanfechtung durch den Versicherer **nichtiger Verträge** nach Bereicherungsrecht.[17] Hier steht Wertersatz für eine vom Versicherer erbrachte, nicht als solche (in Natur) herausgebbare Leistung gem. § 812 Abs. 1 S. 1 Fall 1, 818 Abs. 2 BGB in Rede. Auf den ersten Blick scheint der Versicherer dann, wenn man der Geldleistungstheorie folgt, dem auf Prämienrückgewähr gerichteten Bereicherungsanspruch des Versicherungsnehmers nicht eine von ihm erbrachte Gegenleistung entgegenhalten zu können. Indessen lässt sich der Leistung des Versicherers auch dann, wenn man sie in einem bedingten Zahlungs- 1111

15 *Prölss*, in: Prölss/Martin, § 1 Rn. 85.
16 Vgl. dazu *Wandt*, Rn. 651.
17 S. etwa LG Bremen VersR 2008, 1388, 1389; *Prölss*, in: Prölss/Martin, § 1 Rn. 87.

versprechen erblickt, ein Geldwert beimessen. Dasselbe gilt hinsichtlich einer vom Versicherer getragenen Gefahr. Allerdings ist zu beachten, dass bei einem anfänglich nichtigen Vertrag der Versicherer **zu keinem Zeitpunkt verpflichtet** war, nach Eintritt eines Versicherungsfalls Leistungen zu erbringen. Daher sind auch Zahlungen, die der Versicherer zur Regulierung zwischenzeitlich eingetretener Versicherungsfälle erbracht hat, kondizierbar. Dies spricht – wiederum unabhängig von einer Entscheidung des Theorienstreits – dafür, dass der Versicherungsnehmer auch nicht verpflichtet ist, für eine vom Versicherer erbrachte Leistung Wertersatz zu leisten.[18]

C. Verwirklichung der versicherten Gefahr

I. Versicherte Gefahr

1112 **Gesetzliche Regelungen** zur Festlegung der versicherten Gefahr finden sich selten. So lässt sich dem Gesetz nicht einmal für die Lebensversicherung abschließend entnehmen, worin diese Gefahr besteht (vgl. § 150 VVG). Auch für die Haftpflichtversicherung enthält § 100 VVG zusammen mit § 101 VVG nur eine sehr allgemeine Beschreibung des versicherten Risikos. Zugleich bedarf die vom Versicherer übernommene versicherte Gefahr freilich einer möglichst genauen Festlegung.[19] Regelmäßig werden Art und Umfang des versicherten Risikos daher in den **AVB** näher ausgestaltet und konkretisiert.[20] Sofern gesetzliche Vorgaben für die versicherte Gefahr vollkommen fehlen, findet die primäre Risikobeschreibung gänzlich in AVB statt.

1113 In terminologischer Hinsicht gilt es zunächst zu klären, welche Bedeutung den **Begriffen Gefahr und Risiko** im Versicherungssektor zukommt. Häufig werden beide Ausdrücke synonym verwandt. So wird etwa mit Gefahrbeschreibung und Risikobeschreibung (s. Rn. 1116) üblicherweise dasselbe gemeint. Entsprechendes gilt für die Ausdrücke versicherte Gefahr und versichertes Risiko, oder für Gefahrgemeinschaft und Risikogemeinschaft. Der **Gesetzgeber des VVG** spricht bisweilen vom versicherten Risiko (z.B. in § 54 Abs. 1 VVG) oder vom zu versichernden Risiko (§ 213 Abs. 1 VVG); in § 206 Abs. 4 VVG wird das „Risiko Krankheit" genannt. Wesentlich häufiger ist von Gefahr die Rede, so namentlich in den §§ 23ff. VVG, aber etwa auch in § 130 Abs. 2 VVG („Versicherung eines Schiffes gegen die Gefahren der Binnenschifffahrt"). Der Ausdruck Wagnis ist heutzutage nur noch selten anzutreffen; er wird gleichfalls oft synonym mit Gefahr und Risiko verstanden.

1114 Vor diesem Hintergrund des verbreiteten Sprachgebrauchs sind **Definitions- und Abgrenzungsversuche**, wie sie im Schrifttum unternommen werden,[21] kri-

---

18 *Looschelders*, in: MünchKomm-VVG, § 1 Rn. 45; VersRHdb/*E. Lorenz*, § 1 Rn. 141.

19 *Prölss*, in: Prölss/Martin, § 1 Rn. 112ff.; *Schimikowski*, Rn. 291ff.

20 *Lücke*, in: Prölss/Martin, Vor §§ 100–112, Rn. 1.

21 S. etwa *Wandt*, Rn. 771; ferner *Banse/Bechmann*, Interdisziplinäre Risikoforschung, 1998, 29ff.; *Röder*, KritV 2005, 303, 306.

tisch zu sehen. Zwar lässt sich festhalten, dass mit dem Begriff **Gefahr** häufig entweder die Art eines Risikos (z.B. Feuer oder Krankheit) umschrieben wird oder aber eine zu einem bestimmten Zeitpunkt bestehende konkrete Gefahrenlage, verstanden als Eintrittswahrscheinlichkeit für das versicherte Risiko (letzteres Begriffsverständnis liegt insbesondere den §§ 23ff. VVG zugrunde). Das **Risiko** soll hingegen die Gefahr bedeuten, dass ein Schaden eintritt. Eine klare Abgrenzung lässt sich mit solchen Formeln nicht erreichen. Sie ist auch nicht erforderlich, denn im jeweiligen Kontext ist selbstständig zu bestimmen, worum es geht.

Beispiele: Für den Umfang des Versicherungsschutzes kommt es allein darauf 1115 an, welchen Inhalt das Leistungsversprechen des Versicherers hat, und dies ist unabhängig von der Wahl der Worte „Gefahr" oder „Risiko" zu bestimmen. Was mit „Gefahr" i.S. von § 23 VVG gemeint ist, richtet sich nach dem Zweck dieser Norm (s. dazu Rn. 1128ff.).

Regelmäßig wird die versicherte Gefahr in den AVB allgemein beschrieben 1116 (**erste Ebene**). Durch diese **primäre Risikobeschreibung** gestaltet der Versicherer den Vertragszweck. Dies ist auch im Hinblick auf die Inhaltskontrolle nach den §§ 307ff. BGB von Bedeutung (s. § 307 Abs. 2 Nr. 2 BGB).

Beispiel: Nach Nr. 1.1 AHB (Stand: April 2012) ist Gegenstand der Haft- 1117 pflichtversicherung die gesetzliche Haftpflicht privatrechtlichen Inhalts, die den Versicherungsnehmer wegen eines Personen- oder Sachschadens trifft. Aus dieser Risikobegrenzung folgt, dass öffentlich-rechtliche Ansprüche oder solche wegen reiner Vermögensschäden nicht zur versicherten Gefahr gehören.

Auf einer **zweiten Ebene** formuliert der Versicherer Ausschlusstatbestände für 1118 bestimmte Gefahren (**Risikoausschlüsse** oder **sekundäre Risikoabgrenzung**), welche von der primären Risikobeschreibung ausgenommen werden.

Beispiel: Nach Nr. 7.6 AHB (Stand: April 2012) sind Haftpflichtansprüche an 1119 fremden Sachen, die der Versicherungsnehmer gemietet hat, ausgeschlossen.

Gesetzliche subjektive Risikoausschlüsse finden sich etwa in den §§ 81 Abs. 1, 1120 103, 137 VVG (betr. die vorsätzliche, in der Transportversicherung darüber hinaus auch die grob fahrlässige Herbeiführung des Versicherungsfalls). Solche gesetzliche sekundäre Risikoabgrenzungen greifen unabhängig davon ein, ob der Versicherer sie in seine AVB aufnimmt.

Durch eine **tertiäre Risikoabgrenzung** kann der Versicherer auf der **dritten** 1121 **Ebene** bestimmte (Teil-)Risiken als „Rückausnahme" wiederum in den Versicherungsschutz mit einbeziehen.

Beispiel: Die Besonderen Bedingungen und Risikobeschreibungen zur Privat- 1122 haftpflichtversicherung sehen eine (teilweise) Abbedingung des in Rn. 1119 erwähnten Ausschlusses in Nr. 7.6 AHB (Stand: April 2012) gegen Zahlung einer Mehrprämie vor.

II. Gefahränderung

1. Überblick

1123 Ein Versicherungsvertrag begründet in der Regel ein **Dauerschuldverhältnis**. Im Laufe der Zeit kommt es nicht selten dazu, dass sich die bei Vertragsschluss bestehende und diesem zugrunde gelegte Gefahrenlage **verändert**. Dies kann dazu führen, dass die Höhe der Prämie nicht mehr dem versicherten Risiko entspricht.

1124 **Beispiele:** Ein feuerversichertes Wohngebäude befindet sich zunächst in einer unbebauten Umgebung. In der Folgezeit siedelt sich in der Nachbarschaft ein Holzlager an. Hierdurch erhöht sich die Feuergefahr für das Wohngebäude. Umgekehrt kann ein bei Vertragsschluss bestehendes Risiko nachträglich wegfallen, wenn z.B. das zunächst vorhandene Holzlager aufgegeben wird und stattdessen eine Parkanlage entsteht.

1125 Änderungen der bei Vertragsschluss bestehenden Gefahrenlage wären nach allgemeinem Schuldrecht vielfach als Störung der Geschäftsgrundlage (§ 313 BGB) anzusehen. Für den praktisch im Mittelpunkt stehenden Fall der Gefahrerhöhung enthält das VVG indessen in den **§§ 23ff. VVG** vorrangige Spezialvorschriften. Zudem finden sich für einzelne Versicherungszweige im Gesetz oder den AVB weitere Sonderregeln. In der Personenversicherung misst der Gesetzgeber Gefahrerhöhungen bisweilen nur unter qualifizierten Voraussetzungen Bedeutung für den Vertrag bei. So gelten nach § 158 Abs. 1 VVG in der **Lebensversicherung** bestimmte Änderungen der Gefahrumstände nur dann als Gefahrerhöhung, wenn dies in Textform vereinbart wurde.

1126 **Beispiel:** Bei einem Nichtrauchertarif in der Risikolebensversicherung kann in den AVB vorgesehen werden, dass die Aufnahme des Rauchens eine **Gefahrerhöhung** darstellt. Beginnt der Versicherungsnehmer in diesem Fall nach Vertragsschluss zu rauchen, so greifen gem. § 158 Abs. 1 VVG die Regeln über die Gefahrerhöhung (§§ 23ff. VVG) ein. Hat er hingegen bereits bei Antragstellung geraucht, so kommen dann, wenn er eine ihm in Textform gestellte Frage nach der Rauchereigenschaft wahrheitswidrig verneint hat, die Rechtsfolgen der §§ 19, 21 VVG sowie eine Arglistanfechtung nach §§ 123 BGB, 22 VVG in Betracht. – Umgekehrt kommt dann, wenn der Versicherungsnehmer eines Vertrags mit Regeltarif zu rauchen aufhört, gem. § 41 VVG eine **Herabsetzung der Prämie** auf den Nichtrauchertarif in Betracht. Freilich setzt dies in der Lebensversicherung wiederum eine ausdrückliche Vereinbarung darüber voraus, dass es sich um eine **Gefahrminderung** handelt (§ 158 Abs. 3 VVG).

1127 Bei der **Krankenversicherung** (s. Rn. 1999ff.) setzt § 194 Abs. 1 S. 2 VVG der Vertragsgestaltung eine absolute Grenze, indem die §§ 23ff. VVG für unanwendbar erklärt werden.

2. Insbesondere: Gefahrerhöhung (§§ 23ff. VVG)

a) Begriff der Gefahrerhöhung

Unter **Gefahrerhöhung** ist eine Änderung der bei Vertragsabschluss vorhandenen gefahrerheblichen Umstände zu verstehen, die dazu führt, dass der mögliche Schaden sich vergrößert oder der Eintritt des Versicherungsfalls wahrscheinlicher wird und der Versicherer den Vertrag unter diesen Umständen entweder überhaupt nicht oder jedenfalls nicht zu der vereinbarten Prämie abgeschlossen hätte.[22] Dies wird bisweilen in den AVB ausdrücklich definiert (s. etwa Abschnitt B § 9 Nr. 1 lit. a FBUB 2010). 1128

Die Gefahrerhöhung muss eine gewisse **Dauerhaftigkeit** aufweisen (zum davon zu unterscheidenden Erfordernis der Erheblichkeit s. Rn. 1142). Es muss also ein neuer Zustand geschaffen werden, der von so langer Dauer ist, dass sich die geänderte Gefahrenlage auf erhöhtem Niveau stabilisiert und Grundlage eines neuen natürlichen Gefahrenverlaufs sein kann, welcher den Eintritt des Versicherungsfalls generell zu fördern geeignet ist.[23] Würde man hingegen jede auch nur kurzfristige Erhöhung der Wahrscheinlichkeit, dass der Versicherungsfall eintritt, nach den Regeln der §§ 23ff. VVG behandeln, so wäre der Versicherungsschutz wesentlich entwertet. 1129

Beispiele: Verlässt der Versicherungsnehmer die Wohnung, um den Müll wegzubringen, so liegt darin, dass er die Wohnungstür nicht abschließt, keine Gefahrerhöhung in der Hausratversicherung.[24] Dasselbe gilt in der Kfz-Versicherung für eine einzelne Fahrt in fahruntüchtigem Zustand. 1130

Das Erfordernis der Dauerhaftigkeit spielt nicht zuletzt für die Abgrenzung der Gefahrerhöhung von der **Herbeiführung des Versicherungsfalls** in der Haftpflichtversicherung eine Rolle. Ist in dem Verhalten des Versicherungsnehmers nämlich eine derartige Herbeiführung zu sehen, so schadet ihm diese gem. § 103 VVG lediglich bei Vorsatz. Es würde nun einen kaum hinnehmbaren Wertungswiderspruch bedeuten, wenn der Haftpflichtversicherer sich auf eine Gefahrerhöhung berufen könnte, die gem. § 26 Abs. 1 S. 2 VVG bereits bei grob fahrlässigem Verhalten zur zumindest teilweisen Leistungsfreiheit führen kann (Quotelung; s. Rn. 1145). 1131

In denjenigen Fällen, in denen es an der Dauerhaftigkeit fehlt, kann freilich eine **vertragliche Obliegenheit** verletzt sein; die Folgen eines solchen Verstoßes richten sich dann nach § 28 VVG (s. Rn. 1537ff.). Zudem ist eine grob fahrlässige oder vorsätzliche **Herbeiführung des Versicherungsfalls** gem. § 81 VVG in Betracht zu ziehen (s. Rn. 1180ff.). 1132

Maßgeblicher **Zeitpunkt** für die Beurteilung einer Gefahrerhöhung ist, wie in § 23 Abs. 1 VVG ausdrücklich festgehalten wird, die Abgabe der Vertragser- 1133

---

22 BGH VersR 1951, 67.
23 BGHZ 7, 311, 317 = VersR 1952, 387, 388; VersR 1999, 484.
24 LG Hamburg VersR 1984, 752.

klärung des Versicherungsnehmers. Bis dahin kommen die §§ 19ff. VVG zur Anwendung (näher Rn. 1163).

1134 Die bloße Erhöhung des Wertes oder des Umfangs des versicherten **Interesses** stellt keine Gefahrerhöhung dar. Dasselbe gilt grundsätzlich, wenn sich die **Rechtslage** in Bezug auf das versicherte Risiko ändert; hiervon bleibt nämlich die Eintrittswahrscheinlichkeit des Versicherungsfalls regelmäßig unberührt.[25]

1135 In begrenztem Maß ist auch eine **Gefahrkompensation** möglich, wenn die Schadenswahrscheinlichkeit durch einen Umstand erhöht und zugleich durch einen anderen verringert wird.[26]

b) Überblick über die gesetzliche Systematik der §§ 23ff. VVG

1136 § 23 VVG regelt die möglichen **Tatbestände** der Gefahrerhöhung. Hier ist zwischen der subjektiven Gefahrerhöhung (§ 23 Abs. 1 VVG; s. Rn. 1143ff.), der subjektiven nachträglich erkannten Gefahrerhöhung (§ 23 Abs. 2 VVG; s. Rn. 1148ff.) und der objektiven Gefahrerhöhung (§ 23 Abs. 3 VVG; s. Rn. 1153ff.) zu unterscheiden. Die in Betracht kommenden **Rechtsfolgen** sind in den §§ 24–26 VVG beschrieben. Diese Normen differenzieren zum einen zwischen den verschiedenen Tatbeständen der Gefahrerhöhung, zum anderen zwischen den möglichen Verschuldensgraden.

1137 Soweit in den §§ 23ff. VVG auf ein **Verschulden** des Versicherungsnehmers abgestellt wird, ist zu beachten, dass es sich bei § 23 VVG nicht um eine Rechtspflicht, sondern um eine Obliegenheit handelt. Es steht also ein „Verschulden gegen sich selbst" in Rede (zur Einordnung von Obliegenheiten s. Rn. 1497ff.). Daher wird teils angenommen, dass hinsichtlich fahrlässigen Verhaltens der Verschuldensmaßstab des § 276 Abs. 2 BGB (im Verkehr erforderliche Sorgfalt) nicht heranziehbar sei, da man von „erforderlich" nur bei Bestehen einer Pflicht sprechen könne.[27] Indessen lässt sich das Wort „erforderlich" durchaus auch auf Obliegenheiten beziehen, nämlich im Hinblick auf dasjenige Handeln, das geboten ist, um die bei ihrer Verletzung eintretenden Rechtsfolgen zu vermeiden. In der Sache dürfte sich ohnehin kein Unterschied ergeben. Der Fahrlässigkeitsvorwurf setzt bei den §§ 23ff. VVG jedenfalls voraus, dass der Versicherungsnehmer aus den tatsächlichen Umständen bei durchschnittlicher Sorgfalt auf eine Gefahrerhöhung hätte schließen können.

1138 **§ 24 VVG** normiert ein **Kündigungsrecht** des Versicherers. Die Möglichkeit zur fristlosen Kündigung besteht nur innerhalb **eines Monats,** nachdem der Versicherer von der Gefahrerhöhung erfahren hat (§ 24 Abs. 3 VVG). Nimmt der Versicherungsnehmer **leicht fahrlässig** eine Gefahrerhöhung vor, so steht dem Versicherer ein Kündigungsrecht mit Monatsfrist nach § 24 Abs. 1 S. 2 VVG zu. Dieses Kündigungsrecht erlischt wiederum einen Monat nach Kennt-

---

25 Unrichtig daher *Purnhagen*, NJW 2013, 113, 116 (betr. das EuGH-Urteil zu Unisex-Tarifen).

26 Einzelheiten str., vgl. *Wandt*, Rn. 833; BGH VersR 2005, 218, 219.

27 *Wandt*, Rn. 847.

niserlangung von der Gefahrerhöhung (§ 24 Abs. 3 VVG). Bei **schuldloser Gefahrerhöhung** besteht grundsätzlich (vorbehaltlich des § 24 Abs. 2 VVG[28]) kein Kündigungsrecht.

Ein im alten Recht noch nicht vorgesehenes Gestaltungsrecht enthält nunmehr § 25 VVG in Gestalt eines **Vertragsanpassungsrechts**. Nach Abs. 1 dieser Norm kann der Versicherer an Stelle einer Kündigung eine **höhere Prämie** verlangen oder die **Gefahr ausschließen**. Erhöht sich die Prämie dabei um mehr als 10 % oder schließt der Versicherer die Erhöhung der Gefahr aus, kann der Versicherungsnehmer fristlos kündigen (§ 25 Abs. 2 VVG). Die Änderungsmöglichkeit besteht „ab dem Zeitpunkt der Gefahrerhöhung". Nimmt man dies wörtlich, so steht dem Versicherer damit ein rückwirkender Ausschluss offen. Dann könnte freilich die Leistung verweigert werden, ohne dass die Voraussetzungen des § 26 VVG vorliegen; es käme zu einem Wertungswiderspruch. Dies spricht dafür, dass der Ausschluss erst ex nunc wirkt.[29] 1139

Die Rechtsfolge der **Leistungsfreiheit** ist in **§ 26 VVG** geregelt. Für alle Arten von Gefahrerhöhungen gilt, dass der Versicherer leistungspflichtig ist, wenn der Versicherungsnehmer nachweisen kann, dass die Gefahrerhöhung nicht ursächlich für den Eintritt des Versicherungsfalls oder den Umfang der Leistungspflicht war (§ 26 Abs. 3 Nr. 1 VVG). Dieser **Kausalitätsgegenbeweis** steht dem Versicherungsnehmer selbst dann offen, wenn er die Gefahrerhöhung vorsätzlich herbeigeführt hat. Nur bei arglistigem Handeln ist er analog §§ 21 Abs. 2 S. 2, 28 Abs. 3 S. 2 VVG ausgeschlossen (s. zur Arglist allgemein Rn. 251).[30] Der Versicherer muss auch dann leisten, wenn zur Zeit des Eintritts des Versicherungsfalls die Frist für die Kündigung des Versicherers abgelaufen und eine Kündigung nicht erfolgt war (§ 26 Abs. 3 Nr. 2 VVG). Tritt der Versicherungsfall jedoch innerhalb der für die Kündigung maßgeblichen Monatsfrist ein, so ist der Versicherer auch dann leistungsfrei, wenn er nicht gekündigt hat. 1140

Von besonderer Bedeutung für eine etwaige Leistungsfreiheit ist die Frage, wer das Vorliegen eines bestimmten Verschuldensgrades zu beweisen hat. Die **Beweislast** für das Nichtvorliegen grober Fahrlässigkeit trägt der Versicherungsnehmer (§ 26 Abs. 1 S. 2 Halbs. 2, Abs. 2 S. 2 VVG). Diese Belastung des Versicherungsnehmers entspricht einer generellen Wertung im Vertragsrecht, die etwa auch an der Beweislastumkehr in § 280 Abs. 1 S. 2 BGB ablesbar ist (s. auch Rn. 333). Demnach hat derjenige, der objektiv eine Verhaltensregel (hier: Obliegenheit gem. § 23 VVG; s. Rn. 1143ff.) verletzt hat, sich hinsichtlich seines Verschuldens zu entlasten. Da einfache Fahrlässigkeit ohnehin i.R. von § 26 Abs. 1 VVG sanktionslos bleibt, ist die Beweisregel des § 26 Abs. 1 S. 2 Halbs. 2 VVG auf grob fahrlässiges Verhalten bezogen. Will der Versicherer völlige Leis- 1141

28 Vgl. *Looschelders*, in: Looschelders/Pohlmann, § 24 Rn. 12.

29 *Marlow*, in: Marlow/Spuhl, Rn. 260; *Schimikowski*, r+s 2009, 353, 355; *Wrabetz/Reusch*, in: MünchKomm-VVG,§ 25 Rn. 12ff.; tendenziell auch *Prölss*, in: Prölss/Martin, § 25 Rn. 4.

30 Vgl. *Looschelders*, in: Looschelders/Pohlmann, § 26 Rn. 19; *Prölss*, in: Prölss/Martin, § 26 Rn. 4.

tungsfreiheit geltend machen, so obliegt es ihm nach Abs. 1 (anders als nach Abs. 2 Satz 2 Halbs. 1), den Vorsatz des Versicherungsnehmers zu beweisen.[31]

1142 Eine nach den §§ 23–26 VVG zu behandelnde Gefahrerhöhung liegt gem. § 27 VVG nicht vor, wenn es sich um eine unerhebliche Erhöhung handelt oder wenn die Erhöhung als mitversichert anzusehen ist. Die **Erheblichkeit** ist nicht identisch mit dem Erfordernis der Dauerhaftigkeit. Vielmehr kann auch eine kurzfristige Erhöhung der Gefahr erheblich sein (z.B. Trunkenheitsfahrt). Umgekehrt ist es möglich, dass eine geringe Gefahrerhöhung auf Dauer eintritt.

c) Subjektive Gefahrerhöhung

1143 **aa) Grundtatbestand des § 23 Abs. 1 VVG.** Bei der Vornahme einer Gefahrerhöhung durch den Versicherungsnehmer **(subjektive Gefahrerhöhung)** ist im Hinblick auf die unterschiedlichen Rechtsfolgen zu unterscheiden, ob diese vorsätzlich, grob fahrlässig oder allenfalls leicht fahrlässig vorgenommen wurde (zur Zurechnung des Verhaltens Dritter s. Rn. 1508ff.). Aufgrund der sog. **Gefahrstandspflicht** gem. § 23 Abs. 1 VVG darf der Versicherungsnehmer nicht ohne Einwilligung des Versicherers eine Erhöhung der Gefahr vornehmen. Unter „Vornahme“ versteht man das willentliche Herbeiführen einer Gefahrerhöhung durch den Versicherungsnehmer, wobei seine Kenntnis von den die Gefahrerhöhung begründenden Umständen erforderlich ist.[32]

1144 Erkennt der Versicherungsnehmer erst **später**, dass er unerlaubterweise eine Gefahrerhöhung vorgenommen hat, so muss er dies dem Versicherer gem. § 23 Abs. 2 VVG unverzüglich anzeigen (s. Rn. 1148ff.). Jene Vorschrift erfasst in ihrem unmittelbaren Anwendungsbereich (zur Analogiebildung s. Rn. 1150) nur die eher seltenen Fälle, in denen der Versicherungsnehmer trotz Kenntnis der gefahrerhöhenden Umstände den gefahrerhöhenden Charakter seines Verhaltens oder das Fehlen einer Einwilligung des Versicherers nicht erkennt.[33]

1145 Wenn der Versicherungsnehmer vorsätzlich oder grob fahrlässig eine Gefahrerhöhung vornimmt, steht dem Versicherer das Recht zur fristlosen **Kündigung** zu. Überdies kann er nach Eintritt des Versicherungsfalls ganz oder zum Teil **leistungsfrei** sein. Dies folgt aus §§ 24 Abs. 1, 26 Abs. 1 VVG. Handelt der Versicherungsnehmer grob fahrlässig, so kann der Versicherer seine Leistung der Schwere des Verschuldens entsprechend kürzen (Quotelung gem. § 26 Abs. 1 S. 2 VVG; s. dazu Rn. 338ff.).

1146 **Beispiel:**[34] E unterhält für sein in einer Einfamilienhaussiedlung liegendes Hausgrundstück bei V eine Wohngebäudeversicherung. Das Haus ist in einem renovierungsbedürftigen, aber nicht verwahrlosten Zustand. Aus beruflichen

---

31 *Prölss*, in: Prölss/Martin, § 26 Rn. 6.

32 *Prölss*, in: Prölss/Martin, § 23 Rn. 45; BGHZ 50, 385, 387f. = VersR 1968, 1153, 1154.

33 *Prölss*, in: Prölss/Martin, § 23 Rn. 45; *Looschelders*, in: Looschelders/Pohlmann, § 23 Rn. 36.

34 Zu weiteren Beispielen für Gefahrerhöhungen in der Gebäudeversicherung s. *Prölss*, in: Prölss/Martin § 23 Rn. 29f.

Gründen muss E für zwei Monate ins Ausland reisen. Drei Wochen nach seiner Abreise brennt das Haus völlig ab. Nach Polizeiermittlungen wurde der Brand von Jugendlichen verursacht, die in das Haus eingedrungen waren.

In Betracht kommt hier, dass V wegen Gefahrerhöhung nach §§ 23 Abs. 1, 26 Abs. 1 VVG leistungsfrei ist. Dies setzt zunächst voraus, dass in dem „Leerstehenlassen" des Hauses ohne Beaufsichtigung[35] eine **(subjektive) Gefahrerhöhung** liegt. Dazu bedarf es einer Gesamtschau der maßgeblichen Umstände. Nach allgemeiner Ansicht liegt in dem bloßen **Leerstand** eines Gebäudes noch keine Gefahrerhöhung; vielmehr wird die Brandgefahr dadurch sogar gemindert, da mit dem Wohnen zusammenhängende Feuerrisiken entfallen.[36] Gegen die Annahme einer Gefahrerhöhung spricht hier, dass sich das Haus nicht in einem derart schlechten Zustand befand, dass es durch sein äußeres, auf Vernachlässigung und Leerstand hindeutendes Erscheinungsbild Unbefugte anlocken würde. Zudem trat der Schadenfall bereits drei Wochen nach dem Verlassen des Hauses auf, so dass dieses für Außenstehende auch dann, wenn sie es zunächst beobachtet hatten, nicht unbewohnt wirken konnte. Eine Gefahrerhöhung ist daher hier zu verneinen. 1147

bb) Nachträglich erkannte subjektive Gefahrerhöhung (§ 23 Abs. 2 VVG). 1148
Wenn der Versicherungsnehmer **nachträglich erkennt**, dass er ohne Einwilligung des Versicherers eine Gefahrerhöhung vorgenommen hat (§ 23 Abs. 2 VVG), kann der Versicherer gem. § 24 Abs. 2 VVG binnen Monatsfrist kündigen. Ereignet sich nach einer solchen Gefahrerhöhung ein Versicherungsfall, bleibt der Versicherer zur Leistung verpflichtet. Zeigt der Versicherungsnehmer aber die Gefahrerhöhung vorsätzlich nicht an, so erlischt die Leistungspflicht des Versicherers einen Monat, nachdem die Anzeige hätte zugehen müssen (§ 26 Abs. 2 S. 1 VVG). Bei grober Fahrlässigkeit findet eine **Quotelung** statt (§ 26 Abs. 2 S. 2 Halbs. 2 i.V. mit Abs. 1 S. 2 VVG; s. eingehend Rn. 338ff.).

Für den in § 23 Abs. 2 VVG geregelten Fall einer nachträglich erkannten sub- 1149
jektiven Gefahrerhöhung wird dem Versicherer in § 24 Abs. 2 VVG ein Kündigungsrecht eingeräumt. Im Schrifttum besteht Streit darüber, ob dieses Recht voraussetzt, dass der Versicherungsnehmer gegen die ihn nach § 23 Abs. 2 VVG treffende **Pflicht zur unverzüglichen Anzeige** verstoßen hat,[37] oder ob allein das Bestehen der Anzeigepflicht genügt.[38] Der Unterschied liegt darin, dass nach der zweiten Ansicht das Kündigungsrecht auch dann besteht, wenn der Versicherungsnehmer nicht gegen die Anzeigepflicht verstoßen hat, sei es dass

35 Zu den Anforderungen an die beaufsichtigende Person LG Düsseldorf r+s 1996, 32.

36 OLG Celle r+s 2010, 65, 66; LG Köln r+s 1994, 187, 188.

37 Dafür *Wandt,* Rn. 842; *Wrabetz/Reusch*, in: MünchKomm-VVG, § 24 Rn. 10.

38 So *Looschelders*, in: Looschelders/Pohlmann, § 24 Rn. 13 (a.A. noch 1. Aufl.); *Prölss*, in: Prölss/Martin, § 24 Rn. 7; *Unberath*, NZV 2008, 537, 539; wohl auch *Loacker*, in: Schwintowski/Brömmelmeyer, § 24 Rn. 9.

er sie erfüllt oder dass er sie ohne schuldhaftes Zögern (vgl. § 121 Abs. 1 S. 1 BGB) nicht erfüllt hat.

1150 Diese Frage ist nicht allein in den Fällen bedeutsam, die von § 23 Abs. 2 VVG unmittelbar erfasst werden. Vielmehr ist jene Norm **analog** auch auf in AVB enthaltene Regelungen anzuwenden, nach denen die Vornahme einer Gefahrerhöhung zwar nicht untersagt, wohl aber **anzuzeigen** ist (zur Abdingbarkeit der §§ 23ff. VVG zugunsten des Versicherungsnehmers s. Rn. 1160ff.).[39]

1151 Der Gesetzeswortlaut ist insoweit nicht eindeutig. In der Regierungsbegründung zu § 24 Abs. 2 VVG heißt es, dem Versicherer solle bei einer Gefahrerhöhung **grundsätzlich ein Kündigungsrecht** zustehen.[40] Dafür lässt sich vorbringen, dass sich in solchen Fällen das Äquivalenzverhältnis von Leistung und Gegenleistung ohne Zutun des Versicherers nach Vertragsschluss zu seinen Lasten verändert hat und er hierauf reagieren können soll. Jene Erwägung spricht dafür, die Kündigung nicht davon abhängig zu machen, dass die Anzeigepflicht verletzt ist. Freilich hält der Gesetzgeber den Fall des § 24 Abs. 1 S. 2 VVG – der eine Verletzung der Pflicht aus § 23 Abs. 1 VVG voraussetzt – und denjenigen des § 23 Abs. 2 VVG für vergleichbar.[41] Daraus könnte man schließen, dass auch im zweiten Fall eine **Pflichtverletzung** – hier: im Hinblick auf die Anzeigepflicht gem. § 23 Abs. 2 VVG – erforderlich ist. Für diese Sichtweise lässt sich auch vorbringen, dass der Gesetzgeber in § 23 Abs. 2 VVG zwar einerseits in S. 1 – ebenso wie in § 24 Abs. 2 VVG – von „den Fällen einer Gefahrerhöhung nach § 23 Abs. 2 und 3“ spricht, andererseits in S. 2 von einer „Verletzung der Anzeigepflicht nach § 23 Abs. 2 und 3“, in beiden Fällen jedoch offenbar dasselbe meint. Auch S. 1 betrifft nämlich den Fall, dass die Anzeigepflicht verletzt worden ist. Zugleich zeigt die synonym gemeinte Verwendung unterschiedlicher Formulierungen jedoch, dass dem Wortlaut nicht allzu viel Gewicht für die Auslegungsfrage beigemessen werden darf. Überdies bestehen keine Anzeichen dafür, dass der Gesetzgeber an dem zum alten Recht bestehenden Verständnis, dass die Kündigungsmöglichkeit keine Verletzung der Anzeigepflicht voraussetzt, etwas ändern wollte.[42] Daher sprechen die besseren Argumente dafür, bereits das **objektive Bestehen einer Anzeigepflicht** genügen zu lassen.

1152 Unabhängig hiervon enthält das Gesetz allerdings einen **Wertungswiderspruch**: Aus dem Zusammenspiel von §§ 23 Abs. 1, 24 Abs. 1 VVG und §§ 23 Abs. 2, 24 Abs. 2 VVG ergibt sich, dass eine Gefahrerhöhung, die der Versicherungsnehmer bereits bei ihrer Vornahme erkennt, nur dann zur Kündigung berechtigt, wenn sie mindestens mit einfacher Fahrlässigkeit erfolgt. Nimmt der Versicherungsnehmer nun eine Gefahrerhöhung ohne Verschulden (etwa im Zustand alkoholbedingter Schuldunfähigkeit) vor, so soll nach dem Gesetzeswortlaut nicht einmal eine Kündigung mit Monatsfrist möglich sein (vgl. § 24

39 S. im Kontext von Nichtrauchertarifen in der Lebensversicherung *Armbrüster*, r+s 2013, 209, 210ff.

40 Regierungsbegr., BT-Drucks. 16/3945, S. 68.

41 Regierungsbegr., BT-Drucks. 16/3945, S. 68.

42 *Looschelders*, in: Looschelders/Pohlmann, § 24 Rn. 13.

Abs. 1 S. 2 VVG); erkennt er hingegen später die von ihm vorgenommene Gefahrerhöhung, so soll der Versicherer mit Monatsfrist kündigen können. Diese gesetzgeberische Gestaltung wird denn auch im Schrifttum zu Recht als „nicht verständlich“[43] bezeichnet. Eine sachgerechte Lösung lässt sich erzielen, wenn man sich darauf besinnt, dass der Versicherungsnehmer so lange, wie er zwar die Gefahrerhöhung erkennt, aufgrund des sein Verschulden ausschließenden Umstands aber an der Anzeige gehindert ist, **geschützt** werden soll. Hierfür besteht jedoch dann kein Grund mehr, wenn jener Umstand weggefallen ist. Daher muss der Versicherungsnehmer analog § 23 Abs. 2 VVG ab dem Moment, in dem er zu einer Anzeige in der Lage ist, diese unverzüglich erstatten; ab jenem Zeitpunkt greift dann auch § 24 Abs. 2 VVG analog ein.[44]

d) Objektive Gefahrerhöhung

Von einer **objektiven Gefahrerhöhung** spricht man, wenn die Gefahr sich un- 1153
abhängig vom Willen des Versicherungsnehmers erhöht (vgl. § 23 Abs. 3 VVG). Der Gesetzgeber behandelt diesen Fall demjenigen einer erst nachträglich erkannten, subjektiven Gefahrerhöhung gem. § 23 Abs. 2 VVG gleich. Zur (teilweisen oder vollständigen) Leistungsfreiheit kann es mithin auch hier nur kommen, wenn der Versicherungsnehmer die ihn treffende Anzeigepflicht zumindest grob fahrlässig verletzt.

Beispiel 1:[45] Versicherungsnehmer A unterhält bei V für seine Gaststätte eine 1154
Versicherung gegen Einbruchdiebstahl und Vandalismus. Zu Jahresbeginn erhält A anonyme Anrufe, in denen ihm „Schutz und Versicherung“ angeboten wird, „weil immer etwas passieren könne“. Später werden monatliche Zahlungen in Höhe von 750 € gefordert. A unternimmt jedoch nichts. Im Oktober brechen Unbekannte in die Gaststätte ein und entwenden Bargeld. Bei der Schadensregulierung durch V verschweigt A die Anrufe. Im Dezember wird die Inneneinrichtung der Gaststätte verwüstet, zudem kommt es erneut zu Entwendungen. Nun berichtet A dem V von den Anrufen. V beruft sich auf Leistungsfreiheit und kündigt den Versicherungsvertrag, da ihm die eingetretene Gefahrerhöhung nicht rechtzeitig angezeigt worden sei.

Hier hat die über mehrere Monate versuchte Schutzgelderpressung die Gefahr 1155
von Einbruchs- und Vandalismusschäden dauerhaft erhöht. In Betracht kommt freilich eine sog. **mitversicherte Gefahrerhöhung** (§ 27 Fall 2 VVG). Nach einer Ansicht ist dies beim Entschluss eines Dritten anzunehmen, den Versicherungsfall herbeizuführen, wenn die Definition der versicherten Gefahr – wie hier – an die Herbeiführung des Versicherungsfalls durch Dritte anknüpft.[46]

---

43 *Prölss*, in: Prölss/Martin, § 24 Rn. 4.

44 *Matusche-Beckmann*, in: Bruck/Möller, § 24 Rn. 4; *Prölss*, in: Prölss/Martin, § 24 Rn. 4; *Unberath*, NZV 2008, 537, 539.

45 Vgl. BGH VersR 2010, 1032; *Looschelders/Weckmann*, VersR 2010, 1446.

46 *Prölss*, in: Prölss/Martin, § 23 Rn. 12; OLG Karlsruhe VersR 1998, 625, 626.

Anderenfalls liefe der Versicherungsschutz ins Leere.[47] Der BGH stimmt dem im Ansatz zu, sieht im konkreten Fall aber **Besonderheiten**: Die Wiederholungsabsicht bei gleichzeitiger Tendenz zur Eskalation stelle eine Veränderung der Gefahrenlage dar, die nicht mehr als bei Vertragsschluss von den Parteien mit einkalkuliert angesehen werden könne, auch wenn Schutzgelderpressungen bei Gastwirten nicht selten und sie deshalb von den Vertragsparteien als möglicher Grund einer Schädigung der versicherten Sache in Betracht gezogen worden seien. Angesichts dieser überzeugenden Erwägungen liegt hier keine mitversicherte Gefahrerhöhung vor.[48] A hätte die objektive Gefahrerhöhung jedenfalls im Oktober gem. § 23 Abs. 3 VVG anzeigen müssen. V kann gem. § 24 Abs. 2 VVG mit Monatsfrist kündigen. Der Versicherungsfall im Dezember ist zudem später als einen Monat nach dem Zeitpunkt eingetreten, zu dem die Anzeige dem V hätte zugehen müssen (vgl. § 26 Abs. 2 S. 1 VVG). Für die Frage der Leistungsfreiheit kommt es darauf an, ob A sich vom Vorwurf zumindest grob fahrlässigen Verhaltens befreien kann (vgl. § 26 Abs. 2 S. 2 VVG).

1156 **Beispiel 2:**[49] Versicherungsnehmer A hat seinen bei Kfz-Versicherer V vollkaskoversicherten Pkw zur Werkstatt gebracht. Bei der Rückgabe fehlt einer der beiden Schlüssel, die A dem Werkstattpersonal ausgehändigt hat. A misst dem keine weitere Bedeutung zu. Zehn Tage später wird der Pkw gestohlen. Als die Polizei ihn zerstört wiederfindet, sind alle Schlösser unversehrt. V fordert daraufhin von A die zwischenzeitlich geleistete Entschädigung zurück.

1157 Die Leistungskondiktion nach § 812 Abs. 1 S. 1 Fall 1 BGB greift ein, wenn V nicht zur Leistung verpflichtet war. Hier kommt Leistungsfreiheit nach §§ 23 Abs. 1, 26 Abs. 1 VVG in Betracht. Ist ein Fahrzeugschlüssel nicht auffindbar, so muss damit gerechnet werden, dass er in die Hände unberechtigter Personen gelangt ist. In der dadurch **gesteigerten Diebstahlsgefahr** liegt eine Gefahrerhöhung. Fraglich ist allerdings, ob diese von A veranlasst wurde, d.h. ob eine subjektive oder „nur" eine objektive Gefahrerhöhung vorliegt. Der Schlüssel ist hier ohne aktives Zutun des K unauffindbar geworden; allerdings war K untätig geblieben. Nach einer Auffassung ist ein **Unterlassen** der Abwendung einer dem Versicherungsnehmer bekannten Gefahrerhöhung als Vornahme anzusehen, jedenfalls wenn eine Beseitigung einfach möglich war.[50] Nach überwiegender Ansicht nimmt der Versicherungsnehmer hingegen keine Gefahrerhöhung vor, wenn er es unterlässt, eine ohne sein Zutun eingetretene Gefahrerhöhung zu beseitigen.[51] Dafür spricht insbesondere die im Gesetz vorgenommene **Unterscheidung zwischen gewollter und ungewollter Gefahrerhöhung**. Folgt

47 OLG Karlsruhe VersR 1998, 625, 626.

48 BGH VersR 2010, 1032, 1033 Rn. 26.

49 Nach OLG Hamm VersR 1992, 1217.

50 *Martin* VersR 1988, 209ff.

51 BGH VersR 1987, 653; abweichende Ansätze bei BK/*Harrer*, § 23 Rn. 9ff. (nach willentlichem oder unwillentlichem Eintritt der Gefahrerhöhung differenzierend); *Prölss*, in: Prölss/Martin § 23 Rn. 48f.; *Looschelders*, in: Looschelders/Pohlmann, § 23 Rn. 25.

man dem, so kommt eine Leistungsfreiheit nach § 26 Abs. 2 VVG in Betracht. Jedoch ist die Monatsfrist des § 26 Abs. 2 VVG nicht überschritten, da der Versicherungsfall zu einem früheren Zeitpunkt eingetreten ist. Im Ergebnis ist V daher nicht nach §§ 23 Abs. 1, 26 Abs. 1 VVG leistungsfrei geworden.[52]

In dem Beispiel 2 vermag V freilich wegen **grob fahrlässiger Herbeiführung des Versicherungsfalls** nach § 81 Abs. 2 VVG den Anspruch zumindest teilweise zu kürzen.[53] § 81 VVG kann auch durch Unterlassen verwirklicht werden (s. Rn. 1182). Mithin hängt eine Anspruchskürzung davon ab, ob das Verhalten des A als grob fahrlässig zu werten ist (zum Maßstab s. Rn. 333). Dies wird man je nach den Umständen unterschiedlich zu beurteilen haben. So wird der Vorwurf grober Fahrlässigkeit bei einem professionellen Werkstattbetrieb mit fest angestelltem Personal ferner liegen als etwa bei einer „Hinterhofwerkstatt" mit Barzahlung. Zudem kann das Verhalten dann als nicht grob fahrlässig erscheinen, wenn die örtlichen Gegebenheiten es nahe legen, dass der vermisste Schlüssel für Dritte unerreichbar ist, etwa weil er in den Schacht einer Hebebühne fiel. 1158

e) Modifikationen der §§ 23ff. VVG; Abgrenzungsfragen

Gegenüber den §§ 23ff. VVG vorrangige **gesetzliche Sonderregeln** sind in § 57 (laufende Versicherung; s. Rn. 1239), § 132 (Transportversicherung), § 158 (Lebensversicherung), §§ 158, 176 (Berufsunfähigkeitsversicherung), § 181 VVG (Unfallversicherung) enthalten. All diese Regelungen modifizieren die §§ 23ff. VVG zu Gunsten des Versicherungsnehmers. Gem. § 194 Abs. 1 S. 2 VVG gelten die Vorschriften zur Gefahrerhöhung nicht in der Krankenversicherung.[54] 1159

Die §§ 23ff. VVG gehören nach § 32 S. 1 VVG zu den **halbzwingenden** Vorschriften. Daher ist eine Abweichung zum Nachteil des Versicherungsnehmers nicht möglich. Insbesondere kann der Versicherer nicht das Verschuldenserfordernis abbedingen. In den AVB sind bisweilen Abweichungen **zugunsten des Versicherungsnehmers** anzutreffen. 1160

Beispiel 1 (s. auch Rn. 1150): Nach den AVB eines Nichtrauchertarifs in der Risikolebensversicherung stellt der Beginn des Rauchens eine Gefahrerhöhung dar. Der Versicherungsnehmer hat diese Gefahrerhöhung anstelle der Unterlassungspflicht gem. § 23 Abs. 1 VVG dem Versicherer lediglich anzuzeigen. 1161

Beispiel 2:[55] In den in einer D&O-Versicherung vereinbarten AVB heisst es: „Der Versicherungsnehmer ist verpflichtet, dem Versicherer auf Befragen unverzüglich alle nach Vertragsschluss eintretenden, die übernommene Gefahr erhöhenden Umstände mitzuteilen." Diese Regelung ist für den Versicherungs- 1162

52 OLG Hamm VersR 1992, 1217f.; vgl. auch *Schimikowski*, Übungen im Versicherungsvertragsrecht, Rn. 110ff.

53 Zur Konkurrenz beider Normen s. *Prölss*, in: Prölss/Martin § 23 Rn. 59.

54 Vgl. zur Frage der Einstufung in den Frauentarif einer privaten Krankenversicherung nach Geschlechtsumwandlung BGH VersR 2012, 980 m. zust. Anm. *Armbrüster*, LMK 2012, 335528; s. dazu auch Rn. 587ff.

55 Nach BGH VersR 2012, 1506.

nehmer gegenüber dem Gesetz insofern günstiger, als er zunächst eine Aufforderung des Versicherers abwarten kann, also eine Gefahrerhöhung nicht spontan anzeigen muss. Der BGH sieht darin zutreffend eine **abschließende Sonderregel**, die einen Rückgriff auf die strengeren §§ 23ff. VVG ausschließt.

1163 Hinsichtlich des Verhältnisses der §§ 23ff. VVG zu anderen Vorschriften ergeben sich im Wesentlichen zwei **Abgrenzungsprobleme**. Was zunächst die (zeitliche) Abgrenzung zur **vorvertraglichen Anzeigepflicht** (§§ 19ff. VVG; s. Rn. 797ff.) angeht, so sind vor Abgabe der Vertragserklärung die §§ 19ff. VVG anwendbar, während danach die Vorschriften zur Gefahrerhöhung (§§ 23ff. VVG) gelten. Insoweit stehen die Regelungen – was nach altem Recht noch streitig war –[56] in einem **Exklusivitätsverhältnis**.[57] Freilich ist folgende **Ausnahme** zu beachten: Stellt der Versicherer nach Abgabe der Vertragserklärung des Versicherungsnehmers (weitere) Fragen nach gefahrerheblichen Umständen, so erweitert § 19 Abs. 1 S. 2 VVG den Zeitraum der vorvertraglichen Anzeigepflicht auf die Zeit nach Abgabe der Vertragserklärung. Hier kann es zu einem **Nebeneinander** der §§ 19ff. VVG und der §§ 23ff. VVG kommen.[58]

1164 Abgrenzungsprobleme zu den Regeln über die **Herbeiführung des Versicherungsfalls** ergeben sich daraus, dass der Versicherer dann nicht leistungspflichtig ist, wenn der Versicherungsnehmer den Versicherungsfall grob fahrlässig oder vorsätzlich herbeigeführt hat. Für § 81 VVG ist die Frage praktisch kaum bedeutsam, da der Versicherer auch nach den §§ 23ff. VVG bei einfacher Fahrlässigkeit voll leistungspflichtig bleibt. Bedeutsamer ist die Abgrenzung, wenn ein Haftpflichtversicherer, der bei grob fahrlässiger Herbeiführung des Versicherungsfalls nach § 103 VVG eintrittspflichtig wäre, sich auf zumindest teilweise Leistungsfreiheit wegen einer gleichzeitig bewirkten Gefahrerhöhung berufen möchte. Um hier Wertungswidersprüche zu vermeiden, bedarf es für eine Gefahrerhöhung einer gewissen **Dauerhaftigkeit**, die über die bloße Herbeiführung des Versicherungsfalls hinausgeht (s. Rn. 1128).

3. Gefahrbezogene vertragliche Obliegenheiten des Versicherungsnehmers

1165 Grundsätzlich sind Obliegenheiten zur **Verminderung der Gefahr** neben den Regelungen über die Gefahrerhöhung anwendbar.[59] Eine solche Obliegenheit liegt vor, wenn eine Verhaltensregel nach ihrem Sinn und Zweck unmittelbar zur Gefahrminderung beitragen soll. Dabei geht es häufig um die Einhaltung bestimmter Sicherheitsvorschriften.

1166 **Beispiele:** Der Versicherungsnehmer hat in der Gebäudeversicherung in der kalten Jahreszeit nach näherer Maßgabe der VGB die nicht genutzten **wasser-**

---

56 S. nur BK/*Voit*, § 16 Rn. 40.
57 *Matusche-Beckmann*, in: Bruck/Möller, Vor § 23 Rn. 5; *Wandt*, Rn. 836.
58 Eingehend *Wrabetz/Reusch*, in: MünchKomm-VVG, § 23 Rn. 106ff.
59 BGH VersR 1994, 1465; *Prölss*, in: Prölss/Martin, § 23 Rn. 60.

führenden Rohre zu entleeren (s. etwa Abschnitt A § 16 VGB 2010 (1914) und das Beispiel in Rn. 1005).[60] In der Feuerversicherung muss der Versicherungsnehmer mindestens wöchentlich **Duplikate von Dateien und Programmen** erstellen (§ 11 Nr. 1 c AFB 2008).

Verletzt der Versicherungsnehmer eine gefahrbezogene Obliegenheit, so kommen als Rechtsfolgen ein **Kündigungsrecht** des Versicherers und (sofern dies vereinbart wurde) dessen **Leistungsfreiheit** in Betracht (s. § 28 Abs. 1–3 VVG und dazu Rn. 1539ff.). 1167

D. Eintritt des Versicherungsfalls

I. Grundregeln

Der **Versicherungsfall** ist das Ereignis, das die Leistungspflicht des Versicherers begründet. Tritt er ein, so verwirklicht sich die versicherte Gefahr. Er muss dabei in der Schadensversicherung nicht notwendigerweise mit der Entstehung des Schadens zusammen fallen.[61] Welche Risiken im Einzelnen versichert sind, ergibt sich meist aus den jeweils vereinbarten AVB (s. Rn. 1112). Zudem sind dort bisweilen auch diejenigen Ereignisse beschrieben, die den Versicherungsfall darstellen. Bei der Kontrolle von AVB, die den Versicherungsfall betreffen, anhand der §§ 305ff. BGB kommt in erster Linie der Auslegung und damit der **Unklarheitenregel** des § 305c Abs. 2 BGB große Bedeutung zu.[62] Hinsichtlich der **Inhaltskontrolle** ist § 307 Abs. 1 S. 1 i.V. mit Abs. 2 Nr. 1 BGB bedeutsam, wenn das VVG Regelungen über den Versicherungsfall enthält und die AVB davon abweichen. Die Abgrenzung von kontrollfähigem und kontrollfreiem Bereich (s. dazu Rn. 537f.) ist hier besonders schwierig.[63] Vielfach wirft die Anwendung einer AVB zum Versicherungsfall aber auch jenseits der Regeln zur Klauselkontrolle **Auslegungsfragen** auf. 1168

Beispiel:[64] A, der bei V eine Hausratversicherung unterhält, begibt sich auf eine Pilgerreise. Unterwegs hebt er an einem Geldautomaten Bargeld ab, um damit seine Unterkünfte zu bezahlen und Mitbringsel für Verwandte zu erwerben. Anschließend wird ihm das Portemonnaie geraubt. Nach den VHB (s. Rn. 1873) besteht Schutz gegen Raub für Hausratsgegenstände des Versicherungsnehmers. Zum Hausrat gehören alle Sachen, die dem Haushalt zum privaten Ge- und Verbrauch dienen, einschließlich Bargeld.[65] Versicherungsort ist bei der Hausratversicherung die im Versicherungsschein bezeichnete Wohnung (vgl. Abschnitt A § 3 VHB 2010); nur dort kann grds. der Versicherungsfall eintreten. Allerdings 1169

---

60 BGHZ 191, 159 = VersR 2011, 1550.
61 *Looschelders,* in: MünchKomm-VVG, § 1 Rn. 32.
62 S. das Beispiel bei *Prölss,* in: Prölss/Martin, § 1 Rn. 105; näher Rn. 505ff.
63 S. dazu *Prölss,* in: Prölss/Martin, § 1 Rn. 108ff.
64 LG Köln r+s 2012, 343; vgl. auch *Knappmann,* in: Prölss/Martin, § 11 VHB 2000 Rn. 8ff.
65 *Knappmann,* in: Prölss/Martin, VHB 2000 § 1 Rn. 1.

erstreckt sich die Versicherung auch auf Sachen des Versicherungsnehmers, die sich vorübergehend außerhalb des Versicherungsortes befinden (vgl. Abschnitt A § 7 VHB 2010; sog. **Außenversicherung**; s. dazu auch Rn. 1877).

1170 Mithin kommt es hier darauf an, ob sich das abgehobene Geld nur **vorübergehend außerhalb der Wohnung** des N befunden hat. Der Begriff „vorübergehend" schließt nicht aus, dass die betreffende Sache vor Eintritt des Versicherungsfalls nie in der Wohnung des Versicherungsnehmers gewesen ist. Vielmehr besteht Versicherungsschutz auch für Sachen, die erstmals in die Wohnung geschafft werden sollen.[66] Für denjenigen Teil des Bargeldes, das für die Unterkünfte ausgegeben werden sollte, scheidet dies hier aus, da dieses Geld niemals in die Wohnung des A verbracht werden sollte. Anders könnte für den Teilbetrag zu entscheiden sein, mit dem A Geschenke (als **Surrogat**)[67] erwerben wollte. Bargeld, mit dem Haushaltsgegenstände erworben werden sollen, wird auch vom Außenversicherungsschutz in der Hausratversicherung erfasst. Dies gilt wiederum unabhängig davon, ob das Geld zuvor in die Wohnung gelangt ist.[68] Voraussetzung ist aber auch insoweit, dass die Geschenke später in die Wohnung des A hätten gelangen sollen (z.B. als Geschenk an den gleichfalls dort lebenden Ehepartner). Da dies hier nicht der Fall war, besteht auch insoweit kein Versicherungsschutz.

1171 Die Frage, welche **Anforderungen an den Eintritt des Versicherungsfalls** zu stellen sind, spielt nicht allein für die Leistungspflicht des Versicherers eine Rolle. Vielmehr werden daran bisweilen auch weitere Rechtsfolgen geknüpft. So hat in der Sach- und in der Haftpflichtversicherung jede Partei nach Eintritt des Versicherungsfalls ein außerordentliches **Kündigungsrecht** (§§ 92, 111 VVG; s. dazu Rn. 1063). Hier fragt sich insbesondere, ob das Kündigungsrecht nur dann besteht, wenn der Versicherer auf einen Schadensfall tatsächlich geleistet hat, oder bereits dann, wenn sich die primäre Risikobeschreibung verwirklicht hat, der Versicherer jedoch etwa wegen eines Risikoausschlusses oder einer Obliegenheitsverletzung leistungsfrei ist. Hier besteht Einigkeit darüber, dass jedenfalls die Leistungsfreiheit infolge einer **Obliegenheitsverletzung** nichts daran ändert, dass der Versicherungsfall eingetreten ist.

1172 Kontrovers wird hingegen die Lage bei **Risikoausschlüssen** beurteilt. Nach einer Ansicht soll es für den Eintritt des Versicherungsfalls i.S. von §§ 92, 111 VVG genügen, dass sich nach laienhaftem Verständnis eine versicherte Gefahr verwirklicht hat. Demnach ist der Versicherungsfall auch dann eingetreten, wenn der Versicherer wegen eines **Risikoausschlusses** leistungsfrei ist. Zur Begründung verweist diese Ansicht darauf, dass der Versicherungsnehmer mit dem Kündigungsrecht seiner Unzufriedenheit mit der Schadensregulierung Ausdruck verleihen könne.[69] Teils wird auch angeführt, dass die Leistungs-

---

66 *Knappmann,* in: Prölss/Martin, VHB 2000 § 11 Rn. 8.
67 Zur Surrogation *Knappmann,* in: Prölss/Martin, VHB 2000 § 11 Rn. 12.
68 VersRHdb./*Rüffer,* § 32 Rn. 150.
69 BK/*Dörner/Staudinger,* § 96 Rn. 4f.; *Staudinger,* in: MünchKomm-VVG, § 92 Rn. 7.

pflicht des Versicherers keine Voraussetzung des Kündigungsrechts sei. Nach der Gegenansicht ist der Versicherungsfall dann eingetreten, wenn ein Schadensfall vorliegt, für den der Versicherer nach der im Gesetz und Vertrag enthaltenen objektiven Risikobeschreibung leistungspflichtig ist.[70] Demnach führt ein Risikoausschluss dazu, dass der **Versicherungsfall nicht eingetreten** ist.

Stellungnahme: Das zuletzt dargestellte Verständnis verdient den Vorzug. 1173
Es besteht kein Anlass, es abweichend von den **allgemeinen Regeln zur Gesetzesauslegung** vom subjektiven Verständnis des Versicherungsnehmers abhängig zu machen, ob der Versicherungsfall eingetreten ist und mithin ein Kündigungsrecht besteht. Selbst nach dem Maßstab der AVB-Auslegung käme man zu keinem anderen Verständnis, da es sich beim Eintritt des Versicherungsfalls um einen Begriff der Rechtssprache handelt (s. dazu Rn. 498). Insbesondere gebietet das Schutzbedürfnis des Versicherungsnehmers keine abweichende Auslegung. Das Motiv des Gesetzgebers dafür, ihm ein Kündigungsrecht zu gewähren, ist nicht in die Regelung der §§ 92, 111 VVG eingeflossen; vielmehr besteht jenes Recht ohne weitere Voraussetzungen (s. Rn. 1063). Zudem verhindert ohnehin § 11 VVG eine übermäßig lange Bindung, so dass für eine zusätzliche, nur in Durchbrechung der allgemeinen Auslegungsregeln erzielbare Erleichterung der Kündigung kein Anlass besteht. Überdies läge es in der Konsequenz der Gegenansicht, auch dem **Versicherer** ein entsprechend umfassenderes Kündigungsrecht zuzubilligen; dies könnte – wenngleich der Versicherer hiervon in der Praxis regelmäßig nur zurückhaltend Gebrauch macht – dem Versicherungsnehmer nachteilig sein.

Damit ist zugleich die Lösung für die weitere Frage vorgezeichnet, ob der 1174
Versicherungsnehmer eine Kündigung seitens des Versicherers dadurch vermeiden kann, dass er für einen eingetretenen (kleineren) Schaden **keine Regulierung beansprucht**. Richtigerweise kann es darauf für das Kündigungsrecht nicht ankommen. Dies gilt umso mehr, als der Versicherer auch in diesem Fall durch den Eintritt des Versicherungsfalls einen aktuellen Hinweis auf die konkrete „Gefahrgeneigtheit" erhält (s. dazu Rn. 1067; zur Anzeigeobliegenheit in solchen Fällen s. Rn. 1198ff.). In der Praxis wird der Versicherer sich freilich nicht selten dann, wenn der Versicherungsnehmer selbst keine Regulierung beansprucht, mit der Ausübung des Kündigungsrechts aus geschäftspolitischen Gründen zurückhalten.

Auch für **Deckungsbegrenzungen** kann es eine Rolle spielen, ob in einem 1175
bestimmten Zeitraum Versicherungsfälle eingetreten sind.

Beispiel: Hersteller A hat bei Versicherer V eine Produkthaftpflichtversiche- 1176
rung genommen, Darin ist pro Versicherungsjahr eine Jahresmaximierung von 10 Mio. € vereinbart. Zudem sieht eine Serienschadenklausel vor, dass alle auf derselben Ursache beruhenden Versicherungsfälle als bereits in dem Jahr einge-

70 *Armbrüster,* in: Prölss/Martin, § 92 Rn. 3; HK-VVG/*Halbach*, § 92 Rn. 3; *Langheid*, in: Römer/Langheid, § 92 Rn. 8.

treten gelten, in dem der erste Versicherungsfall eintrat. In **Jahr 1** treten bei A Schadensfälle von 5 Mio. € ein, die unter eine Erprobungsklausel fallen und daher von V nicht reguliert werden. In **Jahr 2** kommt es zu weiteren, auf derselben Ursache beruhenden Schadensfällen über 10 Mio. €. V lehnt deren Regulierung unter Hinweis darauf ab, dass sie wegen der Serienschadenklausel dem Jahr 1 zugerechnet werden und die dafür verfügbare Jahressumme – was zutrifft – bereits wegen anderweitiger Regulierungen erschöpft sei. Hier kommt es für die Leistungspflicht des V entscheidend darauf an, in welchem Jahr die verschiedenen Versicherungsfälle eingetreten sind.

II. Gedehnter Versicherungsfall

1177 Oftmals handelt es sich beim Versicherungsfall um ein temporär abgrenzbares Ereignis (Unfall, Blitzschlag). In solchen Fällen bereitet es regelmäßig keine Schwierigkeiten, den genauen Zeitpunkt des Versicherungsfalls zu bestimmen. Anders sieht es jedoch bei den sog. **gedehnten Versicherungsfällen** aus. Entscheidend für die Einordnung als gedehnter Versicherungsfall ist nicht das schrittweise Eintreten eines Ereignisses, sondern die den Umfang der Versicherungsleistung bestimmende Fortdauer des mit seinem Eintritt geschaffenen Zustands über einen mehr oder weniger langen Zeitraum. Der Zustand darf also nicht bloß eine Pflicht zur einmaligen Zahlung einer Versicherungsleistung auslösen; vielmehr muss sein Fortdauern den Umfang der Leistung beeinflussen.[71]

1178 **Beispiel:** Einen gedehnten Versicherungsfall stellt die Heilbehandlung in der Krankenversicherung oder die Rechtsverfolgung in der Rechtsschutzversicherung dar.

1179 Kommen **mehrere Ereignisse** als Versicherungsfall in Frage, stellt dies keinen gedehnten Versicherungsfall dar (vgl. für die Haftpflichtversicherung Rn. 1697ff.). Um Abgrenzungsprobleme zu vermeiden, enthalten die AVB meist präzise Regelungen über den Versicherungsfall.

III. Herbeiführung des Versicherungsfalls durch den Versicherungsnehmer

1. Grundregeln für die Schadensversicherung (§ 81 VVG)

1180 Führt der Versicherungsnehmer oder eine Person, deren Verhalten er sich zurechnen lassen muss (s. Rn. 1508ff.), den Versicherungsfall **vorsätzlich** herbei, so ist der Versicherer nach **§ 81 Abs. 1 VVG** von der Leistungspflicht frei. In einem solchen Fall entzieht der Versicherungsnehmer dem Vertrag gewissermaßen die Grundlage, indem er dem für den Versicherungsschutz vorausgesetzten ungewissen Ereignis (Risiko i.S. von § 1 S. 1 VVG) willentlich die Ungewissheit nimmt (s. auch Rn. 259).

71 BGH NJW 1989, 3019, 3020.

Im Falle einer **grob fahrlässigen** Herbeiführung kann der Versicherer seine Leistung nach Maßgabe von § 81 Abs. 2 VVG kürzen (zur Quotelung s. Rn. 338ff.). 1181

Der Versicherungsfall kann außer durch positives Tun auch durch **Unterlassen** herbeigeführt werden. Entscheidend ist hier allein die Zurechnung eines Erfolges (Versicherungsfall) und nicht ein bestimmtes Verhalten. Dabei gilt es freilich zu beachten, dass den Versicherungsnehmer keine allgemeine Pflicht trifft, den Eintritt des Versicherungsfalls abzuwenden (s. Rn. 246). Zu erfüllen hat er lediglich die in § 82 VVG geregelte Schadensabwendungs- und Minderungspflicht sowie etwaige vertragliche Obliegenheiten. 1182

Aus der Anknüpfung des § 81 VVG an die Verursachung des Erfolges folgt im Übrigen, dass bei einer Handlung des Versicherungsnehmers in **schuldunfähigem Zustand** – § 827 S. 1 BGB ist im Rahmen des § 81 VVG analog anwendbar[72] – für die Frage nach der grob fahrlässigen Herbeiführung des Versicherungsfalls auch auf ein zeitlich vorangehendes Verhalten des Versicherungsnehmers abgestellt werden kann. 1183

Beispiel:[73] Versicherungsnehmer N unterlässt ausreichende Vorkehrungen, um nach einer Party eine Fahrt mit seinem kaskoversicherten Kfz unter erheblichem Alkoholeinfluss zu verhindern. Sodann verursacht er in alkoholisiertem und schuldunfähigem Zustand einen Unfall, bei dem das Kfz beschädigt wird. 1184

Der Kaskoversicherer V kann hier nach näherer Maßgabe von § 81 Abs. 2 VVG zumindest teilweise leistungsfrei sein, da er durch die in schuldfähigem Zustand **unterlassenen Vorkehrungen** in vorhersehbarer Weise den Versicherungsfall herbeigeführt hat. Dabei muss zur Begründung nicht auf die im Strafrecht herangezogene Konstruktion der actio libera in causa zurückgegriffen werden.[74] 1185

An dem Beispiel in Rn. 1184 wird deutlich, dass das für § 81 VVG maßgebliche Verhalten des Versicherungsnehmers **nicht unmittelbar** zum Versicherungsfall führen muss. Dies bedeutet zum einen, dass in zeitlicher Hinsicht auch Zwischenschritte möglich sind, zum anderen, dass unter Kausalitätsgesichtspunkten eine bloße **Mitursächlichkeit** genügt.[75] 1186

Beispiel:[76] A hat bei Versicherer V für seinen Pkw eine Fahrzeugversicherung (Vollkaskoversicherung) nach Maßgabe der AKB abgeschlossen. Eines Nachts wurde der verschlossene Pkw in einem Parkhaus von unbekannten Tätern aufgebrochen. Dabei wurden die beiden Türscheiben zertrümmert, das Handschuhfach aufgebrochen und mit einem dort befindlichen Schlüssel auch der Kofferraum geöffnet. V verweigert eine Entschädigung hinsichtlich der aus dem 1187

---

72 BGH VersR 2011, 1037 Rn. 12; *Prölss*, in: Prölss/Martin, § 81 Rn. 21.

73 Nach BGH VersR 2011, 1037.

74 BGH VersR 2011, 1037 Rn. 17f.

75 *Schmidt-Kessel*, in: Looschelders/Pohlmann, § 81 Rn. 26f.; *Prölss*, in: Prölss/Martin, § 81 Rn. 10.

76 Nach BGH VersR 1986, 962.

Kofferraum entwendeten Sachen, da A den Versicherungsfall insoweit durch grobe Fahrlässigkeit herbeigeführt habe. A wendet ein, dass es den Tätern auch ohne den Schlüssel möglich gewesen wäre, den Kofferraum zu öffnen.

1188 Der BGH hat hier eine Anwendung von § 61 VVG a.F. (vgl. jetzt § 81 Abs. 2 VVG) bejaht. Die Herbeiführung des Versicherungsfalls setzt demnach nicht voraus, dass das Verhalten des Versicherungsnehmers die alleinige Ursache des Versicherungsfalls war. Vielmehr genügt es, dass irgendein Verhalten des Versicherungsnehmers mitursächlich war. Sofern A eine **hypothetische Kausalität** einwendet, trifft ihn hierfür die Beweislast. Es ist daher seine Sache gewesen, den Nachweis zu führen, dass die Diebe sich auch ohne den Schlüssel Zugang zum Kofferraum verschafft hätten. Die Wahrscheinlichkeit dafür, dass die Diebe ohne den Schlüssel den Kofferraum aufgebrochen haben, ist indessen nicht größer als die Wahrscheinlichkeit dafür, dass sie ohne den Schlüssel nicht an den Kofferraum gelangt wären, etwa deshalb, weil sie kein geeignetes Werkzeug dabei hatten. Diesen Ausführungen ist nicht zuletzt im Hinblick auf den verhaltenssteuernden Zweck des § 81 VVG zuzustimmen.

1189 Nach verbreiteter Auffassung setzt § 81 VVG ein **objektives Fehlverhalten**, d.h. eine deutliche Unterschreitung des vertraglich vorausgesetzten Sicherheitsstandards voraus.[77] Es erscheint allerdings zweifelhaft, ob diesem Kriterium neben demjenigen des groben Verschuldens eine eigenständige Bedeutung zukommt.[78] Der Zweck des § 81 VVG besteht darin, das vom Versicherer übernommene Risiko zu begrenzen und es damit kalkulierbarer zu machen. Außerdem soll darauf hingewirkt werden, dass der Versicherungsnehmer mit dem Risiko nicht völlig sorglos umgeht.

1190 Nach zutreffender, nahezu einhelliger Ansicht[79] stellt § 81 Abs. 1 VVG einen (gesetzlichen) **subjektiven Risikoausschluss** dar. Daher liegt bereits kraft Gesetzes kein Versicherungsfall vor (s. allgemein Rn. 1579). Bei § 81 Abs. 2 VVG handelt es sich hingegen um eine **subjektive Risikobegrenzung**, denn der Versicherer ist hier aufgrund des eingetretenen Versicherungsfalls zumindest teilweise leistungspflichtig. Zwar hat der BGH vor kurzem in einem Leitsatz § 81 VVG als eine gesetzliche Obliegenheit bezeichnet.[80] Damit sollte aber offenbar keine Abkehr von der auch durch die Rechtsprechung vertretenen Einordnung als Risikoausschluss ausgedrückt werden.

---

77 BGH VersR 1998, 44; HK-VVG/*Karczewski*, § 81 Rn. 5; *Schmidt-Kessel*, in: Looschelders/Pohlmann, § 81 Rn. 20.

78 *Prölss*, in: Prölss/Martin, § 81 Rn. 11.

79 *Baumann*, in: Bruck/Möller, § 81 Rn. 19f.; *Karczewski*, in: HK-VVG, § 81 Rn. 1; *Looschelders*, in: MünchKomm-VVG, § 81 Rn. 6f.; zum alten Recht (§ 61 VVG a.F.) ganz h.M. und st. Rspr.; s. nur BGHZ 11, 120, 122f. = VersR 1953, 494; BGH VersR 2009, 11232, 1124 Rn. 14. Krit. etwa *Prölss*, in: Prölss/Martin, § 81 Rn. 4; *Schmidt-Kessel*, in: Looschelders/Pohlmann, § 81 Rn. 9f.

80 BGHZ 191, 159 = VersR 2011, 1550 Leitsatz 2; s. auch *Wandt*, Rn. 619, der im Kontext des § 81 VVG von einer Obliegenheit spricht.

Die Begriffe Vorsatz und grobe Fahrlässigkeit sind wie im allgemeinen Schuldrecht zu verstehen. Es ist also auf die Legaldefinition der Fahrlässigkeit in § 276 Abs. 2 BGB und auch ansonsten auf die zu § 276 BGB entwickelten Regeln zurückzugreifen. Freilich muss sich das Verschulden auf die Herbeiführung des Versicherungsfalls und den – allerdings nicht konkreten – Schaden beziehen.[81] Zudem kann im Versicherungsrecht ein sog. **Augenblicksversagen** des Versicherungsnehmers die Annahme grober Fahrlässigkeit ausschließen.[82] Hiermit sind Konstellationen gemeint, in denen der Handelnde nur für sehr kurze Zeit – eben für einen Augenblick – die erforderliche Sorgfalt außer acht gelassen hat.[83] 1191

Beispiel:[84] A unterhält bei Versicherer V eine Gebäudeversicherung. Eines Nachts will er sich auf dem Küchenherd in einem Kochtopf mit Frittiereinsatz Kartoffelröllchen zubereiten und erhitzt dazu Fett. Als dieses geschmolzen ist, gibt er die tiefgefrorenen Kartoffelröllchen hinein, verlässt die Küche und geht ins Wohnzimmer, um den Fernseher einzuschalten und dann zum Herd zurückzukehren. Unterdessen wird das Fett so heiß, dass es sich entzündet. Das Gebäude brennt ab. A wird wegen fahrlässiger Brandstiftung zu einer Geldstrafe verurteilt. Nunmehr verlangt er von V Entschädigung für den eingetretenen Gebäudeschaden. 1192

A hat hier den Versicherungsfall selbst herbeigeführt. Da er nicht vorsätzlich handelte, kommt keine Leistungsfreiheit des V nach § 81 Abs. 1 VVG, sondern allein der teilweise Risikoausschluss nach § 81 Abs. 2 VVG in Betracht. Dieser setzt grobe Fahrlässigkeit voraus. Dafür verlangt die Rechtsprechung ein objektiv wie subjektiv schlechthin unentschuldbares Fehlverhalten (s. Rn. 333). Der BGH hat hier die Einschätzung der Vorinstanz, es handele sich um ein **Augenblicksversagen**, gebilligt. A sei nach dem Einschalten des Fernsehers von dem Frittiervorgang vollständig abgelenkt worden. Seine Unaufmerksamkeit habe demnach nur kurze Zeit gedauert und sei für ihn nicht vorhersehbar gewesen, als er die Küche verließ, um das Fernsehgerät einzuschalten. Die Annahme eines Augenblicksversagens setze auch nicht voraus, dass der Schädiger irrtümlich annimmt, der gefahrträchtige Vorgang sei bereits beendet. Diese Einschätzung des BGH erscheint freilich allzu großzügig. Es ist allgemein bekannt, dass sich erhitztes Fett selbst entzünden und einen Gebäudebrand auslösen kann. Angesichts des hoch gefährlichen Kochvorgangs dürfte bereits das kurzfristige Verlassen der Kochstelle ohne zwingenden äußeren Anlass daher regelmäßig nicht entschuldbar sein. 1193

---

81 Für Fälle des Vorsatzes: *Looschelders*, in: MünchKomm-VVG, § 81 Rn. 64; a.A. *Prölss*, in: Prölss/Martin, § 81 Rn. 13.

82 S. hierzu BGH VersR 2011, 916, 917.

83 BGH VersR 2011, 916, 917.

84 Nach BGH VersR 2011, 916 (im Originalfall war A Mieter; zum Einschluss seines Sacherersatzinteresses in die vom Vermieter genommene Gebäudeversicherung s. Rn. 1231 ff.).

1194 Angesichts der praktischen Schwierigkeiten, die mit der Anwendung der Quotelungsregelung verbunden sind, stellt sich die Frage nach ihrer **Abdingbarkeit** (s. auch Rn. 385ff.). Insoweit ist zu differenzieren. Bisweilen wird die quotale Leistungskürzung bei grober Fahrlässigkeit in den AVB **zu Gunsten des Versicherungsnehmers** rundheraus abbedungen. Dann schadet dem Versicherungsnehmer, ebenso wie dies für die Haftpflichtversicherung nach § 103 VVG generell gilt, allein vorsätzliches Handeln.

1195 Sehen die AVB hingegen umgekehrt – etwa in der Fahrzeugvollversicherung (Vollkaskoversicherung) – vor, dass die **Leistungspflicht des Versicherers ausgeschlossen** ist, wenn der Versicherungsnehmer den Versicherungsfall grob fahrlässig herbeigeführt hat, so ist darin keine wirksame Abweichung von § 81 Abs. 2 VVG zu erblicken. Zwar gehört jene Norm, wie sich aus § 87 VVG ablesen lässt, nicht zu den halbzwingenden Vorschriften. Indessen verstößt die betreffende Klausel gegen wesentliche Grundgedanken der gesetzlichen Regelung, von der sie abweicht; sie benachteiligt den Versicherungsnehmer daher unangemessen (§ 307 Abs. 2 Nr. 1 BGB).[85] Die formularmäßige Wiedereinführung des früheren § 61 VVG a.F. widerspricht nämlich dem eindeutigen Willen des Gesetzgebers, das Alles-oder-Nichts-Prinzip durch § 81 Abs. 2 VVG abzuschaffen (s. Rn. 338ff.). In den durch diese gesetzgeberische Wertung gezogenen Grenzen ist es hingegen zulässig, wenn der Versicherer in seinen AVB eine **pauschalierte Quote** vorsieht (s. näher Rn. 385ff.).[86]

1196 Liegt keine abweichende Vereinbarung vor, so kann der Versicherer bei grober Fahrlässigkeit – wie in den Fällen von §§ 26 Abs. 1 S. 2, 28 Abs. 2 S. 2 VVG – seine Leistung nach dem Umfang des Verschuldens **kürzen** (Quotelung; s. dazu eingehend Rn. 344ff.).

2. Sonstige Regelungen

1197 In einigen **Spezialregelungen** zu § 81 VVG wird die Leistungspflicht des Versicherers abweichend geregelt. So entfällt die Leistungspflicht des Versicherers in der Haftpflicht-, Kranken- und Unfallversicherung nur dann, wenn der Versicherungsnehmer den Versicherungsfall **vorsätzlich** herbeiführt (§§ 103, 183, 201 VVG). In der Lebensversicherung ist nach § 161 VVG die Leistungspflicht im Fall des Suizids ausgeschlossen, wenn dieser innerhalb von **drei Jahren** nach Vertragsschluss erfolgt (s. Rn. 1957ff.). Umgekehrt führt in der Transportversicherung bereits die **grob fahrlässige** Herbeiführung des Versicherungsfalls nach § 137 Abs. 1 VVG stets zur völligen Leistungsfreiheit.

85 BGH VersR 2011, 1524, 1525 Rn. 12f.; *Prölss*, in: Prölss/Martin, § 81 Rn. 38; *Schirmer*, VersR 2008, 1473, 1475; a.A. *Günther/Spielmann* r+s 2008, 133, 143.
86 *Prölss*, in: Prölss/Martin, § 81 Rn. 29.

IV. Obliegenheiten des Versicherungsnehmers im Zusammenhang mit dem Eintritt des Versicherungsfalls

1. Anzeigeobliegenheit (§ 30 VVG)

Nach § 30 Abs. 1 VVG hat der Versicherungsnehmer dem Versicherer unverzüglich den Eintritt des Versicherungsfalls **anzuzeigen**. Diese Anzeigeobliegenheit besteht erst dann, wenn der Versicherungsnehmer **positive Kenntnis** vom Eintritt des Versicherungsfalls hat. Das Erfordernis der Kenntnis ist grds. nicht abdingbar. Zwar wird § 30 VVG in § 32 VVG nicht aufgeführt; eine entsprechende Vereinbarung verstößt jedoch außerhalb der Großrisikoversicherung (§ 210 VVG) gegen § 307 Abs. 2 Nr. 1 BGB.[87] Der Versicherer kann hingegen in den AVB bestimmte Fristen und sonstige Anforderungen an die Anzeige vorsehen. Inhaltlich muss die Anzeige des Versicherungsnehmers so gestaltet sein, dass dem Versicherer eine Schadenermittlung möglich ist.[88] 1198

§ 30 VVG ist als **lex imperfecta** ausgestaltet. Dies bedeutet, dass der Gesetzgeber die Folgen einer Verletzung nicht festgelegt, sondern sie der Parteivereinbarung überlassen hat. Es handelt sich mithin um eine gesetzliche Obliegenheit, die erst dadurch praktisch bedeutsam wird, dass der Versicherer sie in seinen AVB aufgreift und eine **Rechtsfolge** vorsieht. In der Praxis wird als Rechtsfolge meist die Leistungsfreiheit des Versicherers vereinbart. Durch eine derartige Klausel wird die gesetzliche zur vertraglichen Obliegenheit, sie ist dann an den Anforderungen des § 28 VVG zu messen. Insoweit ist insbesondere auch § 28 Abs. 4 VVG zu beachten, der speziell für nach Eintritt des Versicherungsfalls zu erfüllende Obliegenheiten eine **qualifizierte Hinweispflicht** aufstellt (s. Rn. 1566). 1199

Umstritten ist die Frage, ob dem Versicherer bei unterbliebener Anzeige auch ein **Schadensersatzanspruch** gem. § 280 Abs. 1 BGB zusteht.[89] Bejaht man dies, so kann der Versicherer mit diesem Anspruch gegen den Leistungsanspruch des Versicherungsnehmers aufrechnen, was im Ergebnis gem. § 389 BGB zu einer zumindest teilweisen Leistungsfreiheit führt. Die Regierungsbegründung zum neuen VVG führt lediglich für den Fall des § 30 Abs. 1 S. 2 VVG, dass ein Dritter zur Anzeige verpflichtet ist, – zutreffend – einen sich aus allgemeinem Recht gegen den Dritten ergebenden Schadensersatzanspruch an. Zu S. 1 verweist sie hingegen allein darauf, eine besondere Sanktionsregelung sei wegen der regelmäßigen Anwendbarkeit von § 28 VVG entbehrlich.[90] In den Motiven zur Vorgängervorschrift des § 33 VVG a. F. hatte der Gesetzgeber hingegen noch ausdrücklich darauf hingewiesen, dass sich ein Schadensersatzanspruch gegen den Versicherungsnehmer „schon aus allgemeinen Rechtsgrund- 1200

---

87 *Prölss*, in: Prölss/Martin, § 30 Rn. 20.

88 *Schimikowski*, Rn. 218.

89 Vgl. OLG Karlsruhe VersR 1994, 421, 422. Einschränkend auf Schäden des Versicherers, die nicht in der Leistungspflicht bestehen, *Looschelders*, in: Looschelders/Pohlmann, § 30 Rn. 3.

90 Regierungsbegr., BT-Drs. 16/3945, S. 69 f.; s. auch *Wandt*, in: MünchKomm-VVG, § 30 Rn. 8 f.

sätzen“[91] ergebe; (lediglich) weitergehende Ansprüche könnten aus einer Vereinbarung folgen.

1201 **Stellungnahme:** Vergegenwärtigt man sich die hohen und durch die VVG-Reform nochmals verschärften Anforderungen an eine teilweise oder gar völlige Leistungsfreiheit wegen der Verletzung vertraglicher Obliegenheiten, so spricht vieles dafür, § 30 Abs. 1 S. 1 VVG als eine gegenüber den allgemeinen bürgerlich-rechtlichen Sanktionsvorschriften **abschließende Spezialregel** anzusehen. Würde nämlich ein Verstoß gegen die Verhaltensregel des § 30 Abs. 1 S. 1 VVG einen Schadensersatzanspruch des Versicherers nach § 280 Abs. 1 BGB nach sich ziehen, so drohten die strengen Voraussetzungen des § 28 VVG leer zu laufen. Dies gilt namentlich für das Erfordernis eines qualifizierten Verschuldens, nämlich mindestens grober Fahrlässigkeit, sowie für die besondere Hinweispflicht (§ 28 Abs. 2, 4 VVG). Zudem hat der Gesetzgeber durch das Kausalitätserfordernis des § 28 Abs. 3 S. 1 VVG gezeigt, dass es ihm gerade darum ging, allein diejenigen Fälle zu erfassen, in denen dem Versicherer aus dem Verstoß ein Nachteil erwächst. Die Annahme von Spezialität erscheint vorzugswürdig gegenüber dem Vorschlag[92], einzelne Anforderungen des § 28 VVG gleichsam in § 280 Abs. 1 BGB hineinzulesen. Das Spezialitätsverhältnis kommt auch dann zum Zuge, wenn der Versicherer im Einzelfall keine oder eine unwirksame vertragliche Sanktionsregelung vorgesehen hat. Der Gesetzgeber ging realitätsnah davon aus, dass die AVB regelmäßig Anzeigepflichten enthalten.[93] Wenn ein Versicherer keine solche Regelung trifft, so kann er sich dadurch jedenfalls nicht besser stellen. Auf die generelle Frage, ob die Einordnung von § 30 Abs. 1 S. 1 VVG als Obliegenheit einem Schadensersatzanspruch aus § 280 Abs. 1 BGB mangels Verletzung einer Rechtspflicht entgegensteht (s. allgemein Rn. 1497ff.),[94] kommt es mithin in diesem Kontext nicht mehr an.

2. Aufklärungsobliegenheit (§ 31 VVG)

1202 Eine praktisch sehr bedeutsame, nach Eintritt des Versicherungsfalls zu erfüllende Aufklärungsobliegenheit enthält § 31 VVG. Danach kann der Versicherer vom Versicherungsnehmer verlangen, dass dieser die zur Feststellung des Versicherungsfalls oder zum Umfang der Leistungspflicht **erforderlichen Auskünfte** erteilt. In dieser Regelung kommt der das Versicherungsverhältnis kennzeichnende Kooperationsgedanke (s. Rn. 245ff.) besonders deutlich zum Ausdruck: Der Versicherer ist oftmals darauf angewiesen, dass ihm der Versicherungsnehmer genaue Angaben zum Sachverhalt macht, damit festgestellt werden kann, ob und ggf. in welcher Höhe eine Leistungspflicht besteht. Der Versicherungs-

91 Motive zum VVG, S. 105.

92 S. *Prölss*, in: Prölss/Martin, § 30 Rn. 9 (grobes Verschulden); *Brömmelmeyer*, in: Bruck/Möller, § 30 Rn. 13, 48 (Vorsatz).

93 Regierungsbegr., BT-Drs. 16/3945, S. 70.

94 S. dazu *Brömmelmeyer*, in: Bruck/Möller, § 30 Rn. 13 (ablehnend).

nehmer hat mithin einem berechtigten Auskunftsverlangen des Versicherers wahrheitsgemäß und vollständig nachzukommen. Berechtigt ist das Verlangen hinsichtlich solcher Informationen, die für die Feststellung des Versicherungsfalls und die Eintrittspflicht des Versicherers erforderlich sind. Auch der Umfang der geschuldeten Angaben richtet sich nach der Erforderlichkeit.

In besonderen Ausnahmefällen kann den Versicherungsnehmer eine Offen- 1203 barungsobliegenheit auch dann treffen, wenn es an einem ausdrücklichen Auskunftsverlangen des Versicherers fehlt (sog. **spontane Offenbarungsobliegenheit**). Hierzu zählen Fälle, bei denen es um wesentliche Informationen geht, die für jedermann erkennbar das Aufklärungsinteresse des Versicherers in ganz elementarer Weise betreffen und deren Bedeutung daher für den Versicherungsnehmer auf der Hand liegt, so dass sich ihm die Mitteilungsbedürftigkeit auch ohne Auskunftsverlangen aufdrängen muss.[95] Den rechtlichen Anknüpfungspunkt für diese Obliegenheit bildet der Grundsatz von Treu und Glauben (§ 242 BGB); nach dem hier vertretenen Verständnis ist sie eine Ausprägung des Kooperationsgebots (s. Rn. 245, 249).

Problematisch ist die Frage, ob der Versicherer sich auch dann auf Leistungs- 1204 freiheit wegen der Verletzung der Aufklärungsobliegenheit berufen kann, wenn er **Kenntnis von der wahren Sachlage** hat.

Beispiel:[96] Versicherungsnehmer K zeigt seinem Kfz-Vollkaskoversicherer V 1205 den Diebstahl seines Kfz an. Dabei verschweigt er im Fragebogen zur Schadensmeldung bei der Frage nach Vorschäden einen Unfallschaden. Diesen neun Monate zuvor eingetretenen Schaden hat gleichfalls V reguliert. V beruft sich nun auf Leistungsfreiheit wegen vorsätzlicher Verletzung der Aufklärungsobliegenheit.

Nach Ansicht des BGH soll Leistungsfreiheit wegen Verletzung der Aufklä- 1206 rungsobliegenheit dann nicht in Betracht kommen, wenn der Versicherungsnehmer bei der Anzeige des Schadens einen Umstand verschweigt, den der Versicherer bereits **positiv kennt**.[97] Zur Begründung wird darauf verwiesen, dass Aufklärungsobliegenheiten den Versicherer in die Lage versetzen sollten, sachgerechte Entschlüsse zu fassen. Kenne der Versicherer einen maßgeblichen Umstand bereits, so entfalle sein **Aufklärungsbedürfnis**, und unzulängliche Angaben des Versicherungsnehmers verletzten seine schutzwürdigen Interessen nicht. Gegen diese Sichtweise lässt sich ein **Vergleich** zwischen § 30 Abs. 2 VVG und § 31 Abs. 2 VVG einwenden: Während der Gesetzgeber die Kenntnis des Versicherers vom Eintritt des Versicherungsfalls für erheblich erachtet, fehlt eine entsprechende Regelung hinsichtlich der von der Aufklärungspflicht erfassten Informationen. In der Sache wendet der BGH damit § 30 Abs. 2 VVG

95 BGH VersR 2011, 1549 Rn. 3f. (betr. Verschweigen der Verbraucherinsolvenz); *Prölss*, in: Prölss/Martin, § 31 Rn. 14.

96 Nach BGH VersR 2007, 1267 m. krit. Anm. *Armbrüster*, LMK 2007, 239994.

97 BGH VersR 2005, 493, 494f.; bestätigt durch VersR 2007, 1267 Rn. 13.

zumindest teilweise analog an, ohne dies freilich dogmatisch zu begründen. Zu überzeugen vermag dies nicht.[98] Nach § 31 VVG trifft die Aufklärungsobliegenheit den Versicherungsnehmer und nicht den Versicherer. Es leuchtet nicht ein, wieso der vorsätzlich seine **Wahrheitspflicht** verletzende Versicherungsnehmer den Versicherer darauf verweisen dürfen soll, dieser habe die Unwahrheit der Angaben aus seinen Unterlagen erkennen können (zum erforderlichen vertrauensvollen Zusammenwirken in Gestalt des Kooperationsgebots s. allgemein Rn. 245). Die Verlässlichkeit der im Schadensformular gemachten Angaben ist für ein funktionierendes Versicherungswesen wesentlich. Zudem wird der Versicherungsnehmer insbesondere durch die Möglichkeit des Kausalitätsgegenbeweises selbst bei Vorsatz gem. § 28 Abs. 3 VVG (s. dazu Rn. 1546ff.) vor einer übermäßigen Belastung geschützt.

1207 Relativiert werden die Auswirkungen der hier abgelehnten Rechtsprechung immerhin dadurch, dass nicht jede irgendwann gewonnene oder irgendwie erlangbare **Kenntnis** dem Versicherer schadet. So soll es nicht genügen, wenn sich aus dem Hinweis- und Informationssystem der Versicherungswirtschaft (HIS; s. dazu Rn. 1102) die Kenntnis von einer früheren Schadensregulierung ergibt.[99] Freilich soll dem Versicherer diejenige Kenntnis schaden, die sich aus einer von ihm selbst durchgeführten früheren Schadensregulierung folgt, sofern es sich um eine „aktuelle“ Kenntnis handelt.[100] Dies wird im Beispielsfall noch anzunehmen sein, während der Versicherer jedenfalls nicht gehalten ist, sich in seinem Archiv durch Auswertung von über 20 Jahre zurückliegenden Vorgängen Kenntnis zu verschaffen.[101]

1208 Auch bei § 31 VVG handelt es sich um eine lex imperfecta. Zu den **Rechtsfolgen** von Verstößen gilt daher dasselbe wie zu § 30 VVG (s. Rn. 1199). Eine Parallele ergibt sich darüber hinaus hinsichtlich der Einordnung als Obliegenheit bzw. als schadensersatzbewehrte Rechtspflicht: für den Versicherungsnehmer (Abs. 1) gilt Ersteres, für den Dritten (Abs. 2) Letzteres (vgl. Rn. 1200f. zu § 30 VVG).

3. Rettungsobliegenheit (§ 82 VVG)

a) Voraussetzungen

1209 Nach § 82 Abs. 1 VVG ist der Versicherungsnehmer verpflichtet, bei Eintritt des Versicherungsfalls nach Möglichkeit für die Abwendung und Minderung des Schadens zu sorgen (**Rettungsobliegenheit**; auch **Rettungspflicht** genannt). Verletzt er diese Obliegenheit vorsätzlich oder grob fahrlässig, so ist der Versicherer nach Maßgabe des § 82 Abs. 2 VVG von der Verpflichtung zur Leistung frei, sofern dem Versicherungsnehmer nicht der Kausalitätsgegenbe-

---

98 Krit. auch *Prölss*, in: Prölss/Martin, § 31 Rn. 18; *Looschelders*, in: Looschelders/Pohlmann,§ 31 Rn. 29.

99 BGH VersR 2007, 481, 482 Rn. 20.

100 BGH VersR 2007, 481, 482 Rn. 20; s. auch VersR 2005, 493, 494.

101 KG VersR 2003, 1119, 1120.

weis nach § 82 Abs. 4 VVG gelingt. Die Regeln zur Rettungsobliegenheit sind nach § 87 VVG halbzwingend. Bei der Anwendung von § 82 VVG und entsprechender AVB gilt es zu beachten, dass den Versicherungsnehmer **keine ungeschriebene allgemeine Schadensvermeidungspflicht** trifft (s. Rn. 246). Vielmehr leistet er seine Prämie gerade dafür, dass er – über die gesetzlichen und vereinbarten Obliegenheiten hinaus – keine Vorkehrungen treffen muss, um das auf den Versicherer transferierte Risiko zu verringern.

Die Rettungsobliegenheit beginnt nach dem Wortlaut von § 82 Abs. 1 VVG 1210 **„bei Eintritt des Versicherungsfalls"**. Umstritten ist, ob der Versicherungsnehmer schon dann mit Rettungsmaßnahmen beginnen muss, wenn der Versicherungsfall noch nicht eingetreten ist, aber **unmittelbar bevorsteht**, genauer gesagt: wenn eine hohe Wahrscheinlichkeit für den Eintritt besteht. Der Gesetzeswortlaut ist diesbezüglich nicht eindeutig. Nach früherem Recht wurde für die Sachversicherung überwiegend angenommen, dass die Rettungspflicht bereits unmittelbar vor Eintritt des Versicherungsfalls besteht (**Vorerstreckungstheorie**).[102] Nachdem der Reformgesetzgeber in § 90 VVG den Anspruch auf Rettungskostenersatz von der Rettungspflicht abgekoppelt hat, bedarf es einer solchen Vorerstreckung – die dem Versicherungsnehmer unter der Geltung des alten Rechts den Aufwendungsersatz sichern sollte – nicht mehr. Vielmehr entsteht die Obliegenheit erst mit Eintritt des Versicherungsfalls, d.h. wenn das versicherte Ereignis sich zu verwirklichen begonnen hat.[103] Zu den Besonderheiten bei der Haftpflichtversicherung s. Rn. 1710.

Der **Inhalt der Rettungspflicht** bestimmt sich danach, was ein vernünftiger 1211 Mensch in der Situation des Versicherungsnehmers unternehmen würde, um das konkrete Risiko abzuwehren. Dabei geht es darum, welche Maßnahmen dem Versicherungsnehmer **zumutbar** sind. Insbesondere muss er in aller Regel keine erheblichen Gefahren für Leben oder Gesundheit eingehen.

Der Gesetzgeber räumt dem Versicherer in § 82 Abs. 2 VVG Weisungsbefug- 1212 nisse gegenüber dem Versicherungsnehmer ein. Aufgrund dessen kann er die allgemeinen Verhaltensanforderungen durch Weisungen an den Versicherungsnehmer konkretisieren (**Direktionsrecht**). Sofern es die Umstände gestatten, hat der Versicherungsnehmer im Voraus Weisungen des Versicherers einzuholen. Geringfügige Abweichungen von den Weisungen des Versicherers sind freilich unschädlich.[104]

b) Aufwendungsersatzanspruch (§§ 83, 90 VVG)

Erfüllt der Versicherungsnehmer die aus § 82 Abs. 1 VVG resultierende Ret- 1213 tungsobliegenheit, so hat er nach § 83 Abs. 1 VVG Anspruch auf **Aufwendungsersatz**. Danach hat ihm der Versicherer diejenigen Aufwendungen zu erstatten, die bei Erfüllung der Rettungsobliegenheit nach § 82 Abs. 1 VVG entstanden sind und die der Versicherungsnehmer für erforderlich halten durfte.

---

102 S. auch *Wandt*, Rn. 934f.
103 Regierungsbegr., BT-Drucks. 16/3945, S. 80.
104 *Voit*, in: Prölss/Martin, § 82 Rn. 24.

Der **Aufwendungsbegriff** ist im Versicherungsrecht ebenso wie im Auftragsrecht (§ 670 BGB) weit zu verstehen.[105] Er umfasst mithin nicht nur freiwillige Vermögensopfer, sondern auch **Schäden**, die der Versicherungsnehmer bei Ausführung von Rettungshandlungen erleidet. Dabei reicht es aus, wenn die Rettungsmaßnahme objektiv dem Zweck dient, einen Schaden abzuwenden oder zu mildern. Ein **Rettungswille** ist nicht erforderlich. Andererseits ist es aber ausreichend, wenn der Versicherungsnehmer subjektiv zur Rettung beitragen wollte, sofern die Maßnahme geboten, d.h. **ex ante** betrachtet zweckdienlich war. Der tatsächliche **Erfolg** des Handelns ist für den Ersatzanspruch unbedeutend; die Maßnahmen müssen lediglich ex ante geeignet erschienen sein.[106]

1214 Für die Sachversicherung sieht § 90 VVG überdies einen **erweiterten Aufwendungsersatzanspruch** vor. Dieser erfasst solche Aufwendungen, die der Versicherungsnehmer zu einem Zeitpunkt macht, zu dem der Versicherungsfall noch nicht einzutreten begonnen hat. Jener Anspruch erweitert denjenigen aus § 83 VVG um den Zeitraum, in dem die Rettungsobliegenheit nach § 82 VVG noch nicht besteht. Andererseits muss der Eintritt des Versicherungsfalls bereits **unmittelbar bevorstehen**. Zur Konkretisierung der Voraussetzungen kann auf die Regeln zurückgegriffen werden, die vor der VVG-Reform zur sog. Vorerstreckungstheorie entwickelt worden sind (s. Rn. 1210).

1215 Der Anspruch aus § 90 VVG zählt im Gegensatz zu den §§ 82f. VVG (vgl. § 87 VVG) nicht zu den halbzwingenden Vorschriften. Eine **Abbedingung** ist mithin grds. zulässig.

1216 Umgekehrt fragt sich, ob eine Erweiterung im Sinne einer **Vorerstreckung** des Anspruchs auf Rettungskostenersatz in anderen Schadensversicherungen kraft objektiven Rechts – insbesondere: im Wege einer **Analogie zu § 90 VVG** – möglich ist (zur Haftpflichtversicherung s. auch Rn. 1710).[107] Der Gesetzgeber wollte den erweiterten Aufwendungsersatzanspruch allein bei der Sachversicherung gewähren, da eine Ausdehnung auf andere Zweige der Schadensversicherung teils unübersehbare Konsequenzen hätte und die Produktgestaltungsfreiheit übermäßig begrenzen würde.[108] Angesichts dieser bewussten gesetzgeberischen Wertung scheidet eine analoge Anwendung von § 90 VVG mangels planwidriger Regelungslücke aus. Dies steht jedoch einer entsprechenden – auch konkludent möglichen – **Vereinbarung** der Parteien nicht entgegen.[109]

1217 **Zusammenfassendes Beispiel:**[110] K fährt mit seinem bei V teilkaskoversicherten Kfz auf einer Landstraße. Als plötzlich ein Feldhase auf die Fahrbahn springt, lenkt K den Wagen in den Straßengraben, da er als Tierfreund den Ha-

105 *Voit*, in: Prölss/Martin, § 83 Rn. 11. S. auch BGHZ 33, 251, 257 = NJW 1961, 359, 360; BGH NJW 1985, 269 (zu § 670 BGB; dort str.).
106 *Voit*, in: Prölss/Martin, § 83 Rn. 7.
107 Zur Diskussion s. *Voit*, in: Prölss/Martin, § 83 Rn. 3.
108 Regierungsbegr., BT-Drucks. 16/3945, S. 83.
109 *Wandt*, Rn. 935.
110 Vgl. BGH VersR 1991, 459.

sen schonen möchte. Das Kfz wird erheblich beschädigt. Hätte K den Hasen überfahren, so wären keine nennenswerten Schäden am Kfz entstanden. Nach A.2.2.4 AKB 2008 umfasst die Versicherung eine Beschädigung des Kfz durch einen Zusammenstoß mit Haarwild i.S. von § 2 Abs. 1 Nr. 1 BJagdG (s. auch Rn. 1889). Hierzu zählen auch Feldhasen.

Ein Anspruch des K gegen V wegen Eintritts des **Versicherungsfalls** scheidet 1218
hier aus, da kein Zusammenstoß erfolgte.[111] Ein Anspruch auf **Aufwendungsersatz** aus § 83 VVG setzt voraus, dass jene Norm überhaupt anwendbar ist. Dagegen lässt sich anführen, dass Schäden aus Unfällen ohne Wildberührung generell durch die AKB ausgeschlossen sein sollen.[112] Sofern der Versicherer – was zweifelhaft erscheint –[113] § 83 VVG abbedingen wollte, kann diese Regelungsabsicht nicht maßgeblich sein. AVB sind nach dem typischen Verständnishorizont des Versicherungsnehmers auszulegen (s. Rn. 487). Daher können der Sinn und Zweck einer Regelung oder deren Entstehungsgeschichte – jedenfalls zu Lasten des Versicherungsnehmers (s. Rn. 495 zum Streit um die gesetzesähnliche Auslegung) – nur insoweit berücksichtigt werden, als sie dem jeweiligen Geschäftskreis typischerweise erkennbar sind. Ein rechtsunkundiger „Durchschnittskunde" kann aus der Klausel nicht entnehmen, dass § 83 VVG abbedungen sein soll.[114] Überdies wäre eine Abbedingung unwirksam, da jene Norm gem. § 87 VVG halbzwingend ist.

V hat dem K mithin solche Aufwendungen zu ersetzen, die K zur Erfüllung 1219
seiner Rettungspflicht nach § 82 VVG getätigt hat. Nach der zum früheren Recht entwickelten sog. **Vorerstreckungstheorie** (s. Rn. 1210) beginnt die Rettungspflicht, wenn der Versicherungsfall unmittelbar bevorsteht.[115] Dies ist hier anzunehmen. Allerdings hat der Reformgesetzgeber durch § 90 VVG Rettungspflicht und Rettungskostenersatz voneinander entkoppelt, so dass die Vorerstreckungstheorie nicht mehr zum Tragen kommt. Nach §§ 83, 90 VVG kann der Versicherungsnehmer Aufwendungen, mit denen er einen unmittelbar bevorstehenden Versicherungsfall abwenden oder in seinen Auswirkungen mindern wollte, ersetzt verlangen, soweit er sie nach den Umständen für geboten halten durfte. Dies setzt voraus, dass sie wirtschaftlich in einem vernünftigen Verhältnis zum angestrebten Ziel stehen und der Versicherungsnehmer dies nicht grob fahrlässig falsch einschätzt. Ihm schadet hierbei nur ein grob fahrlässiger Irrtum über die objektive Gebotenheit.[116] Maßgeblich ist, wie ein verständiger Versicherungsnehmer die Situation **ex ante eingeschätzt** hätte. K musste

111 BGH VersR 1991, 459, 460; vgl. auch OLG Koblenz NJW-RR 2007, 242.

112 VerBAV 1967, 2ff.

113 Vgl. BGH VersR 1991, 459, 460.

114 *Schimikowski*, Übungen im Versicherungsvertragsrecht, Rn. 157.

115 Zu § 62 VVG a.F. s. BGH VersR 1991, 459, 460.

116 *Voit*, in: Prölss/Martin,§ 83 Rn. 7; *Schmidt-Kessel*, in: Looschelders/Pohlmann, § 83 Rn. 9; a.A. HK-VVG/*Schimikowski*, § 83 Rn. 13, der darauf abstellt, wie ein verständiger Versicherungsnehmer unter Berücksichtigung der Umstände der konkreten Situation entscheiden durfte.

davon ausgehen, dass der ohne Ausweichmanöver zu erwartende Schaden erheblich niedriger ausgefallen wäre als der tatsächlich eingetretene Schaden. Er durfte daher die Aufwendungen nicht für geboten halten.

1220 Daran ändert sich auch aus Gründen des **Tierschutzes** nichts.[117] Der Aufwendungsersatzanspruch hängt allein davon ab, ob die Aufwendungen bei wirtschaftlicher Betrachtung sinnvoll waren; eine immaterielle Motivation des Versicherungsnehmers ist hingegen unerheblich. Mithin lässt sich als Grundregel sagen, dass ein riskantes Ausweichmanöver wegen eines kleinen Tiers grob fahrlässig ist.

1221 Hat K mithin grob fahrlässig gehandelt, so stellt sich noch die Frage, ob der Aufwendungsersatzanspruch gem. §§ 83, 90 VVG völlig oder nur anteilig entfällt. Teils wird das **Quotelungsmodell** (s. Rn. 338ff.) herangezogen, da dessen Grundgedanke auch hier zutreffe.[118] Indessen hat der Gesetzgeber beim Aufwendungsersatzanspruch anders als etwa bei § 28 Abs. 2 S. 2, 81 Abs. 2 VVG gerade keine Quotelung vorgesehen.[119] Sie wäre hier auch nicht sachgerecht, da keine Leistungskürzung wegen eines Verstoßes gegen Verhaltensregeln in Rede steht, sondern die Begründung eines zum eigentlichen Schadensausgleich hinzutretenden, an der Grundidee der Geschäftsführung ohne Auftrag orientierten Anspruchs.

§ 23 Ersatz des versicherten Schadens in der Schadensversicherung

Literatur

Armbrüster, Allgefahrendeckung und „stofflicher Zugriff" in der Geld- und Werttransportversicherung, VersR 2011, 1081; *ders.*, Katastrophenschäden, insbesondere Versicherbarkeit und andere Ersatzmöglichkeiten, in: Kloepfer (Hrsg.), Katastrophenrecht: Grundlagen und Perspektiven, 2008, S. 77; *ders.*, Versicherungswert und Privatautonomie, in: Recht genau. Liber amicorum J. Prölss, 2009, S. 1; *ders.*, Versicherung des Finanzinteresses in internationalen Versicherungsprogrammen, VersR 2008, 853; *Kagelmacher*, Die Beschränkungen der Privatversicherungsfreiheit im Hinblick auf das Allgemeininteresse sowie auf Rechte Dritter, 1997; *Kohleick*, Die Doppelversicherung im deutschen Versicherungsvertragsrecht, 1999; *Schaloske*, Das Recht der so genannten offenen Mitversicherung, 2007.

A. Versicherbare Interessen

1222 Die Feststellung eines **versicherbaren Interesses** ist in der Schadensversicherung notwendig, um den Versicherungsvertrag von anderen sog. aleatorischen Verträgen abzugrenzen, bei denen die Leistungspflicht der Vertragsparteien

117 BGH VersR 1997, 351.
118 OLG Saarbrücken, r+s 2011, 380, 383; *Looschelders*, in: MünchKomm-VVG, § 83 Rn. 35.
119 *Voit*, in: Prölss/Martin, § 83 Rn. 9.

ebenfalls vom Zufall abhängt. Dabei geht es namentlich um die Abgrenzung zu Verträgen wie **Spiel und Wette** (s. auch Rn. 435). Sie ist schon deshalb praktisch sehr bedeutsam, weil letztere in § 762 BGB als unvollkommene Verbindlichkeit ausgestaltet sind. Dies bedeutet, dass zwar das zur Erfüllung Geleistete nicht gem. § 812 Abs. 1 S. 1 Fall 1 BGB zurückgefordert werden kann; andererseits sind ausstehende Spiel- und Wettschulden nicht einklagbar. An dieser Regelung wird deutlich erkennbar, dass der Gesetzgeber derartige Ansprüche als minder schutzwürdig ansieht. Hingegen sind Ansprüche auf **Versicherungsleistungen** nicht nur völlig unbedenklich. Vielmehr erscheinen sie sogar besonders schutzwürdig, da sie vielfach nicht allein einzel-, sondern auch gesamtwirtschaftlich wichtige Funktionen (s. Rn. 178ff.) erfüllen. Jedenfalls sind sie ohne jede Einschränkung ebenso wie andere vollkommene Verbindlichkeiten gerichtlich durchsetzbar.

Die Abgrenzung der Versicherungsverträge von Spiel und Wette ist darüber 1223
hinaus auch deshalb geboten, weil die **Regeln des VVG** als eines privatrechtlichen Spezialgesetzes allein für Versicherungsverträge gelten. Auch die **Versicherungsaufsicht** befasst sich ausschließlich mit ihnen (vgl. auch das Beispiel in Rn. 621).

Beispiele: Versicherbare Interessen und damit tauglicher Gegenstand von Ver- 1224
sicherungsverträgen sind etwa das Interesse des Eigentümers an der Erhaltung des Sachwertes einer Sache (Zeitwert), sein Gewinninteresse bei der Veräußerung einer Sache (vgl. § 53 VVG a.F.) oder dasjenige eines Mieters an ihrer Nutzung (s. auch im Kontext der Fremdversicherung Rn. 1262ff.).

Es lassen sich rechtliche, gesellschaftliche, mathematische und wirtschaftliche 1225
Grenzen der Versicherbarkeit voneinander unterscheiden. Wie an anderer Stelle ausführlich dargelegt wird (s. Rn. 392ff.), stehen in der Praxis die **mathematische** sowie die **wirtschaftliche** Versicherbarkeit als Gründe für eine Beschränkung des Produktangebots von Versicherern im Mittelpunkt.

Nicht versicherbar sind rein **immaterielle Interessen**, da sich für sie ein für 1226
die Schadensversicherung erforderlicher (s. Rn. 428ff.) wirtschaftlicher Wert nicht feststellen lässt und eine Summenversicherung keinen Bezug zu konkreten Interessen aufweist.

B. Versichertes Interesse

I. Überblick

Der Gesetzgeber verwendet den Begriff des versicherten Interesses an verschie- 1227
dener Stelle (§§ 48, 53, 74 Abs. 1, 76 S. 2, 78 Abs. 1, 80 VVG). Eine Legaldefinition fehlt freilich (s. Rn. 75). Unter dem Begriff sind die rechtlichen Beziehungen zu verstehen, kraft derer der Versicherungsnehmer oder der versicherte Dritte durch den Versicherungsfall einen **Vermögensnachteil** erleiden kann.[120]

120 BK/*Beckmann*, § 68 Rn. 6.

1228 Um festzustellen, welches Interesse in einem bestimmten Vertrag versichert ist, bedarf es dessen **Auslegung**. Dabei kann ein und dieselbe Person verschiedenartige Interessen an einem bestimmten Gegenstand haben. So kann der Eigentümer einer Sache ein Interesse an deren Erhaltung und Nutzung, darüber hinaus aber auch am Verkaufserlös haben. Daneben können verschiedene Personen jeweils Interessen an ein und demselben Gegenstand haben. Diese Interessen können **gleichartig** sein, wie dies etwa bei Miteigentümern einer Sache hinsichtlich des Sacherhaltungsinteresses der Fall ist. **Ungleichartig** sind hingegen etwa die Interessen von Eigentümer und Anwartschaftsinhaber an einer Sache; dasselbe gilt für Eigentümer und Fremdbesitzer (insbesondere: Mieter, Pächter, Leasingnehmer). In allen diesen Fällen hat eine Beschädigung oder Zerstörung der Sache jeweils wirtschaftliche Auswirkungen für mehrere Beteiligte; sie alle können nebeneinander ein versichertes Interesse an der Sache haben.

1229 Die Vertragsauslegung ist im Hinblick auf die Frage, welche Interessen versichert sind, oft **schwierig**. Dies gilt nicht allein hinsichtlich der Interessenträger (s. Rn. 1262ff. zur Mitversicherung fremden Interesses), sondern auch in Bezug auf die inhaltliche Reichweite des versicherten Interesses. Zweifel können sogar dann aufkommen, wenn die AVB jenes Interesse sehr weit beschreiben und damit eine **Allgefahrendeckung** zu versprechen scheinen.

1230 Anschaulich treten die Schwierigkeiten bei der Bestimmung des versicherten Interesses in den sog. **Werttransportfällen** zutage, die eines der größten in Deutschland je praktizierten Schneeballsysteme betreffen. Diese Fälle sind, auch wenn sie eine recht spezielle gewerbliche Versicherungssparte betreffen, im Kontext der hier interessierenden Vertragsauslegung sehr lehrreich; sie sollen daher exemplarisch näher erörtert werden.

1231 **Beispiel:**[121] Das Werttransportunternehmen W schließt für seinen Kunden E, ein Einzelhandelsunternehmen, als Versicherten bei Versicherer V eine **Geld- und Werttransportversicherung** ab. Diese Versicherung bezieht sich auf Bargeld, das W in den Geschäftsräumen des E abholt und nach einer Aufbereitung (Sortierung, Verpackung usw.) in sog. Cash-Centern bei einer Filiale der Deutschen Bundesbank auf ein von E benanntes Konto einzahlen soll. Die zwischenzeitliche Einzahlung auf ein sog. Pooling-Konto von W vor der Weiterleitung auf das von E benannte Konto ist in den Transportverträgen, auf die der Versicherungsvertrag hinsichtlich der versicherten Gefahr verweist, nicht vorgesehen, wird von E aber geduldet. W zahlt die von E übergebenen Gelder jedoch nicht auf das vereinbarte Konto ein, sondern auf dasjenige eines anderen Kunden, dessen Bargeld W bereits einige Tage zuvor erhalten hatte. Dieses Schneeballsystem scheitert, als Deckungslücken in dreistelliger Millionenhöhe entstehen, die sich gegenüber E und den anderen Kunden nicht mehr verschleiern lassen. W ist mittlerweile insolvent. E nimmt nun V auf Ersatz der ihm entstandenen Schäden in Anspruch.

121 Nach BGH VersR 2011, 918 (Heros I).

Der BGH hat in diesem Fall den Deckungsschutz abgelehnt. Im Kern stützt er sich darauf, die hier abgeschlossene Versicherung decke lediglich typische Transportrisiken. Hierfür sei es erforderlich, dass ein *„stofflicher Zugriff"* – im Sinne eines physischen Zugriffs – auf das zu transportierende Bargeld erfolgt. Dies sei auch einem durchschnittlichen, juristisch nicht vorgebildeten Versicherungsnehmer einer Transportversicherung, „der zudem die Verständnismöglichkeiten und Interessen der Versicherten beachtet"[122], erkennbar. Nach dem Wortlaut der AVB seien lediglich Sachen wie Hartgeld oder Banknoten als Gegenstand der Versicherung anzusehen. Es handele sich um eine **Geld-, nicht um eine Geldwertversicherung,** und damit allein um eine Sachversicherung von Gütern. Mit ihr solle dem erhöhten Risiko eines Sachzugriffs Rechnung getragen werden, das durch die fremde und wechselnde Obhut während des Transports bestehe. Für seine These, wonach der Versicherungsfall einen „stofflichen Zugriff" auf das zu transportierende Bargeld voraussetzt, verweist der BGH auf einige **Leistungsausschlüsse in den AVB**, die allein physisch auf die Sachsubstanz einwirkende Gefahren betreffen. Dies lege es nahe, dass es bei dem vereinbarten Versicherungsschutz *insgesamt* allein um den Schutz von körperlichen Gegenständen gehe. Auch in der Klausel zur Dauer der Versicherung, wonach diese jeweils mit der Übergabe des Bargelds an die vom Versicherten zu bestimmende Stelle endet, erblickt der Senat eine Bestätigung seiner These, dass ein „stofflicher Zugriff" erforderlich sei. Zudem seien die Haftungshöchstsummen lediglich am Sicherheitsniveau der jeweiligen Transportstrecke und -ausführung orientiert; die **Prämienberechnung** richte sich nur nach dem Umfang von Transport, Lagerung und Bearbeitung von Sachen, namentlich Bargeld. Auch daraus, dass bei Verschollenheit oder Entziehung usw. von hoher Hand Ersatz zu leisten ist, erschließe sich, dass nur körperliche Gegenstände versichert seien, nicht hingegen der in ihnen verkörperte Geldwert. 1232

Kein Hindernis für sein Postulat, dass ein „stofflicher Zugriff" erforderlich sei, sieht der BGH darin, dass der Gegenstand der Versicherung sich auf sämtliche vom Dienstleister vertraglich übernommene Tätigkeiten erstreckt; auch dies setze nämlich den körperlichen Gewahrsam des Dienstleisters voraus. Auch der Umstand, dass die AVB Versicherungsschutz *„für jegliche Verluste und/oder Schäden* ***gleichviel aus welcher Ursache*** *einschließlich Veruntreuung und/oder Unterschlagung durch den Versicherungsnehmer"*, mithin durch den Dienstleister, gewähren, ändere an dem Postulat nichts. Mit **Veruntreuung** sei nämlich lediglich die veruntreuende Unterschlagung gem. § 246 Abs. 2 StGB gemeint, nicht jedoch die keinen Sachzugriff erfordernde Untreue nach § 266 StGB. Die Klausel, wonach die gesetzliche Haftung des Versicherungsnehmers (Dienstleisters) gegenüber den Versicherten (Kunden) in den Versicherungsschutz einbezogen ist, konkretisiere lediglich die Transportgefahr, ohne den Gegenstand der Versicherung auf die Deckung der Haftung für reine Vermögensschäden zu erweitern. In der Einzahlung auf ein anderes als das vereinbarte 1233

122 BGH VersR 2011, 918 Rn. 22.

Konto liege nicht der erforderliche „stoffliche Zugriff“ auf körperliche Sachen, sondern „lediglich ein treuwidriger Umgang mit dem nach dem Ende des Versicherungsschutzes nicht mehr versicherten Buchgeld“.

1234 Die Rechtsprechung zu den Werttransportfällen erweist damit, wie unterschiedlich das **Verständnis ein und desselben Begriffs** selbst auf der Ebene des BGH sein kann. So versteht der 3. Strafsenat des BGH in den Verfahren, in denen es um die Strafbarkeit der Geschäftsführer von W ging, unter dem Wort **„Veruntreuung“** eine Untreue i.S. von § 266 StGB, also exakt dasjenige, was der Versicherungssenat ausdrücklich ablehnt.[123]

1235 Das Urteil zeigt anschaulich, wie löchrig ein Versicherungsschutz in den Augen der Rechtsprechung werden kann, der aus Sicht des Versicherten – die auch für die Auslegung vom maßgeblichen Horizont des Versicherungsnehmers bedeutsam ist (s. Rn. 1277) – umfassenden Schutz gegen die mit der Tätigkeit des Versicherungsnehmers verbundenen Gefahren bot.[124] Dem geschädigten E wird das vom BGH gefundene Ergebnis nur schwer verständlich zu machen sein: Für ihn war eine **Allgefahrendeckung** für *„jegliche Verluste und/oder Schäden gleichviel aus welcher Ursache“* hinsichtlich der Gefahren aus der Tätigkeit von W beschafft worden; im Vertrauen darauf hatte er dem W hohe Geldbeträge übergeben. Er wähnte sich auch für jeglichen Fall der „Veruntreuung und/oder Unterschlagung“ seiner Gelder geschützt. Nun muss E erfahren, dass die Allgefahrendeckung durch das Erfordernis eines **„stofflichen Zugriffs“**, von dem im Vertrag nirgendwo die Rede ist, eingeschränkt wird und er deshalb schutzlos sein soll; der Vertrag sei trotz der denkbar weiten Formulierung der Allgefahrendeckung für den erforderlichen Schutz „zu Teilen ungeeignet“[125]. Hingegen hat der BGH in Fällen, in denen das Cash-Pooling ausdrücklich ausgeschlossen war, abweichend entschieden und einen Versicherungsschutz zutreffend bejaht.[126]

1236 Die **Vertragsgestaltungspraxis** reagiert auf derartige, bei der Auslegung der AVB durch die Gerichte zutage tretende Lücken regelmäßig rasch. So sind in der Geld- und Werttransportversicherung in Reaktion auf den erörterten Fall nunmehr alle vorsätzlich vom Dienstleister und seinen Repräsentanten verursachten Schäden ausgeschlossen.[127] Dies erscheint auch geboten. Will der Versicherer ein bestimmtes Risiko nicht übernehmen, so ist es ihm – zumal in der Großrisikoversicherung – zumutbar, die versprochene Allgefahrendeckung durch ausdrückliche Risikoausschlüsse einzuschränken. Ist ein derartiger Ausschluss – wie in der Vergangenheit in der Geld- und Werttransportversicherung, aber auch in jüngeren Policen anderer Versicherungssparten – in concreto unterblieben, so liegt es in der Verantwortung desjenigen, der im Grundsatz eine

123 Beschl. v. 1.4.2008 – 3 StR 493/07, BeckRS 2008, 12627; vom IV. Zivilsenat in VersR 2011, 918 nicht erwähnt.

124 Zur Kritik s. bereits *Armbrüster*, VersR 2011, 1081 ff.

125 BGH VersR 2011, 918, 922 Rn. 61.

126 BGH VersR 2012, 437, 438 Rn. 26 ff.

127 S. dazu den redaktionellen Beitrag in VW 2011, 893.

Allgefahrendeckung verspricht, einen dieses umfassende Versprechen einschränkenden Willen zum Vertragsinhalt zu machen und überdies ggf. die tatbestandlichen Voraussetzungen eines solchen Risikoausschlusses zu beweisen.

II. Bestehen des versicherten Interesses

1. Fehlen des versicherten Interesses (§ 80 Abs. 1 VVG)

§ 80 Abs. 1 VVG regelt diejenigen Fälle, in denen das versicherte Interesse wegen anfänglichen Fehlens so nicht existiert (**anfänglicher Interessenmangel**). Besteht das versicherte Interesse im Zeitpunkt des technischen Versicherungsbeginns (s. dazu Rn. 847) nicht und gelangt es auch später nicht zur Entstehung, so schuldet der Versicherungsnehmer demnach kraft Gesetzes keine Prämie. Der Versicherer kann lediglich eine angemessene Geschäftsgebühr verlangen (§ 80 Abs. 1 S. 2 VVG; s. auch Rn. 944).[128] 1237

Beispiele: Das Gebäude, für das der Versicherungsnehmer Feuerversicherungsschutz beschafft, ist bereits kurz vor Vertragsschluss abgebrannt. Die Reise, auf die sich die Reisegepäckversicherung bezieht, wird nicht angetreten. Der neu gegründete Betrieb, für den eine Betriebshaftpflichtversicherung abgeschlossen worden ist, erhält keine behördliche Zulassung. 1238

Wie sich aus § 80 Abs. 1 VVG weiter ergibt, kann eine Versicherung auch für künftige Interessen genommen werden. Häufig ist dies bei einer sog. **laufenden Versicherung** der Fall (§ 53 VVG). Diese bezieht sich auf eine Vielzahl von Interessen, die zunächst nur der Gattung nach bezeichnet und erst nach ihrer Entstehung beim Versicherer angemeldet (ihm „aufgegeben") werden. Die laufende Versicherung dient der rationelleren Abwicklung von Vorgängen, die unterschiedliche oder wechselnde zu versichernde Risiken betreffen. Sie ist insbesondere in der Montage-, Transport- und Kreditversicherung verbreitet.[129] 1239

2. Wegfall des versicherten Interesses (§ 80 Abs. 2 VVG)

Fällt das versicherte Interesse **später**, d.h. nach dem technischen Versicherungsbeginn, weg, so gebührt dem Versicherer nach § 80 Abs. 2 VVG die Prämie, die er hätte verlangen können, wenn die Versicherung nur bis zu dem Zeitpunkt beantragt worden wäre, in welchem der Versicherer vom Wegfall des Interesses Kenntnis erlangt hat. Diese Prämie ist nicht zwangsläufig identisch mit derjenigen, die bei einer zeitanteiligen Berechnung (pro rata temporis) auf der Grundlage des vereinbarten Prämiensatzes geschuldet wäre. Nicht selten hätte der Versicherer nämlich dann, wenn von vornherein nur eine Laufzeit bis zur Vertragsbeendigung durch den Interessewegfall vereinbart worden wäre, einen hö- 1240

128 Einzelheiten bei *Armbrüster,* in: Prölss/Martin, § 80 Rn. 20ff.; BK/*Beckmann*, § 68 Rn. 17.
129 Näher *Armbrüster,* in: Prölss/Martin, Vor § 53 Rn. 1ff.

heren Tarif herangezogen (sog. Kurztarif). Der Versicherungsnehmer schuldet daher in diesem Fall die **Kurztarifprämie**. Dies gilt auch dann, wenn zwischenzeitlich der Versicherungsfall eingetreten ist. Häufig wird der Interessewegfall gerade hierauf beruhen.

1241 **Beispiel:** Das in der Kaskoversicherung versicherte Kfz wird nach drei Monaten Vertragslaufzeit bei einem Brand zerstört.

1242 Mit § 80 Abs. 2 VVG hat der Reformgesetzgeber sich auch im Bereich des Interessewegfalls vom umstrittenen Grundsatz der sog. **Unteilbarkeit der Prämie** verabschiedet (s. Rn. 389). Nach § 68 Abs. 4 VVG a.F. war noch die Prämie für die gesamte laufende Versicherungsperiode geschuldet.

1243 § 80 Abs. 2 VVG setzt einen **dauerhaften Wegfall** des versicherten Interesses voraus. In der Kfz-Versicherung genügt hierfür etwa die Beschlagnahme des Fahrzeugs nicht. Den nicht geschuldeten Teil einer bereits gezahlten Prämie kann der Versicherungsnehmer gem. § 812 Abs. 1 S. 1 Fall 1 BGB zurückfordern.[130]

3. Veräußerung der versicherten Sache (§ 95 VVG)

1244 Genau genommen handelt es sich auch bei der **Veräußerung der versicherten Sache** um einen Wegfall des versicherten Interesses (s. dazu Rn. 1240). Freilich gelten in diesem Fall abweichende Regelungen, nämlich die §§ 95ff. VVG. Ihnen liegt die Annahme zugrunde, dass sowohl der Erwerber als auch der Versicherer ein Interesse daran haben können, den Versicherungsvertrag fortzuführen. Aus Sicht eines Immobilienerwerbers liegt dies deshalb nahe, weil er den Zeitpunkt der Veräußerung – maßgeblich ist regelmäßig die Grundbuchumschreibung des Eigentums –[131] nicht im Voraus zuverlässig abschätzen kann und daher riskiert, zunächst unversichert zu sein. Daher tritt der Erwerber nach § 95 Abs. 1 VVG kraft Gesetzes in den Vertrag mit dem Versicherer ein. Es handelt sich um einen der wenigen Fälle, in denen abweichend vom Konsensprinzip ein Vertragsverhältnis zwischen Parteien begründet wird, die keine diesbezüglichen, aufeinander bezogenen Willenserklärungen abgegeben haben. Insofern besteht eine strukturelle Parallele zum Eintritt des Grundstückserwerbers in bestehende Wohnraummietverhältnisse gem. § 566 BGB.

1245 Jeder Vertragspartner kann im Falle einer Veräußerung im Einzelfall ein Interesse daran haben, dass der Versicherungsvertrag **nicht fortgeführt** wird. Aus Sicht des **Erwerbers** kann der Versicherungsschutz beispielsweise als unnötig oder zu teuer erscheinen; bisweilen hat sich ein Erwerber auch bereits gegenüber einem anderen Versicherer dazu verpflichtet, alle neu in sein Eigentum übergehenden Sachen unter einem bestehenden Vertrag zu versichern. Für den **Versicherer** kann in der Person des Versicherungsnehmers ein Anlass dafür be-

130 OLG Köln r+s 2012, 108, 109.
131 Näher *Armbrüster*, in: Prölss/Martin, § 95 Rn. 8.

stehen, das übergegangene Vertragsverhältnis zu beenden, etwa wegen eines erhöhten subjektiven Risikos oder unzulänglicher Liquidität.

Dieser Interessenlage trägt der Gesetzgeber dadurch Rechnung, dass er bei- 1246
den Vertragsparteien die Möglichkeit der **Kündigung** gewährt (§ 96 VVG). Dieses Kündigungsrecht ist asymmetrisch ausgestaltet: Dasjenige des Versicherers nach § 96 Abs. 1 VVG kann unter Einhaltung einer Monatsfrist ausgeübt werden; es erlischt, wenn es nicht binnen eines Monats ab Kenntnis von der Veräußerung ausgeübt wird. Demgegenüber hat der Erwerber nach § 96 Abs. 2 VVG ein Kündigungsrecht mit sofortiger Wirkung; dieses erlischt grundsätzlich binnen eines Monats nach dem Erwerb.

Eine bedeutsame Obliegenheit ist in § 97 Abs. 1 S. 1 VVG enthalten. Dem- 1247
nach muss der Veräußerer oder der Erwerber dem Versicherer die Veräußerung unverzüglich **anzeigen**. Anderenfalls kann dieser nach näherer Maßgabe von S. 2 bei Eintritt des Versicherungsfalls von der Leistung frei sein. Probleme bereitet hier insbesondere der Begriff der **Veräußerung**. Dieser hängt nämlich davon ab, worin man das versicherte Interesse erblickt. Bezieht man es allein auf das Eigentum an einer Sache, ist die **Vollendung des dinglichen Verfügungsgeschäfts** entscheidend.[132] Damit übereinstimmend sind Rechtsprechung und überwiegende Literatur nicht der Ansicht gefolgt, die für den Begriff der Veräußerung darauf abstellen möchte, wer zu welchem Zeitpunkt wirtschaftlich vom Schicksal der versicherten Sache betroffen ist.

Die Anknüpfung an den formalen Akt der Eintragung des Erwerbers ins 1248
Grundbuch hat allerdings zur Folge, dass bei Kaufverträgen den **Interessen des Käufers** in der Zeit zwischen Gefahrübergang gem. § 446 BGB und Eigentumserwerb nicht ausreichend Rechnung getragen wird. Daher nimmt die Rechtsprechung an, dass das Sacherhaltungsinteresse des Käufers in der Zeit zwischen Gefahrübergang und Eigentumserwerb auch ohne ausdrückliche Regelung mitversichert sei.[133]

Diese Lösung wird freilich der Interessenlage des Käufers nicht vollständig 1249
gerecht. Als gefährlich erweisen kann sich für ihn insbesondere die Konstellation, dass der Verkäufer als Versicherungsnehmer seiner Pflicht zur Prämienzahlung nicht nachkommt und der Versicherer infolgedessen von seiner Verpflichtung zur Leistung – auch gegenüber dem Käufer – frei ist. § 95 VVG steht indes einer Abrede zwischen Versicherer und Käufer, wonach dieser einen **eigenen, vom Verkäufer unabhängigen Leistungsanspruch** gegen den Versicherer erwerben soll, nicht entgegen.[134] Eine derartige Abrede kann insbesondere dadurch zustande kommen, dass der Versicherer dem Käufer gegenüber zum Ausdruck bringt, er wolle den Vertrag mit diesem fortführen und mache daher von seinem Kündigungsrecht keinen Gebrauch. Falls der Käufer seinerseits nicht innerhalb eines Monats kündige, werde er den Vertrag auf den Käufer um-

---

132 BGH VersR 1987, 477; NJW-RR 1989, 211; *Armbrüster*, in: Prölss/Martin, § 95 Rn. 8.
133 BGH VersR 2009, 1114 Rn. 11; *Reusch*, VersR 2011, 1478ff.
134 BGH VersR 2009, 1114 Rn. 12; *Reusch*, VersR 2011, 1478, 1483ff.

stellen. Unterlässt der Käufer daraufhin eine Kündigung, so wird er selbst Versicherungsnehmer, ohne dass eine Obliegenheitsverletzung des Verkäufers seine Rechtsposition beeinträchtigen könnte.[135]

III. Mehrfache Versicherung desselben Interesses (§§ 77ff. VVG)

1250 Schließt der Versicherungsnehmer für dasselbe Risiko gegen dieselbe Gefahr bei mehreren Versicherern Versicherungsverträge ab und übersteigt die aus diesen Verträgen im Schadensfall zu beanspruchende Leistung den Versicherungswert, so liegt eine **Mehrfachversicherung** vor (§ 78 Abs. 1 VVG).

1251 Um keinen Fall der Mehrfachversicherung handelt es sich, wenn der Gegenstand von unterschiedlichen Versicherern gegen verschiedene Gefahren (z.B. Einbruchdiebstahl einerseits und Feuer andererseits) oder wenn dieselbe Gefahr teils von einem, teils von einem anderen Versicherer gedeckt wird. Nach § 77 Abs. 1 VVG ist der Versicherungsnehmer verpflichtet, dies dem Versicherer unverzüglich mitzuteilen, auch wenn konkret keine **Überversicherung** besteht.[136] Ein Unterlassen der Mitteilung kann Schadensersatzansprüche nach §§ 280 Abs. 1, 241 Abs. 2 BGB zur Folge haben.[137]

1252 Die Rechtsfolgen einer Mehrfachversicherung ergeben sich aus den §§ 78, 79 VVG. Im Fall einer **betrügerischen** Mehrfachversicherung ist demnach jeder der Verträge nichtig. Der jeweilige Versicherer kann jedoch die vereinbarte Prämie bis zu dem Zeitpunkt verlangen, zu dem er von den die Nichtigkeit begründenden Umständen Kenntnis erlangt (§ 78 Abs. 3 VVG).

1253 Sofern eine **unbewusst** geschlossene Mehrfachversicherung vorliegt, kann der Versicherungsnehmer eine Herabsetzung der Versicherungssumme oder die Aufhebung des später geschlossenen Vertrags verlangen (§ 79 Abs. 1 VVG). Ist der Versicherungsfall eingetreten, haften die beteiligten Versicherer nach § 78 Abs. 1 VVG auf den Betrag des Schadens als Gesamtschuldner. Damit ist sichergestellt, dass der Versicherungsnehmer insgesamt nicht mehr als den Ersatz seines Schadens verlangen kann. Diese Regelung stellt mithin eine Ausprägung des die Schadensversicherung kennzeichnenden Grundsatzes der konkreten Bedarfsdeckung dar (s. dazu Rn. 409ff.).

IV. Subsidiäre Versicherung eines Interesses

Literatur

Armbrust, Subsidiaritätsabreden in Versicherungsverträgen, 1991; *Schaloske*, Das Recht der so genannten offenen Mitversicherung, 2007.

1254 Die Rechtsfolgen des §§ 78f. VVG werden bisweilen dadurch vermieden, dass das **Gesetz** die Subsidiarität[138] einer von mehreren Versicherungen anordnet.

---

135 BGH VersR 2009, 1114 Rn. 12, 17.
136 *Wandt*, Rn. 750.
137 *Armbrüster*, in: Prölss/Martin, § 77 Rn. 17.
138 VersRHdb./*Armbrüster*, § 6 Rn. 80ff.

Eine derartige Regelung findet sich insbesondere in § 117 Abs. 3 S. 2 VVG für die Pflicht-Haftpflichtversicherung: Sofern der geschädigte Dritte Ersatz von einem anderen Schadensversicherer oder von einem Sozialversicherungsträger erlangen kann, ist der Pflicht-Haftpflichtversicherer nicht eintrittspflichtig.

Häufig wird zudem in **AVB** vorgesehen, dass der Versicherer gegenüber einem anderen Versicherer nur subsidiär haftet (**Subsidiaritätsklausel**). Solche Klauseln kommen in zwei unterschiedlichen Formen vor, nämlich als einfache und als qualifizierte. 1255

Bei einer **einfachen Subsidiaritätsklausel** haftet der Versicherer, wenn ein anderer Vertrag besteht, aber der andere Versicherer **leistungsfrei** ist.[139] Ausschlaggebender Zeitpunkt für die Bestimmung der Leistungsfreiheit ist derjenige, zu dem der Versicherungsfall eintritt. Verletzt der Versicherungsnehmer daher eine Obliegenheit nach Eintritt des Versicherungsfalls und führt dies zur Leistungsfreiheit gegenüber dem primär haftenden Versicherer, so begründet dies keine Einstandspflicht des subsidiär haftenden Versicherers.[140] Der Versicherungsnehmer erreicht mit einer solchen Klausel regelmäßig eine Prämienersparnis, da sich der Umfang der Leistungspflicht des Versicherers reduziert. Die Klausel hält einer AGB-Kontrolle stand.[141] Eine einfache Subsidiaritätsklausel kann beispielsweise lauten: „*Entschädigung wird nur geleistet, soweit Entschädigung nicht aus einem anderen Versicherungsvertrag beansprucht werden kann.*“ 1256

Eine **qualifizierte Subsidiaritätsklausel** liegt vor, wenn der Versicherer nur dann leistungspflichtig ist, wenn ein anderer **Versicherungsvertrag** für dasselbe Interesse und dieselbe Gefahr nicht oder in nicht ausreichendem Umfang besteht. Der Versicherer ist hier mithin bereits dann leistungsfrei, wenn ein anderweitiger Vertrag über dasselbe Risiko besteht, unabhängig davon, ob der Versicherungsnehmer daraus Deckungsschutz zu erlangen vermag. Lässt der Versicherungsnehmer sich auf eine solche Klausel ein, so erzielt er damit regelmäßig eine größere Prämienersparnis als bei einer einfachen Subsidiaritätsklausel. 1257

Problematisch ist die Behandlung des **Zusammentreffens** von Subsidiaritätsklausel verschiedener Versicherer. Dafür gelten folgende Regeln: 1258

Treffen eine **qualifizierte** und eine **einfache** Subsidiaritätsklausel zusammen, hat erstere Vorrang. Folglich haftet ausschließlich derjenige Versicherer, mit dem eine einfache Subsidiaritätsklausel vereinbart ist. 1259

Treffen **zwei einfache** Subsidiaritätsklauseln aufeinander, ergibt eine ergänzende Vertragsauslegung, dass diese sich gegenseitig aufheben und § 78 VVG nicht abbedungen ist. 1260

Sofern ausnahmsweise **zwei qualifizierte** Subsidiaritätsklauseln (wirksam) zusammentreffen, soll keiner der Versicherer haften.[142] Gewisse Bedenken bestehen hinsichtlich der Vereinbarkeit dieser Auswirkungen mit den §§ 305ff. 1261

---

139 BK/*Schauer*, § 59 Rn. 50.

140 *Armbrüster*, in: Prölss/Martin, § 78 Rn. 30.

141 BGH VersR 2004, 994, 995 (betr. Reisekrankenversicherung).

142 S. nur *Armbrüster*, in: Prölss/Martin, § 78 Rn. 35.

BGB. Allerdings ist hinsichtlich der AGB-Kontrolle jedes Klauselwerk für sich zu betrachten. Zudem sind qualifizierte Subsidiaritätsklauseln jedenfalls nicht so ungewöhnlich, dass sie als überraschend i.S. von § 305c Abs. 1 BGB anzusehen wären. Richtiger Ansatzpunkt dafür, den Versicherungsnehmer vor untragbaren Deckungslücken zu bewahren, ist vielmehr die **Beratungspflicht** gem. § 6 Abs. 1 VVG, da diese sich am Bedarf des Versicherungsnehmers zu orientieren hat. Im Übrigen lässt sich die Gefahr, die sich aus dem Zusammentreffen zweier qualifizierter Subsidiaritätsabreden für den Versicherungsnehmer ergibt, bisweilen auch im Rahmen der Auslegung reduzieren. Es spricht nämlich im Zweifel für eine einfache Subsidiarität, dass es einem durchschnittlichen Versicherungsnehmer eher auf die Vermeidung von Deckungslücken als auf die Erzielung einer (höheren) Prämienersparnis ankommen wird.

V. Versicherung fremden Interesses

Literatur

Armbrüster, Regress des Gebäudeversicherers gegen den Mieter, NJW 2006, 3683; *ders.*, Der Schutz von Haftpflichtinteressen in der Sachversicherung, 1994; *Heinicke*, Sachversicherung und fremde Interessen: zum konkludenten Schutz eines sachbesitzenden Dritten bei der Eigentümerversicherung, 2002; *Ingwersen*, Die Stellung des Versicherungsnehmers bei Innenhaftungsfällen in der D&O-Versicherung, 2011; *Staudinger/Kassing*, Der Regress des Gebäudeversicherers gegen den Mieter im Lichte der VVG-Reform, VersR 2007, 10.

1. Mitversicherung fremder Interessen in der Sachversicherung

a) Überblick

1262 Die Bestimmung des versicherten Interesses bereitet insbesondere in der Sachversicherung bisweilen Probleme. Eine ergänzende **Auslegung** des Vertrags kann eine Mitversicherung des fremden Erhaltungs-, Nutzungs- und Sachersatzinteresses ergeben. Praktisch bedeutsam ist die Bestimmung der versicherten Interessen insbesondere im Hinblick auf die in § 86 VVG angeordnete Legalzession. Eine Einbeziehung bestimmter Interessen kann nämlich dazu führen, dass dem Versicherer seine Regressmöglichkeit gegen den für den Schaden nach bürgerlich-rechtlichen Regeln Verantwortlichen genommen wird. Grundsätzlich hängt die Einbeziehung nicht davon ab, ob es dem Versicherer in concreto erkennbar war, dass auch eine andere Person als der Versicherungsnehmer Träger eines Interesses an der Sache ist.[143] Vielmehr genügt es, wenn mit einer solchen Möglichkeit gerechnet werden musste.

1263 **Beispiel:** Das Sacherhaltungsinteresse (s. Rn. 1264) eines Miteigentümer ist eingeschlossen, wenn ein anderer Miteigentümer die Sache ohne Hinweis auf die Bruchteilsgemeinschaft versichert hat.[144]

---

143 Näher *Prölss/Klimke*, in: Prölss/Martin, § 43 Rn. 8.
144 Vgl. OLG Karlsruhe VersR 2000, 1360 (betr. Aufteilung eines Gebäudes in Wohnungseigentum in der Rechtsschutzversicherung).

b) Sacherhaltungsinteresse

Das **Sacherhaltungsinteresse** (Interesse am „Haben“ des Substanzwertes) des Eigentümers ist regelmäßig mitversichert, wenn der Versicherungsnehmer die Sache versichert, auch wenn er nicht Eigentümer ist. Unter Umständen kann auch das Sacherhaltungsinteresse eines Dritten mitversichert sein, wenn der Versicherungsnehmer Eigentümer der versicherten Sache ist. 1264

Beispiel: Der Mieter M baut eine Badewanne in die Wohnung ein. Sofern diese als wesentlicher Bestandteil des Gebäudes gem. § 93 BGB ins Eigentum des vermietenden Gebäudeeigentümers E übergegangen ist (also bei Unanwendbarkeit von § 95 Abs. 2 BGB), steht dem M nach § 539 Abs. 2 BGB ein Wegnahme- und Aneignungsrecht zu. Insoweit kann von einer Mitversicherung seines, letztlich auf die Sachsubstanz bezogenen Interesses in der von E genommenen Gebäudeversicherung ausgegangen werden.[145] 1265

c) Sachnutzungsinteresse

Das **Sachnutzungsinteresse** (Gebrauchsinteresse des Sachnutzers) ist regelmäßig nicht mitversichert. Nur wenn die AVB ausdrücklich vorsehen, dass der Ausfall der Gebrauchsmöglichkeit mitversichert ist, wird dieses Interesse ersetzt.[146] 1266

Beispiel: In der Betriebsunterbrechungsversicherung wird der Ertragsausfallschaden ersetzt, der dadurch entsteht, dass Betriebseinrichtungen aufgrund eines versicherten Ereignisses (insbesondere: Feuer) ausfallen (s. etwa Abschnitt A § 6 FBUB 2008). Dies gilt im Übrigen unabhängig davon, ob die betroffenen Einrichtungen dem Versicherungsnehmer gehören oder nicht. 1267

d) Sachersatzinteresse

aa) Schutz des potentiell Haftpflichtigen. Neben dem Sacherhaltungsinteresse des Eigentümers besteht in vielen Fällen ein Interesse von Personen, die mit der Sache in Berührung kommen (insbesondere Sachnutzer), daran, dass ihr Vermögen nicht mit Haftpflichtansprüchen wegen schuldhafter Beschädigung oder Zerstörung oder des Verlusts der Sache belastet wird. Dasselbe gilt für das Risiko, aufgrund besonderer Gefahrtragungsregeln im Fall der Beeinträchtigung schon erbrachter Leistungen weiterhin zur Leistung verpflichtet zu bleiben. Es geht hier jeweils um das sog. **Sachersatzinteresse**. Die Träger dieses Interesses lassen sich im Hinblick auf das bei ihnen bestehende Risiko einer möglichen künftigen Haftung als **potentiell Haftpflichtige** bezeichnen. Es geht hier also um ein Haftpflichtinteresse und um die Frage, ob dieses in der einen oder anderen Weise in den Deckungsumfang der Sachversicherung eingeschlossen ist. Praktisch ist diese Thematik insbesondere im Wohnungsmietrecht bedeutsam. 1268

145 Str.; in dieser Richtung auch BGH VersR 1994, 1101; näher *Prölss/Klimke*, in: Prölss/Martin, § 43 Rn. 70ff.
146 *Schirmer*, ZVersWiss 1981, 637, 655f.

1269 **Beispiel:** Vermieter A unterhält für das ihm gehörende Mehrfamilienhaus bei Versicherer V eine Gebäudeversicherung. Mieter M verursacht mit einfacher Fahrlässigkeit einen Wohnungsbrand. V ersetzt A den am Gebäude entstandenen Schaden und verlangt diesen Betrag nunmehr gem. § 86 Abs. 1 VVG von M ersetzt.

1270 Die Frage spielt aber auch in **anderem Kontext** als bei Wohnungsmietverhältnissen eine Rolle. Letztlich geht es um alle diejenigen Fällen, in denen jemand aufgrund eines Rechtsverhältnisses zum Eigentümer mit fremden Sachen in gleicher oder zumindest ähnlicher Weise wie ein Eigentümer umgeht.

1271 **Beispiele:** Der Leasingnehmer verursacht einen Schaden an der dem Leasinggeber gehörenden Leasingsache. Ein GmbH-Geschäftsführer lässt versehentlich einen der GmbH gehörenden Laptop fallen. Das Mitglied eines Segelfliegervereins bringt aufgrund einer Unachtsamkeit ein dem Verein gehörendes Flugzeug zum Absturz.

1272 In all diesen Fällen ist der potentiell Haftpflichtige daran interessiert, dass der Gebäudeversicherer ihn nicht, nachdem er dem Eigentümer einen Schaden ersetzt hat, nach § 86 Abs. 1 S. 1 VVG (s. dazu Rn. 1345ff.) in **Regress** nimmt.

1273 Nach nunmehr einhelliger Auffassung ist das Sachersatzinteresse in einer Sachversicherung **versicherbar.**[147] Nachdem der BGH dies früher anders gesehen hatte, ist er in einem Grundsatzurteil im Jahr 2001 zu der zutreffenden Erkenntnis gelangt, dass die Versicherbarkeit eines Interesses in einer bestimmten Versicherung nicht durch einen objektiv-rechtlichen **Typenzwang** begrenzt wird, demzufolge etwa im Rahmen einer Sachversicherung keine Haftpflichtinteressen mitversichert werden könnten.[148]

1274 Vielmehr stellt sich allein die Frage, ob der potentiell Haftpflichtige vor einem Regress des Versicherers geschützt ist. Dies ist im Wege der „eigentlichen" oder – falls keine ausdrückliche Regelung getroffen wurde – der ergänzenden **Vertragsauslegung** zu ermitteln. Im Ergebnis wird ein solcher Schutz im Grundsatz mittlerweile jedenfalls in solchen Fällen zutreffend allgemein befürwortet, in denen der potentiell Haftpflichtige die Sachversicherung wirtschaftlich selbst (mit-)finanziert, wie dies insbesondere der Mieter in Gestalt der Miete oder ein Vereinsmitglied durch seine Mitgliedsbeiträge macht.

1275 Auch insoweit hat die Rechtsprechung des BGH einen bedeutsamen Wandel vollzogen: Zunächst hat er die sog. **haftungsrechtliche Lösung** favorisiert.[149] Sie setzt nicht am Versicherungsvertrag, sondern am Rechtsverhältnis zwischen potentiell Haftpflichtigem (z.B. Mieter) und potentiell Geschädigtem (z.B. vermietender Wohnungseigentümer) an und geht von einem **stillschweigenden Haftungsausschluss** für einfache Fahrlässigkeit aus. Diese Rechtspre-

147 Ausführlich *Prölss/Klimke*, in: Prölss/Martin, § 43 Rn. 15ff.

148 BGHZ 145, 393 = VersR 2001, 94, 95f.; *Armbrüster*, NVersZ 2001, 193ff.

149 S. dazu zusammenfassend und krit. *Armbrüster*, NJW 2006, 3683 (sub II); *Prölss*, r+s 1997, 221, 223ff.

chung beruhte auf der inzwischen vom BGH als unhaltbar erkannten Prämisse, dass der Schutz des Haftpflichtinteresses im Rahmen der Sachversicherung rechtlich nicht möglich sei (s. Rn. 1273). Nach der haftungsrechtlichen Lösung wird der Regressschutz rechtstechnisch dadurch erreicht, dass bei einfach fahrlässigem Handeln schon **kein übergangsfähiger Ersatzanspruch** i.S. von § 86 Abs. 1 S. 1 VVG existiert. Gegen jene Konstruktion bestehen freilich durchgreifende Einwände. So war es verfehlt, dass der BGH eine stillschweigende Haftungsbeschränkung nur dann annehmen wollte, wenn die Gebäudeversicherungsprämie ausdrücklich auf die Miete umgelegt wurde; der Regressschutz des Mieters hinge dann nämlich von einem für ihn zufälligen und von ihm regelmäßig nicht beeinflussbaren Maßstab ab. Vor allem aber überdehnt die haftungsrechtliche Lösung die Grenzen der ergänzenden Vertragsauslegung: Es ist kein Grund ersichtlich, aus dem ein potentiell Geschädigter gegenüber dem Schädiger im Voraus auf seine vertraglichen und gesetzlichen Ansprüche verzichten und sich stattdessen generell auf den möglicherweise nicht zu einer vollen Entschädigung führenden oder mit sonstigen Nachteilen (z.B. Kündigung des Versicherungsvertrags durch den Versicherer nach § 92 VVG; s. dazu Rn. 1063) Weg verweisen lassen würde, im Schadensfall den Versicherer in Anspruch zu nehmen.

Nach der vorzugswürdigen, mittlerweile auch vom BGH anerkannten **versicherungsrechtlichen Lösung** ist der Schutz des potentiell Haftpflichtigen 1276 nicht auf der haftungs-, sondern auf der versicherungsrechtlichen Ebene zu suchen. Die in der Praxis üblichen AVB zur Sachversicherung enthalten keine Regelungen über diese Thematik. Mithin gilt es im Wege der **ergänzenden Vertragsauslegung** zu klären, ob neben dem Sachsubstanzinteresse des Eigentümers auch das Sachersatzinteresse des potentiell Haftpflichtigen mitversichert ist. In diesem Fall wird der potentiell Haftpflichtige rechtstechnisch dadurch vor einem Regress des den Eigentümer entschädigenden Versicherers geschützt, dass er **Mitversicherter** und damit **kein Dritter** i.S. von § 86 Abs. 1 S. 1 VVG ist, gegen den sich ein Rückgriff allein richten kann (s. Rn. 1350f.). Statt des Einschlusses des Sachersatzinteresses kann freilich (auch konkludent) vereinbart werden, dass der Versicherer auf den Rückgriff gegen den potentiell Haftpflichtigen (Mieter usw.) nach § 86 Abs. 1 S. 1 VVG verzichtet (**Regressverzicht**).

Maßgeblich ist jeweils die für den Versicherer **erkennbare Interessenlage des** 1277 **Versicherungsnehmers**. Diese wird durch sein Interesse an einem Regressschutz des potentiell Haftpflichtigen geprägt. Damit spielen mittelbar auch die **berechtigten Schutzerwartungen jenes potentiell Haftpflichtigen** eine Rolle, da dann, wenn diese enttäuscht würden, das Verhältnis zum Versicherungsnehmer belastet wäre. Eine solche Belastung will der Versicherungsnehmer aber typischerweise erkennbar vermeiden.

Der **wesentliche Unterschied** zwischen beiden Arten des Regressschutzes – 1278 Mitversicherung des Sachersatzinteresses einerseits, Regressverzicht andererseits – besteht darin, dass bei einer **Mitversicherung** des Sachersatzinteresses der potentiell Haftpflichtige einen Anspruch gegen den Versicherer hat (§ 44 Abs. 1 VVG). Dieser Anspruch ist auf die Befreiung von begründeten sowie die Abwehr von unbegründeten Haftpflichtansprüchen gerichtet, die der Versicherungsnehmer als Sacheigentümer gegen den potentiell Haftpflichtigen geltend macht. Der Gebäudeversicherer übernimmt dann gegenüber dem potentiell Haftpflichtigen die Funktion eines Haftpflichtversicherers. Bei einem bloßen **Regressverzicht** hat der potentiell Haftpflichtige hingegen im Ausgangspunkt nur die Aussicht, dass der Versicherungsnehmer sich an den Versicherer hält, der wegen des Regressverzichts nicht nach § 86 Abs. 1 VVG den potentiell Haftpflichtigen in Anspruch nehmen kann. Allerdings wird diese schwächere Position dadurch wiederum im Ergebnis wesentlich verbessert, dass sich aus dem zugrunde liegenden Rechtsverhältnis (z.B. Mietvertrag) i.V. mit dem Grundsatz von Treu und Glauben (§ 242 BGB) eine Pflicht des Geschädigten zur Inanspruchnahme des Versicherers anstelle des Schädigers ergeben kann.[150]

1279 Ausgangspunkt für die ergänzende Vertragsauslegung ist der **Vergleich mit einer Eigennutzung** durch den Versicherungsnehmer. Dies gilt auch bei Mehrfamilienhäusern, wenngleich dem Mieter darin nur eine von mehreren Wohnungen zum alleinigen Gebrauch zugewiesen ist. Bei einem Mehrfamilienhaus ist nämlich das Risiko von vornherein auf die Nutzung durch mehrere Parteien bezogen, von denen jeweils Gefahren für das gesamte Gebäude ausgehen können. Anders ist die Lage, wenn dem potentiell Haftpflichtige an den Sachen, auf die der Versicherungsschutz sich bezieht, nicht nur kein Gebrauchsrecht zusteht, sondern wenn er über sie keinerlei Sachherrschaft hat.[151] Allein die faktische Möglichkeit zur Einwirkung auf die Sache genügt für die Einbeziehung in den Schutz der Sachversicherung nicht. Anderenfalls müsste man etwa auch im Hinblick auf das Interesse des Versicherungsnehmers an gut nachbarschaftlichen Beziehungen den Regress gegen ihn schädigende Grundstücksnachbarn als stillschweigend abbedungen ansehen. Derartige Folgewirkungen, die den vom Gesetzgeber in § 86 Abs. 1 VVG vorgesehenen Regress weitgehend aushöhlen, lassen sich verhindern, wenn man sich auf den Grundgedanken besinnt, dass der Regressschutz nur solchen Personen zugute kommen soll, die hinsichtlich der Sachnutzung zumindest teilweise an die Stelle des Eigentümers treten.

1280 Nach alledem kommt der Regressschutz dem Mieter dann in Gestalt eines stillschweigenden **Regressverzichts** zugute, wenn die Versicherung durch den geschädigten Gebäudeeigentümer genommen worden ist. Ist hingegen der Mieter im Einzelfall selbst Versicherungsnehmer, etwa weil er sich in einem Gewerbemietvertrag zum Abschluss der Gebäudeversicherung verpflichtet hat, so ist – gleichfalls im Wege ergänzender Auslegung – sein **Sachersatzinteresse** als ein-

150 BGH VersR 2005, 498, 499 m. Anm. *Armbrüster*, LMK 2005, 38; s. auch *Prölss*, ZMR 2005, 241ff. zur Pflicht des versicherten Gebäudeeigentümers zur Verschonung des schadenstiftenden Mieters.

151 *Armbrüster*, Der Schutz von Haftpflichtinteressen in der Sachversicherung, S. 145; insoweit a.A. *Prölss*, ZMR 2004, 389, 390f.

bezogen anzusehen. Es handelt sich dann bei der Sachversicherung um eine kombinierte Eigen- und Fremdversicherung. In diesem Fall, in dem der potentiell Haftpflichtige Vertragspartner des Versicherers wird, ist es letzterem nämlich erkennbar, dass der Versicherungsnehmer in jedem Fall von dem Versicherungsschutz auch selbst profitieren möchte. So liegen die Dinge nicht nur bei der vom Mieter (oder einem Leasingnehmer) genommenen Sachversicherung, sondern etwa auch dann, wenn der Vertrag für einen rechtsfähigen Verband (wie eine GmbH oder einen eingetragenen Verein) geschlossen wird und es um den Regressschutz von dessen Mitgliedern geht. Dementsprechend ist etwa das Mitglied eines Segelfliegervereins in dem Beispiel von Rn. 1271 als Mitversicherter anzusehen.

Bisweilen stellen sich bei der Bestimmung der vor einem Regress geschützten Interesseträger schwierige Fragen. Besonders deutlich lässt sich dies im Bereich des **Wohnungseigentums** aufzeigen, bei dem in Gestalt von allen Wohnungseigentümern zustehendem Gemeinschaftseigentum einerseits, Sondereigentum des jeweiligen Wohnungseigentümers andererseits zwei verschiedene Eigentumsformen mit teils unterschiedlichen Trägern bestehen. 1281

Beispiel:[152] Wohnungseigentümerin A hat ihre Waschmaschine unbeaufsichtigt gelassen. Aus der Maschine läuft Wasser in die Wohnung des Wohnungseigentümers B. Die entstandenen Durchfeuchtungsschäden verlangt B nun von A ersetzt. Diese wendet ein, dass B sich an den Gebäudeversicherer V der Wohnungseigentümergemeinschaft halten müsse, der gleichfalls für die Schäden eintrittspflichtig ist. Andererseits ist A ihrerseits haftpflichtversichert. 1282

A hat hier im Zweifel mit einfacher Fahrlässigkeit gehandelt. Es kommt daher in Betracht, dass sie dann, wenn B den V in Anspruch nimmt, von einem **Regressschutz** profitiert, der ihr durch die von der Wohnungseigentümergemeinschaft unterhaltene Wohngebäudeversicherung vermittelt wird. Der für das Wohnungseigentumsrecht zuständige V. Zivilsenat des BGH hatte hier zu klären, inwieweit sich die Rechtsprechung des VIII. Zivilsenats, wonach der Vermieter nur unter bestimmten Voraussetzungen den Mieter anstelle des Gebäudeversicherers belangen darf, auf Wohnungseigentümer übertragen lässt. Der Senat führt zur Begründung dafür, dass B sich hier an V zu halten habe, „Treue- und Rücksichtnahmepflichten im Sinne von § 241 Abs. 2 BGB“[153] an. Nun sind die Wohnungseigentümer einander in der Tat durch eine besondere, gesteigerte Treuepflicht verbunden, ähnlich wie sie bei Gesellschaften und auch im Versicherungsverhältnis (s. zum Kooperationsgebot Rn. 245ff.) besteht. Allerdings kommt es auf diese Pflicht und ihre Reichweite hier gar nicht an. A wird nämlich durch die Gebäudeversicherung nicht allein in Gestalt eines konkludenten Regressverzichts des Versicherers geschützt, wie dies bei einem Mieter der Fall ist. Vielmehr profitiert sie als Wohnungseigentümerin von einem **Einschluss** 1283

152 Nach BGH VersR 2007, 411.
153 BGH VersR 2007, 411 Rn. 8.

ihres Sachersatzinteresses, d.h. ihres Interesses daran, dass das eigene Vermögen nicht durch eine Haftung belastet wird, in die Versicherung. Dies hatte der IV. Zivilsenat des BGH bereits zuvor zutreffend entschieden.[154] Der Grund für diese starke Stellung des Wohnungseigentümers liegt darin, dass er – anders als ein Mieter – selbst Träger des Sacherhaltungsinteresses hinsichtlich seines wertmäßigen Bruchteils am Gemeinschaftseigentum (§ 1 Abs. 5 WEG) sowie des damit verbundenen Sondereigentums (vgl. § 1 Abs. 2, 3 WEG) und zugleich des Sachersatzinteresses (Haftpflichtinteresses) am restlichen Gemeinschafts- und Sondereigentum ist.[155] Die daraus resultierende Interessenlage ist bereits bei der Auslegung des Versicherungsvertrags zu beachten: Dem einzelnen Wohnungseigentümer kommt es erkennbar darauf an, dass er bei von ihm selbst durch einfache Fahrlässigkeit verursachten Schäden in jedem Fall vom Versicherungsschutz profitiert. Da V der A als einer Wohnungseigentümerin, deren Sachersatzinteresse mitversichert ist, mithin auch Rechtsschutzleistungen (insbesondere: Abwehr unbegründeter Ansprüche) schuldet, hätte A die Angelegenheit auch dann, wen sie den von B geltend gemachten Schadensersatzanspruch für unbegründet hält, schlicht an den Gebäudeversicherer weiterreichen können.

1284 Hieran hat sich auch dadurch nichts geändert, dass die Wohnungseigentümergemeinschaft jedenfalls seit der WEG-Novelle von 2007 gem. § 10 Abs. 6 WEG n.F. ähnlich der BGB-Gesellschaft als **teilrechtsfähig** einzustufen ist. Nunmehr ist zwar die Gemeinschaft als Versicherungsnehmerin anzusehen, da es sich beim Abschluss einer Gebäudeversicherung um eine Verwaltungsangelegenheit handelt (§ 21 Abs. 5 Nr. 3 WEG).[156] Für den Regressschutz kommt es hingegen allein auf die **Stellung als Versicherter** an, und diese wird durch die Anerkennung der Teilrechtsfähigkeit nicht berührt. Insbesondere gehört das Gemeinschaftseigentum weiterhin allen Wohnungseigentümern zu Bruchteilen und nicht der Gemeinschaft. Auch im Übrigen haben sich die für die Auslegung des Versicherungsvertrags maßgeblichen, dem Versicherer erkennbaren Interessen der Wohnungseigentümer nicht geändert.

1285 In dem Beispielsfall von Rn. 1282 war schließlich noch zu klären, ob das Sachersatzinteresse der A auch dann stillschweigend in den Gebäudeversicherungsvertrag eingeschlossen ist, wenn sie – wie hier – zugleich eine für den Schaden eintrittspflichtige **Haftpflichtversicherung** unterhält. Der BGH bejaht dies.[157] Dafür lässt sich insbesondere anführen, dass die von einem potentiell Haftpflichtigen getroffene Eigenvorsorge diesem nicht zum Nachteil gereichen soll. Zudem könnte er sich dann, wenn sein Haftpflichtversicherer eine Deckung ablehnt, zunächst zur Prozessführung gegen diesen gezwungen sehen;

---

154 BGH NZM 2001, 624, 625.

155 BGH NZM 2001, 624, 625; *Armbrüster*, Der Schutz von Haftpflichtinteressen in der Sachversicherung, S. 172f.; *ders.*, ZWE 2000, 204, 205 (auch zu besonderen Regressregeln für Wohnungseigentümer in manchen AVB); *Prölss*, in: Prölss/Martin, VVG, 27. Aufl. 2004, § 80 Rn. 31.

156 Vom heutigen Standpunkt aus zutr. daher OLG Hamm VersR 1996, 1234, 1235.

157 BGH VersR 2006, 1533, 1535f. Rn. 13ff.; VersR 2006, 1536, 1537f. Rn. 9ff.; im Erg. auch *Prölss/Klimke*, in: Prölss/Martin § 43 Rn. 31f.

unterdessen drohte ihm ein Regressprozess des Gebäudeversicherers. In die gegenteilige Richtung weist die **Grundlage der ergänzenden Vertragsauslegung:** Der Regressschutz beruht auf der Erwägung, dass der Versicherer dem erkennbaren Interesse des Versicherungsnehmers am **Schutz des Dritten** Rechnung tragen muss (s. Rn. 1276ff.). Fehlt es aber aufgrund der bestehenden Haftpflichtdeckung an einem Bedürfnis des schädigenden Wohnungseigentümers daran, auch im Rahmen der Gebäudeversicherung Haftpflichtversicherungsschutz zu erlangen, so kommt dieser Aspekt nicht zum Tragen. Überdies würde anderenfalls eine Mehrfachversicherung des Sachersatzinteresses bestehen, ohne dass die Beteiligten dies ausdrücklich vereinbart hätten.[158]

Ist der Mieter vor einem Regress des Versicherers geschützt, so gilt es zu klä- 1286
ren, ob sich dieser Schutz auch auf **weitere Personen** erstreckt. Dies ist für den **Ehegatten** des Mieters bejaht worden,[159] da bei einer Eigennutzung durch den Gebäudeeigentümer der Versicherer auch den vom Ehepartner des Versicherungsnehmers herbeigeführten Schaden nach § 86 Abs. 1, 3 VVG bis zur Grenze grober Fahrlässigkeit vollständig tragen müsste. Diese regresslose Leistungspflicht ändert sich nicht allein dadurch, dass bei einer Gebrauchsüberlassung ein Dritter an die Stelle des Versicherungsnehmers tritt. Ist damit nämlich eine Gefahrerhöhung verbunden, so bieten die §§ 23ff. VVG dem Versicherer Schutz; ansonsten bleibt die Lage bei einer Fremdnutzung gleich. Mithin darf ein **verständiger Versicherungsnehmer** mangels abweichender Anhaltspunkte davon ausgehen, dass der Versicherer seinem erkennbaren Interesse an einem Regressschutz des Dritten Rechnung trägt. Anderenfalls käme es zu einer mittelbaren wirtschaftlichen Belastung des Mieters und zu einer Gefährdung von dessen Familienfrieden. Ein im Wege ergänzender Vertragsauslegung ermittelter Regressverzicht des Gebäudeversicherers kommt daher in Anlehnung an die zu § 86 Abs. 3 VVG entwickelten Regeln (s. Rn. 1369ff.) auch den mit dem Mieter in **häuslicher Gemeinschaft** lebenden Personen zugute, nicht jedoch Besuchern.[160] Hat der Mieter die Versicherung selbst genommen, so greift § 86 Abs. 3 VVG zugunsten desselben Personenkreises unmittelbar ein.

Hat der Haftpflichtige **grob fahrlässig** gehandelt, so liegt es in der Konse- 1287
quenz des Grundgedankens, wonach sich am Umfang der Leistungspflicht des Versicherers bei einer Fremdversicherung gegenüber der Eigenversicherung nichts ändern soll (s. Rn. 1279), dass dann im Wege ergänzender Auslegung ein **Regressschutz im Umfang der Quote** gem. § 81 Abs. 2 VVG besteht.[161]

bb) Grenzen. Die Rechtsprechung hatte sich verschiedentlich mit den Gren- 1288
zen der in den Rn. 1274ff. erörterten ergänzenden Vertragsauslegung zu befassen. So stellte sich die Frage, ob die für den Schutz des Mieters durch die vom

---

158 *Armbrüster*, NJW 2006, 3683, 3684; *Günther*, VersR 2004, 595, 597f.
159 OLG Stuttgart VersR 2004, 592, 593.
160 OLG Hamm ZMR 2001, 183, 184.
161 *Prölss/Klimke*, in: Prölss/Martin, § 43 Rn. 25; *Staudinger/Kassing*, VersR 2007, 10, 12ff.

Eigentümer genommene Gebäudeversicherung entwickelten Regeln dem Mieter auch Schutz gegenüber einem Regress des **Hausratversicherers** des Vermieters bieten. Der BGH lehnt dies ab.[162] In der Tat treffen die beiden für den stillschweigenden Regressschutz maßgeblichen Gesichtspunkte, dass der Versicherungsnehmer (Vermieter) erkennbar am Schutz des Mieters interessiert ist und dass letzterer eine berechtigte Erwartung hegt, dass ihm der Versicherungsschutz zugute kommt, für die Hausratversicherung des Vermieters nicht zu. Sie wird vom Mieter weder durch ausdrückliche noch auch nur durch kalkulatorische Umlage der Prämien mitfinanziert. Zudem tritt insoweit – anders als bei einer Gebrauchsüberlassung – nicht das Risiko fahrlässiger Schädigungen durch den Mieter an die Stelle desjenigen einer Schadensverursachung durch einen eigennutzenden Gebäudeeigentümer. Hierfür fehlt eine hinreichend enge, „eigentümerähnliche" Sachbeziehung. Sofern kein Gebrauchsrecht besteht, kommt ein Regressschutz dem potentiell Haftpflichtigen vielmehr nur dann zugute, wenn er in ähnlicher Weise wie der Eigentümer mit der Sache in Berührung gerät (z.B. als Kommissionär oder Verwahrer, nicht aber i.d.R. als Werkunternehmer).

1289 **cc) Ausgleichsanspruch des vorleistenden Versicherers.** Ist in dem Beispielsfall in Rn. 1269 M beim Privathaftpflichtversicherer H versichert und dieser für den von M zu verantwortenden Schaden eintrittspflichtig, so fragt sich, inwieweit V nach der gegenüber A erfolgten Schadensregulierung von H zumindest teilweisen **Ausgleich** verlangen kann. Geht man einmal davon aus, dass die Existenz der Haftpflichtversicherung nichts am Bestehen des Regressschutzes ändert (zu dem Streit s. Rn. 1285), so erscheint es konsequent, mit dem BGH für den Innenausgleich zwischen den beteiligten Versicherern (V und H) die Regeln über die **Mehrfachversicherung (§ 78 Abs. 2 VVG) analog** anzuwenden.[163]

1290 Bei diesem Innenausgleich können sich schwierige Fragen stellen, die teils mit dem **unterschiedlichen Deckungsumfang** von Sach- und Haftpflichtversicherung zusammenhängen. Klärungsbedürftig ist insbesondere, ob in den Ausgleichsanspruch auch die sog. Neuwertspitze (s. Rn. 1863) einzubeziehen ist, für die der Mieter und mithin dessen Haftpflichtversicherer gar nicht aufzukommen haben. Der BGH hat zutreffend entschieden, dass bei dem Ausgleich auf Seiten der Gebäudeversicherung allein der sog. **Haftpflichtschaden** berücksichtigt werden kann.[164] Nur insoweit besteht nämlich diejenige Parallelität des Deckungsschutzes (**Deckungsgleichheit** der Ersatzverpflichtungen), die für eine entsprechende Heranziehung der Regeln zur Mehrfachversicherung erforderlich ist. Im Ergebnis bedeutet dies, dass der Schaden in dem Umfang, in dem

162 BGH VersR 2006, 1398 m. zust. Anm. *Armbrüster*, LMK 2006, 200479; *Günther*, VersR 2004, 595, 596f.; a.A. im Grundsatz *Prölss*, ZMR 2004, 389, 390f.

163 BGH VersR 2008, 1108. Daran hat sich auch durch die VVG-Reform nichts geändert; Regierungsbegr., BT-Drucks. 16/3945, S. 79; a.A. *Piepenbrock*, VersR 2008, 319, 320; in diese Richtung auch *Staudinger/Kassing*, VersR 2007, 10, 14.

164 BGH VersR 2008, 1108 m. Anm. *Armbrüster*, LMK 2008, 267355.

der Mieter dafür nach den §§ 249ff. BGB haftet, zwischen Gebäude- und Haftpflichtversicherer grundsätzlich **hälftig zu teilen** ist. Zu einer Kürzung des Ausgleichsanspruchs kann es kommen, wenn der Leistungsumfang der Haftpflichtversicherung vertraglich begrenzt ist, etwa durch einen Selbstbehalt oder eine Höchstsumme.

Hat nicht der Eigentümer, sondern der potentiell **Haftpflichtige** den Versi- 1291
cherungsvertrag geschlossen (s. dazu Rn. 1280), so greift § 78 Abs. 2 S. 1 VVG sogar unmittelbar ein. In diesem Fall wird der Haftpflichtige nicht allein durch einen Regressverzicht, sondern – da es für die ergänzende Auslegung insoweit nur auf seine Interessenlage ankommt – in Gestalt einer Mitversicherung seines Sachersatzinteresses geschützt. Damit gelten die Regeln zur Mehrfachversicherung ohne Weiteres.

e) Sicherungsinteresse

Ein weiteres versicherbares Interesse an Sachen ist das Sicherungsinteresse, das 1292
ein **Waren- oder Geldkreditgeber** an ihm nicht (auch: nicht mehr oder noch nicht) gehörenden Sachen hat.

Beispiel:[165] Hersteller A liefert dem Großhändler B Damenstrümpfe. Zur Si- 1293
cherheit lässt A sich einige Maschinen sowie ein Warenlager des B übereignen. Im Sicherungsvertrag verpflichtet B sich gegenüber A, die übereigneten Sachen während der Dauer der Übereignung in voller Höhe gegen das Feuerrisiko zu versichern. In den mit Feuerversicherer V vereinbarten AFB (ähnlich Abschnitt A § 3 Nr. 3 AFB 2008) heisst es: „*Soweit nicht anders vereinbart ist, sind nur die dem Versicherungsnehmer gehörigen Sachen versichert. Versichert sind auch Sachen, die vom Versicherungsnehmer unter Eigentumsvorbehalt erworben und ihm übergeben sind, sowie Sachen, die er sicherungshalber übereignet hat.*“ Einige Zeit darauf bricht auf dem Betriebsgelände des B ein Feuer aus; dabei werden die sicherungsübereigneten Sachen zerstört. Sodann wird B insolvent. Nunmehr verlangt A von V die Entschädigungsleistung.

Der BGH legt die AFB dahingehend aus, das es sich bei der von B geschlosse- 1294
nen Feuerversicherung um eine **Versicherung für fremde Rechnung** handele. Darin sei das Sicherungs- und Verwertungsinteresse des A gedeckt. In der Tat erscheint diese Auslegung sachgerecht. Es ist in der Sachversicherung ohne weiteres möglich, ein Sicherungsinteresse zu versichern. Mithin hängt es allein von der dem Versicherer erkennbaren Interessenlage des Versicherungsnehmers – die wiederum durch dessen Beziehungen zu Dritten wie hier dem Sicherungsgeber geprägt sein können – ab, welche Interessen durch den Vertrag gedeckt sind.

Entsprechendes gilt für den Fall, dass ein Käufer Sachen unter **Eigentums-** 1295
vorbehalt (vgl. § 446 BGB) erwirbt. Der Käufer erlangt zunächst lediglich ein Anwartschaftsrecht, das erst mit vollständiger Kaufpreiszahlung zum Vollrecht

---

165 Nach BGHZ 10, 376.

erstarkt. Vielfach finden sich in den AVB ausdrückliche Regelungen darüber, wessen Interessen in diesem Fall vom Versicherungsschutz umfasst sind. Sofern dies anders ist, sind auch die bürgerlich-rechtlichen Regeln zu beachten, namentlich der an die Stelle des gem. § 275 BGB nicht mehr geschuldeten Gegenstands getretene Herausgabeanspruch. Als **Surrogat** für den ursprünglich geschuldeten Gegenstand kommen insbesondere Versicherungsansprüche in Betracht.[166]

2. Mitversicherung fremden Interesses in der Vermögensschadensversicherung

1296 Eine Mitversicherung fremden Interesses in der **Vermögensschadensversicherung** (Haftpflicht-, Rechtsschutzversicherung) wird – anders als dies hinsichtlich des Sachersatzinteresses in der Sachversicherung der Fall ist (s. Rn. 1268ff.) – regelmäßig nur vorliegen, wenn der Dritte ausdrücklich in den Vertrag mit einbezogen ist; die Annahme einer konkludenten Erstreckung scheidet grundsätzlich aus.[167]

VI. Eintritt des versicherten Schadens; Entschädigungsgrenzen

Literatur

Bartholomäus, Das versicherungsrechtliche Bereicherungsverbot, Diss. 1997; *Gärtner*, Das Bereicherungsverbot, 1970; *ders.*, Vereinbarungen über den Versicherungswert von Kunstgegenständen im Zusammenhang mit Auktionen, VersR 2007, 1441; *Kollhosser*, Bereicherungsverbot, Neuwertversicherungen, Entwertungsgrenzen und Wiederherstellungsklauseln, VersR 1997, 521; *Schnitzler*, Der Schaden als Leistungsgrenze in der Sachversicherung (§ 55 VVG), 2002; *Staudinger*, Neuwertversicherung und Bereicherungsverbot, JR 1999, 353; *Wiedemann*, Wiederherstellungsklauseln bei Neuwertversicherungen unter besonderer Berücksichtigung des § 69 VVG, 1997.

1. Versicherter Schaden

1297 Was der Versicherer dem Versicherungsnehmer nach Eintritt des Versicherungsfalls zu leisten hat, hängt von der getroffenen Vereinbarung ab. In der Summenversicherung ist dies relativ einfach zu bestimmen; es ist die fest vereinbarte Summe (**abstrakte Bedarfsdeckung**). In der hier interessierenden Schadensversicherung bestimmt sich die Leistungspflicht hingegen nach dem konkret beeinträchtigten Interesse. Der Versicherer hat nur diese wirtschaftliche Beeinträchtigung auszugleichen. Der **Versicherungsschaden ist daher die Negation des (versicherten) Interesses**. Somit kommt es bei seiner Bestimmung darauf an, welches Interesse versichert ist.

166 *Emmerich*, in: MünchKomm-BGB, 6. Aufl. 2012, § 285 Rn. 20; RGZ 89, 34, 38; BGH BB 1955, 398f.
167 *Prölss/Klimke*, in: Prölss/Martin, § 43 Rn. 80.

2. Versicherungswert (§§ 74, 88 VVG) als Obergrenze

Der Versicherungswert ist der Geldwert des versicherten Interesses. § 88 VVG geht als Regelfall davon aus, dass der **Wert der Sache** dem Interesse des Eigentümers entspricht.[168] Dabei handelt es sich um den **Substanzwert** der Sache, nicht um deren Ertragswert. Für den Versicherungswert nach § 88 VVG maßgeblich ist der Wiederbeschaffungspreis des Versicherungsnehmers für einen neuwertigen Ersatz gleicher Art und Güte unter Abzug des sich aus dem Unterschied zwischen alt und neu ergebenden Minderwertes. Eine von § 88 VVG abweichende Bestimmung enthält § 136 VVG für die Transportversicherung. Daneben wird in den AVB oft als sog. **gemeiner Wert** (die Terminologie ist uneinheitlich) der Betrag vereinbart, den der Versicherungsnehmer bei einem Verkauf der Sache hätte erzielen können (s. auch im Kontext der Gebäudeversicherung Rn. 1859).[169] 1298

Bezieht sich die Versicherung auf ein Gebäude, so kann die Wiedererrichtung für den Versicherungsnehmer dadurch aufwendiger werden, dass **behördliche Auflagen** erfolgen. Zudem können die Baukosten nach dem Eintritt des Versicherungsfalls als dem für die Wertermittlung maßgeblichen Zeitpunkt steigen. Um solche Mehrbelastungen in den Versicherungsschutz einzubeziehen, wird oft vereinbart, dass der Versicherer auch „die infolge eines Versicherungsfalls tatsächlich entstandenen Aufwendungen für **„notwendige Mehrkosten“** durch behördliche Wiederherstellungsbeschränkungen oder Preissteigerungen nach Eintritt des Versicherungsfalls ersetzt (z.B. Abschnitt A § 8 VGB 2010). Über die Reichweite dieser Klausel wird bisweilen gestritten. 1299

Beispiel:[170] Im Mehrfamilienhaus des Versicherungsnehmers A kommt es in einer Wohnung des straßenseitig gelegenen Gebäudeteils zu einem Brand. Das städtische Ordnungsamt verlangt nun im Zuge der Reparaturmaßnahmen den Einbau einer Spindeltreppe (24.000 €) als zweiten Fluchtweg für die hofseitig gelegenen Wohnungen und einer Brandschutztür (230 €) im Keller eines weiteren Gebäudeteils. A nimmt seinen Wohngebäudeversicherer V auf den Ersatz dieser Aufwendungen als „notwendige Mehrkosten“ gem. Abschnitt A § 8 VGB 2010 in Anspruch. 1300

Wie das OLG Köln zutreffend feststellt, ist die **Mehrkostenklausel nicht unklar** i.S. von § 305c Abs. 2 BGB. Ein durchschnittlicher Versicherungsnehmer kann sie allein in dem Sinne verstehen, dass Mehrkosten infolge behördlicher Auflagen nur dann ersetzt werden, wenn sie bei der Reparatur gerade der betreffenden versicherten Sachen anfallen. Erteilt hingegen eine Behörde aus Anlass eines Brandes etwa wie hier die Auflage, eine zuvor nicht vorhanden gewesene Feuerschutztreppe zusätzlich außen an einem Haus anzubringen, so fallen insoweit schon keine Wiederherstellungskosten an. Der Versicherer ist dann 1301

---

168 *Armbrüster*, in: Prölss/Martin, § 88 Rn. 2; Motive zum VVG 1908, Neudruck 1963, S. 125.
169 *Wandt*, Rn. 735.
170 OLG Köln VersR 2011, 879 (betr. § 26 Nr. 1, 4 VGB 2002).

nicht infolge eines versicherten Ereignisses zum Ersatz verpflichtet, obwohl die behördliche Auflage ohne den Eintritt des Versicherungsfalls in concreto nicht erteilt worden wäre.

1302 Über die genannten Vereinbarungen hinaus ist es den Parteien möglich, auch den Ersatz des **Gewinns** zu vereinbaren, der dem Versicherungsnehmer infolge des Eintritts des Versicherungsfalls entgangen ist. In § 53 VVG a.F. war noch ausdrücklich angeordnet worden, dass dieser Gewinn nur insoweit zu ersetzen sei, als dies besonders vereinbart ist. Jene Regelung ist im Zuge der VVG-Reform allein deshalb ersatzlos gestrichen worden, weil der Reformgesetzgeber sie zu Recht als überflüssig angesehen hat. Die Beweislast für den Gewinnausfall trägt der Versicherungsnehmer. Beweiserleichterungen können sich durch Vereinbarung eines „imaginären Gewinns" oder einer Taxe nach § 76 VVG (s. sogleich) ergeben.

1303 Eine weitere Abweichung von dem Grundsatz der §§ 74, 88 VVG, wonach der Versicherungswert die Obergrenze des versicherten Interesses bildet, kann daraus folgen, dass die Vertragsparteien eine **Taxe** nach § 76 VVG vereinbaren (s. dazu Rn. 1304ff.).

3. Vereinbarter und „wirklicher" Versicherungswert bei der Taxe

a) Überblick

1304 Eine konkrete Begrenzung der Vertragsfreiheit enthält § 76 VVG, der sich mit Vereinbarungen über den Versicherungswert befasst. Zunächst bestätigt Satz 1 dieser – die gesamte Schadensversicherung betreffenden – Vorschrift den Befund, dass die Vereinbarung einer derartigen sog. **Taxe** zulässig ist. Sie ermöglicht es, Ungewissheiten über die Höhe des Versicherungswertes auszuräumen und späteren Streitigkeiten zwischen den Parteien vorzubeugen.

1305 **Beispiel:** Kunstsammler K möchte eine afrikanische Maske versichern. Der Wert dieser Maske ist für ihn ebenso wenig bestimmbar wie für den Versicherer.

1306 Nach § 76 S. 2 VVG gilt die Taxe jedoch bei Eintritt des Versicherungsfalls dann nicht als der Versicherungswert, wenn sie den **„wirklichen Versicherungswert"** zu diesem Zeitpunkt erheblich übersteigt. In dieser Wendung, die der Reformgesetzgeber unverändert aus § 57 S. 2 VVG a.F. übernommen hat, tritt die Vorstellung zutage, dass es zu dem von den Parteien vereinbarten Wert stets auch einen „wirklichen" Wert als Vergleichsgröße gibt, und dass dieser „wirkliche" Wert vorbehaltlich unerheblicher Abweichungen die Grenze der privatautonomen Wertbestimmung markiert.

1307 Diese Regelung ist in mehrfacher Hinsicht bemerkenswert. So soll die Taxe es den Parteien gerade in solchen Fällen ermöglichen, einen Wert zu vereinbaren, in denen eine objektive Bestimmung des Werts schwierig ist. Nach Eintritt des Versicherungsfalls muss der Versicherer jedoch nach § 76 S. 2 VVG einen derartigen **objektiven Wert ermitteln**, um die Bindungswirkung der Taxe überprüfen zu können. Damit erweist sich die Taxe im Kern lediglich als ein Instrument zur Beschleunigung des Vertragsschlusses, für den es zwecks Vermeidung einer Über- oder Unterversicherung (§§ 74, 75 VVG) möglichst eine mit dem Versicherungswert übereinstimmende Versicherungssumme zu wählen gilt. Dass die Ermittlung des objektiven Werts in der Praxis häufig unterbleibt, wird in manchen Fällen darauf zurückzuführen sein, dass sich bei einer kursorischen Prüfung keine Anhaltspunkte dafür ergeben, dass die Erheblichkeitsschwelle überschritten ist. Nicht selten dürfte der Verzicht auf eine Überprüfung der Taxe nach Eintritt des Versicherungsfalls jedoch auf **Kulanz** des Versicherers beruhen. In diesem Zusammenhang sei nur das Phänomen erwähnt, dass der Versicherungswert von Kunstwerken bisweilen auf Betreiben des Versicherungsnehmers, der die Ausstrahlungswirkung auf den Kunstmarkt im Blick hat, erheblich höher vereinbart wird als dies den tatsächlichen Marktverhältnissen entspricht.[171]

In der Rechtsprechung wird die Schwelle, ab der eine Abweichung des vereinbarten vom „wirklichen" Versicherungswert als erheblich anzusehen ist, bisweilen bei **ca. 10%** angesetzt.[172] Dabei handelt es sich, wie der BGH betont, freilich nicht um eine starre Grenze; vielmehr soll je nach den Umständen auch eine deutlich höhere Abweichung zulässig sein. Insoweit gilt es im Hinblick auf den Zweck der Zulassung einer Taxe insbesondere zu berücksichtigen, inwieweit die Bewertung von Interessen die Vertragsparteien vor Schwierigkeiten stellt und wie hoch das subjektive Risiko (s. Rn. 261) ist.[173] 1308

b) Gestaltungsspielräume

Eine weit reichende Gestaltungsfreiheit ließe sich hinsichtlich der Festlegung des Versicherungswerts dadurch erzielen, dass die Parteien die gesetzlichen Schranken einer Taxe rundheraus außer Kraft setzen. Die Frage nach der **Abdingbarkeit von § 76 S. 2 VVG** ist freilich umstritten.[174] Dem Gesetz lässt sich eine Antwort nicht eindeutig entnehmen. Aus § 87 VVG, wonach § 76 VVG nicht zu den halbzwingenden Normen zählt, folgt lediglich, dass eine Taxe insgesamt ausgeschlossen werden kann. Der Umstand, dass das Gesetz eine Abweichung von § 76 S. 2 VVG nicht ausdrücklich untersagt, lässt sich als Argument dafür anführen, dass die Unbeachtlichkeit einer erheblich überhöhten Taxe vertraglich ausgeschlossen werden kann.[175] 1309

Indessen wird man angesichts des die Schadensversicherung prägenden **Grundsatzes der konkreten Bedarfsdeckung** (s. Rn. 409ff.) eine Abbedingung 1310

171 Vgl. freilich auch *Gärtner*, VersR 2007, 1441, 1442 zur Inkaufnahme einer Unterversicherung bei der Einlieferung zur Auktion.
172 BGHZ 147, 212, 217 = VersR 2001, 749, 750; so etwa auch *Halbach*, in: MünchKomm-VVG, § 76 Rn. 8; *Schimikowski*, Rn. 307.
173 BGHZ 147, 212, 217 = VersR 2001, 749, 750.
174 Überblick bei *Johannsen/Johannsen*, in: Bruck/Möller/Sieg/Johannsen, Anm. H 145.
175 So im Grundsatz *Johannsen/Johannsen*, in Bruck/Möller/Sieg/Johannsen, Anm. H 145. Für Abdingbarkeit auch *Schnepp*, in: Bruck/Möller, § 76 Rn. 69; *Winter*, in: FS Wälder, 2009, S. 103, 106, 113f.

in dem Sinne, dass der Versicherungswert völlig freier Vereinbarung zugänglich wäre, abzulehnen haben.[176] Anderenfalls könnte nämlich selbst dann, wenn an der Geringwertigkeit eines Interesses kein Zweifel besteht, ohne jede Rücksicht auf einen tatsächlichen Bedarf des Versicherungsnehmers ein völlig überhöhter Versicherungswert vereinbart und damit der Sache nach die Grenze zur Wette (s. Rn. 435) überschritten werden. Damit würden die Zwecke des Interesseerfordernisses verfehlt, Versicherung als Bedarfsdeckung und Risikovorsorge einerseits von Wettgeschäften andererseits abzugrenzen und zugleich das subjektive Risiko (s. Rn. 261) einzuschränken. Es handelt sich mithin um eine **absolute Grenze der Vertragsfreiheit** und nicht nur um ein – überdies allein bei Verwendung von AVB beachtliches – gesetzliches Leitbild i.S. von § 307 Abs. 2 Nr. 1 BGB. Keine derartige Grenze dürfte im Seeversicherungsrecht bestehen,[177] für das nach seinem § 209 das VVG nicht gilt und für das zugleich nach Abschaffung der Regeln im HGB (einschließlich des § 793 Abs. 2 S. 1 HGB, der ein Herabsetzungsrecht des Versicherers vorsah) zum 1.1.2008[178] nicht einmal ein gesetzliches Leitbild für die inhaltliche Ausgestaltung des Vertrags mehr existiert.

1311 Lässt sich die Anpassung einer überhöhten Taxe mithin grundsätzlich nicht durch Vereinbarung ausschließen, so bleibt die Möglichkeit, bei der **Auslegung** von § 76 S. 2 VVG anzusetzen. Diese Vorgehensweise ist im Ansatz auch in der Rechtsprechung des BGH[179] hinsichtlich der Erheblichkeitsschwelle zu beobachten. So ist eine Abweichung von der 10%-Grenze (s. Rn. 1308) damit begründet worden, dass die Parteien die Schadenspauschalierung durch eine Taxe gerade deshalb gewählt hatten, weil ihnen bewusst war, dass der wahre Versicherungswert aus vielen, im Einzelnen nicht hinreichend voraussehbaren Gründen erheblich schwanken werde, und dass das subjektive Risiko nach der Sachlage gering war.[180] Freilich geht es insoweit lediglich um eine Konkretisierung des Merkmals der erheblichen Abweichung, während die Anwendbarkeit der Norm im Grundsatz nicht eingeschränkt wird. Dies entspricht der hergebrachten Sichtweise, wonach die Taxe allein eine **Bewertungserleichterung** bezweckt, nicht aber eine Änderung des Vertragsgegenstands. Nach dieser Ansicht besteht kein überzeugender Grund, auch dann an der Bindungswirkung einer vereinbarten Taxe festzuhalten, wenn der Versicherer ein erhebliches Missverhältnis zwischen ihr und dem wirklichen Wert nachweist.[181] Die Taxe ist demnach ähnlich wie die Bestimmung der Versicherungssumme lediglich eine

176 ÖOGH VersR 2000, 126, 128; VersR 2002, 736; entschieden gegen Abdingbarkeit auch *Möller*, in: Bruck/Möller, 8. Aufl. 1980, § 57 Anm. 48.
177 So im Erg. auch *Winter*, in: FS Wälder, 2009, S. 103, 112f.
178 BGBl. 2007 I S. 2631; zur früheren Rechtslage s. RGZ 94, 268, 270f.; *Stahl*, VersR 2004, 558, 560.
179 BGHZ 147, 212, 217 = VersR 2001, 749, 750.
180 BGHZ 147, 212, 217 = VersR 2001, 749, 750.
181 *Gärtner*, Bereicherungsverbot, S. 45.

„prima facie Angabe über den Versicherungswert“[182]. Die Regeln zur Herabsetzung der Taxe entsprechen bei dieser Sichtweise denjenigen zur Korrektur einer Überversicherung i.S. von § 74 VVG.

Jenes Verständnis vom Zweck der Taxe erscheint indessen als zu eng.[183] Wird 1312
auch regelmäßig das Bestreben, Schwierigkeiten bei der Wertberechnung und die daraus möglicherweise erwachsenden Streitigkeiten zu vermeiden, den Anstoß zur Vereinbarung einer Taxe geben, so vermag diese doch zugleich dem Versicherungsnehmer **Planungssicherheit** zu bieten.[184] Dabei besteht ein grundlegender Unterschied zur Überversicherung. Er liegt darin, dass bei der Taxe beide Parteien bewusst eine Unsicherheit über den Versicherungswert durch Vereinbarung überwinden wollen. Die **Vertragsfreiheit** gebietet es daher, eine Bindungswirkung der vereinbarten Taxe immer dann anzuerkennen, wenn der **Schutzzweck** von § 76 S. 2 VVG nichts Gegenteiliges erfordert. Dieser Schutzzweck lässt sich in denselben Erwägungen erblicken, die den „wahren Kern“ des Bereicherungsverbots bilden, also in der Verhinderung von Wette und zudem in der Eindämmung des subjektiven Risikos. Dabei genügt es zur Abgrenzung von Wette bereits, wenn der Versicherungsnehmer durch das ungewisse Ereignis dem Grunde nach wirtschaftlich negativ betroffen wird – was bei einer Wette nicht der Fall ist – und hierfür durch den Versicherungsvertrag einen Ausgleich zu erlangen sucht. Die Zurückhaltung, mit der das BGB Wettverträgen begegnet (s. Rn. 1222), ist überall dort nicht angebracht, wo die Parteien wirtschaftliche oder sonst anerkennenswerte Zwecke verfolgen.[185]

§ 76 S. 2 VVG ist daher im Wege der **teleologischen Reduktion** auf solche 1313
Sachverhalte nicht anzuwenden, bei denen ein Bedarf des Versicherungsnehmers dem Grunde nach besteht, es sich also nicht um ein ihn wirtschaftlich in keiner Weise oder nur ganz unwesentlich berührendes Ereignis handelt, und bei denen zugleich das subjektive Risiko (s. Rn. 261) gering erscheint. In solchen Fällen bedarf es dann von vornherein keines Vergleichs des vereinbarten mit einem „wahren“ Versicherungswert. Vielmehr ist die Parteivereinbarung ohne Weiteres zu respektieren (Beispiel in Rn. 2084).

Gegenüber jener Ansicht, die eine Abdingbarkeit von § 76 S. 2 VVG an- 1314
nimmt, hat die hier vorgeschlagene Lösung den Vorzug, dass der Grundsatz konkreter Bedarfsdeckung und die damit verbundenen Zwecke nicht den Parteien zur freien Disposition gestellt werden, dass zugleich aber deren Gestaltungsfreiheit nur so weit eingeschränkt wird, wie dies unabdingbar erforderlich erscheint. Da sich der aufgezeigte **Gestaltungsspielraum** demnach aus objektivem Recht ergibt, ist eine entsprechende Vertragsklausel deklaratorischer Natur.

---

182 *Gärtner*, Bereicherungsverbot, S. 46.

183 Für weit reichende Vereinbarungsfreiheit auch *Gärtner*, VersR 2007, 1441, 1445.

184 Vgl. bereits *Schmidt-Rimpler*, VersR 1963, 493, 496; *Dreher*, S. 43f.: Rechtssicherheit und Praktikabilität.

185 Vgl. *Winter*, in: FS Wälder, 2009, S. 103, 114 (im Erg. aber offen lassend).

4. Die Versicherungssumme als Höchstentschädigungsgrenze

1315 Die Versicherungssumme – in der Passivenversicherung als **Deckungssumme** bezeichnet – ist der Betrag, bis zu dem der Versicherer haftet. Sie hat in der Schadensversicherung die Funktion der Entschädigungsgrenze; zu einer darüber hinausgehenden Zahlung ist der Versicherer nicht verpflichtet.

1316 Die Versicherungssumme gilt grundsätzlich **je Versicherungsfall**. Beansprucht daher der Versicherungsnehmer aus zwei Versicherungsfällen jeweils die Versicherungssumme, ist der Versicherer grundsätzlich jeweils zur (vollen) Leistung verpflichtet. Häufig sehen die AVB jedoch vor, dass die Versicherungssumme nicht für jeden einzelnen Versicherungsfall in voller Höhe zur Verfügung steht. Hat der Versicherungsnehmer in ein und derselben Versicherungsperiode weitere Schadenfälle erlitten, so muss der Versicherer dann nur einen etwaigen Restbetrag der Versicherungssumme leisten (**Jahreshöchstentschädigungssumme**).

1317 In der Haftpflichtversicherung ist meist vorgesehen, dass für mehrere Versicherungsfälle, die in einem inneren Zusammenhang stehen, nur einmal die Versicherungssumme zur Verfügung steht (**Serienschadenklausel**).

1318 **Beispiel:**[186] Nr. 6.3 AHB (Stand: April 2012) lautet: „Mehrere während der Wirksamkeit der Versicherung eintretende Versicherungsfälle gelten als ein Versicherungsfall, der im Zeitpunkt des ersten dieser Versicherungsfälle eingetreten ist, wenn diese auf derselben Ursache, auf gleichen Ursachen mit innerem, insbesondere sachlichem und zeitlichem, Zusammenhang oder auf der Lieferung von Waren mit gleichen Mängel beruhen."

5. Auseinanderfallen von Versicherungswert und Versicherungssumme

a) Überblick

1319 Fallen der Versicherungswert und die Versicherungssumme erheblich auseinander, so liegt eine **Über- oder Unterversicherung** vor. Dies kann bereits bei Abschluss oder erst im weiteren Verlauf des Vertrags der Fall sein. Grundsätzlich ist der Versicherungsnehmer für die richtige Festlegung der Versicherungssumme verantwortlich. Dies gilt freilich nicht, sofern es für den durchschnittlichen Versicherungsnehmer mit Schwierigkeiten verbunden ist. Insoweit gebietet die Beratungspflicht des Versicherers gem. § 6 Abs. 1 VVG es diesem, den Versicherungsnehmer in u.U. weit reichendem Umfang zu unterstützen. Dies gilt etwa für die Bestimmung des Versicherungswerts 1914 in der Wohngebäudeversicherung (s. dazu Rn. 731). Die Erheblichkeitsschwelle ist wie bei § 76 VVG zu bestimmen (s. Rn. 1304ff.).

---

186 Zur Auslegung einer solchen Klausel vgl. BGH VersR 2003, 1389f.

b) Überversicherung (§ 74 VVG)

Die **Überversicherung** ist dadurch gekennzeichnet, dass der Versicherungswert unterhalb der vereinbarten Versicherungssumme liegt. Insoweit ist zwischen einer Überversicherung ohne betrügerische Absicht und einer solchen in betrügerischer Absicht zu differenzieren. 1320

Sofern eine erhebliche **Überversicherung ohne betrügerische Absicht** vorliegt (§ 74 Abs. 1 VVG), können beide Vertragsparteien die Herabsetzung der Versicherungssumme und der Prämie verlangen. Das **Herabsetzungsverlangen** ist ein Gestaltungsrecht, welches als empfangsbedürftige Willenserklärung gem. § 130 Abs. 1 BGB mit seinem Zugang wirksam wird.[187] 1321

Bei einer Überversicherung **in betrügerischer Absicht** ist der Versicherungsvertrag nichtig (§ 74 Abs. 2 VVG). Der Versicherer ist aber in Abweichung von den allgemeinen bereicherungsrechtlichen Regeln berechtigt, die Prämie bis zu dem Zeitpunkt zu verlangen, in dem er Kenntnis von den die Nichtigkeit begründenden Umständen erlangt hat. 1322

c) Unterversicherung (§ 75 VVG)

Eine Unterversicherung liegt vor, wenn der Versicherungswert oberhalb der vereinbarten Versicherungssumme liegt. Dazu kann es insbesondere dann kommen, wenn der Versicherungsnehmer schon bei **Vertragsbeginn** die Versicherungssumme zu niedrig festlegt, etwa versehentlich oder um Prämie zu sparen, oder wenn der Wert des versicherten Gegenstandes **nach Vertragsschluss** steigt, ohne dass die Versicherungssumme entsprechend angepasst wird. 1323

Die Unterversicherung hat für den Versicherungsnehmer im Schadensfall erhebliche Konsequenzen. Der Versicherer hat dann nämlich nur nach dem Verhältnis der Versicherungssumme zum höheren Versicherungswert zu leisten (**Proportionalitätsregel** des § 75 VVG). 1324

Allerdings führt – anders als vor der VVG-Reform – nur eine **erhebliche Abweichung** zu einer Kürzung des Anspruchs. Dabei ist für die Schwelle ebenso wie bei der Taxe (s. Rn. 1308) ein Richtwert von 10 % anzusetzen.[188] Zudem werden auch andere Leistungen wie Rettungs- und Schadensermittlungskosten herabgesetzt. In vielen AVB wird § 75 VVG **abbedungen**. 1325

Beispiel: In der Hausratversicherung verzichtet der Versicherer gem. Abschnitt A § 9 Nr. 3 VHB 2010 (QM) auf einen Abzug wegen Unterversicherung, wenn die **Wohnfläche** bei Eintritt des Versicherungsfalls der im Versicherungsschein genannten entspricht, die vereinbarte Versicherungssumme einen vom Versicherer vorgegebenen **Betrag** (z.B. 750 €) multipliziert mit der im Versicherungsschein angegebenen Wohnfläche nicht unterschreitet und keine Mehrfachversicherung besteht. 1326

Beruht die Unterversicherung darauf, dass der Versicherer seine **Beratungspflicht** nach § 6 Abs. 1 VVG nicht ordnungsgemäß erfüllt hat, kann der Versi- 1327

187 Einzelheiten str.; vgl. *Armbrüster*, in: Prölss/Martin, § 74 Rn. 10.
188 *Wandt*, Rn. 753.

cherungsnehmer der Kürzung wegen Unterversicherung im Einzelfall einen Schadensersatzanspruch nach § 6 Abs. 5 VVG entgegenhalten (s. allgemein Rn. 770ff.).[189]

6. Schaden als Begrenzung der Versicherungsleistung (Bereicherungsverbot)

1328 Eine weitere, in engem Zusammenhang mit dem Grundsatz konkreter Bedarfsdeckung stehende Beschränkung der Gestaltungsfreiheit ist mit dem Schlagwort des Bereicherungsverbots verbunden. Nach § 55 VVG a.F. stellte der Schaden die Grenze der vom Versicherer geschuldeten Leistung dar. Auf diese Regelung ist früher verbreitet ein Bereicherungsverbot als allgemeiner Grundsatz der Schadensversicherung gestützt worden. Demnach sollte es dem Versicherungsnehmer versagt sein, durch die Leistung des Versicherers oder jedenfalls im Zusammenhang damit eine **vermögensmäßige Besserstellung** im Vergleich zur Lage ohne Eintritt des Versicherungsfalls zu erzielen.

1329 Bereits vor der VVG-Reform haben indessen die Rechtsprechung[190] und die überwiegende Literatur[191] ein **allgemeines Bereicherungsverbot** als zwingenden Rechtssatz nicht mehr anerkannt. So führt der BGH in seiner Grundsatzentscheidung zur Zulässigkeit der Neuwertversicherung aus, dass der Versicherer halten müsse, was er **vertraglich versprochen** hat (vgl. § 1 S. 1 VVG). In der Tat bedarf der Versicherer keines Schutzes durch ein allgemeines Bereicherungsverbot, da er seine Interessen durch sachgerechte Risikoprüfung und vertragliche Vereinbarungen zu wahren vermag. So regeln die AVB bisweilen ausdrücklich ein Bereicherungsverbot.

1330 **Beispiel:** Abschnitt A § 6 Nr. 1 lit. b S. 1 FBUB 2010 lautet: *„Die Entschädigung darf nicht zu einer Bereicherung führen."*

1331 Eine Grenze findet die Vertragsfreiheit freilich auch insoweit an **unabdingbaren gesetzlichen Leistungsbeschränkungen.**[192] Eine solche zwingende Vorschrift findet sich beispielsweise in § 76 S. 2 VVG für den Fall, dass der taxierte Wert den tatsächlichen Wert erheblich übersteigt (s. dazu, auch zur gebotenen teleologischen Reduktion, Rn. 1306ff.). Zudem statuiert § 200 VVG ein Bereicherungsverbot in der Krankenversicherung, sofern es sich um eine Schadensversicherung handelt.

189 BGH VersR 2011, 622 Rn. 10; OLG Saarbrücken r+s 2006, 197, 198; OLG Düsseldorf r+s 2006, 331, 332.

190 Grundlegend BGHZ 147, 212, 215 = VersR 2001, 749, 750; s. auch BGH VersR 1997, 1231, 1232 (betr. wieder aufgefundene Sachen); offen lassend noch BGH VersR 1996, 845, 846.

191 *Bartholomäus*, Das versicherungsrechtliche Bereicherungsverbot, S. 40ff.; *Gärtner*, Bereicherungsverbot, S. 34ff.; *Holzhauser*, Rn. 249; *Kollhosser*, in: Prölss/Martin, 27. Aufl. 2004, § 55 Rn 1; *Römer*, in: Langheid/Römer, VVG, 2. Aufl. 2003, § 55 Rn 8; BK/*Schauer*, § 55 Rn 33, 34; *Sieg*, in: FS E. Lorenz, 1994, S. 643, 647.

192 BGHZ 147, 212, 216 = VersR 2001, 749, 750.

Für die **Neuwertversicherung**, auf die sich die Grundsatzentscheidung des BGH zum Bereicherungsverbot bezog, ergibt sich demnach Folgendes: Durch die Neuwertabrede wird das versicherte Interesse abweichend von der dispositiven Vorschrift des § 88 VVG bestimmt. Dieses Interesse besteht dann nicht mehr im Ausgleich der durch den Eintritt des Versicherungsfalls erlittenen Vermögenseinbuße, sondern in der Herstellung eines von der vorherigen Lage **abweichenden Zustands**. Ist eine solche Abrede getroffen, so kommt es durch den Eintritt des Versicherungsfalls zu einer vermögensmäßigen Besserstellung des Versicherungsnehmers, da dieser nicht allein den Zeitwert, sondern den Neuwert beanspruchen kann, und zwar ohne Abzug „neu für alt“. Der Grund dafür, dass die hierin liegende Bereicherung zulässigerweise vereinbart werden kann, wird insbesondere darin gesehen, dass es einen entsprechenden **Bedarf** des Versicherungsnehmers und somit ein praktisches Bedürfnis gibt.[193] 1332

Vermag der Versicherungsnehmer dadurch, dass der Versicherungsfall eintritt, infolge der Leistungen des Versicherers einen finanziellen Vorteil zu erlangen, der über den erlittenen Verlust hinausgeht, stellt sich die Frage des sog. subjektiven Risikos (zum Begriff s. Rn. 261). Um keinen Anreiz dafür zu schaffen, den Versicherungsfall selbst vorsätzlich oder zumindest grob fahrlässig herbeizuführen, machen die Bedingungswerke zur Gebäudeversicherung die Auszahlung desjenigen Teils der Entschädigung, der den Zeitwertanteil übersteigt (**Neuwertanteil**), regelmäßig davon abhängig, dass der Versicherungsnehmer die Wiederherstellung eines nach Art und Zweckbestimmung gleichartigen Gebäudes binnen einer bestimmten Frist (z.B. drei Jahre) sicherstellt (sog. **strenge Wiederherstellungsklausel**). 1333

Beispiel: Nach § 13 Nr. 7 VGB 2010 (Wert 1914) erlangt der Versicherungsnehmer den Anspruch auf den Neuwertanteil nur, soweit und sobald er innerhalb von drei Jahren nach Eintritt des Versicherungsfalls sicherstellt, dass er die Entschädigung verwenden wird, um versicherte Sachen in gleicher Art und Zweckbestimmung an der bisherigen Stelle wiederherzustellen (s. auch Rn. 1863). 1334

Die erforderliche **Sicherstellung** kann etwa dadurch geschehen, dass der Versicherungsnehmer einen bindenden Bauerrichtungsvertrag mit einem leistungsfähigen Bauträger abschließt. Die sog. Neuwertspitze, also der über den Zeitwert hinausgehende Betrag, wird dann erst fällig, wenn jene Sicherstellung erfolgt ist. Hingegen kommt es nicht auf die tatsächliche Wiedererrichtung an. Probleme können in solchen Fällen auftreten, wenn der Versicherungsnehmer das Gebäude **tatsächlich wiedererrichtet**. 1335

Beispiel:[194] A unterhält für sein Mehrfamilienhaus mit Gaststätte bei V eine Gebäudeversicherung. Das Anwesen wird durch einen Brand zerstört. Der von 1336

193 BGHZ 137, 318, 326f. = VersR 1998, 305, 307.
194 Nach BGH VersR 2011, 1180.

V beauftragte Sachverständige veranschlagt den Zeitwertschaden mit 240.000 € und den Neuwertschaden mit 360.000 €. Der Versicherer zahlt 240.000 €. V baut sodann das Gebäude wieder auf, und zwar nach seinem Vorbringen mit wesentlichen eigenen Bauleistungen sowie solchen von Angehörigen und Nachbarn. Die tatsächlich entstandenen Baukosten betragen 180.000 €. A verlangt nun von V die Auszahlung der Neuwertspitze von 120.000 €.

1337 Der BGH hat den Anspruch bejaht. Demnach hat V die volle **Neuwertentschädigung** hinsichtlich des wiederhergestellten Gebäudes auch dann zu zahlen, wenn die tatsächlich getätigten Aufwendungen geringer sind als der Neuwert oder wenn sie wie hier sogar den Zeitwert unterschreiten. Ein verständiger Versicherungsnehmer gehe angesichts der strengen Wiederherstellungsklausel davon aus, dass er jenen Anspruch auch dann habe, wenn er binnen der maßgeblichen Frist den Wiederaufbau nicht nur sicherstelle, sondern tatsächlich durchführe. Allein der Umstand, dass er Eigenleistungen erbracht habe, rechtfertige keinen Abzug, da der Zweck der Klausel, präventiv Missbrauch zu verhindern und die Entschädigung an den Sachwert zu binden, erreicht sei. Diese Auslegung verdient Zustimmung. Ein durchschnittlicher Versicherungsnehmer wird angesichts dessen, dass die Klausel zum Fall einer tatsächlichen Wiederherstellung innerhalb der Frist keine Aussage trifft, nicht darauf schließen können, dass dann – anders als im Fall einer reinen Sicherstellung der Wiederherstellung – lediglich die ihm tatsächlich entstandenen Kosten maßgeblich sein sollen. Das Ergebnis zeigt allerdings, dass der Versicherungsnehmer bei der Neuwertversicherung von Gebäuden aus dem Eintritt des Versicherungsfalls unter Umständen einen ganz erheblichen finanziellen Vorteil ziehen kann. Freilich gilt es bei Eigenleistungen auch zu bedenken, dass der dadurch erzielten wirtschaftlichen Ersparnis nicht nur der Einsatz eigener Arbeitskraft, sondern auch das Fehlen vertraglicher Gewährleistungsansprüche gegenübersteht, wie sie bei der Ausführung durch einen Bauunternehmer bestünden.

1338 Auch außerhalb der Neuwertversicherung von Gebäuden wird es durch die AVB in einigen **weiteren Fällen** zugelassen, dass beim Versicherungsnehmer im Zuge der Schadensregulierung im Vergleich zu seiner Vermögenslage ohne Eintritt des Versicherungsfalls eine Bereicherung entsteht.

1339 **Beispiele:**[195] Im Bereich der Kfz-Kaskoversicherung werden marktübliche Reparaturkosten bis zur Höhe des um den Restwert verminderten Wiederbeschaffungswerts auch bei einer Eigenreparatur durch den Versicherungsnehmer ersetzt (Abschnitt A 2.7.1 lit. b AKB 2010). Zudem verbleibt dem Versicherungsnehmer ein etwaiger, aus der Veräußerung des beschädigten Kfz erlangter Mehrerlös.

1340 Die Feststellung, dass es kein allgemeines Bereicherungsverbot gibt (s. Rn. 1329), bedeutet keineswegs, dass der **Grundgedanke dieses Verbots** bei der Festlegung des versicherten Interesses nicht mehr zum Tragen käme. Vielmehr

195 Zu weiteren Fällen s. *Armbrüster*, VersR 2008, 1154, 1159.

folgt bereits aus der Bezugnahme des BGH auf mögliche gesetzliche Leistungsbeschränkungen, dass die Erwägung, der Versicherungsnehmer solle nicht infolge des Eintritts des Versicherungsfalls wirtschaftlich besser stehen als ohne dieses Ereignis, durchaus zu Einschränkungen der Vertragsgestaltungsfreiheit führen kann.

Die mit dem Bereicherungsverbot verbundenen Einschränkungen werden im 1341
Schrifttum im Wesentlichen mit drei Erwägungen begründet, wegen derer es einen „**vernünftigen Kern**“[196] haben soll. Sie liegen in der Freihaltung des Versicherungsvertrags von Wettelementen, in der Verhinderung einer Mitfinanzierung wirtschaftlich sinnloser Leistungen durch solche Versicherungsnehmer, die bei Eintritt des Versicherungsfalls einen sinnvollen Bedarf haben, sowie in der Geringhaltung des Anreizes zur Herbeiführung des Versicherungsfalls.

Von diesen Gesichtspunkten leuchtet der erste unmittelbar ein, geht es doch 1342
bei der Versicherung darum, der Sicherung eines **Plans** oder einem tatsächlichen **Bedarf** Rechnung zu tragen, und nicht darum, einen Geldbetrag in der Hoffnung auf einen Zufallsgewinn einzusetzen. Diese Abgrenzung ist für die deutsche Rechtsordnung nicht zuletzt deshalb bedeutsam, weil der Gesetzgeber – wie in § 762 BGB zum Ausdruck kommt, in dem Wettschulden als unvollkommene Verbindlichkeiten ausgestaltet sind – **Spiel und Wette** mit einer gewissen Distanz begegnet und sie besonderen, vom sonstigen Schuldvertragsrecht und insbesondere auch vom Versicherungsvertragsrecht erheblich abweichenden Regeln unterwirft (s. Rn. 435). Vor dem Hintergrund der Bestrebungen zu einer Angleichung der europäischen Vertragsrechtsordnungen sei in diesem, für das Thema grundlegenden Zusammenhang freilich am Rande vermerkt, dass derartige Wertungen durchaus einem Wandel unterliegen können. So sind beispielsweise in England seit 2007 Ansprüche aus Glücksspielverträgen durchsetzbar.[197]

Problematischer als das Gebot einer Abgrenzung zur Wette erscheint der 1343
zweite, die **Verhinderung wirtschaftlich sinnlosen Deckungsschutzes** betreffende Aspekt, impliziert er doch eine Bewertung der Leistung des Versicherers anhand des objektiven Kriteriums ihrer wirtschaftlichen Sinnhaftigkeit. Eine solche von der Einschätzung der Parteien losgelöste Bewertung findet indessen (auch) in der Schadensversicherung regelmäßig nicht statt. So kann es aus Sicht eines wirtschaftlich denkenden Versicherungsnehmers sinnlos sein, eine Prämie dafür zu zahlen, dass er den an einem von ihm gar nicht genutzten Gebäude entstehenden Schaden für den Fall ersetzt bekommt, dass er den Wiederaufbau sicherstellt. Gleichwohl ist sein Sacherhaltungsinteresse versicherbar. Umgekehrt kann ein den Sachwert weit übersteigender Ersatz, der einem Affektionsinteresse Rechnung trägt, zwar wirtschaftlich nicht geboten sein, wohl aber nach der Bedarfseinschätzung des Versicherungsnehmers als angemessener Ausgleich für die immaterielle Einbuße einem „sinnvollen“ Bedarf Rechnung tragen. In die-

196 *Prölss*, in: Prölss/Martin, § 1 Rn. 90; s. auch *dens*., in: FS 50 Jahre BGH, 2000, S. 551, 558f.
197 Sect. 335 Para. 1 Gambling Act 2005: „The fact that a contract relates to gambling shall not prevent its enforcement.“

sem Fall stellt der Gesetzgeber den Grundsatz konkreter Bedarfsdeckung über das Affektionsinteresse, indem er letzteres als nicht versicherbar ansieht.

1344 Auch der dritte Gesichtspunkt – derjenige des **subjektiven Risikos** – ist nicht unproblematisch. Dies wird am Beispiel der Neuwertversicherung von Wohngebäuden (s. Rn. 1859) deutlich, bei der dem Versicherungsnehmer infolge des Eintritts des Versicherungsfalls unter Umständen ein enormer Vermögenszuwachs winkt. Darin liegt ein Anreiz, den Versicherungsfall herbeizuführen, und gleichwohl ist die Neuwertversicherung – wie in Rn. 1332 dargelegt – nach mittlerweile einhelliger Ansicht zulässig. Hinzu kommt, dass der Versicherer dem subjektiven Risiko keineswegs hilflos gegenübersteht.[198] Vielmehr stehen ihm verschiedene Möglichkeiten zu Gebote, der Gefahr einer Herbeiführung des Versicherungsfalls durch den Versicherungsnehmer gegenzusteuern. Zu nennen ist insoweit zunächst die Risikoanalyse im Vorfeld des Vertragsschlusses. Vor allem aber kann durch vertragliche Gestaltungen der freie Zugriff auf eine Geldleistung des Versicherers beschränkt werden, namentlich indem die Zahlung an die Wiederherstellung der Sache oder zumindest an deren Sicherstellung geknüpft wird, ferner durch vertragliche Obliegenheiten, Risikoausschlüsse, Prämienzuschläge und Selbstbehalte. Alle diese Möglichkeiten bestehen zusätzlich zu den gesetzlichen Folgen einer vorsätzlichen oder grob fahrlässigen Herbeiführung des Versicherungsfalls gem. § 81 VVG.

§ 24 Regress des Versicherers (§ 86 VVG)

Literatur

Armbrüster, Regress des Gebäudeversicherers gegen den Mieter, NJW 2006, 3683; *Bost*, Das Quotenvorrecht des Versicherungsnehmers, VersR 2007, 1199; *Dickmann*, Der Regress in der Kfz-Kaskoversicherung nach der VVG-Reform, VersR 2012, 678; *Günther*, Der Regreß des Sachversicherers, 4. Aufl. 2012; *Rosch*, Der gesetzliche Forderungsübergang nach der Reform des Versicherungsvertragsrechts, § 86 VVG, 2008; *Sarholz*, Das Quotenvorrecht: eine Untersuchung zu § 86 Abs. 1 VVG und § 116 Abs. 1 – 5 SGB X, 2011; *Staudinger/Kassing*, Der Regress des Gebäudeversicherers gegen den Mieter im Lichte der VVG-Reform, VersR 2007, 10.

A. Überblick

1345 Nach **§ 86 Abs. 1 VVG** geht ein Ersatzanspruch des Versicherungsnehmers gegen einen Dritten auf den Versicherer über, soweit dieser dem Versicherungsnehmer den Schaden ersetzt. Diese Norm ordnet mithin einen **gesetzlichen Forderungsübergang (Legalzession)** an. Dadurch wird es dem Versicherer ermöglicht, Rückgriff (Regress) gegen diejenigen Personen zu nehmen, die gegenüber dem Versicherungsnehmer für den vom Versicherer zu ersetzenden Schaden verantwortlich sind. Ohne § 86 VVG könnte der Versicherer nach § 255

198 *Winter*, in: FS Wälder, 2009, S. 103, 107.

BGB Zug um Zug gegen Zahlung der Versicherungssumme die Abtretung des Schadensersatzanspruchs verlangen. Diesen (umständlichen) Weg erspart ihm § 86 VVG. Der gesetzliche Forderungsübergang macht es für den Versicherer zugleich entbehrlich, sich eine rechtsgeschäftliche Abtretung auszubedingen.

Die Legalzession weist gewisse Parallelen zu derjenigen auf, die für den **Regress des Sozialversicherungsträgers** in § 116 Abs. 1 S. 1 SGB X angeordnet 1346 ist. Ein wichtiger Unterschied besteht freilich darin, dass der Anspruch auf einen privaten Versicherer nur insoweit übergeht, als dieser tatsächlich dem Versicherungsnehmer den Schaden ersetzt hat, während der Gesetzgeber beim Sozialversicherungsträger bereits den Umstand genügen lässt, dass dieser zur Leistung verpflichtet ist. In diesem Unterschied spiegelt sich die Einschätzung, dass ein eintrittspflichtiger Sozialversicherungsträger in jedem Fall zahlen wird, während dies beim privaten Versicherer als einem gewinnorientierten Marktteilnehmer nicht von vornherein gewährleistet ist. Daher muss er sich die Legalzession durch die eigene Leistung gleichsam erst verdienen; auf diese Weise wird der Versicherungsnehmer davor geschützt, seinen Anspruch gegen den Dritten zu verlieren, ohne dass er zugleich in entsprechendem Umfang eine Leistung durch den Versicherer erlangt.

Aus § 86 Abs. 1 VVG ergeben sich zwei wichtige Klarstellungen. Erstens 1347 wird der haftpflichtige Schädiger nicht dadurch entlastet, dass ein den Schaden deckender Versicherungsvertrag besteht; insoweit findet **keine Vorteilsausgleichung** statt (zur Lage bei der Summenversicherung s. Rn. 420).[199] Zwischen dem haftpflichtigen Dritten und dem Versicherer besteht kein Gesamtschuldverhältnis i.S. der §§ 421ff. BGB. Beide Ansprüche sind nicht gleichstufig; zudem bezweckt der Versicherer mit seiner – durch die Prämienzahlungen des Versicherungsnehmers finanzierten – Leistung nicht, den Schädiger zu entlasten. Dem trägt das Gesetz mit der Regressmöglichkeit Rechnung.

Zweitens verhindert die Legalzession, dass der Versicherungsnehmer Schädi- 1348 ger und Versicherer parallel auf Leistung wegen ein und desselben Schadens in Anspruch nehmen und sich dadurch eine **Bereicherung** verschaffen kann.

B. Erfasste Ansprüche

I. „Ersatzanspruch" des Versicherungsnehmers

Grundsätzlich erfasst die Legalzession **alle Ansprüche** des Versicherungsneh- 1349 mers gegen einen Dritten, die dem Ausgleich der die Versicherungsleistung auslösenden Vermögenseinbuße dienen. Den Hauptanwendungsfall bilden in der Praxis deliktsrechtliche Schadensersatzansprüche (§§ 823ff. BGB) sowie sonstige gesetzliche Ansprüche. Darüber hinaus gilt § 86 Abs. 1 VVG auch für Ansprüche aus Vertrag, für Ausgleichsansprüche analog §§ 426, 840, 906 Abs. 2 BGB[200] und unter Umständen sogar für Ansprüche aus Garantieversprechen

---

199 S. nur *Oetker*, in: MünchKomm-BGB, § 249 Rn. 256.
200 Dazu OLG Düsseldorf VersR 2003, 455ff.

sowie für Gewährleistungsansprüche.[201] Versicherungs- und Ersatzanspruch müssen freilich inhaltlich und umfangsmäßig deckungsgleich sein, damit die Legalzession eingreift (**Kongruenzprinzip**; vgl. auch § 86 Abs. 1 S. 1: „soweit").

II. Anspruch „gegen einen Dritten"

1350 **Dritter** ist grundsätzlich jeder, der nicht Versicherungsnehmer oder Versicherter ist. Allerdings ist für das richtige Verständnis des § 86 VVG eine wichtige Präzisierung dieser Formel zu beachten: Entscheidend ist nicht die formale Stellung, sondern die Frage, ob und inwieweit das **Interesse** des Versicherungsnehmers oder des Versicherten durch die Versicherung geschützt ist (s. zur insoweit auslegungsbedürftigen Gesetzesterminologie Rn. 72). Dies kommt insbesondere bei der Fremdversicherung zum Tragen: Sind ausschließlich fremde Interessen versichert, so handelt es sich beim Versicherungsnehmer um einen Dritten i.S. von § 86 VVG, gegen den der Regress möglich ist. Freilich stellt es in der Praxis eher die Ausnahme dar, dass eine ausschließliche Fremdversicherung vorliegt. Aus den Umständen ergibt sich vielmehr regelmäßig, dass der Versicherungsnehmer auch selbst zumindest in Gestalt eines Regressverzichts durch die Versicherung geschützt wird. Besonders bedeutsam ist dies im Hinblick auf das sog. Sachersatzinteresse des potentiell Haftpflichtigen in der Sachversicherung, z.B. des den Versicherungsvertrag abschließenden Mieters der versicherten Sache (s. dazu Rn. 1268ff.).

1351 Ein **Repräsentant** des Versicherungsnehmers (s. Rn. 1512ff.) ist Dritter, sofern nicht ein eigenes Interesse des Repräsentanten durch den Vertrag geschützt ist (z.B. wiederum das Sachersatzinteresse).[202]

1352 **Zusammenfassendes Beispiel** (s. auch bereits Rn. 1192): Mieter M hat eine Wohnung im Mehrfamilienhaus des E gemietet. Durch eine leichte Unachtsamkeit verursacht er einen Brandschaden. Der Wohngebäudeversicherer V reguliert den Schaden gegenüber dem E als seinem Versicherungsnehmer. Sodann verlangt er den geleisteten Betrag von M ersetzt.

1353 Die Grundlage für einen Regress des V gegen M kann § 86 Abs. 1 S. 1 VVG bieten. M ist gegenüber E aus dem Mietvertrag gem. § 280 Abs. 1 BGB sowie deliktsrechtlich wegen einer fahrlässigen Eigentumsverletzung i.S. von § 823 Abs. 1 BGB schadensersatzpflichtig. Zudem liegt die für den Regress erforderliche Leistung des V an E vor. Allerdings fragt sich, inwieweit der Umstand, dass M durch seine Miete den Feuerversicherungsschutz des E anteilig mitfinanziert, zu einem abweichenden Ergebnis führt. Nach der früher vom BGH favorisierten **haftungsrechtlichen Lösung** (s. Rn. 1275) ist davon auszugehen, dass der Mietvertrag eine stillschweigende Haftungsbeschränkung zugunsten

201 *Wandt*, Rn. 966; Einzelheiten bei *Prölss*, in: Prölss/Martin, § 86 Rn. 4ff.
202 *Prölss*, in: Prölss/Martin, § 86 Rn. 13; a.A. *E. Lorenz*, VersR 2000, 2, 6 (Repräsentant als „alter ego" des Versicherungsnehmers).

des Mieters auf Vorsatz und grobe Fahrlässigkeit enthält. Folgt man dem, so besteht hier, da M nur leicht fahrlässig handelte, schon kein übergangsfähiger Anspruch. Nach der vorzugswürdigen, mittlerweile auch vom BGH anerkannten **versicherungsrechtlichen Lösung** (s. Rn. 1276) ist ein konkludenter Regressverzicht des V gegenüber E zugunsten des M hinsichtlich leichter Fahrlässigkeit anzunehmen.[203] Nach beiden Auffassungen ist mithin ein Regress des V gegen M ausgeschlossen.

C. Voraussetzungen des Anspruchsübergangs

I. Grundregeln

Nach der – zutreffenden – überwiegenden Ansicht hängt der Übergang nicht 1354
davon ab, dass V zur Leistung gegenüber dem Versicherungsnehmer verpflichtet war.[204] Der Anspruchserwerb gehört nämlich zum Inhalt der Versicherungsleistung.[205] Voraussetzung des Übergangs ist daher grundsätzlich allein die **tatsächliche Leistung** des Versicherers an den Versicherungsnehmer oder den Versicherten. Dies gilt auch dann, wenn ein Versicherungsvertrag gar nicht zustande gekommen oder unwirksam ist. Hier findet ein Anspruchsübergang aus Gründen der Rechtssicherheit jedenfalls dann statt, wenn die Parteien im Zeitpunkt der Leistung von einem Vertrag ausgehen.[206] **Rettungskosten**, die der Versicherer dem Versicherungsnehmer nach § 83 VVG zu ersetzen hat, stehen dem Ersatz eines Schadens gleich. Der Anspruchsübergang findet erst in dem **Zeitpunkt** und nur in dem **Umfang** statt, in dem der Versicherer den Schaden tatsächlich ersetzt.

Beispiel: Schädiger S verursacht schuldhaft einen Schaden am Mobiliar des E. 1355
Dieser meldet den Schaden seinem Hausratversicherer V. V nimmt irrtümlich seine Leistungspflicht an, obwohl der Schadensfall bereits kurz vor dem materiellen Versicherungsbeginn eingetreten ist, und zahlt die Schadenssumme an E aus. Als V seinen Irrtum bemerkt, macht er den an E gezahlten Betrag gegenüber S geltend, da E mittlerweile vermögenslos ist.

V kann hier wählen, ob er den gezahlten Betrag unter Hinweis auf seine Leis- 1356
tungsfreiheit nach den §§ 812ff. BGB von E **zurückverlangt** oder ob er S im Wege des **Regresses** gem. §§ 823 Abs. 1 BGB, 86 Abs. 1 S. 1 VVG in Anspruch nimmt. Beide Ansprüche hängen insofern miteinander zusammen, als sich der Bereicherungsanspruch gegen E in dem Umfang vermindert, in dem V den Regress gegen S mit Erfolg geltend macht. Kondiziert V die Schadenssumme von

203 BGHZ 145, 393, 398f. = VersR 2001, 94, 95.
204 BGH NJW 1964, 101f.; VersR 1989, 250, 251; OLG Hamm r+s 1998, 184; BK/*Baumann*, § 67 Rn. 80ff.; *Prölss*, in: Prölss/Martin, § 86 Rn. 23; a.A. *v. Koppenfels-Spies*, in: Looschelders/Pohlmann, § 86 Rn. 24.
205 *Prölss*, in: Prölss/Martin, § 86 Rn. 23.
206 *Prölss*, in: Prölss/Martin, § 86 Rn. 23.

E, so ist dieser nur Zug um Zug gegen Rückzession des Haftpflichtanspruchs gegen S zur Leistung verpflichtet (sog. modifizierte Saldotheorie).[207]

1357 Für den Fall, dass eine abhanden gekommene Sache **wiederbeschafft** wird, enthalten die AVB regelmäßig besondere Regelungen. So hat der Versicherungsnehmer etwa nach § 13 AERB 2010 (Allgemeine Bedingungen für die Einbruchdiebstahl- und Raubversicherung) unter bestimmten Voraussetzungen die Wahl, ob er eine bereits vom Versicherer ausbezahlte Entschädigung behält und diesem die Sache übereignet oder ob er das an ihn Geleistete zurückerstattet.

1358 Der Versicherer hat jenseits der Legalzession **keine eigenen Ansprüche** gegen den Dritten aufgrund der Herbeiführung des Versicherungsfalls. Vielmehr schließt § 86 VVG insbesondere Ansprüche aus berechtigter Geschäftsführung ohne Auftrag (Aufwendungsersatzanspruch gem. §§ 667, 683 S. 1, 670 BGB) oder aus ungerechtfertigter Bereicherung (§ 812 BGB) aus. Im Rahmen der Aktivenversicherung werden regelmäßig schon die Voraussetzungen jener Anspruchsgrundlagen nicht vorliegen, da die Schuld des Dritten durch die Leistung des Versicherers an den geschädigten Versicherungsnehmer nicht erlischt (s. Rn. 1347). Besonderheiten bestehen im Rahmen der Haftpflichtversicherung (s. Rn. 1647ff.).

II. Wirkung vertraglicher Abtretungsverbote

1359 Sofern der Versicherungsnehmer mit dem Dritten ein **Abtretungsverbot** vereinbart hat, so gilt dieses nach überwiegender Ansicht auch im Rahmen des § 86 VVG (§§ 412, 399 Fall 2 BGB).[208] Der Versicherungsnehmer soll dann aber verpflichtet sein, den Anspruch gegen den Dritten zu verfolgen und dem Versicherer den Erlös herauszugeben. Kommt er dieser Pflicht nicht nach und zahlt er auch nicht die Entschädigung an den Versicherer zurück, macht er sich demnach gegenüber dem Versicherer **schadensersatzpflichtig**. Indessen ergibt eine **Auslegung** des Abtretungsverbots meist, dass der Forderungsübergang nach § 86 VVG davon nicht erfasst ist. Ferner führt eine teleologische Reduktion von §§ 412, 399 Fall 2 BGB i.V. mit § 86 VVG dazu, dass der Versicherer sich entsprechend dem Zweck der Legalzession bei dem Dritten schadlos halten kann.[209]

207 Vgl. BK/*Baumann*, § 67 Rn. 83; *Prölss*, in: Prölss/Martin, § 86 Rn. 23.

208 RGZ 97, 76; BGH VersR 1997, 1088, 1090; *Langheid*, in: Römer/Langheid, § 86 Rn. 15; *Müller/Segger*, in: MünchKomm-VVG, § 86 Rn. 118; implizit auch BGH VersR 2004, 994, 996 (die Berufung auf das Abtretungsverbot sei in concreto rechtsmissbräuchlich).

209 *Klimke*, VersR 1999, 19ff.; *Prölss*, in: Prölss/Martin, § 86 Rn. 24.

D. Umfang des Übergangs

I. Überblick

Nach § 86 Abs. 1 S. 2 VVG kann der in Satz 1 angeordnete Anspruchsübergang **nicht zum Nachteil des Versicherungsnehmers** geltend gemacht werden. Diese Regel kommt zum Zuge, wenn die Versicherungsleistung den Schaden nicht voll abdeckt. Insoweit lassen sich zwei Fallgruppen unterscheiden: Zum einen kann es sein, dass die Versicherungsleistung geringer als der bürgerlichrechtliche Schaden oder als der Versicherungsschaden ist; in solchen Fällen wird der Versicherungsnehmer durch das sog. **Quotenvorrecht** begünstigt (s. Rn. 1361ff.). Zum anderen ist es möglich, dass das Vermögen des Haftpflichtigen nicht ausreicht, um den Schaden vollständig zu decken; hier kommt ein **Befriedigungsvorrecht** des Versicherungsnehmers zum Zuge (s. Rn. 1364). 1360

II. Quotenvorrecht des Versicherungsnehmers

1. Versicherungsleistung geringer als bürgerlich-rechtlicher Schaden

Bleibt die Versicherungsleistung des Versicherers hinter dem bürgerlich-rechtlichen Schaden, d.h. dem Schaden, für den nach den BGB-Vorschriften ein Ersatzanspruch besteht, zurück und hat der Schädiger nur einen Teil des Schadens zu ersetzen, so geht der Schadensersatzanspruch insoweit nicht – auch nicht teilweise – auf den Versicherer über. Ein praktisch bedeutsamer Anwendungsfall ist die Kürzung des Ersatzanspruchs wegen Mitverschuldens des Versicherungsnehmers gem. § 254 BGB. Vielmehr bleibt der Versicherungsnehmer Gläubiger des Ersatzanspruches mit der Folge des Befriedigungsvorrechts nach § 86 Abs. 1 S. 2 VVG, soweit er vom Versicherer nicht entschädigt wurde (**Quotenvorrecht des Versicherungsnehmers**). Erst nachrangig zur Deckung des Schadens kommt der Versicherer zum Zuge.[210] Im Ergebnis bedeutet dies, dass etwa auch das Mitverschuldensrisiko des Versicherungsnehmers mitversichert ist. 1361

2. Versicherungsleistung geringer als Versicherungsschaden

Bleibt die Versicherungsleistung hinter dem Versicherungsschaden zurück, so geht in Höhe der Differenz der Ersatzanspruch auch dann nicht auf den Versicherer über, wenn die Versicherungsleistung den bürgerlich-rechtlichen Schaden deckt oder übersteigt. Zu einer derartigen Diskrepanz von Versicherungsleistung und Versicherungsschaden kann es insbesondere dann kommen, wenn ein **Selbstbehalt** vereinbart ist oder eine **Unterversicherung** gem. § 75 VVG zur Kürzung der Versicherungsleistung führt. Das Quotenvorrecht des Versicherungsnehmers wird in diesem Fall teils deshalb kritisiert, weil die zur Kür- 1362

---

210 Näher *Prölss*, in: Prölss/Martin, § 86 Rn. 25

zung der Versicherungsleistung führenden Regeln dann leer laufen würden.[211] Diese Kritik erscheint nicht berechtigt. Zunächst ist zu bedenken, dass sie in all jenen Fällen von vornherein nicht verfängt, in denen aus rechtlichen oder tatsächlichen Gründen ein Schadensersatzanspruch gegen einen Dritten nicht durchsetzbar ist. Aber auch wenn ein liquider Anspruch besteht, besteht kein Grund, dem Versicherungsnehmer zugunsten des Versicherers einen Zugriff darauf zu versagen. Dem Versicherer entsteht dadurch kein Nachteil; insbesondere hat er eine dem vollen Versicherungsschaden entsprechende Prämie vereinnahmt.[212]

1363 **Zusammenfassendes Beispiel:** Betragen die Versicherungsleistung 9.000 €, der Versicherungsschaden 10.000 € und der bürgerlich-rechtliche Schaden (= Ersatzanspruch) 8.000 €, so geht der Anspruch nur in Höhe von 7.000 € auf den Versicherer über. In Höhe von 1.000 € verbleibt er beim Versicherungsnehmer.[213]

III. Befriedigungsvorrecht des Versicherungsnehmers

1364 Deckt die Versicherungsleistung den Schaden nicht voll ab, so wird der Schadensersatzanspruch des Versicherungsnehmers gespalten. In Höhe der Versicherungsleistung geht er auf den Versicherer über; der restliche Teil bleibt beim Versicherungsnehmer. Reicht das Vermögen des Haftpflichtigen nicht aus, um beide Teilansprüche zu decken, genießt der Versicherungsnehmer nach § 86 Abs. 1 S. 2 VVG den Vorrang (**Befriedigungsvorrecht des Versicherungsnehmers**). Dabei handelt es sich um eine Rangfolgenbestimmung, ähnlich wie sie auch in § 10 ZVG oder in § 209 InsO hinsichtlich der verschiedenen Rangklassen vorgesehen ist. Jenes gesetzlich ausdrücklich angeordnete Befriedigungsvorrecht des Versicherungsnehmers ist zu unterscheiden vom – damit freilich zusammenhängenden – Quotenvorrecht (zu diesem s. Rn. 1361).

E. Wirkungen des Übergangs

1365 Auf den gesetzlich angeordneten Übergang des Ersatzanspruchs finden gem. § 412 BGB die für die Abtretung geltenden **§§ 401 ff. BGB** Anwendung. Dies bedeutet insbesondere, dass auch Sicherungsrechte auf den Versicherer übergehen (§ 401 BGB), der Dritte freilich zugleich seine Einwendungen behält (§ 404 BGB). Leistungen des Dritten an den Versicherungsnehmer, Erlassverträge oder ein Vergleich mit ihm sind nach Maßgabe von § 407 BGB wirksam.

---

211 *Ebert/Segger*, VersR 2001, 143, 148; *Möller/Segger*, in: MünchKomm-VVG, § 86 Rn. 127 ff.
212 *Prölss*, in: Prölss/Martin, § 86 Rn. 25.
213 Beispiel nach *Prölss*, in: Prölss/Martin, § 86 Rn. 27.

F. Sicherung des Übergangs

I. Regresssicherungsobliegenheit (§ 86 Abs. 2 VVG)

Nach § 86 Abs. 2 VVG trifft den Versicherungsnehmer die gesetzliche Obliegenheit, seinen Ersatzanspruch oder ein zur Sicherung dieses Anspruchs dienendes Recht zu wahren und bei dessen Durchsetzung durch den Versicherer so weit wie erforderlich mitzuwirken (früher sog. **Aufgabeverbot**; § 67 Abs. 1 S. 3 VVG a.F.). Damit soll dem berechtigten Interesse des Versicherers daran Rechnung getragen werden, sich hinsichtlich der dem Versicherungsnehmer erbrachten Leistung beim ersatzpflichtigen Dritten schadlos zu halten. 1366

Die **Rechtsfolgen** einer Verletzung dieser Obliegenheit entsprechen denen, die § 28 Abs. 2 VVG hinsichtlich vertraglicher Obliegenheiten vorsieht. Der Versicherer ist, sofern der Versicherungsnehmer den Ersatzanspruch gegen den Dritten oder ein zur Sicherung des Anspruchs dienendes Recht **vorsätzlich vereitelt** hat, insoweit nicht zur Leistung verpflichtet, als er infolgedessen keinen Ersatz von dem Dritten erlangen kann. Bei **grober Fahrlässigkeit** ist der Versicherer berechtigt, seine Leistung in einem der Schwere des Verschuldens des Versicherungsnehmers entsprechenden Verhältnis zu kürzen (zur quotalen Leistungsfreiheit s. Rn. 338ff.). Dabei muss die fehlende Regressmöglichkeit des Versicherers gerade auf der Obliegenheitsverletzung des Versicherungsnehmers beruhen (Kausalitätserfordernis; vgl. § 86 Abs. 2 S. 2 VVG: „infolgedessen"). Die Beweislast für die Kausalität trägt hier – abweichend von § 28 Abs. 3 S. 1 VVG – der Versicherer. Der aufgegebene Anspruch muss zumindest teilweise realisierbar gewesen sein. Entscheidender Zeitpunkt ist derjenige der voraussichtlichen Geltendmachung durch den Versicherer. 1367

II. Erweiterung des Aufgabeverbotes auf anspruchshindernde Abreden

Eine **Analogie** zu § 86 Abs. 2 VVG kann geboten sein, wenn der Versicherungsnehmer dazu beiträgt, dass ein Anspruch gegen den Schädiger **gar nicht entsteht** (z.B. Haftungsbegrenzung). Der Versicherungsnehmer verliert danach seinen Anspruch, wenn er in ungewöhnlicher, unüblicher Weise die Anspruchsentstehung verhindert. Handelt es sich hingegen um eine übliche Haftungsbegrenzung, welche auch ein nicht Versicherter vereinbaren würde, verbietet sich eine analoge Anwendung.[214] 1368

---

214 *Wandt*, Rn. 985.

G. Regressausschluss bei häuslicher Gemeinschaft (§ 86 Abs. 3 VVG)

I. Voraussetzungen

1369 Nach § 86 Abs. 3 VVG kann der Versicherer den Übergang des Anspruchs dann nicht geltend machen, wenn sich dieser gegen eine Person richtet, mit der der Versicherungsnehmer bei Eintritt des Schadens in häuslicher Gemeinschaft lebt, und wenn der Schaden durch diese Person nicht vorsätzlich verursacht wurde (früher sog. **Familienprivileg**; s. Rn. 1371). Mit dieser Regelung werden mehrere Zwecke verfolgt: Zum einen soll der Versicherungsnehmer vor einer **mittelbaren wirtschaftlichen Belastung** geschützt werden. Eine solche Belastung könnte deshalb eintreten, weil innerhalb eines Haushalts die Kosten regelmäßig von den Haushaltsangehörigen gemeinsam getragen werden. Wäre der Versicherer zwar gegenüber dem Versicherungsnehmer leistungspflichtig, könnte er sich aber den gezahlten Betrag von einem anderen Haushaltsangehörigen im Wege des Regresses zurückholen, so würde der Versicherungsschutz dem Versicherungsnehmer letztlich nichts bringen. Zum anderen dient der Regressschutz auch dazu, den **häuslichen Frieden** zu wahren. Der Versicherungsnehmer ist nämlich nach den AVB regelmäßig verpflichtet, den Versicherer bei der Verfolgung von dessen Regressansprüchen zu unterstützen. Er müsste daher dem Versicherer ggf. die haftungsbegründenden Tatsachen mitteilen und auch sonst zur Durchsetzung des Regresses beitragen. Damit wäre eine Belastung der häuslichen Gemeinschaft vorprogrammiert.

1370 Der Regressschutz greift nur zugunsten von Personen ein, mit denen der Versicherungsnehmer in einer **häuslichen Gemeinschaft** lebt. Dafür ist angesichts der Normzwecke (s. Rn. 1369) neben der (zumindest teilweisen) gemeinschaftlichen Wirtschaftsführung auch eine persönliche Verbundenheit erforderlich. Zudem muss die Gemeinschaft auf Dauer angelegt sein.[215] Dies bedeutet nicht, dass sie bereits über einen gewissen Zeitraum bestanden haben muss; entscheidend ist vielmehr die in die Zukunft offene Anlage. Freilich sind die Anforderungen an die vom Versicherungsnehmer darzulegende häusliche Gemeinschaft (in Abgrenzung zu einem planmäßig nur vorübergehenden Miteinander, wie es etwa bei einem von vornherein zeitlich begrenzten Aufenthalt eines der Haushaltsangehörigen der Fall ist) umso höher, je kürzer das Zusammenleben im Zeitpunkt der den Ersatzanspruch auslösenden Handlung währt. Umgekehrt wird das Bestehen einer häuslichen Gemeinschaft durch eine nur vorübergehende Abwesenheit einer Person nicht berührt.

1371 Die Tatsache, dass § 86 Abs. 3 VVG für den Regressschutz allein auf die häusliche Gemeinschaft abstellt, hat gegenüber der früheren Rechtslage nicht nur zu einer inhaltlichen Verbesserung für den Versicherungsnehmer geführt, sondern auch Rechtssicherheit geschaffen. Die Reform ist damit in diesem Punkt ein Beispiel für eine gelungene **Modernisierung des Gesetzes**. Nach § 67

---

215 BGH VersR 1980, 644, 645; VersR 1986, 333, 334f.

Abs. 2 S. 1 VVG a.F. kam der Schutz – wie dies heute noch nach § 116 Abs. 6 SGB X beim Regress des Sozialversicherungsträgers der Fall ist – nur **Familienangehörigen** zugute, die mit dem Versicherungsnehmer in häuslicher Gemeinschaft leben. Diese Einschränkung, auf der die hergebrachte – und für § 86 Abs. 3 VVG nicht mehr passende – Bezeichnung des Regressschutzes als „Familienprivileg“ beruht – führte angesichts der Vielgestaltigkeit moderner Formen des Zusammenlebens zu zahlreichen Zweifelsfragen. So war es lange umstritten, ob der auf Familienangehörige bezogene Schutz allein Ehegatten, Verwandten und Verschwägerten zugute kommen sollte oder auch anderen Personen wie etwa **nichtehelichen Lebensgefährten**. Erst im Jahr 2009 hat der BGH in einer noch das alte Recht betreffenden Entscheidung geklärt, dass das Privileg auch für den Partner einer nichtehelichen Lebensgemeinschaft gilt.[216] Der Schutz der Institutionen Ehe und Familie durch Art. 6 Abs. 1 GG steht, wie der BGH unter Bezugnahme auf die Rechtsprechung des BVerfG[217] zutreffend klargestellt hat, einer Gleichbehandlung nicht entgegen, da dieser es keineswegs gebietet, nichteheliche Lebensgemeinschaften etwa durch Entziehung ihrer materiellen Grundlagen zu bekämpfen. Die Entscheidung entspricht einer generellen, den modernen Entwicklungen Rechnung tragenden Tendenz der Rechtsprechung, die nichteheliche Lebensgemeinschaft sowie sonstige Partnerschaften und insbesondere auch die eingetragene Lebenspartnerschaft an die Ehe anzunähern.[218] Mit der Neuerung sind auch jene praktischen Schwierigkeiten bei der Ermittlung einer nichtehelichen Lebensgemeinschaft entfallen, die von den Gegnern einer Gleichstellung in diesem Kontext – nicht aber etwa im Sozialrecht, wenn es um die Inanspruchnahme eines Partners geht – vorgebracht wurden (vgl. auch Rn. 562f.).

Der Regress bleibt möglich, wenn der Schädiger **vorsätzlich** – bezogen auf 1372 den Schaden – handelt (vgl. § 86 Abs. 3 a.E. VVG). Nach überwiegender Ansicht greift der Regressausschluss auch dann ein, wenn der Schädiger haftpflichtversichert ist.[219] Dies ist freilich im Hinblick auf das dann fehlende Schutzbedürfnis des Schädigers abzulehnen (s. auch Rn. 1285).[220]

Die dargestellten Voraussetzungen müssen zur Zeit des **Eintritts des Versi- 1373 cherungsfalls** vorliegen. Das lässt sich nunmehr aus dem Wortlaut des § 86 Abs. 3 VVG entnehmen, der vom „Eintritt des Schadens“ spricht. Mithin kommt es nicht auf den Zeitpunkt an, zu dem der Versicherer seine Leistung erbringt.

---

216 BGHZ 180, 272, 278ff. = VersR 2009, 813, 814f. Rn. 17 m. zust. Anm. *Armbrüster*, LMK 2009, 284055.

217 BVerfGE 9, 20, 34f.; 82, 6, 15.

218 S. nur BGH NJW 2008, 3277, 3279ff. Rn. 26ff. (betr. Ausgleichsansprüche nach Beendigung der nichtehelichen Lebensgemeinschaft).

219 BGH VersR 1969, 1036, 1037; OLG Hamm, NJW-RR 2006, 104; *Langheid*, in: Römer/Langheid, § 86 Rn. 55; *Voit*, in: Bruck/Möller, § 86 Rn. 178; *Wandt*, Rn. 989.

220 *Prölss*, in: Prölss/Martin, § 86 Rn. 47.

II. Rechtsfolgen

1374 Folge des Ausschlusses ist, dass der Übergang zwar stattfindet, der Versicherer den übergegangenen Anspruch aber **nicht geltend machen** kann.[221]

H. Analoge Anwendung; Ausschluss nach § 242 BGB

1375 Eine **analoge Anwendung** des § 86 Abs. 3 VVG[222] ist geboten, wenn Dritte Rückgriffsansprüche gegen den Schädiger haben, die sie bei einer Inanspruchnahme durch den Versicherer geltend machen können. Die Frage einer analogen Anwendung auf **nichteheliche Lebensgemeinschaften** stellt sich im neuen Recht nicht mehr (s. Rn. 1371). Eine Anwendung auf weitere Personenverhältnisse (z.B. Internatsschüler im Verhältnis zum Schulträger) wird – soweit die Voraussetzungen nicht vorliegen – zu Recht allgemein abgelehnt.[223]

1376 Eine analoge Anwendung des § 86 Abs. 3 VVG kommt nicht in Betracht, wenn der leistungsfreie **Kfz-Haftpflichtversicherer** Regress gegen den (z.B. alkoholisierten) Fahrzeugführer nimmt, welcher mit dem nicht am Unfall beteiligten Halter in häuslicher Gemeinschaft lebt.[224] Anderenfalls wäre der Versicherer gezwungen, ein bestimmtes Risiko zu decken, welches er nach den von ihm verwendeten AVB nicht übernehmen wollte.[225]

1377 Ein an sich möglicher Regress ist dem Versicherer wegen **unzulässiger Rechtsausübung (§ 242 BGB)** verwehrt, wenn der Dritte einen Ausgleichsanspruch gegen den Versicherungsnehmer hat, für den wiederum der Versicherer einstehen müsste.

I. Regressverzicht des Versicherers

I. Vertraglicher Regressverzicht

1378 § 86 VVG ist gem. § 87 VVG **halbzwingend.** Der Versicherer kann mithin zugunsten des Versicherungsnehmers auf den Regress verzichten.

1379 Statt des Einschlusses des Sachersatzinteresses kann daher zwischen Versicherungsnehmer und Versicherer vereinbart werden, dass im Voraus auf den Rückgriff nach § 86 Abs. 1 VVG gegen potenzielle haftpflichtige Sachnutzer **verzichtet** wird. Einen solchen ausdrücklichen Regressverzicht enthält z.B. A.2.15 AKB 2008 zu Gunsten des berechtigten Fahrers in der Kaskoversicherung (zu **Regressverzichtsabkommen** s. Rn. 1381ff.). Ein Verzicht kann sich auch aus einer ergänzenden Vertragsauslegung ergeben (s. Rn. 1268ff.).

1380 Möglich ist anstelle eines Regressverzichts des Versicherers (s. 1378f.) auch eine Regelung, durch die dem Versicherungsnehmer die **Einziehung der Forde-**

---

221 *Prölss,* in: Prölss/Martin, § 86 Rn. 46.
222 *Prölss,* in: Prölss/Martin, § 86 Rn. 54f.
223 *Prölss,* in: Prölss/Martin, § 86 Rn. 54.
224 BGH VersR 1984, 327; OLG Hamm VersR 2006, 965.
225 OLG Hamm VersR 2006, 965.

rung überlassen wird.[226] Der Versicherungsnehmer ist dann je nach Vereinbarung zur Auskehrung des Erlöses an den Versicherer oder zur Rückzahlung einer vom Versicherer erlangten Leistung verpflichtet.

II. Teilungs- und Regressverzichtsabkommen

1. Überblick

Bei den Regressansprüchen des § 86 VVG stehen sich meist der Haftpflichtversicherer des betroffenen Dritten (= des Schädigers) einerseits und der Sachversicherer oder Sozialversicherungsträger andererseits gegenüber. Die verschiedenen von den Versicherern geschlossenen **Teilungs- und Regressverzichtsabkommen** dienen dazu, den wirtschaftlichen Aufwand für solche Abwicklungen zu minimieren. 1381

Bei einem **Regressverzichtsabkommen** verzichten die beteiligten Versicherer im Voraus darauf, Ansprüche geltend zu machen, die gem. § 86 VVG auf sie übergehen könnten. Dies ergibt für den Versicherer oftmals Sinn, denn er selbst wird vielfach sowohl Sach- als auch Haftpflichtversicherungsschutz bieten. Nach dem Gesetz der großen Zahl gleichen sich die wechselseitigen Ansprüche (unter gewissen Voraussetzungen) jedenfalls auf längere Sicht mehr oder minder aus. Zumindest wenn man die eingesparten Verwaltungskosten mitberücksichtigt, erscheint dann der wechselseitige Verzicht wirtschaftlich sinnvoll. 1382

Ebenso zur Rationalisierung trägt ein **Schadenteilungsabkommen** bei. Dabei vereinbaren Sachversicherer (oder Sozialversicherungsträger) und Haftpflichtversicherer, dass letzterer eine **feste Quote** (diese entspricht der statistisch ermittelten Zahlungsquote) oder Summe ohne nähere Prüfung der Haftpflicht- oder Schuldfrage zahlt. Der Sachversicherer/Sozialversicherungsträger verpflichtet sich im Gegenzug, den über die vereinbarte Quote hinausgehenden Betrag nicht gegenüber dem Haftpflichtversicherer geltend zu machen. Dadurch wird die meist kostenintensive Prüfung der Haftpflichtfrage gespart. Allerdings können stattdessen Streitigkeiten über die Auslegung eines Teilungsabkommens aufkommen.[227] 1383

Für den in der Praxis häufig vorkommenden Fall von Gebäudeschäden, die durch Wohnungsmieter verursacht werden, gilt seit 1.1.2009 ein **Schadenteilungsabkommen zwischen Gebäude- und Haftpflichtversicherern.** Danach soll der Gebäudeversicherer bis zu einer Schadenshöhe von 2.500 € auf die Geltendmachung von Regress- bzw. Ausgleichsansprüchen verzichten. Liegt der Schaden zwischen 2.500 und 100.000 €, so beteiligt sich der Haftpflichtversicherer mit einer Quote von 50 % am Entschädigungsbetrag. 1384

Die rechtliche Qualifikation solcher Vereinbarungen ist umstritten. Die überwiegende Meinung sieht darin zutreffend **Rahmenverträge** zur vergleichsweisen Erledigung künftiger Ansprüche.[228] 1385

226 *Prölss*, in: Prölss/Martin, § 86 Rn. 60.
227 S. hierzu OLG Köln VersR 2011, 934ff.
228 *Wandt*, Rn. 1010.

2. Voraussetzungen der Anwendbarkeit

1386 Voraussetzung für die Anwendbarkeit eines Teilungs- und Regressverzichtsabkommens ist die **Leistungspflicht des Haftpflichtversicherers.** Dabei wird das Bestehen des Anspruchs gegen den Versicherungsnehmer unterstellt.[229] Dies gilt auch dann, wenn der Versicherer nicht mehr leisten muss, etwa wegen Eintritts der Verjährung.[230] Je nach Abkommen muss ein Bezug zur gedeckten Haftpflichtgefahr bestehen. Teilweise wird auch nur auf die Prüfung des Verschuldenserfordernisses verzichtet.

§ 25 Der Anspruch auf die Leistung des Versicherers

Literatur

Klimke, Vertragliche Ausschlussfristen für die Geltendmachung des Versicherungsanspruchs nach der VVG-Reform – Entschuldigungsmöglichkeit, Hinweispflicht und Transparenz, VersR 2010, 290; *Veenker,* Die Fälligkeit von Geldleistungen des Versicherers nach § 11 Abs. 1 VVG (§ 14 Abs. 1 VVG-2008) unter besonderer Berücksichtigung der Fälligkeitsregelungen in AVB und des Versicherungsprozesses, 2008; *Volze,* Das Sachverständigenverfahren in der Sachversicherung, VersR 2006, 627.

A. Leistungsinhalt

1387 Der Versicherer ist nach Eintritt des Versicherungsfalls in der Schadensversicherung verpflichtet, unabhängig von dem Theorienstreit über den Inhalt seiner Leistungspflicht (s. dazu Rn. 1103ff.), dem Versicherungsnehmer den entstandenen Vermögensschaden zu ersetzen. Die Versicherungsleistung kann **zweckgebunden** sein. So wird in der Gebäudeversicherung regelmäßig eine Wiederherstellungsklausel vereinbart. Demnach entsteht der Anspruch auf die sog. Neuwertspitze erst dann, wenn die Wiederherstellung des Gebäudes sichergestellt ist (sog. **strenge Wiederherstellungsklausel;** s. dazu Rn. 1333ff. mit Beispiel). Solange diese Sicherstellung nicht erfolgt ist, besteht dann nur ein Anspruch auf den sog. gemeinen Wert. Bis zur VVG-Reform enthielten nur die Vorschriften über die Gebäudeversicherung Vorgaben zu Wiederherstellungsklauseln. Diese Regelungen gelten nunmehr in allen Sachversicherungszweigen (s. § 93 VVG).

B. Sachverständigenverfahren

1388 Im Einzelfall kann es für beide Parteien schwierig sein, die Voraussetzungen des Anspruchs und/oder die Höhe des Schadens festzustellen. Für solche Fälle kann vereinbart werden, dass offene und streitige Punkte durch einen Sachver-

229 Vgl. BGH VersR 2008, 1560, 1562 Rn. 10; *Prölss,* in: Prölss/Martin, § 86 Rn. 71.
230 BGH VersR 1974, 175ff. bei Versäumung der Klagefrist des § 12 Abs. 3 VVG a.F.

ständigen in einem **Sachverständigenverfahren** geklärt werden (vgl. § 84 VVG, der über § 189 VVG auch für die Unfallversicherung gilt). Meist kann der Versicherungsnehmer, vereinzelt auch der Versicherer, verlangen, dass ein Sachverständiger heranzuziehen ist.

Wird ein Sachverständigenverfahren durchgeführt, so tritt die **Fälligkeit** des Anspruchs des Versicherungsnehmers gegen den Versicherer erst nach Abschluss des Verfahrens ein.[231] Die **Bestimmung** eines Einzelsachverständigen oder die Zusammensetzung eines aus mehreren Sachverständigen bestehenden Gremiums richtet sich regelmäßig nach den AVB. Demnach darf meist jede Partei einen Sachverständigen benennen. Besondere Anforderungen an die Person des oder der Sachverständigen werden meist nicht gestellt. Für den Fall, dass zwei von den Parteien benannte Sachverständigen sich nicht einigen, sehen die AVB häufig die Bestimmung eines Obmanns (Vorsitzenden) vor. 1389

Die von dem oder den Sachverständigen getroffenen Feststellungen entfalten gem. § 84 Abs. 1 S. 1 VVG **Bindungswirkung** für die Parteien, wenn sie nicht offensichtlich von der wirklichen Sachlage erheblich abweichen.[232] In diesem Fall erfolgt die Feststellung durch gerichtliche Entscheidung (§ 84 Abs. 1 S. 2 VVG). 1390

Beispiel:[233] Versicherungsnehmer A ist nach durchgeführtem Sachverständigenverfahren mit dem vom Obmann gefundenen Ergebnis nicht einverstanden. Er verklagt daher den Versicherer V auf eine höhere Leistung. Im Prozess stützt er seinen Anspruch auf das Gutachten des von ihm benannten Sachverständigen; dieser habe den Versicherungsschaden zutreffend festgestellt. 1391

Das OLG Koblenz hat die Bezugnahme auf das von A für richtig gehaltene Gutachten zu Recht für unbeachtlich gehalten. Durch das Sachverständigenverfahren soll der Streit über die Höhe des zu regulierenden Schadens gerade einer gerichtlichen Auseinandersetzung entzogen werden. Wenn eine Partei das Gutachten des Obmanns nicht als verbindlich anerkennen will, muss sie dessen **offenbare Unrichtigkeit** nachweisen. Dies setzt Fehler voraus, die sich einem unbefangenen Betrachter aufdrängen und das Ergebnis insgesamt und nicht lediglich in Einzelpunkten erschüttern. 1392

C. Fälligkeit

I. Voraussetzungen

Der Anspruch des Versicherungsnehmers auf die Versicherungsleistung wird gem. § 14 Abs. 1 VVG nach abgeschlossener Feststellung des Versicherungsfalls und Klärung des Umfangs der Leistungspflicht durch den Versicherer **fällig**. 1393

---

231 Vgl. § 14 Abs. 1 VVG; BGH VersR 1971, 433, 435.

232 Zur Frage der Erheblichkeit der Abweichung s. *Voit*, in: Prölss/Martin, § 84 Rn. 23ff.; vgl. auch LG Essen VersR 2011, 914, 916.

233 Nach OLG Koblenz r+s 2012, 341.

Darin liegt eine Abweichung von den allgemeinen Regeln des Schuldrechts, da die Fälligkeit von einer Aktivität des Versicherers als des Schuldners abhängt (zum davon unabhängigen Anspruch auf Abschlagszahlungen s. Rn. 1397). § 14 VVG gilt nur für Geldleistungen; die Norm erfasst daher nicht Ansprüche auf Freistellung oder Rechtsschutzleistungen in der Haftpflichtversicherung (vgl. § 106 VVG) und den Anspruch auf Interessenwahrnehmung in der Rechtsschutzversicherung (vgl. § 125 VVG).

1394 Zu den für den Versicherer **notwendigen Erhebungen** können je nach Sachlage insbesondere die Beschaffung der erforderlichen Unterlagen, die Einholung von Sachverständigengutachten, eine Einsichtnahme in Akten (z.B. von Strafverfolgungsbehörden) und die Befragung von Zeugen gehören. Welche Erhebungen im Einzelfall notwendig sind, bestimmt sich danach, was ein durchschnittlich sorgfältiger Versicherer des betroffenen Versicherungszweiges für erforderlich erachten würde.[234]

1395 Der für die Anspruchsklärung notwendige Zeitrahmen richtet sich nach den Umständen des **Einzelfalls**. Überschreitet der Versicherer diesen Rahmen – bleibt er beispielsweise untätig oder zögert er die Ermittlungen heraus –, so tritt die Fälligkeit zu dem Zeitpunkt ein, in welchem die Erhebungen bei sachgemäßer Arbeit des Versicherers ihren Abschluss gefunden hätten. Teils werden in der Praxis konkrete Zeiträume herangezogen.

1396 **Beispiel:** Die Prüffrist für einen Kfz-Haftpflichtversicherer vor der Regulierung eines Unfalls beträgt in der Regel maximal vier Wochen.[235]

1397 Da die Fälligkeit des Anspruchs auf die Versicherungsleistung nach § 14 Abs. 1 VVG je nach Sachlage bisweilen erst nach längerer Zeit eintritt, enthält Abs. 2 eine Regelung zum Schutz des Versicherungsnehmers. Sind danach die Erhebungen nicht binnen Monatsfrist abgeschlossen, kann der Versicherungsnehmer nach § 14 Abs. 2 VVG eine **Abschlagszahlung** in Höhe des geschuldeten Mindestbetrages verlangen. Voraussetzung ist aber, dass dem Grunde nach an dem Bestehen der Anspruchsvoraussetzungen kein Zweifel besteht.

II. Verzugsfolgen

1398 Kommt der Versicherer seiner Verpflichtung aus § 14 Abs. 1, 2 VVG nicht nach, so befindet er sich in **Zahlungsverzug**. Insoweit gelten die allgemeinen Vorschriften. Der Versicherungsnehmer hat mithin nach Maßgabe von § 14 Abs. 3 VVG i.V.m. §§ 286, 288 BGB Anspruch auf Verzugszinsen.

---

234 OLG Saarbrücken r+s 2006, 385, 386.

235 Str.; vgl. OLG München NJW-RR 2011, 386, 387.

D. Verjährung

Die Ansprüche aus dem Versicherungsvertrag verjähren – ohne, dass das VVG dies eigens regeln müsste (s. Rn. 444ff. zum Eingreifen des BGB als Auffangordnung) – nach den allgemeinen Regeln der §§ 195ff. BGB. Die **Verjährungsfrist** beträgt mithin drei Jahre; sie beginnt mit dem Schluss des Jahres, in dem der Anspruch entstanden ist und der Gläubiger von den anspruchsbegründenden Umständen und der Person des Schuldners Kenntnis erlangt oder ohne grobe Fahrlässigkeit erlangen müsste (§ 199 Abs. 1 BGB). Erfasst werden alle Ansprüche beider Parteien aus dem Versicherungsverhältnis. Auf die nach früherem Recht wegen unterschiedlicher Verjährungsfristen bedeutsame und streitige Frage, welche Ansprüche **„aus dem Versicherungsvertrag“** (vgl. § 15 VVG) stammen, kommt es nicht mehr an. In jedem Fall erfasst die einheitliche dreijährige Verjährungsfrist des § 195 BGB neben Leistungsansprüchen des Versicherungsnehmers und Prämienzahlungsansprüchen des Versicherers etwa auch Ansprüche beider Vertragspartner aus ungerechtfertigter Bereicherung (§§ 812ff. BGB). Die Vereinheitlichung der Verjährungsfristen im Zuge der VVG-Reform kann als ein gelungenes Beispiel für Rechtsvereinfachung angesehen werden. 1399

Eine versicherungsrechtliche Sonderregel besteht weiterhin hinsichtlich der **Hemmung der Verjährung**. Hat der Versicherungsnehmer beim Versicherer einen Anspruch „angemeldet“, d.h. ihn ihm gegenüber geltend gemacht, so ist der Lauf der Verjährungsfrist bis zum Zugang einer abschließenden Entscheidung des Versicherers gehemmt (§ 15 VVG). Gleiches gilt in der Pflichtversicherung, soweit der geschädigte Dritte seinen Direktanspruch gegenüber dem Versicherer geltend macht (§ 115 Abs. 2 S. 3 VVG). 1400

Verweigert der Versicherer die Leistung, so musste der Versicherungsnehmer früher seinen Anspruch innerhalb einer **Klagefrist** von **sechs Monaten** geltend machen (§ 12 Abs. 3 VVG a.F.). Andernfalls war der Versicherer von seiner Verpflichtung zur Leistung frei. Es handelte sich dabei um einen Fall der gesetzlichen Verwirkung des Anspruchs.[236] Diese Regelung ist nicht ins reformierte VVG übernommen worden. Damit wurde der verbreiteten Kritik an § 12 Abs. 3 VVG a.F. Rechnung getragen, die zu den Verjährungsregeln hinzutrat und damit einen dogmatischen Fremdkörper im Privatrecht darstellte. In jener Norm lag überdies in der Praxis eine gefährliche Falle für den Versicherungsnehmer, ohne dass dem ein berechtigtes Schutzinteresse des Versicherers gegenüberstand. Zwar wird es dem Versicherer typischerweise umso leichter fallen, die Berechtigung eines gegen ihn geltend gemachten Anspruchs zu überprüfen, je schneller nach Eintritt des (behaupteten) Versicherungsfalls der Versicherungsnehmer aktiv wird. Indessen trifft den Versicherungsnehmer ohnehin gem. § 30 VVG die Obliegenheit, dem Versicherer den Eintritt des Versicherungsfalls unverzüglich anzuzeigen; zudem hat er ihm nach § 31 VVG Auskunft zu erteilen. 1401

236 *Schimikowski*, Rn. 382.

1402 Die Abschaffung der Klagefrist bietet ein anschauliches Beispiel dafür, wie schwierig die Anwendung des für die VVG-Reform geltenden Übergangsrechts sein kann. Während einige Obergerichte[237] und Teile des Schrifttums[238] annahmen, dass § 12 Abs. 3 VVG a.F. jedenfalls innerhalb der **Übergangsfrist** bis Ende 2008 noch Anwendung finde, traf diese Auffassung bei anderen Obergerichten und dem überwiegenden Schrifttum auf Widerspruch. Hiernach wurde eine Fristsetzung schon nach dem 31.12.2007 für unzulässig gehalten. Der BGH hat sich mit überzeugenden Argumenten der letztgenannten Auffassung angeschlossen:[239] Der gesetzgeberische Wille war darauf gerichtet, die Klagefrist als eine rechtspolitisch nicht mehr zu rechtfertigende Privilegierung des Versicherers für die Zeit nach 2007 abzuschaffen. Dies folgt auch aus der Systematik der Art. 1 Abs. 4, 3 Abs. 4 EGVVG. Zwar scheint Art. 1 Abs. 4 EGVVG, der sich als einzige Übergangsvorschrift ausdrücklich mit der Klagefrist befasst, darauf hinzudeuten, dass § 12 Abs. 3 VVG a.F. wenigstens noch während der Übergangszeit Geltung beansprucht, weil Art. 1 Abs. 4 EGVVG gerade nicht in den Katalog des Art. 1 Abs. 1 Halbs. 2 EGVVG aufgenommen worden ist, der nur Art. 1 Abs. 2 EGVVG und die Art. 2 bis 6 EGVVG als Ausnahmen von der Grundregel in Art. 1 Abs. 1 Halbs. 1 EGVVG benennt. Ohne Art. 1 Abs. 4 EGVVG ist die Klagefrist jedoch über Art. 3 Abs. 4 EGVVG von der allgemeinen Fristenregelung des Art. 3 Abs. 2 EGVVG für Verjährungsregeln und damit einer Ausnahmevorschrift erfasst worden. Aus den Gesetzesmaterialien folgt, dass dem Gesetzgeber die Reichweite von Art. 3 Abs. 4 EGVVG im Hinblick darauf nicht ausreichend klar war, dass auch die Klagefrist betroffen ist. Art. 1 Abs. 4 EGVVG ist vor diesem Hintergrund als zusätzliche, besondere Übergangsregelung gegenüber der allgemeinen Vorschrift zum Lauf von Fristen konzipiert. Da jene Norm ausdrücklich nur das Schicksal von noch im Jahre 2007 in Gang gesetzten Fristen regelt, folgt daraus im Umkehrschluss, dass seit dem 1.1.2008 neue Fristsetzungen nicht mehr möglich sind.[240]

E. Abtretung

I. Gesetzliche Abtretungsverbote

1403 Gesetzliche Beschränkungen der Abtretbarkeit von Forderungen, die einem Versicherungsnehmer aus dem Versicherungsvertrag zustehen, finden sich in §§ 17, 108 VVG. Nach **§ 17 VVG** kann eine Forderung aus dem Versicherungsvertrag, die sich auf die Versicherung einer unpfändbaren Sache bezieht, nur an solche Gläubiger abgetreten werden, die dem Versicherungsnehmer als Ersatz für die zerstörte oder beschädigte Sache eine neue geliefert haben. Es handelt sich dabei um ein **absolutes Abtretungsverbot**. Dies bedeutet, dass eine Abtre-

237 OLG Köln VersR 2011, 383; OLG Koblenz VersR 2011, 1554.
238 HK-VVG/*Muschner*, Art. 1 EGVVG Rn. 61ff.
239 BGH VersR 2012, 470 Rn. 16ff.
240 *Brand*, VersR 2011, 557, 564f.

tung an andere Personen gegenüber jedermann – also absolut – unwirksam ist (beachte auch § 850b Abs. 1 Nr. 4, Abs. 2 ZPO zur Einschränkung der Pfändbarkeit von Ansprüchen aus bestimmten Kranken- und Lebensversicherungen).

Im Gegensatz zu § 17 VVG enthält **§ 108 Abs. 1 VVG** ein **relatives Abtretungsverbot**. Danach ist die Abtretung des bei der Haftpflichtversicherung dem Versicherungsnehmer zustehenden Freistellungsanspruchs dem geschädigten Dritten gegenüber – also nur relativ – unwirksam (vgl. § 135 BGB). Folge dieser relativen Unwirksamkeit ist, dass der Dritte (Geschädigte) die Forderung pfänden und sich überweisen lassen kann, so als ob über sie noch nicht verfügt worden wäre.[241] 1404

II. Vertragliche Abtretungsverbote

Die Abtretung kann grundsätzlich (zu Ausnahmen s. Rn. 1406ff.) **vertraglich ausgeschlossen** werden. Gegen ein Abtretungsverbot in AVB bestehen unter dem Blickwinkel des § 307 BGB keine Bedenken.[242] Allerdings kann es im Einzelfall gegen Treu und Glauben verstoßen, wenn der Versicherer sich auf ein vereinbartes Abtretungsverbot beruft. Die Wirksamkeit der Abtretung kann auch daran geknüpft werden, dass letztere dem Versicherer angezeigt wird.[243] Ob es sich bei einer solchen Anzeige tatsächlich um ein konstitutives oder nur um ein rein deklaratorisches Erfordernis handelt, richtet sich nach der jeweiligen Vereinbarung.[244] 1405

Grenzen werden der Möglichkeit eines rechtsgeschäftlichen Abtretungsverbots durch verschiedene Gesetzesvorschriften gesetzt. So berührt ein solches Verbot entgegen § 399 Fall 2 BGB die Wirksamkeit einer gleichwohl erfolgten Abtretung dann nicht, wenn der Versicherungsvertrag für beide Vertragspartner ein **Handelsgeschäft** i.S. von § 343 Abs. 1 HGB darstellt (§ 354a HGB). 1406

Speziell für die **Haftpflichtversicherung** ordnet § 108 Abs. 2 VVG überdies an, dass die Abtretung des gegen den Versicherer gerichteten **Freistellungsanspruchs** nicht durch AVB ausgeschlossen werden kann. Diese durch die VVG-Reform neu eingeführte Regelung läuft praktisch auf eine umfassende Unwirksamkeit von Abtretungsverboten in der Haftpflichtversicherung hinaus, da ein solches Verbot kaum je zwischen den Vertragspartnern ausgehandelt sein dürfte – was zur Annahme einer Individualvereinbarung erforderlich wäre –, sondern vom Versicherer in den Vertrag eingeführt wird. 1407

Mit der die Abtretbarkeit des Freistellungsanspruchs gewährleistenden Regelung bezweckt der Gesetzgeber es, dem geschädigten Dritten ein direktes Vorgehen gegen den Versicherer zu ermöglichen, ohne dass er sich mit dessen **Innenverhältnis** zum Schädiger, wovon er häufig keine Kenntnis hat, befassen 1408

241 *Lücke*, in: Prölss/Martin, § 108 Rn. 22.
242 BGH VersR 1997, 1088, 1090f.; s. aber nunmehr § 108 Abs. 2 VVG.
243 Vgl. § 13 Abs. 4 ALB 86/2008.
244 Zu § 13 ALB 86 *Reiff/Schneider*, in: Prölss/Martin, § 13 ALB 86 Rn. 62.

muss.[245] Ohne die Abtretung können sich demnach für den Geschädigten **Nachteile** ergeben, wenn etwa der Versicherungsnehmer sich nicht um die Angelegenheit kümmert oder insolvent wird.[246] Mit der Abtretbarkeit wird es zugleich dem Versicherungsnehmer ermöglicht, sich der Auseinandersetzung über den Bestand des Haftpflichtanspruchs zu entziehen, den er vielleicht wegen seiner Beziehungen zum Geschädigten nicht zurückweisen möchte.

1409 Allerdings erscheint diese Vorschrift, die es dem Schädiger erlaubt, durch die Abtretung dem Geschädigten zu einem Direktanspruch gegen den Versicherer zu verhelfen, **nicht für sämtliche Fälle** passend.

1410 **Beispiel:** Die X-AG hat zugunsten ihres Vorstandsmitglieds M beim Versicherer V eine Managerhaftpflichtversicherung (D&O-Versicherung; s. Rn. 1749ff.) genommen. Bei der Erstellung der Bilanz tritt ein Fehlbetrag zutage, der auf ein unvorteilhaftes Auslandsgeschäft zurückzuführen ist. M übernimmt im Einvernehmen mit X die Verantwortung für den eingetretenen Schaden; zugleich tritt er seinen Freistellungsanspruch gegen V an X ab. X zeigt dem V sodann den Versicherungsfall an und verlangt Zahlung an sich selbst.

1411 Hier stellt sich die Frage, ob der Manager seinen Freistellungsanspruch an die geschädigte Gesellschaft abtreten kann. Der Anspruch würde sich dann – seine Fälligkeit gem. § 106 VVG unterstellt –[247] in der Person des Zessionars, dem gegenüber der Versicherer den Zedenten freizustellen hat, in einen Zahlungsanspruch verwandeln. Die Gesellschaft könnte mithin unmittelbar vom Versicherer den Ersatz des Schadens verlangen. Die Haftung wäre im Ergebnis umfassend durch **Versicherungsschutz** ersetzt, soweit der Deckungsumfang der D&O-Versicherung reicht. Ob dies dem Gesetzeszweck (s. Rn. 1408) entspricht, ist zweifelhaft. Die geschädigte Gesellschaft bedarf als Versicherungsnehmerin nicht dieses Schutzes. Hinzu kommt, dass im Falle einer Abtretung die Gefahr eines kollusiven Zusammenwirkens von Schädiger und Geschädigtem bestünde. Mittels der D&O-Versicherung ließen sich unternehmerische Risiken auf den Versicherer abwälzen. Die besseren Gründe sprechen daher dafür, eine Abtretung für unzulässig zu halten. Demnach ist die Gesellschaft nicht als Dritter i.S. von § 108 Abs. 2 VVG anzusehen.[248]

---

245 Regierungsbegr.; BT-Drucks. 16/3945, S. 87.
246 Regierungsbegr.; BT-Drucks. 16/3945, S. 87.
247 S. dazu KG VersR 2007, 349, 350 (zu § 154 Abs. 1 S. 1 VVG a.F.); *Lange*, VersR 2008, 713, 715f.
248 *Schimmer*, VersR 2008, 875, 878f.; HK-VVG/*Schimikowski*, § 108 Rn. 6; in dieser Richtung auch *Schramm*, PHI 2008, 24, 25; a.A. etwa *Langheid*, in: Römer/Langheid, § 108 Rn. 20.

§ 26 Bereicherungsrechtliche Rückabwicklung

Literatur

Jacob, Rückforderung von Versicherungsleistungen in der privaten Unfallversicherung, VersR 2010, 39; *Loewenheim,* Bereicherungsrecht, 3. Aufl. 2007; *Schwarz/Wandt,* Gesetzliche Schuldverhältnisse, 4. Aufl. 2011; *Stresemann,* Bereicherungsrechtliche Rückabwicklung bei zu Unrecht vom Haftpflichtversicherer erbrachten Leistungen, 1993; *Wertheimer,* Bereicherungsanspruch des Haftpflichtversicherers wegen Zahlung an vermeintlichen Zessionar, JuS 1992, 284; *Wieling,* Bereicherungsrecht, 4. Aufl. 2007.

A. Überblick

Das Bereicherungsrecht spielt bei Versicherungsverträgen insbesondere im Hinblick auf Ausgleichsansprüche des Versicherers für von ihm erbrachte Leistungen eine Rolle. In bestimmten Fällen kann es dazu kommen, dass der gesamte Vertrag rückabzuwickeln ist, ohne dass vorrangige Spezialvorschriften eingreifen. Wird ein Versicherungsvertrag aufgrund eines Widerrufs gem. § 8 VVG beendet, so richtet sich die Rückerstattung der wechselseitig erbrachten Leistungen in der Regel nach § 9 Abs. 1 VVG (s. dazu Rn. 896ff.). Insoweit ist für die Anwendung der §§ 812ff. BGB daneben kein Raum. Liegen hingegen die Voraussetzungen von § 9 Abs. 1 VVG nicht vor oder wurde der Vertrag infolge rechtzeitigen Widerspruchs gem. § 5a Abs. 1 S. 1 VVG a.F. (s. dazu Rn. 861f.) beendet, so richtet sich die Rückabwicklung nach den §§ 812ff. BGB.[249] Der Versicherer muss demnach die gezahlten Prämien herausgeben.[250] Nach verbreiteter, insbesondere auch vom BGH geteilter Auffassung kommt im Falle der bereicherungsrechtlichen Rückabwicklung eines Versicherungsvertrags – jedenfalls nach altem Recht – der **Gefahrtragung** durch den Versicherer kein Vermögenswert zu.[251] Dies wird auf die Geldleistungstheorie gestützt.[252] Hiernach scheiden Ansprüche des Versicherers nach § 812 Abs. 1 S. 1 Fall 1 BGB aus; in Betracht kommt allenfalls eine Kürzung des Anspruchs des Versicherungsnehmers nach § 818 Abs. 3 BGB wegen der Vertragskosten.[253] Im Schrifttum wird freilich auch vertreten, dass der Reformgesetzgeber sich für die Gefahrtragungslehre entschieden habe (s. Rn. 1107). Allerdings hätte auch dies nicht zur Folge, dass der Versicherer die geleisteten Prämien oder zumindest den **objektiven Wert** der Gefahrtragung beanspruchen könnte. Jener Wert ent- 1412

---

249 BGHR 2004, 729; OLG Köln VersR 2011, 245; *Prölss,* in: Prölss/Martin, 27. Aufl., § 5a Rn. 58a; *Römer,* in: Römer/Langheid, 2. Aufl., § 5a Rn. 47; *Terbille,* in: MünchAnwHdb. VersR, § 2 Rn. 48.

250 S. nur *Baumann,* in: Bruck/Möller, § 1 Rn. 194.

251 BGH VersR 2004, 497, 498; OLG Karlsruhe VersR 1988, 128, 129; LG Hamburg VersR 1988, 460, 461; *Römer,* in: Römer/Langheid, 2. Aufl., § 5a Rn. 47.

252 S. nur *Prölss,* in: Prölss/Martin, § 1 Rn. 80ff.; vgl. auch VersRHdb./*E.Lorenz*, § 1 Rn. 132 (mit modifizierender eigener Ansicht, Rn. 135f.).

253 BK/*Dörner,* § 1 Rn. 56.

spricht nämlich nur dann der marktüblichen Prämie, wenn der Versicherungsnehmer im Schadensfall auch die Ersatzleistung des Versicherers verlangen kann oder dauerhaft behalten darf, so wie dies § 9 Abs. 1 VVG ausdrücklich vorsieht. Dies ist bei nichtigen Verträgen jedoch gerade nicht der Fall. Letztlich hat der Versicherer hier kein Risiko getragen (s. auch Rn. 1111). Es kommt lediglich ein Ersatzanspruch für Aufwendungen, die der Versicherer etwa in Gestalt von Eigenmitteln oder Rückversicherungsschutz getroffen hat, in Betracht.[254]

1413 Hat der Versicherer an den Versicherungsnehmer eine Leistung erbracht, obwohl er hierzu – wie ihm erst später erkennbar wird – nicht verpflichtet war, etwa, weil der eingetretene Schaden schon nicht in die übernommene Gefahr fällt oder der Versicherungsnehmer eine Obliegenheit verletzt hatte, so kann der Versicherer seine Entschädigungsleistung nach § 812 Abs. 1 S. 1 Fall 1 BGB kondizieren. Dabei muss er nach den allgemeinen Regeln grundsätzlich alle tatsächlichen Voraussetzungen darlegen und beweisen, aus denen sich die Rechtsgrundlosigkeit seiner Leistung ergibt.[255] Beweiserleichterungen kommen dem Versicherer nicht zugute. Allerdings sind auch hier die von der Rechtsprechung entwickelten Grundsätze zur **sekundären Behauptungslast** heranziehbar. Demnach muss der verklagte Versicherungsnehmer zunächst substantiiert diejenigen Umstände darlegen, aus denen sich nach seiner Ansicht der Rechtsgrund ergibt, da der Versicherer regelmäßig außerhalb des Geschehensablaufs steht, während es dem Versicherungsnehmer zumutbar erscheint, die erforderlichen Angaben zu machen.[256] Der Versicherer als Bereicherungsgläubiger braucht dann lediglich nachzuweisen, dass die vorgebrachten Rechtsgründe nicht bestehen, nicht aber, dass auch andere theoretisch denkbare Rechtsgründe ausscheiden.

B. Besonderheiten bei der Fremdversicherung

1414 Hat der Versicherer bei einer **Fremdversicherung** Leistungen erbracht, ohne dass dafür ein Rechtsgrund besteht, so stellt sich die Frage, gegen wen er einen Bereicherungsanspruch hat. Dabei sind mehrere Fälle zu unterscheiden. Hat der Versicherer an den **Versicherungsnehmer** gezahlt und hat dieser die Zahlung nicht an den Versicherten weitergeleitet, richtet sich der Anspruch (unstreitig) gegen den Versicherungsnehmer.

1415 Hat der Versicherungsnehmer den vom Versicherer empfangenen Betrag an den **Versicherten** herausgegeben, so ist streitig, ob der Anspruch des Versicherers sich gegen den Versicherungsnehmer oder den Versicherten richtet. Richtigerweise ist hier allein der **Versicherte** als Schuldner anzusehen, da der Versicherungsnehmer nicht mehr bereichert ist. Der ihm zustehende bereicherungsrechtliche Anspruch gegen den Versicherten ist nicht aufgrund eines erlangten

254 *Baumann,* in: Bruck/Möller, § 1 Rn. 195.
255 BGH VersR 2001, 1020 Rn. 15; OLG Hamm VersR 2012, 228.
256 OLG Hamm VersR 2012, 228.

Rechts i.S. von § 818 Abs. 1 BGB erworben. Sofern der Versicherte den Anspruch des Versicherers erfüllt, erlischt der gegen ihn gerichtete Anspruch des Versicherungsnehmers wegen Entreicherung (§ 818 Abs. 3 BGB).[257]

Hat der Versicherer direkt an den **Versicherten** gezahlt, so ist umstritten, ob der Versicherer gleichwohl allein beim Versicherungsnehmer kondizieren kann.[258] 1416

Beispiel: N least von Kfz-Händler G einen PKW. Nach dem Leasingvertrag haftet N für jede Art des Verlusts und der Beschädigung. Zudem ist er verpflichtet, eine Kaskoversicherung abzuschließen, wobei alle Rechte aus dem Versicherungsvertrag dem G zustehen sollen. Ein halbes Jahr nach Abschluss einer Vollkaskoversicherung beim Versicherer V meldet N den Diebstahl des Fahrzeuges (Zeitwert: 45.000 €). Nach Aufforderung durch G, der sich im Besitz des Versicherungsscheins befindet, zahlt V einen Betrag in dieser Höhe unmittelbar an G. Kurz darauf stellt sich heraus, dass N den Diebstahl vorgetäuscht hat. In Betracht kommt hier, dass V den durch ihn an G gezahlten Betrag nach § 812 Abs. 1 S. 1 Fall 1 BGB von N herausverlangen kann. 1417

Für einen Bereicherungsanspruch des V gegen N ist es erforderlich, dass N einen entsprechenden **Vermögensvorteil** erlangt hat. Nach Ansicht des BGH hat N durch die Zahlung des V an G die Befreiung von der ihn (den N) treffenden Schadensersatzpflicht erlangt.[259] Dagegen spricht allerdings, dass ein etwaiger Schadensersatzanspruch gegen N – dessen Existenz hier bereits zweifelhaft ist – nach § 86 Abs. 1 S. 1 VVG auf V übergeht; eine tatsächlich bestehende Pflicht des V zur Leistung ist für die Legalzession nicht erforderlich (s. Rn. 1354).[260] Allerdings ist ein Anspruchsübergang ausgeschlossen, wenn das **Sachersatzinteresse** des N als des Leasingnehmers mitversichert ist (s. dazu Rn. 1268ff.).[261] Ist aber wie hier der Versicherungsfall gar nicht eingetreten, so ist der Versicherer in concreto weder zur Deckung des Sacherhaltungsinteresses des Versicherten (hier: G als Leasinggeber) noch zur Befriedigung des Sachersatzinteresses des Versicherungsnehmers (hier: N als Leasingnehmer) verpflichtet. In einem solchen Fall, in dem der Versicherer gerade keinen Versicherungsschutz gewähren muss, kann auch eine grundsätzlich bestehende Mitversicherung des Sachersatzinteresses einem Anspruchsübergang nicht im Wege stehen. Findet folglich hier ein Anspruchsübergang nach § 86 VVG statt, so könnte der Versiche- 1418

---

257 *Prölss/Klimke*, in: Prölss/Martin, § 44 Rn. 18. Für Anspruch gegen den Versicherungsnehmer hingegen *Dageförde,* in: MünchKomm-VVG, § 45 Rn. 8ff.; BK/*Hübsch*, § 76 Rn. 14; differenzierend *Brand,* in: Bruck/Möller, § 45 Rn. 34.

258 Dafür: BGH VersR 1994, 208ff. m. krit. Anm. *Sieg*, VersR 1994, 210f.; *Dageförde,* in: MünchKomm-VVG, § 45 Rn. 8ff.; dagegen: *Prölss/Klimke*, in: Prölss/Martin, § 44 Rn. 19.

259 BGH VersR 1994, 208, 210.

260 S. im hier interessierenden Kontext *Prölss/Klimke*, in: Prölss/Martin, § 44 Rn. 19.

261 Dafür im Grundsatz *Prölss/Klimke*, in: Prölss/Martin, § 43 Rn. 45 und § 44 Rn. 19. Der BGH (VersR 1994, 208) scheint dagegen für den konkreten Fall von einer reinen Fremdversicherung auszugehen.

rer beim schädigenden Versicherungsnehmer N Regress nehmen. Dann hat N aber durch die Zahlung des V an G keinen Vermögensvorteil in Form der Befreiung von einer Verbindlichkeit erlangt.

1419 Folgt man dem BGH, so müsste für die Leistungskondiktion zudem eine Leistung des G an N vorliegen. Der BGH sieht eine **Parallele zu den Abtretungsfällen**, in denen verbreitet eine Rückabwicklung „über Eck" befürwortet wird.[262] In den Abtretungsfällen liegt der Zweck der Zahlung regelmäßig in der Erfüllung gegenüber dem Vertragspartner. Dieser Fall ist nach Ansicht des BGH mit einer Versicherung für fremde Rechnung (s. dazu Rn. 1595ff.) zu vergleichen, was durch Gesichtspunkte des Vertrauensschutzes und der Risikoverteilung bestätigt werde.[263] Gegen jene Parallele spricht aber folgendes: Bei einer Versicherung für fremde Rechnung hat der Versicherte von Anfang an einen originären Anspruch.[264] Zudem liegt, wenn man wie der BGH von einer reinen Fremdversicherung ausgeht, nur eine Leistungsbeziehung zwischen G und V vor (§ 44 Abs. 1 VVG). Außerdem ist ein eigenes Risiko des G als Versichertem gedeckt, was wiederum einen Unterschied zu den Abtretungsfällen darstellt. Daher überzeugt der Vergleich des BGH mit einer Abtretung oder Anweisung nicht; es liegt keine Leistungsbeziehung zwischen V und N vor. V kann sich daher aus § 812 Abs. 1 S. 1 Fall 1 BGB nicht an N, sondern allein an den Zahlungsempfänger G halten.[265]

C. Besonderheiten bei der Haftpflichtversicherung

1420 Im Rahmen der Haftpflichtversicherung sind zwei Konstellationen zu unterscheiden. So kann der Versicherungsnehmer einem Dritten gegenüber haftpflichtig sein, aber es besteht keine Deckung. Zudem ist es möglich, dass schon kein Anspruch des Dritten gegen den Versicherungsnehmer besteht. Hat der **Dritte einen Anspruch** gegen den Versicherungsnehmer und zahlt der Versicherer trotz Leistungsfreiheit irrtümlich an den Dritten, so steht dem Versicherer regelmäßig ein Anspruch gegen den Versicherungsnehmer zu, da er dessen Belastung mit dem Anspruch beseitigt hat. In der Pflichtversicherung kann freilich Abweichendes gelten.[266]

1421 Besteht schon **kein Anspruch des Dritten** und zahlt der Versicherer gleichwohl an ihn, hat er unstreitig einen direkten Anspruch gegen den Dritten, wenn er auf eine **eigene Schuld** zahlt, wie dies bei Zahlungen des Kfz-Haftpflichtversicherers nach dem PflVG der Fall ist. Umstritten ist die Rechtslage, wenn der Versicherer auf eine vermeintliche **fremde Schuld** (des Versicherungsnehmers gegenüber dem Dritten) zahlt. Nach verbreiteter Ansicht richtet sich hier der

---

262 Grundlegend BGHZ 105, 365ff.; so auch BGHZ 122, 46ff.
263 BGH VersR 1994, 208, 209.
264 S. nur BK/*Hübsch*, § 76 Rn. 15; *Sieg*, VersR 1994, 210.
265 Im Erg. wie hier *Medicus/Petersen*, Bürgerliches Recht, Rn. 685a.
266 *Lücke,* in: Prölss/Martin, § 100 Rn. 90.

Anspruch des Versicherers gegen den Versicherungsnehmer.[267] Dagegen lässt sich einwenden, dass dieser durch die Zahlung anders als der Dritte nicht bereichert ist (vgl. auch Rn. 1415 zur Fremdversicherung).

D. Abtretung des Anspruchs

Zahlt der Versicherer trotz Leistungsfreiheit irrtümlich an den Zessionar, so kann er einen Bereicherungsanspruch **nur dem Versicherungsnehmer gegenüber** geltend machen. Dies folgt daraus, dass ihm allein das Insolvenzrisiko seines Vertragspartners auferlegt werden soll und der die Kondiktion auslösende Mangel nur im Verhältnis von Versicherungsnehmer und Versicherer besteht.[268] Ging der Versicherer hingegen irrtümlich von einer Zession aus, so kann er beim vermeintlichen Zessionar kondizieren.[269] 1422

267 BGH VersR 1993, 1007; VersR 1994, 208 m. krit. Anm. Sieg; *Lücke*, in: Prölss/Martin, § 100 Rn. 88.
268 Str.; wie hier *Prölss*, in: Prölss/Martin, § 17 Rn. 17.
269 BGH NJW 1991, 919, 920; *Prölss*, in: Prölss/Martin, § 17 Rn. 17.

6. Teil: Pflichten und Obliegenheiten des Versicherungsnehmers

§ 27 Die Pflicht zur Zahlung der Prämie

Literatur

Engeländer, Die Anwendbarkeit der Vorschriften für entgeltliche Finanzierungshilfen auf unterjährige Beitragszahlung bei Versicherungsverträgen, VersR 2011, 1358; *Gärtner*, Der Prämienzahlungsverzug, 1977; *Ganster*, Die Prämienzahlung im Versicherungsrecht: Grundlagen und ausgewählte Problemfelder vor dem Hintergrund der VVG-Reform 2008, 2008; *Klimke*, Die Bedeutung der Zahlungsverzugsrichtlinie 2000/35/EG für die Prämienschuld des Versicherungsnehmers, VersR 2010, 1259; *Looschelders*, Die richtlinienkonforme Auslegung des § 506 BGB (§ 499 BGB a.F.) im Hinblick auf Versicherungsverträge mit unterjähriger Prämienzahlung, VersR 2012, 977; *Jula*, Ratenzahlungszuschläge bei Versicherungsprämien, GE 2010, 308; *Schürnbrand*, Unterjährige Versicherungsprämien aus Sicht des Verbraucherkreditrechts, WM 2011, 481.

A. Prämie

I. Überblick

Die **Prämie** ist das Entgelt des Versicherungsnehmers für das Leistungsverspre- 1423
chen des Versicherers. Es handelt sich um die vertragliche Hauptleistungspflicht (vgl. § 1 Abs. 2 VVG). Der Prämie stehen die **Beiträge** gleich, die von den Mitgliedern eines VVaG an diesen zu entrichten sind (s. § 24 VAG). Jene Gleichstellung wurde in § 1 Abs. 2 S. 2 VVG a.F. noch ausdrücklich klargestellt und nur deshalb nicht ins neue Recht übernommen, weil der Reformgesetzgeber die Klarstellung als überflüssig angesehen hat. In der Praxis werden die Begriffe ohnehin oft synonym verwendet. Die Differenzierung wurde im reformierten VVG aufgegeben; nunmehr verwendet das Gesetz einheitlich den Begriff der Prämie. Dementsprechend wird auch hier etwa von Prämienfreistellung oder Prämienanpassung gesprochen, ohne dass damit ein Unterschied zu den insbesondere auch in den aktuellen AVB immer noch verbreitet anzutreffenden Begriffen Beitragsfreistellung oder Beitragsanpassung verbunden ist.

II. Arten

Bei den verschiedenen Arten der Prämie sind zwei Begriffspaare auseinander zu 1424
halten. So gibt es die **Einmalprämie** und die **laufende Prämie**. Daneben existiert die Unterscheidung zwischen **Erst- und Folgeprämie**, die für die Anwendung der §§ 37, 38 VVG bedeutsam ist (s. Rn. 1464ff.).

1425 Bei der **Einmalprämie** hat der Versicherungsnehmer aufgrund der vertraglichen Vereinbarung die Prämie in Gestalt einer einmaligen Zahlung zu entrichten. Dies wird zumeist bei geringer absoluter Höhe der Prämie oder bei kurzer Vertragslaufzeit vereinbart (z.B. Reisegepäck- oder Auslandsreiseversicherung). Daneben gibt es aber etwa auch in der Lebens- und Rentenversicherung teils Einmalprämien.

1426 **Beispiel:** Der Versicherungsnehmer zahlt einen einmaligen Betrag von 100.000 € und erhält im Gegenzug ab dem 65. Lebensjahr eine lebenslange Rente von monatlich 500 €.

1427 Den Regelfall stellt die **laufende Prämie** dar. Danach wird der Zeitraum der Vertragsdauer in Abschnitte unterteilt und für die jeweiligen Abschnitte eine jeweils im Voraus zu zahlende Prämie berechnet. Die einzelnen Zeitabschnitte werden als Versicherungsperioden bezeichnet (vgl. § 12 VVG). Die nur bei laufenden Prämien vorzunehmende Unterscheidung zwischen **Erst- und Folgeprämie** ist im Falle eines Zahlungsverzugs für die Rechtsfolgen bedeutsam (s. dazu Rn. 1464ff.).

1428 Von der auf bestimmte Versicherungsperioden bezogenen Prämienkalkulation zu unterscheiden ist eine **Vereinbarung über die Zahlungsweise**. Wird beispielsweise bei einer Versicherungsperiode von einem Jahr eine vierteljährliche Zahlungsweise vereinbart, handelt es sich um eine sog. **unterjährige Ratenzahlung**. Die Versicherungsperiode wird durch eine derartige Abrede nicht verändert.[1] Dies ist etwa für die Anwendung von § 92 Abs. 3 S. 2 VVG bedeutsam. Nach dieser Vorschrift steht in der Hagelversicherung dem Versicherer die Prämie für die laufende Versicherungsperiode auch dann zu, wenn der Versicherungsnehmer für einen früheren Zeitpunkt als ihren Ablauf kündigt. Beträgt folglich die Versicherungsperiode ein Jahr, muss der Versicherungsnehmer auch bei einer monatlichen Ratenzahlung noch den gesamten für die Versicherungsperiode ausstehenden Betrag zahlen (s. Rn. 1436).

1429 Die Rechtsprechung hatte sich in jüngerer Zeit mit der Frage zu befassen, ob eine derartige Ratenzahlungsabrede, bei der die Summe der einzelnen Prämien die Prämienschuld bei jährlicher Zahlungsweise übersteigt, eine **entgeltliche Finanzierungshilfe** in Form eines entgeltlichen Zahlungsaufschubs i.S.v. § 506 Abs. 1 BGB darstellt (s. näher Rn. 454ff.). Diese Thematik ist auch im hier erörterten Kontext der Prämienzahlung von Interesse. Der BGH lehnt die Einordnung von Ratenzahlungsabreden als entgeltliche Finanzierungshilfe ab. Bei unterjähriger Prämienzahlung liegt demnach keine (für das Vorliegen eines Zahlungsaufschubs erforderliche) Abweichung vom dispositiven Gesetzesrecht vor, da das VVG keine Regelung zur Fälligkeit von Folgeprämien enthält.[2] Die Instanzgerichte hatten neben der Tatsache, dass sich aus § 12 VVG keine Aus-

1 BGH VersR 2013, 341 Rn. 17; *Wandt*, Rn. 499.

2 BGH VersR 2013, 341 Rn. 14ff. Zu den versicherungsmathematischen Grundlagen der unterjährigen Prämienzahlung s. *Engeländer*, VersR 2011, 1358ff.

sage zur Fälligkeit der Prämien herleiten lasse, teils auch den Umstand angeführt, dass die Ratenzahlungszuschläge nicht wie Zinsen eines Kredits kalkuliert würden, sondern einen Ausgleich für die Übernahme einer höheren Gefahr sowie die Kompensation von Verwaltungsmehraufwand darstellten.[3]

III. Zusammensetzung und Höhe

1. Grundregeln

Zusammensetzung und Höhe der Prämie richten sich nach dem vereinbarten Tarif (sog. **Tarifprämie**). Der Tarif ist gleichsam das Preisverzeichnis des Versicherers; dieses umfasst Differenzierungen in Risikogruppen (sog. **Prämienstaffeln**). Der Tarif enthält regelmäßig darüber hinaus Klauseln, durch die der Versicherer die Prämienhöhe festlegt (sog. **Tarifbestimmungen**).[4] 1430

Die Prämienhöhe unterliegt im Grundsatz der freien **Parteivereinbarung**. Zu beachten sind lediglich die allgemeinen Grenzen des bürgerlichen Rechts. Diese werden insoweit im Wesentlichen durch die zu § 138 Abs. 1 BGB entwickelten Regeln vom sog. wucherähnlichen Geschäft bestimmt. Demnach ist ein Vertrag regelmäßig dann sittenwidrig, wenn ein besonders grobes Missverhältnis zwischen dem objektiven Wert einer Leistung und deren Preis besteht. Dies ist anzunehmen, wenn der objektive Wert um annähernd 100% überschritten wird.[5] Eine spezielle **materielle Preisobergrenze** sieht überdies § 12 Abs. 1c S. 1 VAG für den sog. Basistarif in der Krankenversicherung (s. dazu Rn. 602) vor; dieser Tarif darf den Höchstbetrag der gesetzlichen Krankenversicherung nicht übersteigen. 1431

Zu unterscheiden von den in Rn. 1431 genannten materiell-rechtlichen Grenzen der Prämienhöhe sind die aufsichtsrechtlichen Vorgaben für die **Prämienkalkulation**. Derartige Vorgaben finden sich seit der Liberalisierung des Aufsichtsrechts von 1994 nur noch für die gesellschaftspolitisch besonders „sensiblen" Sparten der Lebensversicherung, der Unfallversicherung mit Prämienrückgewähr sowie der substitutiven Krankenversicherung (vgl. insbesondere §§ 5 Abs. 5 Nr. 1a, 11, 11d, 12ff. VAG). Mit diesen Regelungen will der Gesetzgeber die **dauerhafte Erfüllbarkeit** der Verträge sicherstellen. Insoweit geht es mithin nicht allein darum, überhöhten, sondern auch zu niedrig bemessenen Prämien entgegenwirken. 1432

2. Sonderregeln zur Prämienschuld

a) Vorzeitige Vertragsbeendigung

§ 39 Abs. 1 S. 1 VVG kodifiziert für verschiedene Fälle der Beendigung den Grundsatz der **pro rata temporis-Prämie**. Damit ist Folgendes gemeint: Bei 1433

3 S. etwa OLG Hamburg VersR 2012, 41ff.; OLG Hamm VersR 2012, 215, 217ff.

4 *Wandt*, Rn. 489.

5 St. Rspr.; s. etwa BGHZ 104, 102, 105 = NJW 1988, 1659, 1660; BGH NJW 2010, 363, 364 Rn. 12; *Armbrüster*, in: MünchKomm-BGB, § 138 Rn. 114.

der Beendigung des Versicherungsverhältnisses vor Ablauf der Versicherungsperiode steht dem Versicherer grundsätzlich nur derjenige Teil der Prämie zu, der dem **Zeitraum** entspricht, in dem Versicherungsschutz bestanden hat. Der früher geltende sog. Grundsatz der **Unteilbarkeit der Prämie** ist im neuen Recht weitgehend aufgegeben worden (s. Rn. 389).

1434 Einen Sonderfall der pro rata temporis-Prämie stellt § 9 Abs. 1 VVG dar. Dabei geht es um die Prämienzahlungspflicht eines Versicherungsnehmers, der von seinem **Widerrufsrecht** nach § 8 VVG Gebrauch macht. Der Gesetzgeber sieht hier grundsätzlich eine anteilige Zahlungspflicht für den Zeitraum bis zum Zugang der Widerrufserklärung vor. Hierdurch soll dem Umstand Rechnung getragen werden, dass der Versicherungsnehmer seine Vertragserklärung innerhalb der Widerrufsfrist frei widerrufen kann, bis dahin jedoch **Versicherungsschutz** genießt. Freilich kann der Versicherer dann, wenn er die in § 9 Abs. 1 S. 1 VVG vorgeschriebenen Belehrungen nicht erteilt hat, die auf das erste Jahr des Versicherungsschutzes entfallenden Prämien nicht beanspruchen (s. dazu Rn. 899).

1435 Unter bestimmten Voraussetzungen sieht der Gesetzgeber **Ausnahmen** vom Grundsatz der pro rata temporis-Prämie vor. In diesen Fällen wird dem Versicherer der Prämienanspruch auch für einen Zeitraum belassen, in dem er seinerseits keinen Versicherungsschutz gewähren muss. So steht dem Versicherer die Prämie für den Zeitraum bis zum Wirksamwerden der Rücktritts- oder Anfechtungserklärung zu, wenn der Vertrag ex tunc durch **Rücktritt** wegen Verletzung der Anzeigeobliegenheit nach § 19 Abs. 2 VVG oder durch **Anfechtung wegen arglistiger Täuschung** beendet wird (§ 39 Abs. 1 S. 2 VVG). Hinsichtlich des Rücktritts ist dies deshalb gerechtfertigt, weil der Versicherer hier bei fehlender Kausalität der Obliegenheitsverletzung i.S. von § 21 Abs. 2 S. 1 VVG leistungspflichtig sein kann. Im Fall der Arglistanfechtung verdient der Versicherungsnehmer hingegen generell keinen Schutz. Bei einer **betrügerischen Über- oder Mehrfachversicherung** (§§ 74 Abs. 2 Halbs. 2, 78 Abs. 3 Halbs. 2 VVG) steht dem Versicherer die Prämie bis zu dem Zeitpunkt zu, in dem er von den die Nichtigkeit begründenden Umständen erfährt. Dasselbe gilt bei der betrügerischen Versicherung eines **nicht bestehenden Interesses** (§ 80 Abs. 3 VVG; s. Rn. 1445). Bei einem Rücktritt wegen **Nichtzahlung der Erstprämie** kann der Versicherer eine angemessene Geschäftsgebühr verlangen (§ 39 Abs. 1 S. 3 VVG; s. auch Rn. 944).

1436 Besonders gelagert ist die **Hagelversicherung**. In diesem auf die Landwirtschaft bezogenen Versicherungszweig, dem der Gesetzgeber des VVG von 1908 noch einen eigenen Titel (§§ 108ff. VVG a.F.) gewidmet hatte, gilt gem. § 92 Abs. 3 S. 2 VVG der Grundsatz der Unteilbarkeit der Prämie gleichsam in Reinform fort: Der Versicherer kann die Prämie für die gesamte Versicherungsperiode auch dann beanspruchen, wenn der Versicherungsnehmer vor Ablauf dieser Periode gekündigt und der Versicherer mithin anschließend keine Gefahr mehr getragen hat. Diese Sonderregel beruht nach der Vorstellung (auch) des Reformgesetzgebers darauf, dass das in der Hagelversicherung gedeckte Risiko stark saisonabhängig ist. Hier gilt es zu verhindern, dass der Versicherer die Prämien, mit denen er kalkuliert hat, teilweise zurückzahlen muss. Die Vorschrift ist freilich abdingbar. Der österreichische Gesetzgeber hat sie im Zuge seiner Abkehr vom Grundsatz der Unteilbarkeit der Prämie gestrichen (vgl. § 113 öVVG); der Wandel ist damit konsequenter als im deutschen Recht vollzogen worden.

b) Abweichender Gefahrumfang

Hat der Versicherungsnehmer bei Vertragsschluss eine **Anzeigepflicht** verletzt und vermag der Versicherer sich nach § 19 Abs. 4 S. 1 VVG nicht vom Vertrag zu lösen, kann er unter den Voraussetzungen von § 19 Abs. 4 S. 2, Abs. 5 VVG einseitig eine **höhere (risikoadäquate) Prämie** verlangen. Führt dies zu einer Prämienerhöhung von über 10 %, so steht dem Versicherungsnehmer ein außerordentliches Kündigungsrecht zu (§ 19 Abs. 6 VVG). Zum alternativ bestehenden Bedingungsanpassungsrecht s. Rn. 995. 1437

Eine ähnliche, aber nicht identische Regelung sieht das Gesetz für den Fall vor, dass es zu einer **Gefahrerhöhung** kommt. Steht dem Versicherer hier ein Kündigungsrecht zu, so kann er anstelle einer Kündigung gem. § 25 Abs. 1 S. 1 Fall 1 VVG eine seinen Geschäftsgrundsätzen entsprechende höhere Prämie verlangen. Diese Regelung eröffnet dem Versicherer mithin ein **Wahlrecht** zwischen der Beendigung und einer Anpassung des Vertrags. Bei einer Prämienerhöhung um mehr als 10% kann der Versicherungsnehmer wiederum hierauf reagieren, indem er den Vertrag fristlos kündigt (§ 25 Abs. 2 S. 1 VVG). 1438

Umgekehrt kann der Versicherungsnehmer nach § 41 S. 1 VVG verlangen, dass bei einer gegenüber den bei Vertragsschluss herangezogenen Umständen eingetretenen **Gefahrminderung** die Prämie herabgesetzt wird. Bei der Lebensversicherung setzt dies jedoch voraus, dass der Wegfall des betreffenden Gefahrumstands ausdrücklich als Gefahrminderung vereinbart worden ist (§ 158 Abs. 3 VVG). Einer Gefahrminderung gleichgestellt ist eine auf einer irrtümlichen Angabe des Versicherungsnehmers beruhende höhere Prämie (§ 41 S. 2 VVG; s. dazu auch Rn. 908). 1439

c) Prämienanpassungsklausel

Hat sich der Versicherer in einer **Anpassungsklausel** eine Prämienerhöhung vorbehalten und macht er davon Gebrauch, ändert sich dadurch die Prämienhöhe. Dabei ist ein Symmetriegebot zu beachten (s. Rn. 309ff., 1019). Zudem steht dem Versicherungsnehmer dann, wenn sich nicht zugleich mit der Prämie auch der Umfang des Versicherungsschutzes entsprechend erhöht, ein Kündigungsrecht zu, und zwar unabhängig vom Ausmaß der Prämienerhöhung (§ 40 Abs. 1 VVG). Gleiches gilt nach § 40 Abs. 2 VVG, wenn der Versicherer – gewissermaßen spiegelbildlich – den Umfang des Versicherungsschutzes vermindert, ohne die Prämie entsprechend herabzusetzen. 1440

Als Gegenstück zur Prämienerhöhungsvorschrift des § 40 VVG lässt sich die Regelung des **§ 41 VVG** ansehen (s. dazu Rn. 1439). 1441

d) Fehlen oder Wegfall des Interesses

1442 Auf die Prämie hat es auch Einfluss, wenn das **versicherte Interesse** aus tatsächlichen Gründen **fehlt** (§ 80 VVG). Bei dieser Sachlage kann der Versicherungsfall und damit die Leistungspflicht des Versicherers nicht mehr eintreten. Dies muss dann auch Folgen für die Leistungspflicht des Versicherungsnehmers haben. Dabei unterscheidet das Gesetz in § 80 VVG zwei verschiedene Fälle, nämlich den anfänglichen Mangel und den nachträglichen Wegfall des versicherten Interesses (s. näher Rn. 1237ff.).

1443 Liegt ein **anfänglicher Interessemangel** vor, d.h. das Interesse besteht bereits bei Abschluss des Vertrags nicht oder es gelangt bei der Versicherung eines künftigen Interesses nicht zur Entstehung, ist der Versicherungsnehmer nicht zur Zahlung der Prämie, sondern lediglich zur Entrichtung einer **Geschäftsgebühr** verpflichtet (§ 80 Abs. 1 VVG).

1444 Bei einem **nachträglichen Interessewegfall** gebührt dem Versicherer eine Prämie, wie sie für den Zeitraum bis zur Kenntnis vom Interessenwegfall geschuldet wäre, wenn die Vertragslaufzeit von Anfang an entsprechend begrenzt worden wäre (§ 80 Abs. 2 VVG). Es handelt sich nicht zwangsläufig um eine zeitanteilige Prämie (pro rata temporis); vielmehr ist ggf. ein Kurztarif heranzuziehen (s. Rn. 1240).

1445 Im Fall einer **betrügerischen Versicherung** eines nicht bestehenden Interesses kann der Versicherer die Prämie für den Zeitraum vom Vertragsbeginn bis zu dem Zeitpunkt verlangen, zu dem er von den die Nichtigkeit begründenden Umständen erfährt (§ 80 Abs. 3 VVG).

B. Fälligkeit

I. Gesetzliche Regelung

1. Erstprämie (§ 33 Abs. 1 VVG)

1446 Die **Erstprämie** wird ebenso wie die Einmalprämie nach § 33 Abs. 1 VVG unverzüglich **zwei Wochen nach Zugang des Versicherungsscheins** fällig. Damit soll der (regelmäßigen) Widerrufsfrist in § 8 Abs. 1 S. 1 VVG Rechnung getragen werden. Es wäre nämlich nicht sachgerecht, wenn der Versicherungsnehmer die Erstprämie bereits zu einem Zeitpunkt zahlen müsste, zu dem er sich nach dem Willen des Gesetzgebers noch die Ausübung seines Widerrufsrechts soll überlegen dürfen. Für die Lebensversicherung, bei der die Widerrufsfrist 30 Tage beträgt (§ 152 Abs. 1 VVG), tritt konsequenterweise an die Stelle der 14tägigen Frist bis zur Fälligkeit eine solche von 30 Tagen (§ 152 Abs. 3 VVG).

1447 Weicht der **Versicherungsschein** vom Antrag ab, so tritt für die Fälligkeit an die Stelle der Frist des § 33 Abs. 1 VVG die Monatsfrist des § 5 Abs. 2 VVG.[6] Dies ist sachgerecht, da in solchen Fällen der Vertrag bis zur Genehmigung

6 Regierungsbegr., BT-Drucks. 16/3945, S. 70.

noch nicht wirksam ist, so dass auch der Anspruch auf Zahlung der Erstprämie nicht fällig werden kann. Jener Befund führt zu der weiter gehenden Frage, ob die Fälligkeit nach § 33 Abs. 1 VVG dann nicht eintritt, wenn bei Ablauf der dort genannten Frist die **Widerrufsfrist** noch läuft. Dazu kann es namentlich dann kommen, wenn der Versicherer dem Versicherungsnehmer die für den Beginn der Widerrufsfrist gem. § 8 Abs. 2 VVG zu übermittelnden Unterlagen noch nicht hat zukommen lassen. Indessen besteht ein entscheidender Unterschied zum Fall des abweichenden Versicherungsscheins darin, dass das Bestehen eines Widerrufsrechts nach § 8 VVG den Eintritt der Bindung nicht berührt. Der Vertrag ist in diesem Fall schwebend wirksam und der Versicherungsnehmer genießt bereits Versicherungsschutz. Daher ist § 33 Abs. 1 VVG nicht in dem Sinne teleologisch zu reduzieren, dass für den Eintritt der Fälligkeit stets der Ablauf der Widerrufsfrist maßgeblich ist.[7]

Die Fälligkeitsregel des § 33 Abs. 1 VVG ist **dispositiv** (arg. § 42 VVG); dasselbe gilt für diejenige des § 152 Abs. 3 VVG (arg. § 171 S. 1 VVG). Von diesen Vorschriften kann mithin auch zu Lasten des Versicherungsnehmers abgewichen werden, indem die Fälligkeit vertraglich vorverlegt wird. Der Gesetzgeber erwähnt im Kontext der Abdingbarkeit den Fall, dass ein Widerrufsrecht gem. § 8 Abs. 3 VVG nicht besteht.[8] Dazu zählen etwa kurzfristige Verträge oder solche über vorläufige Deckung. In derartigen Fällen erscheint es angebracht, durch AVB die Prämie bereits mit Vertragsschluss fällig zu stellen, da der Grund für den in § 33 Abs. 1 VVG vorgesehenen Aufschub (s. Rn. 1446) nicht zutrifft. Darüber hinausgehend erscheint es **generell** zulässig, die Prämienfälligkeit vorzuverlegen. Wenn der Versicherungsnehmer nämlich bereits während der Widerrufsfrist Versicherungsschutz erlangen möchte (vgl. § 9 Abs. 1 S. 1 VVG), erscheint es sachgerecht, dann auch sogleich die Prämie fällig zu stellen.[9] 1448

Freilich müssen sich Abweichungen von den gesetzlichen Fälligkeitsregeln dann, wenn sie – wie üblich – in AVB enthalten sind, am Maßstab des § 307 Abs. 1, Abs. 2 Nr. 1 BGB messen lassen. Das **gesetzliche Leitbild** i.S. von § 307 Abs. 2 Nr. 1 BGB wird nicht allein durch § 33 Abs. 1 VVG (bzw. § 152 Abs. 3 VVG) geprägt; vielmehr sind auch die §§ 8, 9 VVG heranzuziehen. Aus dem Zusammenspiel dieser Normen ergibt sich, dass ein **endgültiger Leistungsaustausch** bereits während derjenigen Phase möglich sein soll, in der der Versicherungsnehmer den Vertrag noch widerrufen kann. Wird die Fälligkeit der Erstprämie vertraglich vorverlegt, so erlangt der Versicherungsnehmer Schutz schon während der Widerrufsfrist. Zudem greift bereits die Regelung des § 37 Abs. 2 S. 1 Halbs. 2 VVG ein, wonach eine von ihm nicht zu vertretende Nichtzahlung keine Leistungsfreiheit des Versicherers nach sich zieht. 1449

---

7 *Wandt*, Rn. 503.
8 Regierungsbegr., BT-Drucks. 16/3945, S. 70.
9 *Looschelders*, in: MünchKomm-VVG, § 1 Rn. 54; *Wandt/Ganster*, VersR 2007, 1034, 1038f.

2. Folgeprämien

1450 Eine dem § 33 Abs. 1 VVG korrespondierende Regelung für die Fälligkeit von **Folgeprämien** enthält das VVG nicht. Sofern die AVB insoweit nichts sagen, greift mithin die allgemeine Vorschrift des § 271 BGB ein (zur subsidiären Anwendbarkeit des BGB s. Rn. 444). Demnach kann der Gläubiger die Leistung dann, wenn auch aus den Umständen nichts anderes zu entnehmen ist, **sofort** verlangen. Für die Folgeprämie in Versicherungsverträgen bedeutet dies, dass die jeweilige auf eine Versicherungsperiode entfallende Prämie im Zweifel zu Beginn der betreffenden Periode fällig ist.

1451 Eine für alle Sparten geltende Sonderregel enthält § 33 Abs. 2 VVG. Sie ist zwar nicht ausdrücklich, wohl aber aufgrund ihres Aussagegehalts auf die Fälligkeit von Folgeprämien beschränkt. Die Norm soll das Vertrauen des Versicherungsnehmers darauf schützen, dass der Versicherer einen von ihm zuletzt vorgenommenen **Prämieneinzug** auch weiterhin durchführt, sofern er nicht durch eine Mitteilung in Textform (§ 126b BGB) hiervon ausdrücklich abweicht. Der Versicherungsnehmer kann dann folglich nicht in Verzug geraten, solange er eine entsprechende formgerechte Zahlungsaufforderung nicht erhalten hat. Die Norm hat zwar heutzutage keine praktische Bedeutung mehr für den früher verbreiteten Bareinzug der Prämie. Umso wichtiger ist sie hingegen für den nunmehr weithin üblichen Fall, dass der Versicherungsnehmer eine Einzugsermächtigung erteilt und der Versicherer hiervon im Lastschriftverfahren Gebrauch gemacht hat (s. auch Rn. 1458).

II. Stundungsabreden

1452 Eine häufige und aufgrund der strengen Rechtsfolge des § 37 Abs. 2 VVG wichtige Stundungsabrede bestand früher in Fällen der **vorläufigen Deckung**. Regelmäßig wurde dort vereinbart, dass die Prämie für die vorläufige Deckung nachträglich bezahlt werden kann (sog. **deckende Stundung**). Damit wurde gleichzeitig § 37 Abs. 2 VVG abbedungen.[10] Nach reformiertem Recht ist sofortiger Versicherungsschutz bei der vorläufigen Deckung jedoch die Regel (vgl. § 51 Abs. 1 VVG), so dass es der Vereinbarung einer deckenden Stundung nicht mehr bedarf.

1453 Eine deckende Stundung wird regelmäßig angenommen, wenn der Versicherungsnehmer dem Versicherer eine **Einzugsermächtigung** zur Abbuchung der Prämie von seinem Konto erteilt. Der Versicherungsnehmer hat in diesem Fall nämlich keinen Einfluss darauf, zu welchem Zeitpunkt der Versicherer von der Ermächtigung Gebrauch macht und damit den materiellen Versicherungsbeginn auslöst.[11] In der Vereinbarung einer **Einlösungsklausel** liegt hingegen keine Stundung (s. Rn. 946).

---

10 Schimikowski, Rn. 94.
11 *Staudinger*, in: MünchKomm-VVG, § 33 Rn. 30.

C. Erfüllung

I. Erfüllungsort

Unter dem Ausdruck Erfüllungsort ist der **Leistungsort** zu verstehen.[12] Dies ist nach der allgemeinen Regel des § 269 BGB der Ort, an dem der Versicherungsnehmer die für die Entrichtung der Prämie erforderliche Leistungshandlung vorzunehmen hat. Leistungsort für die Prämie ist nach der **Spezialregel des § 36 Abs. 1 S. 1, Abs. 2 VVG** der Wohnsitz bzw. die gewerbliche Niederlassung des Versicherungsnehmers. Mithin trägt dieser nicht die Gefahr einer Verzögerung, sofern er die Leistungshandlung rechtzeitig bewirkt hat. Hingegen trifft ihn die Übermittlungsgefahr (§ 36 Abs. 1 S. 2 VVG); insoweit besteht kein Unterschied zu § 270 Abs. 1 S. 1 BGB. Folglich handelt es sich nach bisherigem Verständnis um eine **qualifizierte Schickschuld.**[13] Neuerdings wird teils stattdessen von einer modifizierten **Bringschuld** gesprochen, da der Versicherungsnehmer nunmehr nicht bloß die Übermittlungs-, sondern auch die Verzögerungsgefahr trage (s. noch Rn. 1456).[14] 1454

In Abweichung von §§ 269, 270 BGB stellt § 36 VVG auf den **jeweiligen Wohnsitz** des Schuldners ab und nicht auf die Verhältnisse bei Vertragsschluss. Es handelt sich also um eine **dynamische Bestimmung**. § 36 VVG ist abdingbar. Daher können Versicherer und Versicherungsnehmer grundsätzlich auch eine Bringschuld vereinbaren (sofern man die Prämienschuld nicht ohnehin schon als solche qualifiziert; s. Rn. 1454). Eine Schranke bildet dann die AGB-rechtliche Kontrolle nach den §§ 305ff. BGB. 1455

II. Rechtzeitigkeit

Ist § 36 VVG nicht abbedungen, so genügt es nach traditioneller Vorstellung für die Rechtzeitigkeit der Prämienzahlung, dass der Versicherungsnehmer die seinerseits erforderliche **Handlung** ausführt. Die Verzögerungsgefahr trug mithin der Gläubiger, wie dies auch bisher für § 270 Abs. 1 BGB angenommen wurde. Nach Ansicht des EuGH[15] fordert die **europäische Zahlungsverzugsrichtlinie**[16], dass bei einer Zahlung durch Banküberweisung der geschuldete Betrag dem Konto des Gläubigers rechtzeitig **gutgeschrieben** sein muss, wenn das Entstehen von Verzugszinsen vermieden oder beendet werden soll. Welche Bedeutung jene Entscheidung für die Zahlung der Versicherungsprämie hat, ist bislang nicht abschließend geklärt.[17] Insoweit kommt es entscheidend auf die 1456

12 Insoweit mit berechtigter Kritik an der Gleichsetzung der Begriffe Palandt/*Grüneberg*, § 269 Rn. 1; *Knappmann*, in: Prölss/Martin, § 36 Rn. 2 bezeichnet den Erfolgsort als Erfüllungsort.

13 *Knappmann*, in: Prölss/Martin, § 36 Rn. 2; *Wandt*, Rn. 509.

14 *Stagl*, in: Looschelders/Pohlmann, § 36 Rn. 1.

15 EuGH NJW 2008, 1935, 1936 Rn. 23ff.

16 Richtlinie 2000/35/EG, ABl. EG Nr. L 200, S. 35.

17 Eingehend *Staudinger*, in: MünchKomm-VVG, § 36 Rn. 4ff.; allgemein zu Geldschulden Palandt/*Grüneberg*, § 270 Rn. 5f.

Reichweite einer richtlinienkonformen Auslegung oder Rechtsfortbildung von § 36 VVG an, da die Richtlinie nach ihren Art. 1, 2 Abs. 1 grundsätzlich nur Entgeltforderungen von Unternehmern gegen Unternehmer sowie solche zwischen Unternehmern und öffentlichen Stellen regelt.[18] Die besseren Gründe sprechen angesichts dieser Beschränkung dafür, die Richtlinie auf die Prämienschuld von Verbrauchern nicht anzuwenden (zu Unternehmern s. Rn. 1480).[19]

III. Besonderheiten des Lastschriftverfahrens

1457 Ist zwischen Versicherungsnehmer und Versicherer das **Lastschriftverfahren** vereinbart, so liegt eine **Holschuld** vor. Der Versicherungsnehmer hat dann nur dafür zu sorgen, dass zum vereinbarten Termin die Prämie von dem angegebenen Konto abgebucht werden kann. Dafür muss er insbesondere für ein ausreichendes Guthaben oder einen entsprechenden (Dispositions-)Kreditrahmen sorgen.

1458 Das VVG geht im Zusammenhang mit der Prämienzahlung ausdrücklich auf das Lastschriftverfahren ein. Hat der Versicherer die Prämie zuletzt vom Girokonto des Versicherungsnehmers eingezogen, so ist letzterer zur Übermittlung der Prämie erst dann verpflichtet, wenn ihn der Versicherer hierzu **auffordert** (§ 33 Abs. 2 VVG). Diese Regelung ist insofern missverständlich, als sie nicht danach differenziert, ob die Parteien das Lastschriftverfahren vereinbart haben. Liegt eine zumindest konkludente Vereinbarung vor, so kann der Versicherer diese regelmäßig nicht ohne Weiteres kündigen. Vielmehr bedarf es für die Kündigung nach den AVB normalerweise eines **Kündigungsgrundes**, etwa das vom Versicherungsnehmer zu vertretende mehrfache Fehlschlagen von Einziehungsversuchen. Die schlichte Aufforderung zur Zahlung genügt in solchen Fällen nicht; die AVB sind gegenüber der Regelung in § 33 Abs. 2 VVG vorrangig.[20] Dies kann praktisch im Hinblick darauf bedeutsam werden, dass mit der Beendigung der Lastschriftabrede aus der Holschuld wieder eine qualifizierte Schickschuld wird, so dass der Versicherungsnehmer die Übermittlungsgefahr trägt.

IV. Schuldner; Aufrechnung

1459 Nach § 1 S. 2 VVG ist der Versicherungsnehmer Schuldner der Prämie. Nach der allgemeinen Regel des § 267 Abs. 1 S. 1 BGB kann auch ein **Dritter** die Leistung bewirken. Dazu bedarf es nach S. 2 jener Vorschrift grundsätzlich nicht der Einwilligung des Schuldners. Allerdings kann der Gläubiger die Leistung nach Abs. 2 grundsätzlich dann ablehnen, wenn der Schuldner widerspricht. Hierzu sieht bereits § 268 BGB ein **Ablösungsrecht eines Dritten** als

---

18 Eingehend *Klimke*, VersR 2010, 1259ff.

19 So wohl auch *Wandt*, Rn. 509.

20 Im Erg. wie hier *Wandt*, Rn. 511, der freilich eine teleologische Reduktion vornehmen will.

Ausnahme vor. Diese Ausnahme wird in § 34 VVG für die Versicherungsprämie um weitere Fälle ergänzt. Dabei geht es um Situationen, in denen ein Vollstreckungsgläubiger (§ 268 BGB) bzw. ein Versicherter, unwiderruflich Bezugsberechtigter oder Pfandgläubiger (§ 34 VVG) ein Interesse daran hat, durch Prämienzahlung den Versicherungsschutz sicherzustellen.

Beispiel: A hat eine Lebensversicherung abgeschlossen und als unwiderruflich Bezugsberechtigten (s. Rn. 1964) seinen Neffen B eingesetzt. Stellt A die Prämienzahlung ein, so kann B für ihn einspringen und auf diese Weise den ihn begünstigenden Versicherungsschutz ungeschmälert aufrechterhalten. 1460

Nicht von § 34 VVG erfasst werden einige **andere Dritte**, ungeachtet dessen, dass sie gleichfalls ein Interesse daran haben können, die Verzugsfolgen zu vermeiden. Dazu zählen widerruflich Bezugsberechtigte, Abtretungsempfänger von Versicherungsleistungen sowie der Geschädigte in der Haftpflichtversicherung. Freilich wirkt sich bei einer Pflicht-Haftpflichtversicherung ein Prämienzahlungsverzug ohnehin nicht nachteilig auf die Leistungspflicht des Versicherers gegenüber dem geschädigten Dritten aus (§ 117 Abs. 1 VVG; s. dazu Rn. 1670ff.). 1461

Eine weitere Abweichung vom allgemeinen Schuldrecht ordnet § 35 VVG an. 1462
Diese Vorschrift eröffnet dem Versicherer die Möglichkeit, Prämienansprüche gegenüber Dritten geltend zu machen, die Versicherungsleistungen von ihm einfordern. Damit wird das in § 387 BGB für die **Aufrechnung** enthaltene Erfordernis, dass einander Ansprüche derselben Personen gegenüberstehen (Gegenseitigkeit der Schuld), durchbrochen. Der Kreis der von § 35 VVG erfassten Dritten ist deutlich weiter als derjenige bei § 34 VVG. So besteht die Aufrechnungsmöglichkeit auch gegenüber einem **Erwerber der versicherten Sache**, wenn der Versicherer nach § 96 Abs. 1 VVG gekündigt hat und der Versicherungsfall innerhalb der Monatsfrist eintritt. Auch gegenüber dem **geschädigten Dritten in der Haftpflichtversicherung** kann der Versicherer mit vor Eintritt des Versicherungsfalls aufgelaufenen Prämienrückständen aufrechnen.[21] Dies gilt freilich gem. § 121 VVG nicht für die Pflicht-Haftpflichtversicherung.

D. Verjährung

Eine Sonderregel für die Dauer der Verjährungsfrist von Ansprüchen aus dem Versicherungsvertrag sieht das neue Recht nicht mehr vor. Vielmehr findet seit der VVG-Reform die allgemeine Vorschrift des **§ 195 BGB** Anwendung. Lediglich zur Hemmung besteht eine vorrangige Sonderregel: Nach § 15 VVG ist die Verjährung gehemmt, wenn ein Anspruch aus dem Versicherungsvertrag beim Versicherer angemeldet wurde, solange dem Versicherungsnehmer keine Entscheidung hierüber in Textform zugeht. 1463

21 BGH VersR 1987, 655; diese Beschränkung gilt für andere Versicherungszweige nicht; s. BGH VersR 2001, 235, 236 zur Sachversicherung.

E. Sanktionen von Zahlungsverzögerungen

I. Erstprämie (§ 37 VVG)

1. Überblick

1464 Zahlt der Versicherungsnehmer die **Erstprämie** nicht oder verspätet, so verletzt er seine vertragliche Hauptleistungspflicht (s. Rn. 1423). Im Versicherungsrecht ist eine Säumnis des Schuldners brisanter anders als bei sonstigen gegenseitigen Verträgen. Beim Versicherungsvertrag handelt es sich um ein Dauerschuldverhältnis, bei dem der Versicherer in besonderem Maße auf einen zuverlässigen Zahlungseingang angewiesen ist. Anderenfalls kann er womöglich seine eigenen Zahlungspflichten bei Eintritt des Versicherungsfalls nicht erfüllen. Dementsprechend sieht der Gesetzgeber dann, wenn der Versicherungsnehmer mit der Erstprämie in Verzug gerät, deutlich schärfere Sanktionen vor als bei Folgeprämien. Dieses sog. **Einlösungsprinzip** (s. auch Rn. 943ff.) hängt wiederum unter anderem mit dem Kollektivgedanken (s. Rn. 220ff.) zusammen: Wer als Versicherungsnehmer selbst bereits Versicherungsschutz beanspruchen kann, soll **zumindest ein einziges Mal** – nämlich zu Beginn des Vertragsverhältnisses, hinsichtlich der fälligen Erstprämie – auch selbst vertragstreu gewesen sein und zu dem Vermögensbestand beigetragen haben, aus dem er ggf. Leistungen begehrt.

2. Voraussetzungen für Sanktionen

1465 § 37 VVG setzt eine nicht rechtzeitige Zahlung der Erst- oder Einmalprämie voraus. Auch wenn die amtliche Überschrift der Norm von **„Zahlungsverzug"** spricht, knüpft das Gesetz doch nicht an die Verzugsvoraussetzungen des allgemeinen Leistungsstörungsrechts (§ 286 BGB) an, zu denen grundsätzlich eine Mahnung gehört.

1466 Eine **Erstprämie** kann nur dann vorliegen, wenn ein neuer Versicherungsvertrag abgeschlossen wird (s. dazau Rn. 1030ff.). Daher handelt es sich um keine Erstprämie, wenn ein Vertrag (auch ohne Verlängerungsklausel) verlängert wird. Als Erstprämie anzusehen sind hingegen die erste Prämie für den späteren Hauptvertrag bei vorläufiger Deckung, die gestundete erste Prämie oder die erste Prämie, durch die ein nach § 38 Abs. 3 VVG gekündigter Vertrag nach Ablauf einer Nachfrist ungeachtet der Kündigung wieder in Geltung gesetzt wird.[22]

1467 Weitere Voraussetzung des § 37 VVG ist, dass der Versicherungsnehmer die Prämie **nicht rechtzeitig** gezahlt hat. Für die Rechtzeitigkeit ist der Versicherungsnehmer beweispflichtig. Die Zahlungspflicht besteht erst mit Vertragsschluss und Fälligkeit der Prämie (§ 33 Abs. 1 VVG). Zur Rechtzeitigkeit s. Rn. 1456; zu den Besonderheiten des Lastschriftverfahrens s. Rn. 1457f.

---

22 *Knappmann*, in: Prölss/Martin, § 37 Rn. 3ff.

Seit der Reform macht das Gesetz Sanktionen einer nicht rechtzeitigen Zahlung der Erstprämie davon abhängig, dass die Nichtzahlung **verschuldet** ist (§ 37 Abs. 1 VVG). Hierauf kam es nach früherem Recht nicht an. Dies entsprach zwar dem Regelungsanliegen sicherzustellen, dass der Versicherungsnehmer zumindest ein Mal durch die Erfüllung seiner Prämienzahlungspflicht objektiv einen Beitrag zur Risikogemeinschaft geleistet hat, bevor er von dem Versicherungsschutz profitiert (s. Rn. 1464). Indessen barg die verschuldensunabhängige Ausgestaltung der Rechtsfolgen für ihn auch ein erhebliches, von ihm nicht beeinflussbares Risiko für den Deckungsschutz. Mithin hat sich die Stellung des Versicherungsnehmers insoweit durch die VVG-Reform wesentlich verbessert. Wie aus der Formulierung in § 37 Abs. 2 S. 1 Halbs. 2 VVG („es sei denn") hervorgeht, trifft ihn freilich die **Beweislast** dafür, dass er die Nichtzahlung nicht zu vertreten hat. Diese Beweislastverteilung entspricht dem auch in § 280 Abs. 1 S. 2 BGB zum Ausdruck kommenden Grundsatz, wonach es demjenigen, der vertraglich eine Verpflichtung übernommen hat, obliegt sich zu exculpieren, wenn die von ihm geschuldete Leistungshandlung objektiv nicht erfolgt ist (s. Rn. 813). 1468

3. Folgen nach § 37 VVG

a) Rücktrittsrecht des Versicherers, Leistungsfreiheit

Als Folge der nicht rechtzeitigen Zahlung der Erstprämie kann der Versicherer, statt der Geltendmachung des Prämienanspruchs, vom Vertrag nach § 37 Abs. 1 VVG **zurücktreten**. Macht der Versicherer von dieser Möglichkeit Gebrauch, so steht ihm in Abweichung von den allgemeinen Regeln eine **angemessene Geschäftsgebühr zu** (§ 39 Abs. 1 S. 3 VVG; s. auch Rn. 944). 1469

Ist der Versicherungsfall eingetreten und die Erstprämie zu diesem Zeitpunkt schuldhaft nicht gezahlt, so ist der Versicherer von seiner **Leistung frei (Einlösungsprinzip;** s. dazu auch Rn. 943ff.) Dies setzt allerdings voraus, dass der Versicherer den Versicherungsnehmer über diese Folgen durch gesonderte Mitteilung in Textform (vgl. dazu Rn. 1566) oder durch einen auffälligen Hinweis im Versicherungsschein **informiert** hat (§ 37 Abs. 2 VVG).[23] Dieser Hinweis ist auch dann erforderlich, wenn eine erweiterte Einlösungsklausel (zu ihr s. Rn. 946) vereinbart ist. Die Regelungen in § 37 Abs. 1 VVG einerseits, Abs. 2 andererseits sind insofern nicht recht aufeinander abgestimmt, als der Versicherer sich nach dem Gesetzeswortlaut selbst dann seiner Leistungspflicht durch einen Rücktritt entziehen könnte, wenn die Voraussetzungen des Abs. 2 nicht erfüllt sind. Richtig erscheint es, hinsichtlich eines im Zeitpunkt der Rücktrittserklärung bereits eingetretenen Versicherungsfalls eine Leistungsfreiheit stets an die Voraussetzungen von Abs. 2 zu knüpfen.[24] 1470

23 Vgl. LG Dortmund, Urt. v. 19.1.2011 – 2 O 192/10 Rn. 28 – juris.
24 Eingehend zu der Problematik *Ganster*, Prämienzahlung, S. 274ff.

1471 Allgemein stellt die Rechtsprechung zu Recht hohe Anforderungen an eine wirksame Geltendmachung der Erstprämie durch den Versicherer. So muss er beim **Lastschriftverfahren** (s. Rn. 1457f.) die Lastschrift dem Versicherer im Voraus ankündigen, sofern dem Versicherungsnehmer der Abbuchungszeitpunkt oder der Betrag nicht zuverlässig bekannt sind. Zudem hat er ihn deutlich über die Folgen eines fehlschlagenden Abbuchungsversuchs zu belehren, sofern bereits Versicherungsschutz im Wege vorläufiger Deckung besteht.[25]

b) Ausschluss nach Treu und Glauben

1472 Über die in Rn. 1471 erwähnte Einschränkung hinaus kommt ein Ausschluss der Rechte nach § 37 VVG im Einzelfall nach **Treu und Glauben** in Betracht. Dies ist etwa der Fall, wenn der Versicherer eine ihm bekannte Aufrechnungsmöglichkeit hat oder – in besonderen Ausnahmefällen – bei einem geringfügigen (entschuldbaren) Rückstand mit der Erstprämie.[26]

4. Abweichende Vereinbarungen

1473 Die Rechtsfolge des § 37 Abs. 2 VVG kann im Einzelfall abbedungen sein. Wichtige Beispiele bieten die **erweiterte Einlösungsklausel** sowie die **deckende Stundung** (s. Rn. 1452).[27] Einen praktisch bedeutsamen Ausnahmefall stellt auch die **vorläufige Deckung dar** (vgl. § 51 Abs. 1 VVG; s. dazu Rn. 947ff.). Wird sie erteilt, so ist die Prämie regelmäßig nicht sofort fällig; § 37 Abs. 2 VVG greift dann nicht ein.

1474 Findet sich – wie häufig – eine **erweiterte Einlösungsklausel** in den dem Versicherungsvertrag zugrunde liegenden AVB, so bedeutet dies, dass der Versicherungsschutz rückwirkend gewährt wird, sofern der Versicherungsnehmer die Prämie unverzüglich nach Aufforderung durch den Versicherer gezahlt hat.

1475 Ist eine **Stundung** der Erstprämie vereinbart, so ist durch Auslegung zu ermitteln, ob damit die Anwendung von § 37 Abs. 2 VVG ausgeschlossen werden soll. In der Regel ist dies anzunehmen, sofern zwischen den Parteien das Lastschriftverfahren vereinbart ist.

II. Folgeprämie (§ 38 VVG)

1. Überblick

1476 Die Nichtzahlung einer Folgeprämie ist in **§ 38 VVG** geregelt. Grundsätzlich sind die Rechtsfolgen mit denen des § 37 VVG (s. dazu Rn. 1469ff.) vergleichbar. Der Versicherungsnehmer wird beim Verzug der Folgeprämie jedoch stärker geschützt, weil er sich durch die Zahlung der Erstprämie als vertragstreu erwiesen und bereits Versicherungsschutz erlangt hat.[28]

---

25 BGH VersR 1985, 447; VersR 1985, 981; VersR 2006, 913, 914 Rn. 22.
26 Beispiele bei *Knappmann,* in: Prölss/Martin, § 37 Rn. 14.
27 *Knappmann*, in: Prölss/Martin, § 37 Rn. 38ff.
28 *Wandt,* Rn. 514.

2. Voraussetzungen

Im Gegensatz zu § 37 VVG hat der Versicherer den Versicherungsnehmer unter Setzung einer Zahlungsfrist ausdrücklich und in qualifizierter Form auf die Rechtsfolgen, die mit einer verspäteten Zahlung verbunden sind (§ 38 Abs. 2, 3 VVG), hinzuweisen (sog. **qualifizierte Mahnung**). Zu informieren ist über Grund, Umfang und Zusammensetzung der Zahlungspflicht. Dabei müssen die Beträge im Einzelnen beziffert werden (§ 38 Abs. 1 S. 2 Halbs. 1 VVG). Bei zusammengefassten Verträgen sind die Beträge jeweils getrennt anzugeben (§ 38 Abs. 1 S. 2 Halbs. 2 VVG). Damit kann ein zahlungsschwacher Versicherungsnehmer selbst entscheiden, welche Versicherung er aufrechterhalten will.[29] Ferner muss der Versicherungsnehmer sich in Verzug befinden, wofür Verschulden erforderlich ist. 1477

3. Rechtsfolgen

a) Leistungsfreiheit (§ 38 Abs. 2 VVG)

Der Versicherer ist von der Leistung frei, wenn der Versicherungsfall **nach Ablauf der Nachfrist** eintritt und der Versicherungsnehmer sich im Zeitpunkt des Eintritts noch im **Verzug** befindet (§ 38 Abs. 2 VVG). Zahlt der Versicherungsnehmer nach Ablauf der Nachfrist die Prämie, so befindet er sich nicht mehr in Verzug. Er hat dann (wieder) Versicherungsschutz für einen nach der Zahlung eintretenden Versicherungsfall, sofern der Vertrag nicht durch Kündigung bereits endgültig beendet ist. 1478

Beispiel:[30] Dachdeckermeister D unterhält bei V seit einigen Jahren eine Betriebshaftpflichtversicherung. Am 18. Mai führt er zwischen 8.30 und etwa 9.30 bis 10.00 Uhr auf einem Dach mit einem Bunsenbrenner Reparaturarbeiten aus. Am selben Tag entsteht in der Dachgeschosswohnung des Mieters M ein Brandschaden, den dieser von D ersetzt verlangt. V verweigert den Versicherungsschutz, da die für das laufende Jahr geschuldete Versicherungsprämie erst nach dem Brand auf seinem Konto eingegangen ist, obwohl er den D bereits mit Schreiben vom 17. Januar unter Bestimmung einer Zahlungsfrist von zwei Wochen gemahnt hat. In der Mahnung hieß es: „Ein Zahlungsverzug hat für Sie erhebliche Folgen. Bitte beachten Sie daher unbedingt die Ausführungen auf der Rückseite zu den unten angegebenen Buchungsarten.“ Auf der Rückseite des Schreibens finden sich sehr detaillierte Erläuterungen zu §§ 37, 38 VVG, teilweise unter Bezugnahme auf andere Versicherungszweige. D entgegnet, seine Ehefrau habe den Auftrag zur Überweisung der Prämie am Schadenstag gegen 9.30 Uhr dem zuständigen Sachbearbeiter seiner Bank übergeben. 1479

Hier ist V nach § 38 Abs. 2 VVG leistungsfrei geworden, wenn D sich bei Eintritt des Versicherungsfalls mit der Zahlung in **Verzug** befand und wenn V ihn 1480

29 Vgl. OLG Düsseldorf VersR 2010, 1439, 1440.
30 Nach BGH VersR 1999, 1525.

wirksam gemahnt hatte. Grundsätzlich ist zunächst zu klären, ob der Versicherungsfall vor oder erst nach der Zahlung durch die Ehefrau eingetreten ist. Dies kann hier allerdings letztlich offen bleiben: Zwar kann nicht ausgeschlossen werden, dass der Versicherungsfall erst nach Übergabe des Überweisungsauftrags durch die Ehefrau eingetreten ist. Die Prämie ist aber jedenfalls **nicht vor Eintritt des Versicherungsfalls** auf dem Konto des Versicherers gutgeschrieben worden. Die Zahlung ist somit verspätet, da nach den vom EuGH[31] für die Auslegung der Zahlungsverzugsrichtlinie (s. Rn. 1456) aufgestellten Regeln die Verzögerungsgefahr jedenfalls dann beim Schuldner liegt, wenn er wie hier Unternehmer ist, und § 36 VVG insoweit richtlinienkonform fortzubilden ist.[32] Bei Eintritt des Versicherungsfalls war die Leistung des D also noch nicht erbracht. Die **Mahnung** des V erfüllt aber nicht die Voraussetzungen des § 38 Abs. 1 VVG: Das Schreiben enthält auf der Vorderseite keinen ausdrücklichen Hinweis auf die Rechtsfolge der Leistungsfreiheit. Zudem ist die Gestaltung der Informationen auf der Rückseite unübersichtlich. Daher ist die Mahnung nach § 38 Abs. 1 S. 2 VVG unwirksam.[33] Mithin ist V leistungspflichtig.

b) Recht des Versicherers zur Kündigung (§ 38 Abs. 3 VVG)

1481 Darüber hinaus hat der Versicherer das Recht, den Versicherungsvertrag nach Ablauf der Nachfrist **fristlos zu kündigen** (§ 38 Abs. 3 S. 1 VVG). Diese Kündigung kann schon zusammen mit der Mahnung auf den Zeitpunkt des Ablaufs der Zahlungsfrist erklärt werden. Dem Versicherer steht dann gem. § 39 Abs. 1 S. 1 VVG die **Prämie** bis zu dem Zeitpunkt zu, in dem die Kündigung wirksam geworden ist, also bis zu ihrem Zugang beim Versicherungsnehmer. Aus jener Vorschrift lässt sich darüber hinaus auch der **allgemeine Rechtsgedanke** entnehmen, dass der Versicherungsnehmer vorbehaltlich spezieller Regelungen (wie derjenigen des § 39 Abs. 1 S. 2 VVG) nicht für solche Zeiträume prämienzahlungspflichtig ist, in denen der Versicherer nicht leistungspflichtig war. Dies ist insbesondere für den Fall bedeutsam, dass der Versicherer eine qualifizierte Mahnung gem. § 38 Abs. 1 VVG erklärt hat, er jedoch nicht nach § 39 Abs. 3 VVG zurückgetreten ist. In einem solchen Fall ist der Versicherer gem. § 39 Abs. 2 VVG leistungsfrei; ab Beginn der Leistungsfreiheit schuldet dann der Versicherungsnehmer auch keine Prämie mehr.[34]

1482 Ist der Versicherungsfall nach Wirksamwerden der Kündigung noch nicht eingetreten, so kann der Versicherungsnehmer innerhalb eines Monats die **Zahlung nachholen.** Die Wirkung der Kündigung entfällt dann (§ 38 Abs. 3 S. 3 VVG). Diese Regelung weist gewisse Parallelen zum Unwirksamwerden der Kündigung eines Wohnungsmietvertrags durch Ausgleich der Mietrückstände auf (§ 569 Abs. 3 Nr. 2 BGB). Auch wenn bereits der Versicherungsfall eingetreten ist, führt die Zahlung zum Wegfall der Kündigung. Das Vertragsverhält-

31 EuGH NJW 2008, 1935, 1936 Rn. 23ff.
32 *Klimke*, VersR 2010, 1259, 1262.
33 Näher BGH VersR 1999, 1525f.
34 Dies erwägend *Wandt*, 523.

nis lebt durch die spätere Zahlung wieder auf und der Versicherungsnehmer erhält für die Zukunft Versicherungsschutz. Zur Leistung für den bereits eingetretenen Versicherungsfall ist der Versicherer jedoch nicht verpflichtet (§ 38 Abs. 3 S. 3 a.E. VVG).[35]

4. Ausschluss der Rechtsfolgen

a) Verzicht

Verzichtet der Versicherer auf die Verzugsfolgen, so treten diese nicht ein. 1483
Hierbei kommt es besonders auf die Auslegung der Erklärungen des Versicherers an. Ein solcher Verzicht wird freilich nur selten anzunehmen sein.[36]

b) Treu und Glauben

Im Einzelfall kann aus **Treu und Glauben** folgen, dass der Versicherer sich 1484
nicht auf die Rechtsfolgen des § 38 VVG berufen kann. Dies ist etwa dann anzunehmen, wenn er laufend und regelmäßig die Folgeprämie entgegengenommen hat und sich später auf Leistungsfreiheit beruft, weil der Versicherungsnehmer vor einigen Jahren eine nach § 38 VVG angemahnte Prämie nicht entrichtet hat.[37]

c) Stundung

Ob eine Stundung vorliegt, ist – wie der Verzicht – häufig eine Frage der **Ausle-** 1485
gung. Sie wird deutlich eher als ein Verzicht anzunehmen sein, da sie lediglich die Fälligkeit hinausschiebt, ohne den Bestand der Forderung zu berühren.[38]

III. Abgrenzung von Erst- und Folgeprämie

Im Hinblick auf die unterschiedlichen Anforderungen an die Rechtsfolgen 1486
kommt der **Unterscheidung zwischen Erst- und Folgeprämie** einige praktische Bedeutung zu. Für die Einordnung ist entscheidend, ob es sich um die zeitlich erste – gleichgestellt: die einmalige – Prämie oder um eine zeitlich nachfolgende handelt. Bei einer Jahresprämie mit **Ratenzahlungsvereinbarung** ist nach dem Gesetzeszweck (s. Rn. 1464) allein die erste Rate als Erstprämie anzusehen,[39] da der Versicherungsnehmer bereits mit ihrer Zahlung einen Beitrag zum Kollektiv leistet. Durch eine **Stundung** wird die Erstprämie nicht zu einer Folgeprämie.[40] Bei **Vertragsänderungen** kommt es für die Einordnung als Erst- oder Folgeprämie darauf an, ob die Änderung bei wertender Betrachtung einem Neuabschluss gleichsteht (s. dazu Rn. 1030ff.).

---

35 *Wandt*, Rn. 524.
36 S. *Knappmann*, in: Prölss/Martin, § 38 Rn. 43.
37 *Staudinger*, in: MünchKomm-VVG, § 38 Rn. 17, 19, 21.
38 Ausführlich *Knappmann*, in: Prölss/Martin, § 38 Rn. 44ff.
39 BGHZ 44, 178; OLG Oldenburg VersR 1980, 1113; differenzierend *Knappmann*, in: Prölss/Martin, § 37 Rn. 8.
40 BGHZ 21, 122; a.A. LG Frankfurt VersR 1960, 988.

1487 Umstritten ist insbesondere die Einordnung der (regelmäßig bis zum Abschluss des endgültigen Vertrags gestundeten) Prämie für einen Vertrag über **vorläufige Deckung** (zu ihm s. Rn. 947ff.). Da dieser und der Hauptvertrag zwei rechtlich selbstständige Verträge sind, handelt es sich eigentlich jeweils um eine Erstprämie. Man könnte allerdings daran denken, die erste Prämie für den Hauptvertrag als Folgeprämie des Vertrags über die vorläufige Deckung anzusehen, weil sie die Prämie für letztere enthält. Zudem hat der Versicherungsnehmer durch die Zusage der vorläufigen Deckung bereits Versicherungsschutz erlangt. Er könnte damit hinsichtlich der Prämie für den Hauptvertrag genauso schutzwürdig sein wie wenn es sich dabei um eine Folgeprämie handeln würde. Nach zutreffender, weil der Differenzierung beider Vertragsverhältnisse entsprechender Ansicht des BGH bleibt es gleichwohl bei der jeweiligen Einordnung als Erst- (Haupt-)Prämie.[41] Zusätzlich muss dem Versicherungsnehmer eine **gesonderte Rechtsbelehrung** über die Folgen einer verspäteten Zahlung zugehen.[42] Eine solche Belehrung schreibt das Gesetz seit der VVG-Reform in § 37 Abs. 2 S. 2 VVG ausdrücklich vor.

§ 28 Obliegenheiten des Versicherungsnehmers

Literatur

Armbrüster, Folgenzurechnung im Privatversicherungsrecht, in: E. Lorenz (Hrsg.), Karlsruher Forum 2007, S. 89; *ders.*, Das BGH-Urteil zur unterlassenen AVB-Anpassung und seine Folgen, VersR 2012, 9; *Hähnchen*, Obliegenheiten und Nebenpflichten, 2010; *Knappmann*, Zurechnung des Verhaltens Dritter im Privatversicherungsrecht, NJW 1994, 3147; *Leonhardt*, Die Repräsentantendoktrin im Privatversicherungsrecht: kritische Bestandsaufnahme – neue Wege, 1999; *Marlow*, Die Verletzung vertraglicher Obliegenheiten nach der VVG-Reform: Alles nichts, oder?, VersR 2007, 43; *Pohlmann*, Keine Sanktionen bei Verletzung von Obliegenheiten aus Alt-AVB?, NJW 2012, 188; *dies.*, Beweislast für das Verschulden des Versicherungsnehmers bei Obliegenheitsverletzungen, VersR 2008, 437; *Reimer Schmidt*, Die Obliegenheiten, 1953; *Römer*, Die Haftung des Versicherungsnehmers für seinen Repräsentanten, NZV 1993, 249; *Schimikowski*, Die Rechtsfolgen der Verletzung vertraglicher Obliegenheiten in der Allgemeinen Haftpflichtversicherung nach dem neuen VVG, VersR 2009, 1304; *Schütte*, Verhüllte Obliegenheiten im Versicherungsrecht, 1991; *Tschersich*, Rechtsfragen der vorvertraglichen Anzeigepflichtverletzung und der vertraglichen Obliegenheiten, r+s 2012, 53.

A. Überblick

1488 Das Versicherungsvertragsrecht kennt eine Vielzahl von Obliegenheiten des Versicherungsnehmers. Ihren Rechtsgrund haben sie im Gesetz oder im Vertrag. Diese Unterscheidung ist im Hinblick darauf überaus bedeutsam, dass § 28 VVG für **vertragliche** Obliegenheiten strenge Vorgaben hinsichtlich der mög-

41 BGH VersR 1967, 569, 571f.
42 Vgl. *Wandt*, Rn. 526.

lichen Rechtsfolgen macht. Für die **gesetzlichen** Obliegenheiten gibt es eine solche allgemeine Vorschrift nicht; vielmehr enthalten die jeweiligen Regelungen regelmäßig eigene Begrenzungen hinsichtlich der Rechtsfolgen von Verstößen (s. etwa § 19 Abs. 2–6, § 21 Abs. 2, §§ 24–27, § 82 Abs. 3, 4 VVG).

Gesetzliche Obliegenheiten sind im VVG an verschiedenster Stelle geregelt. 1489
Sie gelten – wie aus ihrem jeweiligen systematischen Standort innerhalb des Gesetzes ersichtlich wird – teils für alle Versicherungszweige, teils nur für bestimmte Sparten (s. Rn. 1490). Das Gesetz bezeichnet sie teils als Obliegenheiten, teils als Pflichten, ohne dass dem ein System zugrunde liegt. So handelt es sich nach der Vorstellung des Gesetzgebers bei der von ihm sog. Pflicht des Versicherungsnehmers, den Eintritt des Versicherungsfalls anzuzeigen (§ 30 Abs. 1 S. 1 VVG), um eine Obliegenheit. Die in derselben Vorschrift geregelte Pflicht eines Dritten zur Erstattung der Anzeige (§ 30 Abs. 1 S. 2 VVG) ist hingegen schadensersatzbewehrt und daher eine echte Rechtspflicht (s. Rn. 1200).

Wichtige Fälle gesetzlicher Obliegenheiten, die für alle Sparten gelten, sind 1490
die vorvertragliche Anzeigepflicht (§§ 19ff. VVG), die Regelungen über die Gefahrerhöhung (§§ 23ff. VVG), die Pflicht zur Anzeige des Versicherungsfalls (§ 30 VVG) und die Auskunftspflicht nach Eintritt des Versicherungsfalls (§ 31 VVG). Die beiden letztgenannten Obliegenheiten sind zwar tatbestandlich im VVG geregelt; das Gesetz enthält für ihre Verletzung jedoch keine Rechtsfolge. Deren Festlegung bleibt vielmehr der Parteivereinbarung überlassen, und das Gesetz beschränkt sich darauf, deren Grenzen zu bestimmen (s. § 30 Abs. 2; § 32 S. 1 i.V. mit § 31 Abs 1 S. 2 VVG). Es handelt sich mithin wegen der fehlenden eigenen Rechtsfolgenanordnung um **leges imperfectae** (s. Rn. 1199, 1208).[43] Daneben bestehen einige Obliegenheiten, die ausschließlich für die zur Schadensversicherung zählenden Versicherungssparten gelten. Dazu zählen die Pflicht zur Anzeige einer Mehrfachversicherung (§ 77 VVG), die Schadensabwendungs- und minderungspflicht (§ 82 VVG) sowie – noch spezieller – in der Sachversicherung die Pflicht, eine Veräußerung der versicherten Sache anzuzeigen (§ 97 VVG). Hinzu kommen noch Obliegenheiten speziell für einzelne Versicherungszweige (s. §§ 104, 119, 134 VVG).

Die **vertraglichen Obliegenheiten** sind regelmäßig in den für den Vertrag 1491
maßgeblichen AVB enthalten; seltener – namentlich teils in der Industrieversicherung – werden sie im Wege der Individualvereinbarung festgelegt. Der Gestaltungsfreiheit des Versicherers sind insoweit durch § 28 VVG – der im Zuge der VVG-Reform klarer strukturiert und inhaltlich erheblich versicherungsnehmerfreundlicher ausgestaltet worden ist – und die allgemeinen Anforderungen der §§ 305ff. BGB Grenzen gesetzt. Wird eine gesetzliche Obliegenheit in den Versicherungsvertrag aufgenommen, ohne dass der Text vom Gesetzeswortlaut abweicht, so handelt es sich um eine **deklaratorische Klausel im engeren Sinne**; die Obliegenheit wird dadurch nicht zu einer vertraglichen. Anders ist die Rechtslage, wenn eine AVB den Gesetzesinhalt mit eigenen Worten wie-

43 Kritisch BK/*Dörner*, § 33 Rn. 3.

dergibt (**deklaratorische Klausel im weiteren Sinne**); hier greift die Transparenzkontrolle nach § 307 Abs. 3 S. 2 i.V. mit Abs. 1 S. 2 BGB ein (s. Rn. 554f.).

1492 Wird der Tatbestand einer gesetzliche Obliegenheit ohne eigene Sanktionsanordnung (lex imperfecta; s. Rn. 1199, 1208) in AVB um eine **Rechtsfolge** ergänzt, so liegt eine vertragliche Obliegenheit vor, die in vollem Umfang der Inhaltskontrolle nach den §§ 307ff. BGB unterliegt und die sich zudem an § 28 VVG messen lassen muss. Ein praktisch bedeutsames Beispiel bieten die Anzeige- und Auskunftsobliegenheiten der §§ 30, 31 VVG; sie werden in aller Regel in die AVB aufgenommen und mit der Androhung von Leistungsfreiheit verbunden.

1493 Nach ihrer **Funktion** lassen sich in einer ersten Gruppe solche Obliegenheiten zusammenfassen, die der Wahrung des Äquivalenzverhältnisses von Leistungspflicht des Versicherers und Prämie dienen sollen (**äquivalenzsichernde Obliegenheiten**). Hierzu zählen neben der vorvertraglichen Anzeigepflicht (§ 19 VVG) und der Untersagung, Gefahrerhöhungen vorzunehmen (§ 23 Abs. 1 VVG), auch solche Obliegenheiten, die dem subjektiven Risiko entgegenwirken sollen, etwa diejenige, eine Mehrfachversicherung anzuzeigen (§ 77 Abs. 1 VVG). Eine weitere Gruppe von Obliegenheiten dient dazu, eine **ordnungsgemäße und ökonomische Regulierung von Versicherungsfällen** sicherzustellen (**leistungsbezogene Obliegenheiten**). Beispiele bieten die Anzeige- und Auskunftsobliegenheiten (§§ 30, 31 VVG) sowie die Schadensminderungsobliegenheit (§ 82 VVG).

1494 Die Rechtsfolgen von Obliegenheiten haben gemäß dem Grundsatz, dass das Zivilrecht keine Strafzwecke verfolgt, **keinen Strafcharakter**. Dies tritt deutlich in dem zum Verschuldenserfordernis hinzutretenden **Kausalitätserfordernis** zutage, das der Gesetzgeber regelmäßig für die Leistungsfreiheit des Versicherers aufgrund einer Obliegenheitsverletzung aufstellt (s. etwa § 26 Abs. 3 Nr. 1 VVG für gesetzliche, § 28 Abs. 3 S. 1 VVG für vertragliche Obliegenheiten).

1495 **Beispiel**: Es hat für den Versicherungsnehmer keine nachteiligen Konsequenzen, wenn er seiner Anzeigepflicht hinsichtlich eines Umstands nicht nachkommt, den der Versicherer bereits kennt.[44]

1496 Nicht bereits der folgenlos gebliebene Verstoß gegen eine Verhaltensregel soll sanktioniert werden; vielmehr geht es allein darum, die aufgrund eines solchen Verstoßes dem Versicherer drohenden wirtschaftlichen Nachteile abzuwenden. Anders ist dies aus präventiven Gründen allein dann, wenn der Versicherungsnehmer **arglistig** gehandelt hat (s. Rn. 1551ff.).

B. Rechtsnatur

1497 Die Rechtsnatur der Obliegenheiten ist eines der viel erörterten Probleme des Versicherungsvertragsrechts. Nach überwiegender, von der Rechtsprechung geteilter Ansicht handelt es sich – anders als namentlich bei der Prämienzahlungs-

44 BGH VersR 2005, 493; VersR 2007, 1267 Rn. 13.

pflicht als der Hauptleistungspflicht des Versicherungsnehmers –[45] nicht um echte Rechtspflichten, sondern um zum Vertragsinhalt erhobene Voraussetzungen dafür, dass der Anspruch auf die Leistung des Versicherers erhalten bleibt (sog. **Voraussetzungstheorie**).[46] Der Versicherer kann demnach die Erfüllung von Obliegenheiten nicht einklagen; werden sie verletzt, so steht ihm kein Schadensersatzanspruch zu. Vielmehr führt ein Verstoß gegen die Obliegenheit unmittelbar zu einem **Rechtsnachteil** des Versicherungsnehmers. Obliegenheiten wohnt daher ein Element der Selbstvollstreckung inne. Teils wird hervorgehoben, dass ihre Befolgung (überwiegend) im eigenen Interesse des Versicherungsnehmers liege.[47] Diese Ansicht hält sich zugute, dass sich dann, wenn man Obliegenheiten nicht als echte Rechtspflichten ansieht, die Anwendung bestimmter Normen des allgemeinen Schuldrechts vermeiden lasse. Dies gilt neben der Schadensersatzhaftung nach § 280 Abs. 1 BGB insbesondere für die Zurechnung des Verhaltens von Erfüllungsgehilfen gem. § 278 BGB (s. dazu Rn. 1509). Ein anderer Ansatz geht davon aus, es handele sich bei Obliegenheiten um Pflichten, deren Verletzung Nachteile unterhalb von Erfüllungs- und Schadensersatzansprüchen auslöst (sog. **Theorie von den Rechtspflichten minderer Zwangsintensität**).[48]

Im Schrifttum wird es teils abgelehnt, den Obliegenheiten eine derartige Son- 1498
derstellung einzuräumen. Nach der sog. **Verbindlichkeitstheorie** handelt es sich um Nebenpflichten, die sich von anderen Pflichten aus dem Versicherungsvertrag nicht grundsätzlich unterscheiden, auch wenn Erfüllungs- und Schadensersatzansprüche oft unzweckmäßig erscheinen.[49] In der Tat erscheint es insbesondere zweifelhaft, ob der Schluss von der (behaupteten) Rechtsnatur der Obliegenheiten auf die **Nichtanwendbarkeit bestimmter Vorschriften** berechtigt ist. Vielmehr ist jede Rechtsnorm eigenständig daraufhin zu überprüfen, ob sie auf bestimmte Verhaltensregeln (zumindest analog) anwendbar ist, und zwar unabhängig von ihrer kategorialen Einordnung als „echte Rechtspflicht". Soweit die mangelnde **Einklagbarkeit** von Obliegenheiten hervorgehoben wird, liegt darin kein Kriterium, das weitere Differenzierungen präjudiziert. Dies gilt umso mehr, als die Einklagbarkeit regelmäßig keine praktische Bedeutung hat. Dem Interesse des Versicherers ist nämlich typischerweise dadurch Genüge getan, dass der Verstoß zu einem Rechtsverlust des Versicherungsnehmers führen kann. Oft würde eine klageweise Geltendmachung überdies überhaupt keinen Sinn ergeben. Besonders deutlich wird dies etwa bei der Anzeigeobliegenheit nach § 30 Abs. 1 VVG, bei der die Frage nach einer Einklagbarkeit rein theoretisch ist.[50]

---

45 BGHZ 55, 281 = VersR 1971, 429.

46 BGHZ 24, 378 = VersR 1957, 458; VersRHdb./*Marlow*, § 13 Rn. 1, 4. Vgl. auch *Wandt*, Rn. 543: Bei Schadensersatzpflicht keine Obliegenheit, sondern Rechtspflicht.

47 *Schimikowski*, Rn. 176.

48 *R. Schmidt*, Obliegenheiten, S. 314ff.; s. auch *Heiss*, in: Bruck/Möller, § 28 Rn. 32ff.

49 *Prölss*, in: Prölss/Martin, § 28 Rn. 38; s. auch *Brömmelmeyer*, in: Bruck/Möller, § 30 Rn. 12.

50 *Brömmelmeyer*, in: Bruck/Möller, § 30 Rn. 12.

1499 Sofern die Anwendbarkeit von § 280 Abs. 1 BGB in Rede steht, gilt es den **Vorrang der versicherungsrechtlichen Wertungen** in § 28 VVG zu beachten. Daher erweisen sich im Übrigen auch gesetzliche Obliegenheiten als leges speciales zur allgemeinen **Schadensersatzhaftung** (s. Rn. 1200f. zu § 30 VVG). Was die Haftung für **Erfüllungsgehilfen** angeht, so sollte auch diese nicht von der Rechtsnatur der Obliegenheiten abhängig gemacht werden. Vielmehr kommt es darauf an, ob die Besonderheiten des Versicherungsrechts ein abweichendes Reglement als Spezialregelung erfordern, wie es mit der Repräsentantenhaftung entwickelt worden ist (zu ihr s. Rn. 1512ff.).

1500 Freilich baut der Gesetzgeber auf dem Begriff der Obliegenheit die wichtige Vorschrift des § 28 VVG auf. Zwar ist die **Wortwahl des Gesetzes** keineswegs konsequent, wenn etwa klassische gesetzliche Obliegenheiten wie diejenige zur vorvertraglichen Anzeige gefahrerheblicher Umstände (§ 19 VVG) oder die den Versicherungsnehmer treffenden Anzeige- und Aufklärungsgebote nach Eintritt des Versicherungsfalls (§§ 30, 31 VVG) in den amtlichen Gesetzesüberschriften sowie im Text jeweils als Pflichten bezeichnet werden (s. auch Rn. 1489). Gleichwohl ermöglicht es die Kategorie der Obliegenheit, bestimmte Verhaltensregeln von anderen, nämlich den echten Rechtspflichten, zu unterscheiden.

1501 Die vorstehenden Erwägungen sprechen dafür, die **Kategorie der Obliegenheit** beizubehalten, zugleich aber der Einordnung einer Verhaltensregel als Obliegenheit dann, wenn es um die Anwendbarkeit bestimmter Normen geht, **keinen eigenen Argumentationswert** beizumessen.

C. Verpflichtete Personen

1502 Die Obliegenheiten treffen in erster Linie den **Versicherungsnehmer**. Bei **mehreren** Versicherungsnehmern genügt die Erfüllung der Obliegenheit durch einen von ihnen, sofern es sich um eine Anzeige-, Mitteilungs- oder Auskunftspflicht handelt. Bei der Gefahrstands-, Rettungs- und Schadensminderungspflicht (§§ 23, 82 VVG) reicht für einen Verstoß das Handeln oder Unterlassen eines einzelnen Versicherungsnehmers, soweit das gemeinschaftliche, gleichartige und ungeteilte Interesse aller Versicherungsnehmer versichert ist, wie dies den Regelfall in der Sachversicherung bildet.

1503 Für die Versicherung **für fremde Rechnung** (s. dazu Rn. 1595ff.) ordnet § 47 Abs. 1 VVG an, dass die Kenntnis und das Verhalten des Versicherten der Kenntnis und dem Verhalten des Versicherungsnehmers gleichstehen (vgl. auch §§ 156, 193 Abs. 2 VVG). Obliegenheitsverletzungen des Versicherten wirken dabei grundsätzlich nur gegen ihn selbst. Der einheitliche Versicherungsvertrag ist somit gedanklich in eine Versicherung für eigene Rechnung und eine selbstständige, daneben stehende Versicherung für fremde Rechnung zu trennen. Der Anspruch des Versicherungsnehmers aus dem Vertrag wird nur dann berührt, wenn die Obliegenheitsverletzung des Versicherten dem Versicherungsnehmer zuzurechnen ist (s. dazu sogleich Rn. 1508ff.).

Je nach Art der Obliegenheit sind für die Erfüllung bei der Fremdversicherung grundsätzlich **Versicherungsnehmer** und **Versicherter** verantwortlich. Sofern die Obliegenheit nur von einem der beiden erfüllt werden kann, trifft sie nur diesen. Daher hat beispielsweise allein der Versicherungsnehmer oder der Erwerber die Veräußerung der versicherten Sache nach § 97 Abs. 1 VVG anzuzeigen, nicht hingegen der versicherte Nichteigentümer.[51] 1504

D. Zeitpunkt der Erfüllung

Obliegenheiten lassen sich nach dem Zeitpunkt unterscheiden, zu dem sie zu erfüllen sind. Dieser Zeitpunkt richtet sich nach dem Inhalt der jeweiligen Obliegenheit. Bedeutsame gesetzlich vorgesehene Zeiten sind: der Zeitraum **vor Vertragsschluss** (§§ 19ff. VVG); die **Vertragslaufzeit** (z.B. §§ 23ff. VVG); der Eintritt des **Versicherungsfalls** (z.B. § 82 VVG: „bei Eintritt des Versicherungsfalls", d.h. ab dem Beginn seiner Verwirklichung; s. dazu Rn. 1210) und der Zeitraum **nach Eintritt des Versicherungsfalls** (z.B. §§ 30, 31 VVG). 1505

Daneben können die AVB für die Erfüllung von bestimmten Obliegenheiten noch an **weitere Zeitpunkte** anknüpfen. So kann etwa abgestellt werden auf den Zeitpunkt der Abtretung, der Pfändung oder der Verpfändung einer Forderung aus dem Versicherungsvertrag.[52] 1506

Hat der Versicherer seine Eintrittspflicht **abgelehnt**, so treffen den Versicherungsnehmer grundsätzlich keine an den Eintritt des Versicherungsfalls anknüpfenden Obliegenheiten mehr. Eine Ausnahme besteht in Bezug auf **Auskünfte**. Zu ihrer Erteilung ist der Versicherungsnehmer weiterhin verpflichtet, sofern der Versicherer nach Kenntnis des Versicherungsnehmers im Anschluss an eine Ablehnung nochmals eine Sachprüfung vornehmen will oder hierzu durch ein Urteil genötigt wird.[53] 1507

E. Zurechnung von Verhalten und Wissen Dritter

I. Überblick

Oftmals wird nicht allein der Versicherungsnehmer, sondern zugleich eine **andere Person** im Rahmen des Versicherungsvertrags tätig werden oder Umgang mit der Sache haben, auf die sich die Versicherung bezieht. In diesen Fällen kann das Verhalten oder die Kenntnis jener Person dem Versicherungsnehmer zuzurechnen sein. Das VVG enthält dafür keine generellen Regelungen. Eine umfassende Zurechnung sieht freilich § 47 Abs. 1 VVG hinsichtlich der Kenntnis und des Verhaltens des **Versicherten** vor. Entsprechendes gilt für die **versicherte Person** in der Lebensversicherung (§ 156 VVG) und in der Krankenversicherung (§ 193 Abs. 2 VVG). 1508

---

51 *Dageförde*, in: MünchKomm-VVG, § 47 Rn. 5; BK/*Hübsch*, § 79 Rn. 3.
52 *Prölss*, in: Prölss/Martin, 27. Aufl. 2004, § 6 Rn. 32.
53 *Prölss,* in: Prölss/Martin, § 28 Rn. 42.

1509 Da allgemeine Regelungen für die Zurechnung des Verhaltens von Dritten im VVG fehlen, läge eine Anwendung des § 278 BGB (Haftung für **Erfüllungsgehilfen**) nahe. Dies wird aus mehreren Gründen von der Rechtsprechung und dem ganz überwiegenden Schrifttum abgelehnt.[54] Dahinter steht die Sorge, dass bei einer Anwendung von § 278 BGB der Versicherungsschutz wesentlich entwertet würde.[55] Zudem wird das dogmatische Verständnis von Obliegenheiten nicht als echte Rechtspflichten, sondern als bloße Voraussetzung für die Erhaltung des Anspruchs angeführt (Voraussetzungstheorie; s. Rn. 1497). Im VVG fehle eine dem § 254 Abs. 2 S. 2 BGB entsprechende Regelung, welche § 278 BGB auch für die sich aus § 254 BGB (Mitverschulden) ergebenden Obliegenheiten für anwendbar erklärt. Vielmehr werden die auftretenden Probleme mit Hilfe der sog. **Repräsentantenhaftung** gelöst (zu ihr s. Rn. 1512ff.).

1510 Nach der **Gegenansicht**[56] kann hingegen § 278 BGB immer dann zum Zuge kommen, wenn der Versicherungsnehmer sich durch Einschaltung eines Dritten von einer Obliegenheit entlastet. Genau vor dadurch entstehenden Nachteilen solle jene Zurechnungsnorm demnach den Gläubiger bewahren. Hingegen ist auch nach dieser Ansicht § 278 BGB nicht anwendbar, wenn lediglich eine Person, die Einfluss auf das versicherte Risiko hat, sich im Widerspruch zu einem Einwirkungsverbot verhält, etwa indem sie mit explosiven Stoffen hantiert. Die Dritteinwirkung sei hier eine Schadensursache wie jede andere auch; eine Zurechnung liefe auf einen Risikoausschluss hinaus.

1511 **Stellungnahme:** Wie bereits ausgeführt (s. Rn. 1501), kann die kategoriale Unterscheidung zwischen Obliegenheiten und echten Rechtspflichten nicht für die (zumindest analoge) Anwendbarkeit von Normen des allgemeinen Schuldrechts maßgeblich sein. Allein dem Hinweis, es handele sich um Obliegenheiten, kommt mithin für die Frage nach der Geltung von § 278 BGB kein Argumentationswert zu. Der Umstand, dass die Rechtsprechung des österreichischen OGH, die in vielen Fragen im Einklang mit derjenigen des BGH steht, die Repräsentantenhaftung nicht anerkennt, zeigt, dass auch ohne diese Rechtsfigur der Versicherungsschutz nicht notwendig ausgehöhlt wird. Allerdings bietet die Repräsentantenhaftung eine **sachgerechte Einschränkung** des Kreises derjenigen Personen, deren Verhalten und Wissen dem Versicherungsnehmer zugerechnet wird. Würde man die nachfolgend aufgezeigten Anforderungen in § 278 BGB hineinlesen, so bliebe von der Einordnung als Erfüllungsgehilfe lediglich die Worthülle, während der Inhalt sich von der klassischen Erfüllungsgehilfenhaftung deutlich entfernte. Es müsste mithin auch in diesem Fall ein Sonderrecht für Versicherungsverträge geschaffen werden.[57] Angesichts dessen erscheint es vorzugswürdig, an der Repräsentantenhaftung festzuhalten.

---

54 S. etwa BGHZ 11, 120, 122ff.; *Wandt*, Rn. 630f.
55 BGH VersR 2009, 1123, 1124 Rn. 14.
56 *Prölss*, in: Prölss/Martin, § 28 Rn. 54.
57 *Wandt*, Rn. 631.

II. Haftung für Repräsentanten

1. Begriff des Repräsentanten

Drittverhalten wird im Versicherungsvertragsrecht über den Begriff des Repräsentanten zugerechnet. Nach der neueren Rechtsprechung des BGH ist Repräsentant, wer in dem Geschäftsbereich, zu dem das versicherte Risiko gehört, aufgrund eines Vertretungs- oder ähnlichen Verhältnisses **an die Stelle des Versicherungsnehmers** getreten ist.[58] Hierunter fällt alternativ die sog. **Risiko-** oder die **Vertragsverwaltung.** 1512

Für die **Risikoverwaltung** reicht die bloße Überlassung der Obhut über die versicherte Sache nicht aus. Repräsentant kann nur sein, wer befugt ist, selbstständig in einem gewissen, nicht ganz unbedeutenden Umfang für den Versicherungsnehmer zu handeln. Risikoverwaltung erfordert daher, dass der Versicherungsnehmer einer anderen Person die Obhut über die versicherte Sache anvertraut und die eigenverantwortliche Sorge übertragen hat.[59] 1513

Beispiel 1:[60] Versicherungsnehmer A gehört ein Grundstück, auf dem eine Werkstatthalle mit benachbartem Wohnhaus steht. In dem Wohnhaus lebt der Bruder B des A als Mieter. B betreibt in der Halle einen Restaurationsbetrieb für Oldtimer. Die Halle wird aufgrund vorsätzlicher Brandstiftung zerstört. Gebäudeversicherer V verweigert eine Entschädigungsleistung mit der Begründung, B sei der Brandstifter. A müsse sich das Verhalten des B als dessen Repräsentant im Rahmen des Risikoausschlusses gem. § 81 Abs. 1 VVG zurechnen lassen. 1514

Das OLG Hamm stellt im Anschluss an die Rechtsprechung des BGH[61] fest, dass der **Mieter** (oder Pächter) eines Gebäudes sub specie Risikoverwaltung regelmäßig nicht Repräsentant des Vermieters (oder Verpächters) ist. Insbesondere reicht es nicht aus, dass dem Mieter Instandsetzungspflichten auferlegt werden. Entscheidend ist vielmehr, ob der Mieter die **alleinige Obhut** über die versicherte Sache und darüber hinaus auch die **alleinige Verantwortlichkeit für das jeweilige Risiko** (hier: Feuer) übertragen bekommen hat. Dies ist bei einem normalen Mietverhältnis nicht der Fall. 1515

Beispiel 2:[62] Der bisherige Versicherungsnehmer A ist Inhaber eines **Betriebs.** Diesen Betrieb und auch die Stellung als Versicherungsnehmer überträgt er rechtlich auf seinen Sohn B als Nachfolger. Faktisch nimmt A jedoch genau so wie bisher die Betriebsinhaberschaft wahr. Dies genügt für die Risikoverwaltung, so dass A Repräsentant des B ist und letzterer sich das Verhalten des A zurechnen lassen muss. 1516

---

58 St. Rspr.; BGH VersR 1993, 1862, 1864; VersR 2012, 219, 222 Rn. 31.

59 BGH VersR 1993, 1862, 1864.

60 Nach OLG Hamm VersR 2001, 434 (Revision durch den BGH nicht angenommen, Az. IV ZR 237/01).

61 BGH VersR 1989, 737.

62 Nach OLG Köln VersR 1996, 94.

1517 Für die Repräsentantenstellung genügt es nicht, wenn der Versicherungsnehmer einen anderen damit betraut hat, eine **einzelne Obliegenheit** für ihn (an seiner Stelle) wahrzunehmen.

1518 **Beispiel:**[63] Gebäudeeigentümer und Versicherungsnehmer A betraut seinen Mieter B damit, die Heizungsanlage zu betreiben. Würde man dies – entgegen der in Rn. 1513 genannten Anforderung einer umfassenden Überlassung von Obhut und Risikoverantwortlichkeit – bereits genügen lassen, um dem A das Verhalten des B hinsichtlich des Frostschutzes als Obliegenheitsverletzung zuzurechnen, so drohte der Versicherungsschutz aufgrund einer Vielzahl von Zurechnungsmöglichkeiten wesentlich entwertet zu werden.

1519 Soweit bisweilen darauf abgestellt wird, der Dritte müsse auch die Rechte und Pflichten als Versicherungsnehmer wahrnehmen können, bedeutet dies nicht, dass er nur dann Repräsentant ist, wenn zu der Übernahme der Risikoverwaltung zusätzlich die Berechtigung zur Verwaltung des Versicherungsvertrags (**Vertragsverwaltung**) hinzutritt.[64] Nach der älteren Rechtsprechung war dagegen noch eine Kumulation von Risiko- und Vertragsverwaltung notwendig,[65] was den Repräsentantenbegriff übermäßig einschränkte.

1520 Die Repräsentantenhaftung kann auch **allein** darauf beruhen, dass der Dritte Rechte und Pflichten des Versicherungsnehmers aus dem Versicherungsvertrag wahrnimmt. Für die **Vertragsverwaltung** ist es erforderlich, dass der Versicherungsnehmer der betreffenden Person wesentliche Rechte und Pflichten aus dem Versicherungsvertrag übertragen hat.

1521 **Beispiel:** Versicherungsnehmer A betraut seine Ehefrau B damit, die **Regulierungsverhandlungen** mit dem Versicherer nach einem Schadensfall zu übernehmen. B ist hier als Repräsentantin des A anzusehen. Mithin muss A sich ein Fehlverhalten der B hinsichtlich der Angaben zu den Reparaturkosten zurechnen lassen. Allein die eheliche Verbundenheit oder die bloße Mitbenutzung der versicherten Sache genügen hingegen nicht.[66]

2. Anwendungsbereich der Repräsentantenhaftung

1522 Der Anwendungsbereich der Repräsentantenhaftung erstreckt sich auf die **Zurechnung von Drittverhalten**. Dabei geht es meist um Fälle, in denen eine Sache, auf die sich die Versicherung bezieht, einem Dritten überlassen wurde. Mithin ist der Begriff „Haftung“ irreführend. Gleichwohl dominiert in der Praxis weiterhin die eingeführte Terminologie, wenn auch bisweilen stattdessen

63 Nach OLG Hamm VersR 1990, 265; zust. *Langheid*, NJW 1991, 268, 269; krit. etwa *Wandt*, Rn. 638.
64 BGH NJW 1993, 1862, 1864; *Wandt*, Rn. 635.
65 So noch BGH VersR 1989, 737.
66 BGH VersR 1990, 732; OLG Koblenz VersR 2004, 1410, 1411.

von „Repräsentation“ die Rede ist, um die Zurechnung des Verhaltens von Repräsentanten zu umschreiben.[67]

Nicht anwendbar ist die Repräsentantenhaftung in der **Berufshaftpflichtversicherung**. Das versicherte Risiko besteht hier in der Verletzung von Pflichten bei der beruflichen Tätigkeit und der Versicherungsnehmer kann diese eigene berufliche Tätigkeit nicht vollständig auf einen anderen Berufsträger übertragen.[68] 1523

3. Vertragliche Modifikationen

Einschränkungen der Repräsentantenhaftung ergeben sich aus dem Versicherungsvertrag selbst. Soll der Versicherungsvertrag gegen das Verhalten eines bestimmten Personenkreises schützen, so kann dem Versicherungsnehmer dieses Verhalten nicht zugerechnet werden. Daher scheidet in der Kfz-Haftpflichtversicherung eine Haftung des Versicherungsnehmers für das Fehlverhalten des Fahrers im Straßenverkehr aus. 1524

Umgekehrt vermag es der Versicherer nicht, den Kreis der Repräsentanten durch eine autonome Festlegung in den AVB über den sich aus objektivem Recht ergebenden Personenkreis hinaus **auszudehnen**. So genannte **Repräsentantenklauseln**, mit denen der Versicherer den Kreis der Personen, deren Verhalten dem Versicherungsnehmer zugerechnet werden soll, erweitert, sind wegen eines Verstoßes gegen das **gesetzliche Leitbild** regelmäßig nach § 307 Abs. 1 S. 1, Abs. 2 Nr. 1 BGB unwirksam. Als gesetzliches Leitbild ist auch Gewohnheitsrecht wie hier die Repräsentantenhaftung anzusehen. Dieses Gewohnheitsrecht besteht auch nach der VVG-Reform fort.[69] 1525

III. Wissenserklärungsvertreter

Steht die Erfüllung einer Anzeige- oder Aufklärungspflicht in Rede, so kommt eine Verantwortlichkeit des Versicherungsnehmers für sog. **Wissenserklärungsvertreter** zum Zuge. Erklärungen eines Wissenserklärungsvertreters werden verbreitet analog § 166 BGB dem Versicherungsnehmer zugerechnet.[70] Wissenserklärungsvertreter ist, wer vom Versicherungsnehmer mit der Abgabe der in Frage stehenden Erklärungen betraut wurde. Dafür ist, da es nicht um die Zurechnung von Willenserklärungen geht, kein formaler Rechtsakt erforderlich, etwa in Gestalt einer förmlichen Bevollmächtigung i.S. von § 166 Abs. 2 S. 1 BGB oder einer ausdrücklichen Beauftragung, die eine Vollmacht impliziert. Vielmehr genügt es, dass der Wille des Versicherungsnehmers zutage tritt, der Dritte solle für ihn etwas erklären.[71] Dabei handelt es sich um eine geschäfts- 1526

67 S. dazu *Wandt*, Rn. 630 mit Fn. 126.
68 BGH VersR 2011, 1003 Rn. 28.
69 S. Regierungsbegr. zu § 81 Abs. 1 VVG, BT-Drucks. 16/3945.
70 Triftige Kritik an dieser Begründung bei *Prölss*, in : Prölss/Martin, § 28 Rn. 57.
71 HK-VVG/*Felsch*, § 28 Rn. 117; OLG Köln BeckRS 2010, 14394.

ähnliche Handlung, die in analoger Anwendung der für Rechtsgeschäfte geltenden Regeln des BGB zu behandeln ist.

1527 **Beispiel:**[72] Versicherungsnehmerin F betraut ihren Ehemann M allein und ausschließlich mit der Abwicklung eines Schadensfalls. M gibt in der Schadensanzeige den Anschaffungspreis des versicherten Gegenstandes zu hoch an. F hat sich diese Verletzung der Auskunftspflicht nach § 31 VVG (und der jene Norm regelmäßig aufgreifenden und um Rechtsfolgen ergänzenden AVB) durch M als ihren **Wissenserklärungsvertreter** zurechnen zu lassen.

1528 Das Beispiel zeigt im Übrigen, dass der Dritte zugleich Wissenserklärungsvertreter und **Repräsentant** (hier: im Sinne einer Vertragsverwaltung) sein kann.[73] Auch ein Zusammentreffen von **Wissenserklärungsvertretung und Wissensvertretung** ist möglich. In diesem Fall ist der Vertreter anstelle des Versicherungsnehmers oder neben diesem für die Kenntnisnahme von bestimmten Tatsachen zuständig; zugleich soll er diese Kenntnisse an den Versicherer weitergeben.

1529 Füllt hingegen ein Dritter ein Schadensanzeigeformular aus und leistet der Versicherungsnehmer lediglich die **Unterschrift**, so handelt es sich nicht um einen Fall eines Wissenserklärungsvertreters.[74] Vielmehr liegt eine Erklärung des Versicherungsnehmers vor, die der Dritte lediglich vorbereitet hat, und es kommt allein auf die Kenntnis des Versicherungsnehmers an. Im Unterschied zum Wissenserklärungsvertreter hat der Versicherungsnehmer, der die Erklärung selbst unterschreibt, den Gehilfen nämlich nicht damit betraut, eine eigene Erklärung abzugeben. Der bloße Auftrag an einen Dritten, ihm bei der Abfassung behilflich zu sein, stellt keinen ausreichenden Zurechnungsgrund dar.[75] Die Kenntnis des Dritten wird dem Versicherungsnehmer nicht zugerechnet.[76] Problematisch ist, ob dies nach neuem Recht auch dann gilt, wenn der Versicherungsnehmer eine **vertrauenswürdige Person** mit der Abgabe einer Erklärung beauftragt hat und deren Erklärung dann **blind unterschreibt**.

1530 **Beispiel:**[77] Das bei Kaskoversicherer V versicherte Kfz der Versicherungsnehmerin F wird gestohlen. Der Ehemann M der F füllt ein Schadensanzeigeformular aus, in dem er das Antwortfeld zu der Frage nach Vorschäden durchstreicht. Sodann unterschreibt F das Formular blind. V verweigert die Leistung unter Berufung auf eine arglistige Verletzung der Aufklärungsobliegenheit, da F wahrheitswidrig tatsächlich eingetretene Vorschäden verschwiegen habe.

---

72 OLG Köln r+s 1994, 245f.

73 Kritisch daher *Prölss*, in: Prölss/Martin, § 28 Rn. 69.

74 BGH NJW 1995, 662, 663; OLG Hamm NJW-RR 1997, 862; OLG Saarbrücken VersR 2011, 1511, 1512.

75 BGH VersR 1995, 281, 282.

76 OLG Köln r+s 1998, 399, 401.

77 Nach OLG Saarbrücken VersR 2011, 1511.

Das OLG Saarbrücken geht davon aus, dass trotz des blinden Unterschreibens eine **eigene Erklärung** der F vorliegt, die durch M lediglich vorbereitet worden ist. Um Wertungswidersprüche zwischen den Fällen, dass der Versicherungsnehmer die Erklärung nach eigener Durchsicht der Schadensanzeige oder aber blind unterschreibe, zu verhindern, ist demnach in letzterem Fall eine **Zurechnung** der Vorstellung der Hilfsperson (hier: M) analog § 166 BGB, insbesondere bei Arglist, geboten.[78] Dafür spricht auch, dass auf diese Weise zugleich einem rechtsmissbräuchlichen Verhalten vorgebeugt wird. 1531

IV. Zurechnung des Wissens von Wissensvertretern

Wissensvertreter ist jeder, den der Geschäftsherr dazu berufen hat, im Rechtsverkehr für ihn bestimmte Aufgaben in eigener Verantwortung zu erledigen sowie die dabei anfallenden Informationen zur Kenntnis zu nehmen und erforderlichenfalls weiterzugeben. Es geht also lediglich um eine bloße **Kenntniszurechnung**. Die Kenntnis seines Wissensvertreters steht der Kenntnis des Versicherungsnehmers gleich (zu Wissensvertretern des Versicherers s. Rn. 675ff., 681). Anders als bei der Repräsentantenhaftung braucht dem Wissensvertreter kein Verantwortungsbereich von einiger Bedeutung übertragen worden zu sein.[79] Die Zurechnung von Kenntnissen des Wissensvertreters zum Versicherungsnehmer wird dogmatisch verbreitet auf eine Analogie zu § 166 BGB gestützt.[80] 1532

Beispiel:[81] Versicherungsinteressent A betraut den mit ihm befreundeten Makler M damit, seinen Antrag auf Abschluss einer Unfallversicherung an den Versicherer V weiterzuleiten. Der Antrag ist auf den 12.4. datiert; der Versicherungsschutz soll auch an diesem Tag beginnen. Am 23.4. geht der Antrag nach Weiterleitung durch M bei V ein. Nachdem V dem A einen Versicherungsschein mit Versicherungsbeginn 12.4. zugesandt hat, zeigt A dem V an, dass am 14.4. ein Unfall stattgefunden habe. V lehnt eine Regulierung mit der Begründung ab, der Antrag sei vordatiert und A habe bereits Kenntnis von dem Unfall gehabt. Dies lässt sich vor Gericht nicht beweisen. 1533

Der BGH hat hier den M als **Wissensvertreter** des A angesehen. Dies bedeutet, dass eine Kenntnis des M vom Eintritt des Versicherungsfalls gem. § 2 Abs. 2 S. 2 VVG (zur Rückwärtsversicherung in solchen Fällen s. Rn. 969) dem A zuzurechnen ist. Für den nach jener Norm hinsichtlich der Kenntnis **maßgeblichen Zeitpunkt**, zu dem der Antrag abgegeben ist, kommt es nicht etwa auf die Aushändigung durch A an M an. Vielmehr ist entscheidend, wann M den Antrag gegenüber V abgegeben hat. Als Makler stand M nämlich im Lager des A 1534

---

78 OLG Saarbrücken VersR 2011, 1511, 1514.
79 *Wandt*, Rn. 640; a.A. *Knappmann*, VersR 1997, 261.
80 Vgl. nur *Prölss*, in: Prölss/Martin, § 28 Rn. 87, mit gewichtiger Kritik.
81 Vgl. BGH VersR 2000, 1133, 1134.

(s. Rn. 696), so dass er bei der Weiterreichung des Antrags als dessen **Erklärungsbote oder -vertreter** handelte. Anders wäre die Lage, wenn A den Antrag einem Vertreter von V übermittelt hätte. In diesem Fall wäre er bereits zu jenem Zeitpunkt abgegeben, so dass spätere Kenntniserlangung nicht schaden würde.

V. Zurechnungsfragen bei der Fremdversicherung

1535 Liegt eine (ausschließliche) Fremdversicherung vor, so muss sich der Versicherungsnehmer nicht nur sein eigenes Verhalten und seine eigene Kenntnis zurechnen lassen, sondern auch das Verhalten und die Kenntnis des **Versicherten** (§ 47 Abs. 1 VVG; s. Rn. 1503). Einer Zurechnung nach den vorstehend dargelegten Grundsätzen bedarf es dann nicht.

1536 Im Fall einer **kombinierten Eigen- und Fremdversicherung** ist der Versicherungsvertrag gedanklich aufzuteilen in eine Versicherung für eigene Rechnung und eine selbstständige, daneben stehende Versicherung für fremde Rechnung (s. dazu Rn. 1595ff.). Der Anspruch des Versicherungsnehmers aus dem Vertrag wird nur dann berührt, wenn die Obliegenheitsverletzung des Versicherten dem Versicherungsnehmer zuzurechnen ist (s. dazu Rn. 1604).

F. Rechtsfolgen der Verletzung vertraglicher Obliegenheiten (§ 28 VVG)

I. Überblick

1537 § 28 VVG regelt die Mindestvoraussetzungen, die an die Vereinbarung von bestimmten Rechtsfolgen bei der Verletzung einer vertraglichen Obliegenheit zu stellen sind. Die Vorschrift differenziert, wenn auch nicht mehr so stark wie § 6 VVG a.F., zwischen solchen Obliegenheiten, die **vor Eintritt des Versicherungsfalls** (§ 28 Abs. 1–3 VVG) und solchen, die **nach Eintritt des Versicherungsfalls** zu erfüllen sind (§ 28 Abs. 2–4 VVG). Je nach Art der Obliegenheit ist die Leistungsfreiheit des Versicherers von unterschiedlichen Voraussetzungen abhängig. Bei Verletzung einer vertraglichen Obliegenheit, die vor dem Versicherungsfall zu erfüllen war, steht dem Versicherer zusätzlich ein Kündigungsrecht zu. Daneben wird für alle vertraglichen Obliegenheiten in § 28 Abs. 5 VVG bestimmt, dass ein Rücktrittsrecht des Versicherers nicht vereinbart werden darf.

1538 § 28 VVG erfasst allein vertragliche Obliegenheiten. Für **gesetzliche Obliegenheiten** gibt es keine korrespondierende allgemeine Vorschrift, in der die Anforderungen zusammengefasst wären, die für die Rechtsfolgen von Verstößen gelten (s. bereits Rn. 1488). Vielmehr sind diese Voraussetzungen meist bei der jeweiligen gesetzlichen Obliegenheit geregelt (z.B. § 23 VVG für Gefahrerhöhungen oder § 82 VVG für die Schadensabwendungs- und Minderungspflicht). Bisweilen fehlt auch eine Rechtsfolgenanordnung (s. insbesondere §§ 30, 31 VVG und dazu Rn. 1199, 1208).

II. Vor Eintritt des Versicherungsfalls zu erfüllende Obliegenheiten (§ 28 Abs. 1–3 VVG)

1. Arten der Obliegenheiten

Die wichtigsten Obliegenheiten vor Eintritt des Versicherungsfalls sind solche, 1539 die zur Verminderung der Gefahr oder zur Verhütung einer Gefahrerhöhung dienen (sog. **Gefahrstandsobliegenheiten**). Dabei sind gefahrbezogene vertragliche Obliegenheiten von den gesetzlichen Obliegenheiten gem. § 23 VVG (Gefahrerhöhung) zu unterscheiden. Gefahrbezogene Obliegenheiten werden – wie auch sonstige Obliegenheiten – in der Praxis zumeist nicht individualvertraglich, sondern in AVB vereinbart.

Beispiel: Nach Abschnitt A § 11 Nr. 1 AFB 2010 hat der Versicherungsnehmer 1540 bestimmte Sicherheitsvorschriften einzuhalten.

Daneben gibt es noch **sonstige Obliegenheiten**. Sie dienen meist dazu, eine Er- 1541 höhung des subjektiven Risikos zu verhindern.

Beispiel: Nach Abschnitt B § 11 Nr. 1 AFB 2010 hat der Versicherungsnehmer 1542 die Obliegenheit, eine bestehende Mehrfachversicherung anzuzeigen (s. dazu auch § 77 Abs. 1 VVG).

Die Unterscheidung zwischen gefahrbezogenen und sonstigen Obliegenheiten 1543 war nach altem Recht für die Anwendung von § 6 Abs. 1 oder Abs. 2 VVG a.F. bedeutsam. Infolge der **VVG-Reform** hat sie ihre praktische Bedeutung verloren.

2. Rechtsfolgen von Verstößen

Nach der allgemeinen Regel des § 28 Abs. 2 VVG hat der Verstoß gegen eine 1544 Obliegenheit – sofern dies vereinbart wurde – **Leistungsfreiheit** des Versicherers zur Folge (zu den einzelnen Voraussetzungen s. sogleich Rn. 1545ff.; zur eo ipso-Wirkung s. Rn. 384). Die Vereinbarung der Leistungsfreiheit und das vom Versicherungsnehmer geforderte Verhalten müssen in der **vertraglichen Regelung** klar und deutlich zum Ausdruck kommen.[82] Daneben steht dem Versicherer die Möglichkeit der fristlosen Kündigung offen, sofern der Versicherungsnehmer die Obliegenheit zumindest grob fahrlässig verletzt hat (§ 28 Abs. 1 VVG). Dieses Kündigungsrecht ist freilich zeitlich befristet: Der Versicherer kann es nur innerhalb eines Monats, nachdem er Kenntnis von der Obliegenheitsverletzung erlangt hat, ausüben.

3. Verschuldenserfordernis (§ 28 Abs. 2 VVG)

Die Obliegenheit muss, um zur vollständigen Leistungsfreiheit des Versicherers 1545 führen zu können, grundsätzlich **vorsätzlich** verletzt worden sein (**Verschul-**

82 BGH VersR 1990, 384f.; VersR 2011, 1550 Rn. 34; *Prölss*, in: Prölss/Martin, § 28 Rn. 106.

densprinzip). Die Beweislast für den Vorsatz trägt der Versicherer.[83] Liegt dagegen nur **grobe Fahrlässigkeit** vor, kann der Versicherer der Schwere des Verschuldens entsprechend eine Kürzung des Anspruchs vornehmen (Quotelung gem. § 28 Abs. 2 S. 2 VVG; s. eingehend Rn. 338ff.). Ausnahmsweise ist dann, wenn das Verschulden besonders schwer wiegt, auch eine vollständige Leistungsfreiheit möglich.[84] Grobe Fahrlässigkeit des Versicherungsnehmers wird vom Gesetz – anders als hinsichtlich des Risikoausschlusses in § 81 Abs. 2 VVG – **vermutet**. Zur Erleichterung der Quotenbildung ist es dem Versicherer gestattet, pauschalierte Quotelungen in den Grenzen von § 32 VVG zu vereinbaren, soweit dies nicht zu einer Benachteiligung des Versicherungsnehmers führt (s. Rn. 385ff.).[85]

4. Kausalitätserfordernis (§ 28 Abs. 3 VVG)

a) Grundsatz (§ 28 Abs. 3 S. 1 VVG)

1546 Eine praktisch bedeutsame Einschränkung der Leistungsfreiheit ergibt sich aus § 28 Abs. 3 VVG. Danach wird der Versicherer nur von der Leistung frei, wenn die Obliegenheitsverletzung einen Einfluss auf den Eintritt des Versicherungsfalls oder den Umfang der Leistungsfreiheit gehabt hat. Eine bloße **Mitursächlichkeit** genügt. § 28 Abs. 3 S. 1 VVG stellt – anders als die Vorgängerregelung in § 6 VVG a.F. – nicht darauf ab, ob die Obliegenheitsverletzung generell geeignet ist, die Interessen des Versicherers zu beeinträchtigen. Entscheidend ist vielmehr allein, ob sich die Obliegenheitsverletzung **konkret** ausgewirkt hat, mithin dem Versicherer **tatsächlich ein Nachteil** entstanden ist.[86] Auch hier trägt der Versicherungsnehmer die Beweislast für das Fehlen der (Mit-)Ursächlichkeit der Obliegenheitsverletzung (**Kausalitätsgegenbeweis**).

1547 Der bestehende Ursachenzusammenhang zwischen Obliegenheitsverletzung und Eintritt des Versicherungsfalls muss derart beschaffen sein, dass die auf der Obliegenheitsverletzung beruhende Gefahrenlage und die Schadensfolge zu denjenigen gehören, denen die Obliegenheit vorbeugen sollte. Mithin bedarf es bei solchen Obliegenheiten, die vor Eintritt des Versicherungsfalls zu erfüllen sind, einer Auslegung im Hinblick auf den damit verfolgten **Schutzzweck**.

1548 Für den erforderlichen Kausalzusammenhang genügt es, wenn die Verletzung der Obliegenheit eine Gefahrenlage geschaffen hat, die bei abstrakt-genereller Betrachtung geeignet ist, die Wahrscheinlichkeit des Eintritts eines Versicherungsfalls dieser Art zu erhöhen (sog. **Rechtswidrigkeitszusammenhang**).[87]

---

83 *Prölss,* in: Prölss/Martin, § 28 Rn. 114; *Wandt*, Rn. 576.
84 BGH VersR 2012, 341 Rn. 11f.
85 BT-Drucks. 16/3945 zu § 28 Abs. 2, S. 69.
86 OLG Oldenburg VersR 2011, 1437, 1438.
87 BGH VersR 1997, 485f.; *Wandt*, Rn. 592; a.A. OLG Oldenburg VersR 2011, 1437, 1438 (auf den Schutzzweckzusammenhang komme es seit der VVG-Reform nicht mehr an).

Beispiel:[88] Verstößt der Fahrer (Versicherungsnehmer) eines Omnibusses gegen eine Obliegenheit, weil er keine zur Fahrgastbeförderung berechtigende Fahrerlaubnis hat und wird bei einem Unfall jedoch kein Fahrgast, sondern allein ein anderer Verkehrsteilnehmer geschädigt, besteht kein Rechtswidrigkeitszusammenhang zwischen Obliegenheitsverletzung und Eintritt des Versicherungsfalls. Die sog. Führerscheinklausel dient in diesem Fall ausschließlich dazu, die Sicherheit der Fahrgäste zu gewährleisten. Würden hingegen auch Fahrgäste (schuldhaft) verletzt, so müsste der Versicherungsnehmer nachweisen, dass die Obliegenheitsverletzung keine Auswirkungen auf den Eintritt des Versicherungsfalls hatte. 1549

Bei nach Eintritt des Versicherungsfalls zu erfüllenden Obliegenheiten muss dem Versicherer aus der Verletzung ein **konkreter Nachteil** entstanden sein (s. Rn. 1546). Allerdings genügt es hierfür, wenn die Interessen des Versicherers konkret **gefährdet** worden sind, etwa weil ihn unzutreffende Angaben des Versicherungsnehmers zum Schadenshergang zunächst zu Ermittlungen in eine falsche Richtung anhalten oder von einer Nachprüfung abhalten (s. auch Rn. 1556ff. zur Arglist). Hingegen ist es nicht erforderlich, dass die Falschangaben etwa zur Feststellung des Versicherungsfalls oder der Schadenshöhe dem Versicherer dauerhaft verborgen bleiben; in diesem Fall könnte er daran niemals die vereinbarten Konsequenzen knüpfen, so dass die Obliegenheit ins Leere ginge. 1550

b) Ausnahme bei Arglist (§ 28 Abs. 3 S. 2 VVG)

Der in Rn. 1546ff. geschilderte Kausalitätsgegenbeweis steht dem Versicherungsnehmer nach § 28 Abs. 3 S. 2 VVG nicht offen, wenn er die Obliegenheit **arglistig** verletzt hat (§ 28 Abs. 3 S. 2 VVG). Jene Norm stellt eine Verwirkungsbestimmung mit **Sanktionscharakter** dar. Die Sanktionierung von Arglist soll den Versicherer davon entlasten prüfen zu müssen, ob der Anspruch gleichwohl berechtigt ist. Zugleich soll dem Versicherungsnehmer jedwede Möglichkeit genommen werden darauf zu spekulieren, dass er bei Entdeckung der Arglist zumindest den tatsächlich eingetretenen Schaden ersetzt bekommt.[89] 1551

Im Zuge der **VVG-Reform** hat der Gesetzgeber den Versicherungsnehmer dadurch begünstigt, dass nunmehr ausschließlich Arglist schadet, während ihm bei **Vorsatz** der Kausalitätsgegenbeweis offen steht. Nach der zum alten Recht vom BGH entwickelten sog. Relevanzrechtsprechung konnte es hingegen unter bestimmten Voraussetzungen auch bei vorsätzlichen folgenlos gebliebenen Obliegenheitsverletzungen zur Leistungsfreiheit kommen.[90] Die jetzt geltende Beschränkung der kausalitätsunabhängigen Leistungsfreiheit auf Arglist in § 28 Abs. 3 S. 2 VVG ist rechtspolitisch durchaus bemerkenswert. Darin kommt der Grundgedanke des Reformgesetzgebers zum Ausdruck, nunmehr allein bei einem gegen die Interessen des Versicherers (und damit auch der Gefahrgemein- 1552

88 BGH NJW 1973, 285; *Wandt*, Rn. 592.
89 OLG Hamm VersR 2012, 356, 357 (nicht rkr.); *Prölss*, in: Prölss/Martin, § 28 Rn. 115.
90 S. nur BGH VersR 2004, 1117, 1118; VersR 2006, 108, 109.

schaft) gerichteten Willen unabhängig von einem konkreten Nachteil für den Versicherer Sanktionen anzuordnen (s. allgemein Rn. 251).

1553 Für Arglist genügt **bedingter Vorsatz**. Auch objektiv unrichtige Angaben **„ins Blaue hinein"** reichen aus, sofern der Versicherungsnehmer nicht offenbart, dass er die mitgeteilten Tatsachen überhaupt nicht zuverlässig beurteilen kann.[91] Ihrem Sinn und Zweck nach setzt die Vorschrift voraus, dass über Tatsachen getäuscht wird, die für Grund oder Höhe der Entschädigungsleistung bedeutsam sind.[92] Schon der **Versuch** einer arglistigen Täuschung führt grundsätzlich zur Leistungsfreiheit. Auch der innere Vorbehalt, der Versicherer werde bereits angesichts des mitgeteilten polizeilichen Aktenzeichens vollständige Kenntnis der Tatsachen haben, lässt Arglist nicht entfallen.[93] Anderes gilt nur in besonders gelagerten Ausnahmefällen, etwa, wenn der Versicherungsnehmer bei geringem Verschulden durch den vollständigen Ausschluss der Leistung in seiner Existenz bedroht wäre.[94]

1554 Nach der Regierungsbegründung soll unter Arglist offenbar eine **betrügerische Absicht** des Versicherungsnehmers zu verstehen sein.[95] Indessen ist ein zur Leistungsfreiheit des Versicherers führendes arglistiges Verhalten nicht nur dann anzunehmen, wenn der Versicherungsnehmer einen Vermögensvorteil erstrebt, auf den er keinen Anspruch hat; mithin ist eine Bereicherungsabsicht nicht erforderlich. Arglist erfordert lediglich eine vorsätzliche Verletzung der Obliegenheit durch den Versicherungsnehmer und zusätzlich Vorsatz in Bezug auf eine für den Versicherer **nachteilige Auswirkung** der Obliegenheitsverletzung (s. auch Rn. 1556ff.).[96] Es genügt mithin, wenn der Versicherungsnehmer einen gegen die Interessen des Versicherers gerichteten Zweck verfolgt.[97] So reicht es aus, dass er nur die Schadensregulierung beschleunigen, einen Verdacht von sich abwenden oder Schwierigkeiten bei der Feststellung seiner berechtigten oder für berechtigt gehaltenen Ansprüche vermeiden will. Er darf nicht durch eine Täuschung von ihm befürchteten Beweisschwierigkeiten oder Verzögerungen bei der Regulierung entgegenwirken oder auf die Entschließung des Versicherers über die Auszahlung der Entschädigung Einfluss zu nehmen versuchen. Letzteres ist schon dann der Fall, wenn der Versicherungsnehmer es unternimmt, den Versicherer über den Wert der versicherten Sache oder über diesen Wert bestimmende Faktoren zu täuschen.

---

91 S. etwa KG VersR 2007, 381 (betr. Arglistanfechtung eines Versicherungsvertrags), unter Hinweis auf BGH NJW 2001, 2326, 2327 (betr. Kaufrecht).

92 OLG Hamm VersR 2012, 356, 357 (nicht rkr.).

93 OLG Hamm VersR 2011, 1391, 1392.

94 OLG Hamm VersR 2012, 356, 358 (nicht rkr.).

95 Regierungsbegr.; BT-Drs. 16/3945, S. 49.

96 St. Rspr.; s. nur BGH VersR 1986, 77; LG Saarbrücken VersR 2012, 98, 100; *Wandt*, in: MünchKomm-VVG, § 28 Rn. 302; vgl. auch *Pohlmann*, in: Looschelders/Pohlmann, § 28 Rn. 50.

97 BGH VersR 2009, 968, 969 Rn. 9 (betr. § 6 Abs. 3 VVG a.F. und Relevanzrechtsprechung); OLG Hamm VersR 2012, 356, 358 (nicht rkr.); OLG Saarbrücken VersR 2012, 900, 902; *Felsch*, in: HK-VVG, § 28 Rn. 60.

Beispiele: Der Versicherungsnehmer weiß von einem Vorschaden an seinem erneut beschädigten Kfz und gibt diesen gegenüber einem vom Versicherer beauftragten Sachverständigen nicht an.[98] Obwohl die Mutter des Versicherungsnehmers bereits zwei Jahre vor dem Schadensfall in ein Seniorenheim umgezogen ist, behauptet der Versicherungsnehmer, sie sei nur kurzzeitig außer Haus gewesen; es habe also nicht ein – in der Wohngebäudeversicherung besondere Obliegenheiten zu Frostschutzmaßnahmen auslösender – Leerstand vorgelegen.[99] 1555

Arglist liegt nach dem soeben Gesagten auch dann vor, wenn durch die Täuschung **berechtigte Ansprüche** lediglich schneller oder einfacher durchgesetzt werden sollen[100] oder wenn der Versicherungsnehmer lediglich **Beweisschwierigkeiten** überwinden oder den Versicherer von an sich gebotenen **Ermittlungen** abhalten will. 1556

Beispiel:[101] Versicherungsnehmer A verlangt von seinem Hausratversicherer V Ersatz für sein durch einen Diebstahl abhanden gekommenes Fahrrad. Seiner Schadensanzeige fügt A die nachträglich erstellte Rechnung des Fahrradgeschäfts F über 5.000 € bei. Aus dieser Rechnung ist nicht erkennbar, dass A bei F nur Teile für 2.000 € erworben und diese mit anderweitig für weitere 3.000 € gekauften Teilen zu einem Spezialrad montiert hat. V verweigert wegen arglistig falscher Angaben in der Schadensanzeige die Leistung. 1557

Das OLG Karlsruhe hat hier zu Recht Arglist angenommen: Selbst wenn, wie A geltend machte, das Fahrrad tatsächlich einen Gesamtwert von 5.000 € hatte, es ihm mithin bei der Vorlage der unzutreffenden Rechnung nicht um eine Bereicherung über das objektiv von V Geschuldete hinaus ging, hat er vorsätzlich die **Auskunftspflicht** nach § 31 VVG (die regelmäßig in den AVB näher ausgestaltet ist) verletzt und dabei in dem Bewusstsein gehandelt, dass er damit gegen die Interessen des V verstößt. Hätte A nämlich lediglich die korrekte Rechnung über die tatsächlich bei F gekauften Teile im Wert von 2.000 € eingereicht, so wäre V in die Lage versetzt worden, die von F beizubringenden Nachweise über die restlichen 3.000 € anzufordern und zu prüfen. Dies genügt für den Arglistvorwurf. 1558

Die nach § 28 Abs. 1 VVG mögliche **Kündigung** durch den Versicherer ist seit der VVG-Reform keine Voraussetzung mehr für dessen Leistungsfreiheit. Damit unterscheidet sich die Rechtslage etwa von der für die Gefahrstandspflicht als einer gesetzlichen Obliegenheit geltenden Regelung des § 26 Abs. 3 Nr. 2 VVG (s. dazu Rn. 1140). Auf die nach altem Recht umstrittene Frage, ob und unter welchen Voraussetzungen das Kündigungserfordernis als stillschweigend abbedungen anzusehen war, kommt es daher nicht mehr an. Die Neue- 1559

98 Nach LG Saarbrücken VersR 2012, 98, 100.
99 OLG Saarbrücken VersR 2012, 900.
100 BGH VersR 2011, 1121 Rn. 29.
101 Nach OLG Karlsruhe VersR 2010, 1448.

rung verschlechtert auf den ersten Blick die Lage des Versicherungsnehmers, weil der Versicherer sich nunmehr auf Leistungsfreiheit berufen kann, ohne zugleich den Vertrag durch Kündigung beenden zu müssen. Indessen wird auch der Versicherungsnehmer nicht selten daran interessiert sein, eine Kündigung durch den Versicherer zu vermeiden, so dass die Obliegenheitsverletzung nicht über den Verlust des auf einem bereits eingetretenen Versicherungsfall beruhenden Versicherungsanspruchs hinaus den Schutz auch für die Zukunft entfallen lässt.

III. Nach Eintritt des Versicherungsfalls zu erfüllende Obliegenheiten

1. Erfasste Arten von Obliegenheiten

a) Überblick

1560 Die wichtigsten Obliegenheiten nach Eintritt des Versicherungsfalls sind **Anzeige- und Aufklärungsobliegenheiten** (vgl. §§ 30, 31 VVG; s. auch Rn. 1198ff.).

b) Anzeigeobliegenheit (§ 30 VVG)

1561 § 30 VVG sieht vor, dass der Versicherungsnehmer den Versicherungsfall, nachdem er davon Kenntnis erlangt hat, dem Versicherer unverzüglich **anzuzeigen** hat. Dabei handelt es sich regelmäßig um eine spontan, d.h. ohne vorangegangenen Hinweis des Versicherers, zu erfüllende Obliegenheit, da der Versicherer den Eintritt des Versicherungsfalls typischerweise nicht vor dem Versicherungsnehmer kennt. Eine Hinweispflicht ginge hier von vornherein ins Leere (s. aber zur Stehlgutliste Rn. 1570ff.).

c) Aufklärungsobliegenheit (§ 31 VVG)

1562 Nach § 31 VVG trifft den Versicherungsnehmer über die Anzeigepflicht (§ 30 VVG) hinaus auch die Obliegenheit, dem Versicherer **Auskunft** zu erteilen. In aller Regel wird dies in den AVB aufgegriffen. Meist sehen diese vor, dass der Versicherungsnehmer verpflichtet ist, alles zu tun, was der Aufklärung des Schadenereignisses dienen kann. Die Reichweite dieser Obliegenheit kann im Einzelfall problematisch sein.

1563 **Beispiel:**[102] Versicherungsnehmer A kommt mit seinem Kfz in alkoholisiertem Zustand von der Fahrbahn ab und fährt drei Betonpfeiler, einen Zaun und mehrere Jungbäume um. Im Hinblick auf seinen Alkoholkonsum fährt er weiter. Später behauptet er gegenüber der Polizei, seine Mutter habe am Steuer gesessen.

1564 Da bei dem Unfall ein nicht unerheblicher Sachschaden entstanden ist, hat A hier den Straftatbestand des **unerlaubten Entfernens vom Unfallort** (§ 142 StGB) erfüllt. Damit geht regelmäßig auch eine Verletzung der Aufklärungsob-

---

102 Vgl. BGH VersR 1983, 258 (Kurzwiedergabe) = r+s 1981, 31; KG VersR 2011, 875, 876.

liegenheit einher. Diese gebietet es dem Versicherungsnehmer, gegenüber einer zur Feststellung bereiten Person, insbesondere Mitarbeitern der Polizei, wahrheitsgemäße Angaben über seine Beteiligung am Unfallhergang zu machen. Der Straftatbestand des § 142 StGB schützt zumindest reflexartig auch das Interesse des Versicherers an einer umfassenden Feststellung des Schadenhergangs. Polizeiliche Ermittlungen kommen auch dem Versicherer zugute, indem der tatsächliche Unfallverlauf noch an der Unfallstelle ermittelt werden kann. Auch der Umstand, dass alle an einem Unfall Beteiligten und alle potentiell Geschädigten übereinkommen, nicht die Polizei einzuschalten, bedeutet keineswegs, dass der Versicherungsnehmer damit von der gegenüber dem Versicherer bestehenden Aufklärungsobliegenheit entbunden wäre.

Freilich findet die Aufklärungsobliegenheit dann eine Grenze, wenn der Ver- 1565
sicherungsnehmer sich aktiv selbst gegenüber den Strafverfolgungsbehörden einer Straftat (z.B. Gefährdung des Straßenverkehrs, § 315c StGB; Trunkenheit im Verkehr, § 316 StGB; Vollrausch, § 323a StGB) bezichtigen müsste. Eine solche **strafrechtliche Selbstbezichtigung** gegenüber der Polizei ist ihm nicht zumutbar. Diese zulässige Wahrnehmung seiner Eigeninteressen darf allerdings nicht so weit gehen, dass er die polizeilichen Ermittlungen bewusst in eine falsche Richtung lenkt, etwa indem er, wie im Beispielsfall in Rn. 1563 geschehen, eine andere Person als Fahrer ausgibt. Zudem muss er sich auch dann, wenn er zulässigerweise eine Selbstbezichtigung gegenüber der Polizei unterlässt, gegenüber dem Versicherer wahrheitsgemäß äußern.[103]

2. Voraussetzungen der Leistungsfreiheit

Die Voraussetzungen, unter denen der Versicherer bei Verletzung einer nach 1566
Eintritt des Versicherungsfalls zu erfüllenden Obliegenheit leistungsfrei ist, entsprechen seit der VVG-Reform weitgehend denen für Obliegenheiten vor Eintritt des Versicherungsfalls (zu ihnen s. Rn. 1539ff.). Einzig für die besonders bedeutsamen Auskunfts- und Aufklärungsobliegenheiten ist zu beachten, dass neben den bereits erörterten Voraussetzungen der Versicherer den Versicherungsnehmer zusätzlich durch eine **gesonderte Mitteilung** in Textform auf die Rechtsfolgen einer Obliegenheitsverletzung **hinweisen** muss (§ 28 Abs. 4 VVG). Der Schutzzweck dieser Hinweispflicht gebietet es nicht, dafür ein gesondertes Schriftstück zu verlangen. Vielmehr genügt nach überzeugender, vom BGH geteilter Ansicht eine Belehrung auf dem Schadensanzeigeformular, die drucktechnisch hervorgehoben ist.[104] Ist zwischen schriftlicher Belehrung im Schadensanzeigeformular und späterer mündlicher Befragung durch einen Versicherungsvertreter besonders viel Zeit vergangen, so kann eine erneute Belehrung notwendig werden.[105] Will der Versicherer sich gegenüber einem Versi-

103 BGH VersR 1983, 258 (Kurzwiedergabe) = r+s 1981, 31.
104 BGH VersR 2013, 297 Rn. 15ff.; *Prölss*, in: Prölss/Martin, § 28 Rn. 154.
105 S. etwa BGH VersR 2007, 683 Rn. 3; OLG Naumburg VersR 2012, 1118, 1119f.

cherten auf Leistungsfreiheit berufen, so muss er auch diesem den Hinweis nach § 28 Abs. 4 VVG erteilen.[106]

1567 Eines solchen Hinweises bedarf es freilich dann nicht, wenn der Versicherungsnehmer **arglistig** handelt. Dies hat der Gesetzgeber zwar – anders als in § 28 Abs. 3 S. 2 VVG hinsichtlich des Kausalitätserfordernisses – nicht ausdrücklich angeordnet. Es entspricht jedoch nicht nur seinem Willen,[107] sondern einem allgemeinen Rechtsgedanken, wonach der arglistig handelnde Versicherungsnehmer keinen Schutz verdient (s. Rn. 251). Hinzu kommt, dass der Hinweis bei Arglist regelmäßig ohnehin ins Leere ginge.

1568 Weitere Ausnahmen von der Hinweispflicht nach § 28 Abs. 4 VVG bestehen hinsichtlich der **Anzeigepflichten** nach § 30 VVG (betr. Eintritt des Versicherungsfalls) und § 104 VVG (betr. potentiell haftungsbegründende Tatsachen in der Haftpflichtversicherung).[108] In solchen Fällen liegt die Initiativlast beim Versicherungsnehmer; ein allgemein gehaltener abstrakter Hinweis des Versicherers würde seinen Zweck nicht erreichen.

1569 Umstritten ist, ob und in welchem Umfang sog. **spontan zu erfüllende Obliegenheiten** anzuerkennen sind. Auf sie ist § 28 Abs. 4 VVG nach der Gesetzesbegründung nicht anwendbar.[109] Dabei geht es um Obliegenheiten, die nach Eintritt des Versicherungsfalles auf Grund des konkreten Ablaufs entstehen und auf die der Versicherer daher nicht im Voraus hinweisen kann.

1570 **Beispiel:** Versicherungsnehmer A zeigt dem Hausratversicherer den Eintritt eines Versicherungsfalls durch Einbruchdiebstahl an. Er unterlässt es jedoch, eine **Stehlgutliste** einzureichen, wie dies in den zugrunde liegenden AVB gefordert wird (s. etwa Abschnitt A § 8 Nr. 2 lit. aff. VHB 2010 (QM)).

1571 Die in den AVB zur Hausratversicherung üblicherweise enthaltene vertragliche **Obliegenheit zur Einreichung einer Stehlgutliste** wird bisweilen nicht als spontane Anzeigeobliegenheit eingeordnet, weil der Versicherer nach Eingang einer Schadensmeldung den Versicherungsnehmer ohne Weiteres zur Einreichung einer derartigen Liste auffordern könne.[110] Eine Befreiung des Versicherers von seiner Leistungspflicht sei daher nicht geboten, wenn es an einer derartigen **Aufforderung** fehle. Der Versicherungsnehmer wisse nämlich häufig nicht, dass eine derartige Liste einzureichen sei.[111] Ein angemessener Interessenausgleich lässt sich allerdings auch dadurch erreichen, dass man § 28 Abs. 4 VVG zwar im Einklang mit der Gesetzesbegründung nicht für einschlägig erachtet, den Versicherer jedoch gem. **Treu und Glauben** (§ 242 BGB) für verpflichtet hält, bei rechtzeitiger Anzeige des Versicherungsfalls durch den Versi-

---

106 *Felsch*, in: HK-VVG, § 28 Rn. 224; VersRHdb./*Marlow*, § 13 Rn. 153.
107 Regierungsbegr., BT.-Drucks. 16/3945, S. 69.
108 Regierungsbegr., BT.-Drucks. 16/3945, S. 69.
109 BT-Drs. 16/3945 S. 69.
110 OLG Karlsruhe VersR 2011, 1560, 1561; *Knappmann*, in: Prölss/Martin, § 26 VHB 2000 Rn. 11, 12.
111 *Knappmann*, in: Prölss/Martin, § 26 VHB 2006 Rn. 11.

cherungsnehmer diesen über die Obliegenheit und die Rechtsfolgen einer Verletzung jedenfalls dann zu belehren, wenn der Versicherungsnehmer darüber erkennbar in Unkenntnis ist und eine Interessenabwägung dies im Einzelfall gebietet. Dabei ist es von entscheidender Bedeutung, ob der Versicherungsnehmer durch das vorangegangene Verhalten des Versicherers irritiert worden ist.[112]

Nach der früheren sog. **Relevanzrechtsprechung** sollte eine vorsätzliche, 1572 folgenlos gebliebene Obliegenheitsverletzung dann nicht zur Leistungsfreiheit führen, wenn der Verstoß objektiv ungeeignet war, die Interessen des Versicherers ernsthaft zu gefährden.[113] Diese Judikatur ist seit der VVG-Reform aufgrund des allgemeinen Kausalitätserfordernisses in § 28 Abs. 3 S. 1 VVG überholt.[114] Entspricht die Belehrung des Versicherers nicht der geltenden Rechtslage, sondern gibt sie inhaltlich noch die alte Relevanzrechtsprechung wieder, so ist die Belehrung unwirksam.[115] Es genügt nämlich nicht, dass die Belehrung – auch wenn sie unrichtig ist – zumindest eine Warnfunktion erfüllt.[116] Lediglich im Fall der Arglist ist der Versicherer dann wiederum von seiner Leistungspflicht frei, weil § 28 Abs. 4 VVG diese Fälle nicht erfasst (s. allgemein Rn. 1567).[117]

IV. Verzicht des Versicherers auf die Verletzungsfolgen

Der Versicherer kann auf die Rechtsfolgen der Obliegenheitsverletzung **verzichten**. 1573 Als (konkludenter) Verzicht kann es insbesondere zu bewerten sein, wenn der Versicherer in Kenntnis der Obliegenheitsverletzung vorbehaltslos leistet.[118] Ebenso ist es als Verzicht anzusehen, wenn der Versicherer nach ursprünglicher Ablehnung der Regulierung in eine umfangreiche Korrespondenz mit dem Versicherungsnehmer tritt.[119] Daneben kommt in Ausnahmefällen eine Verwirkung der Leistungsfreiheit in Betracht.[120] Insoweit bestehen allerdings strenge Anforderungen (vgl. auch Rn. 894).

V. Abweichende Vereinbarungen

1. Abreden zu Lasten des Versicherungsnehmers (§ 32 VVG)

Gem. § 32 VVG darf nicht zu Lasten des Versicherungsnehmers von § 28 VVG 1574 abgewichen werden. Ob dies auch dann gilt, wenn der Versicherungsnehmer

---

112 BGH VersR 2008, 1491 (betr. VVG a.F.); VersR 2010, 903, 904 Rn. 6; *Günther*, VersR 2011, 1561, 1563.
113 S. etwa BGH VersR 2004, 1117, 1118; 2005, 493, 495.
114 OLG Oldenburg VersR 2011, 1437, 1438; *Wandt*, Rn. 594.
115 LG Nürnberg-Fürth VersR 2011, 1177, 1178; HK-VVG/*Felsch*, § 28 Rn. 197.
116 So aber OLG Saarbrücken VersR 2008, 1643, 1644 (betr. § 6 VVG a.F.).
117 LG Nürnberg-Fürth VersR 2011, 1177, 1178.
118 LG Saarbrücken VersR 2011, 1045, 1048.
119 *Prölss*, in: Prölss/Martin, § 28 Rn. 160.
120 *Prölss*, in: Prölss/Martin, § 28 Rn. 162.

nach Eintritt des Versicherungsfalls auf den Schutz **verzichtet**, etwa um den für ihn günstigen Vertrag fortzuführen, ist zweifelhaft.[121] Ausnahmen davon bestehen nach § 210 VVG für die Versicherung von Großrisiken und für die laufende Versicherung.

1575 § 28 VVG enthält im Vergleich zur Vorgängernorm des § 6 VVG a.F. einige wichtige Neuerungen. Infolge der Gesetzesänderung entstand somit die Gefahr, dass Obliegenheitsklauseln in Altverträgen, die sich an den Vorgaben von § 6 VVG a.F. orientierten, nicht mehr mit § 28 VVG vereinbar sein würden. Im Rahmen der VVG-Reform wurde den Versicherern daher ein **Recht zur Änderung der AVB** eingeräumt. Gem. Art. 1 Abs. 3 EGVVG konnten sie bis zum 1.1.2009 ihre AVB für Altverträge einseitig ändern, soweit diese von den Vorschriften des neuen VVG abwichen. Hat ein Versicherer seine (Obliegenheits-) Klauseln nicht an die neue Gesetzeslage angepasst, so stellt sich die Frage, ob, bzw. mit welchen Rechtsfolgen die Obliegenheitstatbestände fortbestehen können (s. auch den Beispielsfall in Rn. 1005ff.). Nach Ansicht des BGH sind die vereinbarten Sanktionsregelungen unwirksam, sofern sie zum Nachteil des Versicherungsnehmers von § 28 VVG abweichen.[122] Zur Bestimmung der Rechtsfolgen könne auch nicht auf § 28 VVG zurück gegriffen werden, da die Versicherer gem. Art. 1 Abs. 3 EGVVG selbst die Möglichkeit gehabt hätten, ihre AVB umzustellen.[123]

1576 Diese Argumentation begegnet durchgreifenden Bedenken. Zum einen hat der Gesetzgeber gerade **keine Pflicht**, sondern eine bloße **Befugnis** zur Anpassung der AVB an das neue Recht und zudem keine Sanktion bei Unterbleiben der Anpassung vorgesehen. Die Fortgeltung der vereinbarten Obliegenheiten mit den Rechtsfolgen des § 28 VVG kann sich etwa aus einer **ergänzenden Vertragsauslegung** ergeben.[124] Soweit in der Rechtspraxis die bedenkliche Auffassung des BGH künftig die Rechtsanwendung prägen wird, fragt sich, ob das höchstrichterlich gefundene Ergebnis auf andere Weise entschärft werden kann (s. auch Rn. 1007).[125] Der BGH hat selbst ausdrücklich darauf hingewiesen, dass der Versicherer ohne die Geltung von Obliegenheiten nicht schutzlos sei. Vielmehr bleibe es ihm unbenommen, sich auf gesetzliche Vorschriften, insbesondere auf die schuldhafte **Herbeiführung des Versicherungsfalls** nach § 81 VVG zu berufen. Hieran ist richtig, dass bei der Verletzung von Obliegenheiten, die *vor* Eintritt des Versicherungsfalles zu erfüllen sind, vielfach auch eine schuldhafte Herbeiführung des Versicherungsfalls i.S. des § 81 VVG vorliegen wird. Allerdings gilt es die unterschiedliche Beweislastverteilung zwischen § 81 und § 28 VVG zu beachten: Während nach § 28 Abs. 2 S. 2 VVG das grob fahrlässige Handeln des Versicherungsnehmers vermutet wird und dieser darle-

---

121 Zum früher notwendigen Kündigungserfordernis bejahend OLG Hamm VVGE § 6 Nr. 17; ablehnend *Prölss*, in: Prölss/Martin, 27. Aufl. 2004, § 6 Rn. 112.

122 BGHZ 191, 159 = VersR 2011, 1550 Rn. 19.

123 BGHZ 191, 159 = VersR 2011, 1550 Rn. 32f.

124 Vgl. mit eingehender Kritik am BGH-Urteil *Armbrüster*, VersR 2012, 9ff.

125 Zu dieser Problematik ausf. *Günther/Spielmann*, VersR 2012, 549ff.

gungs- und beweisbelastet dafür ist, dass er lediglich einfach fahrlässig oder schuldlos gehandelt hat, trifft nach § 81 Abs. 2 VVG den Versicherer die Beweislast dafür, dass der Versicherungsnehmer grob fahrlässig gehandelt hat. Neben § 81 VVG kann in der Verletzung einer vor Eintritt des Versicherungsfalls zu erfüllenden Obliegenheit zugleich auch eine **Gefahrerhöhung** i.S. des § 23 VVG liegen, so dass eine Leistungskürzung nach § 26 Abs. 2 VVG in Betracht kommt. Hier entspricht die Beweislastverteilung derjenigen, die auch bei § 28 Abs. 2 VVG gilt. Schwieriger gestaltet sich die Rechtslage aus Sicht des Versicherers, wenn es sich um eine *nach* Eintritt des Versicherungsfalls zu erfüllende Obliegenheit handelt, deren Verletzung nach der Rechtsprechung des BGH jedoch keine Folgen zeitigt. Hier wird i.d.R. nicht zugleich eine schuldhafte Herbeiführung des Versicherungsfalls oder eine Gefahrerhöhung vorliegen. Kürzungsmöglichkeiten zugunsten des Versicherers können sich aber unter dem Gesichtspunkt der Verletzung der gesetzlichen Mitwirkungs- und Schadensminderungsobliegenheit aus § 82 VVG ergeben.

2. Abreden zu Gunsten des Versicherungsnehmers

Zu Gunsten des Versicherungsnehmers sehen viele AVB eine **Beweislastumkehr** vor. Daneben kann auch im Einzelfall eine **pauschale Quotelung** eine günstige Abweichung darstellen (s. Rn. 385ff.). 1577

G. Abgrenzung zu Risikoausschlüssen und sonstigen Entschädigungsvoraussetzungen

I. Überblick

Die Bedeutung der Abgrenzung von Obliegenheiten und Risikoausschlüssen wird deutlich, wenn man sich vergegenwärtigt, dass die Leistungsfreiheit bei einer **Obliegenheitsverletzung** von weiteren Voraussetzungen abhängt (insbesondere: Kausalität; mindestens grobes Verschulden; s. Rn. 1545ff.). 1578

Liegt hingegen ein **Risikoausschluss** vor, führt er ohne weiteres zur Leistungsfreiheit des Versicherers. Dabei werden bestimmte Risiken vom Versicherungsschutz ausgenommen; verwirklicht sich das Risiko, so besteht von vornherein kein Versicherungsschutz. 1579

Die praktische Bedeutung der **Abgrenzung** ist daher erheblich. Schwierig wird die Abgrenzung dann, wenn die AVB den Versicherungsschutz von einem Zustand abhängig machen, den der Versicherungsnehmer durch sein Verhalten beeinflussen kann. Einvernehmen besteht darüber, dass die §§ 28, 32 VVG einen Schutzzweck verfolgen, den der Versicherer nicht dadurch umgehen kann, dass er eine Obliegenheit durch die bloße **Formulierung** oder die **systematische Stellung** einer Klausel als Risikobeschreibung erscheinen lässt.[126] 1580

---

126 S. nur BGH VersR 2000, 969f.

II. Verhüllte Obliegenheiten

1. Grundlagen

1581 Unter welchen Voraussetzungen eine Bestimmung, die an ein gefahrbezogenes Verhalten des Versicherungsnehmers anknüpft, als Obliegenheit oder als Risikoausschluss zu qualifizieren ist, ist trotz vielfältiger Diskussion nicht völlig geklärt. Dabei handelt es sich um das Problem der sog. **verhüllten Obliegenheiten.**[127] Praktisch bedeutsam ist diese Abgrenzung im Hinblick darauf, dass der Versicherer im Fall eines Risikoausschlusses bereits dann leistungsfrei ist, wenn die Voraussetzungen des Ausschlusses objektiv erfüllt sind. Demgegenüber hat der Gesetzgeber an eine Leistungsfreiheit wegen Obliegenheitsverletzung hohe Anforderungen gestellt; insbesondere sind regelmäßig Kausalität sowie mindestens grobe Fahrlässigkeit erforderlich (s. Rn. 1545ff.). Kommt daher eine Verhaltensregel, die als Obliegenheit formuliert werden könnte, im äußeren Gewand eines Risikoausschlusses daher, so droht eine Umgehung dieser gesetzlichen Anforderungen.

2. Abgrenzungskriterien

1582 Nach der sog. **Ausschlusstheorie** ist eine Obliegenheit nur dann anzunehmen, wenn der Wortlaut tatsächlich ein Verhalten beschreibt. Klare, auf bestimmte Fälle beschränkte Haftungsausschlüsse seien ohne Berücksichtigung (des Schutzzwecks) von §§ 28, 32 VVG zulässig. Dies überzeugt nicht. Ein bloßes Abstellen auf den Wortlaut der Vorschrift würde dazu führen, dass der Versicherer die in § 32 i.V. mit § 28 VVG zum Ausdruck kommende Wertung je nach Art der Formulierung umgehen könnte.[128]

1583 Nach der sog. **Verhaltenstheorie** sind als Risikoausschlüsse nur solche Regelungen anzusehen, die überhaupt nicht an eine Handlung oder Unterlassung anknüpfen oder die ein Verhalten betreffen, das seiner Art nach geeignet ist, unmittelbar den Versicherungsfall herbeizuführen. Hiergegen wird eingewandt, dass die Verhaltenstheorie über den Schutzzweck der §§ 28, 32 VVG hinausgeht. Insbesondere sei die Abgrenzung solcher Verhaltensweisen, die den Versicherungsfall unmittelbar herbeiführen, von anderen kaum möglich und finde im Gesetz keine Stütze.[129]

1584 Die **neuere Rechtsprechung** hat sich der Verhaltenstheorie angenähert. Sie sieht Bestimmungen als Obliegenheiten an, die der „Sache nach“ Verhaltensnormen darstellen.[130] Dies hängt wiederum davon ab, ob die AVB-Bestimmung eine individualisierte Beschreibung eines Risikos enthält, für das allein der Versicherer Schutz gewähren will, oder ob sie vorrangig ein bestimmtes vorbeugen-

127 Überblicke zum Streitstand bei *Prölss*, in: Prölss/Martin, § 28 Rn. 5ff.; *Heiss*, in: Bruck/Möller, § 28 Rn. 17ff.

128 *Prölss*, in: Prölss/Martin, § 28 Rn. 9.

129 *Prölss*, in: Prölss/Martin, § 28 Rn. 10.

130 BGH VersR 2008, 1107 Rn. 11; 2011, 1048, 1050.

des Verhalten des Versicherungsnehmers fordert. Steht das Verhalten des Versicherungsnehmers im Vordergrund, tritt es also nicht hinter objektive Voraussetzungen (z.B. Versicherungsort) zurück, so spricht dies für eine Obliegenheit. Wird hingegen nur ausschnittsweise Deckung gewährt und nicht ein bestehender Versicherungsschutz wegen nachlässigen Verhaltens wieder entzogen, so liegt ein Risikoausschluss vor.[131] Die Beurteilung dieser Kriterien bestimmt sich nach dem im Versicherungsrecht generell üblichen Auslegungsmaßstab, also anhand der Verständnismöglichkeiten eines durchschnittlichen Versicherungsnehmers (s. dazu und zu gewissen Einschränkungen Rn. 487, 495ff.).[132] Auch hiergegen lassen sich Einwände erheben; so bietet auch die neuere Rechtsprechung keine materiellen Abgrenzungskriterien, und der durchschnittliche Versicherungsnehmer dürfte mit der Abgrenzung überfordert sein.[133]

Gegenüber den genannten Formeln erscheint es vorzugswürdig, danach ab- 1585
zugrenzen, ob es für den Versicherungsnehmer nur eine Frage des **Sicherheitsaufwands** ist, eine nach den AVB ausgeschlossene Situation zu vermeiden.[134] Unterlässt er eine Sicherungsvorkehrung typischerweise lediglich aus Bequemlichkeit oder zur Kostenersparnis, so verstößt er gegen eine Obliegenheit. Konnte er sich hingegen gar nicht in zumutbarer Weise um denjenigen Sicherheitsstandard bemühen, der die eingeschlossene Situation kennzeichnet, so geht es um einen Risikoausschluss. Gewiss birgt auch diese Abgrenzung in der praktischen Anwendung gewisse Unsicherheiten.[135] Sie knüpft aber im Unterschied zu den anderen Lösungen mit der Vermeidbarkeit durch erhöhten Sicherheitsaufwand an ein materielles Kriterium an, für das die Anwendung der Vorgaben von § 28 VVG sinnvoll erscheint.

Zusammenfassendes Beispiel:[136] E, der bei V eine Hausratversicherung un- 1586
terhält, findet eines Abends seine Wohnungstür aufgebrochen vor. Ein Großteil des Hausrats ist entwendet, darunter auch die im unverschlossenen Schreibtisch verwahrte Münzsammlung. Unstreitig trifft E kein Verschulden. V lehnt eine Regulierung des Schadens hinsichtlich der Münzsammlung unter Hinweis auf folgende Klausel der vereinbarten AVB ab: „Versicherungsschutz besteht nicht für […] Münzsammlungen gegen Schäden durch Einbruchdiebstahl, wenn sich diese Sachen nicht in verschlossenen und gegen Wegnahme gesicherten Behältnissen befinden […].“

Für die Leistungspflicht des V kommt es hier darauf an, ob diese Klausel als ver- 1587
hüllte Obliegenheit oder als Risikoausschluss anzusehen ist; nur im letzteren Fall ist V leistungsfrei. Teils wird ein Risikoausschluss mit der Begründung an-

131 *Prölss*, in: Prölss/Martin, § 28 Rn. 11.
132 BGH VersR 2000, 969; VersR 2008, 1107 Rn. 9; VersR 2011, 1048, 1050 Rn. 15ff. S. auch *Wandt*, Rn. 551: Auslegung anhand der berechtigten Erwartungen des Versicherungsnehmers.
133 *Prölss*, in: Prölss/Martin, § 28 Rn. 12.
134 Näher *Prölss*, in: Prölss/Martin, § 28 Rn. 19ff.
135 Dies wendet *Schütte*, Verhüllte Obliegenheiten, S. 113 ein.
136 Nach BGH VersR 2004, 1132.

genommen, dass sich der Versicherungsschutz auf einen bestimmten **Aufbewahrungsort** der Gegenstände und damit vorrangig auf objektive Merkmale beziehe.[137] Indessen hängt auch hier der Versicherungsschutz vom **Verhalten** des Versicherungsnehmers ab. Das Ausmaß der Verhaltensabhängigkeit ist jedoch kein taugliches Kriterium für die Unterscheidung.[138] Teils wird darauf abgestellt, ob ein „an sich" weiter Deckungsschutz durch verhaltensabhängige Ausschlüsse reduziert wird oder ob die Deckung „von vornherein" beschränkt ist.[139] Auch nach diesem Kriterium wäre hier von einem Risikoausschluss auszugehen. Jene Abgrenzung begegnet dem Einwand, dass es dann von der **Formulierung der Klausel** abhinge, ob der Versicherer leistungsfrei ist oder nicht. Da die in der Klausel aufgeführten Maßnahmen geeignet sind, das versicherte Risiko entscheidend zu mindern, wenn außer Gebrauch befindlicher Schmuck bestimmte Wertgrenzen überschreitet, entspricht es dem Verhalten eines umsichtigen Versicherungsnehmers, ihn – in seiner Gesamtheit – unter Verschluss zu nehmen. Dies rechtfertigt es, die Klausel als Obliegenheit zu behandeln.[140]

1588 Die Abgrenzung zwischen Risikoausschlüssen und Obliegenheitstatbeständen kann auch bei **gesetzlichen Vorschriften** bedeutsam werden.

1589 **Beispiel:**[141] Versicherungsnehmer A unterhält für das ihm gehörende Motorschiff bei Versicherer V eine Flusskaskoversicherung. Das Schiff kollidiert mit dem Trogtor eines Schiffshebewerks, da die Steueranlage defekt ist. Die Bundesrepublik Deutschland verlangt nun von A den Ersatz des an dem ihr gehörenden Hebewerk entstandenen Schadens. A fordert daraufhin von V, ihn gegenüber diesem Anspruch freizustellen. Nach Nr. 4.1 der AVB Flusskasko 2000 hat V auch an Dritte zu leisten, denen gegenüber A bei der Teilnahme am Schiffsverkehr haftpflichtig wird. V beruft sich auf den in § 138 Abs. 1 VVG (§ 132 Abs. 1 VVG a. F.) enthaltenen Haftungsausschluss.

1590 Der BGH sieht die gesetzliche Regelung in § 138 Abs. 1 VVG nicht als Risikoausschluss, sondern als verhüllte Obliegenheit an. Dabei zieht er die für vertragliche Regelungen entwickelte Formel heran, es komme darauf an, ob die Regelung eine individualisierende Beschreibung eines **bestimmten Risikos** enthält, für das der Versicherer Versicherungsschutz gewähren will, oder ob sie in erster Linie ein **bestimmtes Verhalten** des Versicherungsnehmers fordert, von dem es abhängt, ob er einen zugesagten Versicherungsschutz behält oder ihn verliert. Wird von vornherein nur ausschnittsweise Deckung gewährt und nicht ein gegebener Versicherungsschutz wegen nachlässigen Verhaltens wieder entzogen, so handelt es sich demnach um eine Risikobegrenzung.

---

137 KG VersR 2004, 235, 236.

138 So auch *Prölss*, in: Prölss/Martin § 28 Rn. 12.

139 Zur widersprüchlichen Rspr. bei sog. Verschlussklauseln s. VersRHdb./*Marlow*, § 13 Rn. 15ff.

140 BGH VersR 2004, 1132, 1133.

141 Nach BGH VersR 2011, 1048, 1050 in Bezug auf § 132 Abs. 1 VVG a.F. (vgl. jetzt § 138 VVG).

3. Folgen der Qualifikation als verhüllte Obliegenheit

Ist nach den soeben erörterten Grundsätzen eine Regelung als verhüllte Obliegenheit zu qualifizieren, findet nach überwiegender Meinung **§ 28 Abs. 2–5 VVG** Anwendung.[142] Teilweise wird eine verhüllte Obliegenheit aber auch als gegen **§ 307 Abs. 1 BGB** verstoßend angesehen, da die Klausel den Anforderungen der §§ 28, 32 S. 1 VVG nicht genüge.[143] Daran ist richtig, dass verhüllte Obliegenheiten als Risikoausschluss formuliert sind, mithin eine Nichteinhaltung ohne Weiteres – insbesondere: ohne Verschuldens- und Kausalitätserfordernis sowie ohne Quotelung bei grober Fahrlässigkeit – zur **Leistungsfreiheit** führen soll. Indessen ist die verhüllte Obliegenheit nach überwiegender Ansicht nur inhaltlich ergänzt um die in § 28 VVG angeordneten Rechtsfolgen einer Inhaltskontrolle zu unterwerfen. Bedenken bestehen insoweit allerdings hinsichtlich des **Transparenzgebots** gem. § 307 Abs. 1 S. 2 BGB.[144] Der Versicherungsnehmer kann nämlich aus der Formulierung der verhüllten Obliegenheit nicht entnehmen, dass ein Verstoß nur unter den weiteren Voraussetzungen des § 28 VVG zur Leistungsfreiheit führt; er wird hierdurch möglicherweise davon abgehalten, seine Rechte geltend zu machen. Gerade Transparenzgesichtspunkte hat der BGH in seiner Entscheidung zur unterbliebenen Umstellung von Alt-AVB (s. Rn. 1005ff.) maßgeblich zur Begründung dafür herangezogen, dass eine ergänzende Auslegung nicht in Betracht komme.[145] 1591

Ein weiteres Problem stellt sich, wenn der Versicherer in seinen AVB eine verhüllte Obliegenheit aufgenommen hat, er zugleich aber für „echte“ Obliegenheiten den **Versicherungsnehmer besser stellt** als das Gesetz dies gebietet. 1592

Beispiel:[146] Angenommen, im Beispiel in Rn. 1586 hat E grob fahrlässig gehandelt. Die AVB des V sehen vor, dass der Versicherer bei Obliegenheitsverletzungen nur leistungsfrei ist, wenn der Versicherungsnehmer vorsätzlich handelt. Hier stellt sich die Frage, ob Leistungsfreiheit eintritt, wenn man die Verwahrungsklausel als verhüllte Obliegenheit qualifiziert. Dafür kommt es darauf an, ob der in den AVB vereinbarte, dem Versicherungsnehmer vorteilhafte Verschuldensmaßstab **auch auf verhüllte Obliegenheiten** zu beziehen ist. Sofern V davon ausging, bei der Verwahrungsklausel handele es sich um einen Risikoausschluss, hat er die in der Beschränkung auf Vorsatz liegende Privilegierung nicht auf den Fall beziehen wollen, dass die Klausel als verhüllte Obliegenheit eingeordnet wird. Dies war E aber nicht erkennbar, so dass – jedenfalls nach Heranziehung der Unklarheitenregel des § 305c Abs. 2 BGB – der für ihn günstigere, von V nur für „echte“ Obliegenheiten vorgesehene Verschuldensmaßstab gilt.[147] 1593

---

142 *Prölss*, in: Prölss/Martin, § 28 Rn. 27.
143 LG Hamburg VersR 1990, 1234, 1235.
144 *H. Schmidt*, in: Ulmer/Brandner/Hensen, Teil 4 (7) Versicherungsbedingungen, Rn. 16; tendenziell a.A. *Prölss*, in: Prölss/Martin, § 28 Rn. 27.
145 BGH VersR 2011, 1550 Rn. 38f.
146 Vgl. OLG Hamm VersR 1983, 1127ff.; OLG Schleswig VersR 1986, 806f. m. Anm. *Diels*.
147 OLG Hamm VersR 1983, 1127.

4. Folgen der Qualifikation als Risikoausschluss

1593a Führt die Anwendung der Abgrenzungskriterien dazu, dass es sich nicht um eine verhüllte Obliegenheit handelt, so entspricht der äußeren Gestaltung als **Risikoausschluss** auch die inhaltliche Einordnung. Damit ist freilich noch nichts über die Reichweite und die Wirksamkeit des Ausschlusses gesagt. Risikoausschlüsse sind nach einer allgemeinen **Auslegungsregel** im Zweifel eng auszulegen (s. Rn. 496ff., 504).[148] Zudem sind sie an den §§ 305ff. BGB zu messen. Dabei ist i.R. der Inhaltskontrolle nach § 307 Abs. 1 S. 1 BGB insbesondere die sog. **Aushöhlungsnichtigkeit** (s. Rn. 543) praktisch bedeutsam: Reicht ein Risikoausschluss so weit, dass der durch die Prämie erlangte Versicherungsschutz wesentlich entwertet wird, so liegt darin für den Versicherungsnehmer eine unangemessene Benachteiligung.

5. Kritik an der Rechtsfigur

1594 Die Ausführungen zur Abgrenzung verhüllter Obliegenheiten von Risikoausschlüssen und zu den Rechtsfolgen zeigen, dass es sich um eine in dogmatischer Hinsicht fragwürdige Rechtsfigur handelt. Zudem entstehen in der praktischen Rechtsanwendung zahlreiche Zweifelsfragen. Nicht zuletzt ist auch ein erheblicher Wertungswiderspruch zur Rechtsprechung des BGH in anderem Kontext zu verzeichnen. Dies gilt insbesondere hinsichtlich der Anforderungen, die an die **Erkennbarkeit der Rechtsfolgen** einer Obliegenheitsverletzung zu stellen sind. So hat der BGH in seinem Urteil zur unterbliebenen Anpassung von Alt-AVB (s. Rn. 1005ff.) nicht zuletzt deshalb eine Lückenfüllung im Wege ergänzender Vertragsauslegung versagt, weil die Rechtsfolgen für den Versicherungsnehmer intransparent seien. Dies steht in unüberbrückbarem Widerspruch zur „Umqualifizierung" eines Risikoausschlusses in eine verhüllte Obliegenheit. Angesichts der zahlreichen Probleme spricht vieles dafür, jene Rechtsfigur aufzugeben. Das herkömmliche Instrumentarium dürfte genügen, um den Versicherungsnehmer vor unangemessenen Klauseln zu schützen. So kommt es im Einzelfall in Betracht, eine verschuldens- oder kausalitätsunabhängige Leistungsfreiheit des Versicherers als **unangemessene Benachteiligung** gem. § 307 Abs. 1 S. 1, Abs. 2 Nr. 2 BGB anzusehen.

---

148 St. Rspr.; s. nur BGH VersR 2000, 1090.

7. Teil: Begünstigung Dritter aus dem Vertrag

§ 29 Versicherung für fremde Rechnung (§§ 43ff. VVG)

Literatur

Armbrüster, Regress des Gebäudeversicherers gegen den Mieter, NJW 2006, 3683; *ders.*, Der Schutz von Haftpflichtinteressen in der Sachversicherung, 1994; *Heinicke*, Sachversicherung und fremde Interessen: zum konkludenten Schutz eines sachbesitzenden Dritten bei der Eigentümerversicherung, 2002; *Ingwersen*, Die Stellung des Versicherungsnehmers bei Innenhaftungsfällen in der D&O-Versicherung, 2011; *Krause*, Der Begriff des versicherten Interesses und seine Auswirkungen auf die Versicherung für fremde Rechnung, 1997.

A. Überblick

Eine Versicherung kann auch zu Gunsten einer **anderen Person** abgeschlossen werden. Dies bedeutet, dass der Versicherungsnehmer einen Versicherungsvertrag abschließt, der das Interesse eines anderen, nämlich des **Versicherten** deckt (s. bereits Rn. 70ff.). Dabei kann sich aus dem Vertrag einschließlich der AVB oder aus den Umständen (vgl. § 43 Abs. 3 VVG) ergeben, dass eine Versicherung für fremde Rechnung vorliegt.[1] Die Vorschriften der §§ 43ff. VVG gelten grundsätzlich für sämtliche Versicherungszweige, während die Vorgängerregeln der §§ 74ff. VVG a.F. allein die Schadensversicherung betrafen. 1595

B. Stellung von Versicherungsnehmer und Versichertem

Nach § 44 Abs. 1 S. 1 VVG stehen die Rechte aus dem Versicherungsvertrag nicht dem Versicherungsnehmer, sondern dem **Versicherten** zu. Der Versicherte ist also insbesondere nach Eintritt des Versicherungsfalls Inhaber des gegen den Versicherer gerichteten materiell-rechtlichen Anspruchs. Dies ist insbesondere im **Insolvenzfall** bedeutsam: Wird über das Vermögen des Versicherungsnehmers das Insolvenzverfahren eröffnet, so lässt dies die Rechtsinhaberschaft des Versicherten unberührt. Umgekehrt fallen die Rechte dann, wenn der Versicherte insolvent wird, zugunsten seiner Gläubiger in die Insolvenzmasse. Hat der Versicherungsnehmer in Ausübung seiner Verfügungsbefugnis (s. Rn. 1597) einen Anspruch bereits eingezogen, so steht dem Versicherten hieran ein Aussonderungsrecht gem. § 47 InsO zu (zum gesetzlichen Treuhandverhältnis zwischen Versicherungsnehmer und Versichertem s. Rn. 1605). 1596

---

1 *Wandt*, Rn. 691.

1597 Der Versicherte kann die ihm zustehenden Rechte aber regelmäßig nicht ohne den Versicherungsnehmer geltend machen. Diese Möglichkeit hat vielmehr grundsätzlich nur der Versicherungsnehmer (§ 45 Abs. 1 VVG). Eine **Ausnahme** hiervon sieht das Gesetz in zwei Fällen vor, nämlich sofern der Versicherte im Besitz des Versicherungsscheins ist oder der Versicherungsnehmer der Geltendmachung durch den Versicherten zugestimmt hat (§ 44 Abs. 2 VVG). Da nach § 44 Abs. 1 S. 2 VVG der Anspruch auf Übermittlung des Versicherungsscheins (s. § 3 Abs. 1 VVG) dem Versicherungsnehmer und nicht dem Versicherten zusteht, ist davon auszugehen, dass ein Versicherter, der sich im Besitz des Versicherungsscheins befindet, diesen vom Versicherungsnehmer erlangt hat.

1598 Mithin fallen **Inhaberschaft** und **Verfügungsbefugnis** hinsichtlich der Rechte aus dem Versicherungsvertrag bei der Versicherung für fremde Rechnung grundsätzlich auseinander. Hintergrund dieser Regelung ist, dass der **Versicherer** etwa dann, wenn er vertragsbezogene Erklärungen abgeben möchte, nur mit seinem Vertragspartner in Kontakt treten muss und nicht mit einer unbestimmten Zahl ihm unbekannter Personen. Dies bedeutet für den Versicherer eine erhebliche Verwaltungsvereinfachung. Für den Versicherungsnehmer erweist sich die ihm durch das Gesetz verschaffte starke Rechtsposition als ein Instrument, mit dem er – je nach dem mit dem Versicherten bestehenden Innenverhältnis (s. dazu Rn. 1605) – einen gewissen Druck auf den Versicherten ausüben und diesen etwa zu vertragsgemäßem Verhalten anhalten kann.

1599 Der **Versicherungsnehmer** bleibt weiterhin Träger der Pflichten aus dem Versicherungsvertrag; er hat die gesetzlichen und vertraglichen Obliegenheiten gegenüber dem Versicherer zu erfüllen. Eine Obliegenheitsverletzung des Versicherungsnehmers kann der Versicherer grundsätzlich auch dem Versicherten entgegenhalten (vgl. aber § 123 VVG; ferner die Sondervorschriften zugunsten des geschädigten Dritten bei der Pflicht-Haftpflichtversicherung, etwa § 117 VVG).

1600 Entrichtet der Versicherungsnehmer die fällige Prämie nicht, so hat der Versicherte die Möglichkeit, durch **Zahlung** den Versicherungsschutz zu erhalten (§ 34 Abs. 1 VVG).

1601 Die relativ schwache Stellung des Versicherten kann durch vom dispositiven Gesetzesrecht der §§ 43ff. VVG abweichende **Vereinbarungen** gestärkt werden. Umgekehrt kommt es jedoch in der Praxis auch vor, dass die ohnehin schon starke Stellung des Versicherungsnehmers durch die vereinbarten AVB weiter ausgebaut wird. So ist dort bisweilen vorgesehen, dass die Verfügungsbefugnis über die Rechte aus dem Vertrag selbst dann allein dem Versicherungsnehmer zusteht, wenn der Versicherte im Besitz des Versicherungsscheins ist.

1602 **Kenntnis und Verhaltens eines Versicherten** werden – abweichend von den sonstigen Regeln – nur zugerechnet, soweit es um dessen mitversichertes Interesse geht (§ 47 Abs. 1 VVG).[2]

2 *Wandt*, Rn. 707 (mit Beispiel zur Kfz-Haftpflichtversicherung).

Beispiel: M unterhält bei Versicherer V eine Hausratversicherung. Seine Ehefrau F stellt eine Pfanne mit Öl auf den Herd und legt sich kurz hin, bis das Öl erhitzt ist. Als sie aufwacht, steht die ihr gehörende Küche in Flammen. Bei dem Brand werden neben der Küche auch der gemeinsame Fernseher sowie die Golfausrüstung des M zerstört. 1603

Bei der von M abgeschlossenen Versicherung handelt es sich, da der Hausrat eigene und fremde Sachen umfasst, um eine **kombinierte Eigen- und Fremdversicherung**. M ist als Vertragspartner des V Versicherungsnehmer, F ist hinsichtlich ihres Eigentums Versicherte (sog. **Mitversicherung**). Sie hat sich angesichts der bekanntermaßen von heißem Öl ausgehenden Brandgefahr (s. auch das Beispiel in Rn. 1192) grob fahrlässig verhalten.[3] Sofern dies nach den Regeln der Repräsentantenhaftung dem M zur Last fiele, könnte sich V ihm gegenüber auf eine zumindest teilweise Leistungsfreiheit nach § 81 Abs. 2 VVG berufen. Allerdings sind die Voraussetzungen der Repräsentantenhaftung (s. Rn. 1512ff.) in Fällen wie diesem regelmäßig nicht erfüllt.[4] Freilich muss sich ein Versicherungsnehmer nach § 47 VVG die in der **Person des Versicherten** verwirklichten Obliegenheitsverletzungen und subjektive Risikoausschlüsse zurechnen lassen.[5] Anders als bei der Repräsentantenhaftung schadet die grob fahrlässige Herbeiführung des Versicherungsfalls (§ 81 Abs. 2 VVG) aber allein der mitversicherten Person. Somit muss V den Wert der F gehörenden Küche lediglich quotal ersetzen. Bezüglich des im gemeinschaftlichen Eigentum stehenden Fernsehers ist V nur im Hinblick auf den Eigentumsanteil der F teilweise leistungsfrei. In vollem Umfang leistungspflichtig ist er hinsichtlich des Eigentumsanteils des M sowie in Bezug auf die Golfausrüstung. 1604

C. Pflichten des Versicherungsnehmers gegenüber dem Versicherten

Aus dem allgemeinen bürgerlich-rechtlichen Innenverhältnis (z.B. Auftrag, entgeltliche Geschäftsbesorgung, Dienstvertrag, GoA) von Versicherungsnehmer und Versicherten folgt regelmäßig, dass der Versicherungsnehmer den Versicherungsanspruch an den Versicherten auskehren bzw. der Einziehung durch den Versicherten **zustimmen** muss. Daneben bestehen wechselseitige Pflichten zur Auskunft. Den Ansprüchen des Versicherten kann der Versicherungsnehmer etwaige Einwendungen aus dem Innenverhältnis entgegenhalten. Die Pflicht des Versicherungsnehmers lässt sich aus einem zwischen ihm und dem Versicherten anzunehmenden ungeschriebenen **gesetzlichen Treuhandverhältnis** entnehmen.[6] Dieses Verhältnis besteht unabhängig von der Existenz schuldrechtlicher Beziehungen. 1605

---

3 OLG Hamm VersR 1994, 1464; vgl. auch OLG Oldenburg NVersZ 2000, 280, 281.
4 *Schimikowski*, Rn. 285.
5 *Prölss/Klimke*, in: Prölss/Martin § 47 Rn. 4.
6 *Prölss/Klimke*, in: Prölss/Martin, § 46 Rn. 1.

D. Besonderheiten bei der Personenversicherung

1606 Bei der **Personenversicherung** wird die Person, auf die sich der Eintritt des Versicherungsfalls bezieht, üblicherweise als **Gefahrperson** bezeichnet. Das VVG verwendet diesen Begriff freilich nicht. Vielmehr umschreibt das Gesetz in den Vorschriften zur Lebensversicherung den Fall, dass die Gefahrperson nicht mit derjenigen des Versicherungsnehmers identisch ist, mit den Worten, dass die Lebensversicherung auf die Person eines anderen genommen wird (§ 150 Abs. 1 VVG). Soll die Leistung des Versicherers einer anderen Person als dem Versicherungsnehmer zugute kommen, so spricht das Gesetz von der **Bezugsberechtigung** des Dritten (§ 159 VVG); der Dritte heißt dann Bezugsberechtigter (s. Rn. 1609).

1607 Ein wesentlicher Unterschied zu den Grundregeln der Versicherung für fremde Rechnung liegt darin, dass eine Lebensversicherung auf das Leben eines anderen es erfordert, dass jener Dritte – also die Gefahrperson – in den Vertragsschluss schriftlich einwilligt. Fehlt eine solche **Einwilligung**, so ist der Vertrag unwirksam (§ 150 Abs. 2 S. 1 VVG). Nach der auch insoweit maßgeblichen Legaldefinition in § 183 S. 1 BGB ist unter Einwilligung die vorherige, d.h. hier: vor Abschluss des Lebensversicherungsvertrags, erteilte Zustimmung zu verstehen. Ist sie nicht rechtzeitig erfolgt, so kann der Vertrag mithin durch eine Genehmigung nicht mehr „gerettet" werden; er ist vielmehr ab ovo nichtig (zur Unterscheidung zwischen Unwirksamkeit und Nichtigkeit s. Rn. 522).

1608 Eine besondere Regel sieht § 150 Abs. 3 VVG für den praktisch wichtigen Fall vor, dass ein Elternteil die Lebensversicherung auf die **Person eines minderjährigen Kindes** nimmt. Hier bedarf es nur unter bestimmten Voraussetzungen der Einwilligung durch das Kind. In solchen Fällen gibt der Gesetzgeber mithin dem Interesse an einem einfachen Vertragsschluss grundsätzlich den Vorrang gegenüber dem Schutz der Gefahrperson. Sofern die Einwilligung erforderlich ist, gilt § 150 Abs. 2 S. 2 VVG; es bedarf mithin ggf. der Bestellung eines Ergänzungspflegers gem. § 1909 BGB. Zu unterscheiden von dem in § 150 Abs. 3 VVG geregelten Fall ist derjenige, dass der Minderjährige selbst **Vertragspartner** werden soll. Dann ist gem. §§ 1643 Abs. 1, 1822 Nr. 5 BGB die familiengerichtliche Genehmigung erforderlich; liegt sie nicht vor, so ist der Vertrag schwebend unwirksam (§ 1829 BGB). Der Versicherungsnehmer kann ihn dann nach Erreichen der Volljährigkeit genehmigen (§§ 177 Abs. 1, 1643 Abs. 3, 1829 Abs. 3 BGB).[7]

---

7 *Schneider*, in: Prölss/Martin, § 150 Rn. 17.

§ 30 Sonstige Begünstigte

A. Bezugsberechtigter in der Lebens- und Unfallversicherung (§§ 159ff., 185 VVG)

Bezugsberechtigter in der Lebens- und Unfallversicherung ist ein Dritter, dem die Leistungen aus dem Versicherungsvertrag unter bestimmten Voraussetzungen zukommen soll. Dabei handelt es sich nach der Auslegungsregel des § 330 BGB regelmäßig um einen **echten Vertrag zu Gunsten Dritter.** Die Bezugsberechtigung kann sehr unterschiedlich ausgestaltet werden (s. Rn. 1961ff.). 1609

B. Realgläubiger in der Gebäudeversicherung

Nach § 1127 BGB hat der Hypothekengläubiger ein **gesetzliches Pfandrecht** an der Forderung aus dem Versicherungsvertrag. Diese Vorschrift gilt über die §§ 1192, 1199 BGB auch für Gläubiger einer Grund- oder Rentenschuld. Zur Sicherung der Rechte der Realgläubiger dient die gleichfalls für alle Gebäudeversicherungsverträge geltende Schutzvorschrift des § 94 VVG. Hinzu kommen speziell für die Gebäudefeuerversicherung die Regeln der §§ 142ff. VVG. 1610

C. Geschädigter Dritter in der Haftpflichtversicherung

Der **Geschädigte** in der Haftpflichtversicherung hat grundsätzlich keinen eigenen Anspruch gegen den Versicherer. Ausnahmen gelten in den Fällen des § 115 Abs. 1 Nr. 1–3 VVG. Praktisch bedeutsam ist darunter lediglich die Kfz-Haftpflichtversicherung. Der Geschädigte hat hier einen Direktanspruch gegen den Versicherer des für den Schaden haftbaren Schädigers. 1611

D. Erwerber der versicherten Sache (§§ 95ff. VVG)

Die Rechtsfolgen der Veräußerung einer versicherten Sache richten sich nach den §§ 95ff. VVG (zu Einzelheiten s. Rn. 1244ff.). Da sowohl der Erwerber regelmäßig an einem lückenlosen Versicherungsschutz interessiert ist als auch der Versicherer regelmäßig die Prämie weiterhin erhalten möchte, sieht das Gesetz einen **gesetzlichen Vertragseintritt** vor. Es besteht somit eine Abweichung von § 80 Abs. 2 VVG. Sofern die Vertragsparteien nicht am Vertrag festhalten wollen, räumt ihnen das Gesetz in § 96 VVG das Recht zur Kündigung ein. Es besteht eine Obliegenheit zur Anzeige der Veräußerung, deren Verletzung zur Leistungsfreiheit führen kann (§ 97 VVG). 1612

E. Eintritts- und Fortsetzungsberechtigte (§§ 170, 207 VVG)

Nach § 170 VVG steht in der Lebensversicherung namentlich bezeichneten Bezugsberechtigten (Abs. 1) sowie ersatzweise dem Ehegatten oder Lebenspart- 1613 ner sowie den Kinder des Versicherungsnehmers (Abs. 2) ein **Eintrittsrecht** zu: Sie können in den Versicherungsvertrag eintreten, wenn über den Versicherungsanspruch ein Arrest vollzogen, eine Zwangsvollstreckung vorgenommen oder wenn das Insolvenzverfahren über das Vermögen des Versicherungsnehmers eröffnet wird. Dieses Recht ist nach § 170 Abs. 3 VVG durch Anzeige an den Versicherer innerhalb eines Monats – gerechnet ab Kenntnis von der Pfändung oder der Eröffnung des Insolvenzverfahrens – auszuüben. Das Eintrittsrecht dient dem Schutz des Bezugsberechtigten. Es kann daher nicht dadurch unterlaufen werden, dass der Gläubiger des Versicherungsnehmers bereits vor Fristablauf die Bezugsberechtigung widerruft.[8]

1614 Der BGH hat die Rechtsposition des Bezugsberechtigten in jüngerer Zeit weiter gefestigt: Die zuvor umstritten gewesene Frage, ob in dem vom Gläubiger erwirkten **Pfändungs- und Überweisungsbeschluss** ein Widerruf der Bezugsberechtigung durch diesen gesehen werden kann, wurde zutreffend dahingehend entschieden, dass einem solchen Beschluss mangels entsprechenden Erklärungswerts gem. §§ 133, 157 BGB eine derartige Aussage nicht entnommen werden kann.[9] Beim Widerruf einer Bezugsberechtigung handelt es sich um eine einseitige empfangsbedürftige Willenserklärung des Versicherungsnehmers gegenüber dem Versicherer. Das Vollstreckungsgericht selbst übt die Gestaltungsrechte allerdings nicht aus, die es pfändet und an den Gläubiger überweist. Der Erlass eines Pfändungs- und Überweisungsbeschlusses stellt daher weder eine Willenserklärung stellvertretend für den Gläubiger dar, noch übermittelt das Vollstreckungsgericht Willenserklärungen des Antragstellers als Bote.[10]

1615 In der **Krankenversicherung** haben die Versicherten die Möglichkeit, nach dem Tod des Versicherungsnehmers oder bei Kündigung des Versicherungsvertrags die Fortsetzung des Versicherungsverhältnisses zu verlangen (§ 207 VVG).

8 BGH VersR 2012, 425, 426 Rn. 16.
9 BGH VersR 2012, 425, 426 Rn. 19ff.
10 BGH VersR 2012, 425, 426 Rn. 21.

8. Teil: Versicherungsverfahrensrecht

§ 31 Gerichtsstände

Literatur

Fricke, Wen oder was schützt § 215 VVG?, VersR 2009, 15; *Looschelders/Heinig*, Der Gerichtsstand am Wohnsitz oder gewöhnlichen Aufenthalt des Versicherungsnehmers nach § 215 VVG, JR 2008, 265; *Wagner*, Der richtige Gerichtsstand für Klagen des Versicherungsnehmers gegen den Versicherer nach der VVG-Reform, VersR 2009, 1589; *Wandt/Gal*, Gerichtsstandsvereinbarungen in Versicherungssachen im Anwendungsbereich des § 215 VVG, in: GS M. Wolf, 2011, S. 579.

A. Überblick

1616 Das **Verfahrensrecht** in Versicherungssachen wird auf nationaler Ebene in Deutschland durch § 215 VVG geregelt (s. Rn. 1620ff.). Auf internationaler Ebene ist insbesondere die EuGVVO (s. Rn. 1617ff.) zu beachten. Zudem enthält § 216 VVG eine international-verfahrensrechtliche Vorschrift zur Prozessstandschaft bei Versicherermehrheit; sie bezieht sich auf die internationale, in London ansässige Versicherungsbörse Lloyds. Im Verhältnis der nationalen und der internationalen Regeln sind letztere vorrangig. Dies ist deshalb praktisch besonders bedeutsam, weil die Anwendbarkeit der EuGVVO nach teils vertretener Ansicht keinen grenzüberschreitenden Bezug des Rechtsstreits voraussetzt (s. Rn. 1618). Gegenüber den durch sie angeordneten Gerichtsständen verbleibt für § 215 VVG nur ein sehr begrenzter Anwendungsbereich.[1] Im Folgenden wird daher zunächst die EuGVVO behandelt.

B. Gerichtsstände nach der EuGVVO

1617 Die bedeutsamste internationale Regelung zur Gerichtszuständigkeit ist die **Verordnung** über die gerichtliche Zuständigkeit und die Anerkennung und Vollstreckung von Entscheidungen in Zivil- und Handelssachen (**EuGVVO; „Brüssel I"**).[2] Diese Verordnung gilt seit dem 1.3.2002 unmittelbar in den EU-Mitgliedstaaten (Art. 79 EuGVVO), mittlerweile auch in Dänemark. Die EuGVVO ersetzt weitestgehend das Europäische Gerichtsstands- und Vollstreckungsübereinkommen **(EuGVÜ)** von 1968. Ergänzend gilt ferner das Luganer Übereinkommen vom 30.10.2007 über die gerichtliche Zuständigkeit und die

---

1 *Reiff*, in: FS Birk, 2008, S. 703, 716; *Wandt*, Rn. 172.
2 Verordnung (EG) Nr. 44/2001, ABl. EG 2001 Nr. L 12, S. 1.

Vollstreckung gerichtlicher Entscheidungen in Zivil- und Handelssachen **(LuGÜ II)**. Während es für die EU, Dänemark und Norwegen am 1.1.2010 in Kraft getreten ist, gilt es für die Schweiz seit dem 1.1.2011 und für Island seit dem 1.5.2011. Alle drei Regelungswerke sind inhaltlich weitgehend identisch.

1618 Die EuGVVO ist anwendbar, wenn der Beklagte seinen Sitz in einem der Mitgliedstaaten hat. Streit besteht darüber, ob zusätzlich als ungeschriebene Voraussetzung erforderlich ist, dass der Gegenstand des Gerichtsverfahrens einen **grenzüberschreitenden Bezug** aufweist. Dies wird teils bejaht, um die nationalen Regeln nicht übermäßig einzuschränken.[3] Andererseits spricht für eine Erstreckung auf reine Binnensachverhalte, dass auf diese Weise eine größere Rechtsvereinheitlichung erzielt wird.

1619 Die Art. 8–14 EuGVVO enthalten Regeln über die Gerichtszuständigkeiten in Versicherungssachen. Demnach hat der Kläger bei einer **gegen den Versicherer** gerichteten Klage die Wahl zwischen mehreren Gerichtsständen, nämlich im Wesentlichen seinem eigenen (Wohn-)Sitz und dem des Versicherers: Der **Versicherer** kann in dem Mitgliedstaat verklagt werden, in dem er seinen Sitz hat (Art. 9 Abs. 1 lit. a EuGVVO). Alternativ kann der Kläger, wenn es sich um einen **Versicherungsnehmer**, Versicherten oder aus dem Versicherungsvertrag Begünstigten handelt, auch an seinem eigenen Sitz klagen (Art. 9 Abs. 1 lit. b EuGVVO). Hinzu kommen einige besondere Gerichtsstände. So kann etwa aus einer Haftpflichtversicherung oder einer auf Grundstücke bezogenen Versicherung grds. vor dem Gericht am Ort des Schadenseintritts geklagt werden (Art. 10 EuGVVO). Sofern ein Geschädigter in der Haftpflichtversicherung die sog. Direktklage gegen den Versicherer erheben kann (s. dazu für Deutschland Rn. 1740), stehen ihm gleichfalls im Wesentlichen die Gerichtsstände der Art. 9, 10 EuGVVO wahlweise offen. Sofern es hingegen um **Klagen des Versicherers** geht, ist grundsätzlich allein der Gerichtsstand am Sitz des Versicherungsnehmers, Versicherten oder Begünstigten eröffnet (Art. 12 Abs. 1 EuGVVO). Abweichungen von den genannten und einigen weiteren, spezielle Fälle betreffenden Regeln durch eine **Gerichtsstandsvereinbarung** sind nur unter strengen Voraussetzungen möglich (s. näher Art. 13, 14 EuGVVO).

C. Zuständigkeitsregel des § 215 VVG

1620 Im Zuge der VVG-Reform ist mit § 215 erstmals eine verfahrensrechtliche Zuständigkeitsregel ins VVG aufgenommen worden. Diese Vorschrift bringt dem **Versicherungsnehmer** zwei wesentliche Erleichterungen: Nach Abs. 1 S. 1 kann er Klagen aus dem Versicherungsvertrag oder aus der Versicherungsvermittlung alternativ zum allgemeinen Gerichtsstand am Sitz des **beklagten Versicherers** oder Vermittlers (§§ 12, 17 ZPO) wahlweise auch am Ort desjenigen Gerichts erheben, in dessen Bezirk er bei Klageerhebung seinen Wohnsitz hat. Die Vorschrift begründet somit einen alternativen Gerichtsstand am **Wohnsitz**

---

3 *Gottwald*, in: MünchKomm-ZPO, 3. Aufl. 2008, EuGVVO Vorbem. Rn. 26.

des Versicherungsnehmers. Abs. 1 S. 2 bestimmt zudem, dass für **gegen den Versicherungsnehmer** gerichtete Klagen allein das Gericht an seinem Wohnsitz zuständig ist (ausschließlicher Gerichtsstand). Der Sinn und Zweck der Regelung besteht nach dem Willen des Gesetzgebers in einer Stärkung des Verbrauchers auch durch „prozessuale[n] Rechtsschutz".[4] Dem Versicherungsnehmer soll einerseits eine wohnortnahe Klagemöglichkeit eingeräumt, andererseits soll er vor einer wohnortfernen Inanspruchnahme geschützt werden.

In der Vorschrift des § 215 VVG ist allein vom Versicherungsnehmer die Rede. Dies führt zu der Frage, ob die Norm bei einer Fremdversicherung auch zugunsten des **Versicherten** anwendbar ist. 1621

Beispiel:[5] A bucht eine Reise nach Namibia. Im Buchungsformular ist ein Hinweis auf eine „für jeden Teilnehmer abgeschlossene Reiserücktrittskosten-Versicherung" enthalten. Als A kurz vor dem Beginn der Reise erkrankt, bleibt er zu Hause. Nunmehr erhebt A an seinem Wohnsitz gegen den Versicherer V Klage auf Rückzahlung des Reisepreises von 7.000 €. 1621a

Das LG hat die Klage wegen fehlender örtlicher Zuständigkeit als unzulässig abgewiesen. Dem folgt das OLG Oldenburg zu Recht nicht. § 215 Abs. 1 VVG ist nämlich analog auch auf Versicherte anzuwenden. Zur Begründung führt das OLG an, dass es sich um eine **planwidrige Regelungslücke** handele. Dem Versicherungskunden sei jedenfalls dann, wenn er Verbraucher ist, der Unterschied zwischen Versicherungsnehmer und Versichertem nicht bewusst; zudem könne er auf seine Stellung keinen Einfluss nehmen. Man kann dieses zutreffende Ergebnis freilich auch mit der Erwägung begründen, dass der Gesetzgeber von der **Eigenversicherung als dem Regelfall** ausgeht und überall dort, wo es um die Rechtsstellung des Versicherten bei einer Fremdversicherung geht, eine Erstreckung der jeweiligen Vorschrift auf ihn nahe liegt. Besonders deutlich wird dies bei der Regressnorm des § 86 Abs. 1 VVG (s. dazu Rn. 72). 1621b

Obwohl die Vorschrift den **Verbraucherschutz** bezweckt, sieht ihr Wortlaut keine Einschränkung des persönlichen Schutzbereichs vor. Erfasst werden vielmehr alle Versicherungsnehmer, mithin auch **Unternehmer** i.S. von § 14 BGB. Eine teleologische Reduktion der Vorschrift auf Verbraucher ist nicht angezeigt.[6] Denn aus den Gesetzgebungsmaterialien geht zwar hervor, dass die Rechte der Verbraucher gestärkt werden, keineswegs jedoch, dass *ausschließlich* Verbraucher von der Neuregelung profitieren sollten, nicht aber auch sonstige Versicherungsnehmer, wie dies der eindeutige Wortlaut anordnet.[7] 1622

Erforderlich ist nach dem ausdrücklichen Wortlaut eine Klage **„aus dem Versicherungsverhältnis"**. Hierzu gehört nicht die Geltendmachung des Direkt- 1623

4 BT-Drs. 16/3945, S. 117.

5 Nach OLG Oldenburg r+s 2012, 329.

6 Looschelders, in: MünchKomm-VVG, § 215 Rn. 8; dafür aber *Grote/Schneider*, BB 2007, 2701; HK-VVG/*Muschner*, § 215 Rn. 4.

7 So auch *Klimke*, in: Prölss/Martin, § 215 Rn. 1.

anspruchs durch den Geschädigten nach § 115 VVG, da es sich dabei um einen gesetzlichen Anspruch handelt.[8]

1624 Die Neuregelung in § 215 Abs. 1 VVG bietet ein anschauliches Beispiel für die Probleme, die eine Rechtsänderung im Hinblick auf sog. **Altverträge** aufwirft, wenn es an einer eindeutigen Übergangsvorschrift fehlt. Altverträge sind in diesem Kontext, da es um die VVG-Reform geht, alle diejenigen Versicherungsverträge, die vor Inkrafttreten der Reform am 1.1.2008 abgeschlossen worden sind. Die Frage, inwieweit § 215 VVG auf Klagen aus solchen Verträgen anwendbar ist, hat nur für eine Übergangszeit Bedeutung; sie wird sich gewissermaßen durch Zeitablauf erledigen. Zu dieser Frage haben die Oberlandesgerichte im Wesentlichen drei unterschiedliche Auffassungen vertreten. Teils wird die Neuregelung bereits für Klagen ab dem 1.1.2008 uneingeschränkt angewandt.[9] Andere Obergerichte sehen den 1.1.2009 als maßgeblichen Stichtag an.[10] Schließlich wird vertreten, dass § 215 VVG bei Altverträgen und Eintritt des Versicherungsfalls bis zum 31.12.2008 unabhängig vom Datum der Klageerhebung nicht anwendbar sei.[11] Die Lösung hängt von der Auslegung des Art. 1 EGVVG ab, der übergangsrechtliche Fragen regelt. Demnach gilt der Grundsatz, dass auf Altverträge bis zum 31.12.2008 das VVG in seiner früheren Fassung Anwendung findet. Ausnahmen enthalten Art. 1 Abs. 2 und Art. 2 – 6 EGVVG. Soweit die Obergerichte den 1.1.2009 für maßgeblich halten, stützen sie sich darauf, dass es an einer spezielleren Vorschrift zum zeitlichen Anwendungsbereich des § 215 VVG fehle. Infolgedessen verbleibe es bei der gesetzgeberischen Grundentscheidung aus Art. 1 Abs. 1 EGVVG. Soweit hingegen die Anwendung des § 215 VVG bereits ab dem 1.1.2008 befürwortet wird, wird dies darauf gestützt, dass Art. 1 Abs. 1 EGVVG seinem Wortlaut nach eine Rechtsnorm voraussetze, die auf ein Versicherungsverhältnis anwendbar sei. Hieraus folge, dass die betreffende Vorschrift die rechtlichen Beziehungen zwischen Versicherer und Versicherungsnehmer regeln müsse. Eine Vorschrift, die – wie § 48 VVG a.F. und § 215 VVG n.F. – den Gerichtsstand regele, berühre jedoch nicht das Versicherungsverhältnis. Für das Prozessrechtsverhältnis gelte der Grundsatz des intertemporalen Verfahrensrechts.

1625 § 215 Abs. 3 VVG lässt in engen Grenzen eine **Gerichtsstandsvereinbarung** zu. Es handelt sich um eine Ausnahme von § 40 Abs. 2 Nr. 2 ZPO, der bei ausschließlichen Gerichtsständen Gerichtsstandsvereinbarungen für unzulässig er-

---

8 *Klimke*, in: Prölss/Martin, § 215 Rn. 5; *Looschelders*, in: MünchKomm-VVG, § 215 Rn. 37, 27; a.A. *Fricke*, VersR 2009, 15.

9 OLG Saarbrücken VersR 2008, 1337; OLG Frankfurt r+s 2010, 140, 141; OLG Koblenz VersR 2010, 1356; *Looschelders*, in: MünchKomm-VVG, § 215 Rn. 40.

10 *Klimke*, in: Prölss/Martin, § 215 Rn. 2; OLG Hamburg VersR 2009, 531; OLG Köln VersR 2009, 1347; OLG Rostock, Beschl. v. 15.4.2010 – 5 W 179/09 (juris) = BeckRS 2010, 17381.

11 OLG Naumburg, VersR 2010, 374, 375; OLG Nürnberg VersR 2010, 935; OLG Hamm VersR 2011, 1293, 1294; s. auch OLG Stuttgart VersR 2009, 246 (betr. Klage wegen Falschberatung durch Makler; auf Vertragsverhältnisse, die vor dem 1.1.2008 entstanden sind, sei § 215 VVG nicht anwendbar).

klärt. Eine Verlegung von Wohnsitz oder gewöhnlichem Aufenthalt ins Ausland setzt voraus, dass die Änderung auf einem ernsthaften Entschluss des Versicherungsnehmers beruht und auf Dauer angelegt ist. Dadurch wird es dem Versicherer (oder Vermittler) ermöglicht, sich davor zu schützen, dass seine Rechtsverfolgung erschwert wird.

§ 32 Beweisregeln

Literatur

Hansen, Beweislast und Beweiswürdigung im Versicherungsrecht, 1990; *Pohlmann,* Beweislast im Versicherungsrecht, in: E. Lorenz (Hrsg.), Karlsruher Forum 2008: Beweislast, S. 55ff.; *dies.*, Beweislast für das Verschulden des Versicherungsnehmers bei Obliegenheitsverletzungen, VersR 2009, 437; *Prölss,* in: Baumgärtel, Handbuch der Beweislast in Privatrecht, Band V: Versicherungsrecht, 1993; *Römer,* Zur Beweislastverteilung bei Ansprüchen aus dem Versicherungsvertrag, r+s 2001, 45; *Zopfs,* Der Beweis des Versicherungsfalls, VersR 1993, 140.

A. Grundregeln

Grundsätzlich bestehen im Versicherungsrecht keine Besonderheiten gegenüber den allgemeinen Regeln des Zivilprozessrechts. Mithin tragen die Prozessparteien für streitige, entscheidungserhebliche Tatsachen die **formelle** Beweislast, also die Last, den Beweis führen zu müssen, und die **materielle** Beweislast, also das Risiko den Prozess zu verlieren, wenn die Tatsache vom Gericht nicht festgestellt werden kann. 1626

Für die Frage, wie sich die Beweislast auf die Parteien **verteilt**, kann häufig die ungeschriebene **Faustregel** herangezogen werden, dass jede Partei die tatsächlichen Voraussetzungen derjenigen (vertraglichen oder gesetzlichen) Regelung zu beweisen hat, auf die sie sich im Prozess beruft.[12] Dies werden regelmäßig nur solche Regelungen sein, aus denen sich für die Partei eine günstige Rechtsfolge herleiten lässt. Dementsprechend trägt der Anspruchsteller die Beweislast für die rechtsbegründenden Tatsachen. Hingegen hat rechtshindernde, -vernichtende und -hemmende Tatsachen zu beweisen, wer sich auf sie beruft. 1627

Die in Rn. 1627 genannte Faustregel gilt freilich nur, sofern sich aus einer wirksamen Vereinbarung oder aus dem Gesetz nichts Abweichendes ergibt. In den Grenzen des nach den allgemeinen Regeln (insbesondere: § 138 Abs. 1 BGB) und vor allem nach den §§ 307ff. BGB Zulässigen können die Parteien eine vom dispositiven Gesetzesrecht abweichende Beweislastverteilung **vereinbaren**. Sofern dies in AVB geschieht, sind namentlich die Grenzen des § 309 Nr. 12 BGB zu beachten. Demnach darf der Versicherer in den von ihm verwendeten AVB die Beweislast nicht zum Nachteil des Versicherungsnehmers 1628

---

12 BGH VersR 2002, 1089, 1090.

ändern, insbesondere indem er ihm die Beweislast für Umstände im Verantwortungsbereich des Versicherers auferlegt oder ihn bestimmte Tatsachen bestätigen lässt.

1629 Im **Gesetz** wird bisweilen ausdrücklich angeordnet, wer für eine bestimmte Tatsache die Beweislast zu tragen hat (s. etwa § 28 Abs. 2 S. 2 Halbs. 2 VVG). Häufig ergibt sich hingegen erst aus der Formulierung und/oder aus der Systematik (Regel-Ausnahme-Verhältnis) des Gesetzes, wie die Beweislast verteilt ist.

1630 **Beispiel:** Die Wendung „es sei denn ...“ in § 28 Abs. 1 a.E. bezweckt es, dem Versicherungsnehmer die Obliegenheit zuzuordnen, dass er fehlendes Verschulden in Gestalt von Vorsatz oder grober Fahrlässigkeit nachweist. Gelingt ihm dieser Nachweis nicht, so ist im Rahmen von § 28 Abs. 1 VVG davon auszugehen, dass ein solches Verschulden vorliegt. Insofern lässt sich die Faustregel (s. Rn. 1627) anwenden, indem man sie auf die einzelnen Satzteile jener Norm bezieht: Die in § 28 Abs. 1 VVG für eine Kündigung durch den Versicherer genannte Voraussetzung, dass der Versicherungsnehmer eine vertragliche Obliegenheit verletzt hat, muss der Versicherer beweisen, da er sich auf diesen Teil der Regelung beruft. Hingegen wird der Versicherungsnehmer bestrebt sein, die Kündigung abzuwenden; hierfür macht er den mit „es sei denn“ beginnenden Satzteil geltend, so dass er für die Voraussetzung der Ausnahme beweispflichtig ist.

B. Einzelfälle

1631 **Einzelfälle zur Beweislast des Versicherungsnehmers:** Aufgrund der Faustregel obliegt es grundsätzlich dem Versicherungsnehmer, den **Eintritt des Versicherungsfalls** zu beweisen.[13] Eine Ausnahme gilt für die Allgefahrenversicherung (zu ihr s. auch Rn. 1229ff.). Hier genügt es, wenn der Versicherungsnehmer nachweist, dass der Schaden während des versicherten Zeitraums eingetreten ist. Dem Versicherer obliegt es sodann nachzuweisen, dass sich eine nicht versicherte Gefahr verwirklicht hat.[14] Auch das Vorliegen einer **Gegenausnahme zu einem Risikoausschluss** muss der Versicherungsnehmer beweisen.[15] In der Schadensversicherung obliegt es dem Versicherungsnehmer zudem, den Eintritt eines Schadens und dessen Höhe nachzuweisen.

1632 **Einzelfälle zur Beweislast des Versicherers:** Der Versicherer trägt grundsätzlich die Beweislast für das Eingreifen eines **objektiven Risikoausschlusses.**[16] Dasselbe gilt, wenn er behauptet, der Eintritt des Versicherungsfalls beruhe auf Vorsatz oder grober Fahrlässigkeit des Versicherungsnehmers i.S. von

---

13 St. Rspr.; s. nur BGH VersR 1994, 1185.

14 OLG Hamburg VersR 1991, 544, 545; VersRHdb./*Heiss*, § 38 Rn. 154; a.A. offenbar BGH VersR 2011, 918, 921 – Heros I.

15 VersRHdb./*v.Rintelen*, § 23 Rn. 83; *Hansen*, Beweislast, S. 76; a.A. Baumgärtel/*Prölss*, § 49 Rn. 42: Sachgrund erforderlich.

16 BGHZ 159, 360, 369 = VersR 2004, 1039, 1041; *Römer*, r+s 2001, 45.

§ 81 VVG. Auch für den objektiven Tatbestand einer Obliegenheitsverletzung, für den Eintritt einer Gefahrerhöhung oder die Berechtigung zur Prämienerhöhung trägt der Versicherer die Beweislast.

Wer eine Leistung nach § 812 Abs. 1 S. 1 Fall 1 BGB in einem **Rückforderungsprozess** herausverlangt, muss nach allgemeinen Grundsätzen die Tatbestandsvoraussetzungen jener Norm nachweisen. Fordert eine Partei das von ihr bereits Geleistete zurück, so trifft sie mithin die Beweislast. Praktisch bedeutsam ist dies insbesondere dann, wenn der Versicherer bereits gezahlt hat und nun feststellt, dass die Voraussetzungen seiner Leistungspflicht gar nicht bestanden. Der Versicherer hat dann, je nachdem, worauf er sich beruft, beispielsweise zu beweisen, dass kein wirksamer Versicherungsvertrag besteht oder dass der Versicherungsfall – etwa weil die Voraussetzungen eines Risikoausschlusses erfüllt sind – nicht eingetreten ist. Umgekehrt hat der Versicherungsnehmer, der seine Prämien zurückverlangt, zu beweisen, dass kein Vertrag besteht oder dass er das ihm gem. § 8 VVG zustehende Widerrufsrecht fristgerecht ausgeübt hat.[17] 1633

Die Beweislast zur **Quotelung** richtet sich nach besonderen Regeln (s. Rn. 381 ff.). Zur Beweiswirkung des **Versicherungsscheins** s. Rn. 936. 1634

C. Beweiserleichterungen

In bestimmten Fällen kommen einer oder beiden Parteien gewisse **Beweiserleichterungen** zugute. Unter den allgemeinen Regeln spielt insoweit der **Anscheinsbeweis** im Versicherungsrecht eine bedeutsame Rolle (s. auch Rn. 893). Ein typischer Geschehensablauf kann hier insbesondere den Schluss darauf zulassen, dass ein **bestimmter Kausalzusammenhang** vorliegt. Ein Anscheinsbeweis greift ein, wenn ein Sachverhalt feststeht, der nach der allgemeinen Lebenserfahrung auf eine bestimmte Ursache oder auf einen bestimmten Ablauf als maßgeblich für den Eintritt eines bestimmten Erfolges hinweist. Demzufolge kann der Anscheinsbeweis sowohl für den Versicherungsnehmer als auch für den Versicherer eingreifen, sofern nur für seine Behauptung ein überzeugungskräftiger Satz der Lebenserfahrung aufgrund eines typischen Geschehensablaufes spricht. Freilich lehnt die Rechtsprechung es zu Recht ab, einen Anscheinsbeweis für individuelle **Willensentschließungen**, namentlich für Vorsatz, anzunehmen.[18] Dies schließt freilich einen Indizienbeweis für individuelle Willensentschließungen anhand der Besonderheiten des Falles nicht aus. 1635

Beispiel:[19] Versicherungsnehmer A hat bei V eine Unfallversicherung abgeschlossen. Vereinbarungsgemäß sind im Fall seines unfallbedingten Todes 15.000 € an seine Erben zu zahlen. Zwei Jahre nach Vertragsschluss stirbt A 19jährig an inneren Blutungen als Folgen eines aufgesetzten Schusses ins Herz 1636

17 KG VersR 1985, 677.
18 BGHZ 104, 256, 259 = VersR 1988, 683, 684; BGH VersR 1990, 894.
19 Nach BGHZ 100, 214 = VersR 1987, 503.

mit einem Kleinkalibergewehr. Es steht fest, dass A den Schuss selbst abgegeben hat. V verweigert die Auszahlung der Versicherungssumme, weil A Suizid begangen habe.

1637 V war hier nach § 161 Abs. 1 VVG leistungsfrei, wenn es sich bei dem Tod tatsächlich um einen Suizid und nicht um einen Unfall handelte. Der BGH lehnt zutreffend einen Anscheinsbeweis ab. Der Freitod eines Menschen hängt nämlich meist so sehr von seinen besonderen Lebensumständen, seiner Persönlichkeitsstruktur und Gemütslage, aber auch von seiner subjektiven Sicht seiner Situation, ab, dass man nicht von einem **typischen Geschehensablauf** ausgehen kann.

1638 Freilich sind **eindeutige Todesumstände** denkbar, die als Indizien dafür ausreichen, einen Selbsttötungsvorsatz anzunehmen. Der BGH führt als Beispiele das Erhängen ohne Fremdeinwirkung oder Harakiri an. Da solche Indizien in dem Beispielsfall von Rn. 1636 nicht vorliegen, ist V leistungspflichtig.

1639 Besondere Beweiserleichterungen gelten dann, wenn der Versicherungsfall in einer Sachentwendung liegt, wie insbesondere in der Kfz-Diebstahlsversicherung oder der Hausratversicherung. Der Versicherungsnehmer muss hier grundsätzlich nur eine **hinreichende Wahrscheinlichkeit** dafür dartun, dass es zu einer vom Versicherungsschutz umfassten Entwendung gekommen ist. Gelingt ihm dies, so braucht der Versicherer lediglich die **ernsthafte Wahrscheinlichkeit** dafür nachzuweisen, dass die versicherte Entwendung nicht stattgefunden hat, insbesondere dass sie vorgetäuscht war. Besondere Bedeutung hat diese Beweiserleichterung hinsichtlich eines Diebstahls in der **Hausratversicherung**. Der BGH lässt es insoweit genügen, dass der Versicherungsnehmer das **äußere Bild** einer bedingungsgemäßen Entwendung i.S. eines Vollbeweises beweist. Dies umfasst „ein Mindestmaß an Tatsachen, die nach der Lebenserfahrung mit hinreichender Wahrscheinlichkeit den Schluss auf die Entwendung zulassen“[20]. Zu diesem Minimum zählt, dass die als gestohlen gemeldeten Sachen sich vor dem behaupteten Diebstahl am angegeben Ort befunden haben und dass sie danach nicht mehr aufzufinden waren. Zudem ist das Vorliegen von Einbruchsspuren nachzuweisen, sofern nicht ein versicherter Diebstahl ohne Einbruch (z.B. mittels Nachschlüssel oder wenn der Täter sich im Gebäude verborgen hatte) in Betracht kommt.

1640 Sofern die das äußere Bild prägenden Tatsachen bewiesen sind, obliegt es dem Versicherer, das sich daraus ergebende äußere Bild des Diebstahls zu **erschüttern.**

1641 Gelingt es dem Versicherer nicht, das äußere Bild des Diebstahls zu erschüttern, so kann das Gericht hinsichtlich der Schadenshöhe das **Beweismaß des § 287 ZPO** heranziehen, d.h. den Schaden nach freier Überzeugung schätzen.

1642 Über die Frage, wann das **äußere Bild** des Diebstahls bewiesen und wann es erschüttert ist, wird in der Praxis viel gestritten.

20 St. Rspr.; BGH VersR 1987, 146; VersR 2007, 102 Rn. 14.

Beispiel:[21] Versicherungsnehmer A zeigt seinem Hausratversicherer V einen Einbruchdiebstahl an. Während seiner Urlaubsanwesenheit sei ihm ein Tresor (Wert: 7.355,63 €) entwendet worden, in dem sich Schmuck im Wert von 49.385,83 € sowie Bargeld in Höhe von 13.480 € befunden hätten. Unstreitig befinden sich an der Wohnungseingangstür typische Einbruchspuren. V wendet ein, A habe den Einbruchdiebstahl vorgetäuscht. Der schwere Tresor habe nicht aus der Wohnung abtransportiert werden können, ohne dass die Mitbewohner dies bemerkt hätten. Zudem sei A zum Ankauf so wertvollen Schmucks wirtschaftlich gar nicht in der Lage gewesen. 1643

Der BGH sieht hier das äußere Bild des behaupteten Diebstahls hinsichtlich des Tresors als solchem als erwiesen an, da es Einbruchspuren gab und der Tresor zunächst vorhanden und anschließend unauffindbar gewesen ist. Allerdings müsse A den Vollbeweis auch im Hinblick auf den **Inhalt** des Tresors führen, d.h. darüber, dass jedenfalls Sachen vorhanden waren, die der angegebenen Menge in etwa entsprechen. Allein die Tatsache, dass der Tresor entwendet worden ist, lasse nicht mit hinreichender Wahrscheinlichkeit den Schluss darauf zu, dass sich vor dem Diebstahl die später als gestohlen gemeldeten Gegenstände darin befunden haben. 1644

D. Geltendmachung von Einwendungen

Zu unterscheiden von der Beweislastverteilung ist die Frage, ob der Versicherer sich im Prozess auf Einwendungen i.w.S., insbesondere auf **Ausschluss- oder Verwirkungstatbestände,** ausdrücklich **berufen muss**. Der BGH nimmt dies zumindest für Obliegenheitsverletzungen an. Die Rechte aus einer Obliegenheitsverletzung stehen danach zur Disposition des Versicherers, weil die Verwirkungsregelung allein seinem Interesse dient.[22] Dem wird teils entgegengehalten, dass die Leistungsfreiheit von selbst (eo ipso) eintritt und bei Kenntnis des Gerichts von den tatsächlichen Grundlagen von Amts wegen zu beachten ist.[23] Dies gilt auch für den subjektiven Risikoausschluss des § 81 Abs. 1 VVG (zu ihm s. Rn. 1190). Dagegen lässt sich nicht einwenden, dass ein Versicherer im Sinne einer kundenfreundlichen Regulierungspraxis keineswegs stets daran interessiert ist, dass das Gericht von sich aus auf § 81 Abs. 1 VVG eingeht.[24] Auch die Erwägung, das auf gegenseitige Rücksichtnahme angelegte Vertrauensverhältnis zwischen Versicherer und Versicherungsnehmer (s. zum Kooperationsgebot Rn. 245ff.) vertrage sich nicht mit einer generellen Leistungsfreiheit auch bei geringfügigen Verstößen,[25] steht einer eo ipso-Wirkung nicht entgegen. 1645

21 Nach BGH VersR 2007, 102.
22 BGH VersR 1974, 689, 690; VersR 1990, 384f.; *Kessal-Wulf*, in: Homburger Tage 2006, S. 41, 58.
23 *Prölss*, in: Prölss/Martin, § 28 Rn. 108.
24 VersRHdb./*v. Rintelen*, § 23 Rn. 92.
25 *Kessal-Wulf*, in: Homburger Tage 2006, S. 41, 58.

Es bleibt dem Versicherer nämlich unbenommen, aus einem Ausschlusstatbestand keine Folgerungen zu ziehen und dies ggf. ausdrücklich gegenüber dem Versicherungsnehmer klarzustellen. In diesem Fall ist auch das Gericht an den darin liegenden **Verzicht** gebunden, sofern nicht ausnahmsweise aus dem Verhalten des Versicherungsnehmers zu schließen ist, dass er die Vergünstigung zurückweist (vgl. auch § 397 Abs. 1 BGB). Die vorstehenden Erwägungen lassen sich freilich auf die ausdrücklich als **Leistungskürzungsrecht** ausgestalteten Quotelungsregelungen nicht übertragen (s. Rn. 384).

9. Teil: Einzelne Versicherungszweige

Im Folgenden sollen einige praktisch bedeutsame Versicherungszweige mit den sie jeweils prägenden Besonderheiten vorgestellt werden. Einen Überblick über wichtige Versicherungszweige geben bereits die einzelnen **Kapitel des 2. Teils des VVG**: Haftpflicht-, Rechtsschutz-, Transport-, Gebäudefeuer-, Lebens-, Berufsunfähigkeits-, Unfall- und Krankenversicherung. Daneben gibt es aber auch ungeregelte Versicherungszweige, wie die Kreditausfallversicherung. Diese einzelnen Versicherungszweige untergliedern sich wiederum in mehrere hundert verschiedene Versicherungsarten, wobei vielfältige Kombinationen auftreten (s. auch Rn. 977ff. zur Koppelung, Bündelung und Kombination von Risiken). Die Herausbildung der einzelnen Versicherungsarten ist weniger von systematischen als von **marktbezogenen** Gesichtspunkten geprägt. Dies gilt umso mehr, als es keinen Typenzwang gibt (s. Rn. 77ff., 85). 1646

§ 33 Haftpflichtversicherung

Literatur

Armbrüster, Auswirkungen von Versicherungsschutz auf die Haftung, NJW 2009, 187; *ders.*, Prozessuale Besonderheiten in der Haftpflichtversicherung, r+s 2010, 441–458; *von Bar*, Das Trennungsprinzip und die Geschichte des Wandels der Haftpflichtversicherung, AcP 1981, 289; *Baumann*, Die Überwindung des Trennungsprinzips durch das Verbot des Abtretungsverbots in der Haftpflichtversicherung, VersR 2010, 984; *Drewitz*, Der Grundsatz: Die Versicherung folgt der Haftung, 1977; *Felsch*, Die Rechtsprechung des BGH zum Versicherungsrecht – Haftpflichtversicherung und Sachversicherung, r+s 2000, 265; *Harsdorf-Gebhardt*, Die Rechtsprechung des Bundesgerichtshofs zur Haftpflichtversicherung, r+s 2012, 261; *Koch*, Der Direktanspruch in der Haftpflichtversicherung, r+s 2009, 133; *Lange*, Das Zusammenspiel von Anerkenntnis und Abtretung in der Haftpflichtversicherung nach der VVG-Reform, r+s 2007, 401; *ders.*, Die Rechtsstellung des Haftpflichtversicherers nach der Abtretung des Freistellungsanspruchs vom Versicherungsnehmer an den geschädigten Dritten, VersR 2008, 713; *Langheid*, Nach der Reform: Neue Entwicklungen in der Haftpflichtversicherung, VersR 2009, 1043; *v. Rintelen*, Die Fälligkeit und Durchsetzbarkeit des abgetretenen Freistellungsanspruchs in der Haftpflichtversicherung, r+s 2010, 133; *Schimikowski*, Die Rechtsfolgen der Verletzung vertraglicher Obliegenheiten in der Allgemeinen Haftpflichtversicherung nach dem neuen VVG, VersR 2009, 1304; *Schlegelmilch*, Die Bindungswirkung in der Haftpflichtversicherung, VersR 2009, 1467; *Schramm/Wolf*, Das Abtretungsverbot nach der VVG-Reform, r+s 2009, 358; *Seybold/Wendt*, Schafft Deckung doch Haftung? – Eine Erinnerung an das Trennungsprinzip, VersR 2009, 455; *Stresemann*, Bereicherungsrechtliche Rückabwicklung bei zu Unrecht vom Haftpflichtversicherer erbrachten Leistungen, 1993.

A. Zweck der Haftpflichtversicherung

1647 Die Haftpflichtversicherung soll den Versicherungsnehmer von dem Risiko entlasten, dass sein Vermögen mit **Haftpflichtansprüchen Dritter** belastet wird. Derartige Belastungen können dem Versicherungsnehmer in verschiedenen Bereichen drohen, die von unterschiedlichen Arten von Haftpflichtversicherungen erfasst werden. Für die Gefahren des Kfz-Verkehrs existiert eine Kfz-Haftpflichtversicherung, für die berufliche oder private Tätigkeit eine Berufs- oder Privathaftpflichtversicherung. Diese Aufzählung lässt sich fortsetzen; so gehört beispielsweise auch die D&O- (Directors and Officers) Versicherung zum Versicherungszweig der Haftpflichtversicherung (s. Rn. 1749ff.). In allen Fällen trägt der Versicherer – wirtschaftlich betrachtet – das **Haftpflicht-** und überdies das **Prozessrisiko**.

1648 Neben dieser wirtschaftlichen Aufgabe der individuellen Plansicherung für den Versicherungsnehmer kommt der Haftpflichtversicherung auch eine **soziale Bedeutung** zu. Besonders deutlich ausgeprägt ist diese in den Fällen der Pflichtversicherung, die normativ nicht nur den Versicherungsnehmer schützt, sondern auch und sogar in erster Linie dem Schutz des Geschädigten dient. Die soziale Funktion spielt aber auch im Rahmen der freiwilligen Haftpflichtversicherung eine Rolle. Dies zeigt sich anhand einzelner Schutzvorschriften zu Gunsten des Geschädigten (vgl. §§ 108–110 VVG). Darüber hinaus entfaltet die freiwillige Haftpflichtversicherung jedenfalls dadurch eine faktische Schutzwirkung für den Geschädigten, dass sie ihm einen liquiden Leistungserbringer – im Verhältnis zum Dritten freilich meist nicht auch: Schuldner – verschafft. Der geschädigte Dritte würde in vielen Fällen gerade bei erheblichen wirtschaftlichen Schäden seine Forderung gegenüber dem oftmals nur beschränkt solventen Schuldner nicht realisieren können. Dieses Risiko wird dann erheblich reduziert, wenn eine Haftpflichtversicherung besteht.

B. Haftpflichtversicherung als Schadensversicherung

1649 Die Haftpflichtversicherung ist eine **Schadensversicherung**, da die Leistungspflicht des Versicherers nicht in der Auszahlung einer abstrakten, festen Summe besteht, sondern in der Übernahme einer konkreten Belastung. Folglich sind die allgemeinen Vorschriften der §§ 74ff. VVG zur Schadensversicherung – sofern keine Spezialregelung nach §§ 100ff. VVG oder den AVB eingreift – anwendbar. Im Gegensatz zu den meisten Schadensversicherungen handelt es sich bei der Haftpflichtversicherung nicht um eine Aktiven-, sondern um eine **Passivenversicherung** (s. Rn. 416), denn der Versicherungsnehmer wird vor einer Beeinträchtigung durch neue Verbindlichkeiten geschützt. Insofern erfasst die Versicherung das Vermögen als Ganzes und es besteht kein spezielles Schutzobjekt.

C. Inhalt der Leistungspflicht des Versicherers

Nach § 100 VVG hat der Versicherer den Versicherungsnehmer von begründeten Ansprüchen Dritter freizustellen (**Befreiungsanspruch**). Hierin liegt die **Freistellungsfunktion der Haftpflichtversicherung**. Bei den betreffenden Ansprüchen handelt es sich in der Regel um Schadensersatzansprüche. Auf welche Weise der Versicherer seiner Verpflichtung nachkommt, etwa durch Erfüllung, Leistung an Erfüllungs Statt, Vergleich, u.U. sogar einen Erlassvertrag, bleibt ihm überlassen. Entscheidend ist allein, dass der geschädigte Dritte anschließend nicht mehr gegen den Versicherungsnehmer wegen des Haftpflichtfalles Ansprüche erheben kann. 1650

Die AVB der Haftpflichtversicherer konkretisieren § 100 VVG i.d.R. dahingehend, dass der Versicherungsschutz **Schadensersatzansprüche** umfasst, die aufgrund **gesetzlicher Haftpflichtbestimmungen privatrechtlichen Inhalts** gegen den Versicherungsnehmer erhoben werden (z.B. Nr. 1.1 AHB (Stand: April 2012)).[1] Darunter können auch Aufwendungsersatzansprüche aus Geschäftsführung ohne Auftrag fallen, wenn sie schadensersatzähnlichen Charakter haben. Dies ist anzunehmen, wenn die Aufwendungen dem Geschäftsführer infolge einer gesetzlichen Pflicht zum Eingreifen entstanden sind.[2] 1651

Ausgeschlossen sind solche Ansprüche, die das **Erfüllungsinteresse** betreffen. Dies geht bereits aus dem Begriff „Schadensersatzansprüche" in Nr. 1.1 AHB (Stand: April 2012) hervor, wird aber in Nr. 1.2 (1) und (2) zusätzlich klargestellt. Insoweit ergeben sich in der Praxis bisweilen Abgrenzungsprobleme. So stellt sich die Frage, ob ein Schaden, der im Zuge einer Wartungs- oder Reparaturleistung eintritt, das Erfüllungsinteresse (**Äquivalenzinteresse**) oder aber das **Integritätsinteresse** betrifft. Richtigerweise ist danach zu unterscheiden, ob die Verhinderung von (weiteren) Schäden ausdrücklich vom Inhalt des Vertrags mit dem potentiell Haftpflichtigen umfasst ist oder nicht.[3] 1652

Neben die Pflicht, den Versicherungsnehmer von seinen tatsächlich bestehenden Verbindlichkeiten gegenüber Dritten zu befreien, tritt die weitere Pflicht des Versicherers, dem Versicherungsnehmer Rechtsschutz gegenüber unbegründeten Ansprüchen zu gewähren (**Rechtsschutzanspruch**; §§ 100f. VVG). Man spricht insoweit von der **Abwehrfunktion der Haftpflichtversicherung**. Der Rechtsschutzanspruch geht ebenso wie der Befreiungsanspruch über die reine Kostentragung hinaus. Vielmehr muss der Versicherer die Prozessführung übernehmen und alles zur Abwehr unbegründeter Ansprüche Erforderliche veranlassen. Der Versicherer ist daher nach den AVB typischerweise bevollmächtigt, alle ihm zur Abwicklung des Schadens oder zur Abwehr der Schadensersatzansprüche zweckmäßig erscheinenden Erklärungen im Namen des Versicherungsnehmers abzugeben. Kommt es zu einem (Haftpflicht-) 1653

---

1 Tendenziell für Intransparenz dieser Klausel etwa OLG Brandenburg r+s 2013, 125, 126.
2 BGH VersR 2011, 1509 1510 Rn. 16 (betr. § 10 Nr. 1 AKB a.F.).
3 *Schimikowski*, r+s 2012, 105ff.

Rechtsstreit, ist er auch zur Prozessführung bevollmächtigt (vgl. Nr. 5.2 AHB (Stand: April 2012)).

1654 Es ist grundsätzlich der **Entscheidung des Haftpflichtversicherers** überlassen, in welcher Weise er seine Leistungspflicht erfüllt, insbesondere ob er den von dem Dritten gegenüber dem Versicherungsnehmer geltend gemachten Anspruch befriedigt oder ob er ihn abwehrt.

1655 In der Haftpflichtversicherung erbringt der Versicherer seit jeher neben Geldzahlungen auch **Assistance-Leistungen** (zu ihnen s. allgemein Rn. 1090ff.). Dies geschieht bereits dadurch, dass er dem Versicherungsnehmer die Auseinandersetzung mit dem Geschädigten abnimmt (s. Rn. 1650ff.). Soweit es um weitergehende Assistance-Leistungen geht, insbesondere im Rahmen der Schadensregulierung, stößt die Vereinbarung von Dienstleistungen anstelle einer Geldzahlung in der Haftpflichtversicherung freilich eher als bei der Aktivenversicherung wie z.B. einer Wohngebäudeversicherung an Grenzen. Sie beruhen auf der starken gesetzlichen Rechtsstellung des Geschädigten beim Schadensausgleich. So ist es dem Geschädigten nach § 249 BGB weitgehend frei gestellt, in welcher Weise er Naturalrestitution verlangt.

1656 **Beispiel:**[4] Haftpflichtversicherer V ist für einen von seinem Versicherungsnehmer A verschuldeten Verkehrsunfall eintrittspflichtig. Der Geschädigte B möchte auf fiktiver Reparaturkostenbasis abrechnen. Er verlangt denjenigen Betrag, den er für eine Reparatur seines Kfz in einer markengebundenen Fachwerkstatt aufwenden müsste. V kürzt den geltend gemachten Betrag auf die Stundenverrechnungssätze seiner eigenen Partnerwerkstatt, die erheblich unter denjenigen der von B benannten Werkstatt liegen.

1657 Der BGH meint hier zutreffend und abweichend von der Vorinstanz, dass ein Geschädigter sich nicht wegen seiner Schadensminderungsobliegenheit auf eine Reparaturmöglichkeit verweisen lassen muss, die nur aufgrund besonderer Rahmenverträge zwischen Versicherer und Partnerwerkstatt günstiger ist. Anderenfalls werde die schadensrechtliche **Ersetzungsbefugnis des Geschädigten** (§ 249 Abs. 2 S. 1 BGB) unterlaufen. Demnach darf dieser die Schadensbehebung in eigener Regie durchführen und muss die beschädigte Sache gerade nicht dem Schädiger oder einer von diesem ausgewählten Person anvertrauen.

1658 Die Haftpflichtversicherung bietet nach den AVB häufig auch in gewissem Umfang Schutz gegen neue Risiken (sog. **Vorsorgeversicherung**; z.B. Nr. 3.1 (3), Nr. 4 AHB (Stand: April 2012)). Hierdurch wird es den Vertragsparteien erspart, beim Auftreten neuer Risiken jeweils einen Nachtrag zum Versicherungsschutz zu vereinbaren. Da es freilich auch für den Versicherer kaum abschätzbar ist, welche neuen Risiken auftreten können, trifft den Versicherungsnehmer diesbezüglich nach den AVB regelmäßig eine Anzeigepflicht. Der Versicherer kann einen dauerhaften Einschluss dann nach Prüfung ggf. von einer Prämienerhöhung abhängig machen.

---

4 Nach BGH VersR 2010, 1097 Rn. 7.

D. Rechtsbeziehungen im Dreieck Versicherungsnehmer, Versicherer, Geschädigter

I. Überblick

Dreipersonenverhältnisse können im Versicherungsrecht in allen Sparten in Gestalt der Fremdversicherung vorkommen, bei der Versicherungsnehmer (als Vertragspartner des Versicherers) und Versicherter (als Träger des versicherten Interesses) auseinanderfallen. Die Haftpflichtversicherung ist hingegen stets, also auch im Fall der Eigenversicherung, von einem **Dreipersonenverhältnis** geprägt. Neben den Versicherungsnehmer und den Versicherer tritt der geschädigte Dritte. Je nach Art der Haftpflichtversicherung ist die Stellung des Dritten unterschiedlich ausgeprägt. 1659

II. Freiwillige Haftpflichtversicherung

In der freiwilligen Haftpflichtversicherung bestehen zwei Rechtsbeziehungen, nämlich diejenige zwischen Versicherer und Versicherungsnehmer (**Deckungsverhältnis**) und diejenige zwischen Versicherungsnehmer und Geschädigtem (**Haftpflichtverhältnis**). 1660

Zwischen dem Deckungs- und Haftpflichtverhältnis gelten das **materielle** und das **prozessuale Trennungsprinzip**. 1661

Das **materielle Trennungsprinzip** besagt, dass bei der Entscheidung darüber, was der Geschädigte vom Versicherungsnehmer verlangen kann, der Umstand, dass dieser Haftpflichtversicherungsschutz genießt, grundsätzlich unberücksichtigt bleibt.[5] Umgekehrt hingegen richtet sich der Anspruch des Versicherungsnehmers aus dem Deckungsverhältnis inhaltlich nach dem Anspruch, den der Geschädigte gegen den Versicherungsnehmer hat. Die **Versicherung richtet sich also nach der Haftung** und nicht umgekehrt die Haftung nach der Versicherung. 1662

Unter dem **prozessualen Trennungsprinzip** ist, als Folge des materiellen Trennungsprinzips, die Tatsache zu verstehen, dass der Geschädigte keine Möglichkeit hat, den Versicherer direkt in Anspruch zu nehmen. Haftpflicht- und Deckungsprozess verlaufen getrennt. Allerdings gibt es in prozessualer Hinsicht eine wichtige **Ausnahme**: Durchbrochen wird dieses Prinzip hinsichtlich der Frage, ob und in welchem Umfang eine Haftpflicht des Versicherungsnehmers besteht. Eine rechtskräftige Entscheidung, die darüber im Haftpflichtprozess ergeht, ist auch für den Deckungsprozess bindend. Jene **Bindungswirkung** folgt nicht aus dem Haftpflichturteil. Dessen Rechtskraft kann sich nicht auf den Deckungsprozess erstrecken, denn der Versicherer ist am Haftpflichtprozess nicht als Partei oder in anderer für eine Rechtskraftwirkung bedeutsamen 1663

5 Zu den Durchbrechungen s. *Armbrüster*, NJW 2009, 187, 188ff.; *Lücke*, in: Prölss/Martin, § 100 Rn. 77ff.

Weise – etwa als Nebenintervenient i.S. von § 66 ZPO – beteiligt.[6] Vielmehr ergibt sich die Bindungswirkung aus dem **Versicherungsvertrag** selbst. In diesem hat der Versicherer dem Versicherungsnehmer nämlich das Leistungsversprechen gegeben, ihn von berechtigten Schadensersatzverpflichtungen freizustellen.[7] Trotz der Bindungswirkung bleiben dem Versicherer im Deckungsprozess etwaige versicherungsrechtliche Einwendungen erhalten.[8]

1664 Trotz der Trennung zwischen Deckungs- und Haftpflichtverhältnis ist der **Geschädigte** vor einer zweckwidrigen Verwendung der Versicherungsleistung durch den Versicherungsnehmer oder vor einem Zugriff durch dessen Gläubiger **geschützt.** Bei dem Deckungsanspruch des Versicherungsnehmers handelt es sich nach zutreffender, heute allgemein geteilter Auffassung nicht um einen Geldleistungsanspruch, sondern um einen **Freistellungsanspruch** (Befreiungsanspruch). Dies hat der Reformgesetzgeber in § 100 VVG ausdrücklich festgehalten. Der gegen den Versicherer gerichtete Freistellungsanspruch kann wegen der damit einhergehenden Inhaltsänderung regelmäßig nicht abgetreten oder von Gläubigern im Wege der Pfändung und Überweisung verwertet werden (vgl. § 399 Fall 1 BGB; 851 ZPO). Nur der Geschädigte selbst ist in der Lage, die Zwangsvollstreckung in diesen Anspruch zu betreiben. In seiner Hand verwandelt sich der Freistellungsanspruch dann in einen Zahlungsanspruch. Der Geschädigte wird mithin allein schon durch die dogmatische Einordnung des Anspruchs als Freistellungsanspruch vor einem Zugriff durch Zessionare oder Gläubiger des Versicherungsnehmers geschützt. Im Schrifttum wird hingegen verbreitet unmittelbar auf § 108 Abs. 1 S. 2 VVG abgestellt.[9]

1665 Zudem wird die Stellung des Geschädigten durch § 108 VVG geschützt. Verfügt der Versicherungsnehmer über den Anspruch, so sind solche Verfügungen nach § 108 Abs. 1 VVG dem Geschädigten gegenüber unwirksam. § 108 Abs. 1 VVG stellt ein gesetzliches Verfügungsverbot dar. Verfügt der Versicherungsnehmer trotzdem über den Anspruch, ist diese Verfügung dem Geschädigten gegenüber unwirksam (**relative Unwirksamkeit** gem. § 135 BGB). Zudem kann die Abtretung des Freistellungsanspruchs an den Geschädigten nicht durch AVB ausgeschlossen werden (§ 108 Abs. 2 VVG; s. Rn. 1407ff., 1765; auch zu dem Fall, dass geschädigter Dritter und Versicherungsnehmer identisch sind).

1666 Streit besteht darüber, ob die Abtretung stets zu einem **direkten Zahlungsanspruch des Dritten** gegen den Versicherer führt. Dies wird teils mit der Begründung verneint, dass der Versicherer dem Dritten nach der Abtretung gem. § 404 BGB sein Erfüllungswahlrecht entgegenhalten könne, sofern die Haftpflichtfrage noch nicht endgültig geklärt ist.[10] Indessen spricht dies keineswegs

---

6 BGH r+s 2001, 408, 409.

7 *Armbrüster,* r+s 2010, 441, 443, 445

8 BGH r+s 2001, 408, 409.

9 Vgl. *Lücke*, in: Prölss/Martin, § 108 Rn. 21; *Schulze Schwienhorst*, in: Looschelders/Pohlmann, § 108 Rn. 4; *Wandt*, Rn. 1062, 1068.

10 *Lange*, VersR 2008, 713, 714ff.; *ders.*, r+s 2011, 185, 190ff.

dagegen, dass sich der Freistellungsanspruch infolge der Abtretung an den Dritten in einen durchsetzbaren Zahlungsanspruch gegen den Versicherer verwandelt.[11] Daher ist eine unmittelbare Inanspruchnahme des Versicherers durch den Dritten möglich. Die **Fälligkeit** des Zahlungsanspruchs richtet sich richtigerweise nach § 14 VVG als der allgemeinen Grundregel für derartige gegen den Versicherer gerichtete Ansprüche und nicht nach § 106 S. 1 VVG.[12]

Nicht geschützt wird der Geschädigte (trotz Abtretung oder Pfändung) vor 1667 etwaigen Einwendungen des Versicherers **gegenüber dem Versicherungsnehmer.** Diese kann der Versicherer mithin auch dem Geschädigten entgegen halten. Verletzt daher der Versicherungsnehmer grob fahrlässig oder vorsätzlich eine Obliegenheit und ist der Versicherer infolgedessen ganz oder teilweise leistungsfrei, muss sich der Geschädigte dies entgegen halten lassen (zur abweichenden Lage in der Pflichtversicherung s. Rn. 1670ff.).[13] Der Geschädigte kann sich dann insoweit wegen seines Haftpflichtanspruchs allein an den Versicherungsnehmer (Schädiger) halten.

III. Pflicht-Haftpflichtversicherung

Literatur

Armbrüster/Dallwig, Die Rechtsfolgen übermäßiger Deckungsbegrenzungen in der Pflichtversicherung, VersR 2009, 150; *Büchner*, Zur Theorie der obligatorischen Haftpflichtversicherung, 1970; *Dallwig*, Deckungsbegrenzungen in der Pflichtversicherung, 2011; *Fenyves*, Versicherungsvertragliche Grundfragen der Pflichthaftpflichtversicherung, VR 2005, 70; *Hedderich*, Pflichtversicherung, 2011; *Reiff*, Sinn und Bedeutung von Pflichthaftpflichtversicherungen, TranspR 2006, 15; *Schwintowski*, Plädoyer für mehr Pflicht-Haftpflicht-Versicherungen, VuR 2013, 52; *Teichler*, Berufshaftpflichtversicherungen, 1985.

1. Grundregeln

Die §§ 113ff. VVG enthalten einige Sondervorschriften zur obligatorischen 1668 Haftpflichtversicherung. Dabei definiert § 113 Abs. 1 VVG den Begriff der Pflichtversicherung (gleichbedeutend: obligatorische Versicherung) als eine Haftpflichtversicherung, zu deren Abschluss eine **Verpflichtung durch Rechtsvorschrift** besteht. Derartige Versicherungspflichten werden in einer Vielzahl von Spezialgesetzen außerhalb des VVG angeordnet.[14] Dieser Katalog wird zudem kontinuierlich erweitert. So ist etwa seit dem 1.1.2009 auch die private Krankenversicherung nach deutschem Recht als Pflichtversicherung ausgestaltet. Besonders praxisrelevant sind die **Kfz-Haftpflichtversicherung** (§ 1 PflVG; s. Rn. 1711ff.) sowie die **Vermögensschaden-Haftpflichtversicherung**

11 *Armbrüster*, r+s 2010, 441, 449; HK-VVG/*Schimikowski*, § 108 Rn. 9.
12 *Armbrüster*, r+s 2010, 441, 449f.
13 *Wandt*, Rn. 1070.
14 Überblick: GDV (Hrsg.), Pflichtversicherungen in der Bundesrepublik Deutschland, 2. Aufl. 2012. S. auch die Auflistungen in BT-Drucks. 16/4973, S. 12ff. und in BT-Drucks. 16/5497, S. 6ff.

für bestimmte Berufsträger, etwa diejenige für Rechtsanwälte und Notare (§§ 51 BRAO, 19a BNotO).

1669 Ordnet der Gesetzgeber eine Versicherungspflicht an, so bezweckt er damit regelmäßig jedenfalls in erster Linie **potentiell geschädigte Personen** zu schützen, die mit der von ihm als gefährlich oder schadensgeneigt angesehenen Tätigkeit des Adressaten der Versicherungspflicht in Berührung kommen. So soll durch die Pflichtversicherung etwa sichergestellt werden, dass die **Unfallopfer** nach einem Verkehrsunfall oder die durch eine anwaltliche Fehlberatung geschädigten **Mandaten** den ihnen entstandenen Schaden vom Haftpflichtversicherer als einem regelmäßig liquiden Leistungspflichtigen ersetzt bekommen. Zu diesem Zweck werden die allgemeinen, für die freiwillige Haftpflichtversicherung geltenden Regeln durch die §§ 113ff. VVG zugunsten der potentiell Geschädigten in verschiedener Hinsicht modifiziert. An erster Stelle ist hier der Einwendungsausschluss gem. § 117 VVG zu nennen, der den Dritten im Vergleich zur freiwilligen Haftpflichtversicherung in verschiedener Hinsicht besser stellt (s. Rn. 1670ff.). Darüber hinaus wird der Schutz des Dritten auch durch weitere, die Pflichtversicherung flankierende Vorschriften gewährleistet (zu ihnen s. Rn. 1683ff.). Erst in zweiter Linie dienen Versicherungspflichten auch dem Schutz des potentiell Haftpflichtigen.

2. Einwendungsausschluss (§ 117 VVG)

1670 Der auf alle Pflichtversicherungen anwendbare § 117 Abs. 1 VVG begründet einen **Ausschluss für Einwendungen des Versicherers** gegenüber dem geschädigten Dritten. Hiernach ist der Versicherer dem Geschädigten auch dann zur Leistung verpflichtet, wenn er im Verhältnis zum Versicherungsnehmer von seiner Verpflichtung frei ist.

1671 **Beispiel 1:** Versicherungsnehmer A verursacht mit seinem Kfz aufgrund von Trunkenheit einen Verkehrsunfall, bei dem B geschädigt wird. Damit verstößt er gegen die mit seinem Kfz-Haftpflichtversicherer V vereinbarte Obliegenheit, nicht ein Fahrzeug in alkoholisiertem Zustand zu führen (Nr. D.2.1 AKB 2008 i.V. mit § 5 Abs. 1 Nr. 5 KfzPflVV; s. auch Rn. 380).

1672 Dieser Verstoß kann nach § 28 Abs. 2 VVG die teilweise oder völlige **Leistungsfreiheit** des Versicherers zur Folge haben. Hat A grob fahrlässig gehandelt, so ist die Versicherungsleistung zu kürzen (zur Möglichkeit einer Kürzung auf Null in solchen Fällen s. Rn. 353ff.); bei vorsätzlicher Trunkenheitsfahrt tritt – sofern die weiteren Voraussetzungen vorliegen (zur Kausalität s. § 28 Abs. 3 S. 1 VVG) – stets völlige Leistungsfreiheit ein. Diese Konsequenzen wären gegenüber dem geschädigten B jedoch unbillig. Sein Schutzbedürfnis besteht nämlich in gleichem Maße, unabhängig davon, ob eine schuldhafte Obliegenheitsverletzung des Versicherungsnehmers vorliegt oder nicht. Demnach schließt § 117 Abs. 1 (i.V. mit § 115 Abs. 1 S. 2) VVG es aus, dass V sich gegenüber B als dem geschädigten Dritten auf die Obliegenheitsverletzung beruft.

Beispiel 2: Rechtsanwalt R meldet – entgegen einer vereinbarten Obliegenheit zur unverzüglichen Schadensanzeige (s. auch § 30 VVG) – seinem Berufshaftpflichtversicherer V einen eingetretenen Schaden nicht rechtzeitig. Hierbei handelt es sich um eine nach Eintritt des Versicherungsfalls zu erfüllende Obliegenheit, deren Verletzung wiederum zur (teilweisen oder völligen) Leistungsfreiheit führen kann (zu den Anforderungen in diesem Fall einer nach Eintritt des Versicherungsfalls bestehenden vertraglichen Obliegenheit s. § 28 Abs. 4 VVG und dazu Rn. 1566). Auch hier steht § 117 Abs. 1 VVG einer Berufung des Versicherers gegenüber dem Dritten – etwa dem Mandanten des R – auf die Leistungsfreiheit entgegen. 1673

Der Einwendungsausschluss bezweckt es mithin, den geschädigten Dritten vor gesetz- oder vertragswidrigem Verhalten des Versicherungsnehmers zu schützen, das den eigentlich bestehenden Versicherungsschutz im Einzelfall ganz oder teilweise ausschließt. § 117 Abs. 1 VVG führt hingegen – wie dies § 117 Abs. 3 S. 1 VVG ausdrücklich klarstellt – nicht zu einer Ausweitung des **Deckungsumfangs**. Sämtliche Risikoausschlüsse aus dem Versicherungsvertrag kann der Versicherer folglich auch dem Dritten entgegenhalten. Dies gilt auch für die vorsätzliche Herbeiführung des Versicherungsfalls gem. § 103 VVG. Den scheinbaren Widerspruch, dass der schutzwürdige Geschädigte dann im Falle eines besonders schweren Verschuldens des Versicherungsnehmers durch die Versicherung nicht geschützt wird, löst das Gesetz dahin auf, dass für diesen Fall andere Schutzeinrichtungen bestehen. 1674

Beispiele: Der Entschädigungsfonds im Bereich der Kfz-Schäden gem. § 12 Abs. 1 S. 1 Nr. 3 PflVG; die besondere Vertrauensschadenversicherung im Bereich notariellen Fehlverhaltens gem. § 67 Abs. 3 S. 1 Nr. 3 BNotO. 1675

Über § 117 Abs. 1 VVG hinaus wird der geschädigte Dritte auch durch die Regelung des § 117 Abs. 2 VVG geschützt, welche ihm den Versicherungsschutz trotz **Beendigung des Versicherungsvertrags** zeitweilig erhält. Nach § 117 Abs. 2 S. 1 VVG wirkt ein Umstand, der das Nichtbestehen oder die Beendigung des Versicherungsverhältnisses zur Folge hat, gegenüber dem Dritten erst mit **Ablauf eines Monats**, nachdem der Versicherer diesen Umstand der hierfür zuständigen Stelle angezeigt hat. Diese Regelung will zeitlichen Lücken im Deckungsschutz vorbeugen; sie verwehrt dem Versicherer den Einwand, der Versicherungsvertrag habe nicht oder nicht mehr bestanden. Sie setzt voraus, dass nach außen hin zumindest der **Anschein eines wirksamen Versicherungsvertrags** bestanden hat, der Vertrag tatsächlich jedoch nicht besteht.[15] Ursachen hierfür können etwa die **Unwirksamkeit** des Vertrags infolge versteckten Dissenses, wirksamer Anfechtung oder auch Minderjährigkeit des Versicherungsnehmers sein. Eine **Beendigung** kann nachträglich durch Kündigung, Widerruf, Rücktritt oder Vertragsaufhebung eingetreten sein. Dieser Schutz des Geschädigten auf Kosten des Versicherers bzw. der Versichertengemeinschaft 1676

---

15 BGH NJW 2003, 514, 515; *Knappmann*, in: Prölss/Martin, § 117 Rn. 10.

besteht nur dann, wenn dieser den Schaden nicht bei einem anderen Schadensversicherer oder einem Sozialversicherungsträger liquidieren kann (**Subsidiarität**; § 117 Abs. 3 S. 2 VVG; s. Rn. 1679f.).

1677 Der Anschein eines abgeschlossenen Vertrags fehlt hingegen dann, wenn der Versicherer den Antrag des Versicherungsnehmers **abgelehnt** hat. § 117 Abs. 2 VVG begründet zunächst eine Obliegenheit des Versicherers, das Erlöschen oder das Nichtbestehen einer Versicherung der zuständigen Stelle – in der Regel einer gesetzlich bestimmten Behörde, die die Einhaltung der Versicherungspflicht überwacht – mitzuteilen. Ohne diese **Mitteilung** haftet der Versicherer gegenüber dem Dritten nämlich zeitlich unbegrenzt fort, so dass der Versicherer aus eigenem Interesse gehalten ist, das Fehlen des Versicherungsschutzes zu melden. Freilich kann eine Nachhaftung nur eintreten, wenn überhaupt eine Behörde bestimmt ist, der gegenüber der Versicherer die Anzeige machen kann. Dies stellt § 117 Abs. 2 S. 5 VVG klar. Hat der Versicherer der Behörde das Nichtbestehen der Versicherung angezeigt, so obliegt es dieser, auf den Abschluss eines neuen Versicherungsvertrags hinzuwirken oder die gefahrträchtige Tätigkeit zu untersagen.

1678 **Beispiel:** Legt die Behörde trotz Kenntnis vom fehlenden Versicherungsschutz ein Kfz nicht rechtzeitig still, so kann sich die betreffende Körperschaft nach den Regeln der Amtshaftung gem. § 839 BGB i.V. mit Art. 34 GG schadensersatzpflichtig machen.[16]

1679 Des besonderen Schutzes des § 117 Abs. 1, 2 VVG bedarf der geschädigte Dritte nicht, soweit er seinen Schaden von einem **anderen Schadensversicherer** oder einem **Sozialversicherungsträger** ersetzt verlangen kann. Dies regelt § 117 Abs. 3 S. 2 VVG. In diesen Fällen soll der eigentlich leistungsfreie Haftpflichtversicherer nicht überobligatorisch in Anspruch genommen werden können.

1680 **Beispiele:** Der Geschädigte unterhält für sein Kfz eine Vollkaskoversicherung (s. Rn. 1888), die den vom Schädiger verursachten Schaden ersetzt, oder er hat eine private Unfallversicherung (s. Rn. 1986) abgeschlossen, die als Schadenversicherung geführt wird.

1681 Leistet der Versicherer an den Geschädigten, obwohl er hierzu nach dem Versicherungsvertrag gegenüber dem Versicherungsnehmer nicht verpflichtet ist, so entspricht es der Billigkeit, dem Versicherer den **Regress** gegen den Versicherungsnehmer zu ermöglichen. Ein solches Rückgriffsrecht gewährt § 117 Abs. 5 S. 1 VVG, wonach die Forderung des Dritten gegen den Versicherungsnehmer auf den Versicherer übergeht. Soweit ein Direktanspruch nach § 115 VVG besteht, so dass Versicherer und Versicherungsnehmer gegenüber dem Geschädigten als Gesamtschuldner haften (§ 115 Abs. 1 S. 4 VVG), richtet sich der Regress nach § 426 Abs. 2 BGB i.V. mit § 116 Abs. 1 S. 2 VVG. Besondere Beschränkungen sind für den Regress in der Kfz-Versicherung vorgesehen (s. Rn. 375).

---

16 BGH NJW 1956, 867, 868; VersR 1965, 591; NJW 1990, 2615, 2616.

Eine weitere Sondervorschrift, die Ausprägung der sozialen Ausrichtung der Pflichtversicherung ist, stellt § 118 VVG dar. Diese Norm regelt in Abweichung von dem sonst geltenden Prioritätsprinzip des § 804 Abs. 3 ZPO, wonach derjenige Gläubiger primär befriedigt wird, der als erster den Anspruch gegen den Drittschuldner gepfändet hat, eine besondere **Verteilung der Versicherungssumme** auf die betroffenen Geschädigten. Reicht die vom Versicherer zur Verfügung gestellte Versicherungssumme nicht für alle Geschädigten aus, so gebietet § 118 VVG eine Verteilung in Abhängigkeit von deren Schutzbedürftigkeit. Dabei sind gem. § 118 Abs. 1 Nr. 1 VVG vorrangig die von Personenschäden Betroffenen zu befriedigen. Juristische Personen des öffentlichen Rechts werden hingegen hier erst an letzter Stelle berücksichtigt (§ 118 Abs. 1 Nr. 5 VVG). 1682

3. Deckungsumfang

Ihre Aufgabe, dem geschädigten Dritten im Schadensfalle eine weitreichende Kompensation des eingetretenen Schadens zu sichern, kann die Pflichtversicherung nur erfüllen, wenn ein gewisser Schutzstandard in Form eines **Mindestdeckungsumfangs** gewährleistet wird. Diesem Zweck dient primär die gesetzliche Vorgabe einer Mindestdeckungssumme, die i.d.R. mit der spezialgesetzlichen Anordnung einer Versicherungspflicht einhergeht. Bisweilen finden sich in den betreffenden Spezialgesetzen auch Regelungen zu ausdrücklich zulässigen Deckungsbegrenzungen, etwa zur Serienschadenklausel[17] oder zur wissentlichen Pflichtverletzung[18]. 1683

Im Zuge der VVG-Reform ist darüber hinaus mit § 114 VVG eine Vorschrift geschaffen worden, die weitere Vorgaben zum Deckungsumfang macht. In Abs. 1 sieht die Vorschrift eine **Mindestversicherungssumme** sowie eine **Jahresmaximierung** vor.[19] Die Regelungen des VVG sind subsidiär; sie greifen daher ein, wenn es in dem jeweiligen, eine Versicherungspflicht anordnenden Spezialgesetz insoweit an einer Vorgabe fehlt. 1684

Über diese konkreten Vorschriften hinaus enthält § 114 Abs. 2 S. 1 VVG eine **Generalklausel**. Demnach können Deckungsbegrenzungen im Versicherungsvertrag vereinbart werden, soweit der jeweilige **Zweck der Pflichtversicherung** nicht gefährdet wird. Diese Regelung stellt zunächst klar, dass in Pflichtversicherungen auch vertragliche Deckungsbegrenzungen, also solche, die nicht ausdrücklich im jeweiligen Spezialgesetz vorgesehen sind, vereinbart werden dürfen. Dies gilt allerdings nicht unbeschränkt. Vielmehr darf die einzelne Deckungsbegrenzung den jeweiligen Zweck der Pflichtversicherung nicht gefährden. Wann dies der Fall ist, ist bislang nicht abschließend geklärt.[20] 1685

17 So z.B. §§ 19a Abs. 3 S. 4 BNotO, 51 Abs. 2 Hs. 2 BRAO, 9 Abs. 4 Hs. 2 VersVermV.

18 So z.B. § 19a Abs. 2 Nr. 1 i.V.mit § 67 Abs. 3 Nr. 3 S. 2 BNotO; §§ 51 Abs. 3 Nr. 1 BRAO, 9 Abs. 5 S. 1 VersVermV.

19 Näher *Dallwig*, Deckungsbegrenzungen, S. 67ff.

20 Ausführlich *Dallwig*, Deckungsbegrenzungen, S. 102ff.

Jedenfalls kann die Klausel – wie dies bei Generalklauseln regelmäßig methodisch geboten ist – im Wege der **verfassungskonformen und verfassungsorientierten Auslegung** konkretisiert werden. Dabei sind die Grundrechte der Beteiligten im Wege **praktischer Konkordanz** miteinander in einen angemessen Ausgleich zu bringen. Auf Seiten der Versicherungsnehmer gilt es insbesondere, die **Prämienbelastung** im Blick zu behalten. Generell führt eine umfassendere Deckung zu höheren Prämien, was im gewerblichen Bereich gegen die Berufsfreiheit (Art. 12 GG), im Übrigen gegen die negative Vertragsfreiheit (Art. 2 Abs. 1 GG) verstoßen kann.[21] Auf Seiten der Versicherer ist nicht lediglich die Privatautonomie, sondern auch die **Berufsfreiheit** berührt, da der Abschluss von Versicherungsverträgen gerade den Kern der beruflichen Tätigkeit der Versicherer darstellt.[22] Die praktische Konkordanz gebietet es daher, solche Deckungsbegrenzungen zuzulassen, die für die sichere Kalkulation des versicherten Risikos – etwa im Falle eines ausgeprägten Spätschadenrisikos – erforderlich sind und die – namentlich im gewerblichen Bereich – das **Angebot von Versicherungsschutz** zu wirtschaftlich tragbaren Prämien überhaupt erst sicherstellen.[23] Wird der Versicherbarkeit des übernommenen Risikos nicht ausreichend Rechnung getragen, so besteht nämlich die Gefahr, dass für den betreffenden Versicherungsschutz am Markt kein Angebot erhältlich ist.

1686 Ein weiteres Kriterium zur Konkretisierung der Generalklausel kann darin gesehen werden, wie **ausgeprägt** der jeweilige Drittschutz einer Pflichtversicherung ist.[24] Hierbei wird der Tatsache Rechnung getragen, dass der Gesetzgeber nicht für alle Pflichtversicherungen ein einheitliches System zur Gewährleistung von Abschluss und Aufrechterhaltung des Versicherungsschutzes vorsieht. Vielmehr hängt bei einigen Pflichtversicherungen, etwa bei derjenigen für Halter von Kraftfahrzeugen oder für Rechtsanwälte und Notare, die Ausübung der versicherten Tätigkeit vom Bestand der Pflichtversicherung ab. Bei anderen Pflichtversicherungen, beispielsweise bei derjenigen für Ärzte, werden Abschluss und Aufrechterhaltung nach der gesetzlichen Konzeption hingegen kaum überwacht. Stellt das Gesetz nicht sicher, dass überhaupt Versicherungsschutz besteht, so sind auch an die inhaltliche Ausgestaltung des Deckungsumfangs geringere Anforderungen zu stellen als bei Versicherungen, bei denen nach der gesetzlichen Konzeption die Ausübung der betreffenden Tätigkeit ohne Versicherungsschutz schlechterdings unmöglich sein soll.[25]

1687 Kommt eine Inhaltskontrolle nach § 114 Abs. 2 S. 1 VVG zum Zuge, so fragt sich, welche marktüblichen vertraglichen Deckungsbegrenzungen zulässigerweise im Vertrag vereinbart werden dürfen. Gegen die weit verbreitete **Serienschadenklausel** bestehen jedenfalls dort keine Bedenken, wo das spätschaden-

---

21 BVerfG VersR 2001, 1272; *Dallwig*, Deckungsbegrenzungen, S. 106; *Hedderich*, Pflichtversicherung, S. 147; *Hübsch*, in: Berliner Kommentar, § 158b Rn. 4.

22 *Dallwig*, Deckungsbegrenzungen, S. 105; *Hedderich*, Pflichtversicherung, S. 210.

23 *Dallwig*, Deckungsbegrenzungen, S. 120.

24 *Dallwig*, Deckungsbegrenzungen, S. 158ff.

25 *Dallwig*, Deckungsbegrenzungen, S. 188ff.

geneigte Verstoßprinzip als Definition des Versicherungsfalles dient.[26] Die **Pflichtwidrigkeitsklausel**, wonach solche Schäden von der Deckung ausgeschlossen sind, bei denen der Versicherungsnehmer wissentlich vertragliche oder gesetzliche Pflichten verletzt hat, ist in der Pflichtversicherung gleichfalls zulässig, da auch hier der Versicherer vor dem subjektiven Risiko (s. Rn. 261) geschützt werden muss, das auf Seiten des Versicherungsnehmers besteht.[27]

Erhebliche Bedenken bestehen hingegen gegen die sog. **Nachhaftungsbegrenzung**, wonach der Versicherer nicht für Schäden haftet, die erst nach Ablauf einer bestimmten Zeit, meist später als fünf Jahre nach Beendigung des Versicherungsvertrags, gemeldet werden. Aus Sicht des Dritten hängt es dann von dem zufälligen Zeitpunkt der Beendigung des Versicherungsvertrags ab, ob Versicherungsschutz besteht. Dies widerspricht dort dem Zweck einer Pflichtversicherung, wo das Gesetz eine derartige Deckungslücke ausschließen will. Letzteres ist der Fall, wenn das Gesetz – wie beispielsweise bei der Vermögensschadenversicherung für Rechtsanwälte (§ 51 Abs. 2 Halbs. 1 BRAO) und Notare (§ 19a Abs. 1 S. 3 BNotO) – die Anordnung des Verstoßprinzips ausdrücklich gebietet.[28] 1688

Schwierigkeiten bereitet auch die Frage, welche **Rechtsfolge** eintritt, wenn ein Versicherungsvertrag geschlossen wird, der nicht den Vorgaben des § 114 Abs. 2 S. 1 VVG entspricht.[29] Weitgehende Einigkeit besteht darüber, dass es sich bei jener Norm nicht um ein Verbotsgesetz i.S.v. § 134 BGB handelt, das den Abschluss einer Versicherung, die den Zweck der jeweiligen Pflichtversicherung gefährdet, untersagen würde.[30] Häufig wird angenommen, dass § 114 Abs. 2 S. 1 VVG insofern im Rahmen einer AGB-rechtlichen Angemessenheitskontrolle berücksichtigt werden müsse, als eine Klausel, die bereits im Hinblick auf die Interessen des Versicherungsnehmers im Lichte des § 307 Abs. 2 BGB zumindest bedenklich erscheine, bei einer Benachteiligung des Dritten endgültig unwirksam sei.[31] Hiergegen spricht jedoch, dass § 307 BGB grundsätzlich nur die Interessen des Vertragspartners und nicht diejenigen etwaiger Dritter im Blick hat. Zutreffend ist es vielmehr, eine **Gefährdung des Vertragszwecks** der Pflichtversicherung i.S. des. § 307 Abs. 2 Nr. 2 BGB anzunehmen, wenn die Interessen des Versicherungsnehmers insofern beeinträchtigt werden, als dieser mit dem abgeschlossenen Vertrag seine **gesetzliche Verpflichtung** zum Abschluss einer den gesetzlichen Vorgaben entsprechenden 1689

26 *Brand*, in: MünchKomm-VVG, § 114 Rn. 15; *Dallwig*, Deckungsbegrenzungen, S. 308.

27 *Brand*, in: MünchKomm-VVG, § 114 Rn. 16; *Dallwig*, Deckungsbegrenzungen, S. 346; *Hedderich*, S. 305.

28 So *Dallwig*, Deckungsbegrenzungen, S. 333; strenger *Brand*, in: MünchKomm-VVG, § 114 Rn. 15 a.E., der die Nachhaftungsbegrenzung in Pflichtversicherungen wohl stets als unzulässig ansieht.

29 Näher *Armbrüster/Dallwig*, VersR 2009, 150ff.; *Dallwig*, Deckungsbegrenzungen, S. 196ff.

30 *Armbrüster/Dallwig*, VersR 2009, 150, 151; *Brand*, in: MünchKomm-VVG, § 114 Rn. 19.

31 *Hedderich*, S. 316; *Huber*, in: Schwintowski/Brömmelmeyer, § 114 Rn. 5; *Schwartze*, in: Looschelders/Pohlmann, § 114 Rn. 7; wohl auch OLG Frankfurt/M r+s 2011, 17, 19.

Pflichtversicherung nicht erfüllen kann.[32] Da es im Falle des § 114 Abs. 2 S. 1 VVG an dispositivem Gesetzesrecht fehlt, das nach § 306 Abs. 2 BGB an die Stelle der unwirksamen Klausel treten könnte, ist im Wege der **ergänzenden Vertragsauslegung** eine Deckungsbegrenzung in den Vertrag einzubeziehen, mit der der Versicherungsnehmer seine gesetzliche Verpflichtung (gerade noch) erfüllen kann.[33]

4. Direktanspruch des Geschädigten

1690 Im Zuge der VVG-Reform war es diskutiert worden, dem Geschädigten in der Pflichtversicherung generell einen Direktanspruch gegen den Versicherer einzuräumen. Letztlich hat der Gesetzgeber jedoch nicht schlechthin, sondern nur ausnahmsweise in den Fällen des § 115 Abs. 1 S. 1 VVG einen **Direktanspruch** des Geschädigten vorgesehen. Besondere Bedeutung hat darunter der Direktanspruch des Unfallgeschädigten in der **Kfz-Haftpflichtversicherung** (§ 115 Abs. 1 S. 1 Nr. 1 VVG; s. dazu Rn. 1740). Daneben besteht ein Direktanspruch nur in den Fällen der Insolvenz (§ 115 Abs. 1 S. 1 Nr. 2 VVG) sowie des unbekannten Aufenthaltsorts des Versicherungsnehmers (§ 115 Abs. 1 S. 1 Nr. 3 VVG). Ist der Direktanspruch nach jenen Regeln einmal entstanden, so wird er dadurch nicht berührt, dass die ihn auslösenden Umstände sich später ändern, z.B. der Versicherungsnehmer wieder auftaucht.

1691 Dogmatisch gesehen handelt es sich bei dem Direktanspruch um einen gesetzlich angeordneten Fall des Schuldbeitritts.[34] Diese Konstruktion eines **gesetzlichen Schuldbeitritts** ermöglicht es dem Geschädigten, den Schädiger und dessen Versicherer als Gesamtschuldner in ein und demselben Prozess zu verklagen. Dies hat den Vorteil, dass das Gericht in diesem **einheitlichen Prozess** die Haftungs- und Deckungsfragen – auch soweit die besonderen drittschützenden Regelungen des § 117 VVG in Rede stehen – prüft und der Geschädigte auf diese Weise relativ rasch einen vollstreckbaren Titel gegen den Haftpflichtversicherer erhält. Soweit ein Direktanspruch nicht besteht, ist der Geschädigte hingegen gehalten, zunächst den Geschädigten zu verklagen und gegen diesen einen vollstreckbaren Titel zu erwirken. Weigert sich der Versicherer anschließend zu zahlen, etwa unter Berufung auf einen Deckungsausschluss, so muss der Geschädigte den (vermeintlichen) Deckungsanspruch des Versicherungsnehmers gegen seinen Haftpflichtversicherer nach den §§ 829, 835, 836 ZPO pfänden und sich zur Einziehung überweisen lassen. Sodann kann er hierauf gestützt einen weiteren Prozess gegen den Versicherer führen. Erst in diesem Deckungsprozess des Geschädigten gegen den Versicherer aus dem überwiesenen Deckungsanspruch prüft das Gericht die besonderen drittschützenden Rege-

32 *Armbrüster/Dallwig*, VersR 2009, 150, 152; *Brand*, in: MünchKomm-VVG, § 114 Rn. 20.
33 *Armbrüster/Dallwig*, VersR 2009, 150, 153; *Brand*, in: MünchKomm-VVG, § 114 Rn. 22.
34 BGH VersR 1979, 30, 31; VersR 1981, 134; *Jacobsen*, in: Feyock/Jacobsen/Lemor, KfzVers, 3. Aufl. 2009, § 115 Rn. 10.

lungen des § 117 VVG. Auch wenn ein Deckungsanspruch nicht bestanden hat, fingiert jene Norm innerhalb ihres Anwendungsbereichs (s. Rn. 1670ff.), dass ein solcher Anspruch existiert. Dieser Weg ist für den Geschädigten im Vergleich zum Direktanspruch erheblich umständlicher und langwieriger.

Das **Trennungsprinzip** (s. Rn. 1661ff.) gilt in seiner prozessualen und mate- 1692
riellen Ausgestaltung auch im Rahmen der Pflicht-Haftpflichtversicherung. Ebenso finden die Regelungen zur Sicherung des Deckungsanspruchs Anwendung. Die Stellung des Geschädigten wird dadurch verbessert, dass nach § 117 Abs. 1 VVG Einwendungen des Versicherers gegenüber dem Versicherungsnehmer ausgeschlossen sind (**Einwendungsausschluss;** s. Rn. 1670ff.). Dies bedeutet, dass der Dritte, obwohl der Versicherer dem Versicherungsnehmer nicht zur Leistung verpflichtet ist, den Deckungsanspruch pfänden und sich überweisen lassen kann (allerdings beschränkt auf die Mindestversicherungssumme; s. § 117 Abs. 3 S. 1 VVG).

Die Privilegierung des Dritten durch den Einwendungsausschluss findet eine 1693
Grenze, wenn der Versicherungsfall vom Versicherungsnehmer **vorsätzlich herbeigeführt** wurde. Bei § 103 VVG handelt es sich nämlich wie bei § 81 Abs. 1 VVG um einen subjektiven Risikoausschluss (s. Rn. 1190).[35] Auf diesen ist § 117 VVG nicht anwendbar (s. Rn. 1674).

Eine gewisse Kehrseite der Begünstigungen, die der Dritte in der Pflichtver- 1694
sicherung erfährt, besteht darin, dass ihn eigene **Obliegenheiten** zur **Anzeige** des Schadensereignisses sowie zur **gerichtlichen Geltendmachung** des Anspruchs gegen den Versicherungsnehmer treffen (§ 119 Abs. 1, 2 VVG). Zudem kann der Versicherer von ihm **Auskunft** zur Feststellung des Schadensereignisses und zur Schadenshöhe sowie **Belege** verlangen (§ 119 Abs. 3 VVG). Bei einer schuldhaften Verletzung der Obliegenheiten nach § 119 Abs. 2, 3 VVG kann die Haftung des Versicherers gem. § 120 VVG beschränkt sein, sofern der Dritte zuvor in Textform auf die Folgen der Verletzung hingewiesen worden ist. Die §§ 119, 120 VVG beruhen auf dem Gedanken, dass der Versicherer in der Pflichtversicherung auch im sog. **kranken Versicherungsverhältnis** (bei dem Leistungsfreiheit gegenüber dem Versicherungsnehmer besteht) gegenüber dem Dritten zur Leistung verpflichtet sein kann und der Versicherer – wenn schon der Versicherungsnehmer seine Mitwirkungsobliegenheiten verletzt – darauf angewiesen ist, zumindest vom Geschädigten die zur Schadensregulierung erforderlichen Informationen zu erhalten. Nicht einhellig beurteilt wird allerdings, ob die §§ 119, 120 VVG bei jedwedem Schadensereignis in Pflichtversicherungen eingreifen[36] oder nur in den Fällen des sog. kranken Versicherungsverhältnisses nach § 117 VVG und des Direktanspruchs nach § 115 VVG.[37] Zwar lässt sich dem Wortlaut des § 119 VVG eine derartige Einschränkung

35 *Lücke*, in: Prölss/Martin, § 103 Rn. 1.

36 *Schwartze*, in: Looschelders/Pohlmann, § 119 Rn. 2, 3; MüKoVVG/*Schneider*, § 119 Rn. 9;*Knappmann*, in: Prölss/Martin, § 119 Rn. 4.

37 *Dallwig*, in: FachanwKomm VersR, 2013, § 119 Rn. 2.

nicht entnehmen. Jedoch ist eine Sanktion nach § 120 VVG ausdrücklich auf die Fälle des sog. kranken Versicherungsverhältnisses und des Direktanspruchs beschränkt. Überdies ist der Versicherer auf eine Mitwirkung des Geschädigten nach zutreffender allgemeiner Ansicht nur angewiesen, wenn der Versicherungsnehmer selbst seinen Aufklärungsobliegenheiten nicht nachgekommen ist, so dass anderenfalls eine Sanktion ohnehin nicht eintritt.[38]

1695 Die von § 120 VVG vorgesehene Sanktion der Obliegenheitsverletzung unterscheidet sich wesentlich von denjenigen, die nach § 28 VVG eintreten. So ist der Versicherer nach § 120 VVG nicht ganz oder teilweise von seiner Verpflichtung zur Leistung frei. Vielmehr muss er so gestellt werden, wie er stünde, wenn der Geschädigte die Obliegenheit rechtzeitig erfüllt hätte.[39] Dies läuft regelmäßig auf eine **Kürzung** der vom Versicherer zu leistenden Entschädigung heraus. Jene Kürzung kann etwa darauf beruhen, dass der Versicherer unnötig hohe Kosten für die Schadensermittlung aufgewendet oder gerichtskostenauslösende Maßnahmen getroffen hat, die er bei rechtzeitiger Kenntnis der Sachlage nicht ergriffen hätte. Dogmatisch ähnelt § 120 VVG daher weniger einer Obliegenheit als einem **Mitverschuldenseinwand** nach § 254 BGB.[40] Schärfere Konsequenzen kann § 120 VVG jedoch auslösen, wenn der Versicherer geltend macht, dass er in Unkenntnis des vollständigen Sachverhalts in den Haftpflichtprozess des Geschädigten gegen den Schädiger nicht oder nicht in bestimmter Weise hat eingreifen können. Da der Versicherer so zu stellen ist, wie er stünde, wenn er rechtzeitig Kenntnis vom Haftpflichtprozess erlangt hätte, kann er gestützt auf § 120 VVG vorbringen, dass er von bestimmten **Angriffs- und Verteidigungsmitteln** Gebrauch gemacht hätte und der Prozess dann anders entschieden worden wäre. Dies kann dazu führen, dass der Versicherer abweichend von den in der Haftpflichtversicherung geltenden Grundsätzen (s. dazu Rn. 1663 zum prozessualen Trennungsprinzip) im Deckungsprozess nicht an die gerichtliche Entscheidung des Haftpflichtprozesses gebunden ist.[41]

1696 Unterlässt der Versicherungsnehmer die Anzeige nach § 119 Abs. 1 VVG, so hat dies zur Folge, dass der Versicherer von ihm gem. § 280 Abs. 1 BGB **Schadensersatz** verlangen kann.[42] Dem Dritten schadet bei einem Verstoß gegen eine Obliegenheit nach § 119 VVG bereits einfache Fahrlässigkeit (zum einheitlichen Verschuldensmaßstab des Bürgerlichen Rechts s. Rn. 329). Insoweit ergibt sich ein Unterschied zur Rechtslage hinsichtlich der Sanktionen von Obliegenheitsverletzungen, wofür zumindest grob fahrlässiges Verhalten erforderlich ist (vgl. § 28 Abs. 2 VVG und dazu Rn. 1545).

38 BGH VersR 2003, 1565, 1566; HK-VVG/*Schimikowski*, § 120 Rn. 4; *Schwartze*, in: Looschelders/Pohlmann, § 119 Rn. 12.

39 *Schneider*, in: MünchKomm-VVG, § 120 Rn. 1.

40 *Knappmann*, in: Prölss/Martin, § 119 Rn. 4; *Johannsen,* in: Bruck/Möller/Johannsen, Kraftfahrtversicherung, Anm. B 26.

41 OLG Düsseldorf NJW-RR 2000, 248; KG VersR 2008, 69; OLG Saarbrücken ZfS 2008, 219, 220; BK/*Hübsch* § 158e Rn. 21; *Knappmann,*in: Prölss/Martin, § 120 Rn. 5.

42 *Wandt*, Rn. 1093.

E. Eintritt des Versicherungsfalls

I. Gesetzliche Regelung

Das Gesetz legt in § 100 VVG nicht fest, welcher Vorgang in der Haftpflichtversicherung den Versicherungsfall darstellt. Dies wird vielmehr bewusst der Ausfüllung durch den Versicherungsvertrag überlassen. § 100 VVG beschränkt sich daher auf die **allgemeine Aussage**, dass dem Versicherungsnehmer die Leistung zu ersetzen ist, die dieser auf Grund seiner Verantwortlichkeit für eine während der Versicherungszeit eintretende Tatsache an einen Dritten zu bewirken hat. Es handelt sich um eine Definitionsnorm (s. Rn. 80), die klarstellt, welche Leistungsversprechen der Gesetzgeber als Haftpflichtversicherung einordnet, mit der Folge, dass die §§ 101 ff. VVG unmittelbar anwendbar sind. Hierbei kommen mehrere denkbare Anknüpfungspunkte in Betracht, die sich je nach Versicherungsart in den AVB wiederfinden. 1697

II. Regelungen in AVB (insbesondere AHB)

1. Verstoß bzw. Kausal- oder Ursachenereignis

Als für den Eintritt des Versicherungsfalls maßgebliches Ereignis kann in den AVB der **Verstoß** des Versicherungsnehmers bestimmt werden, der Haftpflichtansprüche gegen den Versicherungsnehmer zur Folge haben könnte (vgl. etwa § 5 AVB-Vermögen). Als Verstoß wird dabei das Kausalereignis angesehen, also das haftungsrelevante Verhalten des Versicherungsnehmers, das den Schaden verursacht hat (Schadensursache). 1698

Beispiele: Gebäudeeigentümer A öffnet versehentlich ein Sperrventil am Öltank, so dass Erdöl austritt. Produzent B bringt Fahrräder in den Verkehr, bei denen die Bremsen fehlerhaft montiert sind. 1699

2. Schadens- bzw. Folgeereignis

Vielfach wird in den AVB vereinbart, dass das **Schadensereignis** während der Laufzeit des Versicherungsvertrags eintreten muss. Unter Schadensereignis wird der äußere Vorgang verstanden, der die Schädigung des Dritten herbeiführt (vgl. Nr. 1.1 AHB (Stand: April 2012)). Dieser Vorgang wird mit dem Eintritt der Verletzung gleichgesetzt. 1700

Beispiele: Das im ersten Beispiel von Rn. 1699 ausgetretene Erdöl wird auf dem Nachbargrundstück des N durch die Wurzeln von dessen Obstbäumen aufgenommen. Käufer K eines der fehlerhaften Fahrräder im zweiten Beispiel fährt einen Passanten an, da die Bremsen versagen. 1701

3. Claims made-Prinzip

1702 Eine weitere Möglichkeit ist es, den Versicherungsfall an den Zeitpunkt der Anspruchserhebung zu knüpfen (**claims made**). Dies ist insbesondere in der D&O-Versicherung üblich (s. dazu Rn. 1766f.).

4. Discovery- bzw. Manifestationsprinzip

1703 Im Rahmen des Discovery- bzw. Manifestationsprinzips ist entscheidend, dass die **erste nachprüfbare Feststellung** eines Personen-, Sach- oder mitversicherten Vermögensschadens während der Versicherung eingetreten ist.

1704 **Zusammenfassendes Beispiel:**[43] G unterhält seit zehn Jahren bei V eine Berufshaftpflichtversicherung für seine Tätigkeit als Gartenbauunternehmer. Im Sommer 2012 gelangen bei Arbeiten auf dem Grundstück des E versehentlich unbemerkt Chemikalien in den Boden. Als G kurz darauf in Rente geht, kündigte er den Vertrag zum 31.12.2012. Im Frühjahr 2013 zeigt sich, dass Bäume auf dem Grundstück ihre Blätter verlieren. G wird von E in Anspruch genommen und meldet dies umgehend dem V. Dieser lehnt seine Eintrittspflicht ab, da der Versicherungsfall erst nach Beendigung des Versicherungsvertrags eingetreten sei. In den AVB heißt es: *„Der Versicherer gewährt dem Versicherungsnehmer Versicherungsschutz für den Fall, dass er wegen eines während der Wirksamkeit der Versicherung eingetretenen Schadensereignisses, das (...) die Beschädigung von Sachen (Sachschaden) zur Folge hatte, für diese Folgen auf Grund gesetzlicher Haftpflichtbestimmungen privatrechtlichen Inhalts von einem Dritten auf Schadensersatz in Anspruch genommen wird. Versicherungsfall im Sinne dieses Vertrags ist das Schadensereignis, das Haftpflichtansprüche gegen den Versicherungsnehmer zur Folge haben könnte."*

1705 Die Leistungspflicht des V hängt hier davon ab, wie der Begriff **„Schadensereignis"** auszulegen ist. Hierbei gehen die Auffassungen über eine Auslegung i.S. der Verstoß- bzw. Kausalereignistheorie oder der Schadens- bzw. Folgeereignistheorie in Rechtsprechung und Literatur auseinander.[44] Geht man von der Kausalereignistheorie aus, so kommt es darauf an, ob das haftungsrelevante Verhalten im versicherten Zeitraum stattfand. Da G hier bereits im Sommer 2012 den Boden mit Chemikalien verunreinigt hat, würde Versicherungsschutz bestehen. Nach der Folgeereignistheorie ist dagegen entscheidend, wann der „reale Verletzungszustand" eingetreten ist. Dies wird man nicht bereits zu dem Zeitpunkt annehmen können, in dem die Chemikalien in den Boden gelangten, sondern erst dann, als das Gift in die Bäume eindrang und der Blattver-

43 *Schwintowski*, Fallsammlung zum Privatversicherungsrecht, S. 29ff.; s. auch BGHZ 25, 34; 79, 76 = VersR 1981, 173 (betr. Versprühen von Unkrautvertilgungsmittel über Gleisanlagen, das nach mehreren Jahren angrenzende Bäume beschädigt).

44 S. etwa OLG Karlsruhe NJW-RR 2004, 1331, 1332; BK/*Baumann*, § 149 Rn. 166ff.

lust nicht mehr zu verhindern war. Dann kommt es darauf an, ob G nachweisen kann, dass dieses Ereignis noch im Jahre 2012 stattgefunden hat.

Teilweise wird zur Problemlösung auf die **Unklarheitenregel** des § 305c Abs. 2 BGB abgestellt, wobei vereinzelt zur Beurteilung der günstigeren Auslegung der konkrete Einzelfall herangezogen wird.[45] Für den Versicherungsnehmer ist die Kausalereignistheorie günstiger, wenn lediglich das für den Schaden ursächliche Verhalten innerhalb des versicherten Zeitraums liegt, der Verletzungszustand hingegen zu einem Zeitpunkt eintritt, zu dem kein Versicherungsschutz mehr besteht. Dagegen hilft ihm die Folgeereignistheorie weiter, wenn nur der Eintritt der Verletzung in den Deckungszeitraum fällt, die ursächliche Handlung aber nicht. Generell-abstrakt wird man kaum die eine oder andere Auslegung als für den Versicherungsnehmer günstiger ansehen können, so dass die Unklarheitenregel unter Zugrundelegung der überwiegenden Ansicht nicht herangezogen werden dürfte.[46] Vereinzelt wird sogar von einem Verstoß gegen das **Transparenzgebot** ausgegangen (zu dessen Verhältnis zur Unklarheitenregel s. Rn. 558ff.).[47] 1706

Mittlerweile enthält Nr. 1.1 AHB (Stand: April 2012) folgende **neue Definition**: „*Schadensereignis ist das Ereignis, als dessen Folge die Schädigung des Dritten unmittelbar entstanden ist. Auf den Zeitpunkt der Schadensverursachung, die zum Schadensereignis geführt hat, kommt es nicht an.*" Freilich wird auch diese Klausel teilweise als intransparent angesehen.[48] 1707

F. Bedeutsame Obliegenheiten des Versicherungsnehmers

Die **Obliegenheiten des Versicherungsnehmers** sind in der Haftpflichtversicherung grundsätzlich dieselben wie in den anderen Zweigen der Schadensversicherung. Abweichungen bestehen in den Auswirkungen, die eine Verletzung für Dritte hat, da sich der Versicherer ihnen gegenüber unter Umständen nicht auf eine Leistungsfreiheit berufen kann (s. Rn. 1670ff.). Eine wichtige praktische Rolle spielt – insbesondere in der Kfz-Haftpflichtversicherung – die **Gefahrerhöhung** gem. §§ 23ff. VVG. Ebenso verhält es sich mit den **Informationspflichten** des Versicherungsnehmers nach Eintritt des Versicherungsfalls. Hier sehen die AVB detaillierte Regelungen zur genauen Information des Versicherers vor (s. etwa E.1 AKB 2008, Nr. 25.1 AHB 2010). Die große Bedeutung einer raschen und umfänglichen Information des Versicherers wird auch in der Regelung des § 104 VVG deutlich. Hierdurch wird die für alle Versicherungszweige geltende Norm des § 30 Abs. 1 VVG präzisiert. 1708

---

45 *Schimikowski*, NVersZ 1999, 545, 546 unter Berufung auf OLG Hamm VersR 1985, 463f. (zw.); zurückhaltend auch *Lücke*, in: Prölss/Martin, § 100 Rn. 30.

46 S. allg. dazu *P. Ulmer/C. Schäfer*, in: Ulmer/Brandner/Hensen, AGB-Recht, 11. Aufl. 2011, § 305 c Rn. 85; näher *Pilz*, ZVersWiss 2006 Suppl., 233, 239f.

47 *Schwintowski*, NVersZ 1998, 97, 99; *Kretschmer*, VersR 2004, 1376, 1383ff. (unter Rückgriff auf § 149 VVG a.F. = § 100 VVG).

48 *Lücke*, in: Prölss/Martin, Nr. 1 AHB 2008 Rn. 43.

1709 Eine besondere Bedeutung haben die **Rettungsobliegenheiten**. Da sich ein Haftpflichtfall oft über Jahre hinzieht, kann ein fehlerhaftes Verhalten des Versicherungsnehmers (z.B. durch eine ungeschickte Sachverhaltsdarstellung) schnell ungünstige Auswirkungen für den Versicherer haben. Daher behält sich der Versicherer in den AVB regelmäßig ein **Direktionsrecht** vor, welches der Versicherungsnehmer zu beachten hat. So führt der Versicherer typischerweise die Verhandlungen mit dem Geschädigten und einen eventuell notwendigen Prozess. Den Versicherungsnehmer trifft dabei die Obliegenheit, den Weisungen des Versicherers Folge zu leisten.

1710 Große Bedeutung kann in der Haftpflichtversicherung der Zeitpunkt haben, zu dem der **Beginn der Rettungsobliegenheit** einsetzt (s. dazu allgemein Rn. 1210). Würde man für die Rettungsobliegenheit an den Zeitpunkt unmittelbar vor Eintritt des Versicherungsfalls anknüpfen und verletzt der Versicherungsnehmer diese grob fahrlässig, ergäbe sich ein Wertungswiderspruch zu § 103 VVG. Während nach jener Vorschrift in der Haftpflichtversicherung nämlich nur die vorsätzliche Herbeiführung des Versicherungsfalls zur Leistungsfreiheit des Versicherers führen soll, würde eine **Vorerstreckung** der Rettungsobliegenheit dem Versicherer über § 82 Abs. 1, 3 VVG die Möglichkeit geben, sich schon bei grober Fahrlässigkeit auf eine (teilweise) Leistungsfreiheit zu berufen. Maßgeblich für den Beginn der Rettungsobliegenheit ist daher der Zeitpunkt, zu dem der Versicherungsfall eintritt.[49] Da § 90 VVG allein für die Sachversicherung gilt, kann ein Versicherungsnehmer, der einen unmittelbar bevorstehenden Versicherungsfall in der Haftpflichtversicherung abwendet, grundsätzlich auch keinen Rettungskostenersatz beanspruchen. Es kommt aber in Betracht, dass ein solcher Anspruch sich im Wege ergänzender Vertragsauslegung ergibt, wenn dies sachgerecht erscheint und keine vertragliche Vereinbarung entgegensteht (s. Rn. 1216).[50]

G. Besonderheiten der Kfz-Haftpflichtversicherung

Literatur

G. Bauer, Die Kraftfahrtversicherung, 6. Aufl. 2010; *Becker/Böhme/Biela*, Kraftverkehrs-Haftpflicht-Schäden, 22. Aufl. 2002; *Burmann/Heß/Höke/Stahl*, Das neue VVG im Straßenverkehrsrecht, 2008; *Feyock/Jacobsen/Lemor*, Kraftfahrtversicherung, 3. Aufl. 2009; *Hofmann*, Die Abgrenzung der Haftpflichtversicherung von der Kraftfahrtversicherung durch die Kraftfahrzeugklausel, NVersZ 1998, 54; *Kärger*, Kfz-Versicherung nach dem neuen VVG, 2008; *Knappmann*, Rechtsfragen der neuen Kraftfahrtversicherung, VersR 1996, 401; *Kröther*, Die Kleine Benzinklausel in der Privathaftpflichtversicherung, 1993; *Maier/Stadler*, AKB 2008 und VVG-Reform, 2008; *Schirmer*, Der Verkehrsunfall im Versicherungsrecht, in: ARGE Verkehrsrecht im DAV, 2008, S. 21; *Seidel*, Zur Struktur und zum Inhalt der Rechtsbeziehungen in der Kfz-Haftpflichtversicherung, 1979; *Stiefel/Maier*, Kraftfahrtversicherung, 18. Aufl. 2010; *Terno*, Abgrenzungsprobleme zwischen KH-Versicherung und Allgemeiner Haftpflichtversicherung, r+s 2011, 361.

---

49 Näher zur obsolet gewordenen Vorerstreckungstheorie *Wandt*, Rn. 933.
50 *Wandt*, Rn. 935, jedoch nicht ausdr. in Bezug auf die Haftpflichtversicherung.

I. Überblick

Die Kfz-Haftpflichtversicherung wurde bereits im Kontext der **Pflichtversicherungen** angesprochen (s. Rn. 1668ff.). Sie stellt den praktisch bedeutsamsten Fall einer gesetzlich angeordneten Versicherungspflicht dar. Zugleich bildet sie zusammen mit der **Kfz-Kaskoversicherung** als einer Sachversicherung (s. Rn. 1888), dem sog. **Autoschutzbrief** (s. Rn. 1093 im Kontext der Assistance-Versicherung) sowie der **Kfz-Unfallversicherung** (s. auch Rn. 1986) die Bausteine der **Kraftfahrtversicherung (K-Versicherung)**. Besonders bedeutsam ist in der Kraftfahrtversicherung die vorläufige Deckung (s. dazu Rn. 947ff.). 1711

Alle vier Deckungsangebote werden in ein und denselben GDV-Musterbedingungen geregelt. Es handelt sich um die Allgemeinen Bedingungen für die Kfz-Versicherung (**AKB 2008**) mit ihren **Teilen A.1 bis A.4** und den darauffolgenden gemeinsamen Bestimmungen **B bis N**. Für den im Einzelfall bestehenden Versicherungsschutz kommt es jeweils darauf an, welche der vier Versicherungsarten vereinbart ist; diese können mithin keineswegs allein als „Paket" genommen werden. Wird mehr als nur ein Baustein versichert, so handelt es sich jeweils um **rechtlich selbstständige Verträge** über die jeweilige Versicherungsart. Dies bedeutet insbesondere, dass Gefahrerhöhungen, Anzeigepflicht- sowie Obliegenheitsverletzungen für die jeweilige Sparte gesondert zu beurteilen sind. Freilich gilt die Kenntnis des Versicherers für alle Bausteine, auch wenn sie nur im Rahmen eines Bausteins erlangt worden ist.[51] 1712

Die Versicherungspflicht im Hinblick auf die Kfz-Haftpflichtversicherung ist in Europa weitgehend einheitlich geregelt. Maßgeblich ist das **Europäische Abkommen** über die obligatorische Haftpflichtversicherung für Kfz vom 20.4.1959. Die darin enthaltenen Regelungen wurden zunächst im Pflichtversicherungsgesetz (PflVersG) umgesetzt, bevor im Zuge der VVG-Reform der wesentliche Inhalt in die §§ 113–124 VVG überführt worden ist. Das PflVersG ist seitdem lediglich noch für einige Sonderthemen bedeutsam. Zu beachten ist darüber hinaus die **Kfz-Pflichtversicherungsverordnung (KfzPflVV)**. Sie ist aufgrund der Ermächtigung in § 4 Abs. 1 PflVersG erlassen worden und regelt verbindlich den (Mindest-)Umfang des Versicherungsschutzes, den der Vertrag zu gewähren hat, um der Versicherungspflicht zu genügen. 1713

Hintergrund dafür, dass die Kfz-Haftpflichtversicherung als eine **Pflichtversicherung** ausgestaltet worden ist, bei der überdies für den Versicherer ein weit reichender **Kontrahierungszwang** (s. Rn. 603) und eine Annahmefiktion (s. Rn. 864, 907) bestehen, ist der Schutz Dritter, nämlich der potentiell Geschädigten eines Verkehrsunfalls. Der Betrieb eines Kfz bringt spezifische, erhöhte Gefahren mit sich. Gleichwohl gestattet der Gesetzgeber ihn als sozialadäquates Verhalten unter gewissen Voraussetzungen, die namentlich im StVG und in der StVO geregelt sind. Um zugleich sicherzustellen, dass der Geschädigte in solchen Fällen, in denen sich eine Gefahr realisiert, einen finanziellen Ausgleich er- 1714

51 OLG Karlsruhe r+s 2013, 121f.

langt, wird der Betrieb eines Kfz vom Bestand eines Haftpflichtversicherungsschutzes abhängig gemacht.

1715 Die Kfz-Haftpflichtversicherung ist auch Gegenstand mehrerer **EU-Richtlinien**. Sie dienen insbesondere dazu, die Ausgestaltung jenes Versicherungszweigs in den Mitgliedstaaten zu koordinieren. Die Fünfte Kfz-Haftpflichtversicherungsrichtlinie von 2005[52] hat zuletzt weitere Vereinheitlichungen gebracht.

II. Abgrenzung von der Privathaftpflichtversicherung

1716 Der Deckungsumfang der Kfz-Haftpflichtversicherung ist insbesondere von demjenigen der **Privathaftpflichtversicherung** abzugrenzen. Dazu dient vor allem das Erfordernis, dass ein Schaden **„durch den Gebrauch des Fahrzeugs"** (A.1.1.1 AKB 2008) eingetreten sein muss. Nur dann hat sich die sog. Betriebsgefahr des Kfz verwirklicht. Demgemäß ist in der **Privathaftpflichtversicherung** diese Gefahr in Gestalt der sog. **Benzinklausel** ausgeschlossen. Jener Ausschluss findet sich in den AHB lediglich im Kontext von Erhöhungen der im Versicherungsschein angegebenen Risiken (Nr. 3.1 (2) AHB (Stand: April 2012)) sowie der Vorsorgeversicherung (Nr. 4.3 (1) AHB (Stand: April 2012)).

1717 Der eigentliche Ausschluss ist üblicherweise in den **Besonderen Bedingungen** enthalten. In der Privathaftpflichtversicherung ist er normalerweise als sog. **Kleine Benzinklausel** ausgestaltet.[53] Diese knüpft ebenso wie die in allen anderen Haftpflichtversicherungen übliche sog. Große Benzinklausel und in Übereinstimmung mit den AKB an den Gebrauch des Fahrzeugs an. Der wesentliche Unterschied besteht darin, dass nach der Kleinen Benzinklausel allein die Haftpflicht der im Einzelnen **aufgeführten Personen** nicht versichert ist. Demgegenüber besteht nach der Großen Benzinklausel weder für den Versicherungsnehmer noch für die Mitversicherten Schutz, unabhängig davon, wer das Fahrzeug gebraucht (oder einem Dritten den Gebrauch gestattet) hat.

1718 Der **Wortlaut** einer Kleinen Benzinklausel kann etwa folgendermaßen lauten: *„Nicht versichert ist die gesetzliche Haftpflicht des Eigentümers, Besitzers, Halters oder Führers eines Kraft-, Luft- oder Wasserfahrzeugs wegen Schäden, die durch den Gebrauch des Fahrzeugs verursacht werden."*

1719 Praktisch bedeutsam ist die Abgrenzung insbesondere im Hinblick auf solche Schäden, die beim **Be- und Entladen** des oder beim **Aussteigen** aus dem Kfz eintreten. Derartige Schäden werden grundsätzlich noch vom Gebrauch des Kfz erfasst (s. A. 1.1.1 S. 2 AKB 2008). Dies gilt etwa für den Fall, dass ein Einkaufswagen beim Entladen gegen ein anderes Kfz prallt. Bisweilen kommt es aber auch wegen anderer Vorgänge zur **Abgrenzungsfragen**.

---

52 Richtlinie 2005/14/EG, ABl. 2005 Nr. L 149/14.

53 Eingehend *Stockmeier*, VersR 2013, 823ff.

Beispiel 1:[54] A stellt einen Heizlüfter in das Kfz, das ihm sein Arbeitgeber B für den Weg zur Arbeit zur Verfügung gestellt hat, um die vereisten Scheiben aufzutauen. Als er 10 Minuten später nach dem Kfz schaut, hat der Heizlüfter Brandschäden im Fahrzeug verursacht, für deren Beseitigung ihm B 6.700 € in Rechnung stellt. Diesen Betrag verlangt A nunmehr von seinem Privathaftpflichtversicherer V ersetzt. V verweist demgegenüber auf die in den AVB enthaltene Benzinklausel. 1720

Der BGH hielt die Benzinklausel hier nicht für anwendbar. A habe nämlich nicht das Kfz gebraucht, sondern lediglich einen nicht dazu gehörenden Heizlüfter hineingestellt. Damit habe sich nicht das Gebrauchsrisiko des Fahrzeugs, sondern ein **Risiko des Heizlüfters** verwirklicht. 1721

Beispiel 2:[55] Die 14-jährige Tochter T des Versicherungsnehmers A sitzt auf dem Beifahrersitz eines abgestellten Pkw, dessen Halterin die Cousine des A ist. T bewegt den im Zündschloss steckenden Schlüssel, um über die zu aktivierende Batterie das Autoradio zu betreiben. Dabei dreht T den Schlüssel versehentlich so weit um, dass der Motor gestartet wird, dieser sich von selbst in Bewegung setzt und ein anderes geparktes Kfz beschädigt. 1722

Das OLG Celle erblickt hier in der bloßen Nutzung der **Batterie als Energiequelle** für einen Zweck, der mit dem Betrieb des Kfz in keinem inneren Zusammenhang steht, zutreffend keinen Gebrauch des Kfz durch den Führer i.S. der Benzinklausel.[56] Der Einsatz einer Energiequelle liegt jedoch keineswegs in jedem Fall außerhalb des Ausschlusses, wie das folgende Beispiel zeigt. 1723

Beispiel 3:[57] A restauriert in einer Lagerhalle, die er von Eigentümer B angemietet hat, ein altes Kfz, das fahruntauglich und nicht zum Straßenverkehr zugelassen ist. Als er den Wagen mittels einer externen Energiequelle (nach seinem Vorbringen: eines Batterieladegeräts) starten will, brennt dieser vollständig aus. Dabei wird auch die Lagerhalle beschädigt. Der Gebäudeversicherer des B ersetzt diesem den Schaden an der Lagerhalle und nimmt den A in Regress. A wendet sich daraufhin an seinen Privathaftpflichtversicherer V. Dieser beruft sich auf die Benzinklausel. 1724

Das OLG Düsseldorf geht davon aus, dass sich hier ein **typisches Risiko der Kfz-Haftpflichtversicherung** verwirklicht habe. In der Tat bilden Aktivitäten, die darauf abzielen, den Motor zum Laufen zu bringen, bei Erfolg den Hauptanwendungsfall des Gebrauchs eines Kfz. Solche Tätigkeiten haben mit reinen Bastel- oder Restaurationsarbeiten nichts mehr zu tun. Dies gilt auch dann, wenn es dadurch zum Schaden kommt, dass sich durch Funkenbildung einer extern angeschlossenen Energiequelle Benzinleitung und Kraftstoff entzünden. 1725

54 Nach BGH VersR 2007, 388.
55 Nach OLG Celle VersR 2006, 256.
56 OLG Celle VersR 2006, 256.
57 Nach OLG Düsseldorf VersR 2008, 1387.

Unerheblich ist es dabei, ob der Pkw zum Straßenverkehr zugelassen war oder nicht. Die Tatsache, dass für den Wagen mangels Zulassung keine Kfz-Haftpflichtversicherung bestanden hat, geht deshalb hier zu Lasten des A; er kann den Schaden nicht auf seinen Privathaftpflichtversicherer abwälzen.

1726 Wie dieser Beispielsfall, aber auch die in Rn. 1719ff. genannten Vorgänge zeigen, kommt es für den Gebrauch eines Kfz nicht notwendig darauf an, dass sich dieses bereits oder noch in **Bewegung** befindet. Eine andere Frage ist es, welches Verhalten dazu führt, dass eine Person zum **Führer des Kfz** i.S. der Benzinklausel wird.

1727 **Beispiel:**[58] A fährt das Kfz seines Freundes B an einer Autobahntankstelle ein kurzes Stück bis zur Zapfsäule vor, um den Toilettengang des B zum Tanken zu nutzen. Da er nicht weiß, dass es sich um ein Dieselfahrzeug handelt, tankt er Benzin. Dies führt zu einem Motorschaden am Fahrzeug, den A nun von seinem Privathaftpflichtversicherer V ersetzt verlangt.

1728 Das LG Duisburg geht davon aus, für die Anwendbarkeit des Risikoausschlusses genüge es, dass das Kfz nur wenige Meter gelenkt wird. Schon dadurch ist A nämlich zum **Führer des Kfz** geworden, so dass sein Deckungsschutz in der Privathaftpflichtversicherung erlischt.

III. Deckungsumfang

1729 Die Kfz-Haftpflichtversicherung schützt neben dem Versicherungsnehmer insbesondere auch den **Halter**, den **Eigentümer** sowie den **Fahrer**. Hingegen werden **Beifahrer** nur unter engen Voraussetzungen einbezogen (A.1.2 lit. d, g AKB 2008).

1730 Was die internationale Reichweite des Versicherungsschutzes angeht, so erstreckt sich diese auf die **geographischen Grenzen Europas** und zudem auf außereuropäische Territorien der EU (A.1.4 AKB 2008).

1731 Darüber hinaus kann der Deckungsschutz durch die **Internationale Versicherungskarte für Kraftverkehr (sog. Grüne Karte)** auf die darin genannten nichteuropäischen Länder ausgedehnt werden. Praktisch bedeutsam ist dies nicht allein für Auslandsreisen von Touristen oder Geschäftsleuten, sondern auch für Heimatreisen von Migranten. In Deutschland spielt die Grüne Karte insbesondere für den Fall eine Rolle, dass Personen mit türkischstämmigen Wurzeln mit ihrem im Inland versicherten Kfz in den asiatischen Teil der Türkei reisen. Dem System der Grünen Karte liegen internationale Abkommen zugrunde; beteiligt sind neben sämtlichen EWR- und EFTA-Staaten etwa auch Marokko, die Russische Föderation, die Türkei, Tunesien sowie die Ukraine.

1732 Unter den **Risikoausschlüssen** sei hier insbesondere derjenige für Schäden genannt, die eine **mitversicherte Person** dem Versicherungsnehmer, dem Halter oder dem Eigentümer des Kfz zufügt (A. 1.5.6 AKB 2008). Freilich werden

58 Nach LG Duisburg VersR 2007, 56.

Personenschäden hiervon ausgenommen, so wie § 4 Nr. 1 KfzPflVV dies verbindlich vorschreibt, indem er einen Ausschluss nur für Sach- und Vermögensschäden zulässt. Praktisch wichtig ist dies für den Fall, dass der Versicherungsnehmer als **Beifahrer** verletzt wird.

Der Deckungsschutz umfasst grundsätzlich keine mit dem versicherten Kfz 1733 **beförderten Sachen** (A.1.5.5 AKB 2008). Eine Ausnahme gilt für solche Sachen, die Kfz-Insassen **üblicherweise** mit sich führen; die Klausel zählt als Beispiele Kleidung, Brille oder Brieftasche auf. Über die Abgrenzung wird bisweilen prozessiert.

Beispiel:[59] A behauptet, dass bei einem Unfall mit dem bei V haftpflichtversi- 1734 cherten Kfz sein Laptop irreparabel zerstört worden sei. V beruft sich auf den Ausschluss für beförderte Sachen. Das Gericht hält dies für zutreffend und verweist darauf, dass die Ausnahme für üblicherweise mitgeführte Sachen zwar Handys erfasse, nicht jedoch aus beruflichen Gründen mitgeführte Sachen wie hier den Laptop. Der Sachverhalt zeigt freilich, dass die Grenzen insoweit fließend sein können, etwa wenn es um Tablet-Computer geht.

Es kann auch dazu kommen, dass durch das Kfz **andere Sachen des Versiche-** 1735 **rungsnehmers** beschädigt werden, etwa ein Zweitwagen.

Beispiel:[60] A ist Halter zweier Kfz, für die er bei V Haftpflichtversicherungs- 1736 verträge unterhält. Eines der Kfz, ein VW Golf, gehört seiner Ehefrau F. In der Hofeinfahrt des ehelichen Grundstücks stößt F als Führerin jenes Kfz gegen das andere von A gehaltene Kfz, einen Mini. Der BGH lehnt hier eine Leistungspflicht des V für den am Mini entstandenen Schaden ab. Dabei verweist er auf den Risikoausschluss für eigene Sachschäden in A.1.5.6 AKB 2008. Dieser greife nicht allein dann ein, wenn es um Schäden an Kfz geht, hinsichtlich derer der Schädiger mitversicherte Person ist. In der Tat wird der durchschnittliche Versicherungsnehmer davon auszugehen haben, dass sich der Haftungsausschluss auf sein gesamtes Vermögen erstreckt.[61]

In der Kfz-Haftpflichtversicherung kommt zugleich dem **Schutz mitversi-** 1737 **cherter Personen** besondere Bedeutung zu. Häufig sind nämlich Versicherungsnehmer und Fahrer, etwa innerhalb von Arbeitsverhältnissen, nicht identisch. Dem trägt zunächst bereits die Tatsache Rechnung, dass § 1 PflVG den Halter eines Kraftfahrzeuges verpflichtet, die Haftpflichtversicherung für sich, den Eigentümer und den Fahrer abzuschließen. Namentlich der Fahrer verdient besonderen Schutz, da er neben dem Halter (§ 7 StVG) nach § 18 StVG sowie § 823 BGB selbst haftpflichtig werden kann.

Der Fahrer würde nach den allgemeinen Vorschriften seinen Versicherungs- 1738 schutz verlieren, wenn der Halter seine vertraglichen **Pflichten** als Versiche-

59 Nach LG Erfurt NJW-RR 2013, 358.
60 Nach BGH VersR 2008, 1202 (zu § 11 Nr. 2 AKB a.F.; jetzt A.1.5.6 AKB 2008).
61 So etwa auch *Knappmann*, in: Prölss/Martin, A.1.5 AKB Rn. 16.

rungsnehmer nicht erfüllt, etwa indem er die fälligen Prämien nicht entrichtet, oder wenn er **Obliegenheiten** verletzt. Hier setzt § 123 VVG an. Diese Vorschrift verfolgt den Zweck, mitversicherte Personen wie den Fahrer eines Kfz in ihrem Vertrauen auf den bestehenden Versicherungsschutz zu schützen, auch wenn der Versicherungsnehmer sich vertragswidrig verhalten hat. Ist der Mitversicherte im Hinblick auf den Bestand des Versicherungsschutzes **gutgläubig**, so kann der Versicherer nach § 123 Abs. 1 VVG dem Versicherten die Leistungsfreiheit nicht entgegenhalten. Allerdings setzt § 123 Abs. 1 VVG voraus, dass der Versicherte zur selbstständigen Geltendmachung seiner Rechte aus dem Versicherungsvertrag berechtigt ist. Dies ist nach § 44 Abs. 2 VVG indes gerade nicht der Regelfall. Für die Kfz-Haftpflichtversicherung, den Hauptanwendungsbereich des § 123 VVG, schreibt § 2 Abs. 3 KfzPflVV jedoch vor, dass mitversicherten Personen ein solches Recht im Versicherungsvertrag einzuräumen ist. Dem entspricht die Sonderregel in F.3 AKB 2008.

1739 Bis zur Reform des VVG bestand für den Mitversicherten eine **Schutzlücke**, die nach zutreffender Ansicht des BGH auch nicht im Wege der Analogie behoben werden konnte:[62] § 123 Abs. 1 VVG setzt nämlich den Bestand eines wirksamen Versicherungsverhältnisses voraus. Fehlt es hieran, kommt diese Vorschrift dem Mitversicherten nicht zu Gute. Hier hat der Gesetzgeber – die Kritik des BGH aufgreifend – Abhilfe geschaffen.[63] Er hat einen neuen § 123 Abs. 4 VVG ins Gesetz aufgenommen, der auf § 117 Abs. 2 VVG verweist. Danach genügt bereits der **Anschein eines wirksamen Vertrags** (s. Rn. 1676). Somit ist der Versicherer seit der Reform auch in zeitlicher Hinsicht gegenüber dem gutgläubigen Versicherten unter den gleichen Voraussetzungen zur Leistung verpflichtet wie gegenüber dem geschädigten Dritten.

IV. Besondere Schutzregeln

1. Direktanspruch des Geschädigten

1740 Nach § 115 Abs. 1 Nr. 1 VVG kann der Geschädigte seinen Anspruch auf Schadensersatz statt gegen den haftpflichtigen Schädiger auch gegen den Kfz-Haftpflichtversicherer geltend machen (**Direktanspruch**; s. allgemein Rn. 1690). Durch diese Regelung wird das Trennungsprinzip durchbrochen, wonach das Haftpflicht- und das Versicherungsverhältnis in prozessualer Hinsicht voneinander getrennt zu sehen sind. Der Versicherer haftet dann dem Geschädigten neben dem Schädiger als **Gesamtschuldner** (§ 115 Abs. 1 S. 4 VVG), wobei jedoch das Trennungsprinzip grundsätzlich gewahrt bleibt, demzufolge sich Grund und Höhe der Haftung nicht nach der Versicherung richten. Dies gilt auch dann, wenn der Versicherer im Innenverhältnis gegenüber dem Versicherungsnehmer nicht zur Leistung verpflichtet ist (§ 117 Abs. 1 VVG). Dann hat

62 BGH VersR 2004, 369, 371.

63 Regierungsbegr.; BT-Drs. 16/3945 S. 90.

der Geschädigte gegen den Versicherer einen Direktanspruch nach §§ 115 Abs. 1 S. 1 Nr. 1, 117 Abs. 1 VVG.

Im Rahmen des Gesamtschuldverhältnisses besteht eine Abweichung von §§ 425 BGB, 325 ZPO. Nach § 124 Abs. 1 VVG können sich Versicherer und Versicherungsnehmer auf ein **klageabweisendes Urteil** berufen, welches gegen den jeweils anderen ergangen ist. Mit dieser Regelung bezweckt der Gesetzgeber, einen Gleichlauf zwischen der Haftung des Versicherers und des Versicherungsnehmers im Außenverhältnis zu gewährleisten. Erfasst werden nur der Rechtskraft fähige gerichtliche Entscheidungen, so dass ein Vergleich auch dann nicht unter die Vorschrift fällt, wenn er vom Gericht protokolliert wurde.[64] 1741

Problematisch ist, ob § 124 Abs. 1 VVG auch dann eingreift, wenn die auf § 115 Abs. 1 S. 1 VVG gestützte (Direkt-)Klage gegen den Versicherer wegen Eintritts der **Verjährung** abgewiesen wird. Dies nimmt der BGH an.[65] Es spiele auch keine Rolle, ob Versicherer und Schädiger in demselben Prozess als Gesamtschuldner verklagt werden oder zunächst ausschließlich der Versicherer und erst zu einem späteren Zeitpunkt der Schädiger. Gegen diese Sichtweise spricht jedoch entscheidend, dass die kurze Verjährungsfrist des § 115 Abs. 2 S. 2 Halbs. 2 VVG über den Umweg des § 124 VVG dann auch auf den Haftpflichtanspruch Anwendung fände.[66] Die Einräumung des Direktanspruchs soll jedoch die Rechtsposition des Geschädigten keinesfalls verschlechtern, sondern ausschließlich verbessern. Mit dieser gesetzgeberischen Zielsetzung wäre eine derartige Verkürzung der Verjährung in Fällen des Direktanspruchs nicht vereinbar. Liegt keine rechtskräftige Entscheidung vor, so steht die Verjährung des Direktanspruchs auch nach Ansicht des BGH einer Geltendmachung des Haftpflichtanspruchs gegen den Schädiger nicht entgegen.[67] 1742

2. Verbesserungen des Deckungsschutzes

Die Verletzung einer Obliegenheit kann nach den allgemeinen Regeln (s. insbesondere § 28 VVG) im Einzelfall erhebliche Nachteile für den Versicherungsnehmer nach sich ziehen. Insoweit sehen die §§ 5ff. KfzPflVV Abweichungen zugunsten des Versicherungsnehmers, des Halters oder des Eigentümers vor. Zum einen wird der Kreis derjenigen **Obliegenheiten** vor Eintritt des Versicherungsfalls, die vereinbart werden können, in § 5 Abs. 1 KfzPflVV abschließend festgelegt. Hinzu kommen einige **summenmäßige Beschränkungen** der Leistungsfreiheit des Versicherers (s. Rn. 375 im Kontext der Quotelung). 1743

Der Dritte wird in der Pflichtversicherung durch den **Einwendungsausschluss** gem. § 117 VVG weitreichend geschützt (näher dazu Rn. 1670ff.). 1744

---

64 BGH VersR 1985, 849.

65 BGH VersR 2003, 1121, 1122.

66 *Dallwig*, in: FachanwKomm VersR, § 124 (im Druck); wohl auch *Knappmann*, in: Prölss/Martin, § 124 Rn. 4; *Huber*, in: Schwintowski/Brömmelmeyer, § 124 Rn. 12; a.A. *Schneider*, in: MünchKomm-VVG, § 124 Rn. 7.

67 BGH VersR 2007, 371f. Rn. 14ff.

1745 Besondere Bedeutung für die Kfz-Haftpflichtversicherung haben – auch wenn die Vorschriften für sämtliche Pflichtversicherungen gelten – die Regelungen der §§ 122, 124 VVG. § 122 VVG betrifft den Fall, dass die „von der [Haftpflicht-]Versicherung erfasste Sache" **veräußert** wird. Die Norm ordnet eine entsprechende Anwendung der grundsätzlich nur für die Sachversicherung geltenden[68] §§ 95–98 VVG (zu ihnen s. Rn. 1244ff.) an. Dies erscheint auf den ersten Blick als systemfremd, zumal da in der Haftpflichtversicherung keine konkreten Sachen gegen Schäden versichert sind, sondern das Vermögen des Versicherungsnehmers gegen die Belastung mit Schadensersatzansprüchen Dritter. Gleichwohl passt die Vorschrift auch ins Konzept der obligatorischen Haftpflichtversicherung: Sie setzt nämlich voraus, dass die Haftpflicht des Versicherungsnehmers auf Risiken beruht, die von der **rechtlichen Beziehung zu einer bestimmten Sache** ausgehen. Die Vorschrift hat den Fall im Blick, dass der Versicherungsnehmer als Halter eines Kfz dieses gegen Haftpflicht versichert hat und das Fahrzeug dann an einen Erwerber nach sachenrechtlichen Vorschriften veräußert. Die Vorschrift bewirkt in diesem Fall, dass die Versicherung infolge der Veräußerung nicht aufgrund Wegfalls des versicherten Risikos erlischt, sondern der Erwerber des Fahrzeugs in den Vertrag eintritt. Auf diese Weise wird die Gefahr von Deckungslücken zum Nachteil des Geschädigten weiter vermindert.

V. Schadenfreiheitrabatt-System

1746 Die Gewährung von Nachlässen auf die künftig geschuldeten Prämien bei schadensfreiem Verlauf – die von der verbreitet vorgesehenen Rückerstattung bereits geleisteter Prämien unterschieden werden muss – ist in den meisten Versicherungssparten nicht vorgesehen. Bisweilen ist sie in der Privaten Krankenversicherung und neuerdings auch in der Rechtsschutzversicherung anzutreffen. In der Kfz-Versicherung besteht hingegen ein **umfassendes Schadenfreiheitrabatt-System** (s. I AKB 2008). Der Grundgedanke dieses Systems besteht darin, dass dem Versicherungsnehmer abhängig von der Anzahl der schadenfreien Versicherungsjahre ein **Rabatt auf die Prämie** gewährt wird. Damit lässt sich zum einen dem Umstand Rechnung tragen, dass der Versicherungsnehmer das Kollektiv in der Vergangenheit nicht mit zu regulierenden Schäden belastet hat. Zum anderen kann von dem Rabatt eine verhaltenssteuernde Wirkung ausgehen, da er für künftiges schadensvermeidendes Verhalten einen wirtschaftlichen Anreiz setzt.

1747 Dieses System besteht in der Kfz-Haftpflichtversicherung sowie in der Kfz-Vollkaskoversicherung; die Schadensfreiheit wird für beide Sparten getrennt ermittelt. In der Kfz-Teilkaskoversicherung gibt es hingegen regelmäßig keinen Schadenfreiheitsrabatt. Jeder Versicherungsnehmer wird zu Vertragsbeginn in eine Schadenfreiheit-Klasse (SF-Klasse) eingestuft (s. I.2 AKB 2008); dabei

---

68 S. nur *Dötsch*, NZM 2012, 830f.

kann unter bestimmten Voraussetzungen ein Schadenverlauf von einem anderen Vertrag – der nicht beim selben Versicherer bestanden haben muss – übernommen werden (s. I.6 AKB 2008). Sodann erfolgt eine jährliche Neueinstufung (s. I.3 AKB 2008). Maßgeblich für die Höhe und für Änderungen des Rabatts sind die Tarifbestimmungen (sog. **Rückstufungstabellen**).

Ein **schadenfreier Verlauf** setzt nach I.4.1.1 AKB 2008 grundsätzlich voraus, 1748
dass dem Versicherer während des Versicherungsjahres kein Schadenereignis gemeldet worden ist, für das er eine Entschädigung leisten oder Rückstellungen hat bilden müssen. Mithin kommt es nicht auf den Eintritt eines Schadensereignisses als solches an. Entscheidend ist vielmehr, ob der Versicherer durch ein derartiges Ereignis tatsächlich belastet worden ist. Dementsprechend kann der Versicherungsnehmer eine Rückstufung in der Kfz-Haftpflichtversicherung vermeiden, indem er dem Versicherer eine von diesem an den geschädigten Dritten geleistete Entschädigung erstattet (I.5 AKB 2008).

H. Besonderheiten der D&O-Versicherung

Literatur

Baumann, Versicherungsfall und zeitliche Abgrenzung des Versicherungsschutzes in der D&O-Versicherung, NZG 2010, 1366; *ders.*, Die Problematik der Abtretbarkeit von Freistellungsansprüchen in der D&O-Versicherung – insbesondere an die geschädigte Versicherungsnehmerin, r+s 2011, 229; *Dreher*, Die Rechtsnatur der D&O-Versicherung, DB 2005, 1669; *Dreher/Thomas*, Die D&O-Versicherung nach der VVG-Novelle 2008, ZGR 2009, 31; *Franz*, Aktuelle Compliance-Fragen zur D&O-Versicherung, DB 2011, 1961, 2019; *Gruber/Mitterlechner/Wax*, D&O-Versicherung mit internationalen Bezügen, 2012; *Ingwersen*, Die Stellung des Versicherungsnehmers bei Innenhaftungsfällen in der D&O-Versicherung, 2011; *Koch*, Aktuelle und zukünftige Entwicklungen in der D&O-Versicherung, WM 2007, 2173; *ders.*, Das Claims-made-Prinzip in der D&O-Versicherung auf dem Prüfstand der AGB-Inhaltskontrolle, VersR 2011, 295; *Lange*, Der Direktanspruch gegen den Haftpflichtversicherer (am Beispiel der D&O-Versicherung), r+s 2011, 185; *ders.*, Die D&O-Selbstbehalt-Versicherung, r+s 2010, 92; *ders.*, Die Prozessführungsbefugnis der Versicherungsnehmerin einer D&O-Versicherung, VersR 2007, 893; *ders.*, Die vorvertragliche Anzeigepflicht in der D&O-Versicherung, VersR 2006, 605; *Olbrich*, Die D&O-Versicherung, 2. Aufl. 2007; *Säcker*, Streitfragen zur D&O-Versicherung, VersR 2005, 10; *Schramm*, Das Anspruchserhebungsprinzip, 2009; *Steinkühler/Kassing*, Das Claims-Made-Prinzip in der D&O-Versicherung und die Auslegung der Begriffe Anspruchs- sowie Klageerhebung, VersR 2009, 607; *v. Westphalen*, Wirksamkeit des Claims-made-Prinzips in der D&O-Versicherung, VersR 2011, 145; *ders.*, Ausgewählte neuere Entwicklungen in der D&O-Versicherung, VersR 2006, 17.

I. Überblick

Die D&O-Versicherung soll im Folgenden als ein **Beispiel** für eine besondere 1749
Ausprägung der Haftpflichtversicherung herausgegriffen werden. An ihr lassen sich nicht nur einige versicherungsrechtliche Fragen vertiefen. Darüber hinaus vermittelt dieser **wirtschaftsbezogene Versicherungszweig** eine exemplarische

Anschauung davon, wie eng das Versicherungsrecht mit anderen Teildisziplinen des Rechts – hier: dem **Kapitalgesellschaftsrecht** – verknüpft sein kann.

1750 Die Abkürzung D&O steht für „*Directors and Officers Liability Insurances*". Es handelt sich um eine freiwillige **Vermögensschaden-Haftpflichtversicherung.** Ihre Funktion besteht mithin nach der allgemeinen Regel des § 100 VVG in der Befriedigung begründeter Schadensersatzansprüche **(Freistellungsfunktion)** sowie in der gerichtlichen und außergerichtlichen Abwehr unbegründeter Schadensersatzansprüche **(Abwehrfunktion**; s. allgemein Rn. 1653). Die D&O-Versicherung dient der Absicherung des **persönlichen Haftungsrisikos von Unternehmensleitern** wie insbesondere Vorständen, Aufsichtsräten und Geschäftsführern von Kapitalgesellschaften.

1751 Spezielle **gesetzliche Regelungen** zur D&O-Versicherung enthält das VVG nicht (s. aber im Aktienrecht die Vorgaben zum obligatorischen Selbstbehalt in § 93 Abs. 2 S. 3 AktG; dazu Rn. 1769f.). Vorrangig sind die §§ 100ff. VVG heranzuziehen, subsidiär diejenigen des Allgemeinen Teils des VVG sowie ergänzend die Normen des Gesellschaftsrechts und des Bürgerlichen Rechts. Der GDV hat **Musterbedingungen** erstellt, nämlich die „Allgemeinen Versicherungsbedingungen für die Vermögensschaden-Haftpflichtversicherung von Aufsichtsräten, Vorständen und Geschäftsführern" (AVB-AVG). Bis heute hat sich jedoch kein Bedingungswerk als Standard durchgesetzt. Der Markt bietet viele Deckungskonzepte an, die sich teils deutlich voneinander unterscheiden.[69]

1752 Grundsätzlich handelt es sich bei der D&O-Versicherung um eine **Versicherung für fremde Rechnung** (§§ 43ff. VVG; s. Rn. 1595ff.). Versicherungsnehmer ist der Interesseträger, regelmäßig also eine Aktiengesellschaft. Versicherte Person ist das jeweilige, Haftungsrisiken tragende Organmitglied, wobei die Versicherung i.d.R. nicht auf eine bestimmte Person abstellt, sondern abstrakt an die Position des Organmitglieds anknüpft.[70]

1753 Es ist zu unterscheiden zwischen der Haftung des jeweiligen Organmitglieds gegenüber Gesellschaftsgläubigern **(Außenhaftung)** und seiner Haftung gegenüber der Gesellschaft selbst **(Innenhaftung).**

1754 Bei der **Außenhaftung** kommen vor allem deliktische Ansprüche, aber auch solche aus c.i.c. (§§ 280 Abs. 1, 241 Abs. 2, 311 Abs. 2, 3 BGB) in Betracht.[71]

1755 Für eine **Innenhaftung** des Organmitglieds ist vor allem die organschaftliche Haftung von Bedeutung (s. dazu Rn. 1757, 1760f.). Eine Haftung nach § 280 Abs. 1 BGB i.V. mit dem Dienst- oder Geschäftsbesorgungsvertrag des Organmitglieds geht in der organschaftlichen Haftung auf.[72] Zu deliktischen Ansprüchen der Gesellschaft besteht hingegen Anspruchskonkurrenz.

---

69 Vgl. *Lenz*, in: van Bühren, Hdb. Versicherungsrecht, § 26 Rn. 4.

70 *Haehling von Lanzenauer*, in: Looschelders/Pohlmann, Anh. C Rn. 2.

71 Vgl. VersRHdb./*Beckmann, § 28 Rn. 43.*

72 Baumbach/Hueck/*Zöllner*/*Noack*, § 43 Rn. 4.

II. Gesellschaftsrechtliche Haftungsgrundlagen

1. Aktiengesellschaft

a) Vorstandsmitglieder

Die Vorstandsmitglieder einer AG sind zur eigenverantwortlichen Unternehmensleitung verpflichtet (§ 76 Abs. 1 AktG).[73] Im **Außenverhältnis** obliegt den Vorstandsmitgliedern die gerichtliche und außergerichtliche Vertretung der Gesellschaft (§ 78 Abs. 1 AktG). Ausgenommen ist die Vertretung gegenüber dem Vorstand, die der Aufsichtsrat übernimmt (§ 112 AktG). Die Vertretungsmacht ist unbeschränkbar (§ 82 Abs. 1 AktG). Im **Innenverhältnis** sind die Vorstandsmitglieder zur **Geschäftsführung** verpflichtet, und zwar unter Beachtung begrenzter Kompetenzen des Aufsichtsrats und der Hauptversammlung (s. § 119 AktG). Die Vorstandsmitglieder trifft eine **Berichtspflicht** gegenüber dem Aufsichtsrat (§ 90 AktG) sowie eine **Auskunftspflicht** gegenüber den Aktionären (§ 131 AktG). 1756

Aus der Erfüllung aller dieser Aufgaben können sich in verschiedener Hinsicht Haftungsrisiken für die Vorstandsmitglieder ergeben. Für die Geschäftsführung gilt der besondere Maßstab der **Sorgfalt eines ordentlichen und gewissenhaften Geschäftsleiters** (§ 93 Abs. 1 S. 1 AktG). Verletzt ein Vorstandsmitglied diese Pflicht und erwächst der Gesellschaft daraus ein Schaden, so hat sie gem. § 93 Abs. 2 AktG Anspruch auf **Schadensersatz** (Innenhaftung). Einige Haftungstatbestände sind in § 93 Abs. 3 Nr. 1–9 AktG aufgeführt. 1757

Eine Versicherung, die die Gesellschaft für ein Vorstandsmitglied zum Schutz gegen Risiken aus dessen beruflicher Tätigkeit für die Gesellschaft abschließt (D&O-Versicherung), muss einen **Selbstbehalt** von mindestens 10 % des Schadens bis mindestens zur Höhe des Eineinhalbfachen der festen jährlichen Vergütung des Vorstandsmitglieds vorsehen (§ 93 Abs. 2 S. 3 AktG; s. Rn. 1769). Der Selbstbehalt kann durch das Vorstandsmitglied separat versichert werden (s. Rn. 1770). 1758

b) Aufsichtsratsmitglieder

Dem Aufsichtsrat als Organ[74] sind durch das Gesetz im Wesentlichen zwei Aufgaben zugewiesen: Die **Bestellung des Vorstands** für höchstens fünf Jahre (§ 84 Abs. 1 S. 1 AktG), wobei ein Widerruf aus wichtigem Grund möglich ist (§ 84 Abs. 3 AktG), sowie die **Überwachung der Geschäftsführung des Vorstands** (§ 111 AktG). Zu jener Überwachungsaufgabe gehört zum einen die rückblickende Kontrolle des Geschäftsverlaufs und der Amtsführung des Vorstandes, zum anderen die vorbeugende Kontrolle der unternehmerischen Führungsentscheidungen (Unternehmensplanung). Der Vorstand ist insbesondere auch daraufhin zu überwachen, dass er Schadensersatzansprüche der AG geltend macht. 1759

---

73 Näher *Saenger*, Gesellschaftsrecht, 2010, Rn. 574ff. Zur Haftung speziell des Vorstands eines Versicherungsunternehmens s. *Louven/Raapke*, VersR 2012, 257ff.

74 Näher *Saenger* (Fn. 72), Rn. 594ff.

Weigert sich der Vorstand, so ist der Aufsichtsrat dann, wenn nicht vorrangige Interessen der Gesellschaft dem entgegenstehen, zur Klageerhebung verpflichtet. Der Aufsichtsrat hat zudem eine Hauptversammlung einzuberufen, wenn das Wohl der Gesellschaft dies erfordert (§ 111 Abs. 3 AktG). Ferner ist er zur Prüfung des Rechnungswesens sowie zur Feststellung und Billigung des Jahresabschlusses berufen (§§ 171, 172 AktG); gemeinsam mit dem Vorstand ist er für die Bildung von Gewinnrücklagen zuständig (§ 58 Abs. 2 AktG). Bestimmte Geschäftsführungsmaßnahmen sind von der Zustimmung des Aufsichtsrats abhängig (§ 111 Abs. 4 S. 2 AktG). Dieser vertritt die Gesellschaft gegenüber dem Vorstand (§ 112 AktG), was haftungsrechtlich insbesondere im Hinblick auf die Anstellungsverträge der Vorstandsmitglieder bedeutsam ist.

1760 Für die **Sorgfaltspflicht** und die **Haftung** der Aufsichtsratsmitglieder gelten die Grundsätze zum Vorstand sinngemäß (§§ 116, 93 AktG), mit der Maßgabe, dass es nicht um die eigenverantwortliche Leitung der Gesellschaft geht. Eine Haftpflichtversicherung für die Tätigkeit von Aufsichtsratsmitgliedern (D&O-Versicherung) muss nicht den für Vorstandsmitglieder zwingend erforderlichen Selbstbehalt (s. Rn. 1769) enthalten (§§ 116 S. 1, 93 Abs. 2 S. 3 AktG).

2. GmbH

1761 Die Organhaftung der Geschäftsführer einer GmbH ist in § 43 Abs. 1, 2 GmbHG geregelt. Sie müssen danach in Angelegenheiten der Gesellschaft die **Sorgfalt eines ordentlichen Geschäftsmanns** anwenden. Verletzen sie diese Anforderung, so haften sie für den dadurch entstandenen Schaden. Soweit auch bei der GmbH ein Aufsichtsrat besteht, kann dieser nach § 52 GmbHG i.V. mit § 116 AktG haften. Es handelt sich – ebenso wie bei der Aktiengesellschaft – jeweils um eine **Innenhaftung** gegenüber der Gesellschaft.

III. Versicherungsrechtliche Fragen

1. Deckungsumfang

1762 Vom Leistungsumfang der D&O-Versicherung sind ausschließlich reine **Vermögensschäden** gedeckt. Dies sind solche Schäden, die weder Personen- oder Sachschäden sind noch sich aus solchen Schäden herleiten (vgl. Nr. 1.1 AVB-AVG).

1763 Es besteht grundsätzlich **kein Direktanspruch** gegen den Versicherer, weder bei der Außen- noch bei der Innenhaftung. Allerdings kann der Gesellschaft vertraglich ein Direktanspruch eingeräumt werden.[75]

1764 Für die **Außenhaftung** des Organmitglieds, also seine Haftung gegenüber außenstehenden Dritten, ergeben sich bei der D&O-Versicherung keine spezifischen Probleme. Darüber hinaus kommt ein **Direktanspruch** unter dem Gesichtspunkt in Betracht, dass der Versicherungsnehmer über die Rechte, die dem Versicherten aus dem Versicherungsvertrag zustehen, im eigenen Namen

---

75 *Lenz*, in: van Bühren, Handbuch Versicherungsrecht, § 26 Rn. 52.

verfügen kann (§ 45 Abs. 1 VVG). Verschiedentlich wird davon ausgegangen, dass das in Haftpflichtversicherungen grundsätzlich geltende Trennungsprinzip der Annahme eines solchen Direktanspruchs entgegenstehe und § 45 VVG zumindest konkludent abbedungen sei.[76] Demgegenüber nimmt insbesondere die Rechtsprechung an, dass ein Direktanspruch dem geschädigten Versicherungsnehmer jedenfalls dann zusteht, wenn über den Haftpflichtprozess bereits rechtskräftig entschieden ist.[77] Denn zumindest in diesem Fall gebiete das Trennungsprinzip keine abweichende Beurteilung.[78]

Geht es dagegen um einen Fall der **Innenhaftung**, d.h. der Haftung des Or- 1765
ganmitglieds gegenüber der Gesellschaft, so besteht folgendes Problem: Hier kommt ein unmittelbares Vorgehen der geschädigten Gesellschaft, also des Versicherungsnehmers, gegen den Versicherer in Betracht. Hierfür bedarf es einer **Abtretung des Freistellungsanspruchs** des Versicherten an die Gesellschaft als den Geschädigten. Die Abtretung kann seit der VVG-Reform nicht mehr in AVB ausgeschlossen werden (§ 108 Abs. 2 VVG; s. dazu allgemein Rn. 1407). Es ist allerdings umstritten, ob die Gesellschaft als Versicherungsnehmerin überhaupt Dritter i.S. von § 108 Abs. 2 VVG ist. Bei einer Abtretung des Freistellungsanspruchs an die Gesellschaft besteht nämlich die **Gefahr eines kollusiven Zusammenwirkens** zwischen Gesellschaft und versichertem Organmitglied zum Nachteil des Versicherers. Dies spricht entscheidend dafür, dass die Abtretung unzulässig ist. § 108 Abs. 2 VVG ist demnach dahingehend teleologisch einzuschränken, dass Dritter i.S. dieser Norm nur eine Person sein kann, die außerhalb des Vertragsverhältnisses steht (s. auch Rn. 1411).[79] Nach anderer Ansicht ist hingegen auch eine Abtretung an die geschädigte Versicherungsnehmerin möglich.[80] Dies folge aus der Einordnung der D&O-Versicherung als reine Fremdschadensversicherung. Das Missbrauchsrisiko stelle einen bloßen rechtstatsächlichen Befund dar, welcher hieran nichts ändere.[81] Dem lässt sich wiederum entgegenhalten, dass der Gesetzgeber mit dem Verbot des Abtretungsausschlusses nicht den Fall im Auge gehabt hat, dass die Abtretung an den Versicherungsnehmer selbst erfolgt.

2. Definition des Versicherungsfalls (claims made-Prinzip)

Der Versicherungsfall in der D&O-Versicherung wird als die erstmalige Gel- 1766
tendmachung eines Haftpflichtanspruchs gegen eine versicherte Person während der Dauer des Versicherungsvertrags definiert (vgl. Nr. 2 AVB-AVG, sog.

76 LG Marburg DB 2005, 437, 438; *Koch*, GmbHR 2004, 18, 23; *Säcker*, VersR 2005, 10f.; s. auch Nr. 10.1 AVB-AVG (Stand: Mai 2013), wonach die Ausübung der Rechte aus dem Versicherungsvertrag grundsätzlich nur den versicherten Personen zusteht.

77 OLG Frankfurt/M. VersR 2012, 432, 433 (nicht rkr.).

78 OLG Frankfurt/M. VersR 2012, 432, 433 (nicht rkr.).

79 *Armbrüster*, r+s 2010, 441, 448; HK-VVG/*Schimikowski*, § 108 Rn. 6; *Schimmer*, VersR 2008, 875, 878f.

80 *Langheid*, VersR 2009, 1043; *Voit*, in: Prölss/Martin, Nr. 10 AVB-AVG Rn. 2.

81 *Koch*, r+s 2009, 133, 135f.

claims made-Prinzip; s. allgemein Rn. 1702). Grundsätzlich wird dabei an Pflichtverletzungen angeknüpft, die während der Laufzeit des Versicherungsvertrags, genauer: während der materiellen Versicherungsdauer, begangen wurden (Nr. 3.1 AVB-AVG). Problematisch ist, ob das claims made-Prinzip als solches der **AGB-Kontrolle** unterliegt oder ob es sich hierbei um eine – vorbehaltlich des Transparenzgebots – kontrollfreie Bestimmung der Hauptleistungspflicht i.S. des § 307 Abs. 3 S. 1 BGB handelt (zur Abgrenzung s. allgemein Rn. 537f.).[82] Gegen eine Kontrollfähigkeit wird angeführt, dass der Gesetzgeber in § 100 VVG gerade nicht geregelt habe, welche Definition des Versicherungsfalls in der Haftpflichtversicherung maßgeblich sein soll, sondern dies ausweislich der Gesetzesbegründung ausdrücklich offen lassen und den Vertragsparteien vorbehalten wollte.[83] Vereinbarten die Parteien nun eine claims made-Deckung, so liege in dieser Vereinbarung keine „von Rechtsvorschriften abweichende" Regelung i.S. des § 307 Abs. 3 S. 1 BGB. Im Übrigen sei dieses Deckungskonzept auch nicht überraschend i.S. des § 305c Abs. 1 BGB, da es sich bei der D&O-Versicherung um ein besonderes Produkt handele, das auch nur ganz spezifische Risiken decke.[84] Demgegenüber hat das OLG München die claims made-Deckung zwar gleichfalls nicht für überraschend i.S. von § 305c Abs. 1BGB gehalten,[85] die AGB-rechtliche Kontrollfähigkeit der claims made-Deckung allerdings bejaht. Es verweist dabei auf den Grundsatz, dass im Versicherungsrecht derjenige Bereich, der nicht der AGB-Kontrolle unterliege und mithin kontrollfrei bleibe, aufgrund der Besonderheiten des Versicherungsrechts eng zu ziehen sei. Zu dem kontrollfreien Kernbereich gehörten nur die Bezeichnung der Versicherungsart, die allgemeinste Beschreibung des versicherten Objekts und der versicherten Gefahr sowie die Prämienhöhe (s. auch Rn. 538).[86]

1767 Ist demnach das claims made-Prinzip kontrollfähig, so kommt es für die Beurteilung seiner inhaltlichen Angemessenheit auf seine Ausgestaltung in den AVB an. Üblicherweise wird die Regelung zur claims made-Deckung um eine **Rückwärtsversicherung** für vorvertragliche Pflichtverletzungen (Nr. 3.2 AVB-AVG) und eine **Nachmeldefrist** für Anspruchserhebungen nach Vertragsbeendigung (Nr. 3.3 AVB-AVG) ergänzt. Durch eine hinreichende Ausdehnung des Versicherungsschutzes auf Zeiträume vor und nach der Vertragslaufzeit werden die grundsätzlichen Nachteile des claims made-Prinzips ausreichend kompensiert, so dass die Klauseln einer Inhaltskontrolle gem. § 307 BGB standhalten.[87] Auch ist es AGB-rechtlich unbedenklich, die Rückwärtsversiche-

---

82 S. hierzu ausführlich *Loritz/Hecker*, VersR 2012, 385, 387ff.

83 LG München I VersR 2009, 210, 211; *Loritz/Hecker*, VersR 2012, 385, 392; *Lücke*, in: Prölss/Martin, § 100 Rn. 26; *Schimikowski*, VersR 2010, 1533, 1537.

84 LG München I VersR 2009, 210, 211.

85 OLG München VersR 2009, 1066, 1067.

86 OLG München VersR 2009, 1066, 1067; *Graf v. Westphalen*, VersR 2011, 145, 150; vgl. auch *Koch*, VersR 2011, 295f.

87 OLG Koblenz VersR 2011, 1042, 1043 (nicht rkr.); *OLG München* VersR 2009, 1066, 1068f.

rung für solche Pflichtverletzungen auszuschließen, die dem Versicherer oder dem Versicherten im Zeitpunkt des Vertragsschlusses bereits bekannt waren.[88] Die **Kenntnis** einer Pflichtverletzung setzt im Übrigen nicht nur die Kenntnis von den anspruchsbegründenden Tatsachen voraus, sondern auch die Bewertung des in Rede stehenden Verhaltens als **pflichtwidrig.**[89] Für den Zeitpunkt des Versicherungsfalls ist hier stets auf die Geltendmachung des Anspruchs durch den Geschädigten und nicht auf den Zeitpunkt der Pflichtverletzung abzustellen.[90]

Die Rechte aus dem Versicherungsvertrag kann grundsätzlich nur das versi- 1768
cherte **Organmitglied** geltend machen (vgl. Nr. 10.1 AVB-AVG). Insofern wird von den §§ 44 Abs. 2, 45 Abs. 1 VVG abgewichen. Dies ist AGB-rechtlich zulässig.[91]

3. Obligatorischer Selbstbehalt (§ 93 Abs. 2 S. 3 AktG)

Die durch das Gesetz zur Angemessenheit der Vorstandsvergütung (VorstAG) 1769
mit Wirkung vom 5.8.2009 eingeführte Norm des § 93 Abs. 2 S. 3 AktG schreibt vor, dass für jedes Organmitglied ein **Selbstbehalt** vereinbart werden muss.[92] Problematisch ist, welche Rechtsfolgen eintreten, wenn dies im Einzelfall nicht erfolgt ist. Teilweise wird davon ausgegangen, dass es sich bei § 93 Abs. 2 S. 3 AktG um ein Verbotsgesetz i.S. von § 134 BGB handele. Rechtsfolge des Verstoßes sei aber bloß eine Teilnichtigkeit (nach § 139 Halbs. 2 BGB) des Versicherungsvertrags der jeweils betroffenen Vorstände bis zur Höhe des Mindest-Selbstbehalts. Der Vorstand einer Aktiengesellschaft müsse sich dann also im Schadensfalle auch ohne Vereinbarung in der Police die gesetzliche Selbstbehaltsregelung entgegenhalten lassen. Im Übrigen bleibe der Versicherungsschutz für die Organmitglieder erhalten.[93] Andere sehen dagegen die Regelung nur als Vorgabe für das gesellschaftsrechtliche Innenverhältnis an, die sich nicht auf die Wirksamkeit des Versicherungsvertrags auswirkt. Mögliche Folge eines Verstoßes sei eine Schadensersatzpflicht des bei Abschluss des Versicherungsvertrags gesetzes- und pflichtwidrig handelnden Organs.[94] Die besseren Argumente sprechen angesichts des Gesetzeszwecks dafür, von einer Teilunwirksamkeit auszugehen. Anderenfalls würde nämlich die verhaltenssteuernde Wirkung verfehlt, deren Annahme den Gesetzgeber zur Einführung des obligatorischen Selbstbehalts motiviert hat.

88 OLG Koblenz VersR 2011, 1042, 1043 (nicht rkr.).
89 OLG Koblenz VersR 2011, 1042, 1044 (nicht rkr.).
90 OLG Frankfurt/M. VersR 2012, 432, 434 (nicht rkr.).
91 *Prölss/Klimke, in: Prölss/Martin, § 44 Rn. 21.*
92 Krit. *E. Lorenz*, in: FS Prölss, 2009, 177, 188f.
93 *Messmer*, ZfV 2009, 737, 739; *Voit*, in: Prölss/Martin, Nr. 4 AVB-AVG Rn. 10; *Wendler*, ZfV 2009, 593, 598f.
94 *Dauner-Lieb/Tettinger*, ZIP 2009, 1555, 1556f.; *Schulz*, ZfV 2009, 558, 560; *Thüsing/Traut*, NZA 2010, 140f.

1770 Umstritten ist zudem, ob die Vorstands- oder Aufsichtsratsmitglieder den nach § 93 Abs. 2 S. 3 AktG erforderlichen **Selbstbehalt versichern** dürfen. Dies könnte der Absicht des Gesetzgebers widersprechen, mit der Selbstbehaltsverpflichtung eine verhaltenssteuernde Wirkung herbeizuführen. Überwiegend wird eine derartige Versicherung jedoch als zulässig betrachtet.[95] Hierfür spricht, dass es sich bei der Selbstbehaltsversicherung um eine **Eigenvorsorge** handelt, für deren Prämien das Organmitglied – anders als hinsichtlich der Hauptdeckung – finanziell selbst aufzukommen hat. Würde man ihm diese Versicherungsmöglichkeit unter Hinweis auf die verhaltenssteuernde Wirkung der Haftungsregeln verwehren wollen, so müsste dies konsequent auch bei anderen Ausprägungen der Haftpflichtversicherung gelten, etwa bei der Privathaftpflichtversicherung im Hinblick auf die verhaltenssteuernde Wirkung der §§ 823ff. BGB. Indessen rechtfertigt es die vom Gesetzgeber beabsichtigte Verhaltenssteuerung generell nicht, dem potentiell Haftpflichtigen die Eigenvorsorge durch Versicherungsschutz (etwa anstelle einer Vorsorge im Wege der sog. Eigenversicherung durch Rücklagenbildung; s. dazu Rn. 274) zu verwehren. Dies gilt nicht zuletzt im Hinblick darauf, dass die verhaltenssteuernde Wirkung von Haftungsregeln empirisch nicht eindeutig nachgewiesen ist. Dementsprechend hat der GDV einen Mustertext für Allgemeine Versicherungsbedingungen für die persönliche Absicherung des Selbstbehalts nach dem VorstAG (**Persönliche Selbstbehaltsversicherung**) erstellt.

§ 34 Rechtsschutzversicherung

Literatur

Armbrüster, Freie Anwaltswahl und Rechtsschutzversicherung, VuR 2012, 167; *G. Bauer*, Rechtsentwicklung bei den Allgemeinen Bedingungen für die Rechtsschutzversicherung bis Anfang 2013, NJW 2013, 1576; *v. Bühren*, Rechtliche Probleme in der Zusammenarbeit mit Rechtsschutzversicherern, NJW 2007, 3030; *Cornelius-Winkler*, Die Rechtsschutzversicherung im Miet- und Wohnungseigentums- sowie im privaten Nachbarrecht, NZM 2012, 817; *ders.*, Rechtsschutzversicherung, 3. Aufl. 2008; *Eberhardt*, Rechtsschutzversicherung im Wandel, in: GS U. Hübner, 2012, S. 63; *Mathy*, Rechtsschutz-Alphabet, 2. Aufl. 2000; *Duhm*, Inhalt und Grenzen der von Rechtsschutzversicherern erteilten Deckungszusagen, 2000; *Kühborth*, Die Obliegenheiten des Versicherungsnehmers in der Rechtsschutzversicherung beim und nach dem Eintritt des Versicherungsfalles, 1988; *Lensing*, Schadenfreiheitsrabatt in der Rechtsschutzversicherung bei Verzicht auf die freie Anwaltswahl, VuR 2012, 97; *ders.*, Die Kosten des Rechtsschutzmandats, r+s 2012, 157; *Maier*, Neue Bedingungen in der Rechtsschutzversicherung (ARB 2012), r+s 2013, 105; *Pakulla*, Grundprobleme der Rechtsschutzversicherung, 1971; *Prölss*, Risikoausschlüsse in der Rechtsschutzversicherung, r+s 2005, 225 (Teil 1); 269 (Teil 2); *Schirmer*, Die Obliegenheiten in der Rechtsschutzversicherung, r+s 1999, 1 (1. Teil); 45 (2. Teil); *R. Wendt*, Die Rechtsprechung des Bundesgerichtshofs zur Rechtsschutzversicherung – Der Rechtsschutzversicherer und sein durchschnittlicher Versicherungsnehmer, r+s 2012, 223.

---

95 *Lange*, VersR 2009, 1011, 1022f.; *Thüsing/Traut*, NZA 2010, 140, 142f.; *Voit*, in: Prölss/Martin, Nr. 4 AVB-AVG Rn. 12.

A. Überblick

Bei der Rechtsschutzversicherung (s. dazu §§ 125–129 VVG) handelt es sich um einen Versicherungszweig, der praktisch für Verbraucher wie auch für Unternehmer sehr bedeutsam ist und an dem sich zugleich einige **typische Probleme** wie etwa die Auswirkungen europarechtlicher Vorgaben auf die Klauselgestaltung, die Motivation, Auslegung und Transparenzkontrolle von Risikoausschlüssen oder die Verfahrensweise bei Meinungsverschiedenheiten über den Deckungsschutz besonders anschaulich aufzeigen lassen. 1771

Die Rechtsschutzversicherung ist ein recht junger Versicherungszweig. Sie ist darauf gerichtet, im Rahmen der jeweiligen Vereinbarungen diejenigen Kosten zu decken, die dem Versicherungsnehmer bei der **Wahrnehmung seiner rechtlichen Interessen** entstehen (§ 125 VVG). Jene Interessenwahrnehmung kann außergerichtlich wie auch gerichtlich erfolgen. Zudem kann sie auf die **Durchsetzung** eigener Rechte (z.B. eines Schadensersatzanspruchs) wie auch auf die **Abwehr** von durch einen Dritten geltend gemachten Rechten gerichtet sein. Da die Rechtsschutzversicherung nicht nur praktisch sehr bedeutsam ist, sondern auch interessante Querbezüge zum Recht der Rechtsdienstleistungen aufweist und da überdies die GDV-Musterbedingungen jüngst eine innovative, in verschiedener Hinsicht Maßstäbe setzende Neugestaltung erfahren haben (ARB 2012), soll dieser Zweig hier näher behandelt werden. 1772

Systematisch zählt die Rechtsschutzversicherung zur **Schadensversicherung**. Dies hat der BGH schon vor längerer Zeit zutreffend entschieden.[96] Seit der VVG-Reform kommt jene systematische Einordnung freilich in der Gliederung des Gesetzes nicht mehr deutlich zum Ausdruck. Die §§ 158l-158o VVG a.F. als die Vorgängervorschriften der heutigen §§ 125–129 VVG waren noch in den Zweiten Abschnitt (Schadensversicherung) integriert, während die Normen heute losgelöst von den allgemeinen Regeln zur Schadensversicherung im Teil 2 (Einzelne Versicherungszweige) angesiedelt sind. Die Einordnung wird dadurch jedoch nicht in Frage gestellt. Sie ist praktisch insofern bedeutsam, als die §§ 74–87 VVG vorbehaltlich von Spezialvorschriften in den §§ 125–129 VVG auf die Rechtsschutzversicherung anwendbar sind. 1773

Der Umstand, dass die Rechtsschutzversicherung in den §§ 125–129 VVG ausdrücklich normiert ist, bedeutet nicht, dass in **anderen als „reinen" Rechtsschutzversicherungsverträgen** keine Rechtsschutzelemente enthalten sein könnten. Vielmehr gilt auch insoweit die vertragliche Gestaltungsfreiheit (s. Rn. 80 zur Charakterisierung der gesetzlichen Normierung von Vertragstypen als reine Definitionsnormen). Besonders deutlich wird dies an der **Haftpflichtversicherung**. Diese enthält ein Abwehrelement, das im Kern demjenigen der Rechtsschutzversicherung entspricht (Abwehrfunktion der Haftpflichtversicherung; s. Rn. 1653). Das Gesetz spricht in diesem Zusammenhang sogar ausdrücklich von den „Kosten des Rechtsschutzes" (§ 101 VVG). 1774

---

96 BGH VersR 1967, 774.

1775 Die Normierung der Rechtsschutzversicherung in den §§ 125–129 VVG beruht auf den Vorgaben der **EG-Rechtsschutzversicherungsrichtlinie**[97]. Dabei hat der deutsche Gesetzgeber sich darauf beschränkt, die vertragsrechtlichen Vorgaben jener Richtlinie umzusetzen, ohne darüber hinausgehende Regeln aufzustellen.

B. Gesetzliche Vorgaben

C. Überblick

1776 Die §§ 125–128 VVG enthalten einige **wesentliche Vorgaben**, die halbzwingend sind (§ 129 VVG) und von denen demgemäß in den Allgemeinen Bedingungen für die Rechtsschutzversicherung (ARB) nicht zum Nachteil des Versicherungsnehmers abgewichen werden darf. Die Regelung zum Vertragsinhalt in § 125 VVG verweist für den Umfang des Deckungsschutzes auf die Vereinbarungen der Vertragsparteien; insoweit ergeben sich aus dem Gesetz keine näheren Vorgaben. Dies gilt jedoch nicht hinsichtlich der §§ 126–128 VVG.

I. Transparenz der Leistungen (§ 126 Abs. 1 S. 1 VVG)

1777 Eine Regelung zur **Transparenz** der Rechtsschutzversicherung enthält § 126 Abs. 1 S. 1 VVG. Diese Vorschrift betrifft den Fall, dass in ein und demselben Versicherungsvertrag neben einer Rechtsschutzdeckung auch weitere Gefahrdeckungen versprochen werden (zur Koppelung, Bündelung und Kombination von Risiken s. allgemein Rn. 977). Im Versicherungsschein muss der Versicherer in solchen Fällen den Umfang der Deckung in der Rechtsschutzversicherung sowie die darauf entfallende Prämie gesondert ausweisen. Damit soll dem Versicherungsnehmer deutlich vor Augen geführt werden, wie weit die **Rechtsschutzdeckung** reicht. Dies ist dann bedeutsam, wenn eine andere, zugleich versprochene Deckung wie insbesondere die Haftpflichtversicherung ebenfalls in gewissem Umfang Rechtsschutzelemente enthält (s. zur Abwehrfunktion der Haftpflichtversicherung Rn. 1653). Zugleich bezweckt die Vorschrift des § 126 Abs. 1 S. 1 VVG, hinsichtlich der **Prämien** für Transparenz zu sorgen. Damit soll verhindert werden, dass ein Versicherer (etwa in der Kraftfahrtversicherung) die Rechtsschutzversicherungsdeckung dazu nutzt, um verdeckt die Prämie für die Versicherung der anderen Risiken zu erhöhen.[98] Schließlich ist auch ein vom Versicherer eingeschaltetes Schadensabwicklungsunternehmen (s. Rn. 1778) im Versicherungsschein anzugeben.

---

97 Richtlinie 87/344/EWG, ABl. EG 1987 Nr. L 185.
98 *Müller* VW 1988, 1354, 1360.

II. Schadensabwicklungsunternehmen (§§ 8a VAG, 126 Abs. 2 VVG)

1778 Eine Besonderheit sieht § 126 Abs. 2 VVG hinsichtlich eines vom Versicherer eingeschalteten selbstständigen **Schadensabwicklungsunternehmens** vor. Obwohl der Rechtsschutzversicherer Vertragspartner des Versicherungsnehmers ist, können nach jener Vorschrift Ansprüche auf die Versicherungsleistung allein gegen das Schadensabwicklungsunternehmen geltend gemacht werden. Da der Versicherer ungeachtet der Einschaltung des Schadensabwicklungsunternehmens Schuldner der versprochenen Versicherungsleistungen bleibt, handelt es sich um eine **gesetzliche Prozessstandschaft** des Schadensabwicklers. Verfahrensrechtlich hat dies zur Folge, dass eine Klage des Versicherungsnehmers gegen den Versicherer von Anfang an unbegründet ist.[99] Ein in einem gerichtlichen Verfahren gegen jenes Unternehmen erstrittener Vollstreckungstitel entfaltet **Rechtskraftwirkung** für und gegen den Rechtsschutzversicherer (§ 126 Abs. 2 S. 2 VVG).

1779 In **materiell-rechtlicher Hinsicht** ist das vom Versicherer eingeschaltete Schadensabwicklungsunternehmen als **bevollmächtigt** i.S. von § 164 BGB anzusehen, die Schadensabwicklung namens des Versicherers gegenüber dem Versicherungsnehmer vorzunehmen. Demgemäß hat der Versicherer sich die Kenntnis des Schadensabwicklungsunternehmens im Rahmen von § 166 Abs. 1 BGB zurechnen zu lassen. Umgekehrt ist für die Erfüllung von **Obliegenheiten**, die den Versicherungsnehmer nach Eintritt des Versicherungsfalls treffen, insbesondere zur Aufklärung, allein der dem Versicherungsnehmer benannte Schadensabwickler und nicht der Versicherer der richtige Adressat.[100] Der Versicherer ist freilich aufgrund des besonderen Treueverhältnisses verpflichtet, die vom Versicherungsnehmer ihm gegenüber erstatteten Anzeigen an den Schadensabwickler weiterzuleiten. Zudem geht es entsprechend dem eingeschränkten Zweck der §§ 8a VAG, 126 Abs. 2 VVG, Interessenkollisionen bei der Schadensabwicklung zu vermeiden, allein um die hierauf bezogenen Obliegenheiten. Mithin bleibt der Versicherer insbesondere für alle vor Eintritt des Versicherungsfalls zu erfüllenden Obliegenheiten, etwa hinsichtlich einer Gefahrerhöhung (vgl. §§ 23ff. VVG), der richtige Adressat des Versicherungsnehmers.

1780 Die durch das Schadensabwicklungsunternehmen dem Versicherungsnehmer erbrachten **Leistungen** erfolgen für Rechnung des Versicherers. Mithin liegt darin keine eigene Tilgungsbestimmung. Leistungszweck ist vielmehr die Erfüllung einer fremden Verbindlichkeit. Es handelt sich um eine Leistung im Dreiecksverhältnis, bei der eine Leistungsbeziehung allein zwischen Versicherer und Versicherungsnehmer besteht. Stehen **bereicherungsrechtliche Ausgleichsansprüche** in Rede, so ist der Versicherer freilich durch das Aufsichtsrecht an deren Geltendmachung gehindert, sofern er dafür Informationen braucht, deren Erlangung zu Interessenkollisionen führen kann (vgl. § 8a Abs. 4 S. 2 VAG).

---

99 OLG Düsseldorf r+s 2002, 246 = VersR 2002, 752 (Ls.).

100 *Armbrüster*, in Prölss/Martin, § 127 VVG Rn. 9 (auch zur Gegenansicht).

Dies führt dazu, dass der Versicherer in solchen Fällen auch die Geltendmachung und Durchsetzung von Bereicherungsansprüchen im Wege der Stellvertretung oder gewillkürten Prozessstandschaft dem Schadensabwicklungsunternehmen zu überlassen hat.

1781 Die Regelungen in § 126 Abs. 2 VVG sind im Zusammenhang mit einer **aufsichtsrechtlichen Vorgabe** zu sehen. Nach § 8a VAG muss ein Versicherer dann, wenn er die Rechtsschutzversicherung zusammen mit anderen Versicherungssparten betreibt, die Leistungsbearbeitung in der Rechtsschutzversicherung einem selbstständigen Unternehmen – eben dem Schadensabwicklungsunternehmen – übertragen. Jene Vorschrift beruht ihrerseits auf der EG-Rechtsschutzversicherungsrichtlinie. Sie soll der Gefahr von Interessenkollisionen entgegenwirken, die sich für einen auch andere Sparten betreibenden Rechtsschutzversicherer nach Eintritt des Versicherungsfalls ergeben können.[101]

1782 **Beispiel:** A unterhält bei V eine Rechtsschutzversicherung. Nachdem A einen Schaden erlitten hat, will er den B, den er für deliktsrechtlich verantwortlich hält, in Anspruch nehmen und begehrt dafür von V Rechtsschutz. B unterhält seinerseits eine Privathaftpflichtversicherung bei V. Hier ist V einem Interessenkonflikt ausgesetzt, da er dem A die Durchsetzung von Ansprüchen bei hinreichender Erfolgsaussicht und zugleich dem B die Abwehr von unbegründeten Ansprüchen versprochen hat. Jedenfalls in Situationen, in denen Bestand und Durchsetzbarkeit des geltend gemachten Schadensersatzanspruchs nicht unstreitig sind – und gerade dann wird die Rechtsschutzdeckung für den Versicherungsnehmer praktisch bedeutsam –, hat V hier zwei in unterschiedliche Richtungen weisende vertragliche Verpflichtungen zu erfüllen.

1783 Der deutsche Gesetzgeber hat sich mit der Regelung in § 8a VAG dafür entschieden, den ihm in der EG-Rechtsschutzversicherungsrichtlinie eröffneten **Gestaltungsspielraum** für eine Regelung, durch die Interessenkollisionen entgegengewirkt wird, im Sinne einer Ausgliederung der Schadensabwicklung zu nutzen. Vor Umsetzung der Richtlinie hat in Deutschland sogar aufgrund einer Anordnung des BAV eine strikte Spartentrennung bestanden; demnach konnte die Rechtssschutzversicherung nicht gemeinsam mit anderen Versicherungszweigen betrieben werden (zur noch heute bestehenden gesetzlichen Spartentrennung in der Lebens- und Krankenversicherung s. Rn. 22). Das Gebot, ein Schadensabwicklungsunternehmen einzuschalten, gilt u.a. nicht für ausländische Kompositversicherer, die in Deutschland die Rechtsschutzversicherung im Rahmen der Dienstleistungsfreiheit betreiben. Nicht zuletzt deshalb ist die Regelung des § 8a VAG in jüngerer Zeit **rechtspolitischer Kritik** ausgesetzt gewesen. Ein Vorschlag zu einer Änderung der Norm aus dem Jahr 2012[102] sah vor,

---

101 *Kaulbach*, in: Fahr/Kaulbach/Bähr/Pohlmann, VAG, § 8a Rn. 1.

102 Änderungsantrag der Fraktionen der CDU/CSU und FDP zum Entwurf des SEPA-Begleitgesetzes, http://www.bundestag.de/bundestag/ausschuesse17/a07/anhoerungen/2012/106/CDU-CSU_und_FDP/Aend_1.pdf dass alternativ zur Einschaltung eines Schadensabwicklungsunternehmens eine Funktionstrennung („Chinese Wall") des mit den verschiedenen Versicherungsdeckungen befassten Personals innerhalb des Versicherers erfolgen oder dem Versicherungsnehmer seine Interessenvertretung durch einen frei gewählten Rechtsanwalt ermöglicht werden muss. Dieser Vorschlag fand jedoch im Gesetzgebungsverfahren keine Mehrheit.

III. Freie Anwaltswahl (§ 127 VVG)

Eine Thematik, die in jüngerer Zeit wiederholt die deutschen Gerichte, aber 1784
auch den EuGH beschäftigt hat, ist die in § 127 VVG gewährleistete freie Anwaltswahl.[103] Nach jener Vorschrift kann der Versicherungsnehmer denjenigen Rechtsanwalt, der seine rechtlichen Interessen wahrnehmen soll, grundsätzlich frei aussuchen. Europarechtlich ist jenes Recht in Art. 4 Abs. 1 lit. a der EG-Rechtsschutzversicherungsrichtlinie verbrieft, deren Umsetzung § 127 VVG dient. Der für die Auslegung maßgebliche **Normzweck** der Wahlfreiheit (die zugleich berufsrechtlich in § 3 Abs. 3 BRAO geregelt ist) liegt insbesondere darin zu gewährleisten, dass der Rechtsuchende den Anwalt seines Vertrauens bestimmen kann, da das Mandatsverhältnis wesentlich durch dieses **persönliche Vertrauen** geprägt wird.[104]

Als weiterer Gesetzeszweck ist die **Vermeidung einer Interessenkollision** 1785
zu nennen: Der Versicherer soll nicht den Umfang seiner Leistungspflicht steuern können, indem er die Wahl auf bestimmte Anwälte eingrenzt, von denen er sich eine besonders kostengünstige Bearbeitung des Mandats, dessen Kosten er dem Versicherungsnehmer zu ersetzen hat, erhofft.[105]

Lassen sich mithin die Normzwecke klar definieren, so begegnet ihre An- 1786
wendung auf konkrete Gestaltungen in der Praxis bisweilen Schwierigkeiten. Dies gilt insbesondere im Hinblick auf die Frage, inwieweit ein Rechtsschutzversicherer bei Gewährung von Wahlfreiheit zugleich **wirtschaftliche Anreize** dafür setzen darf, dass der Versicherungsnehmer von dieser Freiheit in bestimmter Weise Gebrauch macht. Dabei geht es insbesondere darum, dass die Mandatierung eines Anwalts, der vom Versicherer benannt worden ist, für den Versicherungsnehmer zu wirtschaftlichen Vorteilen führen soll.

Beispiel:[106] Ein Versicherer sieht in seinen AVB zur Rechtsschutzversicherung 1787
vor, dass der Vertrag dann, wenn ein vom Versicherer empfohlener Anwalt beauftragt wird, als schadensfrei gilt, was zu einer Besserstufung im Hinblick auf den Selbstbehalt (zu ihm s. Rn. 263) bei künftigen Versicherungsfällen führt.

103 Näher *Armbrüster*, VuR 2012, 167; *Lensing*, VuR 2012, 97.
104 BGH NJW 1990, 578, 580.
105 Eine originär verbraucherschützende Zielrichtung der Richtlinie bezweifelnd *Wendenburg*, NJW 2011, 3064, 3065.
106 Nach OLG Bamberg NJW 2012, 2282; s. zu der Thematik bereits *Armbrüster*, VersR 2011, 1518 ff.

Eine Anwaltskammer hält dies für wettbewerbswidrig, da der Versicherer sich durch den Verstoß gegen eine gesetzliche Vorschrift, nämlich § 127 VVG, einen unzulässigen Wettbewerbsvorteil verschaffe. Die Kammer verklagt den Versicherer auf Unterlassung (§§ 1, 3 Abs. 1 Nr. 2 UKlaG sowie §§ 3, 4 Nr. 11, 8 UWG).

1788 Das OLG Bamberg hat der Klage stattgegeben mit der Begründung, die AVB beeinträchtige das Recht des Versicherungsnehmers auf **freie Anwaltswahl** in unzulässiger Weise. Diese Beurteilung überzeugt nicht.[107] Interessanterweise sind sich Versicherer und Verbraucherschützer in diesem Befund einig, während Teile der Anwaltschaft – unter anderem, indem sie sich auf ein Interesse des Versicherten an der „auskömmlichen Vergütung“[108] eines Rechtsanwalts berufen – das Urteil begrüßen.[109]

1789 Streit besteht auch darüber, wie die Wendung „aus dem Kreis der Rechtsanwälte, deren Vergütung der Versicherer nach dem Versicherungsvertrag trägt“, in § 127 Abs. 1 S. 1 VVG zu verstehen ist. Gewiss wird es mit dem Zweck der Vorschrift unvereinbar sein, unter Berufung auf diese Wendung eine Klausel vorzusehen, wonach der Versicherer allein die Kosten der von ihm **empfohlenen Anwälte** zu ersetzen verspricht. Umgekehrt gebietet der Normzweck aber nicht, dass **jegliche Einschränkung** der Kostenübernahme in den AVB unzulässig wäre.

1790 **Beispiel:**[110] Nach einer verbreiteten Klausel werden dem Versicherungsnehmer lediglich die Kosten eines am Ort des Gerichts ansässigen Anwalts ersetzt (s. etwa § 5 Abs. 1a S. 1 ARB 2010). Eine derartige Einschränkung des Versicherungsschutzes verstößt, wie der EuGH zutreffend entschieden hat, grundsätzlich nicht gegen die freie Anwaltswahl.

1791 Entscheidend für die Beurteilung der jeweiligen Klausel muss es sein, ob dem Versicherungsnehmer nach Eintritt des Versicherungsfalls noch rechtlich wie wirtschaftlich die Möglichkeit bleibt, einen anderen als den ihm vom Versicherer vorgeschlagenen Anwalt zu mandatieren oder nicht. Nur wenn diese Wahlfreiheit durch weit reichende wirtschaftliche Anreize faktisch ausgeschlossen wird, verstößt die Ausgestaltung gegen § 127 VVG (europarechtliches **Aushöhlungsverbot**). Bei Vermögensvorteilen in der Größenordnung von 150–300 €, wie sie dem Versicherungsnehmer in dem Beispielsfall in Rn. 1787 versprochen worden sind, ist diese Grenze nicht überschritten. Erst recht unproblematisch sind (unstreitig) unverbindliche Empfehlungen bestimmter Anwälte durch den Versicherer. Hingegen verstößt es gegen die freie Anwaltswahl, wenn der Versi-

---

107 LG Bamberg VersR 2011, 1515ff. (Vorinstanz) mit Anm. *Armbrüster*; *ders.* VuR 2012, 167, 169f.; *Trittmacher/Köster*, VuR 2012, 165f.

108 *Lensing*, NJW 2012, 2285, 2286.

109 S. etwa *Cornelius-Winkler*, r+s 2012, 389ff.

110 Nach EuGH NJW 2011, 3077, 3078 Rn. 31ff. m. zust. Anm. *Wendenburg* NJW 2011, 3064ff.; LG Bamberg VersR 2011, 1515, 1517.

cherer sein Leistungsversprechen bereits im Versicherungsvertrag auf von ihm empfohlene Anwälte beschränkt. Unzulässig ist auch eine Wahlfreiheit nur vor Vertragsschluss (Auswahl zwischen verschiedenen Tarifen mit und ohne freie Anwaltswahl).

IV. Gutachterverfahren (§ 128 VVG)

Für bestimmte Fälle schreibt das Gesetz vor, dass im Versicherungsvertrag zur Beilegung von Streitigkeiten über die Leistungspflicht des Versicherers ein **Gutachterverfahren** vorgesehen wird. Nach § 128 VVG gilt dies dann, wenn der Versicherer Leistungen ablehnt, weil die Wahrnehmung der rechtlichen Interessen des Versicherungsnehmers **keine hinreichende Erfolgsaussicht** biete oder weil sie **mutwillig** sei. Damit sind zwei Fallgruppen angesprochen, in denen der Versicherungsschutz typischerweise in den ARB ausgeschlossen wird (s. Rn. 1826). Das Gutachterverfahren soll es dem Versicherungsnehmer ermöglichen, durch einen objektiven Dritten außergerichtlich klären zu lassen, inwieweit er Leistungen vom Versicherer beanspruchen kann. Der Versicherer hat den Versicherungsnehmer dann, wenn er eine Eintrittspflicht ablehnt, auf diese Möglichkeit der Interessenwahrnehmung hinzuweisen (§ 128 S. 2 VVG). Sofern der Versicherer diesen Hinweis unterlässt oder ein Gutachterverfahren in seinen AVB überhaupt nicht vorsieht, gilt das Rechtsschutzbedürfnis des Versicherungsnehmers im konkreten Fall als anerkannt (§ 128 S. 3 VVG). Diese gesetzliche Fiktion bedeutet nicht, dass damit bereits der Anspruch als bestehend fingiert wird; vielmehr kann dieser aus anderen Gründen als wegen mangelnder Erfolgsaussicht oder Mutwilligkeit scheitern. Streit besteht darüber, welche Reichweite § 128 VVG im Hinblick auf die Fallgruppe der Mutwilligkeit hat. 1792

Beispiel:[111] A unterhält bei V eine Rechtsschutzversicherung. Nachdem A als Treugeber einer Publikumsgesellschaft beigetreten war, untersagte die BaFin der Treuhänderin T die Ausübung des weiteren Geschäftsbetriebs, weil die Gesellschaft unerlaubte Finanzkommissionsgeschäfte betreibe. A verlangte von V daraufhin Rechtsschutz für die Geltendmachung von Schadensersatzansprüchen gegen T sowie die Initiatoren der Gesellschaft. V meint, diese Ansprüche hätten in einem bereits anhängigen Gerichtsverfahren gemeinsam verfolgt werden sollen, und lehnt eine Leistung für die von A inzwischen erhobenen neuen Klagen ab. 1793

Das LG Düsseldorf hat die Frage offengelassen, ob A durch sein Verhalten gegen eine ihn nach den ARB treffende Schadensminderungsobliegenheit (vgl. etwa § 17 Abs. 5 c cc ARB 2008) verstoßen hat. Der Begriff der Mutwilligkeit in § 128 S. 1 VVG umfasse nämlich auch Fragen der Kostenintensität und der Zweckmäßigkeit einer Rechtsverfolgung. Das Gericht verweist insoweit auf die jener Norm zugrunde liegende Vorgabe in Art. 6 der EG-Rechtsschutzversi- 1794

---

111 Nach LG Düsseldorf, Urt. v. 18.6.2009 – 11 O 509/08 – juris.

cherungsrichtlinie. In dieser Bestimmung ist nicht von mangelnder Erfolgsaussicht oder von Mutwilligkeit die Rede. Vielmehr heisst es, ein Schiedsverfahren sei vorzusehen für die Entscheidung der „Haltung, die bei Meinungsverschiedenheiten zwischen dem Rechtsschutzversicherer und seinem Versicherten hinsichtlich des **Vorgehens zur Beilegung des Streitfalls** einzunehmen ist". Jene Formulierung spricht dafür, dass in der Tat auch die Zweckmäßigkeit einer bestimmten Art der Rechtsverfolgung im Streitfall einem Gutachterverfahren zugeführt werden muss.

D. Vertragliche Ausgestaltung

I. Überblick

1795 Die ARB sind in der Vergangenheit mehrfach geändert worden. Da gerade in der Rechtsschutzversicherung zahlreiche ältere Versicherungsverträge fortbestehen, ist in der gerichtlichen Praxis vielfach auch heute noch auf die ARB 54, 69, 75 oder (im Zuge der Liberalisierung der Versicherungsaufsicht erstmals ohne behördliche Genehmigung) 94 einzugehen. Die jüngeren Bedingungswerke ARB 2000, 2008 und 2010 bauen in wesentlichen Punkten auf den Vorgängerversionen auf, enthalten freilich insbesondere in Reaktion auf zwischenzeitliche höchstrichterliche Rechtsprechung auch einige Neuerungen. In inhaltlicher Hinsicht gilt dasselbe für die **ARB 2012**. Aufbautechnisch markiert diese jüngste Bedingungsgeneration freilich einen bedeutsamen Einschnitt, da erstmals das sog. **Baukastenprinzip** angewandt wird. Dies bedeutet, dass in den GDV-Musterbedingungen nunmehr bei den einzelnen Klauseln jeweils durch einen oder mehrere Buchstaben vermerkt ist, für welche Art von Rechtsschutzdeckung (in der Sprache der ARB 2012: **„Bausteinen"**) sie vorgesehen sind; dabei ist der Buchstabe „A" zur Kennzeichnung der für alle Bausteine geltenden Klauseln vorgesehen. Dieses System ist an die Stelle der Einzelauflistung getreten, wie sie etwa in § 2 ARB 2008 zu finden ist. Das Baukastenprinzip fördert die Transparenz, indem die dem Versicherungsnehmer übermittelten AVB allein die für den mit ihm vereinbarten Versicherungsschutz bedeutsamen Klauseln enthalten. Im Folgenden werden die wesentlichen Klauseln anhand der ARB 2012 erörtert.

II. Deckungsumfang

1. Rechtsschutzprodukte („Bausteine")

1796 Die ARB unterscheiden grundsätzlich zwischen folgenden Arten von Deckungsschutz (**Rechtsschutzprodukten; „Bausteinen"**): Privat-Rechtsschutz, Rechtsschutz für Selbstständige oder Firmen, Rechtsschutz für Vereine, Rechtsschutz für Landwirte, Berufs-Rechtsschutz, Verkehrs-Rechtsschutz, Fahrzeug-Rechtsschutz sowie Wohnungs- und Grundstücksrechtsschutz. Die meisten jener Rechtsschutzprodukte stellen Einzeldeckungen dar, die komplementär zueinander sind. Diese Produkte können separat oder kombiniert vereinbart werden. Die Klauseln unternehmen es in solchen Fällen, jeweils einen **überschneidungsfreien Deckungsumfang** vorzusehen.

Beispiel: Im Privat-Rechtsschutz ist der Versicherungsschutz für gewerbliche, 1797
freiberufliche oder sonstige selbstständige Tätigkeiten ausgeschlossen (Klausel 2.1.1 P ARB 2012). Umgekehrt sind genau diese drei Bereiche beruflicher Tätigkeiten (alleiniger) Gegenstand des Rechtsschutzes für Selbstständige oder Firmen (Klausel 2.1.1 U ARB 2012). Der Berufs-Rechtsschutz wiederum erfasst allein nichtselbstständige berufliche Tätigkeiten (Klausel 2.1.1 B ARB 2012).

Bisweilen handelt es sich aber auch um ein **kombiniertes Produkt**, das andere 1798
Produkte umfasst, so dass letztere nicht separat zu vereinbaren sind.

Beispiel: Der Rechtsschutz für Landwirte umfasst gem. Klausel 2.1.1 L ARB 1799
2012 Versicherungsschutz für den land- oder forstwirtschaftlichen Betrieb (= Rechtsschutz für Selbstständige oder Firmen), für den privaten Bereich (= Privat-Rechtsschutz) sowie für die Ausübung nichtselbstständiger Tätigkeiten (= Berufs-Rechtsschutz).

2. Primäre Risikobeschreibung

Der Deckungsumfang innerhalb eines Bausteins richtet sich zunächst nach der 1800
primären Risikobeschreibung in den AVB. Hierzu gehört bei denjenigen Deckungen, die sich auf die Durchsetzung von **Schadensersatzansprüchen** des Versicherungsnehmers beziehen, die Begrenzung auf Ansprüche, die nicht auf einer Vertragsverletzung oder der Verletzung eines dinglichen Rechts an Immobilien beruhen (Klausel 2.2.1 P ARB 2012). Damit wird wiederum eine Abgrenzung zu einem anderen Baustein, hier: dem Vertrags-Rechtsschutz, bezweckt.

Beispiel:[112] A hat bei V eine Privat-Rechtsschutzversicherung abgeschlossen. 1801
Gibt er nun sein Fernsehgerät beim Fachbetrieb F in Reparatur, so kann er für einen Rechtsstreit wegen mangelhafter Ausführung des Reparaturauftrags von V keinen Deckungsschutz beanspruchen. Wird der Fernseher hingegen von einem Schädiger S beschädigt, so ist der daraus dem A gegen S erwachsende gesetzliche Schadensersatzanspruch von der Rechtsschutzdeckung umfasst. Umgekehrt werden jene Ansprüche vom Vertrags-Rechtsschutz ausdrücklich ausgenommen (Klausel 2.2.4 P ARB 2012).

Im **Straf-Rechtsschutz** ist die primäre Risikobeschreibung auf **strafrechtliche** 1802
Vergehen begrenzt (Klausel 2.2.9 P ARB 2012). Dieser Begriff ist nach Maßgabe von § 12 Abs. 2 StGB zu verstehen. Mithin geht es um Straftaten, die im Mindestmaß mit einer Strafandrohung von unter einem Jahr oder mit Geldstrafe bedroht sind. Zudem ist der Schutz auf solche Vergehen begrenzt, die bei vorsätzlicher und fahrlässiger Begehung strafbar sind und bei denen dem Versicherungs-

112 Nach GDV-Musterbedingungen ARB 2012, 2.2.1 P.

nehmer lediglich Fahrlässigkeit vorgeworfen wird. Nicht vom Deckungsschutz umfasst sind mithin Verbrechen, also gem. § 12 Abs. 1 StGB solche Straftaten, bei denen das Mindestmaß der Strafandrohung ein Jahr beträgt, sowie solche Vergehen, die nur vorsätzlich begangen werden können (etwa Beleidigung gem. § 185 StGB, Diebstahl gem. § 242 StGB, Betrug gem. § 263 StGB oder Sachbeschädigung gem. § 303 StGB). Überdies werden sämtliche Fälle nicht vom Deckungsschutz erfasst, in denen dem Versicherungsnehmer **Vorsatz** vorgeworfen wird. Diese Beschränkungen des Deckungsumfangs beruhen – anders als diejenigen bei Schadensersatzansprüchen (s. Rn. 1800) nicht auf dem Bestreben, verschiedene Bausteine voneinander abzugrenzen. Vielmehr geht es darum sicherzustellen, dass der Rechtsschutz dem Bedürfnis eines durchschnittlichen Versicherungsnehmers bestmöglich gerecht wird; dieses Bedürfnis ist auf eine Absicherung gegen die wesentlichen Gefahren zu einer akzeptablen Prämie gerichtet. Nur wenige Versicherungsnehmer werden sich jedoch mit dem Vorwurf einer vorsätzlichen Straftat konfrontiert sehen. Dies ist bei Ordnungswidrigkeiten anders; diesem Unterschied trägt Klausel 2.2.10 P ARB 2012 dadurch Rechnung, dass insoweit auch Vorsatztaten vom Versicherungsschutz umfasst sind.

1803 Besonderheiten gelten hinsichtlich des **Familien-, Lebenspartnerschafts- und Erbrechts**. Anders als bei sonstigen Bausteinen ist hier der Deckungsumfang von vornherein auf einen **Beratungs-Rechtsschutz** beschränkt (Klausel 2.2.11 P ARB 2012). Erfasst wird damit lediglich die Erteilung eines Rats oder einer Auskunft durch einen Rechtsanwalt. Sofern der Anwalt darüber hinaus tätig wird, schuldet der Versicherer insgesamt keine Leistungen. Diese Beschränkung des Deckungsschutzes beruht wiederum auf wirtschaftlichen Erwägungen: In den genannten Bereichen können Rechtsstreitigkeiten hohe Kosten verursachen, die nicht von der Gesamtheit der Versicherungsnehmer mitfinanziert werden sollen.

3. Leistungsumfang

1804 Kern des Leistungsversprechens ist, dass der Versicherer die Kosten übernimmt, die für die **Vergütung eines Rechtsanwalts** nach dem RVG entstehen (Klausel 2.3.1.2 A ARB 2012). Zusätzlich werden für die erste Instanz die für einen am Gerichtsort ansässigen sog. **Verkehrsanwalt** anfallenden Kosten übernommen, sofern der Wohnsitz des Versicherungsnehmers mehr als 100 km Luftlinie vom Gerichtsort entfernt ist. Darüber hinaus trägt der Versicherer die Gerichtskosten (Klausel 2.3.3.1 A ARB 2012).

1805 In jüngerer Zeit unternehmen Gesetzgeber und Gerichte vermehrt Anstrengungen, um die Parteien zur außergerichtlichen Streitbeilegung zu motivieren. Zu nennen ist in diesem Zusammenhang insbesondere das am 26.7.2012 in Kraft getretene Mediationsgesetz. Dieser Entwicklung tragen die ARB 2012 dadurch Rechnung, dass sie erstmals ausdrücklich auch einen summenmäßig festzulegenden Betrag für die **Mediation** durch einen vom Versicherer vermittelten Mediator in den Deckungsschutz einbeziehen (Klausel 2.3.1.1 A ARB 2012). Zugleich stellt die Klausel klar, dass der Versicherer keine Verantwortung für die Tätigkeit des Mediators übernimmt. Es handelt sich mithin nicht um eine vom Versicherer selbst zu erbringende Assistance-Leistung (s. dazu Rn. 1090ff.); vielmehr beschränkt sich seine Rolle auf eine Vermittlung.

Besondere Regeln sehen die ARB für den Fall vor, dass ein **Rechtsschutzfall** 1806
im Ausland eintritt (s. Klausel 2.3.2 A ARB 2012). Dies gilt namentlich im Hinblick auf den praktisch besonders bedeutsamen Bereich internationaler Verkehrsunfälle. Um insoweit möglichst Kosten zu vermeiden, sehen die Bedingungen vor, dass zunächst eine Regulierung mit dem Schadenregulierungsbeauftragten bzw. mit der Entschädigungsstelle im Inland erfolgen muss (Klausel 2.3.2.1 Vk ARB 2012). Nur wenn dies erfolglos bleibt, trägt der Versicherer auch Kosten für eine Rechtsverfolgung im Ausland.

In der Rechtsschutzversicherung kommt es bisweilen dazu, dass der Versi- 1807
cherer eine Leistung erbringt, die sich später als **nicht geschuldet** erweist.

Beispiele: Der Versicherer begleicht eine Vorschussrechnung des vom Versiche- 1808
rungsnehmer mandatierten Anwalts; die nachfolgende Schlussrechnung weist einen geringeren Rechnungsbetrag aus. Aufgrund des rechtskräftigen Urteils steht fest, dass der Versicherungsnehmer hinsichtlich seiner Rechtsverfolgungskosten einen Erstattungsanspruch gegen einen Prozessgegner oder – etwa bei Strafverfahren – gegen die Staatskasse hat.

In solchen Fällen kommt typischerweise die **Legalzession** gem. § 86 Abs. 1 1809
VVG zum Zuge. In den Bedingungen wird dies aufgegriffen (Klausel 4.1.8 A ARB 2012). Der Klauseltext weicht freilich insofern von der gesetzlichen Regelung ab, als nach letzterer ein Ersatzanspruch übergeht, „soweit" (und nicht: „wenn") der Versicherer die Kosten bereits beglichen hat. Man wird die Klausel ungeachtet dieser Divergenz so auszulegen haben, dass bei nicht vollständiger Kostentragung durch den Versicherer eine teilweise Zession stattfindet. Des Weiteren wird in Klausel 4.1.9 A ARB 2012 ein **Erstattungsanspruch** für den Fall vorgesehen, dass der Versicherungsnehmer den Anspruch auf Ersatz seiner Rechtsverfolgungskosten gegen den Dritten bereits realisiert hat; in diesem Fall hat der Versicherungsnehmer jene Kosten dem Versicherer zurückzuzahlen.

4. Eintritt des Versicherungsfalls

Der Versicherungsfall tritt nach der allgemeinen Umschreibung in Klausel 2.4.3 1810
A ARB 2012 zu dem Zeitpunkt ein, zu dem der Versicherungsnehmer oder ein anderer gegen Rechtspflichten oder Rechtsvorschriften verstoßen haben soll. Entscheidend ist mithin der **(angebliche) Verstoß**. Diese Klausel ist durch eine ganze Reihe von Gerichtsentscheidungen konkretisiert worden. So stellt der BGH darauf ab, dass das Verhalten bereits den **„Keim eines Rechtskonflikts"** in sich trägt.[113] Ein Verstoß muss objektiv nicht gegeben sein. Vielmehr genügt

113 BGH VersR 2005, 1684, 1685; 2007, 535 Rn. 10.

die bloße Behauptung. Allerdings reicht andererseits eine reine Vermutung eines Verstoßes nicht. Erforderlich, aber auch ausreichend ist ein ernst gemeinter Sachvortrag eines Beteiligten, der zumindest den **objektiven Tatsachenkern** eines Pflichtverstoßes enthält, mit dem der Versicherungsnehmer den Vorwurf eines Pflichtverstoßes verbindet und worauf er dann seine Interessenverfolgung stützt.[114] Die Anforderungen sind mithin vergleichsweise niedrig; insbesondere findet regelmäßig eine Schlüssigkeitsprüfung – außer bei offenkundig völlig unsubstantiierten Behauptungen – nicht statt.[115]

1811 Die Erwähnung von **Rechtsvorschriften** neben Rechtspflichten hat eigenständige Bedeutung. So beinhalten etwa Formvorschriften keine Rechtspflicht, wohl aber handelt es sich um Rechtsvorschriften.

1812 Die Definition des Versicherungsfalls hat besondere Bedeutung im Hinblick auf den **zeitlichen Umfang** des durch einen bestimmten Rechtsschutzversicherungsvertrag gewährten Deckungsumfangs. Bei Versicherungsfällen, die kein punktuelles Ereignis darstellen, sondern die sich über einen Zeitraum erstrecken, ist nämlich allein der **Beginn** maßgeblich (Klausel 2.4.4 A ARB 2012). Hierüber wird in der Praxis häufig gestritten. Dies gilt insbesondere dann, wenn es um einen **Dauerverstoß** geht, etwa die Aufrechterhaltung eines vertrags- oder verkehrswidrigen Zustands. Zudem kann sich die Frage stellen, ob **mehrere gleichartige Verstöße**, die für den Anspruch auf Versicherungsschutz ursächlich sind, zu einem einheitlichen Verstoß zusammenzuziehen sind, mit der Folge, dass der Versicherungsfall bereits beim ersten Verstoß eingetreten ist (vgl. Klausel 2.4.5 A ARB 2012).

1813 **Beispiel:**[116] Mieter A zahlt mehrere Monatsmieten nicht. Hier ist ein Dauerverstoß anzunehmen, wenn die Zahlungen aus ein und demselben Grund verweigert werden, etwa weil A den Mietvertrag für unwirksam hält. In der Nichtzahlung jeder einzelnen Monatsmiete liegt dann ein Verstoß gegen die (behauptete) Pflicht, und der Streit dreht sich letztlich um das Bestehen dieser Pflicht (und nicht nur jeweils um den Anspruch auf die einzelne Zahlung). Der Versicherungsfall ist mithin bereits im Zeitpunkt der ersten Nichtzahlung einer fälligen Monatsmiete eingetreten. Hat zu diesem Zeitpunkt eine Rechtsschutzversicherung bestanden, so erfasst der darin vereinbarte Deckungsschutz auch die Ansprüche auf Miete im Zeitraum nach Beendigung jener Versicherung. Anders ist die Lage, wenn die Zahlung jeweils aus unterschiedlichen Gründen unterbleibt (z.B. im ersten Monat wegen Vorenthaltung des Mietgebrauchs, im zweiten wegen Aufrechnung mit einem Gegenanspruch, im dritten wegen einer behaupteten Kündigung). All dies gilt nicht nur für den Fall, dass A Versicherungsnehmer ist, sondern auch bei einer vom Vermieter als seinem Gegner genommenen Rechtsschutzversicherung.

---

114 BGH VersR 2009, 109 Rn. 20.
115 *Armbrüster*, in: Prölss/Martin, § 4 ARB 2008/II Rn. 42; offenbar gegen jegliche Ausnahme BGH VersR 2009, 109 Rn. 22.
116 Nach BGH VersR 1983, 125.

Eine Sondervorschrift für alle Bausteine sieht Klausel 3.1.2 A ARB 2012 vor. 1814
Demnach löst eine Willenserklärung oder Rechtshandlung, die der Versicherungsnehmer vor Beginn des Versicherungsschutzes vorgenommen hat, den Versicherungsfall aus. Mithin ist eine daraus erwachsende Streitigkeit nicht vom Deckungsumfang erfasst.

Beispiel: A erklärt die Anfechtung (die Kündigung, den Rücktritt) von einem 1815
Vertrag. Der Streit um die Wirksamkeit und die Rechtsfolgen dieser Erklärung ist nicht von einer Rechtsschutzversicherung, deren materieller Versicherungsbeginn erst anschließend einsetzt, erfasst.

In manchen Bausteinen wird die allgemeine, in Rn. 1810ff. erörterte Definition 1816
des Versicherungsfalls durch **speziellere Regeln** verdrängt. So kommt es im **Schadensersatz-Rechtsschutz** auf das erste Ereignis an, bei dem der Schaden eingetreten ist oder eingetreten sein soll (Klausel 2.4.2 P ARB 2012). Im Beratungs-Rechtsschutz für Familien-, Lebenspartnerschafts- und Erbrecht ist das Ereignis maßgeblich, das zur Änderung der Rechtslage des Versicherungsnehmers oder einer mitversicherten Person geführt hat (Klausel 2.4.1 P ARB 2012).

Eine weitere zeitliche Einschränkung erfährt der Versicherungsschutz dann, 1817
wenn eine sog. **Wartezeit** vereinbart ist. Dabei handelt es sich um ein verzögertes Einsetzen des Versicherungsschutzes. Die ARB 2012 sehen eine Wartefrist von drei Monaten vor, die je nach Baustein hinsichtlich der davon betroffenen Risiken teils besteht, teils abbedungen ist (Klausel 3.1.1 A ARB 2012). Derartige Wartezeiten sollen verhindern, dass der Versicherungsnehmer dann, wenn für ihn der bevorstehende Eintritt des Versicherungsfalls bereits absehbar ist, rasch noch Versicherungsschutz vereinbart.

Umgekehrt sind Versicherungsfälle, die dem Versicherer erst nach Ablauf 1818
von **drei Jahren nach Ende** der Versicherungslaufzeit gemeldet werden, nicht mehr vom Deckungsschutz umfasst (Klausel 3.1.3 A ARB 2012).

5. Risikoausschlüsse

Besteht nach der primären Risikobeschreibung Versicherungsschutz und fällt 1819
der Eintritt des Versicherungsfalls in den versicherten Zeitraum, so kann der Versicherer die Leistung gleichwohl verweigern, wenn ein Risikoausschluss eingreift. Die Ausschlüsse sind in Klausel 3.2 A ARB 2012 geregelt. Sie dienen überwiegend dazu, solche Versicherungsfälle vom Deckungsumfang auszunehmen, die für nur wenige Versicherungsnehmer praktisch bedeutsam sind und die zugleich im Fall ihres Eintritts hohe Kosten verursachen würden, was zu höheren Prämien führen müsste. Im Folgenden soll auf einige praktisch besonders wichtige Ausschlussklauseln eingegangen werden.

Das sog. **Baurisiko** ist gem. Klausel 3.2.2 P ARB 2012 ausgeschlossen. Dieser 1820
Ausschluss bezieht sich nicht allein auf das eigentliche Baurisiko, also die aus der Planung und Errichtung eines eigenen Gebäudes (z.B. eines Einfamilienhauses) oder aus dessen Veränderung erwachsenden Streitigkeiten. Vielmehr

wird bereits der Erwerb eines Baugrundstücks erfasst; dasselbe gilt für die Grundstücks- und Baufinanzierung. Letzteres ist für ältere Vorfassungen, etwa § 4 Abs. 1k ARB 75, streitig, da dort lediglich auf einen unmittelbaren Zusammenhang mit der Planung oder Errichtung eines Gebäudes abgestellt wurde.[117]

1821 Die **Abwehr von Schadensersatzansprüchen**, die Dritte gegen den Versicherungsnehmer erheben, ist gleichfalls vom Deckungsumfang der Rechtsschutzversicherung ausgenommen (Klausel 3.2.3 A ARB 2012). Hier steht nicht ein hohes, nur wenige Versicherungsnehmer treffendes Risiko in Rede; vielmehr geht es um die Abgrenzung zur Haftpflichtversicherung. Letztere umfasst gerade diese Ansprüche, sofern sie nicht auf Vertrag beruhen; in jenem Fall greift wiederum die Rechtsschutzversicherung (Klausel 3.2.3 A ARB 2012 a.E.).

1822 Auch Streitigkeiten über Erwerb, Veräußerung, Verwaltung und Finanzierung von **Kapitalanlagen** sind weitestgehend vom Versicherungsschutz ausgenommen (Klausel 3.2.8 P ARB 2012). Dieser Ausschluss hat in der Praxis einige Bedeutung erlangt, seit zahlreiche geschlossene Anlagefonds in eine Schieflage geraten sind. Die daraus erwachsenden Streitigkeiten lassen sich aufgrund des Ausschlusses – anders als dies nach manchen Vorfassungen der ARB der Fall ist – nicht über die Rechtsschutzversicherung finanzieren. Für den Ausschluss kommt es nicht darauf an, wie komplex das Kapitalanlageprodukt ist. Daher greift er auch für den Streit um die Rückzahlung eines Guthabens ein, das auf einem Tagesgeldkonto angelegt ist.[118]

1823 Der Ausschluss für Streitigkeiten im Zusammenhang mit der **Darlehensvergabe**, mit **Spiel- oder Wettverträgen** sowie mit **Gewinnzusagen** (Klausel 3.2.9 P ARB 2012) ist praktisch etwa für Schenkkreise[119] sowie für Auseinandersetzungen über die Rechte aus § 661a BGB bedeutsam.

1824 Eine Reihe von weiteren Ausschlüssen bezieht sich nicht auf den Inhalt der Streitigkeit, sondern auf die daran **Beteiligten**. So gewährt der Versicherer generell keinen Rechtsschutz für Streitigkeiten gegen ihn selbst oder das von ihm eingesetzte Schadensabwicklungsunternehmen (Klausel 3.2.11 A ARB 2012). In einem solchen Fall wäre ein Interessenkonflikt geradezu vorprogrammiert. Darüber hinaus sind auch Streitigkeiten zwischen mehreren Versicherungsnehmern desselben Vertrags, von Mitversicherten gegen den Versicherungsnehmer sowie unter Mitversicherten ausgeschlossen (Klausel 3.2.17 A ARB 2012). Der Ausschluss von Streitigkeiten aus dem Bereich des Familien-, Lebenspartnerschafts- und Erbrechts (Klausel 3.2.10 P ARB 2012; vorbehaltlich eines insoweit vereinbarten Beratungs-Rechtsschutzes) bedeutet, dass auch für **Auseinandersetzungen zwischen Ehegatten** oder eingetragenen Lebenspartnern kein Schutz besteht; dieser Ausschluss wird in Klausel 3.2.18 P ARB 2012 auf Streitigkeiten sonstiger Lebenspartner untereinander erstreckt. Hervorhebung verdient zudem die Klausel, wonach für die Geltendmachung von Ansprüchen Drit-

117 S. dazu *Armbrüster*, in: Prölss/Martin, § 3 ARB 2008/II Rn. 121ff.
118 Versicherungsombudsmann, VersR 2009, 1487.
119 S. dazu OLG Hamm NJW-RR 2007, 1433.

ter durch den Versicherungsnehmer kein Rechtsschutz gewährt wird (Klausel 3.2.20 A ARB 2012). Damit soll verhindert werden, dass durch einen einzigen Versicherungsvertrag die Risiken mehrerer Personen abgedeckt werden.

6. Besondere Grenzen der Leistungspflicht

In einigen Fällen entstehen dem Versicherungsnehmer nach Eintritt des Versicherungsfalls Kosten, die nach den bisher dargelegten Regeln vom Deckungsschutz umfasst sind, die der Versicherer gleichwohl nicht zu ersetzen verspricht. Dies gilt insbesondere für solche Kosten, die der Versicherungsnehmer **ohne Rechtspflicht** übernommen hat (Klausel 3.3.1 A ARB 2012) oder die er im Zuge eines **Vergleichs** übernommen hat, ohne dass ihre Höhe dem Vergleichsergebnis entspricht (Klausel 3.3.2 A ARB 2012). Mit derartigen Regeln soll verhindert werden, dass der Versicherungsnehmer sich angesichts der bestehenden Rechtsschutzversicherung zu übermäßiger Großzügigkeit verleiten lässt. 1825

7. Ablehnungsgründe und Gutachterverfahren

Der Versicherer kann seine Leistung ablehnen, wenn die Wahrnehmung der rechtlichen Interessen keine hinreichende Aussicht auf Erfolg bietet oder wenn sie mutwillig ist (Klausel 3.4.1 A ARB 2012). Hierüber wird in der Praxis oft gestritten. Eine **hinreichende Erfolgsaussicht** ist dann anzunehmen, wenn der Standpunkt des Versicherungsnehmers nach den von ihm aufgestellten Behauptungen und den ihm bekannten Einwendungen des Gegners **zumindest vertretbar** ist.[120] Zudem muss es als möglich erscheinen, dass der Versicherungsnehmer die ihm obliegenden Beweise wird führen können. Bei der Beurteilung, ob im Einzelfall eine hinreichende Erfolgsaussicht besteht, lassen sich die zu § 114 ZPO für die Entscheidung über die Gewährung von Prozesskostenhilfe entwickelten Grundsätze heranziehen. 1826

Beispiele: Die hinreichende Erfolgsaussicht einer **Studienplatzklage** ist zu bejahen, wenn eine hinreichende Aussicht besteht, dass die behördlich festgelegte Zulassungszahl die vorhandenen Kapazitäten nicht erschöpft; es kommt dann nicht mehr darauf an, wie hoch die Wahrscheinlichkeit eines Loserfolgs ist.[121] Zu verneinen ist eine hinreichende Erfolgsaussicht hingegen, wenn der Versicherungsnehmer Schadensersatz von einem Schädiger verlangt, obwohl dieser in **Notwehr** gehandelt hat und keine Anzeichen für einen Notwehrexzess vorliegen.[122] 1827

In Klausel 3.4.1.2 A ARB 2012 wird **Mutwilligkeit** dahin gehend definiert, dass die voraussichtlich entstehenden Kosten in einem groben Missverhältnis zum 1828

120 BGH VersR 1987, 1186.
121 OLG Celle VersR 2007, 1218, 1219; OLG Frankfurt r+s 2009, 505, 506.
122 LG Berlin r+s 1990, 22.

angestrebten Erfolg stehen. Dies lässt sich genauer dahin gehend umschreiben, dass Mutwilligkeit vorliegt, wenn der Erfolg der Interessenwahrnehmung die Lage des Versicherungsnehmers nicht nennenswert verbessert, wenn er sein Ziel auf einfacherem Wege erreichen kann oder wenn der Aufwand völlig außer Verhältnis zum Nutzen steht. **Vergleichsperson** ist nicht der durchschnittliche Versicherungsnehmer, sondern ein **Unversicherter**, der keine finanziellen Rücksichten nehmen muss. Würde eine solche Person von der Rechtsverfolgung absehen, so erscheint diese als mutwillig. Zu beachten ist, dass bei der Beurteilung der Mutwilligkeit hinreichende Erfolgsaussichten zu unterstellen sind; es handelt sich nämlich um zwei verschiedene, voneinander gesondert zu betrachtende Ablehnungsgründe.

1829 **Beispiele:** Wenn der Versicherungsnehmer einen **Vollstreckungstitel** erstrebt, obwohl es ihm nur um eine Aufrechnung geht, handelt er mutwillig.[123] Dasselbe gilt für die Fortsetzung eines Rechtsstreits, bei dem bereits die Klagezustellung misslungen ist, weil der Beklagte **keine ladungsfähige Anschrift** hat, nachdem die Eröffnung des Insolvenzverfahrens über sein Vermögen gescheitert war.[124] Hingegen führt allein der Umstand, dass der Beklagte derzeit **vermögenslos** ist, nicht ohne Weiteres zur Annahme von Mutwilligkeit, da sich die Vermögensverhältnisse ändern können.[125] Ein Einspruch gegen einen **geringfügigen Bußgeldbescheid** durch einen Anwalt ist nicht allein wegen des Missverhältnisses zwischen Aufwand und materiellem Nutzen mutwillig; insoweit fällt nämlich auch das immaterielle Interesse des Versicherungsnehmers ins Gewicht.[126]

1830 Der Versicherer muss aufgrund der halbzwingenden Vorgabe in § 128 VVG in den ARB für den Fall, dass er sich auf unzureichende Erfolgsaussicht oder Mutwilligkeit beruft, ein **Gutachterverfahren** vorsehen (s. Rn. 1792ff.). Der Versicherungsnehmer ist darauf hinzuweisen, dass er die Durchführung eines solches Verfahrens verlangen kann. Die GDV-Musterbedingungen tragen der Vorgabe, dass ein Gutachterverfahren vorzusehen ist, in den Klauseln 3.4.3 bis 3.4.5 A ARB 2012 durch zwei verschiedene, dem Versicherer bei der Ausarbeitung seiner eigenen ARB zur Wahl vorgeschlagene Varianten Rechnung, nämlich das Schiedsgutachter- und das Stichentscheidverfahren. Diese Gestaltungsmöglichkeiten bieten zugleich anschauliche Beispiele dafür, in welcher Weise Meinungsverschiedenheiten über die vom Versicherer geschuldete Leistung ausgetragen werden können, ohne oder bevor es zur Anrufung von Gerichten oder Schlichtungsstellen wie dem Versicherungsombudsmann kommt.

1831 Die Variante **„Schiedsgutachter"** sieht vor, dass ein seit mindestens fünf Jahren zugelassener Rechtsanwalt darüber befindet, ob Versicherungsschutz besteht. Dieser Anwalt wird nicht von einer der Vertragsparteien, sondern vom

123 LG Hamburg r+s 1990, 164.
124 OLG Köln r+s 1994, 423.
125 *Armbrüster*, in: Prölss/Martin, § 1 ARB 2008/II Rn. 16; a.A. etwa LG Hamburg r+s 1990, 164.
126 S. etwa LG Aachen VersR 1981, 361, 363.

Präsidenten der für den Wohnsitz des Versicherungsnehmers zuständigen Rechtsanwaltskammer benannt. Auf diese Weise soll sichergestellt werden, dass nicht der Anschein von Parteilichkeit aufkommen kann. Der **Versicherer** ist an die Entscheidung des Schiedsgutachters **gebunden**, während der Versicherungsnehmer, sofern er den darin geäußerten Standpunkt nicht teilt, stets den Klageweg beschreiten kann. Die **Kosten** werden je nach dem Inhalt des Schiedsspruchs verteilt: Sofern der Schiedsgutachter zu dem Ergebnis gelangt, dass die Leistungsverweigerung des Versicherers ganz oder auch nur teilweise unberechtigt war, trägt der Versicherer die gesamten Kosten des Schiedsgutachterverfahrens. War hingegen die Ablehnung nach dem Schiedsspruch berechtigt, so hat der Versicherungsnehmer die Kosten des Verfahrens und des Gutachters zu tragen; lediglich die dem Versicherer durch das Verfahren entstandenen Kosten muss der Versicherungsnehmer nicht übernehmen.

Die Variante **„Stichentscheid"** besteht darin, dass der Versicherungsnehmer 1832
den bereits für ihn tätigen oder noch von ihm zu beauftragenden Rechtsanwalt veranlasst, eine begründete Stellungnahme zur hinreichenden Erfolgsaussicht und zur Mutwilligkeit abzugeben. Diese Stellungnahme ist – anders als der Schiedsspruch im Schiedsgutachterverfahren (s. dazu Rn. 1831) – grundsätzlich **für beide Vertragspartner bindend**. Eine Ausnahme besteht nur dann, wenn die Entscheidung offenbar von der tatsächlichen Sach- oder Rechtslage erheblich abweicht. Hält eine Partei eine derartige erhebliche Abweichung für gegeben, so kann sie vor Gericht ziehen; in einem Prozess wird dann zunächst über die Bindungswirkung des Stichentscheids befunden und – sofern das Gericht diese verneint – sodann über die Frage des Deckungsanspruchs entschieden. Die ARB folgen damit einem Regelungskonzept, das auch der Gesetzgeber vorsieht (s. etwa § 84 Abs. 1 S. 1 VVG zum Sachverständigenverfahren in der Schadensversicherung).

Aus Sicht des Versicherungsnehmers bieten beide Verfahren **Vor- und Nachteile**. Das Schiedsgutachterverfahren bindet ihn im Gegensatz zum Versicherer 1833
nicht, es ist aber mit einem Kostenrisiko verbunden. Beim Stichentscheid ist er gebunden, trägt aber in keinem Fall die Kosten der anwaltlichen Stellungnahme. Unabhängig davon, welches der beiden Verfahren in den für einen Vertrag maßgeblichen ARB vorgesehen ist, steht es dem Versicherungsnehmer frei, auf die Durchführung zu verzichten und stattdessen sogleich eine Deckungsklage gegen den Versicherer zu erheben.

Im Schrifttum wird teils bezweifelt, dass auch das Stichentscheidverfahren 1834
den **Anforderungen des § 128 S. 1 VVG** (und der jener Norm zugrunde liegenden Richtlinienvorgabe) entspreche. Diese Zweifel sind unangebracht.[127] Entscheidend ist nämlich, dass entweder ein Gutachterverfahren oder ein „anderes Verfahren mit vergleichbaren Garantien für die Unparteilichkeit" vorgesehen wird. Zwar trifft es zu, dass der beim Stichentscheid vom Versicherungsnehmer auszuwählende Anwalt nicht völlig neutral ist; schließlich war er bereits in der

127 OLG Hamm VersR 2005, 1280, 1281.

Vergangenheit im Interesse seines Mandanten tätig oder soll dies zumindest in Zukunft sein. Indessen geht es nach dem Schutzzweck des § 128 S. 1 VVG allein darum, den Versicherungsnehmer vor der Einschaltung einer parteilichen Person zu bewahren. Dies kommt nicht zuletzt auch darin zum Ausdruck, dass jene Norm gem. § 129 VVG halbzwingend ist. Demgegenüber erscheint das Risiko, dass ein Anwalt unzutreffend zu Lasten des Versicherungsnehmers entscheidet, weil er an dem Mandat kein Interesse hat, dies aber nicht offenlegen möchte,[128] vernachlässigbar. Es lässt sich niemals völlig ausschließen, dass ein Anwalt sich vertragswidrig verhält; entscheidend ist, dass selbst in einem solchen, eher theoretisch anmutenden Fall nicht eine Parteilichkeit zugunsten des Versicherers in Rede steht.

1835 **Beispiel:**[129] A unterhält eine Rechtsschutzversicherung bei V. In den ARB ist das Stichentscheidverfahren vorgesehen. Nachdem die A bei einem Verkehrsunfall verletzt worden ist, begehrt sie vom Haftpflichtversicherer H des Unfallverursachers u.a. den Ersatz von Behandlungskosten wegen eines HWS-Traumas. Nachdem H diesen Anspruch zurückweist, da es nicht zweifelsfrei nachgewiesen sei, dass das Trauma von dem Unfall herrühre, verlangt A von V Deckungsschutz, um den Anspruch gerichtlich durchzusetzen. V lehnt dies ab, und zwar ebenso wie H unter Hinweis auf die nicht beweisbare Kausalität. Daraufhin holt A von Rechtsanwalt R, der zugleich ihr Ehemann ist, eine Stellungnahme ein, in der die Erfolgsaussicht der beabsichtigten Klage gegen H bejaht wird. Als V gleichwohl bei seiner Ablehnung bleibt, verklagt A ihn auf Gewährung von Deckungsschutz.

1836 Zutreffend hat das OLG Hamm der Klage stattgegeben. Dabei teilt es die hier in Rn. 1834 vertretene Einschätzung, dass das Stichentscheidverfahren trotz mangelnder Neutralität eines vom Versicherungsnehmer ausgewählten Anwalts mit den gesetzlichen Vorgaben vereinbar ist. Auch die Tatsache, dass es sich hier bei dem Anwalt um den **Ehegatten** der Versicherungsnehmerin handelt, ändere daran nichts. In der Tat stellt eine eheliche oder sonstige persönliche Verbindung zum Versicherungsnehmer nicht die Eignung des Anwalts in Frage, einen Stichentscheid vorzunehmen. Legt der Versicherer Wert auf eine völlig neutrale Beurteilung seiner Leistungspflicht, so steht es ihm frei das Schiedsgutachterverfahren vorzusehen.

8. Obliegenheiten des Versicherungsnehmers

1837 Der Versicherungsnehmer hat nach Eintritt des Versicherungsfalls neben den üblichen Anzeige- und Auskunftsobliegenheiten (vgl. allgemein §§ 30, 31 VVG) regelmäßig eine Obliegenheit zur **Geringhaltung der Kosten**. So sieht Klausel 4.1.1.4 A ARB 2012 vor, dass der Versicherungsnehmer soweit möglich

---

128 Darauf weist *Klatt*, in: FS Büchner, 1991, S. 379 hin.
129 Nach OLG Hamm VersR 2005, 1280.

dafür sorgen muss, dass der Schaden vermieden bzw. verringert wird. Hierin liegt eine vertragliche Umschreibung der in § 82 VVG normierten Obliegenheit zur Abwendung und Minderung des Schadens. In vielen älteren Klauseln wird das gebotene Verhalten näher dahin umschrieben, dass der Versicherungsnehmer, soweit seine Interessen nicht unbillig beeinträchtigt werden, alles vermeiden muss, was eine unnötige Erhöhung der Kosten oder eine Erschwerung ihrer Erstattung durch die Gegenseite verursachen könnte (s. etwa § 17 Abs. 5 lit. c cc ARB 2008/II). Im Einzelfall kann es für den Versicherungsnehmer schwierig sein zu beurteilen, welche Maßnahmen geboten sind, um unnötige Kosten zu vermeiden.

Beispiel:[130] Der Arbeitgeber des A hat dessen Arbeitsverhältnis gekündigt. A 1838 sucht daraufhin Rechtsanwalt R auf und erteilt diesem zunächst nur eine außergerichtliche Vollmacht für einen Einigungsversuch. Erst als die außergerichtliche Tätigkeit des R erfolglos geblieben ist, bevollmächtigt A den R zur Erhebung der Kündigungsschutzklage. Der Rechtsschutzversicherer V des A kürzt seine Leistung unter Hinweis darauf, dass wegen der nur teilweisen Anrechnung der Geschäftsgebühr auf die Verfahrensgebühr des arbeitsgerichtlichen Streitverfahrens zusätzliche Anwaltskosten angefallen sind, die vermieden worden wären, wenn A sogleich einen Klageauftrag erteilt hätte (vgl. § 19 Abs. 1 S. 2 Nr. 2 RVG).

Das OLG München hat in einem Verbandsklageverfahren die Kostenvermei- 1839 dungsklausel wegen Verstoßes gegen das **Transparenzgebot** wie auch gegen **wesentliche Grundgedanken des dispositiven Gesetzesrechts** für gem. § 307 Abs. 1 BGB unwirksam erklärt. Ein durchschnittlicher Versicherungsnehmer verfüge nicht über kostenrechtliche Kenntnisse, die notwendig sind, um beurteilen zu können, in welchen Fällen er durch sein Verhalten eine „unnötige Erhöhung der Kosten“ oder „eine Erschwerung ihrer Erstattung durch die Gegenseite“ verursachen „könnte“. Die Klausel gebe zudem nicht allein die schon aus § 82 Abs. 1 VVG folgende Rechtslage wieder. Der Umfang der gesetzlichen Rettungsobliegenheit richte sich nämlich nach dem pflichtgemäßen Ermessen eines **ordentlichen Versicherungsnehmers**. Nach der Klausel komme es hingegen auf den Kenntnisstand und den Sorgfaltsmaßstab eines solchen ordentlichen Versicherungsnehmers, von dem vertiefte Rechtskenntnisse, insbesondere des GKG, des RVG, des materiellen Kostenerstattungsrechts und des Prozessrechts, nicht erwartet werden können, gerade nicht an. Die Neuformulierung der Kostenvermeidungsobliegenheit in Klausel 4.1.1.4 A ARB 2012 trägt dieser Kritik Rechnung, indem sie lediglich den Wortlaut der gesetzlichen Schadensminderungsobliegenheit gem. § 82 Abs. 1 VVG paraphrasiert.

Erkennt der Versicherer seine Leistungspflicht für einen ihm vom Versiche- 1840 rungsnehmer gemeldeten Sachverhalt ganz oder teilweise an, so bestätigt er den Umfang des Versicherungsschutzes durch Erteilung einer sog. **Deckungszu-**

---

130 Vgl. OLG München VersR 2012, 313.

sage (Klausel 4.1.2 A ARB 2012). In der Praxis ist es üblicherweise der vom Versicherungsnehmer eingeschaltete Rechtsanwalt, der namens seines Mandanten die Deckungszusage einholt. Allerdings muss der Versicherungsnehmer mit Maßnahmen zur Rechtsverfolgung nicht abwarten, bis er eine Deckungszusage erlangt hat. Vielmehr ist der Versicherer auch zur Tragung solcher Kosten verpflichtet, die vor Erteilung der Zusage entstanden sind, sofern er diese Leistungen nach den übrigen Klauseln schuldet. Allerdings kann der Versicherer sich nach Klausel 4.1.2 A ARB 2012 darauf berufen, dass er den Deckungsschutz insoweit, als er dazu nach dem Vertrag in der Lage ist, in der Zusage eingeschränkt hätte, etwa durch Erteilung von Weisungen i.S. von Klausel 4.1.1.4 Abs. 3 A ARB 2012.

1841 Dem Grundsatz **freier Anwaltswahl** (s. Rn. 1784ff., auch zu den Grenzen) wird dadurch Rechnung getragen, dass der Versicherungsnehmer den Anwalt, den er mit der Wahrnehmung seiner rechtlichen Interessen mandatieren möchte, frei auswählen kann (Klausel A 4.1.3 ARB 2012). Allerdings muss der Versicherungsnehmer von dieser Freiheit keinen Gebrauch machen; er kann die Auswahl auch dem Versicherer überlassen. Überdies wählt der Versicherer den Anwalt auch dann aus, wenn Gefahr im Verzug ist. In beiden Fällen handelt der Versicherer im Namen des Versicherungsnehmers, so dass auch hier der Anwalt nicht für den Versicherer tätig wird. Umgekehrt ist der Anwalt Erfüllungsgehilfe des Versicherungsnehmers, sofern es um die Pflichten des letzteren gegenüber dem Versicherer geht (Klausel 4.1.6 A ARB 2012).

§ 35 Sachversicherung

Literatur

Felsch, Die Rechtsprechung des BGH zum Versicherungsrecht – Haftpflichtversicherung und Sachversicherung, r+s 2010, 265; *Spielmann,* Aktuelle Deckungsfragen der Sachversicherung, 2. Aufl. 2012; *Harsdorf-Gebhardt,* Die Rechtsprechung des BGH zum Versicherungsrecht – Regress in der Sachversicherung, r+s 2010, 309; *Martin,* Sachversicherungsrecht, 3. Aufl. 1992.

A. Überblick

1842 Die Sachversicherung deckt Schäden, die an **Sachen**, also nach der Legaldefinition in § 90 BGB an körperlichen Gegenständen eintreten. Es gibt eine ganze Reihe von Versicherungsprodukten, die der Sachversicherung zuzuordnen sind. Hierzu zählen insbesondere die in der Praxis herausragenden Zweige der Wohngebäude- sowie der Hausratsversicherung. Neben diesen Produkten, die jeweils **mehrere Gefahren** bündeln, lassen sich viele **Einzelrisiken** versichern. Zu nennen sind etwa die Einbruchdiebstahl- und Raubversicherung, die Feuer-, Leitungswasser-, die Glas- oder die Sturmversicherung. Während jene Versicherungszweige im Massengeschäft mit Verbrauchern und zugleich auch im

Geschäft mit gewerblichen Versicherungsnehmern bedeutsam sind, kommen andere Zweige der Sachversicherung allein bei Verträgen mit Unternehmern zum Zuge. Hierzu zählen etwa die Betriebsunterbrechungsversicherung (s. Rn. 1893ff.) oder die Maschinenversicherung.

Im Folgenden werden aus der Vielzahl an Versicherungszweigen, die es in der Sachversicherung gibt, zwei herausgegriffen, anhand derer sich die Besonderheiten dieser Sparte deutlich zeigen lassen, nämlich die Wohngebäude- und die Hausratversicherung. Die **Wohngebäudeversicherung** umfasst, wie näher zu behandeln sein wird, neben Sach- auch Haftpflichtversicherungselemente (zum Einschluss des Sachersatzinteresses s. Rn. 1268ff.). Bei der Hausratversicherung, die sich im Gegensatz zur Wohngebäudeversicherung auf bewegliche Sachen bezieht, stellen sich andere Fragen, etwa diejenige nach den räumlichen Grenzen des Versicherungsschutzes (zur Außenversicherung s. Rn. 1877ff.). Als Beispiel aus dem industriellen Bereich wird zudem die **Betriebsunterbrechungsversicherung** vorgestellt. An ihr lässt sich aufzeigen, in welcher Weise durch moderne Deckungskonzepte teils von der allen Sachversicherungszweigen gemeinsamen Anknüpfung an einen Sachschaden abgewichen wird (zu den Deckungserweiterungen für Rückwirkungsschäden s. Rn. 1901ff.). Durch derartige Modifizierungen verschwimmen die Grenzen der Sachversicherung. 1843

B. Wohngebäudeversicherung

Literatur

Dietz, Wohngebäudeversicherung, 2. Aufl. 1999.

I. Überblick

Bei der Wohngebäudeversicherung geht es darum, dass die bedeutsamsten Gefahren, die einem zu Wohnzwecken bestimmten Gebäude drohen, auf den Versicherer verlagert werden. Damit erlangt jener Versicherungszweig eine besondere **sozialpolitische Bedeutung.** Beim Wohnen handelt es sich nämlich um ein Grundbedürfnis des Menschen. Dementsprechend hat der BGH im Kontext des Schadensersatzrechts (§§ 249ff. BGB) hervorgehoben, dass es sich bei selbstgenutztem Wohnraum neben Kfz um eines derjenigen Wirtschaftsgüter handelt, „auf deren ständige Verfügbarkeit die eigenwirtschaftliche Lebenshaltung typischerweise angewiesen ist“[131], und daher die entgangene Wohnnutzung für schadensersatzrechtlich ausgleichspflichtig erachtet. Brennt etwa ein Wohngebäude ab, ohne dass ein Schädiger hierfür verantwortlich gemacht und zum Schadensersatz herangezogen werden kann, so ist der daraus für den Betroffenen entstehende Bedarf besonders bedeutsam. Dabei sind Gemeinwohlbelange insofern betroffen, als der Betroffene dann, wenn er keinen Ausgleich auf privatrechtlicher Ebene zu erlangen vermag, womöglich zur künftigen Be- 1844

131 BGHZ 98, 212 = NJW 1987, 50, 52.

friedigung seines Wohnbedarfs auf öffentliche Sozialleistungen angewiesen ist. Überdies besteht ein öffentliches Interesse daran, dass es zur Wiederherstellung beschädigter oder zerstörter Wohngebäude kommt. Demgemäß bestand zu Zeiten der Monopolversicherung verbreitet eine öffentlich-rechtliche Pflicht der Eigentümer, für Wohngebäude Feuerversicherungsschutz zu unterhalten.

1845 Die Wohngebäudeversicherung ist Gegenstand von **GDV-Musterbedingungen**, nämlich der VGB. Diese Abkürzung steht für die frühere Bezeichnung als „Bedingungen für die Verbundene Gebäudeversicherung"; mit dem Wort „verbunden" sollte deutlich gemacht werden, dass anders als in der klassischen Feuer-Gebäudeversicherung weitere Gefahren eingeschlossen sind. Freilich sind die meisten von der Wohngebäudeversicherung standardmäßig erfassten Gefahren auch einzeln versicherbar, so dass es stets auf die konkrete Vereinbarung ankommt. Die aktuelle Fassung sind die VGB 2010 in der Version 1.1.2013; wichtige frühere Fassungen sind die VGB 62, 88 und 2008. Abschnitt A der VGB 2010 enthält die spartenspezifischen Klauseln, während Abschnitt B spartenübergreifende Regelungen umfasst. Zu den VGB kommen noch sog. **Klauseln** hinzu, die speziellere Deckungen betreffen und dementsprechend für den konkreten Vertrag jeweils bedarfsgemäß vereinbart werden können.

1846 Die Musterbedingungen werden parallel in zwei verschiedenen Fassungen veröffentlicht, nämlich **„Wert 1914"** und **„Wohnflächenmodell"**. Damit bleibt es dem Versicherer, der sich an den Verbandsempfehlungen orientieren möchte, überlassen zu entscheiden, welches der Modelle er seinen Kunden anbieten möchte; er kann auch beide alternativ zur Wahl stellen. Der wesentliche Unterschied besteht darin, auf welche Weise der für Prämienkalkulation und Versicherungssumme bedeutsame Versicherungswert bestimmt wird (s. Rn. 1859). Im Folgenden soll die Wohngebäudeversicherung anhand der VGB 2010 – Wert 1914 dargestellt werden.

1847 Vorab sei noch auf einige wichtige Einzelbestimmungen der VGB hingewiesen. Abschnitt A § 12 VGB 2010 (1914) enthält eine **Prämienanpassungsklausel** (s. dazu allgemein Rn. 1440ff.). In § 15 wird dem Versicherungsnehmer ein **Sachverständigenverfahren** eröffnet (s. dazu Rn. 1388ff.). § 18 präzisiert den für die **Veräußerung** der versicherten Sache i.S. von § 95 VVG maßgeblichen Zeitpunkt in dem Sinne, dass das Datums der Grundbucheintragung maßgeblich ist (s. dazu Rn. 1244).

1848 Besonderheiten ergeben sich für die Versicherung von Gebäuden, die in **Wohnungseigentum** aufgeteilt sind.[132] Die VGB unterscheiden üblicherweise nicht zwischen Gemeinschafts- und Sondereigentum (vgl. zu dieser Differenzierung auch Rn. 1283). Was die praktische Abwicklung der Schadensregulierung mit dem Versicherer angeht, so ist hingegen zu differenzieren: Soweit der Schaden das **Gemeinschaftseigentum** betrifft, geht es um eine Verwaltungsangelegenheit, die der Verwalter für die Gemeinschaft abzuwickeln hat.[133] Für sol-

---

132 S. dazu Bärmann/*Armbrüster*, Anh. 2 zu § 1.
133 S. auch OLG Köln NJW-RR 2003, 1612.

che Schäden, die allein am **Sondereigentum** eingetreten sind, ist hingegen der einzelne Wohnungseigentümer zuständig. Dies kann der geschädigte Wohnungseigentümer sein, der sein Sacherhaltungsinteresse geltend macht, oder – wie im Beispielsfall von Rn. 1282 – der von ihm in Anspruch genommene Schädiger im Hinblick auf dessen Sachersatzinteresse. Der Verwalter muss den einzelnen Wohnungseigentümer (lediglich) dadurch unterstützen, dass er ihm alle für die Anspruchsverfolgung erforderlichen Informationen überlässt.[134] In der Praxis wird freilich häufig der Verwalter gegenüber dem Versicherer eine einheitliche Schadensmeldung erstatten, sofern von einem Schadensereignis nicht ausschließlich Sondereigentum betroffen ist.

II. Versicherte Gefahren

1. Deckungsumfang und Ausschlüsse

Die Wohngebäudeversicherung umfasst in ihrer klassischen Ausprägung – d.h. ohne Zusatzdeckungen – im Kern die Gefahren **Brand, Leitungswasser, Sturm** sowie **Hagel** (Abschnitt A § 1 Nr. 1 VGB 2010 (1914)). Aus dieser Aufzählung wird deutlich, dass es sich teils um Gefahren handelt, die allein auf **Naturereignissen** beruhen, während andere Gefahren sowohl durch **menschliches Handeln** als auch durch ein Naturereignis hervorgerufen werden können. Für die Regressmöglichkeit nach § 86 Abs. 1 VVG bedeutet dies, dass in manchen Fällen – nämlich denen eines Naturereignisses als ausschließlicher Schadensursache – von vornherein kein ersatzpflichtiger Dritter in Betracht kommt, gegen den der Versicherer Rückgriff nehmen könnte. Zugleich erweist sich der Versicherungsschutz in solchen Fällen für den Versicherungsnehmer deshalb als besonders bedeutsam, weil er auch dann, wenn er das Risiko unversichert ließe, keine Schadensersatzansprüche gegen einen Verantwortlichen geltend machen könnte. 1849

Die aufgeführten Gefahren sind im Einzelnen umstritten. Dementsprechend gibt es eine vielfältige **Rechtsprechung** zu der Frage, wann ein Schaden noch als Realisierung der versicherten Gefahr anzusehen ist. Im Folgenden sollen exemplarisch einige Themen herausgegriffen werden. 1850

2. Brand, Blitzschlag etc.

Die Gefahr **Brand** kennzeichnet die klassische Feuergefahr. Die Musterbedingungen verstehen darunter ein Feuer, das ohne bestimmungsgemäßen **Herd** entstanden ist oder ihn verlassen hat und das sich aus eigener Kraft ausbreiten kann (Abschnitt A § 2 Nr. 2 VGB 2008). Feuer ist ein Verbrennungsvorgang mit Lichterscheinung; entscheidend ist eine Flamme. Auch Glut und Funken werden erfasst. Es ist nicht erforderlich, dass der Brandherd innerhalb des ver- 1851

134 *Armbrüster*, ZMR 2003, 1, 6.

sicherten Gebäudes oder auf demselben Grundstück ausbricht. Daher sind auch Schäden erfasst, die durch einen außerhalb stattfindenden Brand infolge von Immissionen wie Rauch und Ruß am versicherten Gebäude entstehen.

1852 Neben Brand führen die Musterbedingungen auch als weitere, mehr oder minder **verwandte Gefahren** Blitzschlag, Explosion, Überspannung durch Blitz, Implosion, Anprall oder Absturz eines Luftfahrzeuges, seiner Teile oder seiner Ladung auf. Für **Blitzschlag** gilt hinsichtlich der erfassten Kausalverläufe dasselbe wie hinsichtlich des Brandes: Es ist nicht erforderlich, dass der Blitz im versicherten Gebäude oder auf dem Grundstück einschlägt. Allerdings muss ein Einschlag („unmittelbarer Übergang") auf eine Sache stattfinden (Abschnitt A § 2 Nr. 3 VGB 2008). Hieran fehlt es, wenn ein Gebäudeschaden dadurch eintritt, dass ein Blitz von einer Wolke auf eine andere übergeht. Hingegen ist das Meer als eine Sache i.S. der Klausel anzusehen, so dass die durch einen Einschlag im Meer hervorgerufenen Gebäudeschäden vom Versicherungsschutz umfasst werden.[135]

1853 Ein Ausschluss ist insbesondere für **Schäden durch Erdbeben** vorgesehen, auch wenn es andere mitwirkende Ursachen gab (Abschnitt A § 2 Nr. 6 VGB 2008). Diesem Ausschluss liegt die Erwägung zugrunde, dass Erdbeben in Deutschland vergleichsweise sehr selten sind, dass aber dann, wenn sich die Erdbebengefahr einmal realisieren sollte, unverhältnismäßig hohe Schaden aufgrund der durch sie typischerweise ausgelösten Feuer entstehen. Der Ausschluss von Erdbebenschäden lässt sich auf die Erfahrungen zurückführen, die mit dem großen Erdbeben in San Francisco im Jahre 1906 (s. Rn. 170) gemacht wurden.

1854 Genannt sei hier zudem der Ausschluss für Brandschäden am versicherten Gebäude, die durch ein **Nutzfeuer** oder den Einsatz von **Nutzwärme** entstanden sind. Dabei geht es um Schäden infolge eines zweckentsprechenden Einsatzes von Feuer oder Wärme, etwa durch einen Kaminofen oder einen (zu nah an brennbaren Gebäudeteilen eingesetzten, nicht: durch einen Kurzschluss in Brand geratenen) elektrischen Heizstrahler.

3. Leitungswasser

1855 Die Leitungswasserversicherung weist in der Praxis eine Vielzahl schwieriger Einzelfragen auf. Nicht selten entsteht Streit darüber, ob ein Wasserschaden noch **innerhalb des versicherten Gebäudes** eingetreten ist.

1856 **Beispiel:** Aus einem unter dem Kellerboden des Gebäudes zwischen den Unterkanten der Fundamente verlaufenden Ableitungsrohr dringt Wasser aus. Hier kommt es für den Versicherungsschutz darauf an, welches Bedingungswerk vereinbart ist. Die VGB 62 sind in diesem Punkt so formuliert, dass der Versicherungsnehmer von einem Einschluss ausgehen darf (s. Rn. 506f.). Dem-

---

135 *Armbrüster*, in: Prölss/Martin, § 1 AFB 2008 Rn. 4.

gegenüber schließt Abschnitt A § 7 Nr. 1 S. 2 VGB 2000 einen Versicherungsschutz ausdrücklich aus, indem dort festgelegt ist, dass der Bereich zwischen den Fundamenten unterhalb des Gebäudes nicht als innerhalb des Gebäudes gilt. In Abschnitt A § 3 Nr. 1 a.E. VGB 2010 (1914) wird die Thematik wiederum mit anderen Worten geregelt, indem Rohre unterhalb der Bodenplatte ausgenommen werden. Im Ergebnis sind auch nach dieser Klausel die zwischen den Fundamenten liegenden Rohre regelmäßig nicht vom Versicherungsschutz umfasst, da die Bodenplatte typischerweise auf den Fundamenten ruht.

Wie genau die VGB zwischen verschiedenen Schadensursachen und –arten dif- 1857
ferenzieren, sei anhand des Merkmals der **Wasserversorgung** i.S. von Abschnitt A § 3 Nr. 1 lit. a VGB 2010 (1914) aufgezeigt. Ihr dienen Zuleitungen von Frischwasser sowie Ableitungen von gebrauchtem Wasser. Hingegen bezweckt etwa ein Regenfallrohr nicht die Wasserversorgung. **Bruchschäden** an solchen Rohren sind daher nicht erfasst. Hinsichtlich von **Nässeschäden** ist die Lage im Ergebnis ebenso. Zwar stellt Abschnitt A § 3 Nr. 3 VGB 2010 (1914) insoweit in weiterem Umfang auf das Rohrsystem und damit verbundene sonstige Einrichtungen ab. Nr. 4 lit. a aa schließt hingegen Schäden durch Regenwasser aus Fallrohren ausdrücklich aus.[136]

Bei Leitungswasserschäden in Gestalt von Nässeschäden tritt der **Versiche-** 1858
rungsfall dadurch ein, dass es zu einem bestimmungswidrigen Austritt von Wasser und hierdurch zur Zerstörung oder Beschädigung versicherter Sachen kommt. Hier ist es bisweilen besonders schwierig festzustellen, zu welchem **Zeitpunkt** der Versicherungsfall eingetreten ist. Dieser Zeitpunkt ist dann von entscheidender Bedeutung, wenn Versicherungsschutz in einem bestimmten Vertrag entweder noch nicht oder nicht mehr bestanden hat. Lässt sich der Zeitpunkt nicht genau bestimmen, so kann es dazu kommen, dass ein Versicherungsnehmer zwar durchgängig – bei verschiedenen Versicherern – Versicherungsschutz unterhalten hat, gleichwohl aber keinen der Versicherer in Anspruch nehmen kann.[137] Dieser Zustand ist unbefriedigend; er lässt sich über eine Auffangregelung für derartige Fälle in den VGB beheben.

III. Versicherungswert

Als **Versicherungswert** kommen mehrere Varianten in Betracht. So zählt Ab- 1859
schnitt A § 10 Nr. 1 VGB 2010 (1914) den Gleitenden Neuwert, den Neuwert, den Zeitwert sowie den Gemeinen Wert auf. Unter **Gleitendem Neuwert** versteht man denjenigen Geldbetrag, der erforderlich ist, um das Gebäude in gleicher Art neu zu errichten. Dabei wird der Versicherungsschutz ausgehend von den **Preisen des Jahres 1914** – mithin des letzten Jahres vor den Umbrüchen des 1. Weltkriegs und der nachfolgenden Inflationszeit – der Baukostenentwick-

136 Vgl. zu abweichenden VGB OLG Koblenz VersR 2011, 1260f.
137 S. etwa OLG Celle VersR 2013, 57.

lung angepasst (daher die Bezeichnung „gleitend"). Maßgeblich sind mithin die Neubaukosten zu dem Zeitpunkt, zu dem der Versicherungsfall eintritt. Hingegen ist bei der (einfachen) **Neuwertversicherung** – so wie sie bei den VGB in der Variante Wohnflächenmodell (Abschnitt A § 10 Nr. 1 lit. a VGB 2010 (Wfl)) den Standard darstellt – keine solche Anpassung vorgesehen, so dass der zum Zeitpunkt des Vertragsschlusses für eine Neuerrichtung erforderliche Betrag maßgeblich ist. Der **Zeitwert** besteht im Neuwert abzüglich der Wertminderung, die das Gebäude seit seiner Errichtung insbesondere durch Alter und Abnutzung erlitten hat. Bei dem **gemeinen Wert** schließlich handelt es sich um den Verkehrswert, d.h. um den für das Gebäude bei Eintritt des Versicherungsfalls erzielbaren Verkaufspreis.

1860 Nach der dispositiven Vorschrift des § 88 VVG geht das Gesetz vom Zeitwert als dem Versicherungswert aus. In der **Vertragspraxis** wird hingegen meist die gleitende Neuwertversicherung vereinbart, da dies dem tatsächlichen Bedarf des Versicherungsnehmers regelmäßig am besten gerecht wird.

1861 Der Versicherungswert ist nach Abschnitt A § 10 Nr. 2 lit. a VGB 2010 (1914) maßgeblich für die **Versicherungssumme**. Dies entspricht der Grundregel des Gesetzes, wonach beides im Wesentlichen übereinstimmen soll (s. § 74 Abs. 1 VVG und dazu Rn. 1320).

1862 Bei der Gebäudeversicherung droht in mehreren Fällen eine **Unterversicherung** i.S. von § 75 VVG. Zum einen ist dies dann der Fall, wenn keine gleitende Neuwertversicherung vereinbart ist und sich die Wiedererrichtungskosten nicht nur unerheblich erhöhen. Zum anderen kann es durch werterhöhende bauliche Veränderungen dazu kommen, dass die vereinbarte Versicherungssumme erheblich niedriger als der Versicherungswert bei Eintritt des Versicherungsfalls liegt. Beiden Fällen tragen die VGB 2010 (1914) in Abschnitt A § 10 Nr. 2 lit. b–d Rechnung.

1863 Bei der (gleitenden oder einfachen) Neuwertversicherung entsteht der Anspruch auf denjenigen Teil der Entschädigung, der den Zeitwertschaden übersteigt (Neuwertanteil, **Neuwertspitze**) nach den üblichen Bedingungswerken nur, soweit der Versicherungsnehmer innerhalb eines bestimmten Zeitraums die Wiedererrichtung des Gebäudes sicherstellt. Durch derartige **Wiederherstellungsklauseln** soll insbesondere das subjektive Risiko gesenkt werden, da der Versicherungsnehmer die Neuwertspitze nicht für andere Zwecke als die Wiederherstellung des *status quo ante* soll verwenden können (s. Rn. 1333ff., auch zu den verschiedenen Erscheinungsformen).

IV. Umfang der Versicherungsleistung

1864 Die Klauselwerke sehen regelmäßig vor, dass der Versicherer neben dem vereinbarten Gebäudewert (s. Rn. 1859ff.) auch bestimmte weitere Leistungen zu zahlen hat. Hierzu zählt insbesondere eine Entschädigung für **Aufräumungs- und Abbruchkosten** sowie für die in Bezug auf andere Sachen entstehenden **Bewegungs- und Schutzkosten** (Abschnitt A § 7 Nr. 1 VGB 2010 (1914)). Zudem sind solche Mehrkosten gedeckt, die bei der Wiedererrichtung des Gebäudes infolge von **behördlichen Auflagen** (s. dazu Rn. 1299ff.) oder von **Preissteigerungen** nach Eintritt des Versicherungsfalls entstehen (Abschnitt A § 8 VGB 2010 (1914)).

Hinzu kommt der Ersatz des **Mietausfalls** (Abschnitt A § 9 VGB 2010 (1914)). Dabei handelt es sich für den Fall, dass dem Versicherungsnehmer infolge des Schadensfalls tatsächlich ein Mietausfall entsteht, um einen Vermögensschaden in Gestalt entgangenen Gewinns. Gedeckt ist aber auch der **Nutzungsausfall** hinsichtlich der selbstgenutzten Wohnung. Diesem Ausfall misst der BGH in schadensersatzrechtlicher Hinsicht einen Vermögenswert bei, so dass er auch dann ersatzfähig ist, wenn der Geschädigte tatsächlich keine Aufwendungen für Ersatzwohnraum (z.B. Wohnungs- oder Hotelmiete) hatte (s. Rn. 1844). Diese Klausel führt bisweilen zu Streit. 1865

Beispiel: S. den Fall in Rn. 489. Das OLG Bremen folgt der Argumentation von V, und zwar unter Hinweis auf Wortlaut sowie auf Sinn und Zweck der Klausel (zur methodischen Kritik s. Rn. 490). Bei der Mietausfallversicherung gehe es darum, dem Versicherungsnehmer solche Schäden zu ersetzen, die durch das Nutzungshindernis entstehen; dies könne ein Mietausfall oder eine entgangene Eigennutzung sein. Sofern wie hier die Räume Dritten unentgeltlich überlassen worden seien, entstehe dem Versicherungsnehmer ein derartiger **Vermögensschaden** regelmäßig nicht. In der Tat erscheint angesichts der klaren Differenzierung in der Klausel grundsätzlich keine erweiternde Auslegung angebracht.[138] Freilich wird man aus Sicht eines verständigen Versicherungsnehmers eine Leistungspflicht insoweit anzunehmen haben, als ihm daraus, dass die unentgeltliche Überlassung vereitelt wird, tatsächlich ein Vermögensschaden erwächst, etwa weil sie auf seine Unterhaltspflicht angerechnet wurde. 1866

C. Hausratversicherung

I. Überblick

Bei der Hausratversicherung handelt es sich um eine **Mobiliarversicherung**, die gleichsam komplementär zur Wohngebäudeversicherung das zum Haushalt gehörende Inventar umfasst. Es geht mithin um eine Massenversicherung, die regelmäßig mit Verbrauchern abgeschlossen wird. Im gewerblichen Bereich findet sie eine Entsprechung etwa in der Büroinventarversicherung. 1867

Die Musterbedingungen des GDV zur Hausratversicherung existieren in zwei Varianten, nämlich als Quadratmetermodell und als Summenmodell. Während das **Summenmodell** es erfordert, den Wert des Hausrats im Einzelnen zu ermitteln, beruht das **Quadratmetermodell** auf einer Pauschalierung: Die Versicherungssumme wird hier dadurch festgelegt, dass die Quadratmeterfläche der Wohnung mit einem bestimmten Betrag multipliziert wird. Diese Typisie- 1868

---

138 A.A. *Dietz*, Wohngebäudeversicherung, Anm. C 1.3; VersRHdb/*Rüffer*, § 32 Rn. 291 a.E.

rung erspart es den Beteiligten, eine Inventarliste mit Einzelbewertungen zu erstellen. Für den Versicherungsnehmer hat diese Variante den Vorteil, dass der Versicherer auf den Einwand der Unterversicherung (zu ihm s. Rn. 1323ff.) verzichtet. Im Folgenden wird die Hausratversicherung anhand der für das Quadratmetermodell entwickelten **VHB 2010 (QM)** erörtert. Diese AVB bestehen – ebenso wie etwa die VGB 2010 – aus zwei Abschnitten: **Abschnitt A** enthält die spartenspezifischen Regelung, während **Abschnitt B** spartenübergreifend verwendete Bausteine umfasst.

1869 Beim Einbruchdiebstahl kommen zugunsten des Versicherungsnehmers einige **Beweiserleichterungen** zum Tragen (s. Rn. 1639ff.). Das **Sachverständigenverfahren** (s. Rn. 1388ff.) ist in der Hausratversicherung regelmäßig in den AVB vorgesehen (s. etwa Abschnitt A § 15 VHB 2010 (QM)). Bei einem Wohnungswechsel geht der Versicherungsschutz auf die neue Wohnung über. Erhöht sich infolgedessen die Prämie, so kann der Versicherungsnehmer den Vertrag außerordentlich kündigen (Abschnitt A § 11 Nr. 1, 5 VHB 2010 (QM)).

II. Versicherte Gefahren

1870 Der Katalog der in der Hausratversicherung **versicherten Gefahren** ähnelt im Wesentlichen demjenigen der Gebäudeversicherung, mit einer wichtigen Ausnahme: Zusätzlich ist das Risiko Einbruchdiebstahl erfasst. Nach § 3 Nr. 1 VHB 2010 (QM) untergliedert sich dieses Risiko wiederum in Einbruchdiebstahl, Vandalismus nach einem Einbruch sowie Raub.

1871 Der **Einbruchdiebstahl** wird dahingehend definiert, dass neben dem Einbrechen und Einsteigen auch das Eindringen mittels eines Nachschlüssels oder eines gestohlenen richtigen Schlüssels erfasst ist. Zudem genügt es etwa, wenn etwa ein Behältnis in einem Raum der versicherten Wohnung aufgebrochen wird oder wenn sich der Täter in dem Gebäude verborgen gehalten hat (zu Einzelheiten s. § 3 Nr. 2 lit. a VHB 2010 (QM)).

1872 **Vandalismus nach einem Einbruch** umfasst Schäden, die dadurch entstehen, dass der Täter versicherte Sachen vorsätzlich zerstört oder beschädigt.

1873 **Raub** umfasst den Fall, dass gegen den Versicherungsnehmer Gewalt angewendet wird, um seinen Widerstand gegen die Wegnahme versicherter Sachen zu brechen. Zudem werden – über die strafrechtlichen Grenzen des § 249 StGB hinausgehend – auch die Fälle erfasst, dass der Versicherungsnehmer versicherte Sachen herausgibt, weil eine Gewalttat für Leib oder Leben angedroht wird oder weil seine Widerstandskraft ausgeschaltet ist (s. § 3 Nr. 4 VHB 2010 (QM)).

III. Versicherte Sachen

1874 Versichert sind die zum **Hausrat** gehörenden Sachen. Dies wird in Abschnitt A § 6 Nr. 2 VHB 2010 (QM) näher definiert. Erfasst werden demnach insbesondere die zur privaten Nutzung – sei es zum **Gebrauch** (Kleidung, Mobiliar etc.)

oder zum **Verbrauch** (insbesondere Lebensmittel) – dienenden Sachen. Darüber hinaus enthält die Auflistung einige wichtige weitere Positionen. So sind auch **Wertsachen** erfasst (zu den Entschädigungsgrenzen s. Rn. 1883ff.). Praktisch bedeutsam ist zudem der Einschluss **fremden Eigentums**, das sich im Haushalt des Versicherungsnehmers befindet und nicht seinen Mietern oder Untermietern gehört. Ferner sind **Arbeitsgeräte** und **Haustiere** eingeschlossen. Eine Reihe weiterer Einschlüsse ist sehr detailliert gefasst; genannt sei hier nur derjenige für „nicht motorisierte Flugdrachen". Diese Regelungstechnik soll sicherstellen, dass die Hausratversicherung möglichst wenige Überschneidungen zu anderen Versicherungen aufweist, so dass Mehrfachversicherungen vermieden werden.

Insbesondere die Abgrenzung zwischen dem Deckungsumfang der Hausrat- 1875
versicherung und demjenigen der **Wohngebäudeversicherung** fällt oftmals nicht leicht. Dies gilt etwa für Bodenbeläge, Deckenverkleidungen oder Einbauküchen. Bisweilen sind insbesondere die jüngeren Bedingungswerke darum bemüht, eine klare Grenzziehung zu erreichen.

Beispiel: In den Klauselwerken zur Wohngebäudeversicherung findet sich 1876
häufig die Regelung, dass nur solche **Einbauküchen** vom Versicherungsschutz erfasst werden, die „nicht serienmäßig produziert, sondern individuell gefertigt sind" (so etwa Abschnitt A § 1 Nr. 2 lit. a VGB 2000) oder die „individuell für das Gebäude raumspezifisch geplant und gefertigt sind" (so Abschnitt A § 5 Nr. 2 lit. b VGB 2010 (1914)). Für die Abgrenzung kommt es darauf an, ob die Küche ohne größeren Aufwand von ihrem Standort getrennt und an anderer Stelle wiederverwendet werden könnte; in diesem Fall liegt keine Einbauküche i.S. der Wohngebäudeversicherung vor. Davon ist etwa dann auszugehen, wenn es sich um zwei Küchenzeilen handelt, die jeweils aus vorgefertigten Elementen zusammengesetzt und die gemäß einer Konstruktionszeichnung eingebaut worden sind.[139] Die **Hausratversicherung** umfasst auch Einbauküchen, die an sich der Definition der Wohngebäudeversicherung unterfallen, aus jener jedoch ausgeklammert sind, weil sie von einem Mieter oder Wohnungseigentümer auf eigene Kosten beschafft oder übernommen worden sind und für die er daher die Gefahr trägt (s. Abschnitt A § 6 Nr. 2 lit. c aa VHB 2010 (QM) und spiegelbildlich den Ausschluss in der Gebäudeversicherung gem. Abschnitt A § 5 Nr. 3 lit. b VGB 2010 (1914)).

Hinsichtlich des Ortes, an dem sich die vom Versicherungsschutz umfassten Sa- 1877
chen befinden müssen, enthalten die Klauselwerke häufig eine wichtige Ausdehnung. Demnach sind nicht allein die am Versicherungsort, d.h. der im Vertrag angegebenen Wohnung mit Nebenräumen (Keller, Dachboden usw.) befindlichen Hausratsgegenstände erfasst. Vielmehr erstreckt sich der Versicherungsschutz unter bestimmten Voraussetzungen auch auf zum Hausrat gehörende Sa-

139 S. etwa OLG Saarbrücken r+s 2012, 296, 297.

chen, die sich vorübergehend außerhalb dieses Ortes befinden (sog. **Außenversicherung**; s. Abschnitt A § 7 VHB 2010 (QM))).

1878 **Beispiel** (s. auch Rn. 1169f.):[140] A hat kein Vertrauen zu Banken; er schließt daher sein bislang zu Hause verwahrtes Bargeld in einem Bankschließfach ein. Dorthin bringt er zudem einige Goldmünzen, die er verkaufen möchte. Nachdem wenige Tage später das Schließfach aufgebrochen und sein Inhalt entwendet wurde, verlangt A von seinem Hausratversicherer V eine Entschädigungsleistung. V meint, die Entwendung sei nicht von der Hausratversicherung gedeckt.

1879 Das OLG Dresden hat die Klage zu Recht abgewiesen. Die Außenversicherung erfasst nämlich versicherte Gegenstände nur, soweit sie sich **vorübergehend** außerhalb des Versicherungsorts, d.h. der Wohnung, befinden; unter vorübergehend wird dabei ein Zeitraum von bis zu drei Monaten verstanden (Abschnitt A § 7 Nr. 1VHB 2010 (QM)). Hier befanden sich die Wertgegenstände zwar erst wenige Tage außerhalb der Wohnung, als sie abhanden kamen. Allerdings beabsichtigte A von vornherein, weder das Bargeld noch die Goldmünzen wieder in die Wohnung zu bringen. Diese Absicht führt dazu, dass die Wertsachen bereits in dem Moment nicht mehr vom Deckungsschutz der Hausratversicherung erfasst waren, als A sie aus der Wohnung entfernte.[141]

IV. Entschädigungsberechnung

1880 Sind dadurch, dass der Versicherungsfall eingetreten ist, versicherte Sachen **zerstört** worden oder – wie insbesondere im Fall eines Diebstahls oder Raubes – **abhanden gekommen**, so hat der Versicherer deren Versicherungswert zu ersetzen (Abschnitt A § 12 Nr. 1 lit. a VHB 2010 (QM)). Dieser richtet sich regelmäßig nach dem Neuwert (Abschnitt A § 9 Nr. 1 lit. a VHB 2010 (QM)). Bei **beschädigten** Sachen richtet sich der Anspruch hingegen auf die notwendigen Reparaturkosten (§ 11 Nr. 1 lit. b VHB 2010 (QM)). Über die Frage, welche Aufwendungen notwendig sind, entsteht in der Praxis häufig Streit.

1881 **Beispiel:**[142] Versicherungsnehmer A gehört ein Designertresor, der mit einer speziellen Lackbeschichtung versehen ist. Bei einem Einbruchdiebstahl wird der Tresor am Rahmen beschädigt. A nimmt seinen Hausratversicherer V auf Zahlung der Reparaturkosten zur Behebung der Lackschäden in Höhe von 7.500 € in Anspruch. Der 20 Jahre alte Tresor hat einen Restwert von 5.800 €. V meint, dass die Reparaturkosten zum Restwert außer Verhältnis stünden und daher die Zumutbarkeitsgrenze überschritten sei.

1882 Das OLG München hält den von A geltend gemachten Reparaturaufwand als aus Sicht eines verständigen, wirtschaftlich denkenden Versicherungsnehmers

140 Nach OLG Dresden VersR 2012, 989.
141 Vgl. BGH VersR 1986, 778.
142 Nach OLG München VersR 2011, 1138.

nicht für unangemessen. Der **optische Gesamteindruck** spiele bei dem Designertresor gemäß den Feststellungen des Sachverständigen eine wesentliche Rolle; es handele sich dabei nämlich nicht nur um ein Wertbehältnis, sondern auch um ein Möbelstück. Das OLG grenzt den Sachverhalt damit von Fällen ab, in denen bei einem Einbruch ältere Badezimmerfliesen beschädigt wurden und deren Ersatzbeschaffung oder eine Neuverfliesung des gesamten Bades außer Verhältnis zu der anderenfalls verbleibenden optischen Beeinträchtigung stand.[143]

Üblicherweise werden für bestimmte Sachen besondere **Entschädigungsgrenzen** vorgesehen. Diese betreffen insbesondere Wertsachen wie Bargeld, Schmucksachen und Antiquitäten mit Ausnahme von Möbeln (Abschnitt A § 13 VHB 2010 (QM)). Derartige Regelungen bezwecken es sicherzustellen, dass für solche Sachen, die für Diebe besonders interessant erscheinen, da sie einen hohen Wert verkörpern und zugleich leicht transportierbar sind, nicht in weitem, lediglich durch die Versicherungssumme begrenztem Umfang Deckungsschutz besteht. Anderenfalls müsste die Prämie für alle Versicherungsnehmer, also auch solche, die keine Wertsachen in einem die Entschädigungsgrenzen übersteigenden Umfang in ihrer Wohnung verwahren, entsprechend steigen. Hinzu kommt, dass bei Wertsachen das subjektive Risiko gegenüber sonstigen zum Hausrat gehörenden Sachen gesteigert ist. 1883

Über die Klauseln zu den Entschädigungsgrenzen wird in der Praxis häufig gestritten. Ein Beispiel bietet der in Rn. 484, 492 genannte Fall, dass sich bei einer nicht vereinbarungsgemäß verwahrten Wertsache nicht das Diebstahls-, sondern das Raubrisiko verwirklicht, gegen das eine bessere Verwahrung nicht geschützt hätte. Auch die Frage, welche Sachen als **Wertsachen** einzuordnen sind, beschäftigt die Gerichte. 1884

Beispiel:[144] Versicherungsnehmer A verlangt von seinem Hausratversicherer V eine Entschädigung für eine gestohlene Herrenarmbanduhr. Diese **hochwertige Uhr** ist teilweise mit Gold und Platin besetzt. V wendet ein, dass es sich um eine Wertsache i.S. von Abschnitt A § 13 VHB 2010 (QM) handele und dass die hierfür vereinbarte Wertgrenze von 20.000 € bereits durch andere von demselben Diebstahl betroffene Wertsachen erschöpft sei. 1885

Das OLG Koblenz hat die Uhr nicht als Wertsache eingeordnet. Es handele sich nicht um eine **Schmucksache** i.S. von Abschnitt A § 13 Nr. 1 lit. a cc VHB 2010, da Herrenarmbanduhren die **Funktion der Zeitmessung** zukomme und der Schmuckcharakter nicht ihr Hauptzweck sei. Daran ändere sich auch dadurch nichts, dass es sich um eine hochwertige Uhr handelt, die teils mit Edelmetallen verziert ist. Der Begriff „Schmucksachen" umfasse jegliche Art von Schmuck einschließlich wertlosen Modeschmucks. Entscheidend sei aus Sicht des durchschnittlichen Versicherungsnehmers, ob die Sache primär zu Schmuck- 1886

143 S. etwa OLG Düsseldorf VersR 1994, 670.
144 Nach OLG Koblenz r+s 2012, 246.

zwecken getragen wird oder – wie etwa bei einer Brille – diese Zwecke nur sekundär seien. Auch sei die Uhr nicht **„aus Gold und Platin"** i.S. von Abschnitt A § 13 Nr. 1 lit. a cc VHB 2010, wenngleich sie in untergeordneten Bereichen mit solchen Edelmetallen besetzt war. In der Tat wird man davon ausgehen müssen, dass eine Sache nur dann „aus" einem bestimmten Material besteht, wenn dieses sie aus Sicht eines durchschnittlichen Versicherungsnehmers prägt. Dies ist etwa bei einem Silberbesteck anzunehmen, auch wenn die Messer Edelstahlklingen haben.[145]

V. Obliegenheiten des Versicherungsnehmers

1887 In der Hausratversicherung kommt unter den Obliegenheiten des Versicherungsnehmers derjenigen besondere Bedeutung zu, dem Versicherer und der Polizei unverzüglich ein Verzeichnis der abhanden gekommenen Sachen – sog. **Stehlgutliste** – einzureichen (s. Abschnitt A § 8 Nr. 2 lit. aff. VHB 2010 (QM)). Es besteht Streit darüber, ob auf diese Obliegenheit § 28 Abs. 4 VVG anwendbar ist (s. dazu Rn. 1571).

D. Kfz-Kaskoversicherung

1888 Bei der Kfz-Kaskoversicherung handelt es sich um eine Sachversicherung, die zugleich eine der vier in der **Kraftfahrtversicherung** zusammengefassten Deckungen darstellt (s. Rn. 1711). Man unterscheidet nach dem Deckungsumfang die Fahrzeugvollversicherung (Kfz-Vollkaskoversicherung) von der Fahrzeugteilversicherung (Kfz-Teilkaskoversicherung).

1889 Die **Teilkaskoversicherung** umfasst regelmäßig – so etwa nach A.2.2 AKB 2008 – den Schutz des im Eigentum des Versicherungsnehmers stehenden Kfz vor Brand, Explosion, Entwendung (insbesondere Diebstahl und Raub, unmittelbaren Einwirkungen durch Sturm, Hagel, Blitzschlag und Überschwemmung, Zusammenstoß mit Haarwild (s. dazu den Beispielsfall in Rn. 1217), Glasbruch und Kurzschlussschäden an der Verkabelung (Schmorschäden). Die **Vollkaskoversicherung** bietet über jene Gefahren hinaus zusätzlich Schutz vor Unfallschäden am eigenen Kfz und vor Vandalismus.

1890 Da es sich um eine Sachversicherung handelt, müssen diejenigen **Sachen**, die dem Versicherungsschutz unterfallen, bestimmbar sein. Dem tragen die Auflistungen in A.2.1.2 und A.2.1.3 AKB 2008 Rechnung. Demnach sind etwa Schonbezüge, außerhalb des Kfz unter Verschluss gehaltene Reifensätze, Autoradios oder fest eingebaute Navigationssysteme mitversichert. Hingegen fallen etwa mobile Navigationsgeräte auch dann nicht unter den Versicherungsschutz, wenn sie durch eine Halterung mit dem Kfz verbunden sind (A.2.1.4 AKB 2008). Auch Reisegepäck oder persönliche Gegenstände der Insassen sind ausgeschlossen.

---

145 LG Hannover ZfS 2010, 637.

Zur Versicherungsleistung sei hier festgehalten, dass bei Totalschaden, Zerstörung oder Verlust grundsätzlich der **Wiederbeschaffungswert** abzüglich des Verkehrswerts geleistet wird; bei jüngeren Kfz auch der **Neuwert** (A.2.6.1 AKB 2008). Bei einer Beschädigung wird der tatsächliche, durch eine Rechnung nachgewiesene Aufwand einer fachgerechten **Reparatur** ersetzt, anderenfalls der zur vollständigen Reparatur erforderliche Aufwand bis zur Höhe des um den Restwert gekürzten Wiederbeschaffungswerts (A.2.7.1 AKB 2008). 1891

Wenn ein entwendetes Kfz innerhalb eines Monats nach Eingang der schriftlichen Schadensanzeige (unversehrt) **wieder aufgefunden** wird, hat der Versicherungsnehmer es zurückzunehmen; der Versicherer schuldet dann allenfalls die Abholungskosten (A.2.10. AKB 2008). Taucht das Kfz erst nach längerer Zeit wieder auf, so geht es gem. A.2.10.3 AKB 2010 ins Eigentum des Versicherers über. Durch diese antizipierte Einigung über den Eigentumsübergang soll verhindert werden, dass der Versicherungsnehmer die Entschädigungsleistung erlangt und zugleich seinen Herausgabeanspruch gem. § 985 BGB gegen den Besitzer des Kfz behält. 1892

E. Betriebsunterbrechungsversicherung

Literatur

Armbrüster, Deckungserweiterungen in der Betriebsunterbrechungsversicherung, insbesondere: Rückwirkungsschäden (CBI), in: GS U. Hübner, 2012, S. 35; *Blanck*, Kritische Bemerkungen zur Betriebsunterbrechungsversicherung, ZVersWiss 1975, 503; *Hax*, Grundlagen der Betriebsunterbrechungs-Versicherung, 2. Aufl. 1965; *Morongowski*, Ein neues Konzept für die Betriebsunterbrechungsversicherung, in: FS Wälder, 2009, S. 193; *K. Schneider*, Die Feuer-Betriebsunterbrechungsversicherung, 1997.

I. Überblick

Im Folgenden soll mit der Betriebsunterbrechungsversicherung eine Sparte herausgegriffen werden, die exemplarisch für die **gewerbliche Sachversicherung** steht. An diesem Zweig lassen sich einige typische Phänomene und Entwicklungen von Versicherungen jenseits des sog. Massengeschäfts mit Verbrauchern besonders gut aufzeigen. Dies gilt insbesondere für solche Deckungserweiterungen, die als individuelle Lösungen für die **Industrieversicherung** (zum Begriff s. Rn. 99) entwickelt worden sind. 1893

Der GDV hat **Musterbedingungen** zur Feuer-Betriebsunterbrechungsversicherung in Gestalt der FBUB veröffentlicht. Die FBUB 2010 gehen in ihrem Kern noch auf das im Jahr 1955 eingeführten Bedingungswerk zurück.[146] Angesichts der heutigen Gegebenheiten – namentlich den völlig veränderten Produktionsprozessen und der Ausweitung der globalen Handelsbeziehungen – weicht die Vertragspraxis hiervon freilich, insbesondere in der Industrieversicherung, 1894

146 *Morongowski*, in: FS Wälder, S. 193, 194; s. dort auch zu Reformvorschlägen.

teils erheblich ab (zu neuartigen Deckungserweiterungen s. Rn. 1901 ff.). Dies ist auch durchaus in der Konzeption der FBUB angelegt; diese sollen der Praxis in erster Linie als Orientierungsrahmen für eine mögliche Grunddeckung dienen, wie sie bei kleineren und mittleren Unternehmen ausreichen mag, nicht jedoch im Industriegeschäft.

II. Grunddeckung

1895 Bei der klassischen Feuer-Betriebsunterbrechungsversicherung geht es regelmäßig um **Folgeschäden**, die durch einen Sachschaden am Betriebsvermögen eines Herstellers ausgelöst werden. Dabei kommen zahlreiche unterschiedliche Klauseln zum Einsatz, so dass es heute im industriellen Bereich kaum noch Verträge mit wörtlich übereinstimmenden Bedingungen geben dürfte. Durch diese Bedingungsvielfalt wird in der Praxis nicht nur der Konditionenvergleich erschwert; auch für die Auslegung lassen sich kaum noch übergreifende Regeln aufstellen.

1896 **Beispiel:** Hersteller H stellt Saisonartikel her. In einer Produktionshalle gerät aufgrund von Funkenflug eine Maschine in Brand. Die Maschine wird vollständig zerstört. Bis zur Ersetzung durch eine Nachfolgeanlage ruht die Produktion. Während dieser Zeit kann die Saisonware nicht rechtzeitig hergestellt werden, so dass eine Ertragseinbuße entsteht.

1897 H ist hier gleich in mehrfacher Hinsicht von dem Schadensereignis betroffen: Zum einen erleidet er wegen der Zerstörung der Maschine einen **Sachschaden**, zum anderen hat er einen **Ertragsausfall** zu verzeichnen. Der Maschinenschaden ist Gegenstand einer darauf bezogenen Feuerversicherung. Hingegen bezweckt es die Feuer-Betriebsunterbrechung im Kern, die Ertragseinbuße abzudecken.

1898 Maßgebliche **Sachschäden** sind nach Abschnitts A § 2 FBUB 2010 solche durch Brand, Blitzschlag oder Explosion. Elementarschadensereignisse lassen sich für die Betriebsunterbrechungsversicherung über die Bedingungen für die Versicherung zusätzlicher Gefahren zur Feuer-Betriebsunterbrechungsversicherung für Industrie- und Handelsbetriebe (ECBUB 2010) versichern. Das „EC“ in der Abkürzung steht für *Extended Coverage* (Deckungserweiterung).

1899 Bei der Feuer-Betriebsunterbrechungsversicherung handelt es sich um eine Form der **Ertragsausfallversicherung**; das versicherte Interesse stellt der Ertrag dar, nicht hingegen die Vermeidung von Aufwand (s. etwa Abschnitt A § 6 Nr. 1a S. 1 FBUB 2010 und den dortigen Erwirtschaftungsvorbehalt für Kosten in Nr. 1c). Mithin ist nach Eintritt einer versicherten Betriebsunterbrechung der hypothetische *as if*-Ertrag zu ermitteln.

III. Deckungserweiterungen

1. Überblick

1900 Seit der Entwicklung der Musterbedingungen in den 1950er Jahren haben sich die Produktionsprozesse grundlegend verändert. Hierdurch sind die **wechselseitigen Abhängigkeiten der Produktionsbetriebe** enorm gestiegen. Zu nennen sind insbesondere das Outsourcing von Produktion und die damit verbundene reduzierte Fertigungstiefe in einzelnen Betrieben, die *Just In Time*- und *Just In Sequence*-Produktion, die zunehmenden Komplexität von Produktionsprozessen und die generell stärkere Vernetzung und Verknüpfung der Weltwirtschaft. Zudem wird zur Kostenoptimierung zunehmend auf Sicherungsvorkehrungen gegen Betriebsunterbrechungen wie doppelte Produktionsstraßen, Reserveelemente oder überhaupt das Vorhalten von Lagerbeständen verzichtet. Folge dieser Entwicklung ist, dass oft wenig bis gar kein Spielraum zur Überbrückung von Unterbrechungen in der Lieferkette besteht. Um die hieraus resultierenden Risiken zu decken, sind in verschiedener Hinsicht Deckungserweiterungen entwickelt worden. Hinzu kommt eine Reihe weiterer Zusatzdeckungen, die nicht Veränderungen der Produktionsprozesse Rechnung tragen, sondern der klassischen Betriebsunterbrechung verwandte Ertragsausfallrisiken absichern sollen. Die Betriebsunterbrechungsversicherung bietet damit ein Beispiel dafür, wie der Wandel der tatsächlichen Verhältnisse und die Nachfrage nach zusätzlichem Schutz dazu führen können, dass auch ein Versicherungsprodukt sich grundlegend verändert.

2. Einschluss von Rückwirkungsschäden

1901 In der Lebenswirklichkeit beruhen Betriebsunterbrechungen häufig nicht auf Schäden an Sachen, die dem Hersteller gehören, sondern auf **externen Ursachen.** Dazu zählen insbesondere vergleichbare Sachschäden in unabhängigen Zuliefer- oder Abnehmerbetrieben. Man spricht insoweit von sog. **Rückwirkungsschäden** (engl.: Contingent[147] Business Interruption, CBI). Tritt etwa auf der Zuliefererseite eine Lieferunterbrechung ein, so sinkt beim Hersteller die Produktion, der Umsatz geht zurück, die Gewinne schwinden und kehren sich in Verluste um, da Entgelte und andere Kosten weiterlaufen. Entsprechende Risiken drohen, wenn ein Abnehmer ausfällt, etwa weil die dortige Produktion unterbrochen ist.

1902 Abzugrenzen sind Rückwirkungsschäden von den sog. **Wechselwirkungsschäden.** Bei letzteren handelt es sich um Betriebsunterbrechungsschäden in einem Betriebsbereich, die durch eine Betriebsunterbrechung an anderer Stelle im selben Betrieb verursacht werden. Es handelt sich also um die Auswirkungen

147 „Contingent" bedeutet zufällig; dies trifft freilich nicht den Umstand, dass es um Schadensursachen außerhalb von Schäden am Eigentum des Herstellers geht (zutr. U.S. Court of Appeals, Pentair, Inc., v. American Guarantee and Liability Insurance Co., 400 F.3d 613 (8th Cir. 2005), N. 3).

einer Betriebsunterbrechung in einem Betriebsbereich auf andere Betriebsbereiche desselben Unternehmers, die vom eingetretenen Sachschaden unversehrt geblieben sind. Hier kommt es zu einer Betriebsunterbrechung allein aufgrund der gegenseitigen Abhängigkeit zwischen dem betroffenen und dem nicht betroffenen Betriebsbereich. Wechselwirkungsschäden sind grundsätzlich vom Deckungsumfang der Feuer-Betriebsunterbrechungsversicherung umfasst. Gleichgültig ist, ob die Betriebsstätten auf demselben oder auf verschiedenen Grundstücken liegen, sofern sie im Versicherungsschein als vom Versicherungsschutz umfasste Betriebsstelle bezeichnet sind.

1903 Auch von sog. **Folgeschäden** sind Rückwirkungsschäden abzugrenzen. In beiden Fällen kommt es zu einem Sachschaden in einem fremden Betrieb. Dieser führt aber bei Folgeschäden, anders als bei Rückwirkungsschäden, zu einem Sachschaden im versicherten Betrieb, was dort in einer Betriebsunterbrechung und einem Ertragsausfallschaden resultiert.

1904 Rückwirkungsschäden haben in jüngerer Zeit stark an Bedeutung zugenommen. Dafür lassen sich im wesentlichen **zwei Ursachen** ausmachen: Zum einen beruhen solche Schäden nur selten auf menschlichem Verhalten wie etwa einer durch Steuerungs- oder Beladungsfehler verursachten Havarie eines Frachters. Ganz im Vordergrund stehen vielmehr **Naturkatastrophen**. Anzahl und Ausmaß großer Naturkatastrophen in Gebieten, aus denen Hersteller ihre Rohstoffe oder Zulieferprodukte beziehen, sind mittlerweile stark gestiegen.

1905 **Beispiele**: Die Erdbeben in Japan von 2011 verursachten Brände in Betriebsstätten der Produzenten von Halbleitern für die Kfz-Branche. Aufgrund der Überschwemmung in Queensland in selben Jahr fielen Kohleminen aus. Die Folge hiervon war ein Produktionsstillstand in asiatischen Betrieben, die ihre Kohle aus Australien bezogen. Der Hurrikan *Katrina* an der US-Golfküste führte 2005 zu einem Erwerbsausfall von Kreditkarten- und Kabelfernsehgesellschaften, da hunderttausende Kunden und Touristen im Katastrophengebiet keine Umsätze mehr generieren konnten. Das letztere Beispiel zeigt, dass über die Produzenten von Waren hinaus auch Dienstleistungsunternehmen sowie der Einzelhandel von Betriebsunterbrechungen aufgrund von Rückwirkungsschäden betroffen sein können.

1906 Eine zweite Ursache für die wachsende Bedeutung von Rückwirkungsschäden liegt darin, dass die **Produktionsverfahren** sich stark gewandelt haben. So ist verbreitet die Lagerhaltung von Zulieferprodukten wesentlich reduziert worden; zugleich werden auch in Zulieferbetrieben Sicherungen wie doppelte Produktionsstraßen oder Ersatzmaschinen nur noch in geringerem Umfang als früher vorgehalten. Dies hat zur Folge, dass Störungen im Betriebsablauf eines Zulieferers nur schwer durch anderweitige Maßnahmen kompensiert werden können.

1907 Rückwirkungsschäden sind grundsätzlich nach den FBUB 2010 nicht gedeckt, weil es hier an einem Sachschaden innerhalb der im Versicherungsschein bezeichneten Betriebsstelle fehlt. Allerdings ist über besondere AVB, nämlich die Klauseln SK 8403 und SK 8404 zu den FBUB 2010, oder im Wege einer Individualabrede ein **Einschluss** möglich. Ist dies der Fall, so setzt der Deckungsschutz typischerweise voraus, dass ein **Sachsubstanzschaden bei einem Zulieferer oder Abnehmer** des Versicherungsnehmers entstanden ist, welcher zur Unterbrechung oder Beeinträchtigung des Betriebs des Versicherungsnehmers geführt hat. Ferner muss hieraus beim Versicherungsnehmer ein Ertragsausfallschaden resultieren (s. Rn. 1897).

Beispiele: (1) Sachschaden bei Zulieferer: Die Produktionshalle eines Herstellers von Lithium-Ionen-Zellen brennt ab, so dass Akkus für vom Produzenten (Versicherungsnehmer der FBUB-Versicherung) zu produzierende Notebooks nicht rechtzeitig geliefert werden können. Besonders gefährlich ist dies für den Versicherungsnehmer dann, wenn von dem Schadensfall auch weitere Hersteller der Zulieferteile betroffen sind (sog. Kumulrisiko) oder wenn der Versicherungsnehmer mit einem Original Equipment Manufacture (OEM)-Konzept produziert, so dass er vorhandene Ersatzbeschaffungsquellen wegen des OEM-Versprechens nicht nutzen kann. **(2) Sachschaden bei Abnehmer:** Die Lagerhalle des Großhändlers brennt ab, so dass er die von ihm beim Versicherungsnehmer bestellten Notebooks nicht abnehmen kann. 1908

Beispiel:[148] In einem betriebsfremden Kraftwerk bricht ein Feuer aus. Dies führt zu einem Stromausfall und in der Folge dazu, dass ein Schmelzofen im versicherten Betrieb erkaltet und aushärtet. 1909

Die genannten Standard-Erweiterungsklauseln decken freilich einige Risiken nicht ab. So erfassen sie allein solche Unterbrechungsschäden, die durch einen Sachschaden bei einem direkten Zulieferer oder Abnehmer des Versicherungsnehmers entstehen. Dieses **Unmittelbarkeitserfordernis** bedeutet, dass Sachschäden bei weiter entfernten Gliedern der Produktionskette nicht erfasst werden. Zudem sind nur Sachschäden in Zuliefer- oder Abnehmerbetriebe mit Sitz in Deutschland eingeschlossen. 1910

In jüngerer Zeit sind daher Deckungserweiterungen auf den Markt gekommen, die das Leistungsspektrum der Feuer-Betriebsunterbrechung deutlich erweitert haben. So wird teils auf das Unmittelbarkeitserfordernis verzichtet. Schutz besteht dann nicht allein bei Betriebsunterbrechungen aufgrund von Schäden bei unmittelbaren Zulieferern (*first tier suppliers*), sondern auch bei **weiter entfernten Gliedern der Lieferkette** (*second tier suppliers*). Dadurch übernimmt der Versicherer ein erhebliches zusätzliches Risiko. Dieses wird in der Praxis freilich wiederum oft begrenzt durch eine geographische Beschränkung, das Erfordernis einer Benennung der *second-tier suppliers*, niedrige Limits (z.B. 10% der für *first tier suppliers* geltenden Limits) oder einen Sicherheitszuschlag wegen des beim Versicherer bestehenden Informationsdefizits. 1911

148 Beispiel nach *Hax*, Grundlagen der Betriebsunterbrechungs-Versicherung, S. 105.

3. Einschluss weiterer Schadensursachen

1912 Eine auch typologisch grundlegende Erweiterung erfährt die Feuer-Betriebsunterbrechung dann, wenn nicht nur *second-tier suppliers* erfasst sind, sondern die wirtschaftlichen Folgen aus einer Unterbrechung der Lieferkette abgedeckt werden, wenn ein wie auch immer gearteter Ausfall in dieser Kette beim Unternehmen zu Profitabilitätseinbußen führt (*Supply Chain*-Versicherung).[149] Hierdurch löst sich der Versicherungsschutz von der Voraussetzung, dass zumindest irgendwo in der Lieferkette ein Sachschaden eingetreten sein muss. Vielmehr können auch **andere Schadensursachen** wie Insolvenz, Zahlungsunfähigkeit, Transportrisiken, IT- und Kommunikationsausfälle sowie politische Risiken abgesichert werden.

1913 **Beispiel:**[150] Der Ausbruch des isländischen Vulkans Eyjafjallajökull im April 2010 führte zum bis dahin längsten Luftverkehrsverbot im europäischen Luftraum. Hiervon waren neben Passagier- auch Frachtflüge betroffen. Durch eine Supply-Chain-Versicherung können die hierdurch bei Produzenten eintretenden, durch fehlende Zulieferteile verursachten Betriebsunterbrechungen gedeckt werden.

1914 Bisweilen sinken im Laufe der Zeit durch eine **Veränderung der tatsächlichen Arbeitsabläufe** gewisse Risiken, die als weitere mögliche Ursachen einer Betriebsbeeinträchtigung eingeschlossen sind.

1915 **Beispiel:** Das Risiko, dass die Zugangswege zu einen Zulieferbetrieb (loss of access) durch Naturereignisse blockiert werden, ist dadurch, dass viele Tätigkeiten aufgrund moderner Kommunikationsmöglichkeiten nicht mehr ortsgebunden sind, für manche Betriebe gesunken.

1916 Weitere Einschlüsse zeigen, wie sehr sich die Betriebsunterbrechungsversicherung von ihrem klassischen Leitbild entfernen kann. Zu nennen ist etwa eine Absicherung dagegen, dass die **Kunden** des Versicherungsnehmers, z.B. Einzelhandelsgeschäfte oder Hotelbetriebe, aufgrund von Naturereignissen einem **Zugangshindernis** *(loss of access/lack of ingress/egress)* ausgesetzt sind. Ein weiterer Fall versicherter Ertragsausfallschäden aufgrund des Ausbleibens von Kunden ist der Einschluss von *loss of attraction*. Dabei geht es nicht um die physische Zugangsmöglichkeit, sondern um das faktische Nachfrageverhalten der Kunden. Mit der *loss of attraction*-Deckung kann sich etwa ein Einzelhändler dagegen versichern, dass ein in der Nachbarschaft – insbesondere: im selben Einkaufszentrum – befindlicher, als Kundenmagnet (sog. Ankermieter; *leader property*) dienender Betrieb einen Sachschaden erleidet, der zu einer Verringerung des Kundenstroms und dadurch zu einem Umsatzrückgang beim Versicherungsnehmer führt. Entsprechend kann der Betreiber eines Hotels sich da-

---

149 *Ronken*, Supply Chain-Versicherung: Ein attraktives Versicherungsprodukt?, Gen Re Research, Insurance Issues, Juni 2011.
150 S. dazu auch *Mockenhaupt/Trockenbroch*, VW 2010, 710.

vor schützen, dass die Auslastung sinkt, weil eine in der Umgebung befindliche Attraktion entfällt oder unzugänglich wird.

Beispiel: Versicherungsnehmer A betreibt in der Nähe eines Freizeitparks ein Hotel. Das Risiko, dass dieser Park durch einen Hurrikan verwüstet wird und aufgrund dessen die Übernachtungszahlen sinken, kann durch eine entsprechende Betriebsunterbrechungsversicherung abgedeckt werden. Nimmt A hingegen allein Versicherungsschutz gegen Ertragsausfälle aufgrund einer Beschädigung des Hotels und verwüstet der Hurrikan die gesamte Region (Hotel und Park), so kann der Versicherer bei Vereinbarung einer *„but for"*-Klausel zur Kausalität einwenden, dass der Ertrag auch dann zurückgegangen wäre, wenn das versicherte Risiko (Schaden am Hotel) sich nicht verwirklicht hätte.[151] 1917

Auch das **Wetterrisiko** (*climate risk*) lässt sich versichern. Bedeutsam ist dies nicht für Land- und Forstwirtschaft, für die Spezialdeckungen wie etwa die Ernteausfall- und die Hagelversicherung verfügbar sind. Vielmehr geht es insbesondere um die Bauindustrie, Transportunternehmen, die Tourismus- und Freizeitindustrie, den Groß- und Einzelhandel hinsichtlich wetterabhängiger Saisonware, Versorgungsunternehmen, die Betreiber regenerativer Energiegewinnungsanlagen (Solarzellen, Windparks) sowie kommunale Dienstleister. 1918

Eine wesentliche typologische Erweiterung gegenüber der klassischen Betriebsunterbrechungsversicherung stellt die Deckung für **Nutzungsausfall** (*loss of use*) dar. Dabei geht es um einen Ertragsschaden infolge Nutzungsausfalls, den der Versicherungsnehmer wegen anderer als Sachschäden erleidet. 1919

Beispiel: Konzertveranstalter A nimmt Versicherungsschutz dagegen, dass ein bestimmtes Konzert wegen einer Unwetterwarnung oder Bombendrohung abgesagt wird. Hier ist der Versicherungsschutz vom Eintritt eines Sachschadens völlig unabhängig. 1920

Bei der *Supply Chain*-Versicherung werden die Entschädigungssumme und die Zahlungsmodalitäten pro Schadensfall üblicherweise vorab festgelegt. Darin lässt sich die **Vereinbarung einer Taxe** i.S. von § 76 VVG erblicken. Hier stellt sich nun eine Frage, die zu den Grundregeln der Schadensversicherung führt (s. auch Rn. 2084 im Kontext der Versicherung des Finanzinteresses). Nach § 76 S. 2 VVG ist die Taxe als vereinbarter Versicherungswert für die Schadensregulierung nur maßgeblich, sofern sie nicht den wirklichen Versicherungswert bei Eintritt des Versicherungsfalls wesentlich übersteigt. Als ungefähren Richtwert für eine derartige Überschreitung sieht der BGH eine Differenz ab 10% an (s. Rn. 1308). Zwar zählt § 76 S. 2 VVG nicht zu den nach § 87 VVG halbzwingenden Normen. Gleichwohl ist diese Vorschrift wegen des nach dem VVG im Bereich der Schadensversicherung maßgeblichen Grundsatzes der konkreten Bedarfsdeckung nicht abdingbar.[152] Sie dient nämlich zum einen der Abgrenzung 1921

151 Orient-Express Hotels Ltd v Assicurazioni Generali SpA [2010] EWHC 1186 (Comm).
152 Näher *Armbrüster*, in: FS Prölss, S. 1, 11f.

derjenigen Verträge, die eine Bedarfsdeckung und Risikovorsorge bezwecken und damit als Versicherung schützenswert sind, von Spiel und Wette; zum anderen soll die Norm das subjektive Risiko einschränken. Daher handelt es sich bei der Regelung, dass eine wesentlich überhöhte Taxe nicht bindet, um eine absolute Grenze der Vertragsfreiheit. Freilich besteht bei der *Supply Chain*-Versicherung von vornherein kein erhöhtes subjektives Risiko. Zudem steht fest, dass es – anders als bei Spiel und Wette – tatsächlich beim Versicherungsnehmer zu einem Schadenseintritt kommt und lediglich dessen Umfang nicht ohne Weiteres feststellbar ist. Die Klausel dient gerade dazu, beiden Vertragspartnern Rechtssicherheit zu verschaffen. Daher ist § 76 S. 2 VVG teleologisch dahingehend zu reduzieren, dass die vorab festgelegte Entschädigungssumme auch dann maßgeblich ist, wenn dem Versicherungsnehmer tatsächlich ein deutlich geringerer Schaden entstanden ist.

4. Begrenzung der Deckungserweiterungen

1922 Selbst die umfassende Deckung der Supply-Chain-Versicherung sieht üblicherweise einige **Risikoausschlüsse** vor. Diese beziehen sich auf Ereignisse mit besonders hohem Kumulrisiko (zum Begriff s. Rn. 402), wie Pandemien, Krieg und Terrorismus, Kernenergie sowie Produktrückrufe. Problematisch erschiene darüber hinaus auch der Einschluss von Konkurrenzsituationen, Misserfolgen der eigenen Produktentwicklung und Fehlverhalten im Management. Durch derartige Deckungsangebote würde nämlich die Grenze der Versicherbarkeit in der Schadensversicherung überschritten, da diese Schadensursachen dem unternehmerischen Risiko zugeordnet werden müssen (s. dazu Rn. 399).

§ 36 Lebensversicherung

Literatur

Benkel/Hirschberg, Lebens- und Berufsunfähigkeitsversicherung, 2. Aufl. 2011; *Engeländer*, Die Neuregelung des Rückkaufs durch das VVG 2008, VersR 2007, 1297; *ders.*, Das Zillmerverfahren in der Lebensversicherung, VersR 1999, 1325; *Bork*, Der Lebensversicherungsvertrag in der Insolvenz des Versicherungsnehmers, in: FS Kollhosser, Bd. I, 2004, S. 57; *Franz*, Lebensversicherung: Gesetzentwurf schafft Möglichkeit zur Rückstellung eines Sicherungsbedarfs bei der Beteiligung an Bewertungsreserven, ZfV 2012, 284 u. 327; *Grote*, Die Rechtsstellung der Prämien-, Bedingungs- und Deckungsstocktreuhänder nach dem VVG und dem VAG, 2002; *Hasse*, Zur Lebensversicherung für fremde Rechnung, VersR 2010, 837; *ders.*, Lebensversicherung und § 80 VVG 2008: Fehlendes „versichertes Interesse", VersR 2010, 1118; *Jacob*, Der Rückkaufswert in der Lebens- und Rentenversicherung, zfs 2009, 483; *ders.*, Der Rückkaufswert im Spannungsfeld von AGB-, Verfassungs- und Gesetzgebungsrecht, VersR 2011, 325; *E. Lorenz*, Die Auskunftsansprüche der Versicherten zur Überschussbeteiligung in der Lebensversicherung, 1983; *Römer*, Was bringt das neue VVG Neues zur Lebensversicherung, VersR 2008, 405; *Schenke*, Die Anforderungen des BVerfG an die Berücksichtigung von Bewertungsreserven bei der Ermittlung der Überschussbeteiligung bei kapitalbildenden Lebensversicherungen, VersR 2006,

725; *Schünemann,* Der „Rückkaufswert“ zwischen Gesetz und Vertrag, VersR 2009, 442; *Schwintowski/Ortmann*, Kostentransparenz in der Lebensversicherung – eine empirisch-normative Analyse, VersR 2009, 728; *Sijanski,* Ersetzung unwirksamer Klauseln und Mindestrückkaufswert in der kapitalbildenden Lebensversicherung, VersR 2006, 469; *Wandt,* Ersetzung unwirksamer ALB im Treuhänderverfahren gem. § 172 VVG, VersR 2001, 1449; *Wolfram-Korn,* Bezugsberechtigung im Versicherungsrecht, VuR 2001, 201.

A. Grundlagen

Die **Lebensversicherung** gehört zu den wirtschaftlich bedeutendsten Versicherungszweigen in Deutschland. Ein Grund dafür ist, dass mit dem Abschluss einer Lebensversicherung verschiedene Ziele des Versicherungsnehmers (gleichzeitig) erreicht werden sollen. So kann eine Lebensversicherung zur Eigen- und Fremdvorsorge, aber auch zur Kreditsicherung dienen. Die einfachste Form der Lebensversicherung ist die **Risikolebensversicherung** (Todesfallversicherung). Bei ihr wird vereinbart, dass bei Eintritt des Versicherungsfalls (Tod) die Zahlung eines vereinbarten Betrages an Kapital oder Rente erfolgt. Der Versicherungsnehmer kann im Vertrag bestimmen, an welche Person dieser Betrag ausgezahlt wird (**Bezugsberechtigter**; s. § 159 VVG und Rn. 1961ff.). 1923

Einen Großteil der Lebensversicherungen machen **Kapitallebensversicherungsverträge** aus. Hier steht das „Ob“ der Leistungspflicht des Versicherers von vornherein fest. Versicherungsfall sind nämlich der Tod der versicherten Person und – im Erlebensfall – ein vereinbarter Ablauftermin. Hier wird den verschiedenen Motiven des Versicherungsnehmers bei Abschluss des Lebensversicherungsvertrags (Eigenvorsorge im Erlebensfall und Fremdvorsorge im Todesfall) Rechnung getragen. Daneben finden sich vielfach Zusatzversicherungen. Darunter nimmt die Berufsunfähigkeits-Zusatzversicherung einen besonderen Platz ein (zu ihr s. Rn. 1981). Nicht selten wird aber auch eine Unfallversicherung (s. Rn. 1986ff.) als Zusatzdeckung genommen. 1924

Stellt sich der Abschluss einer Kapitallebensversicherung bei wirtschaftlicher Betrachtung als **Kapitalanlagegeschäft** dar, so ist der Versicherer verpflichtet, den Versicherungsnehmer bereits im Rahmen der Vertragsverhandlungen über alle Umstände verständlich und vollständig zu informieren und anlassbezogen zu beraten (§ 6 Abs. 1 VVG), die für seinen Anlageentschluss von besonderer Bedeutung sind. Dabei werden dem Versicherer Erklärungen etwaiger selbstständiger Vermittler, die im Rahmen eines Strukturvertriebs in seinem Pflichtenkreis tätig sind, zugerechnet.[153] 1925

---

153 BGH VersR 2012, 1237, 1241 Rn. 51f.

B. Funktionsweise

I. Prämienkalkulation und Rechnungszins

1926 Die Prämienkalkulation unterliegt einer strengen aufsichtsrechtlichen Kontrolle. Nach § 11 VAG ist der Versicherer verpflichtet, die Prämie so hoch zu bemessen, dass er allen seinen Verpflichtungen nachkommen kann. Dies bereitet im Gegensatz zu anderen Versicherungszweigen **Probleme**, da die Verträge üblicherweise eine lange Laufzeit haben (Veränderungen der Zinsentwicklung und der Sterbewahrscheinlichkeit). Um trotzdem eine konstante Prämie zu gewährleisten, ist es dem Versicherer gestattet, als Bestandteil der Prämie Sicherheitszuschläge einzukalkulieren.

1927 Der Versicherer kalkuliert bei Abschluss des Vertrags für die Prämienberechnung einen bestimmten Zinssatz für die Anlage von Prämienanteilen am Kapitalmarkt ein. Dieser Zinssatz (**Rechnungszins**) bleibt für die gesamte Laufzeit des Vertrags maßgeblich. Dem Versicherungsnehmer wird durch den staatlich festgelegten **Garantiezins** eine gewisse Mindestverzinsung des Sparanteils seiner Prämie gesichert. Die Höhe dieses Garantiezinses hängt vom gesamten Zinsumfeld ab, d.h. von der Höhe der am Rentenmarkt für längerfristige Kapitalanlagen erzielbaren Zinsen. In den vergangenen Jahren ist der Garantiezins kontinuierlich gesenkt worden; derzeit liegt er bei 1,75 %.

II. Deckungsrückstellung und Sicherungsvermögen

1928 Um die von § 11 VAG geforderte Solvenz zu gewährleisten, muss der Versicherer **Deckungsrückstellungen** bilden. Die Höhe dieser Rückstellungen ist nach gesetzlichen Vorgaben zu berechnen. Dazu zählt auch der gesetzliche Höchstzins (**Rechnungszins**) für die Verzinsung des Kapitals. Dieser berechnet sich nach der durchschnittlichen Rendite von zehnjährigen Bundesanleihen (s. im einzelnen § 65 Abs. 1 S. 1 Nr. 1 VAG). Ein dafür zu bestellender Aktuar hat die Einhaltung der gesetzlichen Vorgaben sicherzustellen (s. § 11a VAG). Die Deckungsrückstellung ist Teil des **Sicherungsvermögens**, welches zur Sicherung des Versicherungsnehmers gebildet wird. Dieses ist weitgehend dem Zugriff anderer Gläubiger entzogen (s. § 77a VAG).

III. Überschussbeteiligung

1929 Ein wesentliches Element der Kapitallebensversicherung ist die **Überschussbeteiligung**. Diese entsteht, sofern die Sicherheitszuschläge, mit denen die Prämie kalkuliert ist (s. zu ihnen Rn. 227), nicht benötigt werden und/oder wenn die Kapitalanlagen des Versicherers einen höheren als den kalkulierten Ertrag erzielen. Die Überschussbeteiligung kann einen erheblichen Anteil der Rendite ausmachen, den der Versicherungsnehmer mit dem Vertrag insgesamt erzielt. Die Frage nach dem sachgerechten Umfang der Überschussbeteiligung sorgt immer wieder für rechtspolitische und verfassungsrechtliche Diskussionen.[154] Dabei geht es namentlich um die Bewertung stiller Reserven, die Bestandsübertragung und die konkrete Ausgestaltung der Beteiligung der Versicherungsnehmer an den Überschüssen.

Die Überschussbeteiligung ist jüngst insbesondere aufgrund der anhaltenden 1930
Niedrigzinsperiode in die rechtspolitische Diskussion geraten. Dabei geht es namentlich darum, dass die **Bewertungsreserven** der Versicherer – soweit sie sich auf sog. Rentenpapiere (d.h. festverzinsliche Anlagen, insbesondere: Staatsanleihen) beziehen – infolge des unerwartet niedrigen Zinsniveaus nominal im Wert stark gestiegen sind. Jener historisch niedrige Zins ist aufgrund der Reaktionen der Europäischen Zentralbank auf die Euro-Staatsschuldenkrise entstanden. Er hat zur Folge, dass die von den Versicherern zuvor erworbenen, mit einer höheren Verzinsung („Zinscoupon") ausgestatteten Rentenpapiere nunmehr einen höheren Kurs haben. Freilich könnte ein Versicherer, wenn er die darin liegenden stillen Reserven durch Veräußerung realisieren wollte, eine Reinvestition nur zu den wesentlich ungünstigeren Konditionen des gegenwärtigen Zinsniveaus tätigen. Der Gesetzgeber ordnet nun den Versicherten gem. § 153 Abs. 3 S. 2 VVG eine hälftige Beteiligung an den Bewertungsreserven zu. Dies gilt unabhängig davon, wann und aus welchem Grund der Vertrag beendet wird, also auch bei einer Kündigung durch den Versicherungsnehmer während der Laufzeit. Mithin kann ein Versicherungsnehmer, der während der Niedrigzinsphase kündigt, erhebliche Bewertungsreserven vereinnahmen, was zwangsläufig zu Lasten der im Kollektiv verbleibenden Versicherungsnehmer geht. Ein Vorschlag zu einer gesetzgeberischen Korrektur dieser Verzerrung, indem die Ausschüttung zugunsten der dauerhaften Erfüllbarkeit der Versicherungsverträge beschränkt wird,[155] ist freilich im Vermittlungsausschuss von Bundestag und Bundesrat abgelehnt worden.[156]

Das neue Recht räumt dem Versicherungsnehmer in § 153 Abs. 1 VVG erst- 1931
mals einen gesetzlichen Anspruch auf Überschussbeteiligung ein. Diese Überschussbeteiligung kann vom Versicherer nur **insgesamt** ausgeschlossen werden. Dies ist auch durch AVB möglich, wobei das Transparenzgebot zu beachten ist.[157] Schon aus Wettbewerbsgründen schließen die Lebensversicherer freilich regelmäßig die Überschussbeteiligung nicht aus. Zudem stellt § 153 VVG sicher, dass der Versicherungsnehmer an den stillen Reserven des Versicherers beteiligt wird.

Will der Versicherer bei der Anbahnung eines Kapitallebensversicherungs- 1932
vertrags Angaben zu einer möglichen Überschussbeteiligung machen, so muss er dem Versicherungsnehmer eine **Modellrechnung** zukommen lassen, bei der

154 S. etwa BVerfG VersR 2005, 1109, 1118f.; VersR 2005, 1127, 1130.

155 Vgl. Beschlussempfehlung und Bericht des Finanzausschusses, BT-Drucks. 17/11395, S. 4f., 8.

156 Bundesrat, Pressemitteilung Nr. 34/2013 v. 26.2.2013 („Kein Abschlag bei Lebensversicherungen").

157 BT-Drs. 16/3945, S. 96.

die mögliche Ablaufleistung unter Zugrundelegung der Rechnungsgrundlagen für die Prämienkalkulation mit drei verschiedenen Zinssätzen dargestellt wird (§ 154 Abs. 1 S. 1 VVG). Der Versicherer muss klar und verständlich darauf hinweisen, dass dem Rechenmodell **fiktive Annahmen** zu Grunde liegen (§ 154 Abs. 2 VVG).

1933 Der Verordnungsgeber hat näher festgeschrieben, welche Beträge der Versicherer für jedes Kollektiv der **Rückstellung für Beitragsrückerstattung (RfB)** zuzuführen hat. Maßgeblich hierfür ist die **Mindestzuführungsverordnung (MindZV).**[158] Demnach sind mindestens 90 % der Kapitalerträge (abzüglich der rechnungsmäßigen Zinsen), 75 % des Risikoergebnisses und 50 % des übrigen Ergebnisses (Kostenergebnis und sonstiges Ergebnis) als Überschussbeteiligung vorzusehen (zu Einzelheiten s. § 4 MindZV). In der Praxis liegen die Prozentsätze aus Wettbewerbsgründen meist deutlich höher.

1934 Die **Liberalisierung der Tarife und AVB** im Jahre 1994 (s. Rn. 117) hat für die typischerweise durch eine lange Laufzeit gekennzeichnete Lebensversicherung besondere Auswirkungen, die sich erst in jüngster Zeit deutlich zeigen. Infolge jener Liberalisierung kam es nämlich zu einer **Zäsur**: Die Kollektive mit den noch nach den alten aufsichtsbehördlich genehmigten Regelwerken zustande gekommenen Verträgen wurden für Neuzugänge geschlossen (**Altbestand**), während für Neukunden neue Kollektive geschaffen wurden (**Neubestand**). Dies hat zu einer Verzerrung geführt, da die typischerweise innerhalb eines Kollektivs gebildeten, auch neu hinzukommenden Kunden zugutekommenden RfB nunmehr für Alt- und Neubestand getrennt sind. Würde die aufsichtsrechtlich angeordnete Trennung der freien RfB in Alt- und Neubestand fortgeführt, so profitierten die verbleibenden, immer weniger werdenden Versicherungsnehmer des Altbestands von Sonderausschüttungen, während dem Neubestand diejenige „Anschubfinanzierung" fehlte, die ohne die Zäsur von 1994 vorhanden wäre, da dann die freie RfB als „**Risikopuffer**" künftigen Versichertengenerationen zur Verfügung stünde. Der Gesetzgeber hat es im Jahr 2013 mit der Neuregelung in § 56b Abs. 2 VAG n.F. unternommen, diese Verzerrung innerhalb der Kollektive zu beseitigen.[159]

C. Sonderregeln gegenüber dem allgemeinen Versicherungsrecht

I. Vertragsschluss; Versicherungsschein

1935 Der Vertragsschluss richtet sich auch in der Lebensversicherung nach den allgemeinen Regeln. Abweichend von der 14-Tage-Frist in § 8 Abs. 1 S. 1 VVG steht dem Versicherungsnehmer in der Lebensversicherung allerdings eine **Wider-**

---

158 Verordnung über die Mindestbeitragsrückerstattung in der Lebensversicherung v. 4.4.2008, BGBl. I, S. 690.

159 BGBl. 2013 I, S. 610 (Art. 6 des SEPA-Begleitgesetzes). Eingehend *Armbrüster*, VersR 2013, 385ff., auch zur verfassungsrechtlichen Beurteilung der Neuregelung.

rufsfrist von 30 Tagen zu (§ 152 Abs. 1 VVG; s. Rn. 880). Mit dieser gegenüber der Regelfrist mehr als verdoppelten Bedenkzeit soll der typischerweise größeren wirtschaftlichen Bedeutung einer Lebensversicherung im Vergleich zu anderen Versicherungssparten Rechnung getragen werden: Der Versicherungsnehmer geht in der Regel eine langfristige Bindung ein, die er nur mit finanziellen Einbußen vorzeitig beenden kann; bei der Kapitallebensversicherung ist diese Bindung zudem meist auf ins Gewicht fallende Zahlungsverpflichtungen bezogen. Auch für die **Rechtsfolgen** eines erklärten Widerrufs besteht mit § 152 Abs. 2 VVG eine Sonderregel.

In Abweichung von den allgemeinen Regeln wird der Versicherungsschein in den AVB zum Inhaberpapier i.S. von § 808 BGB gemacht (s. nur §§ 11 ALB 86, 12 ALB 94/2010). Dies ist unter dem Aspekt einer Inhaltskontrolle nach § 307 BGB unbedenklich.[160] Die Legitimationswirkung umfasst die vertraglich versprochenen Leistungen, zu denen auch die Zahlung des Rückkaufswerts nach Kündigung des Vertrags gehört. Sie erstreckt sich daher auch auf das **Kündigungsrecht** zur Erlangung des Rückkaufswerts.[161] 1936

II. Prämienzahlung, Prämienanpassung und Klauselersetzung

Auch hinsichtlich der **Prämienzahlung** bestehen bei der Lebensversicherung einige Besonderheiten. Die einmalige oder erste Prämie muss abweichend von § 33 Abs. 1 VVG erst unverzüglich nach Ablauf von 30 Tagen nach Zugang des Versicherungsscheins gezahlt werden (§ 152 Abs. 3 VVG). Bereits aufsichtsrechtlich ist der Versicherer verpflichtet, Änderungsrisiken bei der Prämie zu berücksichtigen (s. § 11 Abs. 1 S. 1 VAG). Sollten die kalkulierten Sicherheitszuschläge jedoch nicht ausreichen, um alle Änderungsrisiken abzudecken, ist der Versicherer gem. § 163 Abs. 1 VVG befugt, die Prämie während der Vertragslaufzeit neu festzusetzen (**Prämienanpassung**). 1937

§ 164 VVG gibt dem Versicherer darüber hinaus die Möglichkeit, unwirksame Versicherungsbedingungen durch wirksame zu ersetzen (**Klauselersetzung).** Voraussetzung hierfür ist es, dass eine AVB höchstrichterlich oder durch bestandskräftigen Verwaltungsakt für unwirksam erklärt worden ist. Zweck der Klauselersetzung ist es, eine **schnelle und einheitliche Vertragsergänzung** zu gewährleisten, da gesetzliche Vorschriften, auf die zurückgegriffen werden könnte, regelmäßig fehlen. Inhaltlich ist die Bedingungsersetzung an die Regeln der ergänzenden Vertragsauslegung gebunden, wobei nach der Rechtsprechung des BGH eine intransparente Klausel nicht durch eine inhaltsgleiche, aber transparente Klausel ersetzt werden kann. Dies würde nach (zweifelhafter) Ansicht des BGH die Sanktionswirkung des § 307 Abs. 1 BGB unterlaufen.[162] 1938

---

160 BGH VersR 2000, 709ff.
161 BGH VersR 2010, 936, 937.
162 BGH VersR 2005, 1565, 1570; krit. *Armbrüster/Pilz*, LMK 2007, 247964.

III. Obliegenheiten; Gefahrerhöhung

1939 Besonders bedeutende Obliegenheiten des Versicherungsnehmers sind in der Lebensversicherung die vorvertragliche **Anzeigepflicht** gem. § 19 Abs. 1 VVG und die sog. **Gefahrstandspflicht** gem. § 23 Abs. 1 VVG. Die Rechtsfolgen von Verstößen werden in der Lebensversicherung freilich abgemildert.

1. Pflicht zur wahrheitsgemäßen Altersangabe

1940 Verletzt der Versicherungsnehmer seine **Anzeigepflicht** zur wahrheitsgemäßen Altersangabe, so kann der Versicherer nur zurücktreten, wenn er den Vertrag bei richtiger Altersangabe nicht geschlossen hätte (§ 157 S. 2 VVG). Anderenfalls **verändert sich die Leistung** des Versicherers nach dem Verhältnis, in welchem die dem wirklichen Alter entsprechende Prämie zu der vereinbarten Prämie steht (§ 157 S. 1 VVG).

2. Gefahränderungen

1941 Als **Gefahrerhöhung** nach den §§ 23ff. VVG gilt nur eine solche Änderung der Gefahrumstände, welche nach **ausdrücklicher Vereinbarung** als Gefahrerhöhung angesehen werden soll; die Erklärung des Versicherungsnehmers bedarf der Textform. Damit soll bei der Lebensversicherung, die regelmäßig auf eine längere Laufzeit angelegt ist, Rechtssicherheit hinsichtlich derjenigen Umstände geschaffen werden, deren Änderung den Versicherer dazu berechtigen kann, die Prämie gem. § 25 Abs. 1 VVG zu erhöhen oder sonstige Rechtsfolgen herbeizuführen.

1942 Eine Erhöhung der Gefahr kann der Versicherer gem. § 158 Abs. 2 S. 1 VVG nicht mehr geltend machen, wenn seitdem fünf Jahre verstrichen sind. Nach S. 2 verdoppelt sich diese **Ausschlussfrist** auf zehn Jahre, wenn die Anzeigepflichtverletzung vorsätzlich oder arglistig erfolgte. Diese Abstufung der Fristen entspricht derjenigen, die in § 21 Abs. 3 VVG für den Fall vorgesehen ist, dass der Versicherungsnehmer die Anzeigepflicht gem. § 19 VVG verletzt.

1943 Seit der VVG-Reform ist gem. § 158 Abs. 3 VVG in der Lebensversicherung umgekehrt auch § 41 VVG anwendbar, der dem Versicherungsnehmer bei einer **Gefahrminderung** einen Anspruch auf Prämienreduzierung gibt. Dem Symmetriegebot (s. dazu im hiesigen Kontext Rn. 308) entsprechend besteht freilich auch dieser Anspruch abweichend von den allgemeinen Regeln nur, sofern der betreffende Gefahrumstand, der sich gemindert hat, nach ausdrücklicher Vereinbarung als Gefahrminderung anzusehen ist.

IV. Prämienfreistellung; Kündigung

1. Prämienfreistellung

1944 Der Versicherungsnehmer kann jederzeit für den Schluss der laufenden Versicherungsperiode nach § 165 VVG verlangen, dass seine Versicherung in eine prämienfreie („ruhende") umgestellt wird (**Prämien**- oder **Beitragsfreistellung**). Voraussetzung dafür ist neben dem Umwandlungsverlangen nur, dass die vereinbarte Mindestversicherungsleistung erreicht wurde. Die prämienfreie Versicherungsleistung wird dann neu berechnet (§ 165 Abs. 2 VVG). Ein derartiges Umwandlungsverlangen verlangt eine klare und eindeutige Erklärung des Versicherungsnehmers. Hierfür genügt nicht schon, dass dieser um zeitweilige „Beitragsaussetzung" nachsucht. Nimmt der Versicherer zu Unrecht eine derartige Umwandlung vor, hat er den Versicherungsnehmer im Wege des Schadensersatzes so zu stellen, als sei dessen Stundungswunsch entsprochen worden.[163] Diese Regeln gelten nach § 166 Abs. 1 VVG entsprechend, wenn der Versicherer kündigt, etwa weil der Versicherungsnehmer eine Folgeprämie nicht gezahlt hat.

Nach § 167 VVG kann der Versicherungsnehmer jederzeit die Umwandlung der Lebensversicherung in eine **pfändungsgeschützte Versicherung** i.S. von § 851c ZPO verlangen.[164] 1945

2. Kündigung durch den Versicherungsnehmer

a) Grundlagen

Dem Versicherungsnehmer steht ein **ordentliches Kündigungsrecht** nach § 168 Abs. 1, 2 VVG zu. Ist die Versicherung für die **Altersvorsorge** bestimmt, so kann die Verwertung vor dem Eintritt in den Ruhestand nach § 168 Abs. 3 S. 1 VVG durch Vertrag zwischen Versicherer und Versicherungsnehmer unwiderruflich ausgeschlossen werden. Dieser Verwertungsausschluss ist allerdings nicht insolvenzfest. Nach Ansicht des OLG Frankfurt kann im Falle der Insolvenz der Insolvenzverwalter die Erfüllung des Lebensversicherungsvertrags ablehnen und den Rückkaufswert zur Masse verlangen. Dies folge aus § 103 InsO, wonach dem Insolvenzverwalter das Wahlrecht zusteht, ob er einen Vertrag erfüllen möchte oder nicht.[165] 1946

b) Rechtsfolgen, insbesondere Rückkaufswert

Zur vorzeitigen Beendigung des Versicherungsverhältnisses durch Kündigung gelten ergänzend Sonderregelungen. Diese haben das Ziel, dem Versicherungsnehmer den sog. **Rückkaufswert** zu erhalten (§ 169 VVG). Der Rückkaufswert ist das nach anerkannten Regeln der Versicherungsmathematik mit den Rechnungsgrundlagen der Prämienkalkulation zum Schluss der laufenden Versicherungsperiode berechnete Deckungskapital der Versicherung, bei einer Kündigung des Versicherungsverhältnisses jedoch mindestens der Betrag des Deckungskapitals, das sich bei gleichmäßiger Verteilung der angesetzten Abschluss- und Vertriebskosten auf die ersten fünf Vertragsjahre ergibt (§ 169 1947

163 OLG Hamm VersR 2012, 347f.
164 Zu den Einzelheiten s. *Specker*, VersR 2011, 958ff.
165 OLG Frankfurt VersR 2012, 169, 171.

Abs. 3 S. 1 VVG). Besonderheiten bestehen bei der fondsgebundenen Lebensversicherung (§ 169 Abs. 4 VVG). Der BGH stellt an die **Darstellung** der Berechnung des Rückkaufswerts in den AVB sehr strenge Anforderungen. So müssen die **wirtschaftlichen Nachteile** einer vorzeitigen Vertragsbeendigung dem Versicherungsnehmer klar und deutlich vor Augen geführt werden.[166]

1948 Einer dieser Nachteile entsteht dadurch, dass die **Abschlusskosten,** die für den Versicherer mit dem konkreten Versicherungsvertrag verbunden sind, nach einer hergebrachten Vorgehensweise bereits mit den Prämienzahlungen der ersten Jahre verrechnet werden (sog. **Zillmerung,** so benannt nach dem Mathematiker August Zillmer [1831–1893]). Jene Abschlusskosten können hohe Beträge erreichen, insbesondere wegen der angefallenen Vermittlungsprovision. Der Zeitwert des Vertrags ist dann bis zum Ausgleich der Abschlusskosten negativ. Erst nach diesem Ausgleich entsteht überhaupt ein auszahlungsfähiger Rückkaufswert. Bleibt der Versicherungsvertrag bis zum Ende der vereinbarten Laufzeit bestehen, so fällt dies nicht ins Gewicht. Wird der Vertrag hingegen bereits in den ersten Jahren seiner Laufzeit beendet (sog. **Frühstorno**), so erhält der Versicherungsnehmer aufgrund der Zillmerung in ihrer früheren Handhabung keinen oder nur einen geringen Rückkaufswert.

1949 Diese Auswirkungen der Zillmerung sind im Hinblick darauf unbefriedigend, dass die **Frühstornoquote**, also der Prozentsatz an Versicherungsnehmern, der den Vertrag vorzeitig beendet, in der Lebensversicherung hoch ist. Daher haben zunächst die Rechtsprechung und sodann der Gesetzgeber die Zillmerung weitgehend beschränkt. Zwar hat der **BGH im Jahr 2001** zunächst eine vertragliche Zillmerklausel inhaltlich ausdrücklich für unbedenklich erklärt und lediglich wegen mangelnder Transparenz verworfen.[167] Sodann hat er aber in einem **weiteren Grundsatzurteil von 2005** die von den Versicherern im Wege des sog. Treuhänderverfahrens vorgenommene Lückenfüllung als unzureichend angesehen und stattdessen die Lücke selbst im Wege einer sehr weit gehenden ergänzenden Vertragsauslegung gefüllt.[168] Dabei hat er sich an einem Vorschlag orientiert, den die VVG-Reformkommission (zu ihr s. Rn. 11) für das neue Recht ausgearbeitet hatte. Demnach steht dem Versicherungsnehmer mindestens ein Rückkaufswert in Höhe des hälftigen ungezillmerten Deckungskapitals zu. Letztlich trat der BGH somit im Gewand der ergänzenden Vertragsauslegung als eine Art Ersatz-Gesetzgeber auf. Freilich hat der Gesetzgeber sich jenen Vorschlag anschließend nicht zu Eigen gemacht und vielmehr in § 169 Abs. 3 VVG angeordnet, dass die Abschluss- und Vertriebskosten auf die **ersten fünf Versicherungsjahre** verteilt werden müssen. Damit ist sichergestellt, dass der Versicherungsnehmer auch dann, wenn er den Vertrag in den ersten Jahren kündigt, einen Rückkaufswert erhält; dieser liegt meist etwas höher als es nach dem Vorschlag der VVG-Reformkommission der Fall wäre.

---

166 BGH VersR 2001, 841, 843f.
167 BGH VersR 2001, 841, 844f. (sub II 2 b); s. auch BGH VersR 2005, 1565, 1572 Rn. 61 a.E.
168 BGH VersR 2005, 1565, 1572.

Mit Einführung der Neuregelung in § 169 Abs. 3 VVG ist die Rechtslage freilich für vor ihrem Inkrafttreten geschlossene Verträge noch nicht geklärt gewesen. Der Gesetzgeber hat ausdrücklich gewollt, dass jene Vorschrift keine Rückwirkung für derartige Altverträge haben sollte.[169] Indessen hat das **BVerfG im Jahr 2006** entschieden, dass die Anwartschaft der Versicherungsnehmer auf die Versicherungssumme zuzüglich einer Überschussbeteiligung auch in den ersten Vertragsjahren unter dem **Schutz der Eigentumsgarantie** gem. Art. 14 GG steht.[170] Damit sei eine Regelung unvereinbar, bei der es im Falle einer frühzeitigen Kündigung zu sehr niedrigen Rückkaufswerten kommen könne. Diese Rechtsprechung ist durchaus bedenklich, da sie – anders als der Gesetzgeber bei der Überschussbeteiligung – von dem Grundgedanken der Verursachungsorientierung abweicht und im Ergebnis die den Vertrag bis zum vereinbarten Ende durchhaltenden Versicherungsnehmer mit einem großen Teil der von den „Abbrechern" verursachten Kosten belastet. Gleichwohl hat der **BGH im Jahr 2012** unter Berufung auf das BVerfG und in ausdrücklicher Abkehr von seiner Einschätzung aus dem Jahr 2001 die Zillmerklausel auch inhaltlich für unangemessen erachtet (Verstoß gegen § 307 Abs. 2 Nr. 2, Abs. 1 S. 1 BGB).[171] 1950

Die Rechtsprechung von 2012 führt zu der Frage, in welcher Weise die entstandene **Lücke** in Verträgen, die in der Zeit zwischen dem ersten Urteil von 2001 und dem Inkrafttreten der VVG-Reform am 1.1.2008 geschlossen wurden, zu schließen ist. Der BGH hatte, da es sich um ein Verbandsklageverfahren handelte, keinen Anlass hierzu Stellung zu nehmen. In Rede steht wiederum eine ergänzende Auslegung. Teils wird angenommen, dass diese derjenigen des **BGH von 2005** entsprechen muss.[172] Damit wäre eine einheitliche zeitliche Zäsur mit einer vom BVerfG gebilligten Lösung erreicht, die alle zwischen 1994 und 2007 geschlossenen Verträge gleich behandelt. Zumindest dürfte jene Lösung einen Mindeststandard darstellen. Ihr steht auch nicht das Verbot der geltungserhaltenden Reduktion entgegen; insoweit gilt nichts anderes als bei der Lückenfüllung von 2005.[173] 1951

Vorzugswürdig ist aber eine andere Lösung.[174] Sie besteht darin, die ergänzende Vertragsauslegung an **§ 169 Abs. 3 S. 1 VVG** zu orientieren; dem steht die Regelungsabsicht des Gesetzgebers, jener Norm keine Rückwirkung beizumessen, nicht im Wege. Für jene Lösung spricht, dass der BGH bei seiner Entscheidung von 2005 darauf abgestellt hat, bei der durch die VVG-Reformkom- 1952

---

169 Beschlussempfehlung und Bericht des Rechtsausschusses, BT-Drucks. 16/5862, S. 100f.; s. auch *Jacob*, VersR 2011, 325, 327.

170 BVerfG VersR 2006, 489, 494 Rn. 65 m. krit. Anm. *Grote*, VersR 2006, 957ff.; krit. auch *Armbrüster*, NJW 2012, 3001f.; *Krause*, in: Looschelders/Pohlmann, § 169 Rn. 45.

171 BGH VersR 2012, 1149, 1152ff. Rn. 15ff.

172 So OLG Köln, Urt. v. 30.11.2012 – 20 U 149/12, juris; *Reiff*, in: Prölss/Martin, VVG, 28. Aufl. 2010, § 169 Rn. 53; s. auch *Jacob*, ZfS 2009, 483, 486.

173 Dazu näher *Präve*, VersR 2012, 1159, 1161.

174 *Armbrüster*, NJW 2012, 3001, 3002f.; *Armbrüster/Pilz*, LMK 2007, 247964; *Reiff*, VersR 2013, 785, 790; s. auch *Jacob*, jurisPR-VersR 9/2012 Anm. 2; *Römer*, in: Römer/Langheid, § 169 Rn. 60.

mission gefundenen Lösung handele es sich um eine durch ein sachkundiges, pluralistisch besetztes Gremium getroffene Bewertung. Diese beruhe auf aktuellen Erkenntnissen und sei ohne größere Schwierigkeiten durchführbar.[175] Wenn sich anschließend eine vom Gesetzgeber als überlegen angesehene Lösung durchgesetzt hat, so erscheint es möglich, die ergänzende Vertragsauslegung an dieser aktuelleren Regelung zu orientieren. Bei letzterer geht es ohnehin nicht darum, einen tatsächlichen Willen der Parteien zu ermitteln. Vielmehr ist entscheidend, auf welche Lösung sich die Beteiligten **redlicherweise verständigt hätten**, wenn ihnen die Lücke bewusst gewesen wäre. Dies ist nicht allein aus Sicht derjenigen Versicherungsnehmer zu beurteilen, die den Vertrag frühzeitig kündigen. Maßgeblich ist vielmehr der durchschnittliche Versicherungsnehmer, für den es noch ungewiss ist, ob er den Vertrag bis zum Ende der vereinbarten Laufzeit erfüllen oder ob er von der Kündigungsmöglichkeit Gebrauch machen wird. Für ihn stellt sich eine Lückenfüllung, die an der Regelung zum Mindestrückkaufswert in § 169 Abs. 3 S. 1 VVG orientiert ist, als angemessen dar; auch dem Versicherer erscheint sie zumutbar. Für die Lückenfüllung steht das **Bedingungsanpassungsverfahren nach § 164 VVG** zur Verfügung (s. dazu Rn. 1938).[176]

3. Alternativen zur Kündigung und Prämienfreistellung

1953 Aufgrund der Zillmerung (s. Rn. 1948) ist eine vorzeitige Vertragsbeendigung für den Versicherungsnehmer regelmäßig mit wirtschaftlichen Einbußen verbunden. Alternativ dazu kann der Versicherungsnehmer seinen Vertrag (genauer gesagt: seine daraus folgende Rechtsstellung als Vertragspartner des Versicherers) **verkaufen**. Dies hat den Vorteil, dass der Versicherungsvertrag bestehen bleibt und meist ein höherer Betrag als der Rückkaufswert für den Versicherungsnehmer zu erzielen ist. Je nach Vertragsgestaltung kann sogar (Risiko-)Versicherungsschutz für die Versicherungsnehmer auch nach der Abtretung bestehen bleiben. In Deutschland ist der sog. **Zweitmarkt** für Lebensversicherungsverträge noch relativ jung, zwischenzeitlich jedoch deutlich gewachsen.[177]

V. Kündigung durch den Versicherer

1954 Der Versicherer kann im Gegensatz zum Versicherungsnehmer den Vertrag **nicht ordentlich kündigen**. Dies ist im Gesetz nicht ausdrücklich festgeschrieben, wird aber vom Gesetzgeber[178] zu Recht angenommen und auch im Schrifttum[179] nicht in Zweifel gezogen. Regelmäßig ergibt sich die Unkündbar-

175 BGH VersR 2005, 1565, 1571 Rn. 61.
176 *Armbrüster*, NJW 2012, 3001, 3003.
177 Vgl. auch *Hasse*, VersR 2011, 156ff.
178 Regierungsbegr., BT-Drucks. 16/3945, S. 101.
179 S. nur *Krause*, in: Looschelders/Pohlmann, § 166 Rn. 3; *Reiff*, in: Prölss/Martin, § 166 Rn. 1, 4.

keit bereits daraus, dass im Versicherungsvertrag eine bestimmte Laufzeit vorgesehen ist.

Wenn § 166 VVG gleichwohl Regeln für eine Kündigung durch den Versicherer aufstellt, geht es mithin von vornherein allein um **außerordentliche Kündigungen**. Solche sind dem Versicherer nach den allgemeinen Regeln möglich (s. dazu Rn. 1061ff., 1071ff.), etwa wegen einer Anzeigepflichtverletzung (§ 19 Abs. 3 S. 2 VVG), einer Gefahrerhöhung (§§ 24, 158 Abs. 1 VVG), einer Verletzung vertraglicher Obliegenheiten (§ 28 Abs. 1 VVG) oder wegen Verzugs mit der Zahlung einer Folgeprämie (§ 38 Abs. 3 VVG). In solchen Fällen führt die durch den Versicherer erklärte Kündigung nicht dazu, dass der Vertrag beendet würde. Vielmehr wandelt sich dieser gem. § 166 Abs. 1 S. 1 VVG in eine **prämienfreie Versicherung** um. Der Versicherungsnehmer steht damit im Ergebnis so, wie wenn er seinerseits eine Prämienfreistellung verlangt hätte (s. dazu Rn. 1944). 1955

VI. Herbeiführung des Versicherungsfalls

Bei der Herbeiführung des Versicherungsfalls sind in der Lebensversicherung zwei Konstellationen zu unterscheiden: die **Selbsttötung** der versicherten Person und die **Tötung** des Versicherten durch den Versicherungsnehmer oder den Bezugsberechtigten. 1956

Bei einer **vorsätzlichen Selbsttötung** (Suizid) handelt es sich um einen Fall der vorsätzlichen Herbeiführung des Versicherungsfalls. Der Vorsatz des Handelnden muss nämlich allein darauf gerichtet sein, die Tatbestandsvoraussetzungen herbeizuführen, die erfüllt sein müssen, damit der Versicherer leistungspflichtig ist. Ein Versicherungsnehmer, der im Begriff ist, sich selbst zu töten, wird in diesem Moment oft nicht seine bestehenden Lebensversicherungsverträge im Sinn haben. Dies kann jedoch auch anders sein. 1957

Beispiel: Ein schwer erkrankter Mensch möchte mit dem Suizid zugleich eine (schnellere) finanzielle Versorgung der Bezugsberechtigten oder Erben erreichen. Möglicherweise hatte er dieses Ziel sogar bereits beim Abschluss eines Lebensversicherungsvertrags vor Augen. 1958

Das Gesetz geht, um einerseits Missbräuchen wirksam entgegenzutreten, andererseits den Versicherungsschutz in den psychischen Ausnahmesituationen einer Selbsttötung nicht völlig wertlos werden zu lassen, einen **Mittelweg**: Nach § 161 Abs. 1 VVG ist der Versicherers leistungsfrei, sofern der Versicherungsnehmer nicht in einem Zustand krankhafter Störung der Geistestätigkeit oder später als drei Jahren nach Abschluss des Versicherungsvertrags handelte. In letzterem Fall ist ein planmäßiger Missbrauch der Versicherung aufgrund des zeitlichen Abstands regelmäßig auszuschließen. Auch bei bestehender Leistungsfreiheit ist der Versicherer jedenfalls zur Auszahlung des Rückkaufswertes einschließlich der Überschussanteile verpflichtet (§ 161 Abs. 3 VVG). 1959

1960 Von einer Herbeiführung des Versicherungsfalls durch den Versicherungsnehmer zu unterscheiden ist der Fall, dass der **Bezugsberechtigte** (s. Rn. 1961ff.) die versicherte Person vorsätzlich und widerrechtlich tötet. Dann gilt die Bezugsrechtseinräumung als nicht erteilt (§ 162 Abs. 2 VVG).

VII. Bezugsberechtigung

1. Überblick

1961 In der Lebensversicherung können sich neben dem Versicherer **drei Personen** gegenüberstehen: der Versicherungsnehmer, der Versicherte und der Bezugsberechtigte. Zwischen Versicherungsnehmer und Versicherer besteht der Lebensversicherungsvertrag. Der Versicherungsnehmer kann, muss aber nicht, zugleich die versicherte Person sein (§ 150 Abs. 1 VVG). Wird die Versicherung für den Fall des Todes eines anderen genommen, so ist dessen schriftliche Einwilligung erforderlich, wenn die vereinbarte Leistung den Betrag der gewöhnlichen Beerdigungskosten übersteigt (§ 150 Abs. 2 VVG). Daneben kann der Versicherungsnehmer einem Dritten (dem **Bezugsberechtigten**) den Anspruch auf die Versicherungsleistung zuwenden. Es liegt dann ein **echter Vertrag zugunsten Dritter** vor. Es gelten daher die §§ 328f. BGB, die §§ 159ff. VVG sowie die jeweiligen AVB. Der Bezugsberechtigte hat infolgedessen ein eigenes Forderungsrecht gegen den Versicherer.

2. Arten der Bezugsberechtigung

1962 Der Versicherungsnehmer kann dem Begünstigten aus dem Lebensversicherungsvertrag verschiedene Arten von Bezugsrechten einräumen. Unabhängig von der Art der Bezugsberechtigung erfolgt dies durch **einseitige Erklärung des Versicherungsnehmers** gegenüber dem Versicherer. Das VVG verlangt für die Benennung des Bezugsberechtigten keine bestimmte Form; die AVB sehen aber regelmäßig schon aus Beweisgründen Schrift- oder Textform vor. Der als Bezugsberechtigter Benannte braucht keine Kenntnis davon zu erhalten, dass ihm ein Bezugsrecht eingeräumt worden ist.[180]

1963 Ein **widerrufliches Bezugsrecht** liegt vor, wenn sich der Versicherungsnehmer vorbehält, an die Stelle des Bezugsberechtigten einen anderen zu setzen. Hierbei handelt es sich nach der Zweifelsregel des § 159 Abs. 1 VVG um den gesetzlichen Regelfall.

1964 **Unwiderruflich** ist ein Bezugsrecht, wenn der Versicherungsnehmer auf die Möglichkeit des Auswechselns des Bezugsberechtigten verzichtet (§ 159 Abs. 3 VVG). Dafür genügt es, wenn der Ehegatte unwiderruflich als Bezugsberechtigter im Todesfall benannt wird, auch wenn das Bezugsrecht des Ehegatten an

180 HK-VVG/*Brambach, § 159 Rn. 6f.*

die Voraussetzung geknüpft wird, dass die Ehe mit dem Versicherungsnehmer bei dessen Tod besteht.[181]

Im Rahmen der Kapitallebensversicherung findet sich oftmals die Gestaltung, dass die Versicherung im Erlebensfall zu eigenen Gunsten und im Todesfall – widerruflich oder unwiderruflich – zu Gunsten eines Dritten besteht (**gespaltenes oder geteiltes Bezugsrecht**). 1965

Daneben besteht noch eine Vielzahl **weiterer Möglichkeiten**, das Bezugsrecht auszugestalten; diesen kommt regelmäßig aber nur eine untergeordnete praktische Bedeutung zu.[182] 1966

3. Rechtsfolgen

Je nach Art des Bezugsrechts ist die **Rechtsposition des Bezugsberechtigten** unterschiedlich ausgestaltet. Ist ihm ein **unwiderrufliches** Bezugsrecht zugewandt worden, so ist er Inhaber der Forderung gegen den Versicherer und hat eine gesicherte Rechtsposition (§ 159 Abs. 3 VVG). Hat ihm der Versicherungsnehmer ein **widerrufliches** Bezugsrecht zugewandt, so hat der Bezugsberechtigte bis zum Eintritt des Versicherungsfalls keine gesicherte Rechtsposition inne. Vielmehr erwirbt er die Forderung erst mit Eintritt des Versicherungsfalls (§ 159 Abs. 2 VVG). 1967

Liegt ein **gespaltenes** Bezugsrecht vor, so hat der Bezugsberechtigte dann keine gesicherte Rechtsposition inne, wenn dieses widerruflich ist. Nach überwiegender Ansicht ist im Fall eines gespaltenen unwiderruflichen Bezugsrechts das Bezugsrecht auf den Todesfall **auflösend** (§ 158 Abs. 2 BGB) und das Recht des Versicherungsnehmers **aufschiebend** (§ 158 Abs. 1 BGB) bedingt. Der Bezugsberechtigte hat folglich bis zum Eintritt des Erlebensfalls eine gesicherte Rechtsposition inne.[183] 1968

Werden Ansprüche aus einer Lebensversicherung zur **Kreditsicherung** abgetreten, kann vereinbart werden, dass ein bereits zuvor für einen Dritten bestimmtes Bezugsrecht „für die Dauer der Abtretung" widerrufen wird. Überträgt der Sicherungsnehmer nach dem Tod des Versicherungsnehmers die Ansprüche auf die Erben zurück, so lebt die widerrufene Bezugsrechtseinräumung bei dem ursprünglich Berechtigten wieder auf.[184] 1969

Vom Verhältnis Bezugsberechtigter/Versicherer zu unterscheiden ist das Verhältnis Versicherungsnehmer/Versicherer. Dieses **Deckungsverhältnis** ist nur insoweit bedeutsam für den Bezugsberechtigten, als der Versicherer daraus Einwendungen gegen das Forderungsrecht des Bezugsberechtigten herleiten kann (§ 334 BGB). Dem **Valutaverhältnis** zwischen Versicherungsnehmer und Bezugberechtigtem liegen oft familienrechtliche Gründe oder eine Schenkung zugrunde. Grundsätzlich wirkt sich ein Mangel im Valutaverhältnis auf die Be- 1970

181 BGH VersR 2013, 438.
182 *Reiff/Schneider*, in: Prölss/Martin, § 13 ALB 86 Rn. 24ff.
183 Näher *Armbrüster/Pilz,* KTS 2004, 484ff.
184 BGH VersR 2012, 344 Rn. 16.

zugsberechtigung nicht aus. Ist das Valutaverhältnis jedoch unwirksam, so kann die Bezugsrechtseinräumung kondiziert werden.[185]

1971 **Beispiel:**[186] M hat bei V eine Kapitallebensversicherung abgeschlossen und zunächst seinen Sohn S als Bezugsberechtigten auf die Todesfallleistung eingesetzt. Sodann trennt er sich von seiner Ehefrau E, der Mutter des S, und lebt fortan mit F zusammen, die er gegenüber V als neue Bezugsberechtigte benennt. Kurz darauf stürzt M sich von einer Brücke und verstirbt. Nunmehr verlangen E (als Erbin) und F jeweils die Freigabe der von V beim Amtsgericht hinterlegten Versicherungssumme.

1972 Der BGH hat hier der E zutreffend Recht gegeben. F hat mit dem Tod des M lediglich im **Deckungsverhältnis** die unentziehbare Rechtsstellung als Bezugsberechtigte erlangt. Damit ist jedoch noch nichts darüber gesagt, ob F die Versicherungsleistung im **Valutaverhältnis** (Zuwendungsverhältnis) zu den Erben zusteht. Dies richtet sich nicht nach § 2301 BGB; vielmehr bedarf es eines lebzeitigen Rechtsgrundes, wie ihn insbesondere eine Schenkung darstellen kann. Hier ist ein solcher Schenkungsvertrag zu Lebzeiten des M nicht zustande gekommen, da die Erben den Übermittlungsauftrag des M an V wirksam und rechtzeitig widerrufen haben.

§ 37 Berufsunfähigkeitsversicherung

Literatur

Benkel/Hirschberg, Lebens- und Berufsunfähigkeitsversicherung, 2. Aufl. 2011; *Höra*, Materielle und prozessuale Klippen in der Berufsunfähigkeits- und Krankenversicherung, r+s 2008, 89; *Karczewski*, Die Rechtsprechung des Bundesgerichtshofs zur Kranken-, Krankentagegeld- und Berufsunfähigkeitsversicherung, r+s 2012, 270; *Müller-Frank*, Aktuelle Rechtsprechung zur Berufsunfähigkeits-(Zusatz-)Versicherung, 7. Aufl. 2007; *Neuhaus*, Aktuelle Probleme in der Personenversicherung unter besonderer Berücksichtigung der Berufsunfähigkeitsversicherung, r+s 2009, 309; *ders.*, Die Berufsunfähigkeitsversicherung – Neues VVG, Perspektiven, Prognosen, r+s 2008, 449; *Th. Richter*, Berufsunfähigkeitsversicherung, 2. Aufl. 1994; *W. Voit/Neuhaus*, Berufsunfähigkeitsversicherung, 2. Aufl. 2009.

1973 Die Vorschriften zur Berufsunfähigkeitsversicherung (§§ 172–177 VVG) wurden erst mit der Reform 2008 ins VVG aufgenommen. Zweck jener Versicherung ist die Wahrung des berufsbedingten **Status** des Versicherten[187] oder die Sicherung seiner **wirtschaftlichen Existenzgrundlage**.

1974 Es handelt sich um eine **Personenversicherung** und zugleich um eine **Summenversicherung**, da es nicht darum geht, einen konkret eingetretenen Schaden zu ersetzen.

185 *Wandt*, Rn. 1240.
186 Nach BGH VersR 2008, 1054.
187 OLG Hamm r+s 1990, 355, 356.

Gem. § 176 VVG sind die für die **Lebensversicherung** geltenden §§ 150–170 VVG auf die Berufsunfähigkeitsversicherung entsprechend anzuwenden, soweit die Besonderheiten dieser Versicherung nicht entgegenstehen. Handelt es sich aber um halbzwingende Regelungen, so soll diese Einschränkung für die Berufsunfähigkeitsversicherung nicht gelten.[188] 1975

Der Versicherungsfall der „**Berufsunfähigkeit**" liegt vor, wenn der zuletzt ausgeübte Beruf, so wie er ohne gesundheitliche Beeinträchtigung ausgestaltet war, infolge Krankheit, Körperverletzung oder mehr als altersentsprechendem Kräfteverfall ganz oder teilweise voraussichtlich auf Dauer nicht mehr ausgeübt werden kann (§ 172 Abs. 2 VVG). 1976

Der BGH fordert für das zeitliche Kriterium, dass eine **günstige Prognose** für die Wiederherstellung der verloren gegangenen Fähigkeiten in einem überschaubaren Zeitraum oder in absehbarer Zeit nicht gestellt werden kann.[189] Teilweise geht die Rechtsprechung von einem **Prognosezeitraum von drei Jahren** aus.[190] Der bei Vertragsschluss ausgeübte Beruf muss grundsätzlich nicht beibehalten werden.[191] Die Regeln zur Gefahrerhöhung sind nur bei ausdrücklicher Vereinbarung in Textform anzuwenden (§§ 176, 158 Abs. 1 VVG).[192] Auch bei **Arbeitslosen** ist die zuletzt ausgeübte Tätigkeit maßgeblich, es sein denn der Versicherungsnehmer ist bereits vor der Arbeitslosigkeit freiwillig aus dem Berufsleben ausgeschieden.[193] 1977

Gem. § 172 Abs. 3 VVG können die Vertragsparteien vereinbaren, dass die Leistungspflicht des Versicherers erst dann entsteht, wenn der Versicherte weder seinen zuletzt ausgeübten Beruf noch eine andere seiner Ausbildung, Fähigkeiten und Lebensstellung entsprechenden Tätigkeit ausübt oder ausüben kann. Der Versicherer kann den Versicherten demnach auf die Ausübung einer anderen Tätigkeit verweisen. Je nach Vereinbarung kann für dieses **Verweisungsrecht** die tatsächliche Ausübung der entsprechenden Tätigkeit („konkrete Verweisung") oder die bloße Möglichkeit zu deren Ausübung („abstrakte Verweisung") entscheidend sein.[194] Bei einer abstrakten Verweisung darf die Verweisungstätigkeit keine deutlich geringeren Kenntnisse und Fähigkeiten erfordern und auch in ihrer Vergütung und Wertschätzung nicht spürbar unter dem Niveau des bislang ausgeübten Berufs liegen.[195] 1978

Stellt der Versicherungsnehmer einen Leistungsantrag, so muss der Versicherer gem. § 173 Abs. 1 VVG bei Fälligkeit in Textform erklären, ob er seine **Leistungspflicht** anerkennt. Die Vorschrift dient dem Schutz des Versicherungs- 1979

188 Regierungsbegr.; BT-Drs. 16/3945, S. 107.
189 BGH VersR 2007, 383, 384 Rn. 10.
190 OLG Hamm VersR 1995, 1039, 1040.
191 OLG Saarbrücken VersR 2004, 1401, 1402.
192 *Lücke*, in: Prölss/Martin, § 176 Rn. 6.
193 OLG Hamm VersR 2009, 818, 820.
194 Näher *Dörner*, in: MünchKomm-VVG, § 172 Rn. 141ff.
195 BGH VersR 1986, 1113, 1115; *Dörner*, in: MünchKomm-VVG, § 172 Rn. 160.

nehmers, der ein Interesse daran hat, etwaige wiederkehrende Leistungen des Versicherers in seine Zukunftsplanung mit einzubeziehen.[196]

1980 Einen ähnlichen Schutz wie die private Berufsunfähigkeitsversicherung bietet die **gesetzliche Rentenversicherung.** Diese knüpft freilich nicht (mehr) an den Begriff der Berufsunfähigkeit, sondern an denjenigen der vollen oder teilweisen Erwerbsminderung an (vgl. § 43 SGB VI). Das bedeutet, dass es für die Frage der Erwerbsminderung allein darauf ankommt, ob der Versicherte irgendeiner Arbeitstätigkeit nachgehen kann. Wer in der Lage ist, unter den üblichen Bedingungen des allgemeinen Arbeitsmarkts mindestens sechs Stunden täglich erwerbstätig zu sein, erhält somit gar keine Rente (§ 43 Abs. 1 S. 2 SGB VI). Der durch Ausbildung und Berufsausübung erlangte **soziale Status** wird demnach anders als in der privaten Berufsunfähigkeitsversicherung **nicht geschützt**. Der Versicherer ist gem. § 2 Abs. 4 S. 2 VVG-InfoV verpflichtet, den Versicherungsnehmer darauf hinzuweisen, dass der in den AVB verwendete Begriff der Berufsunfähigkeit nicht mit Begriff der Berufsunfähigkeit oder der Erwerbsminderung im sozialrechtlichen Sinn übereinstimmt.

1981 Die Berufsunfähigkeitsversicherung wird häufig als Zusatzdeckung zu einer Lebensversicherung vereinbart. In diesem Fall spricht man von einer **Berufsunfähigkeits-Zusatzversicherung (BUZ)**. Die AVB dieser Zusatzdeckung sind regelmäßig auf die Lebensversicherung abgestimmt, indem eine einseitige Abhängigkeit hergestellt wird. Die Berufsunfähigkeitsversicherung bildet demnach mit der Lebensversicherung als sog. Hauptversicherung eine **Einheit**. Sie kann nicht ohne die Hauptversicherung abgeschlossen werden und endet mit dieser. Jene vertragliche Akzessorietät hat dazu geführt, dass die Tauglichkeit der Lebensversicherung als Kreditsicherungsmittel teils in Frage gestellt worden ist.

1982 **Beispiel:**[197] A schließt bei Versicherer V eine Kapitallebensversicherung unter Einschluss einer Berufsunfähigkeits-Zusatzversicherung ab. Anschließend vereinbart A mit der Bank B die **Abtretung** der gegenwärtigen und zukünftigen Rechte und Ansprüche aus der Lebensversicherung zur Sicherung eines Darlehens. Als das Ablaufdatum erreicht ist, zahlt V aus der Lebensversicherung rund 31.000 € als vereinbarte Leistung im Erlebensfall zuzüglich Boni und Gewinnanteile an A aus. Diese Leistung fordert sie nunmehr zurück. Der BGH sieht die Abtretung der Ansprüche aus der Lebensversicherung als wirksam an. Zunächst erörtert er, ob die Abtretbarkeit vertraglich ausgeschlossen wurde (§ 399 Fall 2 BGB). Nach den AVB der Berufsunfähigkeits-Zusatzversicherung soll letztere mit der Lebensversicherung eine Einheit bilden, nicht ohne sie abgeschlossen werden können und mit ihrem Ende erlöschen. Der BGH erblickt darin keinen vertraglichen Abtretungsausschluss, da die Einheit der Verträge durch eine Abtretung der Lebensversicherungsansprüche nicht beeinträchtigt werde. Dies verdient Zustimmung. Die genannte Klausel soll sicherstellen, dass

196 Reg.Begr.; BT-Drs. 16/3945, S. 105f.
197 Nach BGH VersR 2010, 237 m. im Erg. zust. Anm. *Armbrüster*, LMK 2010, 297030.

die Vertragsverhältnisse mit demselben Versicherungsnehmer bestehen und dass die Berufsunfähigkeits-Zusatzversicherung in ihrer Existenz von derjenigen der Hauptversicherung abhängt, also nicht isoliert existieren kann. Diese Zwecke werden durch eine Abtretung der Ansprüche aus der Lebensversicherung nicht berührt; insbesondere geht dadurch das Vertragsverhältnis nicht auf den Zessionar über.

Die zentrale Frage lautet hier, ob § 850b Abs. 1 Nr. 1 ZPO i.V. mit § 400 BGB 1983 zu einer **Unwirksamkeit der Abtretung** führt. Diese zuvor heftig umstritten gewesene Frage ist vom BGH verneint worden. Der soziale Schutzzweck des Pfändungsverbots spreche freilich dafür, die Leistungen aus der Berufsunfähigkeitsversicherung als Rente i.S. von § 850b Abs. 1 Nr. 1 ZPO anzusehen, die wegen einer Verletzung des Körpers oder der Gesundheit zu entrichten ist. Dies bedeutet, dass Ansprüche aus jener Versicherung unpfändbar sind; sie können folglich nach § 400 BGB auch nicht abgetreten werden. Jene Unabtretbarkeit wirke sich aber nicht auf die Abtretung der Ansprüche aus der Lebensversicherung aus.

Der BGH rückt die **Einheitlichkeit der Abtretung** als Rechtsgeschäft i.S. 1984 von § 139 BGB in den Mittelpunkt. Dabei erörtert er, ob es sich bei einer auf *beide* Versicherungsverträge bezogenen Abtretung um ein einheitliches Rechtsgeschäft handelt. Hier ist freilich allein die Abtretung der Ansprüche aus der Lebensversicherung erklärt worden. Es geht mithin darum, ob die Wirksamkeit einer von den Parteien gewollten **isolierten Abtretung** der Lebensversicherungsansprüche dadurch berührt wird, dass eine zusätzliche Abtretung auch der Ansprüche aus der Berufsunfähigkeitsversicherung unwirksam wäre. Dies ist zu verneinen, da es den Parteien frei steht, den Umfang der abzutretenden Ansprüche zu bestimmen, und es sich zudem um verschiedene Ansprüche handelt (vgl. auch die unterschiedliche Regelung in §§ 150ff. VVG einerseits, §§ 172ff. VVG andererseits). Werden **beide Ansprüche** als einheitliches Geschäft abgetreten, so gilt im Ergebnis dasselbe; dann geht der nach § 139 BGB maßgebliche Parteiwille dahin, dass die Abtretung insoweit wirksam ist, als § 400 BGB dem nicht entgegensteht. Damit wird der beabsichtigte Sicherungszweck in wesentlichen Teilen noch erreicht.

Interessant ist auch die Frage, ob die Schutzvorschrift des § 850b Abs. 1 Nr. 1 1985 ZPO einer Vereinbarung entgegensteht, durch die – wie im Beispielsfall geschehen – auch das **Recht zur Kündigung** des Vertrags auf den Zessionar übertragen wird. Wie der BGH überzeugend darlegt, findet der Schuldnerschutz hier eine Grenze: Der Vollstreckungsschuldner wird zwar vor einem Zugriff der Gläubiger auf seine Rentenansprüche geschützt; er soll hingegen nicht vor einer eigenen Disposition über die Aufrechterhaltung seines Versicherungsschutzes bewahrt werden.

§ 38 Unfallversicherung

Literatur

Brockmöller, Die Rechtsprechung des Bundesgerichtshofs zur Unfallversicherung, r+s 2012, 313; *Grimm,* Unfallversicherung, AUB, 5. Aufl. 2013; *Jacob*, Unfallversicherung, AUB 2009, 2013; *Kloth*, Private Unfallversicherung, 2009; *Marlow/Tschersich*, Die private Unfallversicherung – Aktuelles aus Rechtsprechung und Praxis, r+s 2013, 157; *Naumann/Brinkmann*, Die private Unfallversicherung in der Beraterpraxis, 2. Aufl. 2011; *Schubach/Jansen*, Private Unfallversicherung, 2010.

1986 Die Unfallversicherung wird nicht der Personenversicherung, sondern der **Kompositversicherung** (Nichtpersonenversicherung) zugeordnet (s. Rn. 93f.). Das Leistungsversprechen des Versicherers besteht darin, bei einem Unfall einen bestimmten Geldbetrag zu zahlen. Die aktuellen Musterbedingungen des GDV sind die AUB 2010. Von der dadurch geregelten allgemeinen Unfallversicherung ist die Kfz-Unfallversicherung zu unterscheiden. Bei ihr handelt es sich um eine der vier Versicherungsarten, die in der Kraftfahrtversicherung gedeckt werden können (s. Rn. 1711). Dabei geht es um die Fälle, dass Insassen von Kfz bei einem Unfall verletzt oder getötet werden, der in unmittelbarem Zusammenhang mit dem Gebrauch des Kfz steht (s. A.4.1.1 AKB 2008).

1987 Der Versicherungsfall wird durch den Begriff des **Unfalls** bestimmt. Darunter ist jedes plötzliche, von außen auf den Körper der versicherten Person wirkendes Ereignis (Unfallereignis) zu verstehen, durch das diese unfreiwillig eine Körperverletzung erleidet (Nr. 1.3 AUB 2010).

1988 Als Leistungen des Versicherers kommen unterschiedliche Zahlungspflichten in Betracht. Praktisch besonders bedeutsam ist die sog. **Invaliditätsleistung**. Sie ist zu zahlen, wenn die versicherte Person einen Verlust oder die völlige Funktionsunfähigkeit bestimmter, in Nr. 2.1.2.2.1 AUB 2010 aufgezählter Körperteile erleidet. Diese sog. **Gliedertaxe** reicht von einem Invaliditätsgrad von 2% für den Verlust einer kleinen Zehe bis hin zu 70% für den Verlust eines Armes. Ist der betreffende Körperteil lediglich **teilweise** verloren oder in seiner Funktion beeinträchtigt, so wird der jeweilige Prozentsatz entsprechend gekürzt. Bei anderen als in der Gliedertaxe erfassten Körperteilen sowie bei Beeinträchtigungen der Sinnesorgane ist für den Invaliditätsgrad maßgeblich, inwieweit die normale körperliche oder geistige Leistungsfähigkeit beeinträchtigt ist.

1989 Die AUB sehen darüber hinaus auch weitere mögliche Leistungsversprechen vor, etwa bezogen auf eine Übergangsleistung (Nr. 2.2), ein Tagegeld (Nr. 2.3, 2.4) oder ein Genesungsgeld (Nr. 2.5). Darüber hinaus kann eine **Todesfallleistung** vereinbart werden (Nr. 2.6). Insofern überschneidet sich die Unfallversicherung mit der Lebensversicherung. Freilich greift die Unfallversicherung nur dann ein, wenn die versicherte Person innerhalb eines Jahres infolge eines Unfalls verstorben ist. In diesem Fall hat die Unfallversicherung nicht die Funktion, der versicherten Person für die erlittene Einbuße an körperlichen oder geistigen Fähigkeiten eine materielle Entschädigung zu verschaffen; vielmehr dient sie dann ebenso wie die Lebensversicherung dem Schutz Dritter.

Die Klauselwerke sehen regelmäßig eine Reihe von **Ausschlüssen** vor, die einer uferlosen Ausweitung des Deckungsumfangs – mit den daraus folgenden Konsequenzen für die Prämienhöhe – entgegenwirken sollen. Zu nennen sind insbesondere der Auschluss für Unfälle durch **Geistes- oder Bewusstseinsstörungen**, auch wenn diese alkoholbedingt sind (Nr. 5.1.1 AUB 2010). Zudem werden Gesundheitsschäden durch **Heilmaßnahmen** oder Eingriffe am Körper der versicherten Person ausgeschlossen, es sei denn, dass diese wiederum durch einen unter denselben Vertrag fallenden Unfall veranlasst waren. Auch **Infektionen** und **Vergiftungen** sind grundsätzlich nicht erfasst. 1990

Praktisch besonders bedeutsam ist der Ausschluss von **krankhaften Störungen infolge psychischer Reaktionen** (Nr. 5.2.6 AUB 2010). Dieser Ausschluss hält einer AGB-Kontrolle stand.[198] Insbesondere wird dadurch der Versicherungsschutz nicht ausgehöhlt (zur Aushöhlungsnichtigkeit s. Rn. 543), da der Ausschluss für den gesamten Bereich physisch vermittelter Unfallschädigungen nicht eingreift. Der Zweck des Vertrags, Schutz vor Unfallrisiken zu bieten, wird daher ausreichend erfüllt. 1991

Der Ausschluss wegen psychischer Reaktionen betrifft **mehrere Fälle**. Zum einen geht es um Einwirkungen, die über eine psychische Reaktion wie Schreck oder Angst erfolgen. 1992

Beispiel:[199] A fährt mit seinem Pkw auf einer Landstraße. Als ihm auf der Gegenfahrbahn ein Lkw entgegenkommt, wird ein Stein hochgewirbelt und fliegt gegen die Windschutzscheibe des Pkw; diese zerbirst. Kurz darauf wird A übel. Er hält an und ruft einen Rettungswagen. Auf dem Weg ins Krankenhaus verstirbt er. 1993

Der BGH hat die hier durch den Schreck hervorgerufene Beeinträchtigung der körperlichen Integrität als vom Versicherungsschutz umfasste Gesundheitsbeschädigung und damit als Unfall i.S. der AUB angesehen. Eine unmittelbare körperliche Verletzung sei nicht notwendig; vielmehr genüge eine durch sinnliche Wahrnehmungen oder seelische Eindrücke (**Schockwirkung**) eintretende Beeinträchtigung der Gesundheit. Solche psychisch vermittelten Schäden sollen durch Nr. 5.2.6 AUB 2010 vom Deckungsumfang der Unfallversicherung ausgenommen werden. Dies gilt freilich dann nicht, wenn die psychische Reaktion ihrerseits wieder zu einem Unfall führt. 1994

Beispiel: In dem in Rn. 1993 geschilderten Beispielsfall fährt A aufgrund des Schocks auf das vor ihm fahrende Kfz auf. Die aus diesem Verkehrsunfall resultierenden körperlichen Beeinträchtigungen fallen unter den Versicherungsschutz. 1995

Über die soeben angesprochenen Schockwirkungen hinaus betrifft der Ausschluss auch solche Gesundheitsbeeinträchtigungen, die der Versicherungsneh- 1996

198 BGH VersR 2004, 1039.
199 Nach BGH VersR 1972, 582.

mer nach einer unfallbedingten Gesundheitsschädigung durch eine krankhafte psychische Reaktion auf das Unfallgeschehen oder auf die Verletzungsfolgen erleidet. Dabei geht es um **unfallbedingte psychische Fehlverarbeitungen**.

1997 **Beispiel:**[200] A erleidet beim Skilaufen einen Sturz, bei dem sie keine Knochen- oder Bandverletzungen erleidet. Nachdem sie noch am Folgetag weiter Ski gelaufen ist, klagt sie über eine **depressive Grundstimmung** und nimmt ihren Unfallversicherer V in Anspruch. Nach Aussage des von V eingeschalteten Sachverständigen Dr. S. ist von einem leichten bis mittleren Beschleunigungstrauma auszugehen, das Beschwerden dieser Art verursacht, die aber in 98 % aller Fälle nach einigen Wochen, spätestens nach sechs Monaten folgenlos abklingen. A gehöre zu dem geringen Prozentsatz der Geschädigten, die aufgrund der unfallbedingt aufgetretenen Beschwerden und Beeinträchtigungen depressive Krankheitsbilder entwickeln. V verweigert daraufhin unter Berufung auf Nr. 5.2.6 AUB 2010 die Leistung.

1998 Hier kommt der Ausschluss zum Zuge.[201] Die Voraussetzungen für den Leistungsausschluss liegen vor, wenn es sich bei den fortdauernden Beschwerden des Versicherten um eine **ausschließlich psychisch bedingte Reaktion** in Form einer psychischen Fehlverarbeitung der Verletzungsfolgen handelt. Hier fehlt es an dem für den Versicherungsschutz bestehenden Erfordernis, dass die Störungen und Beschwerden auf eine durch den Unfall verursachte **organische Erkrankung** des Nervensystems (z.B. Nerven- oder Hirnverletzung) zurückzuführen sind.

§ 39 Krankenversicherung

Literatur

Bach/Moser, Private Krankenversicherung, 4. Aufl. 2009; *Boetius*, Notwendige Heilbehandlung und Bedingungsanpassung in der privaten Krankenversicherung, VersR 2008, 1431; *Höra*, Materielle und prozessuale Klippen in der Berufsunfähigkeits- und Krankenversicherung, r+s 2008, 89; *Karczewski*, Die Rechtsprechung des Bundesgerichtshofs zur Kranken-, Krankentagegeld- und Berufsunfähigkeitsversicherung, r+s 2012, 270; *Kirsten*, Der Tarif- und Versichererwechsel in der privaten Krankenversicherung, 2005; *Lorenz/Wandt*, Der Tarifwechsel in der privaten Krankenversicherung bei unterschiedlichen Tarifstrukturen, VersR 2008, 7; *Marko*, Private Krankenversicherung, 2. Aufl. 2010; *Marlow/Spuhl*, Aktuelles aus Rechtsprechung und VVG-Reform zum Begriff der medizinischen Notwendigkeit, VersR 2006, 1334; *dies.*, Die Neuregelungen der privaten Krankenversicherung durch das VVG; VersR 2009, 593; *Rogler*, Die Wiederentdeckung des Übermaßverbots in der privaten Krankenversicherung – § 192 Abs. 2 VVG, VersR 2009, 573; *Sodan*, Private Krankenversicherung und Gesundheitsreform, 2. Aufl. 2007.

---

200 Nach BGH VersR 2010, 60.

201 So auch OLG Frankfurt/M. vom 26. 7. 2006 – 7 U 222/05 – juris; gebilligt durch BGH VersR 2010, 60 (Beschluss über die Nichtzulassung der Revision).

I. Überblick

Die **private Krankenversicherung (PKV)** umfasst verschiedene Deckungen. Im Vordergrund steht die Krankheitskostenversicherung. Zudem zählen jedoch auch die Krankenhaustagegeldversicherung, die Krankentagegeldversicherung (s. Rn. 425ff.) und verschiedene Formen der Pflegekrankenversicherung/Pflegeversicherung zur PKV. Die jeweiligen Musterbedingungen werden nicht vom GDV, sondern vom PKV-Verband (s. Rn. 152) erstellt. Es gibt ein einheitliches Musterwerk für die Krankheitskosten- und die Krankenhaustagegeld, nämlich in der aktuellen Fassung die **MB/KK 2009**. 1999

II. Verhältnis zur GKV

Die PKV steht – in ihrer Grundausprägung, ohne Zusatzversicherungen – allein denjenigen Personen zur Absicherung ihres Krankheitsrisikos offen, die nicht kraft Gesetzes in der gesetzlichen Krankenversicherung (GKV, geregelt im SGB X) versichert sind (zur Abgrenzung zwischen Privat- und Sozialversicherung s. Rn. 205ff.). Eine Versicherungspflicht in der GKV besteht gem. § 5 Abs. 1 Nr. 1 i.V. mit § 6 Abs. 1 Nr. 1 SGB V insbesondere für Arbeitnehmer, deren Brutto-Arbeitsentgelt die **Jahresarbeitsentgeltgrenze** (JAEG, auch Versicherungspflichtgrenze genannt) nicht überschreitet. Im Jahr 2013 beträgt diese Grenze 47.250 €. Wer sie überschreitet, ist damit lediglich von der Versicherungspflicht in der GKV befreit; er ist jedoch gem. § 193 Abs. 3 VVG verpflichtet, Versicherungsschutz zu unterhalten, sei es in der PKV oder auf insoweit – hinsichtlich der Wahl zwischen PKV und GKV – freiwilliger Basis in der GKV. 2000

Die Krankenversicherung hat große sozialpolitische Bedeutung;[202] sie ist daher stärker im Blick des Gesetzgebers als die meisten anderen Versicherungssparten. Durch das **GKV-Wettbewerbsstärkungsgesetz** vom 26.3.2007 sind die Regelungen zur PKV grundlegend geändert worden. Dabei hat der Gesetzgeber in mehrfacher Hinsicht eine Annäherung der PKV an die GKV vorgenommen. So ist insbesondere in Gestalt des **Basistarifs** gem. §§ 12 Abs. 1a, 1b VAG, 193 Abs. 5 VVG für die Versicherer der PKV ein weit reichender Kontrahierungszwang eingeführt worden (s. dazu Rn. 602). Dieser Tarif ist gesetzlich umfassend reglementiert. Die Annäherung an das Sozialversicherungsrecht mit dem es prägenden Solidaritätsprinzip (s. Rn. 205) kommt besonders deutlich in § 12 Abs. 1c S. 4 VAG zum Ausdruck. Nach dieser Vorschrift reduziert sich die Prämie für den Basistarif um die Hälfte, wenn beim Versicherungsnehmer **Hilfebedürftigkeit** i.S. von SGB II oder SGB XII entsteht. Auch der Umstand, dass dem Versicherer beim Basistarif die Erhebung von Risikozuschlägen untersagt ist (s. § 203 Abs. 1 S. 2, 3 VVG), zeigt, dass sich dieser Tarif von den Grundregeln der Privatversicherung entfernt (s. Rn. 209 zur Risikobezogenheit des Privatversicherungsschutzes). Das BVerfG hat den Basistarif trotz der damit ver- 2001

202 Näher *Wandt*, Rn. 1299ff. Instruktiv zum Verhältnis PKV-GKV *Milbrodt/Röhrs*, ZfV 2013, 454ff.

bundenen Grundrechtseingriffe – insbesondere in die unternehmerische Freiheit der Versicherer sowie in die Privatautonomie – für im Wesentlichen verfassungsgemäß befunden.[203]

2002 Wenn die PKV ganz oder teilweise den im gesetzlichen Sozialversicherungssystem vorgesehenen Kranken- oder Pflegeversicherungsschutz ersetzen kann, wird die PKV als **substitutive Krankenversicherung** bezeichnet (übereinstimmende Klammerdefinition in § 12 Abs. 1 VAG und § 195 Abs. 1 S. 1 VVG; s. auch Rn. 22). Dabei geht es um eine Krankenversicherung, die funktional zumindest teils an die Stelle einer gesetzlichen Versicherung tritt, indem sie Schutz gegen dieselben Risiken bietet. Neben der Krankheitskostenversicherung (s. Rn. 2005ff.) ist auch die Krankentagegeldversicherung als substitutiv einzuordnen, da auch die gesetzliche Krankenversicherung Krankengeld umfasst.[204]

2003 Von der substitutiven Krankenversicherung zu unterscheiden ist eine Versicherung, die lediglich die Leistungen der gesetzlichen Krankenversicherung in Gestalt einer **Zusatzdeckung** „aufstocken" soll, etwa um die Unterbringung im Einbettzimmer oder um bestimmte zahnärztliche Zusatzleistungen. Auch die Krankenhaustagegeldversicherung gehört zur **nicht substitutiven Krankenversicherung**. Neben privat Versicherten können auch Personen, die in der gesetzlichen Krankenversicherung versichert sind, hiervon nicht umfasste Zusatzleistungen durch eine ergänzende private Krankenversicherung abdecken.

2004 Die private Krankenversicherung bildet eine **Sondermaterie**, die sich nicht ohne Weiteres in das System des Privatversicherungsrechts einfügt und für die das VVG in grundlegenden Fragen spezielle Regeln aufstellt.[205] Genannt sei etwa der weit reichende Ausschluss des Kündigungsrechts des Versicherers (s. Rn. 1076ff.). Zudem sind etwa auch die Vorschriften zur Gefahrerhöhung nicht anwendbar (§ 194 Abs. 1 S. 2 VVG). Des Weiteren werden Versicherungsnehmer, die ihrer Verpflichtung zur Zahlung der Prämien nicht nachkommen, durch § 193 Abs. 6 VVG privilegiert.

III. Krankheitskostenversicherung

2005 Die **Krankheitskostenversicherung** sieht gem. § 192 Abs. 1 VVG den Ersatz von Aufwendungen vor, die dem Versicherungsnehmer (oder einer anderen versicherten Person) für eine Heilbehandlung entstehen. **Versicherungsfall** ist die medizinisch notwendige Heilbehandlung wegen Krankheit oder Unfallfolgen (§ 1 Abs. 2 MB/KK 2009). Darüber hinaus gelten auch Untersuchung und medizinisch notwendige Behandlung wegen Schwangerschaft und die Entbindung als Versicherungsfall, ferner Vorsorgeuntersuchungen und – sofern hierfür besondere Leistungen vereinbart sind – der Tod.

---

203 BVerfG VersR 2009, 957.

204 *Wandt*, Rn. 1295; offen lassend BGH VersR 2000, 1533, 1534.

205 Konzise Darstellung der Grundregeln bei *Wandt*, Rn. 1270ff. Zu den sog. Systembrüchen in der gesetzlichen Krankenversicherung eingehend *Brand*, VersR 2011, 1337ff.

Der Versicherungsschutz erstreckt sich grundsätzlich auf Heilbehandlung in **Europa** (§ 1 Abs. 4 MB/KK 2009). Grundsätzlich ist eine **Wartezeit** von drei Monaten vorgesehen (§ 3 Abs. 2 MB/KK 2009); dies entspricht der gem. § 197 Abs. 1 S. 1 VVG zulässigen Höchstdauer. **Kündigungsbeschränkungen** sind insbesondere für den Versicherer (s. § 206 VVG sowie vertragliche Kündigungsausschlüsse, etwa gem. § 14 Abs. 1 MB/KK 2009), aber auch für den Versicherungsnehmer vorgesehen (s. Rn. 1044f., 1076ff.). 2006

Es besteht grundsätzlich **freie Arztwahl** unter den niedergelassenen approbierten Ärzten und Zahnärzten (§ 4 Abs. 2 MB/KK 2009). Allerdings kann der Versicherer die Rechnungen von Ärzten und anderen Heilbehandlern von der Erstattung ausschließen, wenn ein **wichtiger Grund** vorliegt. Ein solcher wichtiger Grund kann insbesondere in einem vorangehenden Verhalten des Arztes liegen, das die wirtschaftlichen Interessen des Versicherers erheblich gefährdet und geeignet ist, das Vertrauensverhältnis zum Versicherungsnehmer zu erschüttern.[206] Dies gilt etwa bei Abrechnungsbetrug oder grob fehlerhafter Behandlung. 2007

Der Versicherer zahlt nicht allein für solche Untersuchungs- oder Behandlungsmethoden sowie Arzneimittel, die von der **Schulmedizin** überwiegend anerkannt sind. Stattdessen leistet er auch für **alternative Methoden und Arzneimittel**, die sich in der Praxis als ebenso erfolgversprechend bewährt haben oder die angewandt werden, weil keine schulmedizinischen Methoden oder Arzneimittel zur Verfügung stehen (§ 4 Abs. 6 MB/KK 2009). Dieser Klausel waren abweichende ältere AVB vorausgegangen, die eine Kostenerstattung für „wissenschaftlich nicht allgemein anerkannte Untersuchungs- oder Behandlungsmethoden und Arzneimittel" (z.B. 5 Abs. 1 lit. f MB/KK 1976) ausschlossen. Jene sog. **Wissenschaftlichkeitsklausel** hatte der BGH als den Versicherungsnehmer unangemessen benachteiligend verworfen, da sie nach dem Verständnishorizont eines durchschnittlichen Versicherungsnehmers jegliche alternative Medizin ausschloss.[207] Die daraufhin revidierte Klausel, wie sie heute in § 4 Abs. 6 MB/KK 2009 steht, ist hingegen AGB-rechtlich unbedenklich.[208] 2008

Die PKV funktioniert gem. § 192 Abs. 1 VVG nach dem **Kostenerstattungsprinzip**. Dies bedeutet, dass der Versicherer nicht (wie etwa in der Haftpflichtversicherung) die Freistellung von den Ansprüchen derjenigen Personen schuldet, die dem Versicherungsnehmer Leistungen erbracht haben (Ärzte, Krankenhausträger, Apotheken etc.). Vielmehr hat der Versicherer dem Versicherungsnehmer diese Aufwendungen zu erstatten. Einen Anspruch auf Erteilung einer Deckungszusage sieht das Gesetz nicht vor; den Versicherer kann nur ausnahmsweise unter dem Gesichtspunkt des Kooperationsgebots (s. Rn. 245) hierzu gehalten sein.[209] Dieses System der Kostenerstattung weist für 2009

206 Näher *Kritter*, Der Ausschluss des Arztes von der Rechnungserstattung in der PKV, 2000; *Voit*, in: Prölss/Martin, § 5 MB/KK 2009 Rn. 11ff.

207 BGHZ 123, 83 = VersR 1993, 957, 959f.

208 BGH VersR 2002, 1545, 1546.

209 Weiter gehend *W. Schünemann*, r+s 2010, 397, 398ff.

beide Vertragspartner in verschiedener Hinsicht **Nachteile** auf. Für den Versicherungsnehmer bedeutet es, dass er grundsätzlich zunächst in Vorleistung treten muss, bevor er einen Erstattungsanspruch geltend machen kann. Zudem schafft das Kostenerstattungsprinzip für den Versicherungsnehmer – sofern man von der Möglichkeit einer Beitragsrückerstattung bei unterbleibender Anspruchserhebung absieht – keinen Anreiz, die Rechnungen der Leistungserbringer vor ihrer Begleichung kritisch zu prüfen. Diesem Problem soll § 192 Abs. 3 VVG abhelfen, der es ermöglicht, im Versicherungsvertrag weitere, über die Kostenerstattung hinausgehende Leistungen des Versicherers wie z.B. die Beratung über die Berechtigung von Entgeltansprüchen und die Abwehr unberechtigter Ansprüche zu vereinbaren (sog. managed care; s. auch Rn. 1089). Ein weiterer Nachteil besteht in einem erhöhten subjektiven Risiko, etwa indem tatsächlich nicht entstandene Kosten unter Vorlage von gefälschten oder „gekauften" Belegen geltend gemacht werden.

2010 Eine nicht zuletzt im Hinblick auf das subjektive Risiko wichtige Begrenzung des Versicherungsschutzes enthält § 200 VVG. Demnach darf dann, wenn die versicherte Person wegen desselben Versicherungsfalls Ansprüche gegen mehrere Erstattungsverpflichtete hat, die Gesamterstattung die Gesamtaufwendungen nicht überschreiten. Dieses **Bereicherungsverbot** erlangt insbesondere in denjenigen Fällen praktische Bedeutung, in denen der Versicherungsnehmer Leistungen aus der beamtenrechtlichen Beihilfe (vgl. § 199 VVG) oder aus der GKV erlangt. Das Gesetz schweigt zu der Frage, wessen Leistungen dann subsidiär sein sollen. Der Gesetzgeber hat einen die Frage zugunsten des privaten Versicherers beantwortenden Vorschlag der VVG-Reformkommission[210] nicht übernommen. Man könnte daher davon ausgehen, dass die Ansprüche gegen alle Erstattungspflichtigen anteilig zu kürzen sind.[211] Aus dem Standort der Regelung im Vertragsrecht sowie aus dem Umstand, dass die private Krankenversicherung neben einer gesetzlichen „Grundversorgung" ergänzenden Charakter hat, folgt indessen, dass bei einer Überzahlung vorrangig der private Krankenversicherer einen Rückforderungsanspruch hat bzw. dass dann, wenn er noch nicht gezahlt hat, er seine Leistung kürzen kann.[212]

2011 Für die **vorsätzliche Herbeiführung des Versicherungsfalls** enthält § 201 VVG eine Regelung, deren Grundgedanke sowohl dem die Schadensversicherung grundsätzlich beherrschenden § 81 VVG als auch dem für die Lebensversicherung geltenden § 161 VVG entspricht. Demnach entfällt der Versicherungsschutz, wenn der Versicherungsnehmer den Versicherungsfall selbst vorsätzlich herbeiführt. Dabei umfasst Vorsatz auch ein bedingt vorsätzliches Verhalten. Hingegen ist dann, wenn der Versicherungsnehmer auf einen guten Ausgang vertraut, lediglich bewusste Fahrlässigkeit anzunehmen. Dies gilt etwa

210 Abschlussbericht, S. 270.
211 Dafür *Brömmelmeyer*, in: Schwintowski/Brömmelmeyer, § 200 Rn. 7; *Reinhard*, in: Looschelders/Pohlmann, § 200 Rn. 7.
212 *Wandt*, Rn. 1339.

für gefährliche Sportarten oder im Regelfall auch für Drogenkonsum (z. B. Alkohol, Heroin).[213] Wer einen ernst gemeinten Suizidversuch unternimmt, handelt nicht mit bedingtem Verletzungsvorsatz.[214]

Eine **Prämien- und Bedingungsanpassung** ist nach § 203 VVG zulässig; zugleich stellt das Gesetz dafür weit reichende Anforderungen auf. Die Anpassungsmöglichkeit ist erforderlich, da die Verträge oft lange laufen und vom Versicherer nur unter strengen Voraussetzungen gekündigt werden können (s. Rn. 2006). Würde es dem Versicherer nicht ermöglicht, die laufenden Verträge anzupassen, so müsste er im Hinblick auf künftige Kostensteigerungen hohe Sicherheitszuschläge verlangen, wodurch sich der Versicherungsschutz erheblich verteuern würde. Die gesetzliche Regelung betrifft einen Spezialfall der Störung der Geschäftsgrundlage (vgl. § 313 BGB); sie ermöglicht es dem Versicherer, unter bestimmten Voraussetzungen das bei Vertragsschluss vorausgesetzte Äquivalenzverhältnis wiederherzustellen. Die Anpassung der **Prämie** ist dann möglich, wenn sich eine für die Prämienkalkulation maßgebliche Berechnungsgrundlage nicht nur vorübergehend geändert hat (§ 203 Abs. 2 S. 1 VVG). Hinsichtlich der **AVB** ist eine nicht nur vorübergehende Änderung der Verhältnisse des Gesundheitswesens maßgeblich (§ 203 Abs. 3 S. 1 VVG). Dabei kommt es auf die tatsächlichen Verhältnisse an. Eine Änderung der Rechtsprechung steht dem nicht gleich, denn diesbezügliche Änderungen fallen in die Risikosphäre des Versicherers.[215] 2012

Dem Versicherungsnehmer steht gem. § 204 VVG ein **Tarifwechselrecht** zu. 2013
Der Gesetzgeber ermöglicht es damit, bei seinem bisherigen Versicherer in einen anderen, gleichartigen Versicherungsschutz bietenden Tarif zu wechseln. Darin liegt eine Vertragsänderung, die durch einen Kontrahierungszwang des Versicherers (s. § 204 Abs. 1 Nr. 1 VVG) abgesichert wird und damit wie ein Optionsrecht ausgestaltet ist. Der Versicherungsnehmer wird dann an einem solchen Tarifwechsel interessiert sein, wenn sich seine Bedürfnisse geändert haben, insbesondere aber wenn ein gleichartiger Tarif zu günstigeren Konditionen angeboten wird. Letzteres ist vor allem dann der Fall, wenn derjenige Tarif, in dem der Versicherungsnehmer sich bislang befindet, für Neuzugänge geschlossen wird; es droht dann eine „Vergreisung“[216]. Das Tarifwechselrecht kann damit eine ausgewogene Altersmischung in allen Tarifen fördern.

Durch das GKV-Wettbewerbsstärkungsgesetz wurde neben dem Basistarif 2014
(s. Rn. 2001) auch das Recht auf **Übertragung der kalkulierten Alterungsrückstellung** (sog. Portabilität) eingeführt (§ 204 Abs. 1 Nr. 2 VVG). Der Hintergrund für diese Regelung liegt darin, dass die Krankenversicherer bei ihren Versicherungsnehmern im jüngeren und mittleren Alter (zwischen 21 und 60

213 Näher *Voit*, in: Prölss/Martin, § 201 Rn. 5ff.
214 S. nur *Hütt*, in: MünchKomm-VVG, § 201 Rn. 25; a. A. (notwendiges Durchgangsstadium) *Rogler*, in: HK-VVG, § 201 Rn. 6.
215 BGH VersR 2008, 246 Rn. 12; VersR 2008, 386 Rn. 15.
216 BVerwG VersR 2002, 1253 Rn. 32.

Jahren) deutlich über den Bedarf hinausgehende Prämien zu erheben und daraus eine Alterungsrückstellung zu bilden haben (s. insbesondere § 12 Abs. 4a VAG). Damit soll dem Umstand Rechnung getragen werden, dass mit zunehmendem Alter die Krankheitskosten wesentlich steigen; die Bildung der Rückstellung ermöglicht es, einen entsprechend steilen Anstieg der Prämien im Alter zu vermeiden. Nach der bis zum GKV-Wettbewerbsstärkungsgesetz bestehenden Rechtslage waren jene Rückstellungen im Falle eines Versichererwechsels nicht portabel. Durch die Neuregelung bezweckt der Gesetzgeber, einen solchen Wechsel zu erleichtern. Einzelheiten sind in der Kalkulationsverordnung geregelt.

10. Teil: Europäisierung des Privatversicherungsrechts

§ 40 Überblick

Literatur

Beckmann, Auswirkungen des EG-Rechts auf das Versicherungsvertragsrecht, ZEuP 1999, 809; *H. Müller*, Versicherungsbinnenmarkt. Die europäische Integration im Versicherungswesen, 1995; *Prölss/Armbrüster*, Europäisierung des deutschen Privatversicherungsrechts (I und II), DZWir 1993, 397, 449.

In den vergangenen Jahrzehnten stand im Versicherungssektor auf europäischer Ebene die Harmonisierung des **Versicherungsaufsichtsrechts** im Mittelpunkt (zum Großprojekt Solvency II s. Rn. 2022ff.). Hinzu kommen Richtlinienvorgaben im Bereich des materiellen **Versicherungsvertragsrechts** und zum **Vermittlerrecht**. Das **Internationale Privatrecht** ist durch die Rom I-VO angeglichen worden (s. dazu Rn. 2040ff.). 2015

Problematisch ist es, ob die in Art. 56ff. AEUV gewährleistete **Dienstleistungsfreiheit** zu einer Korrektur des materiellen Versicherungsvertragsrechts der Mitgliedstaaten führen kann.[1] Die EG-Kommission hat sich für eine Kontrolle des kollisionsrechtlich berufenen materiellen Rechts ausgesprochen.[2] Richtigerweise ist zu differenzieren: Das **materielle Versicherungsvertragsrecht** ist grundsätzlich keiner allgemeinen Kontrolle anhand der Dienstleistungsfreiheit unterworfen. Dies gilt insbesondere für das allgemeine Schuldvertragsrecht sowie für die versicherungsvertragsrechtlichen Vorgaben zu Pflichten und Obliegenheiten der Vertragsparteien. Dabei handelt es sich nämlich um hinzunehmende Modalitäten des Rechtsprodukts Versicherung. Sofern freilich das Recht eines Mitgliedstaates die **Produktgestaltungsfreiheit** dadurch einschränkt, dass es die primäre Risikobeschreibung – und damit die Hauptleistungspflicht des Versicherers – vorgibt und es ausländischen Versicherern damit erheblich erschwert oder gar unmöglich gemacht wird, ihre Produkte grenzüberschreitend anzubieten, liegt darin in Eingriff in die Dienstleistungsfreiheit, der sich am Maßstab des **Allgemeininteresses** messen lassen muss.[3] 2016

1 Dafür *W.-H.Roth*, in: Aspekte, S. 12ff.; ders. VersR 1993, 129; im Erg. auch *E. Lorenz*, VersRdsch 1995, 11ff.

2 Mitteilung der Kommission zu Auslegungsfragen – Freier Dienstleistungsverkehr und Allgemeininteresse im Versicherungswesen (2000/C 43/03), ABl. EG Nr. C 43 v. 16.12.2000, S. 5 (26).

3 *Wandt*, Rn. 166; s. auch die Mitteilung der Kommission zu Auslegungsfragen – Freier Dienstleistungsverkehr und Allgemeininteresse im Versicherungswesen (2000/C 43/03), ABl. EG Nr. C 43 v. 16.12.2000, S. 5

Dies gilt etwa für den zwingenden Einschluss von Elementar- oder Terrorrisiken in die Sachversicherung nach Art. L-126–2 des französischen *Code des Assurances*.[4]

§ 41 Versicherungsaufsichtsrecht

Literatur
(s. vor Rn. 19)

A. Erreichter Harmonisierungsstand

2017 Die gemeinschaftsrechtlichen Grundlagen des **(Versicherungs-)Binnenmarktes** sind in erster Linie die Niederlassungs- (Art. 49ff. AEUV), die Dienstleistungs- (Art. 56ff. AEUV) und die Kapitalverkehrsfreiheit (Art. 63ff. AEUV). Mittlerweile existiert eine Vielzahl von Richtlinien, die im Wesentlichen der Rechtsangleichung der Mitgliedsstaaten dienen. Insgesamt gibt es rund 50 Richtlinien, die den Versicherungssektor betreffen.[5] Einige davon haben freilich mittlerweile durch Konsolidierung (Zusammenfassung in einer einheitlichen jüngeren Richtlinie) ihre eigenständige Bedeutung verloren. Die wichtigsten Richtlinien werden traditionell in **drei Richtliniengenerationen** unterteilt, wobei diese Abschichtung sich infolge der jüngsten Entwicklungen schwerlich in die Zukunft wird fortschreiben lassen. Insbesondere werden mit dem Projekt **„Solvency II"** (s. dazu Rn. 2022ff.) die bisherigen Richtlinien zum Versicherungsrecht weitgehend in einer einzigen Richtlinie zusammengefasst.[6]

2018 Mit der **ersten Generation** wurde eine Teilharmonisierung des Versicherungsaufsichtsrechts bewirkt. Danach durfte die Zulassung zum Geschäftsbetrieb nicht mehr von Marktbedürfnissen abhängig gemacht werden und die Gründung von Zweigniederlassungen in anderen Mitgliedsstaaten wurde vereinfacht. Die Rechts- und Finanzaufsicht hingegen verblieb im Tätigkeitsland.

2019 Die **zweite Generation** zielte auf die Ermöglichung der Dienstleistungsfreiheit der Versicherer. So wurde durch die **zweite Richtlinie Schaden** (88/357/EWG) die grenzüberschreitende Versicherung von Großrisiken ermöglicht. Daneben wurden das Kollisionsrecht vereinheitlicht und das Zulassungserfordernis für AVB und Tarife für Lebensversicherungsverträge, die auf Initiative des Versicherungsnehmers mit einem Versicherer in einem anderen Mitgliedsstaat geschlossen wurden, gelockert.

2020 Die **dritte Generation** brachte die Harmonisierungsbestrebungen noch einmal einen wesentlichen Schritt weiter. Die Dienstleistungsfreiheit wurde mit

4 Näher *Armbrüster*, VersR 2006, 1, 10ff.
5 Überblick bei VersRHdb./*Mönnich*, § 2 Rn. 17ff.
6 Überblick bei *Bürkle*, in: Fahr/Kaulbach/Bähr/Pohlmann, VAG, S. 919ff.

Einführung des Herkunftslandsprinzips verwirklicht, nachdem nunmehr eine einzige Zulassung durch die Aufsichtsbehörde des Heimatstaates (*single licence*) genügt. Zugleich fiel das die Zustimmungserfordernis für AVB und Tarife durch die Aufsichtsbehörde für die meisten Versicherungszweige weg.

Eine Sondermaterie, die enge Bezüge zum Versicherungsaufsichtsrecht hat, 2021
stellt das **Versicherungsinsolvenzrecht** dar. Hierzu enthält eine eigene Richtlinie[7] bestimmte Vorgaben, die insbesondere dem Schutz der Versicherten dienen. Art. 10 dieser Richtlinie verpflichtet die Mitgliedstaaten zur Bevorrechtigung von Versicherungsforderungen im Insolvenzfall und eröffnet ihnen dabei die Wahl zwischen einer absoluten und einer eingeschränkten Bevorrechtigung. Im letztgenannten Fall kommt zusätzlich Art. 12 zum Tragen, der eine Deckung der bevorrechtigten Forderungen durch Vermögenswerte vorsieht. Damit sind für den Fall der Insolvenz des Versicherers die Ansprüche der Versicherten gegenüber anderen Insolvenzgläubigern in weitem Umfang bevorrechtigt. Jene Vorgaben sind im VAG umgesetzt worden. § 66 VAG schreibt die Bildung eines Sicherungsvermögens durch Eintragung in ein Vermögensverzeichnis vor. Nach § 77a VAG sind im Insolvenzfall die Versicherten vorrangig vor allen Insolvenzgläubigern zu befriedigen (absoluter Schutz). Deutschland hat die Richtlinie freilich verspätet umgesetzt, so dass für den Fall zwischenzeitlicher Insolvenzen Amtshaftungsansprüche Geschädigter nach § 839 BGB i.V. mit Art. 34 GG in Betracht kommen.

B. Weitere Harmonisierungsbestrebungen

Das Versicherungsaufsichtsrecht ist auch nach der weit reichenden Deregulie- 2022
rung von 1994 im Blickfeld des **europäischen Richtliniengebers**. Von besonderer Bedeutung sind die Anforderungen an die Solvabilität, also an die finanzielle Leistungsfähigkeit der Versicherungsunternehmen. Ziel der unter dem Schlagwort „**Solvency II**" betriebenen Koordinierung auf europäischer Ebene ist es, einheitliche Rahmenregeln für die Eigenkapitalausstattung von Versicherungsunternehmen im Binnenmarkt zu schaffen. Dieses Projekt orientiert sich teils an den im Bankensektor geschaffenen Regeln („Basel II", „Basel III").

Die **Solvency II-Richtlinie**[8] sieht für das Versicherungsaufsichtsrecht große 2023
Veränderungen vor. Diese Neuerungen lassen sich in drei Bereiche („Säulen") einteilen. **Säule I** beinhaltet vor allem Regeln, die eine ausreichende Absicherung der Versicherungsunternehmen mit Eigenmitteln gewährleisten sollen. Dabei geht es um quantitative Vorgaben.[9] **Säule II** betrifft die Einführung eines Risikomanagementsystems, wodurch die Verwaltung der übernommenen Risiken optimiert werden soll. Diese Säule betrifft qualitative Vorgaben. Schließlich

7 Richtlinie 2001/17/EG, ABl. EG Nr. L 100, S. 28ff.
8 2009/138/EG, ABl. EU 2009 Nr. L 335/1.
9 Eingehend *Dreher*, ZVersWiss 2012, 381ff.

enthält **Säule III** Regeln zur Berichterstattungspflicht der Versicherungsunternehmen. Hier geht es mithin um Transparenz, und zwar sowohl innerhalb des Unternehmens als auch im Außenverhältnis zur Aufsicht und zu Dritten.

2024 Die **Umsetzung** der Solvency II-Richtlinie ins deutsche Recht, deren Termin immer wieder hinausgeschoben worden ist, soll durch das X. Änderungsgesetz zum VAG erfolgen, zu dem bereits ein **Regierungsentwurf**[10] vorliegt. Allerdings ist der europarechtlich vorzusehende Stichtag für den Ablauf der Umsetzungsfrist ins mitgliedstaatliche Recht mehrfach verschoben worden, da sich die Beratungen im sog. Trilog zwischen EU-Kommission, Parlament und Rat länger als geplant hinziehen; umstritten sind insbesondere die erhöhten Kapitalanforderungen für die Lebensversicherung. Nach einer auf einem Kommissionsvorschlag vom 16.5.2012 beruhenden neuen EU-Richtlinie[11] sollte die Umsetzungsfrist statt am 31.10.2012 erst am 30.6.2013 ablaufen; als Geltungsbeginn für die Versicherungsunternehmen (sog. Scharfstellen der Neuregelungen) ist demnach der 1.1.2014 vorgesehen. Freilich wird bereits über eine erneute Verschiebung auf 2017 diskutiert. Die Aufsichtsbehörde EIOPA (s. Rn. 2025) hat Interimsmaßnahmen vorgeschlagen.[12] Zudem sind bereits weitere Änderungen der Solvency II-Richtlinie auf europäischer Ebene infolge der sog. **Omnibus-Richtlinie**[13] absehbar; diese werden ihrerseits zu erneuten Novellierungen des VAG führen.

2025 Im Zuge der neuen europäischen Finanzmarktaufsicht ist auch eine Aufsichtsbehörde auf EU-Ebene geschaffen worden (**European Insurance and Occupational Pensions Authority; EIOPA**; s. Rn. 132f.).[14] Für die Umsetzung der aufsichtsrechtlichen Vorgaben gegenüber den Versicherungsunternehmen bleiben freilich weiterhin die mitgliedstaatlichen Aufsichtsbehörden zuständig. Mithin erfolgt die Überwachung in Deutschland weiterhin durch die BaFin, gegen deren Verwaltungsakte der Rechtsweg zu den innerstaatlichen Verwaltungsgerichten eröffnet ist.

2026 Neben den europäischen Bestrebungen ist, was das Aufsichtsrecht anbelangt, auch die **weltweite Entwicklung** der Regulierung auf dem Finanzdienstleistungssektor im Blick zu behalten (z.B. weitere Initiativen des Financial Stability Board).

---

10 BT-Drucks. 17/9342.

11 2012/23/EU, ABl. EU 2012 Nr. L 249/1.

12 Opinion on interim measures regarding Solvency II v. 20.12.2012, EIOPA – 12 – 388.

13 KOM(2011) 8, ABl. EU 2011 C 94/8.

14 Zu Aufgaben und Organisation der EIOPA s. *Goldmann/Purnhagen*, VersR 2012, 29ff.; zu den Einzelheiten der EIOPA-Verordnung s. *Sasserath-Alberti/Hartig*, VersR 2012, 524ff.

§ 42 Versicherungsvermittlerrecht

Zum durch die Vermittlerrichtlinie von 2002 erreichten Harmonisierungsstand s. Rn. 636ff. Derzeit wird auf europäischer Ebene an einer **Novelle der Vermittlerrichtlinie** gearbeitet. Diese Arbeiten sind unter dem **Schlagwort „IMD2“** (Insurance Mediation Directive 2) bekannt. Am 3.7.2012 hat die Kommission den Entwurf einer Neufassung der Richtlinie verabschiedet.[15] Dieser Entwurf orientiert sich an der gleichfalls geplanten Neufassung der Finanzmarktrichtlinie[16]. Im Kern geht es dabei darum, **gleiche Wettbewerbsbedingungen** für alle am Vertrieb von Versicherungsdienstleistungen beteiligten Marktakteure zu schaffen und den **Schutz der Versicherungsnehmer** zu verbessern. So soll der Geltungsbereich der Richtlinie auf alle Vertriebskanäle einschließlich Erstversicherern und Autovermietern erstreckt werden. Zudem werden strengere Vorgaben für Interessenkonflikte sowie für die Sanktionen bei Verstößen vorgeschlagen. Die Angemessenheit und Objektivität der Beratung sollen verbessert werden. Überdies bezwecken es die Vorschläge zu gewährleisten, dass die berufliche Qualifikation der Vertreiber der Komplexität des Versicherungsprodukts entspricht. 2027

§ 43 Materielles Versicherungsvertragsrecht

Literatur

Armbrüster, Das Versicherungsrecht im Common Frame of Reference, ZEuP 2008, 775; *Heiss*, Europäischer Versicherungsvertrag, VersR 2005, 1; *ders.*, The Common Frame of Reference (CFR) of European Insurance Contract Law, in: R. Schulze (Hrsg.), Common Frame of Reference and Existing EC Contract Law, 2008, S. 229; *Reichert-Facilides*, Verbraucherschutz – Versicherungsnehmerschutz: Überlegungen im Blick auf das Projekt: „Restatement des Europäischen Versicherungsvertragsrechts“, in: FS Mayrhofer, 2002, S. 179.

A. Erreichter Harmonisierungsstand

Das materielle Versicherungsvertragsrecht (Gegenbegriff: Kollisionsrecht, s. dazu Rn. 2040ff.) ist bislang lediglich punktuell harmonisiert worden. Harmonisierungsbestrebungen finden sich in verschiedenen Richtlinien, die nur bestimmte Versicherungssparten betreffen. Materiell-rechtliche Vorgaben zum Vertragsrecht finden sich insbesondere in der konsolidierten **Lebensversicherungs-Richtlinie**[17], in der konsolidierten **Kfz-Haftpflichtversicherungs-** 2028

15 KOM(2012) 360 endg.; s. dazu *Krauel/Seitz*, VW 2012, 1612ff.

16 MiFID II, KOM(2011) 656 endg.

17 2002/83/EG, ABl. EG 2020 L 345/1.

Richtlinie[18] sowie in der **Rechtsschutzversicherungs-Richtlinie**[19]. Die Harmonisierung des Kfz-Haftpflichtversicherungsrechts ist dabei vergleichsweise am weitesten vorangeschritten. Auch in aufsichtsrechtlichen Richtlinien sind bisweilen Vorgaben enthalten, die im Vertragsrecht umgesetzt worden sind.

2029 Auch die **EG-Vermittlerrichtlinie**[20] (s. Rn. 636) hat im Zuge der Umsetzung ihren Niederschlag im VVG gefunden. Letztere sieht neben Beratungs- und Informationspflichten des Versicherungsvermittlers eine Reihe von Berufsausübungsvoraussetzungen vor (s. dazu Rn. 637ff.). Derzeit ist unter dem Schlagwort „IMD2" eine Novellierung der Richtlinie geplant (s. Rn. 2027).

2030 Von großer Bedeutung für Versicherungsverträge ist zudem eine Reihe von Richtlinien, die sich umfassender, d.h. nicht allein auf Versicherungsverträge bezogen, mit **Schuldverträgen** befassen. Zu nennen sind insbesondere die Fernabsatzrichtlinie (vgl. § 8f. VVG und dazu Rn. 875ff.), die E-commerce-Richtlinie, die Haustürwiderrufsrichtlinie und die Verbraucherkreditrichtlinie (vgl. §§ 491ff. BGB und dazu Rn. 451ff.). Sub specie der Einflüsse europäischen Rechts auf das deutsche Recht sind die Auswirkungen der Richtlinie über missbräuchliche Klauseln in Verbraucherverträgen (Klauselrichtlinie; vgl. §§ 305ff. BGB und dazu Rn. 466ff.) insofern begrenzt, als ihre Vorgaben weitgehende Parallelen zu dem früheren AGBG aufweisen, das im Zuge der Schuldrechtsmodernisierung 2002 in die §§ 305ff. BGB überführt worden ist. Die auf Versicherungsverträge bezogenen Vorschriften der §§ 19 Abs. 1 Nr. 2, 20 Abs. 2 AGG dienen der Umsetzung der **Antirassismus-Richtlinie** und der **Gender-Richtlinie** (s. dazu Rn. 575, 581ff.). Die **Verbraucherrechte-Richtlinie** (s. Rn. 888) enthält eine Bereichsausnahme für Verträge über Finanzdienstleistungen, zu denen Versicherungen zählen.

2031 Sofern europäische Richtlinienvorgaben ins deutsche Recht umgesetzt worden sind, gilt für die deutschen Normen das **Gebot richtlinienkonformer Auslegung**. Dieses hat praktische Bedeutung etwa für die Anwendung von § 9 VVG (Rechtsfolgen eines Widerrufs; s. dazu Rn. 896ff.) sowie von § 5a VVG a.F. (s. dazu Rn. 861f.). Zudem kann es dann, wenn der deutsche Gesetzgeber die Umsetzungsfrist hat verstreichen lassen, ohne eine Richtlinie umzusetzen, zu einer unmittelbaren Geltung der Richtlinienvorgaben oder zu Amtshaftungsansprüchen (vgl. zum Versicherungs-Insolvenzrecht Rn. 2021) kommen.[21]

18 2009/103/EG, ABl. EG 2009 L 263/11.

19 87/344/EWG, ABl. EG 1987, L 185/77.

20 2002/92/EG; ABl. EG 2003 L 9/3.

21 S. nur *Haratsch/Koenig/Pechstein*, Europarecht, 8. Aufl. 2012 Rn. 387ff., 616ff. Zur Verjährung s. *Armbrüster/Kämmerer*, NJW 2009, 3601ff.

B. Weitere Harmonisierungsbestrebungen

I. Überblick

Mit der zunehmenden europäischen Integration kommen auch auf das Versicherungsvertragsrecht neue Herausforderungen zu. Bereits die schon in Kraft getretenen europarechtlichen Regelungen haben im VVG tiefe Spuren hinterlassen (s. Rn. 2028ff.). Aus jüngerer Zeit verdienen zwei Entwicklungen besonderes Augenmerk: Zum einen die Bestrebungen zur Schaffung eines einheitlichen, von den Parteien wählbaren **europäischen Versicherungsvertragsrechts**, zum anderen die in den **Antidiskriminierungsrichtlinien** angelegte Tendenz zur Beschränkung der Bedingungs- und Tarifgestaltungsfreiheit. Zu dem ersten Thema liegt mittlerweile ein von Rechtswissenschaftlern erarbeitetes Regelwerk in Gestalt der **„Principles of European Insurance Contract Law“** (im Folgenden: **PEICL**) vor, das künftig als sog. Optionales Instrument den Parteien eine Alternative zu dem durch das Kollisionsrecht berufenen materiellen Versicherungsvertragsrecht bieten soll (s. sogleich Rn. 2033ff.). Zum Antidiskriminierungsrecht ist eine weitere, auch den Versicherungssektor betreffende Richtlinie geplant (s. dazu Rn. 2037ff.) 2032

II. Principles of European Insurance Contract Law (PEICL)

Ende 2007 ist der Öffentlichkeit ein erster Entwurf der PEICL vorgestellt worden.[22] Mit diesem Regelwerk wird an ein Vorhaben angeknüpft, das bereits früher die damalige EG beschäftigt hat: die Schaffung eines gemeineuropäischen Versicherungsvertragsrechts. Hierzu hatte die Kommission im Jahre 1979 einen Richtlinienvorschlag vorgelegt.[23] Darin waren insbesondere Regelungen zum Versicherungsschein, zu Anzeigeobliegenheiten, Risikoverminderung, Prämienverzug, zum Verhalten bei Eintritt des Versicherungsfalls und zur Vertragsbeendigung enthalten. Anschließend hat die Kommission dieses Vorhaben jedoch nicht weiterverfolgt, sondern sich auf die **Angleichung des Kollisionsrechts** sowie des Aufsichtsrechts konzentriert. Maßgeblich für diesen Kurswechsel war der Befund, dass einem gemeineuropäischen Versicherungsvertragsrecht seinerzeit angesichts der in den Mitgliedstaaten bestehenden Unterschiede und der fehlenden Harmonisierung des allgemeinen Vertragsrechts, des Haftungs- und des Regressrechts kaum Realisierungschancen eingeräumt wurden. Zudem hat der EuGH im Jahr 1986 entschieden, das die europäische Dienstleistungsfreiheit ein grenzüberschreitendes Angebot von Versicherungsleistungen ermöglicht, auch ohne dass das Vertragsrecht angegli- 2033

---

22 Abrufbar unter http://www.restatement.info.Näher *Armbrüster*, ZEuP 2008, 775ff.; s. auch *Fricke*, VersR 2008, 443, 453.

23 Vorschlag für eine Richtlinie des Rates zur Koordinierung der Rechts- und Verwaltungsvorschriften betreffend die Aufnahme und Ausübung der Tätigkeit der Direktversicherung vom 10.7.1979, ABl. EG Nr. C 190, S. 2.

chen ist. In jüngerer Zeit ist jedoch eine erneute Hinwendung der europäischen Rechtsetzungsorgane zum **Versicherungsvertragsrecht** zu verzeichnen. So hat die Kommission im Januar 2013 beschlossen, eine **Expertengruppe** einzusetzen.[24] Sie soll ausweislich des Erwägungsgrunds 7 des Beschlusses der Frage nachgehen, ob die Unterschiede im Versicherungsvertragsrecht der Mitgliedstaaten grenzübergreifende Versicherungsgeschäfte erschweren und wenn ja, welche Produkte davon betroffen sind, etwa bestimmte Lebensversicherungsprodukte, die der privaten Altersvorsorge dienen könnten.

2034 Der jetzt als ein mögliches künftiges Kapitel des breiter angelegten, das gesamte Schuldvertragsrecht erfassenden *Draft Common Frame of Reference (DCFR)* vorgelegte **Entwurf der PEICL** unternimmt es aufs Neue, europaweit einheitliche Vorschriften für das materielle Versicherungsrecht aufzustellen. Dabei geht es freilich nicht mehr um eine von den Mitgliedstaaten umzusetzende Richtlinie und auch nicht um ein reines Restatement im Sinne einer systematisierenden Zusammenstellung geltenden Rechts. Vielmehr handelt es sich um ein sog. **Optionales Instrument**, dessen Geltung sich die Parteien künftig durch Vereinbarung anstelle des ansonsten auf den Vertrag anwendbaren mitgliedstaatlichen Versicherungsvertragsrechts sollen unterwerfen können (opt in; s. dazu auch Erwägungsgrund 16 der Rom I-VO). Dabei soll es allein möglich sein, die PEICL im Ganzen anstelle des Gesetzesrechts zu wählen, was zur Vermeidung von Rechtszersplitterung und eines „Rosinenpickens" sinnvoll ist. Zudem werden durch die Wahl der PEICL neben den dispositiven auch die halbzwingenden und zwingenden Normen des anderenfalls berufenen Gesetzesrechts verdrängt. Freilich ist dies im Hinblick darauf hinnehmbar, als sich die unabdingbaren Regeln in ähnlicher Gestalt auch in den PEICL wiederfinden. Dies ist hinsichtlich solcher Vorschriften, die auf europäischen Richtlinienvorgaben beruhen, schon deshalb erforderlich, weil auch die PEICL richtlinienkonform sein müssen. Die den Parteien mit den PEICL eingeräumte Möglichkeit zur „Abwahl" des mitgliedstaatlichen Vertragsrechts ist bislang Zukunftsmusik, da es sich um den Entwurf einer privaten Arbeitsgruppe handelt. Eine das ansonsten geltende Recht vollständig verdrängende Wahl der PEICL müsste zunächst durch den **europäischen Gesetzgeber** zugelassen werden, was derzeit – noch – nicht auf der Agenda steht. Unabhängig davon ist die Diskussion um ein europäisches Versicherungsvertragsrecht[25] – das mit zunehmender Marktintegration für die Assekuranz mancherlei Vorteile bieten könnte – durch die PEICL bereits jetzt auf eine neue und konkrete Grundlage gestellt worden.

---

24 Beschluss der Kommission vom 17.1.2013 zur Einsetzung einer Expertengruppe der Kommission für europäisches Versicherungsvertragsrecht, ABl. EU 2013 Nr. C 16 S. 6.

25 S. dazu *Heiss*, VersR 2005, 1 ff.; *Weber-Rey*, in: S. Vogenauer/S. Weatherill (Hrsg.), The Harmonisation of European Contract Law. Implications for European Private Laws, Business and Legal Practice, 2006, S. 207 ff.

Die PEICL füllen das Kapitel des DCFR zum Versicherungsvertrag mit Leben, das bereits in einer Mitteilung der Europäischen Kommission von 2004[26] vorgesehen war. Untersucht man die Regelungen im **Vergleich zum VVG**, so ergibt sich folgender Befund: Viele Normen der PEICL sind dem deutschen Rechtsanwender im Grundsatz bekannt, etwa zur vorvertraglichen Informationspflicht des Versicherers, zur vorvertragliche Anzeigepflicht des Versicherungsnehmers oder zu den Folgen einer Gefahrerhöhung. Zu zahlreichen weiteren Themen verfolgen die PEICL den übergreifenden Ansatz, nicht einen bestimmten Vertragsinhalt bindend vorzugeben, sondern an getroffene Vereinbarungen der Parteien anzuknüpfen und lediglich der **privatautonomen Gestaltungsfreiheit** gewisse inhaltliche Grenzen zu setzen. Allerdings lässt sich auch eine Tendenz feststellen, davon abweichend die Vertragsgestaltungsfreiheit einzuschränken. Dies erscheint nicht immer durch ein Schutzbedürfnis gerechtfertigt. So wird die Vertragslaufzeit grundsätzlich auf ein Jahr fixiert, wobei sowohl Verkürzungen als auch Verlängerungen einer objektiv nachprüfbaren materiellen Rechtfertigung bedürfen sollen. Zudem dürfte die Kunstfigur eines „verständigen Versicherers“ anstelle des konkreten Vertragsbeteiligten zu einer Entfernung vom wirklichen Parteiwillen führen. Bedenklich erscheint auch die **Verhandlungslösung**, wonach die Vertragsparteien dann, wenn regelungsbedürftige Fragen auftauchen, eine Verständigung suchen sollen, und bei deren Misslingen der Vertrag beendet wird. Diese führt zu erheblichem Zeit- und Kostenaufwand und läuft dem Standardisierungsbedarf im Versicherungswesen (s. Rn. 112) zuwider. 2035

Die PEICL sind in stärkerem Maße auf die Akzeptanz durch beide Vertragsparteien angewiesen als dies bei konventionellen Gesetzen der Fall ist, deren Anwendbarkeit nur in begrenztem Umfang von einer Rechtswahl abhängt (s. insbesondere Rn. 2058). Aus deutscher Sicht erscheint es im Vergleich zum VVG geboten, die **Regelungsdichte** deutlich zu erhöhen. So vermisst man in den PEICL bislang Regelungen über die Beratungspflicht des Versicherers während der Vertragslaufzeit (vgl. § 6 Abs. 4 VVG und dazu Rn. 755). Zudem werden etwa folgende Fragen bislang nicht thematisiert: Wem steht bei der Versicherung für fremde Rechnung (s. dazu für das deutsche Recht Rn. 1595ff.) der Versicherungsschein zu und welche Bedeutung hat sein Besitz (vgl. § 44 Abs. 1 S. 2, Abs. 2, § 45 Abs. 2 VVG)? Wer trägt angefallene Schadensermittlungskosten (vgl. § 85 VVG)? Welche Wirkungen hat eine Wiederherstellungsklausel und wie werden Grundpfandgläubiger bei ihr geschützt (vgl. §§ 93f. VVG)? Überdies sollten in einem neuartigen gemeineuropäischen Regelungswerk auch solche Fragen, die in den mitgliedstaatlichen Rechtsordnungen einer Beantwortung durch die **Rechtsprechung** überlassen werden können, nach Möglichkeit geklärt werden. Ein Beispiel bietet der für die Auslegung von AVB geltende 2036

26 Mitteilung der Kommission an das Europäische Parlament und den Rat, Europäisches Vertragsrecht und Überarbeitung des gemeinschaftlichen Besitzstands – weiteres Vorgehen, KOM (2004) 651 endg., Nr. 3.1.3.

Maßstab. Gerade ein Optionales Instrument, das europaweit einsetzbar sein soll, muss in der Praxis **rechtssicher** handhabbar sein. Die in den Mitgliedstaaten bereits bestehenden Versicherungsvertragsrechte haben insofern einen Vorsprung, da sie durch die Rechtsprechung schon weitgehend konturiert sind.

III. Gleichbehandlungsrecht

2037 Eine weitere europäische Entwicklung mit Auswirkungen auf das Versicherungsvertragsrecht wirkt sich bereits heute konkret auf die Praxis der Versicherungswirtschaft aus; die Rede ist vom europäischen **Gleichbehandlungsrecht** (auch Antidiskriminierungsrecht genannt). Dieses hatte ursprünglich vor allem das Arbeitsrecht im Visier; es wird mittlerweile aber auch mehr und mehr für Versicherungsverträge bedeutsam (s. im Kontext der Einschränkungen der Privatautonomie Rn. 573ff.). Unter den bereits in Kraft getretenen vier Richtlinien enthält die **Gender-Richtlinie** weit reichende Vorgaben zur Gleichbehandlung aufgrund des Geschlechts. Die Grundtendenz der Richtlinie geht dahin, das Merkmal Geschlecht aus der Bedingungs- und Tarifgestaltung völlig auszuklammern. Damit ist für das deutsche Recht ein grundlegender Paradigmenwechsel verbunden (s. Rn. 582). Dass die seit dem Ende des Umsetzungszeitraums der Richtlinie geschlossenen geschlechtsdifferenzierende Verträge nicht europarechtswidrig sind, ist allein dem Umstand zu verdanken, dass Deutschland von der in Art. 5 Abs. 2 der Richtlinie vorgesehenen Kompetenzzuweisung Gebrauch gemacht hat. Demnach sind die Mitgliedstaaten zu einer **abweichenden Regelung** befugt, die durch „relevante und genaue versicherungsmathematische und statistische Daten" gerechtfertigte Differenzierungen weiterhin zulässt. Diese Richtlinienbestimmung hat der EuGH freilich in seinem Unisex-Urteil für **europarechtswidrig** erachtet. Die ab dem Stichtag 21.12.2012 neu abgeschlossenen Verträge dürfen demnach keine geschlechtsbezogenen Unterschiede mehr vorsehen (s. Rn. 582).

2038 Weiter reichende Auswirkungen sind für das Vertragsrecht zu erwarten, falls der inzwischen vorliegende **Entwurf einer fünften Richtlinie**[27] in Kraft tritt. Er sieht unter anderem eine Erstreckung der Diskriminierungsmerkmale **Alter** und **Behinderung** auf Versicherungsverträge vor. Zwar kennt das deutsche Recht in § 20 Abs. 2 S. 2 AGG bereits ein auf diese Merkmale bezogenes grundsätzliches Differenzierungsverbot; insoweit waren die Gender- und die Antirassismus-Richtlinie im Jahr 2006 überschießend umgesetzt worden (s. Rn. 577). Dieses Verbot lässt freilich eine Rechtfertigung von Ungleichbehandlungen bereits dann zu, wenn sie nach den anerkannten Prinzipien risikoadäquater Kalkulation begründet sind. Damit eröffnet der deutsche Gesetzgeber Differenzierungsmöglichkeiten auch dort, wo Statistiken (noch) fehlen. Er sichert damit die bewährten Grundsätze für die Bedingungs- und Tarifgestaltung, die insbesondere die Nutzbarmachung medizinischen Erfahrungswissens einschließen.

---

27 KOM(2008) 426 endg. vom 2.7.2008, ABl. EU 2009 C 303/8.

Dies entspricht dem für die Privatversicherung konstitutiven **Gebot risikoadäquater Differenzierung**; das Geschäftsmodell der Versicherung ist auf Ungleichbehandlungen geradezu angelegt, um einen gerechten Risikoausgleich innerhalb des Kollektivs zu erreichen (s. Rn. 576).

Der inzwischen vom Europäischen Parlament mit denkbar knapper Mehrheit (299:298 Stimmen) vorläufig angenommene modifizierte Art. 2 Abs. 7 des Richtlinienentwurfs führt **medizinisches Wissen** nunmehr als taugliche Grundlage zur Rechtfertigung von Differenzierungen auf.[28] Die näheren Anforderungen an eine solche Rechtfertigung sind noch unklar. Dasselbe gilt hinsichtlich der Frage, inwieweit sich ein Rechtfertigungstatbestand an den Anforderungen messen lassen muss, die der EuGH in seinem Unisex-Urteil für das Merkmal Geschlecht aufgestellt hat. Bei den Merkmalen Alter und Behinderung erscheinen hier selbst von der rigiden Warte des EuGH größere Spielräume möglich. Freilich wird der Richtliniengeber seit dem Unisex-Urteil dann, wenn er den Mitgliedstaaten etwa aus Subsidiaritätserwägungen oder zwecks Erreichung der erforderlichen legislatorischen Mehrheiten Regelungsspielräume belässt, vermehrt damit rechnen müssen, dass diese vor dem EuGH keinen Bestand haben könnten. Würde man bei der Einschränkung von Differenzierungsmöglichkeiten den Bogen überspannen, so wäre dies – ganz entgegen der mit der Marktöffnung von 1994 bezweckten Produktvielfalt – ein letztlich für alle Beteiligten nachteiliger Schritt hin zu einer vom Grundsatz der risikoadäquaten Bedingungs- und Prämiengestaltung weitgehend losgelösten europäischen Einheitsversicherung. 2039

§ 44 Internationales Versicherungsvertragsrecht

Literatur

Armbrüster, Das IPR der Versicherungsverträge in der Rom I-Verordnung, in: FS von Hoffmann, 2011, S. 23; *Katschthaler/Leichsenring*, Neues internationales Versicherungsvertragsrecht nach der Rom-I-Verordnung, r+s 2010, 45; *Koch*, Kollisions- und versicherungsvertragsrechtliche Probleme bei internationalen D&O-Haftungsfällen, VersR 2009, 141; *Looschelders*, Grundfragen des deutschen und internationalen Rückversicherungsvertragsrechts, VersR 2012, 1; *Looschelders/Smarowos*, Das Internationale Versicherungsvertragsrecht nach Inkrafttreten der Rom-I-Verordnung, VersR 2010, 1.

A. Erreichter Harmonisierungsstand

S. zunächst Rn. 59f. Das Internationale Privatrecht (Kollisionsrecht) der Versicherungsverträge ist durch die Rom I-VO für nach dem 17.12.2009 geschlossene Versicherungsverträge weitgehend neu gestaltet worden. Dieses Rechtsgebiet war bei der auf dem Römische Schuldvertragsübereinkommen von 1980 beruhenden IPR-Reform von 1986 gem. Art. 37 Nr. 4 EGBGB a.F. teilweise 2040

28 Resolution v. 2.4.2009; TA-0211/2009, ABl. EU 2010 C 137 E/68.

vom Anwendungsbereich der Art. 27ff. EGBGB a.F. ausgenommen worden. Grund dafür war, dass in diesem Bereich eine **europäische Rechtsangleichung** erwartet wurde.[29]

2041 Diese Angleichung hat inzwischen in mehreren Schritten stattgefunden. Zunächst schuf die **2. Richtlinie Schadensversicherung**[30] Vorgaben zum Kollisionsrecht der Versicherungsverträge, die durch die Art. 7–14 EGVVG a.F. mit Wirkung vom 1.7.1990 ins deutsche Recht umgesetzt worden sind. In einem weiteren Schritt wurden sodann zum 29.7.1994 die kollisionsrechtlichen Vorgaben der **2. Richtlinie Lebensversicherung**[31] sowie der **3. Richtlinie Schadensversicherung**[32] in den bis zum 16.12.2009 geltenden Art. 7–15 n.F. EGVVG umgesetzt. Jenes Reglement folgt einem grundsätzlich anderen Regelungsansatz als das Römische Schuldvertragsübereinkommen, indem es nicht die Rechtswahlfreiheit in den Mittelpunkt stellt, sondern objektive Anknüpfungen, und der privatautonomen Gestaltungsfreiheit nur einen sehr begrenzten Anwendungsbereich eröffnet. Die Kollisionsregeln der Art. 7ff. EGVVG und das ihnen zugrunde liegende Richtlinienrecht waren intensiver rechtspolitischer Kritik ausgesetzt.[33] Zu Recht wurde insbesondere beklagt, dass das Regelwerk viel komplizierter als die für andere Vertragsarten geltenden Art. 27ff. EGBGB a.F. ausgestaltet war. Zugleich drängte es die Rechtswahlfreiheit in einem weitergehenden Maße zurück, als die berechtigten Schutzinteressen des Versicherungsnehmers dies geboten. Einigkeit bestand darüber, dass die Aufspaltung in zwei inhaltlich unterschiedliche Regelwerke unbefriedigend war.

2042 Durch die **Rom I-VO** ist das IPR der Versicherungsverträge weitgehend neu gestaltet worden.[34] Im Kommissionsentwurf zu der Verordnung war das Versicherungskollisionsrecht noch nicht enthalten; es wurde letztlich aber doch noch in die Rom I-VO aufgenommen. Damit sollten die Probleme behoben werden, die aufgrund der unvollständigen und auch inhaltlich als unzulänglich erachteten Kollisionsregeln im europäischen Richtlinienrecht entstanden waren. Sedes materiae ist insbesondere **Art. 7 Rom I-VO**. Freilich wäre es verfehlt anzunehmen, dass – wie es die Überschrift jener Regelung suggeriert – die Anknüpfung von Versicherungsverträgen in jenem Artikel abschließend geregelt wäre. Vielmehr ist die Vorschrift allein auf Direktversicherungsverträge (Erstversicherungsverträge, im Gegensatz zu Rückversicherungsverträgen) anwendbar. Zudem müssen diese Verträge sich auf ein innerhalb des EWR belegenes Risiko beziehen.

2043 Dies bedeutet, dass nunmehr zwar alle Versicherungsverträge durch die Rom I-VO erfasst und geregelt werden, dass dies freilich in unterschiedlicher Weise

29 *Guiliano/Lagarde* ABl. EG 1980 C 282/13.
30 88/357/EWG; ABl. EG 1988 L 172/2.
31 90/619/EWG; ABl. EG L 350/50.
32 92/49/EWG; ABl. EG L 228/1.
33 Eingehend *Heiss*, ZVersWiss 2007, 503, 506ff., mit eigenem Reformvorschlag S. 526ff.; s. bereits *Basedow/Drasch*, NJW 1991, 794.
34 Zum Folgenden s. bereits *Armbrüster*, in: FS von Hoffmann, 2011, S. 23ff.; eingehend VersRHdb./*W.-H.Roth*, § 4 Rn. 1ff.

geschieht: **Art. 7 Rom I-VO** gilt im Bereich der sog. Massenrisiken allein für Direktversicherungsverträge über innerhalb des EWR belegene Risiken, während für sämtliche Rückversicherungsverträge sowie für Direktversicherungsverträge über außerhalb des EWR belegene Risiken die allgemeinen Anknüpfungsregeln der **Art. 3ff. Rom I-VO** eingreifen. Wenn in diesem Kontext auf den EWR und nicht auf die EU abgehoben wird, so hat dies folgenden Grund: Entgegen dem Wortlaut von Art. 1 Abs. 4 S. 2 Rom I-VO werden nicht allein die EU-Mitgliedstaaten, sondern darüber hinaus auch die weiteren EWR-Staaten durch Art. 7 der Rom I-VO erfasst. Dies folgt aus Art. 4 EWR-Abkommen. Die in der Ausgrenzung jener Staaten (konkret: Island, Liechtenstein, Norwegen) aus den für die Mitgliedstaaten geltenden Regeln liegende Diskriminierung ist durch eine Behandlung dieser Staaten als Mitgliedstaaten im Rahmen von Art. 7 Rom I-VO zu beseitigen.[35] Eine zwingende Geltung der Anknüpfungsregeln des Art. 7 Rom I-VO auch für Mitgliedstaaten, die nicht der Rom I-VO unterliegen, schreibt im Übrigen nunmehr Art. 178 der Solvency II-Richtlinie[36] vor.

Inhaltlich wird mit der Aufspaltung in zwei verschiedene Anknüpfungsre- 2044
gime die aus dem Dualismus von Richtlinienrecht und Römischem Schuldvertragsübereinkommen bekannte **Differenzierung der Regelungskonzeptionen** fortgeführt: Die allgemeinen Anknüpfungsregeln der Art. 3ff. Rom I-VO gewähren eine weit reichende Rechtswahlfreiheit, kombiniert mit einer unter bestimmten Voraussetzungen (s. insbesondere Art. 6 Rom I-VO[37]) eingreifenden zwingenden Anknüpfung an das „Heimatrecht" des Versicherungsnehmers. Demgegenüber führt Art. 7 Rom I-VO die insoweit restriktivere Linie des Richtlinienrechts fort, indem die Rechtswahl von vornherein nur in ganz bestimmten Fällen eröffnet wird. Beide Regelungsansätze verfolgen zwar übereinstimmend das Ziel, die berechtigten Schutzinteressen des Versicherungsnehmers zu wahren; dies geschieht freilich auf unterschiedlichem Wege. Jene Fortschreibung der hergebrachten Differenzierung ist unbefriedigend. Dasselbe gilt für den Umstand, dass für innerhalb und außerhalb des EWR belegene Risiken unterschiedliche Anknüpfungsregeln eingreifen sollen. Bisweilen ist es unternommen worden, bereits de lege lata jene Aufspaltung zu korrigieren, indem die Beschränkung von Art. 7 Abs. 1, 3 Rom I-VO auf innerhalb des EWR belegene Massenrisiken als Redaktionsversehen eingestuft wird.[38] Rechtspolitisch wäre eine derartige Korrektur sinnvoll, da für die Differenzierung in der Tat keinerlei sachlicher Grund erkennbar ist.[39] Indessen lässt sich der insoweit eindeutige Wortlaut von Art. 7 Abs. 1 Rom I-VO – der eben nicht von „Staat" spricht, sondern von „Mitgliedstaat", methodisch nicht allein im Hinblick auf

35 *Heiss*, in: FS Kropholler, 2008, S. 459, 462f.; *Looschelders/Smarowos*, VersR 2010, 1, 2.

36 Richtlinie 2009/138/EG, ABl. EG L 335/1.

37 Zur Reichweite des Art. 6 Rom I-VO bei Versicherungsverträgen s. *Böttger*, VersR 2012, 156ff.

38 So *Fricke*, VersR 2008, 443, 448.

39 *Perner*, IPRax 2009, 218, 222.

das rechtspolitisch erwünschte Ergebnis korrigieren. Mithin ist eine derartige Korrektur als Desiderat für die in Art. 27 Abs. 1 lit. a Rom I-VO ausdrücklich vorgesehene Revision der Neuregelung vorzumerken (s. Rn. 2068), während die gegenwärtige Rechtspraxis sich an der Differenzierung orientieren muss.[40]

2045 Mit Inkrafttreten der Rom I-VO ist das IPR der Versicherungsverträge um ein weiteres Reglement bereichert worden. Dabei lässt sich folgende **zeitliche Abgrenzung** vornehmen: Die Rom I-VO ist nach ihrem Art. 28 ausschließlich auf solche Verträge anzuwenden, die nach dem 17.12.2009 abgeschlossen worden sind. Eine Rückwirkung auf zuvor geschlossene Versicherungsverträge ist anders als in Art. 220 Abs. 1 EGBGB hinsichtlich der Geltung der Art. 7ff. EGVVG für vor deren Inkrafttreten zustande gekommene Verträge[41] nicht vorgesehen. Für zwischen dem 1.7.1990 und dem 17.12.2009 geschlossene Verträge gelten die Art. 7ff. EGVVG, seit dem 29.7.1994 in der mit Wirkung von diesem Tag modifizierten Fassung. Für Verträge, die bereits vor dem 1.7.1990 geschlossen worden sind und die innerhalb der seinerzeitigen EG-Mitgliedstaaten belegene Risiken betreffen, gilt nicht das EGBGB, sondern Gewohnheitsrecht. Dieses stellt die Parteiautonomie in den Mittelpunkt; maßgeblich ist in erster Linie eine Rechtswahl.[42] Haben die Parteien eine Rechtswahl auch nicht konkludent getroffen, so ist nach dem Gewohnheitsrecht das Betriebsstatut des Versicherers, also dessen Niederlassung im Zeitpunkt des Vertragsschlusses, maßgeblich.[43] Der Schutz des Versicherungsnehmers wurde nach diesem alten Reglement im Wesentlichen dadurch erzielt, dass ausländische Versicherer, die im Inland Geschäft zeichnen wollten, einer strengen aufsichtsrechtlichen Kontrolle durch das damalige Bundesaufsichtsamt für das Versicherungswesen unterlagen. Jene Kontrolle ist infolge der europäischen Liberalisierung der Versicherungsmärkte im Jahr 1994 weitgehend entfallen; im selben Zuge wurde das sodann in den Art. 7ff. EGVVG umgesetzte Richtlinienrecht eingeführt.

2046 Das **Versicherungsvertragsstatut** der Rom I-VO umfasst alle mit dem Versicherungsvertrag zusammenhängenden Fragen. Hinsichtlich des Zustandekommens und der Wirksamkeit des Vertrags folgt dies bereits aus der allgemeinen Regelung in Art. 10 Rom I-VO. Zudem sind die Regelbeispiele für den Umfang der Anknüpfung in Art. 12 Rom I-VO zu beachten. Für den Versicherungsvertrag bedeutsam sind hierunter insbesondere die verschiedenen Beendigungstatbestände (Art. 12 Abs. 1 lit. d Rom I-VO). Neben Anfechtung, Kündigung, Zeitablauf und Rücktritt sind hier namentlich die Widerrufsrechte zu nennen, etwa im deutschen Recht das voraussetzungslose allgemeine Widerrufsrecht nach § 8 Abs. 1 S. 1 VVG. Eine sehr vage Anordnung trifft Art. 12 Abs. 2 Rom I-VO, wonach im Hinblick auf die Vertragserfüllung das Recht des Staates, in dem die Erfüllung erfolgt, zu „berücksichtigen“ ist. Was damit ge-

40 In dieser Richtung jetzt auch *Rauscher/Fricke*, EuZPR/EuIPR, Band 4. 2011, Art. 7 Rom I-VO Rn. 16.

41 S. dazu Staudinger/*Armbrüster*, BGB, 2011, Anh zu Art. 7 Rom I-VO Rn 2f.

42 S. etwa BGHZ 9, 34, 37.

43 BGH IPRspr 1954/55 Nr. 32.

meint ist, gilt es in der Praxis noch auszuloten.[44] Für den Versicherungssektor wird man diese Regelung auch auf Obliegenheiten als Verhaltensregeln minderer Intensität zu beziehen haben.

Im Bereich der praktisch bedeutsamen Versicherung für fremde Rechnung 2047 (vgl. §§ 43ff. VVG) hat das Versicherungsvertragsstatut nur eine begrenzte Reichweite; es erstreckt sich lediglich auf das Rechtsverhältnis zwischen dem Versicherer und dem Versicherungsnehmer als seinem Vertragspartner. Demgegenüber ist das Verhältnis zwischen Versicherungsnehmer und Versichertem separat nach den dafür maßgeblichen Regeln anzuknüpfen, etwa Geschäftsbesorgung, Auftrag, Arbeitsvertrag, Miete oder Gesellschaft.[45] Der **gegenständliche Anwendungsbereich** des Versicherungsvertragsstatuts wird auch durch mehrere Regelungen der für außervertragliche Schuldverhältnisse geltenden Rom II-VO bestimmt. Nach Art. 19 jener Verordnung sind die Voraussetzungen und der Umfang einer Legalzession, wie sie im deutschen Recht § 86 VVG zugunsten des leistenden Versicherers anordnet, dem Versicherungsvertragsstatut unterworfen. Demgegenüber sieht Art. 18 Abs. 2 Rom II-VO hinsichtlich des Direktanspruchs des Geschädigten in der Haftpflichtversicherung (vgl. § 115 VVG) vor, dass ein solcher gegen den Versicherer geltend gemacht werden kann, wenn er nach dem Deliktsstatut oder nach dem Versicherungsvertragsstatut vorgesehen ist.

Grenzen des Versicherungsvertragsstatuts folgen zunächst aus den allgemei- 2048 nen Vorschriften. So gilt die Rom I-VO nach ihrem Art. 1 Abs. 2 lit. i generell nicht für Schuldverhältnisse aus vorvertraglichen Verhandlungen. Hintergrund dieser Regelung ist der Umstand, dass derartige Schuldverhältnisse vom Verordnungsgeber nicht als (quasi-)vertraglich, sondern als außervertraglich eingestuft und mithin durch Art. 1 Abs. 1, 2 Abs. 1, 12 Rom II-VO geregelt werden. Allerdings kommt es im Ergebnis gleichwohl regelmäßig zu einem **Gleichlauf mit der vertragsrechtlichen Anknüpfung**, da Art. 12 Rom II-VO das tatsächliche oder hypothetische Vertragsstatut für anwendbar erklärt. Dies ist namentlich im Hinblick auf die Verletzung schadensersatzbewehrter vorvertraglicher Beratungspflichten (vgl. § 6 Abs. 1, 5 VVG) bedeutsam; hier wäre eine unterschiedliche Anknüpfung gegenüber den nach Vertragsschluss eingreifenden Beratungspflichten (vgl. § 6 Abs. 4 VVG) misslich. Dasselbe gilt für die Verletzung sonstiger Pflichten im Stadium vor Vertragsschluss, wenn es anschließend zu einem solchen kommt. Demgegenüber hat die Frage für die Verletzung vorvertraglicher Informationspflichten des Versicherers (vgl. § 7 VVG sowie die VVG-InfoV) im Hinblick darauf keine wesentliche Bedeutung, dass die entscheidende Sanktion sich auf das Widerrufsrecht bezieht, dessen Frist dann nicht zu laufen beginnt (vgl. § 8 Abs. 2 Nr. 1 VVG). Wie bereits ausgeführt, zählen die Voraussetzungen des Widerrufsrechts gem. Art. 12 Abs. 1 lit. d Rom I-VO zum Versicherungsvertragsstatut.

---

44 S. dazu Staudinger/*Magnus*, BGB, 2011, Art. 12 Rom I-VO Rn. 91ff.

45 *Looschelders*, in: MünchKomm-VVG, Int. Versicherungsvertragsrecht Rn. 57.

2049 Weitere Einschränkungen des Versicherungsvertragsstatuts folgen aus den **allgemeinen Regeln** des Art. 1 Abs. 2 lit. a Rom I-VO (Rechts- und Geschäftsfähigkeit), lit. e (Schieds- und Gerichtsstandsvereinbarungen) sowie lit. g (Stellvertretung). Hinzu kommt die Ausnahme für Versicherungsverträge, die im Rahmen einer betrieblichen Altersversorgung mit außerhalb des EWR ansässigen Versicherern abgeschlossen werden (Art. 1 Abs. 2 lit. j Rom I-VO). Anstelle der Anknüpfungsregeln der Rom I-VO gelten insoweit die jeweiligen nationalen kollisionsrechtlichen Regeln des betreffenden Mitgliedstaates. Freilich ist der praktische Anwendungsbereich dieser Ausnahmeregelung im Hinblick darauf begrenzt, dass ein außerhalb des EWR ansässiger Versicherer regelmäßig einer Niederlassung innerhalb des EWR bedarf, um dort belegene Risiken zu versichern.[46] Kommt ein Versicherungsvertrag mit einer solchen Niederlassung zustande, greift aber das Kollisionsrecht der Rom I-VO ein.

2050 Wie bereits nach dem früheren Richtlinienrecht, bildet auch nach der Rom I-VO die **Belegenheit des Risikos** das zentrale Kriterium für die Abgrenzung des Anwendungsbereichs der verschiedenen Kollisionsregeln. So ist Art. 7 Rom I-VO, sofern er nach der Risikobelegenheit differenziert, ebenso wie die Vorgängernorm des Art. 7 EGVVG a.F. eine sog. Meta-Kollisionsnorm, die den Anwendungsbereich der verschiedenen parallel bestehenden Anknüpfungsregeln definiert und abgrenzt. Immerhin lassen sich insoweit in mehrerlei Hinsicht Vereinfachungen gegenüber dem alten Recht ausmachen. So kommt es für die Anwendbarkeit der Rom I-VO als Ganzes nicht mehr darauf an, ob das durch den Vertrag versicherte Risiko innerhalb oder außerhalb des EWR belegen ist. Wie bereits erwähnt, bleibt es zwar bei einer Differenzierung, die jedoch nunmehr verschiedene Regeln innerhalb desselben Regelwerks, nämlich eben der Rom I-VO betrifft. Zudem wird für sog. Großrisiken, wie sie in Art. 5 lit. d der 1. Richtlinie Schadensversicherung[47] und – inhaltlich damit übereinstimmend – in § 210 Abs. 2 VVG definiert sind, nicht mehr auf die Risikobelegenheit innerhalb oder außerhalb des EWR abgestellt. Lediglich für die sog. Massenrisiken, die freilich das gros der Verträge ausmachen, bleibt es bei der Risikobelegenheit innerhalb oder außerhalb des EWR als entscheidender Weichenstellung für die Anwendbarkeit der verschiedenen Anknüpfungsregeln der Rom I-VO.

2051 Hinsichtlich der Voraussetzungen der Risikobelegenheit nimmt Art. 7 Abs. 6 der Rom I-VO ausdrücklich auf das **bisherige Richtlinienrecht** Bezug. Dieses wird durch die Definitionen in Art. 13 Nr. 13, 14 der Solvency II-Richtlinie ersetzt (s. Art. 310 S. 2 Solvency II-Richtlinie), ohne dass damit eine inhaltliche Änderung einherginge. Dementsprechend können die zu Art. 7 EGVVG a.F. entwickelten Regeln[48] auch für das neue Kollisionsrecht herangezogen werden.

46 *Perner*, IPRax 2009, 218, 219.
47 Richtlinie 73/239/EWG, ABl. L 228/3.
48 Eingehend Staudinger/*Armbrüster*, Vorbem zu Art. 7 Rom I-VO Rn. 15ff.

Beispiel: Ein Vertragsinteressent wirft den Antrag auf eine Auslandsreisekrankenversicherung auf einem Transitflughafen in den Postkasten. 2052

In dem Beispielsfall geht es um den Bereich der **Reise- und Ferienversicherungen**. Nach Art. 2 lit. d Spiegelstrich 3 der 2. Richtlinie Schadensversicherung sind derartige Risiken in demjenigen Mitgliedstaat belegen, in dem der Versicherungsnehmer den Vertrag geschlossen hat. Dies führt zu der Frage, welche Voraussetzungen hierfür erfüllt sein müssen. Der deutsche Gesetzgeber hatte sich bei der Richtlinienumsetzung dafür entschieden, die genannte Vorgabe nicht wörtlich zu übernehmen. Vielmehr soll es nach Art. 7 Abs. 2 Nr. 3 EGVVG a.F. darauf ankommen, an welchem Ort der Versicherungsnehmer die zum Vertragsschluss **notwendigen Rechtshandlungen** vorgenommen hat. Dabei handelt es sich um eine sinnvolle Konkretisierung der Richtlinienvorgabe; sie ist auch für die Rom I-VO heranziehbar.[49] Demnach ist das Risiko am Ort des Transitflughafens belegen, wo der Versicherungsnehmer sein Angebot erklärt hat. Im Schrifttum wird teils vorgeschlagen, die Anknüpfung teleologisch auf den Vertragsschluss unter Anwesenden zu reduzieren;[50] damit liefe die Belegenheitsregel praktisch leer. Der Ansicht, wonach sie lediglich eine widerlegliche Vermutung aufstelle,[51] steht ebenso wie derjenigen, dass die Vorbereitungshandlungen zu berücksichtigen seien,[52] das Bedürfnis nach Rechtssicherheit entgegen. Zudem sind die Ergebnisse, zu denen man mit der genannten Regel gelangt, keineswegs unangemessen: Häufig wird der Versicherungsnehmer seine Vertragserklärung am Ort seines gewöhnlichen Aufenthalts abgeben, so dass die Belegenheit ihn schützt und im Übrigen dem Auffangtatbestand von Art. 2 lit. d Spiegelstrich 3 der 2. Richtlinie Schadensversicherung entspricht. Erklärt er sich hingegen im Ausland, so kann er kein schutzwürdiges Vertrauen darauf in Anspruch nehmen, dass das Recht seines gewöhnlichen Aufenthalts berufen wird.[53] 2053

Da das Kollisionsrecht hinsichtlich der sog. Massenverträge für die anwendbaren Regeln entscheidend auf die Risikobelegenheit abhebt, stellt sich die Frage, wie mit Versicherungsverträgen umzugehen ist, die mehrere Risiken in verschiedenen Staaten decken (**Mehrfachbelegenheit**). Liegt zudem ein Teil **außerhalb des EWR**, so ist zum alten Recht vorgeschlagen worden, den gesamten Vertrag den für die innerhalb des EWR belegenen Risiken geltenden Regeln zu unterwerfen.[54] Dies ist indessen von der gesetzlichen Regelung, die ausdrücklich hinsichtlich der Risikobelegenheit differenziert, weder nach altem Recht 2054

---

49 *Looschelders*, in: MünchKomm-VVG, Int. Versicherungsvertragsrecht Rn. 44; *Martiny*, in: MünchKomm-BGB, Art. 7 Rom I-VO Rn. 49.

50 *Reichert-Facilides*, IPRax 1990, 7.

51 *Basedow/Drasch*, NJW 1991, 787.

52 *Gruber*, Internationales Versicherungsvertragsrecht, 1999, S. 41 ff.

53 *Looschelders*, in: MünchKomm-VVG, Int. Versicherungsvertragsrecht Rn. 45; Soergel/*von Hoffmann*, Art. 37 EGBGB Rn. 80.

54 *U. Kramer*, Internationales Versicherungsvertragsrecht, 1995, S. 172 f.

(Art. 7 EGVVG a.F.) noch nach Art. 7 Rom I-VO gedeckt. Dasselbe gilt für den weiteren Vorschlag, dass die Parteien zwischen den für innerhalb und den für außerhalb des EWR belegene Risiken geltenden Anknüpfungsregeln wählen können.[55] Vielmehr ist, auch wenn dies in den Auswirkungen durchaus misslich erscheint, von einer **Statutenspaltung** auszugehen. Diese Ansicht findet in Erwägungsgrund 33 der Rom I-VO ihre Bestätigung. Praktisch bedeutet dies, dass auf die innerhalb des EWR belegenen Risiken Art. 7 und auf die außerhalb des EWR belegenen Risiken die allgemeinen Regeln der Art. 3ff. Rom I-VO anwendbar sind.[56]

2055 Deckt ein Versicherungsvertrag hingegen mehrere Risiken, die in **verschiedenen EWR-Staaten** belegen sind, so ordnet Art. 7 Abs. 5 Rom I-VO ausdrücklich eine Statutenspaltung an. Dies ist im Schrifttum zu Recht kritisiert worden.[57] Freilich lassen sich die nachteiligen Wirkungen einer solchen Statutenspaltung dadurch in gewissem Umfang vermeiden, dass die Parteien von den ihnen in Abs. 3 Unterabs. 1, 2 zur Verfügung gestellten Rechtswahlmöglichkeiten Gebrauch machen. Im Übrigen gilt die Regelung ohnehin nur für Verträge über Massenrisiken. Sofern es um Großrisiken geht, kommt es schon deshalb nicht zu einer Vertragsaufspaltung, weil die objektive Anknüpfung nach Art. 7 Abs. 2 Unterabs. 2 Rom I-VO (s. Rn. 2056) auf das Recht am Sitz des Versicherers oder auf das Recht des Staates, zu dem eine engere Verbindung besteht, abhebt.

2056 Art. 7 Abs. 2 Rom I-VO enthält umfassende, von der Risikobelegenheit inner- oder außerhalb des EWR unabhängig geltende **Anknüpfungsregeln für Großrisiken**, wie sie in § 210 Abs. 2 VVG definiert sind. In diesem Bereich besteht, wie bereits nach altem Kollisionsrecht und wie auch nach dem materiellen deutschen Versicherungsvertragsrecht (s. § 210 Abs. 1 VVG), umfassende Privatautonomie. Die Beteiligten können mithin das anwendbare Recht frei wählen. Hiervon wird in der Praxis bei Verträgen mit Auslandsberührung in aller Regel auch Gebrauch gemacht, so dass die objektive Anknüpfung nach Art. 7 Abs. 2 Unterabs. 2 Rom I-VO kaum praktische Bedeutung erlangen dürfte. Fehlt es im Einzelfall selbst an einer konkludenten Rechtswahl, so ist das Betriebsstatut des Versicherers berufen, also das Recht seiner Hauptverwaltung oder der vertragschließenden Niederlassung. Nur bei einer „offensichtlich" engeren Verbindung zu einem anderen Staat ist abweichend hiervon dessen Recht maßgeblich. Selbst wenn sowohl der gewöhnliche Aufenthalt des Versicherungsnehmers als auch das Risiko in einem anderen Staat als demjenigen des Betriebsstatuts belegen sind, genügt dies jedenfalls dann nicht für eine „offensichtlich" engere Verbindung, wenn für die Risikobelegenheit der gewöhnliche Aufenthalt des Versicherungsnehmers maßgeblich ist.[58]

---

55 *Basedow/Drasch,* NJW 1991, 788.

56 *Looschelders,* in: MünchKomm-VVG, Int. Versicherungsvertragsrecht Rn. 53f.; *Perner,* IPRax 2009, 218, 219.

57 *Fricke,* VersR 2008, 443, 447, 449; *Lagarde/Tenenbaum,* Rev crit dr int pr 97 (2008), 770f.

58 *Looschelders,* in: MünchKomm-VVG, Int. Versicherungsvertragsrecht Rn. 67; weiter gehend offenbar *Fricke,* VersR 2008, 443, 447.

Die zentrale Anknüpfungsregel in Art. 7 Abs. 3 Rom I-VO betrifft Verträge über sog. **Massenrisiken**, mithin alle diejenigen Verträge, die nicht die hohen Anforderungen von Großrisiken erfüllen. Dieser Begriff ist nicht zu verwechseln mit demjenigen der Massengeschäfte i.S. des § 19 Abs. 1 Nr. 1 AGG (s. dazu Rn. 576). Zu den Massenrisiken zählen neben nahezu sämtlichen Verbraucherverträgen (s. Rn. 97f.) auch Verträge mit Gewerbetreibenden unterhalb der Grenzwerte der Großrisiken. Dies gilt es sich bei der Betrachtung der Anknüpfungsregeln vor Augen zu halten. Das Versicherungskollisionsrecht schützt hier – ebenso wie das materielle deutsche Versicherungsvertragsrecht (s. Rn. 327) – den Vertragspartner des Versicherers in weitergehendem Umfang, als dies bei dem klassischen Dualismus zwischen Verbraucher und Unternehmer der Fall ist. 2057

Ebenso wie nach altem Recht ist auch nach der Rom I-VO die **Rechtswahlfreiheit** der Parteien von vornherein begrenzt. So kann gem. Art. 7 Abs. 3 Unterabs. 1 lit. a Rom I-VO das Recht jedes Mitgliedstaats gewählt werden, in dem das Risiko zum Zeitpunkt des Vertragsschlusses belegen ist. Diese Rechtswahlmöglichkeit ist angesichts dessen, dass auch nach der objektiven Anknüpfung (Art. 7 Abs. 3 Unterabs. 3 Rom I-VO) die **Risikobelegenheit** maßgeblich ist, praktisch kaum bedeutsam. Freilich geht es zu weit, jener Rechtswahlmöglichkeit jegliche Bedeutung abzusprechen.[59] Es ist nämlich zu beachten, dass auch der Staat der Risikobelegenheit zu denjenigen Staaten zählt, die nach Art. 7 Abs. 3 Unterabs. 2 Rom I-VO die Rechtswahlmöglichkeiten zu erweitern befugt sind.[60] Bei einer Mehrfachbelegenheit gestattet lit. a es im Übrigen nicht, den gesamten Vertrag qua Rechtswahl dem Belegenheitsrecht eines dieser Risiken zu unterstellen.[61] Auch aus der Möglichkeit, das Recht des **gewöhnlichen Aufenthalts** des Versicherungsnehmers zu wählen (Art. 7 Abs. 3 Unterabs. 1 lit. b Rom I-VO), folgt praktisch keine wesentliche Erweiterung der Rechtswahl, da dieses Recht in der Regel mit dem Recht der Risikobelegenheit übereinstimmen wird. Praktisch bedeutsamer ist die Möglichkeit, bei Lebensversicherungsverträgen das Recht der **Staatsangehörigkeit** des Versicherungsnehmers zu wählen (Art. 7 Abs. 3 Unterabs. 1 lit. c Rom I-VO). Diese Wahl ermöglicht es dem Versicherungsnehmer, einer noch vorhandenen Bindung an seinen Heimatstaat Rechnung zu tragen, wenn sich sein gewöhnlicher Aufenthalt zwischenzeitlich in einen anderen Staat verlagert hat. Der Verordnungsgeber hat anders als hinsichtlich der Großrisikodefinition darauf verzichtet, für eine Definition der Lebensversicherung auf das vorhandene Richtlinienrecht Bezug zu nehmen. Dies hindert es freilich nicht, auf Art. 2 Nr. 1 lit. a der konsolidierten Lebensversicherungen-Richtlinie[62] zurückzugreifen.[63] Mithin werden neben der Lebensversicherung auf den Erlebens- und den Todesfall auch 2058

59 So aber *Fricke,* VersR 2008, 443, 448; *Martiny,* in: MünchKomm-BGB, Art. 7 Rom I-VO Rn. 27.

60 *Perner,* IPRax 2009, 218, 221 Fn. 34.

61 Staudinger/*Armbrüster,* Art. 7 Rom I-VO Rn. 11.

62 Richtlinie 2002/83/EG, ABl. EG L 345.

63 *Looschelders,* in: MünchKomm-VVG, Int. Versicherungsvertragsrecht Rn. 75.

Kombinationsformen sowie die Lebensversicherung mit Prämienrückgewähr und die Heirats- und Geburtsversicherung erfasst.

2059 Eine für die Praxis interessante Gestaltungsmöglichkeit, die gleichfalls bereits im früheren Richtlinienrecht vorgesehen war, bietet Art. 7 Abs. 3 Unterabs. 1 lit. d Rom I-VO. Demnach können die Parteien für Versicherungsverträge, bei denen sich die Risiken auf **Schadensfälle** beschränken, die in einem anderen Mitgliedstaat als demjenigen der Risikobelegenheit eintreten können, das Recht jenes Mitgliedstaates wählen. Auf diese Weise lässt sich ein **Gleichlauf von Versicherungsvertragsstatut und materiellem Schadensersatzrecht** erzielen. In solchen Fällen besteht auch kein Anlass, dem Versicherungsnehmer einen besonderen Schutz aufzuzwingen.[64] Voraussetzung der Wahlmöglichkeit ist, dass der Schadenseintritt tatsächlich ausschließlich in einem anderen Mitgliedstaat möglich ist. Dies ist beispielsweise dann der Fall, wenn es um eine Produkthaftpflichtversicherung geht, die sich auf allein in einem anderen Mitgliedstaat vertriebene Produkte bezieht.[65] Dasselbe gilt, wenn eine Reisekranken- und -unfallversicherung ausschließlich am Reiseziel eintretende Krankheiten oder Unfälle deckt. Ein weiteres Beispiel bietet der Fall, dass ein deutscher Unternehmer sich gegen in Österreich entstehende Umweltschäden versichert.[66] Art. 7 Abs. 3 Unterabs. 1 lit. d Rom I-VO ermöglicht es freilich nicht, den gesamten Versicherungsvertrag dem Recht eines bestimmten Mitgliedstaates zu unterstellen, sofern der Schaden in mehreren Mitgliedstaaten eintreten kann. In einem solchen Fall ist es vielmehr nur möglich, dass hinsichtlich der im **jeweiligen Mitgliedstaat** auftretenden Schäden jeweils dessen Recht gewählt wird. Diese Einschränkung beruht auf dem beschränkten Zweck der Rechtswahlmöglichkeit, einen Gleichlauf zwischen Versicherungsvertrags- und Schadensrechtsstatut herzustellen. Rechtspolitisch unbefriedigend ist es, dass die Rechtswahlmöglichkeit ausschließlich auf den Fall begrenzt wird, dass der Schaden in einem anderen Mitgliedstaat eintritt, während die Regelung für Nichtmitgliedstaaten nicht gilt.[67]

2060 Die Rechtswahlmöglichkeit für **gewerblich, industriell oder freiberuflich** tätige Versicherungsnehmer hinsichtlich mit dieser Tätigkeit in Zusammenhang stehender Risiken in Art. 7 Abs. 3 Unterabs. 1 lit. e Rom I-VO gestattet es den Parteien, eine Statutenspaltung zu verhindern. Zwar ist diese Rechtswahlmöglichkeit angesichts von Wortlaut und Regelungszweck nicht auf Verbraucher zu erstrecken. Freilich genügt dann, wenn eine gemischt gewerbliche (usw.) und private Tätigkeit in Rede steht, bereits eine nicht ganz untergeordnete Bedeutung der gewerblichen Tätigkeit dafür, dass die Wahlmöglichkeit eröffnet wird; schon in diesem Fall ist der Versicherungsnehmer nämlich weniger schutzbedürftig. Etwas anderes gilt, sofern es sich um einen **kombinierten Vertrag** mit

---

64 *Fricke*, VersR 2008, 443, 448; krit. hingegen *Heiss*, in: FS Kropholler, S. 459, 467ff.

65 *Looschelders*, in: MünchKomm-VVG, Int. Versicherungsvertragsrecht Rn. 80.

66 *Perner*, IPRax 2009, 218, 221 Fn. 35.

67 Zu Recht krit. dazu *Rauscher/Fricke*, Art. 7 Rom I-VO Rn. 20.

mehreren selbstständigen Einzelrisiken (s. Rn. 977ff.) handelt, von denen nur ein Teil der gewerblichen Tätigkeit zuzuordnen ist. Hier kann allein im Hinblick auf die gewerblichen Risiken von der Rechtswahlmöglichkeit Gebrauch gemacht werden, so dass es – sofern dies geschieht – zu einer Statutenspaltung kommt.[68]

Über die genannten Rechtswahlmöglichkeiten hinaus können die Mitgliedstaaten nach Art. 7 Abs. 3 Unterabs. 2 Rom I-VO weitere Optionen vorsehen. 2061 Eine ähnliche **Öffnungsklausel** enthielt bereits das frühere Richtlinienrecht; sie ist Ausdruck eines politischen Kompromisses zwischen liberalen (rechtswahlfreundlichen) und restriktiven Staaten. Interessanterweise hat der deutsche Gesetzgeber anders als bei der Richtlinienumsetzung (vgl. Art. 9 Abs. 4, 10 Abs. 2 EGVVG a.F.) nunmehr von der Ermächtigung keinen Gebrauch gemacht. Dies kommt der Rechtseinheit innerhalb des EWR zugute und ist daher integrationspolitisch zu begrüßen, während es in der Sache unbefriedigend erscheint, dass die Rechtswahl damit im deutschen Recht auf die wenigen durch die Rom I-VO unmittelbar zugelassenen Fälle beschränkt bleibt.

Machen die Parteien von einer Rechtswahlmöglichkeit keinen Gebrauch, so 2062 greift die in Art. 7 Abs. 3 Unterabs. 2 Rom I-VO vorgesehene **objektive Anknüpfung** an das Recht desjenigen Mitgliedstaates ein, in dem das Risiko bei Vertragsschluss belegen ist. Dies führt in der Regel zu einem Gleichlauf mit der internationalen Zuständigkeit nach den Art. 8ff. EuGVVO. Sinnvoll erscheint es, dass durch die Maßgeblichkeit des Vertragsschlusses eine statische Anknüpfung erzielt wird. Die Anknüpfung ist zudem abschließend; anders als nach Art. 7 Abs. 2 Unterabs. 2 S. 2 Rom I-VO kann eine engere Verbindung zu einem anderen Staat nicht zu einem abweichenden Ergebnis führen. Insbesondere ist jene Vorschrift auch nicht analog anzuwenden, da angesichts des differenzierten Wortlauts von einer bewussten Entscheidung des Verordnungsgebers auszugehen ist.[69]

Wie bereits dargelegt, erfassen die speziellen Regeln von Art. 7 Rom I-VO al- 2063 lein die Direktversicherung (Erstversicherung), nicht jedoch die **Rückversicherung**. Für letztere gelten mithin die allgemeinen Anknüpfungsregeln der Rom I-VO. Dies bedeutet, dass den Parteien nach Art. 3 Rom I-VO eine freie Rechtswahl eröffnet ist. Machen sie hiervon keinen Gebrauch – was in der Praxis eher ungewöhnlich, aber keineswegs auszuschließen ist –, so kommt die objektive Anknüpfung zum Tragen. Darüber, worin diese besteht, ist bereits zum früheren Recht lebhaft gestritten worden. Es stehen sich nahezu unversöhnlich diejenigen, die das Recht am Sitz des Rückversicherers für maßgeblich halten, und diejenigen, die auf den Erstversicherer abheben wollen, gegenüber. Zieht man Art. 4 Abs. 1 lit. b Rom I-VO heran, so spricht dies für das Statut am Sitz des Rückversicherers.[70] Das kann zu einer Statutenspaltung führen. Gegenüber

68 *Looschelders*, in: MünchKomm-VVG, Int. Versicherungsvertragsrecht Rn. 90.

69 *Perner*, IPRax 2009, 218, 220.

70 Dafür etwa *Looschelders*, in: MünchKomm-VVG, Int. Versicherungsvertragsrecht Rn. 143; *Looschelders/Smarowos* VersR 2010, 1, 9f.; *Perner*, IPRax 2009, 218, 220; *Staudinger*, in: Ferrari/Leible (Hrsg.), Ein neues Internationales Vertragsrecht für Europa (2007), S. 225, 231.

dem den Besonderheiten der Rückversicherung nicht gerecht werdenden Art. 4 Abs. 1 lit. b Rom I-VO erscheint es vorzugswürdig, auf die Risikobelegenheit abzustellen. Dies lässt sich auf Art. 4 Abs. 3 Rom I-VO stützen. Mit jenem inhaltlichen Kriterium gelangt man dazu, dass das Recht am Sitz des Erstversicherers berufen ist.[71]

2064 In Art. 7 Abs. 4 Rom I-VO finden sich einige Vorgaben zur **Pflichtversicherung**. Dabei handelt es sich freilich nicht um eigenständige Kollisionsnormen. Vielmehr soll die Regelung sicherstellen, dass das besondere Schutzinteresse, das ein Mitgliedstaat verfolgt, wenn er eine Versicherung verbindlich vorschreibt, im internationalen Rechtsverkehr gewahrt wird. Dieses Interesse bezieht sich insbesondere auf den Schutz von Verkehrsunfallopfern durch die Kfz-Haftpflichtversicherung, aber etwa auch auf den Schutz der Empfänger bestimmter schadensträchtiger Dienst- und Werkleistungen, wie sie etwa von Ärzten, Rechtsanwälten oder Steuerberatern erbracht werden. Um dem Schutzanliegen des die Versicherungspflicht vorsehenden Mitgliedstaates Rechnung zu tragen, stellt Art. 7 Abs. 4 lit. a Rom I-VO klar, dass ein Versicherungsvertrag der Versicherungspflicht nur dann genügt, wenn er den von dem diese **Pflicht aufstellenden Mitgliedstaat** geforderten Voraussetzungen entspricht. Diese mitgliedstaatlichen Vorgaben werden damit zu international zwingenden Normen erklärt.[72] Freilich ist damit noch keine Aussage zu der Frage getroffen, welches Recht auf den Versicherungsvertrag anwendbar ist. Hierfür sind – vorbehaltlich einer mitgliedstaatlichen Sonderregel i.S. von Art. 7 Abs. 4 lit. b Rom I-VO (s. Rn. 2065) – für Großrisiken Art. 7 Abs. 2 und für innerhalb des EWR belegene Massenrisiken Art. 7 Abs. 3 der Rom I-VO anwendbar. Allerdings gilt es zu beachten, dass auch die Anordnung in Art. 7 Abs. 4 lit. a Rom I-VO Konsequenzen für den Versicherungsvertrag haben kann. Erfüllt dieser nämlich nicht die Voraussetzungen, die das Recht des die Versicherungspflicht anordnenden Staates aufstellt, so kann dies dazu führen, dass bestimmte Einschränkungen wie insbesondere Selbstbehalte, Serienschadensklauseln oder Höchstsummen nicht gelten, sofern der Vertrag gerade zu dem Zweck geschlossen wurde, einer Versicherungspflicht zu genügen.[73]

2065 Von der in Art. 7 Abs. 4 lit. b Rom I-VO den Mitgliedstaaten eingeräumten Befugnis, für den einer Versicherungspflicht unterliegenden Vertrag eine objektive Anknüpfung an das Recht des Staates vorzuschreiben, der die Versicherungspflicht anordnet, hat Deutschland mit der Schaffung von **Art. 46c EGBGB** durch das IPR-Anpassungsgesetz Gebrauch gemacht. Damit entfällt eine Rechtswahlmöglichkeit. Mit der objektiven Anknüpfung führt der deutsche Gesetzgeber eine Linie fort, die bereits im früheren Recht vorgezeichnet war, nämlich in Art. 12 Abs. 1, 2 EGVVG a.F. Freilich ergibt sich gegenüber dem

---

71 *Fricke,* VersR 2008, 443, 446; *Rauscher/Fricke* (Fn. 1433), Art. 7 Rom I-VO Rn. 7; *Schnyder,* in: Reithmann/Martiny (Hrsg.), Internationales Vertragsrecht, 7. Aufl. 2010, Rn. 4753. Für Einzelfallbetrachtung *Schäfer,* in: Looschelders/Pohlmann, Anh. II Art. 7–15 EGVVG Rn. 25.

72 *Perner,* IPRax 2009, 218, 222.

73 Näher *Armbrüster/Dallwig,* VersR 2009, 150, 151ff.

früheren Recht neben rein redaktionellen Änderungen ein Unterschied insoweit, als die Vorschrift des Art. 12 Abs. 2 S. 2 EGVVG a.F., wonach abweichende Regelungen vorrangig sind, nicht in Art. 46c EGBGB übernommen worden ist. Es fragt sich allerdings, ob damit tatsächlich eine inhaltliche Änderung verbunden ist, wie dies im Schrifttum[74] teils angenommen wird. Man wird nämlich spezielle Regelungen wie etwa die §§ 99, 102 LuftVZO zur Transporthaftpflichtversicherung ausländischer Luftfahrzeuge bereits wegen des allgemeinen Grundsatzes lex specialis derogat legi generali als gegenüber Art. 46c EGBGB vorrangig anzusehen haben.[75] Der deutsche Gesetzgeber ist insofern vom Wortlaut der Ermächtigungsnorm des Art. 7 Abs. 4 lit. b Rom I-VO abgewichen, als Art. 46c Abs. 1 EGBGB nicht eingreifen, es mithin bei Art. 7 Rom I-VO verbleiben soll, wenn der die Versicherungspflicht anordnende Staat die Anwendung seines eigenen Rechts nicht vorschreibt. Man wird diese Abweichung als vom Zweck der Ermächtigungsnorm gedeckt anzusehen haben, da sie dem allgemeinen Interesse daran Rechnung trägt, Ausnahmen zur Regelanknüpfung von Versicherungsverträgen möglichst auf wenige Fälle zu beschränken.[76] Speziell für den Fall, dass eine Versicherungspflicht nach deutschem Recht besteht, sieht Art. 46c Abs. 2 EGBGB vor, dass **deutsches Recht** zum Versicherungsvertragsstatut wird. Diese Regelung ist im Hinblick darauf praktisch bedeutsam, dass in Deutschland eine Vielzahl von Pflichtversicherungen besteht (s. Rn. 1668). Durch die Neuregelung in Art. 46c Abs. 2 EGBGB ist die nach altem Recht in Art. 13 EGVVG a.F. vorgesehene Sonderanknüpfung entbehrlich geworden; sie wurde daher zu Recht ersatzlos gestrichen.

Zu unterscheiden von den Regelungen der Rom I-VO sowie des Art. 46c 2066
EGBGB zur Pflichtversicherung sind diejenigen Vorschriften, die sich mit dem **Direktanspruch des Geschädigten bei Verkehrsunfällen** befassen. Diese Materie ist Gegenstand des Haager Übereinkommens über das auf Straßenverkehrsunfälle anzuwendende Recht vom 4.5.1971, das freilich von Deutschland – anders als etwa von Österreich – bislang nicht ratifiziert worden ist. Seit dem 1.1.1999 ist der Direktanspruch in Art. 40 EGBGB a.F. geregelt gewesen; seit dem 11.1.2009 richtet er sich nach dem bereits erwähnten Art. 18 Abs. 2 Rom II-VO.

Ein internationales Element kann ein Versicherungsvertrag schließlich auch 2067
dadurch erlangen, dass er nicht auf deutsch, sondern in einer **Fremdsprache**, insbesondere auf Englisch, geschlossen wurde. Gerade Verträge in der Seeversicherung werden häufig ausschließlich auf Englisch abgeschlossen. Die Verwendung der englischen Sprache kann hier zunächst Indiz für eine konkludente Rechtswahl i.S. des Art. 3 Abs. 1 S. 2 Rom I-VO zugunsten eines Staates sein, in dem Englisch Amtssprache ist, auch wenn hierbei zu berücksichtigen ist, dass gerade Englisch häufig allein zur Überwindung von Verständigungsschwierig-

74 *Looschelders*, in: MünchKomm-VVG, Int. Versicherungsvertragsrecht Rn. 110.
75 Staudinger/*Armbrüster*, Art. 46c EGBGB Rn 2.
76 *Looschelders*, in: MünchKomm-VVG, Int. Versicherungsvertragsrecht Rn. 110.

keiten und ohne Bezug zum englischen oder US-amerikanischen Rechtssystem gewählt wird.[77] Ist auf einen Vertrag deutsches Recht anwendbar, so gilt es, die fremdsprachigen Ausdrücke oder Klauseln auszulegen. Den Ausgangspunkt hierfür bildet Art. 12 Abs. 1 lit. a Rom I-VO Danach ist das auf den Vertrag anzuwendende Recht auch für die Vertragsauslegung maßgebend. Demnach richtet sich die Auslegung dann, wenn auf den Vertrag deutsches Recht Anwendung findet, nach den §§ 133, 157 BGB. Maßgeblich ist mithin der objektive Empfängerhorizont; ein übereinstimmender tatsächlicher Wille geht dem Erklärungswortlaut vor. Im Common Law geltende Auslegungsregeln wie *Extrinsic Evidence* und *Parol Evidence Rule*, wonach primär der Wortlaut entscheidet und externe Umstände nur ausnahmsweise herangezogen werden dürfen, sind dann nicht maßgeblich.[78] Unterliegt der Vertrag englischem Recht, gilt es ihn im Einklang mit den Grundsätzen des common law auszulegen. Hierbei sind die im common law geltenden Grundsätze der Vertragsauslegung zu berücksichtigen.[79]

B. Weitere Harmonisierungsbestrebungen

2068 Der Umstand, dass der Verordnungsgeber gerade die Regeln über das auf Versicherungsverträge anwendbare Recht zum Gegenstand einer verbindlichen **Überprüfung** bis zum 17.6.2013 gemacht hat (Art. 27 Abs. 1 lit. a Rom I-VO), deutet bereits darauf hin, dass diese Regeln schon bei ihrer Schaffung nicht als der Weisheit letzter Schluss angesehen worden sind. Die wichtigsten Monita sind bereits erwähnt worden. Allen voran ist der Umstand zu nennen, dass es auch mit der Rom I-VO nicht gelungen ist, **einheitliche Regeln** für die Anknüpfung von Versicherungsverträgen zu schaffen, die unabhängig davon gelten, ob es sich um Massen- oder Großrisiken sowie um innerhalb oder außerhalb des EWR belegene Risiken handelt.

2069 Darüber hinaus stellt sich die Frage, ob es überhaupt einer **Sonderbehandlung bestimmter Versicherungsverträge** gegenüber den für sonstige Schuldverträge geltenden allgemeinen Regelungen bedarf. Gewiss ist das Versicherungsvertragsrecht in weiten Teilen Verbraucherschutzrecht, doch dies gilt gleichermaßen etwa für das Kauf- oder Wohnungsmietrecht, bei dem die Rom I-VO den Verbraucher auch keineswegs im Regen stehen lässt. Zwar trifft es zu, dass im deutschen materiellen Versicherungsvertragsrecht mittlerweile die Grenzlinie zwischen (halb-)zwingendem Recht zum Schutz des Versicherungsnehmers einerseits und privatautonomer Gestaltungsfreiheit andererseits im Wesentlichen nicht mehr zwischen Verbraucher und Unternehmer verläuft, sondern nur mehr zwischen Massen- und Großrisiken. Dies zeigt sich etwa daran, dass das voraussetzungslose 14tägige Widerrufsrecht nach § 8 Abs. 1 S. 1

---

77 *Armbrüster*, NJW 2011, 812, 815; *Nordmeier*, VersR 2012, 143.

78 *Armbrüster*, NJW 2011, 812, 815.

79 Für weitere Einzelheiten und Beispiele, insbes. auch zum Versicherungsrecht, s. *Nordmeier*, VersR 2012, 143, 144ff.

VVG (s. Rn. 875ff.) jedem Versicherungsnehmer zugute kommt, sofern es nicht um ein Großrisiko geht, mithin auch zahlreichen kleinen und mittleren Unternehmern. Indessen ist diese Verschiebung der Schutzgrenze dem sonstigen materiellen Vertragsrecht und vor allem auch dem Kollisionsrecht der Rom I-VO unbekannt. Es ist zumal auf der Ebene des europäischen Kollisionsrechts kein sachlicher Grund dafür ersichtlich, an der Sonderbehandlung des Versicherungsvertrags in diesem Punkt festzuhalten.[80]

Weitere Anregungen betreffen die Streichung der Regelung zur **Statutenspaltung** in Art. 7 Abs. 5 Rom I-VO sowie eine generelle Anknüpfung von Versicherungsverträgen, für die eine **Versicherungspflicht** besteht, an das Recht des jene Pflicht anordnenden Staates.[81] 2070

§ 45 Annex: Internationale Versicherungsprogramme

Literatur

Armbrüster, Versicherung des Finanzinteresses in internationalen Versicherungsprogrammen, VersR 2008, 853; *Bialowons/Kerst*, Rahmenbedingungen bei der Gestaltung von internationalen Haftpflicht-Versicherungsprogrammen, r+s 2011, 317; *Ganzer*, Internationale Versicherungsprogramme, 2012; *Leffler*, Compliance internationaler Versicherungslösungen, CCZ 2008, 221.

A. Überblick

Abschließend sei noch auf ein Thema eingegangen, das nicht allein den europäischen, sondern insbesondere auch den weltweiten Versicherungsmarkt betrifft. Bei den sog. Internationalen Versicherungsprogrammen geht es um Deckungskonzepte, durch die einem in mehreren Ländern tätigen Unternehmen ein **länderübergreifender Versicherungsschutz** für ein bestimmtes Risiko verschafft wird. 2071

Beispiel: Kfz-Hersteller A (Muttergesellschaft) unterhält Betriebsstätten in Deutschland sowie rechtlich selbstständige Betriebe (Tochtergesellschaften) in Ungarn und in Brasilien. Für sein Produkthaftpflichtrisiko möchte er von einem deutschen Versicherer einen möglichst einheitlichen Versicherungsschutz erlangen. 2072

Die **Motive** dafür, einen möglichst einheitlichen Schutzstandard zu schaffen, sind unterschiedlich. Vielfach werden internationale Programme von der Muttergesellschaft als Instrument für eine wirksame **Risikosteuerung** angesehen. Auf diese Weise lässt es sich nämlich verhindern, dass eine Tochtergesellschaft unzureichenden Schutz vereinbart und dadurch auch für die Mutter Bilanzrisiken entstehen. Umgekehrt kann das Programm auch einem von der Tochter ei- 2073

---

80 So auch *Rauscher/Fricke*, Art. 7 Rom I-VO Rn. 59.
81 *Fricke*, VersR 2006, 745, 748ff.

genständig vereinbarten, nach Einschätzung der Muttergesellschaft im Einzelfall zu weit gehenden Versicherungsschutz vorbeugen.

2074 Hinzu kommt eine **Prämienersparnis** durch den Mastervertrag im Vergleich zu einer Ansammlung vieler lokaler Einzeldeckungen. Auch die **Vertragsverwaltung** wird vereinfacht. Im Hinblick auf die Differenzdeckung entfallen Sprachschwierigkeiten (etwa Übersetzungsfehler und -ungenauigkeiten), Unterschiedlichkeiten der Rechtsordnungen, Auslegungsfragen und Know-how-Probleme. Zudem erübrigen sich Kapazitätsfragen.[82] Des Weiteren sind mit den Programmen aufgrund des einheitlichen Deckungsumfangs Rationalisierungseffekte hinsichtlich der Koordination der Einzelrisiken und der **Schadensabwicklung** verbunden. Dies betrifft auch die Regulierung von Schadensfällen, die parallel mehrere in verschiedenen Staaten ansässige Tochtergesellschaften betreffen. Letzteres kommt keineswegs allein in Sparten wie der Produkthaftpflichtversicherung in Betracht, sondern kann gerade auch im Bereich Strafrechtsschutz bedeutsam werden, etwa bei Korruptionsvorwürfen.

B. Klassische Programme

2075 Die klassischen internationalen Versicherungsprogramme sind dadurch gekennzeichnet, dass die auf das jeweilige im Ausland belegene Risiko bezogenen Verträge (sog. **Lokalpolicen**) mit einem mit einem deutschen Versicherer geschlossenen Vertrag (sog. **Masterpolice**) kombiniert werden. Dies kann in integrierter oder koordinierter Gestalt geschehen.[83] Bei integrierten Programmen erfolgt die Deckung durch einen einzigen Versicherer, während bei koordinierten Programmen die jeweiligen lokalen Risiken in gewissem Umfang mit einer Lokalpolice von im jeweiligen Land zugelassenen Versicherern gedeckt werden (Grunddeckung). Bei jenem Umfang kann es sich um den größtmöglichen in dem Land lokal verfügbaren Versicherungsschutz (best local standard) oder auch um einen geringeren Deckungsumfang handeln. Zugleich offeriert der deutsche Versicherer eine Differenzdeckung, mittels derer die lokalen Deckungen jeweils zu einer einheitlichen Gesamtdeckung aufgestockt werden. Derartige Differenzdeckungen können sich sowohl auf den bedingungsgemäßen Umfang der Versicherung beziehen (**Difference in Conditions, DIC**) als auch auf den summenmäßigen Umfang des Schutzes (**Difference in Limits, DIL**). Die DIC/DIL-Deckung hat das Ziel, dem Versicherungsnehmer einen weltweit möglichst einheitlichen Standard an Versicherungsschutz zu verschaffen, unabhängig davon, an welchem Ort ein Risiko belegen ist.

2076 Innerhalb der EU und des EWR stehen derartigen Programmen keine aufsichtsrechtlichen Hindernisse im Wege. Die in den Art. 56ff. AEUV garantierte **Dienstleistungsfreiheit** steht nämlich von vornherein solchen Beschränkungen

---

82 S. zu diesem Aspekt *Bialowons/Kerst*, r+s 2011, 317, 318.

83 Näher etwa *Bialowons/Kerst*, r+s 2011, 317, 318; *Ganzer*, Internationale Versicherungsprogramme, S. 11ff.

des grenzüberschreitenden Versicherungsgeschäfts entgegen, die nicht durch die öffentliche Ordnung, Sicherheit oder Gesundheit gerechtfertigt sind. Im Industriegeschäft kommt ein Rechtfertigungsgrund i.S. von Art. 52 Abs. 1 i.V. mit Art. 62 AEUV für eine Beschränkung des Marktzugangs auf lokale Anbieter von vornherein nicht in Betracht. Der Dienstleistungsfreiheit trägt die 3. Richtliniengeneration dadurch Rechnung, dass sie für die Erlaubnis zum Geschäftsbetrieb innerhalb des Binnenmarktes das **Herkunftslandprinzip** *(single licence)* vorsieht (s. dazu §§ 6 Abs. 1 S. 2, 13aff. VAG sowie Rn. 2020).[84]

2077 Außerhalb der EU und des EWR belegene Risiken werden hingegen von den jeweiligen Gesetzgebern vielfach zum Gegenstand von Beschränkungen hinsichtlich des Marktzutritts ausländischer Versicherer gemacht. In rund 140 Ländern, den sog. **Verbotsstaaten,** enthält das Versicherungsaufsichtsrecht typischerweise mehr oder minder strenge Regelungen, wonach in dem betreffenden Staat belegene Risiken allein durch einen Versicherer gedeckt werden dürfen, der in jenem Staat die Zulassung zum Geschäftsbetrieb innehat. Regelmäßig erfordert diese Zulassung, dass der Versicherer in dem betreffenden Staat ansässig ist. Oft müssen sich zudem seine Anteile (zumindest mehrheitlich) in inländischer Hand befinden. Zu den Verbotsstaaten zählen viele wirtschaftlich bedeutsame Länder, etwa Argentinien, Brasilien, China, Japan, Russland sowie die Schweiz. Ein Überblick zu den aufsichtsrechtlichen Beschränkungen in diesen und in anderen Staaten findet sich im sog. Crossborder handbook.[85]

2078 Derartige Marktzugangsbeschränkungen erfassen den von einem deutschen Versicherer im grenzüberschreitenden Dienstleistungsverkehr offerierten Versicherungsschutz zum einen dann, wenn dieser Schutz sich umfassend auf ein in einem Verbotsstaat belegenes Risiko erstreckt (**umfassende Deckung**). Darüber hinaus kann dadurch jedoch auch derjenige Versicherungsschutz betroffen sein, den ein deutscher Anbieter im Rahmen eines herkömmlichen internationalen Versicherungsprogramms als **Differenzdeckung** gewährt.

2079 Dabei sind im Grundsatz **zwei Konstellationen** zu unterscheiden: Häufig dient die Differenzdeckung dazu, eine Aufstockung der Lokalpolice über den Umfang hinaus zu erzielen, in dem das Risiko im Verbotsstaat (rechtlich oder wirtschaftlich) versicherbar und auch tatsächlich versichert ist. Es gibt jedoch auch den Fall, dass im Verbotsstaat ein lokaler Versicherungsschutz verfügbar wäre, dass die Versicherungsnehmerin diese lokale Deckung jedoch nicht oder nicht im maximal möglichen Umfang vereinbaren möchte.

2080 Ist ein Risiko im Verbotsstaat nicht versicherbar, so liegt ein sog. **Versicherungsnotstand** vor. Dies ist im Hinblick darauf bedeutsam, dass bei manchen Verbotsstaaten unter dieser Voraussetzung eine Ausnahme von den genannten Zulassungsbeschränkungen eingreift, so dass ausländische (hier: deutsche) Versicherer das Risiko im grenzüberschreitenden Dienstleistungsverkehr decken

84 S. dazu nur *Looschelders/Michael*, in: Ruffert (Hrsg.), Europäisches Sektorales Wirtschaftsrecht, 2013, § 11 Rn. 128ff.; *Ganzer*, Internationale Versicherungsprogramme, S. 180ff.
85 http://www.practicallaw.com/crossborderhandbook2-500-0013

können. So sieht der **OECD-Kodex der Liberalisierung der laufenden unsichtbaren Geschäfte**[86] in Anlage I zu Anhang A, Rubrik D/4 Nr. 5 vor, dass ein ausländischer Versicherer dann, wenn ein Risiko auf dem Markt des Ziellandes nicht gedeckt werden kann, den Versicherungsschutz im Zielland anbieten kann, ohne dort zugelassen zu sein. Bei jenem Regelwerk handelt es sich um einen Beschluss, dem unter den 34 Mitgliedstaaten der OECD die gleiche rechtliche Bindungswirkung zukommt wie einem völkerrechtlichen Vertrag. Neben 19 EU-Staaten sind unter anderem Australien, Chile, Japan, Kanada, Mexiko, die Schweiz sowie die USA Mitglieder der OECD. Über jene Regel des OECD-Kodex hinaus sehen manche Verbotsstaaten in ihrem eigenen Aufsichtsrecht entsprechende Ausnahmen vor.[87] In solchen Fällen gilt im Ergebnis mithin dasselbe wie für innerhalb der EU und des EWR belegene Risiken.

2081 Freilich existiert die genannte Ausnahme nur in einigen der Verbotsstaaten. Sofern sie nicht eingreift, verstößt ein deutscher Versicherer, der das im Verbotsstaat belegene Risiko über eine Masterpolice deckt, gegen das **ausländische Aufsichtsrecht**. Dasselbe gilt, sofern das Risiko auch lokal versicherbar wäre, eine solche Versicherung jedoch unterbleibt.[88] Verstöße werden regelmäßig mit Sanktionen belegt, die von einer Verwarnung über Geldbußen bis hin zu Freiheitsstrafen und Geschäftsverboten reichen können.

C. Versicherung des Finanzinteresses (FInC)

2082 Die geschilderte Rechtsunsicherheit hat dazu geführt, dass in der Versicherungswirtschaft nach Lösungswegen gesucht wurde, um das Risiko eines Verstoßes gegen ausländisches Aufsichtsrecht zu verringern. Ein derartiger Lösungsvorschlag besteht darin, dass nicht das im Ausland belegene Risiko der Tochtergesellschaft versichert wird, sondern das Interesse der deutschen Muttergesellschaft daran, dass sich der Wert der von ihr gehaltenen Beteiligung nicht durch ein bei der Tochter eintretendes Ereignis verringert. Dieses Interesse wird als Finanzinteresse bezeichnet, seine Versicherung dementsprechend als **Financial Interest Cover (FInC)**.

2083 Das FInC-Konzept besteht mithin darin, das versicherte Interesse bei einem Interesseträger zu verorten, der nicht im Verbotsstaat ansässig ist. Dabei handelt es sich nicht eigentlich um eine „Verlagerung“ der Risikobelegenheit; vielmehr wird von vornherein eine **originär andere Belegenheit** als diejenige geschaffen, die bei einem konventionellen Programm bestünde. Die entscheidende rechtliche Frage lautet nun, ob der Verbotsstaat diese Gestaltung hinzunehmen hat. Dies hätte zur Folge, dass dem Verbotsstaat nach dem Territorialitätsprinzip

86 Code of Liberalization of Current Invisible Operations, OECD, updated edition 2013. http://www.oecd.org/daf/fin/private-pensions/invisible%20operations_web%20english.pdf

87 Beispiel: Brasilien; Art. 20 – I Complementary Law No. 126 of 16 Jan. 2007.

88 *Bähr/Püttgen*, VW 2008, 1078, 1079; *Bialowons/Kerst*, r+s 2011, 317, 322; s. auch *Ganzer*, S. 284ff.; a.A. *Langheid/Grote*, VW 2008, 1511.

keine aufsichtsrechtliche Handhabe gegen die Gewährung von Deckungsschutz zur Verfügung stünde. Jene Frage ist umstritten. Teils wird angeführt, durch die Anknüpfung an den lokal eingetretenen Schaden werde sichtbar, dass das Risiko weiterhin im Ausland liege. Die versicherungsvertragliche Definition als finanzieller Verlust soll demnach nicht genügen, um von einer Risikobelegenheit am Sitz der Konzernmutter ausgehen zu können.[89] Indessen handelt es sich dann, wenn nach dem Vertrag jeglicher Einschluss eines Interesses der Tochtergesellschaft ausgeschlossen ist, um eine alleinige Eigenversicherung der deutschen Muttergesellschaft und damit um ein in Deutschland belegenes Risiko.

Aus Sicht des deutschen Versicherungsvertragsrechts wirft die Versicherung 2084
des Finanzinteresses die Frage auf, wie der ersatzpflichtige Schaden, der bei der Muttergesellschaft infolge des bei der Tochtergesellschaft eintretenden Schadensereignisses entsteht, zu bestimmen ist. Nach dem die Schadensversicherung beherrschenden **Grundsatz konkreter Bedarfsdeckung** (s. Rn. 409, 428ff.) muss der Muttergesellschaft tatsächlich ein Schaden drohen. Es erscheint sachgerecht, diesen Schaden an demjenigen zu orientieren, der bei der Tochtergesellschaft eintritt. Eine entsprechende Vereinbarung lässt sich als Taxe i.S. von § 76 VVG ansehen. Der Zweck einer Taxe, Ungewissheiten bei der Ermittlung des Versicherungswerts auszuräumen, kommt hier zum Tragen, da Alternativen zur Schadensbemessung kaum praktikabel sind. Die Regelung darüber, dass die Taxe bei erheblichen Wertabweichungen nicht bindet (§ 76 S. 2 VVG), ist insoweit im Wege teleologischer Reduzierung nicht anwendbar. Es geht nämlich nicht um ein Wettgeschäft, da das „ob" des Schadens bei der Muttergesellschaft nicht ungewiss ist; zudem greift auch der Gesichtspunkt des subjektiven Risiko nicht ein, da für die Muttergesellschaft kein Anreiz zu nachlässigem oder gar vorsätzlichem schadenstiftenden Verhalten in Bezug auf die Vermögensinteressen der eigenen Tochtergesellschaft besteht.[90]

Letztlich handelt es sich beim FInC um die Simulation einer Fremdversiche- 2085
rung zugunsten der Tochtergesellschaft. Diese Konzeption wirft freilich für die Praxis eine ganze Reihe von Fragen auf. So gilt es sicherzustellen, dass die einen Versicherten treffenden **Obliegenheiten** eingreifen. Vor allem aber entsteht rein tatsächlich aufgrund des Schadensereignisses bei der ausländischen Tochtergesellschaft ein **wirtschaftlicher Bedarf**. Bei der Frage, in welcher Weise diesem Bedarf in der Praxis Rechnung getragen werden kann, handelt es sich um eines der Grundprobleme des FInC.[91]

Beispiel: Bei der Haftpflichtversicherung schuldet der Versicherer gem. § 100 2086
VVG nach seiner Wahl Freistellung oder Abwehr (s. Rn. 1650ff.). Das Abwehrelement der Haftpflichtdeckung lässt sich allein durch eine Geldleistung an die Muttergesellschaft, die diese dann ggf. an die Tochter weiterleiten könnte, nicht erzielen. Insoweit wird in der Praxis daher teils der Weg beschritten, dass

89 *Bialowons/Kerst*, r+s 2011, 317, 324.
90 Näher *Armbrüster*, VersR 2008, 853, 856.
91 *Ganzer*, Internationale Versicherungsprogramme, S. 311; *Strnad*, HAVE 2007, 345, 347.

der Muttergesellschaft im Versicherungsvertrag die Verpflichtung auferlegt wird, für eine angemessene Abwehr von gegen die Tochter erhobenen unberechtigten Ansprüchen zu sorgen; die dafür entstehenden Kosten verspricht der Versicherer sodann der Muttergesellschaft zu ersetzen. Für die Muttergesellschaft bedeutet dies im Vergleich zur Mitversicherung des Haftpflichtinteresses der Tochter eine Mehrbelastung.

2087 Das FInC-Konzept befindet sich insgesamt noch in der Entwicklungs- und Erprobungsphase. Bislang ist daher ungewiss, wie die Verbotsstaaten darauf reagieren werden. Freilich birgt, wie aufgezeigt, auch die herkömmliche DIC/DIL-Deckung insoweit aufsichtsrechtliche Risiken. Der insoweit sicherste – wenn auch zugleich aufwendigste – Weg besteht darin, so weit wie möglich **Lokalpolicen** einzusetzen. Bei einem umfassenden, vom Verbotsstaat zu akzeptierenden Versicherungsnotstand erscheint eine **konventionelle Deckung** (Tochtergesellschaften als Versicherte der Masterpolice) gegenüber dem FInC vorzugswürdig. Der FInC kann jedoch hinsichtlich einer lokal nicht versicherbaren Differenz zum Zuge kommen; insoweit können die Beteiligten sich nämlich gegenüber aufsichtsrechtlichen Sanktionen sowohl auf den Umstand, dass der allein versicherte Interesseträger in Deutschland ansässig ist, als auch auf einen teilweisen Versicherungsnotstand im Verbotsstaat berufen. Insofern stellt der FInC eine **ultima ratio** dar.

Paragraphenregister

Die Fundstellen beziehen sich auf die Randnummern einschließlich der dazugehörigen Fußnoten. Die Hauptpfundstellen sind fett gesetzt.

Stichwortverzeichnis

Die Fundstellen beziehen sich auf die Randnummern.
Die Hauptfundstellen sind kursiv gesetzt.